CAMATKĀRA-CINTĀMANI
OF
BHAṬṬA NĀRĀYAṆA

भट्टनारायणकृतः चमत्कारचिन्तामणिः

CAMATKĀRA-CINTĀMAṆI
OF
BHAṬṬA NĀRĀYAṆA

with
Sanskrit Commentary by
Mālavīya Daivajña Dharmeśvara

edited and annotated by
BRAJBIHARILAL SHARMA

MOTILAL BANARSIDASS
Delhi • Mumbai • Chennai • Kolkata
Bangalore • Varanasi • Pune • Patna

भट्टनारायणकृतः

चमत्कारचिन्तामणिः

[अन्वयार्थप्रबोधप्रदीपसंस्कृतटीकासमेतः, टिप्पण्यादिभिः समलङ्कृतश्च]

टीकाकारः

मालवीय-दैवज्ञ-धर्मेश्वरः

टिप्पणीकारः सम्पादकश्च

ब्रजबिहारीलाल शर्मा

मोतीलाल बनारसीदास

दिल्ली, मुम्बई, चेन्नई, कोलकाता,
बंगलूरू, वाराणसी, पटना

बारहवाँ पुनर्मुद्रण: दिल्ली, 2016
प्रथम संस्करण : वाराणसी 1975

ISBN: 978-81-208-2497-3 (सजिल्द)
ISBN: 978-81-208-2498-0 (अजिल्द)

मोतीलाल बनारसीदास

41 यू.ए. बंगलो रोड, जवाहर नगर, दिल्ली 110 007
236 नाइंथ मेन, III ब्लॉक, जयनगर, बंगलूरू 560 011
8 महालक्ष्मी चैम्बर, 22, भुलाभाई देसाई रोड, मुम्बई 400 026
203 रायपेट्टा हाई रोड, मैलापोर, चेन्नई 600 004
8 कैमेक स्ट्रीट, कोलकाता 700 017
अशोक राजपथ, पटना 800 004
चौक, वाराणसी 221 001

आर.पी. जैन के द्वारा एन ए बी प्रिंटिंग यूनिट,
ए-44, नारायणा, फेज़-1, नई दिल्ली 110 028 में मुद्रित
एवं जे.पी. जैन द्वारा मोतीलाल बनारसीदास
41 यू.ए., बंगलो रोड, जवाहर नगर, दिल्ली-110 007, के लिए प्रकाशित

भूमिका—

ज्योतिषशास्त्र के तीन स्कन्ध हैं—संहिता, तंत्र और होरा। इनमें होरा स्कन्ध अनन्तपार सागर है। इसमें जातक-ताजिक-मुहूर्त-प्रश्न-पंचांगनिर्माण-नष्टजातक सम्बन्धी अनेक ग्रन्थ हैं। इनमें से भी मुख्यता जातक फलादेश की है। "ज्योतिःशास्त्र फलादेश का सागर है" ऐसा कथन कोई अतिशयोक्ति नहीं है। फलादेश सुगम हो जाए, इस प्रयोजन को ध्यान में रखते हुए वराहमिहिर आदि आचार्यों ने अपने-अपने ग्रन्थ लिखे हैं। बाहुबल से समुद्र को पार कर लेना सहज तो क्या, अत्यन्त कठिन है और पारङ्गत होने के लिए जहाजों की आवश्यकता होती है। अतएव जहाजों का निर्माण होता है। इसी प्रकार फलादेश सागर को पार करने के लिए आचार्यों ने प्लवरूपी फलादेश ग्रन्थ लिखे हैं। इन ग्रन्थों में बृहज्जातक की मुख्यता है। यह ग्रन्थ संक्षिप्त है, दुरूह है और सर्वविषयपूर्ण भी है जैसा वराह जी ने स्वयं कहा है—होरातन्त्रमहार्णवप्रतरणे भग्नोद्यमानामहं स्वल्पं वृत्तविचित्रमर्थबहुलं शास्त्रप्लवं प्रारभे ॥ श्लो० २ ॥

नारायणभट्टजी ने इसी भाव को स्पष्ट करने के लिए चमत्कारचिन्तामणि का उपोद्घातरूप तीसरा श्लोक लिखा है—"चतुर्लक्षज्योतिर्महाम्भोधिमुच्चैः प्रमथ्यैव—"। नारायणभट्ट त्रिस्कन्धवेत्ता-ज्योतिर्विद् थे। अतएव उन्होंने चार लाख फलितज्योतिष के ग्रन्थों का मार्मिक स्वाध्याय किया, मार्मिक परिशीलन किया, तदनन्तर इन ग्रन्थों का पूर्णतया विलोडन भी किया और अमूल्य फलरूपी रत्नों का संग्रह किया। एक-एक श्लोक में एक-एक भावस्थ ग्रहों का फल भुजंग-प्रयात छन्द द्वारा मनोहर शब्दों में वर्णित किया है। एक ही श्लोक में एक भाव का फल वर्णित करना महान् कठिन कार्य है जैसे कुम्भ में समुद्र को बन्द करना है। तो भी नारायणभट्ट ने अपने बुद्धि-वैभव से—अपने प्रकाण्ड पाण्डित्य से, अपने काव्यरचनाकौशल्य से इस अत्यन्त कठिन कार्य को मूर्तिमान कर दिखाया है। अतएव ज्योतिष के जातक प्रकरण में भावस्थित ग्रहों का फल कहने के लिए चमत्कारचिन्तामणि ग्रन्थ की सर्वत्र मान्यता है। फलादेश करने में यह ग्रन्थ बहुत ही उपयोगी है। इस ग्रन्थ द्वारा फलादेश करनेवाले दैवज्ञ सर्वत्र विजयी हो सकते हैं। इसमें प्रमाणरूप चमत्कारचिन्तामणि का अन्तिम श्लोक है।

"चमत्कारचिन्तामणौ यत् खगानां फलं कीर्तितं भट्टनारायणेन ।
पठेद्यो द्विजस्तस्य राज्ञः समक्षे प्रवक्तुं न चान्ये समर्था भवेयुः ॥"

नारायणभट्ट ने किस देश को अलंकृत किया, किस ग्राम को अपने जन्म से विभूषित किया और किस वंश को यशस्वी बनाया-आदि-आदि विषयों का

परिचय प्राप्त करने के लिए पाठकों का मनमयूर अवश्य नाच उठता है। किन्तु खेद है कि नारायणभट्ट ने पुस्तक कलेवर में ऊपर लिखे प्रश्नों पर कोई प्रकाश नहीं डाला है। प्रत्युत मौनावलम्बन से काम लिया है। अपने नाम का परिचय मात्र अवश्य दिया है। प्रत्यक्ष प्रमाण के अभाव में अनुमान का आश्रय लेना पड़ता है। नाम के साथ 'भट्ट' शब्द देने से अनुमान किया जाता है कि भट्टजी दाक्षिणात्य महाराष्ट्र ब्राह्मण होंगे। "अजा तस्य माता पिता वाहुरेव" इस श्लोक से किसी एक का अनुमान है कि इस तरह का वर्णन करनेवाले ज्योतिषी दक्षिण में ही हुए हैं—और यह लेखक मैसूर-राज्य का होना चाहिए।

चमत्कारचिन्तामणि का नाम भावचिन्तामणि भी प्रसिद्ध है।

"यह ग्रन्थ किस शताब्दी में लिखा गया है" इस विषय में भी कोई प्रत्यक्ष ऐतिहासिक प्रमाण उपलब्ध नहीं हो रहा है। यह ग्रन्थ १४वीं शताब्दी में लिखा गया होगा, ऐसा अनुमान है।

यह ग्रन्थ फलकथन में बहुत उपयोगी है और इसका तुलनात्मक स्वाध्याय और परिशीलन दैवज्ञों को करना चाहिए—इस भाव को मन में रखते हुए इसका सम्पादन किया गया है। यह सम्पादन दैवज्ञों को गर्ग आदि प्रमुख आचार्यों के मतों का परिशीलन करने का अवसर देगा और साथ ही मनोरंजन भी होगा, ऐसी संपादक की विश्वासभरी धारणा है। इस तुलनात्मक संपादन में निम्नलिखित आचार्यों और अर्वाचीन दैवज्ञों के मत प्रज्ञादृष्टि में आएँगे:—

१ वराहमिहिर, गर्गाचार्य, पराशर, वसिष्ठ, कल्याणवर्मा, वैद्यनाथ, जातककलानिधिकार, वृहद्यवनजातककार, काशीनाथ, जयदेव, जागेश्वर, पुंजराज, मंत्रेश्वर, नारायण, हरिवंश, तत्त्वप्रदीपजातककार, कश्यप, भृगुसूत्रकार, नारद, गौरीजातक, जातकमुक्तावली, ढुण्ढिराज, जीवनाथ, व्यंकटशर्मा, जातकालंकारकार आदि-आदि। सम्पादक ने यवनमत और पाश्चात्यमत भी दिया है। उपयोगी स्थलों पर विस्तृत टिप्पण भी लिखे गए हैं। उपयोगी समझकर ग्रहों का गुण-स्वभाव-स्वरूप आदि तथा कारकत्व आदि का कहीं समास से और कहीं व्यास से वर्णन किया गया है। ग्रहों का राशिफल, दृष्टिफल—और युतिफल भी लिखा गया है। इस तरह दैवज्ञों के लाभार्थ पूर्ण प्रयास किया गया है।

आशा है कि सभी प्रकार के पाठक इस सम्पादन से गुणग्राही होकर पूरा-पूरा लाभ उठायेंगे। अन्त में सम्पादक प्राचीन-अर्वाचीन ग्रन्थकारों के प्रति तथा अन्य लेखकों के प्रति अपनी हार्दिक कृतज्ञता प्रकट करता है जिनके साहाय्य से यह सम्पादन सम्पूर्ण हुआ है। इति शम्।

विनीत

व्रजबिहारीलाल

विषय-सूची

वंशपरिचयः

उपाध्यायाभिधाधारि-सुस्वरान्वयजन्मनाम् ।
श्यामचौरासीग्रामे वै मैत्रेयाणां शिरोमणिः ॥
पौराणिकेषु व्यासो वै सभाचातुर्यवान् सुधीः ।
रामनाथाभिधो विप्रः सुकेतुराज्यपूजितः ॥
तस्य पुत्रो महायोगी देवीपूजनतत्परः ।
ज्योतिर्विदां शिरोरत्नं वैद्यविद्याविशारदः ॥
हरिकृष्णाह्वयस्तस्य सूनुः विद्वद्‌जनप्रियः ।
व्रजपूर्वो बिहारी हि लालांतो द्विजसेवकः ॥
मंडीनरेशपादानां प्रसिद्धो धर्मशिक्षकः ।
शिक्षाध्यक्षः 'शास्त्री' संज्ञो न्यायाधीशश्च कर्मठः ॥
श्रीवेदांतरत्नविद्यासागरोपाधिभिर्युतः ।
चिंतामणेस्तु व्याख्यां वै कृतवान् सुमनोरमाम् ॥

मंगलाचरणम्

वंदे कर्ण्यास्यं गौरीजं वाग्देवीजानिं विघ्नेशम् ।
हर्तुं स्वप्रत्यूहध्वान्तं याचे नैर्मल्यं मेधायाः ॥
प्रणौमीश्वरीं भारतीं वारिजाक्षीं
स्वजाड्यं विहातुं विशातुं मतिं वै ॥
प्रणमामि सरोजमुखीं मतिदां
मुनिवृन्दनुतां कमलासनजाम् ।
कलध्वानयुता करकंजतले ।
सुधृता वल्लकी सुरमा हि यया ॥

कृतज्ञताप्रकाशनम्

गुरुर्ब्रह्मा गुरुर्विष्णुः गुरुः साक्षाद् महेश्वरः ।
गुरुरेव परं ब्रह्म तस्मै श्रीगुरवे नमः ॥

सम्पादक ने निःसंकोच इस सम्पादन में प्राचीन तथा अर्वाचीन फलित-ज्योतिष के ग्रन्थकारों तथा लेखकों के ग्रन्थों और लेखों का सदुपयोग किया है। अतः प्रस्तुत चमत्कारचिन्तामणि एक संग्रहग्रन्थ-सा बन गया है। सम्पादक इन सभी ग्रन्थकारों और लेखकों का ऋणी है। और विनम्र शब्दों से उनके प्रति अपनी हार्दिक कृतज्ञता प्रकट करता है। स्वान्तःसुखाय किया गया यह तुलनात्मक स्वाध्याय सभी को लाभदायक हो, सम्पादक की यह दृढ़ कामना है।

विनीत

व्रजबिहारीलाल

चमत्कार-चिन्तामणि का तुलनात्मक स्वाध्याय

सूर्य-विचार :—

सूर्य के पर्यायनाम :—रवि, सूर्य, हेली, भानुमान्, दीप्तरश्मि, विकर्तन, भास्कर, इन, अहस्कर, तपन, पूषा, अरुण, अर्क, अद्रि, वनजवनपति, दिनमणि, नलिनीविलासी, पद्मिनीश, पद्मिनीप्राणनाथ, दिवाकर, मार्तण्ड, उष्णरश्मि, उष्णांशु, प्रभाकर, विभावसु, तीष्णांशु, तीक्ष्णरश्मि, नग, नभेश्वर, ध्वांतध्वंसी, चंडभानु, चंडदीक्षिति, चित्ररथ।

सूर्य का सामान्य विशेषवर्णन—स्वरूप वर्णन :—

"मधुपिंगलदृक् चतुरस्रतनुः पित्तप्रकृतिः सविताऽल्पकचः।"
"शूरः स्तब्धः विकलतनयनः निर्घृणः अर्के तनुस्थे॥"

"कालात्मा दिनकृत्, राजानोरविः, रक्त श्यामो भास्करो वर्णस्ताम्रः, देवता वह्निः, प्रागाद्या॥ (वराहमिहिर)

अर्थ :—**रविदृष्टि**—शहद के समान लाल रंग—कड़ी धूप को देखो तो ऐसा ही प्रतीत होता है। यदि सूक्ष्मदृष्टि से धूप को देखें तो यह कुछ पीले लाल रंग की दिखती है। अतएव जिन मनुष्यों का रवि मुख्य होता है उनकी दृष्टि बहुत तीक्ष्ण होती है, आँखों के कोनों में लाल-लाल रेखाएँ अधिक होती हैं। शरीर चौकोर होता है।

रवि रूखा और उष्ण है अतः पित्तप्रकृति होना स्वाभाविक है। अल्पकचः—शरीर पर केश बहुत कम होते हैं। स्त्री राशि में सूर्य हो तो केश नहीं होते। परन्तु पुरुष राशि में हो तो केश होते हैं।

स्थान :—**देवगृह**-रवि तो पूर्णब्रह्म है अतः इसका निवास स्थान मन्दिर, वा देवगृह ही हो सकता है।

रवि का धातु तांबा है किन्तु इसका धातु सुवर्ण उचित है।

ऋतु :—ग्रीष्म।

बलवत्ता :—रवि उत्तरायण में बलवान् होता है।

आत्मा :—कालपुरुष का आत्मा रवि है।

राजा :—रवि राजा है।

रक्तश्याम :—तांबे के समान कालिमा लिए हुए लाल रंग का है।

देवता-वह्नि :—रवि की देवता अग्नि है।

दिशा :—रवि पूर्वदिशा का स्वामी है।

वर्ण :—इसका वर्ण क्षत्रिय है। यह पुरुष ग्रह है। सत्वगुणी है।

तत्व :—रवि तेज तत्व है।

रवि पाप फल भी देता है अतः इसे रजोगुणी भी मानना होगा।

रवि शौर्यप्रधान ग्रह है—इसके जातक ढीठ, निर्दयी भी होते हैं। और नेत्र रोगी भी होते हैं।

"पित्तास्थिसारोऽल्पकचश्चरक्तश्यामाकृतिः स्यात् मधुपिंगलाक्षः।
कौसुम्भवासाः चतुरस्रदेहः शूरः प्रचण्डः पृथुबाहुरर्कः॥" **मंत्रेश्वर**

अर्थ :—रवि पित्तप्रधान है—यह अस्थियों से बलवान् है। इसके केश कम होते हैं। इसका रंग कालिमा लिए हुए लाल है—इसकी आंखें शहद के समान लाल रंग की हैं। इसके वस्त्र लाल रंग के हैं। इसका देह चौकोर है। रवि शूर, तीक्ष्ण और क्रूर, है—इसकी भुजाएँ लंबी-मोटी हैं। ऐसा सूर्य का स्वरूप है।

"शूरोगभीरः चतुरः सुरूपः श्यामारुणः चाल्पक कुंतलश्च।
सुवृत्तगात्रः मधुपिंगनेत्रः मित्रो हि पित्तास्थ्यकिधो न तुंगः॥ **ढुण्डिराज**

अर्थ :—सूर्य, शूर, गंभीर, चतुर, सुन्दर और थोड़े केशों वाला होता है। इसका वर्ण (रंग) कालिमा लिए हुए लाल है। इसका शरीर गोल है। इसके नेत्र शहद के समान पीले हैं। इसकी हड्डियों में शक्ति है—यह पित्तप्रधान है। रविप्रभाव का जातक साधारणतया ऊँचा होता है। किंतु बहुत ही ऊँचा नहीं होता है।

"सूर्यो नृपो वा चतुरस्रमध्यं दिनेन्द्रदृक् स्वर्ण चतुष्पदोऽग्रः।
सत्वं स्थिरं तिक्तपशुक्षितिस्तु पित्तं जरन् पाटलमूलवन्यः॥ **मानसागर**

अर्थ :—सूर्य क्षत्रिय है—यह राजा है—यह पुरुषग्रह है। यह चतुरस्र आकार का, मध्याह्न में बली, पूर्वदिशा का स्वामी, सुवर्ण द्रव्य का अधिप, चौपायों का स्वामी, उग्र, पाप, सत्वगुणी, स्थिर, तिक्तरसप्रिय, पशुओं की भूमि में रहनेवाला, पित्तप्रधानप्रकृति, वृद्धपाटल (श्वेतरक्त मिला हुआ) वर्ण, मूल-धान्य आदि का स्वामी तथा वनचरों का स्वामी है।

"सूर्यः सपित्तः तनुकायकेशः शश्यामशोणः चतुरस्रदेहः।
शूरोऽस्थिसारः मधुपिंगलाक्षः पृथुः सुवर्णः दृढकायवान् च" ॥ **जयदेव**

अर्थ :—सूर्य पित्तप्रधान है इसके शरीर के केश बहुत छोटे होते हैं। इसका रंग कालिमा लिए हुए लाल है। इसका देह चौकोर है। यह शूर है। इसकी बलवत्ता अस्थियों में है, इसकी आँखों का रंग शहद के समान पीला है। इसका शरीर दृढ़ और मजबूत है। यह स्थूल है।

"भानुः श्यामललोहितद्युतितनुः" ॥ 'कालस्यात्मा भास्करः। दिनेशोराजा। 'भानुः श्यामलोहितः'। 'प्रकाशकौ शीतकरक्षपाकरौ'॥ 'रविः पृष्ठेनोदेति सर्वदा'।

विहगस्वरूपो वासरेशो भवति। शैलाटवी संचारी। 'ताम्रधातुस्वरूपः'। द्युचरौ अरुणौ। देवता वह्निः। 'माणिक्यं दिन नायकस्य'। स्थूलाम्बरम्। प्रागादिको भानुः। क्रीड़ास्थाने देवगृहम्। सत्वप्रधानः। 'नराकारोभानुः। अस्थि, कटु, दक्षिणायनबली। स्थिरः। **वैद्यनाथ**

अर्थ :—काल का आत्मा भास्कर (रवि) है। सूर्य राजा है। सूर्य का रंग कालिमा लिए हुए लाल है। सूर्य और चन्द्र प्रकाश देनेवाले हैं। रवि सदा पृष्ठभाग से उदय होता है। दिवसेश्वर सूर्य पक्षी जैसा है, क्योंकि इसका प्रतिदिन का भ्रमण आकाश में से होता है। वनों और पर्वतों पर चलता रहता है। इसका रंग ताँबे जैसा है। इसका देवता अग्नि है। माणिक नाम का रत्न रवि का है। इसके कपड़े मोटे-मोटे हैं। इसकी दिशा प्राची है। इसका क्रीड़ा-स्थान देवमन्दिर है। यह सत्वगुणप्रधान है। इसका आकार मनुष्यों जैसा है। यह हड्डियों के समान बहुत देर टिकाऊ है। इसकी रुचि कटुकपदार्थों में है। यह दक्षिणायन में भी बली है। उत्तरायण में तो बलवान् होता ही है। यह स्थिर है—पृथ्वी इसकी परिक्रमा करती है। सूर्य स्थिर होकर भी गतिमान् है। सारी ग्रहमाला को एकसूत्र में नियमवद्ध गति से अपने चारों ओर घुमाता है और सारे ग्रहों को एक-एक बार अपने तेज से अस्तंगत कर देता है।

अर्केण मन्द :—शनि रवि के द्वारा पराजित होता है। ऐसा वैद्यनाथ का मत है। किन्तु अनुभव इसके उलट है।

सूर्य कब बलवान् होता है :—

"स्वोच्चस्वकीयभवने स्वदृगाण के च, होरावारांशकोदयगणेषु दिनस्यमध्ये।
राशिप्रवेश समये सुहृदंशकादौ मेषेरणे दिनमणिर्बलवानजस्त्रम्॥"

अर्थ :—रवि अपनी उच्चराशि मेष में, बलवान् होता है। सिंहराशि में वली होता है। अपने द्रेष्काण और होरा में, अपने वार मे (रविवार को) दिन के मध्यभाग में अर्थात् दोपहर को, राशि में प्रवेश करते समय, अर्थात् एक राशि से दूसरी राशि में प्रवेश करते समय, मित्रग्रह के अंशों में और दशम में होते हुए बलवान् होता है। उत्तरायण में वली होता है किन्तु दक्षिणायन में भी बली होता है। बड़े-बड़े राजनीतिज्ञ नेता, कूटनीतिज्ञ डाक्टर, सर्जन, वैज्ञानिक-कवियों आदि का जन्मप्रायः दक्षिणायन में हुआ है, अतः सूर्य दक्षिणायन में भी बली होता है-ऐसा मानना होगा।

रवि के रोग :—

"सदा शिरोरुग्ज्वरवृद्धिदीपनः क्षयातिसारादिक रोगसंकुलैः।
नृपालदेवावनिदेवकिंकरैः करोति चिप्त व्यसनं दिवाकरः॥"

अर्थ :—रविप्रभावान्वित जातक को मुख्यतया निम्नलिखित रोग होते हैं :—सदैव शिरपीड़ा, बुखार की वृद्धि और तीक्ष्णता, क्षय, अतिसार आदि-आदि।

राजदण्ड से चित्त में विकार, किसी देव की अप्रतिष्ठा करने से चित्तविकार, भू-देव ब्राह्मणो के शाप से चित्त में विकार आदि-आदि ।

प्रश्न :—ये रोग किस स्थान में और किस लग्न में होते हैं ?

उत्तर :—मेष, सिंह, धनु, लग्नों में जब रवि धन-स्थान में हो, मिथुन, तुला, कुंभ लग्नों में जब रवि व्ययस्थान में हो, वृष, कन्या, मकर, लग्नों में जब रवि अष्टम में हो, कर्क, वृश्चिक, मीन लग्नों में जब रवि दशम वा षष्ठ में हो तो ऊपर लिखे रोग होते हैं ।

'अर्को व्रवतेऽरण्यचारिणः'—

रवि आत्मज्ञान का कारक है, अतः रविप्रधान व्यक्ति परमार्थ योगप्राप्त करने के लिए जंगल में एकान्तवास करते हैं-यह भाव है ।

अर्कौ व्योमदर्शिनौ :—

प्रातः उदयकाल में और संध्या को अस्त होते समय सूर्य के किरण ऊपर आकाश में दिखते हैं अतएव 'व्योमदर्शिनौ' कहना संगत है ।

रवि का राशिफल :—

मेष-बुरा, वृष-सामान्य, मिथुन-अच्छा भी, बुरा भी, कर्क—अच्छा, सिंह-बुरा, कन्या-सामान्य, तुला-बहुत अच्छा, वृश्चिक-अच्छा भी, बुरा भी, धनु-अच्छा, मकर-साधारण, कुंभ-बुरा, मीन-साधारण ।

ऊपर लिखा राशिफल स्व. ज्यो० काटवे का है—इनका मत है कि—मेष का सूर्य उच्च होकर तापदायी होता है इसलिए बुरा-ऐसा फल लिखा है । इसी तरह नीचराशि तुला का सूर्य हितकारक होता है । सिद्धांत यह निकला कि उच्चपद को प्राप्तकर व्यक्ति नीचता की ओर झुकने लगता है । अति उच्चपद पाकर तो व्यक्ति बहुत ही हानिकर होता है—यही सत्य प्रत्येक ग्रह के विषय में देखने में आता है । इसी सिद्धांत को मनमें रखकर काटवेजी ने राशिफल लिखें हैं ।

रवि का कारकत्व :—

"पितृ प्रतापारोग्य मनः शुचिरुचि ज्ञानोदय कारकः रविः ॥" **वैद्यनाथ**

अर्थ :—पिता का पराक्रम, रोगों के प्रतिकार की शक्ति, मन की पवित्रता, रुचि, ज्ञान का उद्‌गम, आत्मकल्याण इत्यादि विषयों का विचार रवि पर से करना होता है ।

बाघ, सिंह, पर्वत, ऊनी कपड़े, सोना, शास्त्र, विष से शरीर का दाह, औषध, राजा, म्लेच्छ, महासागर, मोती, वन, लकड़ी, मंत्र आदि का विचार सूर्य से करना होता है । यह मत सारावलीकार का है ।

'बृहत्पाराशरी' कार ने निम्नलिखित का कारकत्व सूर्य का माना है :—'राज्य, प्रवाल, लालवस्त्र, माणिक, शिकार खेलने के जंगल, पर्वत, क्षत्रियों के कर्म आदि-आदि ।

विद्यारण्य का मत है कि आत्मप्रभाव, शक्ति, पिता की चिंता आदि विषयों का विचार सूर्य से कर्तव्य होता है।

कालिदास के अनुसार निम्नलिखित का कारकत्व सूर्य का है :—आत्मा, शक्ति, अतिदुष्ट, किला, अच्छी शक्ति, उष्णता, प्रभाव, अग्नि, शिव की उपासना, धैर्य, काँटेदार वृक्ष, राजकृपा, कटुता, वृद्धता, गाय-भैंस आदि पशु, दुष्टता, जमीन, पिता, रुचि, आत्मप्रत्यय, ऊँचीनजर, डरपोक माँ का बच्चा, मृत्युलोक, चौकोन, अस्थि, पराक्रम, घास, कोख, दीर्घप्रयत्न, जंगल, अयन, आँख, वन में घूमना, चौपाए-पशु, राजा, प्रवास, व्यवहार, पित्त, तपस्या, गोलाई, नेत्ररोग, शरीर, लकड़ी, मनःपवित्रता, सर्वाधिकारित्व। रोगों से मोक्ष, सौराष्ट्रदेश का राजा, अलंकार, मस्तिष्क के रोग, मोती, आकाश का आधिपत्य, नाटापन, पूर्व-दिशास्वामित्व, ताँबा, रक्त, राज्य, लालकपड़ा। अंगूठी में लगनेवाले नग। खनिज के पत्थर, लोकसेवा, नदीतट, प्रवाल, मध्याह्न बलवत्ता, पूर्व, मुख, दीर्घकोप, शत्रु-विजय, सत्य, केशर, शत्रुता, मोटी रस्सी।

राशियों द्वारा सूर्य का कारकत्व :—

मेष :—क्षात्रकर्म, संघटक, फोरमैन, ताँबा, माणिक, प्रवाल, ऊनीकपड़े।

वृष :—दवाइयाँ, पशु, घास, लकड़ी, किसान, नाचना-नाट्यगृह।

मिथुन :—स्कूल मास्टर, जवाहरात, कोर्ट की भाषा।

कर्क :—बिजली, बिजलीपर चलनेवाले धंधे, नेत्रवैद्यक।

सिंह :—जौहरी, केशर, डिक्टेटर, राजा।

कन्या :—मैनेजर, गिलट, अनाज, सार्वजनिक कार्यालय।

तुला :—सिविल आफिसर, प्लेटिनम, राजदूत।

वृश्चिक :—पत्थर, लालचंदन, चंदन, कच्चारेशम, शस्त्र, शरीरशास्त्री।

धनु :—सोना, रेडियम, ज्यूरर्स, धर्मगुरु, कानून बनानेवाले।

मकर :—नगराध्यक्ष, कौंसिलर, असेम्बली, नगरपालिका, जिला वा लोकल-बोर्ड-सैक्रेटेरियट्, कौंसिल आफ स्टेट।

कुंभ :—मोटी रस्सी बनानेवाले।

मीन :—एक्सरे फोटोग्राफर, मोती, प्रदर्शिनी।

जयदेव कवि के अनुसार सूर्य का राशिफल निम्नलिखित है :—

मेष मे—विख्यात, भ्रमणशील, चतुर, अल्प द्रव्यवाला, अस्त्रधारी।

वृष मे—सुगंधित द्रव्य के वस्त्र के व्यवहार से आजीविका करनेवाला, स्त्रियों के साथ विवाद करनेवाला, गायन में रुचि रखनेवाला।

मिथुन मे—सुंदर, विद्वान्, धनी, ज्योतिःशास्त्रवेत्ता।

कर्क मे—उग्रस्वभाव, परकार्यकरणतत्पर, रोगी, अल्पविद्यावान्।

सिंह मे—मूर्ख, एकान्तवासी, बलवान्, पर्वतवास में रुचि रखनेवाला।

कन्या मे—चित्रकार, पुस्तक लेखन द्वारा आजीविका करनेवाला, विद्यावान्, स्त्री के समान शरीरवाला।

तुला मे—मद्यविक्रेता, नीचकर्मकर्ता, सुनार, संचारशील।

वृश्चिक मे—असमीक्षित कर्मकारी, अस्त्रधारी, उग्रस्वभाव, विष (अफीम आदि) के क्रय-विक्रय से धनोपार्जन करनेवाला।

धनु मे—धनाढ्य, लेखनकर्मकुशल, सज्जन तथा मान्य, उग्रस्वभाव, वैद्य।

मकर मे—मूर्ख, अल्पधनी, वणिक् , कुलानुचितकर्मकर्ता, लोभी, परसंपत्ति-भोक्ता।

कुंभ मे—पुत्रसुखरहित, निर्धन, कुलीन होकर भी नीचकर्म करनेवाला।

मीन मे—मूंगा आदि मणियों के क्रय-विक्रय से लाभ उठानेवाला, स्त्री-वल्लभ।

कल्याणवर्मा के अनुसार सूर्य का राशिफल—

मेष—सूर्य मेषराशि स्थित हो तो 'शास्त्रार्थ करने में, और विद्वत् कलाओं में विख्यात, युद्धप्रिय, उग्र, कार्यों में उद्यत, भ्रमणशील, मजबूत-हड्डीवाला, साहससाध्यकार्य में लीन, पित्त तथा रक्तव्याधि से युक्त, कांतिमान् तथा बलवान् होता है। यदि सूर्य अपने उच्चांश में हो तो जातक राजा होता है।

टिप्पणी—व्यापक अर्थ में राजा शब्द लेना चाहिए। 'राजृदीप्तौ' से बना हुआ राजन् शब्द चमत्कारातिशय का द्योतक है, कहीं उच्चाधिकार का चमत्कार, कहीं भूमिपति होने का चमत्कार और कहीं पर धनाढ्यता चमत्कार होता है।

वृष—सूर्य वृष राशि में हो तो जातक मुख और नेत्र रोगों से पीड़ित, क्लेश सहिष्णु योग्य, व्यवहारपटु, मतिमान् , वन्ध्यास्त्री का द्वेषी, भोजन, माला, गंध तथा वस्त्र से पूर्ण, गीत-वाद्य-नृत्य जाननेवाला, जल से भीत होता है।

मिथुन—मिथुन में सूर्य हो तो जातक मेधावी, मधुरभाषी, वात्सल्य-गुणयुक्त, सदाचारी, विज्ञान और शास्त्र में निपुण, बहुधनवान्, उदार, निपुण, ज्योतिर्विद् , मध्यमरूप, दो माताओं वाला, सुन्दर और विनीत होता है।

कर्क—कर्क गत सूर्य हो तो जातक काम में चंचल, राजा के समान गुणों से विख्यात, अपने पक्ष का द्वेषी, दुर्भगा स्त्री का पति, सुरूप, कफ और पित्त से पीड़ित, श्रम से दुःखी, मदिराप्रिय, धर्मात्मा, मानी, मधुरवाक् , देश-काल-दिशावेत्ता, स्थिर, मातृ-पितृ द्वेषी होता है।

सिंह—सिंहस्थ सूर्य हो तो जातक शत्रुहंता, क्रोधी, विशेष चेष्टायुक्त, वन-पर्वत और दुर्ग में घूमनेवाला। उत्साही, शूर, तेजस्वी, मांसाशी, भयानक, गंभीर, स्थिरवली, वाचाल, भूमिपालक, धनाढ्य और विख्यात होता है।

कन्या—कन्या राशि में सूर्य हो तो जातक स्त्री के समान देहवाला, लज्जायुक्त, लेखक, दुर्बल, प्रियभाषी, मेधावी, अल्पबली, विद्वान् , देव-पिता आदि गुरुजनों का सेवक, पैर दबाना आदि कामों में कुशल, वेद-गान, वाद्य में निपुण, कोमल और दीनतायुक्त वचन बोलनेवाला होता है।

तुला—तुला राशि स्थित सूर्य हो तो जातक पराजय, हानि और खर्च से पीड़ित, विदेश और मार्ग में घूमनेवाला, दुष्ट-नीच, प्रीतिहीन, स्वर्ण-लोहा आदि बेचकर आजीविका करनेवाला, द्वेषी, परकार्यरत, परस्त्री लंपट, मलिन, राजा से अनाहत और ढीठ होता है।

वृश्चिक—सूर्य वृश्चिक में हो तो जातक लड़ाई-झगड़े में रोकने पर भी न रुकनेवाला, वेदमार्ग बाह्य, झूठा, मूर्ख, स्त्रीहीन वा दुष्टा स्त्री का पति, खल, दुश्चरित्रास्त्रीवशवर्ती, क्रोधी, नीचवृत्ति, लोभी, कलहप्रिय, मिथ्याभाषी-शस्त्र-अग्नि वा विष से आहत, माता-पिता की आज्ञा न माननेवाला और कुरूप होता है।

धनु—धनु राशि का सूर्य हो तो जातक धनी, राजप्रिय, प्राज्ञ, देव-ब्राह्मण-भक्त, शस्त्र-अस्त्र तथा हस्तिशिक्षा में निपुण, व्यवहारचतुर, सज्जनपूज्य, शांत, विशाल, स्थूल और सुंदर शरीरवाला, बंधुहितकारी और बलवान् होता है।

मकर—मकरगत सूर्य हो तो जातक लोभी, चरित्रहीन स्त्री में आसक्त, नीचकर्मकर्ता, तृष्णावान्, बहुत कामों में व्यग्र, भीरु, बन्धुहीन, चंचल-प्रकृति, भ्रमणशील, निर्बल, आत्मीयजनों के विक्षोभ से सर्वनाश करनेवाला, भोजनभट्ट होता है।

कुंभ—कुंभस्थ सूर्य हो तो जातक हृदयरोगी, बली, सज्जन-निंदित, अति-क्रोधी, परस्त्रीरत, कार्यकुशल, प्रायः दुःखी रहनेवाला, अल्पधनी, शठ, मित्रता में अविश्वसनीय, मलिन, चुगुल, अनुचित प्रलाप करनेवाला होता है।

मीन—मीन में सूर्य हो तो जातक बहुत मित्रों से युक्त, स्त्री के प्रेम से सुखी, पीड़ित, बहुशत्रु-विजयी, धनी, यशस्वी और विजयी होता है। आज्ञाकारी पुत्रों से सुखी, नौकरों से सुखी, जल के व्यापार से धनी, मीठा झूठ बोलनेवाला, गुप्तरोगी, तथा बहुत भाइयों से युक्त होता है।

सूर्यपर ग्रहों की दृष्टि का फल—

मेष वा वृश्चिक—में सूर्य हो और उसपर **चन्द्रमा** की दृष्टि हो तो जातक दानी, बहुतनौकर रखनेवाला, मनोहर, स्त्रीप्रिय तथा कोमलशरीर होता है।

भौम—की दृष्टि हो तो युद्ध में अतिबलवान्, क्रूर, रक्तनेत्र और लालरङ्ग के हाथ और पैरवाला और तेजस्वी होता है।

बुध—की दृष्टि हो तो भृत्य, दूसरों के कामकरनेवाला, अल्पधनवान् निर्बल, दुःखी तथा मलिनशरीर होता है।

गुरु—की दृष्टि हो तो धनाढ्य, दाता, राजमंत्री, न्यायाधीश और श्रेष्ठ होता है।

शुक्र—की दृष्टि हो तो चरित्रहीनस्त्री का पति, बहुत शत्रुओं से युक्त, अल्पबंधुवाला, दीन और कोढ़ी होता है।

शनि—की दृष्टि हो तो कष्टयुक्त शरीरवाला, काम में उन्मत्त, बुद्धिहीन और मूर्ख होता है।

वृष वा तुला पर—स्थित सूर्य हो और उसपर **चन्द्रमा** की दृष्टि हो तो जातक वैश्यागामी, प्रियभाषी, बहुत स्त्रियों का पोषक, जल से आजीविका करनेवाला होता है।

मंगल—की दृष्टि हो तो जातक वीर, संग्रामप्रिय, तेजस्वी, साहस से धन और यश पानेवाला और विकल होता है।

बुध—की दृष्टि हो तो चित्र, लेख, काव्य, गायन आदि में निपुण और सुंदर होता है।

गुरु—की दृष्टि हो तो बहुतमित्र और बहुत शत्रुओं वाला, राजमंत्री, सुंदर नेत्रोंवाला, कान्तिमान्, तुष्ट राजा होता है।

शुक्र—की दृष्टि हो तो राजा वा राजमंत्री, स्त्री-धन-और भोग युक्त होता है। बुद्धिमान् और भीरु होता है।

शनि—की दृष्टि हो तो जातक नीच, आलसी, दरिद्र, वृद्धास्त्रीप्रेमी, स्वभाव से क्रूर **और रोगों से** पीड़ित होता है।

मिथुन और कन्या—में स्थित सूर्य पर यदि **चन्द्रदृष्टि** हो तो जातक शत्रु और बंधुओं से कष्ट पानेवाला, विदेशयात्रा से पीड़ित और बहुत विलाप करनेवाला होता है।

भौमदृष्टि—हो तो शत्रु से भय, कलहप्रिय, रण में अपयश आदि से दुःखी, दीन और लज्जायुक्त होता है।

बुधदृष्टि—हो तो राजा के समान आचरण, विख्यात, बन्धुवान्, शत्रुहीन और नेत्ररोगी होता है।

गुरुदृष्टि—हो तो बहुशास्त्रज्ञ, राजदूत, विदेशगामी, उग्र, उन्मादी होता है।

शुक्रदृष्टि— हो तो धन-स्त्री-पुत्रयुक्त, अल्पस्नेही, नीरोग, सुखी और चंचल होता है।

शनिदृष्टि—हो तो **बहुभृत्यवान्**, उद्विग्नहृदय, बन्धुपालक और धूर्त होता है।

कर्कस्थ सूर्य पर **चन्द्रदृष्टि**—हो तो जातक राजा के समान, जलव्यापार से धनी और क्रूर होता है।

भौमदृष्टि—हो तो शोकयुक्त, भगंदर रोग पीड़ित, बन्धुओं से विरक्त और चुगुलखोर होता है।

बुधदृष्टि—हो तो विद्वान्, यशस्वी, राजप्रिय, कार्यकुशल और शत्रुहीन होता है।

गुरुदृष्टि—हो तो श्रेष्ठ, राजमंत्री वा सेनापति, प्रसिद्ध तथा कलाभिज्ञ होता है।

शुक्रदृष्टि—हो तो स्त्रीभक्त, स्त्री के द्वारा धनी, परोपकारी, रणशूर और मधुरभाषी होता है।

शनिदृष्टि—हो तो कफवातपीड़ित, परधनापहारी, विपरीतमति, विपरीत चेष्टाओं वाला तथा चुगुल होता है।

सिंह राशिस्थ सूर्य पर **चन्द्रदृष्टि** हो तो—जातक मेधावी, सुशीलास्त्री का पति, कफरोगपीड़ित तथा राजप्रिय होता है।

भौमदृष्टि—हो तो जातक परनारीरत, शूर, साहसी, उद्योगी, उग्र और प्रधान पुरुष होता है।

बुधदृष्टि—हो तो जातक विद्वान्, लेखक, धूर्तसंगी, भ्रमणशील, परिजनरहित और निर्बल होता है।

गुरुदृष्टि—हो तो मंदिर, उद्यान, जलाशय बनवानेवाला, एकान्तप्रिय और महाबुद्धिमान् होता है।

शुक्रदृष्टि—हो तो कुष्ठादि रोगों से पीड़ित, निर्दयी तथा निर्लज्ज होता है।

शनिदृष्टि—हो तो स्वकार्यनाशक, **नपुंसक**, दूसरों को दुःखी करनेवाला होता है।

धनु वा मीन—पर सूर्य स्थित हो और उस पर **चन्द्र की दृष्टि** हो तो जातक वाक्यबुद्धिवैभवयुक्त, पुत्रयुक्त, राजतुल्य, शोकहीन और सुंदरशरीर वाला होता है।

भौमदृष्टि—हो तो संग्रामविजेता, स्पष्टवक्ता, धनसुखयुक्त तथा उग्र होता है।

बुधदृष्टि—हो तो प्रियभाषी, लेखक, काव्यकर्ता-सभासद, धातुज्ञाता और लोकप्रिय होता है।

गुरुदृष्टि—हो तो राजा का संबंधी वा राजा, हाथी-घोड़ा-धनवाला, विद्वान् होता है।

शुक्रदृष्टि—हो तो दिव्यस्त्री तथा गंधादि का भोक्ता और शांत होता है।

शनिदृष्टि—हो तो अपवित्र, परान्नभोजी, नीचानुरक्त तथा चतुष्पदपालक होता है।

मकर और कुंभ में स्थित—सूर्यपर चन्द्रदृष्टि हो तो छलिया, चंचलमति, स्त्रीरति से धनी तथा सुखनाशक होता है।

भौमदृष्टि—हो तो रोग तथा शत्रुपीड़ित, शत्रुकलहजन्यक्षतदेहवाला और विकल होता है।

बुधदृष्टि—हो तो नपुंसकस्वभाव, परधनहर्ता, निर्बलशरीरवाला होता है।

गुरुदृष्टि—हो तो पुण्यकर्मकर्ता, मतिमान्, सर्वाश्रय, विख्यातकीर्ति और मनस्वी होता है।

शुक्रदृष्टि—हो तो शंख, मूंगा-मणि का व्यापारी, वेश्या तथा स्त्रियों द्वारा धनी और सुखी होता है।

शनिदृष्टि—हो तो शत्रुजयी, राजा के सम्मान से वर्धितआश्वासनवाला होता है।

स्वगृह आदि—

राशि :—मे० वृ० मि० क० सिं० क० तु० वृ० ध० म० कुं० मी०
स्वामी :—मं० शु० बु० चं० सू० बु० शु० मं० बृ० श० श० बृ०
मूलत्रिकोण ग्रह—सू० चं० मं० बु० बृ० शु० श०
५ २ १ ६ ९ ७ ११
उच्च :— सू० चं० मं० बु० बृ० शु० श०
०।१० १।३ ९।२८ ५।१५ ३।५ ११।२७ ६।२०
नीच :—६।१० ७।३ ३।२८ ११।१५ ९।५ ५।२६ ०।२०

सू-बृ-शु-श के राशियों में २० अंशतक मूलत्रिकोण, बाद २१ अंश से ३० अंशतक उनकी वे स्वगृह राशियाँ हैं। वृष का ३ अंश चन्द्र का उच्च है—इसके बाद मूलत्रिकोण है। मंगल का मेषराशि के १२ अंशपर्यन्त मूलत्रिकोण है। बाद स्वगृह है। कन्या का १५ अंश बुध का उच्च है, बाद १० अंश मूलत्रिकोण है बाद ५ अंश स्वगृह है।

राहु का मूलत्रिकोण कुंभ है, मिथुन उच्च है। कन्या स्वगृह है। राहु-केतु के स्वगृह मूलत्रिकोण के विषय में ग्रंथकारों में मतभेद है।

स्वगृह आदि का प्रयोजन—भगवान् गार्गिः—

"स्वोच्चगौ रविशीतांशू जनयेतां नराधिपम्, उच्चस्थौ धनिनं ख्यातं स्वत्रिकोणगतावपि। अंधं दिगम्बरं मूर्खं परपिंडोपजीविनम्, कुर्याता मतिनीचस्थौ पुरुषं शशिभास्करौ ॥"

सूर्य योग—यदि सूर्य से १२ वें स्थान में, चंद्रमा को छोड़कर और कोई ग्रह हो तो **वोशियोग** होता है। द्वितीय स्थान में ग्रह हो तो वेशियोग होता है। दूसरे और वारहवें दोनों चन्द्र को छोड़कर, अन्य कोई ग्रह हो तो उभयचरी नामक योग होता है।

सूर्य का पीड़ाकरण प्रकार :—सूर्य अशुभ हो तो सदा अग्निरोग, ज्वरवृद्धि, जलन, क्षय, अतिसार, आदि रोगों से, एवं राजा, देव, ब्राह्मण और नौकरों से चित्त में व्यसन उत्पन्न करता है।

सूर्य की दृष्टि :—३।१० एकपाद. ५।९ द्विपाद. ४।८ त्रिपाद. ७ संपूर्ण दृष्टि.

सूर्य के मित्र—चं०-मं०-गु०		उच्चबल—	४
सम— बु०		स्वगृहबल—	२
शत्रु—शु० श०		मित्रबल—	१
तात्कालिकमित्र—बु० गु० शु० श०		सम—	१/२
तात्कालिक शत्रु—चं—मं०		शत्रु—	१/४
सूर्य का नैसर्गिक बल	६०	अस्त—	०
मूलत्रिकोण—	३	नीच—	०

ओंसर्वविघ्नहर्त्रे श्रीगणेशायनमः। श्रीसूर्यादिनवग्रहेभ्योनमः।

अथ मालवीयदैवज्ञधर्मेश्वरकृत अन्वयार्थप्रबोधप्रदीपटीकासहित

श्रीनारायणभट्ट-कृत

चमत्कार-चिन्तामणिः

[श्रीदुर्गाशरणाख्या मणिप्रभाटीका-टिप्पणी संपादकीया]

अथ ग्रन्थकर्तुः भट्टनारायणस्य मंगलाचरणम्—

"लसत् पीतपट्टाम्बरं कृष्णचन्द्रं मुदाराधयाऽऽलिङ्गितं विद्युतेव।
घनं संप्रणम्यात्र नारायणाख्यः चमत्कारचिन्तामणिं संप्रवक्ष्ये॥ १॥

अथ मालवीय दैवज्ञधर्मेश्वरस्य टीकाकर्तुः मंगलम्—

"गणेशं शिवं भास्करं रामचन्द्रं भवानीं प्रणम्याथ टीकां सुरम्याम्।
चमत्कारचिन्तामणेः दैववेदिप्रबोधाय धर्मेश्वरः संब्रवीति॥

अथ अन्वयार्थ प्रबोधप्रदीपटीका प्रारभ्यते—'लसत्' इति—

सं० टी०—अथ लग्नकुंडलिकायां जातकोक्तभाव-फल-ज्ञानाय चमत्कारचिन्तामणिं विवक्षुः नारायणाचार्यः प्रारीप्सित निर्विघ्नपरिसमाप्त्यर्थं श्रीकृष्ण प्रणाम रूपं मंगलमाचरन् शिष्यशिक्षायै निबध्नाति-लसत्पीतादिः—

अत्रअस्मिन्ग्रन्थप्रारंभसमये नारायणनामा आचार्यः अहं लसत् शोभितं पीतवर्णं पट्टाम्बरं यस्य तं विद्युताघनंमेघमिव राधया आलिंगितं कृष्णचन्द्रं चन्द्रमिव आल्हादकं श्रीकृष्णं संप्रणम्य कायवाङ् मनोभिः नत्वा चमत्कारचिन्तामणि नामानं ग्रन्थं संप्रवक्ष्ये सम्यक् प्रकारेण रचयामि इत्यर्थः॥ १॥

अथ दुर्गाशरणाख्या मणिप्रभाहिन्दीटीका—हिन्दी-टिप्पणीकर्तुः संपादकस्य मंगलाचरणम्—

"दुर्गैव शरणं लोके दुर्गैव शरणं मम।
दुर्गे! देवि! नमस्तुभ्यं देहि मे प्रखरां धियम्॥

दुर्गाशरणाख्यामणिप्रभा हिन्दीटीका—

मैं नारायणभट्ट चमत्कारचिन्तामणि नामक फलितग्रन्थ के प्रारम्भ में, इस ग्रन्थ की निर्विघ्न समाप्ति के लिए श्रीकृष्णचन्द्रजी के चरणों में काय-वाणी तथा मनसे प्रणाम करता हूँ। श्रीराधाजी श्रीकृष्णचन्द्रजी को जब अपना आलिंगन देती हैं तो ऐसा प्रतीत होता है कि जैसे विद्युत् और नीलवर्ण वर्षा-ऋतु के बादल का परस्पर आलिंगन हुआ हो। वर्षाकाल में जब नीलवर्ण के जलभरे हुए बादल आकाश में फैलते हैं और उनमें रह-रहकर बिजली चमकती है तो एक अद्भुत दृश्यदृष्टि गोचर होता है।

इसभाव का मूर्तिमान् चित्रण करने के लिए कवि ने श्रीकृष्णजी को घन से उपमित किया है और श्रीराधिकाजी को चमकती हुई बिजली से उपमित किया है। श्रीकृष्णजी के स्वरूप के विषय में नीलवर्ण बादलों का सादृश्य है और श्रीराधिकाजी की अनुपम मुखकान्ति को द्योतित करने के लिए पीतवर्णा बिजली का सादृश्य बताया है। और यह शब्दचित्र भक्तों के मन में असीमित आनन्द और आल्हाद का जनक है। इस नमस्कारात्मक-मंगलाचरण से भट्टजी ने अपने को युगलमूर्ति श्रीराधाकृष्णजी का उपासक स्पष्टतया सूचित किया है। 'मुदा' शब्द से भट्टजी ने श्रीराधिकाजी की 'आल्हादिनी' शक्ति का स्मरण किया है। सत्चित्-आनन्द-स्वरूप परब्रह्म श्रीकृष्णजी का सम्मिलन-अघटित घटना पटीयसी मायारूपा आह्लादिनी शक्ति श्रीराधिकाजी से त्रिकालाबाधित तथा नित्य है—यह **'आलिङ्गन' शब्द** से सूचित किया है ॥ १ ॥

चमत्कारचिन्तामणि ग्रन्थ के टीकाकार दैवज्ञ धर्मेश्वर हैं। इन्होंने अपनी 'अन्वयार्थ प्रबोधप्रदीप नामक अत्यंत संक्षिप्त टीका की निर्विघ्न परिसमाप्ति के लिए नमस्कारात्मक मङ्गलाचरण 'गणेशमित्यादि' श्लोक से किया है :—

मैंने (धर्मेश्वर ने) दैवज्ञों को चमत्कारचिन्तामणि ग्रन्थ का यथावत् अर्थ समझाने के लिए यह मनोरम टीका लिखी है। इस टीका की समाप्ति निर्विघ्नतया हो—इस निमित्त मैं इस रचना के प्रारम्भ में श्रीगणेशजी, श्रीशिवजी श्रीसूर्य-नारायणजी, श्रीरामचन्द्रजी तथा श्रीभवानीजी को **प्रणाम करता हूँ।**

दुर्गाशरणाख्यामणिप्रभा हिन्दी टिप्पणी—

प्राचीनकाल से ग्रन्थ के प्रारम्भ में मङ्गलाचरणात्मक श्लोक लिखने की परिपाटी चली आ रही है। इस मङ्गलाचरण का प्रयोजन ग्रन्थ की निर्विघ्न समाप्ति तथा शिष्टाचार है। न्यायसिद्धान्तमुक्तावली के प्रारम्भ में इस विषय पर बहुत ऊहापोह के साथ यह निर्णय किया गया है कि मङ्गलाचरण आवश्यक तथा कर्तव्य है।

श्रीपतंजलिकृत महाभाष्य के प्रारम्भ में मङ्गलाचरण की कर्तव्यता पर भारी बल दिया गया है। अतएव ग्रन्थकर्ता, टीकाकर्ता तथा संपादनकर्ता ने शिष्टाचारानुसार मङ्गलाचरणात्मक श्लोक लिखे हैं।

श्रीभट्टजी ने अपने मङ्गलाचरणात्मक श्लोकद्वारा श्रीराधाकृष्णमूर्ति का शब्दचित्रण किया है। जब नवनीरद बादलों में बिजली कौंधती है तो काले-नीले बादल एक अनूठा दृश्य उपस्थित करते हैं। इसी तरह जब श्रीराधाजी प्रेमवश सर्वभक्तजन चित्ताह्लादक श्रीकृष्णजी को आलिङ्गन देती हैं तो प्रकृति-पुरुष के मिलाप को देखकर भक्तजनों का चित्त आनन्द से नाच उठता है। यहाँ पर श्रीराधाजी की उपमा विद्युत् से की गई है और श्रीकृष्णजी को नूतन जलधर से उपमित किया गया है। चमत्कार और पीतता साधारण धर्म हैं।

पुनः बालगोविन्द भजनपूर्वकं पूर्वोक्तं मुकुन्दं प्रकटयति-क्वणदिति—

"क्वणत् किंकिणीजाल कोलाहलाढ्यं लसत् पीतवासोवसानं चलंतम् ।
यशोदांगणे योगिनामप्यगम्यं भजेऽहं मुकुन्दं घनश्यामवर्णम्" ॥२॥

सं० टी०—क्वणतः शब्दायमानस्य किंकिणीजालस्य कटिबद्धक्षुद्रघंटिकासमूहस्य कोलाहलेन झणत्कारेण आढ्यं युतं तद्शब्देन तद्ध्यानसं वा, लसत् पीतवासो वसानं शोभमानं पीताम्बरं धारयन्तं, योगिनां अपि अगम्यं प्राप्तुं अशक्यं अपि, यशोदांगणे चलन्तं गच्छतं घनवत् श्यामवर्णं कृष्णरूपं, मुकुन्दं अहं भजे; योगिभिः अप्राप्यं यशोदांगणे पर्यटन्तं श्रीकृष्णं मनसा स्मरामि—इति स्वमहद्भाग्यातिशयोक्तिः ॥ २ ॥

हि० टी०—योगिजन कठिन तपस्या तथा हठयोग-भक्तियोग, ज्ञानयोग आदि से ब्रह्मप्राप्ति के लिए—ब्रह्म को आत्मसात् करने के लिए सतत यत्नशील रहते हैं—और यह इनका योगाभ्यास शताब्दियों तक चलता रहता है तो भी परमब्रह्म प्राप्ति में असफल प्रयत्न रहते हैं। किन्तु वही परब्रह्म भगवान् भक्तप्रेमवशीभूत होकर माता यशोदा के आँगन में पीताम्बर पहिरे हुए और पाओं में कर्णमनोहर शब्द करनेवाली क्षुद्रघंटिका पहिर कर इधर-उधर दौड़ते फिरते हैं—ऐसे भगवान् कृष्ण का मानसिक स्मरण मैं करता हूँ—यह स्मरण मेरे भाग्यातिशय का सूचक है।

इस तरह नारायणभट्ट ने दूसरा नमस्कारात्मक मंगलाचरण किया है।

टिप्पणी—मंगलाचरण तीन प्रकार का है:—(१) वस्तुनिर्देशात्मक, (२) आशीर्वादात्मक, (३) नमस्कारात्मक। प्रस्तुत पुस्तक में भट्टजी ने नमस्कारात्मक मंगलाचरण किया है।

दूसरे श्लोक से ग्रन्थकार ने श्रीकृष्णजी के बालभाव का शब्द-चित्रण प्रस्तुत किया है। मेरा विश्वास है कि श्रीकृष्णजी का रंग काला नहीं था, प्रत्युत श्याम था, जिसका अर्थ है 'वर्षा देने के लिए तैयार, पानीवाले कालिमा और नीलिमा लिए हुए वर्षाऋतु के बादल। कवियों और भक्तों ने श्रीकृष्णजी की मुखच्छवि का वर्णन करते हुए "नवनीरुदाभम्" ॥ "नूतनजलधररुचये" आदि-आदि विशेषणों का उपयोग किया है।

अथ प्रयोजनग्रंथं विशिनष्टि—'चतुर्लक्षेति :—

"चतुर्लक्षज्योतिर्महांबोधिमुच्चैः प्रमथ्यैव विद्वद्जनानन्दहेतोः ।
परं युक्तिरम्यं सुसंक्षिप्तशब्दं भुजंगप्रयातैः प्रबन्धं करोमि" ॥ ३ ॥

सं० टी०—महान् बोधः ज्ञानं यस्मात् तत् चतुर्लक्षमितं ज्योतिःशास्त्रं उच्चैरेव प्रमथ्यैव सम्यग् विचार्य विद्वद्जनानां दैवज्ञानां आनन्द हेतोः सुखार्थं परं श्रेष्ठं युक्तिभिः पदलालित्यैः च रम्यं सुंदरं संक्षिप्तशब्दं अबहुविस्तरं भुजंगप्रयातैः "भुजंगप्रयातो भवेद् यैः चतुर्भिः" इति लक्षणकैः भुजंगप्रयाताख्य छन्दोभिः प्रबन्धं चमत्कारचिन्तामणिरूपं करोमि। "लहु जीहापटै सो विलहु"

इति पिंगलोक्तत्वात् आद्यपादेछंदोभंगः शंकनीयः। "चतुर्लक्षिकं ज्योतिषं भूरिभेदम्"। इत्येवं वा प्रथमः पादः पठनीयः॥ ३॥

हि० टी०—तीसरे श्लोक से भट्टजी ने अपने नए प्रबन्ध के रचने का प्रयोजन बतलाया है। ज्योतिःशास्त्र चारलाख है—यह एक ज्ञान का अनंतपार समुद्र है—इस समुद्र को तैरकर पार कर लेना असंभव नहीं तो कठिन अवश्य है। जैसे देव और असुरों ने समुद्र का मंथन करके चौदहरत्न निकाले थे जिनमें एक अमृत भी था—इसी भाँति चतुर्लक्षमित ज्योतिःशास्त्ररूपी महार्णव का खूब मंथन करके चमत्कारचिन्तामणि नामक प्रबंध रत्न निकाला गया है—अर्थात् चमत्कारचिन्तामणि नामक प्रबंध की रचना की गई है। इसकी रचना में व्यास और विस्तार नहीं किया गया प्रत्युत समास और शब्द संक्षेप से काम लिया गया है। संक्षित होता हुआ भी यह प्रबंध गंभीरार्थक है—ललितशब्दों से तथा युक्तियों से इस प्रबंध को अर्थगौरवान्वित किया गया है। ताकि इसके स्वाध्याय से दैवज्ञ लोगों का चित्त आनन्दित और अन्तः, सुखित हो। इस संक्षिप्त प्रबंध की रचना में भुजंगप्रयात छन्द को उपयोग में लाया गया है। चारलाख ज्योतिःशास्त्र से १०८ श्लोकों द्वारा संपूर्ण भावफल को बतला देना—भट्टजी की बुद्धि का महान् वैभव है॥ ३॥

टिप्पणी—श्री नारायणभट्ट कब और कहाँ हुए और इन्होंने चमत्कारचिन्तामणि प्रबंध का निर्माण कहाँ पर किया, इस विषय में कोई प्रत्यक्ष प्रमाण तो दृष्टिगोचर नहीं होता है क्योंकि भट्टजी ने प्रबंध के आदि वा अन्त में अपने बारे में कोई संकेत नहीं दिया है। नाम के साथ 'भट्ट' शब्द का प्रयोग किया गया है। इससे कई एक का अनुमान है कि ग्रन्थकर्ता दाक्षिणात्य महाराष्ट्र ब्राह्मण है। समय के विषय में भी अनुमान है कि ग्रन्थकर्ता मैसूर राज्य का होना चाहिए। और चमत्कारचिन्तामणि प्रबंध का लेखन १४ वीं शताब्दि में होना चाहिए।

अब प्रश्न यह है कि क्या १४ वीं शताब्दि में चारलाख पाठ के ज्योतिःशास्त्र ग्रन्थ उपलब्ध थे, जिनका सतत स्वाध्याय द्वारा मंथन किया गया और चमत्कारचिन्तामणि नामक ग्रन्थ रचा गया, और दैवज्ञ जनता के उपयोग में लाने के लिए प्रस्तुत किया गया। इस समय प्रकाशित तथा अप्रकाशित ग्रंथों का-विशेषतः फलितविषयक ग्रन्थों का कितना मूलपाठ है, इसका अन्वेषण किसी एक प्रकाण्ड ज्योतिःशास्त्रवेत्ता के सपुर्द होना चाहिए, अथवा ज्योतिर्विंदों की सभा के सपुर्द होना चाहिए ताकि 'चतुर्लक्षमितं शास्त्रम्" यह जो प्रायोवाद ज्योतिःशास्त्र के विषय में प्रसिद्ध है इसकी प्रामाणिकता भी प्रमाण की कसौटी पर चढ़ जाए।

यह तो प्रसिद्ध ही है कि यवनों ने अपनी राज्यसत्ता के उन्माद में और अपने धर्मोन्माद के वशीभूत होकर आर्यसंस्कृति को, हिन्दुसभ्यता को, आर्य-

ग्रन्थों को नष्ट-भ्रष्ट करने के लिए एड़ी-चोटी का जोर लगाया था और राज्य-सत्ता का दुरुपयोग करते हुए आर्यग्रन्थों को अग्निसात् किया था। क्या ऐसी परिस्थिति में भी ज्योतिःशास्त्र के चारलाख पाठ के ग्रन्थ बच गए थे? इसमें क्या प्रमाण है। मेरा तात्पर्य सन्देह उत्पन्न करने का नहीं है। प्रत्युत प्रायोवाद की मूलभित्ति प्रामाणिक है—यह निश्चित करने की दिशा में है। आशा है अन्वेषक लोग इस ओर भी कुछ ध्यान देंगे।

अथ ग्रहभावफलं कथयामीति प्रतिजानीते—'न चेत् इत्यादिः'—

"न चेत् खेचराः स्थापिताः किं भचक्रे न चेत् स्पष्टगाः स्थापिताः किं ग्रहेन्द्रैः। अभावोदिता स्पष्टताकोऽत्रहेतुः फलैरेवपूर्वं ब्रुवे तानि तस्मात्'' ॥ ४ ॥

सं० टी०—न चेदिति—भचक्रस्थाः खेचराः ग्रहाः न चेत् स्थापिताः भचक्रे राशिमण्डले किं, न किंचित् फलमित्यर्थः। तथा ग्रहाः अपि स्पष्टगाः दृग्गणितसाधिताः न चेत्, स्थापितैः ग्रहेन्द्रैः किम्? अभावोदिताः भावस्पष्टीकृतं विना साधिताः ग्रहस्पष्टतापि काचन किंचित्कराः इत्यर्थः। तस्मात् आदौ स्पष्टाः खेचराः तत्वादिभावाश्च साध्या इतिभावः। अथ ग्रह-भाव-स्पष्टीकरणे हेतुः प्रयोजनं च उच्यते इति शेषः। अतः फलैः एव जंतोः सर्वं ज्ञायते तस्मात् तानिग्रहभावफलानि ब्रुवे कथयामि ॥ ४ ॥

हि० टी०—भट्टजी ने पंचमश्लोक द्वारा ग्रहस्पष्ट तथा भावस्पष्ट अवश्य ही करने चाहिए, क्योंकि ऐसा किए विना फलादेश किया गया ठीक नहीं उतरेगा और ज्योतिःशास्त्र पर 'असत्यता' का आरोप किया जावेगा—यह बात कही है। भट्टजी के कथन का तात्पर्य है—कि जन्मपत्र में केवल जन्मकुण्डली और राशिकुण्डली का लगाना ही काफी नहीं होगा–प्रत्युत दैवज्ञ को चाहिए कि ग्रहस्पष्ट और भावस्पष्ट भी लगाए और तदनन्तर फलकथन की ओर अपना ध्यान दे। अन्यथा भविष्यकथन मिथ्या होगा जिससे दैवज्ञ के व्यक्तित्व पर और ज्योतिःशास्त्र पर मिथ्या होने का दोषारोपण होगा—जिसका परिणाम अत्यन्त अवांछनीय होगा ॥ ४ ॥

टिप्पणी—कुछ समय से ज्योतिषीलोग जन्मपत्र बनाते समय आवश्यक गणित से बचने की इच्छा से जन्मकुण्डली और चन्द्रकुण्डली ही लगाते हैं—और यदि आवश्यक हुआ तो विंशोत्तरीदशा भी लगा देते हैं। इसी के सहारे जातक का भविष्य सूचित करते हैं। किन्तु यह परिपाटी भ्रान्तिग्रस्त है। ग्रहों का स्पष्ट करना भावों का स्पष्ट करना अत्यन्त आवश्यक है। इन सबके सहारे पर ही भविष्य का कथन किया जा सकता है। अतः फलकथन करने वाले दैवज्ञों को भट्टजी के कथन पर ध्यान देना चाहिए। अन्यथा ज्योतिष-शास्त्र पर से विश्वास उठ जाएगा–इस समय भी लोग ज्योतिष और ज्योतिषियों को झूठा समझते हैं, इस अवांछनीय परिस्थिति की जिम्मेदारी ज्योतिषियों पर है।

श्रीभट्टनारायणजी ने ग्रहफल और भावफल को प्रधानता दी है, ग्रह ९ हैं और भाव १२ हैं। चमत्कारचिन्तामणि प्रबंध की रचना भावफल-वर्णन के लिए की गई है। नवग्रहों में से प्रथम ग्रह सूर्य है। अतः सूर्य के भावफल द्वारा ग्रन्थ का प्रारंभ किया जा रहा है "तनुस्थः" इस श्लोक से।

सूर्यफलम्—

"तनुस्थो रविः तुंगयष्टिं विधत्ते मनः संतपेत् दारदायादवर्गात्।
वपुः पीड्यते वातपित्तेन नित्यं स वै पर्यटन् ह्रासवृद्धिं प्रयाति" ॥१॥

अन्वय :—"तनुस्थः रविः तुंगयष्टिं विधत्ते, दारदायादवर्गात् मनः संतपेत्। नित्यं वपुः वातपित्तेन पीड्यते, सः वै पर्यटन् ह्रास-वृद्धिं प्रयाति ॥ १ ॥

सं० टी०—यस्य तनुस्थः लग्नस्थः रविः तस्य तुंगयष्टिं उच्चरूपं विधत्ते। दारदायाद वर्गात् स्त्री-पुत्रादि समूहात् मनः संतपेत् संतापं प्राप्नुयात्। वातपित्तेन वायुयुतपित्तेन वपुः शरीरं पीड्यते। तथा सः पुरुषः पर्यटन् देशान्तरं गच्छन् नित्यं निश्चितं ह्रास-वृद्धिं धनन्यूनाधिकत्वे प्रयाति प्राप्नोति ॥ १ ॥

हि० टी०—जिस मनुष्य के जन्मलग्न में सूर्य हो वह लम्बे ऊंचे कद का होता है। स्त्री-पुत्र-बन्धु आदियों से उसका मन दुःखी रहता है। सर्वदा उसका शरीर वातपित्तरोग से पीड़ित रहता है। वह परदेश में जाता है और इसे धन का सुख कभी उत्तम रहता है और कभी धन का कष्ट भी बढ़कर रहता है ॥ १ ॥

तुलना— "यदा लग्नस्थानं गतवति रवौ यस्य जनने,
तपेत् कांतावर्गात् निजसहजवर्गादपि मनः।
वपुः कष्टं पित्तानिलरुधिररोगेण परमं,
विदेशव्यापाराद् व्रजति धनमल्पत्वमभितः।" **जीवनाथ**

अर्थ—जिस मनुष्य के जन्म समय में सूर्य तनुभाव में हो वह स्त्रियों से तथा भाई-बन्धुओं से संतप्त होता है। पित्त, वायु और रक्तविकार के रोग से शरीर में कष्ट, तथा विदेश में व्यापार से धन की क्षति होती है।

"मार्तण्डोयदि लग्नगोऽल्पतनयो जातः सुखी निर्घृणः,
स्वल्पाशी विकलेक्षणो रणतलश्लाघी सुशीलो नटः।
ज्ञानाचाररतः सुलोचनयशः स्वातंत्र्यकस्तूच्चगे,
मीने स्त्रीजनसेवितः हरिगते रात्र्यंधको वीर्यवान् ॥" **वैद्यनाथ**

अर्थ—रवि लग्न में हो तो संतति कम होती है। जन्म से ही सुखी, निर्दय, कम खानेवाला, चक्षुरोगी, युद्ध में आगे होकर लड़नेवाला, सुशील, नट, ज्ञान और आचार में मग्न, सुहावनी आँखोंवाला, सब कामों में यशस्वी, स्वतंत्रता से ऊँची जगह पानेवाला होता है यह सूर्य मीन में हो तो बहुत स्त्रियों से सम्बन्ध होता है। सिंह में हो तो रतौंधी रोग होता है। जातक बलवान् होता है।

टिप्पणी—"अल्प संतान का होना" यह फल रवि पुरुषराशि में हो तो अनुभव में आता है। यह रवि स्त्रीराशि में हो संतति अच्छी संख्या में होती है। रवि स्त्रीराशि में हो तो जातक सुखी रहता है। यदि पुरुषराशि का रवि हो तो कोई न कोई दुःख लगा रहता है। या तो संतति का अभाव, अथवा शरीर में कष्ट रहता है। स्त्रीराशि का रवि हो तो जातक अल्पाशी होता है। मेष, सिंह और धनु में रवि हो तो जातक विकलेक्षण होता है। युद्ध में अग्रणी होना और सुशील होना, ये फल भी इन्हीं राशियों के हैं।

यदि रवि मिथुन, कर्क, सिंह, तुला, धनु, मकर, कुंभ और मीन में हो तो जातक नट हो सकता है, यदि रवि कर्क, वृश्चिक, धनु और मीन में हो तो जातक ज्ञानी और सदाचारी होता है। स्त्रीराशि का रवि सुलोचनतादायक होता है। यदि रवि मेष, कर्क, सिंह, वृश्चिक वा धनु में हो तो जातक यशस्वी होता है। यदि रवि कर्क, वृश्चिक वा मीन में हो तो जातक स्वतन्त्रता से ऊँची जगह अधिकता से पाता है। मेष, मिथुन, सिंह, तुला, धनु वा कुंभ में रवि हो तो साधारण तौरपर स्वतन्त्रता से ऊँची जगह पाता है। वृष, कन्या तथा मकर में रवि, हो तो प्रायः ऐसा बहुत ही कम होता है। पुरुषराशि का रवि हो तो जातक आरंभ से ही स्वतन्त्र रहता है। स्त्रीराशि का रवि हो तो जातक प्रथम नौकरी करता है और तदनन्तर स्वतंत्र होता है। यदि रवि अकेला हो तो जातक अनेक स्त्रियों का उपभोक्ता नहीं होता—यदि इसके साथ शुक्र हो तो ऐसा होता है। 'मेष, सिंह और धनु में रवि हो तो जातक को प्रबल कामेच्छा होती है और यह दिन में भी होती है। मिथुन, तुला और कुंभ में साधारण कामवासना होती है। वीर्यवान् होने का मतलब यही है।

"सवितरि तनुसंस्थे शैशवे व्याधियुक्तो नयनगदसुदुःखी नीचसेवानुरक्तः।
न भवति गृहमेधी दैवयुक्तो मनुष्यो भ्रमति विकलमूर्तिः पुत्रपौत्रैः विहीनः॥

मानसागर

अर्थ—जिसके जन्मसमय में सूर्य लग्नभाव (तनुभाव) में हो वह बाल अवस्था में रोगी होता है। इसे आँखों के विकार होते हैं। यह नीच लोगों की नौकरी करता है। यह एकजगह घर बसाकर नहीं रहता है। और हमेशा भटकता फिरता है। दैववशात् इसे पुत्र और पौत्र नहीं होते।

टिप्पणी—मेष, सिंह वा धनु में रवि हो तो बचपन में शीतला आदि रोग होते हैं। वृष, कन्या और मकर में रवि हो तो नेत्ररोग होते हैं। मिथुन, तुला और कुंभ में मलेरिया, सूखा और भूतबाधा होना संभवित है। कर्क, वृश्चिक और मीन में रवि के होने से प्रदर, खाँसी, संग्रहणी आदि रोग होते हैं। वृष, कन्या वा मकर में रवि हो तो जातक नीचों की नौकरी करता है।

"लग्नेऽर्केऽल्पकचः क्रियालसतमः क्रोधी प्रचण्डोन्नतः,
मानी लोचनरूक्षकः कृशतनुः शूरोऽक्षमो निर्घृणः।

स्फोटाक्षः शशिभे क्रिये सतिमिरः सिंहे निशान्धः पुमान्,
दारिद्र्योपहतः विनष्टतनयः जातः तुलायां भवेत् ॥ **मंत्रेश्वर**

अर्थ—यदि जन्म के समय सूर्य लग्न में हो तो जातक बहुत थोड़े केशोंवाला, कार्य करने में आलसी, क्रोधी, प्रचण्ड, लम्बा, मानी, शूर, क्रूर और क्षमा न करने वाला होता है। इसके नेत्र रूखे होते हैं। यदि जन्मलग्न कर्क हो और इसमें सूर्य हो तो जातक स्फोटाक्ष होता है। यदि मेषस्थ सूर्य लग्न में हो तो भी इसे नेत्ररोग होते हैं। अर्थात् तिमिर रोग होता है। यदि सिंह राशि का सूर्य लग्न में हो तो जातक को रतौंधी रोग होता है अर्थात् इसे रात्रि में कुछ नज़र नहीं आता। यदि तुला राशि का सूर्य लग्न में हो तो बहुत बुरेफल अनुभव में आते हैं। जातक दरिद्र होता है और इसके पुत्र नष्ट हो जाते हैं।

टिप्पणी—महेश और मंत्रेश्वर के फल एक जैसे हैं अतः महेश का फल लेखनीवद्ध नहीं किया गया है!

"लग्नगः सम्शखेटस्तदा लागरः कामिनीदूषितो दुष्प्रजो वै यदा।
पण्यरामारतो राशिमीजान् गतो मानहीनोऽथ हीर्षी विद्दष्टिः पुमान् ॥ **खानखाना**

अर्थ—जिसके जन्मलग्न में सूर्य हो वह जातक शरीर से दुवला, स्त्रियों से दूषित, दुष्टसंतानवाला, वाजार और वाटिका में टहलनेवाला और वेश्या में आसक्त रहनेवाला होता है।

यह सूर्य यदि अपनी नीचराशि तुला में हो तो जातक ईर्ष्यालु और खराब नजरवाला होता है।

टिप्पणी—मूल श्लोक में 'तुंगयष्टिः' विशेषण का अर्थ टीकाकार ने "उच्चरूप" किया है। 'तुंगयष्टिः' के स्थान में 'तुंगदेहः' भी हो सकता था, किन्तु भट्टजी ने किसी बिशेष अर्थ को प्रकट करने के लिए 'तुंगयष्टिः' ही विशेषण दिया है। 'तुंग का अर्थ ऊँचा' और 'यष्टि' का साधारण अर्थ 'देह' होता है, उच्चस्थान को 'तुंग' कहा जाता है—उच्चग्रह को 'तुंगी' कहा जाता है। यष्टि (लकड़ी) सीधी और दृढ़ (मजबूत) होती है। इस तरह समुचित अर्थ 'लम्बा, ऊँचा और दृढ़ शरीर वाला' यह अर्थ सुसंगत है। केवल 'ऊँचा रूप' अर्थ ठीक प्रतीत नहीं होता है। सूर्य की ऊँचाई को देखकर 'तुंग' शब्द का प्रयोग किया गया है। ऐसा अनुमान है। मंत्रेश्वरजी ने 'कृशतनुः' विशेषण का उपयोग किया है। सूर्य अतितेजस्वी, अग्नितत्वप्रधान, तीक्ष्णकिरण ग्रह है। अग्नितत्वप्रधान व्यक्ति प्रायः स्थूलकाय नहीं होते, प्रत्युत अस्थिसार छरहरे शरीर के होते हैं। अतः 'कृशतनुः' विशेषण उपयुक्त है। 'ह्रासवृद्धिं प्रयाति' का अर्थ घटजाना और बढ़जाना ठीक है। विदेश में जाकर व्यापार करनेवाले व्यापारी की आर्थिक परिस्थिति सदैव एक जैसी नहीं रह सकती। व्यापार में सदा लाभ ही नहीं होता प्रत्युत आर्थिक हीनता, आर्थिकह्रास के अवसर भी आते हैं। क्योंकि व्यापार तो बाजार की ऊँची-नीची परिस्थिति पर चालू रहता है।

विदेश में व्यापारी का स्वास्थ्य भी एक जैसा नहीं रहता, जलवायु-आहार-विहार की अनुकूलता तथा प्रतिकूलता पर निर्भर रहनेवाला स्वास्थ्य कभी उपचय में आएगा और कभी अनुपचय में जाएगा-इसी कारण परदेश में भ्रमण करनेवाला व्यापारी सौदागर शरीर में ह्रास और वृद्धि को प्राप्त होता रहता है और होता रहेगा। लग्नस्थसूर्य के प्रभाव में आया हुआ और परदेश में पर्यटन करता हुआ जातक एक स्थान में घर बसाकर रहनेवाला तो होता नहीं है, तो इसका स्वास्थ्य एक जैसा सदैव नैरोग्यवान् क्योंकर रह सकता है। अतएव इसे कभी वायु के रोग और कभी पित्त के रोग होते रहते हैं। इस तरह इसका शरीर कभी नीरोग तो कभी वात-पित्त के रोगों से पीड़ित होता है।

मूल में 'दार दायाद वर्गात् सन्तपेत्' ऐसा पाठ है–दार-दारा का अर्थ स्त्री और दायाद का अर्थ 'सुत और बान्धव' 'दायादौ सुतबान्धवौ' अमरकोश। लग्नस्थसूर्य का जातक स्त्रीसुख, पुत्रसुख तथा बन्धुसुख से वञ्चित रहता है। उग्रस्वभाव की कटुभाषिणी स्त्री गृहस्थ-सुख होने नहीं देती। सौमनस्यहीन, वैमनस्ययुक्त, आज्ञा का पालन न करनेवाले पुत्र भी जीवन को कण्टकमय बना देते हैं। इसी तरह बान्धवलोग भी विपत्ति में सहायक न होकर जीवन को दुःखपूर्ण कर देते हैं–इस कारण लग्नवर्ती सूर्य के प्रभाव में आया हुआ जातक सदैव सन्तप्त रहता है।

लग्नस्थित रविफल–भृगुसूत्र—आरोग्यंभवति, पित्तप्रकृतिः, नेत्ररोगी, मेधावी, सदाचारी वा उष्णोदरवान्। मूर्खः, पुत्रहीनः, तीक्ष्णबुद्धिः, अल्पभाषी, प्रवासशीलः, सुखी, स्वोच्चे कीर्तिमान्, बलिनिरीक्षितेविद्वान्, नीचेप्रतापवान्, ज्ञानद्वेषी, दरिद्रः, अन्धकः। शुभदृष्टे न दोषः। सिंहे स्वांशेनाथः, कुलीरे ज्ञानवान्। रोगी, बुद्बुदाक्षः, मकरे हृद्रोगी। मीने स्त्रीजनसेवी। कन्यायां रवौ कन्याप्रजः। दारहीनः, कृतघ्नश्च, क्षेत्री, शुभयुक्तः, आरोग्यवान्। पापयुते, शत्रु-नीचक्षेत्रे तृतीये वर्षे ज्वरपीडा, शुभदृष्टे न दोषः।

अर्थ—जिस जातक के जन्मसमय में लग्न में सूर्य हो वह नीरोग होता है–वह पित्तप्रकृति का होता है। वह नेत्ररोगी, मेधावी, सदाचारी होता है। इसका उदर उष्ण रहता है। जातक मूर्ख, पुत्रहीन, तीक्ष्णबुद्धि, अल्पभाषी, सुखी, तथा परदेश में जानेवाला होता है। यदि यह लग्नस्थ सूर्य अपनी उच्चराशि (मेष) में हो तो जातक यशस्वी होता है। यदि इस सूर्य पर किसी बलवान् ग्रह की दृष्टि हो तो जातक विद्वान् होता है। यदि यह सूर्य अपनी नीचराशि (तुला) में हो तो जातक प्रतापी होता है। जातक ज्ञानवान् से द्वेष करनेवाला दरिद्री तथा अंधक होता है। किन्तु शुभग्रह-दृष्टि हो तो ये बुरे फल नहीं होते हैं। स्वराशि सिंह में यदि सूर्य हो तो जातक प्रभुत्व प्राप्त करता है। लग्नस्थ सूर्य यदि कर्कराशि का हो तो जातक ज्ञानी और रोगी होता है। इसके आँखों में फोला पड़ता है। सूर्य यदि मकरराशि में हो तो जातक को हृदय

रोग होता है। सूर्य यदि मीनराशि का हो तो जातक स्त्रियों में आसक्त रहता है। सूर्य यदि कन्याराशि का हो तो जातक को कन्या सन्तति होती है। जातक स्त्रीहीन, कृतघ्न और भूमिपति होता है। यदि इस सूर्य का योग शुभग्रह के साथ हो तो जातक नीरोग रहता है। यदि पापग्रह के साथ सम्बन्ध हो, अथवा सूर्य शत्रुक्षेत्री वा नीचक्षेत्री हो तो जातक को तीसरे वर्ष ज्वरपीड़ा होती है। यदि इस सूर्य पर शुभग्रह की दृष्टि हो तो ज्वरपीड़ा नहीं होती।

टिप्पणी—भृगुसूत्र यह बात स्पष्टतया बतलाते हैं कि राशिभेद से, स्वगृह-उच्च-नवांश आदि के भेद से शुभग्रहदृष्टि-अशुभग्रहदृष्टि के भेद से शत्रुक्षेत्र-मित्रक्षेत्र-नीचांश-तथा अस्तंगत आदि के भेद से–शुभग्रह-अशुभग्रह-सम्बन्ध के भेद से भावफल में तारतम्य होता है। इसी प्रकार यहाँ के बल तारतम्य से भी भावफल में तारतम्य होता है।

यवनमत—लग्नस्थित सूर्य का जातक अशक्त, स्त्रियों से दूषित, बाग-बगीचों का शौकीन होता है। किन्तु तुला में नीचराशि का रवि हो तो मानहानि, अविचारितकर्मकर्ता, ईर्ष्यालु तथा बचपन में दुर्बल होता है।

टिप्पणी—'स्त्रियों से दूषित' जातक तभी हो सकता है यदि वह स्त्रियों के साथ कठोरता से बर्ताव करता है–विशेषतः तुला और धनु लग्न में रवि के होने से शीघ्र स्खलितवीर्यता आदि दोषों के कारण जातक स्त्री को सन्तुष्ट नहीं कर सकता अतएव स्त्रीजाति उसके व्यवहार की चर्चा करती हैं और अपनी अप्रसन्नता प्रकट करती है।

रवि लग्न में हो तो जातक आत्मविश्वासी, दृढ़निश्चयवाला, उदार, ऊँचा, ऊँचे विचारों का, स्वाभिमानी, उदारहृदय का, हलके कामों का तिरस्कार करनेवाला, कठोर, न्यायी और प्रामाणिक होता है।

अग्निराशि में रवि हो तो महत्वाकांक्षी-शीघ्रक्रोध में आनेवाला, सब पर अधिकार जमाने की इच्छा रखनेवाला, गंभीर और कम बोलनेवाला होता है। रवि पृथ्वीराशि में हो तो घमण्डी, दुराग्रही और सनकी होता है।

वायुराशि में हो तो न्यायपरायण अच्छे दिल का, कलाकौशल में और शास्त्रीय विषयों में रुचि रखनेवाला होता है।

जलराशि में हो तो स्त्रियों में अधिक आसक्त होता है। जिससे अपने नाश का भी, विचार भूल जाता है। कर्क में रवि हो तो अपनी घर-गृहस्थी में मग्न रहता है। वृश्चिक में रवि हो तो जातक अच्छा डाक्टर, वा दवाई बनानेवाला होता है। इससे जगत में प्रसिद्ध होता है! साधारणतया लग्न का रवि प्रगति वा भाग्योदय का पोषक होता है। एकमत।

टिप्पणी—अग्नि आदि तत्वों की प्रधानता से राशियों के चार भेद हैं—

अग्नि-तत्वप्रधान राशिः—मेष, सिंह, धनु ।
भू-तत्वप्रधान राशिः—वृष, कन्या, मकर ।
वायु-तत्वप्रधान राशिः—मिथुन, तुला, कुंभ ।
जल-तत्वप्रधान राशिः—कर्क-वृश्चिक-मीन ।

विचार और अनुभव—स्त्री राशि का रवि लग्न में हो तो संसार में सुखदायी होता है। पुरुषराशि का रवि लग्न में हो तो थोड़ा दुःखदायक भी होता है।

धनुराशि में रवि हो तो जातक विद्वान्-धर्मशास्त्रज्ञ, वैरिस्टर, हाईकोर्टजज आदि ऊँचे अधिकार पाता है। किन्तु स्त्री-सुख से वंचित रहता है, अनेक स्त्रियाँ होने पर भी सन्तति नहीं होती है। इस तरह कोई न कोई दुःख लगा रहता है।

कर्कराशि में रवि हो तो साधारण धनी, स्त्रीसुखयुक्त तथा सन्तति सम्पन्न होता है, किन्तु यशस्वी नहीं होता। क्योंकि ऊँचा अधिकारी नहीं होता है। कर्क से धनु राशितक (दक्षिणायन) में रवि मनुष्य को भाग्यवान् बनाता है। उत्तरायण का रवि-लड़ाई-झगड़े, अपना स्वत्वकायम करने की प्रवृत्ति आदि स्वार्थता को बढ़ावा देता है। दक्षिणायन रवि में दैवी वृत्तियाँ बढ़ौत्री पाती हैं। साधारण तौर पर लग्न का रवि अच्छा है मनुष्य को उन्नत करता है।

धनभाव—

"धने यस्य भानुः स भाग्याधिकः स्यात्,
चतुष्पात् सुखं सद्व्यये स्वं च याति॥
कुटुम्बे कलिः जायया जायतेऽपि,
क्रिया निष्फला याति लाभस्य हेतोः॥ २॥

अन्वयः—यस्य धने भानुः स्यात्, सः भाग्याधिकः स्यात्, (तस्य) चतुष्पात् सुखं स्यात्, (तस्य) स्वं च सद्व्यये याति, जायया कुटुम्बे अपि कलिः जायते। लाभस्य हेतोः (तस्य) क्रिया निष्फला याति॥ २॥

सं० टी०—अथद्वितीय भावस्थ रविफलं 'धने' इति—यस्य नरस्य लग्नभाव कुण्डलिकायां धने लग्नात् द्वितीयेस्थाने भानुः सूर्यः सः पुरुषः भाग्याधिकः श्रेष्ठ-भाग्यः स्यात्। चतुष्पात् सुखं गजाश्वादि सौख्यं लभेत् इति शेषः। च पुनः स्वं द्रव्यं सद्व्यये यातिगच्छति, धर्मादि विषये व्ययं कुर्यात् इतिभावः। जायया निमित्तभूतया कुटुम्बे स्वबंधुविषये कलिः कलहः जायते भवेत् इत्यर्थः। तथा लाभस्य हेतोः प्रागल्भ्या क्रिया अपि निष्फला याति, कुतोऽपि यत्नात् उद्यमः स्वाहंकारेण निष्फलं स्यात् इत्यर्थः॥ २॥

अर्थः—जिस मनुष्य के जन्मलग्न से दूसरे स्थान में सूर्य हो वह भाग्यवान्

होता है। इसे चतुष्पात् अर्थात् गाय-भैंस-बकरी आदि का सुख रहता है। इसका द्रव्य अच्छे कामों में खर्च होता है। स्त्री के निमित्त से अपने कुटुम्ब में में भी कलह-क्लेश होता है। द्रव्यलाभ के निमित्त जातक जो काम करता है यह इसका व्यर्थ होता है।

टिप्पणी—'मूलपाठ में 'चतुष्पात् सुखम्'' ऐसा कहा है। साधारण अक्षर लभ्य अर्थ 'चौपाए से सुख' ऐसा है। संस्कृत टीकाकार ने 'गजाश्वादि सौख्यम्'' ऐसा अर्थ किया है। धनभाव स्थित सूर्य तो बहुतेरे जन्मपत्रों में पाया जाता है। परन्तु प्रत्येक जातक को हाथी-घोड़ा आदि का सुख होना अनुभव में आता नहीं है। तो क्या अर्थ मंतव्य है यह प्रश्न उपस्थित होता है। दैवज्ञ के लिए आवश्यक है कि वह अपनी प्रज्ञा से, जाति–कुल, देश आदि का विचार करता हुआ फलादेश करे।

किसी भूमिपति धनाढ्य का जन्मपत्र हो तो हाथी-घोड़ा आदि चौपाये का सुख संभव है। किसी खेतीबाड़ी करनेवाले कृषक का जन्मपत्र हो और धनभाव में सूर्य हो तो 'बैलों की जोड़ी से सुख होगा' ऐसा कहना होगा। यदि कोई दूध के क्रय-विक्रय से आजीविका चलाता हो तो उसके धनभाव के सूर्य का फल 'गाय-भैंस-बकरी आदि दूध देनेवाले चौपाये जानवरों से लाभ होगा। ऐसा फल बताना होगा।

"अहिंसक और हिंसक" दोनों प्रकार के चौपाये जानवर हैं। शिकारी को शेर मार कर सुख होता है। कुत्तों की मदद से शिकार खेलनेवाले व्यक्ति को क्षुद्र जीव शशक आदि चौपाये जानवरों को मारकर सुख मिलता है। बड़े जानवर शेर-चीता आदि हिंसक जानवरों को मारकर और उनकी खालों को बेचकर शिकारी को सुख मिलता है। जो लोग ऊंट, खच्चर-गधे आदि द्वारा बोझ ढोकर अपना जीवन चलाते हैं उन्हें इन्हीं जानवरों से सुख मिलता है।

इस तरह 'चतुष्पात् सुखम्'' आपाततः एकार्थक होता हुआ भी बहूर्थक हो जाता है। ऐसी परिस्थितियों में दैवज्ञ को स्वतर्क कुशलता से, स्वबुद्धि-वैभव से काम लेना होगा। कहना न होगा कि इस तरह फलादेश करना सहज नहीं है।

तुलना—"जनुः काले वित्तं गतवति यदा वासर मणौ।
तदा भाग्यं तस्य प्रसरति कुटुम्बैः कलिरपि॥
शुभे वित्तापायो ह्यपि पथितुरंगध्वनिरलं।
गृह द्वारे, दंभाद् व्रजति शुभकृत्यं न परमम्॥ **जीवनाथ**

अर्थ—जिस मनुष्य के जन्म समय में सूर्य धनभाव में हो बड़ा भाग्यशाली होता है। बन्धुओं के साथ कलह रहता है। इसका धनव्यय शुभ कामों में होता है। इसके घर के दरवाजे पर घोड़े हिनहिनाते हैं। किन्तु यह दांभिक होता है अतः अहंकारवश कोई स्थायी शुभ कार्य नहीं होता है।

टिप्पणी—आजकल के भारत में धन का व्यय तो खूब होता दिखाई दे रहा है, किन्तु यह व्यय, सद्व्यय है वा असद् व्यय है–ऐसी परीक्षा का विचार किए बिना ही किया जा रहा है। प्राचीन भारत के लोक आस्तिक थे–इन्हें आर्यग्रन्थों में श्रद्धा थी इष्टापूर्वकामों में विश्वास और श्रद्धा थी। ये लोग स्वार्थ-परायण न होकर परार्थघटक होते थे। अपनी गाढ़ी कमाई से लोगों के आराम के लिए पथिकशालाएँ (सराय) बनवाते थे कुंए और बावली लगवाते थे—तालाब बनवाते थे, विद्यादान के लिए पाठशालाएँ चलाते थे, मन्दिर बनवाते थे—इस तरह साधारण जनता के आराम की खातिर अपना धन खर्च करते थे। स्वयं यज्ञ करते थे, इस तरह न्यायोपार्जित धन का सदुपयोग करते थे। इस भाव को लेकर जीवनाथ ने 'शुभे वित्तापायः' ऐसा कहा है। नारायणभट्ट ने "सद्व्यये स्वं च याति" ऐसा कहा है। सत्कर्मों में व्यय करना—द्वितीयभाव-स्थित सूर्य का शुभ फल है। यह मर्म है।

"धनगतदिननाथे पुत्रदारैः विहीनः।
कृशतनु रतिदीनोरक्तनेत्रः कुकेशः॥
भवति च धनयुक्तः लोह ताम्रेण सत्यं।
न भवति गृहमेधी मानवो दुःखभागी॥ **मानसागर**

अर्थ—जिस मनुष्य के जन्मसमय में धनभाव में सूर्य हो तो उसे स्त्री-सुख और पुत्र-सुख नहीं मिलता है। यह दुबला-पतला शरीर का होता है। इसे रतिसुख नहीं होता, इसकी आँखे लाल होती हैं। इसके केश बुरे होते हैं। यह धनवान् होता है। यह लोहे और ताँबे से सम्पन्न होता है। यह गृहस्थी होकर, कहीं एक स्थान में घर बनाकर नहीं रहता है अतएव दुःखी होता है।

टिप्पणी—यदि रवि मिथुन, धनु और मीन राशि का हो तो मनुष्य को स्त्रीसुख और पुत्रसुख नहीं मिलता है। वृष, धनु और मिथुन में रवि हो तो 'रतिसुख–अभाव' यह फल मिलता है। वस्तुस्थिति देखी जावे तो स्त्रीसुख के अभाव में 'रतिसुख का अभाव' तो होगा ही। रवि मेष, सिंह, धनु में हो तो आँखें लाल होती हैं। पुरुषराशि का रवि हो तो मनुष्य सोना आदि से सम्पन्न होता है। यदि लग्न वृश्चिक, धनु, मकर वा कुंभ का हो तो घर-गृहस्थी का न होना' ऐसा फल मिलता है।

मेष, मिथुन, सिंह, तुला, धनु और कुम्भ पुरुषराशियाँ हैं।
वृष-कर्क, कन्या, वृश्चिक, मकर और मीन स्त्रीराशियाँ हैं।

"द्विपद चतुष्पदभागी मुखरोगी नष्टविभव सौख्यश्च।
नृप चोर मुषिजसारः कुटुम्बगे स्याद् रवौ पुरुषः॥ **कल्याणवर्मा**

अर्थ—जिस मनुष्य के जन्मसमय में सूर्य कुटुम्बभाव (धनभाव) में हो उसके घरपर नौकर-चाकर होते हैं—हाथी-घोड़ा-गाय, भैंस-बकरी आदि चौपाये

जानवर भी इसके घरपर होते हैं। इसे मुख के रोग होते हैं—इसका विभव और सुख नष्ट हो जाता है। इसका धन राजदंड से और चोरों से अपहृत हो जाता है।

टिप्पणी—कल्याणवर्मा के अनुसार धनभाव का सूर्य शुभफल की अपेक्षा से अशुभफल अधिक देता है। चौपाये जानवरों का सुख और नौकरों का सुख, यह शुभफल है पूर्ववर्ती धन का नाश, तथा सुख का नाश मुख के रोग, राजा-द्वारा, चोरों-द्वारा धन का अपहरण, ये सभी अशुभफल हैं। यदि इस फल की तुलना नारायणभट्ट के दियेहुए फलों से तुलना को जावे तो दोनों में भारी मतभेद है।

"विगतविद्या विनय वित्तं स्खलित वाचं धनगतः।" **मंत्रेश्वर**

अर्थ—जिस मनुष्य के धनभाव में सूर्य हो तो वह विद्वान् नहीं होता है। इसे विनयभाव नहीं होता, अर्थात् यह उद्धत और घमंडी होता है। इसे धन नहीं होता—अर्थात् यह निर्धन होता है। इसकी वाणी स्पष्ट नहीं होती—अर्थात् यह अटक-अटक कर बोलता है और अपने भाव को दूसरे के प्रति कष्ट से प्रकट कर सकता है।

टिप्पणी—मंत्रेश्वर के अनुसार धनभाव का सूर्य सर्वथा अनिष्टकारक है।

"त्यागी धातु द्रव्यवान् इष्टशत्रुः वाग्मी वित्तस्थानगे चित्रभानौ। **वैद्यनाथ**

अर्थ—जिस मनुष्य के जन्मसमय में धनस्थान में सूर्य हो तो वह त्यागी (दानी) मूल्यवान धातु-सोना-चाँदी आदि का स्वामी और धनवान् होता है। यह अपने व्यवहार तथा बर्ताव से अपने शत्रुओं को भी अपने अनुकूल कर लेनेवाला होता है। इसका भाषण मधुर और तर्कानुकूल होता है।

टिप्पणी—मेष, सिंह और धनु में रवि हो तो मनुष्य त्यागी होता है। जिसका लग्न मकर, कन्या, वृष वा वृश्चिक हो और रवि धनस्थान में हो उसे मूल्यवान धातु सोना-चाँदी आदि मिलते हैं और नकदी पैसे आदि भी प्राप्त होते हैं। यदि स्त्रीराशि का लग्न हो तो व्यक्ति 'इष्टशत्रु' और 'वाग्मी' होता है।

"धन-सुतोत्तमवाहन वर्जितो हतमतिः सुजनोज्झितसौहृदः।
परगृहो पगतो हि नरो भवेत् दिनमणे द्रविणे यदि संस्थितिः॥" **ढुण्ढिराज**

अर्थ—जिसके जन्मसमय में सूर्य धनभाव में हो तो उसे धन, पुत्र, उत्तमवाहन घोड़ा-गाड़ी-पालकी आदि का सुख नहीं मिलता है। यह बुद्धिहीन मूर्ख होता है। इसके अपने सज्जन बन्धु-बान्धव और इसके मित्र इसे छोड़कर चले जाते हैं। यह दूसरों के घर में रहता है।

टिप्पणी—किसी प्रकार की सवारी का न होना और अपने घर का न होना यह द्वितीयभाव के सूर्य का फल विशेषतः अशुभ है। ऐसी प्राचीन धारणा है।

"भूरि द्रव्यः भूम्यधीक्षाहृतस्वः द्रव्यस्थाने वर्तमाने खगेशे।" **जयदेव**

अर्थ—जिसके धनस्थान में सूर्य हो वह धनाढ्य होता है, किन्तु इसके धन का अपहरण भूमिपति अर्थात् राजा कर लेता है।

जनुः काले वित्तंगतवतियदावासरमणौं तदा भाग्यंप्रसरति कुटुम्बैः कलिरपि।
"शुभे वित्तापायः ह्यपि पथि तुरंगध्वनिरलं गृहद्वारे, दंभाद् व्रजति शुभकृत्यं न परम्॥

भावप्रकाश

अर्थ—यदि जन्मसमय में मनुष्य के द्वितीयभाव में सूर्य हो तो वह भाग्यशाली होता है। किन्तु उसका अपने कुटुम्ब के लोगों से वैमनस्य और झगड़ा रहता है। यह अपने द्रव्य का शुभ मार्ग में-शुभकर्म में खर्च करता है इसके गृहद्वार पर घोड़े बंधे रहते हैं और वे अपने शब्द से इसके घर को सुशोभित करते हैं। यह दम्भपूर्वक काम करता है अतः इससे कोई महान् शुभ कर्म नही होता है अर्थात् यह शुभकर्म करने का दिखावा करता है इसलिए इससे कोई चिरस्थायी शुभकर्म नही हो पाता जो इसकी कीर्तिध्वजा को फहराता रहे। छोटे-छोटे शुभकर्म कुछ काल में अनन्तर नष्ट-भ्रष्ट हो जाते हैं।

"धन सुतोत्तम वाहन वर्जितो हतमतिः सुजनोज्झितसौहृदः।
परगृहोपगतो दिनरोभवेत् दिनमणेः द्रविणे यदि संस्थितिः॥ **महेश**

अर्थ—जब सूर्य धनभाव में स्थित हो तो जातक धनहीन, पुत्रहीन, तथा उत्तमवाहनहीन होता है। यह मंदबुद्धि अर्थात् मूर्ख होता है। यह सौजन्य तथा सौहार्दहीन होता है अतएव इसके अपनेलोग और इसका मित्रवर्ग इसे छोड़कर चले जाते हैं। यह दूसरे के घर में निवास करता है।

"यदा चश्मखाने भवेदाफताबस्तदा ज्ञानहीनोऽथगुस्सर्वमुद्दाम्।
सदा तंगदिल शख्तगो द्रव्यहानिः कुवेषो गदास्याद् वेहोशो दिवासाम्।

खानखाना

अर्थ—यदि सूर्य धनभाव में हो तो जातक ज्ञानहीन, अत्यन्त क्रोधी, सदा तङ्गदिल, कृपण, द्रव्यहीन, कुरूप, रोगी और बेहोश (चेष्टाहीन) सबकुछ भूलजाने वाला होता है।

भृगुसूत्र—मुखरोगी। पञ्चविंशति वर्षे राजदंडेन द्रव्यच्छेदः। उच्चे स्वक्षेत्रे-वानदोषः। पापयुते नेत्ररोगी। स्वल्पविद्वान्, रोगी। शुभवीक्षितेधनवान् दोषादीन् व्यपहरति। नैत्रसौख्यम्। स्वोच्च स्वक्षेत्रे वा वहु धनवान्, बुधयुते पवनवाक्। धनाधिपः। स्वोच्चे वाग्मी। शास्त्रज्ञः, ज्ञानवान्। नेत्रसौख्यम्। राजयोगश्च।

अर्थ—यदि धनभाव में सूर्य हो तो मनुष्य को मुख के रोग होते हैं। २५ वें वर्ष में राजदण्डद्वारा धनहानि होती है। यदि यह धनभावस्थ सूर्य अपनी उच्च राशि (मेष) में हो, अथवा अपने क्षेत्र (सिंह) में हो धनहानि नहीं होती। यदि इसभाव के सूर्य के साथ कोई पापग्रह युति करे तो नेत्रविकार होते हैं।

मनुष्य रोगी रहता है—इसकी शिक्षा अधूरी रह जाती है। यदि इस सूर्य पर किसी शुभग्रह की दृष्टि हो तो मनुष्य धनी होता है—पहिले कहे हुए दोष दूर हो जाते हैं। आँखों का सुख होता है। यह सूर्य यदि उच्च में हो वा स्वक्षेत्री हो तो मनुष्य धनाढ्य होता है। यदि सूर्य के साथ बुध भी हो तो मनुष्य अटक-अटक कर, धीरे-धीरे बोलता है। धन का स्वामी भी होता है। अपने उच्च में सूर्य हो तो मनुष्य प्रशस्तवाणी बोलनेवाला होता है यह शास्त्रज्ञाता, ज्ञानवान् और नेत्र सुखवान् होता है। धनभाव का सूर्य राजयोग करता है।

यवनमत—धनस्थान का रवि हो तो मनुष्य बुद्धिहीन, क्रोधी, कंजूस, निर्धन, क्रूर, कुरूप, रोगी और गाफिल रहता है।

पाश्चात्यमत—धनस्थान में रवि हो तो मनुष्य उदार, पैसा बहुत जल्दी खर्च करनेवाला, वेफिक्र और संपत्ति खतम करदेनेवाला होता है।

विचार और अनुभव—धनस्थान का सूर्य वृष, कन्या वा मकर राशि में हो तो धन का संचय नहीं होता चाहे कोई भी यत्न किया जावे, विफल प्रयत्नता पल्ला नहीं छोड़ती। मनुष्य स्वतंत्र धन्धा करना चाहता है—नौकरी पसन्द नहीं करता है—इस प्रकार की इच्छाएँ तब पूरी होती हैं जब धनेश बलवान् हो, अर्थात् वक्री, अस्तंगत, मंदगामी, अतिचारी न हो और किसी पापग्रह से युक्त भी न हो। कुटुम्बियों की मृत्यु इस मनुष्य के देखते ही होती है। धनस्थानगत सूर्य के प्रभाव में उत्पन्न मनुष्य के पिता का भाग्योदय तो होता है किन्तु यह भाग्योदय पिता पर ही अवलंबित रहता है। स्वयं नौकरी वा कोई धन्धा नहीं कर सकता है। बाप-बेटे में परस्पर सौमनस्य नहीं रहता है।

वकीलों और डाक्टरों को धनस्थान का रवि अनुकूल रहता है।

ज्योतिषियों के लिए धनभावस्थ रवि अनुकूल नहीं होता है। इनके बतलाए हुए अशुभफल शीघ्र ही अनुभव में आते हैं शुभफलों का अनुभव देर से होता है—अतः परिणाम अपयश होता है।

मिथुन, तुला वा कुंभ का सूर्य हो तो मनुष्य स्वयं रुपया खूब कमाता है। चूंकि खर्च के विषय में कृपण होता है लोगों की सहानुभूति से वंचित रहता है।

धनस्थान का रवि यदि कर्क, वृश्चिक और मीन राशि का हो तो मनुष्य अधिकारी होता है। यदि किसी फर्म में नौकरी करे तो अच्छा पैसा पैदा करता है। मेष, सिंह, धनुराशि में रवि हो तो मनुष्य बहुत स्वार्थी होता है। अपने आपको बड़ा बनाने की अदम्य इच्छा रहती है, किन्तु काम करने से जी चुराता है।

धन स्थानस्थ सूर्य के साधारणफल निम्नलिखित हैं—

हमेशा उष्णता का रहना, आँखों का, हाथों का और पावों का हमेशा गर्म

रहना, आँखों की बिनाई का कमज़ोर पड़जाना, उत्तम-उत्तम अन्न खाने में विशेष रुचि, कपड़ों की उत्तमता—इन्हें साफ रखने की ओर विशेष ध्यान, रहता है।

यदि वृश्चिक, धनु, मकर वा कुंभ लग्न हो, रवि धनस्थान में हो, धनस्थान का स्वामी गुरु वा शनि वक्री हो और ये २-४-६-८-१२ वें स्थान में हों तो यह योग महान् दरिद्रता का योग है। जिन मनुष्यों को यह योग पड़ता है तो इन अभागों को अन्न खाने को नहीं मिलता आठ-आठ दिन भूखे पड़े रहना होता है। अन्न के लिए तड़पना पड़ता है।

तृतीय भाव फल—

"तृतीये यदाऽहर्मणिर्जन्मकाले प्रतापाधिकं विक्रमं चाऽऽतनोति।
तदा सोदरैस्तप्यते तीर्थचारी सदाऽरिक्षयः संगरे शं नरेशात् ॥३॥

अन्वय :—जन्मकाले यदा (यस्य) अहर्मणिः तृतीये भवेत् तदा (तस्य) प्रतापाधिकं विक्रमंच आतनोति। सः सोदरैः तप्यते, तीर्थचारी (जायते) संगरे सदा। (तस्य) अरिक्षयः स्यात्, नरेशात् (तस्य) शं स्यात् ॥ ३ ॥

सं० टी०—जन्मकाले तृतीये यदा अहर्मणिः सूर्यः तदा सः पुरुषः प्रतापाधिकः प्रतापः अधिकः यस्मिन् एतादृशं विक्रमं पराक्रमं आतनोति। च पुनः सौदरैः भ्रातृभिः तप्यते संतापं आप्नुयात्, तीर्थचारी तीर्थगमनशीलः भवेत्, संगरे संग्रामे सदा अरिक्षयः शत्रुनाशः तथा नरेशात् नृपात् शं कल्याणं स्यात् ॥ ३ ॥

अर्थ :—जिस मनुष्य के जन्मलग्न से तीसरे स्थान में सूर्य हो तो मनुष्य बड़ा प्रतापी तथा पराक्रमी होता है। यह सगे भाइयों से कष्ट पाता है। परदेश भ्रमण करके तीर्थयात्रा करता है। युद्ध में सर्वदा उसके शत्रुओं का नाश होता है। राजा से इसे सुखप्राप्त होता है ॥ ३ ॥

तुलना—"तृतीये चंडांशौ भवतिजनने विक्रमकलाऽ
विस्तारो यस्यातुलबलमलं तीर्थगमनम्।
विपक्षाणांक्षोभः सपदि समरे भूपकृपया
प्रतापस्याधिक्यं सहजगणतो दुःखमनिशम् ॥ **जीवनाथ**

अर्थ—जिस मनुष्य के जन्मसमय में सूर्य तृतीयभाव में हो तो उसके पराक्रम का विस्तार होता है। यह बली, तीर्थयात्रा करनेवाला, संग्राम में शत्रुओं को शीघ्र जीतनेवाला और राजा की कृपा से अधिक प्रतापी होता है। किन्तु इसे सगे भाइयों से सदा दुःख प्राप्त होता है।

"सहजभुवनसंस्थे भास्करे भ्रातृनाशः प्रियजन हितकारी पुत्रदाराभियुक्तः।
भवति च धनयुक्तो धैर्ययुक्तः सहिष्णुः विपुल धनविहारी नागरीप्रीतिकारी ॥
मानसागर

अर्थ—जिस मनुष्य के जन्मसमय में, सूर्य तीसरेस्थान में हो तो उसके भाइयों का नाश होता है। यह अपने प्रिय जनों का हित चाहनेवाला होता है। इसे स्त्रीसुख तथा पुत्रसुख मिलता है। यह धनवान्, धैर्यवान् तथा दूसरों का उत्कर्ष देखकर प्रसन्न होनेवाला होता है। यह बहुत पैसा खर्चनेवाला होता है, अर्थात् यह लाखों में खेलनेवाला होता है। यह नगर में रहनेवाली सुन्दरी स्त्रियों का प्यारा होता है। अर्थात् यह सौंदर्यवान् और आकर्षक होता है। अतएव नगर की सुन्दरी स्त्रियाँ स्वयं ही इसकी ओर खिंची चलीं आती हैं। नगर की स्त्रियाँ हाव-भाव-कटाक्ष आदि में, शृङ्गार करने में विशेष चतुर होती हैं अतएव इनमें आकर्षण और मोहकशक्ति अधिक रहती है, अतः नगरवाली चतुर-नारियों का प्रेमपात्र होना पुरुष के लिए विशेष गौरव है।

"अग्रेजातं रविः हन्ति।" **वृहत्पाराशरीकार**

अर्थ—तृतीयभावस्थ रवि बड़े भाई के लिए मारक होता है।

"सबल शौर्य श्रिय मुदारं स्वजनशत्रुं सहजगः॥" **मंत्रेश्वर**

अर्थ—यदि जन्मकुंडली में तृतीयभाव में सूर्य हो तो मनुष्य बली, शूर और श्रीयुक्त होता है। यह उदार और अपने पक्ष के लोगों का शत्रु होता है। अर्थात् अपने भाई-बन्धुओं के साथ इसका बर्ताव शत्रु जैसा होता है।

"शूरः दुर्जन सेवितोऽतिधनवान् त्यागी तृतीये रवौ॥" **वैद्यनाथ**

अर्थ—जिस मनुष्य के जन्मसमय में सूर्य तीसरे स्थान में हो वह शूर, दुर्जनों से सेवा ग्रहण करनेवाला, धनाढ्य तथा त्यागी होता है।

विक्रांतो बलयुक्तो विनष्ट सहजः तृतीयगेसूर्ये।
लोके मतोऽभिरामः प्राज्ञो जित दुष्ट पक्षश्च॥" **कल्याणवर्मा**

अर्थ—जिस मनुष्य के जन्म समय में सूर्य तीसरे स्थान में हो तो वह पराक्रमी, बलवान्, भ्रातृहीन, सर्वजनप्रिय, सुन्दर और प्राज्ञ होता है। यह अपने पक्ष के विरोध में चलनेवाले दुष्टों को जीतनेवाला होता है।

"प्रियंवदः स्याद् धनवाहनाढ्या सुकर्म चित्तेऽनुचरान्वितश्च।
मितानुजः स्याद् मनुजो वलीयान् दिनाधिनाथे सहजेऽधिसंस्थे॥" **ढुंढिराज**

अर्थ—जिस मनुष्य के जन्मसमय में सूर्य तृतीयभाव में हो तो वह मीठा और प्यारा बोल बोलनेवाला होता है। यह धनसम्पन्न होता है–इसे वाहनसुख प्राप्त होता है। इसका चित्त शुभ कर्म करने में लगता है। इसके घर पर नौकर-चाकर होते हैं। इसके छोटे भाई थोड़े होते हैं। यह शारीरिक शक्ति-सम्पन्न होता है।

"मति विक्रमवान् तृतीयगेऽर्के॥" **आचार्यवराहमिहिर**

अर्थ—जिस मनुष्य के जन्मकाल में सूर्य तृतीयभाव में हो वह बुद्धिमान् तथा पराक्रमी होता है।

"भूरिप्राज्ञो भूरिसत्साहयुक्तो भ्राताऽसौख्यः भ्रातृभावेदिनेशे ।" **जयदेव**

अर्थ—जिसके तृतीयभाव में सूर्य हो वह विशेष बुद्धिवान् होता है। इसे काम करने में भारी उत्साह होता है। इसे भाई का सुख नहीं मिलता है।

"तृतीयस्थे दिवानाथे प्रसिद्धो रोग वर्जितः।
भूपतिश्च सुशीलश्च दयालुश्च भवेन्नरः ॥" **काशिनाथ**

अर्थ—जिसके तृतीयभाव में सूर्य हो तो वह विख्यात, नीरोग, सुशील दयालु और भूपति होता है।

'प्रियंवदः स्याद्धनवाहनाढ्यः सुकर्म चित्तोऽनुचरान्वितश्च ।
मितानुजः स्यात् मनुजोवलीयान् दिनाधिनाथे सहजाधिसंस्थे ॥" **महेशः**

अर्थ—जिस मनुष्य के जन्मलग्न से तीसरेभाव में सूर्य स्थित हो तो वह मधुरभाषी, धनवान्, वाहनयुक्त तथा नौकरों से युक्त होता है। इसका चित्त शुभ कर्मों की और आकृष्ट होता है। इसके छोटे भाई संख्या में थोड़े होते हैं। यह बलवान् होता है।

"यदा शमसखेटस्तृतीयास्थितो नेककर्दार्निरोगोहि शीरींसखुन्।
सदा मोदते रम्यसीमन्तिनीभिः सवारो धनाढ्यो हि निः कोपशन्॥ **खानखाना**

अर्थ—यदि सूर्य तृतीयभाव में हो तो मनुष्य नामवर, किफायतशार, नीरोग, मीठा बोलनेवाला होता है। यह सुन्दर स्त्रियों का उपभोग लेनेवाला, सवारीपर चलनेवाला, धनवान् और क्रोधहीन होता है।

भृगुसूत्र—"बुद्धिमान्, अनुजरहितः, ज्येष्ठनाशः। पंचमेवर्षे चतुरष्ट-द्वादशवर्षे वा किंचित् पीड़ा। पापयुते क्रूरकर्ता। द्विभ्रातृमान् पराक्रमी। युद्धे शूरश्च, कीर्तिमान्। निजधनभोगी। शुभयुते सोदरवृद्धिः। भावाधिपे बलयुते भ्रातृदीर्घायुः। पापयुते पापेक्षणवशान् नाशः। शुभवीक्षणवशाद् धनवान्, भोगी सुखी च।

अर्थ—यदि सूर्य तीसरेभाव में हो तो मनुष्य बुद्धिमान् होता है। इसे छोटे भाई नहीं होते। बड़े भाई की मृत्यु होती है। चौथे, पंचम में, आठवें वा बारहवें वर्ष कुछ पीड़ा होती है। यदि तृतीयभाव के सूर्य के साथ कोई पापग्रह युति करे तो मनुष्य क्रूर होता है। इसके दो भाई होते हैं। यह पराक्रमी, रणशूर, यशस्वी तथा अपने धन का उपभोग करनेवाला होता है। इस भाव के सूर्य के साथ किसी शुभग्रह की युति हो तो भाइयों की बढ़ोत्री होती है। यदि तृतीयेश बलवान् हो तो इसके भाई दीर्घायु होते हैं। यदि। कोई पापीग्रह साथ में हो, अथवा पापीग्रह की दृष्टि हो तो भाइयों का नाश होता है। यदि इस भाव के सूर्य पर शुभग्रह की दृष्टि हो तो मनुष्य धनवान्, भोगलेनेवाला और सुखी होता है।

यवनमत—यह पदवीधर, ख्यातनामा, नीरोग, मीठा बोलनेवाला, सुन्दरस्त्रियों

का भोक्ता, विलासी, चैनी, घोड़े की सवारी में कुशल, निश्चयी, धनवान् और शान्त होता है। वृत्ति बहुत गम्भीर होती है। भाई-बन्धुओं का सौख्य इसको नहीं मिलता। किन्तु यह सबको सुख देने के प्रयत्न करता है।

टिप्पणी–धनवान् और शान्तवृत्ति होना, ये फल स्त्रीराशि के हैं। अन्यफल पुरुषराशियों में मिलते हैं।

पाश्चात्यमत—स्थिर और निश्चयी, विज्ञान और कला का प्रेमी, निवासस्थान क्वचित् ही बदलनेवाला। जल वा चरराशि में बहुत से छोटे प्रवास हो सकते हैं।

टिप्पणी—ऊपर के फल पुरुषराशि के हैं।

विचार और अनुभव—तृतीयस्थान में मेष राशि का रवि हो तो मनुष्य दुर्बल विचारों का, आलसी, शरीर को कष्ट न देनेवाला, वातूनी, बड़े भाई को मारक, निरुद्यमी और उपद्रवकारी होता है। शेष पुरुषराशियों में रवि हो तो शान्त, विचारशील, बुद्धिमान्, सामाजिक, शिक्षासम्बन्धी तथा राजकीय काम में भाग लेनेवाला, नेता, स्थानीय स्वराज्यसंस्था, लोकलबोर्ड आदि में चुनाव लड़नेवाला, अध्यक्ष वा उपाध्यक्ष का पद, बड़ी-बड़ी कम्पनियों का डाइरैक्टर, इस तरह किसी भी स्थान पर अपनी सत्ता रखनेवाला होता है। यह बात अधिकारपूर्ण अधिकार से करता है। इसके नीचे के लोग काम प्रेमपूर्वक करते हैं। मिथुन, तुला वा धनु में रवि हो तो मनुष्य लेखक, प्रकाशक, प्रोफेशर और वकील आदि व्यवसायों में अग्रणी होता है।

पुरुषराशि का रवि बड़े भाई को मारक होता है। बड़े भाई की मृत्यु २२ वें वर्ष तक हो जाती है–यदि नहीं हुई तो वह विभक्त होता है। विभाजन के समय शान्ति रहती है। झगड़ा-फिसाद नहीं होता। दोनों भाई एक ही स्थान पर नहीं रह सकते, यदि रहे तो बड़े भाई का काम नहीं चलता! बच्चों की मौत होती है और भी कई एक कष्ट होते हैं।

स्त्रीराशि का रवि हो तो विभाजन सम्बन्धी झगड़े कोर्ट में चलते हैं। जिसके तृतीय में रवि हो उसे भाई के साथ नहीं रहना चाहिए अन्यथा एक दूसरे के भाग्योदय में कई एक विघ्न उपस्थित होंगे।

जिसके तृतीयस्थान में पुरुषराशि का रवि हो वह मनुष्य अपने पिता का इकलौता बच्चा होता है। यदि कोई भाई रहे भी तो उससे कोई लाभ नहीं होता, कोई मदद नहीं मिलती। यह मनुष्य या तो सबसे बड़ा होता है या सबसे छोटा होता है। स्त्रीराशि का रवि हो तो भाई-बहिन हो सकते हैं। स्त्रीराशि के रवि के फल संपत्ति की दृष्टि से अच्छे मिलते हैं। मनुष्य धन-वाहन सम्पन्न होता है। यह रवि संतति के लिए भी अच्छा है। जिनकी कुण्डली में तृतीयस्थान में रवि होता है वे दानशूर होते हैं।

चतुर्थभावफल—

तुरीये दिनेशेऽतिशोभाधिकारी जनः संलभेत् विग्रहे बंधुतोऽपि।
प्रवासी विपक्षाहवे मानभङ्गं कदाचिन्न शान्तं भवेत् तस्य चेतः ॥४॥

अन्वयः—दिनेशे तुरीये (सति) जनः अतिशोभाधिकारी (स्यात्) बंधुतोऽपि विग्रहं संलभेत्। प्रवासी (स्यात्) विपक्षाहवे मानभङ्गं (प्राप्नुयात्) तस्य चेतः कदाचित् शांतं न भवेत् ॥ ४ ॥

सं० टी०—तुरीये सुखभावे दिनेशे सूर्ये विद्यमाने जनः मनुष्यः अतिशोभाधिकारी अतिशोभाधिकारोयो अधिकारः द्रव्य-संपत् एकमान्यतारूपः तस्मात् हेतोः बन्धुतः स्वजनेभ्यः किमुत अन्येभ्यः विग्रहं कलहं तथा विपक्षाहवे शत्रुसंग्रामे मानभंगं अतुलभेदं आप्नोति, प्रवासी विदेशगमनशीलः भवेत्। तस्य चेतः मानसं कदाचित् न शान्तं भवेत्—कदाचित् न शान्ति भजेत्—सदा व्याकुलं स्यात् ॥ ४ ॥

अर्थ:—जिस मनुष्य के जन्मलग्न से चौथेस्थान में सूर्य हो तो उसे अतिशोभायुक्त अधिकार प्राप्त होता है। भाई-बंधुओं से भी उसका विग्रह अर्थात् लड़ाई-झगड़ा रहता है। वह परदेश में निवास करता है। युद्ध में शत्रुओं द्वारा इसका मानभंग होता है। किसी समय भी इसका चित्त शान्त नहीं रहता है। अर्थात् इसके चित्त में घबराहट सदैव रहती है ॥ ४ ॥

टिप्पणी—'अतिशोभाधिकारी' इसके अर्थ में टीकाकारों में परस्पर मतभेद है। एक टीकाकार ने "यह अत्यंत सुन्दर होता है" ऐसा अर्थ किया है। किसी एक टीकाकार ने "चतुर्थभावस्थसूर्य का जातक स्वतः ही शोभायुक्त तथा अधिकारी होता है" ऐसा अर्थ किया है। मेरे विचार में चतुर्थसूर्य मनुष्य को ऐसा अधिकार दिलाता है जिससे मनुष्य की अनुपम शोभा बढ़ जाती है—लोगों की दृष्टि में यह मनुष्य बहुत ऊँचा उठ जाता है। लोग इसे एक प्रतिष्ठित व्यक्ति मानते हैं—राज्यसत्ता पाकर यह मनुष्य सभी प्रकार से धन-यश-मान-प्रतिष्ठा आदि से सम्पन्न हो जाता है। भट्टजी ने यही एकमात्र शुभफल चतुर्थसूर्य का बतलाया है शेष सभी फल अशुभ कहे हैं।

संस्कृत टीकाकार 'मानभङ्गं' का पर्याय 'अतुलभेदं' लिखा है। इस पर्य्याय का अर्थ स्पष्ट नहीं है। 'मघवा' मूल 'विडौजा' टीकावाली बात पाई जाती है। अर्थ को स्पष्ट करने के लिए पर्याय उपयोग में लाए जाते हैं।

सदैव चित्त का अशान्त रहना। चतुर्थरवि का महान् अशुभ फल है। इसके विपत्तिजनक परिणाम देखने में आसकते हैं—दान-तप-यज्ञ आदि शुभकर्म चित्त-शान्ति के लिए ही किए जाते हैं। पाश्चात्य देशों में वाञ्छनीय सभी पदार्थ उपलब्ध हैं, केवल 'मनःशान्ति' 'Peace of mind' ही उपलब्ध नहीं है—ऐसा श्रुतिगोचर हो रहा है।

तुलना—"तुरीये मार्तण्डे नरपतिकुलादर्थनिबहो,
भवेत् मानव्रातः कलिरपिच्च बन्धोः प्रसरति ॥
विपक्षाणां युद्धे भवति विजयो जातु न भवेत् ।,
तथा चित्तं पुंसां व्रजति नहि शांतिखलजनात् ॥" **जीवनाथ**

अर्थ—जिस मनुष्य के जन्मसमय में सूर्य चतुर्थभाव में हो उसे राजकुल से धन और मान की प्राप्ति होती है। किन्तु भाइयों से कलह, युद्ध में पराजय और दुर्जनों से सदाचित्त अशान्त और उद्विग्न रहता है।

टिप्पणी—जीवनाथ के मत में चतुर्थभावस्थ सूर्य के शुभफल केवलमात्र धन और मानप्राप्ति हैं, अन्य सभी फल अशुभ हैं। इनके अनुसार 'उच्चाधिकार प्राप्ति' चतुर्थरवि का फल नहीं है यदि नरपतिकुल से मानप्राप्ति का निहित अर्थ 'अधिकार' प्राप्ति हो तो दूसरी बात है। ग्रहों का राजा सूर्य है। अतः सूर्य राजा से उच्चाधिकार प्राप्ति करवा सकता है-ऐसा मेरा विचार है। शुभफल ग्रह की तारकशक्ति के हैं और अशुभफल ग्रह की मारकशक्ति के हैं।

"सुखार्थहीनः चलवासधीश्च ह्युद्विग्नचित्तः सुखगे दिनेशे।" **जयदेव**

अर्थ—जिसके सुखभाव अर्थात् चतुर्थभाव में सूर्य हो उस मनुष्य को धन का सुख नहीं होता है। यह सुख से भी वंचित रहता है। इसकी बुद्धि स्थिर नहीं होती है। अर्थात् यह अस्थिर विचारों का प्राणी होता है। इसके वस्त्र भी बहुत देर चलनेवाले नहीं होते। दूसरा अर्थ यह एकस्थान पर टिककर नहीं रहता है परदेश में भटकता फिरता है। इसका चित्त अशान्त रहता है अर्थात् इसे मानसिक शान्ति भी नहीं मिलती है।

टिप्पणी—जयदेव के मत में चतुर्थसूर्य अशुभफल दाता है। फलित ज्यौतिष ग्रन्थों में 'सुख' शब्द का प्रयोग बार-बार किया गया है। दुःखाभाव को सुख कहा है।

दुःख तीन प्रकार के हैं—(१) आध्यात्मिक (२) आधिभौतिक (३) आधिदैविक। अर्थात् जिस मनुष्य को तीनों प्रकार के दुःख न हों उसे ही सुखी कहा जा सकता है। 'ऐसे कितने मनुष्य हैं जिन्हें ऐसा सुख प्राप्त है' यह विषय अनुभवगम्य है।

"चतुर्थे सूर्ये दुर्बुद्धिः कृशांगः सुखवर्जितः।
अप्रभावो निष्ठुरश्च दुष्ट संगो भवेन्नरः ॥" **काशिनाथ**

अर्थ—जिसके चतुर्थस्थान में सूर्य हो वह मनुष्य मूर्ख, दुर्बल, सुखहीन, निष्ठुर तथा बुरों की संगति में रहनेवाला होता है—यह प्रभावशाली नहीं होता है—अर्थात् यह अपने व्यक्तित्व से किसी को प्रभावित नहीं कर सकता है।

"जनयतीयं सुहृदि सूर्यो विसुख बन्ध क्षिति सुहृद।
भवन मुक्तं नृपत्ति सेवाजनकसम्पद् व्ययकरम् ॥ **मंत्रेश्वर**

अर्थ—यदि जन्मलग्न से चतुर्थभाव में सूर्य हो तो मनुष्य सुखहीन, बन्धुहीन, भूमिहीन, मित्ररहित तथा भवनहीन होता है। इसे राजसेवा प्राप्त होती है। यह सम्पत्ति को नष्ट करनेवाला होता है।

टिप्पणी—मंत्रेश्वर के मत में भी चतुर्थभाव का सूर्य प्रायः अशुभ ही है।

"हृद्रोगी धन-धान्य-बुद्धि रहितः क्रूरः सुखस्थे रवौ ॥" **वैद्यनाथ**

अर्थ—जिसके जन्मलग्न से चतुर्थभाव में सूर्य हो उसे हृदय के रोग (विकार) होते हैं। यह मनुष्य धनहीन, धान्यहीन-बुद्धिहीन तथा क्रूर होता है।

टिप्पणी—वैद्यनाथ मत में भी चतुर्थसूर्य अशुभफलदाता है।

"सौख्येन यानेन धनेनहीनं तातस्य चित्तोपहतप्रवृत्तम्।
चलन्निवासं कुरुते पुमांसं पातालशाली नलिनी विलासी ॥" **महेश**

अर्थ—यदि जन्मलग्न से चतुर्थस्थान में सूर्य हो तो मनुष्य सुखहीन, वाहनरहित, धनहीन और पिता से विरोध करनेवाला होता है। यह अपने घर में स्थायीरूपेण रहने नहीं पाता है—अर्थात् देश-विदेश घूमता-भटकता फिरता है। अतः गृहसुखहीन भी होता है।

"यदा मादरागारगः सम्शखेटः सुखी नो हि शंसः परेशानकः स्यात्।
सदा म्लानचित्तोऽथ वेश्यारतो वा तदा जायते बेखुशी हिर्जगर्द्दः ॥" **खानखाना**

अर्थ—यदि सूर्यलग्न से चतुर्थभाव में हो तो मनुष्य सुखी नहीं होता है। यह सर्वदा सन्देहयुक्त और परेशान रहता है। यह प्रसन्नचित्त नहीं रहता है वेश्याओं में आसक्त, निरानन्द तथा व्यर्थ घूमनेवाला होता है।

टिप्पणी—साहित्य के ग्रन्थों में इस प्रकरण में परकीयानायिका के वर्णन के अनन्तर पण्यवनिता के रूप में वेश्या का भी वर्णन किया गया है—किन्तु ये वेश्याएँ श्रेष्ठकलाकार होती थी। चौंसठकलाओं की जानकारी रखती थीं ये रूपाजीवा नहीं होती थीं—प्रत्युत संयमशील होती थीं। ये भ्रांत तथा भ्रष्ट युवकों की कामानलशान्ति का साधन नहीं होती थीं। उदाहरण में वसन्तसेना, चारुदत्त की प्रेमिका, देखो मृच्छकटिकनाटक। अद्यतन भारत की वेश्याओं की परिस्थिति कुछ और ही है। चतुर्थभाव का सूर्य मनुष्य को वेश्यागामी भी बनाता है—यह महान् अनर्थकारी अशुभफल है।

"विसुखः पीडितमानसः चतुर्थे ॥" **आचार्यवराहमिहिर**

अर्थ—चतुर्थभावस्थ सूर्य हो तो मनुष्य सुखहीन तथा अशान्तचित्त होता है।

"वाहनबन्धुविहीनः पीडितहृदयः चतुर्थके सूर्ये।
पितृ-गृह-धन-नाशकरः भवति नरः कुनृपसेवी ॥" **कल्याणवर्मा**

अर्थ—जिस मनुष्य के जन्मसमय में चतुर्थभाव सूर्य हो तो वह बन्धु-

बान्धवों के सुख से वञ्चित रहता है—इसे सवारी का सुख नहीं होता है। यह हृदय में दुःख का अनुभव करता है। यह पिता का विरोधी, घर-गृहस्थी और धन को उजाड़नेवाला होता है। यह चरित्रहीन राजा के आश्रय में रहता है।

"विविधजनविहारी बन्धुसंस्थः दिनेशो भवति च मृदुचेताः गीतवाद्यानुरक्तः।
समरशिरसि युद्धे नास्ति भंगः कदाचित् प्रचुरधनकलत्री, पार्थिवानां प्रियश्च॥"

मानसागर

अर्थ—यदि सूर्य बन्धुभाव (चतुर्थभाव) में हो तो मनुष्य लोकप्रिय तथा सर्वजनप्रिय होता है। यह कोमलहृदय होता है। इसका प्रेम गीत और वाद्यकलाओं में होता है यह युद्ध में आगे होकर लड़ता है कभी पीठ नहीं दिखाता है। इसे स्त्रीसुख तथा विपुलधन-सुख मिलता है। यह राजप्रिय होता है।

टिप्पणी—मानसागर के अनुसार चतुर्थभाव का सूर्य सर्वथा शुभ तथा कल्याणकारी है।

भृगुसूत्र—हीनांगः, अहंकारी, जनविरोधी, उष्णदेही, मनःपीड़ावान्। द्वाविंशद्वर्षसर्वकर्मानुकूलवान्। वहुप्रतिष्ठासिद्धिः। सत्ता-पदवी-ज्ञान शौर्यसम्पन्नः। धनधान्यहीनः।

भावधिपे बलयुते सक्षेत्रे, त्रिकोणे केन्द्रे लक्षणावेक्षया आंदोलिका प्राप्तिः। पापयुते पापवीक्षणवशाद् दुष्टस्थानेदुर्वाहनसिद्धिः। क्षेत्रहीनः। परगृहे एववासः।

अर्थ—जिसके जन्मसमय में चतुर्थभाव में सूर्य हो वह मनुष्य हीनांग होता है, अर्थात् उसके शरीर में कोई अंग विकल वा कम होता है। यह अहंकारी (घमण्डी) होता है। यह प्रायः आमलोगों से लड़ाई झगड़ा करता रहता है। इसका शरीर गर्म रहता है। इसके मन में पीड़ा रहती है। २२ वें वर्ष में इसके सभी काम ठीक हो जाते हैं यह सुप्रतिष्ठित हो जाता है। इसे राज्यसत्ता-कोई पदवी (अधिकार) ज्ञान-बहादुरी मिलते हैं। यह धनहीन और धान्यहीन होता है। यदि चतुर्थेश बलवान् हो, अपनी राशि में, त्रिकोण में वा केन्द्र में हो तो इसे सवारी के लिए पालकी मिलती है।

यदि चतुर्थेश के साथ कोई पापग्रह हो अथवा पापग्रह की दृष्टि हो। अथवा चतुर्थेश किसी दुष्टस्थान में स्थित हो तो इसे अच्छी सवारी नही मिलती। इसके पास जमीन नहीं होती। इसे दूसरे के घर पर निवास करना होता है।

यवनमत—यह सुख नहीं देता। संशयी, मुरझाए चेहरे का, वेश्यासेवी, और शत्रुयुक्त होता है। पागल जैसी मंदबुद्धि होती है।

पाश्चात्यमत—रवि वलवान वा शुभग्रहों से दृष्ट हो तो अच्छी स्थिति प्राप्त होती है। आयु के अन्तिम भाग में यश की प्राप्ति होती है। पिता को भी सुख देता है।

विचार और अनुभव—चतुर्थभावस्थित सूर्य मानसागर के दृष्टिकोण से शुभ फलदाता है। अन्य सब प्राचीन ग्रन्थकारों ने इसके फल बुरे बताए हैं। स्वयं को सुख नहीं, हृदय में पीड़ा, वाहनों का सुख नहीं, भाई-बन्धुओं से सुख का न होना, पिता का, घर का और धन का नाश, बुद्धिमांद्य, क्रूरता, युद्ध से भागजाना बहुत पत्नियों का होना, पिता से विरोध, घर में वैमनस्य, झगड़ा, दुष्टों के कारण मानसिक चिंता, अस्थिर विचार, लोगों पर प्रभाव न पड़ना। ये सभी फल तब मिलते है जब सूर्य-वृष, सिंह, वृश्चिक वा कुंभ में हो। यही रवि यदि मेष या कर्क में हो तो मनुष्य संशयी, म्लान चेहरे का, और वेश्यागामी होता है।

मानसागरी के बताए हुए शुभफल तब मिलते हैं जब सूर्य मिथुन, कन्या, तुला, धनु, मकर और मीन में हो।

रवि जिस स्थान में होता है उसका फल नष्ट होता है यह किसी ग्रन्थकार का मतपीछे कहा है। इसके अनुसार चौथेस्थान में रवि हो तो बचपन में माता व पिता की मृत्यु होती है। बचपन में कई एक और भी कष्ट होते हैं। किन्तु २८ से ५० वर्ष में स्थिति अच्छी रहती है। मनुष्य अपनी कमाई से घर आदि बना लेता है। एकस्त्री, संतति भी थोड़ी—नौकरी अच्छी, मध्यायु में वाहनसुख। उत्तरवय फिर से कष्टमय बीतता है। किन्तु मृत्यु शांति से और शीघ्र यह बात स्मरण रखने योग्य हैं कि शास्त्रकारों ने जो फल बताए वे अकेले रवि के नहीं प्रत्युत इसरवि के साथ मंगल, शनि और राहु का संबंध भी रहता है।

चतुर्थ रवि का सामान्यफल निम्न है :—

पहिली अवस्था में दुःख, मध्य में सुख, वृद्धावस्था में पुनः दुःख।

पंचमभाव—

"सुतस्थानगे पूर्वजापत्यतापी कुशाग्रामतिः भास्करे मंत्रविद्या।
रतिः वंचने संचकोऽपि प्रमादी मृतिः क्रोडरोगादिजा भावनीया" ॥५॥

अन्वयः—भास्करे सुतस्थानगे (नरः) पूर्वजापत्यतापी (स्यात्) (तस्य) मतिः कुशाग्रा (भवति) तस्य मंत्रविद्या (स्यात्) (तस्य) रतिः वंचने (स्यात्) (सः) संचकः (स्यात्) प्रमादी (स्यात्) (तस्य) मृतिः क्रोडरोगादिजा भावनीया ॥ ५ ॥

सं० टी०—अथसुतभावफलम्—भास्करे सुतस्थानगे पंचमे सति नरः पूर्वजापत्यतापी पूर्वजस्य प्रथमजातस्य अपत्यस्य पुत्रस्यतापी तापवान्, तन्मरणात् शोकं ततो दुःखं प्राप्नुयात् इत्यर्थः। मंत्रविद्या यस्य इति सः आगमवेत्ता नीतिशास्त्रज्ञों वा, प्रमादी असावधानः, संचकः द्रव्यसंचयकृत् भवेत् इत्यर्थः। तथा तस्य मतिः बुद्धिः कुशाग्रा अतिसूक्ष्मवस्तु विचारणी। वंचने पुरुषप्रतारणे रतिः प्रीतिः, मृतिः क्रोडरोगादिजा कुक्षिभवरोगादिजा भावनीया ॥ ५ ॥

अर्थः—जिस मनुष्य के जन्मलग्न से पंचमस्थान में सूर्य हो वह प्रथमपुत्र से कष्ट पाता है। इसकी बुद्धि सूक्ष्मातिसूक्ष्म पदार्थ को भी समझ लेनेवाली होती है। यह मनुष्य मंत्रशास्त्र का पंडित होता है। दूसरों को ठगने में इसे भारी आनन्द आता है। यह द्रव्य का संग्रह करनेवाला होता है। यह प्रमादी होता है अर्थात् असावधान और बेफिक्र अथवा बेपरवाह और मस्त रहता है। इसकी मौत का कारण कलेजे की पीड़ा होती है ॥ ५ ॥

टिप्पणी—ज्येष्ठपुत्र के साथ वैमनस्य, अनवन तथा नित्यप्रति कलह घरों में प्रायः रहती है। यह प्रतिदिन का अनुभव है। ऐसा क्यों होता है इसके कारण प्रतिव्यक्ति-प्रतिकुटुम्ब भिन्न-भिन्न होते हैं। किन्तु प्रधान कारण सास का पुत्रवधू के साथ परस्पर मतभेद होता है। इस मतभेद का अवांछनीय परिणाम पितापर पड़ता है पिता निष्पक्ष रहने का बहुतेरा यत्न करता है तौ भी उसे मानसिक संताप बना रहता है। कई स्थानों में पुत्र घर छोड़कर अन्यत्र निवास करता है। पंचमस्थान के सूर्य का यह फल महान् अमंगलकारी है। संस्कृत टीकाकार ने तो ज्येष्ठपुत्र मरण संताप का कारण निर्दिष्ट किया है। ज्येष्ठपुत्र पिता को बहुतप्रिय होता है, उसका मरण तो पिता के लिए अपना ही मरण होता है।

मंत्रविद्या—कोश के अनुसार मंत्रशब्द के कईएक अर्थ हैं—वेद गुप्तभाषण, किसी देवता आदि की सिद्धि प्राप्त करने के लिए उपयोग में लाया गया मंत्र, मंत्रभाग-एकान्त में किया गया कोई निश्चय प्रकृत में मंत्रशास्त्र का ज्ञान तथा मंत्रशास्त्रज्ञ विद्वान् मंतव्य हो सकता है।

क्रोडरोगादिजा—क्रोडरोग के कईएक अर्थ हैं—कुक्षिरोग-वक्षःस्थलरोग जठररोग-फेफड़ों का रोग, हृदयरोग।

आजकल हृदयरोग से प्रायः मौतें हो रही हैं। 'हार्ट-अटैक' मंतव्य हो सकता है। क्या उन सभी के पंचम में सूर्य है जो हृदयरोग के शिकार हो रहे हैं ? यह बात विचारणीय है—केवल पंचमरवि ही हृदयरोग कारक है, ऐसा नही है। वैद्यनाथ के अनुसार चतुर्थसूर्य भी हृदयरोगकारक है।

तुलना—"यदादित्येऽपत्येप्रथमतनयो याति विलयं।
कुशाग्रा वैबुद्धिः कपटपटुताऽतीववितता ॥
प्रसक्तिः मंत्राणां प्रभवति रतिः वंचनपरा।
तथातस्य क्रोडाभय निवह भोगेन निधनम् ॥" **जीवनाथ**

अर्थ—जिस मनुष्य के जन्मसमय में सूर्य पंचमभाव में हो उसका ज्येष्ठ पुत्र मृत्यु पाता है। मनुष्य कुशाग्रबुद्धि, कपट करने में अत्यन्त चतुर, मन्त्रविद्या का प्रेमी, दूसरों को ठगने में पूर्णतया तत्पर तथा हृद् रोग से मृत्यु प्राप्त करता है।

टिप्पणी—नारायणभट्ट ने 'अपत्य' शब्द प्रयुक्त किया है—अपत्य का अर्थ पुत्र भी हो सकता है 'पुत्री' भी हो सकता है—अतः पञ्चमभाव का सूर्य जेठापुत्र-जेठीपुत्री दोनों के लिए मारक है—ऐसा अर्थ सुसंगत है, नारायणभट्ट के टीकाकार ने 'अपत्य' का अर्थ 'ज्येष्ठपुत्र' ही किया है। मेरा विचार संकुचित अर्थ के ग्रहण करने के विरोध में है। किन्तु जीवनाथ ने स्पष्ट शब्दों से 'ज्येष्ठतनय' 'ज्येष्ठपुत्र ही प्रतिपादित किया है। अर्थात् पञ्चमभाव का सूर्य 'ज्येष्ठपुत्र' वा ''ज्येष्ठापुत्री के लिए तो मारक है किन्तु 'अनुज' और 'अनुजा' के पञ्चम रवि से कोई भय नहीं है'' यह मर्म है।

''वि-सत् क्रिया पत्यधनोवनेगो दिनाधिनाथे सुतभावयाते ॥'' **जयदेव**

अर्थ—जिस मनुष्य के जन्मलग्न से पञ्चमभाव में सूर्य हो तो वह शुभकर्म नहीं करता है। यह संतानहीन और धनहीन होता है। और यह वन में भटकता फिरता है।

''सुख-सुत-वित्तविहीनः कर्षणगिरिदुर्गसेवकःचपलः।
मेधावी बलरहितः स्वल्पायुः पञ्चमे तपने ॥'' **कल्याणवर्मा**

अर्थ—जिस मनुष्य के जन्मकाल से पञ्चमस्थान में सूर्य हो तो इसे सुख-संतान (सुत) और धन नहीं मिलते हैं। यह पहाड़ों और किलों पर घूमता-फिरता है। यह चञ्चल, मेधा सम्पन्न, निर्बल और थोड़ी आयु भोगने वाला होता है।

''तनयगतदिनेशे शैशवे दुःखभागी न भवति धनभागी यौवने व्याधियुक्तः।
जनयति सुतमेकं चान्यगेहश्च शूरः चपलयतिर्विलासी क्रूरकर्मा कुचेताः''॥ **मानसागर**

अर्थ—जिसके पंचमभाव में सूर्य हो तो वह बचपन में दुःखी रहता है—इसे धनप्राप्ति नहीं होती है। इसे जवानी में रोग होते हैं। इसे एक ही पुत्र होता है। इसे दूसरों के घर में रहना होता है। यह शूर, चंचलबुद्धि, और विलासी होता है।

यह बुरे काम करता है और यह बुरी सलाह देता है। 'कुचेताः' का दूसरा अर्थ—'इसके चित्त की भावनाएँ बुरी होती हैं।' अर्थात् यह मात्रदुष्ट होता है।

''सुख धनायुस्तनयहीनं सुमतिमात्यन्पट विगम् ॥'' **मन्त्रेश्वर**

अर्थ—जिस मनुष्य के जन्मकाल में सूर्य पञ्चमस्थान में हो तो यह सुखहीन, धनहीन, अल्पायु तथा पुत्रहीन होता है। इसकी बुद्धि अच्छी होती है। यह पहाड़ों में घूमता रहता है।

''राजप्रियः, चञ्चलबुद्धियुक्तः प्रवासशीलः सुतगेदिनेशे ॥'' **वैद्यनाथ**

अर्थ—जिसके पंचमभाव में सूर्य हो वह राजा का प्यारा, चञ्चलबुद्धि तथा परदेश जानेवाला, होता है।

"असुतः धनवर्जितः त्रिकोणे ॥" आचार्यवराहमिहिर

अर्थ—जिसके पंचम में सूर्य हो तो यह पुत्ररहित, तथा धनहीन होता है।

"स्वल्पापत्यं शैलदुर्गेशभक्तं सौख्यैः युक्तं सत्क्रियार्थैः विमुक्तम्।
भ्रांतं स्वांतं मानवं हि प्रकुर्यात् सूनुस्थाने भानुमान् वर्तमानः ॥" **ढुंढिराज**

अर्थ—जिस मनुष्य के जन्मसमय में सूर्य पञ्चमभाव में हो तो इसे थोड़ी सन्तान होती है। यह पहाड़ों और किलों में घूमता रहता है। यह शिवभक्त होता है। यह सुखी होता है। यह धनहीन और अशुभकर्म करनेवाला होता है। यह भ्रान्त रहता है अर्थात् इनकी मति स्थिर और निश्चयात्मक नहीं होती है।

"स्वल्पापत्यं शैलदुर्गेशभक्तं सौख्यैः युक्तं सत् क्रियार्थैः विमुक्तम्।
भ्रांतं स्वांतं मानवं हि प्रकुर्यात् सूनुस्थाने भानुमान् वर्तमानः ॥" **महेश**

अर्थ—जिसके पञ्चमभाव में सूर्य हो तो इसे सन्तान थोड़ी होती है। यह वनों में, किलों पर घूमता रहता है—यह शिवभक्ति करता है। किन्तु इसे सुख नहीं होता है। यह ऐसे शुभकर्म—निष्काम कर्म नहीं करता है जिनके करने से सत् अर्थात् परब्रह्म की प्राप्ति हो। यह निर्धन होता है और इसका अन्तःकरण भ्रान्त रहता है।

टिप्पणी—'सत् क्रियार्थैः विमुक्तम्' यहाँ पर 'सत्' का अर्थ 'सत्यस्वरूप परब्रह्म' करना उचित होगा; क्योंकि परब्रह्म को छोड़कर और कोई पदार्थ सत्य नहीं है। परब्रह्म की सत्ता से ही सभी पदार्थ—यह दृश्यमान जगत् सत्य प्रतीत होता है, क्योंकि सभी पदार्थ पारमार्थिक सत्ता से रहित हैं, और इनकी सत्ता केवल प्रतीति मात्र है। 'क्रिया का अर्थ' कर्म, अर्थात् निष्कामकर्म' करना उचित होगा। ऐसे शुभ तथा निष्काम कर्म, जिनका अर्थ अर्थात् 'प्रयोजन 'सत्' अर्थात् त्रिकालसत्य परब्रह्म की प्राप्ति हो। जिस मनुष्य के पञ्चमभाव में सूर्य हो उसके सभी कर्म परब्रह्मप्राप्ति की ओर ले जानेवाले नहीं होते हैं, अर्थात् यह मोक्षप्राप्ति की इच्छा से शुभकर्म नहीं करता है—प्रत्युत इसके कर्म संसारसागर में डुबोनेवाले होते हैं। यह मर्म है।

"अक्लखाने यदा शम्शखेटः तदा मानवो मानहीनः सदा जाहिलः।
स्वल्पसंगप्रजश्चौर्यचिन्ताधियुग् गुस्स्वरों धर्मकार्ये सदा काहिलः ॥" **खानखाना**

अर्थ—यदि सूर्य पञ्चमभाव में हो तो मनुष्य मानहीन, मूर्ख, थोड़ी स्त्री-संग और थोड़ी सन्तानवाला होता है। यह चिंता तथा व्यथा से युक्त, चोरी करनेवाला, अत्यन्त क्रोधी और धर्म के कामों में आलस करनेवाला होता है।

भृगुसूत्र—निर्धनः। स्थूलदेही। सप्तमे वर्षे पितृ-अरिष्टवान्। मेधावी, अल्पपुत्रः, बुद्धिमान्। भावाधिपे बलयुते पुत्रसिद्धिः। राहु-केतुयुते सर्पशापात्

सुतक्षयः। कुजयुते शत्रुयुते मूलात्। शुभदृष्टयुते न दोषः। सूर्यशरभादिषु भक्तः। बलयुते पुत्र समृद्धिः।

अर्थ—जिस मनुष्य के जन्मसमय में सूर्य पञ्चमभाव में हो तो वह निर्धन होता है। यह स्थूल देह होता है। सातवें वर्ष में इसके पिता को अरिष्ट होता है। यह मेधा सम्पन्न और बुद्धिमान् होता है।' इसे पुत्र-संतान थोड़ी होती है। यदि पञ्चमभावेश बलवान् हो तो पुत्र-सन्तान होती है। यदि पञ्चमेश के साथ राहु-केतु का सम्बन्ध हो तो सर्पशाप से पुत्र नष्ट होंते हैं। यदि मङ्गल युति करे अथवा शत्रुग्रह के साथ सम्बन्ध हो तो मूल से सुतक्षय होता है। यदि शुभग्रह का सम्बन्ध हो, अथवा शुभग्रह की दृष्टि हो तो सुतक्षय नहीं होता है। सूर्य, शरभ आदि का भक्त होता है। यदि पञ्चमेश बलवान् हो तो पुत्र होते हैं।

यवनमत—मानहीन, सन्तति कम, मूर्ख, क्रोधी, नास्तिक और धार्मिक कार्यों में विघ्न करनेवाला होता है।

पाश्चात्यमत—जलराशि से भिन्नराशियों में हो तो सन्तति नहीं होती। जलराशि में हो तो बच्चे कमजोर और बीमार होते हैं। चन्द्र, गुरु वा शुक्र वहाँ साथ में न हों वा रवि पर उनकी दृष्टि न हो तो मर भी जाते हैं। विलास और स्त्रीसङ्ग में खुश रहता है। पैसे बहुत खर्च करता है।

विचार और अनुभव—शास्त्रकारों का प्रायः मतभूयस्त्व है कि अल्पसन्तति, सन्तति का न होना वा होकर मरजाना, ये फल पञ्चमभावस्थित रवि के हैं। रवि पुरुषराशि का हो तो ये फल मिलते हैं।

कर्क, वृश्चिक और मीन में रवि हो तो 'शारीरिक कष्ट और दुःख' होता है। बुरी बुद्धि, बुरे कर्म, क्रोधी, कुरूप, कुशील, बुरी सङ्गति में रहना' ये फल तब मिलते हैं जब रवि वृष, कन्या वा मकर में हो। यवनमत का अनुभव मिथुन, तुला और कुम्भराशियों में मिलता है।

मेष, सिंह, धनुराशियों में पञ्चमभाव का रवि हो तो शिक्षा पूरी मिलती है। मेष के सूर्य में सन्तान नहीं होती। सिंह में रवि हो तो सन्तान होती है किन्तु शीघ्र ही मृत्युग्रस्त होती है। यदि जीवित रहे तो बाप और माँ के लिए लाभकारी नहीं होती। इस सन्तान का भाग्योदय माँ-बाप के बाद होता है। शिक्षा थोड़ी होनेपर भी व्यवहारकुशलता होती है। धनु का रवि शिक्षा के लिए अच्छा है।

यदि पञ्चमरवि वृष, कन्या, मकर, कर्क, वृश्चिक और मीन में हो तो मनुष्य स्वार्थपरायण, कंजूस, दूसरों के सुख-दुःख की पर्वाह न करनेवाला होता है।

व्यापार अच्छा रहता है। सन्तति होकर जीवित रहती है। पैसा भी होता है।

मिथुन, तुला और कुम्भ में रवि हो तो मनुष्य विद्याव्यासङ्गी, लेखक, प्रका-

शक, आदि व्यवसायी होते हैं। दो पत्नियां भी सम्भव हैं। ऊपर लिखा राशियों का रवि प्रसिद्धिदायक होता है। अधिकारीवृत्ति होती है। किन्तु सन्तति नहीं होती। पत्नी सन्तति प्रतिबन्धक रोगों से ग्रस्त रहती है। पूर्वजों के शाप से या तो सन्तति होती नहीं वा होकर नष्ट हो जाती है। तीन वर्ष कठोर साधना-उपासना की आवश्यकता है इससे सन्तति होगी और जीवित रहेगी।

किसी भी राशि में पञ्चमरवि—पुत्र कम, कन्याएँ अधिक देता है।

षष्ठभाव—

"रिपुध्वंसकृद्भास्करो यस्य षष्ठे तनोति व्ययं राजतो मित्रतोऽपि।
कुले मातुरापद् चतुष्पादतोवा प्रयाणे निषादैः विषादं करोति" ॥६॥

अन्वय :—भास्करः यस्य षष्ठे (स्यात्) (सः) रिपुध्वंसकृत् (भवति) राजतः, मित्रतो वा (स्वकीयं) व्ययं तनोति। (तस्य) मातुः कुले आपत् (स्यात्) वा चतुष्पादतः आपत् (स्यात्) प्रयाणे निषादैः विषादं करोति ॥६॥

सं० टी०—अथ षष्ठभावस्थ रविफलं—यस्य षष्ठे रिपुभवने भास्करः सः रिपुध्वंसकृत् शत्रुघाती स्यात्। तथा राजतः राजदण्ड निमित्तात्, मित्रतः मित्र-कार्य हेतोः वा व्ययं द्रव्यव्ययं तनोति कुर्यात्। तथा प्रयाणे यात्रायां निषादैः भिल्लैः हेतुभिः विषांद दुःखं करोति। मार्गे चौरकृत लुंठनवशात् दुःखं प्राप्नुयात् इत्यर्थः। मातुः कुले मातृवंशे तथा चतुष्पादतः अश्वादिषु आपत् विपत्तिः अथवा मातृकुलात् वाहनपतनात् श्रृंगिपशुधातात् वा दुःखं भवेत्। अस्मिन् व्याख्याने 'कुलात्' इतिपाठः ॥ ६ ॥

अर्थ :—जिस मनुष्य के जन्मलग्न से छठेस्थान में सूर्य हो तो वह अपने शत्रुओं का नाश करता है। यह राजदण्ड देने के निमित्त से, अथवा विपत्ति में फँसे हुए मित्र को विपत्ति से छुटकारा दिलाने की खातिर, अपने धन का खर्च करता है। यह स्वयं चाहे सर्वथा मितव्ययी हो इसके धन का खर्च राजदण्ड का भुगतान करने के लिए और अपने मित्र की सहायता करने के लिए बढ़ जाता है। जिसका परिणाम निर्धनता होती है। इसके माता के कुल में आपत्ति रहती है अर्थात् छठेभाव का सूर्य मामा, मामी आदि के लिए अनिष्ट तथा अमङ्गलकारी होता है। इसे गाय-भैंस आदि चौपाए जानवरों से हानि पहुँचती है। कीमती गाय-भैंस आदि पशुओं के मरण से इसे आर्थिक हानि पहुँचती है। अथवा किसी तीखे सींगों वाले चौपाए पशु के अपघात से मार्मिक चोट आजाने से शारीरिक हानि पहुँचती है। यह परदेश जाता है रास्ते में भीलों से, अथवा अन्य म्लेच्छ वा जङ्गली जातियों से, अथवा चोरों से लूटे जाने के कारण इसे भारी कष्ट भोगना पड़ता है। इस तरह छठेभाव का सूर्य अशुभफल देता है ॥ ६ ॥

तुलना—"दिवाभर्ता षष्ठे प्रबलरिपुहर्ता व्ययचयं,
धराभर्तुः दण्डात्‌हितजन वशाच्चापि कुरुते ।
जनन्या गोत्रार्तिः गजवृषतुरङ्गादिषु विपत्,
प्रयाणे भिल्लाद्यैः बहुतर विवादो जनिमताम् ॥" **जीवनाथ**

अर्थ—जिस मनुष्य के जन्मसमय में सूर्य छठेभाव में हो तो यह अपने शत्रुओं का नाश करता है चाहे ये शत्रु कितने ही शक्तिशाली क्यों न हों। राजदण्ड देने के लिए तथा अपने मित्र की सहायता करने के निमित्त यह अपने धन को भारी मात्रा में खर्च करता है। इसके मातृकुल में कष्ट होता है। हाथी-घोड़ा-बैल आदि चौपाए पशुओं की मृत्यु होती है अथवा इन पशुओं को रोग होते हैं जिनसे कष्ट होता है। परदेश की यात्रा में भिल्ल आदि जातियों से विवाद होता है।

टिप्पणी—भट्टनारायण तथा जीवनाथ के मत में छठेभाव में स्थित सूर्य का शुभफल एक ही है और वह प्रबलशत्रु नाश। शेष सम्पूर्ण फल अशुभ हैं जैसे अधिक धनव्यय, मातृकुल में विपत्ति, हाथी-घोड़ा-गाय-भैंस आदि मूल्यवान् पशुओं की हानि, चोरों से लुट जाना, जङ्गली लोगों से मुठभेड़-लड़ाई झगड़ा होना।

"सत्व-सौख्य-धनवान् रिपुहंता यान-मानसहितोऽरिगेऽर्के ॥" **जयदेव**

अर्थ—जिसके शत्रुभाव (छठेभाव) में सूर्य हो वह मनुष्य सत्ववान् अर्थात् बलवान् होता है। यह सुखी, धनवान् तथा शत्रुओं का नाश करनेवाला होता है। इसे सवारी का सुख मिलता है, लोगों में यह एक मान्यव्यक्ति होता है।

"षष्ठे सूर्ये क्षतारिश्च ख्यातनामा सुखी शुचिः ।
शूरोऽनुरागी भूपाल सम्पतश्च भवेन्नरः ॥" **काशिनाथ**

अर्थ—जिस मनुष्य के जन्मकाल में सूर्य छठेभाव में हो वह शत्रुओं का नाश करनेवाला होता है। यह विख्यात, सुखी तथा पवित्रात्मा होता है। यह बहादुर, प्रेममय स्वभाव का तथा राजमान्य होता है।

"शश्वत् सौख्येनान्वितः शत्रुहंता सत्वोपेतः चारुयानः महौजाः ।
पृथ्वीभर्तुः स्यादमात्योहिमर्त्यः शत्रुक्षेत्रे मित्रसंस्थः यदि स्यात् ॥" **ढुंढिराज**

अर्थ—जिसके जन्मकाल में सूर्य छठेभाव में हो वह बली, सुखी, शत्रु-विजेता, उत्तम वाहनों से युक्त, तेजस्वी और राजा का मन्त्री होता है।

टिप्पणी—ढुंढिराज के मत में छठेभाव का सूर्य अतीव शुभफल दाता है।

"प्रबलमदनोदराग्निः बलवान् षष्ठं समाश्रिते भानौ ।
श्रीमान् विख्यातगुणः नृपतिर्वा दण्डनेता वा ॥" **कल्याणवर्मा**

अर्थ—जिसके सूर्य छठेभाव में हो तो उसकी जठराग्नि और कामाग्नि

तीव्र होती हैं। अर्थात् मनुष्य भोजनभट्ट तथा प्रबल कामुक होता है। यह बल्वान्, श्रीमान्, अपने गुणों से प्रसिद्ध होता है, यह या तो राजा होता है अथवा सेनापति-वा न्यायाधीश होता है।

"बलवान् शत्रुजितश्च शत्रुजाते ॥" आचार्यवराहमिहिर

अर्थ—जिसके छठेभाव में सूर्य हो वह बल्वान् तथा शत्रुविजयी होता है।

टिप्पणी—वराहजी तथा कल्याणवर्मा के अनुसार छठासूर्य शुभफल दाता है।

"प्रथित मुर्वोपतिमरिस्थः सुगुणसंपद् विजयगम् ॥" मन्त्रेश्वर

अर्थ—यदि छठेभाव में सूर्य हो तो मनुष्य विख्यात तथा यशस्वी राजा होता है। यह गुणसम्पन्न, संपत्तिवान् तथा विजयी होता है।

"अरिगृहगतभानौ योगशीलीमतिस्थो निजजन हितकारी ज्ञातिवर्गप्रमोदी।
कृशतनुः गृहमेधी चारुमूर्तिः विलासी, भवति च रिपुजेता कर्मपूज्यो दृढांगः ॥"

मानसागर

अर्थ—जिस मनुष्य के जन्मसमय में सूर्य छठेभाव में हो वह योगी, मतिमान, अपने पक्ष के लोगों का हित चाहनेवाला, अपने भाई-बंदों को खुश रखनेवाला, दुबला-पतला शरीर, सदा घर बनाकर गृहस्थी चलानेवाला, सुन्दर तथा विलासी होता है।

टिप्पणी—मानसागर के मत में छठेभाव का सूर्य शुभफलद होता है। यवनों के मत में छठेभाव में स्थित पापग्रह अनिष्टफलदायक होते हैं। इस मत को स्वीकार करते हुए वराहजी ने 'शत्रुजितः' 'शत्रुभिः पराजितः' ऐसा अशुभफल भी बताया है। बलवान् होना शुभ फल है। यह किसी एक का मत है। संपादक ने "शत्रवः जिताः येन सः शत्रुजितः" ऐसा विग्रह किया है।

"षष्ठाश्रितोऽर्के विष-शस्त्र-दाहक्षुद्रोगशत्रुव्यसनोपतप्तान्,
काष्टाश्मपाताच्च विशीर्णदंता-न्यूनेऽटवीदंघ्रिनखिक्षतांश्च।
कुजोगतस्तत्र परिक्षतांगं दृग् व्याधितं धिक्कृति कर्शितं च,
सौरः शिरोऽश्मनिपातवात द्विमुष्टिघातोपहतं च कुर्यात् ॥" स्फुजिध्वजः

अर्थ—जिस मनुष्य के जन्मसमय में सूर्य छठेभाव में हो तो इसे विष से, शस्त्र से, अग्निदाह से, क्षुत्रोग से, शत्रुओं से तथा व्यसनों से उपताप होता है। इसके दांत लकड़ी अथवा पत्थर के ऊपर पड़ने से टूट जाते हैं। यह जंगलों में मारा-मारा फिरता है। इसके जांघों और पाओं पर नाखूनों से व्रण होते हैं।

यह छठेभाव का सूर्य शिर या पत्थर पर गिर पड़ने से, वायुरोग से, परस्पर मुक्काबाजी से दुःखित करता है।

"शश्वत् सौख्येनान्वितः शत्रुहंता सत्वोपेतश्चारुयानो महौजाः।
पृथ्वीभर्तुः स्यादमात्यो हि मर्त्यः शत्रुक्षेत्रे मित्रसंस्थो यदि स्यात् ॥" महेश

अर्थ—यदि छठेभाव में सूर्य हो तो मनुष्य निरन्तर सुखी रहता है। इसे शत्रुबाधा नहीं होती। प्रत्युत यह शत्रुओं को मार गिराता है। यह पराक्रमी पुरुष होता है। इसके सवारी के वाहन उत्तम होते हैं। यह महान् तेजस्वी होता है। और राजा का मन्त्री होता है।

टिप्पणी—स्फुजिध्वज के अनुसार छठासूर्य महान् अनर्थकारी और कष्टकारी है। किन्तु महेश के अनुसार छठासूर्य अत्युतम फलों का देनेवाला है।

"यदा मर्जखाने भवेदाफताबो जलीलोगनी खूबरोहं अवाच्चः।
सदा मातृपक्षोद्धृतस्यायलब्धिः निरोगो नरः शत्रुमर्दी तदा स्यात् ॥" खानखाना

अर्थ—यदि सूर्य छठेभाव में हो तो मनुष्य अत्यन्त धनी, अत्यन्त सुन्दर, कम बोलनेवाला, मातृपक्ष से (मामा के घर से) सर्वदा धनप्राप्ति करनेवाला, नीरोग और शत्रुओं को जीतनेवाला होता है।

भृगुसूत्र—अल्पज्ञातिः, शत्रुवृद्धिः, धनधान्यसमृद्धिः। विंशतिवर्षे नेत्र-वैपरीत्यम्। शुभदृष्ट-युते न दोषः। अहिकानन पारकृत् मन्त्रसेवी, कीर्तिमान्, शोकरोगी, महोष्णदेही। शुभयुते भावाधिपे देहारोग्यम्। ज्ञाति-शत्रु बाहुल्यम्। भावाधिपे दुर्बले शत्रुनाशः:, पितृदुर्बलः।

अर्थ—जिस मनुष्य के जन्मकाल में सूर्य छठेभाव में हो तो इसके भाई-बन्धु संख्या में कम होते हैं। इसके शत्रु भारी संख्या में होते हैं। इसे धन और धान्य का सुख मिलता है। वीसवें वर्ष में आँखों में भारी उलट-फेर होता है।

यदि इस भाव के सूर्य के साथ शुभग्रह युति करे, अथवा इस पर शुभ-ग्रह की दृष्टि हो तो आँखें ठीक रहती हैं। साँपों से, जंगल से कष्ट नहीं होता है। यह मंत्रशास्त्र को जाननेवाला होता है। यह कीर्तिमान् होता है। इसे किसी के मरण से शोक होता है और इसे रोग होते हैं। इसका देह खूब गर्म रहता है। यदि कोई शुभग्रह षष्ठेश के साथ सम्बन्ध करे तो देह नीरोग रहता है। भाई-बान्धव और शत्रु अधिक संख्या में होते हैं।

यदि षष्ठेश दुर्बल हो तो शत्रु नष्ट होते हैं और पिता को कष्ट होता है।

यवनमत—यह धनवान्, सुन्दर, नीरोग, शत्रुओं पर विजय पानेवाला, और मामा का सुख पानेवाला होता है।

पाश्चात्यमत—तबीयत अच्छी नहीं रहती। रवि दूषित हो तो बहुत और लम्बी बीमारियाँ होती हैं। स्थिर राशियों में हो तो गले के रोग-जैसे क्विन्सी, डिपथीरिया, ब्राङ्काइटिस, अस्थमा-होते हैं।

हृदय के रोग, पीठ और कुक्षि का निर्बल होना, मूत्ररोग, ये फल होते हैं। साधारण राशियों में और खासकर कन्या और मीन में क्षय का डर होता

है। फेफड़ों में बाधा पहुँचती है। चर राशियों में यकृत के रोग, निरुत्साह। छाती का दुर्बल होना, पेट के रोग, सन्धिवात, कोई बड़ा जख्म इन रोगों की सम्भावना रहती है।

विचार और अनुभव—श्री वराहमिहिर ने छठेभाव के सूर्य का फल अशुभ बतलाया है। यहाँ तक शत्रु का सम्बन्ध है। आचार्य जी के अनुसार षष्ठस्थ सूर्य से मनुष्य शत्रुओं द्वारा पराजित होता है। अन्य ग्रन्थकारों ने सूर्य का फल 'रिपुहन्ता, 'शत्रुहन्ता', 'क्षतारि' आदि बताया है। दूसरे शब्दों में अशुभ स्थानस्थित पाप वा क्रूरग्रह सूर्य शत्रुविजयरूपी शुभफल का दाता होता हैं। रिपुभाव का फल रिपुवृद्धि होता है। इसका नाश शत्रुनाश ही हो सकता है। इस प्रसङ्ग में भट्टोत्पलजी ने स्पष्टतया बताया है कि रिपुभाव के विषय में वराहजी ने यवनेश्वरमत का अनुसरण किया है। यवनेश्वरमत है कि षष्ठस्थान-स्थित पापग्रह अनिष्टफल ही देते हैं। सत्याचार्य जी का मत है कि यदि सूर्य छठेभाव में हो तो शत्रुनाशक, रोगनाशक, शोकनाशक, तथा ऋणनाशक होता है।

इसके विरुद्ध यवनमत है कि छठासूर्य विष-शस्त्र-अग्निदाह-भूख-शत्रु-आदि से मनुष्य को दुख का अनुभव करवाता है। स्फुजिध्वज के अनुसार षष्ठस्थरवि के प्रभाव में आए हुए मनुष्य के दाँत, जमीन पर गिरजाने से वा लाठी के आघात से टूट जाते हैं। यह परदेश में घूमता-फिरता है। यात्रा में इसे जङ्गल के हिंसकपशुओं से डर होता है। हिंसकजीवों के आघात से शरीर में व्रण होते हैं। यदि मङ्गल साथ में हो तो शारीरिक इन्द्रियों में व्रण होते हैं। नानाविध चक्षुरोग होते हैं। यदि शनि साथ में हो तो मनुष्य पत्थर पर गिरता है। विजली गिरने से प्राणों का भय होता है। पेट में वायु रोग से दुःख होता है। इसी सन्दर्भ में ऊपर लिखा पाश्चात्यमत भी पठनीय तथा विचारणीय है।

षष्ठस्थसूर्य से मनुष्य सुखी होता है, प्रेमी और पवित्र होता है। षष्ठस्थ सूर्य मातृपक्ष के लिए शुभ नहीं। सुखी होना, प्रेमी और पवित्र होना-स्त्रीराशि के फल हैं। सरकार से राएबहादुर आदि पदवियों और उपाधियों की प्राप्ति, अधि-कारी होना, तथा योगाभ्यासी होना आदि-आदि फल पुरुषराशियों के हैं।

पाश्चात्यमत में वर्णित फल स्त्रीराशियों के हैं। यदि रवि पुरुषराशि में हो तो मनुष्य कामुक, घमण्डी, क्रोधी, भोजनभट्ट, पहली उमर में उपदंश, प्रमेह आदि रोगों से ग्रस्त होकर उत्तर आयु में कष्ट पाता है। इसके मामा का पक्ष नष्ट होता है। मौसी विधवा होती है। अथवा यह पुत्रहीन रहती है इसके नौकर बुरे होते हैं। स्वयं नौकरी करे तो यह अपने से ऊपर के अधिकारियों से लड़ता है।

यह रवि स्त्रीराशि का हो तो मनुष्य मुँहतोड़ जवाब नहीं देता है मीठा बोलता है और अपना काम बना लेता है। स्त्रीराशि के रवि में सभी शुभफल

मिलते हैं। मामा-मौसी के लिए भी शुभ है। मामा, मौसी बहुत होते हैं इनसे भी सम्बन्ध अच्छे रहते हैं। इस तरह छठेसूर्य के शुभ-अशुभ। दोनों प्रकार के फल मिलते हैं।

सप्तमभाव—

"द्युनाथो यदा द्यूनजातो नरस्य प्रियातापनं पिंडपीडा च चिन्ता।
भवेत् तुच्छलब्धिः क्रयेविक्रयेऽपि प्रतिस्पर्धया नैति निद्रां कदाचित्" ॥ ७ ॥

अन्वयः—द्युनाथः यदा नरस्य द्यूनजातो भवेत् (तदा) (तस्य) प्रियातापनं पिंडपीडा, चिंता च भवेत्। क्रये-विक्रये अपि (तस्य) तुच्छलब्धिः भवेत्। प्रतिस्पर्धया कदाचित् (अपि) निद्रां न एति ॥ ७ ॥

सं० टी०—अथ सप्तमरविफलम्—यदा द्युनाथः सूर्यः द्यूनजातः सप्तमगः, तदा नरस्य प्रियातापनं स्त्रीकेशः, पिण्डपीडा, शरीरकष्टं च, तथा चिन्ता तत्पदार्थालाभे मनो व्याकुलत्वं। क्रये वस्तुसंग्रहे, विक्रये गृहीतवस्तु विनिमये तुच्छलब्धिः स्वल्पलाभो भवेत्, तथा प्रतिस्पर्धया प्रतिवादीईर्ष्यया कदाचित् न निद्रां एति लभेत् इत्यर्थः ॥ ७ ॥

अर्थ :—जिस मनुष्य के जन्मलग्न से सातवेंस्थान में सूर्य हो उसे स्त्री क्लेश, शरीरपीड़ा और मानसिक चिन्ता होती है। व्यापार में उसे बहुत थोड़ा लाभ होता है। मन में सर्वदा लोगों का डाह रहने से सुख से नींद भी नहीं आती है ॥ ७ ॥

तुलना—"प्रचंडांशुः कामे जननसमये यस्यभवति,
प्रियायाः संतापं सपदि कुरुते तस्य सततम्।
तथा कष्टं देहे हृदि परमचिन्तामपिखलाद्,
अनल्प व्यापारादपि च परमायाति न धनम् ॥" **जीवनाथ**

अर्थ—जिस मनुष्य के जन्मसमय में जन्मलग्न से सातवें स्थान में सूर्य हो तो इसकी स्त्री को कष्ट, इसके शरीर में कष्ट, तथा दुष्टों के कारण इसके मन में चिन्ता होती है। चाहे कितना ही क्रय-विक्रयरूपी व्यापार से धन कमाने का यत्न करे तौ भी इसे प्रचुरमात्रा में धनप्राप्त नहीं होता है।

"स्त्रीकृत स्वविलयो नृपभीतो रुग्युतो रिपुतोऽस्तगतेऽर्के ॥" **जयदेव**

अर्थ—जिस मनुष्य का जन्म सप्तमभावस्थ सूर्य के प्रभाव में होता है उसके लिए स्त्री ही सर्वस्व होती है वह अपने अस्तित्व को खो बैठता है और स्त्री में अपना विलय कर देता है। इसे राजा से भय होता है। इसे रोग होते हैं। इसे शत्रुबाधा भी रहती है। ये सम्पूर्ण अशुभफल सप्तमसूर्य के हैं।

"स्त्री द्वेषी मदनस्थिते दिनकरेऽतीव प्रकोपी खलः ॥" **वैद्यनाथ**

अर्थ—जिस मनुष्य के जन्मलग्न से सातवें स्थान में सूर्य हो तो इसका स्त्रियों से वैमनस्य रहता है अर्थात् यह स्त्रियों का तिरस्कार करता है। यह

अत्यन्त क्रोधी और खल अर्थात् दुर्जन होता है। अर्थात् सप्तमभाव का सूर्य पतिपत्नी में अनवन-छठा-आठवां रखता है—ऐसा होना दोपत्य सुख का बाधक है।

"स्त्रीभिः गतः परिभवं मदगे पतंगे" ॥ **आचार्यवराहमिहिर**

अर्थ—जिसके जन्मसमय में लग्न से सप्तमसूर्य हो तो इसे स्त्रियों से तिरस्कार अर्थात् अनादर प्राप्त होता है। अर्थात् स्त्रियाँ इसकी ओर नजर उठाकर भी नहीं देखती हैं। अर्थात् यह स्त्रियों का घृणापात्र होता है।

"नृपविरुद्धं कुतनु यस्तेऽध्वगमदारं ह्यवमतम् ॥" **मंत्रेश्वर**

अर्थ—जिसके जन्मलग्न से सातवें स्थान में सूर्य हो तो यह राजा से विरोध रखता है। अर्थात् इसके आचरण से राजा इसके विरुद्ध होता है और इसे दण्डित करने के लिए कोई न कोई निमित्त ढूंढ़ता है और अन्ततः दण्ड देता है। भाव यह है कि राजा द्वारा दण्डित होने के कारण इसका मान इसकी प्रतिष्ठा धूल में मिल जाती है, और यह सर्वत्र अपमानित होता है। यह शरीर से दर्शनीय नहीं होता है। यह पैदल चलता है क्योंकि इसे सवारी का सुख नहीं होता है। यह स्त्रीहीन होता है। घर-गृहस्थी तभी चलती है यदि स्त्री का सहयोग प्राप्त हो। स्त्री के अभाव में पुरुष धर्म-अर्थ और काम से वञ्चित रह जाता है। 'भार्या त्रिवर्ग करणम्' ऐसा वचन है। यह सर्वत्र अपमानित होता है। मन्त्रेश्वरजी के अनुसार सप्तमरवि नेष्ट है।

"सप्तमेऽर्के कुदारश्च दुष्टप्रीतोऽल्पपुत्रकः।
गुह्यरोगी सपापश्च जातको हि प्रजायते ॥" **काशिनाथ**

अर्थ—जिसके जन्मकाल में लग्न से सूर्य सप्तमस्थान में हो तो मनुष्य को अच्छी स्त्री के साथ संसारयात्रा करने का सौभाग्य नहीं मिलता है। अर्थात् इसकी स्त्री दुश्चरित्रा होती है। प्राचीन भारत में स्त्री का सर्वोत्तमगुण उसकी सच्चरित्रता थी। पातिव्रत्य इसका भूषण था। लज्जा इसका 'अलङ्कार' था। यह पतिप्रिया और प्रियवादिनी होती थी। जिस मनुष्य के सूर्य सप्तम में हो उसे ऐसी स्त्री का सहयोग प्राप्त नहीं होता है 'यह गूढ़तात्पर्य' 'कुदारः' विशेषण का है।

इस मनुष्य के प्रेमपात्र दुष्ट लोग होते हैं। इसे पुत्रसुख थोड़ा मिलता है। यह गुप्तरोगों से दुःखी रहता है—अर्थात् इसे उपदंश, प्रमेह आदि रोग होते हैं। यह पापी-पापकर्मा होता है।

"युवतिभवन संस्थे भास्करे स्त्रीविलासी, न भवति सुखभागी चंचलः पापशीलः।
उदरसमशरीरो नातिदीर्घो न ह्रस्वः, कपिलनयनरूपः पिंगकेशः कुमूर्तिः ॥"

मानसागर

अर्थ—यदि मनुष्य के जन्मसमय में जन्मलग्न से सूर्य कलत्रस्थान में अर्थात् सप्तमभाव में स्थित हो तो मनुष्य को स्त्री का भोग-उपभोग मिलता

है। किन्तु यह सुखी नहीं होता है। यह अस्थिर स्वभाव का और पापकर्म कर्ता होता है। उदर और देह एक बराबर होते हैं, यह मनुष्य न तो बहुत लम्बा होता है और नही छोटा होता है। इसका रूपरंग और आँखें कपिल होती हैं। इसके केश पीले होते हैं और यह कुरूप होता है।

मानसागर के अनुसार सप्तमभाव का सूर्य पतिपत्नी का सौमनस्य कायम रखता है अन्यथा मनुष्य को स्त्री का उपभोग क्योंकर मिल सकता है। स्त्रीसुख का होना सप्तमभावस्थ सूर्य का शुभफल है—यह भावार्थ है।

"निःश्रीकः परिभूतः कुशरीरो व्याधितः पुमान् द्यूने।
नृपबन्धनसन्तप्तोऽमार्गरतो युवति विद्वेषी ॥" **कल्याणवर्मा**

अर्थ—यदि सप्तमभाव में सूर्य हो तो मनुष्य, लक्ष्मी से वञ्चित रहता है, अर्थात् निर्धन होता है। लोग इसे प्रतिष्ठित व्यक्ति नहीं समझते हैं। रोगों के कारण इसका शरीर ठीक नहीं रहता है। राजा से तथा कारावास से सन्ताप होता है। यह कुमार्गगामी होता है। इसे अपनी स्त्री से अथवा स्त्रियों से प्यार नहीं होता है। अर्थात् इसका स्त्रियों से वैमनस्य रहता है।

"श्रिया विमुक्तः हतकायकांतिः भयामयाभ्यां सहितः कुशीलः।
नृपप्रकोपाऽर्तिकृशो मनुष्यः सीमन्तिनसद्मनि पद्मनीशे ॥" **ढुंढिराज**

अर्थ—जिस मनुष्य के जन्मसमय में लग्न से सूर्य सप्तम हो वह निर्धन होता है। इसका शरीर कांतिमान् नहीं होता है, अर्थात् यह रोबीले चेहरे का मनुष्य नहीं होता है इसे डर लगा रहता है। इसे रोग होते हैं। यह शुद्ध आचरण का मनुष्य नहीं होता है। इसका शरीर राजा के भय से तथा दुःखों और पीड़ाओं से सूखा हुआ रहता है। महेश और ढुंढिराज का श्लोकपाठ में तथा अर्थ में अत्यन्त साम्य है, अतः महेश का फल नहीं लिखा है।

"यदासप्तशखेटः स्मरस्थानगश्रितया व्याकुलो ना भवेत् कामुकः।
सदाक्षीयते कामिनीभिः महावंचको युद्धभूमौ चलोजम्बरः ॥" **खानखाना**

अर्थ—यदि सूर्य सप्तमभाव में हो तो मनुष्य सर्वदा चिंतायुक्त, व्याकुल, कामी, बहु-स्त्री-उपभोग से क्षीण, ठग और समर में विजयी होता है।

भृगुसूत्र—विवाह विलम्बनम्। स्त्री द्वेषी, परदाररतः, दारद्वयवान्। पंचविंशतिवर्षे देशांतरप्रवेशः। अभक्ष्यभक्षणः। विनोदशीलः। दारद्वेषी। नाशांतबुद्धिः। स्वक्षे बलवति एकदारवान्। शत्रुनीचवीक्षिते पापयुते वीक्षणैः बहुदारवान्।

अर्थ—यदि सप्तमभाव का सूर्य हो तो विवाह देर से होता है। मनुष्य स्त्री से विरोध रखता है अर्थात् पतिपत्नी का सौमनस्य नहीं रहता है। यह दो स्त्रियों का पति होता है अर्थात् प्रथमा स्त्री के मृत्यु से द्वितीया घर में लाई जाती है, अथवा प्रथमा के जीवित रहते ही दूसरी स्त्री का प्रवेश होता है।

ऐसी परिस्थिति के अनेक कारण हो सकते हैं। अपनी स्त्री से वैमनस्य होने से परकीयास्त्रियों में आसक्त रहता है। २५ वें वर्ष परदेशगमन होता है। अभक्ष्य पदार्थों का भक्षण करता है। मनुष्य विनोदी अर्थात् मजाकिया स्वभाव का होता है। स्त्रियों के साथ विरोध रखता है। विपरीतमति तथा नाशोन्मुख होता है। यदि सप्तमरवि स्वगृही हो और बलवान हो तो मनुष्य की पत्नी एक ही होती है। यदि यह सूर्य शत्रुग्रह वा नीचराशिगतग्रह से दृष्ट हो अथवा किसी पापग्रह से दृष्ट हो तो मनुष्य की बहुत स्त्रियाँ होती हैं।

टिप्पणी—आज से ४०–'५० वर्ष पहले अंग्रेजी राज्य में और इससे भी बहुत पहले काल में जब यवनराज्यसत्ता पूर्णतया शक्ति-संपन्न थी छोटी उमर में विवाह कर देने की प्रथा का चलन था। हिन्दु अपनी लज्जा और प्रतिष्ठा को बचाने की खातिर अपनी कन्याओं का विवाह बहुत छोटी उमर में कर देते थे, यवनराज्य में हिन्दुओं की अविवाहित कन्याओं का अपहरण होता था इस और अनाचार से बचने की खातिर अबोध-बच्चियों का विवाह तभी कर दिया जाता था जब वे १०-१२ वर्ष की होती थीं। इस छोटी उमर की शादियों को न्याय तथा धर्मशास्त्रानुकूल ठहराने के लिए—"अष्टवर्षा भवेद् गौरी दशवर्षा च रोहिणी" आदि की दुहाई दी जाती थी।

समय परिवर्तनशील है विद्याध्ययन से लोगों में जागृति आई। शनै-शनै छोटी उमर के विवाहों में कईएक दोष दृष्टिगोचर हुए कईएक कष्ट अनुभव में आए परिणामतः छोटी उमर के विवाहों का चलन बंद हो गया इसमें कानून ने भी उपयोगी सहायता की।

अब विलम्ब से विवाह करने की प्रथा चल निकली है। इस समय यह प्रथा प्रौढ़ावस्था में है। मनपसंद शादी करने का विचार प्रायः जनमतानुकूल है। बी.ए.एम-ए.बी.टी.बी.एड उपाधिप्राप्त लड़कियाँ स्वेच्छानुकूल वर-प्राप्त करने की अभिलाषा में प्रौढ़ा हो जाती हैं। इसी तरह मनोऽनुकूला लड़की प्राप्त करने की इच्छा से लड़के भी पूर्णतया यौवनारूढ़ हो जाते हैं। यह समय का परिवर्तन है।

भृगुसूत्र के अनुसार सप्तमभावस्थित सूर्य विवाह में देरी करवाता है। जिनका विवाह विलम्ब से होता है क्या इनके सप्तमभाव में सूर्य है ? यह एक विचारणीय विषय है। इस पर दैवज्ञ विचार करेंगे।

'दारद्वेषी' यह विशेषण उस समय की ओर संकेत करता है जब पति-पत्नी में परस्पर नैत्यिककलह और झगड़े होते हैं और अन्ततः 'विवाह विच्छेदक' कानून का सहारा लिया जाता है। विवाह विच्छेद से पति-पत्नी को क्या लाभ होता है इसका अनुभव तो उन्हें ही होता है जो इसके पक्ष में हैं। मेरे विचार से तो दम्पति में कलहजन्य वैरभावना को जागृत करने के लिए तथा पतिव्रत और एकनारीव्रत की भावना को निरुत्साहित करने के लिए और विभाजन

को प्रोत्साहन देने के लिए और आर्यसभ्यता की जड़ को काटने के लिए यह एक सामाजिक द्रोह है ।

भृगुसूत्र—'एकपत्नी' 'दो पत्नियाँ' एवं 'बहुपत्नियाँ' की कल्पना करता है । सूर्य स्वक्षेत्री और बलवान् हो तो पुरुष का एक ही विवाह होता है । मेष, सिंह और धनु का रवि हो तो दो विवाह होते हैं ।

यदि इस भाव के सूर्यपर शत्रुग्रह की, नीचराशि स्थितग्रह की दृष्टि हो तो अथवा इस भाव के सूर्य का सम्बन्ध किसी पापीग्रह के साथ हो तो पुरुष बहुत-सी स्त्रियों का पति होता है ।

इस संदर्भ में यह कह देना उचित होगा कि पुरुष के लिए 'एकनारीव्रत' ही आदर्श है । प्रथमा से संतान न हो तो पुत्रप्राप्ति के लिए दो विवाह भी किए जा सकते हैं । इस पक्ष में दोनों स्त्रियाँ जीवित होंगी । बहुनारीविवाह तो गृहस्थ में वैमनस्य और कलह को जन्म देता है । परिवारसुख में कंटक हो सकता है और होता है । बहुनारीविवाह की जड़ में कामवासना-तृप्ति के बिना और कोई लाभ नहीं । खानखाना के अनुसार बहुनारी भोग तो वीर्यक्षीणता का कारण होकर पुरुष के क्षय का कारण हो सकता है ।

यवनमत—चिंता से ग्रस्त, कामासक्त, दुर्बल, बहुत बोलनेवाला और संग्राम में जय पानेवाला होता है । इसकी स्त्री दुर्बल होती है ।

पाश्चात्यमत—अभिमानी पति या पत्नी, उच्च और भव्य आचरण के साथ उदारता, उद्योग और साझेदारी में यशप्राप्ति, ये फल सप्तम रवि के हैं । किन्तु बहुत-सा फल रवि की राशि पर और अन्य ग्रहों की दृष्टि पर निर्भर है ।

विचार और अनुभव—हमारे प्राचीन ग्रन्थकारों का मत है कि सप्तम-स्थान का रवि अशुभफल ही देता है । किन्तु पाश्चात्य दैवज्ञों के अनुसार रवि शुभ फल ही देता है । प्राचीन ग्रंथकारों के अशुभफल मेष, सिंह, मकर राशियों में अनुभव में आते हैं ।

सप्तमभाव का रवि यदि मिथुन, तुला और कुम्भ में हो तो मनुष्य शिक्षा-विभाग में प्रगति करता है । अधिकारी तथा कानून का विशेषज्ञ होता है । संगीत-नाट्य-रेडियो आदि आमोद-प्रमोद के साधनों में प्रगति करता है । इसे एक वा दो संतति होती है वा होती ही नहीं ।

मेष, सिंह, धनु में यह रवि हो तो दो विवाह होते हैं । एक ही विवाह बहुत विलंब से अधिक आयु में होता है । यह पुरुष स्वतंत्रताप्रिय होता है—नौकरी करना नहीं चाहता ।

स्त्रीराशियों में विशेषतः वृष, कन्या, मकर में रवि हो तो व्यापार में लाभ होता है । मनुष्य चुनाव में सफल होता है । जनपद वा विधानसभा में चुनाव लड़कर आता है ।

यदि सप्तमसूर्य कर्क, वृश्चिक वा मीन में हो तो मनुष्य डाक्टर होता है, अथवा विज्ञानविषयक पदवी पाता है। नहर का अधिकारी होता है। ऊपर लिखा फल राशिविशेष का है। सामान्यफल, सब राशियों में निम्नलिखित है :—सप्तमरवि प्रभाव में आए हुए मनुष्य की स्त्री प्रभावशालिनी, व्यवहार और बर्ताव में अच्छी आपत्ति के समय पति का साथ देनेवाली, अतिथि सत्कार करनेवाली दयालु-नौकरों से अच्छा काम निकाल लेनेवाली होती है। किन्तु धन-प्रिया होती है और रुपए पैसे पर अपना स्वत्व रखनेवाली होती है। इसका रूप-रंग भी अच्छा होता है।

समय के परिवर्तन से अब प्रीतिविवाह का चलन हो गया है, लड़के-लड़कियाँ मनोऽनुकूल मनपसंद विवाह के लिए बहुत अधिक आयु तक कुंआरा रह जाना पसद करते हैं। प्रीतिविवाह होने पर किसी बात पर परस्पर वैमनस्य हो जाने पर विवाहोच्छेदक कानून का सहारा लेने के लिए भी उद्यत रहते हैं। यह परिस्थिति तब होती है जब सप्तमभाव का रवि मेष, सिंह, धनु और मीन का हो। इन राशियों का रवि मनुष्य को अपमानित करवाता है—श्वशुर के घर पर रहने को मजबूर करता है। और भी कई प्रकार से अपमान होता है।

वृष, कन्या, मकर, कर्क, वृश्चिक और मीन का रवि हो तो आयु के ५० वें वर्ष तक काम-धंधा वा नौकरी अच्छे चलते हैं—तदनन्तर सभी कुछ बंद हो जाता है। पुरुषराशि के रवि में सदैव उतार-चढाव लगे रहते हैं। ५०-५२ में स्त्री की मृत्यु होती है। कई प्रकार की कठिनाइयाँ होती हैं, तौ भी दूसरा विवाह नहीं हो पाता।

यहाँ तक सन्तति का सम्बन्ध है पुरुषराशि के रवि में सन्तति थोड़ी होती है। किन्तु स्त्रीराशि के रवि में सन्तान अधिक होती है।

अष्टमभाव—

"क्रिया लम्पटं त्वष्टमे कष्टभाजं, विदेशीयदारान् भजेद् वाप्यवस्तु।
वसुक्षीणता दस्यु तो वा विलम्बाद्, विपद् गुह्यतां भानुरुग्रां विधत्ते"॥८॥

अन्वयः—अष्ट मे तु भानुः क्रियालम्पटं कष्टभाजं (च) (नरं) विधत्ते। (सः) विदेशीयदारान्, अवस्तु वा अपि भजेत् (तस्य) अविलम्बात् दस्युतः वसुक्षीणता भवेत्। भानुः उग्रां विपद् गुह्यतां वा विधत्ते ॥ ८ ॥

सं० टी०—अथ अष्टमभावफलम्—अष्टमे मृतिभावे भानुग्रहे क्रियालम्पटं व्यवहारे अतीवधूर्तं अतएव कष्टभाजं, क्लेशितं विधत्ते करोति। तथा विदेशीयदाराः गणिका, अथवा अवस्तु अभक्ष्यं अपि भजेत्। दस्युतः विलम्बात् अर्थात् जनालस्यात् वा वसुक्षीणता, द्रव्यहीनता, गुह्यता, विपत्, परस्त्रीकृत इन्द्रिय विषयक बातवीजजन्यक्लेशः च अष्टमे रवौ स्यात् इत्यन्वयः ॥ ८ ॥

अर्थ—जिस मनुष्य के जन्मलग्न से आठवें स्थान में सूर्य हो वह व्यवहार

अतीव धूर्त अर्थात् चालाक होता है। यह सर्वदा कष्ट भोगता है। यह विदेशीयस्त्रियों से सम्बन्ध जोड़ता है। यह अभक्ष्य वस्तुओं का सेवन भी करता है। इसका धन बहुत शीघ्र चोरी हो जाता है। इस पर कठिन और गुप्त विपत्ति भी आ पड़ती है ॥ ८ ॥

टिप्पणी—अष्टम स्थान दुष्टस्थान माना गया है। इसे मृत्युस्थान कहते हैं। यह मूलतः नाशस्थान है, अतः इस भाव के फल बुरे ही हैं। इस भाव के सूर्य का मनुष्य लपाटिया, ठग और चालाक होता है। इसे दूसरे लोगों को ठगकर बहुत आनन्द मिलता है। यह दूसरों के लिए अनर्थकारी और कष्टकारी होता है। अतएव इसे स्वयं भी सदैव कष्ट भोगना पड़ता है। 'पापौ मूलंनिकृंतति' ऐषा सुभाषित है।

अष्टमभाव का सूर्य परदेश यात्रा करवाता है। मनुष्य पर यौवन का भूत सवार होता है। अतः परदेश में परदेशीय परकीया रूपाजीवा स्त्रियों से अवैध सम्बन्ध जोड़ता है। इन यौवनौन्मत्त युवतियों के साथ सहवास करता है। इन्हें प्रसन्न रखने के लिए इनके कहने पर अभक्ष्य तथा अग्राह्य पदार्थों का आनन्द लेता है। परिणाम यह होता है कि इसे गुह्यरोग आ घेरते हैं। इसके शरीर की शक्ति क्षीण हो जाती है-यह आलस में डूबा रहता है और अपने आपकी और अपने धन की रक्षा करने में असमर्थ होता है। इस परिस्थिति का लाभ उठाते हुए चोर इसकी चोरी करते हैं, इसका धन लूट लेते हैं। प्रथमतः परदेशीय धनपिपासु-रोगग्रस्ता रूपाजीवा युवतियाँ इसका धन-यौवन लूटती हैं। तदनन्तर रहा-सहा इसका धन चोर लूटकर ले जाते हैं। इस तरह इस पर सभी प्रकार की विपत्तियाँ आक्रमण करती हैं। इसे असाध्य गुह्यरोग होते हैं, जिनसे अन्ततः यह अकालमृत्यु का शिकार होता है।

तुलना—"मृतावर्के कर्केश्वरतनुसमा कांतिविरतिः,
क्रियाबुद्धिः प्रभवति वसुक्षैण्यमभितः।
गुदे रोगाधिक्यं खलु पुरवधूभिश्च रमणं,
विदेशे संवासः कलिरपि जनैः यस्य जनने ॥" **जीवनाथ**

अर्थ—जिस मनुष्य के जन्मसमय में जन्मलग्न से आठवेंस्थान में सूर्य हो तो मनुष्य का शरीर ऐसी कांतिवाला होता है जैसा चन्द्रमा का बिम्ब कान्तियुक्त होता है—अर्थात् मनुष्य सुन्दर शरीरवाला होता है। यह काम करने में तीक्ष्ण नहीं होता प्रत्युत इसकी बुद्धि इसे अकर्मण्यता की ओर ले जानेवाली होती है। चारों ओर से इसके धन का नाश होता है। इसे गुदरोग अर्थात् बवासीर होता है। यह अपने पुर में रहनेवाली परकीया स्त्रियों से सहवास करता है। यह विदेश में वास करता है। यह लोगों से लड़ता-झगड़ता है।

"स्वल्पापत्यः हीनदृक् वित्तमांश्च द्वेषी रोगी कार्यवान् अष्टमस्थे ॥" **जयदेव**

अर्थ—जिस मनुष्य के जन्मलग्न से आठवें स्थान में सूर्य हो तो इसे सन्तान

थोड़ी होती है। इसकी दृष्टि (वीनाई-नजर) कमजोर होती है। यह धनवान् होता है। यह लोगों से विरोध करता है। यह रोगी होता है। यह कर्मठ होता है अर्थात् आलसी और निठल्ला बैठनेवाला नहीं होता है।

"स्वल्पात्मजो निधनगे विकलेक्षणश्च ॥" आचार्य **वराहमिहिर**

अर्थ—जिसके अष्टमभाव में सूर्य हो तो इसे पुत्र संख्या में थोड़े होते हैं। इसे आँखों के रोग होते हैं।

"हत धनायुः सुहृदमर्को विगतदृष्टिः निधनगः ॥" **मन्त्रेश्वर**

अर्थ—जिसके जन्मलग्न से आठवें स्थान में सूर्य हो तो इसे थोड़ा धन, थोड़ी आयु, और थोड़े मित्र होते हैं। इसकी नज़र कमज़ोर होती है।

"मनोभिरामः कलहप्रवीणः पराभवस्थे च रवौ न तृप्तः ॥" **वैद्यनाथ**

अर्थ—जिसके अष्टमस्थान में सूर्य हो तो यह मनोहर होता है। यह लड़ने-झगड़ने में विशेष चतुर होता है। किन्तु यह कभी भी सन्तुष्ट नहीं होता है।

"नेत्राल्पत्वं शत्रुवर्गाभिवृद्धिः बुद्धिभ्रांशः पूरषस्यातिरोषः।
अर्थाल्पत्वं कार्श्यमंगे विशेषादायुः स्थाने पद्मिनी प्राणनाथे ॥" **ढुंढिराज**

अर्थ—जिसके अष्टमभाव में सूर्य हो तो इसे दृष्टिमान्द्य रोग होता है। इसके शत्रुओं की संख्या में अधिकता होती है। यह बुद्धिहीन तथा अत्यन्त क्रोधी होता है। इसे धनप्राप्ति प्रचुरमात्रा में नहीं होती। यह दुबला-पतला होता है।

"विकलनयनोऽष्टमस्थे धन-सुख-हीनोऽल्पजीवितः पुरुषः।
भवति सहस्रमयूखे स्वभिमतजनविरह संतप्तः ॥" **कल्याणवर्मा**

अर्थ—जिसके अष्टमभाव में सूर्य हो तो यह नेत्ररोगी होता है। यह धनी और सुखी नहीं होता है। यह अल्पायु होता है। अपने प्यारे सज्जन के वियोग से इसे संताप होता है। अर्थात् इसका कोई प्यारा जीव मरता है जिससे इसे भारी मानसिक खेद और सन्ताप होता है।

"निधनगतदिनेशो चञ्चलः त्यागशीलः किलबुधगणसेवी सर्वदारोगयुक्तः।
वितथ बहुलभाषी भाग्यहीनों विशीलों मतियुतश्चिरजीवी नीचसेवीप्रवासी॥"
मानसागर

अर्थ—जिस मनुष्य के जन्मलग्न से आठवें स्थान में सूर्य हो तो वह चञ्चल स्वभाव, दानी—पण्डित और विद्वानों की सेवा में रहनेवाला-सदैव रोगी-बहुत-मिथ्याभाषण करनेवाला, अभागा, आचरणहीन, मतियुक्त, तथा लम्बी उमर-वाला होता है। इसे नीचवृत्ति लोगों की सेवा करनी पड़ती है। यह परदेश में वास करता है।

"नेत्राल्पत्वं शत्रुवर्गाभिवृद्धि बुद्धिभ्रंशः पूरुषस्यातिरोषः।
अर्थाल्पत्वं कार्श्यमंगे विशेषादायुः स्थाने पद्मिनी प्राणनाथे ॥" **महेश**

अर्थ—जिसके अष्टमभाव में सूर्य स्थित हो तो मनुष्य, मंददृष्टिवाला, बहुत शत्रुओं से पीडित, मूर्ख तथा अत्यन्त क्रोधी होता है। इसे बहुत धन नहीं मिलता है। इसका शरीर विशेषतया दुर्बल होता है।

"यदा सम्शखेटो भवेत् मौतखाने मुशाफिर्विशे क्षुत्तृषापीडितो हि।
सदोद्योगहीनो महालागरः स्वीयदेशे विहायान्यदेशाटनः स्यात् ॥" **खानखाना**

अर्थ—यदि सूर्य अष्टमभाव में हो मनुष्य भूखा-प्यासा होकर घूमता-फिरता है। सर्वदा उद्योगरहित, अतीव दुबला, अपने देश को छोड़ कर दूसरे देश में घूमनेवाला होता है।

भृगुसूत्र—अल्प पुत्रः। नेत्ररोगी दशमे वर्षे शिरोव्रणी। शुभयुत दृष्टे तत्परिहारः। अल्पधनवान्। गोमहिष्यादिनाशः। देहे रोगः। ख्यातिमान्। भावाधिपेबलयुते इष्टक्षेत्रवान्। स्वोच्चे स्वक्षेत्रे दीर्घायुः।

अर्थ—यदि अष्टमभाव में सूर्य हो तो मनुष्य को पुत्रसुख थोड़ा होता है। यह नेत्ररोगी होता है। दशवें वर्ष इसके शिर पर व्रण होता है। इस रवि का शुभग्रह के साथ योग हो तो शिर पर व्रण नहीं होता है। यह अल्पधनी होता है। इसके चौपाए जानवर गौ-भैंस आदि की हानि होती है। देह में रोग होते हैं। यह प्रसिद्ध होता है। यदि अष्टमेश बलवान् हो तो यह अच्छी खेती-बाड़ी का मालिक होता है। यदि यह रवि अपने उच्च में हो, अथवा स्वक्षेत्री हो तो मनुष्य दीर्घायु होता है।

यवनमत—परदेश में भूख-प्यास से मारे-मारे फिरना पड़ता है। बहुत भटकता है और दुःखी होता है।

पाश्चात्यमत—पति वा पत्नी बहुत खर्चीले होते हैं। मङ्गल की युति वा पूरी दृष्टि हो तो आकस्मिक मृत्यु की सम्भावना होती है।

विचार और अनुभव—प्राचीन ग्रन्थकारों ने "अष्टमस्थान का रवि अशुभ फल देता है" ऐसा कहा है क्योंकि मूलतः अष्टमस्थान नाश-स्थान माना गया है। ये बुरे फल मेष, सिंह और धनु में मिलते हैं। मिथुन, तुला और कुंभ में कुछ कम मिलते हैं। स्त्रीराशियों में सामान्यतया अच्छे फल मिलते हैं।

मिथुन, कर्क, धनु और मीन में सावधानता में मौत होती है। मेष और सिंह में झटके से मौत होती है। इनसे अन्य राशियों में बहुत लम्बी बीमारी के अनन्तर कष्ट से मौत होती है।

पुरुषराशि के रवि में घर की गोप्य बातें नौकरों द्वारा बाहर निकल जाती हैं। अथवा स्त्री द्वारा भी गुप्त बातें दूसरे जान लेते हैं। पुरुषराशि का रवि हो

तो स्त्री स्वयं पैसे के लिए, अथवा पति की पैसे के जरूरत को पूरा करने के लिए, अथवा अपना कोई काम निकालने की इच्छा से परपुरुषगामिनी भी होती है। अष्टमभाव के रवि से स्त्री की मृत्यु से पहिले पुरुष की मृत्यु होती है। किन्तु धनस्थान में रवि हो तो पुरुष की मृत्यु स्त्री के बाद होती है।

अष्टमभाव का रवि वृद्धावस्था में दरिद्रतायोग करता है। अर्थात् जैसे सूर्य का अस्त होता है वैसे ही पुरुष के भाग्य का भी अस्त हो जाता है। ऐसा ६० की आयु में होता है।

स्त्रीराशि का सूर्य हो तो सन्तति अधिक होती है। पुरुषराशि के रवि में सन्तति बहुत कम होती है। पहिली उमर में शारीरिक कष्ट बहुत होते हैं।

नवमभाव—

"दिवानायके दुष्टता कोणयाते न चाप्नोति चिंता विरामोऽस्य चेतः।
तपश्चर्ययाऽनिच्छयाऽपि प्रयाति क्रियातुंगतां तप्यते सोदरेण" ॥९॥

अन्वयः—दिवानायके कोणयाते दुष्टता (जायते) अस्य चिंता विरामः चेतः न च आप्नोति। अनिच्छयापि तपश्चर्यया क्रियातुंगतां याति, सोदरेण तप्यते ॥ ९ ॥

सं० टी०—अथ नवमभावफलम्—दिवानायके सूर्ये कोणयाते नवमस्थे स नरः अनिच्छयामनोभावरहितया तपश्चर्यया क्रियातुंगतां क्रियाश्रेष्ठत्वं ज्ञापक व्यवहारेण तुंगतां पूज्यतां प्रयाति। दाम्भिकत्वेऽपि लोकमान्यः स्यात् इति भावः। तथा सोदरेणभ्रात्रा हेतुभूतेन संतप्तः स्यात्। यतः दुष्टता परद्रोहत्वं अतएव चिन्ता विरामः शांतिः अस्य चेतः नैव आप्नोति। अत्र कोण शब्देन त्रित्रिकोणं विवक्षितं वेदितव्यं इत्यर्थः।

अर्थ :—जिस मनुष्य के जन्मसमय में जन्मलग्न से सूर्य नवमस्थान में हो तो नवमस्थान सूर्य के प्रभाव में उत्पन्न यह दुष्ट होता है। यदि कभी इससे शुभकर्म हो भी जावे तो यह पुण्यकर्म इसकी पुण्यमूलक इच्छा का फल नहीं होता है। इस शुभकर्म के मूल में दंभ होता है—दिखावा होता है—लोगों के ठगने के लिए ढोंग होता है। परन्तु उस ढोंग का फल भी उसकी मान-प्रतिष्ठा और यश का कारण हो जाता है। लोग इसकी बड़ाई करते हैं। लोग इसे धार्मिक और सुकर्मी मानने लग जाते हैं। चूँकि इसकी तपस्या शुभ-भावनामूलक नहीं होती, अतः इसका चित्त अशान्त ही रहता है। इसका व्यवहार अपने सगे भाइयों से भी दुष्टतापूर्ण कपटतापूर्ण होता है। परिणामतः इसे सगे भाइयों से भी संताप ही प्राप्त होता है। चिन्ता बराबर बनी रहती है। इस तरह नवमभाव का रवि अशुभफल दाता होता है ॥ ९ ॥

तुलना—"जनुकाले जंतोः नवमभवने वासरमणौ
वहिर्योगेनालं सकल जनपूज्यत्वमभितः।
तथा चिन्ताधिक्यं भवति सहजैरन्यमनुजैः
प्रवासादुद्विग्नं हृदयमपितप्तं क्षितितले ॥" **जीवनाथ**

अर्थ—जिस मनुष्य के जन्मसमय में सूर्य नवनभाव में हो तो यह बहियोंग के द्वारा सब लोगों में पूजित होता है। परन्तु सहोदर भाइयों से तथा अन्य लोगों से चिन्ता बराबर बनी रहती है। परदेश में रहने से इसका मन उद्विग्न और सन्तप्त रहता है।

टिप्पणी—यहाँ पर 'बहिर्योग' से हठयोग मन्तव्य हो सकता है। योगदर्शन में योग का लक्षण 'चित्तवृत्ति निरोध' किया गया है "योगश्चित्तवृत्ति निरोधः"। अर्थात् प्राणायाम आदि से चित्तवृत्ति बहिर्मुखी न होकर तथा अन्तर्मुखी होकर आत्मा से जुड़ जावे तो योग होता है। नवमभाव के सूर्य के प्रभाव में उत्पन्न मनुष्य बाह्यवृत्ति होता हुआ भी यदि योगासन करता है तौ भी द्रष्टाओं की दृष्टि में मानास्पद हो जाता है।

'बहिर्योग' शब्द ऐसे पुरुष का भी स्मरण करवा सकता है जिसका वर्णन नीतिकार ने निम्नलिखित किया है :—

"मनस्यन्यद् वचस्यन्यत् कर्मण्यन्यद् दुरात्मनाम् ॥"

अर्थात् ऐसा दांभिक मनुष्य जो हर समय, हर बात में गिरगट की तरह शकल बदलता रहता है। यह नवमस्थ रवि का फल नितान्त बुरा है।

"नवमस्थे रवौ जातः कुकर्मो भाग्यवर्जितः।
विद्याविवेकहीनश्च कुशीलश्च प्रजायते ॥" **काशिनाथ**

अर्थ—जिसके नवमभाव में रवि हो वह बुरे काम करनेवाला, अभागा, विद्याहीन, विवेकहीन और आचारहीन होता है।

"धन-पुत्र-मित्र-भागी द्विजदैवतपूजनेऽतिरक्तश्च।
पितृ-योषिद्विद्वेषी नवमे तपने सुतप्तः स्यात् ॥" **कल्याणवर्मा**

अर्थ—जिसके नवमभाव में रवि हो तो इसे धन का सुख और पुत्रसुख प्राप्त होता है। यह देवताओं और ब्राह्मणों का आदर करता है। इसे पिता से और स्त्री से प्रेम नहीं होता है अर्थात् इनके साथ विरोध रखता है। और यह अशान्त रहता है।

"विजनकोऽर्के ससुतबन्धुस्तपसि देवद्विजमनाः ॥" **मंत्रेश्वर**

अर्थ—जिसके नवमभाव में सूर्य हो तो इसके पिता की मृत्यु होती है। इसे पुत्रसुख और बान्धवों से सुख मिलता है। यह देव-ब्राह्मण-भक्त होता है।

"सापत्यार्थः सत्सुतः सौख्यधीमान् धर्मेभानौ मातृवर्गेऽरिवत्स्यात् ॥" **जयदेव**

अर्थ—यदि मनुष्य के नवमभाव में रवि हो तो इसे सन्तान और धन दोनों होते हैं। इसके पुत्र सर्वथा योग्य होते हैं। यह सुखी और बुद्धिमान् होता है। किन्तु इसके सम्बन्ध मातृकुल से अच्छे नहीं रहते प्रत्युत इसका व्यवहार और बर्ताव मामा-मामी आदि से शत्रु जैसा होता है।

टिप्पणी—"सत् सुतः"— श्रेष्ठ सन्तान का होना पूर्वजन्मकृतपुण्यों का फल होता है–"पुण्य तीर्थे कृतं येने तपः क्वाप्यति दुष्करम्।

तस्य पुत्रो भवेद्वश्यः समृद्धोधार्मिकः सुधी ॥" **ऐसा नीति वचन है।**

"धर्मे सुतार्थ सुखभाक् सुखशौर्यभाक् ॥" **आचार्य वराहमिहिर**

अर्थ–जिसके नवमभाव में सूर्य हो तो इसे पुत्रसुख, धनसुख और शौर्यसुख प्राप्त रहता है। यह सुखी होता है।

"साध्वाचार विरोधं रुजः प्रदो दैन्यकृद् नवमस्थः ॥" **सत्याचार्य**

अर्थ—जिसके नवमभाव में रवि हो तो इसे सदाचार से विरोध होता है। यह रोगी और दीन होता है।

"आदित्ये नवमस्थिते पितृ-गुरु-द्वेषी विधर्माश्रितः ॥" **वैद्यनाथ**

अर्थ—जिसके जन्मलग्न से सूर्य नवमस्थान में हो तो यह पितृविरोधी तथा गुरुविरोधी होता है। अर्थात् इसका गुरुजनों से वैमनस्य रहता है। यह अपने कुलपरम्परागत धर्म को छोड़कर दूसरे के धर्म को अपनाता है। अर्थात् विधर्मी हो जाता है।

"ग्रहगतदिननाथे सत्यवादी सुकेशी कुलजनहितकारी देवविप्रानुरक्तः।
प्रथमवयसि रोगी यौवनेस्थैर्ययुक्तो बहुतरधनयुक्तो दीर्घजीवी सुमूर्तिः ॥" **मानसागर**

अर्थ—जिसके नवमभाव में सूर्य हो तो यह मनुष्य सत्यवक्ता सुन्दर केशों वाला, कुल के लोगों का हित चाहनेवाला, देवताओं ब्राह्मणों में श्रद्धा रखनेवाला होता है। इसे बचपन में रोग होते हैं। युवावस्था में स्थिरता होती है—यह धनाढ्य, दीर्घायु तथा रूपवान् होता है।

"धर्मकर्मविरतश्च सन्मतिः पुत्रमित्रजसुखान्वितः सदा।
मातृवर्गविषमो भवेनरः त्रित्रिकोणभवने दिवामणौ ॥" **ढुंढिराज**

अर्थ—नवमभावस्थित रवि से मनुष्य अपने धर्म में—अपने कर्म में श्रद्धा रखता है। यह श्रेष्ठ मतिवाला-पुत्रसुख तथा मित्रसुख से युक्त होता है। यह मामा आदि के साथ अच्छा व्यवहार नहीं करता है।

"धर्म-कर्म-निरतश्च सन्मतिः पुत्र-मित्रजसुखान्वितः सदा।
मातृवर्गविषमोभवेन्नरः त्रित्रिकोणभवने दिवामणौ ॥" **महेश**

अर्थ—जिसके नवमभाव में सूर्य हो तो मनुष्य कुलपरम्परा प्राप्त श्रौतस्मार्त धर्म में तथा क्रियाकाण्ड (कर्मकाण्ड) में रुचि रखता है। इसकी बुद्धि अच्छी

होती है अर्थात् विचारबुद्धि इसे कुमार्ग से हटाकर सन्मार्ग की ओर ले जानेवाली होती है। इसे पुत्रसुख तथा मित्रसुख प्राप्त होता है इसका प्रेमवर्ताव मामा आदि से नहीं होता है अर्थात् वैमनस्य होता है।

"रवौ वेषखाने प्रसिद्धः सुखी मानवश्चान्यवित्तैरलं शोभते।
विघ्नवृन्दैः युतो मातृपक्षात् सुखं न धनाढ्यो यदा जायते वोच्चगः॥" खानखाना

अर्थ—यदि सूर्य नवमभाव में हो तो मनुष्य संसार में प्रसिद्ध, दूसरों के धन से सुखी और सुशोभित होता है। इसके काम में बहुत विघ्न होते हैं। मातृपक्ष से सुख नहीं मिलता है। यदि सूर्य अपनी उच्चराशि मेष में हो तो मनुष्य धनाढ्य होता है।

भृगुसूत्र—सूर्यादि देवभक्तः। धार्मिकः। अल्पभाग्यः। पितृद्वेषी। सुतदारवान्। स्वोच्चे स्वक्षेत्रे तस्यपिता दीर्घायुः। बहुधनवान्। तपोध्यानशीलः। गुरुदेवताभक्तः। नीच-रिपु पापक्षेत्रे पापैः युते दृष्टे वा पितृनाशः। शुभयुते वीक्षण वशाद् वा पिता दीर्घायुः।

अर्थ—यदि सूर्य नवमभाव में हो तो मनुष्य सूर्य आदि देवताओं का भक्त अर्थात् पूजक होता है। यह धार्मिक होता है। यह बहुत भाग्यशाली नहीं होता है। इसकी पिता से अनबन रहती है। इसे स्त्रीसुख और पुत्रसुख मिलता है। यदि यह सूर्य उच्चराशि में हो अथवा अपनी राशि में हो तो इसका पिता दीर्घायु होता है। यह धनाढ्य होता है। यह तपस्वी तथा ध्यानी होता है। गुरुजनों तथा देवताओं में श्रद्धा रखता है। और इनका आदर-मान करता है। यदि यह रवि नीचराशि-शत्रुराशि तथा पापग्रह की राशि में हो। अथवा इस स्थान के रवि के साथ कोई पापग्रह युति करता हो अथवा किसी पापग्रह की दृष्टि हो तो मनुष्य के पिता की मृत्यु होती है। यदि इस स्थान के रवि के साथ शुभग्रह का सम्बन्ध हो अथवा इस रवि पर किसी शुभग्रह की दृष्टि हो तो इस मनुष्य का पिता दीर्घायु होता है।

यवनमत—विख्यात, सुखी, देवभक्त, मामा का सुख पानेवाला होता है।

पाश्चात्यमत—स्थिर, सन्माननीय, न्यायी, ईश्वरभक्त, बर्ताव में अच्छा, जलराशि में हो तो सागर पर्यटन करनेवाला होता है।

विचार और अनुभव—नवमस्थान तो शुभस्थान माना जाता है। इस भाव में स्थित सूर्य के सभी फल शुभ होंगे, ऐसा नहीं है। प्राचीन ग्रन्थकारों के अनुसार नवमभाव के फल मिश्रित अर्थात् मिले जुले हैं—कुछ शुभ हैं और कई एक अशुभ हैं। वैद्यनाथ के मत के अनुसार नवमस्थ सूर्य का फल 'धर्मान्तर कर लेना' अत्यन्त अशुभ है। वैद्यनाथ मतानुसार नवमस्थ सूर्य की अन्तः प्रेरणा से मनुष्य अपना परम्परागत श्रुति-स्मृति-प्रतिपादित धर्म को छोड़कर विधर्मियों के धर्म को स्वीकृत करता है। इतिहास साक्षी है कि यवनकाल

में असंख्य हिन्दुओं का धर्मपरिवर्तन हुआ, तलवार की ताकत से, प्रलोभन देकर-स्त्रियों के जाल में फँसाकर हिन्दुओं को स्वधर्मत्याग पर तथा विधर्मिधर्मग्रहण करने पर वाध्य किया गया। अंग्रेजी राज्य में भी क्रिश्चिऐनिटी को व्यापकधर्म बनाने के लिए पूर्णयत्न किए गए-बहुत से हिन्दु सभीवर्गों के धर्मान्तर करने के लिए वाध्य हुए। प्रश्न है कि क्या यह धर्म परिवर्तन नवमभावस्थित सूर्य की अन्तःप्रेरणा से हुआ? क्या इन असंख्य धर्मपरिवर्तन करनेवालों के नवमभाव में सूर्य था? इस जटिल प्रश्न का उत्तर प्रकाण्ड दैवज्ञ ही दे सकेंगे।

यदि 'विधर्माश्रितः' का अर्थ 'भिन्नधर्मावलंबियों की नौकरी करता है' ऐसा किया जावे तो परिस्थिति जटिल नहीं रहती। भारत की स्वतन्त्रता को परतन्त्रता में बदलने के लिए बाहिर से आए हुए विधर्मियों के आश्रित होकर उनकी सेवा में रहना तो बराबर होता चला आया है। इन विधर्मियों के राज्य में हिन्दु उच्चाधिकारी रहे हैं—इस बात का साक्षी भी इतिहास है।

यदि 'स्वधर्मे निधनं श्रेयः परधर्मो भयावहः' का ज्वलन्त उदाहरण चाहिए तो शिखगुरुओं का जीवन सभी वर्गों के लिए महान् आदर्श है।

आजकल विवाह के विषय में प्राचीनकाल से चले हुए, जाति और धर्म के बन्धन शिथिल, बहुत सीमा तक ढीले, पड़ गए हैं। प्रीतिविवाह का बोलबाला है। रजिस्टर विवाह के पक्ष के लोगों को माता-पिता की आज्ञा मान्य नहीं है। यह भी एक विचारणीय समस्या है। विवाह-विच्छेदक कानून भी माता-पिता से विरुद्ध चलने के लिए उनसे अनबन और वैमनस्य रखने के लिए युवक-और युवतियों को प्रोत्साहन दे रहा है। 'पितृद्वेषी 'गुरुजनद्वेषी' आदि-आदि विशेषण ग्रन्थकारों ने नवमस्थरवि प्रभावोत्पन्न मनुष्य के लिए लिखे हैं। यह विषय भी विचारणीय है।

नवमभावस्थित सूर्य का सामान्य फल इस प्रकार है:—

पूर्ववय में कष्ट, मध्यवय में सुख और उत्तर आयु में पुनः दुःख।

मिथुन, तुला वा कुम्भ में यदि रवि हो तो मनुष्य लेखक, प्रकाशक, वा प्राध्यापक हो सकता है। कर्क, वृश्चिक और मीन में यह रवि हो तो कवि नाटककार वा रसायन विद्या का संशोधक हो सकता है।

वृष-कन्या और मकर में यह रवि हो तो खेती वा व्यापार का चालक होता है। मेष, सिंह, धनु में यह रवि हो तो मनुष्य सेना में काम करता है। अथवा इञ्जीनीयर होता है। इस तरह नवमभाव का रवि कुछ न कुछ ख्याति देता है।

दशमभाव—

**"प्रयातोंऽशुमान् यस्य मेषूरणेऽस्य श्रमः सिद्धिदो राजतुल्यो नरस्य।
जनन्यास्तथा यातनामातनोतिक्लमः संक्रमेत् बल्लभैः विप्रयोगः" ॥१०॥**

अन्वयः—अंशुमान् यस्य नरस्य मेषूरणे प्रयातः (तस्य) श्रमः राजतुल्यः सिद्धिदः (स्यात्) (सः) जनन्याः यातनां आप्नोति, (तस्य) बल्लभैः विप्रयोगः, तथा क्लमः संक्रमेत् ॥ १० ॥

सं० टी०—अथ दशमभावफलम्—यस्य दशमे प्रयातः स्थितः अंशुमान् सूर्यः, अस्य नरस्य जनन्याः मातुः यातनां रोगोद्भवं क्लेशं आतनोति विस्तारयति, तथा अस्य श्रमः पराक्रमः राजतुल्यः सिद्धिदः नृपवत् सर्वार्थसाधकः स्यात् इत्यर्थः। बल्लभैः मित्रकलत्रादिभिः विप्रयोगः ततः क्लमः ग्लानिः संक्रमेत् संभवेत् इतितात्पर्यार्थः ॥ १० ॥

अर्थ:—जिस मनुष्य के जन्मसमय में जन्मलग्न से दशवें स्थान में सूर्य हो तो इसका उद्योग राजा के समान सिद्धि देनेवाला होता है, अर्थात् जैसे राजा के कार्य सहज में सफल हो जाते हैं। ऐसे ही इसके कार्य भी सफल होते हैं। इसकी माता को कई प्रकार के रोग होते हैं इससे इसे कष्ट होता है। इसका वियोग मित्र-स्त्री-आदि प्रियजनों से होता है। इसलिए इसके चित्त में ग्लानि रहती है ॥ १० ॥

तुलना—"दिनाधीशे राज्ये जननसमये तस्यजनके,
जनन्यामार्तिः स्यादिहनिविडायस्य सहसा।
श्रमात् सिद्धिः सर्वा क्षितिपति कृपाकीर्तिरतुला,
कलत्रापत्याद्यैः भवति विधुरा बुद्धिरनिशम् ॥" **जीवनाथ**

अर्थ—जिस मनुष्य के जन्मसमय में सूर्य दशमभाव में हो तो इसके माता-पिता को अधिक कष्ट, परिश्रम से सहसा कार्यसिद्धि, राजा की कृपा तथा अतुलकीर्ति का लाभ होता है। किंतु स्त्री-पुत्रादि से अहर्निश कलुषित बुद्धि रहती है।

"सुख-शौर्य भाक् रवे ॥" **वराहमिहिर**

अर्थ—यदि दशमभाव में सूर्य हो तो मनुष्य सुखी और बली होता है।

"मानस्थिते दिनकरे पितृ-वित्त-शील-विद्या-यशो-वलयुतोऽवनिफलतुल्यः" ॥ **वैद्यनाथ**

अर्थ—जिस मनुष्य के जन्मसमय में सूर्य दशमभाव में हो तो इसे पिता का सुख, धन का सुख होता है। इसका आचरण शुद्ध, यह विद्वान्, यशस्वी, तथा बलवान् होता है। यह ऐश्वर्य आदि में राजा के समान होता है।

टिप्पणी—नारायण भट्ट और जीवनाथ ने शुभ-अशुभ मिले-जुले फल बताए हैं किन्तु वैद्यनाथ के दिए हुए फल तथा वराहजी के सर्वथा शुभ हैं।

"दशमभुवन संस्थे तीव्रभानौ मनुष्यो गुणगणसुखभागी दानशीलोऽभिमानी।
मृदुलः शुचियुक्तो नृत्यगीतानुरागी नरपति रतिपूज्यः शेषकाले च रोगी ॥" **मानसागर**

अर्थ—जिसके दशमभाव में सूर्य हो वह मनुष्य बहुगुणी होता है, यह सुखी, दानी, अभिमानी, कोमल, पवित्र, नाचने-गाने में प्रेम रखनेवाला तथा राजा का प्रेमपात्र होता है। उत्तर वय में रोगी होता है।

"सद्बुद्धिवाहनधनागमनानि नूनं भूपप्रसादसुतसौख्यसमन्वितानि।
साधूपकारकरणं मणिभूषणानि मेषूरणे दिनपतिः कुरुते नराणाम्॥" **ढुंढिराज**

अर्थ—दशमभाव में सूर्य के होने से मनुष्य शुभकर्मों की ओर प्रेरित करनेवाली बुद्धि से युक्त होता है। इसे वाहन सुख-तथा धन का सुख प्राप्त होता है। इस पर राजा की कृपादृष्टि रहती है। इसे पुत्रों का सुख प्राप्त होता है। यह साधुस्वभाव के लोगों का उपकार करता है। इसके घर में मणिएँ और अलंकरण (गहने) होते हैं। अर्थात् दशमभावस्थरवि के प्रभाव में उत्पन्न मनुष्य सर्वथा श्रेष्ठ-मान्य-वाहनादि से सम्पन्न होता है।

"अतिमतिरतिविभवबलः धनवाहनबन्धुपुत्रवान् सूर्ये।
सिद्धारम्भः शूरो दशमेऽधृष्यः प्रशस्यश्च॥" **कल्याणवर्मा**

अर्थ—यदि दशमभाव में सूर्य हो तो मनुष्य की बुद्धि अच्छी धन-वैभव भी अच्छा और बल भी अच्छा होता है। इसे धन का सुख, सवारी का सुख, बांधवों का सुख तथा पुत्रों से सुख प्राप्त होता है। यह जिस काम को हाथ में लेता है इसे उसमें सफलता मिलती है। यह बहादुर और प्रशस्त व्यक्ति होता है। उसे कोई डरा-धमका नहीं सकता है अर्थात् यह दृढचित्त होता है।

"ससुतयान स्तुति-मति-बल-यशाः रवे क्षितिपतिः॥" **मंत्रेश्वर**

अर्थ—यदि सूर्य दशमभाव में हो तो मनुष्य राजा होता है। इसे पुत्रों का सुख और सवारी का सुख मिलता है। लोग इसकी बड़ाई करते हैं। यह मतिमान्, बलवान् तथा कीर्तिमान् होता है।

"विक्रमी निगम विद् भवयुक्तश्चोपकार सुखभाग् गगनस्थे॥" **जयदेव**

अर्थ—दशमभाव में सूर्य के स्थित होने से मनुष्य पराक्रमशील, वेद-शास्त्रों का जाननेवाला, वैभवयुक्त, उपकार करनेवाला और सुखी होता है।

"दशमेऽर्के बन्धुहीनः कुकर्माशीलवर्जितः।
स्त्रीचंचलः हीनतेजः हीनकेशश्च जायते॥" **काशिनाथ**

अर्थ—जिसके दशमभाव में सूर्य हो तो यह बन्धु सुखरहित होता है। यह बुरे काम करता है इसका आचरण अच्छा नहीं होता है। इसकी स्त्री चंचलस्वभाव की होती है। यह तेजस्वी नहीं होता है। इसके केश अच्छे नहीं होते हैं।

"सद्बुद्धिवाहन धनागमनानि नूनं भूपप्रसादसुतसौख्य समन्वितानि।
साधूपकारकरणं मणिभूषणानि मेषूरणे दिनपतिः कुरुते नराणाम्॥" **महेश**

अर्थ—यदि सूर्य मनुष्य के दशमभाव में हो तो इसकी बुद्धि इसे शुभकर्मों की ओर प्रेरित करनेवाली होती है। इसे वाहन (सवारी) का सुख, धन का सुख, राजा की प्रसन्नता, तथा पुत्रसुख मिलता है। यह साधुस्वभाव सज्जनों पर उपकार करता है। इसे मणियों तथा भूषणों का सुख प्राप्त होता है।

"रवौ शाहखाने धनाढ्यो वफारस्तदा मोदते वाजिवृन्दैः सुखी च।

महीपान्तिकी नेककिर्दा सुशीलो जमीले पितुः सौख्यमल्पं भवेद् वै॥" खानखाना

अर्थ—यदि सूर्य दशमभाव में हो तो मनुष्य धनाढ्य। सुशील तथा सुन्दर घोड़ों पर चढ़कर सुखी रहनेवाला होता है। यह सर्वदा सुखी, विख्यात, तथा किफायत से काम करने वाला होता है। यदि नीचराशि तुला का सूर्य दशमभाव में हो तो मनुष्य को पितृसुख पूरा नहीं होता है।

भृगुसूत्र—अष्टादशवर्षे विद्याधिकारेण प्रसिद्धो भवति, द्रव्यार्जन समर्थश्च। दृष्टित्रितः राजप्रियः सत्कर्मरतः राजशूरः ख्यातिमान्। स्वोच्चे स्वक्षेत्रे बलपरः। कीर्ति प्रसिद्धः। तटाक क्षेत्र गोपुरादि ब्राह्मण प्रतिष्ठा सिद्धिः। पापक्षेत्रे पापयुते पापदृष्टिवशात् कर्म विघ्नकरः, दुष्टकृतिः। अनाचारः, दुष्कर्मकृत्, पापी।

अर्थ—जिसके सूर्य दशमभाव में हो तो वह मनुष्य पूर्णविद्वान् होने के कारण प्रसिद्धि पाता है। धन का संचय करने के योग्य होता है। यदि इसभाव के रवि पर तीन शुभग्रहों की दृष्टि हो तो मनुष्य राजा का कृपापात्र होता है। यह शुभकर्मों के करने में रुचि रखता है। यह राजशूर और कीर्तिमान् होता है। यदि यह रवि अपनी उच्चराशि का हो अथवा स्वक्षेत्री हो तो मनुष्य बलवान् तथा विख्यात होता है। तालाव, कुंआ, बावली-मन्दिर आदि का निर्माण करवाता है। यह ब्राह्मणों का आदर करता है।

यदि दशमभाव का रवि पापीग्रह की राशि में हो। अथवा कोई पापग्रह इसके साथ युति करता हो। अथवा इस पर किसी पापग्रह की दृष्टि हो तो मनुष्य के कामों में अडचनें आती हैं। यह मनुष्य बुरे काम करता है। इसका आचार शुद्ध तथा पवित्र नहीं होता है। यह पापी तथा दुष्टकर्म कर्ता होता है।

टिप्पणी—तालाब, कुंआ, बावली, मन्दिर आदि सर्वसाधारण जनसमूह के हित के काम हैं। इन पर द्रव्यव्यय सद्व्यय है। यदि दशमभावस्थ सूर्य की अन्तःप्रेरणा से मनुष्य इष्टापूर्त पर धनव्यय करता है तो इसे मनुष्य जन्म का पूर्ण लाभ प्राप्त होता है—ऐहिक तथा पारलौकिक सुख प्राप्त होते हैं।

विचार और अनुभव—दशमभाव का सूर्य यदि मेष, कर्क, सिंह, वृश्चिक तथा धनु में हो तो मनुष्य यदि रैवीन्यू, पुलिस, सेना वा आबकारी विभाग में नौकर हो तो लाभान्वित होगा।

यदि यह रवि वृष, कन्या, मकर, मीन वा मिथुन में हो तो मनुष्य उच्चाधिकारी होता है। इसे राज्यपाल, वा राष्ट्रपति के मन्त्रियों में। संसद वा

विधानसभा में स्थानप्राप्ति होती है। तुला राशि में दशमभाव का रवि हो तो जज, मिनिष्टर आदि सन्मानास्पद पद मिलाते हैं।

वृश्चिक राशि का रवि हो तो प्रसिद्ध डाक्टर हो सकता है। जैसे सूर्य शनैः-शनैः तीक्ष्णकिरण तथा अत्यन्त तेजस्वी होकर मध्याह्न के अनन्तर पतनोन्मुख होता हुआ सन्ध्यासमय तेजोहीन होकर अस्त हो जाता है। इसी प्रकार सूर्य के प्रभाव में उत्पन्न मनुष्य भी शनैः-शनैः वृद्धिक्रम से उन्नति पाते हुए शिखर चुम्बी उन्नति करते हैं परन्तु इनका अन्तिम वय अच्छा नहीं रहता, ये मनुष्य अन्त में रोगग्रस्त होते हैं—धनाल्पता से कष्ट पाते हैं। बान्धवों से कलह स्त्री-पुत्रादि से वैमनस्य आदि दुःख अनुभव में आते हैं। इस तरह यदि इस सूर्य को दुर्भाग्य दर्शक कहा जाय तो अतिशयोक्ति नहीं होगी।

एकादशभाव—

"रवौ संल्लभेत् स्वं च लाभोपयाते नृपद्वारतो राजमुद्राधिकारात्।
प्रतापानले शत्रवः सम्पतन्ति श्रियोऽनेकधा दुःखमङ्गोद्भवानाम्" ॥११॥

अन्वयः—रवौ लाभोपयाते (सति) नृप द्वारतः, राजमुद्राधिकारात् च अनेकधा श्रियः संल्लभेत्। (तस्य) प्रतापानले शत्रवः सम्पतन्ति, अङ्गोद्भवानां दुःखं (च) (स्यात्) ॥ ११ ॥

सं० टी०—अथैकादशस्थरविफलम्—लाभोपयाते लाभभावगे रवौ सः नरः नृपद्वारतः स्वद्रव्यं राजदत्तं मुद्राधिकारात् अनेकधा श्रियः गजाश्वादिपदः श्रियः लभेत्। किं च प्रतापानले शत्रवः सम्पतन्ति तदुत्तमाधिकारदर्शनेन संतप्ताः स्युः, इतिभावः। तथा अङ्गोद्भवानां अपत्यानां दुःखं लभेत्। इत्यनेन अन्वयः ॥ ११ ॥

अर्थ:—जिस मनुष्य के जन्मसमय में जन्मलग्न से एकादशभाव में सूर्य हो तो इसे राजा के द्वार से, अर्थात् राजदरबार से, राजा की कृपा से धन मिलता है। इसे राजा की मोहर लगाने का अधिकार मिलता है अर्थात् यह मनुष्य राजा की कृपा से उच्चाधिकारी होता है और इसे राजसत्ता मिलती है जिससे यह निग्रह-अनुग्रह कर सकता है। दण्डाधिकारी होकर-मैजिस्ट्रेट के अधिकार पाकर चोर आदि अपराधियों को, दण्डित करके, अपनी अदालत की मोहर लगाकर जेल में भेजता है। इसी तरह जो लोग न्यायानुकूल चलते हैं—जो समाज के हित के लिए काम करते हैं और प्रजा के हित के लिए कुंआ, बावली-तालाब-मन्दिर-विश्रामगृह आदि बनवाते हैं उनको राजा से भारतरत्न आदि उपाधियाँ दिलवाता है। इस तरह राजसत्ता का राज्यशक्ति का सदुपयोग करने से इसे भी हाथी-घोड़े आदि की सवारी से तथा कई प्रकार की पदवियों से राजा विभूषित तथा अलंकृत करता है। यही नहीं-इसे मासिक वेतन द्वारा-तथा इनाम आदि से धन भी खूब मिलता है। इस प्रकार राजकृपा से इसका प्रताप-मान-प्रतिष्ठा-गौरव आदि, गगनचुम्बी होता है, जिससे इसके शत्रु जल

मरते हैं—इसकी प्रतापाग्नि से भस्मसात् हो जाते हैं क्योंकि वे स्वयं इतने ऊँचे अधिकार को प्राप्त नहीं कर सकते हैं। किन्तु इसे सन्तानपक्ष से सदैव दुःख प्राप्त होता रहता है ॥ ११ ॥

तुलना—"यदा लाभस्थानं गतवति रवौ यस्य सततं,
धनानामाधिक्यं क्षितिपतिकृपातस्तनुभृतः।
प्रातापाग्नौ शश्वत् पतति रिपुवृंदं च परितः,
स्वपुत्रात् संतापोभर्वतिबहुधा वाहनसुखम् ॥" जीवनाथ

अर्थ—जिस मनुष्य के जन्मसमय में जन्मलग्न से एकादशभाव में सूर्य हो तो इसे राजा की कृपा से पूर्ण धन का लाभ होता है। इसकी प्रतापाग्नि से इसके शत्रुओं का नाश होता है। इसे वाहन (हाथी-घोड़ा-मोटर-साइकल आदि) का विशेष सुख होता है। किंन्तु अपने पुत्र से कष्ट होता है।

टिप्पणी—"संतानपक्ष से दुःख प्राप्त होता है" ऐसा नारायणभट्ट ने कहा है। संतान विषय में अनेक दुःख होते हैंः—(१) सन्तान-का अभाव, (२) सन्तान का होकर मर जाना (३) सन्तान का मूर्ख होना, अशिक्षित रहना, आज्ञाकारी न होना, बाप का रुपया हड़प कर जाने की नीयत से बाप से मुकदमे लड़ना। बाप को कचहरियों में घसीटना, बाप से पृथक् रहना और कई एक कर्णकटु, अवांछनीय दोष लगा कर सम्पत्ति का विभाजन करवाना आदि-आदि कईएक शल्य हैं जो पिता को असह्य कष्ट का कारण होते हैं। यह अन्तर्निहित मर्म है। सत् पुत्र का जन्म तो प्राक्तन जन्मकृत पुण्य का फल है :-

"पुण्यतीर्थे कृतं येन तपः क्वायति दुष्करम्।
तस्य पुत्रो भवेद् वश्यः समृद्धो धार्मिकः सुधीः ॥" ऐसा नीतिवचन है।

"लाभे सूर्ये समुत्पन्नो नाना लाभसमन्वितः।
सात्विको धार्मिको ज्ञानी रूपवानपि जायते ॥" काशिनाथ

अर्थ—जिसके जन्मलग्न से एकादश में (लाभभाव में) सूर्य हो तो इसे कई प्रकार से धन का लाभ होता है। यह मनुष्य सात्विक प्रकृतिप्रधान, धार्मिक कामों के करनेवाला, ज्ञानी और सुन्दर होता है।

"गीतविद् बहुधनी, शुभकर्मा प्राप्तिगे दिनमणौ गणनाथः ॥" जयदेव

अर्थ—जिसके एकादशभाव में सूर्य हो तो वह मनुष्य गीतशास्त्र का ज्ञाता होता है। यह धनाढ्य, शुभ कर्म करनेवाला और जनता में नेता तथा लोगों का मुख्य पुरुष होता है।

"भानौ लाभगते वित्तविपुलः स्त्री-पुत्र-दास्यन्वितः ॥" वैद्यनाथ

अर्थ—जिस मनुष्य के जन्मसमय में जन्मलग्न से एकादशभाव में सूर्य स्थित हो तो यह महान् धनिक होता है। इसे स्त्रीसुख तथा पुत्रसुख प्राप्त होता

है। इसके घर पर इसकी सेवा के लिए दास-दासियाँ उपस्थित रहते हैं। अर्थात् इसे सर्वविध सांसारिक ऐश्वर्य और सुख प्राप्त रहता है।

"संचयनिरतो बलवान् द्वेस्यः प्रेष्यो विधेयभृत्यश्च।
एकादशे विधेयः प्रियरहितः सिद्धकर्मा च ॥" कल्याणवर्मा

अर्थ—जिस मनुष्य के जन्मसमय में जन्मलग्न से एकादशभाव में सूर्य हो तो यह धन सञ्चय करने में लगा रहता है। यह बलवान् होता है। लोग इससे द्वेष और विरोध करते हैं। इसके नौकर इसकी आज्ञा के अनुकूल चलते हैं। इसे किसी प्यारे का वियोग सहना होता है। यह जिस काम को करता है इसमें इसे सफलता मिलती है। अर्थात् यह सिद्धारम्भ होता है।

"गीतप्रीतिं चारुकर्मप्रवृत्तिं चंचत्कीर्तिं वित्तपूर्तिं नितान्तम्।
भूपात् प्राप्तिं नित्यमेव प्रकुर्यात् प्राप्तिस्थाने भानुमान् मानवानाम् ॥" ढुंढिराज

अर्थ—जिसके जन्मसमय में जन्मलग्न से एकादशभाव में सूर्य स्थित हो तो उसे गायन विद्या में प्रेम होता है। इसकी रुचि शुभ कर्मों के करने में होती है। यह कीर्तिमान् होता है। यह धन से पूर्ण होता है। इसे राजा से नित्यमेव धनप्राप्ति होती रहती है।

"लाभे प्रभूत धनवान् ॥" आचार्यवराहमिहिर

अर्थ—यदि लाभस्थान में सूर्य हो तो मनुष्य धनाढ्य होता है।

"बहुतरधनभागी चायसंस्थे दिनेशे नरपति गृहसेवी भोगहीनो गुणज्ञः।
कृशतनु धनयुक्तः कामिनीचित्तहारी भवति चपलमूर्तिः जातिवर्गं प्रमोदी ॥"
मानसागर

अर्थ—जिसके जन्मसमय में जन्मलग्न से एकादशभाव में सूर्य हो तो मनुष्य को बहुधनवान् होने का सौभाग्य प्राप्त होता है। यह राजसेवक होता है—अर्थात् इसे राजकर्मचारी बनने का मौका मिलता है। यह निर्गुण तथा गुणवान् की परीक्षा करनेवाला होता है। अर्थात् यह स्वयं गुणी होता है; अतः यह दूसरे के गुणों की कदर करनेवाला होता है। किन्तु इसे उपभोग लेने का सौभाग्य नहीं मिलता है। यह शरीर से दुबला-पतला होता है। इसके पास धन रहता है। यह इतना सुन्दर और मनोहर होता है कि इसे देखते ही कामिनी-किशोरियों का चित्त फड़क उठता है; और ये सुन्दरियाँ इसकी तर्फ खिंची हुई स्वयं ही चली आती हैं। दूसरे शब्दों में यह मूर्तिमान् कामदेव ही होता है।

"भवगतेऽर्के बहुधनायुर्विगतशोकोजनपतिः ॥" मंत्रेश्वर

अर्थ—जिसके जन्मसमय में जन्मलग्न से एकादशभाव में सूर्य हो तो यह मनुष्य धनी और दीर्घायु होता है। इसे अपने किसी प्यारे की मृत्यु का शोक शल्य सहना नहीं पड़ता है। यह राजा अथवा जनगण का मुखिया होता है।

"यदा यासिखाने भवेत् शम्सखेटः सुवेषोधनी वाहनाढ्योऽल्पशीलः ।
सुयोषः शुभौकः सिपाही सलाही सविर्गीतगानेसुने त्रोऽपि शिर्दारः ॥" खानखाना

अर्थ—यदि सूर्य एकादशभाव में हो तो मनुष्य सुवस्त्र तथा सुन्दर होता है। यह धनी होता है। इसे सवारी का सुख प्राप्त रहता है, अर्थात् इसके घर पर घोड़ा-गाड़ी आदि सवारियाँ मौजूद रहती हैं। यह अच्छे स्वभाव का होता है। सिपाही और नेक सलाह देनेवाला होता है। यह गायनविद्या में प्रेम रखता है। इसकी आँखें सुन्दर होती हैं। और यह लोगों में सरदार होता है।

"गीतप्रीतिं चारुकर्मप्रवृत्तिं चंचत् कीर्तिं वित्तपूर्तिः नितान्तम्।
भूपात् प्राप्तिं नित्यमेव प्रकुर्यात् प्राप्तिस्थाने भानुमान् मानवानाम् ॥" महेश

अर्थ—जिस मनुष्य के जन्मसमय में जन्मलग्न से एकादशभाव में सूर्य हो तो यह गायन-विद्या का प्रेमी होता है। इसकी प्रवृत्ति शुभकर्मों के करने में होती है। यह यशस्वी और धनाढ्य होता है। इसे राजा से नित्यमेव धनप्राप्ति होती रहती है।

भृगुसूत्र—बहुधान्यवान्। पंचविंशतिवर्षे वाहनसिद्धिः। धनवाग्जालद्रव्यार्जन समर्थः। प्रभुज्वरित भृत्यजनस्नेहः। पापयुते धान्यव्ययः। वाहनहीनः। स्वक्षेत्रे स्वोच्चे अधिकप्राबल्यम्। वाहनेशयुते बहुक्षेत्रे वित्ताधिकारः। वाहन योगेन तु बहुभाग्यवान्।

अर्थ—जिसके जन्मलग्न से एकादशभाव में सूर्य हो तो यह मनुष्य बहुत से धन-धान्य का स्वामी होता है। पचीसवर्ष की आयु में इसे सवारी का सुख मिलता है। यह धन कमाने योग्य होता है। धनी होता है और वाक्पटु होता है। यह बहुत से नौकरों का हाकिम होता है और इसके सेवक इसे प्रेम करते हैं। यदि एकादश रवि का सम्बन्ध किसी पापीग्रह से हो तो इसका धान्यव्यय होता है। इसे सवारी का सुख नहीं रहता है। यदि यह रवि अपनी राशि का हो अथवा अपनी उच्चराशि का हो तो मनुष्य अधिक बलवान् होता है यदि इसके साथ वाहनेश भी हो तो बहुत स्थानों पर इसे वित्ताधिकार प्राप्त होता है। इसे सवारी का सुख भी मिलता है। और यह महान् भाग्यशाली होता है।

यवनमत—धनवान, नौंकरों से सम्पन्न, सुन्दर-स्त्री का पति, अच्छी इमारत का मालिक, अच्छे पदार्थ खानेवाला, गाने-बजाने का शौकीन, गुप्त-विचार करनेवाला, अच्छी आँखोंवाला होता है।

पाश्चात्यमत—स्थिर और विश्वासयोग्य मित्र होते हैं। रवि बलवान हो तो वे इसकी मदद करते हैं, किन्तु दूषित या निर्बल हो तो मदद के स्थान पर बोझ बन जाते हैं।

विचार और अनुभव—प्राचीन फलितज्योतिष पर लिखनेवाले ग्रन्थ-

कारों ने एकादशभावस्थित सूर्य के फल उत्तम से उत्तम बतलाए हैं। इन ग्रन्थकारों ने कौन-सा फल किस राशि में अनुभव में आएगा-ऐसा कोई संकेत नहीं दिया है। अतः अनुभव प्राप्त करना ही आवश्यक है।

अनुभव के सहारे से सूक्ष्मदृष्टि से एकादशभावस्थ रवि का विचार किया जावे तो पाया जावेगा कि इस रवि से कोई न कोई दुःख पीछे लगा ही रहता है। कभी संपत्ति का अभाव तो कभी संतति का अभाव होता है। दोनों का एक साथ सुख तभी मिलता है जब इस रवि के साथ अन्य पापग्रह शुभयोग करते हों अन्यथा नहीं।

एकादशस्थान से जनपद कौंसिल, सभा-क्लब, बड़े भाई का विचार भी किया जा सकता है। पाश्चात्य ज्योतिषी इस स्थान से भिन्न-भिन्न परिवार का सुख, मित्रों की मदद के सुख का विचार करते हैं। यह रवि बड़े भाई के लिए अच्छा नहीं है।

इस भाव का रवि यदि मेषराशि में हो तो संतति का अभाव होता है। यदि संतति हो भी तो रहती नहीं है। यह रवि मिथुनराशि में हो तो दो-तीन पुत्र होते हैं और मर जाते हैं। यह सूर्य सिंहराशि में हो तो दारिद्र्ययोग बनता है। लड़कियाँ अधिक होती हैं। तुलाराशि में यह सूर्य हो तो धन, सम्मान, कीर्ति, सभीकुछ मिलता है। धनुराशि में सूर्य हो तो मनुष्य कानून का विशेषज्ञ होता है। कुंभ का रवि हो तो मनुष्य दरिद्र होता है।

यह रवि किसी भी पुरुषराशि में हो तो बड़े भाई का घातक बनता है। यदि किसी संयोगवश मृत्यु न हो तो परस्पर झगड़े होते हैं। परिणामतः विभाजन होता है, पृथक् निवास होता है। यदि यह रवि स्त्रीराशि का हो तो संतति-संपत्ति दोनों होते हैं। यदि पुरुषराशि में यह रवि हो तो संपत्ति मिलती है अवश्य, किन्तु मेहनत से मिलती है। स्त्रीराशि का रवि हो तो अचानक संपत्ति मिलती है।

द्वादशभाव—

"रविर्द्वादशे नेत्रदोषं करोति विपक्षाहवे जायतेऽसौ जयश्रीः।
स्थितिर्लब्धया लीयते देहदुःखं पितृव्यापदो हानिरध्वप्रदेशे" ॥१२॥

अन्वयः—असौ रविः द्वादशे (स्थितः सन्) नेत्रदोषं करोति, विपक्षाहवे (तस्य) जयश्रीः जायते, लब्धया स्थितिः (जायते) देहदुःखं लीयते, पितृव्यापदः (स्युः) अध्वप्रदेशे हानिः (स्यात्) ॥ १२ ॥

सं० टी०—अथ द्वादशस्थरविफलम्—द्वादशे गतः असौ रविः नेत्रदृष्टि मंददृष्टित्वं, पितृव्यापदः पितृव्यभवक्लेशान् करोति। तथा विपक्षाहवे शत्रुसंगरे जयश्रीः लब्धया लब्धुं इच्छया स्थितिः एकत्रावस्थानं। अध्वप्रदेशे मार्गे हानिः क्षतिः जायते। तथा देहदुःखं लीयते नश्यति आगत्य पतेत् वा, यथानुभवं

व्याख्येयम्। पितृव्येत्यादौ अध्वप्रदेशे पितृव्यापदः तितृव्यमरणात् तल्लुंठनाद् वा हानिः स्यात् इत्यर्थः ॥ १२ ॥

अर्थः—जिस मनुष्य के जन्मसमय में जन्मलग्न से द्वादशस्थान में सूर्य हो तो इसे नेत्रपीड़ा होती है। शत्रुओं के साथ युद्ध में इसकी विजय होती है। प्राप्ति की इच्छा से स्थिरता होती है। शरीर का दुःख दूर होता है। चाचा की तर्फ से आपत्तियाँ उठती हैं। यात्रा में इसे हानि पहुँचती है।

टिप्पणी—संस्कृत टीकाकार ने 'यात्रा करने गए हुए चाचा की रास्ते में मृत्यु के हो जाने से अथवा रास्ते में चोरों द्वारा चाचा के लुटजाने से इसे हानि पहुँचती है' ऐसा अर्थ भी किया है। सामान्य अर्थ "चाचा की ओर से आपत्तियाँ उठती हैं" ऐसा ही किया है।

तुलना—"व्यये चेदादित्ये जनुषि नयने कष्टमधिकं
क्षतिर्मार्गेऽकस्माद् निज वपुषिपीडा च निविडा।
रिपूणां संग्रामे भवति विजयश्रीस्तनुभृतः
स्थितिर्यो चांचल्यात् जनकसहजार्तिश्चमहती" ॥ **जीवनाथ**

अर्थ—जिस मनुष्य के जन्मसमय में जन्मलग्न से बारहवें भाव में सूर्य हो तो इसे आँखों में रोग होने से अधिक कष्ट होता है। अर्थात् द्वादशभाव का रवि नेत्रपीड़ा करता है। रास्ते में चले हुए इसे अकस्मात् धनहानि होती है। इसके शरीर में विशेष व्यथा होती है। शत्रुओं के साथ युद्ध में विजयलक्ष्मी इसे प्राप्त होती है। यह चंचल होता है, इस कारण इसका स्वभाव अस्थिर होता है। इसके पिता के भाई को महान् कष्ट होता है। अथवा अपने चाचा से इसका वैमनस्य रहता है।

"स्वधर्महीनो द्रविणेनहीनः सरोगनेत्रो नृप चौर भीतिः।
विरुद्धचेष्टो भवतीहमर्त्यो व्ययस्थितश्चेद् दिवसाधिनाथः ॥" **जयदेव**

अर्थ—जिस मनुष्य के द्वादशभाव में सूर्य हो तो वह कुलपरम्परागत धर्म से विरुद्ध चलता है। अर्थात् यह श्रुति-स्मृति प्रतिपादित कुलपरम्परागत स्वधर्म का परित्याग करता है और धर्मान्तर में चला जाता है अर्थात् विधर्मी और धर्मभ्रष्ट हो जाता है। यह निर्धन होता है। इसे आँखों के रोग, रात्र्यन्धता, मन्ददृष्टिता आदि रोग होते हैं। इसे राजा से और चोरों से भय रहता है। किसी बहाने से राजा, राजदंड द्वारा मेरा धन न लूट लेवे और चोर, चोरी करके मेरा धन न लूट लें—ऐसा भय सदैव बना रहता है। इसकी चेष्टाएँ धर्मविरुद्ध तथा समाजविरुद्ध होती हैं।

"व्ययस्थिते पूषणि पुत्रशाली व्यंगः सुधीरः पतितोऽटनः स्यात्" ॥ **वैद्यनाथ**

अर्थ—जिसके बारहवें भाव में सूर्य हो वह मनुष्य पुत्रवान् तथा धैर्यवान् होता है। शरीर के किसी अवयव में यह व्यंग अर्थात् विकृतांग वा अङ्गहीन

होता है। यह धर्मपतित होता है। और यह व्यर्थ इधर-उधर भटकनेवाला होता है।

"जडमतिरतिकामी चान्ययोषिद्विलासी, विहगगणविघाती दुःष्टचेताः कुमूर्तिः
नरपतिधनयुक्तः द्वादशस्थेदिनेशे कथकजनविरोधी जंघरोगी कृशांगः ॥" **मानसागर**

अर्थ—जिसके बारहवेंभाव में सूर्य हो वह मनुष्य मूर्ख होता है। यह बहुत कामुक व्यक्ति होता है। यह पर-स्त्रीगामी होता है। यह पक्षिसमूह का नाश करता है। अर्थात् यह आकाश में उड़ते हुए पक्षियों का शिकार करता है। यह दुष्टहृदय तथा कुरूप होता है। इसे राजा से धन मिलता है। इसे जंघा के रोग होते हैं। यह दुर्बल देह होता है। यह साधारण लोगों से विरोध रखता है।

"विकल शरीरः काणः पतितः बंध्यापति पितुरमित्रः।
द्वादशसंस्थे सूर्ये बलरहितो जायते क्षुद्रः ॥" **कल्याणवर्मा**

अर्थ—जिसके द्वादशभाव में सूर्य हो तो वह मनुष्य काणा तथा धर्म-पतित अर्थात् धर्मभ्रष्ट होता है। इसका शरीर व्याकुल रहता है अर्थात् यह नीरोग नहीं होता है। यद बन्ध्यास्त्री का पति होता है; अर्थात् इसकी स्त्री संतान पैदा करने के अयोग्य होती है। यह अपने पिता से वैमनस्य और विरोध रखता है। यह बलहीन और तुच्छ स्वभाव का व्यक्ति होता है। तुच्छ अर्थात् ओछे स्वभाव का होता है।

"पतितस्तुरिः फे"। **आचार्यवराहमिहिर**

अर्थ—जिसके लग्न से द्वादशस्थान (रिःफ) में सूर्य हो तो वह मनुष्य पतित अर्थात् कुलपरम्परागत धर्म से विरुद्ध चलनेवाला, धर्मभ्रष्टप्राणी होता है।

"पितुरमित्रं विकलनेत्रो विधनपुत्रो व्ययगते ॥" **मंत्रेश्वर**

अर्थ—जिस मनुष्य के जन्मलग्न से द्वादशस्थान में सूर्य हो तो उसका वैमनस्य अपने पिता से रहता है। अर्थात् द्वादशभावगत सूर्य के प्रभाव में उत्पन्न मनुष्य अपने पिता के साथ शत्रु जैसा बर्ताव करता है। इसकी आँखें मन्ददृष्टि आदि रोगों से युक्त होती हैं। यह धनहीन तथा पुत्रहीन होता है।

"तेजोविहीने नयने भवेतां तातेन सार्कं गतचित्तवृत्तिः।
विरुद्धबुद्धिः व्ययभावयाते कांते नलिन्याः फलमुक्तमार्यैः ॥" **ढुंढिराज**

अर्थ—जिस मनुष्य के जन्मलग्न से द्वादशस्थान में सूर्य हो तो इसकी आँखें नेत्रज्योतिहीन होती हैं, दूसरे शब्दों में यह मनुष्य अंधा होता है। इस मनुष्य की चित्तवृत्ति अपने पिता की चित्तवृत्ति से नहीं मिलती है। अर्थात् यह मनुष्य सदैव पिता से विरोध करता है। जन्मदाता होने के ख्याल से, पोषक तथा शिक्षक होने के ख्याल से अपने पिता का मान आदर तथा प्रतिष्ठा नहीं करता है। इसकी बुद्धि विरुद्धाचरण की ओर झुकी रहती है।

"यदाखर्चखाने भवेत् शम्सखेटस्तदा कम्न निर्मानहीनो नरः स्यात् ।
अहलखर्चकः सत्क्रियो वा शरारतपनाहः सदा पीड्यतेऽगेषुरोगैः ॥" खानखाना

अर्थ—जिस मनुष्य के द्वादशभाव में सूर्य हो तो इसकी आँखें नेत्रज्योतिहीन होती हैं। अर्थात् इसकी बांई आँख अधिक कमज़ोर होती है। यह मानहीन, बहुत खर्चीला वा उत्तम काम करनेवाला, दुष्टों का रक्षक और अत्यन्त क्रोधी होता है। इसके शरीर में पीड़ा रहती है। कई-एक रोग इसे कष्ट देते हैं।

"तेजोविहीने नयने भवेतां तातेनसाकं गतचित्तवृत्तिः।
विरुद्धबुद्धिः व्ययभावयाते कांते नलिन्याः फलमुक्तमार्यैः ॥" महेश

अर्थ—जिस मनुष्य के द्वादशभाव में सूर्य हो तो इसकी आँखें नेत्रज्योतिरहित होती हैं। बाप-बेटा दोनों में परस्पर सौमनस्य नहीं होता है—अर्थात् परस्पर बाप-बेटा में शत्रु-षडष्टक रहता है। यह द्वादशरवि का फल महान् अश्रेयस्कर तथा अमंगलकारी अशुभ फल है। इसकी बुद्धि इसे विरुद्धाचरण की ओर प्रेरित करनेवाली होती है।

भृगुसूत्र—षट्त्रिंशद् वर्षे गुल्मरोगी। अपात्रव्ययकारी पतितः धनहानिः। गोहत्यादोषकृत्, परदेशवासी। भावाधिपे वलयुते वा देवतासिद्धिः। शय्याखट्वांगादि सौख्यम्। पापयुते अपात्रव्ययकारी, सुखशय्याहीनः। षष्ठेशयुते कुष्ठरोगयुतः। शुभदृष्टियुते निवृत्तिः। पापी, रोगवृद्धिमान्।

अर्थ—जिस मनुष्य के व्ययभाव में (द्वादशस्थान में) सूर्य हो तो इसे छत्तीसवर्ष की आयु में गुल्मरोग (पेट का रोग-वायुगोला) होता है। यह मनुष्य पतित अर्थात् स्वधर्मपतित-स्वधर्मभ्रष्ट होता है अर्थात् स्वकुल परंपराप्राप्त श्रौत-स्मार्त धर्म पर विश्वासी नहीं होता है। प्रत्युत इसका आचरण इसके विरोध में रहता है। इसके धन का व्यय ऐसे कामों पर होता है जिससे प्रत्यवाय हो और जो व्यय असद् व्यय की कोटि में गिना जावे। यह निर्धन होता है। इसे गोहत्या करने का दोष लगता है। यह स्वदेश छोड़कर परदेश में वास करता है।

यदि भावेश बलवान् हो तो इसे देवसिद्धि प्राप्त हो सकती है। इसे शय्यासुख भी प्राप्त होता है। यदि द्वादशभावस्थ रवि के साथ कोई पापग्रह युति करे तो इसके धन का खर्च कुपात्र के ऊपर किया जाता है अर्थात् यह मनुष्य पात्रापात्र-विचार बुद्धिशून्य होता है अतएव असद्व्ययी होता है। यह शय्यासुख से वंचित रहता है। यदि इस स्थान के रवि के साथ षष्ठेश (रोगेश) का योग हो तो इसे कुष्ठ रोग होता है। यदि इस स्थान के रवि के साथ किसी शुभग्रह की युति हो—अथवा कोई शुभग्रह इस पर अपनी शुभदृष्टि डाल रहा हो तो कुष्ठ रोग दूर हो जाता है। अन्यथा यह मनुष्य पापकर्मा होता है—इसे नानाविध रोग कष्ट देते रहते हैं।

यवनमत—यह रवि चन्द्र से युक्त न हो तो अंतिम आयु में विजयी और भाग्यवान् होता हैं। ये लोग अजस्र ही होते हैं। बड़े मेहनती और धूर्त होते हैं। किंतु सफलता कम मिलती है।

पाश्चात्यमत—जीवन में सफलता, किंतु यह दूषित हो तो कारावास होता है।

विचार और अनुभव—द्वादशस्थान दुष्टस्थान व्ययस्थान है—इसे सभी फलितज्योतिष पर लिखनेवाले प्राचीन ग्रंथकारों ने बुरा स्थान माना है अतः इसके सभी फल बुरे हैं—ऐसा मत प्रकट किया है। किसी एक ने इन अशुभफलों के अपवाद से एकाध शुभफल भी बताया है। "नरपति धनयुक्तः" ऐसा मत मानसागरी के रचयिता मानसागर का है। व्यय का अर्थ—'धनव्यय-धन का खर्च' है। किंतु भृगुसूत्रकार ने 'अपात्रव्ययकारी' ऐसा कहा है जिससे 'सत्पात्रव्ययकारी' का बोध होता है। व्यय अपात्र में नहीं होना चाहिए और सत्पात्र में व्यय सद्व्यय है—ऐसा संकेत मिलता है। तात्पर्य यह है कि दाता के लिए आवश्यक है कि दान देने के पूर्व पात्र-कुपात्र का विचार करे। दान के विषय में निम्नलिखितपद्य का परिशीलन तथा मनन आवश्यक है :—"दातव्यमिति यद्दानं दीयतेऽनुपकारिणे। देशेकाले च पात्रे च तद्दानं सात्विकं विदुः॥" पात्रापात्र का विचार—'पात्रव्यय'—तथा 'अपात्र-व्यय' ये दो कोटियाँ हैं। दूसरे शब्दों में 'सद्व्यय' तथा 'असद्व्यय' ये दो कोटियाँ हैं। इनका विचार आवश्यक है।

द्वादशभावस्थित सूर्य यदि अशुभ सम्बन्ध में हो इसकी युति यदि किसी पापग्रह के साथ हो तो इस दूषित रवि के प्रभाव में आया हुआ मनुष्य 'अपात्र व्ययकारी' होता है। इसी सन्दर्भ में सत्-असत् व्यय का संक्षिप्त विवेचन भी आवश्यक है। 'सत्यं ज्ञानमनन्तं ब्रह्म' ऐसी श्रुति है। सत्यपदार्थ-सत्पदार्थ केवल ब्रह्म ही है—इसके अतिरिक्त और सभी पदार्थ 'असत्' हैं—इनकी सत्ता प्रतीतिमात्र सत्ता है—व्यावहारिक सत्ता है—पारमार्थिक सत्ता नहीं है। एतदर्थक सत् शब्द का योग 'व्यय के साथ समास द्वारा हुआ है। जिस व्यय से अन्ततः सत् की प्राप्ति हो, यह व्यय सर्वश्रेष्ठ सात्विक व्यय है। इष्टापूर्तपर द्रव्यव्यय सद्व्यय माना गया है। तालाव-कुंआ-बावली-मन्दिर-धर्मशाला-विश्रामगृह आदि पर किया गया द्रव्यव्यय सद्व्यय की कोटि में है, क्योंकि इससे 'अदृष्ट' पैदा होगा-चूंकि यह सद्व्यय निष्कामधर्ममूलक है इससे 'मोक्ष' की प्राप्ति होगी। इसके विरुद्ध-पापाचार को प्रोत्साहित करने के लिए सतीसाध्वीस्त्री को कुमार्गगामिनी बनाने के लिए सतीत्वव्रत से पतित करने के लिए तथा मद्यपान आदि पर जो धनव्यय होगा। इसे 'असद् व्यय-अपव्यय-अपात्रव्यय कहा जावेगा, क्योंकि इस व्यय के मूल में पाप है, असत्कामना है-अतः इस व्यय का परिणाम केवलमात्र नरक ही हो सकता

है। इस अन्तर्निहित भाव को लेकर सूत्रकार ने 'अपात्र व्ययकारी' इस अशुभफल का निर्देश किया है।

"शय्या खट्वा अङ्गादि सौख्यम्" "शय्यासुखहीनः" इन दोनों सूत्रोंपर कुछ लिखना भी आवश्यक प्रतीत होता है। शय्या सुख सें स्त्री-सङ्ग सुख मन्तव्य है। यदि द्वादशभाव का स्वामी बलवान् हो तो शय्यासुख मिलता है, यह सूत्रकार का सम्मत है। स्त्रीसुख तभी प्राप्त होगा यदि स्त्री पति-परायणा होगी-अन्यथा यदि स्त्री पतिव्रता न होकर पथभ्रष्टा पर-पुरुषगामिनी हुई तो शय्यासुख का मिलना स्वप्न का धन होगा।

यदि इस स्थान के रवि के साथ किसी पापग्रह की युति होगी तो शय्यासुख का अभाव रहेगा। अर्थात् यदि स्त्री जघनचपला तथा कुलटा हुई तो शय्यासुख पति के लिए स्वप्न का धन ही होगा। सम्भव है यह योग पति के लिए मारकयोग हो। अद्यतनप्रीति-विवाहप्रथा—मनपसन्दशादी, विवाहविच्छेदक न्यायालय का सहारा-पतिव्रताधर्म का नाशक होता हुआ पति का घातक हो सकता है। अतः सूत्रकार का संकेत पातिव्रत्यधर्म को प्रोत्साहन देने की ओर है—ऐसा प्रतीत होता है।

द्वादशस्थान का रवि कर्क, वृश्चिक और मीन में हो तो पुरुष खर्चीला, बेफिकर, राजनैतिक कारावास पानेवाला, लोकोपकारी, तथा युद्ध में पराक्रमी होता है। वृष, कन्या, मकर में पुरुष ध्येयवादी, इसमें आनेवाले सब संकट शान्ति से सहनेवाला-सत्कर्मकर्ता होने से ख्याति पानेवाला, स्वतंत्र, धनेच्छुक, और विचारपूर्वक काम करनेवाला होता है।

मेष, सिंह, धनु में पुरुष कृपण, विचारहीन, अभिमानी, अहंमन्य बुरे कामों के करने से दंड पानेवाला होता है।

मिथुन, तुला, कुंभ में खर्चीला, अपने वर्ग तथा समाज में विख्याति पानेवाला पुरुष होता है।

परदेशवासी—आजकल के भारत में जो लोग विदेश जाते हैं और समुद्रयात्रा करते हैं—इनका मान, इनकी प्रतिष्ठा, इनका मूल्य लोगों की दृष्टि में बहुत है। प्राचीन भारत में समुद्रयात्रा निषिद्धकोटि में थी। भृगुसूत्र का संकेत भी परदेश-निवास के विरुद्ध है। सूत्रकार के मत में द्वादशरवि का यह अशुभ फल है। परदेश में मनुष्य उच्छृंखल हो जाता है-लोक-परलोक भय से विमुक्त होता है। कुमार्गगामी भी हो सकता है। विधर्मी भी हो सकता है अतः सूत्रकार की दृष्टि में परदेशवास अच्छा नहीं है-ऐसा भाव प्रतीत होता है।

महाभारतकाल के प्राचीन भारत में 'अनृणी चाप्रवासी च' ऐसा कहकर व्यासजी ने 'स्वदेशवास' का ही अनुमोदन किया है।

अरिष्टग्रहः शान्ति पराशर वचनम्—

"यस्य यश्च यदा दुःस्थः स तं यत्नेन पूजयेत् ।
एवं धात्रा वरोदत्तः "पूजिताः पूजयिष्यथ"
मानवानां ग्रहाधीना उच्छ्रायाः पतनानि च ।
भावा भावौ च जगतां तस्मात् पूज्यतमा ग्रहाः ॥" इति

चन्द्रविचार :—

चन्द्रमा के पर्यायनाम—चन्द्र, अब्ज, जैव, अत्रिज, ग्लौ, मृगांक, उडुपति, शीतद्युति, इन्दु, सोम, द्विजराज, शशधर, क्षपाकर, विधु, शुभ्रांशु, शीतगु, शशांक, तुहिनगु, कलेश, नेत्रयोनि, यामिनीक्ष, पाथोधिपुत्र, जलनिधितनय, कुमुद, कुमुदिनी, अब्धिज, हिमकर, अभिरूप, अमृत, अम्बु, जलज, तारापति, नक्षत्रेश, तुहिनकर, शीतांशु, राकापति, शीतरश्मि, शशी, समुद्रांगज, -कुमुदबन्धु, जैवातृक, तुंगीश ।

चन्द्र-स्वरूपवर्णन :—

"निशापतिः वृत्ततनुः सुनेत्रः कफानिलात्मा किल गौरवर्णः ।
प्राज्ञोऽतिलोलो मृदुवाग्घृणी च प्रियप्रियोऽसौ खलुशोणितौजाः ॥" **जयदेव**

अर्थ—चन्द्रमा का शरीर वर्तुल (गोल) है। इसकी आँखें सुन्दर हैं, इसकी कफ-वायुप्रधान प्रकृति है। यह गोरे रंग का है। यह बुद्धिमान्-चंचल और मीठा बोलनेवाला है। यह दयालु और मित्रों का प्यारा है। यह रुधिर से ओजस्वी है। ऐसा चन्द्रमा का स्वरूप है।

"सद्वाग् विलासोऽमलधीः सुकायः रक्ताधिकः कुंचितकृष्णकेशः ।
कफोऽनिलात्माऽम्बुजपत्रनेत्रो नक्षत्रनाथः सुभगोऽतिगौरः ॥" **ढुंढिराज**

अर्थ—चन्द्रमा समयानुकूल उचित भाषण करनेवाला है। इसकी बुद्धि निर्मल है। इसका देह सुन्दर है। यह अधिक शुद्धरक्तवाला है। इसके केश काले और घुघराले हैं। इसकी प्रकृति कफ और वायुप्रधान है। कमलपत्रवत् विशालनेत्रोंवाला, सुन्दर और गौरवर्णवाला चन्द्रमा है।

"तनुवृत्ततनुः बहुवातकफः प्राज्ञश्चशशी मृदुवाक् शुभदृक्" ॥

आचार्य वराहमिहिर

अर्थ—चन्द्रमा का देह पतला (दुर्बल) और गोल है। यह चन्द्र विशेषतः वात-कफप्रकृतिवाला है। यह बुद्धिमान्, मीठा बोलनेवाला और सुन्दर आँखोंवाला है।

"स्थूलोयुवा च स्थविरः कृशः कान्तेक्षणश्चासितसूक्ष्ममूर्धजः ।
रक्तैकसारः मृदुवाक् सितांशुकः गौरःशशी वातकफात्मकोमृदुः" ॥ **मन्त्रेश्वर**

अर्थ—चन्द्रमा का शरीर स्थूल (बड़ा-मोटा) है। यह युवावस्थावाला

है और प्रौढावस्थावाला है। इसका शरीर कमजोर है—इसके नेत्र सुन्दर हैं। इसके केश कृष्णवर्ण और बारीक (सूक्ष्म) हैं। इसके शरीर में रक्त की प्रधानता है। यह कोमलवाणी बोलनेवाला है। इसके वस्त्र सफेद हैं यह गौर वर्ण है। यह कोमल, कफ-वातप्रधान प्रकृतिवाला है।

टिप्पणी—"चन्द्रमा स्थूल भी है और कृश भी है।" यह आपाततः विरुद्ध कथन है, क्योंकि कोई व्यक्ति एक समय में स्थूल भी और कृश भी नहीं हो सकता है। समाधान—यदि पक्षबल अधिक हुआ तो शरीर स्थूल होगा और यदि पक्षबल अल्प हुआ तो शरीर कृश होगा ऐसा अभिप्राय प्रतीत होता है।

"संचारशीलोमृदुवाग् विवेकी शुभेक्षणश्चारुतरः स्थिरांगः।
सदैव धीमान् तनुवृत्तकायः कफानिलात्मा च सुधाकरः स्यात्"॥ **वैद्यनाथ**

अर्थ—यह प्रवासशील है। यह मधुर और कोमल वाणी बोलता है। यह विचारवान्, सुन्दर नेत्रोंवाला, सुन्दर शरीरवाला और सुदृढ़-शरीरवाला होता है। यह सदैव बुद्धिमान्। शरीर गोल आकारवाला और वातकफप्रधान प्रकृतिवाला होता है। ऐसा चन्द्रमा का स्वरूप है।

"चन्द्रः सितांगः समगात्रयष्टिः वाग्मी परिध्यंग विवेकयुक्तः।
क्वचितकृशः शीतलवाक्ययुक्तः सत्वाश्रयोः वातकफानिलात्मा"॥ **व्यंकटेश्वर**

अर्थ—चन्द्रमा शुभ्रवर्ण है। इसका शरीर एक जैसा है। अर्थात् ऊपर से लेकर नीचेतक एक जैसा है। यह अच्छा भाषण करनेवाला होता है। इसके अङ्गों में विषमता नहीं है। यह विवेक-विचारवान् है। कहीं पर कृश है। इसका भाषण शान्ति देनेवाला होता है।

इसका शरीर दृढ़ है। इसकी प्रकृति वात और कफ की प्रधानता रहती है। ऐसा चन्द्रमा का स्वरूप है।

"सौम्यः कांतविलोचनः मधुरवाग् गौरः कृशांगः युवा।
प्रांशुः सूक्ष्ममिकुंचितासितकचः प्राज्ञः मृदुः सात्विकः॥
चारुः वातकफात्मकः प्रियसखः रक्तैकसारः घृणी।
वृद्धस्त्रीषुरतः चलोतिसुभगः शुभ्राम्बरः चन्द्रमा॥" **कल्याणवर्मा**

अर्थ—चन्द्रमा सौम्य अर्थात् शान्तस्वभाव का होता है। इसकी आँखें सुन्दर हैं। वाणी मधुर होती है। यह गौर वर्ण है—शरीर से कृश और तरुण प्रतीत होता है। यह ऊँचे कदवाला है। इसके केश बारीक, घुँघराले और काले होते हैं। यह बुद्धिमान्, ज्ञानी, कोमल तथा सात्विक होता है। इसकी प्रकृति विशेषतः वात और कफप्रधान होती है। इसे प्यारे अच्छे मित्रप्राप्त होते हैं। इसके शरीर में रक्त की प्रधानता होती है। दूसरों के विषय में

तिरस्कारभरी दृष्टि होती है। यह वृद्धास्त्रियों में रममाण होता है। यह चंचल और सुन्दर होता है। यह सफेद वस्त्र पहिनता है।

टीप्पणी—प्रश्न–ग्रहस्वरूप-वर्णन का प्रयोजन क्या है? यह प्रश्न सभी के मन में पैदा होता है। **उत्तर**—यदि लग्न में कोई ग्रह होता है तो इसी ग्रह के गुण और प्रकृति के अनुसार मनुष्य के गुण और प्रकृति होते हैं, यह प्रयोजन है। यदि कोई ग्रह लग्न में नहीं हो तो लग्नेश की तरह प्रकृति, आकृति, गुण और स्वभाव मनुष्य का होता है। अतः प्रत्येकग्रह की प्रकृति आदि का जान लेना आवश्यक है। जो ग्रह लग्न को देखते हैं वे भी अपनी-अपनी प्रकृति के अनुसार मनुष्य को प्रभावित करते हैं। इसी तरह जो ग्रह मनुष्य को रोग आदि से पीड़ित करते हैं उनकी प्रकृति आदि के अनुसार ही रोग होते हैं अतः इन ग्रहों का गुण-दोष-स्वभाव का ज्ञान आवश्यक है।

प्रश्न—चन्द्रमा कैसा ग्रह है? शुभ है वा अशुभ? कब शुभ और कब अशुभ? कब बलीयान् और कब निर्बल है?

उत्तर—चन्द्रमा शुभग्रह है—ऐसी मान्यता है। किन्तु अशुभफल भी देता है। और अपने स्थान का फल नष्ट करता है। शुक्लप्रतिपदा से दशमी तक चन्द्रमा मध्यबली होता है—इसके बाद दश दिनतक अतिबलवान् और अतिशुभ फलदाता होता है। अन्तिम दश दिनों में चन्द्रमा बलहीन होता है।

बलहीन चन्द्रमा शुभग्रहयुक्त वा शुभग्रहवीक्षित हो तो शुभफल मिलते हैं।

पहिले दश दिनों में कुमार-अवस्था होती है। अतः कोई विशेष फल नहीं मिलता है। बीच के दश दिनों में युवावस्था होती है—अतः अच्छे शुभफल मिलते हैं। अन्तिम दश दिनों में बुढ़ापा और मृत्यु की स्थिति होती है—इसमें शुभफल की अभिलाषा व्यर्थ है। निराशा और अशुभफल अनुभव में आ सकते हैं।

कर्क और वृषराशि में, सोमवार, द्रेष्काण, होराकुण्डली में, स्वगृह में, राश्यन्त में, शुभग्रहों की दृष्टि में, रात्रि में, चतुर्थस्थान में तथा दक्षिणायन में सन्धि छोड़कर अन्यत्र चन्द्रमा बलवान् होता है। यदि सभीग्रह चन्द्रमा पर दृष्टि डाल रहे हों तो राजयोग होता है। चन्द्रचाराध्याय-श्लोक ३०, बृहत्संहिता में आचार्य वराहमिहिर ने चन्द्रमा किस समय सर्वथा मंगलकर्ता होता है—इसका वर्णन किया है, वर्फ, कंदपुष्प, कुमुद वा स्फटिक के समान शुभ चन्द्रमा जगत के लिए आनन्ददायक है! तिथियों के नियमानुसार इसकी क्षय-वृद्धि हो तथा बीच में कोई विकार न हो तो चन्द्रमा सबका कल्याण करता है।

शुक्लपक्ष—एकादशी से कृष्णपक्ष में पञ्चमी तक चन्द्रमा अति शुभफल देता है और बलीयान् है।

कृष्णपक्ष—पञ्चमी से अमावास्या तक निर्बल और अशुभ होता है और अशुभफल देता है।

शुक्लपक्ष की अष्टमी से कृष्णपक्ष की सप्तमी तक पूर्ण चन्द्र होता है।

कृष्णपक्ष की अष्टमी से शुक्लपक्ष की सप्तमी तक क्षीणचन्द्र होता है। यह वशिष्ठ जी का मत है।

चन्द्रमा का विशेष विवरण—

चन्द्रमा—द्विपाद. स्त्रीग्रह.	गुण—सत्वगुण.
अवस्था—तारुण्य और प्रौढ़ावस्था.	तत्व—जलतत्व.
वर्ण—गौरवर्ण.	धातु—रक्त.
मणि—स्वच्छमोती, चन्द्रमणि.	रस—लवण.
देवता—जल.	काल—क्षण.
दिशा—वायव्य.	दृष्टि—समदृष्टि.
उदय—पूर्व वा पश्चिम.	बलवत्ता—रात्रि.
ऋतु—वर्षा.	समय—अपराह्न-सायंकाल.
क्रीड़ास्थान—नदी-तालाब.	आयु—४८ या ७०.
प्रदेश—वनदेश.	अयन—दक्षिणायन.
वर्ण—वैश्य.	

रोग—पांडुरोग, जलोत्पन्नरोग,—कामला पीनस, स्त्रीसम्बन्ध से होनेवाले रोग, कालिका आदि देवियों से होनेवाली पीड़ाएँ तथा बाधाएँ।

चन्द्रमा का कारकत्व—बुद्धि, फूल, सुगन्ध, दुर्ग की ओर जाना, रोग, ब्राह्मण, आलस्य, कफ, मिरगी का रोग, प्लीहा का बढ़जाना, मानसिकभाव, हृदय, स्त्री, पुण्य, पाप, खटाई, नीद, सुख, जलीयपदार्थ, चांदी, मोटागन्ना, सरदी का बुखार, यात्रा, कूँआ, तालाब, माता, समदृष्टि, मध्याह्न, मोती, क्षयरोग, श्वेतरङ्ग, कटिसूत्र, कांसी का धातु, नमक, छोटाकद, मन, शक्ति, बावली, हीरा, शरदऋतु, दोघड़ी का समय, मुखकान्ति, श्वेतवर्ण, उदर, गौरी की भक्ति, मधु, कृपा, हंसीमज़ाक, पुष्टि, गेहूँ, कांति, मुख, मनकी शीघ्रगति, दही की चाह, तपस्वी, यश, लावण्य, रात्रि में बली, पश्चिमाभिमुख, विद्वान्, खारा, कामधन्धे की प्राप्ति, पश्चिमदिशा से प्रेम, मध्यलोक, नवरत्न, मध्यआयुजीवन, खानापीना, दूरदेशयात्रा, लग्न, कंधे की बीमारियाँ, छत्र तथा अन्य राजचिह्न, अच्छाफल, अच्छारक्त तथा शक्ति, मछली तथा अन्य जलोत्पन्नजीव, सांप, सिल्क का कपड़ा, अच्छाविकास, चमकीलीवस्तु, स्फटिक, नरम कपड़ा, विद्युत-प्रवाह, चुम्कीय प्रवाह, माता का दूध, मासिक रजोदर्शन, रेलवेअधिकारी, जहाजों के कारखाने, औषधिविक्रेता, लोककर्मविभाग, काच के कारखाने, वेधशाला, पेटैन्टदवाइयाँ, अनाज की दुकान, किरानासामान, सिंचाईविभाग, वाटरवर्क्स, साल्ट डिपार्टमेन्ट, आयात, निर्यात करविभाग, टकसाल।

नोट—छापाखाना, डेरी, वनस्पतिशास्त्र, वैद्यक, जन्तुशास्त्र, सूक्ष्मजीवशास्त्र, विमान, चावल, कपास, सफेदवस्त्र, नर्स, मिडवाइफ इञ्जीनीयरिंग, दया, मोह, रानी, सरदारनी, उच्चग्रहपत्नी, जनता, प्रकाशक, घी-तेल, चामर, अलंकार।

प्राचीनग्रंथकारों का मत है कि पाणियों का देह जन्मलग्न है–षड्वर्ग इसके छः अंग हैं। चन्द्रमा प्राण है। अन्यग्रह धातुरूप हैं। प्राण नष्ट होने से अंग और धातुओं का नाश होता है। अतः सर्वग्रहों में चन्द्रबल प्रधान है। अतः जन्मपत्र विचार करते समय चन्द्रमा का विचार प्रधानतया कर्तव्य है। इसी भाव को लेकर राशिगत चन्द्रमा का विचार करते हैं—

मेष—मेषराशि का चन्द्र हो तो मनुष्य चंचलनेत्र, रोगी, धर्मात्मा, धनी, स्थूलजंघ, कृतज्ञ, निष्पाप, राजपूजित, स्त्रीप्रिय, दाता-जलभीरु, आपाततः कठोर किन्तु पीछे शांतस्वभाव होता है।

वृष—वृषराशि का चन्द्र हो तो मनुष्य भोगी, दाता, शुद्धचित्त, कार्य-चतुर, उदार, बलिष्ठ, धनी, विलासप्रिय, तेजस्वी और श्रेष्ठ मित्रोंवाला होता है।

मिथुन–मिथुनराशि में चन्द्रमा हो तो मनुष्य मधुरभाषी, चंचलनेत्र, दयालु, सुरतप्रिय, गानविद्याभिज्ञ, कण्ठरोगी, यशस्वी, धनी, गुणी, गौरवर्ण, लम्बाकदवाला, चतुर, उचितवक्ता, मेधावी, दृढप्रतिज्ञ, कार्यकुशल और न्यायकर्ता होता है।

कर्क—कर्क में चन्द्र हो तो मनुष्य उद्योगी, शिरोरोगी, धनी, शूर, धर्मिष्ठ, गुरुभक्त, मतिमान्, कृशशरीर, कार्यकुशल, प्रवासप्रिय, क्रोधी, सरल हृदय, अच्छे मित्रोंवाला, घर-गृहस्थी से विरक्त होता है।

सिंह—सिंहराशि में चन्द्रमा हो तो मनुष्य क्षमायुक्त, कार्यतत्पर, मद्यमांसप्रिय, घुमक्कड़, शांत, भीरु, अच्छे मित्रोंवाला, विनीत, अतिक्रोधी, मातृ-पितृभक्त और व्यसनी होता है।

कन्या–कन्याराशि का चन्द्र हो तो मनुष्य विलासी, सज्जनानन्ददाता, सुंदर, धार्मिक, दानी, कार्यकुशल, कवि, वृद्ध, वैदिकधर्मनिष्ठ, लोकप्रिय, नृत्यगीत-व्यसनी, प्रवासरत, स्त्री के लिए दुःखी और कन्याजात होता है।

तुला–तुलाराशि में चन्द्र हो तो मनुष्य अकारण क्रोधी, दुःखी, कोमलवाणी, दयालु, चंचलनेत्र, चल संपत्तिवाला, गृहेशूर, व्यापारचतुर, देवपूजक, मित्रप्रिय, प्रवासी और लोकमान्य होता है।

वृश्चिक—वृश्चिकराशि में चन्द्र हो तो बाल्यावस्थातःप्रवासी, सरल हृदय, शूर, पीतनेत्र, परदारागामी, मानी, मिष्ठभाषी, साहस से अर्थार्जन करनेवाला, मातृभक्त, संगीत-काव्य-कलाभिज्ञ होता है।

धनु—धनुराशि में चन्द्र हो तो मनुष्य शूर, सुबुद्धि, सात्विक, जनप्रिय, शिल्पज्ञ, धनाढ्य, सुन्दरस्त्रीपति, मानी, सच्चरित्र, मधुरभाषी, तेजस्वी, स्थूलकाय, और कुलघाती होता है।

मकर—मकर में चन्द्र हो तो मनुष्य कुलाधम, स्त्रीवश-स्त्रीजित, पंडित, परद्वेषी, गीतज्ञ, स्त्रीबल्लभ, पुत्रवान्, मातृवत्सल, धनी-दानी-ईमानदार-नौकरोंवाला, दयालु-बहुबांधव, दूसरों द्वारा सुखपानेवाला होता है।

कुंभ—कुंभराशि में चन्द्रमा हो तो मनुष्य दाता, आलसी, कृतज्ञ, हाथी-घोड़ा-और धन का स्वामी होता है। यह सुंदरनेत्र, सौम्य धन और विद्या के अर्जन करने में लीन, पुण्यात्मा, यशस्वी, स्वभुजबलोपार्जित धनवाला, मंडूकोदर और निर्भीक होता है।

मीन—मीनराशि में चन्द्र हो तो मनुष्य गंभीर, शूर, वाक्पटु, मानवश्रेष्ठ, क्रोधी, कृपण, ज्ञानी, गुणी, कुलप्रिय, नृपसेवक, शीघ्रगामी, गीतकुशल और बन्धुप्रिय होता है।

लग्न आत्मा है और चन्द्रमा मन है। अतः लग्न, लग्ननवांश और चन्द्र तथा चन्द्रनवांश से ग्रहों का फल समझना चाहिए। चन्द्रमा बीज है—लग्न पुष्प है। नवांश आदि फलरूप हैं। और भाव स्वादु फल के समान है। ऐसा मत शास्त्रकारों का है। अतः चन्द्रविचार अत्यावश्यक है। अतएव चन्द्रकुण्डली में स्थित ग्रहों का फल लिखा जाता है :—

चन्द्रात् सूर्यफल—

१. चन्द्रमा के साथ सूर्य हो तो मनुष्य विदेशगामी, भोगी, कलहप्रिय होता है।

२. चन्द्रमा से द्वितीय सूर्य हो तो बहुत नोकरोंवाला, यशस्वी तथा राजमान्य होता है।

३. चन्द्र से तृतीय सूर्य हो तो मनुष्य सोने का व्यापारी, शुद्धचित्त और वैभव में राजा के तुल्य होता है।

४. चन्द्र से चतुर्थ सूर्य हो तो मनुष्य मातृसेवक नहीं होता है अपितु कष्टदायक होता है।

५. चन्द्र से पंचम सूर्य हो तो मनुष्य पुत्रियों से दुःखी और बहुत पुत्रोंवाला होता है।

६. चन्द्र से छठा सूर्य हो तो मनुष्य शत्रुविजेता, शूर और लोकरक्षा-तत्पर होता है।

७. चन्द्र से सप्तम सूर्य हो तो मनुष्य सुखी, सुशील और राजमान्य होता है।

८. चन्द्र से अष्टम सूर्य हो तो मनुष्य सर्वदाकष्टयुक्त और अनेक कष्टों से पीड़ित होता है।

९. चन्द्र से नवम सूर्य हो तो मनुष्य धार्मिक, सत्यवक्ता किंतु बन्धुकष्ट-दायक होता है।

१०. चन्द्र से दशम सूर्य हो तो मनुष्य महाधनी होता है और इसके द्वारपर धनवान् खड़े रहते हैं।

११. चन्द्र से एकादश सूर्य हो तो मनुष्य राजा से गौरवान्वित होता है, यह बहुज्ञ, प्रसिद्ध और कुलनायक होता है।

१२. चन्द्र से द्वादश सूर्य हो तो मनुष्य अंधा होता है यदि इसके साथ पापग्रह भी हो। अन्यथा काणा होता है।

चन्द्रात् भौमफल—

१. चन्द्र के साथ भौम हो तो मनुष्य रक्तनेत्र, रक्तस्राव रोगयुक्त और रक्त-वर्ण होता है।

२. चन्द्र से द्वितीय भौम हो तो मनुष्य भूमिपति, खेती करनेवाला होता है।

३. चन्द्र से तृतीय भौम हो तो मनुष्य के चारभाई होते हैं—सुशील और सुखी होता है।

४. चंद्र से चतुर्थ भौम हो तो मनुष्य सुखहीन, धनहीन और स्त्रीहंता होता है।

५. चन्द्र से पञ्चम भौम हो तो मनुष्य सन्तानहीन होता है। यदि स्त्री के पञ्चम भौम हो तो वह निश्चित संतानरहित होती है।

६. चन्द्र से छठाभौम हो तो मनुष्य पापी, शत्रु और रोग से पीड़ित होता है।

७. चन्द्र से सप्तमभौम हो तो मनुष्य की स्त्री कुशीला और कटुभाषिणी होती है।

८. चन्द्र से अष्टमभौम हो तो मनुष्य पत्नीघातक, पापी, शील और सत्य से हीन होता है।

९. चन्द्र से नवमभौम हो तो मनुष्य धनी, बुढ़ापे में पुत्रवान् होता है।

१०. चन्द्र से दशमभौम हो तो मनुष्य के द्वारपर हाथी-घोड़े की सवारी रहती है।

११. चन्द्र से एकादशभौम हो तो मनुष्य राजद्वार में प्रसिद्ध, यश और रूप से युक्त होता है।

१२. चन्द्र से द्वादशभौम हो तो मनुष्य माता के लिए कष्टकर्ता और स्वयं कष्टभोक्ता होता है।

चन्द्रात् बुधफल—

१. प्रथमभाव में चन्द्र और बुध एकत्र हों तो मनुष्य सुखहीन, कुरूप, कटुभाषी, भ्रष्टमति और स्थानभ्रष्ट होता है।

२. चन्द्र से द्वितीय बुध हो तो मनुष्य धनी, गृह-बन्धु-जन से सुखी होता है। इसकी मृत्यु शीतरोग से होती है।

३. चन्द्र से तृतीय बुध हो तो मनुष्य धन-सम्पत्तियुक्त, राज्यलाभ और महात्माओं की संगति पाता है।

४. चन्द्र से चतुर्थ बुध हो तो मनुष्य सुखी होता है। इसे मामा के घर से धन मिलता है। और मनुष्य विख्यात होता है।

५. चन्द्र से पञ्चम बुध हो तो मनुष्य पण्डित, बुद्धिमान्, रूपवान्, कामातुर और कटुभाषी होता है।

६. चन्द्र से छठा बुध हो तो मनुष्य कृपण, कातर, झगड़ने में डरपोक, लोमश देह और दीर्घलोचन होता है।

७. चन्द्र से सप्तम बुध हो तो मनुष्य स्त्रीवश, धनी, कंजूस और दीर्घायु होता है।

८. चन्द्र से अष्टम बुध हो तो मनुष्य शीतप्रकृति, राजदरबार में प्रसिद्ध, और शत्रुओं को भयदायक होता है।

९. चन्द्र से नवम बुध हो तो मनुष्य स्वधर्म-विरोधी, परधर्मप्रेमी और सबका विरोधी होता है।

१०. चन्द्र से दशम बुध हो तो मनुष्य राजयोगी होता है। चन्द्र लग्न से दशम बुध हो तो मनुष्य कुटुम्बनायक होता है।

११. चन्द्र से एकादश बुध हो तो मनुष्य को प्रत्येक कार्य में लाभ होता है। इसका विवाह वचपन में होता है।

१२. चन्द्र से द्वादश बुध हो तो मनुष्य कृपण होता है। झगड़े में हार जाता है, इसका पुत्र भी पितृवत् होता है।

चन्द्रात् गुरुफल—

१. चन्द्र के साथ गुरु हो तो मनुष्य दीर्घायु, व्याधिरहित और सम्पन्न होता है।

२. चन्द्र से द्वितीय गुरु हो तो मनुष्य राजमान्य, सौवर्ष जीनेवाला, उग्र, प्रतापी, धर्मात्मा और पापहीन होता है।

३. तृतीय गुरु हो तो मनुष्य नारीवल्लभ होता है। १७ वें वर्ष में इसकी पैतृकसम्पत्ति की उन्नति होती है।

४. चतुर्थ गुरु हो तो मनुष्य घर में सुखी, मातृपक्ष से कष्टी और दूसरे के घर में काम करनेवाला होता है ।

५. पञ्चम गुरु हो तो मनुष्य दिव्यचक्षु, तेजस्वी, पुत्रवान् उग्रस्वभाव और महाधनी होता है ।

६. छठें में गुरु हो तो मनुष्य उदासीन होकर घर छोड़ जाता है । यह पूर्णायु, अव्यवस्थित और भीख मांग कर जीवन चलाता है ।

७. सप्तम गुरु हो तो मनुष्य बिना बहुत खर्च किए ही बहुत देर जीता है, यह स्थूलकाय, सदाचारी और घर में नेता होता है ।

८. अष्टम गुरु हो तो मनुष्य रोगी रहता है । पिता के अच्छे होने पर भी सुखी नहीं रहता है ।

९. गुरु नवम हो तो मनुष्य धार्मिक, धनी, सुमार्गगामी और गुरु-देव-भक्त होता है ।

१०. गुरु दशम हो तो मनुष्य स्त्री-पुत्र-गृह का परित्याग कर तपस्वी होता है ।

११. गुरु एकादश हो तो मनुष्य राजतुल्य वैभव पाता है-हाथी घोड़े सवारी के लिए होते हैं ।

१२. द्वादश गुरु हो तो मनुष्य अपने कुटुम्बियों से विरोध रखता है । सद्व्ययी होता है ।

चन्द्रात् शुक्रफल—

१. चन्द्र और शुक्र एकत्र हों तो मनुष्य की मृत्यु जल में अथवा सन्निपात रोग से अथवा किसी हिंसक जीव से होती है ।

२. शुक्र द्वितीय हो तो मनुष्य महाधनी, महान् ज्ञानी और राजतुल्य होता है ।

३. तृतीय शुक्र हो तो मनुष्य धर्मिष्ठ, बुद्धिमान् और म्लेच्छों से लाभ उठाने वाला होता है ।

४. चतुर्थ शुक्र हो तो मनुष्य कफ-प्रकृति, अतिकृश और बुढ़ापे में धन-हीन होता है ।

५. पंचम शुक्र हो तो मनुष्य को कन्यासन्तान अधिक होती है । यह धनी होता हुआ भी बदनाम होता है ।

६. छठा शुक्र हो तो मनुष्य अशुभ में खर्च करता है । यह रोगहीन और विजयी होता है ।

७. सप्तम शुक्र हो तो मनुष्य आलसी, काम में अक्खड़-हरसमय शोकवान् रहता है ।

८. अष्टम शुक्र हो तो मनुष्य प्रसिद्ध, महान् योद्धा, दाता, भोक्ता और धनाढ्य होता है।

९. नवम शुक्र हो तो मनुष्य के बांधव बहुत होते हैं, बहुत मित्र होते हैं और बहुत बहिनें होती हैं।

१०. दशम शुक्र हो तो मनुष्य को माता-पिता से सुख मिलता है। दीर्घायु होता है।

११. एकादश शुक्र हो तो मनुष्य, शत्रुहीन, रोगहीन और दीर्घायु होता है।

१२. द्वादश शुक्र हो तो मनुष्य परदारग, लम्पट और ज्ञानहीन होता है।

चन्द्रात् शनिफल—

१. चन्द्रशनि एकत्र हों तो मनुष्य रोगी, निर्धन और बन्धुहीन होता है।

२. द्वितीयशनि हो तो मनुष्य जन्मसमय माता को कष्टकारी होता है। इसका पालन बकरी के दूध से होता है। "अजा तस्य माता"॥

३, तृतीय शनि हो तो मनुष्य को बहुत कन्याएँ होती है और मरती भी हैं।

४. चतुर्थ शनि हो तो मनुष्य पुरुषार्थी और शत्रुनाशक होता है।

५. पंचम शनि हो तो मनुष्य की पत्नी साँवलेरङ्ग की और मधुर भाषिणी होती है।

६. छठा शनि हो तो मनुष्य रोगी अथवा अल्पायु होगा।

७. सप्तम शनि हो तो मनुष्य धार्मिक किन्तु बहुत स्त्रियों का पति होता है।

८. अष्टम शनि हो तो मनुष्य स्त्री और पिता को कष्ट देता है। जपादि कर्तव्य हैं।

९. नवम शनि हो तो अपनी दशा और अन्तर्दशा में हानि पहुँचाता है।

१०. दशम-शनि से मनुष्य धनी, नृपतुल्य तौभी कृपण होता है।

११. एकादश-शनि मनुष्य को पशुधन और यश दिलवाता है।

१२. द्वादश शनि हो तो मनुष्य धन-धर्महीन और भिक्षुक होता है।

चन्द्रात् राहु—

१. चन्द्र से १-१०-९वें राहु हो तो मनुष्य राजा वा धनाढ्य होता है।

२. चन्द्र से ६-१२ वें राहु हो तो मनुष्य राजा वा राजमन्त्री अथवा धन-धान्य सम्पन्न मनुष्य होता है।

३. चन्द्र से ४ वा ७ वें राहु हो तो माता-पिता को कष्ट होता है। मनुष्य स्वयं भी सुखहीन होता है।

४. चन्द्र से २-११ वें राहु हो तो धन-सन्तान-सुख और यश मिलते हैं।

५. चन्द्र से पंचम राहु हो तो मनुष्य पानी में डूबकर मृत्यु पाता है।

चन्द्रात् केतु—

राहु के समान केतु के फल होते हैं।

दृष्टिफल—

मेषराशिस्थित चन्द्र पर— रवि की दृष्टि से मनुष्य अत्युग्रराजा किन्तु नम्रजनों के प्रति अतिमृदु, धीर और संग्रामप्रिय होता है।

मङ्गल की दृष्टि से मनुष्य दाँत और आँखों के रोगों से पीड़ित, विष से, अग्नि से तथा शस्त्र से विकृत देह, जिलाधीश और मूत्रकृच्छ्र रोग से युक्त होता है।

बुध की दृष्टि से अनेक विद्याओं का आचार्य, सत्यवक्ता, मनस्वी, सुकवि और यशस्वी होता है।

गुरु की दृष्टि से धनी, बहुत नौकरोंवाला, राजमन्त्री वा सेनापति होता है।

शुक्र की दृष्टि से सौभाग्य, पुत्र और धन से युक्त, सुन्दरीभूषणयुक्त स्त्रीवाला और भोगी होता है।

शनि की दृष्टि से द्वेषी, दुःखी, दरिद्र, मलिन और मिथ्याभाषी होता है।

वृषराशिस्थित चन्द्र पर—रवि की दृष्टि हो तो मनुष्य खेती आदि अनेक कार्य करनेवाला, नौकारों और चौपाए जानवरों से लाभ उठानेवाला, अतिधनी और प्रयोग जाननेवाला होता है।

मङ्गल की दृष्टि से मनुष्य अतिकामी, परस्त्री के कारण पत्नी व मित्रजनों से हीन, स्त्री-हृदयमनोहर, माता के लिए अशुभ अर्थात् लड़ाई-झगड़ा करनेवाला होता है।

बुध की दृष्टि से मनुष्य पण्डित, वचन-चतुर, प्रसन्न, सर्वहितेच्छु और उत्तमगुणों से युक्त होता है।

गुरु की दृष्टि से मनुष्य स्थिरपुत्रोंवाला, स्त्री-तथा मित्रोंवाला, मातृ-पितृ-भक्त, परमनिपुण, धार्मिक और विख्यात होता है।

शुक्र की दृष्टि से मनुष्य भूषण, सवारी, गृह, शय्या, आसन, सुगन्ध, वस्त्र तथा माला का उपयोग करनेवाला होता है।

शनि की दृष्टि हो तो मनुष्य निर्धन, माता और स्त्रियों का अनिष्टकरनेवाला, पुत्र-मित्र तथा बन्धु से युक्त होता है।

मिथुनराशिस्थित चन्द्र पर—सूर्य की दृष्टि हो तो मनुष्य बुद्धि, रूप, धनवाला, ख्यात, धर्मात्मा, दुःखी और अल्पधनवाला होता है।

भौम की दृष्टि से वीर, पण्डित, सुख, वाहन, ऐश्वर्य और रूपवान् होता है।

बुध की दृष्टि से मनुष्य धनोपार्जन में निपुण, सदाविजयी, धीर, अप्रतिहत आज्ञावाला राजा होता है।

गुरु की दृष्टि से मनुष्य शास्त्र-विद्या-आचार्य, विख्यात, सत्यवक्ता, रूपवान्। वाचाल और मान्य होता है।

शुक्र की दृष्टि से सुन्दर स्त्री, वाहन, भूषण और रत्नों का भोक्ता होता है।

शनि की दृष्टि से बन्धु-स्त्री-धन से रहित-लोकविरोधी होता है।

कर्कस्थचन्द्र पर—सूर्य की दृष्टि से मनुष्य राजा का छोटा कर्मचारी निर्धन-पत्रवाहक वा दुर्ग का रक्षक होता है।

मङ्गल की दृष्टि से शूर, क्षतदेह, मातृद्वेषी, और कार्य-चतुर होता है।

बुध की दृष्टि से सुबुद्धि, नीतिज्ञ, धन-स्त्री-पुत्र-युक्त, राजमन्त्री और सुखी होता है।

गुरु की दृष्टि से राजा, राजोचितगुणयुक्त, सुखी, सुशीलास्त्रीपति, नीतिज्ञ-विनयी और पराक्रमी होता है।

शुक्र की दृष्टि से धन-सुवर्ण-वस्त्र-स्त्री और रत्नों से युक्त होता है। वेश्यागामी और सुन्दर होता है।

शनि की दृष्टि से भ्रमणशील, सुखहीन, दरिद्र-मातृद्वेष्टा, मिथ्यावादी, पापी और नीच होता है।

सिंहस्थचन्द्र पर—रवि की दृष्टि से राजतुल्य, उत्तम गुणयुक्त, गम्भीर शब्दवाला, वीर, मद्यपी और ख्यात होता है।

मङ्गल की दृष्टि से सेनापति, प्रतापी, उत्तम स्त्री-पुत्र-धन-वाहनयुक्त पुरुष होता है।

बुध की दृष्टि से स्त्रीवश, स्त्रीप्रिय-धन-तथा सुखयुक्त होता है।

गुरु की दृष्टि से कुलश्रेष्ठ, ख्यात और राजतुल्य होता है।

शुक्र की दृष्टि से स्त्री और धन से युक्त, रोगी, स्त्रीसेवक, रतिक्रीड़ानिपुण और विद्वान् होता है।

शनि की दृष्टि से खेती करनेवाला, निर्धन, मिथ्याभाषी, दुर्गरक्षक, स्त्री-सुख वञ्चित और क्षुद्र पुरुष होता है।

कन्याराशिस्थचन्द्र पर—रवि की दृष्टि से राजा का कोषाध्यक्ष, ख्यात, अपनी बात का पक्का, उत्तमकार्यकर्ता और स्त्रीहीन होता है।

मङ्गल की दृष्टि से शिल्पकलानिपुण, ख्यात, धनी, शिक्षित, धीर और मातृवैरी होता है।

बुध की दृष्टि ज्यौतिष तथा काव्य का ज्ञाता, विवाद और युद्ध में विजयी और अतिनिपुण होता है।

गुरु की दृष्टि से बन्धु-जन-युक्त, सुखी, राजकर्मचारी, प्रतिज्ञापालक, और धनी होता है।

शुक्र की दृष्टि से स्त्रीभूयस्त्व, भूषणभूयस्त्वयुक्त, भोग और धन से युक्त होता है। इसका नित्य भाग्योदय होता है।

शनि की दृष्टि से स्मरणशक्तिहीन, दरिद्र, सुखहीन, मातृहीन और स्त्री-वश होता है।

तुलाराशिस्थचन्द्र पर—रवि की दृष्टि हो तो मनुष्य निर्धन, रोगी, घुमक्कड़, मानहीन, भोगहीन, पुत्रहीन और निर्बल होता है।

मङ्गल की दृष्टि से तीक्ष्ण स्वभाव, चोर-क्षुद्र, परदारग, सुगन्ध-भोगी, बुद्धिमान् और नेत्ररोगी होता है।

बुध की दृष्टि से कलाऽभिज्ञ, धनाढ्य, प्रियभाषी, विद्वान् और देश ख्यात होता है।

गुरु की दृष्टि से सर्वपूज्य, रत्नआदि मूल्यवान् वस्तुओं के क्रय-विक्रय में निपुण होता है।

शुक्र की दृष्टि से मनोहर, नीरोग, सौभाग्यवान्, पुष्टदेह, धनी, विद्वान्, अनेक-उपायों का जाननेवाला होता है।

शनि की दृष्टि से धनी, प्रियभाषी, वाहनयुक्त, विषयी, सुखहीन और मातृ-भक्त होता है।

वृश्चिकराशिस्थचन्द्र पर—रवि की दृष्टि से लोकद्वेषी, भ्रमणशील-धनी, किन्तु सुखहीन होता है।

मङ्गल की दृष्टि से धैर्यवान्, राजतुल्य, ऐश्वर्यवान्, शूर-रणविजयी और बहुभोजी होता है।

बुध की दृष्टि से मूर्ख, कटुभाषी, यमलसन्तानयुक्त, योग्य, नकली-वस्तु बनानेवाला और गीतज्ञ होता है।

गुरु की दृष्टि से कार्यलीन, लोकद्वेष्टा, धनी और सुन्दर होता है।

शुक्र की दृष्टि से बहुज्ञ, अति सुन्दर, धनी, वाहनवान, स्त्री द्वारा नष्टबल होता है।

शनि की दृष्टि से अधम संतानवाला, कृपण, रोगी, निर्धन, झूठा और अधम होता है।

धनुराशिस्थचन्द्र पर—रवि की दृष्टि हो तो मनुष्य राजा, धनी, वीर, ख्यात, बहुसुखी और उत्तम वाहनयुक्त होता है।

मङ्गल की दृष्टि से सेनापति, धनाढ्य, सुन्दर, पराक्रमी, उत्तम भृत्यवान् होता है।

बुध की दृष्टि से बहुभृत्यवान्, दृढ़ त्वचावान, ज्योतिष-शिल्प आदि में ण और नृत्ताचार्य होता है।

गुरु की दृष्टि से सुन्दर, राजमंत्री, धन-धर्म-सुख सम्पन्न होता है।

शुक्र की दृष्टि से सुखी, सुन्दर, सौभाग्यवान्, पुत्रवान्, धनी, कामी, सुमित्रवान् तथा स्त्रीवान् होता है।

शनि की दृष्टि से प्रिय, सत्यवक्ता, बहुज्ञ, सरलस्वभाव और राजपुरुष होता है।

मकरराशिस्थचन्द्र पर—रवि की दृष्टि से निर्धन, दुःखी, भ्रमणशील, प्रेष्य, मलिन और शिल्पज्ञ होता है।

मङ्गल की दृष्टि से धनाढ्य, उदार, सुन्दर, सुवाहनवान् और प्रतापी होता है।

बुध की दृष्टि से मूर्ख, प्रवासी, स्त्रीहीन, चञ्चल, तीक्ष्णस्वभाव, सुख से और धन से हीन होता है।

गुरु की दृष्टि से राजा, बली, राजगुणयुक्त, बहु-स्त्री-पुत्र-मित्रवान् होता है।

शुक्र की दृष्टि से परदारग, धनी, भूषणयुक्त, वाहनवान्, निन्दित और पुत्र-हीन होता है।

शनि की दृष्टि से आलसी, मलिन, धनी, कामी, परदारग और झूठा होता है।

कुंभराशिस्थचन्द्र पर—रवि की दृष्टि हो तो अतिमलिन, शूर, राजतुल्य, धार्मिक और खेती करनेवाला होता है।

मङ्गल की दृष्टि हो तो सच्चा, मातृपितृहीन, धनहीन, आलसी, क्रूर और दूसरे का काम करनेवाला होता है।

बुध की दृष्टि से भोजनविधि निपुण, गीतज्ञ, स्त्रीप्रिय, अल्पधनी और अल्प सुखवाला होता है।

गुरु की दृष्टि से खेतीवाला, उपवनवाला, उत्तम स्त्रीभोग करनेवाला और श्रेष्ठ पुरुष होता है।

शुक्र की दृष्टि से नीच-पुत्र-मित्रहीन, भीरु, गुरुजनतिरस्कृत, पापी, दुष्टस्त्री-पति, तथा अल्पसुखी होता है।

शनि की दृष्टि से लम्बेनाखूनोंवाला, दीर्घ रोमवान्, मलिन, परस्त्रीगामी, अधर्मी, वृक्ष आदि स्थावर वस्तुओं के विक्रय से धनाढ्य होता है।

मीनराशिस्थचन्द्र पर—रवि की दृष्टि हो तो अतिकामी, सुखी, सेनापति, धनाढ्य और प्रसन्न स्त्रीवाला होता है।

मङ्गल की दृष्टि हो तो लोक में अनाहत, सुखहीन, कुलटापुत्र, पापी और शूर होता है।

बुध की दृष्टि हो तो राजा, अतिसुखी, उत्तमस्त्रीयुक्त और स्वाधीन होता है।

गुरु की दृष्टि हो तो मनोहर, मण्डलेशों में श्रेष्ठ, धनाढ्य और सुकुमार स्त्री-वान् होता है।

शुक्र की दृष्टि हो तो सुशील, रतिक्रीड़ाचतुर, नृत्त-गान-प्रेमी और स्त्रीजन मनोहारी होता है।

शनि की दृष्टि हो तो विकल, मातृशत्रु, कामी, स्त्री-पुत्र तथा बुद्धिहीन, अधम और कुरूपा स्त्री में आसक्त होता है।

अथ चन्द्रफल

प्रथमस्थान का चन्द्र

"विधुर्गोकुलीराजगः सन् वपुस्थो धनाध्यक्षलावण्यमानंदपूर्णम्।
विधत्ते धनं क्षीणदेहं दरिद्रं जडं श्रोत्रहीनं शेषलग्ने॥ १॥

अन्वय—गोकुलीराजगः (सन्) वपुस्थः विधुः धनाध्यक्षलावण्यं आनन्दपूर्णं नरं विधत्ते। शेषलग्ने (नरं) अधनं क्षीणदेहं दरिद्रं जडं श्रोत्रहीनं (च) विधत्ते॥ १॥

सं० टी०—अथ चंद्रस्य तन्वादि द्वादशभावफलान्याह-विधूरिति-विधुः चंद्रः गोकुलीराजगः वृषकर्कट मेषस्थः सन् वपुस्थः लग्नगः धनाध्यक्ष धनाधिकारिणं आनंदपूर्णं प्रमोदनैपुण्ययुक्तं, शेषलग्ने कथितान्यराशौ अधर्मं धर्मरहितं, (अधने इतिपाठे) धनरहिते, क्षीणदेहं मंदवीर्यं दरिद्रं धनहीनं, जडं मूकं मतिहीनं वा श्रोत्रहीनं वधिरं नरं विधत्ते करोति॥ १॥

अर्थ—जिस मनुष्य के जन्मलग्न में वृष, कर्क और मेषराशि का चन्द्रमा हो तो वह कुबेर के समान धन से सुशोभित होता है। और पूर्ण आनन्द को पाता है। मिथुन, सिंह, कन्या, तुला, वृश्चिक, धन, मकर, कुम्भ और मीन राशि का होकर चन्द्रमा जन्मलग्न में हो तो मनुष्य दरिद्र, दुर्बल, मूर्ख और बहिरा बनता है॥ १॥

तुलना—"क्रिये तुंगे स्वर्क्षे प्रभवति विलग्ने हिमकरो
विधत्ते सत्वाढ्यं नरमतुलमोदावृत मपि।
गदव्रातैः युक्तं जडमधनमन्यर्क्षग उत
श्रियाहीनं नित्यं वधिर मपि सत्वैः विरहितम्॥ **जीवनाथ**

अर्थ—जिस मनुष्य के जन्म समय में चंद्रमा मेष, वृष वा कर्क का होकर लग्न में हो वह पूर्ण बली तथा धन से युक्त होकर अतुल आनन्द को प्राप्त करता है। यदि इनके अतिरिक्त मिथुन, सिंह, कन्या, तुला, वृश्चिक, धनु, मकर, कुम्भ और मीन राशि का होकर लग्न में हो तो मनुष्य रोगी, मूर्ख, निर्धन, बलहीन और वधिर होता है।

"लग्ने चन्द्रे जडः शुद्धः प्रसन्नः धनपूरितः।
स्त्रीवल्लभः धार्मिकश्च कृतघ्नश्च नरो भवेत्॥" **काशीनाथ**

अर्थ—लग्न में चन्द्रमा हो तो मनुष्य जड़ (मूर्ख वा आलसी) पवित्र, प्रसन्न, धनी तथा धार्मिक होता है। यह पुरुष स्त्रियों का प्यारा और कृतघ्न होता है।

"दाक्षिण्य-रूप-धन-भोग-गुणैःप्रधानः चंद्रेकुलीरवृषभाजगते विलग्ने।
उन्मत्त-नीच-वधिरोविकलश्चमूकः शेषे नरो भवति कृष्णतनुः विशेषात् ॥"

कल्याणवर्मा

अर्थ—जिस मनुष्य के जन्मसमय में कर्क, वृष और मेष में होकर लग्न में चन्द्रमा हो तो वह चतुर, रूपवान्, धनवान्, भाग्यवान् और गुणवान् होता है। अन्य राशियों मिथुन आदि में होकर यदि यह चन्द्रमा लग्न में हो तो पुरुष उन्मत्त अर्थात् अभिमानी (गर्वीला) नीच, वहरा, व्याकुलचित्त, गूंगा और विशेषतः कृष्णवर्ण देहवाला होता है।

"जड़ोमूकोन्मत्तो विकलहृदयोंधोऽनुचितकृत् परप्रेष्योमूर्तौ शशिनि बहुशः क्षीणवपुषि।
कुलीरस्थे सौख्यौभवति वृषगे भूरिविभवःभवेन् मेषे सस्वः कृशवपुषि पापेषु लघुता॥"

जगदेव

अर्थ—लग्न में चन्द्रमा हो तो मनुष्य मूर्ख, मूक (गूंगा) व्याकुल चित्त वाला, अथवाधूर्त, नेत्रहीन (अंधा) अनुचित कार्य करनेवाला, दूसरों का दास, दुबला-पतला शरीरवाला होता है। कर्क राशि का चन्द्र हो तो मनुष्य सुखी, वृष का चन्द्र हो तो बहुत ऐश्वर्य वाला, यदि मेष का चन्द्र हो तो धनवान् होता है। यह लग्न का चन्द्रमा यदि पापग्रहों के साथ क्षीण हो तो पूर्वोक्त फल अल्पमात्रा में होते हैं।

"मूकोन्मत्तजडान्धहीन वधिर प्रेष्या शशांकोदये स्वर्क्षा जगते धनी बहुमुनः ॥"

आचार्य वराहमिहिर

अर्थ—जिस मनुष्य के जन्मकाल में लग्न में चन्द्रमा हो तो वह गूंगा, मूर्ख, अन्धा, निन्दित कार्य करनेवाला, बहिरा और दासकर्म-कर्ता होता है। यदि लग्न में स्थित होकर चन्द्र कर्कराशि का हो तो मनुष्य धनवान होता है। यदि चन्द्र मेषराशि का हो तो मनुष्य बहुत पुत्रों से युक्त होता है। यदि उच्चराशि वृष में हो तो पुरुष धनी होता है।

"तनुगत कुमुदेशे दीर्घजीवी सुखी स्याद् बहुतर धनभोगी वीर्ययुक्तः सुदेही।
भवति च यदि नीचः चन्द्रमा पापगो वा जडमतिरतिदीनःस्यात् सदावित्तहीनः ॥

मानसागर

अर्थ—यदि जातक के तनुभाव (प्रथमभाव) में चन्द्रमा हो तो वह दीर्घायु, सुखी, धनाढ्य, ऐश्वर्य और भोग भोगनेवाला, बलवान् और सुन्दर होता है। यदि यह चन्द्रमा नीचराशि में हो तो, अथवा पापग्रह के साथ हो तो मनुष्य जडबुद्धि (मूर्ख) अतिदीन, और सदैव धनहीन होता है।

टिप्पणी—मानसागर ने मेष, वृष, कर्क और अन्य राशियों में चन्द्रमा हो तो क्या फल होगा—यह नहीं बताया है।

"सिते चन्द्रे लग्ने दृढ़ तनुरद आयुरभयः बलिष्टो लक्ष्मीवान् भवति क्षयगते।"

मन्त्रेश्वर

अर्थ—यदि शुक्लपक्ष का चन्द्रमा लग्न में हो तो मनुष्य निर्भय, दृढ शरीर वाला, बलिष्ठ, लक्ष्मीवान् और दीर्घायु होता है। यदि कृष्णपक्ष का चन्द्रमा लग्न में हो तो इसका फल विपरीत होता है।

"दाक्षिण्य-रूप-धन-भोग-गुणैः वरेण्यश्चन्द्रे कुलीरवृषभाजगते विलग्ने।
उन्मत्त-नीचोवधिरो विकलोऽथमूकः शेषेषु ना भवति हीनतनुः विशेषात्।"

ढुंडिराज

अर्थ—जिसके जन्मकाल में कर्क, वृष वा मेष का होकर चन्द्रमा लग्न में हो तो वह मनुष्य, चतुर, रूपवान्, धनी, गुणी और उत्तम भोग भोगनेवाला होता है। यदि मिथुन, सिंह आदि अन्य राशियों में होकर चन्द्रमा लग्न में हो तो मनुष्य उन्मत्त (पागल वा घमंडी) नीचवृत्तिका, वधिर, व्याकुल हृदय गूँगा तथा विशेषतया दुर्बल देह होता है।

"क्षीणे शशिन्युदयगे वधिरोंगहीनः प्रेष्यश्च पापसहिते तु गतायुरेव।
स्वोच्चस्वके धन-यशोबहुरूपशाली पूर्णतनौ यदि चिरायु रुपैति विद्वान्॥"

वैद्यनाथ

अर्थ—क्षीण चन्द्रमा यदि लग्न में हो तो पुरुष वधिर, अंगहीन तथा दास और दूत होता है। यदि इस चन्द्र के साथ पापग्रह हों तो पुरुष अल्पायु होता है। यदि लग्न का चन्द्रमा उच्चराशि का हो वा स्वक्षेत्री हो तो पुरुष, धनी, यशस्वी, तथा बहुत सुन्दर होता है। यदि पूर्ण चन्द्रमा लग्न में हो तो पुरुष विद्वान् और दीर्घायु होता है।

"पूर्णे शीतकरे लग्ने सुरूपो धनवान् मृदुः। असंपूर्णेतुमलिने मंदवीर्योभवेत् सदा।
गोमेषकर्कटे लग्ने चन्द्रस्थेरूपवान् धनी। जडता व्याधिदारिद्र्यं शेषर्क्षेकुरुते शशी।
श्वासः कासोहि जातस्य तनौ वातभ्रमोभवेत्। अश्वादिपशुघातश्च हृदये राजचौरतः।

गर्गाचार्य

अर्थ—लग्न में पूर्णिमा का चन्द्रमा हो तो पुरुष सुन्दर, धनी तथा कोमल होता है। यही चन्द्रमा कृष्णपक्ष का अथवा शुक्लपक्ष में प्रतिपदा से लेकर अष्टमी तक का हो तो पुरुष मलिन और दुर्बल होता है। लग्न में मेष, वृष वा कर्क राशि में यह चन्द्र हो तो पुरुष धनी और सुन्दर होता है। अन्य राशियों में पुरुष मूर्ख, रोगी तथा निर्धन होता है। इसे खांसी, श्वासरोग, वातरोग होते हैं। अश्व आदि पशुओं से अपघात का भय होता है। और राजा और चोरों से भय होता है।

"दाक्षिण्य रूप धन भोग गुणैः वरेण्यः चन्द्रेकुलीर वृषभाजगते विलग्ने।
उन्मत्त-नीचवधिरोविकलोऽथमूकः शेषेषु ना भवतिहीन तनौ विशेषात्॥"

महेश

अर्थ–यदि लग्न का चन्द्रमा कर्क, वृष वा मेष राशि में हो तो मनुष्य चतुर, रूपवान्-धनी-ऐश्वर्य युक्त तथा भोग भोगने वाला होता है। दाक्षिण्य शब्द का

अर्थ 'औदार्यगुण' भी लिया जा सकता है। यदि अन्य राशियों के लग्न में चन्द्रमा हो तो मनुष्य उन्मत्त (पगला) नीचवृत्ति का, हृदय से व्याकुल तथा वाणीहीन अर्थात् गूँगा होता है। यदि लग्न में क्षीण चन्द्रमा हो तो विशेष रूप से अशुभ फल देता है।

"जब्रर्कगार्य दाँगगः तवंगरः सुरुपवान् ।
सुघोः सुखी नरोभवेत् विलोमगश्च तन्नहि ॥" खानखाना

अर्थ—यदि पूर्णबली चन्द्रमा लग्न में हो तो मनुष्य धनी, सुन्दर, बुद्धिमान् और सुखी होता है। यदि चन्द्रमा निर्बल, (शत्रुगृह नीचराशि आदि में) हो तो उलटा फल होता है। अर्थात् मनुष्य निर्धन, कुरूप, मूर्ख और दुःखी होता है।

भृगुसूत्र—'रूपलावण्य युक्तः, चपलः, व्याधिना, जलात् च असौख्यः। पंचदशवर्षे बहुयात्रावान्। मेष, वृषभ, कर्क लग्ने चन्द्रे शास्त्रपरः, धनी, सुखी, नृपालः, मृदुवाक्, बुद्धिरहितः, मृदुगात्रः बली। शुभदृष्टे बलवान्, बुद्धिमान्, आरोग्यवान्, वाग्जालकः, धनी। लग्नेशे बलरहिते व्याधिमान्। शुभदृष्टे आरोग्यवान्।

अर्थ—लग्न में चन्द्रमा हो तो मनुष्य सुन्दर और चञ्चल होता है। इसे व्याधि से, जल से भय प्राप्त होता है। १५वें वर्ष में इसे बहुत सी यात्राएँ करनी पड़ती हैं। यदि लग्नभाव का चन्द्र मेष, वृष वा कर्क राशि का हो तो पुरुष शास्त्रज्ञ होता है और शास्त्रानुकूल चलता है। यह धनी, सुखी, मनुष्यों का पालक, मधुरभाषी, मूर्ख, कोमलशरीर और बलवान् होता है। यदि लग्नभाव के चन्द्रमा पर शुभग्रह की दृष्टि हो तो मनुष्य बलवान्, बुद्धिमान् आरोग्यवान्, कपटी और बहुत बोलनेवाला वितंडावादी होता है। यदि लग्नेश निर्बल हो तो मनुष्य रोगी रहता है। यदि लग्नेश पर शुभ ग्रह की दृष्टि हो तो शरीर नीरोग रहता है।

यवनमत—लग्न में बलवान् चन्द्र हो तो जातक बहुत चतुर और धूर्त होता है। इसे स्त्री-वियोग सहना होता है। स्त्रियों द्वारा सम्मान प्राप्त होता है। जातक पराक्रमी और राजवैभव पानेवाला होता है।

पाश्चात्यमत—चन्द्र लग्न में हो तो जातक घूमने-फिरने का शौकीन होता है। चन्द्र-चन्द्रराशि वा द्विस्वभाव राशि में हो तो ऊपर लिखा फल विशेष रूप से मिलता है। ऐसा जातक प्रवासी, अस्थिर बुद्धि, विलासी, शान्त, दयालु, मिलनसार स्वभाव का, मोहक, डरपोक, उदार और सज्जन होता है यह स्त्रीवश और मित्रों का प्यारा होता है। इसे सामाजिक कार्य की रुचि होती है। और बहुजन समाज में, विशेषतः नीचजाति के लोगों में इसे अच्छा सम्मान प्राप्त होता है।

लग्न का चन्द्र यदि अग्नितत्व राशि में हो तो जातक का स्वभाव साहसी और महत्वाकांक्षी होता है। यदि चन्द्र मेष राशि का हो तो स्वभाव उतावला

और अस्थिर होता है। यदि इसका हर्षल से दृष्टियोग हो तो जातक कभी एक स्थान में स्थिर नहीं रह सकता है। सर्वदा किसी न किसी झंझट में फंसा रहता है। चन्द्र यदि मकर वा वृश्चिक में हो तो गन्दा, बीभत्स-शब्द बोलनेवाला और पियक्कड़ होता है। इस चन्द्र के साथ अन्य अशुभ-ग्रहों का योग हो तो ऊपर लिखे फल विशेषतया मिलते हैं। यदि शुभग्रहों का सम्बन्ध हो तो इन फलों की तीव्रता कुछ कम हो जाती है। मिथुन, कन्या-तुला, कुंभ राशियों में चन्द्र हो तो जातक अभ्यासी, विद्वान्, शास्त्रीय विषयों में रुचि रखनेवाला, वाचनप्रिय, फलित-ज्योतिष का ज्ञाता, विविध भाषा ज्ञानवान्। लेखक और वक्ता होता है। यह चन्द्र मीन वा कर्क राशि का हो तो जातक का स्वभाव वात्सल्ययुक्त, सात्विक, धार्मिक, लोकप्रिय और पूज्य होता है। इसे घर में, खेती वाड़ी में और कुटुम्ब में रुचि होती है। यह चन्द्र वृषभ राशि में हो तो जातक स्थिर, गंभीर, काम को पूरी लगन से करनेवाला, उद्यमी, धीरोदात्त, भाग्यवान् और वैभव संपन्न होता है। लग्न के चन्द्र का सामान्यफल, प्रेम, शान्ति, सत्यप्रियता, सत्वशीलता, कलह से घृणा करना आदि है। जो लोग नींद में चलते हैं, बोलते हैं, वा ऐसे ही काम करते हैं, उनके लग्न में चन्द्रमा होता है।

टिप्पणी—सम्पादक का व्यक्तिगत अनुभव ऐसे पुरुष का है जो रात के सफर में चलता हुआ सोया रहता था—लालटैन लेकर घोड़े के आगे-आगे चलता था न तो ठोकर खाता था और न मुख से कुछ बोलता था। उसके लग्न में चन्द्र था वा नहीं था-इसके विषय में कुछ मालूम नहीं-क्योंकि उसके पास अपना जन्म पत्र नहीं था।

विचार और अनुभव—यह लग्न का चन्द्रमा मेष, सिंह और धनु में हो तो मनुष्य स्थिर, मितभाषी, और काम करने में निरालस होता है। इसे कामेच्छा थोड़ी होती है। यह बहुत हलचल पसन्द नहीं करता है। यह क्रोधी और रुपए-पैसे के विषय में वेफिक्र होता है। यह चन्द्र धनुराशि का हो तो मनुष्य संसार-सुख अल्पमात्रा में प्राप्त करता है।

चन्द्र यदि वृष, कन्या वा मकर राशि का हो तो मनुष्य अहंमन्य होता है, अर्थात् अपने आपको सर्वशास्त्रनिष्णात मानता है। परन्तु इसे सभा में बोलने का साहस नहीं होता है।

चन्द्र यदि वृष लग्न का हो तो इसे संसार-सुख बहुत कम मिलता है। इसका विवाह नहीं होता है। यदि विवाहित हो जावे तो संसार-सुख बहुत समय तक नहीं मिलता है, क्योंकि मध्यायु में पत्नी मर जाती है। क्योंकि यह मनुष्य स्वभावतः दुष्ट होता है अतः यह परनारी गामी हो जाता है।

मिथुन, तुला वा कुम्भ में चन्द्र हो तो मनुष्य नेता बनने का इच्छुक होता है और इस विषय में यत्न भी करता है। आमन्त्रण पाने के लिए सदैव इच्छुक रहता है। और स्वार्थी होता है।

कर्क, वृश्चिक वा मीन में यह चन्द्र हो तो यह मनुष्य निरपेक्ष रहना पसंद करता है अतः किसी के काम में हस्तक्षेप नहीं करता है।

लग्न में चन्द्र होने से मनुष्य मिथ्याभाषी होता है अतः लोगों की दृष्टि में यह विश्वासपात्र नहीं होता है।

"मनस्यन्यद् वचस्यन्यद् कर्मण्यन्यद् दुरात्मनान्"। ऐसा इसका स्वभाव होता है। लग्न में चन्द्र के होने से मनुष्य सनकी होता है।

द्वितीयभाव का चन्द्र—

**"हिमांशौ वसुस्थानगे धान्यलाभः शरीरेऽतिसौख्यं विलासोंऽगनानाम्।
कुटुम्बे रतिः जायते तस्य तुच्छं वशं दर्शने याति देवांगनाऽपि" ॥ २ ॥**

अन्वयः—हिमांशौ वसुस्थानगे धान्यलाभः स्यात्, शरीरे अतिसौख्यं स्यात्, (तस्य) अंगनानां विलासः, (स्यात्) कुटुम्बे रतिः जायते, तस्य दर्शने देवांगनापि वशं याति (इति) तुच्छम् ॥ २ ॥

सं० टी०—हिमांशौ चन्द्रे वसुस्थानगे द्वितीयस्थानगे शरीरे अतिसौख्यं स्यात्, तस्य अंगनानां स्त्रीणां विलासः क्रीडा (स्यात्) कुटुम्बे स्वबन्धुषु तुच्छा-रतिः अल्पाप्रोतिः जायते भवेत्। तथा दर्शने तस्मिन् पुरुषे दृष्टे (सति) देवांगनापि वशंयाति किमुत अन्या योषित्। सः अतिसुन्दरः स्यादितिभावः ॥ २ ॥

अर्थ—जिसके जन्म लग्न से दूसरे स्थान में चन्द्रमा हो तो इसे धान्य का लाभ होता है। यह शरीर से अत्यन्त सुखी होता है। यह स्त्रियों के साथ विलास करता है अपने कुटुम्ब में इसका प्रेम थोड़ा होता है। इसे देखने से अप्सरा भी मोहित हो जाती है। क्योंकि यह अत्यन्त सुन्दर होता है अतः ऐसा होना एक सामान्य बात है ॥ २ ॥

तुलना—"जनुः कोशागारं गतवति शशांके तनुभृतां
धनर्ङ्खिः पद्माक्षीरति रतिसुखं धान्य निवहैः।
भवेत् प्रीतिस्तुच्छा निजपरिजने विष्णुवनिता
समायाति स्वैरंनिखिल भवनान्तः प्रमुदिता ॥ **जीवनाथ**

अर्थ—जिस मनुष्य के जन्म समय में चन्द्रमा धनभाव में हो तो इसे धन की वृद्धि, कमल के समान सुन्दर नेत्रों वाली स्त्री में प्रीति, धन-धान्य से पूर्ण-सुख, अपने कुटुम्ब में स्वल्प-प्रेम, तथा इसके घर में प्रसन्नता पूर्वक लक्ष्मी स्वयं आकर निवास करती है। लक्ष्मी के पर्यायवाचक शब्दों में 'चंचला' 'चपला' आदि भी पर्यायवाचक शब्द हैं। जिससे यही निश्चित होता है कि लक्ष्मी-एक व्यक्ति में, एक कुल में, एक राज्य में स्थिर होकर नहीं रहती है, किन्तु जिस मनुष्य के धनभाव में चन्द्रमा स्थित होता है उसके घर में लक्ष्मी स्वयमेव आती है और स्थिर होकर निवास करती है, अन्यत्र जाने का कभी विचार नहीं करती है। यह अन्तर्निहितभाव प्रतीत होता है।

"कुटुम्बी धने" आचार्य वराहमिहिर

अर्थ—जिसके धनभाव में चन्द्रमा हो तो वह मनुष्य बहुत बड़े परिवार वाला होता है। जिसके घर बहुत धन-वैभव-ऐश्वर्य आदि होगें वही मनुष्य बहुत बड़े कुटुम्ब का भरण-पोषण कर सकता है, यह भाव है। वराह जी एक मुख्य फल का निर्देश करते हैं शेष सबकुछ देवज्ञ की प्रज्ञा पर छोड़ते हैं अतः धन भावगत चंद्र का एक ही फल है, ऐसा विचार भ्रममूलक होगा।

"धनगत हरिणांशे त्यागशीलो मतिज्ञो निधिरिवधनपूर्णो चंचलात्मा सुदुष्टः।
जनयति बहुसौख्यं कीर्तिशाली सहिष्णुः कमलमृदुल कांति चन्द्रतुल्यस्वरूपः" ॥

मानसागर

अर्थ—जिस मनुष्य के जन्म समय में चन्द्रमा यदि धनभाव में हो तो वह दानी, वुद्धिमान्, निधि के सदृश धन से परिपूर्ण, चंचल स्वभाव, मलिनात्मा, सुखी, यशस्वी, सहनशील, कमल की भाँति कीर्तिमान्, तथा चाँद जैसा सुन्दर होता है।

"सुखात्मजो द्रव्ययुतो विनीतो भवेन्नरः पूर्णविधुः द्वितीये।
क्षीणेस्खलद्वाग् विधनोऽल्पबुद्धिः न्यूनाधिकत्वे फलतारतम्यम्" ॥

ढुण्डिराज

अर्थ—जिस मनुष्य के धनभाव में पूर्णचन्द्रमा हो तो वह सुखी संतान तथा धन से युक्त होता है। क्षीण चन्द्रमा हो तो मनुष्य अटक-अटक कर बोलने वाला। निर्धन, तथा कमअक्ल (मूर्ख) होता है। चन्द्रबल में न्यूनता तथा अधिकता के अनुसार फल में भी न्यूनाधिक्य होगा।

"कामी कान्तः चारुवाग् इंगितज्ञः विद्याशीलो वित्तवान् वित्तगेन्दौ" ॥

वैद्यनाथ

अर्थ—यदि चन्द्रमा धनभाव में हो तो मनुष्य कामी, सुन्दर, उत्तम तथा प्रिय वचन बोलनेवाला, इशारे को समझने वाला, विद्वान् और धनवान् होता है।

"धनाढ्योऽतर्वाणी विषयसुखवान् वाचि विकलः" । मंत्रेश्वर

अर्थ—जिसके धनभाव में चन्द्रमा हो तो वह मनुष्य धनाढ्य, कोमल तथा मीठे वचन बोलने वाला, सांसारिक विषयों को भोगकर उनमें सुखास्वाद लेनेवाला होता है। किन्तु इसकी वाणी में कुछ विकलता होती है। अर्थात् साफ नहीं बोलता है प्रत्युत अटक-अटक कर बोलता है।

"अतुलितसुखमित्रयुतो धनैश्च चन्द्रे द्वितीय राशिगते।
संपूर्णेऽतिधनेशो भवति नरोऽल्पप्रलापकरः" ॥ कल्याणवर्मा

अर्थ—जिस मनुष्य के जन्मसमय में चन्द्रमा द्वितीयभाव में हो तो इसे अटूट और अनुपम सुख मिलता है। इसके मित्र बहुत होते हैं। इसके पास

धनराशि भी अच्छी होती है। यदि यह चन्द्रमा पूर्णिमा का हो तो यह मनुष्य महाधनी और मितभाषी होता है।

"धने चन्द्रे धनैः पूर्णो नृपपूज्योगुणान्वितः शास्त्रानुरागी सुभगो जनप्रीतिश्चजायते"। काशिनाथ

अर्थ—धनभाव में चन्द्रमा हो तो मनुष्य धन से परिपूर्ण होता है। इसे राजा से आदर प्राप्त होता है। यह गुणी, शास्त्रप्रेमी सुन्दर तथा जनता का प्यारा होता है।

"सुत-सौख्य-धान्य-सुकुटुम्बयुतः शशिनि प्रपूर्णवपुषि द्रविणे।
लघुजाठराग्नि धनबुद्धियुतं विकले कलावति वदन्ति बुधाः॥ जयदेव

अर्थ—जिस मनुष्य के जन्म समय में पूर्ण चन्द्रमा धनभाव में हो तो इसे पुत्रसुख, धान्यसुख, तथा कुटुम्बसुख पूरा मिलता है। यदि चन्द्रमा क्षीण-काय हो तो मनुष्य की जाठराग्नि मन्द रहती है—अर्थात् अग्निमांद्यरोग के कारण भूख कम होती है। इसी प्रकार बुद्धि और धन की भी कमी होती है।

"चन्द्रोऽपि धनस्थाने क्षीणोऽपि शुभवीक्षितः सदाकुरुते।
पूर्णार्जितार्थ नाशं निरोधमपि धान्य वित्तस्य॥" विद्यारण्य

अर्थ—धनभाव में क्षीणचन्द्र हो, चाहे इस पर शुभग्रह की दृष्टि भी हो तो भी पूर्वार्जित—पैतृक सम्पत्ति का नाश होता है। और नूतन धन-धान्य रूपी सम्पत्ति के उपार्जन में रुकावटें आती हैं।

"धनेचन्द्रे धनीलोके दृष्टिभिर्वाविलोकिते।
भगिन्यास्तस्य कन्यायाः द्रव्यन्नाशोऽपि जायते॥" जातकरत्न

अर्थ—यदि मनुष्य के धनभाव में चन्द्रमा हो तो इसे धन मिलता है। यदि इसकी दृष्टि हो, वा इसपर शुभग्रह अपनी शुभदृष्टि डाल रहें हों तो भी मनुष्य धनवान् होता है। इसकी बहिन से अथवा इसकी कन्या से धन का नाश होता है।

"सुखात्मज द्रव्ययुतो विनीतो भवेन्नरः पूर्णविधोः द्वितीये।
क्षीणे स्खलद्वाग् विधनोऽल्पबुद्धिः न्यूनाधिकत्वे फलतारतम्यम्॥" महेश

अर्थ—यदि चन्द्रमा दूसरे भाव में हो तो मनुष्य सुखी, तथा धनी और पुत्रसुख से युक्त होता है। यह स्वभाव से विनम्र होता है। ऊपर लिखा फल तब मिलता है जब चन्द्रमा पूर्ण होता है। यदि क्षीणकाय चन्द्रमा हो तो मनुष्य गद्गद् वाणी बोलनेवाला निर्धन और अल्पबुद्धि होता है। ऐसा फल में तार-तम्य चन्द्रमा के पूर्णकला, और हीनकला होने से अनुपात से शुभ वा अशुभ फल होता है।

"कमर्यदी धनालये धनी दमी प्रियंवदः।
विदूषको नरोभवेद् वलान्वितो यकीनरः॥" खानखाना

अर्थ—यदि चन्द्रमा लग्न से द्वितीयभाव में हो तो मनुष्य धनवान् इन्द्रिय दमनशील, मधुरभाषी, कार्य करने में चतुर और बलवान् होता है। यदि चन्द्रमा बली हो तो विशेष फल और निर्बल हो तो अल्प फल होता है।

टिप्पणी—साहित्यदर्पण के अनुसार विदूषक नायक का मित्र तथा कर्मसचिव होता है–और शृङ्गाररस सम्बन्धी चेष्टाओं में सहायक होता है। यहाँ पर 'विदूषक' का अर्थ 'कार्य निपुण' लिया गया है।

भृगुसूत्र—"शोभनवान्, बहुप्रतापी, धनवान्, अल्पसन्तोषी। अष्टादश वर्षे राजद्वारेण सेनाधिपत्ययोगः। पापयुते विद्याहीनः। शुभयुते बहुविद्या-धनवान्। एकेनैव पूर्णचन्द्रेण सम्पूर्ण धनवान्, अनेक विद्यावान्।"

अर्थ—लग्न से द्वितीयभाव में चन्द्र हो तो मनुष्य शोभायुक्त, प्रतापी, धनी और सन्तुष्ट रहने वाला होता है। १८ वें वर्ष में मनुष्य फौज में राज-कृपा से सेनापति का अधिकार प्राप्त करता है। इस भाव के चन्द्र से किसी पापग्रह का सम्बन्ध हो तो मनुष्य विद्या से वंचित रहता है। शुभग्रहों से सम्बन्ध हो तो मनुष्य बहुत सी भाषाओं का पण्डित और धनवान् होता है। एक ही पूर्ण चन्द्रमा मनुष्य को धनाढ्य तथा विविधविद्याओं का ज्ञाता बना देता है।

टिप्पणी—'अल्पसन्तोषी' का अन्तर्निहितभाव वही हो सकता है जिसका वर्णन निम्नलिखित श्लोक द्वारा किया गया है'—

'सन्तोषामृत तृप्तानां यत्सुखं शान्त चेतसाम्।
कुतस्तद्धनलुब्धानामितश्चेतश्च धावताम्॥"

यवनमत—इस चन्द्र के फल स्वरूप वह व्यक्ति धनवान्, मिष्टभाषी, लोक-प्रिय, विजयी और बलवान् होता है। यह मित्रगृह में, उच्च में अथवा स्वक्षेत्र में हो तो इसका फल बहुत उत्तम मिलता है।

पाश्चात्यमत—यह चन्द्र बलवान् और शुभ सम्बन्धित हो तो सम्पत्ति सुख अच्छा मिलता है। ऐसे व्यक्ति को विविध वस्तुओं के संग्रह का बहुत शौक होता है। वह विजयी और धनसंग्रह करनेवाला होता है। यह चन्द्र उच्चगृह में हो तो विपुल धन मिलता है। स्त्रियों से अच्छी मदद मिलती है। सार्वजनिक कार्यों में भाग लेकर विजयी होता है। यह चन्द्र वृश्चिक वा मकर में हो तो बहुत बुरे फल मिलते हैं। इससे सम्पत्तिसुख में व्यत्यय आता है। निस्तेज होते हैं। स्वभाव खर्चीला होता है। हानि के मौके बार-बार आते हैं। रिस्तेदारों से बहुत तकलीफ उठानी पड़ती है। प्रवास में अपयश मिलता है। वृश्चिक के चन्द्र से अपने ही हाथ से अपना नुकसान होता है। यह चन्द्र यदि अमा-वास्या का हो तो कितनी भी संपत्ति हो। आयु में किसी न किसी समय धन के विषय में तकलीफ अवश्य होती है।

विदेश में प्रवास करने से भाग्योदय हो सकता है। सार्वजनिक संस्थाओं के सम्बन्ध से भाग्योदय होता है। सांपत्तिकस्थिति में समुद्र के ज्वारभाटे के समान बहुत स्थित्यन्तर होते रहते हैं। इसीलिए सार्वजनिक हित के कार्यों में, अथवा जन समाज को उपयोगी ऐसी वस्तुओं के व्यवहार में लाभ होता है। धन स्थान के चन्द्र से विशेषतः विवाहित स्त्रियों से होनेवाले लाभ और हानि का बोध होता है।

टिप्पणी—धनभाव शब्द में आए हुए धन शब्द का क्या अर्थ है? धन शब्द किस-किस धन का बोधक है? क्या इससे नकद रुपये-पेपरमनी, जेवर आदि जंगमसंपत्ति का ही ग्रहण होता है, अथवा स्थावर संपत्ति का भी धनभाव से विचार किया जा सकता है—? ये प्रश्न बड़े महत्व के हैं। क्या सम्पत्ति का विचार केवल धनभाव से ही किया जाना चाहिए अथवा चतुर्थ-भाव से ही, जैसे दैवज्ञ लोग इस विषय में चतुर्थस्थान का विचार करते हैं। इस विषय में पाश्चात्य दैवज्ञ "लिलीने" अपना मत निम्नलिखित शब्दों द्वारा प्रकट किया है:—

"इस स्थान से व्यक्ति की स्टेट अथवा धन का विचार होता है। सम्पत्ति, माल मिलकीयत, जंग स्टेट, लोगों को दिया हुआ कर्ज; कानूनी व्यवहार में फायदा, नफा, नुकसान, अथवा खराबी, इन सब बातों का द्वितीय स्थान से विचार होता है।" इस विचार को ध्यान में रखते हुए यही मानना ठीक होगा कि स्थावर स्टेट का और पैतृक सम्पत्ति का विचार धनभाव से ही करना चाहिए। धनशब्द व्यापक अर्थ में प्रयुक्त हुआ है—नकद रुपया, जेवर, शेयर आदि भी इसी में अन्तर्भूत होते हैं। इसका विचार जो लोग चतुर्थ स्थान से करते हैं उनके मार्ग में कई रुकावटें आ सकती हैं, अस्तु।

विचार और अनुभव—धनभाव का चन्द्रमा वृष वा कर्क में हो तो धन प्राप्ति होती है। किन्तु भारी कठिनाई का सामना करना होता है। मकर और कुम्भ में कठिनाई कुछ कम होती है। कन्या वा वृश्चिक में चन्द्र हो तो कठिनाई बहुत कम होती है। शेष राशियों में शुभफल मिलते हैं। चन्द्रमा स्थान फल के लिए अच्छा नहीं। बुद्धि प्रभाव के लिए यह चन्द्र अच्छा है। इससे वकीलों को बहुत लाभ होता है। धनभाव का चन्द्रमा डाकुओं के लिये भी लाभदायक है। चन्द्रमा के कारकत्व में आए हुए रोगों का इलाज करके डाक्टर लोग धन-मान, तथा कीर्ति प्राप्त करते हैं। जैसे चन्द्रमा की वृद्धि और हानि नियमित रूप से होती है इसी प्रकार चन्द्रप्रभावान्वित्त व्यक्तियों को भी उतार-चढाव होते हैं।

तृतीयभाव का चन्द्र—

"विधौ विक्रमे विक्रमेणैति वित्तं तपस्वी भवेद्भामिनी रंजितोऽपि।
कियच्चिंतयेत् साहजं तस्यशर्मे प्रतापोज्ज्वलो धर्मिणो वैजयन्त्या ॥३॥

अन्वयः—विधौ विक्रमे (सति) विक्रमेण वित्तं एति । (सः) भामिनिरंजितः अपि तपस्वी भवेत् । (तस्य) धर्मिणः वैजयन्त्या प्रतापोज्ज्वलः (स्यात्) तस्य कियत् साहजं शर्म (यत्) चिन्तयेत् ॥ ३ ॥

सं० टी०—विधो विक्रमे तृतीयेन्दौ विक्रमेण उद्यमेन वित्तं धनं एति प्राप्नोति । भामिन्या सुन्दर स्त्रिया रंजितः लोभ्यमानः अपि तपस्वी, धर्मिणः बैजयन्त्या धर्मध्वजित्वेन प्रतापोज्ज्वलः यशः शोभितः च भवेत् । तथा तस्य साहजं भ्रातृभवं सर्वसुखं कियच् चिन्तयेत् बहुलभवेत्, इत्यर्थः ॥ ३ ॥

अर्थ—जिस मनुष्य के जन्म लग्न से तृतीय स्थान में चन्द्रमा हो तो वह अपने पराक्रम द्वारा द्रव्य लाभ कर पाता है । यह सुन्दरी रमणियों द्वारा लुभाये रहने पर तपस्वी होता है । इस धर्मात्मा के धर्म के झंडे से इसकी कीर्ति उज्ज्वल होती है । इसे भाइयों से अत्यन्त सुख मिलता है । अथवा यह स्वभाव से अत्यन्त सुखी होता है ॥ ३ ॥

टिप्पणी—पुराणों में अनेक कथाएँ ऐसी आती हैं जिनसे रूप लावण्यवती स्त्रियों का मोहकत्व और चित्ताकर्षत्व निःसंदेह स्थापित होता है । हजारों वर्षों के शुष्ककाय तपस्वी भी इनमें आसक्त होकर अपनी तपस्या को नष्ट-भ्रष्ट करते हुए देखे गए हैं । शिकार में शेरों चीतों को भूतलशायी कर देनेवाले वीर पुरुष भी रमणियों के आगे नतमस्तक होते हुए देखे गये हैं । परन्तु ऐसी मनोरमा सुन्दरी रमणियों का प्रभाव तृतीय भावस्थित-चन्द्रप्रभावान्वित मनुष्य पर नहीं होता है और यह तपस्वी ही बना रहता है, यह आश्चर्य जनक प्रभाव तृतीयस्थ चन्द्रमा का है—यह मर्म है ।

तुलना—"सहोत्थे शीतांशौ जनुषि बलिते विक्रमवशाद्,
धनान्यागच्छन्ति प्रवरवनितासंगमसुखम् ।
प्रतापद्धिः पुंसां सहजगणतः सौख्यमधिकं,
तपस्या संसारे बुधजननमस्य प्रभवति ॥" **जीवनाथ**

अर्थ—जिस मनुष्य के जन्म लग्न से चन्द्रमा तृतीयभाव में हो वह अपने भुजबल से धनोपार्जन करता है । अर्थात् इसको धनी बनाने में इसका अपना ही हाथ होता है और दूसरों के साहाय्य से निरपेक्ष वह स्वयं उन्नत होता है । इसे शिरीष पुष्पवत् कोमलांगी मनोहारिणी स्त्रियों के साथ सहवास सुख प्राप्त होता है । इसके प्रताप की उत्तरोत्तर वृद्धि होती है । अपने भाई बन्धुओं से अधिक सुख मिलता है । इसकी प्रवृत्ति धार्मिक कार्यों में होती है । संसार में इसका आदर सम्मान होता है ।

"भ्रातृ जनाश्रयणीयो मुदान्वितः सहजगे बलिनि ।
चन्द्रे भवति च शूरो विद्या वस्त्रान्न संग्रहण शीलः ॥" **कल्याणवर्मा**

अर्थ—जिसके जन्मसमय में तृतीयभाव में बलवान् चन्द्रमा हो तो वह मनुष्य भाई-बन्धुओं को आश्रय देनेवाला होता है अर्थात् अपने भ्रातृवर्ग का पालन करनेवाला होता है। यह मनुष्य शूर, सदा प्रसन्नमना विद्या-वस्त्र तथा अन्न का संग्रह करनेवाला होता है।

"तृतीये च निशानाथे धन-विद्यादिभिर्युतः।
कफाधिकः कामुकश्च वंशमुख्योऽपि जायते ॥" **काशिनाथ**

अर्थ—यदि चन्द्रमा तृतीयभाव में हो तो मनुष्य धन-विद्या आदि से युक्त होता है। अर्थात् मनुष्य धनी और विद्वान् तथा अन्य शुभश्रेयस्कर गुणों से युक्त होता है। इसे कफ सम्बन्धी रोग अधिकता से होते हैं। यह कामासक्त रहता है। यह अपने वंश में एक मुख्य पुरुष होता है।

"सहोत्थे सभ्रातृ प्रमदबलशौर्योऽति कृपणः ॥" **मंत्रेश्वर**

अर्थ—जिसके जन्मलग्न से तीसरेस्थान में चन्द्रमा हो तो वह मनुष्य भाई-बन्धुओं से युक्त होता है तथा इनसे सुखी होता है। यह मनुष्य मद-युक्त, बलवान् और वीर होता है। किन्तु कृपण भी होता है।

"हिंस्रो भ्रातृगते ॥" **आचार्य वराहमिहिर**

अर्थ—तृतीयभावस्थ चन्द्रमा के प्रभाव में उत्पन्न मनुष्य निर्दयी होता है।

"हिंस्रः सुखोऽल्प प्रतिमः स्याद्बन्ध्वाश्रयोब्जे विदथस्तृतीये ॥" **जयदेव**

अर्थ—जिसके तृतीयभाव में चन्द्रमा हो तो वह मनुष्य जीवहिंसक, अल्पसुखवान्, स्वबन्धुपालक, और निर्दयी होता है।

"चन्द्रे सोदरराशिगेऽल्पधनिको बन्धुप्रियः सात्विकः ॥" **वैद्यनाथ**

अर्थ—जिसके तृतीयस्थान में चन्द्रमा हो तो वह मनुष्य अल्पधनी स्वबन्धुपालक, अर्थात् अपने भाई-बन्धुओं को चाहनेवाला और सतोगुणी स्वभाव का होता है।

"हिंस्रः सगर्वः कृपणोऽल्पबुद्धिः भवेद् जनो बंधुजनाश्रयश्च।
दयाभयाभ्यां परिवर्जितश्च द्विजाधिराजे सहजे प्रसूतौ ॥" **ढुंढिराज**

अर्थ—जिसके जन्मसमय लग्न से तृतीयभाव में चन्द्रमा हो तो वह मनुष्य, जीवहिंसा करनेवाला, घमंडी, कृपण, अल्पमति, अपने भाई-बन्धुओं को आश्रय देनेवाला, निर्दयी और निर्भय होता है।

"शशिनि सहजसंस्थे पापगेहे च नित्यं न भवति बहुभाषी भ्रातृहर्ता, सुगेहे।
भवति च सुखभोगी स्वोच्चगे रात्रिनाथे सकलधननिधानं शास्त्रकाव्यप्रमोदी ॥"
मानसागर

अर्थ—यदि तृतीयभाव का चन्द्रमा पापग्रह की राशि में हो तो मनुष्य बहुभाषी अर्थात् अनर्थक बक-बक करनेवाला, और अपने भाई-बंधुओं को हानि पहुँचाने वाला होता है। यह चन्द्रमा यदि शुभग्रह की राशि में हो तो

मनुष्य सुखभोक्ता होता है। यदि य चन्द्रमा अपनी ही राशि में हो अथवा अपनी उच्चराशि में हो तो यह मनुष्य सभी प्रकार से धन से परिपूर्ण होता है। और शास्त्रव्यसनी तथा काव्यशास्त्ररसास्वाद लेनेवाला होता है।

"भ्रातृस्थानगतेचन्द्रे भ्रातृसौख्यं समादिशेत्।
नीरोगी भ्रातरौ द्वौ च भगिनीत्रयमेव च ॥" जातकरत्न

अर्थ—तीसरे स्थान में चन्द्रमा हो तो भाई-बहिनों का सुख अच्छा मिलता है। दो भाई और तीन बहिनें होती हैं और ये सब नीरोग होते हैं।

"यदा विक्रमे चन्द्रमाविक्रमेशः सुशीलः सुलीलोभवेत् तुच्छलब्ध्या।
तपस्वी समो धर्मधीरोदयालुस्तथास्त्रीसुधर्मा ध्रुवं पूर्ण त्रिवे ॥" जागेश्वर

अर्थ—तृतीयभाव में पूर्णचन्द्र हो तो पुरुष पराक्रमी, शीलवान्, थोड़े ही लाभ से सन्तुष्ट होने वाला, तपस्वी, समदृष्टि, धार्मिक, धैर्यवान्, दयालु और धार्मिक-स्त्री का स्वामी होता है।

"हिंस्रः सगर्वः कृपणोऽल्पबुद्धिः भवेत् जनो बंधुजनाश्रयश्च।
दयाभयाभ्यां परिवर्जितश्च द्विजाधिराजे सहजे प्रसूतौ ॥" महेश

अर्थ—यदि जन्मलग्न से तृतीयस्थान में चन्द्र हो तो मनुष्य जीवहिंसा-करने वाला 'घमंडी, कृपण, अल्पबुद्धि, स्वबंधुपरिपालक, निर्दय तथा निर्भय होता है।

"कमर्बिलाधशालये नरो हि वा मुरौवतः।
सदा बली च साबिरः सुकर्मकृद् यदा भवेत् ॥" खानखाना

अर्थ—यदि चन्द्रमा लग्न से तृतीयभाव में हो तो मनुष्य मुरव्वत करने-वाला, बली-संतोषी तथा शुभकर्म करनेवाला होता है।

भृगुसूत्र—भगिनीसामान्यः, वातशरीरी, अन्नहीनः, अल्पभाग्यः। चतुर्विंशतिवर्षे मार्बिरूपेन राजदंडेन, द्रव्यच्छेदः। गोमहिष्यादिहानिः। पिशुनः, मेधावी, सहोदरवृद्धिः।

अर्थ—जिस मनुष्य के जन्मलग्न से तीसरे चन्द्रमा हो तो वह वायुप्रधान-शरीर वाला होता है। इसे भरपूर अन्न नहीं मिलता है। यह अभागा होता है। २४ वें वर्ष में राजदंड से धनहानि होती है। इसके घर में गाय-भैंस-आदि पशुधन का अभाव रहता है। मनुष्य, चुगुलखोर और बुद्धिमान् होता है। इसके सगे भाई और बहिनें होती हैं।

यवनमत—"यह पुरुष बलवान, संतोषी और सदाचारी होता है"।

पाश्चात्यमत—"प्रवास की रुचि होती है। छोटे प्रवास बहुत होते हैं। शास्त्रीय और गहनविषयों की रुचि होती है। व्यवसाय में बार-बार परिवर्तन होता है। अजीब तरह की रुचि होती है। अनिश्चयी स्वभाव होता है। यह

चन्द्र बलवान हो तो भाई-बहिनों का सुख अच्छा मिलता है। पड़ोसियों से सम्बन्ध अच्छे रहते हैं। और उनसे लाभ होता है। २८ वें वर्ष के करीब बहुत प्रवास करना होता है। कीर्ति और प्रसिद्धि का आरम्भ होता है, और सत्कृत्य किये जाते हैं।

विचार और अनुभव—तृतीय-स्थान का चन्द्रमा भ्राताओं के विषय में अच्छा नहीं है। बहिनों से सुख प्राप्ति कराता है। इस भाव के चन्द्रमा से प्रवास बहुत होते हैं किन्तु इनमें सुखप्राप्ति बहुत थोड़ी होती है। स्त्रीसुख के लिए भी तृतीय चन्द्र सामान्य है। इस तृतीय स्थान में रवि हो तो बहिनों का वैधव्य संभावित है—या तो गृहकलह से संसार-सुख नहीं मिलता, वा मृत्यु होती है अथवा बोझ होती हैं।

अथ चतुर्थ चन्द्र फल—

"यदा बंधुगो बान्धवैरत्रिजन्मा नृपद्वारि सर्वाधिकारी सदैव।
वयस्यादिमे तादृशं नैव सौख्यं सुतस्त्रीगणात् तोष मायाति सम्यक्" ॥४॥

अन्वयः—यदा अत्रिजन्मा बन्धुगः (स्यात्) (तदा) सनरः बान्धवैः नृपद्वारि सदैव सर्वाधिकारी (विधीयते)। आदिमे वयसि (तस्या तादृशं सम्यक् सौख्यं नैव (जायते) (सः) सुत-स्त्रीगणात् तोषं आयाति ॥ ४ ॥

सं॰ टी॰—बन्धुगः चतुर्थः अत्रिजन्मा चन्द्रः यदा तदा पुरुषः बान्धवैः सौख्यं, सुतस्त्रीगणात् पुत्रकलत्रसमूहात् सम्यक् तोषं सदैव नृपद्वारि सर्वाधिकारी राजद्वार सर्वकार्यकर्ता, आदिमें प्रथमे वयसि तादृशं नैवयाति प्राप्नोति, साधिकारोऽपि मदोद् वेगवान् इतिभावः ॥ ४ ॥

अर्थ—जिस मनुष्य के जन्मलग्न से चतुर्थभाव में चन्द्रमा हो तो वह बांधवों द्वारा राज्य में सर्वदा अधिकारी बनाया जाता है। बाल्यावस्था में (प्रारम्भिक अवस्था में) इसे उत्तम सुख नहीं मिलता है। अर्थात् सामान्य तौर पर सुखी रहता है। पुत्र-स्त्री आदि कुटुम्बी जनों से इसे पूर्णसुख मिलता है। संस्कृत टीकाकारने श्लोकार्थ को स्पष्ट नहीं किया है।

टिप्पणी—जीवन के पूर्वार्ध में कष्ट और उत्तरार्ध में सुख मिलता है—इसका अनुभव मेष, सिंह, धनु, वृष, कन्या, मकर राशियों में मिलना संभव है।

तुलना—"सुखागारे चन्द्रो भवति सबलोयस्यजनने
ऽधिकारीभाण्डारेप्रबलवसुधाभर्तुरविशम् ।
वयस्याद्ये किंचित् सुखमपि ततो नूतनलता
विलासः पुत्राणां सुखमलमलंकारनिवहैः ॥" जीवनाथ

अर्थ—जिस मनुष्य के जन्मसमय में बलवान् चन्द्रमा चतुर्थभाव में हो तो मनुष्य बलवान् प्रतापी भूमिपति (राजा) का भंडारी अर्थात् कोषाध्यक्ष

होता है। इसे बाल्यावस्था में तो बहुत थोड़ा सुख प्राप्त होता है किन्तु युवावस्था में स्त्री-सुख, पुत्र-सुख, तथा अलंकार का पूर्णसुख प्राप्त होता है।

"विद्याशील सुखान्वितः परवधूलोलः चतुर्थे विधौ॥" वैद्यनाथ

अर्थ—जिसके चतुर्थस्थान में चन्द्रमा हो तो वह मनुष्य विद्वान्, आचारवान् और सुखी होता है। परन्तु परस्त्रीलोलुप भी होता है।

बहुतर वसुपूर्णो रात्रिनाथं चतुर्थे प्रियजनहितकारी योषितां प्रीतिकारी।
सततमिह स रोगी मांसमत्स्यादिभोगी गजतुरगसमेतः क्रीडते हर्म्यपृष्ठे॥"
मानसागर

अर्थ—जिसके जन्मसमय में लग्न से चतुर्थस्थान में चन्द्रमा हो तो वह मनुष्य बहुत धन से परिपूर्ण होता है। यह अपने प्यारों की खूब सहायता करता है। यह स्त्रियों को खूब खुश रखता है। अतएव यह स्त्रियों का प्यारा होता है। मांस-मछली आदि अभक्ष्य पदार्थों को खानेवाला होता है। अतएव सदा बीमार रहता है। इसे हाथी-घोड़े की सवारी मिलती है। राजमहलों जैसे अत्युत्तम मकान रहने को मिलते हैं।

टिप्पणी—मानसागर के मत के अनुसार चतुर्थभावस्थ चन्द्रमा के प्रभाव में उत्पन्न मनुष्य को जन्म से ही सर्वविध ऐश्वर्य प्राप्त हो जाता है। इस मत में "आरम्भिकवय में दुःख, उत्तरवय में अर्थात् यौवन में सुख मिलता है" ऐसे फल का कोई संकेत नहीं है। इस विषय में एकमात्र निर्णायक अनुभव ही हो सकता है।

"बन्धुपरिच्छदवाहनसहितो दाता चतुर्थगे चन्द्रे।
जलसंचारानुरतः सुखात् सुखोत्कर्षपरियुक्तः॥" कल्याणवर्मा

अर्थ—जिस मनुष्य के जन्मलग्न से चतुर्थस्थान में चन्द्रमा हो तो इसे बांधवों से सुख मिलता है—इसे वस्त्र-अन्न, सवारी सभी आवश्यक वस्तुएँ प्राप्त होती हैं। यह दानशील होता है। यह नदी-समुद्र आदि में व्यापार द्वारा धन कमाता है। इसके सुख की उत्तरोत्तर वृद्धि होती है। किसी एक पुस्तक में पाठ भेद पाया जाता है—"बन्धुपरिच्छेद बांधव विरोधी" ऐसा पाठ है। इसका अर्थ—"बंधुवियोग और बन्धुविरोध होता है" यह अशुभफल किस अवस्था में अनुभव में आएगा" इसका कोई संकेत नहीं है।

"जलाश्रयोत्पन्नधनोपलब्धिं कृष्यंगनावाहनसूनुसौख्यम्।
प्रसूतिकाले कुरुते कलावान् पातालसंस्थो द्विजदेव भक्तिम्॥" ढुंढिराज

अर्थ—जिस मनुष्य के जन्मलग्न से चतुर्थस्थान में चन्द्रमा हो तो वह जलोत्पन्न जीव-मछली-शंख-मोती आदि के व्यापार से धन कमाता है—समुद्री व्यापार से अर्थात् जहाजों में माल को ले जाकर दूसरे मुल्कों में वेचकर धन पैदा करता है। इसे खेती-बाड़ी का सुख, स्त्री-संग का सुख, सवारी-मोटर

आदि का सुख, और पुत्रों से सुख प्राप्त होता है। इस मनुष्य की भक्ति-अर्थात् प्रेम, देवताओं और ब्राह्मणों में होती है। अर्थात् यह मनुष्य देवताओं और ब्राह्मणों में श्रद्धा रखता है।

"सुखी भोगी त्यागी सुहृदि ससुहृद् वाहनयशाः" ॥ मन्त्रेश्वर

अर्थ—जिसके चतुर्थभाव में चन्द्रमा हो तो वह मनुष्य सुखी रहता है। यह दान देनेवाला होता है। इसे सभी प्रकार के भोग प्राप्त होते हैं। इसके अच्छे मित्र होते हैं। इसे मोटर आदि सवारी का सुख मिलता है। और कीर्तिमान होता है।

"चतुर्थे च निशानाथे पुत्रदारसमन्वितः।
धनी, सुखी यशस्वी च विद्यावानपिजायते ॥" काशीनाथ

अर्थ—जिसके चतुर्थस्थान में चन्द्रमा हो तो उस मनुष्य को पुत्र-सुख, स्त्री-सुख, धन-सुख, और विद्वत्ता का सुख प्राप्त होता है। यह मनुष्य यशस्वी होता है, अर्थात् लोग इसका गुणगान करते हैं।

"कृष्यंगना यान सुताम्बुपातैः सौख्यं सुरार्चः सुखगे सुधांशौ" ॥ जयदेव

अर्थ—यदि चन्द्रमा सुखभाव में (चतुर्थभाव में) हो तो मनुष्य को खेती-बाड़ी का सुख, स्त्री-सुख, सवारी का सुख, पुत्र-सुख, तथा जल से उत्पन्न मछली-शङ्ख-मोती आदि वस्तुओं से सुख प्राप्त होता है। यह मनुष्य देवपूजक भी होता है।

जलाश्रयोत्पन्नधनोपलब्धिं कृष्यंगना वाहन सूनुसौख्यम्।
प्रसूतिकाले कुरुते कलावान् पातालसंस्थो द्विजदेवभक्तिम् ॥" महेश

अर्थ—यदि जन्मसमय चन्द्रमा चतुर्थभाव में हो तो मनुष्य को नदी-समुद्र आदि से उत्पन्न होने वाली मछली-शंख-मोती आदि वस्तुओं के विक्रय से धन की उपलब्धि (प्राप्ति) होती है। अर्थात् मनुष्य मछली के क्रय-विक्रय से, शङ्खों के क्रय-विक्रय से और मोतियों के व्यापार से, धन कमाता है—समुद्र में चलने वाले जहाजों के जरिये से माल विदेश में लेजाकर, महँगे भाव पर बेचकर रुपया कमाता है। अर्थात् जिसके चौथेभाव में चन्द्र हो वह मनुष्य समुद्री जहाजों से यातायात का व्यापार करता है और धनी हो जाता है। इसे खेती से-बाग-बगीचों से लाभ होता है। इसे स्त्री-सुख, सवारी-घोड़ा-गाड़ी-मोटर आदि का सुख और पुत्रों से सुख प्राप्त होता है। यह मनुष्य श्रद्धालु-धार्मिकवृत्ति का होता है और इसका देवताओं में तथा ब्राह्मणों में प्रेम होता है।

"कमर्यदाम्बुगेहगः सखी, मुकर्रवः प्रभुः।
भवेन्नरश्चमंजिसो तदा बुधः सुभाग्यवान् ॥" खानखाना

अर्थ—जिसके जन्मलग्न से चतुर्थ में चन्द्र हो तो मनुष्य दाता, पुण्य करनेवाला, राजा के सदृश ऐश्वर्यवाला, मलिन, पंडित तथा भाग्यवान् होता है।

भृगुसूत्र—राज्याभिषिक्तः, अश्ववान्, क्षीरसमृद्धिः, धन-धान्य-समृद्धः। मातृरोगी। परस्त्री स्तनपानकारी। मिष्ठान्न सम्पन्न। परस्त्रीलोलः, सौख्यवान्। पूर्णचन्द्रे स्वक्षेत्रे बलवान्। मातृ दीर्घायुः। क्षीणचन्द्रे पापयुते मातृनाशः। वाहनहीनः। बलयुते वाहनसिद्धिः। भावधिपे स्वोच्चे अनेकाश्वादि वाहनसिद्धिः।

अर्थ—चतुर्थभाव में यदि चन्द्रमा हो तो राजकुल में उत्पन्न मनुष्य का राज्याभिषेक होता है। अर्थात् इसे राजा के निग्रह-अनुग्रह करने के पूर्ण अधिकार प्राप्त होते हैं। इसे सवारी के लिये घोड़ा मिलता है। इसके घर दूध देनेवाले गाय-भैंस आदि पशुओं के होने से दूध खूब होता है। संसार में आनेवाली आवश्यकताओं का सामना करने के लिए पर्याप्त मात्रा में धन होता है। भोजन के लिए पर्याप्त अन्न होता है। किन्तु इसकी माता रोगग्रस्त रहती है। धाए का स्तनपान करना होता है। मिष्ठान्न की भी कमी नही रहती। यह परस्त्री लंपट होता है। यह सुखी होता है। यदि चन्द्रमा पूर्णिमा का हो अथवा स्वक्षेत्री (कर्क का) हो तो मनुष्य बलवान् होता है। इसकी माता भी दीर्घायुषी होती है। इसभाव का चन्द्रमा यदि क्षीणकाय हो, और पापग्रहों के साथ इसकी युति हो तो इसकी माता की मृत्यु होती है। इसे सवारी का सुख नहीं होता है। इस भाव का चन्द्रमा यदि बलवान् हो तो इसकी सवारी के लिए घोड़ा-गाड़ी मोटर आदि होते हैं। भावेश यदि स्वक्षेत्री हो अथवा अपनी उच्चराशि में हो तो इसके पास घोड़ा-गाड़ी-मोटर आदि अनेक वाहन होते हैं।

यवनमत—"यह पुण्यवान्, उदार, सत्ताधीश, मलिनचित्त, विद्वान्, पण्डित, और भाग्यवान् होता है।"

पाश्चात्यमत—इस चन्द्र से घर, जमीन, खेती आदि विषयों में सुख प्राप्त होता है। चरराशि का चन्द्र हो तो बार-बार घर बदलना पड़ता है। माता से विरासत में सम्पत्ति मिलने का योग होता है। माता के कारण भाग्योदय होता है। माता पर भक्ति भी होती है। इस व्यक्ति के जीवन का उत्तरार्ध बहुत सुखपूर्ण होता है। इसे चौपाए वाहनों का सौख्य अच्छा मिलता है। इसे सुख की अभिलाषा बहुत होती है। और शरीर को हृष्ट-पुष्ट रखना चाहता है। खानों (कानों) से अच्छी आमदानी होती है। चन्द्र बलवान् हो तो विवाह से धनप्राप्ति-भाग्योदय, और स्टेट मिलने का योग होता है।

विचार और अनुभव—सभी ग्रन्थकारों ने चतुर्थभावस्थित चन्द्रमा के फल प्रायः शुभ ही बतलाए हैं।

"बन्धु वियोग"। यह फल वृष और मकर में चन्द्रमा हो तो अनुभव में आता है। 'जीवन के पूर्वार्ध में कष्ट, और उत्तरार्ध में सुख इस फल का अनुभव, मेष, सिंह, धनु, बृष, कन्या और मकर राशियों में चन्द्रमा हो तो, आता है। पुरुषराशि का चन्द्रमा होतो 'नया घर बनवाता है" इस फल का

मिलना सम्भव है। "माता से सम्पत्ति की प्राप्ति" "माता द्वारा भाग्योदय" "विवाह के बाद भाग्योदय" इन फलों का अनुभव चन्द्रमा के पुरुषराशियों में होने से आता है।

साधारणतः चतुर्थचन्द्र का फल यह है कि बचपन में माता-पिता की मृत्यु होती है। और कोई सुख प्राप्ति नहीं होती। यदि माता-पिता जीवित रहे तो उनसे मनमुटाव रहता है। ३२ वें वर्ष तक स्थिरता नहीं होती, तदनन्तर भाग्योदय होता है। विवाह के बाद कुछ स्थिरता होती है।

जहाँ तक व्यापार का प्रश्न है—पेटैंट दवाइयों का व्यापार, पौउडर, इत्र-तेल आदि सुगन्धित वस्तुओं का निर्माण, वा व्यापार लाभदायक हो सकता है।

यदि चतुर्थभाव का चन्द्र मेष, सिंह वा धनु में हो तो पूर्वजार्जित सम्पत्ति का त्याग करना पड़ता है। माता जीवित तो रहती है, परन्तु उसके प्रति मन में मैल रहती है। वृष, कन्या, मकर, वृश्चिक राशियों में चन्द्रमा हो तो न पूर्वजार्जित स्टेट मिलती है, और नाहीं मनुष्य स्वयं उपार्जित कर सकता है। कुम्भ राशि का चन्द्रमा हो तो अपने परिश्रम से स्टेट प्राप्त तो होती है, किन्तु स्थायी नहीं रहती। कर्क, तुला और मीनराशि में चन्द्रमा हो तो स्टेट मिलती भी है और इसकी वृद्धि भी होती है।

अथ पञ्चम चन्द्र फल—

"यदा पञ्चमे यस्य नक्षत्रनाथो ददातीह संतानसंतोषमेव।
मतिंनिर्मलां रत्नलाभं च भूमिं कुसीदेन नानाप्तयो व्यावसायात्"॥ ५॥

अन्वयः—यदा नक्षत्रनाथः यस्य पञ्चमे (स्यात्) (तदातस्य) इह सन्तानसन्तोषमेव ददाति। निर्मलांमतिं रत्नलाभं भूमिं च (ददाति) व्यावसायात् कुसीदेन नानाप्तयः (भवन्ति)॥ ५॥

सं० टी०—यस्य जन्मनि पञ्चमे यदा नक्षत्रनाथः विधुः, अस्मै सन्तान सन्तोषं, निर्मलां मतिं रत्नलाभं भूमीश इव क्षितिं अपि ददाति। तथा कुसीदेन कालान्तर व्यवहारेण। यो व्यवसायः एव व्यावसायः उद्यमः तस्मात्। नानाप्तयः बहुवस्तुलाभा स्युः इति शेषः॥ ५॥

अर्थ—जिस मनुष्य के जन्मलग्न से पञ्चमभाव में चन्द्रमा हो तो इसे निश्चय ही उत्तम सन्तान का सुख प्राप्त होता है। इसकी बुद्धि निर्मल होती है। इसे रत्नों का लाभ होता है। इसे भूमिलाभ भी होता है। इसे व्यापार से, व्याज पर रुपया उधार देने से, तथा कई एक अन्य प्रकारों से द्रव्यलाभ होता है॥ ५॥

तुलना—"जनुः काले चन्द्रो भवति यदि सन्तानभवने,
तदा पुंसः कान्तासुतसुखमलङ्कार निकरैः।

सदा हृद्या विद्या नरपति कुलादेव वसुधा,
दुकूलार्थाः स्वैरं धनमपि कुसीदेन नितराम् ॥

अर्थ—जिस मनुष्य के जन्मसमय में चन्द्रमा पञ्चमभाव में हो तो इसे अलङ्कारों से युक्त स्त्री, पुत्र का सुख होता है। इसकी विद्या हृदयग्राहिणी होती है। अर्थात् यह उत्तम विद्वान् होता है। इसे राजकुल से भूमि, उत्तम वस्त्र, और धन का लाभ होता है। इसी प्रकार सूद से भी धन का लाभ होता है।

टिप्पणी—व्याज पर रुपया उधार देकर रुपया दुगना-चौगुना वसूल करना,. यह भी धन इकट्ठा करने का एक उपाय है। परन्तु इस उपाय के विरोध में एक नीतिवचन भी है—"कुसीदाद् दारिद्यम्" क्योंकि जो व्याज पर रुपया उधार देते हैं उनकी अपनी रहन-सहन कंगाल-भिखारियों से भी अधिक शोचनीय होती है।

"चन्द्रे भवति न शूरः विद्यावस्त्रान्न संग्रहणशीलः।
बहुतनय सौम्यमित्रो मेधावी पञ्चमे तीक्ष्णः ॥" **कल्याणवर्मा**

अर्थ—पञ्चमभाव में चन्द्रमा हो हो मनुष्य डरपोक होता है। यह विद्वान् तथा वस्त्रों से युक्त होता है। यह अन्न का संग्रह करता है। इसके बहुत से पुत्र, और सुशील मित्र होते हैं। यह तेजस्वी होता है।

"सुपुत्रोमेधावी मृदुगतिरमात्यः सुतगते ॥" **मंत्रेश्वर**

अर्थ—यदि चन्द्रमा पञ्चमभाव में हो तो मनुष्य की गति (चाल) कोमल होती है। यह मेधावी होता है। इसकी सन्तान उत्तमकोटि की होती है। यह राजमन्त्री होता है।

टिप्पणी—केवल पञ्चमभाव में चन्द्र के होने से ही राजमन्त्री होना तो सम्भव न हो–हो यदि और शुभग्रह भी शुभस्थानगत हों तो ऐसा होना सम्भव हो सकता है।

"सतनये तत्प्रोक्त भावान्वितः ॥" **आचार्य वराहमिहिर**

अर्थ—यदि पञ्चमभाव में अर्थात् पुत्रभाव में चन्द्रमा हो तो मनुष्य को पुत्रवान् होने का सौभाग्य प्राप्त होता है।

"सत्यः प्रसन्नः ससुतार्थधीमान् जितेन्द्रियः संग्रहवान् सुतेऽब्जे ॥" **जयदेव**

अर्थ—जिस मनुष्य के जन्मलग्न से पचमस्थान में चन्द्रमा हो तो वह सत्यवक्ता, प्रसन्नमन, पुत्रयुक्त, धनयुक्त, बुद्धियुक्त, इन्द्रियदमनशील और सर्वविध वस्तुओं का संग्रह करनेवाला होता है।

"सुते चन्द्रे सुताढ्यश्च रोगो कामी भयानकः।
कृषीमयैः रसैः युक्तः विनयी च भवेन्नरः ॥" **काशीनाथ**

अर्थ—पञ्चमभावस्थित चन्द्रमा का मनुष्य; पुत्र-सन्ततियुक्त, रोगी, कामुक, भयजनक मुखवाला, खेती में उत्पन्न रसों से युक्त, तथा विनम्र स्वभाव

वाला होता है। पाठान्तर "कृत्रिमैः पौरुषैः युक्तः" यदि स्वीकृत हो तो 'मनुष्य बनावटी पौरुषवाला,' ऐसा अर्थ होगा।

जितेन्द्रियः सत्यवचाः प्रसन्नो धनात्मजावाप्त समस्तसौख्यः।
सुसंग्रही स्यान् मनुजः सुशीलः प्रसूतिकाले तनयालयेऽब्जे ॥" ढुण्ढिराज

अर्थ—जिस मनुष्य के जन्मसमय में चन्द्रमा पचमभाव में स्थित हो तो मनुष्य जितेन्द्रिय, सत्यवक्ता, प्रसन्न रहनेवाला, संग्रह करनेवाला, तथा सुशील होता है। इसे धन का सुख, पुत्रों का सुख और नाना विध सुख प्राप्त होता है।

"तनयगतशशांको बिम्बपूर्णः सुखीस्यात् बहुतरसुतयुक्तः वश्यनारी समेतः।
यदि भवतिशशांकः क्षीणकायोऽरिगेहे युवति सुख समेतः पुत्रपौत्रैः विहीनः ॥"
मानसागर

अर्थ—यदि पूर्ण बलवान् होकर चन्द्रमा पञ्चमभाव में हो तो मनुष्य सुखी होता है। इसके बहुत से पुत्र होते हैं। इसकी स्त्री पतिवशवर्तिनी और पतिपरायण होती है। यदि हीनबली तथा शत्रुक्षेत्री होकर यह चन्द्र पञ्चमभाव में हो तो मनुष्य को स्त्रीसुख तो मिलता है किन्तु यह मनुष्य पुत्रसुख रहित तथा पौत्रसुख से वञ्चित रहता है। पुत्रों के अभाव में पौत्रों का अभाव तो आवश्यक ही है। यह भाव है।

"पञ्चमे रजनीनाथः कन्यापत्यमपुत्रकम्।
क्षीणः पापयुतोवापि जनयेत् चंचलांसुताम् ॥" गर्ग

अर्थ—यदि पञ्चमभाव का चन्द्रमा हो तो कन्याएँ होती हैं। पुत्र नहीं होते। पञ्चमभाव स्थित यह चन्द्रमा यदि क्षीणकाय हो, अथवा पापग्रहों से युक्त हो तो कन्या चंचल होती है।

"जितेन्द्रियः सत्यवचाः प्रसन्नो धनात्मजावाप्त समस्तसौख्यः।
सुसंग्रही स्यान् मनुजः सुशीलः प्रसूतिकालेतनयालयाब्जे ॥" महेश

अर्थ—जिस मनुष्य के जन्मसमय में लग्न से पञ्चमस्थान में चन्द्रमा होता है, वह मनुष्य जितेन्द्रिय, सत्यवचन भाषणकर्ता, सदैव प्रसन्न रहने वाला, सुशील तथा विविध वस्तुओं का संग्रह करनेवाला होता है। इसे धन का सुख, तथा पुत्रों से सभी प्रकार का सुख प्राप्त होता है।

टिप्पणी—जितेन्द्रय शब्द से पाँच कर्मेन्द्रिय तथा पाँचज्ञानेन्द्रिय और एकादश मन पर पूर्ण अधिकार वाला ऐसा अर्थ ग्राह्य है। दशइन्द्रिय और ग्यारहवें मन पर जिसका पूर्ण अधिकार हो वह विषयगर्त में नहीं पड़ता है और संसारसागर से उत्तीर्ण हो जाता है।

"कमर्यदेन्नगेहगः स गुल्फरू भवेन्नरः।
वलान्वितो हि पादकी न दिलिपशर्मकानगः ॥" खानखाना

अर्थ—यदि चंद्रमा लग्न से पञ्चमभाव में हो तो मनुष्य विशेष तेजस्वी, बलवान्, सवारी पर चलनेवाला, सब कामों में सावधान रहनेवाला और शुभ आचारवाला होता है।

भृगुसूत्र—स्त्री देवता सिद्धिः। भार्या रूपवती। क्वचित् कोपवती। स्तनमध्येलांछनं भवति। चतुष्पाद् लाभः। स्त्री द्वयम्। बहुक्षीरलाभः। सत्वयुक्तः। बहुश्रमोत्पन्नः। चिन्तावान्। एक पुत्रवान्। स्त्रीप्रजावान्। स्त्री देवतोपासनावान्। शुभयुते वीक्षणवशाद् अनुग्रह समर्थः। पापयुते ईक्षणवशाद् निग्रह समर्थः। पूर्णचन्द्रे बलवान्। अन्नदान प्रीतिः। अनेकविधप्रसादैश्वर्य सम्पन्नः। सत्कर्मकृत्। भाग्यसमृद्धः। राजयोगी। ज्ञानवान्।

अर्थ—जिस मनुष्य के जन्मसमय पञ्चमभाव में चन्द्रमा हो तो इसे स्त्री देवता-चण्डी-दुर्गा आदि की उपासना करने से मनोवांछित पदार्थों की प्राप्ति होती है। अर्थात् चन्द्रमा स्त्री-ग्रह है। अतः स्त्री-जाति के देवता शीघ्र वरदायक हो जाते हैं।

इसकी स्त्री रूप-लावण्यवती होती है। कभी-कभी यह क्रुद्धा भी हो जाती है अर्थात् मानलीला में कोप करने का नाटक करती है। इसके दोनों स्तनों के मध्य में चिन्ह होता है। चौपाए जानवरों दूध देनेवाले गाय-भैंस आदि से लाभ होता है। इसके घर में दो स्त्रिएँ होती है; अर्थात् यह दो स्त्रियों का पति होता है। गाय-भैंस आदि दूध देनेवाले पशुओं की समृद्धि से इसे दूध के व्यापार से भारी लाभ होता है। यह बलवान् होता है। इसको जन्म देते समय इसकी माता को भारी कष्ट उठाना पड़ता है। इसका स्वभाव चिन्ता करनेवाला होता है। इसे कन्याएं होती हैं, एक पुत्र भी होता है। यह किसी स्त्री-जाति के देवता का उपासक होता है। यदि इस भाव के चन्द्रमा के साथ कोई शुभग्रह युति करे, अथवा इसपर किसी शुभग्रह की दृष्टि हो तो यह मनुष्य दूसरे पर अनुग्रह करने की शक्ति रखता है। यदि इस भाव के चन्द्र के साथ कोई पापग्रह स्थिति करे, अथवा किसी पापग्रह की दृष्टि हो तो मनुष्य किसी दूसरे का निग्रह करने में समर्थ होता है। यदि चन्द्र पूर्णबिंब हो तो मनुष्य बलवान् होता है। इसकी रुचि अन्न का दान करने की ओर रहती है; अर्थात् अकाल पड़ने पर जो लोग निर्धन होने से अन्नखरीद करके उदरपूर्ण नहीं कर सकते। उनकी क्षुधा निवृत्ति के लिए यह भोजनालय चालू करता है। इस तरह यह अपने धन का सदुपयोग करता है। इसे कई प्रकार के ऐश्वर्य प्राप्त होते हैं। यह शुभ कर्म करनेवाला होता है। इसका भाग्य अच्छा होता है। यह ज्ञानवान् राजयोगी होता है।

"सुधीरः सुशीलः सुवित्तः सुचित्रः सुदेहः सुगेहः सुनीतिः सुगीतिः।
सुबुद्धिः सुवृद्धिः सुपुत्रोनरः पुत्रगेहेऽत्रिपुत्रे ॥" **हरिवंश**

अर्थ—जिस मनुष्य के जन्मसमय में जन्मलग्न से पञ्चमस्थान में चन्द्रमा हो तो यह, धैर्यवान्, शीलयुक्त, धनी, सुन्दर चित्रोंवाला, हृष्ट-पुष्ट देहवाला, अच्छे घरबारवाला, नीतिज्ञ, संगीतादिकलाभिज्ञ, बुद्धिमान् समृद्ध, सच्चरित्र-आज्ञाकारी पुत्रोंवाला होता है।

यवनमत—यह व्यक्ति रूपवान् तेजस्वी, वाहनयुक्त, सावधान, और सुशील होता है इसे राजनैतिक कामों में अच्छी सफलता मिलती है।

पाश्चात्यमत—इस चन्द्र से व्यक्ति चैनवाज और खुशदिल होता है। इसे स्त्री और बच्चे बहुत प्यारे होते हैं। यह वैभव और आनन्द से युक्त होता है। यह चन्द्र बलवान् हो तो सट्टा और जूआ से बहुत लाभ होता है। यह द्विस्वभावराशि में हो तो जुड़वाँ संतानें होती हैं। पञ्चमस्थान यह स्त्रीस्थान का लाभ स्थान है। इसलिए यहाँ चन्द्र हो तो स्त्री से लाभ और भाग्योदय होता है। यह चन्द्र दूषित हो तो अनिष्ट फल देता है। ऐसा व्यक्ति मलिन-चित्त का, और कष्टयुक्त होता है। इसी से असफलता, निराशा और मन की अस्थिरता, ये फल मिलते हैं। इस चन्द्र पर शनि की दृष्टि हो तो वह व्यक्ति हँसमुख किंतु ठगानेवाला होता है। बोलने की चतुरता से आप्तों को ठगकर धन प्राप्त करता है। यह चन्द्र प्रसवराशि में हो तो काफी संतति होती है। यह मंगल से युक्त हो तो साहस की ओर प्रवृत्ति होती है। यह बलवान् हो तो सन्तान भाग्यशाली होती है।

विचार और अनुभव—हरिवंश में सब फल अच्छे से अच्छे बतलाये हैं। इनका अनुभव पुरुषराशियों में मिलेगा। यवनमत का अनुभव पुरुष-राशियों का है। पाश्चात्यमत में शुभ-अशुभ दोनों प्रकार के फल बतलाये गये हैं। शुभफल का अनुभव पुरुषराशियों में, और अशुभफल का अनुभव स्त्रीराशियों में होगा।

वृष, कन्या, मकर राशियों में चन्द्र हो तो कन्याओं का आधिक्य होता है, पुत्र सन्तान देरी से होती है। मिथुन, तुला, कुम्भ राशियों में चन्द्र के होने से पुत्र-सन्तति का होना मुश्किल होता है। प्रायः कन्याएँ होती हैं। पुत्र नहीं होता है।

कर्क, वृश्चिक, मीन, मेष, सिंह, धनु राशियों में चन्द्र हो तो पहिले पुत्र, फिर कन्याएँ, तदनन्तर पुनः पुत्र, इस क्रम से सन्तति होती है।

कर्क, वृश्चिक और मीन राशि में चन्द्र हो तो तीन पुत्रों का होना भी संभव है। मेष, सिंह वा धनु में चन्द्र हो तो शिक्षा अधूरी रह जाती है।

वृष, कन्या, मकर, में शिक्षा अच्छी नहीं होती। कर्क, वृश्चिक, मीन में चन्द्र हो तो मनुष्य वकील वा डाक्टर हो सकता है। मिथुन, तुला, कुम्भ में चन्द्र हो तो मनुष्य बहुत थोड़ा बोलता है परन्तु काम अधिक करता है। पञ्चम चन्द्रमा उच्चराशि का वा नीच राशि का, वा दूषित हो तो एक कन्या

का संसार सुख नष्ट होता है। विधवापन वा व्यभिचार हो सकता है। शरीर में व्यंग भी हो सकता है जिस कारण विवाह का होना संभव नहीं होता है।

जब पञ्चमभाव से संतति का विचार किया जावे तो पति-पत्नी दोनों की कुंडलियों का विचार एकसाथ करना चाहिए, क्योंकि कई बार केवल पति की कुण्डली से बताया गया फल अनुभव में नहीं आता।

अथ छठे भाव में चन्द्र का फल—

**"रिपौ राजते विग्रहेणाऽपि राजा जितास्तेऽपि भूयो विधौ संभवन्ति।
तदग्रेऽरयोनिष्प्रभा भूयसोऽपि प्रतापोज्वलो मातृशीलोनतद्वत्" ॥ ६ ॥**

अन्वयः—विधौरिपो (स्थिते) राजा विग्रहेण अपि प्रतापोज्वलः (सन्)-राजते, (तेन) अरयः जिताः अपि तदग्रे भूयसः अपि निष्प्रभाः (जायन्ते) तद्वत् (सः) मातृशीलः न भवति ॥ ६ ॥

सं० टी०—रिपौ शत्रुभवने विधौ सति राजविग्रहेण अपि प्रतापोज्वलः तेजसा कान्तियुतः सन् राजते शोभते। ते अरयः शत्रवः जिताः पराजिताः अपि भूयसः तदग्रे निष्प्रभाः अप्रतिभाः अपि पुनः संभवन्ति। तथा मातरि शीलं अस्य अस्ति इति सः तादृशः न स्यात् इति शेषः ॥ ६ ॥

अर्थ—जिस मनुष्य के जन्मलग्न से छठेस्थान में चन्द्रमा हो तो वह चाहे प्रबल शत्रुओं के साथ वैर भी रखता हो तो भी अपने प्रताप से चमकता है। अर्थात् छठेभाव में चन्द्र के होने से चाहे उसके शत्रु प्रबलातिप्रबल भी हों और उनसे यह घिरा हुआ भी हो तो भी जीत इसी की होती है और यह उनपर अपने प्रताप से अधिकार जमा लेता है और वे मुंह की खाकर इसके आगे नतमस्तक हो जाते हैं। ये शत्रु दुबारा उठते हैं और पहिली बार से अधिक शक्ति द्वारा आक्रमण करते हैं। किन्तु प्रभाहीन होते हैं, विजय-पताका इसी की लहराती है। परन्तु यह मनुष्य मातृभक्त नहीं होता है। अर्थात् इसका मन जन्मदात्री माता की ओर से मलिन रहता है ॥ ६ ॥

तुलना—"अरिस्थाने चन्द्रो भवति स-करोजन्मसमये,
प्रतापाग्नौशत्रुः ज्वलतिपरितस्तस्य परतः।
पुनर्भूयाद्द्वारिपुरिह जितोऽपि क्षितितले,
सुखं मातुः स्वल्पं प्रभवति गदान्तमतिरतिः ॥ **जीवनाथ**

अर्थ—जिस मनुष्य के जन्मसमय में पूर्णबली चन्द्रमा छठे भाव में हो तो इसकी प्रतापरूपी अग्नि से इसका शत्रुसमूह शीघ्र ही भस्म हो जाता है। यह पृथ्वी पर महान् बलवान् शत्रुओं को भी जीतता है। इसे मातृसुख बहुत थोड़ा होता है। "इससे माता को सुख नगण्य-सा होता है—यह अर्थ भी किया जा सकता है।

यह सदैव रोगाक्रान्त रहता है। छठास्थान रोगस्थान है शुभग्रह चन्द्रमा दुःस्थान स्थित होकर बीमारियों को बढ़ावा देता है। यह भाव है।

"नैकारिः मृदुकायवह्निमदनः तीक्ष्णोऽलसश्चारिगे ।" आचार्यवराहमिहिर

अर्थ—यदि चन्द्रमा छठेभाव में हो तो मनुष्य के शत्रु अनेक होते हैं। अर्थात् इसे सदैव शत्रुभय बना रहता है। इसका शरीर कोमल होता है—इसकी जठराग्नि मंद रहती है। इसकी कामाग्नि तीव्र नहीं होती है। यह स्वभाव में उग्र होता है, यह काम करने में आलसी होता है। अर्थात् कार्य में सफलता प्राप्त करने के लिये उद्यमी और यत्नशील नहीं होता।

"क्षतेऽल्पायुश्चन्द्रेऽमतिरुदररोगी परिभवी ।" मन्त्रेश्वर

अर्थ—यदि चन्द्रमा छठेभाव में हो तो मनुष्य अल्पायु, बुद्धिहीन, उदर रोग तथा अपमानित और पराजित होता है।

टिप्पणी—मन्त्रेश्वर के अनुसार चन्द्र के षष्ठस्थ होने से मनुष्य शत्रुओं से पराजय पाता है, किन्तु भट्ट जी के अनुसार षष्ठस्थचन्द्र प्रभान्वित मनुष्य सदैव शत्रुओं पर विजय प्राप्त करता है।

"षष्ठे चन्द्रे वित्तहीनोमृदुकायोऽतिलालसः ।
मन्दाग्निस्तीक्ष्णदृष्टिश्चशूरोऽपिमनुजोभवेत् ॥" काशीनाथ

अर्थ—यदि चन्द्रमा छठेभाव में हो तो मनुष्य निर्धन होता है। इसकी शरीर कोमल होता है। अर्थात् मनुष्य निर्बलशरीर होता है। यह अति लोभी होता है। इसे भूख कम होती है क्योंकि इसकी जठराग्नि मन्द होता है। इसकी दृष्टि तीव्र (पैनी) होती है। यह शूर (बहादुर) होता है।

"मृद्वंगवह्निः सहजारिकोपोऽलसोऽदयोऽल्पात्मजवान् रिपुस्थे ॥" जयदेव

अर्थ—जिसके रिपुभाव में (छठेभाव में) चन्द्रमा हो तो मनुष्य निर्बल-देहवाला होता है। इसकी जठराग्नि मन्द होती है, अर्थात् इसकी पाचन-शक्ति तीव्र नहीं होती और बदहज़मी का रोग रहता है। इस पर इसके शत्रु क्रुद्ध रहते हैं और इसे सदैव शत्रुओं का भय रहता है। यह काम में आलसी होता है यह निर्दय और क्रूर होता है। इसे पुत्र-सन्तान थोड़ी होती है।

"षष्ठे नर उदरभवैः रोगैः संपीडितोभवति ।
रजनीकरेस्वल्पायुः षष्ठगते भवति संक्षीणे ॥" कल्याणवर्मा

अर्थ—जिसके छठेभाव में चन्द्रमा हो तो इसे उदर के रोगों से पीड़ा रहती है। यदि इस भाव का चन्द्रमा क्षीणकाय हो तो मनुष्य अल्पायु होता है।

"रिपुगृहगशशांके क्षीणकायः कुगेहे न भवति बहुभोगी व्याधिदुःखस्यदाता ।
यदि निजगृहतुंगे पूर्णदेहः शशांको बहुतर सुखदाता स्यात् तदा मानवस्य ॥"
मानसागर

अर्थ—यदि हीनबली, शत्रुराशिगत वा नीचराशिगत चन्द्रमा छठेभाव में हो तो मनुष्य सुखहीन तथा रोगी होता है। और कई प्रकार की व्याधियाँ इसे दुःखित करती रहती हैं। यदि छठेभाव का चन्द्रमा स्वक्षेत्री हो, अथवा अपनी उच्च-राशि में हो, अथवा पूर्णिमा का हो तो मनुष्य सभी प्रकार के सुखों को भोगता है।

"मन्दाग्निः स्यान् निर्दयः क्रौर्ययुक्तोऽनल्पाऽलस्योनिष्ठुरो दुष्टचित्तः।
रोषावेशोऽत्यन्तसंजातशत्रुः शत्रुक्षेत्रे रात्रिनाथे नरः स्यात् ॥" ढुंढिराज

अर्थ—यदि चन्द्रमा छठेभाव में हो तो मनुष्य पाचनशक्तिहीन होता है। यह दयारहित-क्रूर, अत्यन्त आलसी, निठुर, पापी और क्रोधी होता है। यदि यह चन्द्र शत्रुक्षेत्र में हो तो इसके शत्रु बहुत होते हैं।

"अल्पायुः स्यात् क्षीणचन्द्रेऽरिसंस्थे पूर्णे जातोऽतीवभोगी चिरायुः" ॥ वैद्यनाथ

अर्थ—यदि हीनबली चन्द्रमा छठेभाव में हो तो मनुष्य अल्पायु होता है। यदि पूर्णबली होकर यह चन्द्र छठेभाव में हो तो मनुष्य अतिभोगी और चिरायु होता है।

"लग्नात् षष्ठस्थितेचन्द्रे मृदुकायः स्मरानलः।
अनेकारिः भवेत् तीक्ष्णोऽरिष्टः स्यात् मृत्युरेवच" ॥ गर्ग

अर्थ—यदि लग्न से छठेस्थान में चन्द्रमा हो तो मनुष्य निर्बलशरीर होता है। इसे कामेच्छा अधिक और तीव्र होती है। इसके अनेक शत्रु होते हैं। यह उग्रस्वभाव होता है। इसे मृत्युतुल्य कष्ट होता है।

"चन्द्रः करोति विकलं विफल प्रयत्नम्" ॥ वशिष्ठ

अर्थ—छठेभाव का चन्द्रमा मनुष्य को व्याकुल कर देता है। इसका किया हुआ यत्न व्यर्थ और फलहीन होता है।

"यदासोमे क्रूर दृष्टौ न सुखं मातुलस्य च।
तस्य वंशोद्भवः कोऽपि गतो देशान्तरे मृतः" ॥ जातकमुक्तावली

अर्थ—क्रूरग्रह दृष्ट चन्द्रमा यदि छठेभाव में हो तो मनुष्य को मामा का सुख नहीं मिलता है। इस मनुष्य के वंश में उत्पन्न कोई पुरुष विदेश में मरता है।

"षष्ठे चन्द्रे पापवीक्षिते कन्याऽपत्योऽथ मातुलः।
मातृस्वसा मृतापत्या रंडा देशान्तरे गता" ॥ शम्भुहोराप्रकाश

अर्थ—पापग्रह वीक्षित चन्द्रमा यदि छठेभाव में हो इसके मामा को कन्या सन्तान हीं होती है पुत्र नहीं होते। मौसी की संतान मर जाती है। वह विधवा होती है।

'वातश्लेष्मादिके चन्द्रे विद्वेषो बांधवैः सह।
नृप चौरोद्भवाः पीड़ा षष्ठे रोग भयंकरम्" ॥ ज्योतिषकल्पतरु

अर्थ—छठे चन्द्र से बंधुओं के साथ झगड़ा होता है। राजा से, चोरों से कष्ट रहता है। वायु और कफ की बीमारियाँ होती हैं।

"मंदाग्निः स्यान् निर्दयः क्रौर्ययुक्तोऽनल्पालस्योनिष्ठुरो दुष्टचित्तः।
रोषावेशोऽत्यंत संजातशत्रुः शत्रुक्षेत्रे रात्रिनाथे नरः स्यात् ॥" महेश

अर्थ—जिस मनुष्य के छठेभाव में चन्द्रमा हो तो इसकी पाचनशक्ति मन्द रहती है, अर्थात् इसे खाया हुआ अन्न पाचन में नहीं आता और बद-

हजमी से पेट के रोग क्लेश देते रहते हैं। यह निर्बल जीवों पर दया नहीं करता प्रत्युत इनका घातक होता है। यह क्रूरस्वभाव, अत्यन्त आलसी, पापी, छोटी-छोटी बातों पर क्रोध से जल उठनेवाला होता है। यदि यह चन्द्र शत्रु-क्षेत्री हो तो इसे शत्रुओं से भय बना रहता है।

"काललो विपक्षपक्षपीडितो हि बद्शकल्।
लागरः कमर्भवेद्रिपौ यदा नरः सरुक्॥" खानखाना

अर्थ—यदि चन्द्रमा छठेभाव में हो तो मनुष्य कालग्रस्त, शत्रुओं से पीडित, अत्यन्त कुरूप, निर्बल और रोगी होता है।

भृगुसूत्र—अधिक दारिद्र्यदेही। षट्त्रिंशद्वर्षे विधवा संगमी। तत्रपापयुते हीनपापकरः। राहु-केतुयुते अर्थहीनः। घोरः। शत्रुकलहवान्। सहोदरहीनः। अग्निमांद्यादि रोगी। तटाककूपादिषु जलादिगेडः। पापयुते रोगवान्। क्षीण-चन्द्रेऽपूर्णफलानि। शुभयुते बलवान् अरोगी।

अर्थ—जिस मनुष्य के छठेभाव में चन्द्रमा हो तो उसके शरीर में आलस रहता है। यह ३६ वें वर्ष में विधवास्त्री से सहवास करता है। यदि इस चंद्र के साथ पापग्रह युति करे तो यह मनुष्य हीन-वृत्ति और नीचकर्म करने वाला होता है। इस चन्द्र के साथ राहु और केतु का योग हो तो मनुष्य धन-हीन होता है। यह कुरूप होता है। शत्रुओं के साथ इसका कलह-झगड़ा होता है। इसके सहोदर भाई नहीं होते। बदहज़मी से उदर के रोग (अनपच आदि) होते हैं। तालाब-कूंआ आदि में जलादिगेड होता है। पापग्रहयुक्त छठेभाव का चन्द्रमा हो तो मनुष्य रोगी होता है। हीनबली यह चन्द्र हो तो पूर्णफल नहीं देता है। शुभग्रह साथ में हो तो मनुष्य बलवान् और नीरोग होता है।

यवनमत—यह हमेशा परेशान, रोगी, कुरूप, अशक्त किंतु कामातुर होता है। इस चन्द्र के फल से निर्दयता, क्रोध और निष्ठुरता प्राप्त होती है।

पाश्चात्यमत—इस चन्द्र से शरीरसौख्य अच्छा नहीं मिलता। इससे रोग बढ़ते हैं। स्त्रियों से दुःख पहुँचता है। यह चन्द्र यदि शुभ हो तो छोटे-मोटे फायदे होते हैं। यह वृश्चिक में हो तो वह पियक्कड होता है। इसका धन बेकार खर्च होता है। व्यवसाय में मुश्किलें बहुत आती हैं। शत्रु बहुत होते हैं। कानूनी मामले में हरबार अपयश आता है। इस स्थान के शुभचंद्र के फल बहुत कम मिलते हैं। इसे नौकरी में सफलता मिलती हैं। कुछ अधिकारपद मिलने का भी योग होता है। यह चन्द्र वृषभराशि में हो तो यह योग होता है। यह चन्द्र द्विस्वभाव राशि में हो तो फेफड़ों के रोग, कफ, क्षय आदि होते हैं। यह स्थिर राशि में हो तो अर्श, भगंदर और मूत्रकृच्छ्र, इनमें से कोई विकार होता है। वृषभ का चन्द्र यहाँ हो तो कंठ का रोग, खांसी, श्वास-नलिका में दाह होना, ये विकार होते हैं। यह चन्द्र चरराशि में खासकर कर्क में होतो पेट के और जठर के रोग-पचनक्रिया में गड़बड़ी होना आदि पैदा होते

हैं। खास कर बचपन में प्रकृति बहुत अस्वस्थ होती है। इस चन्द्र के फलस्वरूप नौकरों से बहुत तकलीफ होती है वे कायम नहीं रह सकते।

विचार और अनुभव—इस स्थान का चन्द्र स्त्रीराशि का हो तो कफ, सांस के रोग होते हैं, और रक्त दूषित होता है। यह वृषभ, कन्या, मकर राशि में हो तो रक्त दूषित होकर गरमी, परमा जैसे रोग होते हैं। इसे दिन में एक ही नासिका से सांस लेना पड़ता है। भोजन के अनन्तर रात को सांस बंद होती है। नथुनी भर जाती है। भारी प्रयत्न से थक जाने पर निराशा आशा में परिणत होती है। जिन स्त्रियों को यह योग होता है वे रोगी की सेवा अच्छी करती हैं। यह चन्द्र मेष, सिंह वा धनु में हो तो डाक्टरों के लिए उत्तमयोग है। डाक्टर गरीबोंपर कृपा करते हैं—अपने पैसे से भी इनके प्राण बचाना चाहते हैं। इस चन्द्र से किसी अवयव में रोग हो तो वह बहुत देर तक स्थायी रहता है।

मेष, सिंह वा धनु में यह चन्द्र हो तो मनुष्य दृढ़प्रकृति का होता है। वृष, कन्या वा मकर का यह चन्द्र हो तो तापदायक होता है। क्योंकि वृष में अष्टमेश, कन्या में चतुर्थेश और मकर में व्ययेश होता है। वृश्चिक का यह चन्द्र धनेश होता है, मीन का हो तो दशमेश होता है। ऐसे योग से शारीरिक, मानसिक और आर्थिक कष्ट होते हैं। अपमान होता है शत्रु बढ़ते हैं। इस तरह छठेभाव के चन्द्र के फल अच्छे नहीं मिलते। यह चन्द्रमा पुरुषराशियों में हो तो कुछ कदर अच्छे फल मिलते हैं।

अथ सप्तम चन्द्र फल—

**"ददेद् दारशं सप्तमे शीतरश्मिः धनित्वं भवेदध्ववाणिज्यतोऽपि।
रतिं स्त्रीजने मिष्टभुक् लुब्धचेताः कृशः कृष्णपक्षे विपक्षाभिभूतः॥७॥"**

अन्वयः—सप्तमे (वर्तमानः) शीतरश्मिः दारशं ददेत्; अध्व वाणिज्यतः अपि धनित्वं भवेत्; (सः) कृष्णपक्षे स्त्रीजने रतिं (प्राप्नुयात्) सः मिष्टभुक्, लुब्धचेताः, कृशः विपक्षाभिभूतः (स्यात्)॥ ७॥

सं० टी०—सप्तमे शीतरश्मिः दारशं स्त्रीसुखं, अध्ववाणिज्यतः अपि विदेश व्यापाराद् अपि धनित्वं ददे। (सः) कृष्णपक्षे तु स्त्रीजन-रतिं तद्भाषणाद्यासक्ति नतु तत्सुखं, वा मिष्टभुक, लुब्धचेताः मिष्टभुंजि चेतो यस्य सः, कृशः दुर्बलः विपक्षाभिभूतः शत्रुभिः पराजितः भवेत्, इति शेषः॥ ७॥

अर्थ—जिस मनुष्य के जन्मलग्न से सातवेंस्थान में चन्द्रमा हो तो इसे स्त्रीसुख मिलता है; अथवा इसकी स्त्री स्वस्थ शरीरा होती है क्योंकि तन्दुरुस्त स्त्री से ही रतिसुख मिल सकता है। स्थल के व्यापार से, अथवा विदेश में जाकर व्यापार करने से इसे धनलाभ होता है। कृष्णपक्ष में स्त्रियों में अधिक प्रेम होता है। यह मनुष्य मीठे-मीठे भोजनों का आनन्द लेता है। इसका

चित्त अत्यन्त ललचाने वाला होता है। यह दुर्बल देह होता है। यह शत्रुओं से पराजित होता है ॥ ७ ॥

तुलना—"यदा कान्तागारं गतवति मृगाङ्के जनिमतां
कराक्रान्तेऽकस्याद्धनमपि भवेत् स्त्रीजनकुलात्।
अनंगप्राबल्यं वरनगरनारीरतिकला
प्रवीणो वै धीर-ध्वनि मतिरतीव प्रभवति ॥" **जीवनाथ**

अर्थ—जिस मनुष्य के जन्मसमय में चन्द्रमा सप्तमभाव में हो, और यह चन्द्र पूर्णबली होकर सप्तमभाव में हो तो इसे अकस्मात् किसी स्त्री-कुल से धनप्राप्ति होती है। इसे कामेच्छा-स्त्रीसहवासेच्छा तीव्र होती है। यह मनुष्य नगर में रहनेवाली सुन्दरी स्त्रियों के साथ रतिक्रीडा करने में विशेष चतुर होता है। इसकी वाणी गम्भीर होती है। यह गम्भीर बुद्धिवाला होता है।

टिप्पणी—'अध्ववाणिज्य' शब्द कई एक विशेष अर्थों का बोधक है। रास्ते में, बाजार में, सड़क पर पेवमैण्टशौप' से धन भी कमाया जाता है- इसका नाम भी 'अध्व वाणिज्य' हो सकता है-गावों-गावों में चल-फिर कर, फेरी लगाकर, धन पैदा करनेवाले वणिए भी "अध्ववणिक्" कहलाते हैं। बैलों पर, खच्चर-लादू घोड़ों पर-बैलगाड़ियों पर माल लादकर बेचनेवाले वणिए भी "अध्ववणिक्" कहलाते हैं। रेल द्वारा, जहाजों द्वारा, यातायात व्यापार से धन कमानेवाले व्यापारी भी "अध्ववणिक्" होते हैं। समुद्रयात्रा करके विदेश में जाकर व्यापार करनेवाले व्यापारी भी 'अध्ववणिक्' कहलाते हैं। "कृष्णपक्षे स्त्रीजने रतिं प्राप्नुयात्" इसका अभिप्राय यह नहीं है कि कृष्णपक्ष में कामवासना अधिक होती है और शुक्लपक्ष में कामेच्छा अल्प होती है। क्योंकि चन्द्रमा तो उद्दीपक विभाव है-चाँदनी में स्त्रीसुख की अभिलाषा अधिक और तीव्र होती है। श्वेताभिसारिकाएँ तो शुक्लपक्ष में ही रतिसुख प्राप्त करती हैं। कृष्णपक्ष में स्त्रीजनरति मिलती है-इसका संकेत कृष्णाभिसारिका स्त्रियों की ओर है। कामानल सन्तप्ता रमणियां निबिड-सूचीभेद्य अन्धकार में स्वप्रिय के वासस्थान पर स्वयं जाकर कामाग्निशान्त करती हैं। यह अन्तर्निहित तात्पर्य हो सकता है। भट्टजी शुष्कदैवज्ञ ही नहीं प्रत्युत सहृदय रसिक भी हैं। ऐसा प्रतीत होता है। इसी तरह जीवनाथ दैवज्ञ भी शृङ्गारशास्त्रनिष्णात प्रतीत होते हैं। इन्होंने "वरनगरनारी रतिकला प्रवीणः" इस विशेषण से यह बात साफ कर दी है। इनका दृष्टिकोण है कि नगरवासि नारियां ही हाव-भाव-कटाक्ष आदि से स्वप्रिय का चित्त अपनी ओर आकृष्ट कर सकती हैं। वेदी कामशास्त्रप्रतिपादित संभोग आसनादि में जानकारी रखती हैं, और रतिकुशला होती हैं। अतएव इनको प्रसन्न और सन्तुष्ट करना प्रत्येक पुरुष का काम नहीं है। इनको सन्तुष्ट करनेवाला शृङ्गारशास्त्रवेत्ता कोई विरला ही मनुष्य होता है। ऐसे मनुष्य को जन्म देने

वाला सप्तमभाव का चन्द्रमा है। वेश्याओं को प्रसन्न करने की कला इसमें होती है ऐसा अर्थ भी हो सकता है।

"ईर्ष्युः तीव्रमदो मदे" **आचार्य वराहमिहिर**

अर्थ—जिसके सप्तमभाव में चन्द्रमा हो वह पुरुष ईर्ष्यालु और अति कामी होता है।

"स्मरे दृष्टेः सौम्यः वरयुवतिकान्तोऽतिसुभगः॥" **मंत्रेश्वर**

अर्थ—यदि चन्द्रमा सप्तमभाव में हो तो पति-पत्नी-दोनों सुन्दर होते हैं। और इनका परस्पर प्रेम भी होता है।

"विमलवपुषि चन्द्रे सप्तमस्थे मनुष्यः रुचिरयुवतिनाथः कांचनाढ्यः सुदेही। शशिनि कृशशरीरे पापगे पापदृष्टे न भवति सुखभागी रोगिपत्नीपतिः स्यात्॥"

मानसागर

अर्थ—यदि पूर्णबली होकर चन्द्रमा सप्तमभाव में हो तो मनुष्य की पत्नी रुचिरा-अर्थात् मनोहारिणी सुन्दरी होती है। मनुष्य स्वयं भी सुन्दर रूपवान् होता है। और यह धनवान् भी होता है। यदि इस भाव का चन्द्रमा हीन-बली हो, पापीग्रह के साथ हो, अथवा इस पर पापीग्रह की दृष्टि हो तो यह मनुष्य सुख भोगनेवाला नहीं होता है और यह रुग्णास्त्री का पति होता है।

"चन्द्रे कामगते दयालुरटनः स्त्रीवश्यको भोगवान्॥" **वैद्यनाथ**

अर्थ—सप्तमभाव में चन्द्रमा हो तो मनुष्य दयालु होता है। यह भ्रमण-शील अर्थात् एक स्थान पर स्थिर रहने वाला नहीं होता है। यह स्त्रियों के वा अपनी स्त्री के वश में रहता है। इसे भोग प्राप्त होते हैं।

टिप्पणी—'स्त्रीजितः षण्डजितः' मनुष्य के दुर्लक्षण माने गए हैं।

"सौम्यो धृष्यः सुखितः सुशरीरः कामसंयुतो द्यूने।
दैन्यरुगार्दितदेहः कृष्णे संजायते शशिनि॥" **कल्याणवर्मा**

अर्थ—सप्तमभाव में चन्द्रमा हो तो मनुष्य नम्र, विनय से वश में आने-वाला, सुखी, सुन्दर और कामुक होता है। यह चन्द्र यदि हीनबली हो तो मनुष्य दीन और रोगी होता है।

"ईर्ष्युः सदंभोमदनातुरोऽस्वोऽनयांगहीनोऽस्तगते सुधांशौ॥" **जयदेव**

अर्थ—यदि चन्द्र सप्तमभाव में हो तो मनुष्य ईर्षालु, दांभिक, अत्यन्त कामी, निर्धन, नीतिहीन और अंगहीन होता है।

"चन्द्रे तु सप्तमे याते दुःखी कुष्ठी च वंचकः।
कृपणो बहुवैरीच्च जायते परदारकः॥" **काशिनाथ**

अर्थ—सप्तम में चन्द्रमा हो तो मनुष्य दुःखी, कोढ़ी, ठग, कंजूस, बहुत शत्रुओं वाला और परस्त्रीगामी होता है।

"महाभिमानी मदनातुरश्च नरो भवेत्क्षीणकलेवरश्च।
धनेन हीनो विनयेन चैवं चन्द्रेऽगनास्थानविराजमाने॥" **ढुंढिराज**

अर्थ—यदि चन्द्रमा सप्तमभाव में हो तो मनुष्य बहुत घमंडी, कामार्त्त, निर्बलशरीर, धनहीन और विनयहीन होता है।

"नरोभवेत् क्षीणकलेवरश्च धनेन हीनो विनयेनचन्द्रे।" वृहद्यवन

अर्थ—सप्तम में चन्द्र हो तो मनुष्य निर्बल, धन तथा विनय से रहित होता है।

"क्रये विक्रये वर्धतेऽसौ विशेषात् ॥" जागेश्वर

अर्थ—चन्द्र यदि सप्तम में हो तो मनुष्य माल खरीदने और बेचने से समृद्ध होता है।

"जामित्रे चन्द्रशुक्रौ च बहुपत्न्यो भवन्ति हि ॥" शुक्रजातक

अर्थ—सप्तम में चन्द्र हो और सप्तम में शुक्र हो तो 'बहुभार्यायोग' होता है।

"स्त्रीनाशकृद् युग गुणैः रविरिन्दुरेव मृत्युं च ॥" वृहद्यवनजातक

अर्थ—सप्तम चन्द्र हो तो १५ वें वर्ष मृत्यु के समान कष्ट होता है। सप्तम चन्द्र और सूर्य स्त्रीपक्ष में हानिकारक हैं।

"महाभिमानी मदनातुरश्च नरो भवेत् क्षीणकलेवरश्च।
धनेन हीनो विनयेन चन्द्रे चन्द्राननना स्थान विराजमाने ॥" महेश

अर्थ—कलत्रभाव में (सप्तमभाव में) चन्द्रमा हो तो मनुष्य भारी घमंडी होता है। यह मनुष्य कामार्त्त, दुर्बल, धनहीन और नम्रताहीन अर्थात् उद्धत होता है।

"जन्मकानगः कमर्यदा भवेन्नरो भृशम्।
गुल्फरू यशी गनी यशः करोत्यहर्निशम् ॥" खानखाना

अर्थ—सप्तम चन्द्र हो तो मनुष्य सुंदर, नीरोग, धनी और यशस्वी होता है।

भृगुसूत्र—मृदुभाषी, पार्श्वनेत्रः, द्वात्रिंशद्वर्षे स्त्रीयुक्तः। स्त्रीलोलः। स्त्रीमूलेन ग्रंथिशस्त्रादिपीड़ा। राजप्रसाद लाभः। भावाधिपे बलयुते स्त्रीद्वयम्। क्षीणचन्द्रे कलत्रनाशः। पूर्णचन्द्रे बलयुते स्वोच्चे एकदारवान्। भोगलुब्धः ॥"

अर्थ—जिसके जन्मसमय में जन्मलग्न से सप्तमभाव में चन्द्रमा हो तो वह मनुष्य नम्र और मीठी वाणी बोलनेवाला होता है। इसके नेत्र एक समान नहीं होते, अर्थात् यह विषमनेत्र होता है। बत्तीसवें वर्ष में यह स्त्री के साथ युक्त होता है अर्थात् इसको स्त्रीलाभ होता है। यह स्त्री लंपट होता है। स्त्रियों के कारण इसे ग्रन्थि रोग होते हैं और शस्त्र आदि के अपघात से पीड़ा होती है। इसे रहने के लिए राजप्रासाद जैसा उत्तम मकान मिलता है। यदि भावेश बलवान् हो तो दो स्त्रियों से सुख मिलता है। यदि चन्द्रमा हीनबली हो तो स्त्री की मृत्यु होती है। यदि इस भाव का चन्द्र पूर्ण बलवान् हो। वा स्वक्षेत्री हो। वा अपनी उच्चराशि का हो एक ही स्त्री होती है। मनुष्य भोगोपभोग में आसक्त रहता है।

यवनमत—यह नीरोग, धनवान, रूपवान, कीर्तिमान, यशस्वी और विख्यात होता है।

पाश्चात्यमत—इस व्यक्ति को विवाह से और वारत की हैसियत से अच्छा धन लाभ होता है। इस चन्द्र पर शुभ ग्रह की दृष्टि हो, अथवा मित्र-गृह में, स्वगृह में या उच्च का हो तो अच्छा लाभ होता है। जलपर्यटन, व्यापार, सट्टा, पानी से उत्पन्न होनेवाले पदार्थों से इसे फ़ायदा होता है। इस व्यक्ति का विवाह २४ से २८ वें वर्ष में होता है। इसका प्रेम अस्थिर होता है। इसे साझीदारी के व्यापार में बहुत फायदा होता है। इस चन्द्र पर अशुभ ग्रह की दृष्टि हो तो स्त्री के सम्बन्ध से कष्ट होते हैं।

विचार और अनुभव—यह चन्द्र वृषभराशि में हो तो दो विवाह होने की विशेष संभावना होती है। ऐसी स्थिति में चन्द्र भाग्येश है, अतः विवाह होते ही भाग्योदय का प्रारंभ होता है और जब तक पत्नी जीवित रहती है तब तक उन्नति होती है। इसकी मृत्यु होते ही अवनति होती है। व्यवसाय, में, नौकरी में भी स्थिरता नहीं होती। कई व्यवसाय और कई नौकरियाँ करनी पड़ती हैं। कई एक परिवर्तन होते हैं। यह अस्थिरता ३६ वें वर्ष तक रहती है। मेष, मिथुन वा तुलाराशि हो तो पत्नी प्रभावशील, इसका मुख भी प्रभावी होता है। सिंह वा धनु में चेहरा गोल और हँसोड़ होता है। कुम्भ में चेहरा साधारण होता है।

जिसके सप्तम में चन्द्र हो तो वह मनुष्य यदि किराने की दुकान, दूध की दुकान, दवाइयों की दुकान, मसाले और अनाज का व्यापार करे तो लाभ रहेगा। होटल, बेकारी, कमीशनएजेण्टी, इन्श्युरेन्स का काम करे तो भी लाभ होगा। यह चन्द्र स्त्रीराशि का हो तो व्यभिचारी प्रवृत्ति होती है। इस भाव का चन्द्र पुरुषराशि में हो तो पत्नी में अधिक आसक्ती होती है। इस भाव का चन्द्र सभी राशियों में व्यभिचार की ओर ले जाता है। इस मत का अनुभव करना होगा।

अष्टमभावस्थित चन्द्र का भावफल—

"सभा विद्यते भैषजी तस्यगेहे पचेत् कर्हिचित् क्काथमुद्गोदकानि।
महाव्याधयो भीतयो वारिभूताः शशीक्लेशकृत् संकटान्यष्टमस्थः"॥८॥

अन्वय—शशी (यस्य) अष्टमस्थः (स्यात्) तस्यगेहे भैषजी सभा विद्यते, कर्हिचित् क्काथमुद्गोदकानि पचेत्, अरिभूताः महाव्याधयः भीतयः संकटानि वा (भवन्ति) (अयं शशी) क्लेशकृत् भवति ॥ ८ ॥

सं०-टी०—तस्य गेहे भैषजी भिषजां वैद्यानां इयं, सदा क्काथमुद्गउदकानि पचेत्। ज्वरादि-अभिभूतत्वे सति तन्निवारणाय बहवो वैद्याः यत्नवन्तः स्युः इतिभावः। कर्हिचित् वारिभूता जलनिदानभवा महाव्याधयो राजरोगादयः,

भीतयः जलनिमज्जनभयानि संकटानि दुर्जनादिजड़ निमित्त वेधनानि दुःखानि भवन्ति । एवं शशी, यदि अष्टमस्थः तदा क्लेशकृत् कष्टकारकः स्यात् ॥ ८ ॥

अर्थ—जिस मनुष्य के जन्मसमय में जन्मलग्न से आठवें स्थान में चन्द्रमा हो तो इसे कई प्रकार के रोगों से, अर्थात् साध्य वा असाध्य रोगों से—पीड़ा रहती है—इन रोगों के निदान के लिए तथा उपचार और निवारण के लिए वैद्य, डाक्टर और हकीम बुलाए जाते हैं। इस तरह इस मनुष्य के घर में वैद्यों आदि की सभा भरी रहती है। कोई वैद्य जड़ी बूटियों का काढ़ा तैय्यार करवाता है। कोई पथ्य करवाने के लिए मूंग पकवाता है। और कोई आसव-अरिष्ट वा शर्बत बनवाता है—इस तरह ये वैद्य लोग अपने-अपने ज्ञान और अनुभव के अनुसार व्याधियों के निवारण के लिए प्रयत्न करते हैं। शत्रुरूप वा शत्रुमूलक बड़ी-बड़ी व्याधियाँ, भय और आपत्तियाँ इसके पीछे सदैव लगी रहती हैं। किसी टीकाकार ने 'वारिभूता भीतयः' ऐसी योजना करके 'जल में डूबकर मर जाने का भय भी होता है।' ऐसा अर्थ किया है। किसी एक ने "वारिभूता महाव्याधयः।" ऐसी योजना करके जलोदर आदि जलजन्यरोगों से भय होता है" ऐसा अर्थ किया है। इस तरह आठवें भाव का चन्द्रमा कष्टकारी होता है ॥ ८ ॥

तुलना—"यदा मृत्युस्थानं गतवतिशशांके बलयुते,
महारोगातंकः प्रवलरिपुशंका च भवति।
क्वचित् क्वाथं मुद्गोदकमपि पचंतीहभिषजाः,
सदासद्वैद्यानां कलकलरवस्तस्य सदने ॥" **जीवनाथ**

अर्थ—जिस मनुष्य के जन्मसमय में अष्टमभाव में बली चद्रमा हो तो इसे महारोगों का भय, अर्थात् असाध्य राजरोगों का भय लगा रहता है। बलवान् शत्रु मुझपर आक्रमणकारी न हों-ऐसा सन्देह भी इसे बना रहता है। इसके घर में वैद्यों के उत्तमोत्तम अनुभवी डाक्टरों वा हकीमों के आदेश से जड़ी-बूटियों का काढ़ा, मूँग को दाल का रस, बनता रहता है। तथा बड़े-बड़े वैद्यों का जमाव भी होता रहता है। चूँकि इस मनुष्य को सदैव कोई न कोई बीमारी लगी रहती है, अतः वैद्यों की सभा भी लगी रहती है।

टिप्पणी—दूषित चन्द्र निम्नलिखित रोग करता है:—अरुचि, मंदाग्नि, जलदोष, शीतज्वर पांडुरोग, कमलवायु, प्रमेह, वाताधिक्य, कफ, अतिसार, पीनस, रक्त के विकार।

"अष्टमे तारकानाथे दीनोऽल्पायुः सकष्टकः।
प्रगल्भश्च कृशांगश्च पापबुद्धिः भवेन्नरः ॥" **काशिनाथ**

अर्थ—जिसके अष्टमभाव में चन्द्रमा हो तो वह मनुष्य दीन, अल्पायुः कष्टयुक्त-प्रगल्भ, दुर्बल और पापी होता है।

"सोद्विग्न चिंतामय कार्श्यनिःस्वो भूपाल चौरात्तभयोऽष्टमेऽब्जे ॥" **जयदेव**

अर्थ—अष्टमभाव में चन्द्र के होने से मनुष्य उद्विग्नमन, चिन्तायुक्त, रोगी होने से दुर्बलशरीर और निर्धन होता है। इसे राजा और चोरों से संत्रास और भय होता है।

"बहुमतिः व्याध्यर्दितः चाष्टमे ॥" **आचार्यवराहमिहिर**

अर्थ—अष्टम चन्द्रमा हो तो मनुष्य स्थिरबुद्धि नहीं होता है। यह व्याधियों से पीड़ित रहता है।

"मृतौ रोग्यल्पायुः ॥" **मन्त्रेश्वर**

अर्थ—यदि चन्द्र अष्टमभाव में हो तो मनुष्य रोगी और अल्पायु होता है।

"नाना रोगैः क्षीणदेहोऽतिनिःस्व श्चौराराति क्षोणीपालाभितप्तः।
चित्तोद्वेगैः व्याकुलो मानवः स्यादायुः स्थाने वर्तमाने हिमांशौ ॥" **ढुंढिराज**

अर्थ—जिसके आयुः स्थान (अष्टम) में चन्द्र हो तो यह कई प्रकार के रोगों से पीड़ित रहने के कारण निर्बल देह होता है। यह अतीव निर्धन होता है। इसे चोरों से, शत्रुओं से, एवं राजा से संत्रास रहता है। इसका चित्त उद्वेग के कारण व्याकुल रहता है।

"अतिमति रति तेजस्वी व्याधि विबंध क्षपितदेहः।
निधनस्थे रजनिकरे स्वल्पायुः भवति संक्षीणे ॥" **कल्याणवर्मा.**

अर्थ—अष्टम में चन्द्र के होने से मनुष्य बुद्धिमान् और तेजस्वी होता है। कई प्रकार के रोगों के होने से यह क्षीणकाय होता है। इसकी आयु थोड़ी होती है।

"रणोत्सुकः त्यागविनोदविद्या शीलः शशांके सति रंध्रयाते ॥" **वैद्यनाथ**

अर्थ—जिसके अष्टमभाव में चन्द्र हो तो वह मनुष्य युद्ध करने के लिए उत्सुक रहता है। यह दानी, विनोदशील और विद्वान् होता है।

"निधन भवन संस्थे शीतरश्मौ नराणां, निधनमचिरकाले पापगेहे ददाति।
निजभृगुगुरुगेही सौम्यगेही च पूर्णः, जनयति बहुदुःखं श्वासकासादि रोगैः ॥"
मानसागर

अर्थ—जिसके जन्मसमय में जन्मलग्न से आठवें स्थान में चन्द्रमा पापी ग्रह भी राशि में हो तो मनुष्य अल्पायु होता है।

इस भाव का चन्द्रमा यदि स्वगृही हो, शुक्र वा गुरु के घर में हो अथवा बुध की राशि में हो तो, और स्वयं पूर्णवलवान् हो तो मनुष्य को श्वास-कास-आदि नानाविध दुःख होते हैं और यह सदा दुःखी रहता है।

"ध्रुवंनेत्र रोगी तथा शीतपीडा तथा वायुरोगाः शरीरे भवेयुः।
क्षणं नीयते तस्य मूर्छा क्षणंस्याद् यदा मृत्युगः चंद्रमा वै जनानाम् ॥"
उदयभास्कर

अर्थ—जिसके जन्मलग्न से आठवें स्थान में चन्द्रमा हो तो इसे नेत्रों के रोग होते हैं। शीतज्वर की पीड़ा होती है। शरीर में वायुप्रधान रोग होते हैं। और इसे क्षण-क्षण में मूर्छा रोग होता है।

"कृष्णपक्षे दिवाजातः शुक्लपक्षे यदानिशि।
तदा षष्ठाष्टमश्चन्द्रो मातृवत् परिपालकः॥" आर्यग्रन्थकर्ता

अर्थ—कृष्णपक्ष में दिन में जन्म हो—और शुक्लपक्ष में रात्रि में जन्म हो तो छटा अथवा आठवां चन्द्रमा माता के समान मनुष्य की रक्षा करता है।

टिप्पणी—कृष्णपक्ष में जन्म दिन में हो तो सूर्य नवम से लेकर लग्न तक किसी स्थान में हो सकता है। यदि जन्म शुक्लपक्ष में रात्रि में हो तो सूर्य धनस्थान से सप्तम स्थान तक किसी स्थान में होगा अतः इस प्रकार का योग दीर्घायु देता है।

अल्पायु योग तब होगा जब चन्द्र अमावस में हो। अथवा चन्द्र रवि के निकट हो।

प्राचीन ग्रन्थकारों के अनुसार अष्टमचन्द्र का मनुष्य अतीव निर्धन होता है—इस परिस्थिति में इसे राजा से भय और चोरों से भय क्योंकर हो सकता है, क्योंकि राजा दंड द्वारा धनापहरण करता है और चोर चोरीकर के धन लूट लेते हैं। दोनों परिस्थितियों में संत्रास और भय का मूलकारण धनसत्ता है। यह बात विचारयोग्य है। अष्टमभाव का चन्द्रमा धनदाता भी होता है—यदि इस पक्ष को मन में रखाजावे तो राजा और चोरों से भय होना भी संभव है।

नानारोगैः क्षीणदेहोऽतिनिःस्वः चौराराति क्षीणपालाभितप्तः।
चित्तोद्वेगैः व्याकुलो मानवः स्यादायुः स्थाने वर्तमाने हिमांशौ॥" महेश

अर्थ—यदि चन्द्रमा अष्टम हो तो मनुष्य नानाविध रोगों के कारण निर्बल शरीर होता है' यह अतीव निर्धन होता है। इसे चोरों से, शत्रुओं से और राजा से त्रास और भय बना रहता है यह मनुष्य चित्त में उद्वेग होने से व्याकुल रहता है।

"उमर्गृहे कमर्यदा नरो भवेत् सदाऽऽमयी।
व हिर्जगुर्द गुस्सवर्व देशमुकू च निर्द्दयी॥" खानखाना

अर्थ—यदि चन्द्रमा अष्टमभाव में हो तो मनुष्य रोगी। बेकार घूमनेवाला, क्रोधी, अपना देशत्याग करदेनेवाला और दयाहीन होता है।

भृगुसूत्र—अल्पवाहनवान्। तटाकादिषु गंडः। स्त्रीमूलेन बन्धुजनपरित्यागी। स्वर्क्षे स्वोच्चे दीर्घायुः। क्षीणे वा मध्यमायुः॥"

अर्थ—जिस मनुष्य के जन्मलग्न से अष्टमस्थान में चन्द्रमा हो तो इसे वाहनसुख थोड़ा मिलता है। तालाब, कुंआ आदि में डूबकर मर जाने का भय रहता है। यह चन्द्रमा यदि स्वक्षेत्र (कर्क) में हो, वा अपने उच्चस्थान वृष में हो तो मनुष्य दीर्घायु होता है। हीनबली चन्द्र के होने से मनुष्य मध्यमायु होता है। स्त्री के कारण इसे बन्धुओं का त्याग करना पड़ता है।

टिप्पणी—ज्योतिःशास्त्र में, आयु तीन प्रकार की होती है—ऐसा कथन हैः—अल्पायु ३२ से ३५ तक, मध्यमायु-३२-३५ से ७० तक,-पूर्णायु ८० से १०० तक। १०० से १२० तक परमायु समझनी चाहिए।

यवनमत—यह सदारोगी, दुःखी, क्रोधी, दुराग्रही, निर्दय और दुर्जनों द्वारा पीड़ित होता है। इसे देश त्याग करना पड़ता है। यह चन्द्र पापग्रह में अथवा पापग्रह से युक्त हो तब तो ये अशुभफल निश्चय से मिलते हैं।

पाश्चात्यमत—इस चन्द्र के फलस्वरूप मृत्युपत्र द्वारा अथवा वारिस के अधिकार से अथवा विवाह के द्वारा विशेष लाभ होता है। चन्द्रउच्च का, अथवा स्वगृह में हो तो ये लाभ होते हैं। पापग्रह से युक्त हो तो ये लाभ नहीं होते।

विचार और अनुभव—मेष, सिंह, धनुराशियों में अष्टमभाव का चन्द्र हो तो किसी न किसी मार्ग से धन मिलता है। मिथुन, तुला, वा कुम्भ में यह चंद्र हो तो पत्नी अच्छी मिलती है किन्तु कुछ कलहकारक होती है यह विशेष फल इन छहों राशियों में चन्द्र के होने से होता है। कर्क, वृश्चिक, धनु वा मीन लग्न हो, लग्न से चन्द्रमा अष्टमभाव में हो तब मनुष्य योगाभ्यासी, उपासक वा वेदान्ती होता है। स्त्रीराशि में चन्द्र हो तो घर की गुप्त बातें नौकरों से बाहर निकल जाती हैं। आयु का ४४ वाँ वर्ष सम्पत्ति नाशक होता है।

नवमभावस्थित चन्द्र का फलः—

**"तपोभावगस्तारकेशो जनस्य प्रजाश्च द्विजाः वेदिनः तं स्तुवन्ति।
भवत्येव भाग्याधिको यौवनादेः शरीरे सुखं चन्द्रवत् साहसं च॥ ९॥"**

अन्वयः—(यस्य) जनस्य तारकेशः तपोभावगः (अस्ति) तं प्रजाः, द्विजाः, वन्दिनश्च स्तुवन्ति। (सः) यौवनादेः भाग्याधिकः भवति। (तस्य) शरीरे सुखं चन्द्रवत् साहसं च भवति एव॥ ९॥

सं०-टी०—यस्य जनस्य तपोभावगः नवमस्थः तारकेशः चन्द्रः, तं द्विजाः ब्राह्मण क्षत्रियविशः वंदिनः स्तुतिपाठकाः प्रजाः तदितरजनाः स्तुवन्ति गुणारोपं कुर्वन्ति। यतो यौवनादेः यौवनस्य प्रथमे काले शूरत्व-धनत्व-शीलव्यवहारादि हेतोः भाग्याधिकः भवत्येव। तथा शरीरे सुखं साहसं मनः प्रागल्भ्यं चन्द्रवत् शोभनं, अथवा कदाचिद् वर्द्धमानं कदाचिद् हीयमानं भवति, इत्यनेन एव अन्वयः॥ ९॥

अर्थ—जिस मनुष्य के जन्मलग्न से नवमस्थान में चन्द्रमा हो तो इसकी स्तुति-इसका गुणगान जनता के लोग, ब्राह्मण लोग और वन्दी लोग (भाटलोग) करते हैं। यह मनुष्य यौवनावस्था के प्रारम्भ से ही भाग्यवान् होता है। यह शरीर से सुखी रहता है। इसका साहस-अर्थात् पराक्रम चन्द्रमा के समान बढ़ता-घटता रहता है॥ ९॥

टिप्पणी—प्राचीन भारत में राजाओं और महाराजाओं के दरबार में भाट लोग इनका गुणगान करते थे-इनकी स्तुतिविषयक कवित्त पढ़ते थे और इनाम पाते थे। ब्राह्मण लोग आशीर्वाद देने आते थे। प्रशंसात्मक श्लोक पढ़ कर सुनाते थे और उचित पुरस्कार भी पाते थे। इसी तरह सर्वसाधारण लोग भी इनका गुणगान करते थे क्योंकि ये राजा-महाराजा प्रजाहित के काम करके प्रजा का मनोरंजन भी करते रहते थे।

तुलना—तपः स्थाने राकापतिरिह यदा जन्मसमये
स्तुवंति व्यामोहात् प्रबलरिपश्चापि कृतिनः।
तमर्थानामाप्तिः परमकमनीयंमुखमलं
सुखंचांगे राकापतिवदमितं तस्य सततम् ॥" **जीवनाथ**

अर्थ—जिस मनुष्य के जन्मसमय में चन्द्रमा नवमभाव में हो तो उसके बलवान् शत्रुगण किंकर्तव्य विमूढ़ होकर तथा सन्तगण भी स्तुति करते हैं। उसे धन का लाभ, पूर्णचन्द्र के समान सुन्दर मुख और चन्द्रमा के समान ही शारीरिक सुख होता है, अर्थात् जिस प्रकार चन्द्रमा क्षीण तथा पूर्ण होता रहता है उसी प्रकार शारीरिक बल भी घटता बढ़ता-रहता है।

"जनप्रियः सात्यजबन्धुधीरः सुधर्मधीः द्रव्य युतः त्रिकोणे ॥" **जयदेव**

अर्थ—नवम में चन्द्रमा हो तो मनुष्य जनता का प्यारा, पुत्रवान्, बन्धुयुक्त धीर, धर्मात्मा और धनवान् होता है।

"धर्मे चन्द्रे चारुकान्तिः स्वधर्मनिरतः सदा।
वीतरोगः सतांश्लाध्यः पापहीनश्च जायते ॥" **काशीनाथ**

अर्थ—जिसके नवमभाव में चन्द्रमा हो तो वह मनुष्य सुन्दर, स्वधर्मपरायण, नीरोग, सज्जनमान्य और निष्पाप होता है।

"तपसि शुभधर्मात्मसुतवान् ॥" **मन्त्रेश्वर**

अर्थ—नवमभाव में चन्द्रमा हो तो मनुष्य धार्मिक और पुत्रवान् होता है।

"सौभाग्यात्मज मित्रबंधु धनभाग् धर्मस्थिते शीतगौ ॥" **आचार्यवराहमिहिर**

अर्थ—जिसके नवमभाव में चन्द्रमा हो तो वह मनुष्य, सौभाग्य, पुत्र, मित्र-बन्धु और धन, इनसे युक्त होता है।

"कलत्र पुत्र द्रविणोपपन्नः पुराण वार्ता श्रवणानुरक्तः।
सुकर्म सत्तीर्थपरो नरः स्याद् यदाकलावान् नवमालयस्थः ॥" **ढुंढिराज**

अर्थ—जिसके नवमभाव में चन्द्रमा हो वह मनुष्य स्त्री-पुत्र और धन से युक्त होता है—इसका अनुराग और प्रेम पुराणों की कथा श्रवण करने में होता है। यह मनुष्य शुभकर्मकर्ता और उत्तम तीर्थ करनेवाला होता है।

'दैवतपितृ कार्यपरः सुखधनमति पुत्र संपन्नः।
युवतिजन नयनकान्तः नवमे शशिनि प्रजायते मनुजः ॥" **कल्याणवर्मा**

अर्थ—जिसके नवम में चन्द्र हो वह मनुष्य देवभक्त तथा पितृभक्त होता है। इसे सुख, धन, बुद्धि और पुत्रों का सुख मिलता है। यह उन्मत्त यौवनारूढ़ स्त्रियों के आँखों का तारा होता है।

"नवमभवनसंस्थे शीतरश्मौ प्रपूर्णे बहुतर सुख भक्त्या कामिनीप्रीतिकारी।
न भवति धनभागी नीचगे क्षीणदेहे विमलपथविरोधी निर्गुणो मूढ़चेताः॥"

मानसागर

अर्थ—जिस मनुष्य के जन्मसमय में जन्मलग्न से नवमस्थान में चन्द्रमा हो और यह चन्द्र पूर्ण बलवान् हो तो यह बहुत प्रकार के सुख भोगता है। और अपनी स्त्री को सुख देनेवाला होता है। इस भाव का चन्द्रमा यदि हीनबली हो। वा नीच राशि का हो तो मनुष्य निर्धन, निर्गुण और मूर्ख होता है और यह सन्मार्ग से विरुद्ध चलनेवाला होता है।

"चन्द्रे पैत्रिक देवकार्य निरतः त्यागी गुरुस्थे यदा॥" **वैद्यनाथ**

अर्थ—नवमभाव में चन्द्र हो तो मनुष्य तर्पण-श्राद्ध-सन्ध्या-देवपूजा आदि कार्यों का करने वाला और दानशील होता है।

मध्यभाग्यं भवेद्धर्मे पितृपक्षपरायणः।
धर्मे पूर्णनिशानाथे क्षीणे सर्वं विनाशयेत्॥" **आचार्यगर्ग**

अर्थ—जिसके नवम में पूर्णबली चन्द्रमा हो वह मध्यम वय में भाग्यशाली होता है। यह श्राद्ध आदि पितृकर्म में श्रद्धा रखता है। यदि इस भाव का चन्द्रमा हीनबली हो तो मनुष्य का सर्वनाश होता है।

"कलत्रपुत्र द्रविणोपपन्नः पुराणवार्ता श्रवणानुरक्तः।
सुकर्मसत् तीर्थ परो नरः स्यात् यदा कलावान् नवमालयस्थः॥" **महेश**

अर्थ—जिसके नवमभाव में चन्द्रमा हो तो उस मनुष्य को स्त्री-पुत्र और धन प्राप्त होते हैं। यह पुराणों की कथा सुनकर प्रसन्न होता है। यह शुभ कर्म कर्ता होता है। यह उत्तम-उत्तम तीर्थों की यात्रा करता है।

"नशीवखानगः कमर्मुईशसंज्ञकं नरम्।
मुतम्म विल्ल आमिलं सिकम्युकं करोति वै॥" **खानखाना**

अर्थ—यदि चन्द्र नवमभाव में हो तो मनुष्य तेजस्वी, अत्यन्तधनी ईश्वर को जाननेवाला और सवारियों पर चलने वाला होता है।

भृगुसूत्र—बहुश्रुतवान्, पुण्यवान् तटाक-गोपुरादि निर्माण पुण्यकर्ता। पुत्र भाग्यवान्। पूर्णचन्द्रे बलयुते बहुभाग्यवान्। पितृदीर्घायुः। पापयुते पापक्षेत्रे भाग्यहीनः। नष्टपितृमातृकः।

अर्थ—जिस मनुष्य के जन्मलग्न से नवमस्थान में चन्द्रमा हो तो यह बहुश्रुत होता है अर्थात् बहुशास्त्रनिष्णात होता है और ज्ञानवान् होता है। यह पुण्यकर्मों के करनेवाला होता है। यह लोगों के सुख के लिए तालाब बनवाता है। मन्दिर और धर्मशाला आदि बनवाता है और इष्ट-आपूर्त पुण्य-

कर्म करता है। इसे पुत्रों से सुख मिलता है। यदि इस भाव का चन्द्रमा पूर्णबली हो तो मनुष्य विशेष भाग्यवान् होता है। इसका पिता दीर्घायु होता है। इस भाव के चन्द्रमा के साथ पापग्रह युति करता है अथवा यह चन्द्र पापग्रह की राशि में हो तो यह मनुष्य अभागा होता है। इसके पिता और माता की मृत्यु होती है।

"कान्ता भोगी शशांके न" ॥ हीरादीप

अर्थ—यह अनेक स्त्रियों का पति होता है। यहाँ पर "कान्तानां भोगी" ऐसा समास करना होगा।

"चन्द्रे चतुर्विंशतिः फलमिदं लाभोदये संस्मृतम्" ॥ **बृहद्यवनजातक**

अर्थ—नवम चन्द्र के फलस्वरूप २४ वें वर्ष में लाभ होता है।

यवनमत—यह व्यक्ति तेजस्वी, धनवान्, ईश्वरभक्त और प्रवासी होता है।

पाश्चात्यमत—यह जलमार्ग से प्रवास करता है। धर्म और शास्त्रों का प्रेमी, अध्यात्मज्ञानी, योगी, कल्पनाशक्ति से युक्त, स्थिरचित्त और अभिमानी होता है।

पत्नी के संबंधियों से और अपने आप्तजनों से इसे अच्छा साहाय्य मिलता है किन्तु यह चन्द्र बलवान् और शुभ-संस्कारों से युक्त होना चाहिए। इस पुरुष को कानून, हिस्सेदारी शास्त्रीयज्ञान और जलपर्यटन से अच्छा लाभ होता है।

विचार और अनुभव—नवमस्थ चन्द्र पुरुषराशि में हो तो मनुष्य को एक-दो वा बहुत छोटे भाई होते हैं। परन्तु बड़ाभाई नहीं होता है। यदि हुआ तो अलग रहता है। छोटी बहिनें नहीं होती हैं। स्त्रीराशि में इस भाव का चन्द्र हो तो ऊपर लिखे फल से विपरीत फल होता है। बड़ी बहिन नहीं होती। छोटे भाई नहीं होते। छोटी बहिनें होती हैं।

नवमस्थ चन्द्र दूषित हो, वा स्त्रीराशि का हो तो पुत्र सन्तान बहुत देर से ४८ वें वर्ष के करीब होती है। यह भी संभव है कि पुत्र सन्तान हो ही नहीं।

सिंह राशि का चन्द्र हो तो मृत्यु के समय भाग्योदय होता है। धनुराशि का चन्द्र हो तो कुलकीर्ति बढ़ती है।

मेष राशि का चन्द्र हो तो भाग्योदय में कठिनता आती है। कर्क, वृश्चिक, मीन, मेष, सिंह तथा धनुराशि का चन्द्र हो तो मनुष्य लेखक, प्रकाशक, वा मुद्रक होता है।

वृष, कन्या और मकर का चन्द्र हो तो मनुष्य अर्धशिक्षित रह जाता है।

मिथुन, तुला और कुम्भ का चन्द्रमा हो तो मनुष्य पूर्णतया शिक्षित तो होता है किन्तु रास्ते में रुकावटें और अड़चनें बहुत आती हैं।

दशमभावस्थित चन्द्रफल—

"सुखं वान्धवेभ्यः खगे धर्मकर्मा समुद्रांगजेशं नरेशादितोऽपि।
नवीनांगना वैभवे सुप्रियत्वं पुरा जातके सौख्यमल्पं करोति" ॥१०॥

अन्वयः—जातके खगे समुद्रांगजे (स्थिते) धर्मकर्मा, बांधवेभ्यः सुखं, नरेशादितः अपिशं, नवीनांगना वैभवे सुप्रियत्वं (च) (लभते) पुरा अल्पं सौख्यं करोति ॥ १० ॥ "पुरा जात के अल्पं सौख्यं करोति "इत्यपि योजना क्वचित दृश्यते ॥ १० ॥

सं०-टी०—समुद्रांगजे अब्धिसुते चन्द्रे खगे दशमे सति धर्मकर्मा पुण्यकारी सन् बांधवेभ्यः सुखं, नरेशादितः राजप्रभृतिजनेभ्यः शं कल्याणं अपि, नवीनांगनानां वैभवे प्रभुत्वे सुप्रियत्वं सुतरां वल्लभत्वं, तथा पुराजातके प्रथमे सुते अल्पसौख्यं, यद्वा, पुराजायते अग्रे भवति इतिपुरगणजातकः भृत्यः, तस्मिन् स्वल्पं सुखं करोति प्राप्नोति, इत्यर्थः ॥ १० ॥

अर्थ—जिस मनुष्य के जन्मसमय में जन्मलग्न से दशमभाव में चन्द्रमा हो तो वह धर्मात्मा होता है। इसे बन्धु-बान्धवों से सुख प्राप्त होता है। राजा से अथवा तत्समान धनी-मानी लोगों से भी सुख प्राप्त होता है। नवीन-अंगना-अर्थात् नवपरिणीतास्त्री के ऐश्वर्य-प्रभुत्व और मान को देखकर इसे बड़ी प्रसन्नता होती है। किन्तु इसे बाल्यावस्था में अल्पसुख मिलता है। अर्थात् इसका बचपन कष्टमय व्यतीत होता है और यौवन में सर्वप्रकार का सुख प्राप्त होता है। "इस मनुष्य को ज्येष्ठपुत्र से पूर्णसुख प्राप्त नहीं होता है। अर्थात् इसका और इसके जेठेपुत्र का परस्पर वैमनस्य (मनमुटाव) रहता है।

तुलना—"यदा कर्मस्थानं गतवति तमीशे जनिमतां ,
स्वबंधुभ्यः सौख्यं नरपति कुलादर्थ निचयः।
नवीनाभिः नित्यं नगरवनिताभिः सुरतजं ,
सुखं पूर्वापत्ये प्रभवति सुखं नैव सततम् ॥" **जीवनाथ**

अर्थ—जिस मनुष्य के जन्मसमय में जन्मलग्न से दशमस्थान में चन्द्रमा हो तो इसे बन्धु-बान्धवों से सुख मिलता है। राजकुल से धन का लाभ होता है। नित्य नवीना नगरवासिनी नारियों से रतिसुख मिलता है।

परन्तु अपने ज्येष्ठ पुत्र से सुख नहीं होता है।

टिप्पणी—ज्येष्ठपुत्र से सुख प्राप्त न होना-दो परिस्थितियों में से सम्भव है—१ पिता-पुत्र का परस्पर वैमनस्य, (२) ज्येष्ठपुत्र-अर्थात् अग्रजात पुत्र की मृत्यु। पञ्चमस्थान से दशमस्थान छठा है—अतः प्रथम परिस्थिति सम्भव है। ऐसे बहुत से परिवार देखने में आते हैं जहाँ पिता और जेष्ठपुत्र के सम्बन्ध अच्छे नहीं होते—परस्पर अदालती झगड़ों तक नौबत आती है—विभाजन होता है--पृथक्-पृथक् निवास होता है।

यदि व्ययस्थान का अधिपति चन्द्रमा दशमभाव में हो तो प्रथम पुत्र की मृत्यु भी सम्भव है—और यह दूसरी परिस्थिति है। मनुष्य के कलेजे में चुभनेवाले शल्य इस संसार में बहुत हैं। किन्तु इनमें से तीक्ष्णतम शल्य पिता के लिए प्रथम पुत्र की मृत्यु होती है। स्मरण रहे कि दशमस्थान संतति स्थान नहीं है।

"निष्पत्तिं समुपैति धर्म-धन-धीशौर्यैः युतः कर्मगे ॥" आचार्य वराहमिहिर

अर्थ—यदि दशमभाव में चन्द्रमा हो तो मनुष्य सब कामों को निष्पन्न-सम्पादन करनेवाला होता है। यह धर्मात्मा, धनी, बुद्धिमान् और शौर्य सम्पन्न होता है।

"जयी सिद्धारम्भो नभसि शुभकृत् सत् प्रियकरः ॥" मन्त्रेश्वर

अर्थ—यदि दशमभाव में चन्द्रमा हो तो मनुष्य सर्वत्र विजय पाता है। यह जिस काम को हाथ में लेता है इसमें इसे सफलता मिलती है। यह शुभ कर्म करता है। यह सत्पुरुषों के लिए लाभदायक कामों के करनेवाला होता है। अथवा सज्जनों के साथ उपकार करनेवाला होता है।

"लक्ष्मी सुकीर्तिः कृतकर्मसिद्धिः भूपेष्टता शौर्यमिहास्ति खेंदौ ॥" जयदेव

अर्थ—यदि चन्द्र दशमभाव में हो तो मनुष्य लक्ष्मीवान् और यशस्वी होता है। इसे अपने किए कुछ कामों में सफलता मिलती है। यह राजमान्य और पराक्रमवान् होता है।

"कर्मस्थाने सुधारश्मौ बहुभाग्यो महाधनी।
मनस्वी च मनोज्ञश्च राजमान्यश्च जायते ॥" काशीनाथ

अर्थ—यदि चन्द्र दशमभाव में हो तो मनुष्य बहुत भाग्यवान्, धनाढ्य, मनस्वी, सुन्दर और राजमान्य होता है।

"चन्द्रो यदा दशमगो धन-धान्य-वस्त्रभूषा वधूजनविलासकलाविलोलः ॥" वैद्यनाथ

अर्थ—चन्द्रमा यदि दशमभाव में हो तो मनुष्य धन-धान्ययुक्त, वस्त्र और अलङ्कार युक्त, स्त्रियों से विलास करनेवाला और कलाओं का जाननेवाला होता है।

"बहुतर सुखभागी कर्मसंस्थे हिमांशौ, विविधधननिधानं पुत्रदारादिपूर्णः।
रिपुकुटिल गृहस्थे कासरोगी कृशांगः, श्वसुरकुलधनाढ्य कर्महीनो मनुष्यः ॥"

मानसागर

अर्थ—जिस के जन्मलग्न से दशमस्थान में चन्द्रमा हो तो इसे नाना प्रकार के सुख प्राप्त होते हैं—यह स्त्री-पुत्र आदि से भरपूर होता है। यदि इसभाव का चन्द्रमा शत्रुक्षेत्री हो, अथवा पापग्रह के क्षेत्र में हो तो मनुष्य को कासरोग होता है। यह निर्बल देहवाला होता है। यह श्वसुरगृह से प्राप्त धन से धनाढ्य होता है क्योंकि यह स्वयं अकर्मण्य होता है।

टिप्पणी—"प्रतिश्यायादयो कासः कासात् संजायतेक्षयः ॥" यह वैद्यक का नियम है। अतः कास से उत्पन्न होनेवाला क्षय भी अन्तर्भूत समझना होगा। कास का मूल प्रतिश्याय (जुकाम-नजला) है—क्षय से शरीर का बलहीन हो जाना भी स्वाभाविक है। इस तरह दूषित चन्द्रमा कई एक हानिकर रोगों को जन्म देता है।

श्वसुरगृह से प्राप्त हुए धन से धनी वे ही होते हैं जो स्वयं निकम्मे और मूर्ख होते हैं; किन्तु रूप और यौवन सम्पन्न होते हैं और प्राक्तनजन्म कृत शुभकर्म का फलस्वरूप इनका विवाह धनाढ्य कुल में होता है। स्मरण रहे कि 'अकर्मण्य' होना दूषित चन्द्रमा का दुष्ट फल है।

"अविषादी कर्मपरः सिद्धारम्भश्च धनसमृद्धश्च।
शुचिरतिबलोऽथ दशमे शूरो दाता भवेद् शशिनि" ॥ **कल्याणवर्मा**

अर्थ—जिसके जन्मलग्न से दशमभाव में चन्द्र हो तो वह मनुष्य विषाद-हीन, तत्पर होकर कामों को करनेवाला, धनी, समृद्ध, पवित्रात्मा, बली और दानशील तथा शूर होता है। यह जिस काम को करता है उस काम में इसे सफलता मिलती है।

—"क्षोणीपालादर्थलब्धिर्विशाला कीर्तिमूर्तिः सत्वसंतोषयुक्तः।
चंचल लक्ष्मीः शील संशालिनीस्याद् मानस्थाने यामिनीनायकश्चेत् ॥**ढुंढिराज**

अर्थ—दशमभाव में चन्द्रमा के होने से मनुष्य को राजा से धनप्राप्ति होती है। इसका यश दूर-दूर तक फैलता है। यह सतोगुणी होता है। यह सन्तुष्ट रहनेवाला व्यक्ति होता है। यह लक्ष्मीवान् और शीलवान् होता है। किसी एक विद्वान् ने "चंचल् लक्ष्मीः" इस विशेषण का अर्थ "दशम चन्द्र से सम्पति में चढ़ाव और उतार होते रहते हैं—स्थिरता नहीं होती"। ऐसा किया है क्योंकि लक्ष्मी ? स्वभाव से चंचल है–एक पुरुष में, एक कुल में, एक राज्य में बहुत देर तक स्थायी नहीं रहती। कोश में इसे "चंचला चपला चला" ऐसा कहा है।

"स चन्द्रे च वैश्यस्य वृत्तिः प्रकल्प्या" ॥ **जागेश्वर**

अर्थ—दशमभाव में चन्द्रमा हो तो मनुष्य को वैश्यवृत्ति से व्यापार में धन प्राप्त होता है। स्मरण रहे कि चन्द्रमा को वैश्य भी माना गया है॥

"चंचल लक्ष्मीः" ॥ **वृहद्‌यवनजातक**

अर्थ—जिसके दशम में चन्द्रमा हो तो इसकी सम्पत्ति सदैव एक-सी नहीं रहती अरहट की रिंडों की तरह कभी धन से पूर्ण और कभी धन से खाली। "अरघट्टघरीघटोपमा" ॥ प्राक्तन जन्म में "जिन लोगों ने अनन्त शुभकर्म किए होते हैं, इनके पास कुलपरंपरा से लक्ष्मी स्थायी होकर रहती है" ऐसा भी अनुभव है।

"कमर्यदा गृहाश्रितो हि हम्जवारकं नरम्।
तवंगरं च कामिलं करोति वै च साविरम्" ॥ **खानखाना**

अर्थ—यदि चन्द्रमा दशमभाव में हो तो मनुष्य अपने परिवार का पालक होता है। मनुष्य पितृभक्त, धनाढ्य, प्रकांड पंडित, शान्तप्रकृति और संतोषी होता है।

"क्षोणीपालादर्थलब्धिः विशाला कीर्तिमूर्तिः सत्व संतोषयुक्तः।
चंचल्-लक्ष्मीः शीलसंशालिनीस्यात् मानस्थानेयामिनीनायकश्चेत् ॥" **महेश**

अर्थ—जिस मनुष्य के जन्मसमय में जन्मलग्न से दशमस्थान में चन्द्रमा हो तो मनुष्य राजा से धन और मान पाता है। यह बहुत यशस्वी होता है। यह पराक्रमी और शूर होता है। यह यथालाभ संतुष्ट रहने वाला होता है। यह शोभायमान लक्ष्मी से युक्त होता है जिससे इस मनुष्य का व्यक्तित्व चमक उठता है। यह मनुष्य शीलवान् और सच्चरित्र होता है।

भृगुसूत्र—"विद्यावान्। पापयुते। सप्तविंशति वर्षे विधवा संगमेनजनविरोधी। अतिमेधावी! सत्कर्मनिरतः। कीर्तिमान्। दयावान्। भावाधिपे बलयुते विशेष सत्कर्म सिद्धिः। पाप निरीक्षिते पापयुते वा दुष्कृतिः। कर्मविघ्नकरः।"

अर्थ—जिसके चन्द्रमा दशमभाव में हो तो मनुष्य विद्यावान् होता है। यदि इस भाव के चन्द्रमा के साथ पापग्रह हो तो सत्ताईसवें वर्ष में मनुष्य विधवास्त्री के साथ रमण करता है अतएव जनता के लोग इसके साथ विरोध करते हैं। यह महान् मतिमान् होता है। यह सत्कर्म परायण, यशस्वी, और दयालु होता है। यदि भावेश बलवान् हो तो इस मनुष्य को अच्छे कामों में विशेष सफलता मिलती है। यदि भावेश पर पापग्रह की दृष्टि हो, अथवा पाप-ग्रह साथ में हो तो मनुष्य बुरे कामों के करनेवाला होता है। इसके कामों में विघ्न पड़ते हैं—रुकावटें आती हैं।

यवनमत—यह पितृभक्त और कुटुम्बवत्सल होता है। यह धनी, विद्वान्, चतुर, संतोषी और शान्त होता है।

पाश्चात्यमत—मनुष्य को विजय और सम्पत्ति प्राप्त होती है। ऊँचे घराने की स्त्रियों से लाभ होता है। लोकोपयोगी वस्तुओं के व्यापार से लाभ होता है। लोकप्रिय होता है। यदि चन्द्र नीचराशि में हो तो अपमान और अपकीर्ति होती है। स्थिर राशि के चन्द्र में स्वभावदृढ़ होता है। द्विस्वभाव राशि में चन्द्र हो तो अल्पभाग्य होता है। चरराशि में चन्द्र हो तो व्यापार में अस्थिरता होती है। मंगल की युति में भारी नुकसान होता है। शनि की युति में चन्द्र हो तो व्यवसाय में कठिनाइयाँ आती हैं।

विचार और अनुभव—दशमभाव स्थित चन्द्रमा यदि मेष, कर्क, तुला वा मकर राशि में हो तो बचपन में ही माता-पिता का वियोग होता है। इस भाव के चन्द्र से चुनाव में यश मिलता है। नेतृत्व प्राप्त होता है।

वृष, कन्या वा वृश्चिक में चन्द्र हो तो पिता का कर्जा इस मनुष्य को देना होता है। ८ वें वर्ष में कुछ स्थिरता प्राप्त होती है।

मेष, कर्क वा मकर में चन्द्र हो तो आयु भर स्थिरता बहुत कम मिलती है। नौकरी में हमेशा परिवर्तन होते रहते हैं।

वृश्चिक राशि को छोड़ कर अन्य किसी राशि में चन्द्र हो तो माता-पिता का सुख नष्ट होता है। यदि इन दोनों में कोई एक जीवित रहे तो परस्पर अच्छे सम्बन्ध नहीं रह सकते।

एकादशभावस्थित चन्द्रफल—

"लभेद् भूमिपादिंदुना लाभगेन प्रतिष्ठाधिकाराम्बराणि क्रमेण।
श्रियोऽथस्त्रियोऽन्तःपुरे विश्रमन्ति क्रिया वैकृती कन्यका वस्तुलाभः" ॥११॥

अन्वयः—लाभगेन इन्दुना भूमिपात् क्रमेण प्रतिष्ठधिकाराम्बराणि लभेद्। अथ (तस्य) अन्तःपुरे श्रियः स्त्रियः (च) विश्रमन्ति। (तस्य) क्रिया वैकृती जायते कन्यका (उत्पद्यते), वस्तुलाभः (भवति)।

सं०-टी०—लाभगेन एकादशस्थेन इन्दुना चन्द्रेण भूमिपात् राज्ञः सकाशात् क्रमेण प्रतिष्ठाधिकाराम्बराणि मान्यताऽध्यक्षत्वं वस्त्राणि च लभेत्। अथ अन्तःपुरे गृहमध्ये श्रियः धनानि स्त्रियः वनिता। च विश्रमन्ति स्थिरा भवन्ति। तथा वस्तुभ्यः नानापदार्थेभ्यः लाभः, क्रिययावैकृती क्रूरा कन्यका च भवेत् इतिशेषः ॥ ११ ॥

अर्थ—जिस मनुष्य के जन्मसमय में जन्मलग्न से एकादशभाव में चन्द्रमा हो तो इसे क्रमशः राजदरबार से प्रतिष्ठा-अधिकार और बहुमूल्यवान् वस्त्र का लाभ होता है। इसके अन्तःपुर (हर्म्यसराय-जनानामहल) में लक्ष्मी और उत्तम स्त्रियाँ निवास करती हैं। इसके किए हुए काम बिगड़ जाते हैं। अर्थात् इसका किया हुआ उद्यम और यत्न विफल रहता है। इसे कन्या सन्तति होती है। इसे नानाप्रकार के पदार्थों के व्यापार से लाभ होता है।

टिप्पणी—संस्कृतटीकाकार ने "क्रिया वैकृती" को कन्या का विशेषण माना है और "क्रूराकन्या" ऐसा अर्थ किया है। संस्कृतटीकाकार के मत में 'कुकृत्य करनेवाली (अर्थात् भ्रष्टाचारा कन्या पैदा होती है'। ऐसा समुचित अर्थ है। किन्तु यह अर्थ सुसंगत नहीं है। विकृत शब्द का स्त्री लिङ्ग शब्द "वैकृती" है। इसका 'बिगड़ जाना-बिगाड़ पड़ जाना') अर्थ सुसंगत है।

लक्ष्मी को चंचला और चपला माना है क्योंकि यह एकत्र स्थिर नहीं रहती। अर्थात् लक्ष्मी का कृपापात्र मनुष्य जीवन में सदैव एक-सा नहीं रहता-इसकी सम्पत्ति में उतार-चढाव होते रहते हैं। परन्तु एकादशस्थ चन्द्रमा के प्रभाव में उत्पन्न मनुष्य के घर पर लक्ष्मी स्थिर होकर रहती है। अर्थात् इसका ऊँचा भाग्य सदा ऊँचा ही रहता है। उदाहरण में इसके घर में विवाहित होकर आई हुई सुन्दरी स्त्रियाँ भी इसके अतिशय रूप-यौवन पर मुग्धा होकर अनन्यमनस्का पतिपरायण होती हुई सारा जीवन व्यतीत करती है 'आनन्द भोगती हैं'।

"सती च योषित् प्रकृतिश्च निश्चला पुमांसमभ्येति भवान्तरेष्वपि॥"

ऐसा नीतिशास्त्र वचन इस सन्दर्भ में उपादेय है।

"**तुलना**—तमीभर्ता लाभे भवति जनने यस्यसबल-
स्तदा पृथ्वीभर्तुः प्रभवति धनानामधिकृतिः।
श्रियः श्रेणीवाला लसति सदनान्तः प्रमुदिता,
प्रतिष्ठा काष्ठान्तं व्रजतिविभुता भूपतिकृता॥" **जीवनाथ**

अर्थ—जिस मनुष्य के जन्मसमय में बली चन्द्रमा एकादशभाव में हो तो वह मनुष्य राजा का धनाध्यक्ष (खजानची) (ट्रैजरी आफिसर) होता है। इसके घर में प्रमुदिता (प्रसन्नमनाः) लक्ष्मी तथा सुन्दरी स्त्री निवास करती है। इसकी प्रतिष्ठा (कीर्ति) दिगन्तव्यापिनी होती है। और इसे राजा के द्वारा प्रभुत्व प्राप्त होता है।

टिप्पणी—इस श्लोक में 'प्रमुदिता' विशेषण विशेष महत्त्व का है। लक्ष्मी का गुणलुब्धा होकर स्वयमेव अपनी चंचलता छोड़कर स्थिर हो जाना-एकादशस्थ चन्द्र का विशेष शुभ फल है। इसी प्रकार मनोरमागृहिणी का प्रसन्नता से 'बिना किसी निरोध और दबाव के मनुष्य के नम्रव्यवहार-सदाचार तथा रूप-सौंदर्य पर मुग्ध हो कर पतिपरायणा तथा अनन्यमनस्का होकर स्थिरता से रहना गृहस्थ जीवन में एक विशेष महत्व रखता है। यह शुभफल एकादशभावस्थित चन्द्रमा का है।

"लाभे चन्द्रे लाभयुक्तः प्रगल्भः सुभगो नरः।
सुमार्गगामी लज्जालुः प्रतापी भाग्यवान् भवेत्॥" काशीनाथ

अर्थ—यदि जन्मलग्न से एकादशस्थान में चन्द्रमा हो तो मनुष्य को लाभ होता रहता है। यह मनुष्य बोलने में निर्भय तथा चतुर होता है। यह सुन्दर, श्रेष्ठ मार्ग पर चलनेवाला, लज्जाशील, प्रतापी और भाग्यवान् होता है।

"मित्रार्थयुक् कीर्तिगुणैरुपेतो भोगी सुयानों भवभावगेन्दौः॥" जयदेव

अर्थ—यदि चन्द्रमा जन्मलग्न से एकादशभाव में हो तो मनुष्य मित्रों से और धन से युक्त होता है। यह यशस्वी और गुणी होता है। इसे कई प्रकार के भोग भोगने को प्राप्त होते हैं। इसके पास सवारी के लिए सुन्दर-सुन्दर वाहन-घोड़ा-गाड़ी-मोटर आदि होते हैं।

"ख्यातो भावगुणान्वितो भवगते॥" आचार्यवराहमिहिर

अर्थ—यदि एकादशभाव में चन्द्रमा हो तो मनुष्य सर्वत्र प्रसिद्ध होता है और इसे सभी तरह का लाभ प्राप्त होता है।

"सन्तुष्टश्च विषादशील धनिको लाभस्थिते शीतगौ॥"

अर्थ—यदि चन्द्र लाभभाव में हो तो मनुष्य यथालाभ सन्तुष्ट रहनेवाला होता है। यह विषादशील और धनिक होता है।

"मनस्वी वद्वायुः धन-तनय-भृत्यं सह भवे॥" मंत्रेश्वर

अर्थ—एकादशभाव में चन्द्र हो तो मनुष्य मनस्वी, दीर्घायु, धनी और पुत्रवान् होता है। इसे नौकर का भी सुख प्राप्त होता है।

"सम्मान नानाविधवाहनाप्तिः कीर्तिश्च सद्भोगगुणोपलब्धिः।
प्रसन्नता लाभ विराजमाने ताराधिराजे मनुजस्य नूनम्॥ महेश

अर्थ—एकादशभाव में चन्द्रमा हो तो मनुष्य को आदर-मान और कई प्रकार के वाहन-घोड़ा-गाडी-मोटर आदि प्राप्त होते हैं। यह यशस्वी और

कीर्तिमान् होता है। यह गुणी और उत्तम-उत्तम भोगों का भोक्ता होता है। यह सदैव प्रसन्नमूर्ति रहता है।

"धनाधिपश्च खूबरू सखी सुबुद्धि पुंगरः।
शिरीसखुन् विदूषको भवेद् यदा कमर्भवे ॥" **खानखाना**

अर्थ—यदि चन्द्रमा जन्मलग्न से एकादश हो तो मनुष्य धनाढ्य, विशेष सुन्दर, दाता, बुद्धिमान् मधुरभाषी और निर्दोषकाम करनेवाला होता है।

"सम्मान नानाधनवाहनाप्तिः कीर्तिश्च सद्भोगगुणोपलब्धिः।
प्रसन्नता लाभ विराजमाने ताराधिराजे मनुजस्य नूनम् ॥" **ढुंढिराज**

अर्थ—एकादशस्थ चन्द्रमा हो तो मनुष्य को श्रेष्ठ-आप्तजनों से आदर और मान प्राप्त होता है। इसके पास कई प्रकार की सवारियाँ-घोड़ा-गाड़ी-मोटर आदि वाहन रहते हैं। अर्थात् इसे वाहनसुख मिलता है। यह यशस्वी, गुणी और उत्तम-उत्तम भोगों के उपभोग लेनेवाला होता है। यह सदैव प्रसन्न रहने वाला प्राणी होता है।

"धनवान् बहुसुतभागी बद्धायुः स्विष्ट भृत्यवर्गश्च।
इन्दौ भवेत् मनस्वी तीक्ष्णः शूरः प्रकाशश्च ॥" **कल्याणवर्मा**

अर्थ—यदि चन्द्रमा एकादशभाव में हो तो मनुष्य धनवान् होता है। इसे बहुत से पुत्रों के होने का सौभाग्य मिलता है। यह दीर्घायु, उत्तम मित्रों से युक्त, और नौकरोंवाला होता है। यह मनस्वी, तेजस्वी शूर और विख्यात् होता है।

"बहुतर धनभोगी चाय संस्थे शशांके प्रचुरसुखसमेतः दारभृत्यादियुक्तः।
शशिनि कृशशरीरे नीचपापारिगेहे न भवति सुखभागी व्याधितोमूढ़चेताः ॥"
मानसागर

अर्थ–जिस मनुष्य के जन्मलग्न से चन्द्रमा एकादशस्थान में हो तो इसे कई प्रकार से धन की प्राप्ति होती है–और धनोपलब्ध सुखों का भोग प्राप्त होता है। यह स्त्री-पुत्र-भृत्य आदि से युक्त होता है अतः सर्वथा सुखी होता है। यदि एकादशभावस्थित चन्द्रमा हीनबली हों, नीचराशि में, पापग्रह की राशि में तथा शत्रुग्रह की राशि में हो तो मनुष्य सुखों से वंचित रहता है। यह रोगी, मूर्ख और अज्ञानी होता है।

"भवेन् मानयुक्तो धनैः वाहनैः वा तथा वस्त्ररूप्यादि कन्याप्रजा स्यात्।
दृढा तस्यकीर्तिः भवेद् रोगयोगो यदा चन्द्रमा लाभभावे प्रयातः ॥"
जागेश्वर

अर्थ—यदि चन्द्रमा एकादशभाव में हो तो मनुष्य को मान, धन, वाहन, वस्त्र और चाँदी आदि मूल्यवान् धातुएँ प्राप्त होते हैं। इसे कन्याएँ अधिक होती हैं। इसकी कीर्ति स्थिर रहती है। अर्थात् यह मनुष्य इष्टापूर्त के शुभकर्म करता है और प्रजाहित के काम करता है जिससे प्रजा के लोग इसका गुणगान करते है। इस तरह इसका यश टिकाऊ होता है। इसे कोई रोग भी होता है।

"विख्यातो गुणवान् प्राज्ञो भोग लक्ष्मी समन्वितः ।
लाभस्थानगते चन्द्रे गौरो मानववत्सलः ॥ आचार्यगर्ग

अर्थ—यदि चन्द्रमा लाभस्थान (एकादशस्थान) में हो तो मनुष्य प्रसिद्ध, गुणी, प्राज्ञ, धनी और कई प्रकार के भोगों का भोक्ता होता है। यह गौरवर्ण और जनप्रिय होता है। अर्थात् यह मनुष्यजाति से प्यार करता है और इसे लाभ पहुँचाता है।

भृगुसूत्र—"बहुश्रुतवान्। पुत्रवान्। उपकारी। पंचाशद्वर्षे पुत्रर्ण बहु प्राबल्य योगः। गुणाढ्यः। भावाधिपे बलहीने बहुधनव्ययः। बलयुते लाभवान्। लाभे चन्द्रे निक्षेप लाभः। शुक्रयुतेन नरवाहन योगः। बहु विद्यवान्। क्षेत्रवान्। अनेक जन रक्षण भाग्यवान्।"

अर्थ—यदि एकादशभाव में चन्द्रमा हो तो मनुष्य बहुश्रुत होता है। अर्थात् इस मनुष्य को श्रवण द्वारा बहुत से शास्त्रों का ज्ञान होता है। ज्ञान प्राप्ति के लिए मुख्यसाधन तीन हैं—श्रवण-मनन और निदिध्यासन। शास्त्र बहुत हैं सभी का अध्ययन गुरुमुख से नहीं हो सकता है श्रवण करने से मनुष्य बहुत से शास्त्रों का ज्ञाता हो सकता है—अतः श्रवण साधन को प्राथमिकता और मुख्यता दी गई है।

इसे पुत्र संतति होती है। यह मनुष्य दूसरों पर उपकार करनेवाला होता है। पचास वर्ष की आयु में इसे पुत्र-प्राप्ति होती है—जिससे यह पितरों के ऋण से मुक्ति पा लेता है। यह बहुगुणी होता है। यदि भावेश निर्बल हो तो धन का खर्च बहुत बढ़ जाता है। भावेश बलवान् हो तो इसे लाभ होता है। लाभभाव में चन्द्रमा के होने से पृथ्वी में गाड़ी हुई—छुपी हुई वस्तुओं का लाभ होता है। भूमि के अन्दर गुप्त रखे हुए रुपए—हीरे, मोती, जवाहरात की प्राप्ति होती है। इस भाव के चन्द्र के साथ यदि शुक्र की युति हो तो मनुष्य को पालकी आदि सवारी का सुख मिलता है। यह मनुष्य बहुत-सी विद्याओं का ज्ञाता होता है। यह खेती-बाड़ी का स्वामी होता है। यह बहुत से लोगों का पालन करनेवाला होता है। धनाढ्य लोग अकालपीड़ित लोगों की रक्षा धनदान से, अन्नदान से, गृहदान से, आश्रयदान से करते हैं इस तरह इन्हें बहुलोकजनरक्षक होने का सौभाग्य प्राप्त होता है।

यवनमत—यह धनवान्, रूपवान्, उदारचित्त, निर्दोष और मधुर बोलने वाला होता है।

पश्चिममत—इसे मित्र बहुत प्राप्त होते हैं। लोकप्रिय होता है। संसार सुख अच्छा मिलता है। सार्वजनिक संस्था में यह नेता होता है।

विचार और अनुभव—एकादशभावस्थित चन्द्रमा के फल सभी ग्रन्थकारों ने प्रायः शुभ बतलाए हैं केवल जागेश्वर ने 'रोगबाधा' अशुभ फल भी बतलाया है। अच्छे फल पुरुषराशियों में और अशुभफलस्त्री राशियों के हैं।

एकादश चन्द्र में दिन को जन्म हो तो मनुष्य धनी, यशस्वी, लोकरंजक, सार्वजनिक कार्यकुशल होता है।

स्त्रीराशि में हो तो मनुष्य सार्वजनिक काम भी करता रहता है और पहिला व्यवसाय भी चालू रहता है।

पुरुषराशि में हो तो मनुष्य पहिला व्यवसाय छोड़ देता है और सार्वजनिक कार्य करता है।

एकादशस्थ चन्द्र से पुत्र-भाई वा बहिन, इनमें से कोई एक त्रासदाता, दुराचारी वा निरुपयोगी होता है। अथवा किसी व्यंग के कारण उसे सारा जीवन घर में ही व्यतीत करना पड़ता है। एकादश चन्द्र हो तो संतति-भाई-बहिने बहुत नही होती, अधिक से अधिक संख्या चार-पाँच तक होती है।

द्वादशभावस्थित चन्द्रफल—

"शशी द्वादशे शत्रुनेत्रादिचिंता विचिंत्या सदा सद्व्ययो मंगलेन।
पितृव्यादि मात्रादितोऽन्तर्विषादो न चाप्नोति कामं प्रियाल्पप्रियत्वम्" ॥१२॥

अन्वयः—शशी द्वादशे (स्यात्) (तदा) शत्रुनेत्रादि चिंता विचिन्त्या, (तस्य) सदा मंगलेन सद्व्ययः स्थात्, पितृव्यादि मात्रादितः अन्तः विषादः (ज्ञेयः) प्रियाऽल्पप्रियत्वं (स्यात्) कामं नच आप्नोति ॥ १२ ॥

सं०-टी०—द्वादशे शशी चेत् शत्रुतोभयं, नेत्रादेः विकारेण चिन्ता विचिंत्या ज्ञेया। मंगलेन विवाहादि कार्येण सदा द्व्ययः शोभने कुटुम्बादौ द्रव्यत्यागः, पितृव्यादि मात्रादितः पितृव्यस्य पितृभ्रातु आदि शब्दात् तत्सुतवनतादिभ्यः, मातुः सकाशात् आदि शब्दात् तत् पितृकुलजेभ्यः च अंतः मनसि विषादः दुःखं, प्रियाऽल्पप्रियत्वं स्वल्पसंतोषत्वं तेषां तेषु विरागित्वं भवेत् इतिशेषः च पुनः मनोऽभिलषितं न प्राप्नोति इत्यर्थः ॥ १२ ॥

अर्थ—जिस मनुष्य के जन्मलग्न से द्वादशस्थान में चन्द्रमा हो तो उसे शत्रुओं से भय और नेत्रादि के विकार से पीड़ा रहती है। यह मंगलकार्यों में अर्थात् विवाह आदि शुभ कामों में अपने धन का खर्च करता है। इस तरह यह मनुष्य सद्व्ययी होता है।

इसका मन चाचा आदि मामा आदि से मलिन रहता है। अर्थात् पिता के भाई से और पितृव्य के पुत्र और स्त्री से इसका प्रेम नहीं होता है अपितु परस्पर वैमनस्य रहता है। इसी तरह माता से और माता के पिता के कुल में उत्पन्न मामा आदि से भी मनमुटाव रहता है। स्त्रियों से इसका विशेष प्रेम नहीं होता है। प्रायः इसके मनोरथ पूर्ण नहीं होते ॥ १२ ॥

टिप्पणी—टीकाकार ने 'शोभने कुटुम्बादौ द्रव्यत्यागः' यह अर्थ सद्व्ययो मंगलेन का किया है। किन्तु यह अर्थ संकुचित है, व्यापक नहीं है। मंगलमय विवाहादि पर और अपने कुटुम्बियों के भरण-पोषण पर व्यय करना ही सद्व्यय नहीं है, इसके अतिरिक्त इष्टपूर्त पर खर्च करना, अर्थात् कूँआ-बावली-तालाब

धर्मशाला-मन्दिरनिर्माण आदि पर खर्च करना भी सद्व्यय है। विद्यादान के लिए स्कूल खोलना, कालिज खोलना, गरीबों को रोटी-रोजगार देने के लिए दस्तकारी के काम चलाना आदि भी सद्व्यय में अन्तर्भूत होते हैं। ऐसा धनव्यय जो प्रजाहित के लिए किया जावे, सद्व्यय ही मानना होगा। अतः 'सद्व्ययः' का व्यापक अर्थ करना चाहिए।

टीकाकार के मत में 'प्रियाऽल्पप्रियत्वं' का 'स्वल्पसंतोषत्वं' 'तेषु विरागित्वं' ऐसा अर्थ है। यह अर्थ कुछ संतोषजनक नहीं है।

अपनी प्रिया में अपनी पत्नी में थोड़ा प्रेम ? क्यो ? क्या इसका कारण रोगवश देहदौर्बल्य है ? अथवा वीर्याल्पत्व, पुंस्त्वह्रास है, अथवा षंढत्व है ? टीकाकार ने इन बातों पर कोई विचार प्रकट नहीं किया है। संभव है इनमें से कोई एक कारण हो जिससे मनुष्य गाढालिंगनादि न करता हो, रतिसंग में शीघ्र वीर्यपात होने से प्रिया को सन्तुष्ट न कर सकता हो और इसीलिए प्रिया का प्यारा न हो, और इसकी प्रिया इसे अंतर्घृणा से देखती हो। 'प्रियायाः अल्पप्रियत्वम्' 'प्रियायां अल्पप्रियत्वं' 'प्रियासु अल्पप्रियत्वं' ऐसे कई एक समास हो सकते हैं।

तुलना—"व्ययस्थानं याते जनुषि रजनीशे जनिमतां
रिपोर्भीतिश्चिंत्यनयनयुगले रोगपटली।
विचिंत्या यज्ञादौ व्ययचयं उततं पितृकुलात्
तथा मातुर्वंशात् प्रभवति विषादश्च सुरतात्॥ जीवनाथ

अर्थ—जिस मनुष्य के जन्मसमय में जन्मलग्न से चन्द्रमा व्ययभाव में (द्वादशस्थान में) हो तो इसे शत्रुभय, चिन्ता, नेत्रों में अनेक प्रकार के रोग, यज्ञादि कार्यों में अधिक व्यय, पितृकुल, मातृकुल से व्याकुलता और रति (स्त्री-सहवास और स्त्रीसंग) से खेद प्राप्त होता है।

टिप्पणी—यज्ञादि कार्यों में अधिक व्यय उचित भी है और सद्व्यय की कोटि में है।

"रति से खेद" का होना शृङ्गारशास्त्र के अनुकूल नही है। शृङ्गाररस के अनुभवी सहृदय विषयानन्द को ब्रह्मानन्द सहोदर मानते हैं। जो लोग शक्तिशाली नही होते वीर्यवान् और रतियोग विचक्षण नहीं होते उन्हें रति से मानसिक तथा दैहिक खेद और विषाद होना आवश्यक है और इन वीर्यहीन पुरुषों को तो प्रौढास्त्री भीति कारक होती है।

"व्यये चन्द्रे पापबुद्धिः बहुभक्षी पराजितः।
कुलाधमो मद्यपश्च विकारी जातको भवेत्"॥ काशीनाथ

अर्थ—जिसके जन्मलग्न से द्वादशस्थान में चन्द्रमा हो तो मनुष्य पाप करने में अपनी अक्ल लड़ाता है। इसे भूख बहुत होती है और यह भोजन भट्ट होता है। यह अपने शत्रुओं से पराजित होता है। यह अपने कुल में नीचवृत्ति-मनुष्य होता है। यह शराब पीनेवाला अतएव रोगी होता है।

"हिंस्त्रोहीनः सरिपुः सुहृत्सु वैषम्यकृत् स्वल्पदृग् इन्दुरिः फे" ॥ **जयदेव**

अर्थ—यदि चन्द्रमा द्वादशभावगत हो तो मनुष्य जीवहिंसक और क्रूर होता है। इसे शत्रुओं से भय रहता है। अपने मित्रों से इसका व्यवहार और बर्ताव अच्छा नहीं होता है। यह थोड़ी नज़रवाला होता है।

"व्यये द्वेष्यो दुःखी शशिनि परिभूतोऽलसतमः ॥" **मंत्रेश्वर**

अर्थ—व्ययभाव में चन्द्रमा हो तो इस मनुष्य से लोग द्वेष करते हैं। यह दुःखी, आलसी तथा अपमानित होता है।

"चन्द्रेऽत्य जातेतुविदेशवासी ॥" **वैद्यनाथ**

अर्थ—यदि चन्द्रमा द्वादश हो तो मनुष्य विदेश में निवास करता है।

"हीनत्वं वै चारुशीलेन मित्रैर्वैकल्यं स्यात् नेत्रयोः शत्रुवृद्धिः।
रोषावेशः पूरुषाणां विशेषात् पीयूषांशौ द्वादशे वेश्मनीह ॥"

ढुंढिराज

अर्थ—जिसके द्वादशस्थान में चन्द्रमा हो तो मनुष्य सच्चरित्रवान् नहीं होता है। यह मित्रहीन, नेत्ररोगी तथा शत्रुवृद्धिवाला होता है। यह सदा क्रोधावेश में रहता है।

"द्वेष्यः पतितः क्षुद्रोनयनसगार्तोऽलसोभवेद् विकलः।
चन्द्रे तथान्यजातो द्वादशगे नित्यपरिभूतः ॥" **कल्याणवर्मा**

अर्थ—जिसके द्वादशभाव में चन्द्रमा हो तो मनुष्य पतित, क्षुद्र, नेत्ररोग पीड़ित तथा आलसी होता है। यह व्याकुल रहता है। लोग इससे द्वेष करते हैं। यह परजात (जारजात) होता है। यह समाज में अपमानित होता है।

"व्ययनिलयनिवेशेरात्रिनाथेकृशांगः सततमिह स रोगी क्रोधनोनिर्धनश्च।
निजबुधगुरुगेहे दांतिकः त्यागशीला कृशतनु सुखभोगी नीचसंगी सदैव ॥"

मानसागर

अर्थ—जिस मनुष्य के जन्मलग्न से द्वादशस्थान में चन्द्रमा हो तो यह कृश और दुर्बल शरीर होता है। यह रोगी-क्रोधी और निर्धन होता है। यदि इसभाग का चन्द्रमा स्वगृही हो, अथवा बुध वा गुरु की राशि में हो तो मनुष्य दान्तिक (इन्द्रियदमन करनेवाला) दानी, पतला (छरहरा) शरीर और सुख भोगनेवाला होता है। किन्तु यह सदैव नीचवृत्तिवाले मनुष्यों की संगति में रहनेवाला होता है।

"वियोगी सदा चारुशीलेनर्मित्रैः भवेद् वैकलो नेत्ररोगी कृशांगः।
स्वयं क्षीणवीर्यः सदाक्षीण चन्द्रे भवेद् रिःफगे पूर्णता चेत् सुशीलः ॥"

जागेश्वर

अर्थ—यदि चन्द्रमा द्वादशस्थान में हो तो पतिपत्नी में अकारण ही कईबार वियोग होता है। इसका शील अच्छा होता है। इसके मित्र बहुत

नहीं होते। यह व्याकुल रहता है। इसे नेत्र-पीडा रहती है। इसका शरीर क्षीण और पतला होता है। इस भाव का चन्द्र यदि हीनबली हो तो मनुष्य का वीर्य कमजोर होता है। चन्द्रमा पूर्ण (बली) हो तो मनुष्य का आचरण अच्छा होता है।

"काणं शशी ॥" **वादरायण**

अर्थ—द्वादश चन्द्र हो तो मनुष्य एक आँख से काणा होता है।

"व्यये शशिनि कार्पण्यमविश्वासः पदे पदे ॥" **आचार्यगर्ग**

अर्थ—चन्द्रमा द्वादशभाव में हो तो मनुष्य कृपण (कंजूस) होता है। लोग इसपर विश्वास नहीं करते और इसे सदैव संदेह-दृष्टि से देखते हैं।

"द्रव्यक्षयं क्षुधाऽल्पत्वं नेत्ररुक्कलहोगृहे ॥" **ज्योतिषकल्पतरु**

अर्थ—जिसके चन्द्रमा द्वादशस्थान में हो तो मनुष्य के धन का नाश होता है। इसे मंदाग्नि रहती है और भूख कम होती है। इसे नेत्ररोग होते हैं। इसके घर में लड़ाई-झगड़ा होता रहता है।

भृगुसूत्र—"दुर्भोजनः। दुष्पात्रव्ययः। कोपोद्भवव्यसनसमृद्धिमान्। अन्नहीनः। शुभयुते विद्वान्। दयावान्। पापशत्रुयुतेपापलोकः। शुभमित्रयुते श्रेष्ठलोकवान्।

अर्थ—जिस मनुष्य के जन्मलग्न से द्वादशस्थान में चन्द्रमा हो तो मनुष्य को अच्छा भोजन नहीं मिलता है। यह मनुष्य कुपात्र के लिए धन का व्यय करता है। इस तरह असद्व्ययी होता है। क्रोध-कलह और व्यसनों की वढोत्री होती है। इसके घर में खाने के लिए अन्न नहीं होता है। यदि इसभाव का चन्द्र शुभ सम्बन्ध में हो तो मनुष्य विद्वान् और दयालु होता है।

इस भाव के चन्द्रमा का सम्बन्ध यदि पापग्रह के साथ अथवा शत्रुग्रह के साथ हो तो मनुष्य मृत्यु के अनन्तर नरकगामी होता है। इस भाव के चन्द्रमा के साथ यदि शुभग्रह वा मित्रग्रह का सम्बन्ध हो तो मनुष्य देहावसान के बाद स्वर्गलोकगामी होता है।

टिप्पणी—ज्योतिःशास्त्र से केवल संसार में जीवनयात्रा का ही विचार नहीं किया जाता है अपितु मरणानन्तर स्वर्ग-नरक का विचार भी किया जाता है। स्मरण रहे द्वादशस्थान को मोक्षस्थान माना गया है।

"हीनत्वं वै चारुशीलेन मित्रैः वैकल्यं स्यान्नेत्रयोः शत्रुवृद्धिः।
रोषावेशः पूरुषाणां विशेषात् पीयूषांशौ द्वादशेवेश्मनीह ॥" **महेश**

अर्थ—जिसके जन्मलग्न से द्वादशस्थान में चन्द्रमा हो तो मनुष्य शुभाचरणहीन होता है। इसके मित्र अच्छे नहीं होते हैं। इसे नेत्रपीड़ा रहती है। इसके शत्रुओं की वृद्धि होती है। यह मनुष्य विशेषतः क्रोधावेश में रहता है अर्थात् यह मनुष्य बहुत क्रोधी होता है।

"व्ययालये कमर्यदा भवेत् किरीह चश्मखन्।
विरोधनश्च खिश्मनाप्यकीर्तिमान् हि उष्ट्रधः ॥" **खानखाना**

अर्थ—यदि चन्द्रमा जन्मलग्न से द्वादशस्थान में हो तो इसे नेत्ररोग होते हैं। लोगों से इसका विरोध रहता है। यह अपने धन का अपव्यय करता है। यह निन्दित कर्म करता है अतः लोग इसकी निन्दा करते हैं। यह दुष्टस्वभाव वाला मनुष्य होता है।

यवनमत—इसे नेत्ररोग होते हैं। यह विरोधप्रिय, बहुत खर्चीला, दुष्ट-स्वभाव का और कीर्तिहीन होता है। इसे ४९ वें वर्ष में पानी से अपघात होता है।

पाश्चात्यमत—यह चन्द्र वृश्चिक वा मकर में हो तो मनुष्य बदमाश होता है। दूसरी राशियों में हो तो विजयी, सुखी तथा धनी होता है। शुभ सम्बन्ध में यह चन्द्र हो तो प्रवास से लाभ होता है।

मेष का चन्द्र हो तो मनुष्य चञ्चलवृत्ति का, घुमक्कड़, रूपवान् और बुद्धि-मान् होता है।

वृश्चिक वा मकर में हो तो धनहीन होता है। अन्य राशियों में हो तो धनवान् और विद्वान् होता है।

बलवान् चन्द्र से खेती से लाभ होता है। तथा आमरणांत सुख होता है। कर्क और मीनराशि में पुत्र सन्तान बहुत होती है। उन पर प्रेम भी होता है। सट्टा और साहस में रुचि होती है।

राजयोगी, ज्ञानी, मांत्रिक वा शास्त्रज्ञ हो सकता है। स्त्रियों का उपभोग अच्छा मिलता है।

विचार और अनुभव—प्रायः द्वादशभावगत चन्द्रमा के फल अशुभ हैं—ये अशुभफल स्त्रीराशियों में अनुभव में आते हैं। पुरुषराशियों में शुभफल प्राप्त होते हैं।

वृषराशि में चन्द्र हो तो चाचा के निर्वंश होकर मृत्यु पाने पर उसकी सम्पत्ति प्राप्त होने की सम्भावना होती है।

द्विभार्यायोग होता है—अथवा पत्नी से सम्बन्ध अच्छे नहीं रहते। अथवा मनुष्य स्वयं गृहप्रपञ्च करने के अयोग्य होता है।

यह चन्द्र स्त्रीराशि में हो, अथवा छठे स्थान में हो तो मनुष्य मरण तक अपना कर्ज चुका नहीं सकता है।

षष्ठ चन्द्रमा के लोग चोर वृत्तिवाले हो सकते हैं अतएव अच्छे डिटैक्टिव भी हो सकते हैं।

द्वादश चन्द्र कन्याराशि का हो तो पिता कर्जा छोड़कर मर जाता है और यह ऋण मनुष्य को देना पड़ता है।

मकर का चन्द्रमा हो तो मनुष्य को बहुत धन देता है। किन्तु मनुष्य भारी कृपण होता है।

कर्क, वृश्चिक और मीन में यह चन्द्रमा हो तो सरकारी नौकर को पैन्शन बहुत दिनों तक नहीं मिलती है।

मिथुन, तुला और कुम्भ में चन्द्र हो तो वर्ताव व्यवस्थित होता है। रुपए का सदुपयोग होता है। मनुष्य विद्वान् तो होता है किन्तु प्रभावशाली नहीं होता है।

अथ भौमस्य लग्नादि द्वादशभाव फलम्

"विलग्ने कुजे दण्डलोहाग्निभीतिस्तपेन् मानसं केसरी किं द्वितीयः।
कलत्रादिघातः शिरोनेत्रपीडा विपाकेफलानां सदैवोपसर्गः" ॥ १॥

अन्वयः—कुजे विलग्ने (स्थिते) दण्डलोहाग्निभीतिः (स्यात्) (तस्य) मानसं तपेत्, कलत्रादिघातः, शिरोनेत्रपीड़ा, फलानांविपाके सदा एव उपसर्गः (स्यात्) (स च) किं द्वितीयः केसरी स्यात् ॥ १ ॥

सं० टी०—अथ भौमस्य तन्वादि भाव फलम्—कुजे–इति–विलग्ने कुजे भौमे सति दण्डलोहाग्निभीतिः, कलत्रादिघातः, स्त्रीपुत्रनाशः, शिरोनेत्रपीड़ा, फलानां कार्यसिद्धिः, पाके परिणामे सदैव प्रतिकार्ये उपसर्गः विघ्नः भवेत् इति अग्रेण अन्वयः, अतएव मानसं तपेत् तथापि द्वितीयः केसरी किम्, सिंहवद् उद्यमी स्यादितिभावः ॥ १ ॥

अर्थ—यदि किसी जातक के जन्मलग्न में मङ्गल हो तो उसे लाठी, लोहा (हथकड़ी) और अग्नि से भय होता है। उसको मानस संताप होता है। उसकी स्त्री आदि प्रियबन्धुओं का नाश अर्थात् मृत्यु होती है—उसे शिर और नेत्रपीड़ा होती है। फल विपाक में अर्थात् कार्यसिद्धि के समय सदा विघ्न पड़ जाते हैं–अर्थात् कार्यसिद्धि नहीं होती। यह जातक उद्यम तथा साहस में दूसरा सिंह ही क्यों न हो तो भी कष्ट ही पाता है अर्थात् असफल मनोरथ ही रहता है ॥ १ ॥

तुलना:—"धरापुत्रे लग्नं गतवति यदा जन्मसमये
प्रहारो लौहास्त्राद नलशरदण्डादपि भयम् ॥
विनाशोभार्यायाः शिरसि नयनेरोगपटली
प्रतापस्तस्यापि प्रभवति मृगेंद्रेण च समः ॥ **जीवनाथ**

अर्थ—यदि जन्मलग्न में मङ्गल हो तो जातक के ऊपर लौहास्त्र का प्रहार होता है। उसे अग्नि-बाण-लाठी से भी प्रहार का भय होता है। स्त्री की मृत्यु होती है। शिरपीड़ा तथा नेत्रों में रोग होता है, किन्तु जातक सिंह के समान पराक्रमी होता है।

"भौमे लग्ने कुरूपश्च रोगी बन्धु विवर्जितः।
असत्यवादी निर्द्रव्यो जायते परदारकः॥" **काशिनाथ**

अर्थ—मङ्गल लग्न में पड़ा हो तो जातक कुरूप, रोगी, बन्धुहीन, मिथ्याभाषी, धनहीन तथा परस्त्रीगामी होता है।

"अति मति भ्रमतां च कलेवरं क्षतयुतं बहुसाहसमुग्रताम्।
तनुभृतां कुरुते तनुसंस्थितोऽवनिसुतो गमनागमनानि च ॥ **महेश**

अर्थ—जिस जातक के जन्मलग्न में भौम हो तो वह अत्यन्त बुद्धि विभ्रम से दुःखी होता है–इसकी देह में घाव और व्रण होते हैं। यह उग्रहठवाला होता है। यह इधर-उधर भटकता और घूमता-फिरता है–एकत्र किसी स्थान में स्थायी न रहने से इसका चित्त परेशान रहता है।

"भ्रांत धीः क्षततनुः गमागमी साहसी च कुपितः तनौ कुजे ॥" **जयदेव**

अर्थ—जिस जातक के जन्मलग्न में मङ्गल पड़ता है वह भ्रमात्मक बुद्धिवाला होता है–रण में उसका शरीर क्षत-विक्षत होता है–वह घुमक्कड़ होता है–निर्भय और क्रोधी होता है।

"क्षततनुः अतिक्रूरः, अल्पायुः तनौ घन साहसी ॥" **मन्त्रेश्वर**

अर्थ—यदि लग्न में मङ्गल हो तो जातक अतिक्रूर और अतिसाहसी होता है किन्तु ऐसा जातक अल्पायु होता है और उसके शरीर में चोट लगती है।

"लग्ने कुजे क्षततनुः।" **वराहमिहिराचार्यः।**

अर्थ—मङ्गल यदि लग्नभाव में हो तो जातक का शरीर रण में छिन्न-भिन्न होता है।"

"क्रूरः साहसिकोऽटनोति चपलो रोगी कुजे लग्नगे ॥" **वैद्यनाथ**

अर्थ—मङ्गल लग्न में हो तो जातक क्रूर, साहसी, घुमक्कड़, अतिचपल और रोगी होता है।

"क्रूरः साहसनिरतः स्तब्धोऽल्पायुः स्वमानशौर्ययुतः।
क्षतगात्रः सुशरीरो वक्रे लग्नाश्रिते चपलः ॥ **कल्याणवर्मा**

अर्थ—मङ्गल लग्न में हो तो जातक क्रूर, साहसी, मूढ़, अल्पायु, अभिमानी, शूर विक्षतशरीर होता है। यदि मङ्गल वक्री हो तो सुन्दर रूपवाला होता है और यदि लग्नाश्रित हो तो चञ्चल होता है।

"अतिमति भ्रमतां च कलेवरं क्षतयुतं बहुसाहसमुग्रताम्।
तनुभृतां कुरुते तनु संस्थितोऽवनिसुतो गमनागमनानि च ॥" **ढुंढिराज**

अर्थ—जिसके लग्न में मङ्गल बैठा हो तो जातक अत्यन्त मति विभ्रमवाला, चिह्नयुक्त देहवाला, हठी और भ्रमणशील होता है।

"उदरदशनरोगी शैशवे लग्नभौमे पिशुनमतिकृशांगः पापकृत् कृष्णरूपः।
भवति चपलचित्तो नीचसेवी कुचैली सकल सुखविहीनः सर्वदा पापशीलः ॥"
मानसागर

अर्थ—लग्न में यदि मङ्गल हो तो बाल्यावस्था में उदर के तथा दाँतों के रोग होते हैं। जातक चुगुलखोर, कृशदेह, पापी, कृष्णवर्ण, चञ्चल, नीच सहवासी, मैलेवस्त्र धारण करनेवाला, सर्वथा सुखहीन और पापकर्मा होता है।

"यदि भवति मिरीखो लग्नगः खिश्मनाक्स्याद्
रुधिरप्रभव रोगैः पीडितो मुफ्लिसश्च ॥
सकलजनविरोधी हासिलो लागरोना
जनुषि खलु वियोगी दारपुत्रैर्हमेशः ॥ **खानखाना**

अर्थ—यदि मङ्गल लग्न में हो तो जातक झगड़ालू, रक्तविकार के रोगों से पीड़ित, बेकार बैठनेवाला, सबका विरोधी, शरीर से दुर्बल और स्त्री-पुत्रों से हमेशा अलग रहनेवाला होता है।

"गुदरोगी श्लथं नाभौ कण्डू कुष्ठादिनांकितः।
मध्येदेशे भवेद्व्यंगः सवाच्यो लग्नगे कुजे॥
तनुस्थानस्थितेभौमे दृष्टिभिर्वाविलोकिते।
लोहाश्मादि कृतापीडा क्रोधोऽत्यन्तस्तनौ भवेत्॥
रक्तपीडा शिशुत्वे च वातरक्तं च जायते।
मस्तके कंटमध्ये च गुह्येवापि व्रणेभवेत्॥ गर्ग

अर्थ—गुदरोग, नाभि में खुज़ली वा कोढ़, कमर में व्यङ्ग, लोहा, पत्थर आदि से कष्ट, बहुत, क्रोधी बचपन में रक्तविकार, वातरोग, मस्तक में वा गुह्य-भाग में व्रण, ये फल मङ्गल के लग्नभाव के हैं।

भृगुसूत्र—देहे व्रणं भवति। दृढगात्रः, चौरबुभूषकः, बृहन्नाभिः, रक्त-पाणिः, शूरः, बलवान्, मूर्खः, कोपवान्, सभा न शौर्यः' धनवान्, चापल्यवान्, चित्ररोगी, क्रोधी, दुर्जनः। स्वोच्चे स्वक्षेत्रे आरोग्यं, दृढगात्रवान्, राजसन्मान कीर्तिः। दीर्घायुः। पापशत्रुयुते अल्पायुः स्वल्पपुत्रवान्, वातशूलादिरोगः, दुर्मुखः। स्वोच्चे लग्नर्क्षे धनवान्, विद्यावान्-नेत्र विलासवान्। तत्र पापयुते पाप क्षेत्रे पापदृष्टियुते नेत्ररोगः।

अर्थ—जन्मलग्न में मङ्गल हो तो शरीर में व्रण होता है। शरीर दृढ होता है। चोर, अच्छे होने की इच्छा वाला होता है। बड़ी नाभि-लाल हाथ, तेजस्वी, बली, मूर्ख, क्रोधी, सभा में निर्बल, धनी चञ्चल, विचित्र रोगग्रस्त, और दुष्ट होता है। मङ्गल उच्च का हो वा स्वगृही हो तो नीरोग, पुष्टदेह, राज्य में सत्कार पानेवाला और यशस्वी होता है। तथा दीर्घायु होता है। पापग्रह के साथ युति हो वा शत्रुग्रह के साथ युति हो तो अल्पायु होता है। थोड़ी सन्तान, वातशूलादि रोग और मुख देखने में खराब होता है। यदि मङ्गल मकर का हो तो धनाढ्य, विद्यावान्, नेत्रों से पूर्ण सुखी होता है—मङ्गल के साथ यदि पापग्रह हो वा शत्रुगृह में स्थिति हो वा पापग्रहों की दृष्टि हो तो जातक नेत्ररोगी होता है।

यवनमत—शत्रुओं से और अपने धर्म के लोगों से भी खूब झगड़ता है। क्रोधी और विरोधप्रिय, कृश, स्त्रीहीन, पुत्रहीन, बहुत घूमनेवाला।

पाश्चात्यमत—धैर्यवान, निरंकुश, साहसी, दुराग्रही, उत्कर्ष के लिए अति इच्छुक, लोभी, वितंडावादी, उदार, क्रोधी, अतिअभिमानी। मेष, सिंह तथा धनु में बहुत क्रूर और साहसी। मिथुन, तुला तथा कुंभ में, प्रवासी, भाग्यहीन। वृष, कन्या तथा मकर में, लोभी, स्वार्थी, दीर्घद्वेषी, स्त्रीप्रिय, झगड़ालू, शराबी। कर्क, वृश्चिक तथा मीन में नाविक, पियक्कड़, चैनी, व्यभिचारी।

फलविवेक—मंगल रूक्ष, उष्ण तथा दाहक है। अतएव बच्चों को गर्भस्थ अवस्था से ही उष्णता का अनुभव होता है। चेचक, फोड़े-फुन्सी आदि होते हैं। अतएव बचपन की अवस्था पर मंगल का अधिकार है। जिस बच्चे की कुंडली में मंगल प्रबल हो उसे ये रोग जल्दी होते हैं। यदि मंगल दुर्बल हो तो इनसे विशेष तकलीफ नहीं होती। लग्न में मंगल हो वा न हो, कोई खास फर्क नहीं पड़ता।

मेष, सिंह वा धनु में मंगल हो तो शिर में दर्द और रक्तपीड़ा का अनुभव होता है। मिथुन, तुला, कुंभ में यह अनुभव कम आता है। काशिनाथ के फलों का अनुभव पुरुषराशियों का है। स्त्रीघात आदि फल का अनुभव कर्क, सिंह, मीन को छोड़कर अन्यराशियों में आता है। मिथुन, तुला, कुंभ का मंगल हो तो कार्यसिद्धि के समय विघ्न की उपस्थिति, यह फल अनुभव में आता है।

"सिंह समान पराक्रमी होना"। इस फल का अनुभव मेष, सिंह, धनु-कर्क, और वृश्चिक में आता है। 'क्रोधी, व्यसनी, तीखे पदार्थ का प्यारा होना, आग से जलना, पित्तरोग', ये फल पुरुषराशिगत लग्नस्थ मंगल के हैं। "स्वधर्म में श्रद्धा का न होना, सुधारक मतों का पक्षपात करना", इन फलों का अनुभव मेष, सिंह, धनु, कर्क, वृश्चिक, एवं मीनराशि में होगा। "स्वभाव की उग्रता" यह फल मेष, सिंह तथा धनु राशि का है। "बहुत क्रूर और अल्पायु" इस फल का अनुभव तब होगा जब मंगल के साथ रवि और चन्द्र का सम्बन्ध होगा। "अतीव बुद्धिमत्ता, भ्रमण, व्यभिचार, स्त्रियों के साथ सहवास के विषय में गम्यागम्य का विचार न करना', इस फल का अनुभव मेष, सिंह, धनु तथा मिथुन-तुला-कुंभ राशियों में होगा। "शरीर हट्टाकट्टा, बहुत खून का होना", इस फल का अनुभव मेष, सिंह तथा धनु में होगा, कुछ कममात्रा में वृष, कन्या तथा मकर में होगा।

"बचपन में उदररोग तथा दन्तरोग का होना" यह फल पुरुषराशि का है। "स्तब्ध होना, स्वाभिमानी, पराक्रमी तथा सुन्दर होना" यह फल स्त्रीराशि का है। "बुद्धि भ्रम होना, मेष, वृश्चिक वा मकरराशि का मंगल लग्न में, केन्द्र में वा त्रिकोण में हो तो जातक का अनिष्ट नहीं होता है। इस फल का अनुभव सभी राशियों में आ सकता है। 'दुष्ट होना, विचारशून्य होना"। यह फल वृष, कन्या, मकर का है। गर्वीलापन, रक्तविकार, यह फल वृष, कन्या, मकर में, गुल्मरोग, प्लीहा रोग, यह फल कर्क, वृश्चिक, मीन में अनुभूत होगा 'गौरवर्ण, दृढ़शरीर, यह फल मेष, सिंह, धनु में अनुभव में आ सकता है। "राजसम्मान" यह फल मेष, कर्क, सिंह, मीन में अनुभव में आता है। यवनमत का अनुभव मेष, धनु, मिथुन, तुला, कुंभ में ठीक बैठता है।

विशेष विचार और अनुभव—जिस जातक के लग्नभाव में मंगल होता है वह सभी व्यवसायों के प्रति आकृष्ट होता है, किन्तु किसी एक व्यवसाय

को भी ठीक नहीं कर सकता—एकसाथ ही सभी व्यवसाय करने की प्रवृत्ति अवश्य होती है। ऐसी स्थिति ३६ वें वर्ष तक बराबर चलती रहती है। तदनन्तर किसी एक व्यवसाय में स्थिरता आती है। इसको यह मिथ्या अभिमान होता है कि यह व्यवसाय में अत्यंत कुशल है और दूसरे निरेमूर्ख हैं। योग्यता के अभाव में भी दूसरों पर प्रभाव डालने का यत्न करता है।

डाक्टरों की कुंडली में लग्नस्थ मंगल हो तो शिक्षाकाल में सर्जरी को विशेष ध्यान दिया जाता है। अनुभव के समय में आपरेशन का मौका बहुत कम मिलता है। लग्नस्थ मंगल डाक्टरों की भाँति वकीलों के लिए विशेष अच्छा नहीं है। फौजदारी मुकदमें मिलते हैं अवश्य, परन्तु धनप्राप्ति विशेष नहीं होती। अदालत में प्रभाव विशेष अवश्य पड़ता है, धनाभाव में विशेष उपयोग नहीं होता है। लग्नस्थल मंगल मोटर, हवाई जहाज, रेलवे इंजिन ड्राइवरों के लिए विशेषतया अच्छा है। लोहार, बढ़ई-सुनार, मैकेनिकल इंजीनियर, टर्नर, तथा फिटर आदि लोगों के लिए भी यह योग बहुत अच्छा है। यदि मंगल वृष, कन्या, मकर में हो तो उत्तमफल मिलता है। जमीन सर्वेयर का काम भी अच्छा रहता है।

मकर का मंगल पिता के लिए भारी कष्टकर है—शारीरिक व्याधियाँ होती हैं। मेष, सिंह, कर्क, वृश्चिक, धनु राशियों का लग्नस्थ मंगल पुलिसइन्सपैक्टरों के लिए अच्छा है। रिश्वत लेनेवाले अफसरों के लिए भी यह योग अच्छा है—क्योंकि इनकी पकड़ नहीं हो सकेगी। परन्तु ऐसा फल तब होता है जब मंगल के साथ शनि का योग होता है।

लग्नस्थ मंगल यदि कर्कराशि का हो तो जातक को अपने परिश्रम से उन्नति तथा धनप्राप्ति होती है। सिंहराशि में हो तो दैवयोग से ही उन्नति तथा धनप्राप्ति होती है। लग्नस्थ मंगल यदि वृष, कन्या वा मकर में हो तो जातक कृपण (कंजूस) होता है। एक व्यक्ति का भोजन भी इसे असह्य होता है। मिथुन और तुला में मंगल होने से जातक मिलनसार होता है। थोड़ा खर्च मित्रों के लिए भी होता है। यदि लग्नस्थ मंगल कर्क, वृश्चिक, कुंभ तथा मीन में होता है तो जातक किसी से जल्दी मित्रता नहीं करता है—किन्तु मित्रता हो जाने पर कभी भूलता नहीं है। यह जातक पैसे का पीर तथा स्वार्थी होता है—अच्छे बुरे उपायों का विचार नहीं करता है। वृष, कन्या, मकर, कुंभ में लग्नस्थ मंगल होने से जातक का झुकाव कुछ-कुछ चोरी करने की तर्फ रहता है। बच्चों के लिए इसकी दृष्टि बाधक होती है।

टिप्पणी—मंगलपर्यायनाम—मंगल-आर-वक्र-क्रूर-आविनेय—कुज-भौम-लोहितांग-पापी-क्षितिज-अंगारक-क्रूरनेत्र-क्रूराक्ष-क्षितिनंदन-धरापुत्र—कुसुत-कुपुत्र—माहेय गोत्रापुत्र-भूपुत्र-क्ष्मापुत्र-भूमिसूनु—मेदिनीज-भूसुत-अवनिसुत-नंदन-महीज—क्षोणिपुत्र आषाढाभव—आषाढाभ-रक्तांग—आंगिरस—रेत—कोण—स्कंद—कार्तिकेय—षडानन—सुब्रह्मण्य।

मंगल का स्वरूप

टिप्पणी—मंगल ग्रह का नाम "लौहितांग," है, क्योंकि दूर से देखने वाले को 'लाल' दीखता है। मंगल का नाम 'कुज' और 'भौम' भी है–भूमि-पुत्र होने से 'कुज' और पृथ्वी से पृथक् हो जाने के कारण 'भौम' नाम हुआ! चूंकि कुछ संघर्ष के अनन्तर पृथ्वी से पृथकत्व हुआ था, अतः मंगल लड़ाई झगड़े का 'कारकग्रह' माना गया है। मंगल को पृथिवी का पुत्र कहा गया है। ग्रहों के कुटुम्ब में रवि पृथ्वी के पिता के स्थान में है और चन्द्र माता के स्थान में है। इसलिए मंगल में रवि और चन्द्र दोनों के गुणों का कुछ-कुछ मिश्रण पाया जाता है।

मंगल के स्वरूप के विषय में शास्त्रकारों के मतों का परिचय तथा विवेचन निम्नलिखित है :—

"क्रूरदृक् तरुण मूर्ति रुदारः पैत्तिकः सुचपलः कृशमध्यः॥"

आचार्यवराहमिहिर

अर्थ—दुष्टदृष्टिवाला, नित्य युवा ही प्रतीत होनेवाला, दाता, शरीर में पित्त धातु की मात्रा का बाहुल्य, अस्थिरचित्त, संकुचित तथा पतला उदर—अर्थात् पतली कमर ऐसा मंगल का स्वरूप है।

"ह्रस्वः पिंगललोचनो दृढ़वपुः दीप्ताग्निकान्तिश्चलो
मज्जावानरुणाम्बरः पटुतरः शूरश्च निष्पन्नवाक्।
हिंस्रः कुञ्चितदीप्तकेशतरुणः पित्तात्मकस्तामसेः
चंडः साहसिकोऽपि घातकुशलः संरक्तगौरः कुजः॥ कल्याणवर्मा

अर्थ—छोटाकद, पिंगलनेत्र, दृढ़शरीर, प्रज्वलित अग्निसदृश कांतिवाला, चंचल मज्जा से बलवाला, रक्तवर्ण, कार्यचतुर, शूर, सिद्धांत-वचन कहनेवाला, हिंसक, धुँघराले केशोंवाला, युवा, पित्तप्रकृति, तमोगुणी, प्रतापी, साहसी, शत्रुओं के मारने में निपुण, रक्त-गौरवर्ण–ऐसा मंगल का स्वरूप है।

"मध्येकृशः कुंचित दीप्तकेशः क्रूरेक्षणः पैत्तिक उग्रबुद्धिः।
रक्तम्बरो रक्ततनुः महीजश्चंडोऽत्युदारस्तरुणोतिमज्जः॥" मंत्रेश्वर

अर्थ—मंगल मध्य में कृश है, अर्थात् इसकी पतली कमर है। इसके शिर के केश घुँघराले और चमकीले हैं। इसकी दृष्टि में क्रूरता है। स्वभाव से भी उग्रबुद्धि है। यह पित्तप्रधान है। लालवस्त्र धारण किए हुए है और इसके शरीर का भी वर्ण लाल ही है। यह स्वभाव से प्रचंड है, किन्तु अति उदार है। शरीर के मज्जा भाग पर इसका विशेष अधिकार है। (इसका आशय यह हुआ कि जिसकी जन्मकुंडली में मंगल बलवान् है उसके शरीर की मज्जा बलवान् होगी) मंगल तरुण अवस्था का है, (इसका आशय यह हुआ कि यदि मनुष्य

की जन्मकुंडली में बलवान् मंगल लग्न में पड़ा है तो वह पचास वर्ष की अवस्था में भी ३० वर्ष का जवान प्रतीत होगा।

कोपाग्निनेत्रः सितरक्तगात्रः पित्तात्मकश्चंचल बुद्धियुक्तः।
कृशांगयुक् तामसबुद्धियुक्तो भौमः प्रतापी रति केलिलोलः॥ **व्यंकटशर्मा**

अर्थ—कोप से लाल आखें, श्वेतरक्त (पाटल) रंग शरीर, पित्तप्रकृति, चंचलबुद्धि, कृशशरीर, तमोगुणी, प्रतापी, कामक्रीड़ा में अतिचंचल—ऐसा भौम है।

"संरक्त गौरः कुंजः।" **वैद्यनाथ**

अर्थ—लाल और सफेद मिला हुआ रंग मंगल का है।

"आरोऽप्युदारोऽपिचपीतनेत्रः क्रूरेक्षणोऽसौतरुणात्मवांश्च।
सुरक्तगौरश्चपलोऽतिहिंस्रः पित्तौष्मवान् मज्ञिकया सुसारः॥" **जयदेव**

अर्थ—उदारचित्त, पिंगलनेत्र, क्रूरदृष्टि, युवा, पाटलवर्ण, चपल, आलस्य-हीन, हिंसाशील, पित्तप्रकृति, मज्जा से बली, ऐसा मंगल का स्वरूप है।

"मज्जासारोरक्तगौरोऽत्युदारोंहिंस्रः शूरः पैत्तिकस्तामसश्च।
चंडः पिंगाक्षो युवाऽखर्वगर्वः खर्वश्चोर्वीसूनुरग्निप्रभः स्यात्॥" **ढुंढिराज**

अर्थ—मज्जा में बलवाला, रक्त लेकर गौरवर्ण, उदार, हिंसक, शूर, पित्त-प्रकृति, तमोगुणी, भयंकर, पीतनेत्र, युवा, गर्वीला, छोटा कद, अग्नि के समान कान्तिवाला—ऐसा स्वरूप मंगल का है।

सत्वंकुजः, नेताज्ञेयो धरात्मजः, अत्युच्चांगोभौमः, रक्त भौमो भौमः, देवता षडाननः, भौमो नरः, भौमः अग्निः, कुजः क्षत्रियः, आरः तमः, भौमः मज्जा, भौमवारः, भौमः तिक्तः, भौमः दक्षिणे, कुजः निशायांबली, भौमः कृष्णेच बली, क्रूरः, स्वदिवसमहोरामासपर्वकालवीर्यक्रमात् श०—कु०—बु०—गु०—शु० चराद्या वृद्धितोवीर्यवत्तराः। स्थूलान् जनयतिसूर्ये दुर्भगान् सूर्यपुत्रकः। क्षीरोपेतान् तथा चन्द्रः कटुकाद्यान् धरासुतः। वस्त्रे रक्तचित्रे कुजस्य। कुजः ग्रीष्मः। **पाराशर**

अर्थ—सत्वगुणप्रधान तथा शक्तिशाली भौम है। मंगल नेता है। मंगल का कद बहुत ऊँचा है। भूमिपुत्र मंगल रक्तवर्ण है। इसका देवता षडानन-कार्तिकेय है। यह पुरुष ग्रह है। भौम अग्नितत्व प्रधान है। भौम क्षत्रिय है। यह तामस है। भौम मज्जासार है—वारों में भौमवार मंगल का है। इसे तिक्त (तीखा) रस पसंद है। इसकी दिशा दक्षिण है। यह रात्रिबली है कृष्णपक्ष में बली है। क्रूर स्वभाव है। अपने दिवस में अपनी होरा में, अपने मास में, अपने पर्व और काल में श०—भौ०—बु०—गु० और शु० वृद्धिक्रम से अधिक बलीयान् होते हैं। सूर्य बली हो तो जातक स्थूलकाय होता है—शनि से जातक कुरूप और अभागा होता है। चन्द्र से क्षीर युक्त तथा रसप्रधान पदार्थ उत्पन्न होते हैं

मंगल कटुकपदार्थों को जन्म देता है मंगल के वस्त्र लाल और चित्रित होते हैं। मंगल ग्रीष्मऋतु का स्वामी है।

हिंस्रो युवा पैत्तिक रक्त गौरः पिंगेच्छगो वह्निनिभोप्रचंडः।
शूरोऽप्युदारः सतमास्त्रिकोणो मज्जाधिको भूतनयः सगर्वः॥ **पुंजराज**

अर्थ—मंगल हिंसक, तरुण, पित्तप्रकृति का, कुछ लाल गौरवर्ण का, लाल आँखोंवाला, अग्नि जैसा उग्र, शूर, उदार, तामसी स्वभाव और गर्वीला होता है। इसका आकार त्रिकोण जैसा और मज्जा अधिक होती है।

दुष्टदृक् तरुणः कृशमध्ये रक्तसितांगः पैत्तिकश्चंचल धीरुदारः। प्रताप्यारः।
महादेव

अर्थ—इसकी दृष्टि दूषित होती है। तरुण, कुछ लाल गोरेवर्ण का, पित्त-प्रकृति का चंचलबुद्धि, शूर और पतली कमरवाला होता है।

आचार्य वराहमिहिर—ने **बृहत्संहिता** में शुभफल दाता मंगल का स्वरूप निम्नलिखित दिया है:—

"विपुल विमलमूर्तिः किंशुकाशोकवर्णः स्फुटरुचिरमयूखस्तप्तताम्रप्रभावः।
विचरतियदिमार्गे चोत्तरे मेदिनीजः शुभकृदवनिपानां ह्लादिदश्चप्रजानाम्॥"

अर्थ—इसका आकार बड़ा होता है, वर्ण अशोक वा किंशुक के फूलों जैसा लाल होता है। किरण स्वच्छ और मनोहर होते हैं, कान्ति तपे हुए तांबे के समान होती है और यह उत्तर मार्ग से चलता है तब राजा और प्रजा के लिए कल्याणकारी होता है।

अनुक्रम में गुरु के बाद मंगल का स्थान है। इसका आकार छोटा है और अग्नि जैसे चमकीले वर्ण का दीखता है। यह ६८६ दिन तथा २० घंटों में राशिचक्र की परिक्रमा करता है। इसका उत्तर की ओर अधिकतम शर ४–३१ होता है तथा २-२ दिन स्थिर होता है। कर्क, वृश्चिक तथा मीन, इन तीन जलराशियों पर इसका पूर्ण अधिकार है। यह पुरुष प्रकृति का, रात्रि के समय का, उष्ण, रूखा अग्नि जैसा ग्रह है। यह झगड़े, कलह तथा विरोध का प्रेरक है। **विलियमलिली**

मंगल का स्वरूप-परिचय दिया गया, अब मतविवेचन किया जाता है:—

सत्व—मंगल में शारीरिक तथा मानसिक सामर्थ्य है। मल्ल, पुलिस अफसर, सैनिक, ड्राईवर आदि में शारीरिक सामर्थ्य जरूरी होता है। इस सामर्थ्य पर मंगल का अधिकार है। राष्ट्र के उदयकाल में बड़े-बड़े नेताओं में मानसिक सामर्थ्य होता है। इस पर भी मंगल का अधिकार होता है। ये नेता क्रांति को सफल बनाने के लिए प्राणों तक की बाजी लगा देते हैं इन क्रान्तिकारियों पर मंगल का अधिकार होता है।

नेता—मंगल नेता है–शास्त्रकारों के अनुसार 'सेनापति' है।

धातु—इसमें मज्जा-मांस-अस्थियाँ हैं—मस्तिष्क पर बुध का, चरबी पर गुरु का, मांस और अस्थियों पर मंगल का अधिकार मानना उचित है। मतभूयस्त्व से मज्जा पर भी मंगल का ही स्वामित्व है।

स्थान—मंगल का स्थान अग्नि कहा है-केवल आँखों से देखने पर यह ग्रह अग्निसदृश लाल दिखता है। रसोईघर का विचार मंगल से किया जा सकता है। चोरों और नीचों का घर मंगल का स्थान है यह कल्पना ठीक नहीं है क्योंकि इन लोगों के स्थान पर शनि का अधिकार होना चाहिए। युद्ध का स्थान मंगल के अधिकार में अवश्य है। प्रबल मंगल जिस पक्ष की ओर होगा-विजय उसी की होगी।

वस्त्र—कल्याणवर्मा के अनुसार मंगल का वस्त्र दृढ़-मजबूत तथा मोटा है-पराशर के अनुसार इसका वस्त्र लाल और रंग-विरंगा है—कईएक ने 'जलाहुआ-वस्त्र' ऐसा वर्णन दिया है। लोगों में कहावत भी है कि सोमवार का वस्त्र फटता है—मंगलवार का जलता है। गुरुवार तथा बुधवार का वस्त्र अच्छा रहता है—इसीलिए लोग मंगलवार को नया कपड़ा नहीं पहनते। परन्तु कल्याणवर्मा का वर्णन ही ठीक है क्योंकि पुलिस और मिलिटरी के लोग मोटा और बहुत देर तक टिकाऊ कपड़ा पहिनते हैं और ये लोग मंगल के अधिकार में हैं।

धातु-सोना आदि—मंगल की तुष्टि के लिए देय द्रव्य सोना है-ऐसा लेख है-दोनों का रंग कुछ लाल और गौर है—अतः मंगल का द्रव्य सुवर्ण है—ऐसी कल्पना है। युद्ध का ग्रह मंगल है—युद्ध के समय लोहे का विशेष महत्त्व होता है—तोपें-बन्दूकें आदि सभी शस्त्र लोहे के ही बनते हैं। इस दृष्टि से लोहे पर मंगल का अधिकार मानना उचित होगा। आजकल के राष्ट्रीय तथा राजकीय व्यवहार में सोने का महत्त्व बड़ा भारी है—राजकीय व्यवहारों पर सूर्य का अधिकार है। अतः सुवर्ण पर भी रवि का स्वामित्त्व है—ऐसा मानना अनुचित न होगा।

ऋतु—ग्रीष्मऋतु पर मंगल का अधिकार मानना ठीक होगा।

दिशा—दक्षिण दिशा मंगल की है क्योंकि यमराज के समान यह ग्रह भी जीवहानि कराता है।

शुभाशुभ—मंगल पापग्रह है क्योंकि पापफल देता है—परन्तु इसके शुभफल भी होते हैं। अतः शुभ तथा अशुभ दोनों पक्ष मानलेने होंगें।

देवता—पुराणों में देवताओं का सेनापति शिवपुत्र कार्तिकेय माने जाते हैं क्योंकि इन्होंने तारकासुर का वध किया था—मंगल भी सेनापति हैं अतः इनके देवता शिवपुत्र स्कन्द है—गुह, कार्तिकेय, स्कन्द-और षडानन ये नाम इस देवता के हैं।

लिंग—मंगल पुरुषग्रह है।

वर्ण—मंगल युद्ध का कारक है अतः इसका वर्ण 'क्षत्रिय' है।

रुचि—कडवी रुचि है-यह ठीक नहीं है-'तीखीरुचि है' यह ठीक है। मिर्च का रंग भी लाल और रुचि भी तीखी। अतः तीखी रुचि पर मंगल का स्वामित्व है-यह मान्यता ठीक है।

काल—मंगल दिन का अधिपति है।

वेद—मंगल का अधिकार स्वर वा ध्वनि पर है-गायन पर नहीं है। अतः चारों वेदों में सामवेद का अधिकार अनुचित है। हाँ अथर्ववेद पर कारकत्व दे सकते हैं।

लोक—मृत्युलोक के समान ही मंगल भी भौतिक तत्त्वों का ग्रह है-अतः कईएक ने इसका लोक मृत्युलोक माना है-कई एक शास्त्रकारों ने इसे पाताल का स्वामी माना है।

उदय—इसका उदय पिछले भाग से होता है।

वर्ग—इसे चतुष्पाद माना है क्योंकि क्रूर ग्रह होने से कुत्ता-गीदड़, भेड़िया, बिल्ली, चीता-शेर, आदि क्रूर जानवरों पर इसका अधिकार है।

संचार स्थान—मंगल का संचार स्थान पर्वत-जंगल-ठीक है क्योंकि क्रूर जानवर पहाड़ों-जंगलों में ही रहते हैं।

अवस्था—मंगल का स्वामित्व वाल्यावस्था पर है क्योंकि इसी अवस्था में रक्तविकार, विषमज्वर, खुजली, फोड़े-फुन्सी, चेचक-माता आदि रोग होत हैं। २६ से ३२ तक अर्थात् तरुणावस्था पर मंगल का प्रभाव होता है। अतएव इसे 'युवा' 'तरुण' माना है-क्योंकि मंगल प्रभावान्वित व्यक्ति पचास वर्ष के होते हुए भी तीस वर्ष के समान ही मालूम पड़ते हैं।

रत्न—प्रवाल-मूँगा-इसका रत्न है।

तत्त्व—अग्नि इसका तत्त्व है—तेज तत्त्व है यह ठीक है अग्नि तैजस तो है ही।

दृष्टि—मंगल की ऊर्ध्व दृष्टि है—परेड में सैनिक तथा पुलिस आफिसर हमेशा सीधी नजर रखते हैं-पैरों के नीचे कुछ भी होता रहे-ध्यान नहीं देते।

पराजय—अनुभव से मंगल द्वारा शनि का पराजय देखा गया है। अतः शनि द्वारा मंगल का पराजय जचता नहीं है।

बलवान् काल—जीवन में तरुणावस्था मध्याह्न है-इसी समय मनुष्य पराक्रम करता है। धन तथा कीर्ति प्राप्त करता है और संसार में मग्न रहता है। इस काल पर मंगल का अधिकार है। कृष्णपक्ष में तथा संध्यासमय मंगल बलवान् होता है-यह पराशर मत है। किसी एक ने रात्रिसमय मंगल का बलवान् काल माना है।

मंगल के बलवान् होने के स्थान इस प्रकार भी माने हैं-मंगलवार को, नवांश तथा द्रेष्काण कुंडली में, स्वगृह में हो तब मीन, वृश्चिक, कुंभ, मकर तथा मेष राशियों में, रात्रि में, वक्री होने पर, दक्षिण दिशा में, तथा राशि के

प्रारंभ में मंगल बलवान् होता है। मीन और कर्क राशियों का मंगल सुखदायी होता है।

जाति—सामान्यतः क्षत्रिय है। शनि माहात्म्य ग्रंथ में मंगल को सुनार कहा है। सुनार जाति पर मंगल का अधिकार है, क्योंकि सोने के आभूषण-गहने बनाते समय सुनार को अग्नि से ही काम लेना होता है।

धान्य—मसूर की दाल पर मंगल का अधिकार है–शान्ति के लिए मसूर की दाल का दान किया जाता है।

क्रूरदृक्—मंगलप्रभावान्वित व्यक्ति की नज़र से नज़र मिलाना मुश्किल होता है क्योंकि इसकी दृष्टि भेदक होती है।

उदार—संसार में जब से लोगों को अग्नि का पता चला है इन्होंने अनगिनत लाभ उठाए हैं। मंगलप्रधान व्यक्ति दूसरों के लिए खुद को कष्ट देते हैं अतएव उदार हैं।

पैत्तिक—अग्नि के सदृश उष्ण होने से उष्णता का विकार जो पित्त वही मंगलप्रधान व्यक्ति की प्रकृति है।

चपल—पित्त प्रकृति के लोग चपल होते हैं, काम करने का उत्साह इनमें बहुत होता है।

कृशमध्य—"कमर पतली होना" इसका अनुभव सैनिक, पुलिस, ड्राईवर इंजीनीयर आदि वर्गों से पाया जाता है और ये मंगल के अधिकार में हैं।

ऊँचा—सैनिक आदि वर्गों के मंगलप्रधान व्यक्ति ऊँचे होते हैं। परन्तु वैद्य, औषधि विक्रेता, दर्जी, सुनार. लुहार, चमार, रसोइए राजनीतिज्ञ, शस्त्रों के निर्माता आदि वर्गों में जो मंगलप्रधान व्यक्ति होते हैं वे प्रायः नाटे कद के होते हैं।

पिंगललोचन—आखें पीली लाल होती हैं। आँख का तारा काला होता है—और उसके चारों ओर सफेद भाग में लाल रंग की नसें अधिक मात्रा में होती हैं—ऐसा अनुभव है—नज़र बाज़ जैसी तीक्ष्ण होती है।

प्रचंडदृढवपु—सैनिकों का शरीर मजबूत होता है।

दीप्ताग्निकान्ति—इसका अनुभव पहलवान–पुलिस जवान आदि लोगों में होता है।

मज्जावान—इसका तात्पर्य मस्तिष्क शक्ति की बलवत्ता से है। गणितज्ञ, कवि-लेखक आदि लोगों में मस्तिष्कशक्ति बहुत बलवान् होती है। इस शक्ति का विचार मंगल की स्थिति से करना चाहिए।

रक्तांबर—मंगल की शान्ति के लिए लालवस्त्र का दान किया जाता है।

ह्रस्व-आकुंचितदीप्तकेश—मंगल के प्रभाव में उत्पन्न व्यक्तियों के केश छोटे-लहरीले घुँघराले और चमकीले होते हैं। परन्तु स्त्रियों के केश लंबे, घने, काले, चमकदार और आकर्षक होते हैं।

तामस—रक्तवर्ण क्रोध और शक्ति का प्रतीक है—इसलिए मंगल तामसी प्रकृति का है दया और प्रेम का वर्ण सफेद-लज्जा का गुलाबी है—शर्म का हरा-तथा द्वेष और मत्सर का काला है—ऐसा इन वर्णों का और मनुष्य की भावनाओं का सम्बन्ध कहा जाता है।

साहसिक—मंगल के प्रभाव में उत्पन्न व्यक्ति धैर्य से साहसी काम करने वाला, संकट में भी अग्रसर होने वाला निर्भय होता है।

विघातकुशल—पूरे दृढतामय निश्चय से शत्रु पर आघात करने वाला होता है ताकि परिणाम में शत्रु पराजय अवश्य हो।

रतिकेलिलोल—उष्ण प्रकृति के लोगों में कामवासना अधिक होती है।

हिंस्र—युद्ध में किसी का खून करने में इसे हिचकिचाहट नहीं होती।

उग्रबुद्धि—बात को फौरन समझता है।

त्रिकोण—मंगल कुछ लंबे गोल आकार का दिखलाई देता है, अतः त्रिकोण नहीं है। राशियों की दृष्टि से—मंगल के फल कर्क राशि में बहुत अच्छे मिलते हैं—वृश्चिक-धनु में साधारण होते हैं—सिंह में कुछ बुरे होते हैं—मेष में बुरे होते हैं—वृष-कन्या, मकर में बहुत बुरे फल मिलते हैं। मिथुन, तुला, कुंभ में साधारण अच्छे मिलते हैं।

मंगल का कारकत्व—

कल्याणवर्मा—लालकमल, तांबा, सोना, रक्त, पारा, मनःशिल, भूमि, राजा, पतन, मूर्च्छा, पित्त तथा चोर इनका कारक मंगल है।

वैद्यनाथ—सामर्थ्य, रोग, गुण, छोटे भाई-बहिन, शत्रु, जाति इनका कारक मंगल है।

पराशर—सामर्थ्य, घर, जमीन, पुत्र, स्वभाव, चोरी, रोग, ब्राह्मण, भाई, पराक्रम, अग्नि-साहस, राजपुत्र-इनका कारक मंगल है।

व्यंकट शर्मा—पराक्रम, विजय, कीर्ति, युद्ध, साहस, सेनापतिपद, परशु-कुठार इत्यादि शस्त्रों में निपुणता, धैर्य, कान्ति, गम्भीरता, कामवासना, क्रोध, शत्रुवृद्धि-आग्रह, निश्चय, परनिन्दा, स्वतन्त्रता, आँवले का वृक्ष, जमीन, इनका कारक मंगल है।

मन्त्रेश्वर—पराक्रम, जमीन, भाई, क्रूरता, युद्ध, साहस, द्वेष, रसोईघर, अग्नि, सोना, जाति-अस्त्र-चोर, शत्रु-उत्साह-परदारगामिता, मिथ्याभाषण, वीरता चित्तविकास, पाप, सेनापतित्व, व्रण-इनका विचार मंगल से कर्तव्य है—

मंगल कारत्व के रोग :—

बहुत प्यास, खून, पतन, पित्त, ज्वर, अग्नि, विष वा शस्त्रों से भय, कुष्ठ, नेत्ररोग, गुल्म (अपैंडिसाइटिस) अपस्मार, मस्तिष्क के रोग, खुजली, अवयव कम हो जाना, राजकोप, शत्रु-चौर-भय, भाई-पुत्र और मित्रों से झगड़ा, भूत-पिशाच-गन्धर्वावेश जन्य पीड़ा, शरीर के ऊपरी भाग के रोग-भौम दूषित हो तो ये रोग होते हैं।

कालिदास—पराक्रम, जमीन, बल, शस्त्रधारण, लोगों पर अधिकार जमाना, वीर्यक्षय, चोर, युद्ध, विरोध, शत्रु, उदारता, लाल वस्तुओं की रुचि, बगीचों की मलकीयत, वाद्यवादन, प्रेम, चौपाया जानवर, राजा, मूर्ख, क्रोध, विदेशयात्रा, धैर्य, आँवले का वृक्ष, अग्नि, वाद विवाद-पित्त, उष्णता, व्रण, सरकारी नौकरी, दिन, ऊर्ध्वदृष्टि, नाटाकद, रोग, कीर्ति, सीसा, तलवार, भाला, मन्त्री, स्पष्ट अवयव होना, मणि, स्कन्द-तरुण, कड़ुवी रुचि, राजाओं का स्थान-अपमान, मांस-आहार, परनिंदा, शत्रुविजय, तिक्तस्वाद, रात्रिबली-सोना-धातु-ग्रीष्मऋतु-पराक्रम-शत्रुबल, गम्भीरता, शौर्य, पुरुष, शील, ब्रह्म, कुल्हाडी, वनचर, गाँव का मुखिया, राजदर्शन, मूत्रकृच्छ्ररोग, चौकोर आकार, सुनार, दुष्ट-जली हुई जगह, भोजन में अच्छे रुचिकर पदार्थों की प्रियता, दुबलापतलापन, धनुर्विद्या नैपुण्य, रक्त-ताँबा, रंगविरंगे वस्त्र, दक्षिण दिशा, दक्षिण-दिशा प्रियता, कामवासना, क्रोध, परनिंदा, घर, सेनापतिशतघ्नी, सामवेद, भाई, वन्य क्रूर पशु-नेतृत्व, स्वतन्त्रता, खेती-सेनापतिपद सर्पस्थान, वाणी और चित्त का चञ्चल होना, घुड़सवारी, रजोदर्शन, खून सूखना—

पाश्चात्यमत के अनुसार मंगल का कारकत्व—उष्ण-रूक्ष, दाहक, उद्योगी, वंध्या, पुरुषप्रकृति, साहसी, उबलने वाले पदार्थ, दाहजनक तेल, तीव्र औषध, अम्लपदार्थ, उष्णपदार्थ, दाहकारक रुचि, लोहा, फौलाद, हथियार, चाकू-कैंची, झगड़े-चोरी-डकैती, अपघात, लडाई, युद्ध में सम्मान प्राप्ति, महत्वाकांक्षा, पौरुष, कामवासना, क्रोध, मानआदिमनोविकार, आग, बुखार, उन्माद-भयंकरता, द्रोह, निंदा, पुलिस, स्वल्पकाल कारावास, मौत, पुरुष सम्बन्धी, डाक्टर, सर्जन, रसायनशास्त्र, वैज्ञानिक, गोलंदाज़-शस्त्रकार मैकेनिक, इंजीनीयर, टर्नर, फिटर, लेथवर्क करनेवाले, टाटा आदि लोह कारखानों में काम करनेवाले, तांबे के बर्तन बनानेवाले, चाकू-कैंची बनानेवाले लुहार, कंगन बेचनेवाले, दंतवैद्य, कसाई-बेलिफ-जल्लाद, घड़ीवाले, दर्जी-नाई, रंगारी-चमार, जुआरी, मस्तक-नाक, जननेन्द्रिय, पित्त-पित्ताशय, मूत्राशय, स्नायु-मांसरज्जु-चेचक, गोबर, खून बहना, कटना-जलना-आगलगी-हुई जगह-भट्टी-(सुनारकी, लुहारकी-होटलकी, कांचकारखानेकी, लोहे, तांबे, या पीतल के बर्तनों के लिए, चूना बनाने की, शस्त्रों के लिए भट्टी) रसायनशाला, युद्धभूमि, सेनाशिविर, तोपखाना, बारूद का संग्रह, शस्त्रों के कारखाने, अपघात स्थल लड़ाकूप्रदेश-विषैले जन्तुओं के स्थान, कसाईखाना, भाई-बहिन, सुख-दुःख, चचेरे भाई-सौतेले सम्बन्धी, अद्‌भुत बुद्धिमत्ता के काम।

स्वर्गीय ह-ने-काटवे के अनुसार विविध विषयक मंगल का कारकत्व :—लोककर्म विभाग (P. W. D.) भूमिति, इतिहास, क्रिमनल-ला (अपराधविषयक कानून) प्राणिशास्त्र, अस्थिशास्त्र, पुलिस इन्सपैक्टर, ओवरसीयर, उनकी शिक्षा संस्था-जंगल, कृषिविद्यालय, सर्वे विभाग, बायलर एक्ट-तंत्रविद्या

(मैकेनिकल) की शिक्षा-इंजीनीयरिंग कालिज, बीड़ी-सिगरेट के कारखाने, मिल्मजदूर, शराब की भट्टियाँ और दुकानें, आबकारी इन्सपैक्टर, सिपाही, पहलवान, मोटर और उसके पुर्जे बेचनेवाले, साइकल या मोटर मरम्मत करनेवाले, टैंक, क्रूझर, टारपीडो, बाम्बर, विमान, पैट्रोल, स्पिरिट, रॉकेलतेल, फास्फरस, आइडीन, बिजली की आर्क के लिए उपयोगी कार्बन के कारखाने, माचिस के कारखाने, कपास का सट्टा, रेस, घोड़े-जौकी, ट्रेनर, फायरब्रिगेड, बड़े आपरेशन, अपैंडसाइटिस, मूत्रकृच्छ्र-गंडमाला-टानसिल, मन, खूनखराब करनेवाले व्यसन, इंगलैंड, फ्रान्स, ग्रीस, इटली, जर्मनी, जापान, पंजाब, उत्तर-प्रदेश, महाराष्ट्र-कर्नाटक, कच्छ, सौराष्ट्र, गुजरात, राजस्थान, नाइट्रिक एसिड, एसेटिक एसिड, हाइड्रोसीनिक एसिड, आर्सैनिक, सोमल, गंधक, विषपचाने की ताकत, मुर्गा, गीध, बाज, चील-बकरा, कबूतर, चिड़िया, बिल्ली, क्रिश्चन, ऐंग्लोइंडियन, युरोपियन सिख, मराठा, राजपूत, जैन लिंगायत, गुजरात, और सौराष्ट्र का सामान्य वर्ग।

कारकत्व का निश्चय :—ग्रहों के स्वाभाविक गुण-धर्म-रूप, रंग तथा नैसर्गिक कुंडली में उनका स्थान एवं भावकारक ग्रहों पर से कारकत्व का निश्चय किया जाता है।

आलोचना :—लाल कमल, ताँबा, सोना लालरंग के पदार्थ हैं अतः इन पर मंगल का अधिकार है। गेरू भी लाल रंग का है।

मोटर आदि वाहनों में लोहा पैट्रोल आदि की आवश्यकता होती है अतः इन पर मंगल का स्वामित्व है।

क्षिति—मंगल भूमिपुत्र माना गया है अतः ज़मीन इसके कारकत्व में है

पतन—यदि मंगल अशुभ हो तो मानव की हालत गिरती जाती है।

मूर्च्छा और पित्त—दोनों ही उष्णता से होते हैं—अतः मंगल के कारकत्व में हैं।

चोर—मंगल और शनि का परस्पर अनिष्ट संबंध हो तो चौर्य भी मंगल के कारकत्व में आ सकता है।

रोग—रोगों का कारण मुख्यतः उष्णता है—अतः रोगों का कारक ग्रह मंगल है।

छोटे भाई—तृतीय वा नवम में मंगल हो तो भाई जीवित नहीं रहते—इस तरह भाइयों के लिए मंगल घातक ही प्रतीत होता है—ऐसा अनुभव है।

रिपु—पुलिस विभाग से शत्रुओं का सबंध नित्य ही रहता है।

जाति—कोई जातिविशेष अभिप्रेत नहीं है—अपनी जाति का त्यागकर दूसरी जाति का स्वीकार करने की प्रवृत्ति का विचार मंगल से कर्तव्य है—यह अभिप्राय है। इस पर प्राचीन श्लोक भी है—

"लग्ने चैव यदाभौमः अष्टमे च रविर्बुधः।
ब्रह्मपुत्रो यदा जातः सगच्छेन् म्लेच्छ मंदिरम् ॥"

मंगल के प्रभाव से धर्म या जाति का बन्धन शिथिल हो जाता है—यह मर्म है ॥

पुत्र—पंचम और एकादश के मंगल से ही पुत्रों के विषय में विचार किया जा सकता है। अन्य स्थानों से इका संबंध नहीं है।

राजशत्रु—बड़े अधिकारी पुरुष के प्रति प्रायः कनिष्ठ अधिकारी अनिष्ट चिंतन करते रहते हैं—यह परिस्थिति मंगल के कारकत्व में है।

पराक्रम और विजय—शनि का अधिकार विजय पर है-मंगल का अधिकार पराक्रम पर है।

विख्याति-कीर्ति—सिपाही प्राणों की बाजी लगाकर लड़ते है परिणामतः सेनापति विख्यातकीर्ति होता है। अतः कीर्ति मंगल के स्वामित्व में है।

संग्राम—किसी देश में युद्ध चल रहा हो-किस को हानि व लाभ रहेगा—इसका विचार मंगल की स्थिति से और उस देश की राशि से करना चाहिए। इसी प्रकार अदालती झगड़ों में किस व्यक्ति की विजय होगी? इसका विचार भी मंगल से ही कर्तव्य है।

दंड-सैन्य—किसी देश की कितनी सेना है—उसकी व्यवस्था कैसी है—आदि-आदि विषयों का विचार मंगल से कर्तव्य है।

नेता—मंगल राजकीय नेता है, सामाजिक नेता नहीं-यह विचार ठीक है।

गांभीर्य-मंगल में अल्हडपन भी है और गंभीरता भी है ऐसा अनुभव है।

शत्रुवृद्धि—मंगल छटे, सातवें वा बारहवें स्थान में हो तो शत्रुवृद्धि करता है—अन्यत्र नहीं।

आग्रहावग्रह—राजदरबार में मान-सम्मान वा अपमान होना मंगल पर अवलंबित है। शुभ होने पर मान-सम्मान, शनि से दूषित होने पर अपमान होता है।

परनिन्दा—पाँचवें, सातवें, बारहवें स्थान में मंगल हो तो यह फल मिलता है-अन्यत्र नहीं।

स्वतंत्र—मंगल के अधिकार के लोग स्वतंत्रवृत्ति से जीवन यापन करते हैं-बहुतेरे नौकरी भी करते हैं किन्तु यह उनकी इच्छा के प्रतिकूल होता है।

क्रौर्य—मंगल का 'क्रूरता' कारकत्व किसी पाप ग्रह का वेध हो तो तभी अनभव में आता है।

परदारलोल—उष्णता तथा शारीरिक सामर्थ्य में आधिक्य होने से पर स्त्रियाँ स्वयं ही खिंची चली आती हैं—तीव्र कामानल शान्त करती हैं।

असत्यभाषण—मंगल दूषित हो तो ही ऐसा अनुभव होता है।

चित्तसमुन्नति—राष्ट्र में महान् व्यक्तियों का उत्पन्न होना, बौद्धिक प्रगति और जगत् की स्थिति में सुधार होना-यह मंगल का कारकत्व है। द्वितीय, चतुर्थ, षष्ठ, अष्टम-द्वादशस्थानों में शुभ मंगल हो तो महान् व्यक्तियों का मन और बुद्धि अच्छी तरह विकसित होते हैं। लग्न, तृतीय, पञ्चम, सप्तम, नवम,

दशम, एकादश मंगल हो तो यूनीवर्सिटी की डिग्रियाँ अवश्य मिलती हैं परन्तु मन की अवस्था अविकसित ही रहती है।

वाग्वाद—मंगल प्रबल हो तो वाद-विवादों में विजय प्राप्त होती है।

मांसाशी—मंगल रक्त वा मांस का स्वामी है—धनस्थान वा षष्ठ में अग्निराशि में मंगल हो तो जातक मांसाहारी और मद्यपी होता है।

चित्तचंचलता—मंगल बार-बार वक्री और मार्गी होता है—यदि मङ्गल लग्न-सप्तम और दशम में होता है तो ही चित्तचञ्चलता का अनुभव होता है।

चतुरस्र—मंगल के अधिकार के सैनिक आदि वर्गों के लोग ऊँचे कदके, लम्बेचेहरे के और सुदृढ़ होते हैं। सुनार आदि वर्गों के गोल चेहरे के, नाटे-कद के और प्रमाणबद्ध अवयवों के होते हैं। चौकोर और त्रिकोण आकृति के नहीं होते हैं।

कुण्डली में शुभ मंगल के फल—यदि मंगल शुभ हो तो जातक साहसी, चिड़चिड़ेस्वभाव का, हठी, मौके पर न डरनेवाला, दीर्घोद्योगी, खर्चीला, नाना-युक्तियों से काम बनानेवाला, लोगों के कल्याण के लिए यत्नशील, कपटहीन, उदार, प्रेमी, चिन्तारहित, सुदृढ़, धीरजवाला, दूसरों के प्रभाव में न आनेवाला, व्यवहार में सरल, सत्यशील तथा प्रामाणिक, भाषण और कृति में नियमपालक, परस्त्रियों में अनासक्त, अनाथ-दीनस्त्रियों का सहायक, क्रान्तिकरणोत्सुक, सुखासक्त, धर्मश्रद्धालु परन्तु अकर्मण्य—पत्नीवश—सद्यः स्थितिमग्न—भविष्यचिन्तक, वाद में पराजित होनेवाला, प्रभावशाली, लोकमत अच्छी दिशा में प्रेरित करने वाला, ये फल तभी होते हैं यदि कुण्डली में मंगल विकसित हो।

दूषित मंगल के फल—चन्द्र वा शुक्र के संबंध से मंगल दूषित होता है। इन ग्रहों से मंगल के बुरे गुण-धर्म प्रभावी होते हैं। जातक परस्त्रियों को कुमार्गगामी करता है—अतिकामुक, कामपूर्ति के लिए किसी भी जाति की स्त्री से सम्बन्ध जोड़ लेता है। क्रोधी, तामसी, लड़ाई-झगड़े—खूनतक कर लेता है। कंजूसों के पैसे से मौज उड़ालेता है। स्त्री-कष्टकर, परनिन्दक, आलसी-स्वार्थी दूसरों को उत्साहहीन करता है—गाली-गलोच करने का स्वभाव होता है, उधममचानेवाला होता है—एकान्तप्रिय, अस्थिर—विक्षिप्तमनोवृत्ति—और जङ्गली होता है।

भवेत्तस्य किं विद्यमाने कुटुम्बे, धनेऽङ्गारके यस्य लब्धे धने किम्।
यथा त्रायते मर्कटः कंठहारं पुनः सम्मुखं को भवेद् वादभग्नः॥ २॥

अन्वयः—यस्य धने अङ्गारके (स्थिते) तस्य विद्यमाने कुटुम्बे किं भवेत्। धने लब्धे किं (स्यात्), यथा मर्कटः कण्ठहारं त्रायते (न तत् सुखं जानाति तथैव स ज्ञेयः) वादभग्नः कः पुनः (तस्य) संमुखं भवेत्॥ २॥

सं॰ टी॰—यस्य धने द्वितीयभावे अंगारकः भौमः भवेत् तस्य विद्यमाने लब्धे धने वा सति कुटुम्बे स्वजन विषये किं न किञ्चित् फलमित्यर्थः। यथा मर्कटः वानरः कण्ठहारं केनापि कण्ठे समारोपितं गुञ्जादि रचितं हारं त्रायते रक्षति, तथा

सोपि कृपणः धनं रक्षति न तद् धनं कदाचिदपि कुटुम्बोपयोगाय भवति इतिभावः, तथा तस्य वाद भग्नः पराजितः पुनः भूयोऽपि विवादार्थं सम्मुखं न कोपि भवेत् अतिमुख्यतरः स्यात् इत्याशयः ॥ २ ॥

अर्थः—जिस मनष्य के जन्मलग्न से दूसरे स्थान में मंगल हो वह कुटुम्बी हो भी तो क्या लाभ। उसको धनप्राप्ति हो जाने से भी क्या लाभ होगा। जैसे बन्दर अपने गले में पड़े हुए हार की केवल रक्षा ही करता है उस हार के सुख वा उपयोग को नहीं जानता है, वैसे ही मनुष्य को कुटुम्ब और धन का सुख नहीं होता है। उससे वाद-विवाद में हारा हुआ मनुष्य दोबारा उसके सामने नहीं आता है ॥ २ ॥

तुलना:—कुटुम्बे माहेयः प्रभवति यदायस्य जनने।
प्रलब्धे वित्तेशे स्वजनजनतः किंफलमलम् ॥
यथा मुक्ताहारं क्षितिपतिजनैरर्पितमिमं।
गले सूत्रायन्ते सततमभितोमर्कटगणाः ॥ जीवनाथ

अर्थ—जिस मनुष्य के जन्मसमय में मंगल धनभाव में हो उसे अपने बन्धु-बान्धवों से धन मिलने पर भी क्या लाभ हो सकता है, अपितु कुछ नहीं, क्योंकि जिस प्रकार राजपुरुषों से पहिनाई गई मोतियों की माला को वानर साधारण सूत्र समझकर गले से तोड़ फेंकता है, उसी प्रकार वह भी उस धन का दुरुपयोग कर नष्ट कर देता है।

टिप्पणी—भट्टनारायण और जीवनाथ को एकसाथ पढ़ा जावे तो प्रतीत होता है कि धनभाव का भौम बन्धु-बान्धवों को, कुटुम्बियों को देता तो अवश्य है किन्तु इससे कोई लाभ विशेष नहीं होता क्योंकि वैमनस्य का काँटा परस्पर चुभता रहता है—कुटुम्बियों का सौहार्द्रपूर्ण व्यवहार नहीं होता—जातक भी बन्धुओं को सुखपूर्ण जीवनयात्रा करने के लिए उनकी सहायता रुपए पैसे से नहीं करता—आखिर संसार तो धनपिपासु—सुखलिप्सु परस्पर सद्भाव का भूखा है। संसार में सुखोपभोग के लिए धन की आवश्यकता भारी मात्रा में रहती है। स्त्रीसुख, पुत्रसुख, मित्रसुख, गृहसुख—सगे-सम्बन्धियों से सुख तभी मिलता है यदि कांचन सम्पत्ति खूब रहे—इन सुखों की प्राप्ति के लिए धनभाव का मंगल धन भी देता है किन्तु ऐसा होते हुए भी, आयास से वा निरायास से धनप्राप्ति होने पर भी सुख प्राप्ति नहीं होती, क्योंकि जातक कृपणता का मारा धन का सदुपयोग ही नहीं करपाता। बैंकों में लाखों रुपयों का हिसाब-किताब तो होता है। परन्तु यदि जातक का रहन-सहन का अध्ययन किया जावे तो पाया जावेगा कि जातक कदन्नभोजी है—मैले-कुचैले कपड़ोंवाला है, सर्वथा दीन-हीन-दशा में जीवन व्यतीत कर रहा है। इस परिस्थिति में भारी संख्या में रुपयों का संग्रह व्यर्थ नहीं तो क्या है, किसी कवि ने ठीक ही कहा है—"योनात्मजे न च गुरौ न च बंधुवर्गे दीने दयां न कुरुते न च भृत्यवर्गे"। ऐसे कृपण का जन्म संसार में नितांत व्यर्थ है। अतएव ऐसे प्राणी की उपमा

उस बन्दर से दी गई है जिसके गले में बहुत कीमती शुद्धमोतियों की माला तो पड़ी है परन्तु उसके लिए निरुपयोगी और व्यर्थ है क्योंकि वह उसका उपयोग नहीं करता—और बोझ समझकर तोड़-फोड़ कर मोती भूमिपर बिखेर देता है।

"दानंभोगोनाशः तिस्रोगतयो भवन्तिवित्तस्य।
यो न ददाति न भुंक्ते तस्य तृतीया गतिर्भवति ॥"

उस कंजूस को यह व्यर्थ अभिनान अवश्य होता है कि उसका "हैवी बैंक वैलैंस" है परन्तु किस काम? जब दान और उपभोग में इस्तेमाल में लाया नहीं जाता है तो नाश ही एकमात्र परिणाम होता है—राजदण्ड—चौरभय, अदालती मुकदमे आदि में धननाश देखने में आता है।

"धन गे कदन्नः" आचार्यबराहमिहिर।

अर्थ—धनभावगत भौम हो तो जातक कुत्सित अन्नभोक्ता होता है आचार्य धनके विषय में मौन हैं।

"धातुर्वादकृषि क्रियाटनपरः कोपी कुजे वित्तगे ॥" वैद्यनाथ

अर्थ—धातु, वाद-विवाद, खेती, नित्यप्रवास, क्रोधी, ये द्वितीय स्थान के मंगल के फल हैं। धन के विषय मैं वैद्यनाथजी मौन हैं।

"निर्धनः कुजनैर्वैरमाश्रितो निर्दयः क्शनभाग धनोपगे ॥" जयदेव

अर्थ—द्वितीय मंगल हो तो जातक निर्धन, दुष्टों का वैरी, निर्दयी, निकृष्टान्न भोजी होता है।

"वचसि विमुखः निर्विद्यार्थः कुजे कुजनाश्रितः" मंत्रेश्वर

अर्थ—यदि द्वितीयभाव में मंगल हो तो या तो चेहरा अच्छा न हो, या बोलने में प्रवीण न हो, विद्याहीन, धनहीन, हो, कुत्सित आदमियों की नौकरी में रहे।

"धने कुजे धनैर्हीनः क्रियाहीनश्चजायते।
दीर्घसूत्री, सत्यवादी पुत्रवानपि मानवः ॥" काशीनाथ

अर्थ—धनभाव में भौम हो तो जातक निर्धन, क्रिया कर्म में रुचि न रखनेवाला, विलंब से कामकरनेवाला, सत्यवक्ता, तथा पुत्रवान् होता है।

"अधनः कदशनतुष्टः पुरुषः विकृताननः धनस्थाने।
कुजनाश्रयश्च रुधिरे भवति नरो विद्यया रहितः ॥" कल्याणवर्मा

अर्थ—द्वितीयस्थभौम हो तो जातक निर्धन, कदन्नभुक्, बुरे मुखवाला, नीच लोगों के साथ रहनेवाला और मूर्ख होता है।

"अधनतां कुजनाश्रयतां तथा विमतितां कृपयातिविहीनताम्।
तनुभृतो विदधाति विरोधतां धननिकेतनगोऽवनिनंदनः ॥" ढुण्ढिराज

अर्थ—धनभाव के मंगल में जातक निर्धन, असज्जनाश्रित, दुर्बुद्धि, निर्दय, और विरोध करनेवाला होता है।

"धनगतपृथिवीजे धातुवादी प्रवासी, परधनकृतचित्तः द्यूतकर्ता सहिष्णुः।
कृषिकरणसमर्थः विक्रमेलग्नचित्तः कृशतनुसुखभागी मानवः सर्वदैव ॥"

मानसागर

अर्थ—धनभाव के मंगल में जातक धातुओं का व्यापारी, परदेशवासी, दूसरों से धन लेनेवाला, जुआरी, सहिष्णु, खेती करनेवाला, उद्यमी, पतलादेह तथा सदा सुखी रहता है।

"कृषिको विक्रयी भोगी प्रवास्यरुण वित्तवान्।
धातुवादी मतेर्नाशोद्यूतकाराः कुजे धने॥" **गर्ग**

"धनेभौमे धनहानिः प्रजायते। पीडादेहे च नेत्रे च भार्याबन्धुजनैः कलिः॥" **गर्ग**

अर्थ—खेतिहर, विक्रयकुशल, भोगी, प्रवासी, अरुणवर्ण, धनी, धातुओं का व्यापारी, मूर्ख, जुआड़ी, शरीरपीड़ा-नेत्ररोग, स्त्री तथा सम्बन्धियों से कलह-ये फल द्वितीय भौमक हैं।

"धने क्रूरखेटा मुखेवाथ नेत्रे तथा दक्षिणांसे तथा कर्णके वा।
भवेद् धातपातोऽथवावैव्रणंस्याद् यदा सौम्यदृष्टं न युक्तं धनं चेत्॥ **जागेश्वर**

अर्थ—धनस्थान में क्रूरग्रह हो तथा सौम्यग्रह की उस पर दृष्टि न हो और नाही युति हो तो उसे मुख, आँख, दाहिना कन्धा, अथवा कान इन भागों पर जख्म होता है।

"रवे धननाशम्" **पराशर**

अर्थ—धनहानि होती है।

"धनहानिः द्वादशेऽब्दे धनस्थश्च महीसुतः॥" **हिल्लाजतक**

अर्थ—१२ वें वर्ष में धनहानि होती है।

"प्रपीडितमसृग् नवाब्दे स्वनाशम्॥" **वृहद्यवनजातक**

अर्थ—९ वें वर्ष में रुधिर विकार से मृत्युतुल्य कष्ट होता है।

"अधनतां कुजनाश्रयतो तथा विमतितां कृपयातिविहीनताम्।
तनुभृतां विदधाति विरोधितां धननिकेतनगोऽवनिनन्दनः॥२॥ **महेशः**

भावार्थः—जिसके धनभाव में (दूसरे भाव में) मङ्गल हो वह जातक निर्धन होता है। और यह दुष्टस्वभाव के लोगों के आश्रित रहता है। यह दुर्बुद्धि होता है। यह दयाहीन अर्थात् क्रूरस्वभाव का होता है। प्रायः दूसरों से लड़ाई-झगड़ा करता रहता है॥ २॥

"यदि भवति मिरीखश्चश्मखाने बेहोशः सुत धनसुखदारैः वर्जितः शूरगः स्यात्।
नसनयमुतफक्किः हीनशक्तिः वदर्दः खलजनसमबुद्धिः मानवः कर्जदारः॥ २॥
खानखाना

भावार्थ—यदि मङ्गल द्वितीय भाव में हो तो जातक बेहोश, स्त्री-पुत्र, धन और सुख से हीन, सदा चिंतित, कुरूप, शक्तिहीन, निर्दयी, दुष्ट के समान बुद्धिवाला और कर्जदार होता है॥ २॥

यवनमत—पुत्र, स्त्री, धनरहित, युद्धशूर, चिन्तातुर, कुरूप, निर्दय, नित्य ही ऋणग्रस्त। गाएँ, घोड़े-भेड़ें, गाड़ियाँ आदि के व्यापार में धनहानि, पुत्रहानि-विकलावयव, बहुरोगी, होना-ये इस मङ्गल के फल हैं—**घोलप**,

पाश्चात्यमत—बिल्डिंग के काम, मशीनों की सामग्री, पशुओं का व्यापार, खेती, लकड़ी तथा कोयले का व्यापार, वैद्यक, नाविक, इन व्यवसायों में धनप्राप्ति होती है। इस पर शुभग्रह की दृष्टि हो, वा ग्रहबलवान हो तो अच्छा धन लाभ होता है। नीचग्रह में, वा अशुभ सम्बन्ध में हो तो भयंकर धनहानि, मन को दुःख, और रोगों से पीड़ा, ये फल मिलते हैं।

भृगुसूत्र—विद्याहीनः, लाभवान्। षष्ठाधिपेन युतः तिष्ठति चेत् नेत्रवैपरीत्यं भवति। शुभ दृष्टे परिहारः। स्वोच्चे स्वक्षेत्रे विद्यावान्, नेत्रविलासः। तत्र पापयुतक्षेत्रे पापदृष्टे नेत्ररोगः। कुदन्तः। नृपवह्निचोरात् भयम्। विभवक्षयः। कामिनी कष्टं भवति। तत्र पापयुते पापक्षेत्रे, पापदृष्टे कामिनीहीनः।

अर्थ—इसे विद्वत्ता नहीं होती; धनप्राप्ति होती है। इसके साथ छठे का स्वामी हो तो नेत्ररोग होता है। इस पर शुभग्रह की दृष्टि हो तो नेत्र ठीक रहते हैं। यह मकर वा वृश्चिक में हो तो आँखों के रोग, दाँतों के रोग, राजा, अग्नि तथा चोरों से भय, धनहानि, स्त्रीकष्ट ये फल मिलते हैं। इसी योग में द्वितीय स्थान का स्वामी भी यदि पापग्रह हो तो स्त्रीप्राप्ति नहीं होती।

विचार-और अनुभव—निकृष्टभोजनसंतुष्टि पुरुषराशि का फल है। भोगी, प्रवासी, धनवक्ता होना, ये फल स्त्रीराशियों में मिलते हैं। जीवनाथ, काशीनाथ आदि के दिए हुए फल स्त्रीराशियों में मिलेगें। 'पुत्रवान् होना' यह फल पुरुष राशि का है–'पुत्रहीन होना', यह स्त्रीराशि का फल है। खेती, पशु, बिल्डिङ्ग के कामों से लाभ होना, इस फल का अनुभव मिथुन, तुला, कुम्भ राशि में होगी। मशीनरी-लकड़ी-कोयला व्यवसाय से लाभ का होना, यह फल मेष, सिंह और धनु का है। नैरोग्य-वैद्यक से लाभ-यह फल कर्क, वृश्चिक मीन राशि का है।

द्वितीय मङ्गल यदि मेष, सिंह, धनु में हो तो एकदम धनप्राप्ति की इच्छा होती है। अत एव लाटरी, सट्टा-जूआ आदि की ओर रुचि होती है। परस्त्रियों से धनलाभ होता है; परन्तु यह धन इसी व्यसन में नष्ट हो जाता है। द्वितीय भौम यदि वक्री होता है और मेष, कर्क, सिंह-मीन लग्न होता है तो मिली हुई संपत्ति नष्ट हो जाती है, और नई की प्राप्ति नही होती। इस योग में मंगल वक्री न हो तो थोड़ा बहुत धन किसी तरह मिल जाता है–इस मंगल की यही विशेषता है कि या तो एकदम बहुत धन मिलेगा। वा मिलेगा ही नहीं। यह मंगल स्वराशि में वा अग्निराशि में हो तो पत्नी की मृत्यु होती है। ऐसा युवावस्था में होता है। बच्चों के लिए, घर-गृहस्थी चलाने के लिए दूसरा व्याह करना पड़ता है। वृष,कन्या-मकर में भौम हो तो स्त्री मरती तो नही किन्तु अकारण कुछ काल पति-पत्नी विभक्त से रहते हैं। मिथुन, तुला, कुंभ में हो तो धन का संग्रह होता है–खर्च नहीं होता है डाक्टरों को और वकीलों को अच्छा धन मिलता है। यह मंगल ज्योतिषियों के लिए नेष्ट है। इनके कहे हए बुरे फल जल्दी मिलेंगें, शुभ फलों का अनुभव शीघ्र नहीं होगा।

टिप्पणी—मेषादि राशिस्थ भौमफल—

मेष—मेष में मंगल हो तो जातक प्रतापी, सत्यवक्ता, वीर, राजा, रणप्रिय, साहसी, सेनापति, ग्रामपति वा जनसमूह में मुख्य, हर्षयुक्त, दानी, बहुत गाएँ, बकरी, भेड़ और अन्नसंग्रह करनेवाला, बहुत स्त्रियों का प्रेमी होता है ॥ १ ॥

वृष—वृष में मंगल हो तो पतिव्रता के व्रत को नष्ट करनेवाला, बहुभक्षी अल्पधनी, पुत्रवान्, द्वेषी, बहुतों का पोषक, अविश्वस्त, उद्धतरूप से क्रीड़ा करनेवाला, अप्रियवक्ता, सङ्गीतज्ञ, पापी, वन्धुविरोधी, कुलकलङ्की होता है ॥२॥

मिथुन—मिथुन में भौम हो तो मनोहर, सहिष्णु-बहुज्ञ, काव्य तथा शिल्पकला निपुण, प्रवासप्रिय, धर्मात्मा, मतिमान्, पुत्र-मित्र-हितकारक, बहुत से कामों में तत्पर होता है ॥३॥

कर्क—कर्क में मंगल हो तो जातक दूसरे के घर में रहनेवाला, विकलता तथा रोग से पीड़ित, खेतीवाला तथा धनी, बचपन में राजाओं जैसा उत्तम भोजन और उत्तम वस्त्रों को चाहनेवाला, परान्नभोजी, जलाशय से धनी, वाँह वेदना से पीडित, अथवा बुढापे में वेदनाओं से पीड़ित, स्वभाव में मृदु तथा सर्वभाव से दीन होता है ॥ ४ ॥

सिंह—सिंह में भौम हो तो असहनशील, प्रतापी, वीर, पराए धन और सन्तान को अपनानेवाला, वनवासी, गोसेवक, मांसभक्षणरुचि. जिसकी पहिली स्त्री मरगई हो, व्याल, सर्प-और मृग को मारनेवाला, पुत्रहीन-धर्मफलहीन, बली, कार्य करने के लिए सदैव उद्यत, देह में दृढ़ होता है ॥ ५ ॥

कन्या—कन्या में मंगल हो तो जातक बहुत खर्च और थोड़े पराक्रमवाला, विद्वान्, दृढ़पार्श्ववाला, शत्रुओं से बहुत डरनेवाला, श्रुति-स्मृतिप्रतिपादित धर्म को माननेवाला, शिल्पज्ञ, स्नान में चन्दनलेपन में प्रेम रखनेवाला, मनोहर शरीर होता है ॥६॥

तुला—तुला में भौम होने से जातक भ्रमणशील, कुत्सित व्यापार सम्बन्धी वाणी बोलनेवाला, अपनी बड़ाई करनेवाला, सुन्दर-अङ्गहीन, परिवार थोड़ा, युद्ध का शौकीन, दूसरे के भाग्य से जीनेवाला, स्त्री-गुरुजन और मित्रों का प्यारा, जिसकी पहिली स्त्री मृत हो गई हो, शराब बेचनेवाला और वेश्या के सम्पर्क से उपार्जित धन को नष्ट करनेवाला होता है ॥ ७ ॥

वृश्चिक—वृश्चिक का भौम हो तो व्यापार में आसक्त, चोरों का सरदार, कार्यनिपुण, युद्ध का उत्सुक, अतिपापी, अतिअपराधी, वैरियों के साथ शठ, द्रोह-हिंसा में कुबुद्धिवाला, चुगुल, भूमिस्वामी, पुत्रवान् तथा स्त्री का मालिक, विष, अग्नि, शस्त्रव्रण से पीडित होता है ॥ ८ ॥

धनु—धनुराशि में भौम हो तो भारी चोटों के लग जाने से दुर्बल देहवाला, कठोरवाणीवाला, शठ, पराधीन, रथ, गज पर सवार होकर तथा पैदल युद्ध करनेवाला, रथ पर से बाण चलानेवाला, बहुत परिश्रम से सुखी, क्रोध से धन और सुख को नष्ट करनेवाला, गुरुजन-द्वेषी होता है ॥ ९ ॥

मकर—मकर में मंगल हो तो धान्य, धन संग्रही, सुख-भोग-युक्त, स्वस्थ, श्रेष्ठमति-विख्यात, राजा का सेनपति, सुशीला स्त्री का स्वामी, रणविजेता, स्वदेशवासी, स्वतंत्र, रक्षक, सुशील, बहुत उपचारों में प्रेम रखनेवाला होता है ॥ १० ॥

कुम्भ—कुम्भ में भौम हो तो नम्रता तथा पवित्रता से हीन, बूढ़ा दीखनेवाला, मरणकाल में जिसकी दुर्गति हो-मत्सरता,असूया, मिथ्याभाषण से धन को नष्ट करनेवाला, रोमश शरीर, जूआ में धन नष्ट करनेवाला, मैला-कुचैला रहनेवाला, दुःखी, मद्यपायी और भाग्यहीन होता है ॥ ११ ॥

मीन—मीन में मंगल हो तो रोगी, अल्पपुत्र, प्रवासी, स्वबन्धु-पराजित, तथा अपमानित, कपट तथा वंचना (ठगी) के कारण धन को नष्ट करनेवाला, विषादयुक्त कुटिल-तीक्ष्णशोकवाला, गुरुजनों और ब्राह्मणों का अनादर करनेवाला, निर्दयी, अभीष्ट वस्तु का ज्ञाता, अपनी प्रशंसा से प्रसन्न होनेवाला, अन्त में ख्याति प्राप्त करनेवाला होता है ॥ १२ ॥

मङ्गल पर सूर्यादि ग्रहों की दृष्टि—

मेष—स्वराशिस्थ मगल पर रवि की दृष्टि से—धन, स्त्री, पुत्र से युक्त, राजमन्त्री वा न्यायाधीश, वा विख्यात राजा होता है। चन्द्र की दृष्टि से—मातृहीन, क्षतदेह-स्वजनद्वेषी, मित्रहीन, ईर्ष्यावान् और कन्या सन्तानवाला होता है। बुध की दृष्टि से–परधन लेने में चतुर, मिथ्याभाषी, कामी, द्वेषी, और वेश्याप्रिय होता है। गुरु की दृष्टि से—पण्डित, कोमल वाक्य, सुन्दर, मातृ-पितृ-भक्त, धनवान्, अनुपम राजा होता है। शुक्र की दृष्टि से—स्त्री के निमित्त बन्धनभागी और धन को नष्ट करनेवाला होता है। शनि की दृष्टि से—बलहीन होने पर भी चोर को पकड़ने में चतुर, परस्त्री का पोषण करनेवाला होता है।

वृष—शुक्र राशिस्थ मंगल पर रवि की दृष्टि से—स्त्री से द्वेष कर पर्वत में विचरनेवाला, बहु शत्रुवान्, प्रचण्डवेषधारी और धैर्यवान् होता है। चन्द्रमा की दृष्टि से—मातृद्वेषी, कुटिल, बहुत पत्नीवाला, स्त्रीप्रिय, संग्रामभीरु होता है। बुध की दृष्टि से—कलहप्रिय, वाचाल, कोमलदेह, थोड़े पुत्र, थोड़े धनवाला, शास्त्रवेत्ता होता है। गुरु की दृष्टि से—गान-वाद्य जाननेवाला, भाग्यवान् बन्धुप्रिय, स्वच्छ स्वभाव होता है। शुक्र की दृष्टि से राजमन्त्री वा राजप्रिय, सेनापति-विख्यात और सुखी होता है। शनि की दृष्टि से—सुखी, विख्यात, धनी, मित्र तथा स्वजनयुक्त, विद्वान्, नगर, ग्राम, वा जनसमूह का नायक होता है।

मिथुन—बुधराशिस्थ भौम पर रवि की दृष्टि से—विद्या-धन-आदि-युक्त, वन, पर्वत, दुर्ग का प्रेमी, महाबली होता है। चन्द्रमा की दृष्टि से—सुखी, धनी, मनोहर, कन्यागृह का रक्षक, स्त्रीजनयुक्त, राजा का गृहरक्षक होता है। बुध की दृष्टि से—लेख, काव्य-गणित में निपुण, वक्ता, मिथ्याप्रियभाषी, राजदूत

और क्लेशसहिष्णु होता है। गुरु की दृष्टि से—राजपुरुष वा राजदूत होकर विदेश जानेवाला, सर्वकार्यकुशल और नेता होता है। शुक्र की दृष्टि से—स्त्री का सेवक, धनी, सुंदर, अन्न वस्त्र का भोगी होता है। शनि की दृष्टि से—खान, पर्वत और दुर्ग में प्रेमी, खेती करनेवाला, दुःखी-शूर, मलिन और धनहीन होता है।

कर्क—कर्कराशिस्थ भौम पर रवि की दृष्टि से—पित्त रोग से पीडित, तेजस्वी, न्यायाधीश और धीर पुरुष होता है। चन्द्र की दृष्टि से—बहुरोग पीडित, नीचाचार, कुरूप और शोकयुक्त होता है। बुध की दृष्टि से— मलिन, पापी, क्षुद्रकुटुम्बवाला, स्वजनबहिष्कृत और निर्लज्ज होता है। गुरु की दृष्टि से—विख्यात, राजमन्त्री, विद्वान्, दानी, धन्य किन्तु भोगहीन होता है। शुक्र की दृष्टि से—स्त्री सङ्ग से उद्विग्न, उन्हीं के दोषों से अपमानित तथा धनहीन होता है। शनि की दृष्टि से—जलयात्रा से धनलाभ करनेवाला, राजतुल्य, उत्तम चेष्टावाला, मनोहर होता है।

सिंह—सिंहस्थ मंगल पर रवि की दृष्टि हो तो—विनीतजन हितकारी, मित्र और परिजनों से युक्त, गोशाला, वन, पर्वत में प्रेम रखनेवाला, होता है। चन्द्र की दृष्टि से—माता का अभक्त, बुद्धिमान्, कठोरदेह, विशालकीर्ति, स्त्री द्वारा धन लाभ करनेवाला होता है। बुध की दृष्टि से—शिल्पज्ञ, लोभी, काव्यकला निपुण तथा कुटिलस्वभाव होता है। गुरु की दृष्टि से—राजा का दरबारी, विद्या में आचार्य, शुद्धबुद्धि, सेनापति होता है। शुक्र की दृष्टि से—स्त्री सुखयुक्त, स्त्रीप्रिय, सदा युवा, सानन्द होता है। शनि की दृष्टि से—बूढ़े जैसा आकार, निर्धन, परगृह निवासी और दुखी होता है।

गुरुराशि (धनु-मीन) स्थ मङ्गल पर रवि की दृष्टि से—लोकपूज्य, सुन्दर, वन-पर्वत-दुर्ग में वास करने वाला क्रूर होता है।

चन्द्रदृष्टि से—विकल, कलह-प्रिय, पंडित, राजा का विरोधी पुरुष होता है।

बुध की दृष्टि से—मेधावी, कार्यकुशल, शिल्पज्ञ, विद्वान् होता है।

गुरु की दृष्टि से—स्त्री तथा सुख से हीन, शत्रुओं से अजेय, धनी, व्यायाम करने वाला होता है।

शुक्र की दृष्टि से—स्त्रीप्रिय, चित्रज्ञ, आभूषणभागी, उदार, विषयसुख भोगी और सुन्दर होता है।

शनि की दृष्टि से—कुत्सितदेहवाला, संग्रामप्रिय, पापी, घुमक्कड़, सुख-हीन, परधर्मरत होता है।

शनिराशि (मकर-कुम्भ) स्थ मङ्गल पर रवि की दृष्टि से—कृष्ण-वर्ण देह, शूर, बहुस्त्रीवान् पुत्र तथा धन-युक्त, स्वभाव अतितीव्र होता है।

चन्द्रमा की दृष्टि से—चञ्चल, मातृद्वेषी, आभूषणभागी, उदार, चल मैत्री वाला और धनी होता है।

बुध की दृष्टि से—मंदगामी, निर्धन, कार्यों में असफल, निर्बल, कपटी, अधर्मी होता है।

गुरु की दृष्टि से—सुन्दर, राजाओं के गुणों से युक्त, कार्यों को आरम्भ कर अन्त में सफल बनाने वाला, दीर्घायु, बन्धुओं से युक्त होता है।

शुक्र की दृष्टि से—विविध-भोग-भोगी, धनाढ्य, स्त्रीपोषक, कलहप्रिय, होता है।

शनि की दृष्टि से—राजा-बहुधनी, स्त्रीद्वेषी बहुत प्रजावाला, पंडित किन्तु सुखहीन और रणशूर होता है।

कुतो बाहुवीर्यं कुतो बाहुलक्ष्मीस्तृतीयो न चेन् मङ्गलो मानवानाम्।
सहोत्थव्यथा भण्यते केन तेषां तपश्चर्यया चोपहास्यः कथं स्यात्॥३॥

अन्वयः—मङ्गलः तृतीयः न चेत् (तर्हि) मानवानां बाहुवीर्यं कुतः, बाहुलक्ष्मी (वा) कुतः, तेषां सहोत्थव्यथा केन भण्यते, तपश्चर्यया उपहास्यः कथं स्यात्॥ ३॥

सं० टी०—बाहुवीर्यं भुजबलं कुतः, कुतो बाहुलक्ष्मीः स्वभुजोपार्जितं द्रव्यं, सहोत्थव्यथा भ्रातृपीड़ा केन भण्यते कथ्यते–न केनापीत्यर्थः। च पुनः तपश्चर्यया उपहास्यं जनहासः कथं तेषां स्याद् येषां मानवानां तृतीयो मङ्गलो न चेत् सहजस्थे भौमे एव एतत् फलं स्यादित्याशयः॥ ३॥

अर्थ—जिस मनुष्य के जन्मलग्न से तीसरे स्थान में मङ्गल न हो उसे भुजबल कहाँ होगा, और बाहुबल से सम्पादित लक्ष्मी उसे कहाँ होगी, उसे सगेभाइयों की पीड़ा कहाँ होगी और तपश्चर्या से लोकोपहास उसका कहाँ होगा। अर्थात् तीसरे स्थान में मङ्गल होने से ही बाहुबल, बाहुबलोपार्जितलक्ष्मी, भ्रातृपीड़ा और तपश्चर्या में लोकहास्यता होती है॥ ३॥

तुलना—"यदागोत्रापुत्रे प्रभवति सहोत्थे तनुभृतां
बलं बाहोः पूर्णं निजभुजबलेनैव सदने।
स्थिरा विष्णोः कान्ता लसति, सहजे कष्टमधिकं
तपश्चर्या वर्या भवति च सपर्या विधिरपि॥" **जीवनाथ**

अर्थ—जिस मनुष्य के जन्मलग्न से तीसरे मङ्गल होता है तो वह अपने पूर्ण भुजबल से बलवान् होता है, और वह अपने भुजबल से ही विष्णु प्रिया लक्ष्मी को अपने घर में स्थायी रूप से स्थान देता है। भाई को कष्ट अधिक होता है। वह विधिपूर्वक तपश्चर्या-भगवदाराधन, अनुष्ठानादिक धार्मिक कार्य भी करता है।

"मति–विक्रमवान्"। **आचार्यवराहमिहिर।**

अर्थ—तृतीयस्थ मङ्गल से जातक मतिमान् तथा पराक्रमी होता है।

"ख्यातोऽपारपराक्रमः शठमतिः दुश्चिक्ययाते कुजे।" **वैद्यनाथ**

अर्थ—मङ्गल तीसरे भाव में हो तो अपार पराक्रमी और शठबुद्धि होता है।

"सुगुण धनवान् शूरोऽधृष्यः सुखी, व्यनुजोऽनुजे॥" **मंत्रेश्वर**

अर्थ—तृतीय में मङ्गल हो तो गुणी, धनी, सुखी और शूर होता है। इसे कोई दूसरा दबा नहीं सकता, किन्तु छोटे भाइयों का सुख नहीं होता।

"भूपप्रसादोत्तमसौख्यमुच्चैरुदारता चारु पराक्रमश्च ।
धनानि च भ्रातृ सुखो झितत्वं भवेन्नराणां सहजेमहीजे ॥ ३ ॥ **महेशः**

भावार्थ :—यदि तृतीयभाव में भौम हो तो जातक महीपति की कृपा का पात्र बनता है इसे उत्तम सुख मिलता है । जातक उदार तथा अच्छा पराक्रमी होता है । यह धनी होता है किन्तु इसे भ्रातृसुख नहीं मिलता है ॥ ३ ॥

"जरशुतुरजवाहिर्रत्नतंबूकनातैः सहजविमतिरोगैः संयुतोऽसंयुतश्च ।
यदि भवति मिरीखः खूबरो वा मुखैइलूवजर फिवर संज्ञः स्याद् विरादर्गृहेन ॥ ३ ॥
खानखाना

भावार्थ :—यदि मङ्गल तृतीयभाव में हो तो जातक धन, ऊँट, जवाहिरात, रत्न, तंबू कनात आदि से युक्त रहता है । और रोग आदि से रहित होता है । पराक्रमी, खूबसूरत, और धन की आमदनी करने वाला होता है ॥ ३ ॥

"नृपकृपः सुख-वित्त-पराक्रमी भवयुतोऽनुजददुःखयुतस्त्रिगे ।" **जयदेव**

अर्थ—तृतीय मङ्गल हो तो राजा की कृपा बनी रहती है—जातक सुखवान् धनवान् , पराक्रमवान् तथा ऐश्वर्यवान् होता है । किन्तु उसे छोटे भाई की मृत्यु से दुःख होता है ।

"तृतीये भूसुते जातः प्रतापीशील संयुतः ।
रणेशूरो राजमान्यो विख्यातश्च प्रजायते ॥" **काशीनाथ**

अर्थ—तृतीय में मङ्गल हो तो जातक प्रतापी, सुशील, रणशूर, राजमान्य-तथा संसार में प्रसिद्ध होता है ।

"शूरो भवत्यघृष्यो भ्रातृवियुक्तो मुदान्वितः पुरुषः ।
भूपुत्रे सहजस्थे समस्तगुणभाजनो ख्यातः ॥" **कल्याणवर्मा**

अर्थ—तृतीय भागवत मङ्गल हो तो शूर, अजेय, भ्रातृहीन, हृष्ट, सर्वगुण-युक्त, और विख्यात होता है ।

"सहज भवनसंस्थे भूमिजेभ्रातृहंता कृशतनु सुखभागी तुंगभौमो विलासी ।
धनसुख नरहीनो नीचपापारिगेहे वसति सकलपूर्णो मन्दिरे कुत्सितेच ॥"
मानसागर

अर्थ—तृतीय में मङ्गल हो तो भ्रातृहीन और कृशदेह होता है । यदि उच्च में हो तो सुखी, विलासी होता है । यदि नीच, पापग्रह वा शत्रुराशि में हो तो जातक सर्वथा भरपूर होता हुआ भी धनहीन, सुखहीन-जनहीन और उत्तम गृहहीन होता है । अर्थात् उसके सभी सुखनष्ट हो जाते हैं ।

"भूपप्रसादोत्तम सौख्यमुच्चै रुदारता चारुपराक्रमश्च ।
धनानि च भ्रातृसुखो झितत्वं भवेन्नराणां सहजे महीजे ॥" **ढुण्ढिराज**

अर्थ—तृतीयभाव में मङ्गल हो तो राजा की प्रसन्नता से उत्तम सुख मिलता है । जातक उदार, पराक्रमी और धनी होता है, किन्तु भाई के सुख से वंचित रहता है ।

"भगिन्यौ सुभगे द्वे च क्रूरेण निधनं गते ।
कुमृत्युना भ्रातरौ द्वौ मृतौ शस्त्रादिभिस्तथा ॥" **गर्ग**

अर्थ—दो सुंदर बहिनें होती है, किन्तु उनकी मृत्यु होती है। दो भाइयों का भी शस्त्रादिके द्वारा निधन होता है।

"पुंवीर्थे खचरे तृतीय भवने दृष्टे च पूर्णेऽथवा।
पश्चात् पुत्रसमुद्भवो निगदितः पूर्वं हि कन्योद्भवः।
सौरिक्षेत्र विनष्ट गर्भ करणं विख्यात मंत्रीश्वरं भौमे"। **शौनक**

अर्थ—तृतीय स्थान में पापग्रह हो मंगल हो, अथवा उसकी पूर्ण दृष्टि हो तो पहिले कन्या होती है। फिर पुत्र होता है। यह शनि की राशि में हो तो गर्भपात होता है। यह प्रसिद्ध मंत्री होता है,।

"विक्रमे भ्रातृमरणं धन लाभः सुखंयशः ॥" **पराशर**

अर्थ—भाई की मृत्यु, धन, सुख, तथा कीर्ति, ये फल मंगल के हैं।

"अग्रजं पृष्टजं हंति सहजस्थोधरासुतः ॥" **पराशर**

अर्थ—बड़े और छोटे भाई के लिए तृतीय भौम मारक होता है।

"कुजो वा तदास्थिभंगं विषजंभयं च करोति, दाहज्वलनाच्च चिन्हम् ॥" **पुंजराज**

अर्थ—हड्डी टूटना, विषबाधा, जलने से दाग रहना'। ये फल मंगल के हैं।

"कथारतः त्र्यब्देऽनुज क्षितिसुतोऽनुजमुच्चविश्वे।" **बृहद्यवनजातक**

अर्थ—आयु के १३ वें वर्ष छोटे भाई को तकलीफ होती है।

"त्रयोदशे बंधुसौख्यं तृतीयः कुरुतेकुजः।" **हिल्लाजतकः**

अर्थ—१३ वें वर्ष बंधुसुख मिलता है।

"यह दरिद्री होता है। इस मंगल के साथ राहु हो तो जातक अपनी स्त्री का त्याग करके परस्त्री से व्यभिचार करता है। साहसी, शरीर, शत्रु के लिए निष्ठुर, तथा संबंधियों की वृद्धि करने वाला होता है। **गोपालरत्नाकर**

पाश्चात्यमत—गाड़ी, रेल, वाहन, इनसे भय होता है। पडोसियों से तथा संबंधियों से झगड़ा होता है। किसी दस्तावेज पर दस्तखत करने से, वा गवाही देने से भयंकर आपत्ति आती हैं। स्वभाव आग्रही और क्रोधी होता है। बुद्धिमान् किन्तु हलके हृदय का होता है। मकर के सिवाय अन्य राशियों में यह मंगल हो तो मस्तक शूल, वा चित्त भ्रम हो सकता है। अशुभयोग में मंगल होने से संबंधियों से बहुत तकलीफ, प्रवास में तकलीफ, और दारिद्र्य होते हैं।

भृगुसूत्र—स्वस्त्री व्यभिचारिणी। शुभदृष्टे न दोषः। अनुजहीनः। द्रव्या लाभः। राहुकेतुयुते वेश्यासंगमः। भ्रातृद्वेषी, क्लेशयुतः सुभगः। अल्पसहोदरः। पापयुते पापवीक्षणेन भ्रातृनाशः। उच्चेस्वक्षेत्रे शुभयुते भ्रातादीर्घायुः धैर्यविक्रमवान्। युद्धे शूरः। पापयुते मित्रक्षेत्रे धृतिमान्।

अर्थ—लग्न से तीसरे मंगल हो तो जातक की अपनी स्त्री व्यभिचारिणी होती है। मंगल शुभ ग्रहदृष्टा हो तो यह अनिष्टफल नहीं होता। छोटा भाई नही होता निर्धनता होती है। मंगल और राहु एकत्र हों तो जातक वेश्यागामी होता है। भाई से कपट करता है–दुःखी होता है। सुन्दर होता है। भाई

थोड़े होते हैं। पापग्रहयुक्त मंगल हो वा पापग्रह इसे देखते हों तो भ्रातृनाश होता है। मंगल अपनी उच्चराशि (मकर) में हो, वा मेष, वृश्चिक (स्वगृह) में हो तो भाई दीर्घायु होता है। गंभीर और प्रतापवान् होता है। संग्राम में शूर होता है। मंगल के साथ पापग्रह बैठे हों और मंगल मित्र क्षेत्र में बैठा हो तो जातक धैर्यवान् होता है।

विचार और अनुभव—'बन्धुनाश' यह अशुभ फल प्रत्येक ग्रन्थकार ने कहा है—यह अशुभ फल स्त्रीराशि का है। 'सुख न होना' यह अशुभ फल पुरुषराशि का है। गर्ग-शौनक आदि का फलादेश-पुरुषराशियों का है। इस विषय को स्पष्ट करनेवाला श्लोक—

"भ्रातृदौ स्त्रीग्रहर्क्षस्थौ भ्रातृदौ पुंग्रहर्क्षगौ।
सोदरेशकुजौ स्यातां भ्रातृस्वसृसुखप्रदौ॥

अर्थ—मंगल स्त्रीग्रह की राशि में हो तो बन्धुओं का सुख मिलता है। पुरुषग्रह की राशि में तो बहनों का सुख मिलता है।

तृतीय मंगल पुरुषराशि में हो तो माता की मृत्यु होती है—सौतेली माता आती है। मकर को छोड़कर अन्य स्त्रीराशि में हो तो बड़े और छोटे भाई जीवित रहते हैं। पुरुषराशि में हो तो छोटा भाई बिलकुल नहीं होता। बहिन होती है। अथवा गर्भाघात होता है। छोटी बहिन के बाद छोटा भाई हो तो जीवित रह सकता है। भाई के साथ वैमनस्य रहता है। बटवारा की परिस्थिति बन जाती है किन्तु अदालत तक नौबत नहीं आती। पुरुषराशि में मंगल हो तो झगड़ा अदालत में जाता है बाद में बटवारा हो जाता है।

मंगल—मेष वृश्चिक या मकर में हो तो जीवन अस्थिर रहता है। स्त्रीराशि में हो तो साधारणतः जातक स्वार्थी और धूर्त होता है।

यदा भूसुतः संभवेत्तुर्यभावे तदा किं ग्रहाः सानुकूला जनानाम्।
सुहृद्वर्गसौख्यंनकिञ्चित् विचिन्त्यं कृपावस्त्रभूमीः लभेद्भूमिपालात्॥४॥

अन्वय:—भूसुतः यदा (यस्य) तुर्यभावे संभवेत् तदा जनानां सानुकूलाः ग्रहाः किम्, (तस्य) सुहृद्वर्ग सौख्यं किञ्चित् न विचिन्त्यम्, (सः) भूमिपालात् कृपावस्त्रभूमीः लभेत्॥४॥

सं० टी०—यदा भूसुतः भौमः तुर्यभावे चतुर्थस्थाने संभवेत् तदाजानानांग्रहाः सानुकूलाः शुभफलदाः किं किंतेन इत्यर्थः। तस्मात् सुहृद्वर्ग सौख्यं बंधु-मित्रगृह-मात्रादि जनितं सुखं न किंचित् विचिन्त्यं, यथा भूमिपालात् राज्ञः सकाशात् कृपा च दया च वस्त्रं च प्रसादं भूमिश्च ग्रामादिः ताः कृपावस्त्रभूमीः लभेत्॥४॥

अर्थ—जिस मनुष्य के जन्मलग्न से चौथे स्थान में मंगल हो उसे और ग्रह अनुकूल होने से भी क्या होगा, अर्थात् उनकी अनुकूलता चौथे मंगल के आगे व्यर्थ होती है। उसे मित्रवर्गों से कुछ भी सुख नहीं होगा। राजा से सम्मान और वस्त्र तथा भूमि का लाभ उसे अवश्य होता है॥४॥

तुलना—चतुर्थे भूपुत्रे भवतिजनने यस्य सबलाः
किमन्ये रव्याद्याः सततमनुकूलास्तनुभृतः ।
सुहृद्वर्गात् सौख्यं प्रभवति न किंचिन्
निजगृहात् त्रपाशत्रोः क्षोणीनरपति कृपा वस्त्र पटली ॥ **जीवनाथ**

अर्थ—जिसके जन्मलग्न से चतुर्थभाव में मंगल होता है उस जातक की जन्मकुण्डली में सूर्य आदि आठ ग्रह बलवान् होकर विद्यमान् होंभी तो वे इकट्ठे वा अकेले-अकेले कोई शुभ फल नहीं दे सकते-उनका सामर्थ्य-उनकी शुभ फल दातृत्व शक्ति-सभी कुछ व्यर्थ हो जाता है—और मंगल का नाशकारी सामर्थ्य सर्वमूर्धन्य तथा सर्वशिरोमणि होकर विराजमान रहता है । जातक को अपने मित्र वर्ग से तथा अपने घर के लोगों से भी सगे संबंधियों से भी किसी प्रकार का सुख प्राप्त नहीं होता । शत्रुओं से भय की प्राप्ति अवश्य होती है । चतुर्थभावस्थ भौम का एक शुभफल अवश्य होता है—जातक को राजा की कृपा से धनी श्रेष्ठी आदि धनाढ्य व्यक्तियों की कृपा से वस्त्र आदि का लाभ अवश्य होता है ।

दुःखं सुहृद् वाहनतः प्रवासः कलेवरे रुग्बलताऽबलत्वम् ।
प्रसूतिकाले किल मंगलाख्ये रसातलस्थे फलमुक्तमार्यैः ॥ **ढुंढिराज**

अर्थ—जिसके जन्मलग्न से चतुर्थ भाव में मंगल बैठता है उसे मित्र से भी दुःख, वाहन से भी दुःख होता है अर्थात् सुखदायक भी दुःखदाता हो जाते हैं । परदेश में निवास होता है—बलवान् होकर शरीर पर रोग टूट पड़ते है और शरीर में भारी निर्बलता होती है—सहनशक्ति का अभाव होता है । ये अशुभ फल चतुर्थ मङ्गल के हैं ।

बन्धुपरिच्छदरहितो भवति चतुर्थेऽथ वाहनविहीनः ।
अतिदुःखैः संतप्तः परगृहवासी कुजे पुरुषः ॥ **कल्याणवर्मा**

अर्थ—चतुर्थभावगत मङ्गल होने से निम्नलिखित अशुभ फल प्राप्त होते हैं :—बन्धु नहीं होते, खाने के लिए, अन्न और पहिनने के लिए, वस्त्र नहीं रहते, सवारी नहीं मिलती, सर्वप्रकार का दुःख चारों ओर से आकर घेर लेता है—रहने के लिए अपना घर भी नहीं होता । चतुर्थभौम तो एक प्रकार से मूर्तिमती विपत्ति ही है–यही कहना ठीक होगा ।

जडमतिरतिदीनोबंधुसंस्थे च भौमे न भवति सुखभागी बन्धुदीनश्च दुःखी ।
भ्रमति सकलदेशे नीचसेवानुरक्तः परधन-परनारी लुब्धचित्तः सदैव ॥
मानसागर

अर्थ—चतुर्थभावस्थ मंगल होने से जातक की बुद्धि पर पर्दा पड़ जाता है अर्थात् विचार बुद्धि नहीं रहती, दीन और बन्धुहीन होता है । सुख होता ही नहीं–दुःख अवश्य होता है—देश-विदेश मारा-मारा फिरता है, कहीं पर भी स्थिरता और चित्तशान्ति नहीं मिलती—भारी पतन हो जाता है, नीच सेवा अर्थात् असेव्यसेवा करनी पड़ती है—इस पतन की सीमा यहीं तक नहीं–दूसरे के धन की ओर, दूसरे की स्त्री की ओर चित्त लालायित रहता है ।

चतुर्थे भूसुते कृष्णः पित्ताधिक्योऽरि निर्जितः।
वृथाटनोहीनपुत्रो महाकामी च जायते ॥ काशीनाथ

अर्थ—चतुर्थभाव में मङ्गल होने से जातक का वर्ण काला होता है—शरीर में पित्त का आधिक्य होता है। वैरी चारों ओर से चढ़ आते है। व्यर्थ के कामों में इधर-उधर भटकना पड़ता है—पुत्र नहीं होता, जातक महाकामी होता है।

"सुहृदि विसुहृन् मातृ-क्षोणी-सुखालय वाहनः ॥" मंत्रेश्वर

अर्थ—यदि चतुर्थ में मङ्गल हो तो जातक मातृहीन, मित्रहीन, सुखहीन-क्षोणी-भूमिहीन तथा गृहहीन तथा वाहनहीन होता है। कहने का तात्पर्य यह है कि चतुर्थभाव से जिन-जिन बातों का विचार किया जाता है उन सबके सुख में कमी हो जाती है।

"असुखवाहन धान्यधनो विकल धीः सुखगे सति भूसुते ॥" जयदेव

अर्थ—चतुर्थभाव में यदि मङ्गल होता है तो जातक सुख से, वाहन से अन्न से, धन से हीन हो जाता है। बुद्धि भी व्याकुल रहती है अर्थात् विचार बुद्धि का अभाव हो जाता है।

"विसुखः पीडितमानसश्चतुर्थे। वराहमिहिर

अर्थ—चौथे भौम हो तो सुख नहीं होता—मानसिक पीड़ा रहती है।

"भौमे बंधुगते तु बंधुरहितः स्त्रीनिर्जितः शौर्यवान् ॥" वैद्यनाथ

अर्थ—चतुर्थ मङ्गल हो तो परिवार नहीं होता, जातक स्त्रीवशवर्ती और पराक्रमी होता है।

"कुजे बंधौ भूम्याजीवोनरः सदा।" गर्ग

अर्थ—चतुर्थस्थानस्थ भौम होने से आजीविका खेती से होती है।

"सभौमे विदग्धं, विभग्नं, यदा मंगले तुर्यभावं प्रपन्ने सुखं किं नराणां तथा मित्रसौख्यम्। कथं तत्र चित्यं धिया धीमता वा परं भूमि तो लाभभावं प्रयाति।"
जागेश्वर

अर्थ—टूटा फूटा घर होता है, और वह भी जलता है, मित्रों का तथा अन्य किसी प्रकार का सुख नहीं मिलता। बुद्धि नहीं होती, किंतु जमीन से लाभ होता है।

दुःखं सुहृद् वाहनतः प्रवासात् कलेवरे रुग् बलताऽबलित्वम्।
प्रसूतिकाले किल मंगलेऽस्मिन् रसातलस्थे फलमुक्तमाद्यैः।।" बृहद्यवनजातक

अर्थ—मित्र, वाहन, प्रवास इनसे दुःख होता है। शरीर बहुत रोग तथा दुर्बलता एवं प्रसूति के समय कष्ट होता है। 'असृगष्टसहोदरार्तिम्। आठवें वर्ष भाई को कष्ट होता है।

"पदकरजविराड्वै नोतनूत्थं सुखं च समरधरधरायां धैर्ययुन्श्री धनीनः।
खरयुशनक वेदर्द कर्जमंदो हमेशः प्रभवतिच मिरीखो दोस्तखाने नरश्चेत् ॥४॥
खानखाना

भावार्थ—यदि मंगल चतुर्थभाव में हो तो जातक के हाथ और पाँव लम्बे होते हैं। इसे शरीर सुख नहीं होता है। यह रण में धीरज रखता है। यह धनहीन, शरीर में मजबूत, दया से हीन और सदा ऋण लेनेवाला होता है ॥४॥

"चतुर्थे बन्धुमरणं शत्रुवृद्धिर्धनव्ययः"। **पराशर**

अर्थ—भाई की मृत्यु, शत्रुवृद्धि, तथा धन की हानि, ये फल चतुर्थभावगत मंगल के हैं।

"आरः सबलश्चतुर्थे पित्तज्वरो वा व्रणरुग् जनन्याः।
भवेन्नितांतं व्रणार्तः पार्श्वेथवारे दहनेन दग्धः" ॥ **पुंजराज.**

अर्थ—चतुर्थ में बलवान् मंगल हो तो माता को पित्तज्वर वा व्रणरोग होता है। शरीर में व्रण होते हैं। विशेषतः पीठ में वा जलने से व्रण होते हैं।

भृगुसूत्र—गृहच्छिद्रम्। अष्टमे वर्षे पितृरिष्टं मातृरोगी। सौम्ययुते पर गृहवासः। निरोग शरीरी, क्षेत्रहीनः, धनधान्यहीनः, जीर्णगृहवासः। उच्चेस्व क्षेत्रे शुभयुते मित्रक्षेत्रे वाहनवान्, क्षेत्रवान्, मातृदीर्घायुः। नीचर्क्षे पापमृत्युयुतेमातृनाशः। सौम्ययुते वाहन निष्ठावान्। बन्धुजन द्वेषी स्वदेश परित्यागी वस्त्रहीनः।

अर्थ—लग्न से चौथेभाव में मंगल हो तो घर में कलह होता है। वर्ष में पिता को अरिष्ट और माता को रोग होता है। मंगल के साथ शुभग्रह बैठे हों तो दूसरे के घर में रहना होता है। शरीर में नैरोग्य, गृहहीनता, धनराहित्य, धान्यराहित्य, पुराने टूटे-फूटे घर में वास होता है। मंगल उच्च में (मकर में) हो, वा स्वगृही-मेष, वृश्चिक में हो, वा शुभग्रह से युक्त हो वा मित्रक्षेत्री हो तो सवारी हो, घर हो, माता दीर्घायु हो, यदि मंगल नीच (कर्क) में हो वा पापग्रहयुक्त हो अथवा अष्टम स्थान के स्वामी से युक्त हो तो माता की मृत्यु होती है। यदि शुभग्रह युक्त हो तो वाहन की इच्छा उत्पन्न होती है। भाई और कुटुम्बियों से वैर होता है—जातक अपना देश छोड़ परदेश में वास करता है–तथा वस्त्रहीन भी होता है।

यवनमत—यह मंगल वलवान् न हों तो बुढापे में तकलीफ होती है। माता-पिता के साथ विरोध होता है। घर के झंझटों में व्यस्त रहता है। घर गिरना वा आग लगने का भय होता है। स्वभाव उद्धत होता है। हाथ-पैर लम्बे होते हैं। यह युद्ध विजयी, किंतु निर्दय तथा ऋणग्रस्त होता है।

पाश्चात्यमत—बहुत घूमनेवाला, झगड़ालू, मां-बाप का घात करनेवाला तथा सुखहीन होता है। यह शुभ सम्बन्ध में हो तो जीवन में कभी दुःखी नहीं होता। इसके व्यवहार में झंझटें और झगड़े बहुत होते हे। यह पागल जैसा मालूम होता है, और बहुत गलतियां करता है। साहसी और दुराग्रही होता है। इस पर पापग्रह की दृष्टि हो वा पापग्रह युक्त हो तो दुर्घटनाओं का भय होता है।

विचार और अनुभव—मंगल द्वारा सम्पत्ति का नष्ट होना है अतः इसे नाशकारी ग्रह मानना होगा। जमीन, घरबार, खेती बाड़ी का कारक भी मंगल है

यह मान्यता भा संदिग्धसी ही है। सभी ग्रन्थकारों ने मंगल का फल अशुभ ही बतलाया है। ये फल पुरुषराशियों के हैं। और शुभ फल स्त्रीराशियों के हैं।

किसी को सम्पत्ति का सुख मिलता है तो संतति का सुख नहीं होता है। संतति कष्टदायक होती है। इसका उत्कर्ष २८ वें वर्ष से ३६ वर्ष तक होता है। मेष, कर्क, सिंह वा मीन लग्न हो और मंगल चतुर्थ हो तो माता की मृत्यु नहीं होती, द्विभार्यायोग भी नहीं होता। क्योंकि ऐसी स्थिति में मंगल कर्क, तुला, वृश्चिक, वा मिथुन में होता है। अन्यराशियों में माता-पिता की मृत्यु, तथा द्विभार्यायोग होता है। १८ वें-२८ वें-३८ वें तथा ४८ वें वर्ष में शारीरिक कष्ट होता है। जातक का उत्कर्ष जन्मभूमि में नहीं होता-बहुत कष्ट ही होते हैं। जन्मभूमि से दूर परदेश में उत्कर्ष होता है। अपने उद्योग से ही घर-बार प्राप्त करना होता है। अग्निराशि का मंगल हो तो घर जल जाता है। कर्क, तुला, वृश्चिक, मिथुन में मंगल हो तो अपना घर बनवाकर अंतिम समय वहीं काटने की इच्छा होती है। और यह इच्छा सफल होती है। किन्तु मृत्यु अपने घर में नहीं होती।

"कुजे पंचम जाठराग्निर्वलीयान् न जातं नु जांत निहन्त्येक एव।
तदानीमनल्पा मतिः किल्विषेऽपि स्वयं दुग्धवत् तप्यतेऽन्तः सदैव॥ ५॥

अन्वयः—कुजे पंचमे (सति) जाठराग्निः बलीयान् (भवति) तदानीं किल्विषे अपि (तस्य) मतिः अनल्पा भवेत् (सः) सदैव स्वयं दुग्धवत् अन्तः तप्यते, एक एव (कुजः) न जाते जातं (च) संतानं निहन्ति नु॥ ५॥

सं० टी०—पंचमे कुजे जाठरः अग्निः उदराग्निः वलीयान् प्रवलः, किल्विषे पापे अपि अनल्पा भूयसी मतिः स्यात्, स्वयं च अन्तः मनसि दुग्धवत् तप्यते सदैव व्याकुलः स्यात् इत्यर्थः, तदानीं एक एव कुजः अजातं अन्यत् जाते अपत्यं निहन्ति नु मारयत्येव॥ ५॥

अर्थ—जिस जातक के जन्मलग्न से पंचमभाव में मंगल होता है उसकी उदराग्नि प्रबल हो जाती है पाचनशक्ति तीव्र हो जाती है इतनी भूख लगती है कि क्षुधा शान्ति होती ही नहीं। उसकी पापकर्मबुद्धि भी बहुत बढ़ जाती है—एक पापकर्म करने के अनन्तर दूसरा पापकर्म, फिर तीसरा पापकर्म—इस तरह उसकी बुद्धि पापकर्मों में बढ़ती ही जाती है। इच्छाएँ प्रबल होती जाती हैं तृप्ति होती नहीं परिणाम यह होता है कि वह अन्तरात्मा में संतप्त रहता है—जैसे उपलों की आग पर रखा हुआ दूध अंदर ही अंदर जलता रहता है इसी प्रकार जातक अपने मन में अन्दर-अन्दर जलता रहता है। पांचवें भाव में बैठा हुआ अकेला ही मंगल जातक की उत्पन्न तथा गर्भस्थित सन्तान को नष्ट करता रहता है॥ ५॥

तुलना—"अपत्येक्षमापुत्रे भवति जठराग्नेः प्रवलता,
न सन्तापो जीवत्यपि यदि च जीवत्यपि गदी।
सदान्तः संतापः खलु मतिरनल्पा धनिचये
कृतेऽपि स्वर्गाप्तिर्नहि जनिमतामर्थ निबहः॥" **जीवनाथ**

अर्थ—यदि मंगल पंचमभाव में हो तो जठराग्नि प्रबल होती है अर्थात् अधिक भोजन खाता है और पचा भी लेता है। इस जातक की संतान जीवित नहीं रहती है—और जीवित रहे भी तो रोगी रहती है। हृदय संताप और बुद्धि बड़ी होती है। पापसंचय करने पर कदाचित् स्वर्ग की प्राप्ति हो सकती है, किन्तु धनसञ्चय नहीं हो सकता है अर्थात् निर्धन ही रहता है। तात्पर्य यह है—जैसे पापबाहुल्य से स्वर्गप्राप्ति केवल स्वप्न का धन है इसी प्रकार अर्थसंचय भी एकमात्र स्वप्न ही है।

"सौख्यार्थ पुत्ररहितश्चलमतिरपि पंचमे कुजेभवति।
पिशुनोऽनर्थप्रायः खलश्च विकलो नरो नीचः" ॥ **कल्याणवर्मा**

अर्थ—पंचमभाव में यदि मंगल होता है तो जातक सुखहीन, धनहीन, पुत्रहीन, चंचलमति पिशुन, अनर्थकारी, खल, विकल और नीच होता है।

"तनय भवन संस्थे भूमिपुत्रे मनुष्यो भवति तनयहीनः पापशीलोऽति दुःखी।
यदि निजगृहतुंगे वर्तते भूमिपुत्रः कृशमलयुतगात्रं पुत्रमेके ददाति" ॥ **मानसागर**

अर्थ—संतानभाव में यदि मंगल हो तो जातक पुत्रहीन, पापी और दुःखी होता है। यदि मंगल स्वगृही हो वा उच्च का हो तो एक पुत्र होता है जो देह से दुर्बला पतला होता है।

"कफानिलाद्व्याकुलता कलत्रान् मित्राच्च पुत्रादपि सौख्यहानिः।
मतिर्विलोमा विपुलात्मजेऽस्मिन् प्रसूतिकाले तनयालयस्थे" ॥ **ढुण्ढिराज**

अर्थ—जन्मलग्न से पंचमभाव में यदि मंगल होता है तो कफ और बात से व्याकुलता होती है, जातक को स्त्री-मित्र तथा पुत्र का सुख नहीं होता है—बुद्धि में विपरीतता आ जाती है।

"असुतो धनवर्जितः त्रिकोणे" **वराहमिहिर**

अर्थ—पञ्चमभाव में मङ्गल हो तो पुत्र और धन का अभाव रहता है।

"असुतधनः कफवातवान् विबुद्धिः सुहृदबला सुखवर्जितः सुतस्थे" ॥ **जयदेव**

अर्थ—पञ्चमभावस्थ मङ्गल हो तो जातक पुत्रहीन, कफ-वात-व्याधिवान्, बुद्धिरहित मित्रसुख, स्त्रीसुख से हीन होता है।

"क्रूरोऽटनश्चपलसाहसिकोविधर्मी भोगी धनी च यदि पञ्चमगे धराजे" ॥
"पुत्रस्थानगतश्च पुत्रमरणं पुत्रोऽवनेः यच्छति" ॥ **वैद्यनाथ**

अर्थ—पञ्चमभाव में मङ्गल होने से जातक क्रूर, घुमक्कड़, साहसी, अपना-धर्म छोड़कर दूसरा धर्म अपनानेवाला, भोगी और धनी होता है। पुत्र की मृत्यु होती है।

"विसुखतनयोऽमर्थप्रायः सुते पिशुनोऽल्पधीः" ॥ **मन्त्रेश्वर**

अर्थ—यदि पञ्चम में मङ्गल हो तो सन्तान का सुख न हो, उसके भाग्य में बहुत सी खराबी की बातें होती रहें। ऐसा व्यक्ति बुद्धिमान् नहीं होता और चुगुलखोर होता है।

"पञ्चमे च धरापुत्रे कुसन्तानः सदारुजः।
बन्धुवर्गे विरक्तश्च नरो दीनोऽपि जायते" ॥ काशीनाथ

अर्थ—पञ्चमभाव में मङ्गल होने से सन्तान अच्छी नहीं होती, स्वयं सदैव रोगी रहता है; बन्धुओं से वैमनस्य होता है, तथा दीन होता है।

"रिपुदृष्टो रिपुक्षेत्रे नीचो वा पापसंयुतः।
भूमिजः पुत्रशोकार्तिं करोति नियतं नृणाम्"। गर्ग

अर्थ—पञ्चम मङ्गल यदि शत्रुग्रह की राशि में, नीच राशि में, पापग्रह से युक्त वा दृष्ट हो तो पुत्र की मृत्यु नियम से होती है।

'कमफहमतदाना अक्रखाने मिरीखः
पिशरजरवजीरन्नेस्तदरखानये स्यात्।
अनिलकफजरोगैर्व्याकुलो बेमुरौवत्
गुसवर बदअक्रश्चोदरव्याधियुक् स्यात्॥ ५ ॥ खानखाना

भावार्थः—यदि मङ्गल पञ्चमभाव में हो तो जातक कमबोलनेवाला, निर्बुद्धि पुत्र, धन और अच्छी नौकरी के सुख से रहित, वायुरोग और कफरोग से व्याकुल, बेमुरौवत (शीलहीन) क्रोधी और उदर रोग से युक्त होता है ॥ ५ ॥

"महीजे सुते चेत् तदासौ क्षुधावान् कफैर्वातगुल्मैः स्वयंपीड्यतेऽसौ।
परं वैकलत्रात् तथा मित्रतोऽपि भवेद्दुखितेः शत्रुतश्चापि नूनम्" ॥
"यदा मङ्गलः पञ्चमे वै नराणां तदा संततिर्जायते नश्यते वा" ॥ जागेश्वर

अर्थ—जातक को भूख बहुत होती है, कफ तथा वातगुल्म रोग से पीडा होती है। स्त्री, मित्र तथा शत्रुओं से कष्ट होता है। सन्तान होती है किन्तु मरजाती है।

"भौमेऽग्निशस्त्रव्यथा प्रोक्तांगेषु मृतप्रजास्तु नितरां स्यान् मानवोदुखितः" ॥
पुञ्जराम

अर्थ—अग्नि से, वा शस्त्र से दाहिने पैर को जख्म होता है। सन्तति जन्मते ही मर जाती है—बहुत दुःखी होता है।

"पञ्चमे पितृहानिं च धनायतिसुतौयशः" ॥ पराशर

अर्थ—पिता की मृत्यु, किन्तु धन सन्तति, कीर्ति प्राप्त होते हैं।

"अर्को राहुः कुजः सौरिर्लग्ने तिष्ठतिपञ्चमे।
पितरंमातरं हंति भ्रातरं च शिशून् क्रमात्" ॥ लोमशसंहिता

अर्थ—लग्न वा पञ्चम में रवि, राहु, मङ्गल, शनि हो तो रवि से पिता का, राहु से माता का, मङ्गल से भाई का, एवं शनि से बच्चों की मृत्यु होती है।

भृगुसूत्र—निर्धनः पुत्राभावः, दुर्मार्गी, राजकोपः। षष्ठवर्षे आयुधेन किंचिद्दण्डकालः। दुर्वासनज्ञानशीलवान्। मायावादी, तीक्ष्ण धीः। उच्चे स्वक्षेत्रे पुत्रसमृद्धिः, अन्नदानप्रियः। राजाधिकारयोगः। शत्रुपीड़ा। पापयुते पापक्षेत्रे पुत्रनाशः। बुद्धिभ्रंशादिरोगः। रंध्रेशे पापयुते पापी। वीरः। दत्तपुत्रयोगः॥ पुत्रार्तिः दुर्मतिः। स्वजनैर्वादः,। उदरेव्याधिः। पत्नी कष्टम्।

करते थे इसमें इनके भुजबल की परीक्षा होती थी। शरीर के अवयवों में भुजाएँ एक शक्तिशाली प्रधान अङ्ग समझी जाती थीं। महाभारत में यहाँ वीर क्षत्रियों का वर्णन है वहाँ उनकी भुजाओं में हजारों हाथियों के बल जैसा बल था—ऐसा वर्णन पाया जाता है। कई एक व्यक्तियों की आँखों में इतनी तेजः शक्ति पाई जाती है कि उनकी ओर आँख उठाकर देखना कठिन हो जाता है–शत्रु भयाक्रान्त होकर नौ-दो ग्यारह हो जाते हैं "तदंगैरिताः" का यही भाव प्रतीत होता है। "तस्य षष्ठस्थ-मङ्गल ग्रह प्रभावान्वित पुरुषस्य अङ्गैः नेत्रादिभिः, भुजादिभिर्वा अङ्गैः ईरिताः प्रक्षिप्ताः इतस्ततः विक्षिप्ताः पराजिताः" इतिसमासः॥ जिसके छठवें स्थान में मङ्गल हो वह जातक मनीषी अर्थात् विचारबुद्धि सम्पन्न होता है। सुखी भी होता है। किन्तु यह मातृपक्ष के लिए-मामा आदि के लिए सुखदायक नहीं होता है। प्रत्युत कष्टकारक होता है। छठवें मङ्गल के प्रभाव से इसका धन नष्ट होता है किन्तु दुबारा फिर से धनलाभ होता है।

तुलना—यदा शत्रुस्थानं गतवति कुजेजन्मसमये
पलायन्ते भीताः सपदि समरे शत्रु निवहाः।
विचारज्ञाप्रज्ञा भवति न सुखं मातुलकुले
विलीयन्ते चार्थाः पुनरपि परार्थाप्ति रभितः॥ **जीवनाथ**

अर्थ—यदि जन्मलग्न से छठेभाव में–शत्रुस्थानं में मंगल होता है तो उसके शत्रुगण भयाक्रान्त होकर संग्राम से शीघ्र ही भाग जाते हैं। बुद्धि विचार-शील होती है। मातृकुल में, मामा-मामी आदि मातृपक्ष में सुख नहीं होता और संचित धन नष्ट हो जाता है। किन्तु पूर्व धन के नष्ट होने के अनन्तर शीघ्र ही दुबारा अन्य धनों का लाभ होता है। भट्टनारायण और जीवनाथ दैवज्ञ के अनुसार शत्रुस्थानस्थ मंगल के प्रधान और मुख्यफल निम्नलिखित हैं :—भारी संख्या में प्रवल शक्तिशाली शत्रुओं का होना—किन्तु जातक की सामर्थ्य के आगे युद्ध में पराजित होकर, मैदान छोड़कर भाग जाना—जातक का विचारवान् तथा सुखी होना—मामा मामी–मातृकुल के लिए जातक का कष्ट कारक होना—जातक के धन का नाश और पुनः धनलाभः।

"प्राबल्यं स्याद् जाठराग्नेर्विशेषाद् रोषावेशः शत्रुवर्गोपशान्तिः।
सद्भिः संगोऽनंगबुद्धिर्नराणां गोत्रापत्ये शत्रुसंस्थे प्रसूतौ॥ **ढुण्ढिराज**

अर्थ—जन्मकाल में जिसके छठेभाव में मंगल हो उसकी भूख तेज होती है पाचनशक्ति तीव्र होती है हर समय क्रोध चढ़ा रहता है, शत्रुगण शान्त हो जाता है—उसका मेल-जोल सज्जनों के साथ होता है–वह कामुक होता है।

"रिपुगृहगतभौमे संगरे मृत्युभागी सुत-धन-परिपूर्णः तुंगगे सौख्यभागी।
रिपुगणपरिदृष्टे नीचगेक्षोणीपुत्रे भवति विकलमूर्तिः कुत्सितः क्रूरकर्मा॥" **मानसागर**

अर्थ—छठवें भाव में मंगल हो तो युद्ध से जातक की मृत्यु होती है—नोट—'युद्ध में मृत्यु' यह फल छठेभाव के प्रसङ्गानुकूल नहीं है—ऐसा-

मानना होगा क्योंकि जिस जातक के छठवाँ मंगल होता है शत्रु पुंज तो उसके आगे युद्ध में ठहर ही नहीं सकता, भाग खड़ा होता है। उच्च का मंगल हो तो जातक धनजनपूर्ण सुखी होता है। यदि शत्रुग्रह की दृष्टि हो, अथवा नीचराशि का हो तो जातक विकलशरीर, बुरा तथा कुकर्म करनेवाला होता है।

"प्रबलमदनोदराग्निः सुशरीरो व्यायतो बली षष्ठे।
रुधिरे सम्भवति नरः स्वबन्धु विजयी प्रधानश्च ॥" **कल्याणवर्मा**

अर्थ—छठे भाव में मंगल होने से जातक की कामाग्नि तथा उदराग्नि तीव्र होती है—वह सुन्दर और दीर्घदेह होता है। अपने संबन्धियों पर उसका अधिकार होता है—ग्राम-जनसमूह में वह मुखिया होता है।

'रिपुजनपरिहंता खूब्रो हम्जवान् स्यान्
जशान जरजलालैः युंङ्नहेवान् जातः।
यदि भवति मिरीखो मर्जखाने कद्दान्
कृतकुलजननोखो मातृपक्षे कुठारः॥ ६॥ **खानखाना**

भावार्थ:—यदि मंगल छठेभाव में हो जातक शत्रुओं के जीतनेवाला, सुन्दर स्वरूप, ऐव, आनन्द, धन आदि सुख से युक्त, लोगों की कदर करने वाला, अपने कुल में श्रेष्ठ, और मातामह के कुल में कुठार समान (मातृपक्ष का नाशक) होता है॥ ६॥

"षष्ठे रिपुसमृद्धिं च जयं बंधुसमागमं, अर्थ वृद्धिम्॥" **पराशर**

अर्थ—शत्रु बहुत होते हैं। विजय होती है, सम्बन्धियों से मेलमिलाप होता है। धन खूब होता है।

"बलवान् शत्रुजितश्च शत्रुजाते।" **वराहमिहिर**

अर्थ—बलवान् और शत्रुओं को जीतनेवाला होता है।

"स्वामी रिपुक्षयकरः प्रबलोदराग्नि श्रीमान् यशोबलयुतोऽवनिजे रिपुस्थे।" **वैद्यनाथ**

अर्थ—स्वामी शत्रुनाशक, धनवान्, यशस्वी, तथा बलवान् होता है। भूख तेज होती है।

"रिपुगणहा प्रबलाग्निकामावांश्च सुजनगतोऽरिगतो धरात्मजश्चेत्॥" **जयदेव**

अर्थ—रिपुसमूहनाशक, सज्जन संगी होता है—इसकी जठराग्नि और कामाग्नि तेज होती है।

"षष्ठे भौमे शत्रुहीनो नानार्थैः परिपूरितः।
लालसः पुष्टदेहश्च शुभचित्तश्च जायते॥" **काशीनाथ**

अर्थ—शत्रुहीन, धन-धान्य-सम्पन्न, स्त्रीलोलुप, पुष्टदेह, तथा शुभ अंतःकरण का होता है।

"प्रबलमदनः श्रीमान् ख्यातो रिपौ विजयी नृपः।" **मन्त्रेश्वर**

अर्थ—अतिकामुक, श्रीमान्, प्रसिद्ध, विजयी, राजा होता है।

"महीजो यदाशत्रुगो वै नराणां तदा जाठराग्निः भवेद् दीप्ततेजाः।
सदा मातुले दुःखदायी प्रतापी सतां संगकारी भवेत् कामयुक्तः॥" **जागेश्वर**

देकर सप्तमभाव के मंगल का प्रभाव स्त्रीनाशक ही माना है 'पुरुष मृत्यु भी होती है—ऐसा संकेत नहीं किया है।

"नानानर्थैः व्यर्थचिन्तोपसर्गैर्वैरिजातैर्मानवं हीन-देहम्।
दारारागात्यंतदुःखप्रतप्तं दारागारेंऽगारकोऽयं करोति ॥" **ढुंढिराज**
दारापत्यानंतदुःखप्रतप्तम्" इति पाठांतरम्।

अर्थ—जिसके जन्मलग्न से सप्तमभाव में मंगल होता है उसे अनेक प्रकार के अनर्थ पीड़ित करते है। व्यर्थ की चिन्ताएँ होती है—शत्रुसमूह पीड़ा देकर उसके शरीर को दुर्बल कर देता है। स्त्री के प्रति अत्यंत आसक्ति उसे कई असंख्य दुःखों से संतप्त करती है। अथवा स्त्री के तथा संतान के नाश के कारण जातक असंख्य दुःखों से संतप्त रहता है।

"कमशहब्रत किरयांवरवबेरो न हि स्याज् जिहिलजुलमजंगैर्युङ्न चाल्पः खमाणे।
तनुधनगमवेश्मस्त्रीसुखैः वर्जिताऽङ्गो भवतियदि जलादुल्कल्कको जन्मकाले ॥७॥

खानखाना

भावार्थः—जन्म समय यदि मङ्गल सप्तमभाव में हो तो जातक स्त्री के साथ संयोग बहुत कम करनेवाला होता है। यह सदा तकलीफ से रहता है। यह निहायत जुल्म और लड़ाई करने वाला होता है। इसें धन, यात्रा, घर, तथा स्त्री का सुख थोड़ा होता है ॥ ७ ॥

"मुनिगृहगतभौमे नीचसंस्थेऽरिगेहे युवति मरणदुःखं जायते मानवानाम्।
मकर-गृह निजस्थे नाऽन्यपत्नीश्चधत्ते चपलमतिविशालां दुष्टाचित्तोविरूपाम् ॥

मानसागर

अर्थ—सप्तमभाव में नीचराशि वा शत्रु की राशि में मंगल हो तो स्त्री का मरण होता है और उससे दुःख होता है। उच्च का वा स्वराशि का मंगल हो तो पत्नी मरण नहीं होता है किन्तु उसकी स्त्री कुशीला अर्थात् कुचरित्रा तथा कुरूपा होती है।

"मृतदारो रोगार्त्तोऽमार्गरतो भवति दुःखितः पापः।
श्रीरहितः संतप्तः शुष्कतनुर्भवति सप्तमे भौमे ॥" **कल्याणवर्मा**

अर्थ—सप्तमभाव में मंगल हो तो स्त्री की मृत्यु होती है। रोगी-दुराचारी, दुःखी, पापी, निर्धन तथा दुबला होता है।

"स्त्रीभिर्गतः परिभवम्" **वराहमिहिर**

अर्थ—स्त्री अनादर करती है।

"अनुचितकरो रोगार्तोऽस्तेऽध्वगो मृतदारवान्" ॥ **मंत्रेश्वर**

अर्थ—यदि सप्तम में मंगल हो तो अनुचित कर्म करनेवाला, रोग से पीडित, मार्ग चलनेवाला और मृतदारवान् होता है—अर्थात् जातक की स्त्री की मृत्यु होती है।

"अबलागतगेह संचयो रुगनर्थोऽरिभयोद्युने कुजे।" **जयदेव**

अर्थ—घर-बार प्राप्त होता है। रोगी, अनर्थकारी, शत्रुओं से भयभीत होता है।

"भूमिपुत्रे सप्तमगे रुधिरात्तोऽपिकोपवान्।
नीचसेवीवंचकश्च निर्गुणोऽपि भवेन्नरः॥" **काशीनाथ**

अर्थ—रक्त के रोगों से युक्त, क्रोधी, नीचवृत्ति लोगों का नौकर, ठगानेवाला, तथा गुणरहित होता है।

"स्त्रीमूल प्रविलापको रणरुचिः कामस्थिते भूमिजे॥" **वैद्यनाथ**

अर्थ—स्त्री के लिए विलाप करना पड़ता है। जातक युद्धप्रिय होता है।

"स्त्रियां दारमरणं नीचसेवनं नीचस्त्री संगम।
कुजोक्ते सुस्तनर कठिनोर्ध्वकुचा॥" **पराशर**

अर्थ—पत्नी की मृत्यु होती है। नीच स्त्रियों से कामानल शांत करता है। स्त्री के स्तन उन्नत तथा कठिन होते हैं।

नानानर्थ व्यर्थचित्तोपसर्गैर्वैरित्रातैर्मानवंहीनदेहम्।
दारापत्यानंतदुःखप्रतप्तं दारागारेंगारकोयं करोति॥" **बृहद्यवनजातक,**

अर्थ—अनेक अनर्थों से मन को व्यर्थ ही तकलीफ होती है। शत्रुओं से पीड़ा होती है। शरीर दुबला होता है। स्त्री-पुत्रों के बारे में तथा और भी कई दुःखों से पीड़ित होता है। १७ वें वर्ष अग्निभय होता है।

"यदा मंगलः सप्तमे स्यात् तदानीं प्रिया मृत्युमाप्नोत्यवश्यं व्रणैर्वा।
परं जाठरे क्रूररोगैश्च रक्ताद् विचार्यत्विदं जन्मकालेऽथप्रश्ने।
सुखं नो नराणां तथा नो क्रयाणां तथा पादमुष्टिप्रहारै र्हतः स्यात्॥ **जागेश्वर**

अर्थ—स्त्री की मृत्यु होती है। व्रण तथा पेट के रोग होते हैं। रक्त दूषित होता है। इन फलों का विचार जन्मकुंडली तथा प्रश्नकुंडली दोनों में किया जा सकता है। इस व्यक्ति को सुख नहीं मिलता है। व्यापार में यश नहीं मिलता, मुक्कों, लातों से अपमानित होना पड़ता है। शत्रुओं के साथ स्पर्धा करने से हानि होती है।

यौवनारेप्यत्तीता। क्षितिजे नरस्य रमणी पित्तव्रणेनान्विता दग्धा वा विसवह्निना यदित्तदा वा बस्तिरोगान्विता। भूमिपुत्रे द्यूनभावोपयाते कांताहीनः सततं मानवः स्यात्॥ **पुंजराज,**

अर्थ—स्त्री तरुणा नहीं होती। वह पित्तवा व्रणरोग से पीड़ित होती है, वा विष से था आग में जल कर मरती है। अथवा योनिरोग से युक्त होती है। इससे पत्नी की मृत्यु अवश्य होती है।

"भौमः किल सप्तमस्थो जायां कुकर्मनिरतां तनुसंततिं च॥" **वशिष्ठ**

अर्थ—पत्नी दुराचारिणी होती है। संतति कम होती है।

"यौवनाढ्या कुजेऽपि।" अपिशब्दात् "क्रूरा कुटिला नातिसुन्दरी च।"
रामदयाल,

यदि साथ काम करनेवाला आफिसर स्त्री हो। सप्तम मंगल से बड़े अफसरों से सदैव नीचे मातहत काम करनेवालों का झगड़ा होता रहता है। मेष, सिंह, धनु में नौकर ईमानदार होते हैं किन्तु ये ईमानदार नौकर कभी मालिक नहीं होते—नौकर ही रहेगें।

टिप्पणी—सप्तम मंगल का विवाह के साथ गहरा सम्बन्ध है—विवाह के समय वधू-वरोंकी पत्रिकाओं में मंगल का बहुत विचार किया जाता है। अतः उपयोगी समझ कर एक दो प्रकाण्ड तथा अनुभवी ज्योतिःशास्त्रवेत्ताओं के विचार उद्धृत किए जाते हैं।

"सप्तम पत्नी का स्थान है। सप्तम में मंगल होने से जातक प्रबल मंगलीक होते हैं। इस कारण पत्नी मर जावे, यह लिखा है। किन्तु यदि पत्नी भी मङ्गलीक हो तो दोनों (पतिपत्नी) के मङ्गलीक होंने से यह दोष नहीं होता, अर्थात् इस दोष की निवृत्ति हो जाती है। जिस मनुष्य की कुंडली मङ्गलीक हो उसे मङ्गलीक कन्या से ही विवाह करना चाहिए तथा जो कन्या मङ्गलीक हो उसका विवाह मङ्गलीक वर से ही करना उचित है।

मङ्गल, शनि, राहु, केतु, सूर्य, यह पांच ग्रह क्रूर हैं। लग्न से, द्वितीय, (दूसरा घर कुटुंब स्थान कहलाता है) पत्नी 'कुटुम्ब' का प्रधान केन्द्रीय स्तम्भ है। यदि केन्द्रीयस्तम्भ टूट जावे तो शामियाना गिर पड़ता है। इस प्रकार यदि पत्नी नष्ट हो जावे तो कुटुम्ब कैसे बढ़ेगा। चतुर्थ (चतुर्थ सुखस्थान है) घर का विचार भी चौथे घर से करते हैं। गृहिणी—घरवाली ही न रहे तो घर कैसा? चतुर्थ में मङ्गल घर का सुख नष्ट करता है। सप्तम (पत्नी का स्थान) अष्टम (लिंगमूल से गुदावधि अष्टमभाव होता है) इस भाग का सम्बन्ध पत्नी से स्पष्ट है। व्याख्या की आवश्यकता नहीं, पत्नी की कुंडली में इस स्थान का पति से सम्बन्ध सुस्पष्ट है। विवरण व्यर्थ है। तथा द्वादश (बारहवां घर) शयन सुख कहलाता है। शय्या का परमसुख कांता है। बारहवें में मङ्गल शयन की सुखहानि करता है—इस कारण पांचों स्थानों में क्रूरग्रह-मङ्गल, शनि, राहु, केतु, सूर्य जिस भाव में हो उस भाव सम्बन्धी सुख की कमी करने के कारण इनका विचार जन्मकुंडली, चन्द्रकुंडली, (चन्द्रमा जिस राशि में हो उसे लग्नमान) तथा शुक्र से (शुक्र 'काम' का अधिष्ठाता है—सप्तमभाव का कारक है, इसलिए वैवाहिक सुख विचार में शुक्र का महत्व है) करना चाहिए।

स्त्रियों की कामवासना का मङ्गल से विशेष विचार करना चाहिए। स्त्रियों के मासिकधर्म प्रवाह का वर्ण रक्त है। पुरुष की कामवासना का विचार शुक्र से (इसी कारण शुक्र वीर्य को भी कहते हैं जिसका सफेद वर्ण है) किया जाता है। मङ्गल मकर में उच्च का होता है, शुक्र मीन में उच्च होता है। इसी कारण कंदर्प, या कामदेव का नाम संस्कृत में 'मकरध्वज' (मकर जिसकी ध्वजा या झंडे में है) और मीन के तन (मीन जिसके झंडे में है) कहा जाता है। न

कामदेव नाम का कोई शारीरिकजंतु या व्यक्ति है, न उसका कोई झंडा है। केवल एक सिद्धान्त को व्यक्त करने वाले ये विशेषण हैं। काम का जलतत्व से विशेष सम्बन्ध है। समुद्र (जल) से लक्ष्मी हुई। लक्ष्मी की उत्पत्ति समुद्र से इसी कारण मानी ग ई है। चन्द्रमा जलतत्व प्रधान होने से लक्ष्मी का भाई माना गया है। बसंतपंचमी को, जब प्रायः शुक्र उच्च का होता है—कामदेव का जन्म-दिन माना जाता है, वनस्पति जगत् में पहले कली होता है—इसमें जो पराग होता है उसे 'रज' कहते हैं। कन्याओं में काम प्रकट होने का प्रथम लक्षण रजोदर्शन है। इसी कारण दोनों कलियों तथा कन्याओं के सम्बन्ध में 'रज' शब्द का प्रयोग किया गया है। पुष्प विकसित् रूप है। इसीलिए मासिक धर्म में जब स्त्री होती है तो उसे संस्कृत में 'पुष्पिणी' कहते हैं। इन्हें—पुष्प को कामदेव का बाण कहते हैं। उसके पाँच बाण हैं—जो फूलों के हैं। शब्द-स्पर्श, रूप, रस,गंध, इन्हीं पाँच से मनुष्य में कामवासना उत्पन्न होती है—यही उसके पाँच बाण हैं। इस प्रकर ज्योतिषशास्त्र में, जो निर्देश किए गए हैं वे गूढ़ सिद्धांतों पर आधारित हैं, केवल थोडा-सा दिग्दर्शन करा दिया गया है। फलदी-पिका—भावार्थबोधनी व्याख्या में सप्तमभाव के मङ्गल के विवरण में पंडितगोपेश कुमार ओझा एम, ए, एल, एल बी, दैवज्ञशिरोमणि के विचार फलदीपिका-प्रथम संस्करण—१९६९-पृष्ट १८६-१८७।

इसी विषय पर ज्योतिषी स्व० ह, ने, काटवे के विचारः—"भारत में विवाह के समय वधू-वरों की पत्रिकाओं में मङ्गल का बहुत विचार किया जाता है। आमतौर पर मङ्गल के वर को मङ्गल की वधू ठीक समझी जाती है। अथवा गुरु और शनि का बल देखा जाता है। मङ्गल के मारकत्व के बारे में एक श्लोक इस प्रकार है—"लग्ने-व्यये च पाताले-जामित्रे-चाष्टमे कुजे, कन्या भर्तृ विनाशाय भर्ता कन्या विनाशकः" ॥ जिसकी कुंडली में लग्न, चतुर्थ, सप्तम, अष्टम या व्यय स्थान में मङ्गल है उस कन्या के पति की मृत्यु होती है और उस पति की पत्नी की मृत्यु होती है। इस योग के अपवाद भी हैं—लग्न में मेष, चतुर्थ में वृश्चिक, सप्तम में मकर, अष्टम में कर्क, तथा व्यय में धनुराशि हो तो यह मङ्गल वैधव्ययोग अथवा द्विभार्या योग नहीं करता।

कन्या की कुंडली से पति का विचार करते समय रवि और मङ्गल, इन दो ग्रहों का विचार करना चाहिए। रवि की स्थिति से पति का बल, वय, शिक्षा, दिशा और प्रेम इन विषयों का विचार करना चाहिए। मङ्गल की स्थिति से पति की आयु, उत्साह, सामर्थ्य, इजत, व्यवसाय, उन्नति आदि का विचार करना चाहिए। रवि-शनि द्वारा दूषित हो तो पति अधिक उम्र का, दुर्बल, रोगी, निर्दय, दुष्ट मिलता है—ऐसा पाश्चात्य ज्योतिषियों का मत है। मेरा अनुभव भिन्न है। ऐसी स्थिति में विवाह देर से होता है। पचास जगह यत्न करने के बाद सम्बन्ध पक्का होता है। विवाह के समय पिता दरिद्री होता है—अथवा उसकी मृत्यु के बाद विवाह होता है।

और ये रोग विघ्न हो जाते हैं—उद्योग का फल सफलता प्राप्त नहीं होती। धन्य है दुष्ट प्रभाव अष्टमभौम का।

"यदि भवति जलादुल् कल्ककोमौतखाने,
सततमहितभाषी, गुह्यरुक् स्त्रीसुखोनः।
मुतफकिरवदामे जौहरी सोऽथजख्मी,
कमफहममनः स्याल् लागरोऽसृग्विकारैः ॥ ८ ॥ **खानखाना**

अर्थ—यदि मङ्गल अष्टमभाव में हो तो जातक सर्वदा अनुचित बोलनेवाला, गुप्तरोगवाला, स्त्रीसुख से रहित, चिन्तायुक्त, रत्नों का पारखी, शरीर में जख्मवाला, बुद्धिहीन, रुधिरविकार से दुर्बल शरीरवाला होता है ॥ ८ ॥

"स्वल्पात्मजो निधनगे" **वराहमिहिर**

अर्थ—पुत्र कम होते हैं।

"रुधिरार्तोगतनिश्चयः कुधीः विदयो निंद्यतमः कुजेष्टमे।" **जयदेव**

अर्थ—खून के रोग संग्रहणी आदि होते हैं, बुद्धि द्वारा निश्चय नहीं कर सकता जातक निर्दय, बुरेविचारों का बहुत ही निंदनीय होता है।

"विनीतवेषो धनवान् गणेशो महीसुते रन्ध्रगते तु जातः ॥" **वैद्यनाथ**

अर्थ—कपड़े सादे होते हैं। धनवान् लोगों में प्रमुख होता है।

"कुतनुरधनोऽल्पायुः छिद्रे कुजे जननिन्दितः ॥" **मंत्रेश्वर**

अर्थ—खराब शरीरवाला, अर्थात् शरीर में कहीं रोग हो, धनहीन और अल्पायु होता है, और लोग उसकी निन्दा करते हैं।

"अष्टमे मङ्गले कुष्ठी स्वल्पायुः शत्रुपीडितः।
अल्पद्रव्यः सरोगश्चनिर्गुणोऽपिभवेन्नरः ॥" **काशीनाथ**

अर्थ—कोढ़ होता है जातक अल्पायुषी, शत्रुओं से पीडित, निर्धन, रोगी तथा गुणहीन होता है।

"व्याधिप्रायोऽल्पायुः कुशरीरोनीचकर्मकर्ताच।
निधनस्थे क्षितितनये भवति पुमान् शोकसंतप्तः ॥" **कल्याणवर्मा**

अर्थ—रोगग्रस्त, अल्पायुषी, शरीर में कोई रोग होना, दुराचारी तथा शोकसन्तप्त होता है।

"वैकल्यं स्यान् नेत्रयोर्दुर्भगत्वं रक्तात्पीड़ा नीचकर्म प्रवृत्तिः।
बुद्धेरांध्यं सज्जनानां च निन्दा रंध्रस्थाने मेदिनीनन्दनश्चेत् ॥" **ढुण्ढिराज**

अर्थ—आँखे अच्छी नहीं होती, कुरूप होता है, खून के रोग होते हैं—बुरे कामों की ओर प्रवृत्ति होती है। विचार बुद्धि नहीं होती, सज्जनों का निन्दक होता है। **बृहद् यवनजातक का भी ऐसा ही फल है।**

"प्रलयभवनसंस्थे मंगले क्षीणनीचे व्रजति निधनभावं नीरमध्ये मनुष्यः।
अलिमृगमुखमेषे सर्वदा चैवभोगी करपदग सुनीलो मानवोदीर्घजीवी ॥"

"धनकनक चरार्कः सर्वदा चैवभोगी" पाठान्तर। **मानसागर**

अर्थ—अष्टमभाव में नीचराशि का मंगल हो तो जातक पानी में डूबकर मरता है। यदि वृश्चिक, मकर वा मेष में हो तो नीलवर्ण हाथ पैर वाला (कोढ से हाथ पैर नीले होते हैं) और दीर्घायु होता है। पाठान्तर से "सोना, चाँदी आदि धन प्राप्त होता है और भोगों का भोगने वाला होता है।"

"शरीरं कृशं किं शुभं तस्य कोशे परं स्वस्य वर्गो भवेच्छत्रु तुल्यः।
प्रवासे कृते नाशमायाति कामो यदा मृत्युगो भूमिजो वै विलग्नः॥" **जागेश्वर**

अर्थ—जातक का शरीर दुबला होता है, निर्धनता होती है अपने ही लोग शत्रु के समान होते हैं। बहुत प्रयास करने पर भी इच्छा पूरी नहीं होती।

"सर्वेग्रहा दिनकर प्रमुखा नितांतं मृत्युस्थिता विदधते किल दुष्टबुद्धिम्।
शस्त्राभिघात परिपीडितगात्रभागं सौख्यैर्विहीनमतिरोगगणैरुपेतम्॥" **वशिष्ठ**

अर्थ—सूर्य से लेकर सभी ग्रह यदि अष्टमभाव में होते हैं तो बुद्धि दुष्ट होती है। शस्त्रों के प्रहार से अवयवों को पीड़ा होती है। सुख नहीं मिलता बहुत रोग होते हैं।

"मृत्युंगतो मृत्युकरोमहीजः शस्त्रादि लूतादिभिरग्नितो वा।
कुष्ठप्रणाशोगृहिणी प्रपीडा नयत्यधो नाशक मानयेच्च॥" **गर्ग**

अर्थ—शस्त्रों से, कोढ से, शरीर के अवयव सड़ने से, वा जलकर मृत्यु होती है पत्नी को कष्ट होता है। अधोगति होती है। मृत्युभाव का मंगल मृत्युकर होता है।

"१ संग्रामाद्, २ गोग्रहणात्, ३ स्वहस्तात्, ४ निजशत्रुतः, ५ द्विजपार्श्वात्, ६ अश्मपातात्, ७ काष्ठात्, ८ कूपप्रपाततः, ९ भित्तिपातात्, १० गुप्तरोगात्, ११ विषभक्षणतः, १२ चौरप्रहरणात् भौमे मृत्युः स्यान् मृत्युभावगे। **काश्यप**

अर्थ-मंगल क्रमशः मेषादिराशियों में हो तो आगे कहे हुए प्रकारों से मृत्यु होती है:–१ युद्ध में, २ गौओं की चोरी का प्रतिकार करते हुए, ३ अपने ही हाथ से, ४ शत्रुओं से, ५ सांप से, ६ पत्थर गिरने से, ७ लकड़ी के आघात से, ८ कुएँ में गिरने से, ९ दीवार से गिरने से, १० गुप्तरोग से, ११ विष खाने से, १२ चोरों के प्रहार से।

यवनमत—जातक को गुह्य रोग होते हैं। स्त्री से दुःखी होता है। चिन्ताग्रस्त रहता है। अच्छा परीक्षक होता है। शस्त्रों के प्रहार से जखमी होता है–मंगल नीच का हो तो रक्तपित्त रोग होता है।

पाश्चात्यमत—इसे विवाह से लाभ नहीं होता! रवि और चन्द्र से अशुभ योग हो तो अकस्मात् मृत्यु होती है। मंगल अकेला हो तो मृत्यु जल्दी नहीं होतो। बंदूक की बारूद से मृत्यु होती है। मंगल जलराशि में हो तो पानी में डूबकर, अग्निराशि में हो तो आग में जलकर, तथा वायुराशि में हो तो मानसिक व्यथा से मृत्यु होती है। पृथ्वी तत्व में मंगल हो तो शुभफल मिलता है।

भृगुसूत्र—नेत्ररोगी। मध्यमायुः। पित्ररिष्टम्। मूत्रकृच्छ्ररोगः। अल्प पुत्रवान्। वातशूलादिरोगः। दारसुखयुतः। करवालान् मृत्युः। शुभयुते देहारोग्यवान्। दीर्घायुः। मनुष्यादिवृद्धिः। पापक्षेत्रे पापयुते ईक्षणवशात् वातक्षयादि रोगः मूत्रकृच्छ्राधिकयं वा। भावाधिपे बलयुते पूर्णायुः॥

अर्थ—आँखों के रोग, मध्यम आयु, पिता को अरिष्ट, मूत्रकृच्छ्र रोग, पुत्र कम होना, वातशूल इत्यादिरोग, स्त्रीसुख, तलवार के प्रहार से मौत, ये मंगल के फल हैं। अष्टमभावस्थ मंगल शुभग्रहों से युक्त होतो नीरोग शरीर, दीर्घ आयु, तथा मनुष्यों आदि में वृद्धि तथा घर में समृद्धि होती है। पापग्रह की राशि में, वा पापग्रह से युक्त वा दृष्ट हो तो वातक्षयादिक रोग होते हैं वा मूत्रकृच्छ्र से अधिक पीड़ा होती है। अष्टमभाव का स्वामी बलवान हो तो पूर्ण आयु मिलती है।

विचार और अनुभव—वैद्यनाथ को छोड़कर अन्य सभी ग्रंथकारों ने अष्टमभावस्थ मंगल के अशुभफल कहे हैं। अशुभफल पुरुषराशियों के हैं। वैद्यनाथ के शुभफल स्त्रीराशि के हैं। कई एक शास्त्रकारों ने इस भाव में संतति का भी फल बतलाया है। अष्टमभाव संततिस्थान नहीं है। अष्टमस्थान पितृस्थान से नवम, तथा मातृस्थान से पंचम है—इस दृष्टिकोण से संतति होना–यह फल कहा है। मंगल पुरुषराशि में हो तो संतति बहुत थोड़ी होती है। स्त्रीराशि में कर्क, वृश्चिक तथा मीन में, अधिक संतान होती है। वृष और कन्या में कम होती है—मकर में संतानाभाव रहता है। स्त्रीराशि के मंगल से लाभ होता है। अष्टमभावस्थ मंगल के अफसर बहुत रिश्वत खाते हैं किन्तु पकड़े नहीं जाते। अष्टमस्थ मंगल का जातक बहुभोजी होता है। बहुत खाने की आदत ३० वर्ष तक बराबर बनी रहती है—अतः उत्तर आयु में अजीर्ण रोग के कारण मलेरिया, अर्धांगवायु, ब्लडप्रेशर आदि रोग होते हैं।

यदि कर्क, वृश्चिक, धनु वा मीन लग्न हो और इन राशियों में अष्टम का मंगल हो—ऐसे योग में यदि कोई हठ योग का अभ्यास करता है तो सफलता मिलती है। इसी योग में यदि लग्न मेष, सिंह वा धनु राशि का हो तो जातक राजनीतिज्ञ होता है।

अल्पायु होना—यह फल कई एक ने कहा है, जबतक रवि, चन्द्र, शनि के संबंध से मंगल दूषित न हो तबतक यह फल नहीं मिलता है।

महोग्रा मतिर्भाग्यवित्तं महोग्रं तपोभाग्यगो मंगलस्तत् करोति।
भवेन्नादियः श्यालकः सोदरो वा कुतो विक्रमस्तुच्छलाभे विपाके॥९॥

अन्वयः—(यस्य) भाग्यगः तपोभावगः इतिपाठांतरम्, मंगलः (तस्य) महोग्रा मतिः (भवति) भाग्यगः मंगलः (तस्य) महोग्र तपः (करोति) तं भाग्यवित्तं (च) 'तपोभावगः इतिपाठांतरम्। करोति (तस्य) आदिमः श्यालकः सहोदरो वा न भवेत्, विक्रमः कुतः (स्यात्) विपाके (तस्य) तुच्छलाभः (स्यात्) (९)।

सं० टी०—तपोभावगः नवमस्थितः मंगलः तं नरं भाग्यवित्तं भाग्येन वित्तं द्रव्यं यस्य तं महोग्रं तेजस्विनं करोति, तथा महोग्रा अतिक्रूरा मतिः भवेत्, आदिमः प्रथमः श्यालकः वनिताभ्राता न, कुतः सोदरः स्वभ्रातापि न भवेत् इत्यर्थः। तथा विक्रमः क्रियमाणः उद्यमः विपाके फलकाले तुच्छलाभो भवेत् तुच्छः स्वल्पः लाभः यस्येतिभावः ॥ ९ ॥

अर्थ—जिस मनुष्य के जन्मलग्न से नवमभाव में मंगल हो वह मनुष्य मंगल के प्रभाव से कुशाग्रमति·तीक्ष्णबुद्धि होता है। किसी टीकाकार ने 'महोग्रामतिः' का अर्थ 'बहुतक्रूर बुद्धिवाला" किया है। यह अर्थ प्रसंगानुकूल नहीं है। किसी एक ने 'उग्रबुद्धि' ऐसा अर्थ किया है–'बड़ाबुद्धिमान्' ऐसा अर्थ ठीक है। मनुष्य तेजस्वी होता है। प्रारब्धदत्त अर्थात् भाग्यदत्त धन से धनवान् होता है। क्योंकि मंगल के अशुभ प्रभाव से उसका स्वयंकृत परिश्रम व्यर्थप्रयास होकर रह जाता है। उसे जेठा साला वा जेठा सगा भाई नहीं होता है। उसका पराक्रम व्यर्थ होता है–भारी परिश्रम-भारी यत्न वा भारी उद्योग करने भी लाभ बहुत थोड़ा होता है ॥ ९ ॥

तुलना—"यदा भाग्यस्थानं गतवति कुजे जन्मनि मति,
महोग्रा, भाग्याद् वै धनमपि महोग्रं तनुभृताम् ॥
तथा ज्येष्ठः श्यालो नहि सहज सौख्यं च परितः,
कृतेऽप्युद्योगैस्यान्नतु फलविपाकः खलु भृशम् ॥" **जीवनाथ**

अर्थ— नीतिशास्त्र में दो मत पाये जाते हैं–प्रथम—"उद्योगिनं पुरुष सिंह मुपैति लक्ष्मीः।" द्वितीय—भाग्यं फलति सर्वत्र नच विद्या नच पौरुषम् ॥" नवम भाव का मंगल उद्योगी पुरुषसिंह को यह श्रेय देने के लिए तैय्यार नहीं है कि उसने अपने उद्यम से अपने भुजबल से धनार्जन किया है; क्योंकि वह अपने प्रभाव से किए हुए परिश्रम को फलोन्मुख होने नहीं देगा। हाँ—जातक ने प्राक्तन जन्म में किए हुए सुकृत भूयस्त्व से; जो इस जन्म में उसका प्रारब्ध वा दैव है जिसे भाग्य कहा जाता है। यदि कोई धन संपत्ति पाई है नवमभाव का अर्थात् भाग्यस्थान का मंगल उस धन संपत्ति के उपभोग में कोई आपत्ति कोई विघ्न-बाधा वा प्रतिबंध खड़ा नहीं करेगा—किन्तु उद्योग परिश्रम वा शारीरिक कष्ट से चाहे जितना भी यत्न धनार्जन के लिए किया जावे उसका फल परिश्रम की तुलना में नगण्यी होगा। जिसके भाग्यस्थान में मंगल होता है उसे बडा साला तथा जेठा भाई नहीं होता है; अर्थात् जातक जेठे साले और जेठे भाई के सुख से वंचित ही रहेगा। जातक-कुशाग्रबुद्धि अवश्य होगा, किंतु ऐसा होने से क्या लाभ ? बुद्धिमता से बनाई गई किसी भी योजना को नवममंगल फलीभूत होने नहीं देगा।

"धर्मेऽघवान्" **वराहमिहिर**

अर्थ—नवमभावस्थ मंगल के प्रभाव में उत्पन्न जातक पापी होता है।

"धर्मेऽर्थ संपत्तिवान् ।" गुणाकर

अर्थ—जातक धनवान् होता है।

"नरपति कुलमान्यः संलभो वंदनादौ
भवति यदि जलादुल्कल्कको वख्तखाने।
परयुवतिरतःस्यान् मानवो भाग्यवान्
वै पुरजसुखसुसिद्धौ हिर्जगर्दश्च लेखः॥ ९॥ खानखाना

भावार्थः—यदि मंगल नवमभाव में होतो जातक राजकुलमान्य, सबसे वंदनीय, परस्त्रीगामी, भाग्यवान्, ग्रामों में सुख पानेवाला तथा बेकार घूमने वाला होता है॥ ९॥

"सीमायुतो भूपति मानयुक्तः सस्वो विधर्मो नवमे धराजे॥" जयदेव

अर्थ—नवमभावस्थ मंगल का जातक और मर्यादित शक्ति का, राजमान्य, धनी, और धर्मवर्जित होता है॥

"नृपसुहृदपि द्वेष्योऽतातः शुभे जनघातकः॥" मंत्रेश्वर

अर्थ—नवमभावस्थ मंगल का जातक राजा का मित्र होता है—किंतु लोग इससे द्वेष करते है। इसे पिता का सुख नहीं मिलता है। यह लोगों का घात करता है।

"नवमभवनसंस्थे क्षोणिपुत्रेऽतिरोगी नयनकरशरीरैः पिंगलः सर्वदैव।
बहुजन परिपूर्णो भाग्यहीनः कुचैलो विकलजनसुवेशी शीलविद्यानुरक्तः॥"

मानसागर

अर्थ—नवमभाव में मंगल होने से जातक बहुत रोगी, आंखे, हाथ तथा शरीर लाल-पीले रंग के होते हैं। यह अनेक लोगों से घिरा हुआ, भाग्यहीन होता है। उसके वस्त्र अच्छे नहीं होते। यह शीलवान् तथा विद्यानुरागी होता है।

"धर्मस्थे धरणीपुत्रे कुकर्मा गतपौरुषः।
नीचानुरागी क्रूरश्च सकष्टश्च प्रजायते॥" काशीनाथ

अर्थ—नवमभाव के मंगल से जातक दुराचारी, पौरुषहीन, नीचों की संगति में रहनेवाला, क्रूर तथा कष्टयुक्त होता है।

"हिंसाविधाने मनसः प्रवृत्तिं भूमिपतेर्गौरवतोऽल्पलब्धिम्।
क्षीणं च पुण्यं द्रविणं नराणां पुण्यस्थितः क्षोणिसुतः करोति॥" ढुण्ढिराज

अर्थ—नवमभाव में मंगल होने से जातक की मानसवृत्ति हिंसा की ओर रहती है। राजा से मान आदर बहुत किन्तु लाभ थोड़ा; थोड़ा पुण्य और थोड़ा धन होता है।

"भूसूनौ यदि पित्रानिष्टसहितः ख्यातः शुभस्थानगे॥" वैद्यनाथ

अर्थ—नवमभाव में मंगल के होने से जातक के पिता का अनिष्ट होता है। जातक प्रसिद्ध होता है।

अकुशलकर्मा द्वेष्यः प्राणिवधपरो भवेन्नवमसंस्थे ।
धर्मरहितोऽतिपापी नरेन्द्रकृतगौरवोरुधिरे ।।" कल्याणवर्मा

अर्थ—जातक कार्य में निपुण नहीं होता, लोग इससे द्वेष करते हैं, यह हिंसक, धर्महीन, पापी, किंतु राजमान्य होता है।

"पराभवमनर्थं च धर्मे पापरुचि क्रिया ।" पराशर

अर्थ—पराभाव, अनर्थ, तथा पापकर्म में रुचि होती है।

"कुजेरक्तपटानां हि भवेत् पाशुपती वृत्तिः ।
भाग्यहीनश्चसततं नरः पुण्यगृहंगते ।।" गर्ग

अर्थ—यह बौद्ध हो तो भी शैवों के समान प्राणिवध में रुचि रखता है। अभागा होता है।

"सभौमे विषाद्यग्निपीड़ा कुशीलः कुलीलः
परं भाग्यहीनः पदेरक्तरोगी कृशः क्रूरकर्मा ।
प्रतापी तपेजन्मकाले यदि स्यान्
महीजो यदा पुण्यभावं प्रयातः ।।" जागेश्वर

अर्थ—विष तथा आग से पीड़ा होती है। व्यभिचारी, दुराचारी, भाग्यहीन, पांव में रक्त रोगवाला दुर्बल, क्रूर तथा पराक्रमी होता है।

"हिंसा विधाने मनसः प्रवृत्तिः धरापते गौरवतोऽपि लब्धिः ।
क्षीणं च पुण्यं द्रविणं नराणां पुण्यस्थितः क्षोणिस्थितः करोति ।।"

वृहद्यवनजातक

अर्थ—हिंसक कामों की ओर रुचि होती है। राजमान्य, पुण्यहीन, तथा धनहीन होता है, २८वें वर्ष भाग्योदय होता है।

"आरौ भ्रातृनाशप्रदौस्तः । द्वाभ्यांहीनः ।" पुंजराज

अर्थ—दो भाइयों की मृत्यु होती है।

"धर्मस्थिताः भूमिपुत्राः कुर्वन्ति धर्मरहितं विपतिं कुशीलम् ।" वशिष्ठ

अर्थ—जातक धर्महीन, दुर्बुद्धि और दुराचारी होता है।

पिता का सुख नष्ट होता है। नौकरी करता है। क्रूर, व्यापार के लिए नाव में घूमता है। गोपालरत्नाकर

यवनमत—राजमान्य, विख्यात, परस्त्रियों का उपभोग करनेवाला, भाग्यवान् अपने गांव में सुखी।

पाश्चात्यमत—कठोर स्वभाव का, ईर्ष्यालु, झूठ बोलनेवाला, प्रवासी, शंकाशील, दुराग्रही होता है। पानी के संबंधियों से हानि होती है। धर्म पर थोड़ी श्रद्धा होती है। अध्यात्म के बारे में दुराग्रही विचार होते हैं। अशुभ ग्रहों की दृष्टि होतो उद्धत और दुरभिमानी होता है। मन पर संयम नहीं होता। चाहे जैसा वर्ताव करता है। अग्निराशि में होतो उद्धत होता है।

पृथ्वी तथा जल तत्त्व की राशियों में हो तो कुछ अच्छा स्वभाव होता है। वायुराशि में हो तो कानून और नीतितत्वों का उल्लंघन सहज ही करता है।

भृगुसूत्र—पित्ररिष्टम्। भाग्यहीनः। उच्चे स्वक्षेत्रे गुरुदारगः, देशान्तरे-भाग्ययोगः। शुभे शुभयुते शुभक्षेत्रे पुण्यशाली, धराधिपः।

अर्थ—पिता को अरिष्ट होता है। अभागा होता है। यह उच्च अथवा स्वगृह में हो तो गुरुपत्नी से व्यभिचार करता है। विदेश में इसका भाग्योदय होता है। यह शुभग्रहों से युक्त, अथवा उनकी राशियों में हो तो पुण्यवान् होता है। यह राजयोग होता है।

विचार और अनुभव—भाग्यस्थान के मंगल के फल मिश्रितस्वरूप के हैं—ऐसा आचार्यों का मत है। वराहमिहिर, कल्याणवर्मा, पराशर, मानसागर, वृहद् यवनजातक, काशीनाथ तथा वशिष्ठ ने पापी, क्रूर, दुराचारी, हिंसक, व्यभिचारी होना—यह फल कहा है। इसका अनुभव मकर और मीनराशि में मिलता है।

राजमान्य, धनवान्, प्रसिद्ध होना, ये शुभफल मेष, सिंह, धनु, कर्क, वृश्चिक तथा मीनराशि में मिलते हैं। 'भाई की मृत्यु', यह फल पुरुषराशि का है। विद्वान् किन्तु धर्महीन होना, यह फल मेष, सिंह तथा मकर को छोड़कर अन्यराशियों में मिलेगा। "कानून और नीतिनियमों का उल्लंघन करना", यह फल मिथुन, तुला और कुंभ में संभवित है। 'आँखें नष्ट हो जाना, त्वचारोग-आदि-आदि" शरीर संबंधी अशुभफल नवममंगल के हैं। इस स्थान के मंगल से विदेशयात्रा संभव है। संतान अभागा होती है। माँ-बाप को कष्टकारक होती है।

मेष, सिंह, धनु, कर्क तथा वृश्चिकराशियों में उत्पन्न अधिकारी, फुर्तीले, उदार तथा मिलनसार होते हैं। कुंभ, वृश्चिक और मीन में उत्पन्न अधिकारी, कुछ स्वार्थी होते हैं। कर्क में अच्छाफल मिलता है।

माँ का सुख कम मिलता है। यदि मंगल मिथुन, तुला, कुंभ, वृष, कन्या तथा मकर में होता है तो इस योग में पत्नी अपने से भिन्न जाति की होती हैं, अथवा उसके स्वभाव में पति से भिन्नता तथा नवीनता होती है।

नवमभावस्थ मंगल के युवक नई रौशनी के, तथा सुधारक प्रवृत्ति के होते हैं। इन्हें—विवाह पर 'यह एक पवित्र तथा स्थायी बंधन है" ऐसा विश्वास नहीं होता है—चाहे कैसी स्त्री से सम्बन्ध हो जाए—ऐसी इनकी प्रवृत्ति होती है। इस योग में अविवाहित रहजाना भी संभव है। द्विभार्यायोग भी संभव है। पहिली स्त्री के बच्चों की देखभाल के लिए—घर-गृहस्थी चलाने के लिए दूसरे विवाह की भारी आवश्यकता होती है। ये लोग प्रसिद्ध होते हुए भी अभागे होते हैं। इस योग में डाक्टर अच्छी कीर्ति पाते हैं। इन्हें किसी वस्तु की कमी नहीं रहती। वकीलों के लिए यह योग बहुत अच्छा नहीं। इंजीनियर फिटर, सुनार, लोहार आदि के लिए यह मंगल लाभदायक है।

पुलिस तथा आबकारी अफसरों के लिए भी यह योग विशेष फलदाता नहीं इन्हें अपने अफसरों से लड़-झगड़ कर उन्नति प्राप्त करनी होती है। यह मंगल स्त्रीराशि में हो तो भाइयों की मृत्यु नहीं होती। बहिनों को मारक होता है। यह मंगल पुरुषराशि में हो तो बहिनों को तारक और भाइयों को मारक होता है। इस योग में भाग्योदय २७-२८ वें वर्ष में होता है। इस योग में उत्पन्न लोग डिस्ट्रिक्टबोर्ड, लोकलबोर्ड, असेम्बली आदि में चुनाव जीतते हैं।

कर्क, वृश्चिक, मकर, मीन में मंगल होने से विवाह के बाद भाग्योदय होता है। कर्क के मंगल में स्वभाव बहुत विचित्र होता है। वृश्चिक में स्वभाव में धूर्तता होती है। अपने स्वार्थसिद्धि के लिए दूसरों का नुकसान भी करते हैं। मकर और मीन में मंगल हो तो स्वभाव में नीचता होती है। ये लोग निर्लज्ज, झूठ बोलनेवाले और अपनी डींग हाँकनेवाले अहंमन्य होते हैं।

कुले तस्य किं मंगलं मंगलोनो जनैर्भूयते मध्यभावे यदि स्यात्।
स्वतः सिद्ध एवावतंसीयतेऽसौ वराकोऽपि कण्ठीरवः किं द्वितीयः ॥१०॥

अन्वयः—यदि मंगलः मध्यभावे स्यात् (तदा) तस्यकुले मंगलं न (स्यात्) (सः) जनैः भूयते, (असौ) स्वतः सिद्ध एव अवतंसीयते, असौ वराकोऽपि किं द्वितीयः कंठीरवः ? ॥ १० ॥

सं० टी०—यदि मध्यभावे दशमे नो मंगलः तस्यकुले किं मंगलं अपितु स्वस्थे भौमे एव कल्याणकार्यंस्यात् इति अतिशयोक्तिः। तथा जनैः भृत्यैः भूयते बहुभृत्यः स्यात् इत्यर्थः। असौ नरः स्वतः एव स्वोद्यमादेव सिद्धिः संपन्नकार्यः अवतंसीयतें लोकेषु मंडलायते, तथा वराकः हीनकुलोद्भवोऽपि द्वितीयः कंठीरवः किं सिंह तुल्यपराक्रमः स्यात् इतिभावः ॥ १० ॥

अर्थ—जिस जातक के दशमभाव में मंगल नहीं होता है उसके कुल में विवाह आदि मंगलकार्य भी नहीं होते हैं, अर्थात् अमंगलहारी तथा मंगल कार्यकारी मंगल यदि दशमभाव में होता है तो ही जातक के कुल में विवाह आदि मंगलकार्य होते रहते हैं। टीकाकार ने 'यह मंगल का वर्णन अतिशयोक्ति-पूर्ण है, ऐसा कहा है। क्योंकि जिनकी जन्मकुंडली में दशमभाव में मंगल नहीं भी होता है विवाहादि मंगलकार्य तो उनके घरों में भी होते रहते हैं। यहाँ दशमभाव में मंगल नहीं होता है और इस अभाव में भी मंगलकार्य होते हुए दिखाई देते हैं वहाँ पर अन्य कई एक शुभयोग होते हैं उन्हीं के प्रभाव से मंगलकार्य-विवाहादि होते हैं। भट्टजी का तात्पर्य यह है कि दशमभाव का मंगल शुभफल देनेवाला है। "दशमेंऽगारकोयस्य सजातः कुलदीपकः" जैसे निबिड अंधकार में दीपक उजाला कर देता है तद्वत् दशमभावस्थ मंगल के प्रभाव में उत्पन्न मनुष्य भी अपने पराक्रम से, अपने भुजबलार्जित धन से, तथा अन्य स्थावर जंगम संपत्ति से, अपने कुल को उजागर अर्थात् प्रसिद्ध कर देता है। किसी एक ने ऐसा भी कहा है—'दशमेंऽगार को नास्ति सजातः

किं करिष्यति" जन्मकाल में मंगल दशमस्थान में यदि नहीं होता है तो मनुष्य का जीवन अत्यन्त साधारण बीतता है। इस तरह दशममंगल-मंगलकार्य साधक है बाधक नहीं, यह नारायणभट्ट का मर्म है। जातक के काम स्वतः सिद्ध-अर्थात् बहुत प्रयास के विना भी-अपने थोड़े से उद्यमद्वारा सिद्ध हो जाते हैं। इसके पास नौकर चाकर बहुत होते हैं। हीनकुल में जन्म पाकर भी जातक अपने पराक्रम से सिंह की नाईं प्रभावशाली होता है। जैसे वन्यजीव चित्रक आदि सिंह को राज्यतिलक नहीं लगाते, और सिंह अपने सामर्थ्य से स्वयं ही जंगल का राजा बन बैठता है---इसी तरह हीनकुल में उत्पन्न होकर भी जातक दशमभावस्थ मंगल के शुभ प्रभाव से लोगों में अग्रणी तथा उनका नेता हो जाता है ॥ १० ॥

तुलना—"यदाकर्मस्थानं गतवति कुजे यस्य जनने,
क्षमा-भृत्य-ग्राम-क्षितिपति कुलावाप्त विभवः।
स्वतः सिद्धः शश्वत् प्रभवति समंतात् परमसौ,
प्रताप व्रातेन व्रजति सहसा सिंह समताम् ॥" **जीवनाथ**

अर्थ—जिस मनुष्य के जन्मसमय में मंगल दशमभाव में होता है उसे भूमि-भृत्य-ग्राम और राजकुल से धन प्राप्त होता है। निरंतर सब कार्यों में सफलता प्राप्त होती है। वह जातक अपने प्रताप से सिंह के समान पूर्ण पराक्रमी होता है। जीवनाथ के अनुसार भी दशमभावस्थ मंगल शुभफलदाता है। कथन का तात्पर्य यह कि जो लोग स्वयं स्वपराक्रम से, स्वभुजबल से, उन्नत होते हैं जिन्हें अंगरेजी में 'सैल्फमेड' कहा जाता है, वे प्रायः दशमस्थ मंगल के शुभ प्रभाव में जन्म लेते हैं। यहाँ पर मंगल दशमभाव में नहीं है तौभी उन्नति देखने में आती है वहाँ पर जातक को जन्मकुंडली में अन्य शुभयोग होते हैं जिनसे असाधारण उन्नति होती है। इस तरह किसी शंका की आवश्यकता नहीं है।

"सुखशौर्यभाकूरवे" ॥ **वराहमिहिर**

अर्थ—सुखी तथा शूर होता है।

"तोषावतं सोपकृतार्थयुक्तः सत् साहसैश्वर्ययुतोऽम्बरस्थे" ॥ **जयदेव**

अर्थ—जातक संतुष्ट—भूषणभूत, परोपकारी, उत्साहयुक्त तथा ऐश्वर्यवान् होता है।

"नभसि नृपतिः क्रूरो दाता प्रधानजनस्तुतः" ॥ **मंत्रेश्वर**

अर्थ—यदि दशम में मङ्गल हो तो आदमी क्रूर, दाता, राजा के समान पराक्रमी होता है। बड़े मुख्य आदमी भी उसकी प्रशंसा करते हैं॥

"मेषुरणस्थेऽवनिजे तु जाताः प्रताप—वित्तप्रबलप्रसिद्धाः" ॥ **वैद्यनाथ**

अर्थ—जातक प्रतापी, धनवान्, बलवान् तथा प्रसिद्ध होता है। यह मङ्गल कर्क राशि में हो तो सुख देता है।

"दशमगत महीजे दान्तिकः कोशहीनो निजकुल जयकारी कामिनी चित्तहारी।
जलदसमशरीरो भूमिजीवोपकोपी द्विजगुरुजनभक्तो नातिनीचो न ह्रस्वः" ॥

मानसागर

अर्थ—जातक संयमी, निर्धन, कुलका उद्धारक, स्त्रियों को प्रिय, नीलवर्ण देहवाला, जमीन पर उपजीविका करनेवाला, ब्राह्मणों का तथा बड़े बूढ़ों का भक्त एवं मंझलेकद का होता है।

"कर्मस्थाने महीपुत्रे शुभकर्मा शुभान्वितः।
सुपुत्री स्यात् सुखी शूरो गर्विष्ठोऽपि भवेन्नरः ॥ काशीनाथ

अर्थ—जातक शुभकर्म कर्ता—कल्याणयुक्त, श्रेष्ठपुत्रोंवाला, सुखी, शूर तथा अभिमानी होता है।

"विश्वंभरापतिसमत्वयतीवतोषं सत्साहसं परजनोपकृतौ प्रयत्नम्।
चंचद्विभूषणमणि विबधागमांश्च मेषूरणे धरणिजः कुरुते नराणाम्" ॥

ढुंढिराज

अर्थ—जिसके दशमभाव में मङ्गल हो वह मनुष्य ऐश्वर्य तथा प्रताप में राजा के समान, सन्तुष्ट-साहसी, परोपकार करने में यत्नशील, सुन्दर भूषण-मणि आदि विविध रत्नों को प्राप्त करनेवाला होता है।

"कर्मोद्युक्तोदशमे शूरोऽधृष्यः प्रधानजनसेवी।
सुतसौख्ययुतोरुधिरे प्रतापबहुलः पुमान् भवति" ॥ कल्याणवर्मा

अर्थ—जातक क्रियाशील, पराक्रमी, अजेय, महानपुरुषों की सेवा करनेवाला, पुत्रसुखयुक्त तथा बहुप्रतापी होता है।

"यदालग्न चन्द्रात् खमध्ये महीजः तदा साहसं क्रूरभिल्लस्यवृत्तिः।
भवेद् दूरवासः कदाचिन्नराणां तथा दुष्टसंगः परं नीचसंगः ॥

दशमस्थोयदा भौमः शत्रुक्षेत्रे स्थितस्तदा।
म्रियते तस्य बालस्य पिता शीघ्रं न संशयः ॥ जागेश्वर

अर्थ—लग्न से वा चन्द्र से दसवें स्थान में मङ्गल हो तो साहसी, भील जैसा क्रूर, जन्मभूमि से दूर रहनेवाला, दुष्ट, नीचसंगी होता है। यह मङ्गल शत्रुग्रह की राशि में हो तो पिता की मृत्यु होती है।

"पुरफितरितसंज्ञः काबिलोनेककिर्दा-
र्नयसमरिह लोके पूजितः साहसी च।
मिहिरजरजलालज्जारजेवर्युतो ना
भवति यदि मिरीखो शाहखाने सखी स्यात् ॥ १० ॥ खानखाना

भावार्थ—यदि मङ्गल दशमभाव में हो तो जातक धनी, होशियार, किफायती, लोकपूजित, साहसी, धन, वस्त्र, रत्नभूषणों से युक्त तथा दानी होता है ॥ १० ॥

"धनव्ययं च दशमे धनलाभं कुकर्म च" —पराशर

अर्थ—धन होकर खर्च हो जाता है जातक कुकर्मी होता है।

"भौमः किलकर्मसंस्थः कुर्यान्नरं बहुकर्मरतं कुपुत्रम्"। वशिष्ठ

अर्थ—दशमस्थ भौम हो तो जातक दुराचारी होता है—इसके पुत्र भी अच्छे नहीं होते ॥

पाश्चात्यमत—धैर्यशाली, अभिमानी, उतावला स्वभाव, लोभी होता है। किसी बैंक वा संस्था का चालक हो सकता है। व्यापार में प्रवीण होता है। कभी फायदा कभी नुकसान होता है। वृत्ति पाशवी होती है। टीकाकार होता है। यह मङ्गल शुभ संबन्ध में हो तो धैर्यशाली और बहादुर होता है। सुख और दुःख दोनों मिलते हैं—स्थिरता नहीं होती।

भृगुसूत्र—जनवल्लभः। भावाधिपे बलयुते भ्रातादीर्घायुः। विशेषभाग्यवान्। ध्यानशीलवान्। गुरुभक्तियुतः। पापयुते कर्मविघ्नवान्। शुभयुते शुभक्षेत्रे कर्मसिद्धिः। कीर्तिप्रतिष्ठावान्। अष्टादशे वर्षे द्रव्यार्जन समर्थः। व्यापारात् भूमिपालतः प्रसादात्, साहसात् बह्निशस्त्रात्। सर्वसमर्थः। तेजवान्। आरोग्यम्। दृढगात्रः। चौरबुद्धिः। दुष्कृतिः। भाग्येश कर्मेशयुते महाराजयौवराज्यपट्टाभिषेकवान्। गुरुयुते गजांतैश्वर्यवान्। भूसमृद्धिमान् ॥

अर्थ—लोकप्रिय होता है। दशमस्थान का स्वामी बलवान् हो तो भाई दीर्घायु होता है। विशेष भाग्यवान् होता है। ध्यान-धारणा करता है। तथा शीलवान्, गुरु का भक्त होता है। पापग्रह के साथ में हो तो किसी भी कार्य में विघ्न उपस्थित करता है। शुभग्रह के साथ वा उसकी राशि में हो तो काम सफल होते हैं, कीर्ति तथा प्रतिष्ठा प्राप्त होती है। १८ वें वर्ष में व्यापार में, या राजा की कृपा से, वा साहस से धन प्राप्त करता है। वह्नि संबन्धी कार्यों से वा शस्त्रों के काम से धन कमाता है। सर्वथा सामर्थ्यवान् होता है। तेजस्वी, नीरोग, मजबूत शरीर का होता है। बुद्धि चोर जैसी और आचरण बुरा होता है। भाग्य और कर्मस्थान के अधिपति भी मङ्गल के साथ दशम मे ही हों तो राजयोग होता है। फलतः महाराज—युवराज—पट्टाभिषिक्त महाराजा हो सकता है। गुरु के साथ हो तो ऐश्वर्यशाली होता है। घोड़े—हाथी आदि की सवारी भी प्राप्त होती है। जमीन बहुत होती है।

विचार और अनुभव—मानसागर—पराशर आदि ने कुछ शुभ—कुछ अशुभ-ऐसे मिश्रितफल कहे हैं। वशिष्ठ और पाश्चात्यमत के अनुसार अशुभ फल हैं। अन्यग्रन्थकारों ने शुभफल कहे हैं। अशुभफल का अनुभव वृष, मिथुन, तुला तथा कुंभ राशियों में होगा। शुभफलों का अनुभव मेष, सिंह, धन, कर्क, वृश्चिक तथा मीन में संभव है। दशम मङ्गल में बचपन में माता-पिता की मृत्यु होती है। जातक किसी का दत्तक पुत्र हो सकता है। यह योग वृष-कन्या और मकर में होता है। पुत्रमृत्यु होती है। समाज में कीर्ति नहीं प्राप्त होती। नवमेश और दशमेश के साथ यह मङ्गल राजयोग करता है। गुरु के साथ हो तो गजांत संपत्ति होती है। गजांत संपत्तिका योग कर्क, सिंह वा मीन लग्न हो, और दशम में गुरु मङ्गल हो तो होता है।

लग्न में स्त्रीराशि हो तो स्वपुरुषार्थ से, भारी कष्ट के बाद उन्नति होती है। पुरुषराशि लग्न में हो तो विनायत्न भी उन्नति होती है और कीर्ति मिलती है। दशममङ्गल से वंशक्षय भी होता है—ऐसा भी किसी एक का अनुभव है। इसका फल कई अंशों में लग्न के मङ्गल जैसा होता है। २६ वर्ष से कुछ भाग्योदय होता है। ३६ वें वर्ष में स्थिरता प्राप्त होती है।

दशमभाव का मङ्गल कर्क, वृश्चिक, मीन तथा मेष, सिंह, धनु में साधारण अच्छे फल देता है। वृष, कन्या, मकर तथा मिथुन, तुला, कुंभ में साधारण अशुभफल देता है।

डाक्टरों की कुण्डली में वृश्चिक राशि में दशम में, मङ्गल हो तो डाक्टर लोग सर्जरी में प्रसिद्धि पाते हैं। वकीलों के लिए भी यह योग अच्छा है। फौजदारी मुकदमों में अच्छा यश मिलता है। नौकरी में बड़े अफसरों से झगड़े होते हैं।

"माने वा यदि पञ्चमे कुज-रवि-च्छायाकुमारेन्दवः।
सद्यो मातुल तात बालजननीनाशं प्रकुर्वन्तिते" ॥

वैद्यनाथ का यह श्लोक है।

अर्थः—दशम वा पञ्चम में मङ्गल हो तो मामा का तत्काल नाश होता है, रवि हो तो पुत्र का, तथा चन्द्र हो तो माता का नाश होता है।

**कुजः पीडयेल्लाभगोऽपत्यशत्रून् भवेत् संमुखो दुर्मुखोऽपिप्रतापात्।
धनं बर्धते गोधनैः वाहनैर्वा सकृच्छून्यतार्थे च पैशुन्यभावात् ॥११॥**

अन्वय:—लाभगः कुजः अपत्यशत्रून् पीडयेत्, सः दुर्मुखः अपि प्रतापात् सम्मुखो भवेत्। (तस्य) धनं गोधनैः वाहनैः वा वर्धते, पैशून्य भावात् अर्थे सकृत् शून्यता च स्यात् ॥ ११ ॥

सं० टी०—लाभगः कुजः भौमः अपत्यानिशत्रवश्च तान्पीडयेत्, तथा दुर्मुखः आक्रोशकोऽपि प्रतापात् तेजोऽधिकत्वात् सन्मुखो लोकदर्शनीय वक्तो भवेत्, गोधनैः वाहनैः वा निमित्तैः अर्थात् गोऽश्वादि व्यापारेण धनं, पैशून्य-भावाच्च गुणीतिलोक प्रसिद्धात् अर्थे शून्यता द्रव्यहानिता च सकृत् एकवारं भवेत् ॥ ११ ॥

अर्थ—लाभभाव का मंगल संतान तथा शत्रुओं के लिए अच्छा नहीं होता, क्योंकि इस स्थान का मंगल इन दोनों को ही पीड़ित करता है। किसी रोग के कारण यदि मुख विकृत हो जाता है तो भी जातक का धनकृत प्रभाव इतना बढ़चढ़कर होता है कि लोग इसे सुमुख अर्थात् लोकदर्शनीय मुखवाला ही समझते हैं—इसके सम्मुख जाने में हिचकिचाहट नहीं करते हैं। तात्पर्य यह है कि लक्ष्मी के प्रभाव के दुर्मुखता, अङ्गहीनता, अवयव विकृति आदि सभी दुर्गुण छिप जाते हैं। कुरूप होता हुआ भी सुरूप प्रतीत होता है। अथवा जातक के शत्रु भी, जो पहिले इसकी शान के खिलाफ बोलते थे, इसके प्रताप से दबकर इसकी प्रशंसा—इसकी बड़ाई करने लगते हैं। यह गाए-भैंस आदि पशुधन से, एवं घोड़ा-ऊँट-हाथी आदि सवारी के जानवरों के व्यापार से माला-

माल हो जाता है—अटूट द्रव्यलाभ से समृद्ध हो जाता है। इसकी धनाढ्यता के बारे में कोई चुगली न कर दे–कहीं चोरों को इसकी धन संपत्ति का पता न लग जावे–इस कारण वह निर्धन-सा बना रहता है। किसी टीकाकार ने 'दुष्ट प्रकृति होने से एकवार इसका धन नष्ट भी होता है' ऐसा अर्थ किया है ॥११॥

तुलना—"यदाये मादेयः प्रभवति बदादेव समरे
जयत्यद्धाशत्रूनपि सुतविषादेन विकलः।
धन-ग्राम-क्षोणी-चपल तुरगानंद कृदसौ
परार्थ व्यापारात् क्षति मतित रामेव लभते ॥" **जीवनाथ**

अर्थ—जातक संग्राम में शत्रुओं पर विजय पानेवाला, तथा पुत्र के दुःख से पीड़ित होता है। इस मंगल के फलस्वरूप जमीन, धन, वाहन आदि से सुख प्राप्त होता है। किन्तु दूसरों की दी हुई पूंजी से व्यापार किया तो उसमें बहुत नुकसान होता है।

टिप्पणी—जीवनाथ के अनुसार लाभभाव का मंगल व्यापारियों के लिए बहुत लाभ कर हो सकता है, यदि वे अपनी पूंजी से व्यापार करें। यदि कोई अपने व्यापारी धन से जमीन खरीद करता है तदनन्तर उस जमीन के टुकड़े बनाकर घर-बस्ती बसाने के लिए जमीन बेचता है और इस जमीन पर एक कालोनी–एक नईबस्ती बस जाती है तो जमीन के मालिक को भारी लाभ हो सकता है। इसी तरह साईकल-स्कूटर-मोटर-मोटरसाईकल के व्यापार से भी भारी धनप्राप्ति हो सकती है। कोई समयथा जब व्यापारीलोग बैलगाड़ी-गड्डों से व्यापार करते थे—किराया वसूल करते थे–अब इनकी अपेक्षा ट्रक से अधिक आमदनी होती है–यह सारा व्यापार तेजरफ्तार के वाहनों से अधिक धन देने वाला है। गाए-भैंस आदि चौपाए जानवरों के क्रय-विक्रय से बहुत भारी धनार्जन नहीं हो सकता है। यदि अच्छी डेयरी चलाई जावे तो दूध-क्रीम-मक्खन आदि के विक्रय से भारी लाभ उठाया जा सकता है। इस तरह व्यापारी लोग लाभभाव के मंगल की कृपा से अच्छे धनाढ्य हो सकते हैं। किन्तु यह लाभ अपने धन के व्यय से अधिक होगा और यदि सूदपर दूसरे से पूँजी लेकर काम चलाया जाएगा तो नुकसान की आशंका भी हो सकती है यह मर्म है।

"एकादशगे गुणवान् प्रियसुखभागी तथाभवेच्छूरः।
धन-धान्य-सुतैः सहितः क्षितितनये विगतशोकश्च ॥" **कल्याणवर्मा**

अर्थ—जातक गुणी, सुखी-शूर, धनी-धान्य तथा पुत्रों से युक्त, तथा शोक-हीन होता है।

"धनसुखयुतोऽशोकः शूरो भवे सुशीलः कुजे।" **मंत्रेश्वर**

अर्थ—जातक धनी-सुखी, शोकरहित, शूर तथा सुशील होता है।

"ताम्र-विद्रुम-सुशोणवस्त्रमुद्यान मानसहितो भवे कुजे।" **जयदेव**

अर्थ—एकादश भाव के मंगल से जातक तांबा, मूंगा, सुंदरलाल वस्त्र, हर्ष, वाहन, मान-इनसे युक्त होता है।

"लाभे प्रभूत धनवान्।" वराहमिहिर

अर्थ—जातक धनाढ्य होता है।

"लाभे भौमे भूरि लाभो नानापक्वान्न भक्षकः।
नीरोगोनृपमान्यश्च देवद्विजरतो भवेत्॥" काशीनाथ

अर्थ—लाभभाव के मंगल से लाभ होता है उत्तम खाद्यपदार्थ खाने को मिलते हैं रोगहीन, नृपमान्य-देव तथा ब्राह्मणों का भक्त होता है।

"आयस्थे धरणीसुते चतुरवाक् कामी, धनी, शौर्यवान्।" वैद्यनाथ

अर्थ—जातक बोलने में चतुर, कामी, धनी और शूर होता है।

"ताम्रप्रवालविलसत् कलधौतरक्तवस्त्रागमं सुललितानि च वाहनानि।
भूपप्रसाद सुकुतूहल मंगलानि दद्यादवाप्ति भवने हि सदावनेयः॥" ढुण्ढिराज

अर्थ—एकादशभाव का मंगल जातक को तांबा, मूंगा, सोना, लालवस्त्र, उत्तमवाहन, राजकृपा, और अनेक मंगल कार्य प्राप्त करवाता है।

"जरमखमलमर्ज्याजर्कशी साहिबीभिस्तुरगरथपदात्यैः युग्जनश्चारिहीनः।
यदि भवति जलादुलूकल्कको याफिखाने मदनसमरदक्षः पंडितः सत्यगंता॥११॥

खानखाना

भावार्थ—यदि मंगल एकादशभाव में हो तो जातक ज़री, रेशमी, मखमली, जर्कसी आदि वस्त्रों से युक्त, साहिबी रखनेवाला, तथा हाथी, घोड़ा, गाड़ी, नौकर आदि रखनेवाला होता है। शत्रुरहित, स्त्रियों के साथ क्रीड़ा करने में समर्थ, पंडित और सच बोलनेवाला होता है॥११॥

"सुरजन हितकारी चायसंस्थे च भौमे नृपइवगृहमेधी चंचलः कोपपूर्णः।
भवति च यदि तुंगे सर्वसौभाग्ययुक्तो धनकिरणनियुक्तः पुण्यकामार्थ लाभी॥"

मानसागर

अर्थ—जातक देवभक्त होता है राजा की तरह घर के काम करनेवाला, चंचल-क्रोधी, होता है। यदि मंगल उच्च का तथा बली होतो जातक भाग्यवान् पुण्यकाम करनेवाला तथा धनार्जन करनेवाला होता है।

"लाभे धनं सुखं वस्त्रं स्वर्णक्षेत्रादि संग्रहम्।" पराशर

अर्थ—धन, सुख, वस्त्र, सोना-खेती आदि का लाभ होता है।

"क्षितिजश्च नारीम्"। वशिष्ठ

अर्थ—स्त्रियों का लाभ होता है।

"प्रभूतधनवान् मानी सत्यवादी दृढव्रतः।
अश्वाढ्यो गीतसंयुक्तो लाभस्थे भूमि नंदने॥
विधेयः प्रियवाक् शूरो धन धान्य समन्वितः।
लाभेकुजे मृतोमानी हृतचित्तोग्नि तस्करैः॥ गर्ग

अर्थ—जातक धनी, मानी, सत्यवक्ता, मधुरभाषी, व्रत का दृढता से पालन करने वाला, अश्वों का स्वामी, गायक, सेवक, शूर, मृतजैसा निष्क्रिय तथा निराश अन्तःकरण का होता है। अग्नि और चोरों से हानि होती है।

"ताम्रप्रवाल विलसत् कलधौतरूप्य वस्त्रागमं सुललितानिच वाहनानि।
भूपप्रसाद सुकुतूहल मंगलानि दद्यादवाप्तिभवने हि सदावनेयः"॥
बृहद्‌यवनजातक

अर्थ—सभी प्रकार की संपत्ति—जैसे तांबा, प्रवाल, चांदी, सोना, वस्त्र तथा वाहन का सुख प्राप्त होता है। राजा की कृपाप्राप्त कर मंगल होता है। २४ वें वर्ष में धन प्राप्त होता है।

"कुजैकादशे पुत्र चिंता नराणां भवेज् जाठरं गुल्मरोगादि युक्तम्।
प्रतापो भवेत् सूर्यवत् तस्यनूनं नृपात् तुल्यता वा भ्रमस्तस्य दे है॥ **जागेश्वर**

अर्थ—पुत्रचिंता होती है। पेट में गुल्म आदि रोग होते है। इसका प्रताप सूर्य जैसा और वैभव राजा जैसा होता है—किन्तु इसे भ्रम भी हो सकता है।

"एवं भूमिसुतेऽग्निशस्त्रजनिता यात्राधनैः साहसैः।
स्वर्णैर्वा मणि भूषणेषु नितरां द्रव्यागमः संवदेत्"॥ **पुंजराज**

अर्थ—जातक को यात्रा से, साहस से, अग्नि वा शस्त्रों से, वा सोने वा जवाहरात के व्यापार से बहुत धन मिलता है।

यवनमत—इसके वस्त्र रेशमी वा जरी के होते हैं। घर में नौकर-चाकर होते हैं। घोड़े-गाड़ी आदि वाहन होते हैं। जातक कामुक, पंडित, तथा सत्यभाषी होता है।

पाश्चात्यमत—इस व्यक्ति के मित्र विश्वस्त नहीं होते। मित्रों द्वारा ठगाया जाता है। किन्तु इसपर शुभग्रह की दृष्टि हो तो मित्रों से अच्छा लाभ होता है। जलतत्वकी राशि में यह मङ्गल हो तो मित्रों के सम्बन्ध से आपत्ति आती है। उनकी जमानत भरनी पड़ती है। यह अग्नितत्व की राशि में हो तो सट्टा, लाटरी, रेस और जुए में अच्छा लाभ होता है। इस स्थान में मङ्गल की आत्मसंयमन की शक्ति प्रबल होती है।

भृगुसूत्र—"बहुकृत्यवान्। धनी। स्वगुणैः अमितलाभवान्। सिंहस्थे वा क्षेत्रेशयुते राज्याधिपत्यवान्। शुभद्वययुते महाराजाधिपत्ययोगः। भ्रातृवित्तवान्। द्रव्यार्थमानभोगी। संततिपीडा। विचित्रयानम्। हर्म्यभूस्वर्णलाभो भवति"।

अर्थ—जातक बहुत काम करता है। धनवान् तथा अपने गुणों से बहुत लाभ प्राप्त करनेवाला होता है। यह मङ्गल सिंहराशि में अथवा लाभेश के साथ हो तो जातक बड़ा अफसर होता है। दो शुभग्रहों के साथ हो तो जातक बडे राज्य का अधिकारी होता है। भाई का द्रव्य मिलता है। धन तथा मान प्राप्त होता है। सन्तान के बारे में कष्ट होता है। तरह-तरह के वाहनों में घूमता है। बड़ी बिल्डिङ्ग, जमीन तथा सोना-जवाहरात की प्राप्ति होती है।

विचार और अनुभव—गर्ग-जीवनाथ-भट्टनारायण के कहे हुए फल पुरुष राशियों के हैं। अन्य शास्त्रकारप्रतिपादित फलों का अनुभव स्त्रीराशियों में आता है।

एकादशभाव मे मङ्गल पुरुषराशि में-मेष-सिंह-धनु, मिथुन-तुला वा कुम्भ राशि में हो तो पुत्र नहीं होते-यदि हुए तो जीवित नहीं रहते, अथवा गर्भपात हो जाता है। अथवा बड़े होकर माँ-बाप से झगडते हैं।

मङ्गल स्त्रीराशि में हो तो तीन पुत्र होते हैं। यशप्राप्ति होती है। इस मङ्गल के आफिसर यदि रिश्वत लें तो पकड़े जाएँगे।

इस स्थान में स्त्रीराशि के मङ्गल से द्रव्यलाभ, तथा अधिकार प्राप्ति के लिए यत्न करने की प्रवृत्ति होतो है चाहे यत्न कैसा ही क्यों न हो। चाहे स्वपत्नी का शील तक भी बेचना पड़े।

डाक्टरों के लिए यह योग अच्छा है, सर्जरी में तथा स्त्रीरोग विशेषज्ञता में यशस्वी होते हैं वकीलों के लिए भी लाभभाव का मङ्गल लाभदायक है धन-मिलता है, अदालत पर प्रभाव भी पड़ता है—कभी-कभी ऐसा भी होता है कि सनद रद्द होने का समय भी आजावे। इनको वादी-प्रतिवादी दोनों से रिश्वत लेने की आदत होती है—इसी से कठिनाई भी होती है।

यह मङ्गल ऐंजिनीयर, फिटर, सोनार, लोहार आदि के लिए भी अच्छा होता है।

शताक्षोऽपि तत् सक्षतो लोहघातैः कुजो द्वादशोऽर्थस्य नाशं करोति।
मृषा किंवदंती भयं दस्युतो वा कलिः पारधी हेतु दुःखं विचिंत्यम् ॥१२॥

अन्वयः—द्वादशः कुजः अर्थस्य नाशं करोति, शताक्षः अपितल्लोहघातैः सक्षतः (स्यात्) तस्य मृषा किंवदन्ती, दस्युतः भयं, कलिः वा (भवेत्) तस्य पारधीहेतु दुःखं विचिन्त्यम् ॥१२॥

सं० टी०—द्वादशः व्ययभावगः कुजः अर्थस्य द्रव्यस्य नाशं करोति, तथा शताक्षः इंद्रः अपि लोहघातैः शस्त्रप्रहारैः सक्षतः तेन घातकर्ता क्षतेन सह वर्तमानः स्यात्। स नरः अपि अरिघातकः भवेत् इतिभावः। मृथा किंवदन्ती भयं मिथ्याजनश्रुतिः, भयंभीतिः दस्युतः चौरात् कलिः कलहो भवेत्। तथा पारधीहेतु दुःखं भृत्यजनित्तहेत्तु दुःखं विचिन्त्यम् ॥ १२ ॥

अर्थ—द्वादशभाव का मङ्गल धनहानि करता है। द्वादशभाव का मङ्गल ऐसे शस्त्रों से भयंकर आघात करता है—इतनी भयंकर चोटें लगाता है कि जिनसे इन्द्र के शरीर में भी व्रण वा चिह्न हो जाते हैं, झूठी अफवाहें फैलती हैं—चोरों से भय होता है—झगड़े हो जाते है, परस्पर कलह वा वैमनस्य हो जाता है। नौकरों के कारण भी दुःख होता है—अथवा पराधीनताजन्य भय तथा दुःख होता है—इस तरह जीवन कंटकाकीर्ण हो जाता है।

एक टीकाकार ने निम्नलिखित अर्थ किया है:--जिस मनुष्य के जन्मलग्न से बारहवें स्थान में मङ्गल हो उसके द्रव्य का नाश होता है। उसके शस्त्र के प्रहारों से इन्द्र भी घायल हो सकता है। तब मनुष्य क्या वस्तु है। उसे चोरी आदि का झूठा अपवाद लगता है। चोरों से कलह होकर उसे भय होता है और उसे परतंत्रता का दुःख होता है ॥१२॥

तुलना—कुजोऽपाये यस्य प्रभवति यदा जन्म समये।
तदा वित्तापायं सपदि कुरुते तस्य सततम् ॥
कलंक प्रख्यातिं पिशुनजनतश्चौरकुलतो।
भयं वा शस्त्रादेरपि रिपुकृतं दुःखमधिकम्" ॥ **जीवनाथ**

अर्थ—जातक की तत्काल धनहानि होती है। चुगुल झूटे कलंक लगाते हैं और झूठी अफवाहें फैलाते रहते हैं। चोरों से, शस्त्रों से और शत्रुओं से बहुत भय होता है।

"पतितस्तु रिःफे"। **वराहमिहिर**

अर्थ—पतित अर्थात् स्वकर्म परिभ्रष्ट होता है।

"परधनहरणेच्छुः सर्वदा चंचलाक्षश्चपलमति विदारी हास्ययुक्तः प्रचंडः। भवति च सुखभागी द्वादशस्थे च भौमे परयुवतिविलासी साक्षिकः कर्मपूरः" ॥ **मानसागर**

अर्थ—द्वादशस्थमङ्गल के जातक को दूसरों के धनअपहरण करने की इच्छा होती है। आँखें चंचल, बुद्धि चपल, और इच्छा घूमने-फिरने की होती है। हंसमुख, दृढ़शरीर, सुखी, परस्त्री से सम्बन्ध रखनेवाला होता है। गवाही देनेवाला और कामों को पूरा करनेवाला होता है।

"भौमे विरोधी धनदारहीनः" **वैद्यनाथ**

अर्थ—जातक विरोधी, धनहीन, स्त्रीहीन होता है।

" यदि भवति मिरीखः खर्चखाने गतश्च स्वजन हृदयभेत्ता कर्कशैः ना वचोभिः। महमहवजजुल्मी साहिदोवेधनः प्राग् जठरदहनदर्पो नुर्हमेशः परेशान् ॥१२॥ **खानखाना.**

भावार्थः—यदि मङ्गल द्वादशभाव में हो तो जातक अपने कुटुम्बियों को कठोरवचन कहकर दुःखदेनेवाला, विशेष जुल्म करनेवाला, क्रोधी और सदा परेशान रहनेवाला होता है ॥१२॥

"नयनविकारी पतितो जायाघ्नः सूचकश्चा।
द्वादशगे परिभूतो बंधन भाक् भवति भूपुत्रे" ॥ **कल्याणवर्मा**

अर्थ—नेत्ररोगी, पतित, पत्नी घातक, सूचना देनेवाला, अपमानित, तथा कारावास में जाने वाला होता है।

"बंधनात्यययुतोऽल्पदृग्बलो मित्रनुत् कुमतिमान् कुजेऽन्त्यगे"। **जयदेव.**

अर्थ—जातक कैद, मृत्यु के समान आपत्ति आदि से युक्त होता है। यह नेत्ररोगी और दुर्बल होता है। यह मित्रों को कष्टकारी और दुर्बुद्धि होता है॥

"नयनविकृतः क्रूरोऽदारो व्ययेपिशुनोऽधमः"॥ **मंत्रेश्वर**

अर्थ—जातक नेत्ररोगी, क्रूर, स्त्रीहीन, चुगुल और अधम होता है।

"असद्व्ययी व्ययेभौमे नास्तिको निष्ठुरः शठः।
बहुवादी विदेशे च सदागच्छतिमानवः"। **काशीनाथ**

अर्थ—जातक बुरे कामों में खर्च करता है, नास्तिक, निठुर-शठ और बकवासी होता है। यह सदा विदेश जानेवाला होता है।

"स्वमित्रवैरं नयनातिवाधां क्रोधाभिभूतं विकलत्वमंगे।
धन व्ययं बंधनमल्पतेजो व्यये धराजो विदधाति नूनम्"॥ **ढुण्ढिराज**

अर्थ—अपने मित्रों से बैर, नेत्ररोग, क्रोध, अंग (शरीर) में विकलता, अधिक खर्च, कैद, तेज की हानि, ये द्वादशभावगत मंगल के फल हैं॥

"भूमिपुत्रे चेद् व्ययस्थान संस्थे द्रव्यं पुंसां नीयते क्षत्रियैस्तत्।
घातः कट्यां दक्ष वामे च पादे वामे कर्णे लोचने तत् स्त्रिया वा॥
पुण्याधिक्यादल्पकं तन्नृनार्योः पापाधिक्याच्चाधिकं वातदंगम्।
दग्धं वाच्यं वह्निनावाऽयुधोत्थं घातं यद्वा सव्रणं दीर्घकालम्॥
कुजो वा व्ययस्थितश्चेन् मनुजस्यनूनम्।
तदापितृव्यो निधनं प्रयाति पितृस्वसादृष्टयुतो न सद्भिः॥ **पुंजराज**

अर्थ—चोरों, डकैतों से द्रव्यहानि होती है। स्त्री के बाँईं ओर के किसी अवयव को आँख, काँन, पैर, वा हाथ को अपघात होता है। यह मंगल शुभ संबंध में हो तो ज़ख्म थोड़े समय तक रहता है। अशुभ संबंध में हो तो अधिक कालतक रहता है। चाचा का और फूफा की मृत्यु होती है।

"कोपनो बहुकामाढ्यो व्यंगो धर्मस्य दूषकः"॥ **गर्ग**

अर्थ—जातक क्रोधी, कामुक, अंगहीन, धर्मभ्रष्ट होता है। जातक मित्रों और बंधुओं के साथ द्वेष करता है।

"स्वमित्रवैरं नयनातिवाधा क्रोधाभिभूतिं विकलत्वमंगे।
धनव्ययं बंधनमल्पतेजो व्ययस्थभौमो विदधातिनूनम्॥" **वृद्धयवनजातक**

अर्थ—मित्रों से वैर, आँखों में अधिक पीड़ा, बहुत क्रोध, अवयवों में हीनता, धन का खर्च, कैद, तेज कम हो जाना, ये फल द्वादशस्थ मंगल के हैं, ४९ वें वर्ष धनहानि होती है।

"तथा कर्णकंठे परारक्तपीड़ा जने नैवमान्वः॥" **जागेश्वर**

अर्थ—कान और गले में तथा खून बिगड़ने से बहुत पीड़ा होती है। लोगों में मान्यता नहीं मिलती।

"क्षितिसुतो बहुपापभाजम्"। **वशिष्ठ**

अर्थ—जातक बहुत पापी होता है।

"व्यये नेत्ररुजं भ्रातृनाशे च कुरुते"। पराशर

अर्थ—नेत्र रोग और भ्रातृनाश होता है।

यवनमत—वाणी कड़वी होती है। क्रोधी, दुःखी, बहुत प्रवास से त्रस्त, उष्णता से आँखों का नाश, मोतियाविन्द होना इस मंगल के फल हैं।

पाश्चात्यमत—गुप्त शत्रुओं से भय होता है—शनि के साथ अशुभयोग हो तो चोर-डाकुओं से भय होता है। कारागृहवास होता है। साहसी किन्तु कभी पागल होता है। नीचराशि में अथवा अशुभग्रहों के साथ यह मंगल हो तो यह फल मिलता है। जुआ, रोग, साहस, हिम्मत, हिंसकवृत्ति, अनैतिकता, और राजद्रोही प्रवृत्ति के कारण अपराध करने की प्रवृत्ति होती है।

भृगुसूत्र—द्रव्याभावः। पापयुते दांभिकः। शत्रुयुते राजबंधनम्। द्रव्यनाशादियोगकरः। दुर्बुद्धिमान्। मातृनाशस्तथा च भ्रातृकष्टः अष्टाविंशतिवर्षे।

अर्थ—निर्धनता और दुर्बुद्धि होती है। यह पापग्रह के साथ हो त दांभिक होता हैं। शत्रुग्रह के साथ हो तो कैद होती है। द्रव्यनाश होता है। २८ वें वर्ष माता की मृत्यु होती है; तथा भाई को कष्ट होता है।

विचार और अनुभव—मानसागर ने कुछ शुभफल बतलाए हैं, अन्य ग्रंथकारों ने अशुभफल बतलाए हैं। ये फल मिश्रितरूप से सभी राशियों में अनुभूत होंगे। तथापि मेष, सिंह, धनु, कर्क तथा मीन में अशुभफल मिलते हैं। मिथुन,तुला, कुंभ में अशुभफल कुछ कम मिलते हैं। वृश्चिक, और मकर में बहुत अशुभफल मिलते हैं। भृगुसूत्र के अनुसार २८ वें वर्ष माता की मृत्यु, भ्रातृकष्ट, होना बतलाया है—इसका अनुभव संभव है। मानसागर ने जो शुभफल कहे हैं, इनका अनुभव मेष, सिंह, मिथुन, कर्क तथा तुला राशि में आ सकता है।

द्वादशभावगत मंगल का जातक प्रायः बहुभोजी तथा कामुक होता है किन्तु स्त्रीसुख कम मिलता है। एक पत्नी की मृत्यु होती है और दूसरी से विवाह करना होता है। जातक, सत्यवादी, उदार, क्रोधी और त्यागी होता है। दानी होता है। किसी संस्था का स्थापक होता है। द्वादशभावगत मंगल भाई और संतति के लिए मारक है। कहीं-कहीं वंशक्षयकारक भी होता है। संतति कम होती है। प्रायः पुत्र संतति नहीं होती, विदेशयात्रा होती है जातक परयुवतिगामी होता है। २६ वें वर्ष प्रसिद्धियोग बनता है। ऐसे मंगल के जातक क्रोधी और स्पष्टवक्ता होते हैं। गिरपड़ना, विषबाधा होना, अपघात होना आदि का डर रहता है। सिरदर्द, खून बिगड़ना, गुह्यरोग, बुढ़ापे में अपचन आदि विकार होते हैं। इस योग में धनसंग्रह नहीं होता। कभी कोई पैसा उठा ले जाता है, कभी कोई उधार ले जाता है। अथवा रुपया कहीं गुम हो जाता है। इस तरह इस मंगल के फल अशुभ ही हैं।

अथ बुधविचार—

बुध के पर्याय नाम—बोधन-चांद्रि-सौम्य-तारातनय-हेम्नवित्-वित् इन्दुपुत्र यामिनी-नाथपुत्र-तुंग-अब्जापत्य-हिमकरसुत-विधुपुत्र-तारापुत्र-शीतभानुतनुज-शीत-दीधिति-तनुज-शान्त-श्यामगात्र-कुमार-प्रभासुत-अतिदीर्घ-ज्ञ-शशधरतनय-पंचार्चिस्-चाद्र-मसायंनि-एकांग-तारेय-रौहणेय।

बुध का स्वरूप—

वराहमिहिर—"दूर्वाश्यामोज्ञः"।

अर्थ—बुध का रंग दूर्वा के समान सांवला है। हरितःहरारंग है।

व्यंकट—"दूर्वादलाभः"॥ **अर्थ**—दूर्वारंग के समान श्यामरंग।

कल्याणवर्मा—"दूर्वादल श्यामलः"। **अर्थ**—दूर्वासदृश श्याम वर्ण।

जयदेव—"दूर्वेववर्णः"॥ **अर्थ**—दूब के वर्ण समान।

मंत्रेश्वर—"दूर्वालता श्यामतनुः"॥

अर्थ—बुध के शरीर की कान्ति नवीन दूब के समान है।

वैद्यनाथ—"दूर्वाश्यामल कान्ति रिन्दुतनयः"। दूर्वा के सदृश हरित वर्ण है॥

विशेषवर्णन—

वराहमिहिर—"श्लिष्टवाक् सतत हास्यरुचिर्ज्ञः पित्तमारुत कफप्रकृतिश्च"॥

अर्थ—गद्‌गदभाषी वा मधुरवाणीभाषी परिहासशील हंसते रहने का स्वभाव, वात-कफ-पित्त मिश्रित प्रकृति यह बुध का स्वरूप है।

कल्याणवर्मा—"रक्तान्तायतलोचनो मधुरवाग् दूर्वादलश्यामलः,
त्वक्सारोऽतिरजोऽधिकः स्फुटवचाः स्फीतस्त्रिदोषात्मकः।
हृष्टो मध्यमरूपवान् सु-निपुणो वृत्तः शिराभिस्ततः,
सर्वस्यानुकरोति वेषवचनैः पालाशवासा बुधः॥

अर्थ—आँखें विशाल और आरक्त, वाणी मधुर, रंग दूर्वा के समान सांवला, त्वचा सुदृढ, रजोगुणी प्रवृत्ति स्पष्टभाषिता, हृष्टपुष्टदेह, वातपित्तकफ की मिश्रप्रकृति, रूपवान्, कार्यचतुर, गोलाकृति-नसों से व्याप्त-दूसरों के बोलने की, और पोशाक की नकल करने के स्वभाववाला, हरित रंग के वस्त्र पहिनने वाला बुध ग्रह है।

व्यंकटशर्मा—दूर्वादलाभः शशिजोऽतिविद्वान् रजोगुणः सूनृतवाक्यजालः।
हास्यप्रियः पित्तकफानिलात्मा सद्यः प्रतापी ननु पुंश्चलश्च॥

अर्थ—दूर्वारङ्ग के समान श्यामरंग-अतिविद्वान्, रजोगुणी, मधुरवाणी बोलने वाला, हंसोड़ स्वभाव पित्तकफवायुप्रकृति-तत्काल प्रलापवाला और व्यभिचारी बुध ग्रह है।

मंत्रेश्वर—"दूर्वालताश्यामतनुस्त्रिधातुमिश्रः शिरावान् मधुरोक्तियुक्तः।
रक्तायताक्षो हरितांशुकस्त्वक्सारो बुधो हास्यरुचिः समांगः॥"

अर्थ—बुध के शरीर की कान्ति नवीन दूर्वा के समान है। इसमें वात-पित्त कफ-त्रिदोषों का संमिश्रण है। तात्पर्य यह कि जन्मकुण्डली में बुध यदि पीड़ित हो तो अपनी दशा-अन्तर्दशा में वायु से उत्पन्न, कफ से उत्पन्न, तथा पित्त से

उत्पन्न, तीनों प्रकार के रोग कर सकता है। यह नसों से युक्त है—अर्थात् शरीर में जो स्नायुमंडल (नर्वससिस्टम) है उसका अधिष्ठाता बुध है। यदि बुध पीड़ित हो तो नर्वससिस्टम में खराबी होगी। बुध स्वभाव से मीठा बोलने वाला है। इसके शरीर के अङ्ग बराबर हैं। अर्थात् सर्वथा सुडौल अङ्गों वाला है। बुध मज़ाक पसन्द है। जिन स्त्री वा पुरुषों की कुण्डलियों में बुध-चन्द्र इकट्ठे होते हैं वे मज़ाक पसन्द होते हैं। जिस प्रकार मङ्गल मज्जा प्रधान है—बुध त्वचा प्रधान है। बुध अच्छा होने से त्वचा अच्छी होगी—बुध पापाक्रांत होने से त्वचा के रोग होंगे। बुध के नेत्र लाल और लम्बाई लिए हैं—बुध हरे वस्त्र धारण करता है।

ढुंढिराज—"श्यामः शिरालश्चकलाविधिज्ञः कुतूहली कोमलवाक् त्रिदोषी।
रजोऽधिको मध्यमरूपधृक् स्यादाताम्रनेत्रो द्विज राजपुत्रः॥"

अर्थ—रंग में श्याम, नसों से बलवाला, कलाओं को जानने वाला, कौतुकी स्वभाव का, मधुरवाणी बोलने वाला, कफ-वात्त-पित्त प्रकृति वाला-मध्यम रूप वाला, रक्त नेत्र वाला बुध ग्रह है।

जयदेव"बुधस्त्रिदोषः शुभवाक्चहृष्टस्त्वक्सार नाड्यां तत मध्यरूपः।
दूर्वेववर्णो निपुणः सहासः स्थलोध्वर्जः स्थूलनखौष्टदन्तः॥"

अर्थ—वात-पित्त-कफ तीनों दोषों की प्रकृतिवाला, स्पष्टभाषण कर्ता, प्रसन्न तथा आनन्दीत्वचाप्रधान, नसोंवाला, मध्यम स्वरूप, दूर्वा के समानवर्ण-चतुर-मनाकिया तबीयतवाला, मोटे केश, मोटे नख, मोटे होठ तथा मोटे बड़े दाँतों वाला बुध ग्रह है।

वैद्यनाथ—"दूर्वादलद्युतितनुः स्फुटवाक् कृशांगः स्वामीरजोगुणवतामतिहास्यलोलः।
हानिप्रियो विपुलपित्तकफानिलात्मा सद्यः प्रतापविभवः शशिजश्चविद्वान्॥"

अर्थ—दूर्वा के समान सांवलावर्ण-स्पष्टबाणी-कृशशरीर, रजोगुणी मनुष्यों में मुख्य, हास्यप्रिय दूसरों का नुकसान करने में आनन्द माननेवाला, वात-पित्त-कफ की मिश्रित प्रकृति, प्रतापी-पराक्रमी और विद्वान् बुध ग्रह है।

वराह-बुध—वस्त्र सड़ा हुआ, स्थान-क्रीडास्थान, धातु—त्वचा, ऋतु, शरद्-रुचि-मित्र, अवस्था-कुमार, धातु-सीप—

वैद्यनाथ—**शिरसाङ्गः**—इसका उदय शिर की ओर से होता है। ज्ञो विहगस्वरूपः—रूप पक्षी जैसा है। बुधालयग्रामचरौ गुरुज्ञौ—गुरु और बुध, ये दो ग्रह विद्वानों के घर और गाँव के कारक हैं। शाखाधिपो बोधनः—यह शाखाधिप है। देवता—हरि; रत्न-मरकत तथा गरुत्मत्-गरुडमणि; दिशा-उत्तर-प्रदेश-विंध्यपर्वत से गङ्गानदी तक (विंध्यान्तमार्य; सुरनिम्नगातं बुधः।) जाति-शूद्र—(शूद्रकुलाधिपः शशिसुतः) ज्ञः सरजोगुणः—यह रजोगुणी है। षंढ प्रकृति,ः पुरुषः शशिजः—यह नपुंसक है।

पराशर—तत्वं क्षोणी-पृथ्वी तत्व, तारासुतः त्वग्धातुनाथः—यह त्वचा धातु का स्वामी है। दृष्टिः कटाक्षेण इन्दुसूनोः—बुध की दृष्टि तिरछी होती है। बलवान होने का समय—(‘बुधः सदाकालजवीर्यं शालिनः)—नित्य ही बलवान् है—स्वभाव-चन्द्रसुतस्तुमिश्रः—मिश्रित स्वभाव। पराजय—‘असुर मन्त्रिणाबुधः’—शुक्र से बुध का पराजय होता है। बलवान् होने का समय—

कन्यानृयुग्मभवने निजवार वर्गे चापे विना रविमहर्निशमिन्दुसूनुः।
सौम्यायने च बलवानपिराशिमध्ये लग्ने सदा यशोबलवृद्धिदः स्यात् ॥”

कन्या और मिथुन राशि में, बुधवार को द्रेष्काण तथा नवांशकुण्डली में, स्वगृह में, धनुराशि में (रवि के साथ न हो तो) रात को तथा दिन को, विषुव के उत्तर में तथा राशि के मध्यभाग में बुध बलवान् होता है। यह लग्न में हो तो यश और बल की वृद्धि करता है। ‘राहुदोषं बुधो हन्यात्”। राहु के दोष बुध से दूर होते हैं। ‘शशिजश्चतुर्थे विफलो भवति’। बुध चतुर्थ स्थान में निर्बल होता है।

कल्याणवर्मा—बुधो नरकाधिवासानाम्। यह नरकलोक का स्वामी है। शशिजोऽथर्ववेदराट्। यह अथर्ववेद का स्वामी है। प्रातर्बुधः—बुध प्रातःकाल में बलवान् होता है। शेषवर्णन वैद्यनाथ के समान है।

जयदेव—बुधो ग्रामचारी—बुध गाँव में घूमनेवाला होता है। बुधात्-जीवचिंता—जीव के विषय में विचार बुध से करे। ब्राह्मणोरोहिणीभवः—यह ब्राह्मणवर्ण का है। शिशुः सौम्यः—बुध बाल है। शूद्राधीसश्चंद्रपुत्रः—यह शूद्रों का स्वामी है। वस्त्र—जलार्द्र—पानी से भीगा हुआ। धातु—युक्तिस्वरूप्यम्—कांसा—जस्ता।

मंत्रेश्वर—वर्ण-सांवला-धान्य-हरेरङ्ग के चने। प्रदेश-मगध दक्षिण-विहार। वय—नखं २० वर्ष; दाहिने भाग पर कुछ निशान।

रामदयाल—बुधोवैश्यः—यह वैश्यवर्ण का है।

व्यंकटशर्मा—विद्वैश्यः-वैश्यवर्ण-वस्त्रंहरितं-श्यामं क्षौमं-हरे वा सांवले रेशमी वस्त्र।

पुञ्जराज—ज्ञः तमश्चातिर्यग्बुधः-तमोगुणी तथा मध्यलोक का स्वामी है।

कालिदास- वस्त्र-नया तथा गीला। ऋतु-हेमन्त। अङ्ग-नाभि-स्थान उद्यान तथा खेलकूद का मैदान।

वेसीलिओ—पारे पर बुध का अधिकार है।

विलियमलिली—बुध का रङ्ग धूसर, चमकता हुआ चाँदी के समान है। दक्षिण की ओर अधिकतम शर ३ अंश ३५ मिनट है, तथा उत्तर की ओर ३ अंश ३३ मिनट है। इसे पुरुष या स्त्री ग्रह कहना ठीक नहीं क्योंकि अन्य ग्रहों का जैसा सम्बन्ध हो वैसे दोनों गुण धर्म मिलते हैं। पुरुषग्रह साथ में हो तो यह भी पुरुषप्रवृत्ति का होता है। स्त्री ग्रह साथ में हो तो इसकी भी स्त्री

प्रवृत्ति होती है। यह शीतल, रूखा और उदास प्रवृत्ति का ग्रह है। कूटकार स्थान कराने वाला ग्रह है।

आलोचना—रङ्ग—प्रायः शास्त्रकारों ने दूर्वा के समान साँवला माना है—किन्तु इसका रङ्ग आँखों को कुछ पीला नीला सा मालूम पड़ता है। किसी एक ने 'नीला' रङ्ग माना है—पाश्चात्यज्योतिर्विद ग्रे-पिंक-स्लेट जैसा मिश्रित रंग मानते हैं।

त्वचा—त्वचा प्रधान बुध को माना है—जब त्वचा के रोग होते हैं तब बुध को दूषित होना चाहिए—किन्तु अनुभव इसके विपरीत है। बुध जब दूषित होता है तो पागलपन, फिट आना-दिमाग में खराबी, आदि विकार होते हैं। त्वचा का स्वामी मङ्गल है।

मेष—सिंह-धनु-मकर और कुम्भ में हो तो त्वचा रूखी और मोटी होती है।

वृष—और वृश्चिक में हो तो त्वचा मोटी किन्तु नाजुक होती है। मिथुन और तुला में हो तो त्वचा पतली किन्तु दृढ होती है। कर्क-कन्या और मीन में हो तो त्वचा पतली किन्तु नाजुक। बुध अच्छी परिस्थिति में हो तो भी त्वचा रोग होते हैं अतः त्वचा पर अधिकार मङ्गल का, और मज्जा पर बुध का अधिकार होना चाहिए।

स्थान—बुध कुमार है अतः इसका स्थान खेलकूद का मैदान है—ऐसा माना है आजकल विज्ञान की प्रगति को देखते हुए बौद्धिक क्षेत्र भी बुध के अधिकार में है। ऐसा माना जा सकता है।

वस्त्र—प्रायः सड़ा और भीगा हुआ वस्त्र बुध का है—ऐसा शास्त्रज्ञों ने माना है किन्तु कालिदास के अनुसार नया वस्त्र बुध का है—यह मान्यता उचित है।

धातु—सीप और पारा धातु बुध के अधिकार में है ऐसा माना गया है—किन्तु सीसा धातु मानना उचित होगा क्योंकि इसकी उपयोगिता लिखने के लिए है।

ऋतु—बुध का रङ्ग हरा है—शरद् ऋतु में खेती हरी-भरी होती है-अतः शरत् ऋतु ही ठीक है—हेमन्त मानना उचित नहीं।

रुचि—बुध के प्रभाव में आए हुए व्यक्ति दही—छाछ—इमली, अचार आदि मुख्यतः खट्टे पदार्थ खाकर प्रसन्न होते हैं। पश्चिमीय पण्डित शीतल और कपैली रुचि है—ऐसा मानते हैं।

अवस्था—कुमार—बुध आकार में सबग्रहों से छोटा है—अतएव 'बुध कुमारः' 'ऐसा कहा है' "बुधः राजपुत्रः"—ऐसा मानना ठीक है।

स्वरूप—बुध पक्षी है ऐसा माना है—रेडियो—तार आदि के अभाव में संदेश भेजने के लिए पक्षियों का उपयोग किया जाता था—अतः यह कल्पना है।

निवासस्थान—बुध विद्वानों के घरों में तथा गावों में रहता है-यह मानना उचित है।

देवता—बुध की प्रसन्नता के लिये विष्णुसहस्रनाम का पाठ किया जाता है। इस तरह बुध का अधिष्ठातृ देवता विष्णु है। बुध ज्ञान का कारक ग्रह है। अतः ज्ञानकी देवता सरस्वती ही माननी उचित है–ऐसा भी सुझाव है।

रत्न—मरकतमणि—किसी एकं की राय 'ओपलनामकरत्न होना चाहिए'। ऐसी है।

दिशा और प्रदेश—देवों और विप्रों की दिशा उत्तर मानी गई है और बुध की दिशा भी उत्तर है। बुध का अधिकार विंध्यपर्वत से गंगा नदी तक हैं।

वर्ण—ब्राह्मणवर्ण मानना ठीक है क्यों कि यह ज्ञान का उपासक है।

गुण—प्रायः शास्त्रकारों ने इसे रजोगुणी माना है। यदि अन्यग्रहों के साथ बुध होता है तो उनग्रहों के गुण प्रकट करता है।

पौरुष—इसे नपुंसक मानना उचित नहीं क्यों कि पुत्रोत्पादन के सामर्थ्य पर बुध का अधिकार नहीं रहेगा। बुद्धि की सन्तान, जो कि ग्रन्थ निर्माण है–पर बुध का ही अधिकार है। पुत्र उत्पन्न होकर नष्ट हो जाते है–अपठित, निर्गुणी और दुराचारी होकर पुत्र-पिता को कलंकित भी करते हैं–परन्तु ग्रंथ तथा साहित्य रूप सन्तान तो निर्माता को अमर बनाता है–निर्माता की कीर्ति अमर हो जाती है। अतः ग्रंथ तथा साहित्य पर बुध का अधिकार है–अतः इसे नपुंसक मानना ठीक नहीं।

तत्व—वायुतत्व पर बुध का स्वाभित्व है। पृथ्वी तत्व शनि के अधिकार में मानना ठीक होगा।

बल—सर्वदा बलवान् है।

स्वभाव—रजोगुणी है।

पराजय—बुध का पराजय शुक्रद्वारा होता है।

विफलता—चौथे स्थान का बुध विफल होता है। यह चतुर्थस्थान लग्न से वा चन्द्र से है–इस विषय में ग्रंथकार मौन हैं।

लोक—बुध का लोक मृत्युलोक है, ऐसा मानना ठीक होगा।

बलवान—बुध प्रातः सूर्योदय के पहिले दो घंटे यह दृष्टि में आता है यही समय इसके बलवान होने का है।

बुध का कारकत्व :—

बुध के कारकत्व के बारे में प्राचीन तथा अर्वाचीन विचार—

"श्रुत लिखित शिल्प चैत्य नैपुण्य मंत्रिदूत दास्यानाम्।
खगयुग्म ख्याति वनस्पति स्वर्णमयप्रभुः सौम्यः॥" **कल्याणवर्मा**

अर्थ—सुनाहुआ वा लिखाहुआ शास्त्र, शिल्प, बौद्धगुहामन्दिर, निपुणता, मंत्रिपद-दूत, दास्य, आकाशसंचारी, ख्याति-वनस्पति तथा सुवर्ण पर बुध का अधिकार है।

"विद्या बंधु विवेक मातुलसुहृत् वाक्कर्मकृद् बोधनः॥" **वैद्यनाथ**

अर्थ—विद्याभ्यास-भाई बंद, विवेकशक्ति-मामा, मित्र, वाणी के काम-इन पर बुध का अधिकार है।

"ज्योतिर्विद्यागणित कार्य नर्तन वैद्य हास भी कारको बुधः।" पराशर

अर्थ—ज्योतिष, गणित-नृत्य, वैद्यक-हास्य-नीति तथा संपत्ति का कारक बुध है।

"संतति, शांति-विनय, भक्ति, मति, ज्ञाति।
गोत्र, समृद्धि, प्रज्ञा, वेदान्त, कारको बुधः" ॥ व्यंकटशर्मा

अर्थ—संतति-शांति-विनय-बुद्धि, जाति-संबंधियों की समृद्धि-ज्ञान-वेदान्त-का कारक बुध है।

"प्रज्ञावत् कर्म विज्ञानं बुधेन तु विचिन्तयेत् ॥" विद्यारण्य

अर्थ—जिनमें बुद्धिमत्ता की जरूरत है–ऐसे कार्यों तथा विज्ञान का विचार बुध से होता है।

जीवनाथ—प्रवर काव्य पटुत्व विनोदकलादिकं प्रवरबोधमनः शुचिमादिशेत्"

अर्थ—उत्तम काव्य में चातुर्य–विनोद–कलाओं में निपुणता–उत्तमज्ञान, और मन की पवित्रता का विचार बुध से होता है।

मंत्रेश्वर–"पांडित्यं सुवचः कलानिपुणतां विद्वत्स्तुतिं मातुलं।
वाक्चातुर्यमुपासनादिपटुतां विद्यासु युक्तिं मतिम् ॥
यज्ञं वैष्णवकर्म सत्यवचनं शुक्तिं विहारस्थलं।
शिल्पं बांधवयौवराज्य सुहृदस्तद्भागिनेयं बुधात्" ॥

अर्थ—पाण्डित्य–अच्छावचन–कलाओं मे चातुर्य–विद्वानों द्वारा प्रशंसा का होना, मामा-भाषणचातुर्य, उपासना में कुशल होना-ज्ञान-बुद्धि-यज्ञ-विष्णुभक्ति-सत्यभाषण-सीप-खेलने का स्थान-शिल्प-भाई-युवराजपद-मित्र-भानजा- इनका कारक बुध है।

कालिदास—"विद्याधीश तुरङ्ग कोष ज्ञानानि वाक्य द्विजाः पादातं लिपि-लेख्य-प्रासादकारा तीर्थयात्रासुवचः प्रासंग देवालयाः वाणिज्यं वरभूषणं मृदुवचो वेदांतमातामहाः। दुःस्वप्नं च वैराग्य विचित्रहर्म्यभिषजः-अभिचाराः-विनयो ज्ञातिर्भयं नर्तनं भक्ति-शमः नाभिर्गोत्र समृद्धि मिश्रपदार्थानि आंध्रभाषाधिपः। भाषाचमत्कारता-कर्म-गोपुरगुह्यौ-सत्पौराणिकशब्द शास्त्र सुमहारत्नादि संशोधकः विद्वान्-मन्त्र-यंत्र सुमहा तंत्रादिकाः सौम्यतः" ॥

अर्थ—ज्ञान का स्वामित्व-घोड़े-धनसंचय-वाक्य-ब्राह्मण-पदातिसैनिक-व्यापार-लिपि-लेखनकार्य-बड़ी इमारतें-कारागार-तीर्थयात्रा-शुभभाषण-देवालय-उत्तमअलंकार-कोमलवाणी-वेदांत-नाना-बुरे सपने-वैराग्य-सुंदरगृह-वैद्य-मंत्र-तंत्र-विनय-जाति-भय-वृत्त-भक्ति-शांति-नाभि-संबंधियों की समृद्धि मिश्रपदार्थ-आंध्रप्रदेश और तिलगुभाषा-चमत्कारपूर्णभाषा-मन्दिरों में गोपुर-गुप्तरहस्य-श्रेष्टपुराणवाचक-शब्द-शास्त्र-व्युत्पत्ति-व्याकरण-रत्न-संशोधक-वैज्ञानिक विद्वान्-मन्त्रतंत्रजाननेवाला-इन विषयों का विचार बुध से करना चाहिए।

रोगों का कारकत्व—

"गुह्योदराद्यस्य समीरकुष्ठ-मंदाग्नि शूल ग्रहणी रुगाद्यैः ।
बुधादिविष्णुप्रियदासभूतैरतीव दुःखं शशिजः करोति ।।"

अर्थ—गुह्यरोग-उदर के रोग-वायुरोग-कोढ़-मंदाग्नि-शूल-संग्रहणी-तथा विष्णु के सेवक, भूतों द्वारा पीड़ा होना—इन बाधाओं पर बुध का अधिकार है।

रोगों पर विलियमलिली—आलसीपन-सिरचकराना-पागलपन-दिमाग हलका होना-मस्तिष्क के अन्यरोग-जीभ के दोष-व्यर्थ अभिमान-अकारण कल्पनाओं में खोजाना-स्मरणशक्ति ह्रास-गलारुकजाना-संधिवात-मूकता-बड़बड़ाना-ज्ञानेन्द्रियों के विकार बालग्रह-चक्कर आना-इन दोषों पर बुध का अधिकार है।

विलियमलिली—साहित्यिक-तत्वज्ञ-गणितशास्त्रज्ञ—ज्योतिषी-व्यापारी—कार्यवाह-लेखक शिल्पकार-कवि-वक्ता-वकील-शिक्षक-मुनिबारी का व्यापारी-मुद्रक-अटर्नी-राजदूत-कमिश्नर-लिपिक-गणक-सालिस्टर-कभी-कभी चोरी करना-बहुत बोलना-मंत्री-व्याकरणकर्ता-दर्जी-दूत-चपरासी-मुद्राविनिमय करनेवाला आदि का कारक बुध है।

जन्मकुण्डली में उपयोगी कारकत्व—श्रुत-लिखित-नैपुण्य-मंत्रित्व-दूत-हास्य-कीर्ति-विद्या-बंधु-विवेक - मातुल सुहृत्-कृतकर्म-नृत्त - वैद्य-हास-श्री-संतान-शांति-विनय-भक्ति-प्रज्ञा-वेदांत-प्रज्ञावत् कर्म-विज्ञान-प्रवरकाव्यपटुता-विनोदकला-प्रवरबोध - मन की पवित्रता-धृति-पांडित्य-शोभनभाषण-विद्वत्ता-स्तुति-वाक्चातुर्य-सत्यवचन—भागिनेय-कोश-ज्ञान-लिपि-लेख्य—तीर्थयात्रा—वाणिज्य—भूषण-मृदुवचन-मातामह-दुःस्वप्न-विराग-विचित्रहर्म्य-भिषज-अभिचार--विनय-भय—भाषाचमत्कार-अच्छा पुराणों की कथा वाचनेवाला-शब्दशास्त्र-रत्नसंशोधक-विद्वान्-मन्त्र-यन्त्र-तन्त्र-तत्वज्ञान-गणित-अंकज्योतिष-ज्योतिष-व्यापारी-प्रधाननौकर लेखक-मूर्तिकार-कवि-व्याख्याता-वकील-शिक्षक-मुद्रक-अटर्नी कमिश्नर-मुद्राविनिमय-लिपिक-सालिस्टर-सेक्रेटरी-व्याकरणज्ञ-चोर-दर्जी-दूत-पदाति-साहूकार - परिचितलोग- मित्र-पड़ोसी-दुभाषिए-नौकरचाकर-प्रवास-भाईबंधु-शिक्षासफलता - पुस्तक-विक्रेता - बंधुसौख्य-रजिस्ट्रार-दलाल-लोकसंग्रह-मस्तिष्क-ज्ञानतंतु-फेफड़े-आंतडी—मज्जा-हाथ -जीभ-गुह्यरोग-पेट-वातरोग-कोढ़-मंदाग्नि-शूलरोग-संग्रहणी-डाक-तार-विभाग--बैंक-बीमाकंपनी-रेल्वे-मिल-बड़ीफर्म में क्लार्क अनुवादक—

बुध की शुभ-तथा अशुभ राशियाँ—मेष-सिंह-धनु शुभ-वृष-कन्या-मकर-साधारण। मिथुन-तुला-कुंभ-उत्तम-कर्क-वृश्चिक-मीन अशुभ।

मेषादिराशिस्थित बुधफल—

मेष—में बुध हो तो जातक संग्रामप्रिय विज्ञ आचार्य धूर्त कृशदेह गान और नृत्य में व्यस्त मिथ्याभाषी रतिप्रिय लेखक नकली वस्तु बनानेवाला बहुभोजी श्रम से उपार्जितधन को नष्ट करनेवाला, ऋणलेनेवाला कारावास भुगतनेवाला, ठग्गी करनेवाला, चंचल और स्थिर दोनों स्वभाव से युक्त होता है।

वृष—में बुध हो तो जातक चतुर, ढीठ दानी विख्यात वेदशास्त्र के समझनेवाला, व्यायाम वस्त्र भूषण तथा माला का प्रेमी, स्थिरप्रकृति उत्तमस्त्री तथा धन से युक्त, मधुर और कोमलवाणी बोलनेवाला प्रतिज्ञापालक, संगीतहास्य और सूरत का प्रेमी होता है।

मिथुन—में बुध हो तो जातक सुवेष प्रियवक्ता विख्यात धनी, प्रवक्ता मानी सुखत्यागी अल्परति दो स्त्रियों का पति विवादी बेदशास्त्रकला को जाननेवाला कवि, स्वतंत्र प्रिय दानी कर्मठ, बहुतपुत्रों और मित्रोंवाला होता है।

कर्क—में बुध हो तो जातक पंडित परदेशवासी स्त्रीरति और संगीतादि में आसक्तचित्त चपल व्यर्थ बोलनेवाला अपने भाई बंद से द्वेषरखनेवाला स्त्री से कलह करके धन को नष्ट करनेवाला, दुःशील बहुत कामों में व्यस्त अच्छा कवि पूर्वजों के यश से प्रसिद्धि पाता है।

सिंह—में बुध हो तो ज्ञान और कला से रहित लोकविख्यात मिथ्याभाषी, स्मरणशक्ति थोडी धन निर्बल भ्रातृद्वेष्टा स्त्रीसुखहीन स्वतंत्र नीचाचारी भृत्य संतानहीन अपनेकुल से विरुद्ध और दूसरों का मित्र होता है।

कन्या—में बुध हो तो धर्मात्मा प्रवक्ता चतुर लेखनकला और काव्य का ज्ञाता विज्ञान और शिल्प का प्रेमी स्त्रीप्रिय अल्पबली श्रेष्ठसाधुओं में पूज्य मानी विनय में उपचार में तथा वादविवाद में प्रेम रखनेवाला गुणों से प्रसिद्ध तथा उदार होता है।

तुला—में बुध हो तो शिल्पज्ञ विवादरत वाक्चतुर धन का स्वेच्छानुसार व्यय करनेवाला जिसका व्यापार कई देशों में फैला हुआ हो ब्राह्मण अतिथि देव गुरु भक्त विहित उपचारों में निपुण लोकप्रिय देशभक्त शठ चंचल शीघ्रक्रोध में आजानेवाला तथा शीघ्र ही शान्त हो जाने वाला होता है।

वृश्चिक—में बुध हो तो श्रम शोक और अनर्थ का भागी सज्जनों से द्वेष रखनेवाला धर्म और लज्जा से हीन मूर्ख दुष्टस्वभाव लोभी दुष्टस्त्री का पति कठोर-दण्ड में रत कपटी निंद्यकार्य में लीन ऋणी नीचानुरागी दूसरों की वस्तुओं का अपहर्ता होता है।

धनु—में बुध हो तो ख्यात उदार श्रुति शास्त्रवेत्ता शूर सुशील राजमंत्री वा राजपुरोहित कुल में प्रधान धनाढ्य यज्ञों में और अध्यापन में लगा हुआ मेधावी वाक्पटु व्रती दाता लेखन और चित्रकला में निपुण होता है।

मकर—में बुध हो तो जातक नीच मूर्ख नपुंसक दूसरों के काम करनेवाला कुल आदि गुणों से हीन नानादुःखपीडित सोने और भ्रमण में प्रेम रखनेवाला चुगल असत्यभाषी बन्धु से त्यक्त अव्यवस्थितचित्त मलिन और भीरु होता है।

कुंभ—में बुध हो तो सद्बुद्धि और सत्कर्म से हीन नानाविध धर्मों में प्रवृत्त विहित कार्य को छोडनेवाला शत्रुओं से परिभूत अशुचि शीलहीन मूर्ख अतिदुष्ट स्त्रीद्वेष्टा भोगहीन गूंगा कुरूप अतिभीरु मलिन नपुंसक दूसरे का नौकर होता है।

मीन—में बुध हो तो जातक सदाचारी आचार शुद्ध विदेशवासी संतानहीन दरिद्र शुभाचारास्त्री का पति निपुण सज्जनप्रिय दूसरों के धर्म को भी माननेवाला सिलाई आदि कामों में चतुर, विज्ञान वेदशास्त्र कला से रहित दूसरे के धन को हथिया लेने में चतुर **तथापि निर्धन** अनेक संकल्प करने वाला होता है।

बुध पर ग्रह दृष्टिफल—

मेष वृश्चिकस्थ बुध पर ग्रहदृष्टिफल—

कुजराशि (मेष-वृश्चिक) स्थित बुध पर **रवि** की दृष्टि से जातक सत्यवक्ता सुखी राजमान्य और क्षमाशील होता है। **चंद्रमा** की दृष्टि से स्त्रीप्रिय सेवक मलिन तथा शीलहीन होता है। **मंगल** की दृष्टि से मिथ्या तथा प्रियवक्ता कलहप्रिय विद्वान् धनी राजप्रिय और शूर होता है। **गुरु** की दृष्टि से सुखी कोमल रोमयुत देह और सुंदर केशवाला अतिधनवान् लोगों पर आज्ञा करनेवाला पापी होता है। **शुक्र** की दृष्टि से राजकाज करनेवाला जनसमूह वा नगर का मुखिया बोलने में चतुर विश्वस्त और स्त्रीसुखयुत होता है। **शनि** की दृष्टि से दुःखी उग्र हिंसक परिजनरहित होता है।

वृष-तुलास्थित बुध पर ग्रहदृष्टिफल—

शुक्रराशि (वृष वा तुला) स्थित बुध पर **रवि** की दृष्टि से जातक दरिद्र रोगी परकार्यरत लोक में निंद्य होता है। **चंद्रमा** की दृष्टि से लोक में विश्वस्त धनी ईश्वरभक्त नीरोगस्थिर परिजनवाला विख्यात, राजमंत्री होता है। **मंगल** की दृष्टि से रोग और शत्रु से पीडित, राजा से अपमानित होकर देश से बहिष्कृत होता है। **गुरु** की दृष्टि से पंडित प्रतिज्ञापालक देश-नगर वा जनों का मुखिया, और विख्यात होता है। **शुक्र** की दृष्टि से सुंदर सुखी वस्त्र अलंकार का भोगी स्त्रियों का प्यारा होता है। **शनि** की दृष्टि से सुखहीन बंधुशोक से पीडित रोगी अनेक विपत्तिवाला मलिन पुरुष होता है।

मिथुन-कन्या स्थित बुध पर ग्रहदृष्टिफल—

स्वगृह (मिथुन वा कन्या) स्थित बुध पर **रवि** की दृष्टि से सत्यभाषी सुंदर राजा वा राजा का मित्र सदाचारी, लोगों का प्यारा होता है। **चन्द्रमा** की दृष्टि से प्रिय किंतु अधिक बोलनेवाला कलहरत शास्त्रप्रेमी सबल और सबकार्य में कुशल होता है। **मङ्गल** की दृष्टि से क्षतदेह मलिन प्रतिभासम्पन्न राजा का प्यारा नौकर होता है। **गुरु** की दृष्टि से राजमन्त्री श्रेष्ठ सुरूप उदार धन परिजन से युक्त, शूर होता है। **शुक्र** की दृष्टि से पंडित राजसेवक वा राजदूत संधिपालक दुष्टस्त्री में आसक्त होता है। **शनि** की दृष्टि से उन्नतिशील विनयी कार्यसिद्ध करनेवाला धन वस्त्र संपन्न होता है।

कर्कस्थित बुध पर ग्रहदृष्टिफल—

कर्कगत बुध पर **रवि** की दृष्टि से जातक धोबी माली घर बनानेवाला या मणिकारक होता है। **चन्द्रमा** की दृष्टि से स्त्री के कारण धन बल और सुख से

हीन अतिदुखी होता है। मङ्गल की दृष्टि से थोड़ा पढ़ा-लिखा अधिक बोलनेवाला झूठ का प्यारा नकली वस्तु बनानेवाला चोर किन्तु प्रियवक्ता होता है। गुरु की दृष्टि से मेधावी, लोकप्रिय भाग्यवान् राजप्रिय, विद्यापारगामी होता है। शुक्र की दृष्टि से अति सुन्दर प्रियवक्ता गीत वाद्य जाननेवाला सौभाग्यवान् होता है। शनि की दृष्टि से दंभी पापी बंधनभागी निर्गुण सहोदर और गुरु का द्रोही होता है।

सिंहस्थित बुध पर ग्रहदृष्टिफल—

सिंहस्थ बुध पर रवि की दृष्टि से जातक ईर्ष्यावान्, धनी, गुणी, हिंसक-क्षुद्र चंचलस्वभाव और निर्लज्ज होता है। चंद्रमा की दृष्टि से रूपवान्-चतुर-काव्यकला—और संगीत में पटुधनी और सुशील होता है। मंगल की दृष्टि से नीच-दुखी, क्षतदेह-चातुर्यहीन कुरूप, नपुंसक होता है। गुरु की दृष्टि से कोमलांग, पंडित, वचनपटु-विख्यात भृत्य और वाहनों से युक्त होता है। शुक्र की दृष्टि से रूपवान्, प्रियवक्ता वाहनयुक्त धीर-राजा वा राजमंत्री होता है। शनि की दृष्टि से लम्बा शरीर कांतिहीन, कुरूप, पसीने के दुर्गन्ध से युक्त होता है।

धनु वा मीनस्थित बुध पर ग्रहदृष्टिफल—

धनु वा मीन स्थित बुध पर रवि की दृष्टि से शूर, किंतु प्रमेह और मृगी रोग से पीडित और शांत होता है। चंद्रमा की दृष्टि से लेखक, सुकुमार, विश्वस्त, लोकप्रिय, सुखी, और धनाढ्य होता है। मंगल की दृष्टि से जनसमूह, नगर, वा चोर अथवा वनवासी का अध्यक्ष और लेखक होता है। गुरु की दृष्टि से स्मरणशक्तिवाला, कुलीन, संदर—श्रेष्ठ वैज्ञानिक—राजमंत्री वा खजानची होता है।

शुक्र की दृष्टि से बालिका और बालक को लिखाने पढ़ानेवाला, धनवान्, सुकुमार, और शौर्य सम्पन्न होता है। शनि की दृष्टि से वन और दुर्गस्थान में रहनेवाला, बहुत खानेवाला, दुष्टस्वभाव, मलिन, सबकाम में असफल होता है।

मकर और कुंभस्थित बुधपर ग्रहदृष्टिफल—

मकर वा कुंभ स्थित बुध पर रवि की दृष्टि हो तो जातक योद्धा, बली, बहुभोजी निठुर, प्रियवक्ता और विख्यात होता है। चन्द्रमा की दृष्टि से जल से आजीविका करनेवाला, धनी, पुष्प, मद्य, और कन्द का व्यापारी, भयानकरूप और स्थिर होता है मंगल की दृष्टि से चंचल वचनवाला, सौम्यशील, सलज्ज, और सुखी होता है। गुरु की दृष्टि से धन और अन्न-वस्त्र से सम्पन्न, ग्राम, शहर और जनसमूह से पूजित, सुखी विख्यात होता है।

शुक्र की दृष्टि से कुचरित्रास्त्री का पति, कुरूप, बुद्धिहीन, कामी, बहुत पुत्रवाला होता है। शनि की दृष्टि से जातक पापी, दरिद्र—नौकरी करनेवाला, अति दुःखी-दीन होता है। कल्याणवर्मा, सारावली।

अथ बुधस्य लग्नादि द्वादशभावफलम्—

बुधो मूर्तिगो मार्जयेदन्यरिष्टंवरिष्टाधिया वैखरी वृत्तिभाजः।
जना दिव्यचामीकरीभूतदेहाश्चिकित्साविदो दुश्चिकित्स्या भवन्ति ॥ १ ॥

अन्वयः—मूर्तिगः बुधः अन्यरिष्टं मार्जयेत्, (ते) जनाः वरिष्टाधिया बैखरीवृत्तिभाजः दिव्यचामीकरी भूतदेहाः (स्युः) (स्वयं) चिकित्साविदः (संतः) दुश्चिकित्स्याः भवंति ॥ १ ॥

सं० टी०—बुधः मूर्तिगः लग्नस्थः अन्यरिष्टं अन्यग्रहजनितदोषं मार्जयेत् नाशयेत् तथा वरिष्ठाधियः श्रेष्ठाः बुद्धयः जनाः दिव्यचामीकरी भूतदेहाः उत्तम-स्वर्णनिभ शरीराः चिकित्साविदः भिषग् विद्याकुशलाः बैखरीवृत्तिभाजः वैखर्य्या लेखन व्यवहारेण वृत्तिं कुटुम्बपोषणादिकं भजति ते। अथवा वैखरी वृत्तिना आश्रिता दुश्चिकित्स्याः दुःसाध्याः भवन्ति ॥ १ ॥

अर्थ—लग्नस्थित बुध अन्यग्रहजन्य अरिष्टों का नाश करता है–यदि जातक की जन्मकुण्डली में दुःष्टस्थानस्थित भौम आदि अरिष्ट कारक हों और अकेला बुध लग्नभाव में हो तो जातक के सभी अरिष्ट नष्ट हो जाते हैं। जिनके लग्नभाव में बुध होता है वे मनुष्य श्रेष्ठ बुद्धिवाले होते हैं। वे लोग वाचन पर और लेखन पर उपजीविका करनेवाले होते हैं। जिस समय छापाखाना नहीं होता था–पुस्तकें छापी नहीं जाती थी, कश्मीर के लोग भागवत आदि पुराणों को हाथ से लिखकर बेचते थे–और इस लेखनकला से अपना निर्वाह कर-लेते थे। कश्मीरियों के हाथ के लिखे ग्रन्थ आज दिन तक कई एक सार्वजनिक पुस्तकालयों में पाये जाते हैं। पठित-अपठित सभी प्रकार के लोग लेखनकार्य में निपुण होते थे। अपठित लेखकों के लिए ही "मक्षिकास्थाने मक्षिका" ऐसा उपहास वचन बोलने तथा लिखने में आता है। जिनके लग्न में बुध होता हैं उनका शरीर तपे हुए सोने के तुल्य कान्तिमान तथा तेजस्वी होता है। इन्हें वैद्यकशास्त्र का ज्ञान होता है; तो भी बीमार होने पर ये असाध्यरोगी हो जाते हैं। "लग्नस्थ बुध के लोग कूटनीति में तथा कुटिलता में ऐसे निपुण होते हैं कि ये किसी के वशीभूत नहीं होते।" यह अर्थ एक टीकाकार ने किया है।

तुलना—"यदा लग्न स्थाने हिमकरसुते यस्यजनने।
न किं सर्वारिष्टं विहगजनितं गच्छतिलयम् ॥
सदारूपं चाभीकरनिभमलङ्कारलसितं।
प्रतिष्ठा संसारे प्रभवति वरिष्ठा तनुभृताम्" ॥ **जीवनाथ**

अर्थ—जिस मनुष्य के जन्म समय में बुध लग्नभाव में होता है उसके अन्यग्रह जनित सम्पूर्ण अरिष्टों का नाश होता है। उसका रूप अलङ्कारा-लंकृत होकर सुवर्ण के समान कान्तिमान तथा तेजस्वी होता है। और वह संसार में सभी के बीच अच्छी प्रतिष्ठा पाता है।

"विद्वान्"। वराहमिहिर

अर्थ—लग्नस्थ बुध का जातक विद्वान् होता है।

"हंतिदोषशतं बुधः" वशिष्ठ

अर्थ—यह सैकड़ों दोषों का नाश करता है।

"षष्ठोऽष्टमस्तथामूर्तौ जन्मकाले यदा बुधः।
चतुर्थवर्षे मृत्युश्च यदि रक्षति शंकरः"॥

अर्थ—लग्न में षष्ठ में, वा अष्टम में बुध हो तो चौथे वर्ष मृत्यु होती है।

"अनुपहतदेह बुद्धिः देशकला ज्ञान काव्य गणितज्ञः।
अतिचतुरमधुरवाक्यो दीर्घायुः स्याद् बुधे लग्ने॥" कल्याणवर्मा

अर्थ—लग्न में बुध हो तो जातक सुन्दर देह, सुबुद्धि-देश-कला-ज्ञान-काव्य-और गणित को जाननेवाला, चतुर-कोमल तथा मधुरभाषी, और दीर्घायु होता है।

"शान्ति नीति-सुत-दार कलावान् दान धैर्य गुणवान् तनुगे ज्ञे॥" जयदेव.

अर्थ—लग्न में बुध हो तो जातक शांतस्वभाव-नीतिनिपुण-पुत्र और स्त्री से सुखी-गीत-नृत-वाद्य आदि कलाओं में निपुण-दाता-धैर्यवान् और गुणी होता है।

"[illegible]या वित्त तप स्वधर्मनिरतो लग्नस्थिते बोधने।" वैद्यनाथ

[illegible]र्थ—[illegible]तक विद्या प्राप्त करनेवाला, धनी-तपस्वी और अपने धर्म के [illegible]नुसार बर्ताव करनेवाला होता है।

लग्ने बुधे च गीतज्ञो निष्पापो नृपपूजितः।
रूप ज्ञान यशोयुक्तः प्रगल्भो मानवोभवेत्॥" काशीनाथ

अर्थ—जातक संगीत में निपुण-निष्पाप-राजमान्य, रूपवान् ज्ञानी, यशस्वी तथा बुद्धि में प्रगल्भ होता है।

"दीर्घायुर्जन्मनि ज्ञे मधुरश्चतुरवाक् सर्वशास्त्रार्थबोधः॥ मन्त्रेश्वर

अर्थ—यदि लग्न में बुध हो तो ऐसा व्यक्ति सर्वशास्त्रों में विद्वान्, मधुर और चतुर वाणी बोलनेवाला, और दीर्घायु होता है।

"शांतो विनीतः सुतरामुदारो नरः सदाचार परोऽतिधीरः।
विद्वान् कलाज्ञो विपुलात्मजश्च शीतांशुसूनौ जननेतनुस्थे॥" ढुण्ढिराज

अर्थ—जिसके जन्मसमय लग्न में बुध हो वह जातक शान्त-विनम्र-अत्यंत उदार, सदाचारी, धैर्यवान्, विद्वान्, नृत्त-गीत-वाद्य आदि कलाओं को जाननेवाला, तथा बहुत पुत्रों वाला होता है।

"तनुगतशशिपुत्रे कांतिमांश्चातिहृष्टो विमलमति विशालः पंडितस्त्यागशीलः।
मित मृदुशुचिभाषी सत्यवादी विलासी बहुतरसुखभागी सर्वकाल प्रवासी॥"

मानसागर

अर्थ—बुध लग्न में हो तो जातक सुन्दर-हृष्ट-निर्मलबुद्धि-पंडित-दानी-थोड़ा किन्तु मृदु और पवित्र बोलनेवाला-पाठांतर में, परिमित, सुपथ-तथा पवित्र

भोजन करनेवाला, सत्यवक्ता-विलासी-सर्व सुख से युक्त और सदा परदेश में रहनेवाला होता है।

"सुमूर्तिः निपुणः शांतो मेधावी च प्रियंवदः।
विद्वान् दयालु रत्यर्थं विनाक्रूरं बुधे तनौ ॥" **गर्ग**

अर्थ—जातक सुन्दर-निपुण-शांत-मेधावी, मधुरभाषी, विद्वान्, बहुत दयालु होता है। बुध के साथ कोई क्रूर ग्रह न हों तो ये फल मिलते हैं।

"तनौ बुधे विलोकिते भिन्नवर्ण शरीरकम्।
स्त्री सुखं मध्यभागे च वातपीडा तनौ भवेत् ॥
विस्फोदिभवं दुःखं मशकोऽथ तिलोऽथवा।
गुल्मोदर विकारो वा स्वल्पादारोऽपिजायते ॥ **दैवज्ञविलास**

अर्थ—जातक के शरीर पर अनेक रंग होते हैं। मध्य अवस्था में स्त्री सुख प्राप्ति होती है। शरीर में बातजन्य पीड़ा होती है—फोड़े-फुन्सी आदि रोगों से दुःख होता है। शरीर पर तिल वा मस्सा होता है। गुल्म तथा पेट के रोग होते हैं। भूख कम हो जाती है।

"शांतो विनीतः सुतरामुदारोनरः सदाचाररतोऽतिधीरः।
विद्वान् कलावान् विपुलात्मजश्च शीतांशुसूनौ जनने तनुस्थे ॥"
वृद्धयवनजातक

अर्थ—जातक शांत, उदार, नम्र-सदाचारी, धैर्यशाली, विद्वान्-कलाओं में कुशल और बहुत पुत्रों से युक्त होता है।

"भवेद् वंशच्छेत्ता-भवेच्छिल्पकारः।
बुधेज्यौ विलग्ने स्थितौ वा धिपौ चेत् बलिष्ठं वेदकोणम्। **जागेश्वर**

अर्थ—वंश नष्ट होता है-जातक शिल्पकार होता है—शरीर बलवान् तथा चौकोर अर्थात् सुडौल होता है।

"यदा लग्नगते सौम्ये युवा बालायते किल।
चंद्रपुत्रे च तत्रस्थे सन-स्तुवर प्रियः ॥" **पुंजाचार्य**

अर्थ—यह तरुण होने पर भी बच्चे जैसा दीखता है। इसे तुवर की दाल बहुत भाती है।

यवनमत—यह बुध अग्नितत्व की राशि में हो तो चपल, कुछ क्रोधी, नाटकों का शौकीन वक्ता तथा गणित में प्रवीण होता है। धनु राशि में हो तो साहसी होता है। वृष, कन्या या मकर में हो तो हठी और कपटी होता है। मिथुन-तुला या कुंभ में हो तो बहुत बुद्धिमान वक्ता-कलाओं का ज्ञाता तथा विद्याभ्यासी होता है। वृश्चिक में हो तो रसायनशास्त्रज्ञ-वैद्य-वैज्ञानिक, स्वार्थी और ठगानेवाला होता है। कर्क वा मीन में होतो चित्तस्थिर नहीं होता वाचन-लेखन और पंडिताई में प्रवीण होता है। शनि के साथ बुध का अशुभ योग हो तो बहुत बुरे फल मिलते हैं।

भृगुसूत्र—"विद्यावान्, विवाहादिबहुश्रुतवान्। अनेक देशे सार्वभौमः मंत्रवादी, पिशाचोच्चाटन—समर्थः। मृदुभाषी, विद्वान्, क्षमी, दयावान्। सप्तविंशतिवर्षे तीर्थयात्रायोगः, बहुलाभवान्-बहुविद्यावान्। पापयुते पापक्षेत्रे देहे रोगः, पित्त पांडुरोगः। शुभयुते शुभक्षेत्रे देहारोग्यम्। स्वर्णकांति देहः ज्योतिःशास्त्र पठितः, अंगहीनः, सज्जनद्वेषी, नेत्ररोगी। सप्तदशवर्षे भ्रातृणा-मन्योन्यकलहः। वंचकः। उच्चस्वक्षेत्रे भ्रातृसौख्यम्। श्रेष्ठलोके गमिष्यति। पापयुते पाप दृष्टयुते नीचर्क्षे पाप लोके गमिष्यति। शय्यासुखवर्जितः, क्षुद्रदेव-तोपासकः। पाप मंदादियुते वामनेत्रे हानिः, षष्ठेशयुते नीचेशयुते बा न दोषः। अपात्र व्ययवान्। पापहा। शुभयुते निश्चयेन धनधान्यादिमान् धार्मिकबुद्धिः। अस्त्रवित्-गणितशास्त्रज्ञः सौख्यवान् तर्कशास्त्रवित्, दृढगात्रः॥"

अर्थ—जन्मलग्न में बुध हो तो विद्यावाला, विवाह करनेवाला, और बहुत शास्त्रों को सुननेवाला होता है बहुत देश में घूमनेवाला, वा यंत्र-मंत्र को जाननेवाला, भूत प्रेत को दूर करने में समर्थ-मनोहर-वाणी बोलनेवाला-पंडित-क्षमा करनेवाला और दयालु होता है, २७ वें वर्ष में तीर्थयात्रा हो और अत्यंत लाभ हो, तथा नानाप्रकार की विद्या जाननेवाला होता है। बुध के साथ पापग्रह बैठे हों वा यह पापग्रह के घर में होतो शरीर में रोगवाला, तथा पित्त-पांडु रोगवाला होता है। यदि शुभग्रह युक्त हो वा शुभग्रह के घर में हो, तो शरीर नीरोग होता है। और सुवर्ण की कांति के समान सुन्दर शरीरवाला ज्योतिषशास्त्र को पढ़नेवाला, अङ्ग से हीन, श्रेष्ठ मनुष्यों से कपट करनेवाला, और नेत्ररोगी होता है। १७ वें वर्ष में भाइयों का आपस में लड़ाई-झगड़ा होता है। ठग होता है। बुध यदि उच्च (कन्या) का हो वा अपने घर (मिथुन-कन्या) में हो तो भाइयों का सुख होता है। और स्वर्गलोक जाने वाला होता है। यदि बुध के साथ पापग्रह बैठे हों वा इसे देखते हों तो, अथवा नीचराशि (मीन) में हो तो नरकलोक जानेवाला होता है। और पलंग आदि सुख से रहित, और क्षुद्र देवता की उपासना करनेवाला होता है। बुध के साथ शनि आदि पापग्रह बैठे हों तो बाएं नेत्र की हानि-षष्ठ स्थान का स्वामी युक्त हो वा बृहस्पति युक्त हो तो उक्त फल नहीं होता है। अपव्ययकारी होता है। पाप नाशकारी होता है। यदि बुध शुभग्रह से युक्त हो तो निश्चय ही धन-धान्यवाला होता है–इसकी बुद्धि धर्म करनेवाली होती है। शस्त्रविद्या व गणितशास्त्र को जाननेवाला, सुखी, एवं तर्कशास्त्र को भी जाननेवाला होता है और इसका शरीर दृढ़ होता है"॥

विचार और अनुभव—शास्त्रकारों ने जो फल बताएँ हैं वे 'बुध अपने स्थान में अकेला है' ऐसा समझ कर बतलाएँ हैं। परन्तु बुध हमेशा रवि से आगे वा रवि से पीछे ३० अंशों के भीतर ही होता है। अतएव इसके उदय और अस्त होते रहते हैं, इसी प्रकार शुक्र भी प्रायः बुध के समीप ही रहता

है। कभी-कभी और ग्रह भी साथ में होते हैं। अतः बुध के स्वतंत्रफलों का वर्णन कठिन है।

शास्त्रकारों के शुभफल पुरुषराशियों के हैं और अशुभफल स्त्रीराशियों के हैं। बुध यदि स्त्रीराशि में हो तो 'बहुत पुत्र होना' यह फल अनुभव में आता है, 'वंशक्षय होना' यह फल मिथुन-धनु और कुम्भ के बुध में अनुभव में आता है। मेष, सिंह तथा तुला में एकाध दूसरा पुत्र रहता है। स्त्री राशि के बुध में ३२ वें वर्ष तक बहुत खाने की प्रवृत्ति रहती है तदनन्तर आहार में कमी हो जाती है।

'चौथे वर्ष मृत्यु होती है—यह फल वशिष्ठ जी का है परन्तु बुध से मृत्यु का विचार नहीं होता है। लेखनकला से उपजीविका करके जीवन निर्वाह करते हैं "यह फल नारायणभट्ट का ठीक है—समाचारपत्रों में लेख भेजने वाले मौज से जीवन चलाते हैं पुरुषराशि में बुध के होने से शिक्षा शीघ्र ही समाप्त होती है लेखक, प्रकाशक वा सम्पादक होते हैं। बुध यदि वृषभ-कन्या वा मकर में होता है तो इसके प्रभाव में आए हुए व्यक्ति व्यापार करते हैं। बड़ी फर्मों में नौकरी मिल जाती है।

कर्क, वृश्चिक वा मीन में बुध के होने से प्रूफरीडर आदि का व्यवसाय उपजीविका का साधन हो जाता है। पुरुषराशि के बुध में ३६ वें वर्ष में लाभ होता है—लेखनकला से प्रसिद्धि प्राप्त होती है। यदि वृष-कन्या या मकर में बुध हो तो एकान्तवास की प्रवृत्ति होती है मिलना-जुलना पसन्द नहीं होता।

कर्क, वृश्चिक तथा मीन में यह बुध हो तो स्वभाव कुछ अच्छा होता है—नीचता, स्वार्थिता—परस्त्रीगामिता—अनुपकारिता आदि दुर्गुण नहीं होते-ये दुर्गुण वृष-कन्या या मकर में बुध हो तो अनुभव में आते हैं। यदि बुध वृश्चिक में हो समालोचक समालोचना में कड़वी और तीखी भाषा का प्रयोग करता है धनुराशि में यह बुध हो तो समालोचना निर्भीक, मर्मभेदी किन्तु सत्य पर निर्भर होती है। मेष, सिंह और धनु में बुध हो तो नकल करने की प्रवृत्ति होती है।

धने बुद्धिमान् बोधने बाहुतेजाः सभासंगतो भासते व्यास एव।
पृथूदारता कल्पवृक्षस्य तद्वद् बुधैर्भण्यते भोगतः षट्पदोऽयम् ॥२॥

अन्वयः—धने बोधने (सति) (जनः) बुद्धिमान् बाहुतेजाः (जायते) सभासंगतः (सः) व्यास एवं भासते। कल्पवृक्षस्य (यद्वत्) पृथूदारता, तद्वत् (तस्य) बुधैः (पृथूदारता) भण्यते। अयं भोगतः षट्पदः (स्यात्)॥ २ ॥

सं०-टी०—धने द्वितीयभावे बुधे सति अयं नरः बुद्धिमान्, बाहुतेजाः भुजप्रतापवान्, सभासंगतः पंडितसमाजस्थः व्यास एव भासते शोभते इति-रूपकालंकारः। भोगतः षट्पदो भ्रमरः सर्वभोगरसग्राही इत्यर्थः। तद्वत् कल्प-वृक्षस्य पृथूदारता वहुदानशक्तिमत्वं बुधैः पण्डितैः भण्यते वर्ण्यंते ॥ २ ॥

अर्थ—धनभाव में बुध हो तो धनस्थ बुध प्रभावान्वित मनुष्य बुद्धिमान् होता है—अपने ही भुजबल से प्रतापी होता है। पण्डित समाज में बैठा

हुआ साक्षात् व्यासदेव ही मालूम पड़ता है। भ्रमर की भान्ति सर्वप्रकार के भोगों का उपभोक्ता होता है। दान देने में कल्पवृक्ष की दानशक्ति की तरह इसकी दानशक्ति भी असीमित होती है और इसकी दानशक्ति की प्रशंसा विद्वान् भी करते हैं।

टिप्पणी—भारत के इतिहास में सर्वमान्य ऐतिहासिक व्यक्ति व्यासदेवजी हुए हैं। इन्होंने चारों वेदों का यथार्थतः सर्वजन बुद्धिगम्य बनाने के लिए अष्टादश पुराणों की रचना की ताकि सभी जातियों के लोग-सभी वर्णों के लोग, कथाओं के श्रवणमात्र से वेद प्रतिपादित धर्म का मर्म समझ लें और तदनुसार अपने-अपने जीवन का सुधार कर लें—यहाँ कहीं पण्डितसभा में किसी प्रकाण्ड पण्डित का विशेष आदर करना होता है, उसे व्यासासन पर बैठाया जाता है। और यह विशेष आदर व्यासदेवजी के नाम का है। धनभावगत बुध प्रभावान्वित व्यक्ति केवल बुद्धिमान् ही नहीं होता प्रत्युत सर्वशास्त्र मर्मवेत्ता होने से, व्यासवत् ही नहीं होता, प्रत्युत व्यास ही प्रतीत होता है। यहाँ अभेदारोपण से रूपक-अलंकार का प्रयोग किया गया है क्योंकि उपमालंकार में उपमान तथा उपमेय में भेद बना रहता है और चमत्कारातिशय द्योतित नहीं होता है। नीतिशास्त्र में धन के तीन उपयोग प्रतिपादित किए गए हैं—"दानं भोगोनाशस्तिस्त्रोगतयो भवन्ति वित्तस्य" ॥ सर्वोत्तम धन का उपयोग 'दान' है-परन्तु धन-तथा देय द्रव्य देने से व्यक्ति क्षीण होता है-असीमित दान देनेवालों की अन्तिम गति दारिद्र्य होता है—धन देने की शक्ति में ह्रास हो जाने से मानसिक क्लेश होता है सदैव मुँह माँगा धन देनेवाले व्यक्ति इतिहास में न होने के बराबर हैं। परन्तु कल्पवृक्ष में तो सदैव प्रत्येक प्राणी को कल्पनानुसार पदार्थ देने की शक्ति-प्रत्येक प्रार्थी को खुले हाथ मुँह माँगा धन आदि पदार्थों को दे देने की शक्ति अक्षय रूप में निहित है, ऐसी कल्पना प्राचीनकाल से अद्यावधि चली आ रही है। अतएव नारायणभट्ट ने धनभाव के बुध के प्रभाव में उत्पन्न मनुष्य की दान-शक्ति की उपमा कल्पवृक्ष से दी है। यह रही बात दानशक्ति की; यहाँ तक भोगशक्ति का सम्बन्ध है—मनुष्य की उपमा भ्रमर से दी गई है। भ्रमर स्वभाव से ही अनेक पुष्प रसास्वादी है भ्रमर हरएक पुष्प पर बैठता है चाहे उस पुष्प का रस मीठा हो, खट्टा हो, तीक्ष्ण हो, कटु हो—चाहे मिश्रित कोटि का हो। धनस्थ बुध प्रभावोत्पन्न मनुष्य की उपभोगशक्ति भी बढ़ी-चढ़ी होती है और वह प्रत्येक भोग का उपभोग करता है। परन्तु धनस्थ बुध प्रभावोत्पन्न प्राणी उस ही धन तथा सम्पत्ति को दान में देता है और स्वोपभोग में खर्च करता है जिस धन का संग्रह तथा जिस सम्पत्ति का संग्रह उसने अपने ही भुजबल से किया हुआ होता है—इस तरह इसका भुजबल तथा तजन्य प्रताप भी उच्चकोटिका होता है, यह मर्म है।

तुलना—"विधोः पुत्रे वित्ते प्रवरमति रज्ञोऽपि कृतिनां।
समाजस्थो वाचस्पतिरिव सदा भासत इति॥
प्रतापी गीतज्ञो भ्रमर इव भोगी क्षिति तले।
महोदारः शश्वत् सुरतरुरिव श्रीपतिसमः॥ **जीवनाथ**

अर्थ—जिस मनुष्य के जन्मसमय में बुध धनभाव में हो वह मूर्ख होता हुआ भी प्रखरमति होता है। सभा में सर्वदा बृहस्पति के समान सुशोभित होता है अर्थात् इसकी वक्तृत्वशक्ति बृहस्पति के समान होती है। यह प्रतापी तथा संगीत को जाननेवाला होता है। भ्रमर के समान भोगी होता है। पृथ्वी पर कल्पवृक्ष के समान उदार और पूर्ण धनवान् होता है।

टिप्पणी—जीवनाथ ने धनभावगत बुध प्रभावान्वित व्यक्ति की वक्तृत्व शक्ति को सुरगुरु बृहस्पति की वक्तृत्वशक्ति से उपमित किया है—इसकी उदारता की उपमा कल्पवृक्ष की उदारता से दी है। कल्पवृक्ष अपनी उदारता से पात्रता कुपात्रता के झगड़े में न पड़कर एकसमान सभी प्रार्थियों की इच्छाएँ पूरी करता है—किसी को खाली हाथ लौटने नहीं देता है—इसी तरह धन भावस्थ बुध का प्राणी खुले हाथ मुँह माँगा धन देता है। धनपूर्णता के कारण मूर्ख होते हुए भी यह व्यक्ति सबकी दृष्टि में विज्ञ होता है "सर्वेगुणाः कांचन माश्रयन्ते" ऐसा नीतिशतक का कथन है।

"धनी।" **वराहमिहिर**

अर्थ—धन भावगत बुध जातक को धनवान् बनाता है।

"धनभावे चंद्रपुत्रे धनधान्यादि पूरितः।
शुभकर्मा सुखी नित्यं राजपूज्यश्च जायते॥" **काशीनाथ**

अर्थ—जातक, धन-धान्य से युक्त-शुभकर्म करनेवाला, सुखी तथा राज-मान्य होता है।

"बुध्योपार्जित वित्तशील गुणवान् साधुः कुटुम्बे बुधे।" **वैद्यनाथ**

अर्थ—जातक शीलवान्, गुणी, सदाचारी तथा अपनी बुद्धि से धनार्जन करनेवाला होता है।

"क्षेम-सौख्य-शुचि-वित्त-सुखैर्युक् सत्क्रियोऽखिल सुहृद् धनसंस्थे।" **जयदेव**

अर्थ—द्वितीयभाव में बुध होने से जातक कुशल-सौख्य-पवित्रता-धन-सुख, इनसे युक्त होता है सत्कर्म करनेवाला तथा सभी का मित्र होता है।

"स्याद् बुद्धयोपार्जितस्वः कवि रमलवचा वाचि मिष्टान्नभोक्ता।" **मंत्रेश्वर**

अर्थ—यदि द्वितीय में बुध हो तो अपनी बुद्धि से धनोपार्जन करता है। बुद्धिमान् वा कविता करनेवाला होता। इसकी वाणी निर्मल होती है और इसे भोजन में मिष्टान्न प्राप्त होते रहते हैं।

"विमल शीलयुतो गुरुवत्सलः कुशलता कलितार्थ महत् सुखः।
विपुलकान्ति समुन्नति संयुतो धननिकेतनगे शशिनन्दने॥" **ढुण्ढिराज**

अर्थ–द्वितीयभाव में बुध हो तो जातक सुशील-गुरुभक्त-चतुरता से धनोपार्जन करके सुखी, अत्यन्त सुन्दर और उन्नतियुक्त होता है।

बुद्ध्योपार्जित विभवो धनभवनगतेऽन्नपानभोगी च।
शोभनवाक्यः सुनयः शशितनये मानवो भवन्ति ॥" **कल्याणवर्मा**

अर्थ—जातक अपनी बुद्धि से धनार्जन करता है। इसे खान पान का सुख अच्छा मिलता है। बोलना तथा नैतिक प्रवृत्ति अच्छी होती है।

भवति च पितृभक्तः सुस्थितः पापभीरुः मृदुतनुखररोमा दीर्घकेशोऽतिगौरः।
धनगतशशिसूनौ सत्यवादी बिहारी सकलसुखसमेतो वित्तवान् बंधुमाश्च ॥
मानसागर

अर्थ—धनभाव में बुध होतो पिता का भक्त, स्थिरचित्त, पापभीरु, शरीर कोमल और कठोर रोम लम्बे केश-गौरवर्ण-सत्यवक्ता-सब सुख से युक्त-धनवान् और बंधुमान् होता है।

"बुधे धने तिलोकिते वा धनाढ्यो राजपूजितः पटुभाषी धने नष्टे पुनरन्यच्चलभ्यते ॥"
कालचिंतामणि

अर्थ—जातक धनवान्, राजमान्य तथा बोलने में कुशल होता है—एक बार धन नष्ट हुआ तो फिर प्राप्त होता है।

"त्वग्दोषं कुरुतेनित्यं सोमपुत्रः कुटुम्बगः ॥" **गर्ग**

अर्थ—हमेशा त्वचा के रोग होते रहते हैं।

"हरिबुधो यदि वा घटवाक्पतिः वपुषि तत् पुरुषत्रयजंधनम्।
समृदु चेद्धनमेत्यधिकारवद् बहुतदास्य वधूधनभृद् भवेत् ॥" **उदयभास्कर**

अर्थ—सिंहराशि में बुध वा कुम्भराशि में गुरु धनस्थान में हों तो तीन पीढ़ियों की सम्पत्ति प्राप्त होती है। स्वभाव नम्र होता है। अधिकार मिलता है। दास-दासी बहुत होते हैं। स्त्री-धन प्राप्त होता है।

"विमल शीलयुतो गुरुवत्सलः कुशलता कलितार्थमहत्सुखम्।
विपुल कांति समुन्नति संयुतो धननिकेतनगे शशिनंदने ॥"
वृहद्यवनजातक

अर्थ—जातक शीलवान्, गुरुभक्त-कुशल, धनसंग्रह करके सुख प्राप्त करनेवाला, कांतिमान तथा प्रगतिशील होता है। 'षट्त्रिंशकैर्धनकृतिम्'। ३६ वें वर्ष धनलाभ होता है।

"कोटीश्वरः चन्द्रसुतः सदैव।" **यवनमत**

अर्थ—कोट्याधीश होता है।

"धने बोधने वक्तिमाधुर्यमिश्रं धनंवर्धते वाहुतेजाः सभोगी।
भवेत् संसदि सिंहतुल्यः स वक्ता वदान्यस्तदुक्तं न व्यर्थं विरुद्धम् ॥"
जागेश्वर,

अर्थ—जातक मीठा बोलता है। धनवृद्धि होती है। भुजबल संयुक्त तथा भोगी होता है। सभा में इसका भाषण सिंहतुल्य तेजस्वी तथा प्रभावशाली होता है। उदार होता है। इसका कथन व्यर्थ या विरुद्ध नहीं होता।

"ज्ञे वाग्मी स स्यात् पुरुषः सौम्यवक्त्रः।
स्याद् बुद्धयोपार्जितस्वः कविरमलवचा वाधिमिष्टान्न भोक्ता॥" पुंजाचार्य,

अर्थ—जातक बोलने में चतुर, चेहरा सौम्य-अपनी अक्ल से धनकमानेवाला, मिष्टान्न खानेवाला, तथा निर्दोष वाणी बोलने वाला होता है।

पाश्चात्यमत–धनभाव का बुध शुभयोग में हो तो बहुत बलवान् होता है। लेखन-वाचन-दलाली-लिपिक का काम—हिसाब का काम आदि व्यवसायों में धन प्राप्त करता है। शास्त्रीयज्ञान, व्यापार, और शिक्षा विषयक व्यवहार में प्रवीण होता है। नीतिमान्-अन्तर्ज्ञानी, उद्योगप्रिय, न्याय करने में कुशल होता है। कार्यशक्ति तीव्र होती है। अकस्मात् धन प्राप्ति होती है।

भृगुसूत्र—कोटीश्वरः, भोगी, वाचालः शास्त्रविचक्षणः, धनी, गुणाढ्यः, सद्गुणी, पंचदशवर्षे बहुविद्यावान् धनवान् लाभप्रदः। पापयुते पापक्षेत्रे अरि नीचगे विद्याहीनः, क्रूरत्वं पवनव्याधिः। शुभयुति वीक्षणाद् अधिविद्यावान्। गुरुयुते वीक्षिते वा गणितशास्त्राधिकारेण सम्पन्नः।

अर्थ—करोड़ों रुपयों का मालिक, द्रव्य तथा स्त्रियों का उपभोक्ता—वाचाल, शास्त्रचर्चा में प्रवीण, और गुणवान् होता है। १५ वें वर्ष बहुत ज्ञान प्राप्त होता है, तथा धनवान् होता है। पापग्रहसाथ हो-अथवा पापग्रह की राशि में, वा नीचराशि में हो तो विद्याभ्यास नहीं होता। स्वभाव क्रूर होता है, वातरोग होते हैं। शुभग्रह साथ हों या उनकी दृष्टि हो तो बहुत विद्याभास होता है। गुरु के साथ हो, या उसकी दृष्टि हो तो गणितशास्त्र में प्रवीण होता है।

विचार और अनुभव—धनभागवत बुध के शुभ तथा अशुभ-दोनों प्रकार के फल शास्त्रकारों ने कहे हैं। उनमें शुभफल पुरुषराशियों के हैं, तथा अशुभफल स्त्रीराशियों के हैं। बृहद् यवनजातक में, ३६ वें वर्ष धन प्राप्ति होती है–ऐसा फल कहा है–इस फल का अनुभव होता है। सच पूछो तो बुध ग्रह सम्पत्ति प्राप्ति का कारक नहीं है। भारत में भी आजकल लेखकों को अच्छा धन मिल जाता है। गुजराती-मारवाड़ी आदि व्यापारीवर्गों को धनस्थान में बुध के होने से अच्छा धन मिलता है–प्रिन्सिपल-प्रोफैसर-डाइरेक्टर आदि अफसरों को अच्छा वेतन मिलता है–यह भी धनभाव के बुध का प्रभाव का फल है–ऐसा कहना पड़ेगा।

सच पूछो तो वस्तुस्थिति यह है कि शुक्र और शनि दोनों ग्रह विपुल धन प्राप्ति के कारक ग्रह हैं। शुक्र नकदी रुपए दिलवाता है और शनि स्थावर सम्पत्ति दिलवाता है यदि कोई अन्य ग्रह भी धनस्थान में होता है तौभी उस स्थिति का परिणाम धन प्राप्ति हो सकता है।

मिथुन और कर्क को छोड़कर अन्य लग्न की कुण्डलियों में यदि धनेश वक्री होता है यो धनस्थान में बुध होने पर दारिद्र्य योग बन जाता है–शुभ ग्रहों की दृष्टि हो तौभी दारिद्र्य योग होता है।

पुरुषराशि का लग्न हो, धनस्थान में स्त्रीराशि में बुध हो तो और धनेश वक्री न हो तो यह योग अच्छा धन लाभ करता है। धनेश वक्री हो तो अल्प धन प्राप्ति होती है। किन्तु सन्तान नहीं होती।

तृतीय भाव—

"वणिङ्मित्रता पण्यकृद्वृत्तिशीलो वशित्वं धियो दुर्वशानामुपैति।
विनीतोऽतिभोगं भजेत् संन्यसेद्वा तृतीयेऽनुजैराश्रितो ज्ञे लताबान्॥ ३॥

अन्वय—ज्ञे तृतीये (सति) वणिङ् मित्रता-पण्यकृद्वृत्तिशीलः (जायते) (सः) दुर्वशानां धियः वशित्वं उपैति, विनीतः (भवति) अतिभोगं भजेत् वा संन्यसेत्, लतावान् (इव) अनुजैः आश्रितः (भवति)॥ ३॥

सं०-टी०—तृतीये बुधे सति बाणिज्यं पण्यजीवितं मित्रतया स्नेहेन पण्यकृतां क्रयकारीणां वृत्तिं व्यवहारं शीलयति भजतीति सः तथोक्तः, विनीतः शीलवान् सन् दुर्वशानां अवश्यानां धिया स्वबुद्धया वशित्वं वश्यकारित्वं उपैति। अनुजैः भ्रातृभिः लतावान् वल्लीभिः द्रुम इव आश्रितः वेष्टितः अतिभोगं बहुविषयानुभवं भजेत् वा, अनंतरार्थः, भोगानंतरं अंते वयसि संन्यसेत् त्यजेत् विषयान् इति शेषः। यद्वा सहजैः लतावद् आश्रितः संकटं प्राप्तः विषयान् सेवेत् इति अन्वयः॥ ३॥

अर्थ—जिस मनुष्य के जन्मलग्न से तीसरेस्थान में बुध हो वह व्यापारी लोगों से मित्रता करके—"व्यापार क्यों कर किया जाता है–व्यापार को चलाने के लिए कौन से नियमों को वर्ताव तथा उपयोग में लाना होता है"—आदि आदि गुप्त रहस्यों को बखूबी समझ कर व्यापार करता है। और व्यापार से धन कमाता है। अर्थात् जिसके तृतीयभावस्थ बुध होता है वह एक प्रवीण और चतुर व्यापारी होकर व्यापार से जीवन व्यतीत करता है। कई एक ऐसे लोग भी इसके जीवन में आते हैं जिनको अपनी मुट्ठी में रखना जीवनयात्रा में सफलता प्राप्त करने के लिए अत्यन्त आवश्यक होता है, परन्तु ये लोग उद्दण्ड स्वभाव के होते हैं; और इनको वश में ले आना सहज नहीं होता है–तृतीय भावस्थबुध का व्यक्ति इनलोगों को भी, अपनी बुद्धि से अपनी व्यवहार कुशलता से, अपनी मुट्ठी में कर लेता है; और इनसे भी आवश्यक लाभ उठालेता है। यह नम्रस्वभाव का होता है। यह व्यक्ति या तो अत्यन्त विषयासक्त होता है अर्थात् विषयोपभोग लिप्त ही रहता है–वा तीव्र वैराग्य के कारण संसार से घर-गृहस्थी से विरक्त होकर संन्यास ही ले लेता है। जैसे वृक्ष के इर्दगिर्द सहारा पाने के लिए लताएँ लटकी रहती हैं–उसी तरह आश्रय पाने के लिए इसके भाई बन्धु इसके निकट पड़े रहते हैं और यह इच्छानुसार भाई बन्दों की आवश्यकता के अनुसार, और अपनी शक्ति के अनुरूप इनकी सहायता करता है। अर्थान्तर—तृतीयभावगत बुध के प्रभाव में आया हुआ व्यक्ति अपने बन्धुवर्ग से मिलकर संसार के उत्तमोत्तम विषयों का यथेच्छ आनन्द लेता है; अर्थात् माया की आवरण और विक्षेपशक्तियों का शिकार होकर

प्रेयमार्ग के चक्कर में आया हुआ स्त्री-पुत्र आदि के मोह जाल में फँसकर अपने अमूल्य रत्नरूपी मानवजीवन को नष्ट करता है। अथवा विषयोपभोग शक्ति का ह्रास हो जाने से, अन्तिम अवस्था में प्राक्तन जन्मकृत शुभकर्म जन्य संस्कारों के उद्बुद्ध हो जाने के कारण तीव्र वैराग्य से संसार से नितांत विरक्त होकर सन्न्यस्त हो जाता है और श्रेयोमार्ग अर्थात् मोक्षमार्ग पर अग्रसर हो जाता है। ॥ ३ ॥

तुलना—"तृतीये यस्य ज्ञे प्रसरति वणिक्वृत्तिरभितः।
सदा दुर्वंश्यानां भवति च वशित्वंनिधि धिया॥
सुखानामाधिक्यं निजसहजवर्गानुशरणात्।
ततोऽन्ते वैराग्याद् विषय पटली गच्छति लयम्॥" **जीवनाथ**

अर्थ—जिस मनुष्य के जन्मसमय में बुध तृतीयभाव में हो उसके व्यापार की चारोंतर्फ वृद्धि होती है। वह धन की बुद्धि से (लोलुपता से) दुष्ट बुद्धियों के बश में रहता है। उसे अपने सहोदरबन्धु वर्गों के अनुशरण से अधिक सुख होता है, और अन्त में (वृद्धावस्था में) वैराग्य से विषय वासनाएँ लुप्त हो जाती हैं।

"प्रखलः॥" **वराहमिहिर**

अर्थ—तृतीयभाव के बुध से व्यक्ति बहुत दुष्ट होता है।

"तृतीयस्थे बुधे जातः प्रशस्तोबंधुमानितः।
धर्मध्वजी यशस्वी च गुरुदेवार्चको भवेत्॥"

"स्वजनयुक् जडधीर्वहुसाहसः कुमलता कुमनाः त्रिगतेबुधे॥" **काशीनाथ**

अर्थ—यह जातक अच्छे शरीर का, बन्धुओं को प्रिय, धार्मिक-यशस्वी, तथा देव और गुरुओं का आदर करनेवाला होता है। स्वजनों से युक्त-मन्द-बुद्धि का, साहसी, अशुभविचार करनेवाला होता है।

"स्वजन युक्त जडधीः बहुसाहसः कुमलतः कुमनाः त्रिगतेबुधे॥" **जयदेव**

अर्थ—तृतीय बुध हो तो अपने लोगों से युक्त, मूर्ख बुद्धि, बहुत साहसी दुष्टपाप से दुष्टमनवाला होता है।

"माया कर्म परोऽटनोऽतिचपलोदीनोऽनुजस्थे बुधे॥" **वैद्यनाथ**

अर्थ—जातक मायावी, प्रवासी, बहुत चपल और दीन होता है।

"श्रमनिरतः (श्रुतिनिरतः) प्रियहीनस्तृतीय भावे बुधे भवति जातः।
निपुणः सहज समेतो मायावहुलो नरश्चपलः॥" **कल्याणवर्मा**

अर्थ—जातक परिश्रमी (वेदाभ्यासी) इष्ट-मित्रों से हीन-कार्य कुशल-सहोदरयुक्त, मायावी, और चंचल होता है।

"शौर्येशूरः समायुः सुसहज सहितः सश्रमः दैन्ययुक्तः॥" **मन्त्रेश्वर**

अर्थ—यदि तृतीय में बुध हो तो मनुष्य शूरवीर हो किन्तु मध्यायु हो। उसके अच्छे भाई बहिन है। परन्तु ऐसे व्यक्ति को श्रम बहुत करना पड़ता है और यह दैन्य युक्त होता है।

"साहसी निजजनैः परियुक्तश्चित्तशुद्धि रहितोहत सौख्यः ।
मानवे निजजनेसित कर्ता शीतभानु तनयेऽनुबसंस्थे ॥" मानसागर

अर्थ—जातक साहसी, जनों से युक्त, अपवित्र हृदय-सुखहीन-किन्तु अपने जनों का हितसाधक होता है।

"साहसान् निजजनैः परिमुक्तः चित्तशुद्धिरहितो हत सौख्यः ।
मानवः कुशलितेप्सितकर्ता शीतभानु तनयेऽनुजसंस्थे ॥" ढुण्ढिराज

अर्थ—"अविचारित काम करनेवाला है" इस कारण इसे अपने लोग छोड़ जाते हैं। यह मलिनहृदय तथा सुखहीन और मनमाना काम करनेवाला होता है।

"साहसी च परिवारजनाढ्यश्चित्तशुद्धि रहितो हतसौख्यः ।
मानवः कुशलवान् हितकर्ता शीतभानु तनुजेऽनुजसंस्थे ॥"
बृहद्यवनजातक

अर्थ—यह साहसी तथा बड़े परिवार से युक्त होता है। इसका चित्तशुद्ध नहीं होता। इसका सुख नष्ट होता है। यह चतुर तथा हितकारी होता है। १२ वें वर्ष धनहानि होती है।

"बुधे च सहजस्थाने दृष्टिभिर्वा विलोकिते ।
भ्रातृणां भगिनीनां च सुखं तस्य महद् भवेत् ॥
भ्रातरः पंचविद्यन्ते शत्रुदृष्ट्या मृतिंवदेत् ।
चतस्रः पंच वा ज्ञेयाः स्वसारः शुभलक्षणाः ॥
कुजेन शनिना दृष्टे तासां वन्ध्यत्व मिष्यते ।
बुधो वा तत्र संस्थितः स्वस्रुबाहुल्यतां तस्यकुर्वन्ति नहिसंशयः ॥
बुधौ त्रितये । बुधश्च शताधिपः । गर्ग

अर्थ—भाई और बहिनों को बहुत सुख प्राप्त होता है। इसे पाँच भाई और चार पाँच बहिनें होती हैं। इस पर शत्रुग्रह की दृष्टि हो तो भाइयों की मृत्यु होती है। शनि वा मंगल की दृष्टि हो तो बहिनें वंध्या होती हैं। इसे बहुत मित्र होते हैं।

"लग्नात् तृतीयभवने यदि सोमसुतोभवेत् ।
द्वौपुत्रौ कन्यकास्तिस्रो जायते नात्रसंशयः" ॥ वैष्णवतंत्र

अर्थ—इसके दो लड़के और तीन लड़कियाँ होती हैं।

"ऋद्धि, अन्यभीतिम्" ॥ वशिष्ठ

अर्थ—यह समृद्ध होता है इसे दूसरों का डर होता है।

"बुधे बुद्धिमान् विक्रमे धर्मशीलो भवेल्लीलया रोगभाक् सर्वकालम् ।
स्वसारोभवति ध्रुवं पंच खेटास्तथतासाहसी चित्तशुद्ध्या विहीनः" ॥
जागेश्वर

अर्थ—यह बुद्धिमान् धर्मशील, सदारोगी, तथा साहसी होता है। इसे ५ बहनें होती हैं—इसका चित्त अशुद्ध होता है।

पाश्चात्यमत—यह बुध वायुतत्व की राशि में हो तो अभ्यास की ओर प्रवृत्ति होती है। शास्त्रकार, ज्योतिष तथा गुप्तविद्याओं में प्रवीण होता है। यह कर्क या मीनराशि में हो और इस पर शनि की दृष्टि न हो तो चित्त अस्थिर और डरपोक होता है। लेखन, वाचन और भाषण में कुशल होता है। प्रवास से सुख और लाभ होता है। गुरु की दृष्टि हो तो न्याय करने की प्रवृत्ति होती है। मंगल के साथ इस बुध का शुभयोग हो तो भूगर्भशास्त्र में प्रवीणता प्राप्त होतो है। परोपकारी वृत्ति होती है। पड़ोसियों और परिचितों से प्रेम पूर्वक बरताव करते हैं। प्रवास बहुत करना पड़ता है।

भृगुसूत्र—भ्रातृमान्, बहुसौख्यवान्। पंचदशवर्षे क्षेत्रे-पुत्र-युतः। धनलाभ-वान्, सद्‌गुणशाली। भावाधिपे बलयुते दीर्घायुः। धैर्यवान्। भावाधिपे दुर्बले भ्रातृपीड़ा, भीतिमान्। बलयुतेभ्राता दीर्घायुः।

अर्थ—भाई होते हैं। सुख बहुत मिलता है। १५ वें वर्ष खेती तथा संतति प्राप्त होती है। धनवान् तथा सद्‌गुणी होता है। तृतीय स्थान का स्वामी बलवान हो तो दीर्घायु और धैर्यवान् होता है। वह दुर्बल हो तो डरपोक होता है—तथा भाइयों की तकलीफ होती है। बलवान् हो तो भाई दीर्घायु होता है।

विचार और अनुभव नैसर्गिक कुंडली में तृतीयस्थान पर बुध का अधिकार है; तदनुसार शास्त्रकारों ने फल कहे हैं—तीसरा स्थान मिथुन का है अतः स्त्री-पुरुष दोनों प्रकार के फल मिलते हैं,। अच्छा वक्ता, कवि-ज्योतिषी लेखक आदि के लिए तृतीयस्थान अवश्य अच्छा होना चाहिए। इनका जीवन तभी अच्छा होता है यदि ये अपनेभाव-अपनेविचार स्पष्टतया व्यक्त-कर सकते हैं। ध्यानपूर्वक देखें तो तृतीयस्थान शुभग्रहों के लिए अच्छा नहीं है। शास्त्रकारों के शुभफल मेष-सिंह-तुला-कुंभ तथा मिथुन और धनु का पूर्वार्ध-एवं कन्या और मीन का उत्तरार्ध इन राशियों में मिलते हैं। कन्या और मीन का पूर्वार्ध-मिथुन और धनु का उत्तरार्ध-तथा अन्य स्त्री राशिएं—इनमें अशुभफल का अनुभव आता है यवनजातक ने १२ वें वर्ष धनहानि होती है—ऐसा कहा है क्यों कि बुध तृतीय में हो तो रवि प्रायः धनस्थान में, वा चतुर्थ-स्थान में होता है अतः पैतृकसंपत्ति नष्ट होती है और पिता दरिद्री होता है।

तृतीय में बुध पुरुषराशि में हो तो शिक्षा पूरी होती है-हस्ताक्षर अच्छा लेखन शीघ्र तथा संगत होता है-स्मरणशक्ति भी तीव्र होती है यह बुध स्त्री राशि में हो तो अनुभव इससे उलटा होता है। **तीसरे बुध, धनस्थान में शुक्र और दोनों स्थानों में से किसी एक में सूर्य हो, धनु-कर्क, वा कन्याराशि का लग्न हो तो व्यक्ति ज्योतिषशास्त्र कुशल दैवज्ञ होता है। धनस्थान में बुध और तीसरे शुक्र हो तो भी ऊपर लिखा फल होता है।** तृतीयभावगत बुध डाक्टर तथा न्यायाधीशों के लिए भी अच्छा है-डाक्टरों की चिकित्सा और न्यायाधीशों का निर्णय उत्तम होता हैं—लेखन कार्य, छापने

का काम—तथा प्रकाशन का व्यवसाय-तृतीय बुध हो तो लाभकारी होते हैं। तृतीयस्थ बुध यदि बलवान् हो तो भाग्योदय २४ वें वर्ष से होता है मध्यमबली हो तो ३० वें वर्ष से, और यदि अशुभ संबंध में बुध हो तो ३६ वें वर्ष से भाग्योदय होता है।

चतुर्थभाव—

चतुर्थे चरेत् चन्द्रजश्चारु मित्रो विशेषाधिकृद् भूमिनाथो गणस्य।
भवेल् लेखको लिख्यते वा तदुक्तं तदाशापरः पैतृकं नो धनं च ॥४॥

अन्वयः—(यदि) चन्द्रजः चतुर्थे चरेत् (तदा) (सः) चारुमित्रः भवेत्, विशेषाधिकृत् भवेत्, गणस्य भूमिनाथः, लेखकः भवेत्, तदुक्तं तदाशापरैः लिख्यते, वा पैतृक धनं च नो भवेत् ॥ ४ ॥

सं० टी०—चंद्रजः बुधः यदि चतुर्थे चरेत् तदा सः चारुमित्रः चारुसुहृत्-भूमिनाथः गणस्य राजद्वारस्य विशेषाधिकृत् सर्वाध्यक्षः, लेखकः शोभनवर्ण लेखी भवेत्-वा अथवा तदाशापरैः तदाश्रितान्यलेखाधिकारीभिः तदुक्तं तन्मुखनिर्गतं वाक्यं लिख्यते इति लिङर्थे लङि च पुनः पैतृकं पित्रोपार्जितं धनं नोभवेत् पितृधनाय न स्यादित्यर्थः ॥ ४ ॥

अर्थ—जन्मलग्न से यदि बुध चतुर्थभाव में हो तो जातक का मित्र वर्ग उत्तम होता है, वह राजा वा गण का स्वामी अर्थात् जनसमूह का नेता वा विशेष अधिकारी होता है। यह लेखक होता है। अथवा इसका कहा हुआ दूसरों द्वारा लिखा जाता है। इसे पैतृक धन की प्राप्ति नहीं होती। यदि "भूमिनाथांगणस्य विशेषाधिकृत्" ऐसा पाठांतर स्वीकृत हो तो निम्नलिखित अर्थ होगा—राजद्वार का विशेष अधिकारी अर्थात् सभी दूसरे राजकर्मचारियों पर जिसका विशेष अधिकार हो—छोटे दर्जे के राजदरबार के नौकरों को उनके कामों पर नियुक्त करने का काम तथा उनके अच्छे बुरे कामों का निरीक्षण इसके अधिकार में रहे। कई एक रियासतों में 'सरदार ड्योड़ी' नाम का अफसर नियत किया जाता था। इसका विशेष अधिकार राजा के हर्म्य पर (हर्म्य-सराय पर) होता था। यह सरदार राजा वा महाराजा का विशेष विश्वासपात्र नौकर होता था—इसकी आज्ञा मौखिक होती थी और उस आज्ञा को लेखवद्ध करनेवाले और होते थे, जिनकी उन्नति वा अवनति इस सरदार की प्रसन्नता वा अप्रसन्नता पर आधारित रहती थी। इसकी आज्ञा का उलंघन सहज नहीं था—इसका कोप राजकोप ही समझा जाता था। कई एक रियासतों के राजा स्वयं अपठित होते थे। उनके मौखिक आज्ञाओं को लेखनीवद्ध करने-वाला उनका मीरमुंशी होता था—जो इन मौखिक आज्ञाओं को अपने लेखद्वारा चालू करता था—संस्कृत में ऐसे राजकर्मचारी का नाम 'लेखक' होता था। इसके लेख की नकल करनेवाले कई एक और कर्मचारी होते थे जिनका अध्यक्ष 'लेखक' वा 'मीरमुंशी' होता था।

तुलना—"चतुर्थे यस्यज्ञेप्रवरजनमैत्री क्षितितले
ऽधिकारोऽपिद्वारे भवति वसुधाभर्तुरमितः ॥
तदाज्ञातः सर्वैर्निजपरिजनैर्लिख्यत उत
प्रयत्नात् तद्वाक्यं किमपि न सुखं पैतृकधनात् ॥" **जीवनाथ**

अर्थ—जिस मनुष्य के जन्मसमय में बुध चतुर्थभाव में हो उसकी मैत्री संसार के श्रेष्ठ मनुष्यों से होती है। इसे राजदरबार में अधिकार प्राप्त होता है। इसकी आज्ञा से परिवार के लोग इसके वचनों का विशेष आदर करते हैं। परंच इसे पैतृकधन से कुछ भी सुख नहीं होता है, अर्थात् यह अपने बाहुबल से अर्थोपार्जन करता है।

"पण्डितः" **वराहमिहिर**

अर्थ—चतुर्थभाव गत बुध से जातक पण्डित होता है।

'चतुर्थे चंद्रपुत्रे च वहुभृत्य यशोन्वितः।
पटुवाक्यो भाग्ययुक्तः सत्यवादी च जायते ॥ **काशीनाथ**

अर्थ—इसके बहुत नौकर-चाकर होते हैं यह यशस्वी, बोलने में चतुर, भाग्यवान और सत्यवादी होता है।

"सधन वाहन गीतगुणोऽटनोगृहसुखः सुखगः शशिजो यदा।" **जयदेव.**

अर्थ—जातक धनी-वाहनों से युक्त, संगीत में प्रवीण-प्रवासी, घर के बारे में सुखी होता है।

"बन्धुस्थे शशिजे विबन्धु रमल ज्ञानी धनी पण्डितः ॥" **वैद्यनाथ,**

अर्थ—बन्धुस्थानगत बुध हो तो इसके आत्मीय जन नहीं होते इसका ज्ञान शुद्ध, और यही धनी और पण्डित होता है।

"धन जनसहितः सुभगो वाहनयुक्तो बुधे हिबुक संस्थे।
सुपरिच्छदः सुबन्धुः भवतिनरः पण्डितो नित्यम् ॥" **कल्याणवर्मा**

अर्थ—चतुर्थभावगत बुध हो तो जातक धन-जन और वाहन, सुवस्त्र से युक्त, श्रेष्ठबन्धुवाला और पण्डित होता है।

"संख्यावान् चाटुवाक्यः सुहृदि सुखसुहृत् क्षेत्र-धान्यार्थभोगी ॥" **मंत्रेश्वर**

अर्थ—जातक गणितशास्त्रवेत्ता, चाटुकारिता में प्रवीण (मीठा बोलनेवाला) सुखी, मित्रोंवाला-क्षेत्र-धान्य-धन आदि का उपभोग करनेवाला होता है। दूसरों को प्रसन्न करनेवाला वाक्य चाटुवाक्य होता है।

"बहुतरधनपूर्णो भ्रातृहर्ता सपापे, बहुधन बहुपत्नी नैजगेहे स्वतुंगे।
तरलमतिरलज्जः क्षीणजंघः कृशांगः, शिशुवयसि च रोगी बन्धुसंस्थे कुमारे ॥"

मानसागर

अर्थ—जातक बहुत धन से पूर्ण-पापग्रह से युक्त हो तो भ्रातृघातक, यदि अपने स्वगृह वा उच्च में हो तो अधिक धन और कई पत्नियाँ होती हैं। चंचल बुद्धि-निर्लज्ज, कृशदेह और बालपन में रोगी होता है।

सद्वाहनैः धान्यधनैः समेतः संगीत नृत्यभिरुचिर्मनुष्यः ।
विद्या विभूषागमनाधिशाली पातालगे शीतलभानुसूनौ ॥" दुण्ढिराज

अर्थ—चतुर्थ भाव में बुध हो तो जातक सुंदर वाहन, धन, धान्यों से युक्त-गीत और नृत्य का प्रेमी, विद्वान् और भूषणयुक्त होता है ।

"बहुमित्रो बहुधनो बन्धौ पापंविना बुधः ।
नानारसविलासी च सपापे त्वन्यथाफलम् ॥
चित्रं बुधे च वित्तेयं बुधे स्वर्णं गृहेतस्य ।
बुधश्च सर्वकार्येषु मित्रो मिश्रफलप्रदः ॥" गर्ग

अर्थ—बुध पापग्रहों से युक्त अथवा दृष्ट न हो तो बहुत धन मिलता है और मित्र बहुत होते हैं । नानारसों का उपभोग लेता है । पापग्रह का सम्बन्ध हो तो उलटा फल मिलता है । रहने का स्थान चित्र-विचित्र होता है । इस बुध के फल मिश्रित होते हैं ।

"सौम्ये चाल्पसुतत्वम् ॥" बादरायण

अर्थ—इसे पुत्र कम होते हैं ।

"सौख्यान्वित च धनम् ॥" वशिष्ठ

अर्थ—जातक सुखी और धनवान् होता है ।

"बुधस्तुपत्न्याहितबंधु सौख्यं बन्धौ परावासकृताधिवासम् ॥" यवनमत

अर्थ—पत्नी और बन्धुओं का सुख अच्छा मिलता है । पापग्रहों का सम्बन्ध हो तो दूसरों के घर रहना पड़ता है ।

"पुत्रसौख्य सहितं बहुमित्रं मंत्रवादकुशलं च सुशीलम् ।
मानवं किल करोति सुलीलं शीतदीधितिसुतः सुखसंस्थः ॥" वृहद्‌यवनजातक

अर्थ—जिसके जन्मलग्न से चतुर्थ बुध हो उसे पुत्र सुख मिलता है । इसके मित्र बहुत होते हैं । यह जातक अच्छा सलाहकार और वाद-विवाद करने में कुशल अर्थात् चतुर होता है । यह सुशील होता है । २२ वें वर्ष में चतुर्थ बुध धनहानि करता है ॥

'शावित्तहा यमयमैः ॥"

अर्थ—२२ वें वर्ष धनहानि होती है ।

"बुधेतुर्यगे वैभवे दिष्टिकाद्यैः पितुर्भाग्यवान् सुन्दरः ॥" जागेश्वर

अर्थ—पिता के सम्बन्ध से भाग्यवान् और सुन्दर होता है ।

"द्वाविंशे चतुर्थगः पुत्रं च ॥" हिल्लाजातक

अर्थ—२२ वें वर्ष पुत्र होता है ।

यवनमत—इसका शरीर पुष्ट होता है । पुत्र का दुःख प्राप्त होता है । आरम्भ किए हुए कार्य में सफलता मिलती है । यह संगीतप्रिय और मिष्टभाषी होता है । जैसा बोलता है वैसा बर्ताव नहीं करता है । अपने दिये वचन को तत्काल भूल जाता है । बहुत आलसी होता है ।

पाश्चात्यमत—यह बुध मिथुन वा कन्या में हो तो आयु का अन्तिम भाग अच्छा जाता है। इसे संसार के बारे में बहुत चिन्ता होती है। स्मरण शक्ति बहुत तीव्र होती है। तथा अन्तर्ज्ञान भी हो सकता है। इसका शनि के साथ अशुभ योग हो तो चोरी या विश्वासघात से इसका नुकसान होता है। माँ-बाप से अच्छा लाभ होता है।

भृगुसूत्र—धैर्यवान्। विशालाक्षः। मातृ-पितृ-सुख-युक्तः। विभूषायोषागं प्रवर तुरगाणाम्। ज्ञानवान् सुखी। षोडशवर्षे द्रव्यापदार रूपेण बहुलाभप्रदो भवति। गुरु-शुक्र-शनियुते अनेक वाहनवान्। भावाधिपे बलयुते आंदोलिका प्राप्तिः। राहु-केतु-शनियुते वाहन रिष्टवान्। क्षेत्रे सुखवर्जितः। बन्धु कुलद्वेषी।

अर्थ—जातक धैर्यवान्-सुखी, और ज्ञानवान् होता है। आँखें बड़ी होती हैं। माता-पिता का सुख मिलता है। स्त्रियों तथा आभूषणों का सुख मिलता है। अच्छे घोड़े मिलते हैं। १६ वें वर्ष दूसरों के धन का अपहार करने से बहुत लाभ होता है। गुरु-शुक्र-शनि के साथ हो तो बहुत से वाहन मिलते हैं। राहु-केतु या शनि साथ हो तो वाहनों से भय होता है। जमीन का सुख नहीं मिलता। बांधवों के साथ द्वेष करता है।

विचार और अनुभव—विद्वान् होना और ज्ञानी होना इस फल का मिलना सन्देहास्पद है। यवनमत में 'पुत्रदुःख' और वृहद्यवनजातक में "पुत्रसुख" ऐसा परस्पर विरुद्ध फल कहा है। यदि रवि पञ्चम में हो तो यवन मत में। दिया हुआ फल मिल सकता है। और यदि रवि तृतीय में हो तो वृहद्यवनजातक का फल मिल सकता है।

२२ वें वर्ष 'धनहानि' (यवनमत) इसी वर्ष 'पुत्रलाभ' (हिल्लाजातक मत) अनुभव में आते हैं कुंडली में वृष-कन्या वा मकर लग्न हो तो "चतुर्थ स्थान का बुध निर्बल होता है" यह मत ठीक है। शास्त्रकारों के बताए शुभ फल पुरुषराशियों के हैं। और अशुभफल स्त्रीराशियों के हैं। जातक का चतुर्थस्थान का बुध यदि पुरुषराशि में हो तो जातक विद्याभ्यास करेगा किन्तु रुकावटों के साथ संघर्ष करना होगा।

यदि बुध मेष-सिंह या धनु में हो तो जातक क्रोधी, एकान्तप्रिय-तथा लोगों का अनिष्ट चाहनेवाला होता है। माता से वैमनस्य तथा व्यर्थ का अभिमान-अनुपकारिता का स्वभाव तथा कृपणता—ऐसे स्वभाव का जातक होता है।

मिथुन—तुला या कुम्भ में बुध के होने से जातक का वैमनस्य पिता से होता है—व्यर्थ ही अभिमानी पण्डितंमन्य—व्यर्थ व्ययकारितावान् जातक होता है।

स्त्रीराशि का बुध हो तो व्यापार करने से अल्प धन प्राप्ति हो सकती है। किन्तु सहयोगी व्यापारियों से झगड़ने की प्रवृत्ति और घर-बार प्राप्त होते हैं।

पञ्चमभाव

**"वयस्यादिमे पुत्रगर्भो न तिष्ठेत् भवेत् तस्य मेधाऽर्थसंवादयित्री।
बुधैर्भण्यते पञ्चमे रोहिणेये कियद् विद्यते कैतवस्याभिचारम् ॥ ५ ॥**

अन्वयः—(रौहिणेये पञ्चमे (स्थिते सति) आदि मे वयसि (तस्य) पुत्रगर्भो न तिष्ठेत्, (तस्य) मेधा अर्थसम्पादयित्री (भवेत्) कैतवस्य तस्य अभिचारं कियद् विद्यते (तत् किमुवक्तव्यम्) ॥ ५ ॥

सं०-टी०—पञ्चमे रौहिणेये रोहिणी-अपत्यं बुधः अस्ति तस्य आदिमे वयसि पुत्रगर्भो न तिष्ठेत् तस्मात् जातः चेत् म्रियेत स्वानपत्यं वा स्यात् स्यात्, मेधा बुद्धिः अर्थसम्पादयित्री द्रव्यार्जने चतुरा, साभिचारं अभिचारैः मारणोच्चाटनादिभिः सह वर्तमाना कैतवं छलं कियद् अपरिमितं विद्यते इति बुधैः होराविद्भिः भण्यते कथ्यतेत्यर्थः ॥ ५ ॥

वाराणसी पुस्तके मूलपाठपरिवर्तनं निम्नलिखितम्, "कियद् विद्यते कैतवंसाभिचारम्" मुंबई पुस्तके तु "कियद् विद्यते कैतवस्याभिचारम्" इत्येव पाठः स्वीकृतः स्पष्टार्थकश्च।

अर्थ—जिस मनुष्य के जन्मलग्न से पाँचवें स्थान में बुध हो उसे पहिली अवस्था में पुत्र नहीं होता है कन्याएँ होती हैं। अपनी बुद्धि से धनार्जन करता है। उस कपटी मनुष्य के मारण-उच्चाटनादि कर्म कितने होते है, यह कहाँ तक कहा जा सकता है—अर्थात् वह अतीव दुष्ट होता है।

टिप्पणी—विंशोत्तरीदशा के अनुसार मनुष्य की पूर्णायु १२० वर्ष की मानी गयी है। यदि १२० का चार भागों में विभाजन किया जाए तो पहली अवस्था ३० वर्ष की होती है—पहिले तीस वर्षों में २५ वर्ष ब्रह्मचर्याश्रम के हैं तदनन्तर विवाह होता है—२५ और ३० की आयु में एक दो सन्तान हो सकती हैं। इनमें यदि प्रथम गर्भ का परिणाम ज्येष्ठ पुत्र होता है तो वह पति-पत्नी के लिए प्रथम पुत्र मृत्युजन्यशोकशल्य का कारण होता है। "प्रथम सन्तान-और वह भी पुत्र, और उस सन्तान का भी जीवित न रहना यह सब कुछ माता-पिता के लिए असह्य मानसिक शोक का तीक्ष्णातितीक्ष्ण कांटा-सदैव के लिए विस्मरणीय दुःखजन्य चित्तश्चान्ति भंग कर्ता होकर गहरा घाव हो जाता है। अतः पति-पत्नी के लिए आवश्यक है कि वे औरस ज्येष्ठ पुत्र की उत्पत्ति के विषय में ध्यान ही न दें। यदि २५-३० की आयु के अन्दर कन्याएँ उत्पन्न होती हैं तो उनका स्वागत करें। यदि कन्याओं का उत्पन्न होना अभीष्ट न हो तो पति-पत्नी का व्यवहार ऐसा होना चाहिए जिससे स्वानपत्यता रहे-अर्थात् ३० वर्ष की अवस्था के अनन्तर ही संतान हो ताकि वह जीवित रहे। भट्टनारायण का अभिप्राय है कि यदि प्रथम अवस्था के बाद गर्भस्थिति होती है और उस गर्भ का परिणाम यदि पुत्र है तो वह पुत्र जीवित रहेगा—कन्याएँ तो जीवित अवश्य रहेंगी-इसमें कुछ

वक्तव्य नहीं है। टीका में 'तस्मात् जातः चेत् म्रियेत' ऐसा कहा है—क्या इस कथन का गूढ़ मर्म यह है कि "अन्यतः जातः चेत् न म्रियेत" इत्यादि ऐसा अर्थ हो तो यह व्यभिचार की ओर संकेत करता है, पतिव्रताधर्म पथ-भ्रष्टता की ओर संकेत करता है; और यह संकेत आर्य संस्कृति तथा आर्य-सभ्यता के नितान्त प्रतिकूल है—सती साध्वी स्त्रियों को भी पथभ्रष्टा हो जाने के लिए भारी प्रोत्साहन देने का कारण हो सकता है; अतएव अत्यन्त निन्द्य है। और यह अर्थ प्रसंगानुकूल भी नहीं है।

तुलना—"तमीभर्तुः पुत्रेगतवतिजनुः पुत्रभवनं
वयस्याद्ये यस्य प्रथमसुतगर्भ क्षतिरपि।
मनीषासद्वित्त व्यवहृति विधेरर्थ चतुरा।
खलस्य व्यासंगात् कपटपटली नृत्यतिमुखे ॥" **जीवनाथ**

अर्थ—जिस मनुष्य के जन्मसमय में बुध पञ्चमभाव में हो उसकी प्रथमावस्था में उसकी स्त्री का प्रथम गर्भ नष्ट होता है। अर्थात् अधिक अवस्था में सन्तान होने से नष्ट नहीं होता है। उसकी धनोपार्जन में चतुर बुद्धि अच्छे धन के व्यवहार में लगी रहती है। तथा दुष्टों के सहवास से उसके मुख में कपट भरी वाणी रहती है।

टिप्पणी—भट्ट नारायण तथा जीवनाथ-इन दोनों ने ही पहली अवस्था में प्रथम गर्भनाश होता है—ऐसा फल कहा है कहाँ से कहाँ तक प्रथम अवस्था होती है—इसका निर्धारण तथा निर्णय क्योंकर किया जाए-यह एक प्रश्न है। अल्पायु-मध्यायु तथा दीर्घायु-यह तीन भेद हैं—ऐसा ग्रन्थकारों ने अपने ग्रन्थों में लिखा है-अल्पायु ३० से ३५ तक, मध्यायु ३५ से ६५-७० तक-तदनन्तर ६५-७० से १०० तक दीर्घायु-ऐसा निर्णय भी मिलता है-१०० से ऊपर पूर्णायु है किन्तु कहाँ तक ? १०० वर्ष से आगे देवायु मानी जाती है। मैंने विंशोत्तरी दशा के अनुसार प्रथम अवस्था पहिले ३० वर्ष कही है।

"मन्त्री" **वराहमिहिर**

अर्थ—सलाह देता है। **टिप्पणी**—क्या पञ्चमभाव का बुध जातक को मन्त्री पद दिलवाएगा ? वा पञ्चमभावस्थ बुध से जातक मन्त्रशास्त्रज्ञ होगा ? वा जादू-टोना आदि करने में सिद्धहस्त होगा ? ये प्रश्न भी उठ सकते हैं ?

"पञ्चमे रोहिणीपुत्रे पुत्रपौत्र समन्वितः।
सुबुद्धिः सत्वसम्पन्नः सुखीभवतिमानवः ॥" **काशीनाथ**

अर्थ—जातक पुत्र-पौत्रों में युक्त, अच्छी बुद्धि का बलवान् और सुखी होता है।

"मित्र पुत्र सुखयुक् शुभशीलो मन्त्रशास्त्रविदसौ सुतगे ज्ञे ॥" **जयदेव**

अर्थ—जातक मित्र-पुत्र तथा सुख से युक्त, शीलवान् और मन्त्रशास्त्र जानने वाला होता है।

"मन्त्राभिचार कुशलः सुतदारवित्त-विद्या यशोबलयुतः सुतगे सति ज्ञे ॥"
वैद्यनाथ

अर्थ—जातक जारण-मारणादि मन्त्रों में कुशल तथा स्त्री-पुत्र-धन-विद्या-कीर्ति और बल से सम्पन्न होता है।

"पुत्र सौख्यसंहितं बहुमित्रं मन्त्रवाद कुशलं च सुशीलम्।
मानवं किल करोति सलीलं शीतिदीधितिसुतः सुतसंस्थः ॥" **ढुण्ढिराज**

अर्थ—जिस जातक के जन्मलग्न से पञ्चमभाव में बुध हो उसे पुत्र सुख मिलता है। इसके मित्रों का सरकल बड़ा होता है। यह जारण-मारण-उच्चाटन आदि मन्त्रों का कुशलतापूर्वक उपयोग कर सकता है। यह वाद-विवाद करने में चतुर और तर्ककुशल होता है। यह चरित्रवान् होता है। इसकी लीलाएँ भी अनोखी होती हैं॥

"तनयमन्दिरगे शशिनन्दने सुतकलत्रयुतः सुखभाजनम्।
विकजपंकजचारुमुखः सदा सुरगुरुद्विजभक्तियुतः शुचिः ॥" **मानसागर**

अर्थ—पञ्चमभाव में बुध हो तो जातक स्त्री-पुत्र से युक्त, सुखी, सुन्दर रूपवान्-सदा पवित्र, देव-गुरु ब्राह्मणों का भक्त होता है।

"विद्या सौख्य प्रतापः प्रचर सुतयुतो मान्त्रिकः पञ्चमस्थे ॥" **मंत्रेश्वर**

अर्थ—पञ्चम में बुध हो तो उसके सुख और प्रताप की वृद्धि विद्या के कारण होती है—उसके पुत्र बहुत होते हैं—और ऐसा व्यक्ति **मन्त्रशास्त्र का ज्ञाता होता है ॥**

"मन्त्राभिचारकुशलो बहुतनयः पञ्चमे सौम्ये।
विद्यासुखप्रभावैः समन्वितो हर्षसंयुक्तः ॥" **कल्याणवर्मा**

अर्थ—जातक मन्त्रविद्या और जारण-मारण में कुशल होता है। बहुत पुत्र होते हैं। विद्वान्, सुखी; प्रभावशाली तथा आनंदी होता है।

'चन्द्रसुते संजाते रविगेहे दारिका बहुलः स्यात् ॥

अर्थ—यह बुध सिंह राशि में हो तो कन्याएँ बहुत होती हैं।

"पञ्चमस्थश्चन्द्रपुत्रः सन्तानं प्रकरोतिहि।
अस्तंगतः शत्रुदृष्टश्चोत्पन्नस्य विनाशकः।
मातुला नश्यन्ति सौम्ये चाल्पसुतत्वम् ॥" **गर्ग**

अर्थ—जातक को सन्तान प्राप्त होती है। किन्तु यह बुध अस्तंगत हो या उस पर शत्रुग्रह की दृष्टि हो तो सन्तान की मृत्यु होती है। मामा का नाश होता है। पुत्र कम होते हैं।

शराब्दे मातुः क्षयम् ॥" **वृहद्यवनजातक**

अर्थ—५ वें वर्ष माता की मृत्यु होती है।

"बुधश्चस्वल्पात्मजं रुजम्।" **वशिष्ठ**

अर्थ—सन्तान कम होती है-रोग होते हैं।

"ज्ञे समा कन्यापत्यः।" **पुञ्जराज**

अर्थ—बुद्धि साधारण होती है। कन्याएँ होती हैं। यह बुध मकर या कुम्भ में हो उस पर पापग्रह की दृष्टि न हो तो कन्याएँ होती हैं।

"शुभमतिः ॥" **सूर्यजातक**

अर्थ—बुद्धि शुभ होती है।

"षड्विंशे मातृहा पञ्चमोबुधः ॥" **हिल्लाजातक**

अर्थ—२६ वें वर्ष माता की मृत्यु होती है।

"विधौ विवाहतो नष्टः।" **जातकरत्न**

अर्थ—पुत्र का ब्याह होते ही उसकी मृत्यु होती है।

"मामा की मृत्यु होती है। पिता को तकलीफ होती है। मां को सुख मिलता है। शारीरिक कष्ट होते हैं। राजदरबार में सम्मान मिलता है। भाँति भाँति के पोशाक करने की रुचि होती है। विद्वान्, दांभिक, और कलहप्रिय होता है।" **गोपालरत्नाकर**

भृगुसूत्र—मातुलगंडः मात्रादिसौख्यं पुत्रविघ्नं मेधावी, मधुरभाषी, बुद्धिमान्। सौम्ये स्वक्षेत्रगते पञ्चमभे पुत्रभाग् भवति। सिंहस्थितेऽपि चैवं नवमे वा तृतीयभार्यायाम्। हिमसुतः गर्भहानिं करोति। पुत्रविघ्नं। भावाधिपे पापयुते बलहीने पुत्रनाशः। अपुत्रः दत्तपुत्रप्राप्तिः। पापकर्मी।

अर्थ—लग्न से पञ्चम बुध हो तो मामा को गंडमाला रोग होता है, माता को सुख, पुत्रसुख में विघ्न, बुद्धिमान् तथा मधुरभाषी होता है। बुध स्वगृह में हो तो पुत्र सन्तति होती है। सिंहराशि में, तृतीयस्थान में अथवा नवम-स्थान में हो तो भी पुत्र होते हैं। पञ्चमेश निर्बल हो अथवा पापग्रह के साथ हो तो पुत्रों का नाश होता है, गर्भ की हानि होती है। पुत्र न होने से दत्तक पुत्र लेना पड़ता है। यह पाप कृत्य करता है॥

यवनमत—संतति और धन की प्राप्ति होती है। धैर्यशील, संतोषी, कार्य में कुशल और यशस्वी होता है।

पाश्चात्यमत—संतति, विद्या और वैभव की प्राप्ति होती हैं। सट्टा, जुआ, साहस और चैन की ओर प्रवृत्ति होती है। यह बुध बंध्याराशि में हो तो वंशक्षय होता है। कर्क, वृश्चिक या मीन राशि में हो तो बच्चे पागल होते हैं। इस बुध के साथ **शनि-मङ्गल के** योग हों तो यह दोष दूर रहता है। **गुरु और शनि की शुभ दृष्टि** इस बुध पर हो तो **सट्टा** और लाटरी में लाभ होता है। इस पर **चन्द्र की दृष्टि हो तो** लाभदायक फल मिलते हैं किन्तु यह एक व्यभिचार योग होता है।

विचार और अनुभव—जारण-मारण आदि पर शुक्र का अधिकार है। अतः कल्याणवर्मा आदि का फल "मन्त्रविद्या और जारण-मारण आदि, बुध के अधिकार में नहीं आ सकता है। दूसरों के मंत्रों का प्रभाव बुध के प्रभाव से दूर अवश्य हो सकता है।

'बुध संतति दायक है इस पर प्रायः सभी ग्रंथकारों का ऐकमत्य है-इस परिस्थिति में बुध को नपुंसक ग्रह मानना वस्तुस्थिति के विरुद्ध है। जो लेखक हैं-ग्रंथ लिखते हैं उनकी अमर संतान उनके ग्रंथ हैं।

मामा का विचार षष्ठ स्थान से होता है-मामा की मृत्यु का विचार भी उसी स्थान से होगा बुध जैसा सौम्यग्रह पंचमभाव में बैठ कर मामा की मृत्यु का कारण नहीं हो सकता है। २६ वें वर्ष में माता की मृत्यु होती है- ऐसा-फल हिल्लाजातक का है इसका अनुभव संदेहकोटि में है वस्तुतः पंचमस्थान से माता की मृत्यु का विचार अनुचित है। रवि चतुर्थ में हो और बुध पंचम भाव में हो तो माँ की मृत्यु का फल मिलता है।

शास्त्रकारों के शुभफल पुरुषराशियों में मिलते हैं। अशुभफल स्त्रीराशियों के हैं। यदि बुध मिथुन और तुला राशियों में होता है तो अल्प संख्या में पुत्रों का होना, वा पुत्रों का न होना-कन्याएँ होना-ये फल मिलते हैं।

पंचमभाव का बुध यदि पुरुषराशि में हो तो वाणी अच्छी बुद्धि तीक्ष्ण तथा शिक्षा शीघ्र समाप्त होती हैं। २३ वर्ष की आयुतक शिक्षा पूरी हो जाती है। इस बुध के प्रभाव से जातक लेखक, कवि, नाटक रचयिता तथा उपन्यासकार होता है। पंचमभाव का बुध यदि मिथुन, तुला, वा कुंभराशि में होतो संतति नहीं होती, वा एक दो संतानें ही होती है लेखक तो अपने ग्रंथों को ही अपनी संतति मानते हैं क्योंकि ये ग्रंथ उनकी कीर्ति को अमर करते हैं-जबतक ग्रन्थ रहते हैं उनके लेखक भी जीवित रहते हैं।

पंचमभावगत बुध प्रभावोत्पन्य जातक नम्र, मायावी, एकान्तप्रिय तथा लोक समुदाय में प्रभावशाली होता है।

मेष, सिंह या धनु में यह बुध हो तो जातक कुछ क्रोधी किन्तु सूक्ष्ममति का होता है। यह न्यायप्रिय, उदार, और लोगों से मिलजुल कर रहता है। बुध के वृष, कन्या या मकर में होने से जातक अर्धशिक्षित-अनुदार और झगडालू होता है। इसे संतति कम होती है और अच्छी नहीं होती यह व्यवहार कुशल होता है। कामों में दूसरों को आगे करता है और स्वयं पीछे रहता है।

यह बुध कर्क, वृश्चिक या मीन में हो तो संतान बहुत होती है-पहिले तीन वा पाँच लड़कियाँ होती हैं फिर लड़का होता है। यह लड़का विश्वस्त नहीं होता। यह बुध मेष, सिंह या धनु में हो तो गणित, तत्वज्ञान, ज्योतिष, नृत्त आदि विषयों का अभ्यासी होता है। वृष-कन्या वा मकर में हो तो पदार्थ विज्ञान, हस्तरेखा विज्ञान, का अभ्यासी होता है। मिथुन-तुला वा कुम्भ में होतो रोग चिकित्सा, वैद्यक, व्याकरण आदि में प्रवीण होता है। कर्क, वृश्चिक वा मीन में हो तो टाइपिंग अंगूठे के निशानों का समझना शब्दशास्त्र आदि विषयों में कुशल होता है। बुध की अच्छी स्थिति होतो ही अभ्यास अच्छा होता है।

षष्ठभाव—

'विरोधो जनानां निरोधो रिपूणां प्रबोधो यतीनां च रोधोऽनिलानाम् ।
बुधे सद्व्यये व्यावहारो निधीनां बलादर्थकृत् संभवेच्छत्रुभावे ॥ ६ ॥

अन्वयः—बुधे शत्रुभावे (स्थिते) जनानां विरोधः, रिपूणां निरोधः, यतीनां प्रबोधः, अनिलानां रोधः, सद्व्यये निधीनां व्यावहारः, बलात् अर्थकृत् संभवेत् ॥ ६ ॥

सं० टी०—बुधे शत्रुभावे षष्ठस्थे सति जनानां विरोधः जनैः कलहः, रिपूणां निरोधः प्रसह्यकारो गृहस्थापनं, अनिलानां वायूनां रोधः अवरोधः वायुना बद्धकोष्ठः इत्यर्थः । यतीनां संन्यासिनां प्रबोधः ज्ञानं संभवेत् अस्य इतिशेषः । तथा स नरः निधीनां द्रव्याकराणां सद्व्ययं व्यावहरति विदधाति इति, सः बलात् स्वसामर्थ्यात् अर्थकृत् द्रव्योपार्जकः संभवेत् ॥ ६ ॥

अर्थ—जिस मनुष्य के जन्मलग्न से छठेभाव में बुध हो तो वह लोगों के साथ विरोध करता है। शत्रुओं को आगे बढ़ने से रोकता है संन्यासियों के साथ ज्ञान की वार्ता करता है और इस ज्ञानचर्चा से इसे ज्ञानप्राप्ति होती है। 'यतीनां प्रबोधः" । इसका अर्थ 'संन्यासियों को ज्ञान देता है" सुसंगत प्रतीत नहीं होता है। यहाँ पंचमी वा तृतीया के अर्थ में षष्ठी का प्रयोग किया गया है। ऐसा प्रतीत होता है। जठर वायु के रोध से, रुकावट से इसे बद्धकोष्ठता वातशूल आदि रोग होते हैं। बुध के दूषित होने से गुह्यरोग, उदररोग, रहस्यदेशरोग, वायुरोग, कुष्ठरोग, मंदाग्निरोग, वातशूलरोग तथा संग्रहणी रोग होते हैं। "अनिला नां रोधः" इसका अर्थ 'प्राणायाम' करता है वा 'प्राणायाम आदि द्वारा वायु को रोकता है। सुसंगत प्रतीत नही होता है। षष्ठस्थान रोगस्थान तो है ही भट्ट ने वातावरोध से, वात शूलादि रोग से जातक दुःखी होता है यह भाव प्रकट किया है प्राणायाम से प्राणवायु को रोककर समाधिस्थ हो जाता है"। यह अर्थ प्रकरणानुकूल तभी हो सकता यदि 'समाधिलगाना' 'प्राणायाम करना' बुध के कारकत्व में होता षष्ठस्थान से विचारणीय विषयों की सूची में भी प्राणायाम करना नहीं है। यह जातक अच्छे कामों में द्रव्य का व्यय करता है और अपने बाहुबल से धन संचय करता है।

तुलना—"विरोधो बन्धूनामरिगण निरोधस्तनुभृतां
रिपौ ज्ञे वायूनां प्रभवति विकारोऽपि जठरे ।
यतीनां सम्बोधः सपदि शुभमार्गे व्ययचयो
वराणां रत्नानां व्यवहृति रतीवार्थ जननी" ॥ **जीवनाथ**

अर्थ—जिस मनुष्य के जन्मसमय में लग्न से बुध षष्ठभाव में हो वह बंधु-बांधवों से विरोध करता है। शत्रुसमूह को आगे आने से रोकता है अर्थात् शत्रुओं को पराजित करता है। इसके पेट में वायु का विकार होता है। अर्थात् वायुप्रकोप से वातशूल आदि रोग होते हैं। इसे संन्यासियों से अर्थात् ब्रह्मज्ञानियों

से ब्रह्मज्ञान की प्राप्ति होती है। और यह ज्ञानप्राप्ति के बाद शीघ्र ही धार्मिक शुभकामों में धन का व्यय करता है। और इसे उत्तम रत्नादि के व्यापार से धन का लाभ भी होता है।

"अशत्रुः" ॥ **वराहमिहिर**

अर्थ—जिसके शत्रु नष्ट हो चुके हैं।

"वादवित्र रियुयुग् गुणशाली निष्ठुरोऽलसयुतोऽरिगतश्चेत्" ॥ **जयदेव**

अर्थ—षष्ठ बुध होने से जातक तार्किक, शत्रुवान गुणी निठुर (कठोरवचन) तथा आलसी होता है ॥

"विद्याविनोद कलहप्रिय कृद् विशीलो।
बंधूपकार रहितः शशिजेऽरिजाते" ॥ **वैद्यनाथ**

अर्थ—जातक विद्वान्, विनोदी, झगड़ालू शीलहीन बन्धु-बान्धवों पर उपकार न करनेवाला होता है।

"बुधः षष्ठेऽरिवृद्धिंचा ज्ञेन नाभिषु। **पराशर**

अर्थ—शत्रु बढ़ते हैं। नाभि के पास व्रण होता है।

"स्थान लाभम्। इन्दुजे मति विदीन मनल्परोगम्।" **वशिष्ठ**

अर्थ—जमीन मिलती है, बुद्धि नहीं होती बहुत रोग होते हैं।

'संतप्त चित्तः'। सप्तत्रिके सौम्यः शत्रुभयम्" ॥ **वृहद्यवनजातक**

अर्थ—इसका चित्त सदासंतप्त रहता है। ३७ वें वर्ष शत्रुओं का भय होता है।

"षष्ठे बुधे नृशंसश्च विरोधी सर्वबन्धुषु।
ईर्ष्याधिकः कामपरो विद्वानपिभवेन्नरः ॥" **काशीनाथ**

अर्थ—जातक क्रूर—आप्तों का विरोधी, ईर्ष्यालु, कामुक, किंतु बिद्वान् होता है।

नरपालस्य शत्रुः। नीचारिभवने संन्यासम्। रिपून् विजयते सौम्यः।
नीचश्चास्तवक्रश्चषष्ठर्क्षे रिपुरिष्टकृत्। कन्यापत्योऽथ मातुलः ॥ **गर्ग**

अर्थ—यह राजा का बिरोधी होता है। यह बुध नीच वा शत्रुग्रह की राशि में हो तो जातक—संन्यासी होता है। अत्रुओं पर विजय पाता है। यह अस्त, वक्री, वा नीचराशि में हो तो इसे शत्रुओं से कष्ट होता है। मामा को केवल कन्याएँ ही होती हैं।

"वाद विवादे कलहे नित्यजितो व्याधितः षष्ठे बुधे।
अलसो विनष्टकोपो निष्ठुरवाक्योऽतिपरिभूतः ॥" **कल्याणवर्मा**

अर्थ—यह वाद विवाद में और झगड़े में नित्य पराजित होता है। रोगी, आलसी, और क्रोधहीन होता है यह कठोर बोलता है और सदा अपमानित होता है।

"जात क्रोधो विवादैर्द्विषि रिपुबलहंताऽलसो निष्ठुरोक्तिः ॥" **मन्त्रेश्वर**

अर्थ—यदि ६ ठे में बुध हो तो मनुष्य आलसी, निठुरवचन बोलने वाला, अपने शत्रुओं के बल को नाश करनेवाला, किन्तु विवाद करने में ऐसे मनुष्य को बहुत जल्दी और बहुत अधिक क्रोध हो जाता है।

"अरिनिकेतनवर्तिशशांकजो रिपुकुलाद्भयदो यदि वक्रगः।
यदि च पुण्यगृहे शुभवीक्षितो रिपुकुलं विनिहंति शुभप्रदः ॥"

मानसागर

अर्थ—बुध षष्ठभाव में वक्री हो तो शत्रु से भय, यदि मार्गी हो, या शुभग्रह वा स्वगृह में हो तो शत्रुओं को जीतनेवाला होता है।

वादप्रीतिः सामयो निष्ठुरात्मा नानाराति व्रात संतप्त चित्तः।
नित्यालस्य व्याकुलः स्यान्मनुष्यः शत्रुक्षेत्रे रात्रिनाथात्मजेऽस्मिन् ॥"

ढुण्ढिराज

अर्थ—षष्ठ भाव में बुध हो तो झगड़ालू, रोगी, निठुर-शत्रु पड़ित, आलस करने से चिंतित होता है।

"शत्रुस्थोज्ञः पुंसां नूनं स्वपमृत्युम्।" **पुंजराज**

अर्थ—असमय में मृत्यु होता है वा मृत्युतुल्य संकट आता है।

पाश्चात्यमत—इसे बदमाश नौकरों से कष्ट होता है। क्षय या श्वास के रोग होते हैं। छाती दुर्बल होती है। मानसिक दुःख से पीड़ा होती है। मन पर आघात होने से मृत्यु होती है। नौकर से फायदा होता है। स्वतंत्र व्यापार में लाभ नहीं होता। रसायनशास्त्रज्ञ वा लेखक होता है। प्रिंटिंग प्रेस से संबंध होता है। इस बुध के साथ **मंगल का अशुभ योग** हो तो पागल होने की संभावना होती है। आत्महत्या कर सकता है।

भृगुसूत्र—राजपूज्यः विद्याविघ्नम्। दांभिकः। त्रिंशद्वर्षे बहुराजस्नेहो भवति। बहुश्रुतः लेखकः। कुजर्क्षे नीलकुष्ठादिरोगी। शनि राहु केतु युते वात शूलादिरोगी। ज्ञाति शत्रु कलहः। भावाधिपे बलयुते ज्ञाति प्रबलः। अरि नीचर्क्षे ज्ञातिक्षयः।

अर्थ—यह राजमान्य, दांभिक-बहुश्रुत और लेखक होता है। शिक्षा में विघ्न आता है। ३० वें वर्ष राजा से अच्छी मित्रता होती है। यह बुध मंगल की राशि (मेष-वृश्चिक) में हो तो काला कोढ़ आदि रोग होते हैं। इसके साथ शनि-राहु-केतु हो तो वात शूल आदि रोग होते हैं। अपनी जाति के लोगों से झगड़े होते हैं। षष्ठ स्थान का स्वामी बलवान हो तो जाति अच्छी होती है। नीच अथवा शत्रुग्रह की राशि में हो तो जाति की हानि होती है।

विचार और अनुभव—६ ठे भाव के शुभफल पुरुषराशियों के, और अशुभफल स्त्रीराशियों के हैं। मामा के केवल कन्याएँ ही होती हैं—ऐसा फल गर्ग का है। यह विचारणीय है–क्योंकि पुत्र होने भी पाए गए हैं। छठवां स्थान माता का कारक स्थान नहीं है। बुध भी मृत्युकारक ग्रह नहीं है—

अतः माता की मृत्यु होती है—ऐसा फल सुसंगत नहीं है। छठे में बुध और सप्तम में रवि के होने पर माता की मृत्यु का फल देखकर उनपर लिखा फल किसी ने कहा है। छठे भाव का जातक मध्यमआयु तक खूब खाता है तदनंतर मंदाग्नि और बद्धकोष्ठता का विकार होता है।

सप्तमभाव—

सुतः शीतगोः सप्तमे शं युवत्या विधत्ते तथा तुच्छ वीर्यं च भोगे।
अनस्तं गतो हेमवद् देहशोभां न शक्नोति तत्संपदो वानुकर्तुम् ॥ ७ ॥

अन्वयः—अनस्तंगतः शीतगोः सुतः सप्तमे (स्थित) (सन्) युवत्याः शं विधत्ते तथा भोगे तुच्छ वीर्यं विधत्ते, हेमवत् देहशोभां च (करोति) तत्संपदः वा अनुकर्तुं (कश्चित्) न शक्नोति ॥ ७ ॥

सं० टी०—सप्तमे अनस्तंगतः उदितः शीतगोः चंद्रस्य सुतः पुत्रः बुधः युवत्याः स्त्रियः शं सुखं विधत्ते, परं भोगे रतिसमये तुच्छवीर्यं स्वल्पकालस्थायिवीर्यं च विधत्ते। तथा हेमवत् सुवर्ण तुल्यां देहशोभां शरीरकान्तिं च करोति, तत् संपदः श्रियः अनुकर्तुं अनुविधातुं यः कश्चित् न शक्नोति समर्थो भवेत् इति शेषः। तस्य कान्तिः लक्ष्मीः वा अति श्रेष्ठा स्यात् इत्याशयः। अस्तंगतोबुधस्तु सर्वफलं न विदधाति इत्यर्थः ॥ ७ ॥

अर्थ—जिस मनुष्य के जन्मलग्न से सातवें स्थान में बुध हो परन्तु वह अस्तंगत न हो अर्थात् उदित हो, तो उसे स्त्री सुख होता है, किन्तु रति समय उसका वीर्य निर्बल रहता है, अर्थात् वह पत्नी का समाधान और संतोष नहीं कर सकता है; शीघ्र संयोगमात्र से ही वीर्य के स्खलित हो जाने से पत्नी क आनन्दित नहीं कर सकता है। उसके शरीर की शोभा तपे हुए सोने के समान चमकनेवाली होती है। उसकी संपत्ति की बराबरी दूसरा कोई कर नहीं सकता है। यदि बुध अस्तंगत हो तो पूरा फल नहीं मिलता है ॥ ७ ॥

तुलना—"बुधे दारागारं गतवति यदा यस्य जनने
स्ववश्यं शैथिल्यं कुसुमशरांगोत्सवविधौ।
मृगाक्षीणां भर्तुः प्रभवतियदार्केणरहिते
तदा कांतिश्चंचत् कनक सदृशी मोहजननी ॥ **जीवनाथ**।

अर्थ—जिस मनुष्य के जन्मसमय में बुध सप्तमभाव में हो वह स्त्री संभोग में अवश्य शिथिल होता है अर्थात् उसका वीर्य निर्बल होता है। परंच वह अत्यन्त सुन्दरी मृगनयिनी स्त्री का स्वामी होता है। यदि बुध सूर्य के साथ नहीं, हो तो मन को मोहित करनेवाली सुवर्ण के समान देदीप्यमान कान्ति होती है। भावार्थ यह है कि सप्तमभावगत बुध के प्रभाव में उत्पन्न व्यक्ति को स्त्रीसुख होता है। उसकी स्त्री चित्ताकर्षक अत्यन्त सुन्दरी मृगाक्षी होती है; किन्तु उसका उपभोग लेने के लिए उसके शरीर में आवश्यक बल और वीर्य नहीं होता है। संभोग समय वह कुसुम शर संगर में बहुत देर ठहर नहीं सकता है, शीघ्र ही संपर्कमात्र से ही वीर्यपात हो जाने से वह पराजित हो

जाता है और लज्जित भी हो जाता है, बहुत समय पर्यन्त अस्खलित वीर्य-पुरुष ही मृगनयिनी सुंदरी पत्नी को संतुष्ट और आनन्दित कर सकता है। यह मर्म है।

"धर्मज्ञः ॥" वराहमिहिर

अर्थ—धर्म जानता है।

"बुधो बहुपुत्रयुक्तो रूपान्वितां जनमनोहर रूपशीलाम्। पीड़ाम्। वशिष्ठ

अर्थ—इसकी पत्नी सुन्दर और शीलवती होती है; उसे बहुत पुत्र होते हैं। शारीरिक पीड़ा होती है।

"युद्धे सति पराजयम्।" पराशर

अर्थ—लड़ाई में और वादविवाद में पराजय होता है। (वेश्यागमन करता है)

"तुरगभावगते हरिणांकजे भवति चंचलमध्यनिरीक्षितः।
विपुल वंशभवप्रमदापतिः स च भवेत् शुभगेशशिवंशजे ॥ गर्ग

अर्थ—इसकी दृष्टि चंचल होती है। इसकी पत्नी के पिता की संतति बहुत होती है।

"तुरगभावगते हरिणां कजे भवति चंचलमध्यनिरीक्षितः।
विपुल वंशभवप्रमदापतिः स च भवेत् शुभगे शशिवंशजे ॥ मानसागर

अर्थ—सप्तम भाव में बुध हो तो यह चंचल दृष्टि—उच्चकुलोत्पन्न पत्नी का पति होता है। अर्थात् जातक का विवाद किसी ऊँचे घराने में होता है।

"प्राज्ञोऽसो चारुवेषः ससकल महिमा याति भार्यां सवित्ताम् ॥ मन्त्रेश्वर

अर्थ—यदि सप्तम में बुध हो तो ऐसा व्यक्ति बुद्धिमान्। सुन्दर वेषवाला, सकल महिमा को प्राप्त होता है। और उसकी पत्नी धनिक होती है अर्थात् धनी कुल में विवाह होता है और दहेज मिलता है।

"चारु शील विभवैरलंकृतः सत्य वाक्य निरतो नरो भवेत्।
कामिनी-कनक-सूनु-संयुतः कामिनीभवनगामिनीन्दुजे ॥" ढुण्ढिराज

अर्थ—सप्तमभाव में यदि बुध हो तो जातक का स्वभाव उत्तम, ऐश्वर्य से युक्त, सत्यवक्ता, और स्त्री-धन-और पुत्र से युक्त होता है।

"सप्तमे सोमपुत्रे च रूप-विद्याऽधिको नरः।
सुशीलः कामशास्त्रज्ञो नारी मान्यश्च जायते ॥" काशीनाथ

अर्थ—बुध सप्तम में हो तो जातक रूपवान्, विद्वान्, सुशील, कामशास्त्र का ज्ञाता, और नारी मान्य होता है।

'धर्म वित् सुवचनः शुभशीलः कामिनी-कनक-सौख्य-युतोऽस्ते।" जयदेव

अर्थ—सप्तम बुध हो तो जातक धर्मज्ञ, मधुरभाषी और सुशील होता है, इसे स्त्री-सोना और सुख मिलते हैं।

"प्राज्ञां सुचारु वेषां नातिकुलीनां च कलह शीलांच।
भार्यामनेक वित्तां द्यूने लभते मदत्वं च ॥" कल्याणवर्मा

अर्थ—सप्तम बुध हो तो स्त्री विदुषी, सुन्दरी, साधारण घराने की, झगड़ालू और धनवती होती है। स्वयं भी प्रतिष्ठित पुरुष होता है।

"व्यंगः शिल्पकलाविनोद चतुरस्तारासुतेऽस्तंगते।" **वैद्यनाथ**

अर्थ—बुध अस्तंगत हो तो शरीर में कुछ न्यूनता रहती है। यह शिल्प कलामें चतुर और विनोदी होता है।

"चारुशील विभवैरलंकृतः सत्यवाक् सुनिरतो नरो भवेत्।
कामिनी कनक सूनु संयुतः कामिनीभवनगामिनीन्दुजे॥" **वृहद्यवनजातक**

अर्थ—जातक शीलवान्, धनवान्-सत्यभाषी, स्त्री-पुत्र तथा धन से युक्त होता है। ७ वें वर्ष स्त्री मिलती है।

"ईषत् श्यामा नीलवर्णा बुधेवाला।" **पुंजराज**

अर्थ—अल्पवयस्का सांवले नीले रंग की पत्नी होती है।

"भवेत् कामिनीनां सुखं सुन्दरः स्यात् अनंगोत्सवे कामिनीनांकुवीर्यः।
क्रये विक्रये लाभतो लुब्धचित्तो यदा चान्द्रि चंद्रानना गेह गामी॥"

जागेश्वर

अर्थ—सप्तम बुध हो तो स्त्रीसुख मिलता है किंतु स्त्रीसंभोग के समय स्वयं दीर्घ काल तक अस्खलित वीर्य नहीं होता है। खरीद-विक्री के व्यवहार में लाभ होता है।

पाश्चात्यमत—इसके विवाह के समय झगड़े होते हैं। यह साझीदार पर विश्वास नहीं करता। प्रवास में लाभ होता है। लेखन से कुछ समय बड़े संकट में आते हैं। इस बुध पर अशुभ दृष्टि हो तो बहुत तकलीफ होती है।

भृगुसूत्र—मातृसौख्यं, अश्वाद्यारूढ़ः, धर्मज्ञः उदारमतिः। दिगंतविश्रुत-कीर्तिः राजपूज्यः। तत्र शुभयुते चतुर्विंशतिवर्षे आन्दोलिका प्राप्तिः। कलत्रमतिः। अभक्ष्य भक्षणः। भावेशे बलयुते एकदारवान्। दारेशे दुर्बले पापे पापर्क्षे कुजादि युते कलत्रनाशः। स्त्रीजातके पतिनाशः कलत्रं कुष्ठरोगी। अरूपवत्।

अर्थ—सप्तम बुध हो तो माता को सुख होता है। स्वयं अश्वारोही, धर्मज्ञ, निर्मल एवं बुध के साथ शुभग्रह हों तो २४ वें वर्ष पालकी की सवारी प्राप्त होती है। यह स्त्री के अनुकूल चलता है। भक्षण के अयोग्य पदार्थों का भक्षण करता है। सप्तमेश यदि बलीग्रहों से युक्त हो तो एक ही स्त्री होती है। यदि सप्तमेश निर्बल हो—वा पापग्रह से युक्त हो, वा पापग्रह की राशि में मंगल से युक्त हो तो स्त्री की मृत्यु होती है। यदि स्त्री की कुण्डली में ऐसा योग हो पति की मृत्यु होती है। स्त्री कुष्ठी और कुरूपा होती है।

विचार और अनुभव—वराहमिहिर के अनुसार सप्तमभावगत बुध प्रभावान्वित जातक धर्मज्ञ होता है किन्तु ऐसे फल का विचार नवमभाव से किया जाना उचित होगा। वैद्यनाथ ने 'शरीर व्यंग होता है' ऐसा फल कहा है किन्तु इस फल का अनुभव सन्देहास्पद है। शास्त्रकारों के शुभफल पुरुष राशियों के हैं, और अशुभ फल स्त्रीराशियों के हैं। सप्तमभाव का बुध यदि

पुरुषराशि में हो तो पत्नी सुन्दर होती है इसका चेहरा प्रभावशाली, केश काले, घने-लम्बे-शरीर पुरुष जैसा प्रमाणबद्ध होता है। यह झगड़ालु भी होती है। यह बुध स्त्रीराशि में हो तो पत्नी का चेहरा गोल, केश लहरीले और रेशम जैसे कोमल, किन्तु स्वर मृदु परन्तु तीखा होता है।

यह बुध-मिथुन-तुला या धनु में हो तो शिक्षक, प्राध्यापक, वकील, पुस्तक विक्रेता, पुस्तक प्रकाशक आदि व्यवसाय होते हैं।

वृष-कन्या या मकर में बुध हो तो व्यापारी-क्लर्क, टाईपिस्ट आदि व्यवसाय होते हैं। कर्क, वृश्चिक या मीन मे बुध के होने से कम्पाउण्डर-सरकारी दफ्तर का क्लर्क आदि व्यवसाय होते हैं।

मेष या कन्याराशि में बुध हो तो विवाह के बाद भाग्योदय होता है-प्रवास बहुत होता है।

अष्टमभाव—

'शतंजीविनो रंध्रगे राजपुत्रे भवन्तीह देशान्तरे विश्रुतास्ते।
निधानं नृपद् विक्रयाद् वा लभन्ते युवत्युद्भवं क्रीडनं प्रीतिमन्तः ॥८॥

अन्वयः—राजपुत्रे रंध्रगे (सति) शतंजीविनः तथा इह देशान्तरे (च) (ते) विश्रुताः भवन्ति। ते प्रीतिमन्तः (सन्तः) नृपात् विक्रयात् वा निधानं लभन्ते। युवत्युद्भवं क्रीडने (च) लभन्ते ॥ ८ ॥

सं० टी०—रंध्रगे अष्टमस्थे राजपुत्रे चंद्रसुते सति शतंजीविनः शतायुषः, इह स्वदेशे देशांतरे च विश्रुताः विख्याताः ते नराः नृपात् राज्ञः सकाशात्-विक्रयात् वा व्यवहारात् निधानं द्रव्यसञ्चयं, युवत्युद्भवं क्रीडनं स्त्री-केलिं, अन्तः मनसि प्रीतिं सुखं लभन्ते प्राप्नुवन्ति ॥ ८ ॥

अर्थ—जिन मनुष्यों के जन्मलग्न से आठवें स्थान में बुध हो वे शतायु अर्थात् दीर्घजीवी होते हैं। स्वदेश में तथा परदेश में वे प्रसिद्ध होते हैं। वे प्रसन्नचित्त होकर राजा से अथवा व्यापार से बहुत धन कमाते हैं। उनको स्त्रियों के साथ हास्य विलास का सुख भी प्राप्त होता है ॥ ८ ॥

टिप्पणी—"शतायुर्वैपुरुषः" इसके अनुसार 'शतंजीविनः' यह फल ठीक है किन्तु विंशोत्तरीदशा के अनुसार तो मनुष्य की आयु एक सौ वीस वर्ष मानी गई है। अतएव 'शतंजीविनः' का अर्थ दीर्घायु होते हैं-उचित है। बुध के पर्याय नामों में बुध का पर्याय नाम 'राजपुत्र' पाया नहीं गया है। परन्तु "बुधः कुमारः" इस लेख के अनुसार यह ठीक है।

तुलना—"मृतावब्जापत्ये प्रभवति यदा जन्मसमये।
चिरं वैजीवित्वं निजपरपुरे तस्य सहसा ॥
प्रविख्यातिः शश्वन्नरपतिकुलादर्थनिचयः, ।
परस्त्रीभिः क्रीडाः सुरतजनिता यस्य सततम् ॥" **जीवनाथ**

अर्थ—जिस मनुष्य के जन्मसमय में बुध अष्टमभाव में हो वह दीर्घजीवी होता है। वह अपने देश में तथा परदेश में विख्यातकीर्ति होता है।

अर्थात् वह दिगन्तविश्रुतकीर्ति होता है। उसे राजकुल से धन का लाभ होता है। और वह परस्त्रियों से रतिक्रीड़ा करता है।

"विश्रुतगुणः" **वराहमिहिर**

अर्थ—अपने गुणों के कारण प्रसिद्ध तथा यशस्वी होता है।

"ख्यातिमान् नृपकृपः सविरोधोऽन्योपकार सहितो विदिरंध्रे ॥" **जयदेव**

अर्थ—जातक प्रसिद्ध, राजा का कृपापात्र, लोगों से विरोध करनेवाला किन्तु परोपकारी होता है।

"बुधेष्टमे कृतघ्नश्च कुबुद्धिः पारदारिकः।
कामातुरोऽसत्यवादी रोगयुक्तो भवेन्नरः॥" **काशीनाथ**

अर्थ—अष्टमबुध का जातक कृतघ्न, दुष्टमति, व्यभिचारी कामुक-असत्यभाषी और रोगी होता है।

"भूपप्रसादाप्त समस्तसंपन्नरो विरोधी सुतरांसगर्वः।
सर्वप्रयत्नान्यकृतापहर्तारंध्रे भवेच्चन्द्रसुतः प्रसूतौ ॥" **ढुण्ढिराज**

अर्थ—इसे राजा की कृपा से सम्पूर्ण सम्पत्ति मिलती है–यह लोगों का विरोधी तथा घमण्डी होता है। दूसरे के किए हुए काम को नष्ट करने वाला होता है।

"विख्याताख्यश्चिरायुः कुलभृदधिपतिर्ज्ञेऽष्टमे दंडनेता ॥" **मन्त्रेश्वर**

अर्थ—अष्टम में बुध हो तो मनुष्य दण्डनेता होता है अर्थात् जिसे राज्य से ऐसा अधिकार प्राप्त हो कि वह औरों को दण्ड दे सके। ऐसा व्यक्ति बहुत विख्यात, दीर्घायु, अपने कुल का पालन करनेवाला और श्रेष्ठ व्यक्ति होता है।

"निधनवेश्मनि सत्ययुतः शुभो निधनदोऽतिथिमण्डन एव च।
यदि च पापयुते रिपुगेहगे मदनकाम्यजवेन पतत्यधः ॥" **मानसागर**

अर्थ—जातक सच बोलनेवाला, तथा अतिथियों का आदर करनेवाला होता है। इसकी मृत्यु अच्छी स्थिति में होती है। यह बुध पापग्रह के साथ वा शत्रुग्रह की राशि में हो तो अति कामुक होने से इसका अधःपतन होता है।

"विख्यातनामसारश्चिरजीवी कुलधरो निधनसंस्थे।
शशितनये भवतिनरो नृपतिसमो दण्डनायको वाऽपि ॥" **कल्याणवर्मा**

अर्थ—अष्टम बुध हो तो विख्यातयशा और बलवाला, दीर्घायु, कुलपोषक, राजा के तुल्य अथवा न्यायाधीश होता है।

"विनीति बाहुल्यगुणप्रसिद्धो धनी सुधारश्मिसुतेऽष्टमस्थे ॥" **वैद्यनाथ**

अर्थ—जातक नम्रता आदि गुणों से प्रसिद्ध और धनी होता है।

"सर्वेग्रहा दिनकरप्रमुखा नितांतं मृत्युस्थिता विदधते किल दुष्टबुद्धिम्।
शस्त्राभिघात परिपीडितगात्रयष्टिं सौख्यैर्विहीनमतिरोग गणैरुपेतम् ॥" **वशिष्ठ**

अर्थ—अष्टमस्थान में कोई भी ग्रह हो उसका एक ही फल होता है—वह दुष्टबुद्धि का, बहुत रोगी सुखहीन होता है। शस्त्रों से उसके शरीर को पीड़ा होती है।

"मृतौ बुन्धुहीनत्वं बधनम् ॥" **पराशर**

अर्थ—बन्धु नहीं होते—कारावास सहना पड़ता है।

"करोति मृत्युं निधनस्थितो बुधः सुखेनतीर्थे सुखदे निराविले।
शुलध्रजंघोदररोगपीडा पापः विधायांतकरो नराणाम् ॥" **गर्ग**

अर्थ—इसकी मृत्यु किसी अच्छे तीर्थ स्थान में सुख पूर्वक होती है। यह बुध अशुभ हो तो शूल जाँघ वा पेट के रोग होते हैं।

"भूपप्रसादात समस्तसिद्धिर्नरो विरोधी सुतरांस्ववर्गे।
सर्वप्रयत्नैः परतापहन्ता रंध्रेभवेच्चंद्रसुते प्रसूतौ ॥" **वृहद्यवनजातक**

अर्थ—राजा की कृपा से सारा वैभव मिलता है। यह अपने लोगों से विरोध करता है। दूसरों के कष्ट दूर करता है।

"मन्वब्द के हि धनधाग्यविनाशकारी ॥"

अर्थ—१४ वें वर्ष धन-धान्य का नाश होता है।

पाश्चात्यमत—मस्तिष्क और नसों के रोग होते हैं। स्मरणशक्ति अच्छी होती है। मृत्यु के समय सावधान अवस्था में होता है। गुप्तविद्या और अध्यात्मशास्त्र का ज्ञान अच्छा होता है। साझीदारी में नुकसान होता है। यह बुध उच्च वा शुभ योग में हो तो अकस्मात् लाभ होता है अर्थात् **लाटरी से** धनप्राप्ति होती है।

भृगुसूत्र—लाभः, आयुः कारकः। सौख्यवान् वहुक्षेत्रवान्। सप्तपुत्रवान्। प्रमादः। पञ्चविंशतिवर्षे अनेकप्रतिष्ठासिद्धिः। नृपराजकृपारिपुक्षयः। कीर्तिप्रसिद्धः। भावाधि बलयुते पूर्णायुः। अरिनीच पापयुते अल्पायुः। उच्चे स्वक्षेत्रे वा शुभयुते पूर्णायुः।

अर्थ—यह बुध लाभकारक होता है। आयु देता है। सुख और बहुत जमीन प्राप्त होती है। सातपुत्र होते हैं २५ वें वर्ष नानाप्रकार से ऊँचा पद मिलता है। राजा की कृपा होती है। शत्रुओं का नाश होता है। कीर्ति मिलती हैं। अष्टमेश बलवान् हो तो दीर्घायु होता है। यह बुध उच्च, शुभग्रहों से युक्त या स्वगृह में हो तो दीर्घायु होता है। यह शत्रुग्रह की राशि में, नीच वा पापग्रह के साथ हो तो अल्पायु होता है।

विचार और अनुभव—वृहद्यवनजातक में १४ वें वर्ष संपत्ति का नाश होता है—'ऐसा फल कहा है। इस छोटी उमर में स्वयं की पैदा की गई संपत्ति का नाश संभव नहीं-अतः इससे पैतृकसंपत्ति का नाश होता है—ऐसा फल कहना उचित होगा।

भृगुसूत्र के अनुसार 'सात पुत्रों की उत्पत्ति होती है' यह फल पुरुषराशियों का है। शुभफल पुरुषराशियों में मिलते हैं और अशुभफल स्त्री-

राशियों में मिलते हैं। बुध मृत्युकारक ग्रह नहीं है—इसके अशुभ होने पर भी मृत्यु नहीं होगी, हाँ भारी शारीरिक कष्ट अवश्य होगा। 'मस्तिष्क का विकार' यह फल संभव है। बुध के अष्टम होने से मनुष्य की प्रवृत्ति शास्त्रीय ज्ञान की ओर होती है। इस बुध का 'जातक' दैवज्ञ हो सकता है। इसकी पत्नी रहस्यों को गुप्त रखनेवाली होती है। पति के साथ आनन्द से रहती है। यह फल पुरुषराशि के बुध का है। यदि बुध स्त्रीराशियों में होता है तो स्त्री अच्छी नहीं होती है—झगड़ालू होती है। घर के गुप्तरहस्य बाहिर निकाल देती है। परदाफास करनेवाली होती है। मस्तिष्क विकार मृत्यु का कारण हो सकता है। कई एक शास्त्रकारों ने राजकृपा-कीर्तिप्राप्ति आदि फल दिए हैं—ऐसे फल अकेले अष्टम बुध के नहीं हो सकते—रवि का सप्तम-अष्टम वा नवम में होना आवश्यक है इस तरह यह मिश्रित फल कहा जा सकता है।

नवमभाव—

'बुधे धर्मगे धर्मशीलोऽतिधीमान्
भवेद् दीक्षितः स्वर्धुनीस्नातको वा।
कुलोद्योतकृद्भानुवद्, भूमिपालात्
प्रतापाधिको, बाधको दुर्मुखानाम्॥ ९॥

अन्वयः—बुधे धर्मगे धर्मशीलः, अतिधीमान्, दीक्षितः स्वर्धुनीस्नातको वा भवेत्। भानुवत् कुलोद्योगकृत्, भूमिपालात् प्रतापाधिकः, दुर्मुखानां बाधको (वा) भवेत्।

सं० टी०—धर्मगे नवमस्थे बुधे अति श्रीमान् धर्मशीलः दीक्षितः सोमयायी, स्वर्धुनीस्नातकः गंगस्नानव्रती, भानुवत् कुलोद्योतकृत् स्ववंशप्रकाशकः, भूमिपालात् नृपादपि प्रतापेन अधिकः, दुर्मुखानां मुखरदुर्जनानां बाधकः हिंसकः भवेत्॥ ९॥

अर्थ—जिस मनुष्य के जन्मलग्न से नवमस्थान में बुध हो वह धर्मात्मा, बड़ा बुद्धिमान्, वैदिक अथवा तांत्रिक दीक्षा को पानेवाला, और गंगास्नान करनेवाला होता है। सूर्य के समान कुल को प्रकाशित करनेवाला, राजा से भी अधिक प्रतापी और दुर्जनों को दबानेवाला होता है॥ ९॥

तुलना—बुधे धर्मस्थानं गतवति सुधर्मा बुधवरो,
नरो गंगाभक्तो यजननिरतः सद्भिरभितः॥
पताका वंशस्य प्रभवति नरेशादपि सदा,
प्रतापी संतापी पिशुनमनुजानां धनपतिः॥ **जीवनाथ**

अर्थ—जिस मनुष्य के जन्मसमय में बुध नवमभाव में हो वह धर्मात्मा, उत्तम विद्वान्, गंगा का भक्त, यज्ञकर्ता, सज्जनों का संग करनेवाला, अपने कुल की पताका, राजा से भी अधिक प्रतापी, दुर्जनों को सन्ताप देनेवाला और पूर्ण धनवान् होता है। भावार्थ यह कि जैसे किसी देवालय के शिखर पर

गाड़ी हुई ध्वजा दूर से ही मन्दिर में प्रतिष्ठित और स्थापित देवता का महत्व-नाम, कीर्ति आदि को बता देती है एवमेव नवमस्थ बुधप्रभावोत्पन्न व्यक्ति अपने कुल को अपने ज्ञान से, अपने धन से, अपने यश से उज्ज्वल तथा प्रसिद्ध कर देता है-और उसका प्रताप चुगुल और दुर्जनों को दुर्जन मुख चपेटिका का अनुभव कराता है अर्थात् दुर्जनों का मुख हमेशा के लिए बंद हो जाता है।

"धर्मे सुतार्थ सुख भाक्॥" **वराह**

अर्थ—संतति, संपत्ति तथा सुख मिलता है।

"बुधो धर्मक्रियासु निरतं कुरुतो। रुजम्।" **वशिष्ठ**

अर्थ—धार्मिक कार्यों में रुचिवाला और रोग से पीड़ित होता है।

'धर्मे बुधे धार्मिकश्च कूपारामादिकारकः।
सत्यवादी च दांतश्च जायते पितृवत्सलः॥" **काशीनाथ**

अर्थ—जातक धार्मिक–कुंए-वगीचे आदि बनवानेवाला, सत्यवादी, जितेंद्रिय, और पितृभक्त होता है।

"विद्यार्थी चार धर्मैः सह तपसि बुधे स्यात् प्रवीणोऽतिवाग्मी॥" **मंत्रेश्वर**

अर्थ—जातक विद्वान्, धर्मार्थाचार का पालन करनेवाला, प्रवीण तथा अच्छा वक्ता होता है।

"उपकृति कृतिविद्या चारुजातादरः स्यादनुचरधनसूनुप्राप्तहर्षो विशेषात्।
वितरणकरणोद्यन्मानसो मानवश्चेदमृतकिरणजन्मा पुण्य धामागतोऽयम्॥
ढुण्ढिराज

अर्थ—नवम में बुध हो तो जातक उपकार और विद्या से आदर पाता है। उसे नौकर, धन तथा पुत्र के द्वारा विशेष आनंद मिलता है। और वह दानी होता है।

"धन सुत सुखभागी ज्ञः सहर्षोपकारी, वितरणगुणयुक्तः सोन्मना धर्मधाम्नि॥"
जयदेव

अर्थ—नवम बुध हो तो जातक, धनी, पुत्रवान् तथा सुखी होता है—विद्वान्, तथा सहर्ष परोपकार करनेवाला होता है। दानी तथा उत्सुक मन वाला होता है।

"बुध उपकृति धाता चारुजातादरोयोऽनुचरधनपुत्रैः हर्षयुक्तो विशेषात्।
विकृतियुतमनस्को धर्मपुण्यैकनिष्ठो ह्यमृतकिरणजन्मा पुण्यधाम्नि यदास्यात्॥"
बृहद्यवनजातक

अर्थ—जातक परोपकारी, ज्ञानी, सुन्दर, सेवकों से युक्त, धनी, अच्छे पुत्रों से युक्त, आनंदी, धर्मनिष्ठ, सदा पुण्यकर्मकर्ता होता है। कभी इसका मन विकृत भी हो जाता है।

"गोऽयब्दे मातृमृतिमिंदुसुतः। दंताश्चसौम्ये स्मृतः॥"

अर्थ—२९ वें वर्ष माता मरती है। ३२ वें वर्ष भाग्योदय होता है।

"मंदभाग्यो बुधे पापे नरो बुद्धिमदानुगः ।
भाग्यवान् धार्मिको वापि शुभे सौम्ये तु धर्मगे ।।" **गर्ग**

अर्थ—यह बुध अशुभ हो तो भाग्य कम होता हैं । और अपनी बुद्धि का घमंड होता है । यह शुभ हो तो भाग्यवान् और धार्मिक होता है ।

"सौम्ये धर्मगते तु धर्मधनिकः शास्त्री शुभाचारवान् । **वैद्यनाथ**

अर्थ—यह जातक धार्मिक, धनी, शास्त्रज्ञ और सदाचारी होता है ।

"नवमगते भवति पुमानतिधनविद्यायुतः शुभाचारः ।
वागीश्वरोऽतिनिपुणो धर्मिष्ठो सोमपुत्रे हि ।।" **कल्याणवर्मा**

अर्थ—जातक धनाढ्य, विद्वान्, सदाचारी, वक्ता, निपुण और धर्मनिष्ठ होता है ।

"नवम सौम्यगृहे शशिनंदने धनकलत्रसुतेन समन्वितः ।
भवति पापयुते विपथस्थितः श्रुतिविमंदकरः सततोद्यमी ।।" **मानसागर**

अर्थ—नवम बुध हो तो और शुभराशि में हो तो जातक धन-स्त्री-पुत्र से युक्त होता है । यदि अशुभ राशि में या पापग्रह के साथ हो तो कुमार्गगामी, वेदनिंदक और उद्योगी होता है ।

"भवेद् धर्मशीलो धियायोगलीलः श्रुतस्मार्तकं कर्म कर्ता धनाढ्यः ।
भवेत् तीर्थकृत् सुष्ठुवक्ता यदा स्यात् बुधः पुण्यभावे नराणां विशेषात् ।।"
जागेश्वर

अर्थ—जातक धार्मिक, बुद्धिमान्, योगाभ्यासी, वेद-स्मृतिप्रतिपादित कर्मकर्ता, धनी, वक्ता और तीर्थ करनेवाला होता है ।

पाश्चात्यमत—चपल, बुद्धिमान्, भाषाशास्त्रप्रवीण, शोधक बुद्धि का, नई चीजों की रुचि रखनेवाला होता है । इस बुध पर अशुभ दृष्टि हो तो पागल के समान भटकना पड़ता है । शुभ योग में हो तो भाषाशास्त्र, कलाओं का ज्ञान वा रसायनशास्त्र में प्रावीण्य मिलता है ।

भृगुसूत्र—बहु प्रजा सिद्धः । वेदशास्त्रविशारदः । संगीत पाठकः । दाक्षिण्य-वान् धार्मिकः । प्रतापवान् बहुलाभवान् । पितृदीर्घायुः । पापयुते पापक्षेत्रे पाप-वीक्षणात् पितृनाशः पितृक्लेशकरः । गुरुद्वेषी मंदभाग्यः । बुद्धमतानुगः । भावा-धिपे बलयुते पितृदीर्घायुः । तपोध्यानशीलवान् । भाग्यवान् । धार्मिकः ।

अर्थ—संतति बहुत होती है । वेदशास्त्रों का पंडित होता है । संगीत पढ़ाता है । विनयी, धार्मिक, प्रतापी, और भाग्यवान् होता है । यह बुध पापग्रहों के साथ, पापग्रहों की राशि में, या दृष्टि में हो, तो पिता को कष्ट होता है, या मृत्यु होती है । यह गुरु का द्वेष करता है । भाग्य मंद होता है । बौद्धमतावलंबी हो जाता है । नवमेश बलवान् हो तो पिता दीर्घायु होता है । तपस्वी, ध्यानी, शीलवान होता है ।

विचार और अनुभव—शास्त्रकारों ने नवमभावस्थित बुध के जो शुभ फल बताएँ हैं वे पुरुषराशियों में मिलेगें । अशुभफल स्त्रीराशियों के हैं । नवम

स्थान से शनि का भ्रमण होते समय माता की मृत्यु का योग होता है। २२ वें वर्ष भाग्योदय का फल विशेष कहते समय रवि के सम्बन्ध का विचार अवश्य करना चाहिए।

नवमस्थान में जब बुध मिथुन, तुला वा कुम्भराशि में हो तो विवाह के अनन्तर भाग्योदय होता है। नौकरी वा व्यवसाय में प्रगति होती है।

संपादक होना, प्रकाशक वा लेखक होना, स्कूल में शिक्षक का काम करना आदि व्यवसायों के करनेवाले प्रगति करते हैं।

यदि नवमभाव का बुध मेष सिंह या धनु में हो तो गणितज्ञ, ज्योतिषी, शिक्षक, क्लर्क आदि व्यवसाय करना होता है।

वृष, कन्या या मकर में बुध हो तो व्यापार करना होता है अथवा व्यापारी के पास नौकरी करनी पड़ती है।

यदि कर्क, वृश्चिक वा मीन में नवमस्थान का बुध हो तो टैलीफोन-पोस्ट-आफिस वा किसी सरकारी आफिस में क्लर्क की नौकरी होती है।

दशमभाव—

मितं संवदेन्नो मितं संलभेत्
प्रसादादिवैकारि सौराजवृत्तिः।
बुधे कर्मगे पूजनीयो विशेषात्
पितुः संपदो नीतिदण्डाधिकारात्॥ १०॥

अन्वयः—बुधे कर्मगे (सति) (सः) पितुः संपदः, नीतिदण्डाधिकारात् (च) विशेषात् पूजनीयः (स्यात्) (सः) प्रसादादिवैकारि सौराजवृत्तिः (स्यात्) (सः) मितं संवदेत् नो मितं संलभेत (अपितु विशिष्टं लभेत)॥१०॥

सं० टी०—कर्मगे दशमस्थे बुधे पितुः संपदः विशेषात् पूजनीयः लोकमान्यः, नीतिदण्डाधिकारात् प्रसादादिवैकारिणी ग्रहानुग्रहवती सौराज्ये शुभ राज्यत्वे वृत्तिः व्यवहार शीलोयस्य सः मितं संवदेत्, न वाचालः स्यात्, नो मितं अपरिमितं अर्थात् दिव्यांवराश्वादि संलभेत्॥ १०॥

अर्थ—जिस मनुष्य के जन्मलग्न से दशवेंस्थान में बुध हो उसे पैतृक संपत्ति प्राप्त होती है और इस पैतृक संपत्ति के कारण, नीतिनिपुण होने के कारण, तथा राजकीय अधिकार के प्राप्त हो जाने के कारण, और इस राजकीय अधिकार से निग्रह-अनुग्रह सामर्थ्ययुक्त हो जाने के कारण इसका संसार में विशेष आदर मान होता है; सर्वसाधारण लोगों की दृष्टि में यह एक मान्य और पूजनीय व्यक्ति होता है। अच्छे राज्य में इसका राजव्यवहार भी अच्छा होता है और अपने अधिकार के अनुकूल यह अपराधी को दण्डित करता है और राज्य नियमानुकूल चलने वालों को धनादि देकर प्रसन्न भी करता है। यह मितभाषी होता है। कार्यानुकूल थोड़े शब्द बोलता है, और व्यर्थ की बकझक नहीं करता है। तौ भी इसे अमित धन आदि की घोड़े-हाथी आदि

की तथा उत्तमोत्तमवस्त्रों की प्राप्ति होती है। दशमभाव का बुध व्यक्ति को सर्वथा सभी पदार्थों से परिपूर्ण कर देता है।

तुलना—"बुधे कर्मस्थानं गतवति यदा जन्मसमये,
पितुर्वित्तव्रातैः सुखमतितरामश्वपटली ॥
गजश्रेणी भृत्यप्रवरमणिशालाम्बरचयः,
परानीतिः क्षोणीपति विहित वृत्तिस्तनुभृतः ॥" **जीवनाथ**

अर्थ—जिस मनुष्य के जन्मसमय में बुध दशमभाव में हो उसे पैतृक संपत्ति से पूर्ण सुख, घोड़े-हाथियों का सुख-नौकर, उत्तमरत्न, वस्त्र, मकान आदि वस्तुओं का सुख होता है। यह उत्तम नीतिशास्त्र को जाननेवाला और राजा से आजीविका पानेवाला, अर्थात् राजा का श्रेष्ठ कर्मचारी होता है।

"सुखशौर्यभाक् खे।" **वराह**

अर्थ—सुखी तथा शूर होता है।

"रूपान्वितस्त्वं बुधः।" **वशिष्ठः**

अर्थ—रूपवान् और सुखी होता है।

"धीमान् धीरो धर्मचेष्टो धर्मवृत्तियुतः सदा।
सात्विकः कर्मगे सौम्ये नानालङ्कारवान् ॥" **गर्गः**

अर्थ—जातक बुद्धि में श्रेष्ठ-धैर्यवान्, धार्मिक, सात्विक बुद्धिवाला, नाना भूषण भूषित होता है।

"व्यापारगे चन्द्रसुते समस्त विद्यायशोवित्त विनोदशील ॥" **वैद्यनाथ,**

अर्थ—जातक सभी विद्याओं का ज्ञाता, यशस्वी, धनी और विनोदी होता है।

"प्रवर मति कर्मचेष्टः सफलारंभो विशारदो दशमे।
धीरः सत्वसमेतः विविधालङ्कार सत्वभाक् सौम्ये ॥" **कल्याणवर्मा**

अर्थ—जातक श्रेष्ठ बुद्धिमत्ता के काम करनेवाला, प्रत्येक कार्य को आरंभ करके प्रारंभ में ही सफलता प्राप्त करनेवाला धीर, बली, विविध भूषणों से युक्त और सुखी होता है।

"सिद्धारम्भः सुविद्या बलमति सुखसत्कर्मसत्यान्वितः खे ॥" **मंत्रेश्वर**

अर्थ—दशम में बुध हो तो जातक विद्वान्, बलवान्, बुद्धिमान्, सुखी, सत्कर्म करनेवाला, सत्यपर दृढ़ रहनेवाला होता है और सफलता प्राप्त करता है। जिस कार्य को प्रारम्भ करता है उसमें प्रारम्भ में ही सफलता प्राप्त होती है।

"दशमस्थे बुधे जातो धनधान्यसमन्वितः।
बहुभाग्यश्च विनयी कांतियुक्तश्च मानवः ॥" **काशीनाथ**

अर्थ—दशम में बुध हो तो धन-धान्य युक्त, भाग्यवान् विनम्र, तथा कीर्तिमान् होता है।

"स सुमति शुभवाक्यः सप्रतिष्ठोऽतिवित्तः।
शुचितरवरकर्मा विक्रमी कर्मणिज्ञे ॥" **जयदेवः**

अर्थ—जातक बुद्धिमान्, मधुरभाषी, प्रतिष्ठायुक्त, धनाढ्य, शुद्ध तथा सदाचारी, और पराक्रमी होता है।

"ज्ञानप्रज्ञः श्रेष्ठकर्मा मनुष्यो नानासंपत्संयुतो राजमान्यः।
चञ्चललीलावाग्विलासादिशाली मानस्थाने बोधने वर्तमाने ॥" **ढुण्ढिराज**

अर्थ—जातक ज्ञानी-शुभकर्मा, नानाविध संपत्तियुक्त, राजमान्य सुन्दर बोलनेवाला और विलासी होता है।

"गुरुजनस्यहिते निरतोजनो बहुधनो दशमे शशिनन्दने।
निजभुजार्जित वित्त तुरङ्गमो बहुधनैर्नियतो मितभाषणः ॥" **मानसागर**

अर्थ—दशम बुध हो तो गुरुजनों का भक्त, धनाढ्य, अपने भुजबल से धनोपार्जन करनेवाला, घोड़े रखने वाला और मितभाषी होता है।

"ज्ञाताऽत्यन्त श्रेष्ठकर्मा मनुष्यो नानासंपत् संयुतो राजमान्यः।
चञ्चललीलावाग्विलासाधिशाली मानस्थाने बोधने वर्तमाने ॥

बृहद्यवनजातक

अर्थ—जातक ज्ञानी, श्रेष्ठ कार्य करनेवाला, विविध वैभव से सम्पन्न, राजमान्य, चञ्चललीला करनेवाला बोलने में कुशल होता है। 'विदेहीगोकुशरद्धनं च'। १९ वें वर्ष धनप्राप्ति होती है।

'बुधे काव्यविद्या तथा शिल्पकैर्वा सदा वाहनैर्मातृसौख्यो नरः।" **जागेश्वर**

अर्थ—जातक काव्य में कुशल होता है। उपजीविका शिल्प कला से होती है, वाहनों का सुख तथा मातृसुख अच्छा मिलता है।

"सौम्ये काव्य कलाप विधिना शिल्पेनलिप्या वणिक्।
लोकैः क्लीवजनैर्धनैर्धनचयं यत्साहसैरुद्यमैः ॥" **पुंजराज**

अर्थ—कविता करने से, शिल्पकला से, लेखन से, व्यापार से, क्लीवों के साहाय्य से और साहस से धन मिलता है।

पाश्चात्यमत—यह भाषा तथा व्यापार में यशस्वी होता है, स्मरण शक्ति अच्छी होती है। प्रसङ्ग के अनुकूल बोलने का कौशल्य होता है। गणित और भाषाशास्त्र में प्रवीण होता है। दलाली, लेखन और शाहूकारी में अच्छा यश मिलता है। ये शुभ फल तभी मिलते हैं **जब यह बुध स्वगृह में उच्च का होता है।**

भृगुसूत्र—सत्कर्मसिद्धिः, धैर्यवान्, बहुलकीर्तिमान् बहुवित्तवान्, अष्टाविंशतिवर्षे नेत्ररोगवान्। उच्चस्वक्षेत्र गुरुयुते अग्निष्टोमादि बहुकर्मवान्। अरिपापयुते मूढकर्म विघ्नवान् दुष्कृतिः अनाचारः।

अर्थ—दशम बुध हो तो जातक पवित्र कार्य को सिद्ध करनेवाला, गंभीर, अतुलकीर्ति, और बहुवित्त वाला होता है। २८ वें वर्ष में नेत्र में रोग होता है। बुध उच्च (कन्या) में हो वा स्वगृह (मिथुन-कन्या) में हो, अथवा बृहस्पति से युक्त हो तो अग्निष्टोमादि पवित्र यज्ञकर्म करने वाला होता है।

यदि बुध शत्रु के घर में वा पापग्रह के साथ हो तो मूढकर्म करने में विघ्न करने वाला होता है नीचकर्म करता है और आचारभ्रष्ट होता है।

विचार और अनुभव—प्रायः सभी शास्त्रकारों दशमभावगत बुध के फल विशेष अच्छे कहे हैं। पुरुषराशियों में शुभ फल मिलते हैं। अशुभफल स्त्री-राशियों के हैं।

यदि मेष, सिंह, धनु राशियों में बुध हो तो व्यक्ति गणित जाननेवाले, अध्यापक और ऐंजिनीयरिंग डिपार्टमैंट में क्लर्क होते हैं।

मिथुन-तुला-कुम्भ में बुध होने से सर्वे डिपार्टमैंट, पी-डब्लू-डी, पोस्टल डिपार्टमैंट क्लर्कशिप का व्यवसाय रहेगा।

वृष-कन्या-मकर में व्यापारी, कमीशनएजेन्ट, ट्रैवलिङ्गएजेन्ट आदि व्यवसाय होगा। कर्क, वृश्चिक, मीन में यदि बुध हो तो इसके प्रभाव में उत्पन्न लोग समाचारपत्र संचालक, सम्पादक, मुद्रक, प्रकाशक, स्टेशनर आदि व्यवसाय करते हैं।

बुध प्रबल हो तो मातृसौख्य प्रचुरमात्रा में होता है। ऊपर लिखे फल अकेले बुध के होते हैं।

एकादशभाव—

विना लाभभावस्थितं भेशजातं न लाभो न लावण्यमानृण्यमस्ति।
कुतः कन्यकोद्वाहदानं च देयं कथं भूसुरास्त्यक्ततृष्णा भवन्ति॥११॥

अन्वयः—भेशजातं लाभभावस्थितं विना न लाभः, न लावण्यं आनृण्यं च अस्ति। (तस्य) कन्यकोद्वाहदानं देयं कुतः (स्यात्) (तेन) भूसुराः त्यक्ततृष्णा कथं भवन्ति॥ ११॥

सं० टी०—लाभभावेस्थितं भेशजातं तारापतिपुत्रं विना न लाभः द्रव्यादिः, न लावण्यं मनोहारित्वंआनृण्यं ऋणराहित्यं अस्ति, कन्यकोद्वाहदानं कन्या विवाह करणसामर्थ्ये देयं दातुं योग्यं द्रव्यं कुतः कथं च स्यात्। भूसुरा द्विजाः त्यक्ततृष्णाः बहुद्रव्येण पूर्णमनोरथाः भवन्ति, अपितु एकादशस्थे बुधे एव एवत् सर्वं लाभादिफलं स्यात् इत्यर्थः॥ ११॥

अर्थ—जिसके लाभस्थान में बुध नहीं है उसे द्रव्यलाभ, सौन्दर्य, ऋण-मुक्तता, ये बातें सिद्ध नहीं हो सकती हैं उसके कन्या के विवाह में दहेज देने के लिए सम्पत्ति कहाँ से प्राप्त होगी? उसके घर ब्राह्मण कैसे सन्तुष्ट हो सकेंगे? अर्थात् उपरोक्त स्थान में यदि बुध होगा तो ये सभी बातें प्राप्त होंगी।

तुलना—"कुतः कन्यादानं भवति सदने लाभभवने,
विना ज्ञं वित्ताप्तिः कथमृणविमुक्तिः कथमपि॥
समंताद् भूदेवाः कथमपि वितृष्णा श्रमविनां,
कथं रूपं दिव्यं कथमरिकुलार्थापहरणम्॥" **जीवनाथ**

अर्थ—जिस मनुष्य के जन्मसमय में बुध एकादशभाव में नहीं है उससे कन्यादान कैसे हो सकता है। उसे धन की प्राप्ति, ऋण से विमुक्ति, ब्राह्मणगण पूर्णरूप से सन्तुष्ट, दिव्यरूप, शत्रुओं से धन का लाभ आदि शुभफल कैसे हो सकता है। अर्थात् जिसके जन्मसमय में बुध एकादशभाव में हो उसे उपरोक्त सभी फल प्राप्त होते हैं।

"लाभे प्रभूत धनवान्।" वराह

अर्थ—इसे बहुत सम्पत्ति प्राप्त होती है।

'सौम्यो विवेक सुभगः'। 'सौख्यम्'। वशिष्ठ

अर्थ—जातक ज्ञानी भाग्यवान् तथा सौख्यवान् होता है।

"स्त्रीवल्लभोऽतिगुणवान्, मतिमान् स्वजनप्रियः।
लाभगे सोमतनये मन्दाग्निः समपद्यते॥" गर्ग

अर्थ—जातक स्त्रियों को प्रिय, अतिगुणी, बुद्धिमान्, अपने लोगों को प्रिय होता है। इसे भूख कम होती है।

'सानन्द विद्यः सधनः सुशीलो भोगी सदायः शशिजे भवस्थे।' जयदेव

अर्थ—जातक आनन्दी-विद्वान्, धनी, सुशील, भोगी, नित्य लाभ वाला होता है।

"लाभे सौम्येनित्यलाभो नीरोगश्च सदासुखी।
जनानुरागवृत्तिश्च कीर्तिमानपि जायते॥" काशीनाथ

अर्थ—जातक को नित्यलाभ होता है जातक नीरोग, सदा ही सुखी, लोगों से प्रेम से बर्ताव करनेवाला और कीर्तिमान् होता है।

"सौम्येलाभगृहगते निपुणधीर्विद्यायशस्वीधनी॥" वैद्यनाथ

अर्थ—जातक निपुण, विद्वान्, धनी-यशस्वी होता है।

"बह्वायुः सत्यसन्धो विपुल धन सुखी लाभगे भृत्ययुक्तः।" मन्त्रेश्वर

अर्थ—यदि एकादश बुध हो तो दीर्घायु, धनाढ्य, सुखी-और सत्यसंघ अर्थात् प्रतिज्ञापालक होता है। ऐसे व्यक्ति को नौकरों का सुख भी प्राप्त होता है।

धनवान् विधेयभृत्यः प्राज्ञः सौख्यान्वितः विपुलभोगी।
एकादशे बुधे स्याद् बह्वायुः ख्यातिमान् पुरुषः॥" कल्याणवर्मा

अर्थ—जातक धनी, विद्वान्, सुखी, भोगी, दीर्घायु-और विख्यात होता है। इसके आज्ञाकारी नौकर होते हैं।

'भोगासक्तोऽत्यंतवित्तो विनीतो नित्यानन्दश्चारुशीलो बलिष्ठः।
नानाविद्याभ्यासकृत् मानवः स्यात् लाभस्थाने नंदने शीतभानोः॥"

वृहद्यवनजातक

अर्थ—जातक नानाविध भोगों में आसक्त, धनाढ्य, विनम्र, नित्य आनन्द में रहनेवाला, सुशील, वलिष्ठ कई एक विद्याओं और विषयों का जिज्ञासु होता है। 'ज्ञः पञ्चवेदे धनम्-एकादश बुध ४९ वें वर्ष में धनप्राप्ति कराता है।

'शशिजे कन्याप्रजः स्यात् तथा।' **पुञ्जराज**

अर्थ—इसे कन्याएँ ही होती हैं।

'श्रुतियतिः निजवंशहितः कृशः बहुधनः प्रमदाजनवल्लभः।
रुचिर नीलवपुः शुभलोचनो भवतिचायगते शशिजेनरः॥' **मानसागरः**

अर्थ—जातक वेदशास्त्र में श्रद्धालु, स्वकुलहितेच्छु-निर्बलदेह, धनाढ्य, स्त्रीवल्लभ-सुन्दर श्यामवर्ण तथा सुन्दर नेत्रोंवाला होता है।

'भोगासक्तोऽत्यन्तवित्तोविनीतो नित्यानन्दश्चारुशीलोवलिष्ठः।
नानाविद्याभ्यासकृत् मानवः स्यात् लाभस्थाने नन्दने शीतभानोः॥' **ढुण्ढिराज**

अर्थ—जातक भोगी, अति धनवान्, नम्र, आनन्दी, सुशील-बलिष्ठ और कई प्रकार की विद्याओं को जाननेवाला होता है।

पाश्चात्यमत—यह बुध बलवान् हो तो सब तरह से लाभ होता है। निर्बल हो तो नुकसान होता है। राशियों के अनुसार इसके फल इस प्रकार हैं—मेष-झगड़ालू। वृष-दुराग्रही। मिथुन-चपल। कर्क-नीचों का मित्र। सिंह-अच्छों का मित्र। कन्या-विद्वान्-शीलवान्। तुला-कलाकुशल लोगों का मित्र। वृश्चिक-झगड़ालू और ठग। धनु-दांभिक-गर्वी। मकर-कपटी-अविश्वासी। कुम्भ-विश्वास योग्य मित्र। मीन-गपिया-जिज्ञासु।

भृगुसूत्र—बहुमंगलप्रदः। शिल्प लेखन व्यापारयोगे अनेक प्रकारेण धनवान्। एकोनविंशति वर्षादुपरि क्षेत्र पुत्र धनवान्। पापर्क्षे पापयुते हीनमूलेन धनलोपः। उच्चे स्वक्षेत्रे शुभयुते शुभमूलेन धनवान्।

अर्थ—यह बुध कल्याणकारी होता है। शिल्पकला लेखन या व्यापार में अनेक प्रकारों से धन मिलता है। १९ वें वर्ष के बाद जमीन, सन्तति और धन की प्राप्ति होती है। यह बुध पापग्रह की राशि में या पापग्रह के साथ हो तो बुरे मार्गों से धन का नाश होता है। यह उच्च वा स्वगृह में, या शुभग्रहों के साथ हो तो अच्छे मार्गों से धनवान् होता है।

विचार और अनुभव—जो फल शास्त्रकारों ने कहे हैं वे बहुत ही शुभ हैं अवश्य हैं किंतु ये फल जैसे बतलाए गए हैं—वैसे के वैसे मिलेंगे वा नहीं यह एक प्रश्न है। बुध शुभयोग में भी हो और उच्च का भी हो तौभी ये सभी फल नहीं मिलते हैं—ऐसा अनुभव में आया है—क्योंकि बुध के समीप प्रायः रवि और शुक्र होते हैं उनके फलों का प्रभाव भी पड़ता है। अतः रवि और शुक्र कैसे हैं? इसका विचार करना आवश्यक है।

कई एक ने प्रथमभाव से लेकर एकादशभाव तक 'बुध का फल धनवान् होना है' ऐसा कहा है—यदि यह फल ठीक हो तो संसार में धनवानों की संख्या तो कल्पनातीत होगी। किन्तु अनुभव इस फल के विपरीत है, क्योंकि

धनहीन भी भारी संख्या में पाए जाते हैं। अतः आवश्यक है कि जब ग्रहों का फल बतलाया जावे तो उनके कारकत्व का भी विचार करना चाहिए। लाभस्थान में तुलाराशि में बुध हो, दशम में रवि, नवम में शुक्र, तृतीय में वक्री शनि—धनस्थान में मङ्गल हो तो बुध के शुभफल नहीं मिलते हैं॥ "ग्रह फल देने का सामर्थ्य रखता है वा नहीं"—प्रथम इसी का विचार करना चाहिए, ताकि 'दैवज्ञ की वाणी मिथ्या है'—ऐसा कोई आरोप न कर सके।

एकादशभाव का बुध यदि मेष, सिंह वा धनुराशि में हो तो एक वा दो पुत्रों का होना संभव है। यह बुध बड़े भाई के लिए अच्छा नहीं है। यदि इस स्थान का बुध वृष-कन्या वा मकर में हो तो व्यक्ति चित्रकार, शिल्पकार, टाईपिस्ट—वा कंपाउण्डर आदि होता है। कर्क–वृश्चिक वा मीन का एकादश भावस्थित बुध स्वतंत्र व्यापार करवाता है। मिथुन–तुला वा कुंभ में बुध होतो व्यक्ति शिक्षक, डिमानस्ट्रेटर आदि होता है।

द्वादशभाव—

न चेद् द्वादशे यस्य शीतांशुजातः
कथं तद्गृहं भूमिदेवा भजन्ति।
रणे वैरिणो भीतिमायान्ति कस्माद्
हिरण्यादिकोशं शठः कोऽनुभूयात्॥१२॥

अन्वयः—शीतांशुजातः यस्यद्वादशे न चेत् तद्गृहं भूमिदेवाः कथं भजेति। वैरिणः कस्मात् आयान्ति, कः शठः हिरण्यादि कोशं अनुभूयात्॥१२॥

सं० टी०—यस्त द्वादशे शीतांशुजातः शीतांशुजन्माबुधो न चेत् तस्यगृहं भूमिदेवा ब्राह्मणाः कथं भजंति आगच्छन्ति। रणे संग्रामे वैरिणः कस्माद् भीतिं आयान्ति। कः शठः हिरण्यादिकोशं अनुभूयात् संचित द्रव्यस्य कुतो व्ययं कुर्यात्, अपि व्ययस्थेन फलमिदं स्यादित्यर्थः॥१२॥

अर्थ—जिस मनुष्य के जन्मलग्न से द्वादशभाव में बुध न हो तो उसके घर में ब्राह्मण लोग कैसे आवेंगे? तात्पर्य यह कि व्ययभाव का बुध मनुष्य को व्यय करने के लिए प्रेरित करेगा जिससे यज्ञ आदि–इष्टापूर्त में सद्व्यय करने की प्रवृत्ति होगी—यज्ञादि करवाने के लिए ब्राह्मण लोग आमन्त्रित होगें और यज्ञ-पूजन आदि की कर्तव्यता के उपलक्ष में दक्षिणा दी जावेगी। यदि यज्ञादि की ओर प्रवृत्ति ही न होगी तो ब्राह्मण लोग इस मनुष्य के घर में क्यों आएंगें—अर्थात् वे नहीं आएगें। संग्राम में शत्रु किससे डरेंगे? द्वादशभावस्थ बुध प्रभावान्वित मनुष्य शत्रुविजेता होगा। शत्रुओं पर विजय पाने के लिए—शत्रुदल को मार भगाने के लिऐ जल-स्थल गगनगामी शक्तिशाली सुसजित सेना पर व्यय करना इसके लिए आवश्यक होगा—और द्वादशभाव का बुध मनुष्य को व्यय करने के लिए प्रेरित और वाधित करेगा जिससे इसकी विजय-पताका लहराएगी और यह यशस्वी होगा—यह अन्तर्निहितभाव है। कौन

दुष्ट इस मनुष्य के सुवर्ण आदि खजाने का उपभोग करेगा? अर्थात् इसके खजाने को दुष्ट लोग छीन नहीं सकते हैं। अर्थात् इसके संचित द्रव्य से मौज़ उड़ाने की यदि किसी की इच्छा होगी तो वह दुराशा होकर रह जाएगी ॥१२॥

तुलना—"बुधोऽपाये यस्य प्रभवति नोचेत् तस्यसदनं
कथं विज्ञव्रातो भजति परितोऽपि द्विजगणः।
कथं युद्धं यांति प्रबलरिपवो वा विमुखतां
कथं कोशापायः प्रवरयजनेतीर्थविषये ॥ **जीवनाथ**

अर्थ—जिस मनुष्य के जन्मसमय में बुध द्वादशभाव में नहीं है, उसके घर में विद्वान् तथा ब्राह्मण लोग कैसे आ सकते हैं? और बलवान् शत्रुगण युद्ध से कैसे विमुख हो सकते हैं? तथा उत्तम यज्ञ तीर्थयात्रा आदि धार्मिक कार्यों में धन का खर्च कैसे हो सकता है? अर्थात् जिस मनुष्य के जन्मसमय में बुध द्वादशभाव में है उसे उपरोक्त सभीफल प्राप्त होते हैं।

'पतितस्तुरिःफे।' **वराह**

अर्थ—स्वकर्म परिभ्रष्ट होता है।

'दयाविहीनः स्वजनोज्झितश्च स्वकार्यदक्षो विजितात्मपक्षः।
धूर्तो नितांतं मलिनो नरः स्याद् व्ययोपपन्ने द्विजराजसूनौ ॥ **ढुण्ढिराज**

अर्थ—जातक निर्दय-आत्मजनों से परित्यक्त, अपने काम में चतुर, अपने पक्ष को जीतने वाला, धूर्त तथा मलिन होता है।

'बुधे व्यये व्ययी लोके रोगी बंधु समन्वितः।
पापासक्तः पराधीनः परपक्षी च जायते ॥" **काशीनाथ**

अर्थ—जातक खर्चीला, रोगी, बंधुओं वाला, पापी-पराधीन-विरुद्धपक्ष को समर्थन करनेवाला होता है।

'सत्संग कर्मापगतोऽदयश्च धूर्तः सपापो मलिनो व्ययस्थे।" **जयदेव**

अर्थ—जातक अच्छे पुरुषों के संग से और अच्छे कर्मों से दूर रहने वाला, धूर्त, पापी तथा मलिन होता है।

'बंधु द्वेषकरो धनी विगत धीस्तारासुते रिष्फगे।" **वैद्यनाथ**

अर्थ—जातक बंधुओं का वैरी, धनी और बुद्धिरहित होता है।

'दीनो विद्याविहीनः परिभवसहितोऽन्त्ये नृशंसोऽलसश्च।" **मंत्रेश्वर**

अर्थ—दीन-अपठित, आलसी-क्रूर तथा अपमानित होता है।

'सुगृहीत वाक्यमलसं परिभूतं वाग्मिनं तथा प्राज्ञम्।
व्ययगः करोतिसौम्यः पुरुषं दीनं नृशंसं च ॥" **कल्याणवर्मा**

अर्थ—जातक वचन पालनेवाला, अपमानित, वक्ता, पंडित, दीन और क्रूर होता है।

'भवति च व्ययगे शशिनंदने विकलमूर्तिधरो धनवर्जितः।
परकलत्रधने धृतमानसो व्यसनदूररतः कृतकः सदा ॥" **मानसागर**

अर्थ—जातक अंगहीन-निर्धन-परस्त्री-परधन का लोभी-व्यसनहीन तथा उपकारी होता है।

'चंद्रांगजो गतधनम् ।' **वशिष्ठ**

अर्थ—निर्धन होता है।

'नृपपीडन संतप्तं परवादेन पीडितम् ।
नृशंसं पुरुषं चांद्रिः कुरुते व्ययराशिगः ॥ **गर्ग**

अर्थ—जातक राजकोप से संतप्त-लोकनिंदा से दुःखी, तथा क्रूर होता है।

'दयाविहीनः स्वजनैर्विभक्तः सत्कार्यदक्षो विजितारिपक्षः।
धूर्तो नितातं मलिनो नरः स्यात् व्ययोपपन्ने द्विजराजसूनौ ॥"
बृहद्यवनजातक

अर्थ—जातक निर्दय-आत्मीयों से अलग रहने वाला, शुभकार्य में निपुण, शत्रुओं पर विजय पाने वाला धूर्त और मलिन होता है।

'बुधे वारमुख्या धनं वै भजंति दया तस्य बुद्धौ कुतस्तातवर्गः ।
स्वकीये च वर्गे भवेद्दत्तहीनः परं शत्रुवर्गं जयेत् तत्रलीनः ॥"
भवेद् धूर्त धामा यदा चांद्रिरंत्ये । **जागेश्वर**

अर्थ—जातक वेश्याव्यसनी होता है। आत्मीयों पर उपकार नहीं करता है—शत्रुविजयी होता है, निर्दयी, धूर्त किंतु नम्र होता है। इसके पिता आदि आप्त नहीं होते।

'ज्ञे व्ययभावसंस्थे पितुः सहोत्थाः सुखिनः तदास्युः । बुधे न विपुला धरित्री ॥"
पुंजराज

इसके पिता के भाई सुखी होते हैं। भूमि बहुत प्राप्त होती है।

पाश्चात्यमत—यह स्पष्टवक्ता और विजयी होता है। मकर या वृश्चिक में हो तो इसके कपटी शत्रु बहुत होते हैं, साहस, कार्य करता है। शुभ सम्बन्ध में हो तो इसे अध्यात्मज्ञान, गूढशास्त्र और असाध्य सिद्धियों की प्राप्ति होती है। यह अधिकार योग भी होता है।

भृगुसूत्र—ज्ञानवान्, स्वतुंगगे वित्तवान् । विद्यावान् बहुव्ययः । नृपात् भयम् । पापयुते चंचलचित्तः नृपजन द्वेषी । विद्याहीनः । शुभयुते धर्ममूलेन धनव्ययः । उच्चेस्वक्षेत्रे लोकधुरीणः कार्यकर्ता च ।

अर्थ—जातक ज्ञानी और विद्वान् होता है। उच्च का हो तो धनवान् होता है किन्तु खर्चीला होता है। इसे राजा से भय होता है। पापग्रहों के साथ हो तो चंचल चित्त का होता है। राजा और प्रजा से द्वेष करता है। विद्वान् नहीं होता है। शुभग्रहों के साथ हो तो धन का खर्च शुभकर्मों में करता है। उच्च का हो वा स्वगृह में हो तो लोगों में अग्रणी और दूसरों के काम करनेवाला होता है।

विचार और अनुभव—शुभफल पुरुषराशियों के और अशुभफल स्त्री-राशियों के हैं।

बृहस्पति-विचार

बृहस्पति के पर्याय नाम—गुरु, आर्य-गीष्पति-धिषण-आंगिरस, चित्रशिखंडिज, वचसांपति, वाक्पति, जीव, इज्य-देवेज्य, सुराधिप, देवमंत्री, विबुधपतिगुरु, बृहस्पति, कुलिसकरनुत-गीर्वाणवंद्य-प्रशान्त-त्रिदिवेशवंद्य, सूरि, सुरेज्य, ग्रहराजज्यौ-प्रचक्षस्-मंत्री-वाचत्पति-सुराचार्य-अंगिरा-ईड्य, वासवगुरु-प्राग्भब-प्राक्फाल्गुन, अमरगुरु।

बृहस्पति का स्वरूप—

"पीतद्युतिः पिंगकचेक्षणः स्यात् पीनोन्नतोराश्च बृहच्छरीरः।

कपाफकः श्रेष्ठयतिः सुरेड्यः सिंहाब्जनादश्च वसुप्रधानः॥ **मन्त्रेश्वर**

अर्थ—बृहस्पति का पीलावर्ण है किन्तु नेत्र और शिर के केश कुछ भूरापन लिए हुए हैं। इसकी छाती पुष्ट और ऊँची है और बड़ा शरीर है। यह कफ प्रधान है। इसकी बुद्धि उत्तम होती है। इसकी वाणी शेर व शंख की तरह गंभीर होती है। और यह धन प्रधान ग्रह है।

टिप्पणी—वैद्यकशास्त्र में कफप्रकृति वालों के जो लक्षण बताए गए हैं, वे उस व्यक्ति में घटित होंगे जिसकी कुंडली में बलवान् बृहस्पति लग्न में होगा, व बलवान् होकर नवांश का स्वामी है। बृहस्पति बलवान् होने से मनुष्य बहुत बुद्धिमान् होता है। बुध से भी बुद्धि देखी जाती है और बृहस्पति से भी। तब दोनों से ही बुद्धि का विचार किया जावे तो तारतम्य क्या होगा? बुध से किसी बात को शीघ्र समझ लेना। किसी विषय का शीघ्र ही हृदयंगम हो जाना आदि का विचार करना चाहिए। किन्तु-बृहस्पति से विचार करने की शक्ति दृढ़ होती है। श्रेष्ठमति होना बृहस्पति का लक्षण है। इसीलिए इसे देवताओं का गुरु कहा है।

बृहस्पति यदि कुंडली में अच्छा होगा तो मनुष्य धनी होगा। गोचर में जब बृहस्पति अनुकूल होगा तो धन दिलाएगा। जन्मस्थ बृहस्पति जब पापाक्रान्त हो अर्थात् पापग्रहों से पीडित हो तो धननाश होगा। बहुत-सी पुस्तकों में 'वसाप्रधानः'। ऐसापाठ है। वसा का अर्थ चर्वी है। इस तरह 'वसाप्रधानः।" का अर्थ होगा 'जिसके शरीर में चर्वी अधिक है अर्थात् जो मोटा है।

बृहत्तनुः पिंगलमूर्धजेक्षणो बृहस्पतिः श्रेष्ठमतिः कफात्मकः।" **वराहमिहिर**

अर्थ—बृहस्पति का शरीर स्थूल अर्थात् मोटा है। इसके नेत्र लाल-पीले- इसके केश कपिलवर्ण के हैं। बुद्धि धर्मानुकूल और श्रेष्ठ .है—यह श्लेष्मा प्रधान ग्रह है।

"ईषत् पिंगल लोचनः श्रुतिधरः सिंहाच्छनादः स्थिरः;
सत्वाढ्यः सुविशुद्ध कांचनवपुः पीनोन्नतोरः स्थलः।
शश्वत् धर्मरतः विनीतनिपुणो बद्धोत्कटाक्षः क्षमी,
स्यात् पीताम्बरभृत् कफात्मक तनुः मेदः प्रधानो गुरुः॥ **कल्याणवर्मा**

अर्थ—इसके नेत्र शहद के समान कुछ लाल-पीले रंग के हैं। इसकी वाणी शेर की भाँत गंभीर होती है। स्वभाव स्थिर और सत्वगुणप्रधान होता है। इसके शरीर का वर्ण तपे हुए सोने के सदृश गोरा है। इसकी छाती चौड़ी और ऊँची होती है। सदैव धर्मनिष्ठ-नम्र, चतुर, क्षमायुक्त और श्रेष्ठ रुद्राक्ष धारण करने वाला होता है। पीतवस्त्र धारण करनेवाला, कफप्रधान प्रकृति-और मोटा-ऐसा बृहस्पति का स्वरूप है।

व्यंकटशर्मा—सर्वार्थचिन्तामणि—

'बृहस्पतिस्तुंदिलगात्रयष्टिः कफात्मकः श्रेष्ठमतिः सुविद्वान्।
सत्वाश्रयः सर्वगुणाभिरामः पिंगाक्षमूर्धन्यकचाभिरामः॥

अर्थ—बड़ा पेटवाला, कफप्रकृति, श्रेष्ठबुद्धि-अच्छाविद्वान्, सत्वगुणी और संपूर्ण गुणों से युक्त बृहस्पति ग्रह है। इसके शिर के केश और नेत्र पीले हैं और यह प्रसन्न रहनेवाला है।

जयदेव—जातकचंद्रिका—

'गुरुर्गुणाढ्यः कफवांश्च गौरः पीतोर्ध्वजो मांसलदीर्घदेहः।
तथापिंगेक्षणवान् सुधीश्च लोकेषु मान्योऽपिचमेदसारः॥

अर्थ—गुणवान्, कफप्रकृति, गौरवर्ण, पीलेकेश, पुष्ट और लम्बा शरीर, पीले नेत्र, विद्वान्, लोकमान्य, तथा चर्बी से वली-ऐसा स्वरूप बृहस्पति का है।

ढुंढिराज—जातकाभरण—

'दीर्घाकारश्चारुचामीकराभो मज्जासारः सुस्वरोदारबुद्धिः।
दक्षः पिंगाक्षः कफी चातिमांसः प्राज्ञः सुज्ञैः कीर्तितो जीवसंज्ञः॥

अर्थ—बृहस्पति—लम्बाशरीर, सोने के समान गौरवर्ण, चर्बी में बलवाला, सुन्दरवाणी, उदार, चतुर, पीली आँखोंवाला, कफप्रकृति, अधिक मांसवाला और विद्वान् होता है।

वैद्यनाथ—जातकपारिजात—

"बृहदुदरशरीरः पीतवर्णः कफात्मा सकलगुणसमेतः सर्वशास्त्राधिकारी।
कपिलरुचिकचाक्षः सात्विकोऽतीवधीमान् अलघुनृपतिचिह्नः श्रीधरो देवमंत्री॥

अर्थ—बृहस्पति-लम्बा पेट और लम्बे शरीरवाला, पीतवर्ण-कफप्रकृतिवाला, सर्वगुणसंपन्न सभी शास्त्रों में अधिकार रखनेवाला, कपिलरंग के केश और नेत्रों-वाला-सतोगुणी-अत्यंत बुद्धिमान्, बड़े राजचिह्नों से संपन्न और लक्ष्मी को धारण करनेवाला होता है।

विशेषवर्णन—

वर्ण—बृहस्पति का रङ्ग कुछ पीला गोरा है।

धातु—मेदा पर अधिकार है, बृहस्पति प्रभावान्वित व्यक्ति मोटा होता है।

वस्त्र—कल्याणवर्मा ने 'पीताम्बरभृत्' ऐसा कहा है—वस्त्र का रङ्ग पीला होना ठीक है।

धातु—वैद्यनाथ ने 'रजत (रौप्य) धातु माना है–किसी का सुझाव है कि 'कांसा' धातु मानना चाहिए।

ऋतु—हेमन्त वा शिशिर।

रुचि—मधुर रुचि।

शाखाधिपत्य—ऋगवेद।

बल-समय—सायंकाल में बलवान् होता है–किसी का सुझाव, प्रातः और रात्रिकाल है।

लोक—स्वर्गलोक।

द्विपाद—मनुष्यादि द्विपाद प्राणी ही ज्ञान में अधिकार रखते हैं अतः गुरु का अधिकार ठीक है।

आयु—३० वर्ष (जातकपारिजात) सुझाव है कि ४२ वें वर्ष के बाद की आयु पर गुरु का अधिकार होना उचित है।

देवता—स्वर्ग का अधिपती इन्द्र–इसका मन्त्री बृहस्पति है।

रत्न--पुष्पराग (पुखराज) (जातकपारिजात)

(वृष–कन्या–तुला और मकर राशियाँ जिनका लग्न हो उनके लिए पुष्पराग धारण करना ठीक नहीं रहेगा–अर्थात् वृश्चिक, धन, मिथुन, कर्क, सिंह, कुंभ, मीन, मेष लग्नवाले व्यक्ति पुखराज धारण कर सकते हैं।

दिशा—ईशान्य।

प्रदेश—गोदावरी से विंध्यतक का प्रदेश गुरु के अधिकार में है।

वर्ण—ब्राह्मण–कुछ इसे वैश्यवर्ण का भी मानते हैं–वैद्यनाथ के अनुसार गुरु का वर्ण ब्राह्मण है।

गुण—सतोगुणी (सत्वप्रधान)

आकार—पुरुषाकृति।

तत्व—आकाश तत्व।

काल—महीना।

बल—लग्न में बलवान् होता है (वैद्यनाथ)

मृदु—मृदु शरीर के व्यक्तियों पर गुरु का अधिकार है।

पराभव—मंगल द्वारा गुरु का पराभव होता है (वैद्यनाथ)

वृक्ष—फलदार वृक्ष गुरु के अधिकार में है।

दृष्टि—सम दृष्टि।

उदङ्मुख—उत्तर की ओर गुरु थोड़ा चपटा है–अतः गुरु उदङ्मुख माना है।

मेष, सिंह वा धनु राशियों में बृहस्पति हो तो व्यक्ति की वाणी सिंहवत् गम्भीर होती है। बलवान् होकर गुरु कुंडली में पड़ा हो तो व्यक्ति विद्वान्, बुद्धिमान्, लेखक, संशोधक आदि होता है। स्त्री राशि का गुरु हो तो

प्रारम्भिक व्यवसाय नौकरी तदनन्तर स्वतन्त्र व्यवसाय होता है यदि गुरु पुरुष राशियों में हो तो प्रारम्भ से ही स्वतन्त्र व्यवसाय होता है।

दशमस्थान में यदि गुरु हो तो सारी उमर नौकरी करनी पड़ती है।

यदि कुण्डली में गुरु दूषित हो तो व्यक्ति व्यर्थ व्यय करने वाले होते हैं। दूसरों के साथ इनका व्यवहार अच्छा नहीं होता—स्वस्त्री से व्यवहार ठीक नहीं रखते किन्तु परकीया से घुले मिले रहते हैं—व्यभिचारी, निन्दक-तथा अहंमन्य होते हैं।

मेष-मिथुन, सिंह, धनु और मीन में गुरु के होने से अच्छे फल मिलते हैं। तुला-वृश्चिक, मकर वा कुम्भ में गुरु हो तो साधारण फल मिलता है। वृष-कन्या और कर्म में गुरु अशुभ फल दाता होता है।

बृहस्पति का कारकत्व—

मांगल्य धर्म पौष्टिक महत्व शिक्षा नियोग पुरराष्ट्रम्।
यानासन सुवर्ण धान्य पुत्र प्रभुर्जीव ॥ **कल्याणवर्मा**

अर्थ—मंगल कार्य, धर्म, देह की देखभाल-तथा देह को पुष्ट रखना, महत्त्व-शिक्षा-किसी काम में नियुक्ति-शहर-देश-वाहन मोटर आदि-ओसन-सुवर्ण-धान्य-घर-पुत्र-इन पर बृहस्पति का अधिकार है।

"प्रज्ञा वित्त (नित्य) शरीर पुष्टि तनय ज्ञानानि वागीश्वरात्।
आचार्य देवगुरु भूसुर शापदोषैः शोकेच्च गुल्मरुजमिंद्र गुरुः करोति ॥" **वैद्यनाथ**

अर्थ—सत्-असत् विवेक करनेवाली बुद्धि-धन-शरीर को पुष्ट रखना, पुत्र-ज्ञान, आचार्य-देव-गुरु वा ब्राह्मण के शाप से दुःख होना-तथा गुल्मरोग-ये सभी बृहस्पति के अधिकार में हैं।

'वचन पटुत्व तुरंगमसौख्यं तन्त्र विचार नृपाल विनोदम्।
सन्तति सौख्यमलं निगमार्थ ज्ञान सुतांग बलं गुरुतश्च ॥' **जीवनाथ**

अर्थ—वाक् पटुता अर्थात् व्याख्यानशक्ति, घोड़े का सुख, तन्त्र विचार, राजा से विनोद, सन्तति सुख-वेदार्थज्ञान और शारीरिक शक्ति, इन पर गुरु का अधिकार है।

"वाग् धोरणी मन्त्र राजतन्त्र नैष्ठिक गजतुरग याम निगम भाव बोध कर्म पुत्र संपद् जीवनोपाय कर्मयोग सिंहासन कारको गुरुः। **सर्वार्थचिन्तामणि**

अर्थ—वाणी-दूरदर्शी होना-मन्त्र-राजनीति-निष्ठा से किया गया काम, हाथी-घोड़ा, निगम-शास्त्र पढ़ाना पुत्र-सम्पत्ति-आजीविका का साधन-कर्मयोग-अर्थात् निष्कामकर्म, राजसिंहासन इन सभी विषयों पर बृहस्पति का अधिकार है।

'ज्ञानं सद्गुण मात्मजं च सचिवं स्वाचारमाचार्यकम्।
माहात्म्यं श्रुतिशास्त्रधीस्मृतिमतिं सर्वोन्नतिं सद् गतिम् ॥
देव ब्राह्मण भक्तिमध्वरतपः श्रद्धां च कोशस्थलम्।
वैदुष्यं विजितेन्द्रियं धवसुखं सम्मान मीड्याद् दयाम् ॥

गुल्मांत्रज्वर शोकमोहकफजान् श्रोत्रार्ति मोदामयान्।
देवस्थान निधि प्रपीडनमही देवेश शापोद्भवम्॥
रोगं किन्नरयक्ष देवफणभृद् विद्याधराद्युद्भवम्।
जीवः सूचयति स्वयं बुधगुरूत्कृष्टापचारोद्भवम्॥' मन्त्रेश्वर

अर्थ—ज्ञान-सद्गुण-पुत्र, मन्त्री, आचार-धर्म-गुरु, माहात्म्य, वेद-शास्त्र-ज्ञान-सभी प्रकार की उन्नति-मृत्यु के अनन्तर शुभगति-देव ब्राह्मण भक्ति-यज्ञ-तप पर श्रद्धा-कोश, विद्वत्ता-जितेन्द्रियता-पतिसुख पूज्यों की कृपा-सम्मान-इन सब पर गुरु का अधिकार है गुरु के अधिकार में आने वाले रोग :—गुल्म-अँतड़ियों के विकार, ज्वर-कफ-शोक-मूर्छा कर्णरोग-देवालय के रुपयों-पैसों के हड़प करने से, वा ब्राह्मण के शाप से उत्पन्न रोग-यक्ष किन्नर-नाग आदि देवों द्वारा उत्पन्न हुए रोग-इन रोगों पर भी बृहस्पति का अधिकार है।

उत्तरकालामृत में वर्णित बृहस्पति का कारकत्व—

ब्राह्मण-गुरु, स्वकर्म-रथ-गौ-पदाति-निक्षेपक, मीमांसा, निधि-घोड़े-भैंस, बड़े-बड़े अंग-प्रताप, कीर्ति-तर्कशास्त्र-ज्योतिः शास्त्र, पुत्र-पौत्र, उदररोग-दोपाए प्राणी, वेदान्त-परदादा आदि प्रासाद-गोमेधिक, बड़ा भाई, दादा-शिशिरऋतु, रत्न-व्यापारी-नैरोग्य सुन्दर घर राजसम्मान-तपश्चर्या-दान-धर्म-परोपकार-समदृष्टि-उत्तरदिशा-वर्तुलाकृति-पीलारंग-ग्रामवासी-प्यारा मित्र, झूला-मेदा-मध्य-वस्त्र-नूतनगृह, सौख्य, बूढ़ों की सलाह-तीर्थ, बुद्धि-काव्य-गोपुर-सभा सत्पुरुषों का आमोद-प्रमोद-सिंहासन, ब्रह्मदेव की स्थापना-सभीकाल-बल-महीना-वैडूर्य रत्न-अग्निष्टोम यज्ञ का फल, मधुर रुचि-सत्वगुण, सुख दुःख, ऊँचाई-स्वर्णाभूषण-तन्त्र-वात-श्लेष्मारोग, पुष्परागरत्ननिगमाभास-मृदुपत्थर-शिवोपासना-नैष्ठिकता-चतुरता-प्रयाण। (पुस्तक कलेवर बढ़ जाने के भय से मूलपाठ नहीं लिखा है)

निम्नलिखित रोगों पर गुरु का ही अधिकार है :—जलोदर, यकृत के रोग-फेफड़ों के रोग, मस्तिष्क की रक्तवाहिनियों के रोग, अँतड़ियों की सूजन, हृदय को धक्का पहुँचना, पेट में शूल, रीढ की हड्डी में दर्द, घटसर्प-पसलियों के तथा रक्तवाहिनियों के रोग-खून का बिगड़ना-लम्बा बुखार। ('पाश्चात्यमत)

कारकत्वसमुच्चय—मांगल्य, धर्म, पौष्टिक, महत्व-शिक्षा-पान, सोना, धान्य-पुत्र-प्रज्ञा-ज्ञान वित्त-शरीरपुष्टि-शाप-शोक-गुल्म, कामला-वातरोग-स्वकर्म-यजन गृह-वस्त्र पात्र-मित्र-आन्दोलन-सुख-वाग्धोरणी-मंत्र-राजतन्त्र, नैष्ठिक, गज-तुरग-बोधकर्म-जीवन साधन-कर्मयोग सिंहासन-वचन पटुता, तन्त्रविचार, प्रवचनकार, व्याख्याता-लेखक-प्रकाशक-विडम्बन-काव्य-राजकृपा-सचिव, आचार्य-शास्त्र-धी-स्मृति-मति-सर्वोन्नति-भक्ति-अध्वरतपः श्रद्धा-वैदुष्य-धनसुख-सम्मान-दया-अंत्रज्वर-मोह-कफजरोग, देवस्थान निधि के उपभोग में लाने से उत्पन्न रोग, भाग्य, कीर्ति-वृद्धि-यश-मैत्री संरक्षण-विधानसभासदस्य, धर्मगुरु, दीक्षागुरु-आध्यात्मिक गुरु, न्यायाधीश, वकील, विद्यार्थी, ऊनीसूती कपड़ों का कारखाना-उसका मालिक व्यापारी-जाँघें-पैर-दाहिनाकान-सभी प्रकार का सुख-नृपवदधिकार, लोकसंग्रह-

ग्रहणशक्ति, तीक्ष्णबुद्धि-ग्रन्थकर्तृत्व-स्थिरवृत्ति-धैर्य-संकटापन्न की सहायता-विवेक-समय सूचकता, निःस्पृहता-निर्भयता-सादा रहन सहन-रुचिकर अन्न-कोशस्थल, पुर-राष्ट्र-न्याय-राज्यव्यवस्था-मन्त्री-मन्त्रिमण्डल-संसद-विद्यापीठ-कुलगुरु-उपकुलगुरु-रजिस्ट्रार-दीक्षांतसमारोह-(बीजगणित--वैद्यक-आरोग्यशास्त्र-हिंन्दू-कानून सिविल-ला-अर्थशास्त्र-दर्शनशास्त्र, पी. एच डी. आदि उच्चउपाधियाँ-शिक्षाविभाग-फिल्मसैन्सर, बोर्ड-सचिवालय-शाला-कालेज-शिक्षक-प्राध्यापक-वैरिस्टर-राज्यपालों के सलाहकार।

नोट नं०१—शिक्षा विषयक कारकत्व का अच्छा अध्ययन तब होता है जब गुरु लग्न में तृतीय, पंचम, सप्तम, नवम, एकादश स्थान में और शुभराशि में हो।

नोट नं०२—व्यवसाय के विषय में विशेष विचार तभी करना उचित होगा जब गुरु लग्न, सप्तम, वा दशमस्थान में हो क्योंकि गुरु प्रभावान्वित व्यक्ति जिस किसी व्यवसाय में भी अग्रसर होगें-यशस्वी ही होंगें। अतः कारकत्व का वर्णन आवश्यक नहीं है।

मेषादि राशियों में स्थित गुरु के फल—

मेष—मेष में गुरु हो तो जातक-वाद-विवाद क्योंकर किया जाता है एतद् विषयक गुणों से युक्त-यत्न से रत्नादि लाभ करनेवाला, पुत्र-धन और बल से युक्त प्रगल्भ, विख्यातकर्मा, ओजस्वी, बहुतशत्रुओंवाला, बहुत खर्च करनेवाला, क्षतशरीर, क्रोधी, चंड तथा उग्र दंडनायक होता है।

वृष—वृष में गुरु हो तो विशालदेह, देव-ब्राह्मण और गाय का भक्त, मनोहररूप, स्वपत्नीरत अच्छे वस्त्रधारण करनेवाला, कृषि और गोधन से युक्त, उत्तम वस्तुओं और उत्तम भूषणों से युक्त, समयानुकूल उचितभाषी-सुबुद्धि-गुणी विनम्र और वैद्यक्रिया में निपुण होता है।

मिथुन—मिथुन में गुरु हो तो धनी, सुमेधा-वैज्ञानिक, सुलोचन, वक्ता, चतुर, धर्मशील, गुरुजनों और भाई-बंधुओं से आदृत, मंगलशब्द प्रयोक्ता, कार्यतत्पर और कवि होता है।

कर्क—कर्क में बृहस्पति हो तो पंडित, रूपवान्, धर्मात्मा, सुशील, बली, यशस्वी, बहुत धान्य और धनवाला, सत्यभाषी, स्थिर पुत्रवाला, लोकमान्य, विख्यात, राजा, सुकर्मी, मित्रों के अनुकूल और उनसे प्रेम करने वाला होता है।

सिंह—सिंह में गुरु हो तो शत्रुओं से बल और धैर्य से वैर रखनेवाला, मित्रों से स्नेह करनेवाला विद्वान्, धनी, शिष्टपरिजनों से युक्त, राजा वा पौरुष में राजतुल्य, सभाभूषण, शत्रु को जीतनेवाला, शरीर में दृढ़ तथा शक्तिसंपन्न, बन-पर्वत-दुर्ग में रहनेवाला होता है।

कन्या—कन्या में गुरु हो तो बुद्धिमान्, धर्मात्मा, कार्यनिपुण-मीठी-मीठी सुगंध से युक्त वस्त्रोंवाला, काम करने में दृढसंकल्प, शास्त्र और शिल्प से धनी, दानी, सुशील, चतुर, धनाढ्य-अनेक लिपि को जानने वाला होता है।

तुला—तुलाराशि में गुरु होतो मेधावी, बहुतपुत्रोंवाला विदेशवास का प्यारा, धनाढ्य, भूषणप्रिय, विनीत, नट-नर्तकों द्वारा धनसंग्रह करनेवाला, मनोहररूप, शास्त्रज्ञ, अपने साथ के व्यापारियों में श्रेष्ठ-देवता और अतिथि सेवा में प्रेम रखनेवाला होता है।

वृश्चिक—वृश्चिक में गुरु होतो बहुशास्त्रनिपुण, राजा, ग्रंथों का भाष्य करनेवाला, चतुर, देवमंदिर बनवानेवाला बहुत और सुशीला पत्नियों से युक्त पुत्रों वाला, रोगपीडित, परिश्रमी, अतिक्रोधी, दांभिक, अतिलोभी, निंद्यआचारवाला होता है।

धनु—धनु में गुरु होतो व्रतोद्यापन-दीक्षा-यज्ञ आदि में आचार्य-स्थिरधनवाला-दानी-मित्रों का हितैी, परोपकारी-शास्त्रों का प्रेमी, मांडलिक वा मंत्री, बहुतदेशों में घूमनेवाला, एकांत और तीर्थस्थान में रहने वाला होता है।

मकर—मकरस्थ गुरु होतो अल्पबली, बहुतश्रम और क्लेश से युक्त, नीचाचारी, मूर्ख, निर्धन, दूसरों का नौकर, मंगलकार्यों से हीन, दया-पवित्रता, भाई बंधुओं के प्रेम और धर्म से हीन, कृश, भीरु, प्रवासी, और विषादयुक्त होता है।

कुंभ—कुंभ में गुरु हो तो चुगुलखोर, दुष्टस्वभाव, नीच कार्य में रत-गण का मुखिया, क्रूर, लोभी, रोगी, अपने वचन के दोष से स्वधननाशक, बुद्धिहीन और गुरुतल्पग होता है।

मीन—मीन में गुरु हो तो वेद-शास्त्रवेत्ता, मित्र और सज्जनों का मान्य, नृपनेता, श्लाघ्य, धनी-निर्भय, घमंडी, दृढसंकल्पवाला, राजा की नीति, शिक्षा, व्यवहार रण आदि के प्रयोग को जाननेवाला, प्रसिद्ध और शांत होता है।

गुरु पर रवि आदि ग्रहों की दृष्टि के फल—

रवि—मेष वा वृश्चिक राशि स्थित गुरुपर रवि की दृष्टि होतो जातक धर्मात्मा, सत्यवक्ता, ख्यातपुत्रवाला, भाग्यवान्, रोमयुक्त देहवाला होता है।

चंद्र—चंद्रमा की दृष्टि से इतिहास और काव्यवेत्ता, बहुतरत्नोंवाला, स्त्रीवल्लभ, राजा और पंडित होता है।

भौम—मङ्गल की दृष्टि से राजपुरुष, वीर उग्र, नीतिज्ञ, विनयी, धनी, कुभृत्य और कुशीला स्त्रीवाला होता है।

बुध—बुध की दृष्टि से मिथ्याभाषी, धूर्त, पापी, परच्छिद्रान्वेषी, सेवा और विनय जाननेवाला और कपटी होता है।

शुक्र—शुक्र की दृष्टि से गृह-शय्या-वस्त्र-गंध-भूषण-स्त्री आदि विभव से युक्त और भीरु होता है।

शनि—शनि की दृष्टि से मलिन, लोभी, कठोर, साहसी, प्रसिद्ध, चंचलमैत्री और संतान वाला होता है।

वृष-तुलास्थित गुरु पर ग्रहदृष्टिफल—

वृष वा तुला में गुरुपर **रवि** की दृष्टि से जातक परिजन और पशुओं से युक्त भ्रमणशील, लंबाशरीर, पंडित-और राजमंत्री होता है।

चंद्र—की दृष्टि से अतिधनी, अतिशान्त, माता का भक्त, स्त्रीप्रिय और अतिभोगी होता है।

मङ्गल—की दृष्टि से युवतिप्रिय, पंडित, वीर, धनी, सुखी और राज-पुरुष होता है।

बुध—की दृष्टि से पंडित, चतुर-शांत, सुंदर, धनी, गुणी और सुशील होता है।

शुक्र—की दृष्टि से अतिमनोहर, महाधनी, अलंकारधारी, दयालु, उत्तम-शय्या और उत्तमवस्त्र धारण करने वाला होता है।

शनि—की दृष्टि से पंडित, धनाढ्य, गाँव और नगरवासियों में श्रेष्ठ, मलिन, कुरूप-और स्त्री-हीन होता है।

मिथुन-कन्यास्थ गुरु पर ग्रहदृष्टिफल—

मिथुन वा कन्या स्थित गुरुपर **रवि** की दृष्टि से श्रेष्ठ-गाँव का मुखिया, परिवार स्त्री-पुत्र-धन युक्त होता है।

चंद्र की दृष्टि से—धनी, मातृभक्त, सुख-स्त्री-पुत्रयुक्त और अनुपम सुन्दर होता है।

मङ्गल की दृष्टि से—सर्वत्रविजयी, विकृतदेह, धनी और लोक-मान्य होता है।

बुध की दृष्टि से—दैवज्ञ, बहुस्त्रीवाला, कई प्रकार के वचन बोलनेवाला, सूत्रकार होता है।

शुक्र की दृष्टि से—देवमंदिर आदि कृत्य करनेवाला, वेश्यागामी, स्त्रियों को मनोहर रहता है।

शनि की दृष्टि से—किसी जाति वा जनसमूह वा राष्ट्र वा ग्राम वा नगर का मुख्य सुन्दर पुरुष होता है।

कर्कस्थित गुरु पर ग्रहदृष्टिफल—

कर्कस्थ गुरु पर **रवि** की **दृष्टि से** जातक लोकप्रसिद्ध-जनसमूह का अध्यक्ष-पूर्व अवस्था में सुख-धन-स्त्री से हीन पश्चिम अवस्था में इन सबसे युक्त होता है।

चन्द्रमा की दृष्टि से—अति सुन्दर-कोश-सवारी-उत्तमस्त्रीपुत्रवाला राजा होता है।

मंगल की दृष्टि से—बालवय में ही विवाहित, सुवर्णभूषणयुक्त-पंडित, वीर, व्रणयुक्त देह वाला होता है।

बुध की दृष्टि से—बंधु-मित्रयुक्त-धनी-कलहप्रिय-पापहीन लोकविश्वस्त राजमंत्री होता है।

शुक्र की दृष्टि से—बहुत स्त्री-धन-भूषणयुक्त, सुखी और सुन्दर होता है।

शनि की दृष्टि से—गाँव-शहर वा सेना का अध्यक्ष, वक्ता, धनी और बुढ़ापे में सुखभोगी होता है।

सिंहस्थ गुरु पर ग्रहदृष्टिफल—

सिंहस्थ गुरु पर **रवि की दृष्टि से**—सज्जन, प्रिय, प्रसिद्ध, राजा, धनाढ्य और सुशील होता है।

चन्द्रमा की दृष्टि से—सौभाग्यवान्, मलिन, स्त्री-भाग्यसे धनवृद्धि वाला, जितेन्द्रिय होता है।

मंगल की दृष्टि से—साधु और गुरुजनों का भक्त, सुकर्मकर्ता, श्रेष्ठ-चतुर, शुद्ध, वीर और क्रूर होता है।

बुध की दृष्टि से—गृहनिर्माण निपुण-वैज्ञानिक, प्रियवक्ता, राजा का प्रधानमंत्री और शास्त्रज्ञ होता है।

शुक्र की दृष्टि से—स्त्रीप्रिय-सुंदर-नृपमान्य-महाबली होता है।

शनि की दृष्टि से—अधिक और प्रियवचनवक्ता-सुखहीन-निठुर, चित्रकार, दुःशील स्त्री-पुत्र वाला होता है।

धनु वा मीनस्थित गुरु पर दृष्टिफल—

धनु वा मीनस्थ गुरु पर **रवि की दृष्टि से** जातक, राजा का विरोधी, धन और बंधुओं से त्यक्त होकर दुःखी होता है।

चन्द्र की दृष्टि से—सर्वसुखयुक्त, स्त्रीप्रिय-मान-धन ऐश्वर्य से गर्वित होता है।

मंगल की दृष्टि से—संग्राम में क्षतदेह, हिंसक, परोपकारक, परिवार-हीन होता है।

बुध की दृष्टि से—राजा वा राजमंत्री, पुत्र-धन-सौभाग्य सुख से युक्त सर्व-हितसाधक होता है।

शुक्र की दृष्टि से—सुखी, धनी, पंडित, दोषहीन, दीर्घायु-सुन्दर, लक्ष्मी-युक्त पुरुष होता है।

शनि की दृष्टि से—मलिन, भीरु, लोक में निन्द्य, दीन-सुखधर्मादिहीन होता है।

मकर-कुंभस्थ गुरु पर ग्रहदृष्टिफल—

मकर वा कुंभस्थ गुरु पर **रवि की दृष्टि से** जातक, विद्वान्, राजा, स्वभाव से ही धनी, भोगी और पराक्रमी होता है।

चन्द्र की दृष्टि से—पितृमातृभक्त-श्रेष्ठ-कुलीन, विद्वान, धनी, सुशील और धर्मात्मा होता है।

मंगल की दृष्टि से—वीर, राजा का सेनापति-बली-सुन्दर, विख्यात, लोकमान्य होता है।

बुध की दृष्टि से—कामी-गुणियों में श्रेष्ठ-धनवाहक, विख्यात-मित्रयुक्त होता है।

शुक्र की दृष्टि से—अन्न-पान-विभव, उत्तमगृह-शय्या-स्त्री-भूषण-वसनयुक्त होता है।

शनि की दृष्टि से—अद्वितीय विद्वान् श्रेष्ठ-राजा-परिजन और पशुओं से युक्त धनी और भोगी होता है।

अथ गुरोः लग्नादि द्वादशभावफलम्—

गुरुत्वं गुणैर्लग्नगे देवपूज्ये सुवेशी सुखी दिव्यदेहोऽल्पवीर्यः।
गतिर्भाविनी पारलोकी विचिन्त्या वसूनि व्ययं संबलेन व्रजन्ति ॥ १ ॥

अन्वय—देवपूज्ये लग्नगे गुणैः गुरुत्वं (भवेत्) (सः) सुवेशी सुखी दिव्यदेहः, अल्पवीर्यः (च) (स्यात्) (तस्य) भाविनी पारलोकी गतिः विचिन्त्या, संबलेन व्ययं व्रजन्ति ॥ १ ॥

सं० टि०—लग्नगे देवपूज्ये गुरौ सुवेशी सुवस्त्रालंकारेण शोभाढ्यः, दिव्यदेहः सुंदरशरीरः, सुखी विषादरहितः, अल्पवीर्यः अल्पबलः नरः तथागुणैः पांडित्यलोकरंजनादिभिः गुरुत्वं बहुमान्यत्वं भाविनी पारलौकिकी गतिः भविष्यति स्वर्गवासरूपाभवेत् इतिशेषः, वसूनि धनानि संबलेन भोगे न व्रजन्ति ॥ १ ॥

अर्थ—जिस मनुष्य के जन्मलग्न में बृहस्पति हो वह गुणों से मान्य होता है। इस संसार में प्रायः सभी मनुष्यों की आन्तरिक इच्छा और अभिलाषा यही रहती है कि वह संसार में बड़ा माना जावे, इस बड़प्पन प्राप्ति के लिए कई एक साधन उपयोग में लाये जाते हैं। कोई मनुष्य अटूट परिश्रम करके—देश-विदेश में भ्रमण करके रुपया कमाता है और धन के प्रभाव से इसे बड़प्पन मिलता है। कोई मनुष्य अपने बुद्धिवैभव से किसी यंत्रविशेष का आविष्कार करता है जिससे न केवल लाखों रुपयों की प्राप्ति ही होती है अपितु संसारभर में यश भी मिलता है, और यह यश उसके बड़प्पन का कारण होता है कोई एक उच्चकोटि की उपाधियाँ पी० एच० डी० डीलिट् आदि प्राप्त करता है जिससे उसे पढ़े-लिखों की आँखों में बड़प्पन प्राप्त होता है। कोई एक शारीरिकशक्ति से, बौद्धिकशक्ति से और युद्धशक्ति से एक राष्ट्र का निर्माता बनता है। इस राष्ट्रीय निर्माण करने के उपयोगी मेधा रखने के कारण इसे बड़प्पन मिलता है और वह संसार में उच्चकोटि का एक ही पुरुष माना जाता है।—कोई एक अपनी वक्तृत्वशक्ति से, अपनी मधुर-कर्णप्रिय-युक्तियुक्त वाणी से और भाषण से एक ही समय में असंख्य उपस्थित नर-नारियों का मनोरंजन करता है और इस मोहिनीशक्ति से इसे बड़प्पन प्राप्त होता है। कथन का तात्पर्य यह है कि लग्नभाव का गुरु एक ही उपदेश देता है कि "गुणाः पूजास्थानम्।" पाठ को ही पढ़ो—और इसी का मनन करो! तदनन्तर इसी पाठ को अपने जीवन में आदर्शरूपेण कार्यपरिणत करो। "गुणाः पूजास्थानम्" में गुणशब्द व्यापक अर्थ में प्रयुक्त किया गया है अतः प्रत्येक प्रकार का गुण इसमें अन्तर्भावित हो जाता है। अतः "सर्वेगुणाः कांचनमाश्रयन्ते।" इस नीतिवचन का अन्तर्भाव भी हो जाता है।

लग्नभावगत बृहस्पति प्रभावान्वित जातक का वेश (वेष-पोशाक) सुन्दर होता है। 'वेशयति भूषयति देहम्—इतिवेशः शोभनः वेशः अस्ति अस्य इति

सुवेशी" यह व्युत्पत्ति साध्य अर्थ हैं। जातक सुखी रहता है। इसका शरीर देवताओं के समान सुन्दर होता है? किन्तु अल्पवीर्य—अर्थात् अल्पबली—कमजोर होता है। शरीर छोड़ने पर इसकी उत्तमगति होती है अर्थात् यह स्वर्गगामी होता है। और इसका द्रव्य उपभोग से खर्च होता है। नीतिशास्त्र में धन के उपयोग के विषय में "दानंभोगोनाशस्तिस्त्रोगतयो भवति वित्तस्य। यो न ददाति न भुंक्ते तस्य तृतीया गतिर्भवति॥" ऐसा कथन है—प्रथमकोटि का धन का व्यय 'दान' है। द्वितीयकोटि का धन का व्यय 'उपभोग' है। अधमकोटि का धन का व्यय 'नाश' है। लग्नभावगत गुरु प्रभाव में उत्पन्न जातक धन का व्यय उपभोग से करता है—उपभोग शब्द का अर्थ व्यापकरूपेण लेना होगा—प्रत्येक सद्व्यय का इसमें अंतर्भाव होता है। इसी तरह 'नाश' शब्द का अर्थ भी व्यापकरूपेण लेना चाहिए इससे 'राजदंड' आदि का भी अन्तर्भाव होता है। "गतिर्भाविनी पारलोकी विचिंत्या।" का अर्थ—"परलोक की गति के बारे में चिन्ता करता है।" चिंत्य है। भट्टजी का संकेत तो शुभमूलक सद्व्यय के विषय में है। उनका गूढ़ अभिप्राय है कि लग्नभाव का गुरु अन्तःप्रेरणा से जातक से सात्विक दान आदि सद्व्यय करवाता है—जप-तप-यज्ञ-दान आदि के करने से मृत्यु के बाद शुभकर्म जन्यादृष्ट का फल स्वर्गप्राप्ति—स्वर्गवास अवश्यंभावी है ही—इसमें चिन्ता व्यर्थ है।

तुलना—गुरुत्वं लोकानां निजगुणगणैरेव सततं।
सुखं, भव्याकान्तिः प्रभवति तनुस्थे सुरगुरोः॥
व्रजंति द्रव्याणि व्ययममितभोगेनकृतिभिः।
गतिश्चांते चिन्त्या मुरहरपुरे तस्यभविता॥ **जीवनाथ**

अर्थ—जिस मनुष्य के जन्मसमय में बृहस्पति लग्न में हो उसे अपने गुणसमूह से ही सर्वदा लोगों में गुरुता (श्रेष्ठता-बड़प्पन) प्राप्त होती है। वह सुखी होता है। उसका स्वरूप मनोहर होता है। वह विविध प्रकार के भोगों में धन का खर्च करता है। जीवनयात्रा के अन्त में उसे विष्णुलोक की प्राप्ति होती है। 'मुरहरपुर' समासांत शब्द का पदार्थ मुरदैत्य के नाशक अर्थात् 'मुरारि' विष्णु का पुर—अर्थात् 'लोक' = विष्णुलोक है। तनुभावगत बृहस्पति के शुभ प्रभाव से जातक को विष्णुलोक की प्राप्ति होती है" यह समुचित अर्थ है। भट्टनारायण तथा जीवनाथ दैवज्ञ का संकेत सकाम शुभ कर्मों की ओर है कामना सहित किए गए शुभकर्मों का फल स्वर्ग वा विष्णुलोक प्राप्ति है। मोक्षप्राप्ति के लिए तो निष्काम कर्मों का करना अत्यावश्यक है—शुभकर्मों के करने से अंतष्करण की शुद्धि होती है। तदन्तर साधनचतुष्टय सम्पत्ति के प्राप्त हो जाने से ज्ञान होता है और ज्ञान का फल मोक्ष है।

"विद्वान्।" **वराहमिहिर**

अर्थ—तनुभावस्थ गुरु प्रभावान्वित जातक 'पंडित' होता है।

"शोभावान् सुकृती चिरायुरभयो लग्ने गुरौ सात्मजः।" **मंत्रेश्वर**

अर्थ—यदि लग्न में बृहस्पति हो तो शोभावान्, सत्कर्म करने वाला, दीर्घायु और निर्भय होता है। इसे पुत्रसुख भी प्राप्त होता है।

"विद्वान् नृपेज्यः सुतरामुदारो दारादि सौख्यस्तनुगो गुरुश्चेत् ॥" **जयदेव**

अर्थ—जातक विद्वान्, राजपूज्य-अत्यंत उदार, स्त्री-पुत्र आदि के सुख से युक्त होता है।

'लग्ने गुरौ सुशीलश्च प्रगल्भो रूपवानपि।
नृपाभीष्टश्चनीरोगी ज्ञानी सौम्यश्चजायते ॥" **काशीनाथ**

अर्थ—जातक सुशील, प्रगल्भ, रूपवान्, राजप्रिय-नीरोग-ज्ञानी तथा सज्जन होता है।

'होरासंस्थे जीवे सुशरीरः प्राणवान् सुदीर्घायुः।
सुसमीक्षितकार्यकरः प्राज्ञो धीरस्तथार्यश्च ॥" **कल्याणवर्मा**

अर्थ—जातक सुंदर शरीर वाला बली-दीर्घायु-विचार पूर्वक काम करनेवाला, पंडित, धीर और श्रेष्ठ होता है।

"जीवे लग्नगते चिरायुरमल ज्ञानी धनी रूपवान् ।" **वैद्यनाथ**

अर्थ—जातक दीर्घायु-निर्मलचित्त, ज्ञानी, धनी और रूपवान् होता है।

"विद्यासमेतोऽभिमतो हि.राज्ञां प्राज्ञः कृतज्ञो नितरामुदारः।
नरोभवेच्चारुकलेवरश्च तनुस्थिते चित्रशिखंडिसूनौ ॥" **ढुण्ढिराज**

अर्थ—जातक विद्याभ्यासी, राजमान्य-कृतज्ञ, अत्यंत उदारचित्त और सुंदर शरीर.होता है।

"विविधवस्त्रविपूर्ण कलेवरः कनकरत्नधनः प्रियदर्शनः।
नृपतिवंशजनस्य च वल्लभो भवति देवगुरौ तनुगे नरः ॥" **मानसागर**

अर्थ—जातक सदा वस्त्र तथा आभूणों से युक्त-सुवर्ण-रत्नआदि धन से पूर्ण-सुंदर स्वरूप-तथा राजकुल का प्रिय होता है।

"जीवो लग्नेयदिवा केन्द्रगः। तस्यपुत्रस्य दीर्घायुः, धनवान्, राजवल्लभः। **पराशरः**

अर्थ—जातक दीर्घायु, धनी, राजा का प्यारा होता है। इसका पुत्र दीर्घायु होता है।

"सुख कांतिदाः स्युः भयम् ॥" **वशिष्ठ**

अर्थ—सुखी और कांतिमान् होता है। इसे भय होता है।

"कविः सुगीतः प्रियदर्शनः शुचिर्दाताज्य भोक्ता नृपपूजितश्च।
सुखी च देवार्चन तत्परश्च धनी भवेद् देवगुरौ तनुस्थे।
गुरुर्धनुषि मीनेच तथा कर्कटकेऽपिच, लग्न त्रिकोण केन्द्रेवा तदारिष्ट न जायते ॥
तनु स्थानगते जीये गौरवर्ण तनु र्भवेत्, वातश्लेष्म शरीरेच्च बाल्येच्च सुख संपदः।
मिथ्यापवादजा पीडा शत्रूणां विषदायिका, राजतो मानमतुलं धनप्राप्तिरनेकधा ॥
गर्ग

अर्थ—जातक कवि, गायक, सुंदर, पवित्र-दानी, घृतपक्वपदार्थभोक्ता, राजमान्य, सुखी-दैवपूजक और धनी होता है। यह गुरु यदि लग्न में, त्रिकोण

में वा केन्द्र में हो, धनु, मीन वा कर्क राशि में हो तो अरिष्ट नहीं होता है। जातक का शरीर और वर्ण गोरा होता है—शरीर में वांत और श्लेष्मा के रोग होते हैं। बचपन में सुख मिलता है। झूठी अफवाहों से कष्ट होता है। जातक शत्रुओं के लिए विषवत् कष्टकर होता है। राजा से मान तथा धन मिलता है।

"क्रूरदृष्टिसमायोगे व्यथा काचित् प्रजायते योयोविघ्नःसमुत्पन्नः स सद्यश्च विनश्यतिः।
स्थिरप्रकृतिदः प्रकृत्या सभवेद् वृद्धो मान्यः सर्वजनेषु च ।।" **जातककलानिधि**

अर्थ—जातक को क्रूर ग्रह की दृष्टि से कुछ व्यथा होती है जो भी विघ्न हो गुरु से उनका तत्काल नाश होता है। स्वभाव स्थिर होता है। स्वभाव से प्रौढ प्रतीत होता है तथा सर्वजन मान्य होता है।

"विद्यासमेतोऽऽभिमतो हि राज्ञा प्राज्ञः कृतज्ञो नितरा मुदारः।
नरोभवेच्चारु कलेवरश्चतनुस्थिते देवगुरौ बलाढ्यः।।

वृहदयवनजातक

अर्थ—जातक विद्वान्-राजप्रिय, बुद्धिमान्, कृतज्ञ-अत्यन्त उदारचित्त, सुंदर शरीर और बली होता है। **प्रजामष्टमवत्सरे सुरगुरुः!** आठवें वर्ष संतान होती है।

"यदा देवपूज्यो विलग्ने नराणां जनैः पूज्यते भुज्यते नो कदन्नम्।
शरीरं दृढ़ं कोमलं कांतियुक्तं मनश्चिंतितं नैव व्यक्तं विधत्ते।।" **जागेश्वर**

अर्थ—लोग इसका आदर-मान करते हैं यह अच्छा उत्तम भोजन खाता है इसका शरीर दृढ़-कोमल और मनोहर होता है। यह अपने भाव अपने मन में ही रखता है।

"लग्नस्थे च द्वितीये वा जीवे स्यान् मधुर प्रियः।
मधुरं वचनं वक्ति सत्यं सर्वहितावहम्।।" **पुंजराज**

अर्थ—यह मधुर प्रिय होता है यह सर्वलोकहितकर, सत्य और मधुर वचन बोलता है।

'मृगराशि परित्यज्य स्थिते लग्ने बृहस्पतिः।
करोति स महीपालं धनपो वा भवेन्नरः।।' **नारायण**

अर्थ—मकर को छोड़कर किसी दूसरी राशि में गुरु लग्न में हो तो जातक या तो राजा, वा बड़ा धनी होता है।

"लग्नस्थे सुरराज मंत्रिणि नरो राजप्रतापी भवेत्,
विद्यावाहन भोग भूषण धृति प्रज्ञाप्रभावाधिकः।
ख्यातो वंशधरादिको गुणगणैः संत्यक्त वैरोबली,
गौरांगः सुभगः [सुभामिनियुतोदीर्घायुरारोग्यवान्।।" **हरिवंश**

अर्थ—जातक राजा जैसा प्रतापी, विद्वान्, वाहनयुक्त-भोगी, धैर्यवान्, बुद्धिमान्, प्रभावी, प्रसिद्ध कुल में उत्पन्न, गुणी, निर्वैर, गोरा, सुन्दर, अच्छी स्त्री का पति, दीर्घायु तथा नीरोग होता है।

"लोके वेदे प्रसिद्धाः सकलफलहरा नीचगाःपापखेटाः।
स्वोच्चा नैवप्रशस्ता विमलफलहरा रंध्ररिःष्फारियुक्ताः॥
जीवः स्वस्थानहंता वदति मुनिवरोदृष्टिरस्यप्रशस्ता।
सौरिः स्वस्थानपालः परभभयकरी दृष्टिरस्यप्रणष्टा॥"

तत्वप्रदीपजातक

अर्थ—नीच राशि के ग्रह सभी फल नाश करते हैं। उच्चराशि में हों तौभी यदि षष्ठ-अष्टम वा व्ययस्थान में हों तो संपूर्ण शुभफल का नाश करते हैं। **गुरु स्वस्थान के फल का नाशक** होता है। किन्तु गुरु की दृष्टि जिस पर होती है उस स्थान की वृद्धि होती है अर्थात् उस स्थान के फल अच्छे मिलते हैं। शनि जिस स्थान से होता है उस स्थान की वृद्धि होती है, फल अच्छे मिलते हैं। किन्तु शनि की दृष्टि बहुत भयंकर होती है जिस पर यह दृष्टि पड़ती है उसके फलों का नाश होता है।

भृगुसूत्र—स्वक्षेत्रे शब्दशास्त्राधिकारी। त्रिवेदी, बहुपुत्रवान्, सुखी, चिरायुः, ज्ञानवान्। उच्चे पूर्णफलानि। षोडशवर्षे महाराजयोगः। अरिनीचपापानां क्षेत्रे पापयुते वा नीच कर्मवान्। मनश्चलत्वबान्, मध्यायुः, पुत्रहीनः, स्वजन-परित्यागी, कृतघ्नः, गर्विष्ठः, बहुजनद्वेषी, व्यभिचारवान् संचारवान्, पाप क्लेश भोगी॥

अर्थः—जन्म लग्न में गुरु हो और अपने स्थान (धनु-मीन) में हो तो व्याकरणशास्त्रज्ञ होता है। तीनों वेदों का ज्ञाता है। इसके पुत्र बहुत होते हैं। यह सुखी, दीर्घायु और ज्ञानी होता है। यह गुरु उच्च में हो तो शुभफल पूरे मिलते हैं। सोलहवें वर्ष में महाराजयोग होता है। अर्थात् बड़े अधिकार की प्राप्ति होती है। यह शत्रुग्रह की राशि में, नीच राशि में, पापग्रह की राशि में हो वा पापग्रह के साथ हो तो जातक नीचकर्मकर्ता तथा चंचल मन का होता है। मध्यायु होता है। पुत्रहीन होता है। अपने लोगों से पृथक् हो जाता हैं। कृतघ्न, गर्वीला, बहुतों का बैरी, व्यभिचारी, भटकनेवाला अपने किए हुए पापों का फल भोगनेवाला होता है।

पाश्चात्यमत—यह सुन्दर और नीरोग होता है। यह गुरु अग्निराशि में हो तो उदार, धैर्यशाली, स्नेहल–विजयी, मित्रों से युक्त, अभिमानी होता है। यह पृथ्वीराशि में हो तो स्वार्थी अभिमानी, विश्वासु, मदद करनेवाला, होता है। यह जलराशि में हो तो रेश करनेवाला खिलाड़ी, पैसे की फिक्र न करने-वाला, धनप्राप्त करनेवाला, और उदार होता है। यह वायुराशि में हो तो न्यायी, उदार, समतो आचरणल का, निःपक्षपाती, विश्वासु, हरएक की मदद करने के लिए तत्पर रहनेवाला होता है। सामान्यतः लग्न में किसी भी राशि में गुरु हो तो वह व्यक्ति उदार, स्वतंत्र, प्रामाणिक, सच बोलनेवाला न्यायी

धार्मिक तथा कार्तिप्राप्त करनेवाला और शुभ काम करनेवाला होता है इसका भाल बड़ा और तेजस्वी दिखता है।

विचार और अनुभव—"षोडशवर्षे महाराजयोगः"। यह सूत्र भृगुसूत्र का है। यह प्राचीन भारत के उससमय का स्मरण कराता है जब षोडशवर्षीय वयस्क माना जाता था। षोडशवर्षीय युवक वयस्क होते हुए सभी प्रकार का उत्तरदायित्व रखता था। उस समय महाराज का पुत्र 'महाराज योग' का लाभ उठा सकता था अद्यतन परिस्थिति इसके प्रतिकूल है। आधुनिक न्याय अष्टादश वर्षीय युवक को वयस्क मानता है—इसी युवक को मतदान का अधिकार प्राप्त है—"महाराजा का पुत्र महाराज ही होगा क्योंकि वह उत्तराधिकारी है—इसीतरह राजा का पुत्र राजा होगा वा राजपुत्र होगा" इस मान्यता की जड़ें प्रायः खोखली हो चुकी हैं। यह प्रथा प्रायः नाममात्रावशेष होती जा रही है। ऐसा क्यों? क्योंकि इस प्रथा के विरोध में लोकमत है, और राजसत्ता भी इसप्रथा को भविष्य में जीवित रखने के लिए सहमत नहीं है। प्रायः भावना यही है कि ऊँच-नीच का भेद कृत्रिम और बनावटी है। सभी वर्ग एक समान हैं। "समत्वं ब्रह्म उच्यते" की भावना बलवती होती जारही है। इस परिस्थिति में 'महाराजपद का अर्थ उपचार से 'बड़ा अधिकारप्राप्त व्यक्ति-महाधनी" करलेना उचित होगा। ज्योतिषग्रन्थ उस समय में लिखे गए थे जिस समय 'राजा-महाराजा आदि शब्दों का वर्ताव यथार्थ वस्तुस्थिति को द्योतित करता था। तब 'महाराजयोगसार्थक था।

'आठवें वर्ष संतति होती है"। यह मत बृहद्यवनजातक का है। युवक और युवति वयः प्राप्त होकर यदि विवाह करते हैं तभी-परिणय के कुछ समय बाद, सन्तति का होना सम्भव है। आठवें वर्ष में सन्तति-उत्पादन का सामर्थ्य और योग्यता ही नहीं होती तो यह सन्ततियोग भी अनुभव में नहीं आ सकता है। मानवी मैथुनी सृष्टिक्रम में ऐसा होना सम्भव नहीं-मानसी सृष्टि की कल्पना ही इस युग में असम्भावनाग्रस्त है।

शास्त्रकारों के शुभफल मेष, सिंह, धन, मिथुन और मीन राशियों के हैं। अशुभ फल इन राशियों से भिन्न दूसरी राशियों के हैं।

वृष-कन्या, मकर, कुम्भ-वृश्चिक राशियों में लग्नभाव का गुरु हो तो आयु के उत्तरार्ध में वातरोग होने सम्भव हैं। जिन व्यक्तियों का गुरु मिथुन वा तुलाराशि में हो उसका रंग गोरा होता है और शरीर भी अच्छा होता है।

यदि गुरु मंगल या शुक्र के अशुभ सम्बन्ध में, कर्कराशि में हो तो व्यभिचारी-दुराचारी होना-व्यसनासक्त हो जाना-नीचकर्मों में मनोवृत्ति का होना आदि-आदि अनिष्टफल अनुभव में आते हैं।

यदि धनु और मीन में गुरु हो तो संकट नष्ट होते हैं—कर्क लग्न में गुरु हो तो संकटों का अनुभव बार-बार होता रहता है।

यदि मेष, सिंह-तथा धनु लग्न में गुरु हो तो शुभफलों का अनुभव आता है। व्यक्ति स्वभाव से उदार होता है। लोककल्याण इसे बहुत प्रिय होता है। इस गुरु के प्रभाव में आए हुए व्यक्ति अपठित भी पठित ही प्रतीत होते हैं। ये व्यक्ति यदि प्राध्यापक वकील-वैरिस्टर-जज-गायक कवि आदि होते हैं तो इन्हें यशप्राप्ति होती है।

मेष, मिथुन, कर्क, कन्या-मकर को छोड़ अन्य लग्नों में गुरु हो तो व्यक्ति भव्य भाल का, विनोदी स्वभाव का, किसी विशेष हावभाव से बातें करने वाला होता है।

मेष वा सिंह लग्न में गुरु के होने से सन्तान मध्यम प्रमाण में होती है। धनु लग्न में सन्तति नहीं होती। वृष और कन्या लग्न में सांसारिक सुख में कमी रहती है। व्यक्ति हठी-स्वार्थी तथा अहंमन्य होते हैं। अपना स्वार्थ मुख्य है-यही इनकी धारणा है इसके अनुसार दूसरों की सहायता करते हैं।

वृष, कर्क, कन्या तथा वृश्चिक राशियों में यदि गुरु होता है तो बहुभोजी होते हैं। गुरु यदि मकर में हो तो प्रायः गाना-बजाना, नाटक-तथा पढ़ने की ओर रुचि रखने वाले व्यक्ति होते हैं—मीन का गुरु व्यक्ति को वाङ्मय साहित्य का उपासक बनाता है।

गुरु यदि वृष-कन्या, तुला, मकर, कुम्भ लग्नों में होता है अनिष्ट फल-दायक होता है। गुरु यदि वृष, कन्या, तुला राशियों में होता है तो अल्प धन प्राप्ति होती है। मकर और कुम्भ में झूठा अभिमान अधिक मात्रा में होता है। सन्तति और धन-इन दोनों में एक की ही प्राप्ति होती है। कर्क और वृश्चिक लग्न में स्थित गुरु से व्यक्ति अच्छेस्वभाव का, निर्दयी और क्रोधी होता है। लग्न में मिथुन राशि में गुरु हो तो प्रथम आयु में दुःख और उत्तर आयु में सुख होता है। मिथुन, तुला, कुम्भ लग्न में गुरु के होने से व्यक्ति निश्चिन्त और वेफिकर रहने वाले होते हैं इन्हें आर्थिक कष्ट नहीं होता-इनका प्रेम सम्बन्ध सभी के साथ बहुत साधारण सा होता है।

मीन लग्न में जिनके गुरु होता है वे व्यक्ति विश्वव्यापिनी दृष्टि से व्यवहार करते हैं। वशिष्ठ जी के मत के अनुसार गुरु यदि केन्द्र वा त्रिकोण में होता है जो लाखों दोषों को नष्ट करता है। किन्तु इसके विपरीत 'स्थान हानिकरो जीवः स्थान वृद्धि करः शनिः'। ऐसा भी मत है। लग्नस्थ गुरु हर छठे वर्ष वा हर बारहवें वर्ष विपत्ति कारक होता है धनदाता न होने से धन से दूर होने वाले संकट बराबर बने रहते हैं। गुरु महाराज ज्ञान और विद्या के कारक ग्रह हैं। ज्ञानी और विद्यावान् दरिद्रता की दल दल में सदैव फसे ही रहते हैं—और इनका जीवन कंटकमय होता है। मेष-कर्क-तुला-मकर लग्न में गुरु होने से नीच स्त्रीगामी होते हैं। वृष, सिंह, वृश्चिक तथा कुम्भ लग्न में यदि गुरु हो तो निम्नवर्ग स्त्रीगामिता दोष नहीं होता। मिथुन, कन्या, धनु, मीन लग्न में गुरु हो तो व्यक्ति वय में श्रेष्ठ कुलीन परकीया से सम्बन्ध जोड़ते हैं।

लग्नस्थ गुरु के फलस्वरूप माता-पिता दोनों में से एक की मृत्यु बचपन में सम्भव है इस स्थान का गुरु द्विभार्या योग करता है। विवाहाभाव योग भी बन सकता है। डाक्टरों के लिए कर्क, वृश्चिक तथा मीन लग्न का गुरु शुभ है-वैद्यों के लिए मिथुन, तुला और कुम्भ लग्न का गुरु शुभ है। यह योग वकीलों के लिए भी अच्छा है। लग्नस्थगुरु पुलिस, सेना-आबकारी विभागों में काम करने वालों के लिए नष्ट है। ऐसे गुरु वालों के लिए ये विभाग लाभकारी नहीं होंगे। शिक्षा-विभाग में जाने वाले व्यक्तियों को लग्नस्थ गुरु श्रेष्ठ है। लग्नस्थ गुरु कुम्भ में हो तो विज्ञान के लिए, तथा मीन, मकर सिंह लग्न में हो तो भाषा और साहित्य के प्रोफेसर होने के लिए अनुकूल शुभ फलदाता है। लग्नस्थ गुरु अशुभ सम्बन्ध का अच्छा फल नहीं देता है। लग्नस्थ गुरु चन्द्रयुति का फल भी नेष्ट है। लग्नस्थ गुरु का फल साधारणतः अच्छा है परन्तु कष्ट भी करता है। परन्तु यह कष्ट किसी तरह निभ जाता है।

द्वितीयभावस्थ गुरुफलम्

कवित्वेमतिः दंडनेतृत्वशक्तिः मुखे दोषधृक् शीघ्रभोगार्त एव।
कुटुम्बे गुरौ कष्टतो द्रव्यलब्धिः सदा नो धनं विश्रमेद् यत्नतोऽपि॥ २॥

अन्वय—गुरौ कुटुम्बे (स्थिते) कवित्वेमतिः, दंडनेतृत्वशक्तिः, मुखे दोष धृक्, शीघ्रभोगार्त्तः एव (शीघ्र भोगांत एव इतिपाठांतरम्) (स्यात्) (तस्य) कृष्टतः द्रव्योपलब्धिः (स्यात्) सदायत्नतः अपि धनं नो विश्रमेत्॥२॥

सं० टी०—कुटुम्बे गुरौ द्वितीये सती कवित्वे काव्यकणे मतिः, दंडनेतृत्वशक्तिः नृपाधिकार करणे सामर्थ्य, मुखे दोषधृक् वाचालो वातरोगी वा, शीर्घभोगांतः सुरतांतः यस्य अल्पवीर्यत्वात्, सदाकष्टतः प्रयासेन द्रव्योपलब्धिः स्यादिति शेषः। सदैव यत्नतोऽपि धनं नो विश्रमेत्, स्थितिं नो लभेत्॥ २॥

अर्थ—जिसके जन्म लग्न से द्वितीयभाव में बृहस्पति हो उसकी बुद्धि उसकी स्वाभाविक रुचि काव्यशास्त्र की ओर होती है—अर्थात् वह कवित्व शक्ति के होने से स्वयं कविता करता है और अपना आयु का विशेष भाग दूसरे कवियों की रचनाओं के पठन पाठन में-उनके परिशीलन में लगाता है जिससे उसे आनन्द की प्राप्ति होती है। कवित्व शक्ति का होना पूर्वजन्मकृत्-पुण्यपुञ्ज का सर्वोत्कृष्ट फल है। कवि की शक्ति सृष्टिरचयिता ब्रह्मा से भी बढ़ चढ़ कर है। ब्रह्मा सृष्टि क्रम में समयानुकूल ही छः ऋतुओं का सृजन कर सकता है। परन्तु कवि जब चाहे छः ऋतुओं का सृजन कर दिखाता है ब्रह्मा की भान्ति कालापेक्षी नहीं है। अत एव नारायण भट्ट ने कवित्वशक्ति को प्राथम्य दिया है—कवि ऐसे आनन्द को मूर्तिमय खड़ा करा देता है, सहृदयों के हृदय में ऐसे रस को सशरीर आस्वादन करा देता है, जिस रस और आनन्द की तुलना ब्रह्मानन्द से की गई है। 'ब्रह्मानन्द सहोदरः' ऐसा साहित्य वचन है।

द्वितीयभाव का बृहस्पति दंडनेतृत्व शक्ति भी देता है–जो मनुष्य राज्याधिकार चला सकता हो उसे दंडनेता कहा जाता है–यह शक्ति राजा की होती है। राजा ही निग्रह-अनुग्रह-शक्ति सम्पन्न होता है। इसी शक्ति का उपयोग–जज–मैजिस्ट्रेट–न्यायाधीश आदि करते हैं। ये अपराधी का निग्रह करते हैं अर्थात् उनके अपराध के अनुसार उन्हें दण्डित करते हैं–और जो प्रजा के लोग राष्ट्रीयविधानानुकूल अपने जीवन को चलाते हैं–और प्रजाहित के कामों में विशेष भाग लेते हैं–ये दण्डनेतृत्वशक्तिसंपन्न न्यायाधीश आदि उन पर अनुग्रह करते हैं अर्थात् प्रसन्न होकर इन लोगों को शुभकर्मों की ओर प्रवृत्त करने के लिए उत्साहित करते हैं। उत्कृष्ट पदवियाँ देते हैं।

द्वितीयभावगत बृहस्पति के प्रभाव में उत्पन्न व्यक्ति वाचाल होता है—बोलने में प्रगल्भ होता है; अथवा वह वक्त्ररोगी होता है। बहुत बोलना, वा मूक होना-दोनों ही जिह्वा के दोष हैं। द्वितीयभावगत गुरुप्रभावान्वित व्यक्ति शरीर में कोमल होने से, दृढ़शरीरशक्ति के अभाव में रतिप्रिया कामिनी के साथ रतिप्रसंग में विजयी नहीं होता–क्योंकि अल्पवीर्य होता है। और दीर्घकालावधि–अस्खलितवीर्य न रहने से–अर्थात् मैथुनक्रिया में शीघ्र ही स्खलितवीर्य हो जाने से खिन्नमना होता है–आनन्द-प्राप्ति तो होती ही नहीं, उलटे मानसिक दुःख–मानसिक खेद होता है; क्योंकि उसके विषयोपभोग का खातिमा (अंत) एकदम हो जाता है। कहना न होगा कि ऐसे पुरुष की पत्नी उसे आन्तरिक-घृणा-दृष्टि से देखने लगती है।

द्वितीयभावगत बृहस्पति से प्रभावान्वित व्यक्ति को धनार्जन करने के लिए एड़ी-चोटी का जोर लगाना पड़ता है। बड़ी कठिनता से अर्जित धन यत्न करने पर भी स्थायी नहीं होता है–अर्थात् आर्थिक कष्ट बना ही रहता है। भारी मात्रा में धन की प्राप्ति और घर में धन का संग्रह और तत्कृत आर्थिक कष्ट से मोक्ष, ये फल द्वितीयस्थगुरु के नहीं हैं।

तुलना—'धनस्थे काव्यानां सरसरचना चारुपटुता-
ऽधिकारी दंडानां प्रवरवसुधापालसदने।
सदायासादर्थागम उतजनानां मुखरता
लभेन्नो लोकेभ्यः स्थितिमपि धनं वासवगुरौ॥ **जीवनाथ**

अर्थ—जिस मनुष्य के जन्मसमय में बृहस्पति धनभाव में हो उसे सरस-सुंदरकाव्य के निर्माण में पटुता होती है। वह श्रेष्ठराजा के दरबार में (अपराधीजनों को) दंड देने का अधिकारी होता है–अर्थात् मैजिस्ट्रेट-कलक्टर आदि न्यायाधीश होता है। इसे प्रयत्न से धन का लाभ होता है–वह लोगों के बीच सभा में अधिक बोलने वाला होता है। परंच लोगों मे प्रतिष्ठा तथा धन की स्थिति नहीं होती है। अर्थात् लोगों की दृष्टि में यह एक प्रतिष्ठित व्यक्ति नहीं होता है और इसे लोग धनवान् मानते हैं।

"सुवाक्यः" ॥ वराहमिहिर

अर्थ—इसकी वाणी अच्छी होती है—अर्थात् यह मितभाषी यथार्थ और मधुरभाषी होता है।

"धनेजीवे धनीलोकः कृतज्ञो बंधुसंयुतः।
गजाश्वमहिषीयुक्तः कान्तिमानपिजायते" ॥ **काशीनाथ**

अर्थ—यह व्यक्ति धनी, कृतज्ञ, भाई-बंधुओंवाला और शरीर में कांतिमान् होता है। इसके पास हाथी, घोड़े-भैंसे होती हैं, अर्थात् यह पशुधन से भी धनाढ्य होता है।

"वाग्मी भोजनसारवाँश्च सुमुखो वित्ते धनी कोविदः" ॥ **मन्त्रेश्वर**

अर्थ—यदि द्वितीय में बृहस्पति हो तो बुद्धिमान्, सुंदरमुखवाला, और वाग्मी (बोलने में कुशल) होता है। ऐसे मनुष्य को उत्तम भोजन प्राप्त होते हैं। अर्थात् द्वितीयभाव में जो-जो बातें देखी जाती हैं उन सबका सुख प्राप्त होता है।

"त्यागी सुशीला कृतिधीः सुविद्यः संत्यक्तवैरः सधनः धनेज्ये" ॥ **जयदेव**

अर्थ—यह दानी, सुशील, सुन्दर, बुद्धिमान्, विद्यावान्, निर्वैर-सर्वजनप्रिय, और धनाढ्य होता है।

"सुरगुरौ धनमंदिरसंस्थिते प्रमुदितः रुचिरप्रमदापतिः।
भवति मानधनो बहुमौक्तिकागतवसुर्भविता प्रसवाह्निके" ॥ **मानसागर**

अर्थ—यह हृष्ट रहने वाला होता है इसकी पत्नी सुन्दरी होती है। यह मान-प्रतिष्ठा को ही धन मानता है; यह मोतियों के व्यापार से धनवान् होता है।

"वाग्मी भोजन सौख्यवित्तविपुलस्त्यागी धनस्थे गुरौ" ॥ **वैद्यनाथ**

अर्थ—जातक बोलने में कुशल, उत्तमभोजन का उपभोग करनेवाला, धनी, तथा उदार होता है।

"धनवान् भोजनसारो वाग्मी सुभगः सुवाक् सुवक्त्रश्च।
कल्याणवपुस्त्यागी सुमुखो जीवे भवेद् धनगे" ॥ **कल्याणवर्मा**

अर्थ—यह धनी, उत्तमभोजन खानेवाला, बोलने में चतुर, सुन्द, मधुरभाषी, सुमुख, सुंदरशरीर और दाता होता है।

सद्रूप विद्यागुणकीर्तियुक्तः संत्यक्तवैरोऽपि नरो गरीयान्।
त्यागी सुशीलो द्रविणेनपूर्णो गीर्वाणवंद्ये द्रविणोपयाते" ॥ **ढुण्ढिराज**

अर्थ—यह सुंदर, विद्या-गुण कीर्ति से युक्त निर्वैर अर्थात् शत्रुहीन, श्रेष्ठ-दानी, सुशील तथा धनाढ्य होता है।

"लक्ष्मीवान् नित्यमुत्साही धनस्थे देवतागुरौ।
बुधदृष्टे च निःस्वःस्यादिति सत्ये प्रभाषितम् ॥
भौमक्षेत्रे यदाजीव षष्ठाष्टमद्वितीयकः।
षष्ठे वर्षे भवेन् मृत्युर्जातकस्य न संशयः" ॥ **गर्ग**

अर्थ—यह धनवान्, सदैव उत्साही होता है। यदि इसपर बुध की दृष्टि हो तो व्यक्ति निर्धन होता है। मेष वा वृश्चिक राशि में गुरु, दूसरे, छठवें वा आठवें स्थान में हो तो बालक की मृत्यु छठवें वर्ष में होती है।

"गुरौ धनेऽथवा दृष्टे धनधान्यसुखं भवेत्।
विद्याविनयसंपन्नो मान्यः सर्वस्य जायते"॥ जातकरत्नाकर

अर्थ—गुरु धनस्थान में हो, वा इस स्थान पर गुरु की दृष्टि हो तो धन-धान्य का सुख मिलता है। यह व्यक्ति विद्या-विनययुक्त होता है तथा सबलोग इसका आदर-मान करते हैं।

"नानाविधं धनचयं कुरुते धनस्थः"॥ वशिष्ठ

अर्थ—धनस्थ गुरु अनेक प्रकारों से धन का संग्रह और संचय करवाता है।

"सद्रूपविद्यागुणकीर्तियुक्तः संत्यक्त वैरो नितरां गरीयान्।
त्यागी सुशीलो द्रविणेन पूर्णो गीर्वाणवंद्ये द्रविणोपयाते"॥ बृहद्यवनजातक

अर्थ—जातक रूपवान्, विद्वान्, गुणी, यशस्वी, वैरहीन-शत्रुरहित, श्रेष्ठ, दाता, सुशील तथा धनाढ्य होता है। २७ वें वर्ष राजा से आदर पाता है। "गुरुर्भाद्वे भूपमानम्"।

"सजीवे धने काव्यकृच्चंचलो वै धनं तस्य वर्गे विरोधस्तदानीम्।
परंशत्रवः प्रौढतां संप्रपन्नाः सुरूपं तथा भामिनीरंजितोऽयम्"॥ जागेश्वर

अर्थ—यह काव्यकर्ता, चंचल, धनी स्ववर्ग विरोधी, स्वयं सुन्दर तथा सुन्दरी स्त्री से संतुष्ट होता है। किन्तु इसका शत्रुवर्ग बढ़ता है।

"दानी दीनदयाकरो नरवरो ज्ञानी गुणज्ञोगुणी-
निर्लोभी निरुपद्रवी च विनयी सत्संगमी साहसी।
विद्याभ्यासरतो विवेकसहितो युक्तो महिष्यादिभि-
र्नानावाहन वित्तसंचयपरो वित्ते सुरेज्ये भवेत्"॥ हरिवंश

अर्थ—जातक दानी, दीनदयालु, ज्ञानी, गुणज्ञ, गुणी, निर्लोभ, निरूपद्रवी, विनम्र, सत्संगी, साहसी, विद्याभ्यासी विवेकसंपन्न, भैंसें आदि पशु-धनयुक्त, अनेक प्रकार के वाहन-हाथी, घोडे, मोटर आदि से युक्त तथा धनसंचय करनेवाला होता है।

"धनस्थानगते जीवे धनी भवति बालकः। सर्वाधिराजः सुरराज मन्त्री"॥ कश्यप

अर्थ—जातक धनी और सर्वाधिकार प्राप्तकर्त्ता होता है।

"धन लाभं तथारोग्यं प्रमोदो बंधुवर्गतः।
प्रचंडैः सदृशं भोगो देवेज्ये धनगे भवेत्"॥ नारद

अर्थ—धनलाभ-नैरोग्य, बंधुओं से आनन्द प्राप्त होता है-उत्तम उपभोग प्राप्त होते हैं।

"कोशस्थे चेद् देवपूज्ये वाग्मी सः स्यात् पूरुषः सौम्यवक्त्रः"। पुंजराज

अर्थ—जातक भाषण में कुशल, तथा प्रसन्नमुख होता है।

भृगुसूत्र—धनवान्, बुद्धिमान् उच्चभाषी। षोडशवर्षे धनधान्य समृद्धिः। बहु प्राबल्यवान् उच्चक्षेत्रे धनुषि द्रव्यवान्। पापयुते विद्याविघ्नः। चोरवंचनवान्। दुर्वचाः अनृतप्रियः। नीचयुते पापक्षेत्रे मद्यपायी, भ्रष्टः कुलनाशः। कलत्रांतरयुतः। पुत्रहीनः।

अर्थ—धनी, बुद्धिमान् और कुशलवक्ता होता है। सोलहवें वर्ष धन-धान्य मिलता है। बहुत बली होता है। कर्क और धनुराशि में हो तो धनवान् होता है। पापग्रह से युक्त हो तो शिक्षा में रुकावटें आती हैं। चोर, ठग, मिथ्याभाषी, अयोग्यभाषणकर्ता होता है। नीचराशि में, वा पापग्रह की राशि में हो तो मद्यपी, भ्रष्टाचार, कुलनाशक, परस्त्रीगामी और पुत्रहीन होता है।

पाश्चात्यमत—धन का संग्रह होता है। यह गुरु बलवान् होतो श्रेष्ठ फल मिलता है। सरकारी नौकरी, कानूनीकाम, बैंक, देवालय, धर्मसंस्था में यश मिलता है। रसायनशास्त्र, और भाषाओं के ज्ञान में निपुणता प्राप्त होती है। कुटुंब के व्यक्तियों से और पत्नी से अच्छा सुख मिलता है।

विचार और अनुभव—गुरु अतिशुभग्रह है और धनभाव का गुरु धनदाता है—अतः शास्त्रकारों ने इसका फल धनप्राप्ति बतलाया है। किन्तु प्रश्न है कि—क्या गुरु का संबंध धनप्राप्ति से है? नहीं है; यही उत्तर हो सकता है; क्योंकि यह ग्रह धन का कारकग्रह नहीं हैं। अनुभव है कि चाहे गुरु अशुभ संबंध में न भी हो, और चाहे पापग्रह से युक्त न भी हो तौभी धन-भावगत गुरु प्रभावान्वित व्यक्ति साधारण स्थिति में ही रहते हैं—धनस्थानस्थ गुरु के व्यक्ति प्रायः भिक्षुक, ब्राह्मण, पाठशालाओं में शिक्षक, प्राध्यापक अथवा ज्योतिषी होते हैं; और ये धनी नहीं होते—जीवननिर्वाह के लिए इन्हें जो कुछ मिलता है—किसी से छिपा हुआ नहीं है। वैरिस्टर, वकील और जज लोग धनपात्र होते हैं। यह ठीक है, किन्तु ये लोग साधारण स्थिति के अपवाद में हैं। अतः यह धारणा कि धनभाव का गुरु धन देता है—सुसंगत नहीं है। यह एकमत है। इसी विषय पर दूसरा मत भी है। इसी विषय पर दूसरे दृष्टिकोण सेभी विचार किया जा सकता है। अल्पधनता और अनल्पधनता—ये शब्द परस्पर सापेक्ष हैं—तारतम्यता के द्योतक हैं; और यह तारतम्यता प्रायः सर्वत्र पाई जाती है। इसका कारण प्रत्येक व्यक्ति की वंशपरंपरा, तदवंशीय वातावरण, व्यक्तित्व और योग्यता आदि है। इस तारतम्यता का प्रधान कारण प्राक्तन जन्मकृत शुभाशुभ कर्मपुंज है—ऐसा अनुमान है। प्राक्तन जन्मकृत शुभाशुभकर्म ही अल्पधनता और अनल्पधनता के हेतु हैं। धनभावगत बृहस्पति धनार्जन करवाता है। परन्तु व्यक्ति को महान् आयास और कष्ट उठाना पड़ता है—धनार्जन उच्चकोटि का भी हो सकता है—मध्यमकोटि का भी तथा अधमकोटि का भी हो सकता है—इसका कारण एकमात्र व्यक्ति का परिश्रम, आयास तथा कष्ट होता है—जैसा परिश्रम, वैसा ही फल—उदाहरण के लिए—एक व्यक्ति का जन्म अत्यंत साधारण तथा निर्धन परिवार में होता है—इसकी जन्म-

कुंडली में धनभाव में धनुराशि में गुरु की स्थिति है। कर्मवश यह व्यक्ति किसी श्रीमान के घर में दत्तक-पुत्र लिया गया—वंशपरंपरा के अनुकूल-परिवेष अर्थात् तद्वंशीय वातावरण के अनुकूल-अपने बुद्धिवैभव से, अटूट परिश्रम करके, महान् आयास और कष्ट से मोतियों के व्यापार से वा अन्य व्यापार से इसने लाखों रुपए कमाए-लाखों की संपत्ति भी पैदा की। तदनंतर किसी अंतःप्रेरणा से सारा-धन-सारीसंपत्ति किसी शुभकर्म को प्रगतिशील बनाने के लिए दान कर दी और अपने को पुनः दरिद्रता के गर्त में डाल दिया; क्योंकि धन देने से बढ़ता नहीं हैं विद्यादान की भांति धन की वढ़ौत्री दान-धर्म करने से नहीं होती है प्रत्युत हीनता और क्षीणता आती है। क्या यह परिस्थिति धनभावस्थ गुरु की सृजन है ? नहीं में उत्तर है। इस परिस्थिति का कारण व्यक्ति का पूर्वजन्मकृत शुभाशुभ कर्मपुंज है—इस परिस्थिति का दोष धनभावस्थगुरु पर थोपा नहीं जा सकता है—धनभावस्थगुरु ने तो ऐसी परिस्थितियों का सृजन किया जिसके कारण एक निर्धन-परिवार का व्यक्ति एकदिन अनल्पधनी अर्थात् लक्षाधीश सेठ बनगया। अतः ग्रंथकारों की धारणा है कि धनभावस्थ बृहस्पति धन देता है—ठीक है। इस धारणा को "मिथ्यावाद और उच्चकोटि की अतिशयोक्ति है"—ऐसा कहना भ्रान्तिमूलक है। यह दूसरामत है। जज-वकील और वैरिस्टर आदि भी गुरु के उपासक हैं और बुद्धिजीवी हैं। शिक्षक-प्रोफैसर-ज्योतिषी आदि भी बुद्धिजीवी हैं—एक में अनल्पधनपात्रता है और दूसरे में अल्पधन-पात्रता है, और यह तारतम्य उनके पूर्वजन्म में किए हुए शुभ-अशुभ कर्मों का फल है। दोनों में से कौन-सा मत युक्तियुक्त है—इसका निर्णय तर्ककुशल दैवज्ञ कर सकेंगें। यहाँ पर यह लिखना भी अनावश्यक न होगा कि जन्मकुंडली में ग्रहों की स्थिति पूर्वजन्मकृत शुभाशुभकर्मों के अनुसार शुभ-अशुभ भावविशेषों में होती है कर्मों के फलों का भुगतान कराने के लिए शुभ वा अशुभ स्थानों में ग्रह अपनी स्थिति प्राप्त करते हैं।

यदि गुरु मङ्गल के साथ अशुभ सम्बन्ध में, मिथुन, तुला वा कुंभराशि में हो तो 'मुखे दोषधृक = मुख में दोष होता है" यह फल अनुभव में आता है। गुरुजनों से, घर के बड़ों से विरोध करता है—इस फल का अनुभव मेष, सिंह तथा धनु राशि में गुरु हो तो, होता है।

कुटुंब के निर्वाह के लिए धन को आवश्यकता होती है किन्तु धन पर्याप्त मात्रा में नहीं मिलता है—इस फल का अनुभव वृष, कन्या, तुला, मकर वा कुंभ लग्न हो तो मिलता है। भृगुसूत्र के अनुसार दूषित गुरु का फल-मद्यपायी होना, चोर वा ठग होना, वाचाट और भ्रष्टाचारी होना आदि-संभव हैं, अनुभव में आ जावें। भृगुसूत्र में "पुत्र नहीं होता है" ऐसा फल कहा है—इसका अनुभव तब होगा जब गुरु मिथुन, तुला वा कुंभ-वंध्या लग्न में होगा। यदि लग्न पुरुषराशि का हो और गुरु स्त्रीराशि में हो तो संतति का अभाव रहेगा। २७ वें वर्ष राजमान्यता मिलेगी—यवनजातक का यह फल ठीक प्रतीत होता है।

आजकल उच्चवर्गों में आयु के ३२ से ३६ वें वर्ष में, प्रौढ अवस्था में, विवाह संस्कार होता है। बाल-विवाह की प्रथा निम्नवर्ग के लोगों में अभीतक चली आ रही है—उच्चवर्ग में विवाह का विलंब से होना-गुरु का फल हो सकता है।

धनस्थानगत गुरु के फल निम्नलिखित हैं, और इनका अनुभव भी होता हैः—"पिता का सुख कम मिलता है—व्यक्ति के धन का उपयोग पिता नहीं कर सकता है। पैतृकसपत्ति नही होती—हुई तो नष्ट हो जाती है, व्यक्ति द्वारा दत्तक पुत्र लिया जा सकता है। यदि पैतृकसंपत्ति अच्छी हो तो पिता-पुत्र में वैमनस्य रहता है—अच्छे सम्बन्ध हों तो दोनों में से एकही धनार्जन कर पाता है—इस भाव का गुरु शिक्षा के लिए अच्छा नहीं है, शिक्षा अधूरी रह जाती है। अपने ही लोग निंदक हो जाते हैं। उपकर्ता का विरोध करते हैं।

जिस व्यक्ति का गुरु मेष में होता है उसकी वाणी में कठोरता होती है। वृष, सिंह, वृश्चिक और कुंभ में गुरु हो तो व्यक्ति सदैव आर्थिक कष्ट में ग्रस्त रहता है। धनु में गुरु होने से दान-धर्म के कारण अल्पधनता होती है। इस राशि के गुरु के कारण पैतृकसंपत्ति नहीं मिलती है।

धनभावगत गुरु यदि कर्कराशि में हो तो साधारण दरिद्रता की अवस्था रहती है। धनस्थान में मेष, सिंह, धनु, मिथुन, तुला, कुंभ में गुरु के फल साधारणतः अच्छे होते हैं। स्त्रीराशियों में साधारणतः मध्यमकोटि के फल मिलते हैं।

तृतीयभावस्थ गुरुफल—

भवेद् यस्य दुश्चिक्यगो देवमंत्री लघूनां लघीयान्, सुखं सोदराणाम्।
कृतघ्नो भवेन् मित्र सार्थे न मैत्री ललाटोदयेऽप्यर्थलाभो न तद्वत्॥ ३॥

अन्वयः—यस्य देवमंत्री दुश्चिक्यगः भवेत् (सः) लघूनां लघीयान् (स्यात्) (तस्य) सोदराणां सुखं (भवेत्) (सः) कृतघ्नः (स्यात्) (तस्य) मित्रसार्थे मैत्री न (स्यात्) ललाटोदये अपि तद्वत् (तस्य) अर्थलाभः न (भवेत्)॥ ३॥

सं०टी०—यस्य दुश्चिक्यगः तृतीयस्थः देवमंत्री गुरुः, स नरः लघूनां क्षुद्राणां मध्ये लघीयान् अतिक्षुद्रः, सोदराणां भ्रातृणां सुखं कल्याणकरः, कृतघ्नः भवेत्, तथा मित्रसार्थे हितवर्गे मैत्री न, ललाटोदये भाग्येन जाते राजसमागमने अपि तद्वत् अर्थलाभो न भवेत् इत्यन्वयः॥ ३॥

अर्थ—जिस मनुष्य के जन्मलग्न से तीसरेस्थान में बृहस्पति हो तो वह बहुत क्षुद्र होता है। उसे सगेभाइयों का सुख मिलता है। वह कृतघ्न होता है, किसी के उपकार को माननेवाला नहीं होता है। यह मित्रों के साथ मित्रों जैसा व्यवहार नहीं करता है, अर्थात् यह विश्वसनीय मित्र नहीं होता है। भाग्योदय होने पर भी इसे संतोषजनक द्रव्योपलब्धि नहीं होती है॥ ३॥

तुलना—"यदा वै दुश्चिक्ये सुरपति गुरौ जन्मसमये।
कृतघ्नो मित्रार्थे प्रभवति लघूनामतिलघुः॥
सदा स्वभ्रातॄणां प्रवरसुखकल्याणकृदयं।
गतोऽपि प्रख्यातिं नरपतिगृहे नैवसुखभुक्" ॥ जीवनाथ

अर्थ—जिस मनुष्य के जन्मसमय में गुरु तृतीयभाव में हो वह अपने मित्रों के प्रति कृतघ्न होता है अर्थात् उपकार को न माननेवाला होता है। यह नीच प्रकृति का होता है। सर्वदा अपने भाइयों को उत्तमसुख और कल्याण करनेवाला होता है। परन्तु राजा के घर में प्रसिद्धि पाकर भी स्वयं सुख भोगनेवाला नहीं होता है॥

"कृपणः" ॥ वराहमिहिर

अर्थ—तृतीयभावस्थ गुरु का व्यक्ति कृपण अर्थात् अदाता और कंजूस होता है।

"अति परिभूतः कृपणः सहजजितो मानवो भवति जीवे।
मंदाग्निः स्त्रीविजितो दुश्चिक्ये पापकर्मा च" ॥ कल्याणवर्मा

अर्थ—यह लोक में अपमानित, कृपण, सहोदरजित-मंदाग्नि, स्त्री से पराजित और पापी होता है।

"भ्रातृस्थान गते गुरौ गतधनः स्त्रीनिर्जितः पापकृत्" ॥ वैद्यनाथ

अर्थ—जातक निर्धन, स्त्रीद्वारा पराजित, तथा पापी होता है।

"सौजन्यहीनः कृपणः कृतघ्नः कांतासुतप्रीतिविवर्जितश्च।
नरोग्निमांद्याबलतासमेतः पराक्रमे शक्रपुरोहितेऽस्मिन्" ॥ ढुण्ढिराज

अर्थ—यह सज्जन नहीं होता है—और कृतघ्न होता है। इसे स्त्री तथा पुत्रों से प्रेम नहीं होता है। इसे भूख नहीं लगती है और यह दुर्बल होता है।

"सावज्ञः कृपणः प्रतीतसहजः शौर्येऽघकृद् दुष्टधीः" ॥ मन्त्रेश्वर

अर्थ—यह अपमानित, कृपण, पापी और दुष्टबुद्धि होता है इसका भाई प्रतिष्ठित व्यक्ति होता है।

"असुजनः कृपणो विमनाः कृशः क्षुधयुतोऽलसभाक् सहजे गुरौ" ॥ जयदेव

अर्थ—यह सज्जन नहीं होता है—यह कृपण, उदासीन, कृशः भूखा और आलसी होता है।

"जीवे तृतीये तेजस्वी कर्मदक्षो जितेन्द्रियः।
मित्राप्तसुखसंपन्नस्तीर्थवार्ताप्रियो भवेत्" ॥ काशीनाथ

अर्थ—यह तेजस्वी-काम करने में चतुर, जितेन्द्रिय, मित्र तथा आप्तजनों के सुख से संपन्न और तीर्थयात्राएँ करनेवाला होता है।

"सहजमंदिरगे च बृहस्पतौ भवति सौम्यगृहेऽर्थ समन्वितः।
कृपणतामपि गच्छति कुत्सिते धनयुतोऽपि सदा धनहानिमान्" ॥ मानसागर

अर्थ—गुरु यदि शुभराशि में हो तो यह धनवान्, यदि अशुभराशि में हो तो कृपण, तथा धनहीन होता है।

"भ्रातृस्थाने गुरौ भ्रातृभगिनीभ्यः सुखं वदेत् ।
भ्रातरः पंचचत्वारः क्रूरदृष्ट्या विपत्तयः ॥
क्रूरैश्च शत्रुभिर्दृष्टे स्वल्पं भ्रातृसुखं भवेत् ।
धनवान् निर्धनाकारः कृपणः भ्रातृसंयुतः ।
कुटुंबी नृपपूज्यश्च सहजे देवतागुरौ" ॥ **गर्ग**

अर्थ—इसे भाई-बहिनों का सुख मिलता है। चार-पांच भाई होते हैं। क्रूरग्रह की दृष्टि हो तो भाइयों पर विपत्ति आती है। क्रूर और शत्रुग्रहों की दृष्टि हो तो भाइयों का सुख कम मिलता है। यह धनवान् होकर भी निर्धन जैसा दिखता है। कंजूस होता है। भाई और कुटुंब से युक्त होता है। यह राजा द्वारा सम्मानित होता है।

"लग्नात् तृतीयगे जीवे नराणां चैव बल्लभः" ॥ **गौरीजातक**

अर्थ—यह नरप्रिय होता है।

"स्वर्क्षे जीवे भ्रातृसौख्यम्" ॥ **जातकमुक्तावली**

अर्थ—धनु वा मीन में गुरु हो तो भ्रातृसुख मिलता है।

"शताधिपो देवपुरोहितश्च" ॥ **यवनजातक**

अर्थ—सैकड़ों लोगों का स्वामी होता है।

"सहोत्थितानां बहुल सुखं गुरुस्तृतीये सौख्यं त्रयाणां च सहोत्थितानाम् ।
पुञ्जराज

अर्थ—इसे भाइयों का सुख बहुत होता है और तीन भाई होते हैं।

"भवेल् लाघवं मानवानां विशेषात्" । **जागेश्वर**

अर्थ—विशेषतया मनुष्यों में हीन होता है।

"गुरुस्तृतीयेंतु शत्रुवृद्धि धनक्षयम्" । **पराशर**

अर्थ—शत्रु बढ़ते हैं–धन का क्षय होता है।

"सुधिषणं क्लेशम्" । **वशिष्ठ**

अर्थ—बुद्धि अच्छी और क्लेश होते हैं।

"उन्माद कृत हीनतां कृपणता प्रीतिं कलत्रेशुभाम् ।
अप्रीतिः सुतमित्रतोऽपिजनने मानं नरेंद्राश्रयात् ॥ **हरिवंश**

अर्थ—उन्माद से अपमान होता है, कंजूस होता है, स्त्री के साथ प्रेम होता है, पुत्र और मित्रों से प्रेम नहीं होता है। राजा से सम्मान मिलता है।

भृगुसूत्र—अतिलुब्धः भ्रातृवृद्धिः दाक्षिण्यवान् संकल्प सिद्धिकरः। बन्धुदोषकरः, सुहृदबंधुसमागमः, अष्टात्रिंशद्वर्षे यात्रासिद्धिः, भावाधिपे बलयुते भ्राता दीर्घायुः, भावाधिपे पापयुते बंधुदोषकरः, भ्रातृनाशः, धैर्यहीनः, जडबुद्धिः दारिद्रय युक्तः।

अर्थ—लोभ बहुत होता है। भाइयों की बढ़ौत्री होती है। चतुर होता है, जिस काम का संकल्प करता है उसमें सफलता मिलती है, बंधुनाश होता है।

मित्रों तथा बंधुओं का समागम होता ह । ३८ वें वर्ष में तीर्थयात्रा होती है, तृतीयेश बलवान् हो तो भाई दीर्घायु होता है, तृतीयेश के साथ पापीग्रह होतो भाइयों का नाश होता है, इनसे संबंध अच्छे नहीं रहते, धैर्यहीन, जडबुद्धि तथा दरिद्रिता युक्त होता है ।

पाश्चात्यमत—छोटे-छोटे प्रवास होते हैं, लेखन से लाभ होता है, यह गुरु धार्मिक और आध्यात्मिक वृत्ति का पोषक है, यह विचारशील, और बुद्धिमान् होता है । किन्तु युक्तिवाद करता है और मत बदलता है, आप्तों से इसे धन लाभ होता है । यह गुरु अग्नितत्व की राशियों में हो तो संसार में विजय मिलती है, पृथ्वीतत्व की राशियों में हो तो व्यापार सट्टा और साहस में विजय मिलती है । वायुतत्व की राशियों में हो तो मानसिक और ज्ञानसम्बन्धी कार्यों में श्रेष्ठ होता है । जलतत्व की राशियों में हो तो जल-प्रवास द्वारा सुख मिलता है ।

विचार और अनुभव—तृतीयभाव में यदि शुभग्रह होते हैं तो वे अच्छे और शुभ नहीं रहते प्रत्युत अशुभ हो जाते हैं—ऐसी धारणा है । अतएव तृतीय स्थान का गुरु, यद्यपि अतिशुभ है, दारिद्र्य देता है । अतएव ग्रन्थकारों ने दारिद्र्य, कृपणता, कृतघ्नता आदि अशुभ फलों का वर्णन किया है । ये अशुभफल कर्क, वृश्चिक, मीन तथा स्त्रीराशियों में अनुभव गोचर होते हैं ।

तृतीयस्थान का गुरु चाहे पुरुषराशि में हो अथवा स्त्रीराशि में हो पुत्र संख्या में बहुत थोड़े होते हैं । पांच पुत्र होते हैं—ऐसा मत यदि किसी ग्रंथ-कार का है तो इस फल का अनुभव प्राप्त करना उचित होगा, गर्ग ने—चार-पाँच भाई होने का फल कहा है—इसका अनुभव स्त्रीराशियों में होगा । पुंजराज ने—तीनभाई होने का फल कहा है इसका अनुभव पुरुषराशियों में प्राप्त करना होगा । 'सैंकड़ों लोगों का स्वामी होता है" ऐसा यवनमत है, ऐसे फल का अनुभव पुरुषराशियों में संभव है । काशीनाथ प्रतिपादित फलों का अनुभव मेष, सिंह, मिथुन, तुला, कुंभ राशियों में आना संभव हो सकता है ।

पुरुषराशि में तृतीयस्थान का गुरु हो तो शिक्षा के लिए नेष्ट है—शिक्षा पूरी नहीं होती है । इस स्थान का गुरु यदि वृष, कन्या तथा मकर राशि में हो तो शिक्षा पूर्ण होती है । किन्तु इस योग में शिक्षित अल्पसंख्या में होते हैं, अधिक अशिक्षित ही रहते हैं ।

कर्क, वृश्चिक तथा मीन में गुरु के होने ते सुशिक्षित अधिक और अशि-क्षित थोड़े होते हैं । स्त्रीराशि का गुरु स्वतंत्र व्यवसाय देता है—नौकरी को छोड़कर व्यक्ति स्वतंत्र व्यवसाय करने लगता है ।

इस योग में भाइयों के संबन्ध बिगड़ जाते हैं । वे आपस में लड़ते-झगड़ते रहते हैं । किंतु आपस के झगड़े को न्यायालय में नहीं ले जाते ।

तृतीयस्थान का गुरु पुरुषराशि में हो तो उपजीविका नौकरी द्वारा होती है पहिला चला हुआ स्वतंत्र व्यवसाय भी बंद करना होता है और नौकरी करनी होती है । इस योग में बड़ेभाई होते हैं परन्तु बडी बहिनें नहीं होतीं ।

स्त्रीराशि में तृतीयभावस्थ गुरु के होने से छोटे भाई और छोटी बहिनें होती हैं। तृतीयभावगत गुरु भाइयों की एकसाथ प्रगति में रुकावट डालता है—सभी एकसाथ प्रगतिशील नहीं होंगे। कोई एक निठल्ला अवश्य ही बैठेगा और कुछ उपयोगी न होगा। इस परिस्थिति में पृथकत्व अच्छा रहेगा।

यह गुरु यदि मेष, सिंह, मिथुन, तुला वा कुंभ में हो तो व्यक्ति अशिक्षित होते हुए भी विद्यावान् प्रतीत होते हैं; और इनके मित्र भी विद्यावान् होते हैं। स्त्रीराशि का गुरु होने से व्यक्ति विद्वान् तो होगा किन्तु अप्रसिद्ध रहेगा। सरकारी नौकर होगा तो समय से पहिले अवकाश प्राप्त करेगा। धन होगा तो कीर्ति नहीं मिलेगी। कीर्तिमान् होगा तो धनवान् नहीं होगा। दोनों में से एक बात होगी, जिनके जन्मांग में तृतीयभाव में गुरु हो तो उनके लिए अच्छा व्यवसाय शिक्षक का, वा प्राध्यापक का है। इस स्थान का गुरु एकदम धनवान् और एकदम गरीब बनाता है और व्यक्ति अधिकार से एकदम सामान्य स्थिति में आ जाता है। किन्तु शिक्षक वा प्राध्यापक लोग ऐसी स्थितियों की पर्वाह नहीं करते हैं। दारिद्र्य भी इनकी शान्ति का भंग नहीं करता है। ये लोग गंभीर और शांत रहते हैं।

चतुर्थभावस्थ गुरुफल—

गृहद्वारतः श्रूयते वाजिह्रेषा द्विजोच्चारितो वेदघोषोऽपि तद्वत्।
प्रतिस्पर्द्धिनः कुर्वते पारिचार्य्यं चतुर्थे गुरौ तप्तमन्तर्गतंच॥ ४॥

अन्वयः—चतुर्थे गुरौ गृहद्वारतः वाजिह्रेषा, तद्वत् द्विजोच्चारितो वेदघोषः अपि श्रूयते। प्रतिस्पर्द्धिनः (तस्य) पारिचार्यं कुर्वते (तथापि) अंतर्गतं च तप्तं भवति॥ ४॥

सं० टी०—चतुर्थे गुरौ सति द्विजोच्चारितोऽपि प्रपठितो वेदघोषः वेदोक्ताशीर्वादमंत्रध्वनिः, तद्वत् एवं गृहद्वारतो वाजिह्रेषा अश्वैरुच्चारितशब्दः श्रूयते। लिङर्थेलट् प्रतिस्पर्द्धिनः शत्रवोऽपि पारिचार्यं सेवां कुर्वते। तथापि अन्तर्गतंमनः तप्तं सोद्वेगं स्यात् असंतोषादितिभावः॥ ४॥

अर्थ—जिस मनुष्य के जन्मलग्न से चतुर्थस्थान में बृहस्पति हो उसके घर के दरवाजे पर बँधेहुए घोड़ों की हिनहिनाहट सुनाई देती है। और ब्राह्मणों द्वारा पठित आशीर्वाद के वेदमंत्रों का उच्चारण सुनाई देता है। अर्थात् यह धनवान् और ब्राह्मणों का आदर-सम्मान करने वाला होता है। इसके शत्रु भी इसकी सेवा करते हैं। तौभी इसका अन्तष्करण चिन्तायुक्त रहता है।

टिप्पणी—प्राचीनकाल में ऐश्वर्य संपन्न लोगों की संपत्तिवत्ता का वाह्य चिन्ह घोड़ा होता था अब घोड़े के स्थान में कीमती मोटरकार है, धनी लोग और राजा लोग केवल सवारी के घोड़े ही नहीं रखते थे प्रत्युत हाथी भी रखते थे—गौएँ भैंसे आदि भी होती थीं। यहाँ अश्वशब्द उपलक्षणार्थक है। विजित शत्रुगण इसकी सेवा में तत्पर रहता था—यह उच्चातिउच्च ऐश्वर्य पाकर भी अन्तरात्मा से दुखी रहता था। क्योंकि इसका मन असन्तुष्ट रहता था॥

"सन्तोषामृततृप्तानां यत्सुखं शान्तचेतसाम् ।
कुतस्तद्धनलुब्धानामितश्चेतश्च धावताम् ॥

ऐसा नीतिवचन है

तुलना—"सदोच्चैः श्रूयन्ते निगमघनघोषा द्विजमुखाद् ।
गजाश्वादीनां वै कलकलरवो द्वारि परितः ॥
सुखस्थाने यस्य प्रभवति गुरावेव सबले ।
प्रतिस्पर्द्धी भूमावतुल परिचर्यां वितनुते" ॥ **जीवनाथ**

अर्थ—जिस मनुष्य के जन्मसमय में बलवान् बृहस्पति चतुर्थभाव में हो उसके यहाँ सदा ब्राह्मणों के मुख से वेदों का घनघोष और हाथी-घोड़ों का कलकल शब्द सुनाई पड़ता है। तथा इस पृथ्वी पर शत्रुगण भी उसकी सेवा करते हैं।

"सुखी"। **वराहमिहिर**

अर्थ—बृहस्पति के चतुर्थस्थान में होने से व्यक्ति सुखी होता है।

"सुखेजीवे सुखीलोके सुभगो राजपूजितः ।
विजितारिः कुलाध्यक्षो गुरुभक्तश्च जायते" ॥ **काशीनाथ**

अर्थ—यह सुखी, सुंदर, राजमान्य, शत्रुविजेता, कुल में मुख्य और गुरुजनों का भक्त होता है।

"भवयुतो बहुवित्तमुदान्वितो नृप कृत गृह सौख्ययुतः सुखे" । **जयदेव**

अर्थ—यह धनी, प्रसन्न, राजाद्वारा दिए गए घर के सुख से युक्त होता है।

"बंधौ मातृसुहृत् परिच्छद सुतस्त्रीसौख्य धान्यान्वितः" ॥ **मन्त्रेश्वर**

अर्थ—इसे माता, मित्र, वस्त्र, पुत्र, स्त्री, धान्य आदि का सुख प्राप्त होता है।

"सन्मान नाना धनवादनाद्यैः संजातहर्षः पुरुषः सदैव ।
नृपानुकंपासमुपात्तसंपद् दंभोलिभृत् मंत्रिणि भूतलस्थे" । **ढुण्ढिराज**

अर्थ—इसे मान-नानाविध वाहन आदि की प्राप्ति से सदैव आनंद मिलता है। राजा की कृपा से इसे धन मिलता है।

"सन्मान नाना धनवाहनाद्यैः संजातहर्षः पुरुषः सदैव ।
नृपानुकंपासमुपात्त संपद् दंभोलिभृन् मंत्रिणि भूतलस्थे" ॥ **मानसागर**

अर्थ—यह लोक में आदर पानेवाला, नानाप्रकार के धन-वाहन आदि से सदैव आनन्दित, राजा की कृपा से धनप्राप्त करने वाला होता है।

"वाग्मी धनी सुखयशोबल रूपशाली ।
जातः शठप्रकृतिरिंद्र गुरौ सुखस्थे" ॥ **वैद्यनाथ**

अर्थ—यह वाक्पटु, धनी, सुखी, यशस्वी, बली, रूपवान् किन्तु कपटी होता है।

"स्वजनपरिच्छदवाहनसुखमति भोगार्थसंयुतोभवति ।
श्रेष्ठः शत्रुविषादी चतुर्थसंस्थे सदा जीवे" ॥ **कल्याणवर्मा**

अर्थ—इसे आत्मीयवर्ग का वस्त्र गृह और वाहन का सुख मिलता है। यह मतिमान्, भोगी, धनी, श्रेष्ठ-तथा शत्रुओं को ताप देने वाला होता है।

"भवन्ति बालमित्राणि यस्य मित्रगतो गुरुः।
दिव्यमालाम्बरक्रीडा नानावाहनयोग्यता ॥
जीवः स्यात् पितुः तस्य सुखंभवेत्।
जीव श्चामृतोपमम्।
एकोऽपि जीवश्चतुर्थस्थः पापाश्चान्यत्र संस्थिताः ॥
तदागृहे हि जातस्य पूर्वजं धनमुच्यते।
अनंत सौख्यं सुरराजमंत्री"। **गर्ग**

अर्थ—इसे वचपन के मित्र प्राप्त होते हैं। उत्तम वस्त्र और पुष्पमालाएँ प्राप्त होती हैं। कई प्रकार के वाहन चलाने की योग्यता रखता है। पिता सुखी होता है। कुएँ में से पानी मीठा निकलता है। चतुर्थ में गुरु अकेला हो और पापग्रह अन्य स्थानों में हों, तो पूर्वजों का धन मिलता है। यह बृहस्पति अपरिमित सुख देता है।

नोट :–बृहद्यवनजातक का फल ढुण्ढिराज और मानसागर के समान है।

"चतुर्थे गुरुः मित्रसौख्यं नराणां सुविद्याविवादो भवेत् तस्यगेहे।
गजाश्वादिलाभः परैः सेव्यतेऽसौ धिया काव्यकर्ता सुकर्मा इति स्यात् ॥" **जागेश्वर**

अर्थ—इसे मित्रों से सुख मिलता है। इसके घर पर पाण्डित्यपूर्णशास्त्रार्थ-वाद-विवाद होते हैं। इसे हाथी-घोड़े मिलते हैं। इसकी सेवा इसके शत्रु भी करते हैं। यह बुद्धिमान्, कवि और शुभकर्म करनेवाला होता है।

"जीवे च सर्वकल्याणं यदा स हिवुके वसेत्" ॥ **पुञ्जराज**

अर्थ—चतुर्थ गुरु सभी का कल्याण करता है।

"चतुर्थे च सैनापत्यं धनायतिः। जीवेनचिंतातु सुखस्यकार्या" ॥ **पराशर**

अर्थ—धन मिलता है। सेनापति होता है। गुरु से सुख का विचार करना उचित है।

पाश्चात्यमत—आयु के अंतिमभाग में विजय प्राप्त होती है। यह गुरु बलवान् हो तो पिता की स्थिति बहुत अच्छी होती है। शुभग्रह की दृष्टि हो तो वारिस के नाते अच्छी संपत्ति मिलती है। माता-पिता पर भक्ति होती है। और उससे अच्छा लाभ होता है।

भृगुसूत्र—सुखी, क्षेत्रवान्, बुद्धिमान्, क्षीरसमृद्धः, सन्मनाः, मेधावी। भावाधिपे बलयुते भृगुचंद्रयुक्ते शुभवर्गेण नरवाहनयोगः। बहुक्षेत्रः, अश्ववाहन-योगः, गृहविस्तरवान्। पापयुते पापिनः दृष्टिवशात् क्षेत्रवाहनहीनः। परगृह वासः। क्षेत्रहीनः, मातृनाशः, बंधुद्वेषी।

अर्थ—चतुर्थभावस्थ गुरु का जातक सुखी होता है–यह भूमिपति और बुद्धिमान्, अच्छे हृदयवाला तथा मेधावी होता है। इसके पास अच्छा दूध देनेवाले दुधारु पशु होते हैं। अर्थात् यह पशु-धन संपन्न होता है। यदि चतुर्थेश

बलवान् ग्रहों से युक्त हो, वा शुक्र और चंद्र से युक्त हो, अथवा शुभवर्ग में हो तो मनुष्य की सवारी करने वाला होता है, अर्थात् ऐसे वाहन पर बैठता है जिसको उठानेवाले मनुष्य हों जैसे पालकी। यह बड़ा जमींदार होता है। इसके पास सवारी के लिए घोड़ा होता है। इसका घर खूबबड़ा विस्तृत होता है। यदि चतुर्थेश के साथ पापग्रह हों, वा पापग्रहों की दृष्टि हो तो घर और वाहन नहीं होते। दूसरे के घर रहना पड़ता है—जमीन नहीं होती माता की मृत्यु होती है। भाई-बंधुओं से द्वेष होता है।

विचार और अनुभव—वैद्यनाथ ने "कपटी होता है"। ऐसा अशुभफल कहा है। अन्य ग्रन्थकारों ने शुभफल कहे हैं। शुभफल पुरुषराशियों के हैं। अशुभफल स्त्रीराशियों के हैं। चतुर्थभाव का गुरु चाहे किसी राशि में हो स्थावर संपत्ति (स्टेट) का नाशक होता है। अर्थात् पूर्वार्जित संपत्ति नहीं रहती—अपने यत्न से धनोपार्जन करना होता है। पितृसुख शीघ्रनष्ट होता है। मातृजीवन में भाग्योदय नहीं होता है। यदि माता-पिता जीवित रहें तो इन्हें पुत्रोपार्जित धन का सुख नहीं मिलता। व्यक्ति स्वयं भी प्रगतिशील नहीं होता—नौकरी हो तो इसमें शीघ्र उन्नति नहीं होती। व्यापार हो तो प्रगति में बहुत ढील होती है—यह व्यक्ति उतार-चढाव के चक्र में पड़ा रहता है— कभी १२ वर्ष अच्छे, तो कभी १२ वर्ष बुरे बीतते हैं।

मेष, सिंह वा धनु में चतुर्थभाव का गुरु हो तो घर-बाग-बगीचा हो ऐसी प्रबल इच्छाएँ होती हैं, किन्तु इस विषय में व्यक्ति चिंताग्रस्त ही रहता है। आयु के अंत में घर तो हो जाता है किन्तु अन्य इच्छाएँ बनी रहती हैं, पूर्ण नहीं होती है। बृष-कन्या वा मकर में यह गुरु हो तो द्रव्य और संतति में से एक का सुख मिलता है। मिथुन, तुला, कुंभ में इस गुरु के होने से प्रपंच की चिंता होती है। चंचलता आयु भर बनी रहती है। अपनी स्टेट नहीं होती—संतान भारी संख्या में होती है। कोई एक गोदीपुत्र लिए जाते हैं। कर्क, वृश्चिक, वा मीन में गुरु हो तो दत्तक पुत्रयोग की विशेष संभावना होती है। यदि दत्तक पुत्रयोग फलीभूत न हो तो जन्मदाता माता-पिता की दशा दयनीय हो जाती है। दुःख दरिद्रता, बनवास आदि कष्ट अनुभव में आते हैं।

चतुर्थभावगत गुरु का सर्वसाधारण फल निम्निलिखित है:—

पूर्वजों की संपत्ति का नाश-अथवा अभाव, परिश्रम और कष्ट से स्वयं धन का उपार्जन, उत्तर आयुष्य कुछ अच्छा, आयु के पूर्वार्ध में कष्ट, पूर्वार्जित संपत्ति का नाश अपने ही हाथों से होना, अथवा किसी ट्रस्टी द्वारा इसका हड़प हो जाना।

पंचमभावगत गुरु का फल—

विलासे मतिः बुद्धिगेदेवपूज्ये भवेज्जल्पकः कल्पको लेखको वा।
निदाने सुते विद्यमानेऽति भूतिः फलोपद्रवः पक्वकाले फलस्य ॥१॥

अन्वयः—देवपूज्ये बुद्धिगे विलासे मतिः भवेत्, (सः) जल्पकः, कल्पकः, लेखकः, वा (भवेत्) सुते विद्यमाने अपि निदाने भूतिः (स्यात्) फलस्य पक्वकाले फलोपद्रवः स्यात् ॥ ५ ॥

सं०टी०—बुद्धिगे पंचमस्थे देवपूज्ये सति विलासे भोगे मतिः, जल्पकः वक्ता, कल्पकः तार्किकः, लेखकः सुलिपिः, फलस्यपक्वकाले फलोपद्रवः कार्यविघ्नः, सुते विद्यमाने सहायभूते अपि निदाने परिणतस्य इव भूतिः समृद्धिः भवेत् इतिशेषः ॥ ५ ॥

अर्थ—जिस मनुष्य के जन्मलग्न से पंचमस्थान में बृहस्पति हो उसकी बुद्धि विलास में अर्थात् आनंद प्रमोद में रहती है। अर्थात् यह व्यक्ति विलासी आनंदी और चैनी होता है। यह व्यक्ति उत्तमवक्ता धारावाही बोलने वाला, कुशल व्याख्यानदाता होता है। यह उत्तम कल्पना करनेवाला, कुशल तार्किक ऊहापोह-तर्क-वितर्क करनेवाला नैयायिक होता है। अथवा उत्तम लेखक होता है। अर्थात् इसका हस्ताक्षर बहुत दिव्य और सुंदर होता है—अथवा स्वप्रज्ञोद्भावित-भावपूर्णगंभीरलेख लिखने वाला होता है, अथवा एक उच्च-कोटि का ग्रंथकार होता है। यहां 'लेखक' शब्द अनेकार्थक है। इसका पुत्र भी इसका सहायक होता है—इतना सब कुछ होते हुए भी इसकी संपत्ति सामान्य ही रहती है। अर्थात् इसे अपने कार्य्यानुसार ही प्राप्ति होती है, अधिक प्राप्ति नहीं होती-अर्थात् इसकी जीवनयात्रा तो अच्छी चलती है, किन्तु धन समृद्धि नहीं होती है, और इसे यथा लाभ संतुष्ट रहना होता है। कार्य की फलप्राप्ति के समय इसे कुछ विघ्न प्राप्त हो जाते हैं। अर्थात् इसे अपने किए हुए काम का पूरा फल नहीं मिलता है।

तुलना—"यदा प्रज्ञास्थाने जनुषि मनुजो भोगकुशलः।
सदर्थानांवक्ता, सदसिच सतर्कः सुरगुरौ॥
सदर्थैः संपूर्णः प्रवरकृतिभिश्चापिमहितः।
सदायोगाभ्यासी तनयतनयानंद विमुखः" ॥ **जीवनाथ**

अर्थ—जिस मनुष्य के जन्मसमय में बृहस्पति पंचमभाव में हो वह भोग कुशल, सभा में तर्कानुकूल उचित बोलने वाला, उत्तम धनों से परिपूर्ण, श्रेष्ठ, महापुरुषों से पूजित योगाभ्यासी होता है किंतु पुत्र और कन्या का सुख इसे नहीं होता है। अर्थात् इसे संतानसुख नहीं होता है।

"धीमान्"। वराहमिहिर

अर्थ—जातक बुद्धिमान् होता है।

"सुख-सुत-मित्र-समृद्धः प्राज्ञो धृतिमान् तथा विभवसारः।
पंचमभवने जीवे सर्वत्र सुखी भवति जातः" ॥ **कल्याणवर्मा**

अर्थ—यह सुखी, पुत्रवान् मित्रवान्, पंडित, धीर स्थिरधन से युक्त और सदा सुखी होता है।

"मंत्री गुणी विभवसार समन्वितः स्याद्-
अल्पात्मजः सुरगुरौ सुतराशिजाते" ॥ **वैद्यनाथ**

अर्थ—यह मंत्री, गुणी, धनी, और थोड़े पुत्रों वाला होता है।

'मीनस्थोऽत्यल्पसंतानः चापस्थः कृच्छ्र संततिः।
असंततिः कुलीरस्थो जीवः कुंभेन संततिः॥
पुत्रस्थाने कुलीरे वा मीने कुंभे शरासने।
स्थितो यदि सुराचार्यः तत्फलं कुरुते नृणाम्॥

अर्थ—यह गुरु कुंभ वा कर्क राशि में होतो संतति नहीं होती। मीन में हो तो थोडी संतति होती है। धनु में हो तो कष्ट से संतति होती है। पंचमस्थ गुरु विफल होता है "गुरुः सुतेतु" ॥

"बहुधनश्च सुहृद्जनवदितः सुरगुरौ सुतगेहगते नरः।
विपुलशास्त्रमतिः सुखभाजनं भवति सर्वजनप्रियदर्शनः" ॥ **मानसागर**

अर्थ—यह धनाढ्य, मित्रों से पूज्य, अनेक शास्त्रो का ज्ञाता, सुखी और दर्शनीय रूपवाला होता है।

"पुत्रैः क्लेशयुतो महीशसचिवो धीमान् सुतस्थे गुरौ" ॥ **मंत्रेश्वर**

अर्थ—जातक बुद्धिमान् और राजा का मंत्री होता है। किंतु पुत्रों के कारण क्लेशयुक्त भी होता है। पुत्र उत्पन्न न होना भी क्लेश है, पुत्र का अभाव भी पुत्रक्लेश है। पुत्र उत्पन्न होने पर नष्ट हो जावें यह भी पुत्रों से क्लेश है। तथा पुत्रों के आचरण से, व्यवहार से क्लेश उठाना पड़े, वा मन को क्लेश हो–यह भी पुत्रों से क्लेश है।

"सुमित्रपुत्रः ससुखार्थमंत्रः प्राज्ञः शुचिः श्रेष्ठतमः सुतस्थे" ॥ **जयदेव**

अर्थ—इसे पुत्र, मित्र, सुख और धन प्राप्त होता है। यह बुद्धिमान्, पवित्र और श्रेष्ठ होता है।

"सुतेजीवे सुतैर्युक्तो धार्मिकः पंडितः सुखी।
शुद्धचेताः दयायुक्तः विनयी च भवेन्नरः" ॥ **काशीनाथ**

अर्थ—यह पुत्रों से युक्त, धार्मिक, पंडित, सुखी, शुद्धचित्त, दयालु तथा विनम्र होता है।

"सन्मित्रपुत्रोत्तममंत्रशास्त्रमुख्यानिनानाधनवाहनानि।
दद्याद् गुरुः कोमल वाग्विलासं प्रसूतिकालेतनयालसस्थः" ॥ **ढुण्ढिराज**

अर्थ–इसके मित्र अच्छे होते हैं–यह पुत्रवान्-धनवान्-वाहनवान् होता है। यह उत्तम मंत्रशास्त्र का ज्ञाता होता है। यह कोमल-मधुर वाणी वाला होता है।

"समृद्धो बहुपुत्रश्च दाता भोक्ता गुणान्वितः।
धनी-मानी च सततं सुतस्थे देवता गुरौ॥
जीवे मकरे याते पंचमभे आत्मजमृतिं विद्यात्।
मीनस्थितेऽपि चैवं नवमे शुभसंस्थितेऽल्पजीवी च॥

जीवे शुभामतिः। इन्दोर्वेश्मनिजीवे पुत्रस्थे दारिका बहुलं स्यात्।
ताताम्बिका सोदरमातुलाश्च मातामहाः पितृपिता च सूनुः॥
सूर्यादिखेटैः खलु पंचमस्थैः नश्यन्ति नूनं मुनयो वदन्ति। **गर्ग**

अर्थ—यह समृद्ध, बहुत पुत्रों से युक्त, दानी, भोक्ता, गुणवान्, धनवान् और मानी होता है। यह गुरु मकर वा मीन में हो तो पुत्रों की मृत्यु होती है। यही नवम में शुभग्रह हों तो अल्पायु होते हैं। बुद्धि शुभ होती है। यह कर्क राशि में हो तो कन्याएं अधिक होती हैं। पंचम में रवि हो तो पिता, चंद्र होतो माता, मंगल होतो भाई, बुध होतो मामा, गुरु होतो नाना, शुक्र होतो दादा और शनि होतो पुत्र को मारक होता है। पंचम में गुरु अकेला होतो पांच पुत्र होते हैं। 'सुतपंचकदोगुरुः" ॥

"कुर्वन्ति पुत्रबहुलं सुखिनं सुरूपम्" ॥ **वशिष्ठ**

अर्थ—बहुत पुत्र होते हैं। सुखी और सुन्दर होते हैं।

"सन्मित्र पुत्रोत्तम मंत्रशास्त्र मुख्यानि नानाधन वाहनानि'।
बृहस्पतिः कोमल वाग् विलासं नरं करोत्यात्मज भावसंस्थः" ॥

'रिष्ट मातुलगो मातु लार्तिंमू'। **बृहद्यवनजातक**

अर्थ—उत्तम मित्र और पुत्र होते हैं, मन्त्रशास्त्र का ज्ञाता होता है। विविध प्रकारों से धन और वाहन मिलते हैं। वाणी कोमल और मधुर होती है। ७ वें वर्ष मामा को कष्ट होता है।

"गुरौ पंचमे पंडितोऽयंप्रतापी सुतानां सुखं वार्धके वै कदाचित्।
सदा प्राप्तिकाले नराणां विरोधः परं वर्गराजो नृपो वै धनेशः" ॥

जागेश्वर

अर्थ—यह पंडित और प्रतापी होता है। बुढापे में पुत्रों से कदाचित् ही सुख मिलता है। धन लाभ के समय विरोध खड़ा हो जाता है। अपने वर्ग का मुख्य और धनी होता है।

पाश्चात्यमत—इसके पुत्र आज्ञाधारक होते हैं। मनोरंजक खेल, सट्टा, जूआ, साहसीकाम, रेस, प्रेमप्रकरणों आदि में यह विजयी होता है। वृत्ति न्यायशील होती है। इस गुरु के साथ रवि वा चन्द्र का अथवा दोनों का त्रिकोण योग हो तो सट्टा लाटरी अथवा अन्य आकस्मिक साधन द्वारा धन प्राप्त होकर इसका आयुष्यक्रम बदलता है।

भृगुसूत्र–सुभूषः। बुद्धि चातुर्यवान्। विशालकार्यकरः सुज्ञः। विशालेक्षणः वाग्मी, प्रतापी, अन्नदानप्रियः, कुलप्रियः धनवान्, मन्त्रविद्यावान्, अष्टादशवर्षे राजद्वारेण सैनापत्ययोगः, पुत्रसमृद्धिः, भावाधिपे बलयुते पापक्षेत्रे अरिनीचगे पुत्रनाशः। एक पुत्रवान्, धनवान्, पापक्षेत्रे पापयुते अरिनीचगे राजमूलेन धनव्ययः, राहु-केतुयुते सर्पशापात् सुतक्षयः, शुभ दृष्टे परिहारः।

अर्थ—यह अच्छे वस्त्राभूषण पहिरता है। चतुर होता है-महान् कार्य करने वाला होता है। समझदार होता है। इसकी आखें बड़ी मोटी होती हैं। कुशलवक्ता-प्रतापी, अन्न का दान करने वाला, अपने कुल का प्रेमी धनी, मन्त्रविद्या जानने वाला होता है। १८ वें वर्ष राजा के द्वार में सेनापति होता है। इसके बहुत पुत्र होते हैं। यदि पंचमेश बलवान् ग्रहों से युक्त हो, वा पापग्रह के घर में हो, वा शत्रु तथा नीचराशि में हो तो पुत्र नाश होता है। अथवा एकही पुत्रवाला और धनाढ्य होता है। राज्यसम्बन्धी कारण से कचहरी में धन का खर्च होता है। पंचमेश के साथ या गुरु के साथ राहु-केतु हों तो सर्प के शाप से पुत्रनाश होता है। शुभग्रह की दृष्टि हो तो पुत्र सुख होता है।

विचार और अनुभव—ग्रंथकारों ने पंचम भावगत गुरु के शुभ फल वर्णित किये हैं। इनका अनुभव पुरुषराशियों में प्राप्त होता है। यदि पंचम भाव का गुरु कर्क, मीन, धनु तथा कुंभ में होतो पुत्र न होना अथवा थोड़े पुत्रों का होना और उनका रोगी होना" ऐसे फल का अनुभव आता है।

'पंचमस्थ गुरु निष्फल होता है' यह मत वैद्यनाथ का है। वृष, कर्क, कन्या, मकर, मीन तथा धनुराशियों में यदि पंचमस्थ गुरु होतो निष्फलता का अनुभव संभव है। ऐसे पंचमस्थ गुरु के प्रभाव में आए हुए व्यक्तियों को न कभी धनलाभ और नाहीं पुत्रलाभ होता है-इस तरह पंचमस्थ गुरु निष्फल है; किन्तु अन्य राशियों में इस स्थान के गुरु का फल अनुभव में आता है।

गर्ग—वशिष्ठ तथा वैद्यनाथ ने पंचम और दशमस्थान को मारक माना है। गर्ग के मत में रवि पिता को, चंद्र माता को, मंगल भाई को, बुध मामा को, गुरु नाना को, शुक्र दादा को, शनि पुत्र को मारक होता है। बशिष्ठ के मत में रवि पिता को, राहु माता को, मंगल भाई को, शनि पुत्र को मारक होता है। वैद्यनाथ के मत में रवि पिता को, चंद्र माता को, मंगल मामा को और शनि पुत्र को मारक होता है। भाव यह है—कि कोई ग्रह पंचमस्थान में हो तो वह जिस व्यक्ति का कारक ग्रह हो उस व्यक्ति के लिए मारक होता है।

लग्न, पंचम और नवमभाव पूर्व पुण्यस्थान माने गए हैं और दशमभाव को पौरष केन्द्र माना है-दशमस्थान को विष्णुस्थान और नवमस्थान को लक्ष्मीस्थान माना है-कहने का तात्पर्य यह कि ये स्थान तो शुभस्थान हैं और इन तीन ग्रंथकारों ने इसे अशुभ माना है। इसमें इन ग्रंथकारों का व्यक्तिगत अनुभव ही कारण मानना होगा। ज्योतिषशास्त्र अनुभवगम्य शास्त्र तो है ही।

जीवनाथ ने "तनयतनयानंद विमुखः" ऐसा कहा है अर्थात् पंचमभावगत गुरु संतति के लिए अच्छा नहीं है। वैद्यनाथ के मत में कर्क, मीन, धनु तथा कुंभ का गुरु हो तो पुत्राभाव होता है। मंत्रेश्वर और जागेश्वर का मत है कि पुत्र होते तो हैं किन्तु इनसे सुख नहीं मिलता है। तात्पर्य यह है कि पंचमस्थ

गुरु संतति के पक्ष में अशुभ है। नारायणभट्ट ने "फलोपद्रवः पक्वकालेफलस्य" ऐसा फल कहा है। पंचमस्थ गुरु प्रभावान्वित व्यक्ति प्रायः पंडित, ज्ञानी और शास्त्रपरिशीलन को ही एकमात्र जीवन का ध्येय माननेवाले होते हैं—ये व्यवहारकुशल नहीं होते हैं और इन्हें फल की चिंता बहुत कम होती है। इस परिस्थिति में फलप्राप्ति के समय पर विघ्नों का उपस्थित होना स्वाभाविक है—आश्चर्यजनक नहीं है। इन सभी अशुभफलों का अनुभव स्त्रीराशियों में संभव है।

मेष, सिंह, मिथुन, तुला वा कुंभ में यदि पंचमभाव का गुरु हो तो शिक्षा के बारे में शुभ है–शिक्षा पूर्ण होती है। धनु के गुरु में शिक्षा पूरी नहीं होती–अधूरी रह जाती है। पंचमस्थ गुरु प्रभाव के व्यक्ति भाषाज्ञान में, अर्थशास्त्र में, दर्शनशास्त्र में सुज्ञ होते हैं–यदि ये पाठशालाओं में शिक्षक हों–कालेज में प्राध्यापक आदि रूप में काम करते हों तो इन्हें प्रसिद्धि और ख्यातिप्राप्त होती है। इन्हें संतति बहुत नहीं होती, एक-दो पुत्र होते हैं—परन्तु यह पुत्र संतति पिता के लिए अच्छी नहीं होती–पिता को कलंक लगानेवाली होती है। पिता की मृत्यु के अनन्तर इस संतति का भाग्योदय होता है। भाग्यवान् तथा यशस्वी होती हुई भी यह संतति धनपक्ष में विशेष अच्छी नहीं होती।

यदि पंचमस्थगुरु वृष, कन्या वा मकरराशि में हो तो शिक्षा तो अधूरी होती है। किन्तु इस गुरु के व्यक्ति व्यापारी होते हैं। इन्हें लड़कियाँ अधिक और लड़के थोड़े इस तरह संतति भूयस्त्व होता है।

कर्क-वृश्चिक वा मीन में यह गुरु हो तो संतति होती ही नहा।

गुरु अग्नितत्व प्रधान, उष्णप्रकृति का ग्रह है और यदि यह जलतत्वप्रधान राशि में हो तो निष्फल हो जाता है। अतएव स्त्रीराशियों में संतति और धन के विषय में इस गुरु का फल शुभ नहीं होता है। इस भाव के व्यक्ति वकील-एडवोकेट, वैरिस्टर यदि होते हैं तो इन्हें प्रवीण होने से कीर्ति मिलती है। वैद्यक-दर्शनशास्त्र-भाषाविज्ञान आदि में ये प्रवीण होते हैं। इनका प्रेम सभी लोगों से उदासीनतापूर्ण होता है। स्त्री के विषय में भी कोई विशेष चिन्ता नहीं होती–किन्तु पुत्रों के विषय में चिन्तित रहते हैं। या तो पुत्र संतति होती नहीं–होती है तो पुत्रों से कुछ लाभविशेष नहीं होता है। पंचमस्थ गुरु डाक्टरों और वकीलों के लिए अच्छा है–लाभकारी और कीर्तिदायी है। अन्य व्यवसाय के लोगों के लिए सामान्य है।

षष्ठमस्थ गुरुफलम्—

रुजार्तो जनन्या रुजः संभवेयू रिपौ वाक्पतौ शत्रुहंतृत्वमेति।
बलादुद्धतः को रणे तस्य जेता महिष्यादिशर्मा न तन् मातुलानाम्॥ ६॥

अन्वयः—वाक्पतौ रिपौ (स्थिते) रुजा आर्तः (भवति) शत्रुहंतृत्वं एति, बलात् उद्धतः (भवति) तस्य रणे को जेता (स्यात्) महिष्यादि शर्मा (भवति) तत् (सुखं) मातुलानां न (भवेत्) जनन्या रुजः (च) संभवेयुः॥ ६॥

सं० टी०—रिपौ षष्ठे वाक्पतौ जीवे रुजार्तः रोगपीड़ितः अपि शत्रुहंतृत्वं शत्रुहनन सामर्थ्यं एति प्राप्नोति, बलात् उद्धतः रणे तस्य को जेता, न कोपि पराजय कर्ता इत्यर्थः। महिष्यादिभिः शर्मा भोग भाव वेत्ता यस्यः सः, तथा मातुलानां न तत् शर्म, जनन्या मातुः रुजो रोगाः संभवेयुः ॥ ६ ॥

अर्थ—जिस मनुष्य के जन्मलग्न से छठे स्थान में बृहस्पति हो वह रोगार्त रहता है। तौ भी शत्रुओं का नाशक होता है, वह अपने बल से अभिमानी होता है। वह शत्रुओं के साथ युद्ध में विजयी होता है। उसे भैंसे-गाए-घोड़ा आदि चारपाए जानवरों का सुख मिलता है—किन्तु उसके मामा को सुख नहीं होता है। उसकी माता नानाविध रोगों से रुग्णा रहती है।

तुलना—रिपावाजौ जेता रिपुरतिबलात्तस्य पुरतो
नतिष्ठत्यद्धा वै भवति जननी रोग निवहैः।
परिव्यग्रा नित्यं न हि सहज वर्गेषु कुशलं
जनन्या जम्भारेर्गुरुरयल कान्ता रति ततिः ॥ **जीवनाथ**

अर्थ—जिस मनुष्य के जन्मसमय में गुरु षष्ठभाव में हो वह युद्ध में शत्रुओं को जीतने वाला होता है। उसके आगे युद्ध में बलवान् शत्रु भी नहीं ठहरता है। उसकी माता सदा रोगों से पीड़ित रहती है। और माता के बन्धु वर्गों में भी (मामा आदि में भी) कुशल नहीं रहता है। परं च सुन्दरी स्त्री से रति सुख मिलता है।

"अशत्रुः।" **वराहमिहिर**

अर्थ—जातक विगत शत्रु होता है—या तो डरके मारे शत्रु इसके सम्मुख नहीं आते अथवा युद्ध में पराजित होकर भाग जाते हैं। अतः इसके शत्रु नहीं होते।

"सङ्गीतविद्या हृतचित्तवृत्तिः कीर्तिप्रियोऽरातिजनप्रहर्ता।
प्रारब्धकार्य्यालसकृन्नरः स्यात् सुरेन्द्रमन्त्री यदि शत्रुसंस्थः॥ **ढुण्ढिराज**

अर्थ—जातक सङ्गीत विद्या का प्रेमी होता है—यश का प्रेमी, तथा शत्रुगण पर प्रहार करने वाला होता है। जिस काम को हाथ में लेता है उसे समाप्त करने में शीघ्रता नहीं करता है अर्थात् आलस करता है।

"षष्ठे गुरौ विघ्नयुक्तो वहु शत्रुश्च निष्ठुरः।
उद्वेगी मतिहीनश्च कामुको जायते जनः॥" **काशीनाथ**

अर्थ— इसके काम में विघ्न आते हैं। शत्रु बहुत होते हैं। निठुर, घबड़ाने वाला, मूर्ख तथा कामी होता है।

"हिंस्रोऽलसः कीर्तियुतोऽरिहंता विरागवान् शत्रुगृहेगुरुश्चेत्।" **जयदेव**

अर्थ—जातक हिंसक-आलसी, यशस्वी, शत्रुहंता तथा संसारी विषयों से विमुख और विरक्त होता है।

"स्वल्पोदराग्नि पुंस्त्वः परितो दुबलोऽलसः षष्ठे।
स्त्रीविजितो रिपुहंता जीवे पुरुषोऽतिविख्याति विख्यातिः॥ **कल्याणवर्मा**

अर्थ—इसे भूख कम होती है–पौरुष कम होता है। पराभव पाता है–दुबला और आलसी होता है। स्त्री के वश में रहता है। शत्रु विजेता और प्रसिद्ध होता है।

"कामीजितारिरबलोऽरिगतेऽमरेज्ये।" **वैद्यनाथ**

अर्थ—यह कामी, शत्रु विजेता, और दुर्बल होता है।

"करिहयैश्च कृशांगतनुः भवेत् जयति शत्रुकुलं रिपुगेगुरौ।
रिपुगृहे यदि वक्रगते गुरौ रिपुकुलाद् भयमातनुते विभुः॥" **मानसागर**

अर्थ—यह जातक कृश शरीर होता है। यह हाथी-घोड़ों द्वारा शत्रु पर विजय प्राप्त करता है। यह गुरु यदि शत्रुगृह में हो अथवा वक्री हो तो शत्रु का भय होता है।

"षष्ठे स्यादलसोऽरिहा परिभवी मन्त्राभिचारे पटुः।" **मन्त्रेश्वर**

अर्थ—यह आलसी, शत्रुनाशक, अपमानित, तथा जारण-मारण आदि मन्त्रों में कुशल होता है।

"जीवः करोति विकलं शुच्चम्।" **वशिष्ठ**

अर्थ—रोगी और शोक करने वाला होता है।

"स्वगेहे शुभगेहेवा षष्ठे गुरुरमित्रहा।
शत्रुगेहेऽरिणा दृष्टे शत्रुपीडां ददाति सः।
सबलौ शत्रुगौ स्यातां तदा स्याद् गोधनं बहु।
गुरुः रिपुगेहे यदा भवेत् तदा भ्रातृस्वसृणां च मातुलानां महासुखम्।
यस्य जीवो भवेत् षष्ठे भवने तेजसा युतः।
शुभं तस्य प्रवक्तव्यं जातस्य पृच्छकस्य वा।
सदैवं दोषान् चन्द्रेण समः पतङ्गः॥ **गर्ग**

अर्थ—यह गुरु स्वगृह में वा शुभग्रह की राशि में हो तो शत्रुनाशक होता है। शत्रुग्रह की राशि में हो अथवा शत्रुग्रह की दृष्टि में हो तो शत्रुओं से कष्ट होता है। यह गुरु बलवान् हो तो बहुत गौएँ होती हैं। यह गुरु भाई बहिनों के लिए तथा मामा के लिए सुखकारी होता है। जन्मकुण्डली में, वा प्रश्नकुंडली में बलीगुरु हो तो शुभफल देता है। यह गुरु चंद्र के साथ हो तो दोष करता है अर्थात् अशुभ फलदाता होता है।

"सद्गीतनृत्याहृत चित्तवृत्तिः कीर्शति प्रियोऽथो निजशत्रुहंता।
आरम्भ कालोद्यमकृन्नरः स्यात् सुरेन्द्रमंत्री यदि शत्रुसंस्थः॥"

बृहद्यवनजातक

अर्थ—गाना, बजाना, नाचना, इसे प्रिय होते है—कीर्तिमान् तथा अपने शत्रुओं पर विजयपाने वाला होता है। कार्य के प्रारम्भ में यत्नशील होता है।

"षष्ठे भ्रातृनाशकरो गुरुः ॥"

अर्थ—छठागुरु भाइयों को मारक होता है।

"षष्ठे जीवे भवेच्चैव शत्रुमातुलनाशकृत् ॥"

अर्थ—छठागुरु शत्रुओं और मामा के लिए भारक है।

"सुरगुरुः खाब्धौच शत्रोर्भयम् ॥"

अर्थ—४० वें वर्ष शत्रुओं का भय होता है।

"षष्ठे पराजयं व्याधि च कुरुतः गुरुणा रोगाभावं तु नासिकायाम्।
षडवर्षद्वादशवर्षे ज्वर रोगी "भवेन्नरः ॥" **पराशर**

अर्थ—छठागुरु पराभव और व्याधि देता है। रोग नहीं होते, यदि होते हैं तो नाक के रोग होते हैं। छठवें और बारहवें वर्ष ज्वर होता है।

"सुरेज्यो वीर्यान्वितोऽरिस्थितस्तद्गृहं।
बहुगोधनेन सहितं वा सौरमेयैः धनैः ॥
वीयाढ्येज्ये सुप्रजाः सौख्ययुक्तः।
पुत्रापत्यभ्रातृसौख्यान्वितः स्यात् ॥" **पुंजराज**

अर्थ—यह गुरु बली हो तो जातक के घर में, गौएँ और कुत्ते बहुत होते हैं। पुत्र और भाइयों का सुख मिलता है।

पाश्चात्यमत—यह गुरुवलवान् हो तो शरीर प्रकृति अच्छी होती है। नौकर अच्छे मिलते हैं। वैद्य, डाक्टरों के लिए यह गुरु अच्छा होता है। स्वास्थविभाग की नौकरी में ये यशस्वी होते हैं। सार्वजनिक स्वास्थ्य विषय में ये प्रवीण होते हैं। स्वतंत्र व्यवसाय की अपेक्षा नौकरी के लिए यह गुरु अनुकूल होता है। यह गुरु यदि अशुभ योग में हो तो यकृत के विकार, मेदवृद्धि-तथा खाने-पीने की अनियमितता से अन्यरोग होते हैं।

भृगुसूत्र—शत्रुक्षयः, ज्ञातिवृद्धिः, पौत्रादिदर्शनं व्रणशरीरः शुभयुते रोगाभावः। पापयुते पापक्षेत्रे वातशैत्यादिरोगः। मन्दक्षेत्रे राहुयुते महारोगः ॥

अर्थ—शत्रु का नाश होता है, जाति की वृद्धि होती है। पुत्र और पुत्र के पुत्र (पौत्र) देखने का सौख्य मिलता है। शरीर में चिह्न होता है। इस गुरु के साथ शुभग्रह बैठें तो रोग नहीं होते। पापग्रह का योग हो वा पापग्रह के घर में यह गुरु हो तो वात के तथा शीत के रोग होते हैं। यह गुरु शनि के स्थान (मकर-कुंभ) में राहु के साथ बैठे तो भयंकर महारोग होते हैं।

विचार और अनुभव—शास्त्रकारों के अशुभफल पुरुषराशियों में अनुभवगोचर होंगे शुभफलों का अनुभव स्त्रीराशियों में होगा।

६ठे भाव का गुरु चाहे किसी राशि में हो मामा आदि के लिए अच्छा नहीं है। इस भाव का गुरु वैद्य-डाक्टर और वकीलों के लिए शुभ नहीं है।

सामान्यतः इसभाव के गुरु के व्यक्ति के बारे में लोग संदिग्ध और संशयात्मा रहते हैं।

यह गुरु पुरुषराशियों में हो तो व्यक्ति सदाचारी नहीं होते-इन्हें जुआ, शराब और वेश्या में प्रेम होता है। इन्हें मधुमेह, बहुमूत्रता, हार्निया, मेदवृद्धि आदि रोग होते हैं।

यह गुरु यदि धनेश होतो पैतृकसंपत्ति नहीं मिलती। यह मेष, कन्या, वा कर्क लग्न वालों के लिए भाग्योदय में रुकावट डालनेवाला है। मिथुन, तुला वा मकर में होतो व्यक्ति सदैव ऋणी रहता है। इस व्यक्ति का सहायक दैव ही होता है-दैवी सहायता से आपत्तियों से छुटकारा मिलता है। षष्ठभावस्थ गुरु यदि मीन में हो तौभी अच्छा नहीं होता ऋणकारक होता है।

सप्तमभावस्थ गुरुफलम्—

मतिः तस्यबह्वी विभूतिश्चबह्वी रतिर्वैभवेद्भामिनीनामबह्वी।
गुरुर्वर्गकृद् यस्य जामित्रभावे सपिंडाधिकोऽखंड कंदर्पएव ॥ ७ ॥

अन्वयः—यस्य जामित्रभावे गुरुः (स्यात्) तस्यमतिः बह्वी, विभूतिश्चबह्वी (भवेत्) भामिनीनां वैभवे रतिः अवह्वी (स्यात्) सः सपिंडाधिकः अखंडकंदर्पः गर्वकृत् एवं (भवेत्) ॥७॥

सं॰ टी॰—जामित्रभावे सप्तमे यस्य गुरुः तस्यबह्वी मतिः विभूतिश्च धनादि समृद्धिः बह्वी बहुला, भामिनीनां कामिनीनां रतिः प्रीतिः सुरतः अबह्वी स्वल्पा, गर्वकृत् अपि अभिमानवान् सपिंडाधिकः गोत्रजैः सबलः अखंडसौंदर्यादिगुणपूर्णः कंदर्पः कामः एवभवेत् इत्यस्य सर्वत्र अन्वयः ॥७॥

अर्थ—जिस मनुष्य के जन्मलग्न से सातवें स्थान में बृहस्पति हो उसकी बुद्धि बड़ी होती है, अर्थात् उसकी बुद्धि साधारण लोगों की बुद्धि की अपेक्षा से बहुत ऊंची-दूसरे के मनोऽन्तर्गतभाव को समझने वाली होती है। अर्थात् सप्तमभावगतगुरुप्रभावान्वित व्यक्ति कुशाग्रबुद्धि होता है। इसकी विभूति-धनादिसमृद्धि भी दूसरों की अपेक्षा से बढ़चढ कर होती है। अर्थात् इसका वैभव तथा ऐश्वर्य गगनचुम्बी होता है। किंतु अपेक्षाकृत प्रेम स्त्रियों पर अधिक नहीं होता है। अर्थात् इसे स्त्री पर आसक्ति नहीं होती। अपने भाई-बहिनों से सशक्त होता है अथवा अपने कुलके लोगों में श्रेष्ठ होता है। रूप में यह कामदेव के समान सुन्दर होता है। यहाँ पर ग्रंथकार ने अभेदारोपण से काम लिया है। सप्तमभावस्थ बृहस्पति के प्रभाव का व्यक्ति तो दूसरा कामदेव ही होता है अभेदारोप से सौंदर्यातिशय द्योतित किया गया है। यह अत्यंत अभिमानी भी होता है ॥७॥

तुलना—गुरौ दारागारे जननसमये यस्य भवति
व्रजन्युच्चैः पुंसः सपदिपरमत्वं नृपकुलात्।
विभूतिः प्रज्ञापि प्रभवति च बह्वीफलवती
रतिर्बह्वीबध्वाः परममदनाधिक्यमभितः॥ **जीवनाथ**

अर्थ—जिस मनुष्य के जन्मसमय में बृहस्पति सप्तमभाव में हो वह व्यक्ति शीघ्र परम उच्चस्थान को प्राप्त करता है। इसे राजकुल से पूर्ण धन का

लाभ होता है—इसकी सद्-असद् विवेककारिणी बुद्धि बहुत फलदायिनी होती है। इसे स्त्रीरतिसुख अधिक मिलता है, और यह बहुत कामी होता है। नारायणभट्ट और जीवनाथ का मतभेद विचारणीय है। एक के मत में सप्तमभावगतगुरुप्रभावान्वित व्यक्ति स्त्री रतिसुख में अनासक्त-सा रहता है। ठीक भी है बृहस्पति उपासक लोग प्रायः साहित्यप्रेमी-ज्ञानी-विषयविमुख ही होते हैं। किन्तु जीवनाथ के दृष्टिकोण से बृहस्पति के भक्त अतिकामुक होते हैं और रतिक्रीड़ा विचक्षणा स्त्री में अत्यंत आसक्त होते हैं। दोनों ग्रन्थकारों का अनुभव अपना अपना है—विचार की कसौटी पर लगाया हुआ नारायणभट्ट का अनुभव अधिक सुसंगत प्रतीत होता है। इस विचार की पुष्टि में वाचस्पति रचित भामती का उज्ज्वल दृष्टांत है।

"पितृतोऽधिकश्च"। **वराहमिहिर**

अर्थ—गुणों में पिता की अपेक्षा श्रेष्ठ होता है। अर्थात् यदि गुणों के दृष्टिकोण से पुत्र की तुलना उसके पिता से की जावे तो पुत्र अधिक गुणी होता है।

"सुभगः सुरुचिरुदारः पितुरधिकः सप्तमेभवति जातः।
वक्ता कविः प्रधानः प्राज्ञः जीवे सुविख्यातः"॥ **कल्याणवर्मा**

अर्थ—यह व्यक्ति सुन्दर, अच्छी रुचिवाला, उदार, पिता से गुणों में अधिक, वक्ता, कवि, श्रेष्ठ-बुद्धिमान् और प्रसिद्ध होता है।

"सप्तमस्थे सुराचार्ये कामचिंतो महाबलः।
धनीदाता प्रगल्भश्च चित्रकर्माच जायते"॥ **काशीनाथ**

अर्थ—यह कामुक, बलाढ्य, धनी, दाता, बोलने में-सभा में भाषण देनेमें कुशल, तथा चित्रकर्मा-विचित्र काम करनेवाला अथवा चित्रकार-फोटोग्राफर होता है।

"प्राज्ञः सुमित्रो विनयी, सुमन्त्री, स्त्रीसौख्ययुक् सप्तमगे सुरार्ये"। **जयदेव**

अर्थ—यह बुद्धिमान् होता है—इसके मित्र अच्छे होते हैं—यह अच्छी और शुभ मंत्रणा देनेवाला होता है। इसे स्त्रीसुख मिलता है—यह विनययुक्त होता है।

"शास्त्राभ्यासासक्तचित्तो विनीतः कांतावित्तात्यंत संजात सौख्यः।
मन्त्री मर्त्यः काव्यकर्ता प्रसूतौ जायाभावे देवदेवाधिदेव"॥ **ढुण्ढिराज**

अर्थ—यह शास्त्रपरिशीलन में आसक्तचित्त होता है—स्वभाव में नम्र होता है, इसे स्त्री और धन का सुख बहुत मिलता है—यह अच्छा सलाहकार और काव्यरचना कुशल होता है।

"धीरश्चारुकलत्रवान् पितृगुरुद्वेषी मदस्थे गुरौ, वागीशे गुणयुक्त सुपुत्रिणी।
नीचे गुरौ मदनगे सति नष्टदारः, विप्रवनितांजीवे"। **वैद्यनाथ**

अर्थ—यह धैर्यसंपन्न होता है—यह सुरूपास्त्री का पति होता है। यह पिता और गुरुजनों से द्वेष करनेवाला होता है। यदि गुरु नीचराशि में हो तो

स्त्री की मृत्यु होती है। इसकी पत्नी गुणवती और पुत्रवती होती है। इसका ब्राह्मणी से अवैध संबंध होता है।

"सत्पत्नी सुतवान् मदेऽतिसुभगस्तातादुदारोधिकः"। मन्त्रेश्वर

अर्थ—इसकी स्त्री और पुत्र उत्तम होते हैं। स्वयं सुन्दर होता है। अपने पिता से अधिक उदार होता है।

"युवति मंदिरगे सुरयाजके नयति भूपति तुल्य सुखं जनः।
अमृतराशिसमानवचाः सुधीः भवति चारुवपुः प्रियदर्शनः॥" मानसागर

अर्थ—इसे राजा के समान सुख प्राप्त होता है। इसकी वाणी अमृत के समान मधुर होती है। यह बुद्धिमान् और सुन्दर होता है, इससे मिलकर लोग प्रसन्न होते हैं अर्थात् यह मिलने में आकर्षक और वश में करनेवाला होता है।

"मदनगते वाक्पतौ पुत्रचिंता"। जातकालंकार

अर्थ—पुत्रों की चिंता होती है।

टिप्पणी—'पुत्रचिन्ता' समासांत है। इसके कई एक अर्थ हो सकते हैं। पुत्र उत्पन्न ही न हो तौभी पुत्राभाव से चिंता होती है—होकर पुत्र की मृत्यु हो जावे तौभी पुत्रमरण संबंधी चिंता होती है। पिता को कलंकित करनेवाले पुत्र हों तौभी पुत्र चिन्ता होती है—पिता के साथ प्रतिदिन वाग् युद्ध करनेवाला पुत्रों से मन खिन्न रहता है—वैमनस्य-संबंधी मानसिकक्लेश होता है; यह भी पुत्रचिंता है। पुत्रसुख के विषय में निम्नलिखित नीति-शास्त्र का वचन है—"पुण्यतीर्थे कृतं येन तपः क्काप्यति दुष्करम् तस्य पुत्रो भवेद्वश्यः समृद्धो धार्मिकः सुधीः॥" 'पुत्र के लिए आज्ञाकारो होना परम आवश्यक है। यह भाव है।

"मानं बहुपुत्रयुक्तताम्।" वशिष्ठ

अर्थ—मान मिलता है, बहुत पुत्र होते हैं।

"युवति मंदिरगे सुरयाजके नयति भूपति तुल्य सुखं जनः।
अमृतराशिसमानवचः सुधीः भवति चारुवपुः प्रियदर्शनः॥"

'पूज्ये रम्या सुतसूः। 'सप्तमे गुरु सौम्यौ चेत् तदैका वनिता भवेत्।" गर्ग

अर्थ—राजा जैसा सुख मिलता है। अमृत के समान मीठा बोलता है। बुद्धिमान् और सुंदर होता है। पत्नी सुन्दरी और पुत्रवती होती है। सप्तम में गुरु वा बुध हो तो एक ही स्त्री होती है।

"शास्त्राभ्यासेऽत्यंत सक्तो विनीतः कांता पित्रा त्यंत संजातसौख्यः।
मंत्री मर्त्यः कार्यकर्ता प्रसूतौ जायाभावे देवपूज्यो यदि स्यात्॥"
वृद्धयवनजातक

अर्थ—जातक शास्त्र परिशीलन में बहुत आसक्त रहता है—विनम्र होता है। इसे कान्ता और पिता से सुख मिलता है। मंत्री और काम करनेवाला होता है।

'जीवे गौरवर्णा नारी।'' पुंजराज

अर्थ—पत्नी गोरे रंग की होती है।

''गुरुः गौरगरिष्ठाम्।''

अर्थ—पत्नी गौर वर्ण की होती है।

''भवेद् बुद्धिमान् सौख्य युक्तो नरः स्यात् सुखं शत्रुजेता भवेद्वा।
विभूत्याधिया को भवेत् तेन तुल्यो यदा प्राण नामालयेऽथो गुरुः स्यात्॥''
जागेश्वर

अर्थ—यह बुद्धिमान् सुखी, शत्रु जेता होता है। इसे सुन्दरी सुलोचना स्त्री का सुख मिलता है वैभव तथा ऐश्वर्य में तथा बुद्धिवैभव में इसके तुल्य दूसरा कोई नहीं होता।

''सप्तमे सैनापत्यं धनायतिः।'' पराशर

अर्थ—यह सेनापति और धनी होता है।

पाश्चात्यमत—इसे विवाह के कारण सुख, धन, और विजय मिलता है। न्याय के कार्य में यश मिलता है। यह गुरु मकर में हो तो संसारसुख ठीक तरह नहीं मिलता। पति या पत्नी उदार, न्यायी, सुस्वभावी, प्रामाणिक और स्नेहल होती है। विवाह से भाग्योदय होकर धन, श्रेष्ठपद और मान्यता मिलती है। पत्नी या पति उच्चकुल का धनवान् और सुखी होता है। शत्रुता दूर होती है, मित्र मिलते हैं। साझीदार अच्छे होने से साझे के व्यवहार में और कचहरी के मामलों में यश मिलता है। वकीलों के लिए सप्तम में गुरु बलवान् हो तो अच्छा योग होता है। क्योंकि ये समझौता करने में कुशल होते हैं। किन्तु यही गुरु अशुभयोग में या कन्याराशि में हो तो विशेष लाभ नहीं होता।

भृगुसूत्र—विद्या धनेशः, बहुलाभप्रदः, चिंताधिकः, विद्यावान्, पातिव्रत्य-भक्तियुक्तकलत्रः, सुनाभिकटिसंयुक्तः, शुभोदरः सुखी। भावाधिपे बलहीने राहुकेतुशनिकुजयुते पापवीक्षणाद्वा कलत्रान्तरम्। शुभयुते उच्चस्वक्षेत्रे एकदारवान्, कलत्र द्वारा बहुवित्तवान्, सुखी, चतुस्त्रिंशद्वर्षे प्रतिष्ठा सिद्धिः॥

अर्थ—यह गुरु धनेश वा पंचमेश हो तो बहुत लाभ होता है। चिंता अधिक होती है विद्वान् होता है। इसकी स्त्री पतिव्रता-पतिपरायणा होती है। इसकी नाभि-कटि, और पेट सुंदर होते हैं। सुखी होता है।

सप्तमस्थान का स्वामी निर्बल हो, अथवा राहु, केतु, शनि और मंगल ग्रह बैठे हों वा पापग्रह देखते हों तो परदारोपभोक्ता होता है। यदि सप्तम स्थान के स्वामी के साथ शुभग्रह हों, वा उच्च में (कर्कराशि में) अथवा अपने गृह (धन-मीन) में हो तो एक ही स्त्री वाला हो और स्त्री के द्वारा बहुत धनवाला हो तथा सुखी हो। ३४ वें वर्ष में प्रतिष्ठा प्राप्त हो।

विचार और अनुभव—वैद्यनाथ ने इस स्थान के गुरु का फल अशुभ भी बतलाया है; ''पितृगुरुद्वेषी'' ऐसा अशुभफल कहा है। इसी प्रकार जातकालंकार कर्ता ने भी ''पुत्रचिन्ता'' यह अशुभफल बतलाया है। इनका

अनुभव स्त्रीराशियों में आएगा। शेष ग्रन्थकारों के बतलाए शुभफलों का अनुभव पुरुषराशियों में प्राप्त हो सकेगा।

मेष, सिंह, मिथुन वा धनु में सप्तमभावस्थ गुरु शिक्षा के लिए अच्छा है। पूर्णशिक्षा प्राप्त कर लेने के अनन्तर व्यक्ति विद्वान् बुद्धिमान् शिक्षक, प्राध्यापक वकील, वैरिस्टर और एकाधवार न्यायाधीश भी होता है। शिक्षा-विभाग में नौकरी के लिए यह अच्छा योग है।

मिथुन, सिंह तथा कुंभ में यह गुरु हो तो पुत्र संतति की चिंता होती है। या तो संतति होती नहीं, हुई तो इसकी मृत्यु हो जाती है। वृष-कन्या, कर्क, वृश्चिक-और मीन राशियों का गुरु संसारसुखप्राप्ति के लिए नेष्ट है। पति-पत्नी में झगड़ा हो जाता है, या पत्नी गायब हो जाती है, या विवाह विच्छेद होता है। कभी विवाह के विरुद्ध विचार उठते हैं—अविवाहित रह जाना होता है, वा पति-पत्नी अलग-अलग रहने लगते हैं। ऊपर लिखी परिस्थिति कर्क, वृश्चिक वा मीन में विशेषतया देखने में आती है। यह गुरु तुला, वा मकर में हो तो दो विवाह होते हैं, स्त्रीराशि के गुरु से व्यक्ति व्यापार की ओर झुकता है। पुरुषराशि में गुरु हो तो व्यक्ति का प्रेम पत्नी पर कम होता है—यह व्यक्ति 'मनस्यन्यत् वचस्यन्यत् कर्मण्यन्यत् दुरात्मनाम्।" का ज्वलंत उदाहरण होता है। इसकी दृष्टि में स्त्रीपशु से भी निम्नकोटि की होती है। लग्न में स्त्रीराशि में गुरु हो तो यह व्यक्ति स्त्रीपुत्र से प्रेम करता है। किन्तु इस व्यक्ति का बरताव बाहर विशेष अच्छा नहीं होता। सप्तमस्थान में गुरु पुरुषराशि में हो तो स्त्री पर प्रेम होता है। स्त्रीराशि में यह गुरु हो तो स्त्री तुच्छ समझी जाती है। इस स्थान के गुरु से पुत्रचिंता होती है। ऐसे व्यक्ति की पत्नी "कार्येषुमंत्री, करणेषुदासी, भोज्येषुमाता, शयनेषुरंभा" इस प्रकार सभी कामों में कुशल होती है। कर्कराशि में गुरु हो तो ऐसी स्त्री प्राप्त होती है। किन्तु आयु के मध्यभाग में ही उसकी अचानक मृत्यु होती है। यह अचानक मृत्यु इसी प्रकार की होती है जैसे राजा अज की रानी इन्दुमती की मृत्यु हुई थी।

अष्टमभावस्थ गुरुफलम्—

चिरं नो वसेत् पैतृके चैवगेहे चिरस्थायिनो तद्गृहं तस्य देहम्।
चिरं नो भवेत् तस्य नीरोगमंगं गुरुर्मृत्युगो तस्य वैकुंठगंता॥ ८॥

अन्वयः—गुरुः यस्य मृत्युगः (सः) पैतृके गेहे चिरं न एव वसेत्, तद्गृहं तस्य देहे च चिरस्थायि न (भवेत्), तस्य अंगं चिरं नीरोगं न भवेत्। (सः) वैकुण्ठगंता (स्यात्)॥ ८॥

सं० टी०—यस्य मृत्युगः अष्टमस्थः गुरुः स नरः पैतृके गेहे पितृगृहे चिरं चिरकालं नो वसेत् न तिष्ठेत्, वैकुण्टगंता देहान्ते विष्णुलोकगामी वपुः, एवकारः अप्यर्थे। तस्य देहं शरीरं अपि नो, तद्गृहं तत् कृतं अपि गृहं न चिरस्थायि

बहुकालं एकत्रवासी चिरंजीवी वान, इत्यर्थः। तथा तस्य अंगं नीरोगं रोगरहितं चिरं नो भवेत्॥ ८॥

अर्थ—जिस मनुष्य के जन्मलग्न से आठवेंस्थान में बृहस्पति हो वह अपने पिता के घर में बहुत समय तक नहीं रहता है। उसका घर और उसका देह बहुत समय तक स्थिर नहीं रहता है। उसका शरीर कभी निरोग नहीं रहता है। अर्थात् वह सदैव रोगी रहता है। शरीर छूटने पर वह वैकुण्ठ में जाता है।

भावार्थ यह कि अष्टमभावस्थ गुरु प्रभावान्वित व्यक्ति अपने पिता को छोड़कर किसी अन्य स्थान में रहने लगता है—इस अन्यत्र निवास के कई कारण हो सकते हैं—पिता के साथ वाग्युद्ध वा वैमनस्य, इसकी स्त्री का अपनी श्वश्रू के साथ प्रतिदिन का लड़ाई-झगड़ा, नए मकान का बन जाना और पिता के घर से इस नए मकान का अधिक सुखदायक होना, अथवा पिता से सदैव के लिए विभक्त हो जाना वा जीर्ण-शीर्ण पैतृकगृह का वर्षा-भूकंप आदि के कारण धरातलशायी हो जाना। अष्टमभावगत गुरु प्रभावान्वित व्यक्ति देहांत हो जाने के अनन्तर वैकुण्ठ में अर्थात् विष्णुलोक में जाता है—इसका अर्थ स्पष्ट नहीं है। क्या इसका अर्थ यह है कि सभी व्यक्ति, जिनके आठवें स्थान में गुरु होगा, वैकुण्ठवासी होंगे? क्या यह संभव है? जीवनाथ के अनुसार वह व्यक्ति, जिसके अष्टमभाव में गुरु होता है—देहान्त होने के अनन्तर विष्णु सायुज्य पाता है? क्या इतनी सस्ती सायुज्यमुक्ति का प्राप्त होना संभव है? दोनों में से किसी ग्रंथकार ने भी किसी अन्य साधन संपत्ति की ओर संकेत नहीं किया है। क्या यह अत्यन्त शुभफल अतिशयोक्तिग्रस्त तो नहीं है? मेरा विचार तो यह है कि इष्टापूर्तकरण अनन्य विष्णुभक्ति-जन्मजन्मांतरकृत सात्विक शुभकर्मादिजन्यादृष्ट प्रावल्य से ही विष्णुलोकप्राप्ति-सायुज्यमोक्षप्राप्ति संभव है। कथन का तात्पर्य यह कि अन्य साधन से पति के साथ अष्टमभावगत गुरु का होना भी आवश्यक है।

तुलना—"गुरौ मृत्युस्थाने जनुषि न वसेत् पैतृकगृहे
चिरंजीवी किंतु प्रभवति गदार्त्तो हि मनुजः।
कुलालम्बी यस्याचल मति रसौ सुन्दरतनुः
सदा वै देहांते व्रजति हरिसायुज्यपदवीम्॥ **जीवनाथ**

अर्थ—जिस मनुष्य के जन्मसमय में बृहस्पति अष्टमभाव में हो वह पिता के घर में नहीं रहता है। वह चिरंजीवी होता है किंतु सदैव रोगी रहता है। यह कुलाचार-कुलपरंपरागत परिपाटी का माननेवाला होता है। यह स्थिर-मति और सुन्दर शरीरवाला होता है और देहांत होने पर विष्णु के सायुज्य-मोक्ष का लाभ करता है। 'चिरंजीवी' होना, सदैव रोगी रहना और सुन्दर शरीर होना, ये फल परस्पर विरुद्ध प्रतीत होते हैं—क्या यह संभव है कि मनुष्य सदैव रोगी होकर रोगशय्या पर भी पड़ा रहे और इसका शरीर भी सुन्दर बना

रहे ? रुग्णावस्था के कारण कोई मनुष्य सुन्दर शरीर नहीं रह सकता है–रोग से शरीर जीर्ण-शीर्ण हो जाता है इसके अंग-प्रत्यंग पूर्ववत् दृढ़ नहीं रहते प्रत्युत ढीले पड़ जाते हैं जिससे सौंदर्य नष्ट हो जाता है।

"नीचः" ॥ वराहमिहिर

अर्थ—नीच होता है, अर्थात् अपने कुल के अयोग्य काम करने वाला होता है।

"प्रेष्यो मनुष्यो मलिनोऽतिदीनो विवेकहीनो विनयोज्झितश्च।
नित्यालसः क्षीणकलेवरः स्यादायुर्विशेषे वचसामधीशे" ॥ ढुण्ढिराज

अर्थ—यह मनुष्य नौकर, मलिन, दीन, विवेकहीन, विनयहीन, सदैव आलसी और दुर्बल देह होता है।

"प्रेष्योऽतिदीनो मलिनोऽलसः स्याद्।
विवेकहीनो विकृतोऽष्टमस्थे" ॥ जयदेव

अर्थ—यह दास, दीन, मलिन, आलसी, विवेकहीन होता है–इसे कई विकार होते हैं।

"जीवेऽष्टमे सदारोगी कृपणः शोकसंयुतः।
बहुवैरी कुकर्मा च कुरूपश्च भवेन्नरः ॥ काशीनाथ

अर्थ—यह सदा रोगी रहता है। यह कृपण (कंजूस) शोकाकुल, शत्रुओं से घिरा हुआ, बुरे काम करने वाला तथा कुरूप होता है।

"परिभूतो दीर्घायुः भृतकोदासोऽथवा निधनसंस्थे।
स्वजनप्रेष्यो दीनो मलिन स्त्री भोगवान् जीवे" ॥ कल्याणवर्मा

अर्थ—इसका अपमान होता है, यह दीर्घायु, नौकर वा गुलाम होता है–यह स्वजनों में नौकरी करनेवाला होता है। यह दीन और नीच वर्ग की स्त्री का उपभोग करनेवाला होता है।

"विमलतीर्थकरश्च बृहस्पतौ निधनगे न मनः स्थिरता यदा।
धनकलत्रविहीन कृशः सदा भवति योगपथे निरतः परम्" ॥ मानसागर

अर्थ—यह उत्तम-उत्तम तीर्थों का सेवन करता है–इसका मन चंचल रहता है–यह धन और स्त्री से हीन–कृश शरीर और योगमार्ग में निरत रहता है अर्थात् योगाभ्यासी होता है।

"दीनो जीवति सेवया कलुषभाग दीर्घायुरिज्येऽष्टमे" ॥ मंत्रेश्वर

अर्थ—यह दीन–कुकर्मकर्ता और दीर्घायु होता है–यह नौकरी से जीवन निर्वाह करता है।

"मेधावी नीचकर्मा यदि द्विजगुरौ रंध्रयाते चिरायु" ॥ वैद्यनाथ

अर्थ—जातक बुद्धिमान्, नीचकर्मकर्ता और दीर्घायु होता है।

"अष्टमे बंधनं तथा" ॥ पराशर

अर्थ—कारावास भोगना पड़ता है।

"जीवे मृत्युगते ज्ञानात् सुतीर्थे मरणं भवेत् ।
शुभर्क्षे स्वगृहे चेत् स्यादन्यत्र मरणं श्रमात् ॥ गर्ग

अर्थ—यह गुरु शुभराशि में वा स्वगृह में हो तो ज्ञानपूर्वक किसी उत्तम तीर्थस्थान में मृत्यु होती है। इसके विपरीत स्थिति में कष्टपूर्वक मृत्यु होती है।

"नाना रोगैः शूलरोगात् कर्णरोगात् तथैव च।
स्वजनात्, विषूचिकातः, अतिसारात्, निजभृत्यतः ॥
रक्तकोपात्, तुरगतः निजेशात्, राजकोपतः।
बहुभक्षणात् भवेत् मृत्युर्जीवे स्यात् मृत्युभावगे" ॥ कश्यप

अर्थ—यह गुरु मेषराशि में हो तो विविध रोगों से, वृष में हो तो शूल रोग से, मिथुन में हो तो कर्ण रोग से, कर्क में हो तो अपने ही लोगों से, सिंह में हो तो विषूचिका से, कन्या में हो तो अतिसार से, तुला में हो तो अपने नौकरों द्वारा, वृश्चिक में हो तो रक्तदोष से, धनु में हो तो घोड़े से गिर पड़ने से, मकर में हो तो राजा द्वारा, कुंभ में हो तो राजकोप से और मीन में हो तो बहुभक्षण से मृत्यु होती है।

"प्रेष्यो मनुष्यो मलिनोऽतिदीनो विवेकहीनो विनयोज्झितश्च।
नित्यालसः क्षीणकलेवरश्चेद् आयुर्निशेषे वचसामधीशः ॥
बृहद्यवनजातक

अर्थ—यह नौकर, मलिन, बहुतदीन, अविवेकी, अति उद्धत, आलसी दुबला होता है। २१वें वर्ष रोग होते हैं। "गुरुरिन्दुरामै रोगम्"।

"परंपैतृकं नैव धान्यं सुखं वा गृहे नैव ऋद्धिः सरोगी नरःस्यात्।
कुतस्तस्य भाग्यं धनं क्षीयते वै यदाजीवनायाविनाशंगतः स्यात्" ॥
जागेश्वर

अर्थ—इसे पैतृक धन-धान प्राप्त नहीं होता है। सुख, धन, भाग्य, वैभव, यह कुछ नहीं होता है। सदैव रोगी रहता है।

पाश्चात्यमत—यह गुरु बलवान् हो तो विवाह से आर्थिक लाभ होता है, और प्रगति होने लगती है। किसी के वसीयत द्वारा अथवा मृत्यु के कारण धन मिलता है। यह बलवान् गुरु शनि के साथ शुभयोग करता हो तो वसीयत द्वारा स्थावर-जंगम सम्पत्ति अवश्य प्राप्त होती है। किन्तु यही गुरु पीडित हो तो इन्हीं मार्गों से असफलता द्वारा हानि होती है। इस गुरु से दीर्घायु प्राप्त होती है। मृत्यु शान्त अवस्था में होती है। अपने जन्म का साध्य पूरा हुआ यह जानकर ही मानों ये लोग मृत्यु का स्वागत करते हैं।

भृगुसूत्र—अल्पायुः नीचकृत्यकारी, पापयुते पतितः। भावाधिपे शुभयुते रंध्रेदीर्घायुः। बलहीने अल्पायुः। पापयुते सप्तदशवर्षादुपरिविधवासंगमो भवति। उच्चस्वक्षेत्रे दीर्घायुः। बलहीनः। अरोगी, योगपौरुषः, विद्वान् वेद-शास्त्र विचक्षणः।

अर्थ—यह अल्पायु और नीचकर्म करनेवाला होता है। इस स्थान के गुरु के साथ पापग्रह हो तो यह पतित होता है। अष्टमेश शुभग्रह से युक्त होकर अष्टमस्थान में हो तो दीर्घायु होता है अष्टमेश निर्बल हो तो अल्पायु होता है। पापग्रह बैठे हों तो १७ वर्ष के बाद विधवा से भोग करता है। यह गुरु उच्च (कर्क) में वा अपने क्षेत्र (धनु-मीन) में हो तो दीर्घायु होता है। निर्बल हो तो नीरोग, पुरुषार्थी-पण्डित तथा वेदशास्त्र जाननेवाला होता है।

विचार और अनुभव—अशुभफलों का अनुभव स्त्रीराशियों में आता है। शुभफलों का अनुभव पुरुषराशियों में आता है। पराशरमत से अष्टमस्थगुरु बन्धनयोग करता है। यह बन्धन (कारावास) चोरी आदि अपराध वा कन्या का कन्यात्व नष्ट करने के लिए बलात्कार मैथुन करना आदि अपराधों में दिया जानेवाला कारावास मंतव्य नहीं है। जो ऋणी लोग ऋण चुकाना नहीं चाहते—सम्पत्ति को छुपा देते हैं शाहूकार को हर प्रकार से परेशान करते हैं उन कर्जदारों पर प्रभाव डालने के लिए, इन्हें कर्ज चुकाने के लिए मजबूर करने के लिए जो कारावास होता है 'बन्धन' से उसका तात्पर्य है।

अष्टमभाव में मेष, सिंह, धनु, मिथुन वा तुला में गुरु हो तो वसीयत द्वारा सम्पत्ति प्राप्त होती है। उत्तराधिकारी के रूप में भी सम्पत्ति मिल सकती है। धनु वा मिथुनराशि में विधवा स्त्रियों की सम्पत्ति—जो अमानत के रूप में रखी हुई होती है—प्राप्त होती है। ऐसा तब होता है जब विधवाएँ मर जाती हैं। वृश्चिक वा कुम्भ में यह गुरु हो तो विवाह से विशेष भाग्योदय नहीं होता है। व्यवहार और उद्योग में ढील पड़ जाती है। पैतृकसम्पत्ति नष्ट होती है। या तो ससुर निर्धन होता है वा विवाह के बाद निर्धन होता है। कर्क का गुरु ऋणी बनाता है। धन नष्ट हो जाता है गरीबी बढ़ती है। पैतृकसम्पत्ति धीरे-धीरे नष्ट होती रहती है। यह गुरु कइयों को दरिद्र बनाता है—कई एक का वंशक्षय होता है। अष्टमभावस्थगुरु दीर्घायुष्य देता है। स्त्रीराशि में हो तो ३-६-९-१२, १५-१८-२१-२४-२७-३०-३३, इन वर्षों में आपत्तियाँ आती हैं। ७-१४-२१-२८-३५-९-१८-२७,-३६ वर्ष आपत्तियों के हैं" यदि गुरु पुरुषराशि में होता है।

"भाग्याधिपे विनाशस्थे नीचशत्रुखगेक्षिते।
क्रूरांशे नीचराश्यादौ भाग्यहीनो भवेन्नरः॥"

अर्थ—अष्टम में भाग्येश क्रूर वा नीचराशि में, वा नीच वा शत्रुग्रह द्वारा दृष्ट हो तो व्यक्ति भाग्यहीन होता है।

यह गुरु पुरुषराशि में हो तो घर के भेद बाहिर प्रकट नहीं होते—पत्नी और नौकर विश्वासपात्र होते हैं। स्त्रीराशि का गुरु हो तो घर की गुप्त बातें

बाहिर निकल जाती हैं। यह गुरु चाहे किसी राशि में हो व्यक्ति की मृत्यु के लिए नेष्ट है—मृत्यु बुरी हालत में होती है।

नवमभावस्थगुरुफलम्—

चतुर्भूमिकं तद्गृहं तस्य भूमिपतेर्वल्लभोवल्लभा भूमिदेवाः।
गुरौ धर्मगे बान्धवाः स्युर्विनीताः सदालस्यतोधर्मवैगुण्यकारी ॥९॥

अन्वयः—गुरौ धर्मगे तद्गृहं चतुर्भूमिकं (स्यात्) (सः) भूमिपतेः वल्लभः (स्यात्) (तस्य) भूमिदेवाः बल्लभाः (स्युः) (तस्य) बांधवाः विनीताः (स्युः) (सः) आलस्यतः सदा धर्मवैगुण्यकारी (भवति) ॥ ९ ॥

सं० टी०—धर्मगे नवमस्थे गुरौ भूमिपतेः वल्लभः, सदा आलस्यतः सदा अनवधानेन आलस्येन च धर्मवैगुण्यकारी संध्यावंदनादि नित्यकर्मणोऽपि लोपकरः इतिशेषः। अत्र टीकाकारेण 'तस्य भूमिदेवाः वल्लभाः स्युः, तस्य बांधवाः विनीताः स्युः इत्यस्य टीकैवनकृता अनवधानतां-आलस्यंच, अथवा स्पष्टार्थता एव हेतुः स्यात् ॥ ९ ॥

अर्थ—जिस मनुष्य के जन्मलग्न से नवेंस्थान में बृहस्पति हो उसका घर चारखण्ड (चारमंजिल) वा चार चौक का होता है। वह राजा का प्रेम-पात्र होता है। उसका प्रेम ब्राह्मणों पर अधिक रहता है। उसके भाई-बन्धु उससे नम्र रहते हैं। वह आलस्य से धर्म में उदासीन होता है, अर्थात् नित्य-कर्म संध्यावंदनादि भी आलस्य से नहीं करता है ॥ ९ ॥

तुलना—चतुःशालं पीतारुणहरितचित्रं खलुगृहं
सदाक्षोणीभर्तुर्बहुतरकृपा बांधवगणाः।
विनीता यज्ञाली सुरपतिगुरौ धर्मभवने
यदाधिक्यंन्तस्य प्रभवन्ति तपस्या लघुतरा ॥ **जीवनाथ**

अर्थ—जिस मनुष्य के जन्मसमय में बृहस्पति नवमभाव में हो उसका मकान पीला-लाल-हरेरंग से चित्रित चौकोर चारमञ्जिल का होता है। इसपर राजा की बहुत कृपा रहती है। इसके भाई-बन्धु इसके प्रति विनीत और विनम्र व्यवहार करते हैं। यह बहुत यज्ञ करता है। किन्तु यह मदोद्धत होता है, इसकी तपश्चर्या बहुत थोड़ी होती है।

टिप्पणी—नारायणभट्ट ने 'चतुर्भूमिक' शब्द का प्रयोग किया है। जीवनाथ ने 'चतुःशाल' शब्द का प्रयोग किया है। दोनों का अर्थ एक ही है। हिमाचल प्रदेश में रहनेवाले पहाड़ी लोग 'एक पुरा (एक मंजिला) द्विपुरा (दोमंजिला) त्रिपुरा (तीनमंजिला) चौपुरा (चारमंजिला) शब्दों का प्रयोग करते हैं—'पुरा' का अर्थ (मंजिल) है। अंग्रेजी में 'ग्रौंडफ्लोर' फस्टफ्लोर, सेकेण्डफ्लोर, थर्डफ्लोर, फोर्थफ्लोर आदि शब्द प्रयुक्त होते हैं। प्राचीनभारत में भी ऊँचे-ऊँचे मकान 'सप्तभूमिक' सात-सात मंजिले होते थे। बहुत ऊँचा मकान बहुत ऊँचे वैभव और ऐश्वर्य का द्योतक होता था। "चतुर्भूमिक" और 'चतुःशाल' शब्द तो

उपलक्षणमात्र हैं। नवमभाव का बृहस्पति व्यक्ति को बहुत ऊँचा भाग्यशाली, धनाढ्य, और ऐश्वर्यशाली बनाता है जिससे वह शिखरी और "आकाश चुम्बी" हर्म्य बना सकता है—यह मर्म है।

'तपस्वी' वाराहमिहिर

अर्थ—यह तपस्वी अर्थात् तपश्चर्या करनेवाला होता है।

"नरपतेः सचिवः सुकृती कृती सकलशास्त्र कलाकलनादरः।
व्रतकरो हि नरो द्विजतत्परः सुरपुरोधसि वै तपसि स्थिते ॥" ढुण्ढिराज

अर्थ—यह राज मंत्री, पुण्यकर्मकर्ता, विद्वान्, सर्वशास्त्रज्ञ, ।ती, और ब्राह्मण भक्त होता है।

"नृपाभिमानी सुकृती सुविद्यो विख्यातियुक् पुण्यगते सुरेज्ये।" जयदेव

अर्थ—राजमान्य, पुण्यकर्मकर्ता, विद्वान् और प्रसिद्ध होता है।

"धर्मे जीवे धर्मकर्ता साधुसंगी च शास्त्रवित्।
निरीहस्तीर्थसेवी च ब्रह्मज्ञश्च प्रजायते ॥" काशीनाथ

अर्थ—यह धार्मिक, साधुओं के संगति में रहनेवाला शास्त्रज्ञ इच्छारहित तीर्थों का सेवन करनेवाला और ब्रह्मवेत्ता होता है।

'ख्यातः सन् सचिवः शुभेऽर्थ सुतवान् स्याद्धर्मकार्योत्सुकः। मन्त्रेश्वर

अर्थ—यह प्रसिद्ध, मंत्री, धनवान्, पुत्रवान् और धर्म कार्य करने के लिए उत्सुक होता है।

"सुरगुरौ नवमे मनुजोत्तमो भवति भूपतितुल्यधनी शुचिः।
स्वकुल धर्मरतः कृपणः सुखी बहुधनप्रमदाजनवल्लभः ॥" मानसागर

अर्थ—यह मनुष्यों में श्रेष्ठ, राजा के समान धनी, स्वकुलाचारपरायण, कृपण, सुखी, धनाढ्य, और स्त्रियों का प्यारा होता है। इसका व्यवहार शुद्ध होता है।

'दैवतपितृकार्यरतो विद्वान् सुभगो भवेत् तथा नवमे।
नृपमंत्री नेता वा जीवे जातः प्रधानश्च ॥" कल्याणवर्मा

अर्थ—यह देवपितृभक्त, विद्वान् सुन्दर, राजमंत्री, नेता, वा प्रधान होता है।

"ज्ञानी धर्मपरो नृपालसचिवो जीवे तपस्थानगे।" वैद्यनाथ

अर्थ—यह ज्ञानी, धार्मिक और राजा का मंत्री होता है।

"सर्व संपत् समृद्धिं च नवमे राजसंपदम् ॥" पराशर

अर्थ—सभी प्रकार की संपत्ति बढ़ती है। राजा जैसा ऐश्वर्य मिलता है।

"नवम सुते पुत्रजा वासवेज्ये।

अर्थ—गुरु नवम वा पंचम स्थान में हो तो पुत्रचिंता होती है।

"सुखं सुरराजमंत्री धर्मक्रियासु निरतं कुरुते मनुष्यम्।" वशिष्ठ

अर्थ—जातक सुखी, राजमंत्री, और धार्मिक कार्य करनेवाला होता है।

"विविधतीर्थकरः सुकलेवरः सुरगुरौ नवमे सुखवान् गुणी ।
त्रिदशयज्ञकरः परमार्थवित् प्रचुरकीर्तिकरः कुलवर्धनः ॥" गर्ग

"आयुः पर्यन्तं सुखयोगः ।" "गुरुर्भाग्ये भवेन्मन्त्री महाभाग्योऽखिलेश्वरः ॥" गर्ग

अर्थ—यह तीर्थयात्राएँ करता है, सुन्दर, सुखी, गुणी, देवयज्ञ करने वाला, ब्रह्मवेत्ता, विख्यात और कुल को बढ़ाने वाला होता है। जीवनभर सुख मिलता है। यह बड़ा भाग्यशाली, राजमन्त्री और बहुतों का स्वामी अर्थात् पालक होता है।

"नरपतेः सचिवः सुकृतिपुमान् सकलशास्त्रकलाकलनादरः ।
व्रतकरो हि नरो द्विजतत्परः सुरपुरोधसि वै नवमेस्थिते ॥" बृहद्यवनजातक

अर्थ—यह राजमन्त्री, पुण्यवान्, सभी शास्त्रों और कलाओं में पूर्णतया अभ्यस्त, व्रती और ब्राह्मणभक्त होता है।

१५ वें वर्ष पिता की मृत्यु होती है "जीवरितश्यब्दके पितृमृतिंच ।" "जीवेषोडश" १६ वें वर्ष लाभ होता है।

"भवेद्भाग्ययुक्तो नरः श्रेष्ठशक्तिस्तथातीर्थ पुण्यादिवार्तासुसक्तः ।
भवेद् बांधवैः सेवकैः संप्रयुक्तो यदा देवपूज्योध्रुवंपुण्ययातः ॥" जागेश्वर

अर्थ—यह भाग्यशाली, शक्तिसम्पन्न, तीर्थयात्रा और धार्मिक कार्यों में प्रेम रखने वाला होता है। यह भाई वंद और सेवकों से युक्त होता है।

भृगुसूत्र—धार्मिकः। तपस्वी, साधुतारूढः, धनिकः। पञ्चत्रिंशद्वर्षे यज्ञकर्ता। पितृदीर्घायुः। सत्कर्मसिद्धिः। अनेक प्रतिष्ठावान्, बहुजनपालकः।

अर्थ—यह धार्मिक, तपस्वी, साधुस्वभाव और धनी होता है। ३५ वें वर्ष में यज्ञ करता है। इसका पिता दीर्घायु होता है, अच्छे काम करता है; अत एव बहुत आदर और सम्मान पाता है। यह बहुतों का पालक होता है।

पाश्चात्यमत—धार्मिक, सच बोलनेवाला, नीतिमान्, विचारी, और माननीय होता है। इसे कानून के काम, क्लर्क का काम, धार्मिक विषय, वेदांत, दूर के प्रवास, इनमें लाभ होता है। विवाह सम्बन्ध से जो नए रिश्तेदार होते हैं, उनसे अच्छा सुखप्राप्त होता है। यह योग अध्यात्मज्ञान, और योगाभ्यास का द्योतक है। अन्तर्ज्ञान या भविष्य का ज्ञान प्राप्त होता है। न्यायकार्य, लेखन आदि के लिए यह गुरु शुभ है। यह गुरु यदि पीड़ित हो तो ऊपरी दिखावा, वृथा अभिमान बहुत होता है। वाहियात वर्ताव से इसकी बेइज्जती होती है।

विचार और अनुभव—सभी ग्रन्थकारों ने 'नवमभावस्थगुरु के फल बहुत शुभ हैं'—ऐसा कहा है। मेष, सिंह, धनु और मीन राशियों में इन शुभ फलों का अनुभव प्राप्त होगा। अशुभफलों का अनुभव अन्य राशियों में प्राप्त होगा।

नवमभावस्थगुरु का व्यक्ति स्वभाव से शान्त और सदाचारी होता है—ऊँचे विचारों का होता है। यह गुरु मेष, सिंह, धनु वा मीन में हो तो व्यक्ति

एम. ए, एलएल बी. पी, एच डी. आदि ऊची पदवियां प्राप्त करता है इस व्यक्ति को प्रोफैसर उपकुल गुरु आदि पद प्राप्त होते हैं।

यह गुरु वृष, कन्या, मकर में हो तो व्यक्ति एम-एस-सी आदि विज्ञान विषय-सम्बन्धी पदवियाँ प्राप्त करके शिक्षक होकर प्रगतिशील होता है। व्यापारी होना भी सम्भव है यह व्यक्ति विचारों में संकुचित तथा स्वार्थी होता है।

यह गुरु मिथुन, तुला वा कुम्भ में हो तो व्यक्ति प्रकाशक, संपादक, मुद्रक आदि होता है।

कर्क, वृश्चिक, मीन में गुरु हो तो शिक्षा पूर्ण होती है—व्यक्ति वकील वैरिस्टर, लाप्रेफैसर, न्यायाधीश आदि बड़ा अधिकारी होता है। पुरुषराशि का यह गुरु भाई-बहिनों के लिए नेष्ट है—भाई-बहिनें थोड़ी होती हैं। स्त्रीराशि में होने से संख्या में भाई-बहिनें अधिक होती हैं। किन्तु आपस में प्रेम थोड़ा होता है। झगड़े होते हैं। नवमभाव का गुरु भाइयों की कुटुम्ब में एकत्र स्थिति के अनुकूल नहीं है—एकत्र स्थिति में दोनों भाई प्रगतिशील नहीं होंगे। पुरुषराशि का गुरु अल्प संतति दाता है–एक वा दो पुत्र होते हैं। स्त्रीराशियों में, वृश्चिक में संतति अधिक होगी। कर्क और मीन में संतति का अभाव रहेगा वृष-कन्या और मकर में संतति होगी किन्तु जीवित नहीं रहेगी। नवमस्थान का गुरु चिन्ता बनाए रखता है। पुत्र होता नहीं–लड़की होती है–पुत्र चिन्ता बनी रहती है। पुत्र होता है, जीवित नहीं रहता है; पुत्र चिन्ता बनी रहती है। जीवित तो रहता है किन्तु उच्छृङ्खल तथा विरुद्धाचारी होता है। पुत्र चिन्ता बनी रहती है। सुशिक्षित तो होता है किन्तु बरताव अच्छा नहीं करता, पुत्रचिन्ता बनी रहती है। इस तरह इस स्थान का गुरु साधारणतः पुत्र चिन्ता कारक है। नवमस्थान पितृस्थान है। किन्तु 'माता की मृत्यु होती है' बृहद्यवनजातक का यह फल भी सम्भव है। माता-पिता दोनों की मृत्यु भी सम्भव है।

दशमस्थगुरुफलम्—

ध्वजामंडपे मंदिरे चित्रशाला पितुः पूर्वजेभ्योऽपि तेजोऽधिकत्वम्।
न तुष्टोभवेच्छर्मणा पुत्रकाणां पचेत् प्रत्यहं प्रस्थसामुद्रमन्नम् ॥१०॥

अन्वयः—(गुरौकर्मगे सति) मंडपेध्वजा, मंदिरेचित्रशाला, पितुः पूर्वजेभ्यः अपि तेजोऽधिकत्वं (स्यात्) पुत्रकाणां शर्मणा तुष्टः न (भवेत्) प्रत्यहं प्रस्थसामुद्रं अन्नं पचेत् ॥ १० ॥

सं॰ टी॰—ध्वजामंडपे ध्वजाशोभिते जना ये सभास्थाने चित्रशालं नानाचित्रसहिता, शाला स्त्रीद्वारकागृहा यस्मिन् तन्मंदिरे भवनं पूर्वजेभ्योपि पितुः तेजोऽधिकत्वं उभयेभ्योऽपि स्वस्य तेजस्वित्वं वा स्यात् इति शेषः। तथा पुत्रकानां शर्मणा सुखेन तुष्टो न भवेत् सुतद्वेषीस्यादित्यर्थः। प्रत्यहं प्रतिदिनं प्रस्थं षोडशपलपरिमितं सामुद्रं लवणं यस्मिन् तत् परिमितं अन्नं तत् महान-

संपचेत् बहून् भोजयेत् इति भावः, इदं फलं दशमे गुरौ इति प्रकरणात् ज्ञेयम्। अथवा ध्वजामंडपे इत्यत्र 'गुरौ कर्मगे' इति वा पाठः ॥ १० ॥

टीकाकार सम्मतः अन्वयः श्लोकस्यार्थे संदेहास्पदं करोति—इति तु न शोभते।

अर्थ—जिस मनुष्य के जन्मलग्न से दशवें स्थान में बृहस्पति हो उसके मंडप पर, अर्थात् देवमन्दिर पर ध्वजा फहराती है। उसके देवमन्दिर अथवा घर में बहुत चित्र रहते हैं। उसका प्रताप अपने बाप-दादा आदि से भी अधिक होता है। वह अपने कुपुत्रों अर्थात् दुष्टपुत्रों के सुख से सुखी नहीं होता है। अर्थात् उसे दुष्टपुत्र भी होते हैं। उसके घर में भोजन बनाने में प्रतिदिन एकप्रस्थ (एक सेर) नमक खर्च होता है। अर्थात् उसके घर पर बहुत मनुष्य भोजन करते हैं ॥ १० ॥

तुलना—"यदा राजस्थाने सुरपति गुरौ यस्य जनने,
पताकाभिश्चित्रं यजनभवनं कांचनमयम्।
प्रतापस्याधिक्यं तनयसुखमल्पं द्विजगणाः,
समंताद् गुंजंते मधुरमनिशं कीर्तिरतुला ॥ जीवनाथ

अर्थ—जिस मनुष्य के जन्मसमय में बृहस्पति दशमभाव में हो उसे पताकाओं से सुशोभित स्वर्णमय यज्ञमंडप होता है। उसका प्रताप बढ़-चढ़कर होता है। किन्तु संतानसुख बहुत थोड़ा होता है। इसके द्वार पर ब्राह्मण अहर्निश मधुर शब्दों का, अर्थात् आशीर्वादात्मक वेदादि मंत्रों का उच्चारण करते रहते हैं। इसकी कीर्ति अतुल होती है अर्थात् इसके समान दूसरे लोग यशस्वी नहीं होते हैं।

टिप्पणी—प्राचीनभारत में प्रायः जनता समृद्ध और सर्वथा सुखी होती थी—इस जनता में से जो लोग विशेष वैभवसम्पन्न होते थे वे अपनी कमाई का बड़ा हिस्सा ऐसे कामों पर खर्च करते थे जिससे सर्वसाधारण जनता को लाभ पहुँचे—वे कुएँ बनवाते थे—तालाब बनवाते थे, देवमन्दिर बनवाते थे—घरों में यज्ञमंडप बनवाकर यज्ञ करते थे—यज्ञ करवाने के लिए आमंत्रित ब्राह्मण लोगों से आशीर्वाद लेते थे, उत्तम-उत्तम स्वादिष्ट भोजन से बहुतों को भोजन खिलाते थे—ऐसे शुभ कर्मों से इनका प्रताप और यश दूर-दूर तक फैलता था। आज के भारत की परिस्थिति नितान्त विपरीत है। प्रायः लोग निर्धन हैं—स्वार्थी हैं। धनाढ्य लोग इष्टापूर्त के कामों की खिल्ली उड़ाते हैं।

"स्वाचारः सुयशा नभस्यति धनी जीवे महीपप्रियः" ॥ मंत्रेश्वर

अर्थ—यदि बृहस्पति दशमभाव में हो तो जातक अत्यंत धनी और राजा का प्यारा होता है। ऐसा व्यक्ति उत्तम आचरण करनेवाला, और यशस्वी भी होता है।

"कर्मस्थिते सुराचार्ये पुण्यकीर्ति सुखान्वितः।
राजतुल्यः सुरूपश्चदयालुर्जायतेनरः" ॥ काशीनाथ

अर्थ—यह जातक यशस्वी, सुखी, राजा के समान, सुन्दर और दयालु होता है।

"सराज चिह्नः सुविभूतियुक्तः सश्रीसुखः कर्मगृहे गुरौ च" ॥ **जयदेव**

अर्थ—यह राजा के चिह्नों से युक्त, सुन्दर, ऐश्वर्यवान्, धनी और सुखी होता है।

"सद्राजचिह्नोत्तमवाहनानि मित्रात्मज श्रीरमणी सुखानि।
यशोभिवृद्धिं बहुधाविधत्ते राज्ये सुरेज्यो विजये नराणाम्" ॥ **ढुण्ढिराज**

अर्थ—यह राजचिह्नयुक्त होता है। इसके पास उत्तम वाहन होते हैं। इसे मित्रों का, पुत्रों का, धन और स्त्री का सुख मिलता है। यह विजयी और यशस्वी होता है।

"सधनः" ॥ **वराहमिहिर**

अर्थ—यह धनवान् होता है।

"सिद्धारंभः साधुवृत्तः स्वधर्मी विद्वानाढ्यो मानगै चामरेज्ये।
अर्थाप्तिः पितृजननीसपत्नमित्रभ्रातृस्त्रीमृतकजनात् दिवाकराद्यैः"॥ **वैद्यनाथ**

"मीनालिचाप कटके निजवर्गवारे,
मध्यंदिनोदगयने यदि राशिमध्ये।
कुंभे च नीचभवनेऽपि बली सुरेज्यो,
लग्ने सुखे च दशमे बहुवित्तदः स्यात्" ॥

अर्थ—आरम्भ में ही सफलता पानेवाला, सदाचारी, कर्तव्य पालन करने वाला, विद्वान् और धनवान् होता है। दशम में रवि हो तो पिता से, चन्द्र हो तो माता से, मंगल हो तो शत्रु से, बुध हो तो मित्र से, गुरु हो तो भाई से, शुक्र हो तो स्त्री से, शनि हो तो नौकरों से धन मिलता है। मीन, वृश्चिक, धनु और कर्कराशि में, वर्गकुंडली में, स्वगृह में, मध्याह्न में, विषुव के उत्तर में, राशि के मध्य भाग में, कुंभ में तथा मकर में गुरु बलवान् होता है। लग्न में, चतुर्थ में तथा दशम में गुरु हो तो बहुत धन प्राप्त होता है।

"सिद्धारंभोमान्यः सर्वोपायकुशलः समृद्धश्च।
दशमस्थे त्रिदशगुरौ सुखधनजनवाहनयशोभाक्" ॥ **कल्याणवर्मा**

पंचदशषट्समेतश्चत्वारिंशत्तथैकविंशश्च ।
त्रिंशत् चतुस्त्रिंशत् पंचाशदेवयथोक्तहोरायुः ॥
प्रोक्ता सहजे तुर्ये पंचमके सप्तमे च नवमे च।
दशमे चैकादशके गृहेषु जीवस्थितौ वर्षाः ॥

अर्थ—इसे कामों के आरंभ में ही सफलता मिलती है। यह मान्य, सर्वोपायकुशल, समृद्ध, सुखी, धनी, कीर्तिवान्, लोगों और वाहनों से सम्पन्न होता है।

गुरु तृतीय में हो तो १९, चतुर्थ में हो तो ६, पंचम हो तो ४०, सप्तम में हो तो २१, नवम में हो तो ३०, दशम में हो तो ३४ और एकादश में हो तो ५० वर्ष में मृत्युयोग होता है ।

"दशममंदिरगे च बृहस्पतौ तुरगरत्नविभूषितमंदिरः ।
भवति नीतिगुणैर्बुधसंयुतः परवरोगणवर्जित धार्मिकः" ॥ **मानसागर**

अर्थ—इसका घर घोड़ों और रत्नों से शोभायमान होता है । यह नीतिज्ञ, विद्वानों से युक्त परस्त्री से विमुख और धार्मिक होता है ।

"दैन्यं गुरुः शुभकर्मभाजम् ॥" **वशिष्ठ**

अर्थ—दीनता होती है–यह शुभ काम करता है ॥

"यशोवाहन सौख्यार्थगुण सत्य समन्वितः ।
सिद्धारंभोऽतिचतुरो भव्यकर्म स्थितेगुरौ ॥" **गर्ग**

अर्थ—यह यशस्वी, वाहन सम्पन्न, सुखी, धनी, गुणी, सच बोलने वाला और चतुर होता है । यह जिस काम को प्रारम्भ करता है वह पूरा होता है ।

"सद्राजचिह्नोत्तमवाहनानि मित्रात्मज श्रीरमणी सुखानि ।
यशोविवृद्धिर्बहुधा जगत्यां राज्ये सुरेज्ये विजयं नराणाम् ॥"

बृहद्यवनजातक

अर्थ—इसे राजा के चिन्ह उत्तमवाहन, मित्र, पुत्र, धन, कीर्ति तथा विजय की प्राप्ति होती है ।

"कर्मसंस्थो गुरुश्चेत् नानावित्ताभ्यागमं सः करोति ।
पुंसां नूनं गौरवं भूमिपालात् सत्वाधिक्यं जीवनं चित्तवृत्या ॥" **पुञ्जराज**

अर्थ–जातक को कई एक प्रकार से धन मिलता है, राजा से मान मिलता है-सात्विक और बुद्धिजीवी होता है ।

पाश्चात्यमत—यह गुरु सम्मान, कीर्ति, भाग्य, यश आदि के लिए शुभ है । गुरुदशम में या धनस्थान में शुभ संबंध में बलवान् हो बहुत भाग्यवृद्धि करता है । बड़ा अधिकारपद प्राप्त होता है । आचरण शुद्ध होता है । यह गुरु कर्क, मकर, मीन और धनु में अच्छा होता है । मेष, सिंह, वृष, तुला, कुंभ तथा वृश्चिक में कुछ अच्छा होता है ।

भृगुसूत्र—धार्मिकः, शुभकर्मकारी, गीतापाठकः, योग्यतावान्, प्रौढ़ कीर्तिः, बहुजनपूज्यः । भावाधिपेबलयुते विशेषक्रतुसिद्धिः । पापयुते पापक्षेत्रे कर्मविघ्नः । दुष्कृति यात्रा लाभहीनः ॥

अर्थ—यह धर्मात्मा और शुभकर्म करनेवाला होता है–यह गीता पाठ करता है, योग्य, उज्वल यशवाला और बहुत मनुष्यों का पूजनीय होता है । दशमेश बलवान् ग्रहों से युक्त हो तो यज्ञ करनेवाला होता है । दशमेश पापग्रह युक्त हो, वा पापग्रह के घर में हो तो काम में विघ्न पड़ते हैं दुष्टकाम किये जाते हैं, यात्रा में लाभ नही होता है ॥

विचार और अनुभव—दशमभाव का गुरु शुभफल देता है, यह विचार प्रायः सभी शास्त्रकारों का है। किन्तु नारायणभट्ट और वशिष्ठ ने अशुभ फल भी कहे हैं। इन अशुभफलों का अनुभव मिथुन, कर्क, तुला तथा कुंभ में आता है। अन्य राशियों में शुभफल मिलते हैं। वैद्यनाथ के अनुसार इस भाव का गुरु मकर में हो तो उत्तम धन लाभ होता है। १६ वा २४ वें वर्ष में पिता की मृत्यु, वा झगड़ा, पिता पुत्र का भाग्योदय एक साथ न होना, कर्ज का हो जाना, कारावास तक की नौबत, रोज का खर्च न चल सकना, पिता को अपनी कमाई का सुख न होना, अपयश होना आदि अशुभफलों का अनुभव वृष, कन्या, तुला, मकर, वा कुंभ लग्न हो तो विशेषतः आता है।

दशमस्थान में गुरु पुरुषराशि में हो तो संतान थोड़ी होती है। स्त्री राशि में हो तो अधिक संतान होती है। दशमस्थ गुरु किन व्यवसायों के लिए लाभकारी है यह निश्चयात्मक कहना कठिन है। इसमें सभी प्रकार के व्यवसायी पाए जाते हैं-भिक्षुक भी हैं व्यापारी और जज भी हैं-आयात-निर्यात के व्यापारी और जज भी हैं—आयात-निर्यात के व्यापारी भी पाए जाते हैं।

एकादशभावस्थगुरुफलम्—

'अकुप्यं च लाभे गुरौ किं न लभ्यं वदन्त्यष्टधीमन्त मन्ये मुनीन्द्राः।
पितुः भारभृत् स्वांगजास्तस्य पंच परार्थस्तदर्थो न चेद् वैभवाय ॥११॥

अन्वय:—गुरौ लाभे (स्थिते) तस्य किं अकुप्यं न लभ्यं (स्यात्) अन्ये मुनींद्राः (तं) अष्टधीमंतं वदन्ति, (सः) पितुः भारभृत् (भवति) तस्य स्वांगजाः पञ्च (भवन्ति) चेत् तदर्थः (तदा) परार्थः (ज्ञेयः) वैभवाय न स्यात् ॥११॥

सं० टी०—लाभेगुरुश्चेत् किं अकुप्यं स्वर्णरूप्यादि न लभ्यं अपितु सर्वं लभेत्। अन्ये प्रसिद्धाः मुनीन्द्राः इन्द्रादयः वैयाकरणाः ते धीमंतं अष्टावधानं वावदन्ति। पितुः भारभृत् पितुः पोषकः, तस्य स्वांगजाः औरसपुत्राः पंच तदर्थः तद्धनं परार्थः अन्यभोगाय, न वैभवाय, दानधर्म भोगार्थं न भवेत् इत्यर्थः कार्पण्यं स्यात् इतिभावः, पितुः भारभृत्वं स्ववर्गीय ॥११॥

अर्थ—जिस मनुष्य के जन्मलग्न से ग्यारहवें स्थान में बृहस्पति हो उसे सोना-चांदी आदि अमूल्य पदार्थ क्या नहीं मिलते हैं। अर्थात् उसे उत्तम और अमूल्य वस्तु प्राप्त होती हैं। बड़े-बड़े प्राचीन आचार्य उसे अष्टावधानी अर्थात् आठ विषयों को एकदम सुनकर सब विषयों का ध्यान रखकर अलग-अलग उत्तर देनेवाला कहते हैं। एक टीकाकार ने 'अष्टमुनीन्द्राः तं धीमन्तं वदन्ति' ऐसी योजना करके "इन्द्र आदि आठ वैयाकरण इसे बुद्धिमान् कहते हैं" ऐसा अर्थ किया है। वह अपने पिता के भार को संभालनेवाला अर्थात् अपने पिता का पोषक वा सहायक होता है। इसे पांच औरस पुत्र होते हैं। इसका द्रव्य (धन) दूसरों के लिए होता है। इसके उपभोग के लिए नहीं

होता है। अर्थात् यह कृपण होता है अतः दान-भोग आदि में अपने धन का उपयोग स्वयं नहीं करता है—और इसके धन का आनन्द दूसरे लेते हैं।११।

तुलना—गुरावायागारे लसति च विसारे जनुषितं
स्तुवंति श्रीमन्तः सदसि सकला भूसुरगणाः।
अलभ्यं किं भूमौ सपदि समरेयांति विमुखाः
विपक्षाः सत्पक्षामुदितमनसस्तस्य सहसा ॥ जीवनाथ

अर्थ—जिस मनुष्य के जन्म समय में बलवान् बृहस्पति एकादशभाव में हो तो उसकी सभा में धनवान् तथा ब्राह्मणगण स्तुति करते हैं। पृथ्वी पर उसके लिए कुछ भी अलभ्य नहीं होता है। शत्रुगण संग्राम में शीघ्र ही विमुख होकर भाग जाते हैं। और अपने पक्ष के लोग सहसा प्रसन्न होते हैं ॥।

"सलाभः"। वराहमिहिर

अर्थ—इसे लाभ होता है।

"अपरिमिताय द्वारो बहुवाहन भृत्यसंयुतः साधुः।
एकादशगे जीवे न चातिविद्यो न चातिसुतः ॥" कल्याणवर्मा

अर्थ—इसके धनप्राप्ति के मार्ग अपरिमित और असंख्य होते हैं। इसके वाहन-नौकर चाकर बहुत होते हैं, यह साधु स्वभाव होता है। विद्या बहुत नहीं होती, पुत्र भी बहुत नहीं होते।

"धनायुषीज्यः लाभम्।" वशिष्ठ

अर्थ—यह धनी, दीर्घायु, तथा लाभवान् होता है ॥

"आयस्थेऽमर मंत्रिणि प्रवलधीः विख्यातनामा धनी।" वैद्यनाथ

अर्थ—यह कुशाग्र बुद्धि, प्रसिद्ध और धनवान् होता है।

"सविक्रमायाम्बरमानवित्तः सुकीर्तिसामर्थ्ययुतो भवस्थे।" जयदेव

अर्थ—यह पराक्रमवान्, धनी, मानी विविधवस्त्रों से युक्त, यशस्वी और बलवान् होता है।

"लाभेगुरौ विवेकी स्याद् हस्त्याश्वादिधनैर्युतः।
चंचलोऽपिसुरूपश्च गुणवानपिजायते ॥" काशीनाथ

अर्थ—यह विचारवान् हाथी घोड़े आदि धनसंपत्ति से युक्त होता है—यह चंचल, सुंदर और गुणी होता है।

"नीरोगो दृढवीर्यश्च मंत्रवित् परशास्त्रवित्।
नातिविद्योऽल्पतनयः साधुरेकादशे गुरौ ॥" गर्ग

अर्थ—यह नीरोग, बलवान्, मंत्रज्ञ, दूसरों के शास्त्र जानने वाला और साधु स्वभाव का होता है। यह बहुत विद्वान् नहीं होता है—इसके पुत्र कम होते हैं।

"सामर्थ्यमर्थागमनं च नूनं सद्रत्न वस्त्रोत्तमवाहनानि।
भूपप्रसादं कुरुते नराणां गीर्वाणवंद्यो यदि लाभसंस्थः ॥" बृहद्यवनजातक

अर्थ—यह बलवान् और धनवान् होता है। इसे उत्तम रत्न, वस्त्र और उत्तमवाहन प्राप्त होते हैं। यह राजमान्य, होता है।

"व्रजतिभूमिपतेः समतांधनैः निजकुलसविकासकरः सदा।
सकलधर्मरतोऽर्थसमन्वितो भवति चायगते सुरनायके ॥" **मानसागर**

अर्थ—यह राजा के सदृश धनी, अपने कुल की बढौत्री करनेवाला, धार्मिक और धनी होता है।

"गुरौ विद्यया पुत्रसौख्यान्वितः स्याद् भवेद् धार्मिकैः साधुलोकैः प्रसंगः।
सुवर्णादि धातुः भवेत् तस्यगेहे नृपाणां सुमान्यः सुधानं प्रभूतम्।
यदा देवपूज्यस्य लाभे स्थितिः स्यात् ॥" **जागेश्वर**

अर्थ--यह विद्वान्, पुत्रवान्, और सुखी होता है। यह धार्मिक और सज्जनों की संगति में रहता है। इसके पास सोना, चांदी आदि धातु होते हैं। यह नृपपूज्य और धनधान्य से परिपूर्ण होता है।

"सामर्थ्यमर्थागमनानि नूनं सद्वस्त्ररत्नोत्तमवाहनानि।
भूपप्रसादं कुरुतेनराणां गीर्वाण वंद्यो यदि लाभसंस्थः ॥" **ढुण्ढिराज**

अर्थ—यह बली, धनी, उत्तमरत्न-वस्त्र, तथा उत्तमवाहनों वाला होता है। यह राजकृपायुक्त होता है।

"आयस्थे धनिकोऽभयोऽल्पतनयो जैवातृकः यानगः ॥" **मन्त्रेश्वर**

अर्थ—यह धनिक, निर्भय और दीर्घायु होता है। इसके पास सवारियाँ भी बहुत होती हैं। किन्तु संतान थोड़ी होती है।

भृगुसूत्र—नरेश यज्ञगजभूज्ञानक्रियाभिः। आयुरारोग्यमैश्वर्यं जायापत्य सुहृत् सुखम्। नृणां चतुष्पदप्राप्तिः देवेज्यो लाभगो यदि। विद्वान्, धनवान्, द्वाविंशद्वर्षे बहुलाभः। अनेक प्रतिष्ठासिद्धिः। शुभपापयुते गजलाभः। भाग्य-वृद्धिः। चंद्रयुते निक्षेपलाभः।

अर्थ—इसे राजा, यज्ञ, हाथी, जमीन, और ज्ञान की क्रिया से लाभ होता है। यह दीर्घायु, नीरोग और ऐश्वर्यवान् होता है। इसे स्त्री, पुत्र और मित्रों से सुख मिलता है। इसे चौपाए पशु मिलते हैं। यह विद्वान्, धनवान् होता है। ३२ वें वर्ष बहुत लाभ होता है। कई प्रकार से प्रतिष्ठाप्राप्ति होती है। शुभ और पापग्रहों से सम्बन्ध हो तो हाथी की प्राप्ति होती है--भाग्य में वृद्धि होती है। चंद्र की युति होतो धरोहर रखा हुआ धन मिलता है।

पाश्चात्यमत—यह प्रामाणिक, सच बोलनेवाला, भाग्यवान्, उदार, और अच्छे मित्रों से युक्त होता है। यह गुरु स्थिरराशि में हो तो गर्विष्ठ और अभिमानी होता है। चरराशि में होतो साहसी, कार्यकुशल होता है। द्विस्वभाव राशि में हो तो धार्मिक और संसारदक्ष होता है। इसे राजा द्वारा सम्मान और लाभ के विलक्षण योग प्राप्त होते हैं। इस स्थान में गुरु बलवान् होना बड़े भाग्य का लक्षण है। श्रीमान् और खानदानी लोगों से मित्रता होती है। मित्रों की मदद से आशाएं और महत्वाकांक्षाएं पूरी होती हैं। उनकी सलाह

उत्तम और फायदेमंद होती हैं। अपने कामों से समाज में नाम होता है। और श्रेष्ठत प्राप्त होती है। धनप्राप्ति अच्छी होती है। संतति सुख अच्छा मिलता है। पुत्र के जन्म से भाग्योदय शुरु होता है। इस स्थान के गुरु के साथ चंद्र, रवि, हर्षल वा शनि की युति शुभ होती है। मंगल-शनि और हर्षल से अशुभ संबंध नहीं होना चाहिए।

विचार और अनुभव—"लाभस्थाने ग्रहाः सर्वे बहुलाभप्रदाः।" इसके अनुसार सभी ग्रंथकारों ने प्रायः शुभफल बतलाए हैं। किंतु कल्याण वर्मा और गर्ग ने कुछ अशुभफल भी कहे हैं—'शिक्षा न होना।' 'अल्प संतान होना।' ये अशुभफल हैं। इस परिस्थिति में 'लाभस्थान के सभी फल शुभ ही होते हैं'। यह धारणा पूर्णतया सत्य नहीं ठहरती है।

शुभफलों का अनुभव कर्क, कन्या और मीन को छोड़कर अन्यराशियों में आता है।

संतति-संपत्ति और विद्या, इन तीनों में से एकका अच्छा लाभ, एकादशस्थ गुरु का सामान्य फल है। कथन का तात्पर्य यह है कि यदि संपत्ति अच्छी होगी तो दूसरी दोनों संतान और विद्या कम होंगी। पूर्वार्जित संपत्ति प्राप्त नहीं होती या अपने हाथों नष्ट हो जाएगी वा दूसरे हड़प कर लेंगें। एकादश में गुरु होतो पुत्र बहुत दुराचारी होते हैं। मां-बाप से झगड़ते हैं, मारपीट करने से भी पीछे नहीं रहते। निरुपयोगी होते हैं। अपना पेट भी भर नहीं सकते। पिता-पुत्र दोनों का भाग्योदय होता है।

यह गुरु कर्क, कन्या, धनु वा मीन में हो तो संतति या तो होती नहीं, होती है तो मृत होती है। अथवा स्त्री पुत्रोत्पत्ति में अयोग्य होती है। इस गुरु के प्रभाव स्वरूप विपत्तियों की भरमार रहती है। स्वयं रोगी होना, पत्नी का रुग्णा होना, पत्नी से वैमनस्य, द्वितीय विवाह, कन्याएं ही होना, बड़े भाई की मृत्यु, निर्धनी, ऋण लेना, चुकाने में असमर्थ होने से जेल जाना—व्यवसाय में नुकसान, परिणामतः बेइज्जत होकर गांव छोड़ अन्यत्र वास करना आदि-आदि अशुभ फल मिलते हैं।

द्वादशस्थगुरुफलम्—

यशः कीदृशं सद्व्यये साभिमाने मतिः कीदृशी वंचनाचेत् परेषाम्।
विधिः कीदृशोऽर्थस्य नाशो हि येन त्रयस्ते भवेयुः व्यये यस्य जीवः ॥१२॥

अन्वय:—यस्य व्यये जीवः (स्यात्) (तस्य) साभिमाने सद्व्यये (सति) यशः कीदृशं (स्यात्) परेषां वञ्चना चेत् (तस्य) मतिः कीदृशी (भवेत्), येन (तस्य) अर्थस्य नाशः (भवति) (सः) विधिः कीदृशः (स्यात्) (तस्य) ते त्रयः भवेयुः ॥ १२ ॥

सं० टी०—यस्य व्यये द्वादशेजीवश्च तस्य साभिमाने सगर्वे सद्व्ययेऽपि कीदृशं यशः, अपितु अयश एव, अपरेषां वंचने या मतिः सा कीदृशी, किन्तु कुबेर एव येन अर्थस्य परमार्थरूप परलोकस्य नाशः वृथाद्रव्यहानिः वा स

कीदृशः विधिरेव इत्यर्थः। ते त्रयः स्रगर्वबंधु विषयक व्ययः परवंचकता अविधिना द्रव्यत्यागः, एवं एते भवेयुः ॥ १२ ॥

अर्थ—जिस मनुष्य के जन्मलग्न से बारहवें स्थान में गुरु हो तो उसका द्रव्य व्यय अच्छे कामों में होने पर भी अभिमान के साथ होने से उसको यश कैसे मिल सकता है। सदा दूसरों को वह ठगा करता है तो उसकी उत्तम बुद्धि कैसे हो सकती है? उसके कामों में द्रव्य की हानि ही होती है तो उसके अच्छे काम कैसे कह सकते हैं। अर्थात् बारहवें स्थान में बृहस्पति हो तो ये तीनों बातें होती हैं ॥ १२ ॥

टिप्पणी—दान में खर्च किए गए द्रव्य को सद्व्यय कहा जाता है। परन्तु यह दान सात्विक होना चाहिए और निरभिमान होकर सद्व्यय करना चाहिए। जिस दान में वित्तशाठ्य भी रहता है, यह वित्तशाठ्य दान को तामस बना देता है। वित्तशाठ्य का अर्थ है 'आहंता' 'अभिमान'—"मैंने दान किया है—मैं दानी हूँ" इस प्रकार की अहंता और अभिमान। "दातव्यमिति यद्दानं दीयतेऽनुपकारिणे। देशेकाले च पात्रे च तद्दाने सात्विके विदुः॥" जो दान योग्य और अनुपकारी व्यक्ति को तीर्थ आदि उत्तम देश में ग्रहण आदि पर्वकाल में दान लेने वाले की पात्रता का ध्यान रखते हुए, दिया जाता है वह दान सात्विक होता है। ऐसे दान का फल अपकीर्ति अपयश नहीं हो सकता है। इस दान से पुण्यप्राप्ति होती है। जिस बुद्धि से दूसरे की वंचना की जावे वह बुद्धि विचार-बुद्धि नहीं होती यह प्रतारणा चातुर्य्य तो प्रतारक को दुष्टबुद्धि बनाता है—ऐसी ठगनी बुद्धि से तो परोपकारिणी मूर्खता ही अच्छी होती है। इसी प्रकार विधिहीन किया हुआ शुभकर्म और ऐसे शुभकार्य पर किया हुआ धन व्यय व्यर्थ ही है क्योंकि जो कर्म विधिपूर्वक नहीं किया जाता उसका फल शुभ लोक प्राप्ति हो नहीं सकता है। भाव यह है कि साभिमान कृत दान, परवंचना निमित्त बुद्धि का दुरुपयोग, विधिहीन कृत शुभ कर्म व्यय ये तीनों ही व्यर्थ हैं और ये तीनों द्वादशभावस्थ गुरु का अशुभफल हैं।

तुलना—"अपाये जंभारेर्गुरुरपि न भद्रं भुवि यशः।
भृशं दम्भाधिक्य तनुभृत उतार्थ व्ययचयः॥
मतिर्व्यग्रा नित्यं भवति परवित्तापहरणे।
गुरुणां बंधूनामुपकृतिविधाने शिथिलता॥" **जीवनाथ**

अर्थ—जिस मनुष्य के जन्मसमय में बृहस्पति द्वादशभाव में हो उसे कल्याण और पृथ्वी पर यश नहीं होता है। वह अधिक अहंकारी होता है; व्यर्थ ही खर्च की अधिकता और सदा दूसरे के धन का अपहरण करने में उसकी बुद्धि व्यग्र रहती है। गुरु तथा बंधुजनों का उपकार करने में शिथिलता होती है

"खलः।" **वराहमिहिर**

अर्थ—द्वादशभावस्थ गुरु का व्यक्ति खल अर्थात् दुर्जन होता है।

"अलसो लोक द्वेष्यो ह्यपगतवाग् दैवपक्ष भग्नो वा ।
परितः सेवानिरतो द्वादश संस्थे गुरौ भवति ॥" कल्याणवर्मा

अर्थ—यह आलसी, लोगों के साथ द्वेष करने वाला, बोलने में अल्हड़, सेवक और भाग्यहीन होता है ।

"रिःफे चोर हृतस्वं तु नेत्ररोगं पराजयम् ॥" पराशर

अर्थ—इसका धन चोर ले जाते हैं, यह नेत्ररोगी होता है। इसका पराजय होता है ।

"धिषणः कृशांगः पीडां च ।" वशिष्ठ

अर्थ—यह दुबला पतला और पीड़ा युक्त होता है ।

"व्यये बृहस्पतौ रोगी, व्यसनी परकर्म कृत् ।
बंधुवैरी नीचसेवी गुरुद्वेषी च जायते ॥" काशीनाथ

अर्थ—यह रोगी, व्यसनी, नौकर, भाई-बंधुओं का वैरी, नीचों की सेवा करने वाला और गुरुजनों से द्वेष करने वाला होता है ।

"नाना चित्तोद्वेग संजातकोपं पापात्मानं सालसं त्यक्तलज्जम् ।
बुद्धयाहीनं मानवं मानहीनं वागीशोऽयं द्वादशस्थः करोति ॥" ढुण्ढिराज

अर्थ—जातक कई प्रकार के चित्त के उदवेग से कुपित, पापी, आलसी, निर्लज्ज-मतिहीन, और मानहीन होता है ।

चार्वाकी चपलोऽटनः खलमतिः जीवो यदोत्येगतः ।
वागीशेंदुसिता यदि व्ययगता वित्तस्य संरक्षकाः ॥" वैद्यनाथ

अर्थ—यह चार्वाकमतानुयायी, चपल, भ्रमणशील (प्रवासी) तथा दुष्ट होता है । गुरु, शुक्र वा चन्द्र व्ययस्थान में हो तो धन की रक्षा करते हैं ।

चार्वाकमत संक्षेप में 'खाओ पीओ मौज उड़ाओ' है । इस मत के लोग प्रत्यक्ष को ही प्रमाण मानते हैं, परलोक को नहीं मानते हैं । जो कुछ है वह पञ्चभूतात्मक शरीर ही है । और कुछ नहीं है, "भस्मीभूतस्य देहस्य पुनरागमनं कुतः ।" यह मत चार्वाक का है अर्थात् ये पुनर्जन्म नहीं मानते । इनके अनुसार स्वर्ग-नरक कुछ नहीं हैं । ईश्वर की सत्ता भी नहीं मानते । इनके अनुसार यज्ञ आदि शुभ कर्म व्यर्थ हैं । ऐसी बातें सभी को पसंद हैं । अतः ऐसी बातें कहने वालों को चार्वाक् कहते हैं । छः नास्तिक दर्शनों में पहिला चार्वाक् दर्शन है ।

"रिःफस्थानस्थितश्चेत् गुरुर्गुप्तरोगी नितांतम् ।
वागीशेयानभूषावसनहयभवा चामरच्छत्रचिन्ता" ॥ जातकालंकार

अर्थ—इसे गुप्त रोग होते हैं । वाहन, भूषण, वस्त्र, घोड़े, चामर आदि की चिन्ता होती है ।

"उच्छ्रित व्ययकारी च रिःफगे देवतागुरौ ।
सेवाविज्ञो महाक्रोधी सालसो लोकविग्रही ॥
व्ययेऽन्नदाता धिषणः ।
गुरुर्व्यये यदा परगोधनहेमसंपदः" ॥ गर्ग

अर्थ—जातक बढ़-चढ़कर खर्च करता है, सेवा करने में चतुर, महाक्रोधी, आलसी, लोगों से झगड़ने वाला होता है। इसे अन्न की कमी नहीं होती। इसे वस्त्र, गौएँ, धन, सोना और सम्पत्ति प्राप्त होते हैं।

"नानाचित्तोद्वेगसंजातकोपं पापात्मानं सालसं त्यक्तलज्जम्।
बुद्धयाहीनं मानवं मानहीनं वागीशोऽयं द्वादशस्थः करोति" ॥

बृहद्यवनजातक

अर्थ—इसे चित्त उद्विग्न रहने से क्रोध बहुत आता है। यह पापी, आलसी निर्लज्ज, बुद्धिहीन और अपमानित होता है।

"शिशुवयः समये हृदि रोगवानुचितदानपराङ्मुख एव च।
पितृधनेन धनी कुलदांभिको भवति पापगृहे च बृहस्पतौ" ॥ **मानसागर**

अर्थ—यह बालपन में हृदयरोगी, उचित दान नहीं करनेवाला, पिता के धन से धनी होता है। यदि गुरु नीच वा शत्रुराशि में हो तो दंभी होता है।

"द्वेष्यो धिक्कृतवाग् व्यये वितनयः साधोऽलसः सेवकः" ॥ **मंत्रेश्वर**

अर्थ—इससे दूसरे लोग द्वेष करते हैं। बुरे शब्द बोलनेवाला, संतानहीन, पापी, आलसी और सेवक (नौकर) होता है।

"सोद्वेग चिंतालसपापकोपोऽव्रीड़ो विमानी कुपितो व्ययेज्ये" ॥ **जयदेव**

अर्थ—जातक उद्वेग, चिंता, आलस, पाप और कोप से युक्त होता है। यह निर्लज्ज, मानहीन और क्रोधशील होता है।

ईज्यो व्यये संस्थितः संचयं वै धनानां लालसः।
भवेत् कोपयुक्तस्तथा चिन्तया सौ ॥
ध्रुवं लालसो मानहीनः कुबुद्धिः।
स्वयं पापरूपः खलानां च रूपो ॥
व्यये देवपूज्ये न दुष्टश्च पापैः" ॥ **जागेश्वर**

अर्थ—जातक धन का संचय करनेवाला तथा लोभी होता है। क्रोधी, चिंतित, मानहीन, दुर्बुद्धि, दुष्ट तथा दुष्टों की सहायता करनेवाला होता है।

"जीवो व्ययभावसंस्थः पितुः सहोत्थाः सुखिनस्तदास्युः" ॥ **पुंजराज**

अर्थ—पिता के भाई सुखी रहते हैं।

भृगुसूत्र—महेन्द्रेज्ये प्रयच्छति व्ययस्थे विपुलं धनम्। स्वजनविग्रहं दुःखं क्षयोत्पतिः धनव्ययः। प्रवासो नृपतेर्भीतिर्देवेज्ये व्ययसंस्थिते। निर्धनः, पठितः, अल्पपुत्रः, गणितशास्त्रज्ञः, ग्रंथिव्रणी, अयोग्यः, ब्राह्मणस्त्रीभोगी, गर्भिणीसंगमी, धर्ममूलेन धनव्ययः। उच्चे स्वक्षेत्रे जनहितकारी राष्ट्रसेवकः। स्वर्गलोक प्राप्तिः। पापयुते पापलोकः।

अर्थ—इस गुरु से विपुल धन प्राप्त होता है। अपने लोगों से झगड़े होते हैं, दुःख होता है। क्षयरोग होता है। धन व्यय होता है। प्रवास होता है। राजा से भय होता है। निर्धन, पठित, गणित जाननेवाला होता है। पुत्र संतति थोड़ी होती है। ग्रंथिव्रण होता है। अयोग्य होता है। ब्राह्मणी

और गर्भिणी स्त्री से सहवास और संगम करता है। धर्म में खर्च करता है। यह गुरु उच्च वा स्वगृह में हो तो लोकहितकारी और देशसेवक होता है। इसे स्वर्गलोक प्राप्त होता है। पापग्रह से युक्त हो तो नरक में जाता है।

पाश्चात्यमत—यह गुरु विजय प्राप्त कराता है। किन्तु शत्रु बहुत होते हैं। अध्यात्मविद्या और गूढ़शास्त्रों में रुचि होती है। शत्रु द्वारा लाभ होता है। आयु का मध्य तथा उत्तरार्ध अच्छा जाता है। वैद्य, धर्मगुरु, वेदज्ञानी, लोकसेवक आदि के लिए यह गुरु शुभ है। पुरानी रीतियों के बारे में आदर होता है। लोगों को अकल्पनीय ऐसे चमत्कारिक प्रकारों से लाभ होता है। यह गुरु पीड़ित वा अशुभ सम्बन्ध में हो तो विवाह में कुछ गड़बड़ होती है। शुभ सम्बन्ध में हो तो ३० वें वर्ष के बाद मित्रों से गुप्त साहाय्य मिलकर अच्छा उत्कर्ष होता है।

यह गुरु बलवान् हो तो दानाध्यक्ष, सार्वजनिक संस्थाओं में कार्यकर्त्ता, अस्पताल, धार्मिक संस्थाएँ आदि के व्यवस्थापक के रूप में लाभ होता है। इस गुरु से एकांतवास में होनेवाले कार्यों में यश, लाभ और कीर्ति प्राप्त होती है। देशत्याग, अज्ञातवास तथा दूरप्रदेशों में प्रवास से कीर्ति तथा लाभ प्राप्त होते हैं। द्वादशस्थान का सम्बन्ध परोपकार तथा विश्वप्रेम से है। अतः ये फल कहे हैं। बड़े-बड़े दान देने की प्रवृत्ति भी होती है। यही गुरु पीड़ित हो तो आलसी, विवेकहीन, किसी सार्वजनिक संस्था के आश्रय से जीवन बितानेवाला है। कन्या, मकर तथा वृश्चिक में यह गुरु बहुत अशुभ होता है।

विचार और अनुभव—गर्ग ने वस्त्र, गौएँ, सोना तथा सम्पत्ति मिलती है–यह शुभफल बतलाया है। यह फल अनुभवगम्य है। अन्य ग्रंथकारों ने प्रायः अशुभफल ही बतलाये हैं–द्वादश दुष्टस्थान है। इसके बुरे फल अनुभवगोचर होते हैं।

प्रायः दैवज्ञ बृहस्पति को अति शुभ ग्रह मानते हैं। जन्मकुण्डली में पड़े हुए बृहस्पति का फल प्रायः शुभ ही कहते हैं और इनकी धारणा है कि बृहस्पति सदैव शुभ फल दाता ही होता है। इस सन्दर्भ में पुराण का श्लोक लिखा जाता है ताकि दैवज्ञ अशुभ फल से भी परिचित हो सकें—

"जन्मलग्ने गुरुश्चैव रामचंद्रो वने गतः।
तृतीये बलिः पाताले चतुर्थे हरिश्चन्द्रः॥
षष्ठे द्रौपदी हरणं च हंति रावणमष्टमे।
दशमे दुर्योधनं हंति द्वादशे पांडु वनागतम्"॥

अर्थ—लग्न में गुरु होने से राम को वनवास हुआ। तृतीय में गुरु से बलि पाताल में गया। चतुर्थ के गुरु से हरिश्चन्द्र के सत्य की परीक्षा हुई। षष्ठ के गुरु से द्रौपदी का वस्त्र हरण हुआ। आठवें गुरु से रावण का नाश हुआ। दशमें गुरु से दुर्योधन का और बारहवें गुरु से पाण्डु की मृत्यु हुई।

भीष्म के द्वितीय में गुरु से भीष्म राज्याधिकार से वंचित रहे। दशरथ के पंचम में गुरु से दशरथ को पुत्रशोक हुआ। अजराजा के सप्तम में गुरु से पत्नी वियोग हुआ। विश्वामित्र के नवम में गुरु से विश्वामित्र ने अभक्ष्य भक्षण किया तथा नल के लाभस्थान में गुरु से राज्यभ्रष्ट-वनवास, पत्नीवियोग तथा सर्पदंश आदि अशुभ फल नल राजा को प्राप्त हुए। ऊपर के लेख से यह स्पष्ट हो जाता है कि जब गुरु अशुभ स्थिति में होता है तो अशुभ फल देता है।

शुक्र विचार—

शुक्र के पर्याय नाम—शुक्र, काव्य, सित, अच्छ, भृगुसुत, आस्फुजित, दानवेज्य, भृगु, उशना, भार्गव, भार्गवसुत, भार्गवसूनु, काण, कवि, दैत्यगुरु, रत्न, दैत्यऋत्विक्, पुण्डरीक, धिष्ण्य, दैत्याचार्य, ऋतु-अरुंधती (२२)

शुक्र का स्वरूप—सितश्चनदनः, दानवपूजितश्च सचिवः, शुक्रः श्यामः, चित्रः सितः, शयनस्थानं, वस्त्रंदृढं, मुक्ताधातुः, वसंतः, आम्लरसः। मदन अर्थात् काम पर शुक्र का अधिकार है। यह दैत्यों का गुरु है। इसका वर्ण श्याम अर्थात् नांही बहुत गोरा और नाहीं बहुत काला है। चित्र-विचित्र वस्त्रधारण करने वाला इसका देश शयन स्थान है। इसका वस्त्र दृढ़ पक्का मजबूत है। इसका रत्न मुक्ता-मोती है। इसकी ऋतु वसंत है–इसकी रुचि खट्टे पदार्थ पर है। इसकी अधिष्ठात्री देवी इंद्राणी है। इसकी दिशा पूर्व दक्षिण-यही स्त्री ग्रह है। यह जलका स्वामी है। इसकी जाति ब्राह्मण है यह रजोगुणी है। यह सदैव शुभ है।

'भृगुः सुखी कांतवपुः सुलोचनः कफानिलात्मा सित वक्रमूर्द्धजः" ॥

वराहमिहिर

अर्थ—सदैव सुख में आसक्त दर्शनीय शरीरवाला, आखें सुंदर, केश काले और कुटिल (लहरीले) श्लेष्मा और वातप्रधानप्रकृति–ऐसा भृगु का स्वरूप है।

"श्यामो विकृष्टपर्वा कुटिलाऽसितमूर्धजः सुखीकांतः।
कफवातिको मधुरवाग् भृगुपुत्र, शुक्रसारश्च" ॥

लघुजातक (वराहमिहिर)

अर्थ—वर्ण में श्याम, विरलदेह सन्धियों वाला, केश काले और लहरीले, सुखाभिलासी, सुन्दर, मधुरभाषी, कफवातप्रधान प्रकृति-वीर्य से बलवान् भृगु है।

"शुक्रः सुखी कांततनुः सुनेत्रः श्लोष्मानिलात्मा मधुरोगिराच।
विकृष्टपूर्वासितवक्रकेशो रेतः सतेजाः किलकृष्णदेहः" ॥ जयदेव

अर्थ—सुखी, सुंदरशरीर, सुन्दरनेत्र कफवातप्रकृति मीठीवाणी दृढ़ग्रंथि, काले लहरीलेकेश वीर्य से तेजस्वी, श्यामशरीर-ऐसा स्वरूप शुक्र का है।

"चारुर्दीर्घभुजः पृथूरुवदनः शुक्राधिकः कांतिमान् ।
कृष्णाकुंचितसूक्ष्म लंवितकचः दूर्वादल श्यामलः ॥
कामी वातकफात्मकोऽतिसुभगश्चित्रां वरो राजसो ।
लीलावान् मतिमान् विशालनयनः स्थूलात्मदेहः सितः" ॥ **कल्याणवर्मा**

अर्थ—यह सुन्दर, लम्बे हाथों वाला, चेहरा मोटा और चौड़ा, केशकाले लहरीले, बारीक और लंबे होते हैं। रंग दूर्वा जैसा सांवला और प्रकृति कफवात की होती है। वीर्य अधिक होता है। यह कान्तिमान, बुद्धिमान्, आराम से रहने वाला और मोटा होता है। रजोगुणी और चित्र-विचित्र वस्त्र पहिनने वाला होता है। आँखे बड़ी होती हैं।

दिशा—आग्नेयी, शुक्रः सौम्यः, शची इन्द्राणी विप्रः, स्त्रीणांस्वामी, यजुर्वेद्-पतिः सितः, पितॄणां बंधुः, स्त्रीक्षेत्रे भार्गवः बली, शुक्रोनिशार्धे।

अर्थ—यह आग्नेयदिशा का स्वामी शुभग्रह है। इसकी देवता इंद्राणी है। यह ब्राह्मणवर्ण का, स्त्रियोंका स्वामी, यजुर्वेद का अधिपति, पितृलोक का दर्शक हैं। स्त्रीराशिमें, अर्धरात्रि के समय, तथा चतुर्थस्थान में यह भृगु बलवान् होता है।

"भृगुः वीर्यप्रदायक। रजःस्वभावः, इक्षुः पुष्पवृक्षान् भृगोः सुतः।" **पराशर**

अर्थ—यह राजस स्वभाव का ग्रह है। वीर्य देनेवाला है। मीठी रुचि तथा फूलों के पौधों पर इसका अधिकार है। इसका जलतत्त्व पर अधिकार है।

"असितकुटिलकेशः श्यामसौंदर्यशाली समतररुचिरांगः सौम्यदृक् कामशीलः ।
अतिपवनकफात्मा राजसः श्रीनिधानः सुखबलसुगुणानामाकरश्चासुरेज्यः" ॥
वैद्यनाथ

अर्थ—केश काले और घुंघराले, रंग सांवला किन्तु सुन्दर, अवयव सम और मोहक, दृष्टि सौम्य, प्रवृत्ति कामुक तथा वातकफ की, रजोगुणी, धनवान, सुखी, बलवान् तथा गुणवान् ऐसा शुक्र का स्वरूप है।

"शुक्रः सितांगः, शिरसा शुक्रः, सितो द्विपात् जलाशयान्, मुरारिवंद्यः, षोडशवत्सरः सितः, शाखाधिपः सितः, कर्बुरः, असुराचार्यस्य वज्रः, रत्नं, सितस्ततो गौतममिकांतभूयः, कालः पक्षः दृष्टिः कटाक्षेणकवेः, जेतावक्रसमागमें, भृगुजो लघुस्वभावः, कामः सितः अरिष्टदः, सोमेन शुक्रः।

'स्वोच्चे स्ववर्गदिवसे यदि राशिमध्ये शत्रुव्ययानुजगृहे हिबुकेऽपराह्णे ।
युद्धे च शीतकरसंगम वक्रचारे शुक्रोऽरुणस्य पुरतो यदि शोभनः स्यात्" ॥

अर्थ—भृगु शुभ्र वर्ण का है। सिर की ओर से उदय होता है। दो पाए प्राणी और जलाशयों का स्वामी है। आयु षोडश वर्ष की है। यह शाखाधिप है। इसका रंग चितकबरा है। (न०प्र०) रत्नों में हीरा, एकपक्ष का काल, तथा

कृष्णा नदी से गोदावरी तक का प्रदेश शुक्र के अधिकार में है। इसकी दृष्टि तिरछी है। वक्रग्रह के साथ हो तो विजयी होता है। इसका स्वाभाव हलका है। सप्तम स्थान में यह संकट उत्पन्न करता है। यह चन्द्र द्वारा पराजित होता है। अपनी उच्च राशि में द्रेष्काण तथा नवांश कुंडली में स्वगृह में हो तो, राशि के मध्यमभाग में, तृतीय, चतुर्थ, षष्ठ-वा व्यय स्थान में, संध्या समय, युद्ध के समय चंद्र के साथ हो तो, वक्री हो तो तथा सूर्य के आगे हो तो शुक्र ग्रह शुभ फल देता है और बलवान् होता है। यह षष्ठ स्थान में विफल होता है।

"चित्राम्वरा कुंचित कृष्ण केशः स्थूलांगदेहश्च कफानिलात्मा।
दूर्वांकुराभः कमनो विशालनेत्रो भृगुः साधित शुक्र वृद्धिः॥" मंत्रेश्वर

अर्थ—रंगविरंगे कपड़े पहिने हुए हैं। काले धुँघराले केश हैं। शरीर और अवयव स्थूल हैं। कफ और वात की प्रधानता है। दूब के अंकुर की भाँति उज्ज्वल शरीर है। शुक्र देखने में बहुत सुंदर है। इसके विशाल नेत्र हैं। वीर्य पर इसका विशेष अधिकार है।

"वेश्यावीथ्यवरोधाः, देवता लक्ष्मीः, कीकटोदेशः, रौप्ये, सप्त, वल्ली।"

अर्थ—शुक्र के स्वामित्व में वेश्याओं के निवासस्थान, अंतःपुर, कीकट प्रदेश, सातवर्ष की आयु, चाँदी धातु तथा वेल, में इनका समावेश होता है। इसकी देवता लक्ष्मी है।

देवता इन्द्रः, अतिशुक्लस्तुसितः मध्यमः, स्निग्धो।
विलोमो विपुल सदीप्तिः, स्त्रीक्षेत्रगः वीर्युयुतः सितः॥" पुंजराज

अर्थ—इसका देवता इन्द्र है। यह बहुत सफेद तथा मध्यम आयु का है। शांत और तेजस्वी किरणों से युक्त और वक्री होतो यह बलवान् है। स्त्री राशियों में यह प्रबल होता है।

"सजलजलदनीलः श्लेष्मलश्चानिलात्मा कुवलय दलनेत्रोवक्रनीलालकश्च।
सुसरलभुजशाली राजसश्चातिकामी मदयुत गजगामी भार्गवः शुक्रसारः॥"
ढुण्ढिराज

अर्थ—जलयुक्त मेघ के समान वर्णवाला, कफवात प्रकृति, कमल पत्र के समान नेत्र वाला, काले घुंघराले केशों वाला, सुन्दर भुजावाला, रजोगुणी, कामी, और मदयुक्तहस्ती के समान गति वाला शुक्र ग्रह है॥

विवेचन—शुक्र का दर्शन सूर्यास्त के बाद, और सूर्योदय के पहिले भी होता है। प्राचीन ग्रंथकारों ने सूर्यास्त के बाद नजर आने वाले शुक्र का वर्णन ही मुख्यतः किया है। यह बहुत तेजस्वी और आकर्षक प्रतीत होता है। यह शुक्र अष्टम वा नवम स्थान में होता है। सूर्योदय के पहिले का शुक्र लग्न स्थान में होता है यह विशेष तेजस्वी नहीं होता है।

आचार्य वराहमिहिर ने "सितश्च मदनः।" कामवासना पर शुक्र का अधिकार है" ऐसा कहा है। यह अष्टमस्थान का कारकत्व है। अष्टमस्थान वृश्चिकराशि का है, और इसका अधिकार गुप्त इन्द्रियों पर है। अष्टमस्थान ही संध्या समय को बतानेवाला है। कामवासना की जागृति संध्या समय से होने लगती है–इस तरह कामवासना पर शुक्र का अधिकार है। प्रातःकाल कामवासना शांत होती है–यह समय प्रतिभा के लिए विशेष उपयोगी है। इसी समय कवि लोग काव्यरचना करते हैं–उपन्यास लिखने वाले-नाटक लिखने वाले इसी समय अपने काम करते हैं।

"दानवपूजितश्च सचिवः" आचार्य वराहमिहिर ने कहा है। इसका कारण पुराणों में "दैत्यराज वृषपर्वा का गुरु शुक्र है" यह वर्णन है।

वर्ण-श्याम—देखने में शुक्र सफेद है किन्तु लग्नस्थ वा सप्तमस्थ शुक्र का व्यक्ति काले रङ्ग का भी पाया जाता है। लग्नस्थ शुक्र हो तो पत्नी काले रङ्ग की होती है। अतः 'श्याम वर्ण भृगु का है" ऐसा कहा है।

"चित्रः सितः—वस्त्र का वर्ण चित्र-विचित्र है" ऐसा कहा है। शुक्र स्त्री ग्रह है स्त्रियों का प्रतिनिधि है। स्त्रियों को नए से नए भाँति-भाँति के रङ्गदार कपड़े पहिनने का शौक रहता है। वस्त्र का विचार वृषराशि तथा धनस्थान से होता है। वृषराशि चित्र-विचित्र-रङ्ग को जतलानेवाली राशि है। अतः "चित्र विचित्रवर्ण" कहा है।

धातु-वीर्य—यह कारकत्व सप्तमस्थान का है।

शयनस्थान—सोने की जगह पर शुक्र का अधिकार है।

वस्त्र-दृढ—वृषराशि दृढता बतलाती है। यह वर्णन धनस्थान और वृषराशि के स्वरूप के अनुसार है।

धातु-मोती—मोती के समान गोल और शुभ दिखता है–अतः मोती धातु है–ऐसा कहा है।

ऋतु-वसंत—शुक्र शीतल और आर्द्र होने से वसंत ऋतु पर अधिकार रखता है।

रुचि-मधुर—पराशर के मत के अनुसार भृगु की रुचि मधुर वस्तुओं पर है–'रुचि आम्ल' यह वर्णन कई एक का ठीक नहीं प्रतीत होता है।

दिशा-आग्नेय—अनुभव दृष्टि से यह वर्णन ठीक है।

स्वभाव-सौम्य—सप्तमस्थान तुलाराशि का है–तुलाराशि शान्ति की प्रतीक है।

देवता-इन्द्राणी—मन्त्रेश्वर के अनुसार 'लक्ष्मी' देवता है–दोनों ठीक हैं।

वर्ण-वैश्य—सूर्य और चन्द्रमा से अतिरिक्त शेष ग्रह दो-दो राशियों के स्वामी हैं अतः उनके दो-दो वर्ण अवकहड़ा चक्र में कहे हैं जैसे :—

मेष–मङ्गल–क्षत्रिय	वृश्चिक–विप्र–ब्राह्मण,
मिथुन–बुध–शूद्र	कन्या–वैश्य
धनु–गुरु–क्षत्रिय	मीन–विप्र
वृषभ–शुक्र–वैश्य	तुला–शूद्र
मकर–शनि–वैश्य	कुम्भ–शूद्र

मेष में मङ्गल और धनु में गुरु सेना वा पुलिस में अधिकार दिलवाते हैं, क्षत्रिय वर्ण का यह तात्पर्य है। वृश्चिक में मङ्गल और मीन में गुरु अध्ययन अध्यापन-तपश्चर्या आदि कराते हैं–यह ब्राह्मण वर्ण का स्वरूप है। मिथुन में बुध, तुला में शुक्र, तथा कुम्भ में शनि नौकरी करवाते हैं, यह शूद्रवर्ण का स्वरूप है। कन्या में बुध, वृषभ में शुक्र तथा मकर में शनि व्यापार करवाते हैं–यह वैश्यवर्ण का स्वरूप है। इस तरह शुक्र के दो वर्ण कहे हैं।

वेद—यजुर्वेद का स्वामी शुक्र है।

लोक—शुक्र पितृलोक का स्वामी है।

बल—भृगु चतुर्थस्थान में बली होता है। नैसर्गिक कुण्डली में धन और सप्तमस्थान शुक्र के हैं। चतुर्थस्थान चन्द्रमा का है। किन्तु चतुर्थ में शुक्र हो तो अन्यग्रह अशुभ होने पर भी साधारणतः उमर सुख से व्यतीत होती है। इसलिए भृगु को चतुर्थ में बली माना है। स्त्री राशियों में भी शुक्र बलवान् होता है अतः पुरुषों को ठीक है। स्त्रियों की कुंडली में स्त्रीराशि के शुक्र का फल अशुभ होता है। मध्यरात्रि में शुक्र बलवान् है ऐसी मान्यता है। और यह इसलिए कि दंपति का रतिक्रीड़ा समय मध्यरात्रि है।

वीर्य-धातु—पराशर के मत में शुक्र वीर्यदायक है। यह कारकत्व सप्तम-स्थान का है।

स्वभाव—रजोगुणी-यह भी वर्णन सप्तम स्थान का है।

बेल—फूलों की लताओं पर, मोगरा, जूही आदि सफेद फूलों पर शुक्र का स्वामित्व है।

उदय—इसका उदय शिर की ओर से होता है।

द्विपाद्— मनुष्य और दोपाए जानवरों पर शुक्र का अधिकार है।

जलाशय—शरीर में वीर्य है इसी तरह सृष्टि में जल सफेद रंग का है इस पर शुक्र का स्वामित्व है।

आयु—षोडश वर्ष-इसी आयु में पुरुषों में वीर्य उत्पन्न होता है। किन्तु पूर्ण तरुणावस्था पर भी शुक्र का अधिकार है।

शाखाधिप—पराशर ने वृक्षों की शाखाओं पर शुक्र का अधिकार माना है वैद्यनाथ ने मूलों पर भृगु का अधिकार कहा है।

रंग—चितकबरा-प्रश्नकुंडली में नष्टवस्तु के विचार में रंग का वर्णन आवश्यक होता है।

रत्न-हीरा—सफेद रंग का हीरा तेजस्वी रत्न है। इस पर शुक्र का अधिकार है।

कटाक्षदृष्टि—शुक्र की नज़र तिरछी है पुराणों में भृगु को आंख से अंध माना है।

वक्र समागम—मंगल और गुरु वक्री हों, और उनके पास जाकर शुक्र क्रांतियुति वा भेदयुति करे तो वह बलवान् होता है। इस शुक्र से वक्री मंगल और गुरु के अशुभफल कम होते हैं। किन्तु वक्री बुध और शनि के साथ शुक्र की युति हो तो शुक्र का बल कम होता है, और उसके फल अशुभ होते हैं।

स्थानबल—अपनी उच्चराशि में, द्रेष्काण और नवांश कुण्डली में, स्वगृह में, दिन में, राशि के मध्य में, तृतीय, चतुर्थ, षष्ठ तथा व्ययस्थान में, तृतीय प्रहर में, युद्ध के समय, चन्द्र के साथ वक्री अवस्था में, और सूर्य के आगे गया हुआ शुक्र बलवान् होता है। वैद्यनाथ षष्ठ के शुक्र को विफल मानता है श्री नवाथे के मत में सप्तम में शुक्र अरिष्टनाशक है।

अन्तःपुर—जैसे वेश्यागृह वैसे ही अन्तःपुर पर शुक्र का अधिकार है।

देश—सौराष्ट्र (कीकर) और गुजरात प्रदेश पर शुक्र का अधिकार है—क्योंकि इनकी वृत्ति धनार्जन में अधिक होती है।

धातु-चाँदी—चाँदी सफेद है अतः इस पर शुक्र का अधिकार है।

किरण--जब शुक्र सूर्य से दूर होता है इसके किरण शान्त होते हैं तब यह शुभ फल देता है। यह स्थिति नीचराशि-कन्या में होती है।

भाग्य की कमी--शुक्र धनदाता ग्रह है अतः भाग्य की कमी नहीं होती।

शुक्र की शुभस्थिति--शुक्र शुभ स्थिति में हो तो व्यक्ति का स्वभाव शान्त होता है। झगड़ालू नहीं होता, फसाद नहीं करता, अतएव कानून का अवलम्ब नहीं लेता। यह आनन्दी, चैनी, हँसोड़-मजाकिया, अच्छे कपड़े पहिरनेवाला होता है। पीने की ओर रुचि अधिक होती है—प्रेमपाश में फँसता है—प्रियाराधन करता है, संगीत आदि मनोरंजनों में अधिक प्रेम रखता है—विश्वास सहसा कर लेता है। परिश्रमी नहीं होता, अविश्वासु भी नहीं होता।

अशुभस्थिति--शुक्र अशुभस्थिति में हो तो व्यक्ति झगड़ालू, खर्चीला और स्त्रीप्रेमी और अवैध सम्बन्ध जोड़नेवाला होता है। चंचल और अविश्वासु होता है। शराब के व्यसन में धन नष्ट करता है। इसकी मित्रता पर भरोसा नहीं हो सकता। अव्यवस्थित चित्त तथा धर्म में उदासीन होता है।

पूर्व का शुक्र धन, लग्न और व्ययस्थान में होता है। पश्चिम का शुक्र छठें, सातवें तथा आठवें स्थान में होता है। धन, षष्ठ और सप्तम स्थानों में शुक्र दिखता नहीं है। लग्न-व्यय तथा अष्टम स्थान का शुक्र नजर आता है।

शुक्र पश्चिम की ओर उदय होता है तब सूर्य के पीछे होता है। इस समय साँवला शुभ्रवर्ण दिखता है। अतएव इसे 'दूर्वादलश्यामल' कहा है।

जब शुक्र पूर्व की ओर हो तो सूर्य के आगे होता है। इस समय इसका वर्ण अति शुभ्र और तेजस्वी होता है।

शुक्रप्रधान व्यक्ति सुखी होते हैं। कन्या लग्न में शुक्र हो तो व्यक्ति प्रथम कोटि का सुखी होता है-इससे कुछ कम-कम मात्रा में क्रमशः मकर, मिथुन और कुंभ लग्न के व्यक्ति सुखी होते हैं।

कांतिमान—कामेच्छा अधिक-आकाशस्थ शुक्र सुन्दर दृष्टिगोचर पड़ता है-सप्तम स्थान में हो तो कामेच्छा अधिक रहती है।

स्थूलदेह (समतर रुचिरांग)—यह वर्णन धनस्थान और सप्तमस्थान का है। धनस्थान में वृषभराशि के स्वरूपानुसार व्यक्ति स्थूलदेह होता है।

सप्तमस्थान में तुलाराशि के स्वरूपानुसार व्यक्ति ऊँचा पतला देह होता है। शुक्र दो राशियों का स्वामी है अतः भेद है।

शुक्र का स्वभाव आर्द्र और शीतल है अतः कफवात प्रकृति है।

धनस्थान में शुक्र हो तो व्यक्ति कवि, हाथी की तरह मस्तानी चाल का, धनवान्, सौम्यदृष्टि तथा मधुर भाषण करनेवाला होता है।

यदि शुक्र सप्तमस्थान में हो तो व्यक्ति बहुत केशवाला, वीर्यवान् तथा सुन्दर शरीर होता है।

शुक्र की बलवत्ता—शुक्र बलवान् होने से मनुष्य का जीवन अच्छा बीतता है। यश-सम्पत्ति-सन्तति आदि की प्राप्ति होती है। एक से अधिक स्त्रियाँ होती हैं। किन्तु व्यक्ति परस्त्रियों की ओर से विमुख होता है। तृतीय, षष्ठ, अष्टम वा व्ययस्थान का शुक्र शुभफल नहीं देता है।

निर्बल शुक्र—शुक्र निर्बल हो तो परस्त्रियों से सम्बन्ध होता है और इस सम्बन्ध से लाभ भी होता है। परिणामतः समाज में मानहानि होती है।

शुक्र का कारकत्व—

"वस्त्र-मणि-रत्न, भूषण, विवाह-गन्धेष्टमाल्ययुवतीनाम्।
गोमयनिधानविद्याधनशुक्ति रजतप्रभुः शुक्रः" ॥ **कल्याणवर्मा**

अर्थ—कपड़ा, मणि, रत्न-अलंकार, विवाह, सुगन्धित पदार्थ, पुष्पहार, युवती, गोमय (गौएँ) धनसंचय-विद्या, सीप-चाँदी—इन पर शुक्र का अधिकार है।

"पत्नी वाहन भूषणानि मदन व्यापार सौख्यं भृगोः" ॥ **वैद्यनाथ**

"कांताविकारजनिमेहरुजासुराद्यैः स्वेष्टांगनाजयकृतैर्भवमासुरेज्यः" ॥**वैद्यनाथ**

अर्थ—पत्नी-वाहन-भूषण काम-विषयोपभोग, सुख का विचार शुक्र से होता है। स्त्रियों के संग से उत्पन्न होनेवाले प्रमेहादि रोग तथा प्रेमिकाओं से भय, यह शुक्र का अधिकार है।

"संपद्वाहन वस्त्रभूषणनिधि द्रव्याणि तौर्यत्रिकं,
भार्या सौख्य सुगंधपुष्प मदनव्यापार शय्यालयान्।
श्रीमत्वं कवितासुखं बहुवधूसंगं विलासंमदं,
साचिव्यं सरसोक्तिमाह भृगुजाद्वाहकर्मोत्सवम् ॥" **मंत्रेश्वर**

अर्थ—संपत्ति, सवारी, वस्त्र-भूषण, निधि में रखे हुए द्रव्य, नाचने, गाने तथा बाजे का योग, सुगंधि, पुष्प, रति, शय्या और उससे संबंधित व्यापार, मकान, धनिक होना अर्थात् वैभव, कविता का सुख, मंत्री होना, सरस उक्ति, विवाह वा अन्य शुभकर्म, उत्सव आदि का विचार शुक्र से करना चाहिए।

"कलत्र कामुक सुख गीत शास्त्र काव्य पुष्प सुकुमार यौवनाभरण
रजतयानगर्वलोक मौक्तिक विभव कवितारसादिकारकः शुक्रः ॥
भृगोर्विवाहकर्माणि भोगस्थानं च वाहनम् ।
वेश्या स्त्रीजनगात्राणि शुक्रेणैव निरीक्षयेत् ॥" **पराशर**

अर्थ—स्त्री-कामसुख, गीत-शास्त्र, काव्य, पुष्प, कोमलता, यौवन, आभरण, रजत, मान, गर्व-लोक, मोती-ऐश्वर्य, कविता तथा पारा आदि पर शुक्र का अधिकार है। विवाह के कार्य-उपभोग के स्थान, वाहन और वेश्या स्त्रियों के अवयवों का विचार शुक्र से करना चाहिए। जन्मकुण्डली में यदि शुक्र प्रबल हो तो बालक पारासिद्ध करनेवाला, धातुओं का भस्म बनाने वाला, थोड़े ग्रंथ लिखनेवाला तथा प्राकृतग्रंथों का अभ्यास करनेवाला कवि होता है।

"संगीत साहित्यहास्य रसाद्भुत मदन युवति रति केलिविलास विचित्र कांति सौंदर्यराजवशीकरण राजमुख वशीकरण गारुडेन्द्रजाल माला वैशद्य महिमाणिमाद्यष्टै ।

श्वर्य काव्य कला संभोग कलत्र कारकः शुक्रः ॥" **व्यंकट शर्मा**

अर्थ—संगीत, साहित्य-नौकरी, रस, अद्भुत बातें, काम विकार, तरुणी स्त्रियों से क्रीड़ा, विचित्र सुंदरता और कांति, राजा को वश करना, गारुड और इन्द्रजाल-जादूगरी हार-स्पष्टता, अणिमा आदि आठ सिद्धियां, काव्य, कला संभोग तथा स्त्री इन विषयों का विचार शुक्र से करना होता है ॥

शुक्र का रोग विषयक कारकत्व—"पांडु श्लेष्ममरुत् प्रकोपनयन व्यापत् प्रमेहामयान्, गुह्यस्थामय मूत्रकृच्छ्र मदनव्यापत्ति शुक्र स्रुतिम् । वारस्त्रीकृतदेह कांति विदतिं शोषामयं योगिनी, यक्षीमातृगणाद् भयं प्रियसुहृदभंगं सितः सूचयेत् ॥" **मंत्रेश्वर**

अर्थ—पांडुरोग, कफरोग, वातरोग, आंखों के रोग, प्रमेह, गुप्तेन्द्रिय रोग, मूत्रावरोध, कामसुख में बाधक रोग, वीर्यस्राव, वेश्यागमन से शरीर का तेजोहीन होना, सूखा रोग, योगिनी, यक्षी वा मातृदेवताओं द्वारा कष्ट, प्रिय मित्रों से संबंध का टूट जाना इनका विचार शुक्र से होता है।

"छत्रवाहन कीर्तिस्त्रदारचिंतां च शुक्रतः" ॥ **विद्यारण्य**

अर्थ—छत्र, वाहन, कीर्ति, स्त्रीविषयक चिंता-इनका विचार शुक्र से होता है।

"संगीतसाहित्यकला कलाप प्रह्लाद कान्तारति गीतवाद्यम् ।
कलत्र सौंदर्य विनोद विद्याबलानि वीर्याणि कवेः सकाशात् ॥" **जीवनाथ**

अर्थ—संगीत-साहित्य, भांतिभांति की कलाएँ-आनंद, स्त्रीसुख, गायन, वाद्य, स्त्रीसौंदर्य्य, विनोद, विद्या, बल और वीर्य का विचार शुक्र से होता है ॥

"श्वेत छत्र सुचामराम्बर विवाहायद्विपात् स्त्री द्विजाः। सौम्यश्वेत कलत्र-कामुकसुख ह्रस्वाम्ल पुष्पाज्ञकाः। कीर्तियौवन गर्वयानरजताग्नेयप्रियक्षारकाः। तिर्यग्दृक् पक्षराजसद्दढा मुक्तायजुर्वैश्यकाः। सौंदर्यक्रयविक्रयाः सरलसल्लापो जलास्थानकम्। मातंगस्तुरगो विचित्र कविता नृत्यं च मध्यंवयः। गीतं भोग-कलत्रसौख्यमणयः हास्यप्रियः खेचरः। भृत्यो भाग्य विचित्र कान्तिसुकुमारा राज्यगंधस्रजः। वीणावेणुविनोद चारुगमनाष्टैश्वर्य चार्वंगता। स्वल्पाहार वसंत-भूषण बहुस्त्रीसंग्रहप्राङ मुखाः। नेत्रे सत्यवचः कलानिपुणता रेतोजलात् पीडितः। गांभीर्यातिशयश्चतुरवाद्यं नाटकालंकृतिः। केलीलोलक खंडदेहमदनप्राधान्य-सन्मान्यता। युक्त श्वेतपटप्रियो भरतशास्त्रं राजमुद्राप्रभुः। गौरी श्रीभजनेरति-र्मृदुरतिक्लांतोदिवामातृकाः। काव्यादौ रचनाप्रबंध चतुरस्यानीलकेशः शुभम्। गुह्ये मूत्रसुनागलोक सरणे तत्रापराह्नं तथा। जामित्रं स्थलजं रहस्य मुदितं सर्वं वदेत् भर्णवात् ॥" **कालिदास-उत्तरकालामृत**

अर्थ—सफेद छत्र, चंवर, वस्त्र, विवाह, धनलाभ, दो पाए प्राणी, स्त्री, ब्राह्मण, सौम्यस्वभाव, सफेद रंग, पत्नी, कामुकता, सुख, नाटाकद खट्टी रुचि, फूल, आज्ञा, कीर्ति, तारुण्य, गर्व, वाहन, चांदी, आग्नेयदिशा, नमक, तिरछीदृष्टि, पक्ष, दृढता, राजा, मोती, यजुर्वेद, व्यापारी सुंदरता, खरीद-विक्री, सरस बोलना, जलाशय, हाथी-घोड़े, कविता, नृत्य, मध्यम अवस्था, गीत-स्त्रीसुख, रत्न, हंसी, नौकर, भाग्य, तेज, सुकुमारता, राज्य, सुगंधित फूलों के हार, वीणा वांसुरी, विनोद-आठ प्रकार के ऐश्वर्य, थोड़ा आहार, वसंतऋतु-अलंकार, पूर्व मुख, आंखें, सच बोलना, कलानिपुणता, वीर्य, जल के रोग, गंभीरता, वाद्य, नाटक, क्रीडा-सम्मान, सफेद वस्त्र, राजमुद्रा, लक्ष्मी वा पार्वती की उपासना, थकावट, नीले केश, गुह्यांग, सन्ध्या समय, स्थानविषयक रहस्य, नागलोक।

शुक्र के सामान्य फल—पुरुषों की जन्मकुण्डली में पुरुषराशि में और और स्त्रियों की कुंडली में स्त्रीराशि में शुक्र अशुभ फल देता है। लग्न का शुक्र शत्रुनाशक है। धनस्थान का शुक्र धन दाता है। संपत्ति दाता है। तृतीयस्थान का शुक्र सुखदाता है। चतुर्थ का भृगु धन दाता है। पंचमभाव का शुक्र पुत्र-संतान देता है। षष्ठस्थान का शुक्र शत्रुवृद्धि करता है। सप्तमस्थान का शुक्र शोक कारक है। अष्टम का शुक्र धन देता है। नवमस्थान का शुक्र विविध वस्त्रों का सुख देता है। दशमस्थान का शुक्र अशुभ फल देता है। लाभस्थान का शुक्र धनसंचय कराता है। व्ययस्थान का भी शुक्र धनप्राप्ति कराता है।

मेषादिराशिस्थ शुक्र के फल—('विस्तारभय से श्लोक नहीं लिखे हैं।')

मेषराशि में शुक्र हो तो जातक रात्र्यंध, दोषी, दुष्टस्वभाव, परस्त्री-वेश्यागामी, वन में रहनेवाला, स्त्री के कारण बन्धन में पड़नेवाला, कठोर, सेनापति वा ग्राम का अध्यक्ष, अविश्वासी, ढीठ होता है।

वृष में शुक्र हो तो बहुत स्त्रीवाला, कृषक, रत्नवस्त्रादि से युक्त, गोसेवा से जीविकावाला—दानी, बन्धुपोषक, सुरूप, धनी, बहुविध, प्राणियों का उपकारी, तथा गुणी होता है।

मिथुन में शुक्र हो तो विज्ञान, कला, शास्त्र में विख्यात, सुरूप, कामी, लिखने और काव्यरचना में चतुर, लोकप्रिय, गीत और नृत्य से धनलाभ करने वाला, मित्रों से युक्त, देवब्राह्मण का भक्त, दृढ़मैत्रीवाला होता है।

कर्क में शुक्र हो तो मतिमान्, धर्मात्मा, पंडित, बली, शान्त, गुणियों में श्रेष्ठ, अभीष्ट सुख से युक्त, सुन्दर, नीतिज्ञ, स्त्री-मद्यपान के कारण रोग से पीड़ित तथा अपने कुल के दोष से दुःखी होता है।

सिंहस्थित शुक्र हो तो स्त्री में आसक्त, सुख धन सहित, अल्पबल, बन्धुप्रिय, नाना सुख होते हुए भी कभी-कभी दुःखी, परोपकारी, गुरुजनों का आज्ञाकारी, बहुत चिंता से रहित होता है।

कन्या में शुक्र हो तो जातक थोड़ी चिन्तावाला, सुकुमार, चतुर, परोपकारी, कला में निपुण, प्रियभाषी, नाना प्रकार के कार्य में यत्न करनेवाला, दुष्टा स्त्री का पति, दीन, सुख भोगहीन, अधिक कन्या थोड़े पुत्रवाला तथा तीर्थ और सभा में पण्डित होता है।

तुलाराशि में शुक्र हो तो श्रम से धनोपार्जन करनेवाला, वीर, वस्त्र-भूषणप्रिय, परदेशवासी, अपने जन का रक्षक, कठिन से कठिन कार्य में निपुण, धनी, पुण्यवान्, देव-ब्राह्मण का भक्त, पण्डित और सुन्दर होता है।

वृश्चिक में शुक्र हो तो लोकद्वेषी, निर्दय, धर्महीन, विवादी, शठ, सहोदरों से विरक्त, भाग्यहीन, शत्रुजित्, पापी, पीड़ित, कुलटा से द्वेष करनेवाला, हिंसक, बहुत ऋण वाला, दरिद्र, नीच और गुप्तरोगी होता है।

धनु में शुक्र हो तो जातक धर्म, अर्थ, काम के फल से युक्त, लोकप्रिय, सुन्दर, श्रेष्ठ, कुलकमलदिवाकर, विद्वान्, गोपालक, भूषणप्रिय, धन, स्त्रीसेयुत, राजमंत्री, चतुर, मोटा और लम्बा देह, लोक में पूज्य होता है।

मकर में शुक्र हो तो खर्च भय से दुःखी, दुर्बलदेह, वृद्धास्त्री में आसक्त, हृदयरोगी, धनलोभी, मिथ्याभाषी, धूर्त, चतुर, नपुंसक, चेष्टाहीन, दूसरे के कार्य में रत, मूर्ख और क्लेश सहन करनेवाला होता है।

कुंभ में शुक्र हो तो उद्वेग से दुःखी, व्यर्थकार्यरत, परदारग, अधर्मी, गुरुजन और सन्तान का शत्रु, स्नानादि उपभोग तथा वस्त्र-भूषणादि से हीन और मलिन होता है।

मीन में शुक्र हो तो उदार, दानी, गुणी, धनी, शत्रुजेता, लोक में ख्यात, श्रेष्ठ, विशेष कार्यकर्ता, राजप्रिय, वक्ता, बुद्धिमान्, साधुजनों से धन और मान लाभ करनेवाला, वचनपालक, कुलपोषक और ज्ञानी होता है।

मेष-वृश्चिक स्थित शुक्र पर ग्रहदृष्टिफल—

मेष वा वृश्चिक स्थित शुक्र पर रवि की **दृष्टि से**—स्त्री के कारण धन सुख से हीन, दुःख से पीड़ित किन्तु राजा और पण्डित होता है। **चंद्र की दृष्टि से**—बन्धनभागी, कामी, दुष्टा स्त्री का पति होता है। **मंगल की दृष्टि से**—धनसुख और मान से हीन, दूसरे का कार्यकर्ता, मलिन होता है। **बुध की दृष्टि से**—मूर्ख, ढीठ, नीच, भाई से लड़नेवाला, विनयहीन, चोर, क्षुद्र-क्रूर होता है। **गुरु की दृष्टि से**—सुलोचन, उत्तम स्त्रीवाला, सुन्दर और लम्बा शरीर, बहुत पुत्र वाला होता है। **शनि की दृष्टि से**—मलिन, आलसी, भ्रमणशील, अपने स्वभाव के मनुष्य का नौकर और चोर होता है।

वृष या तुला स्थित शुक्र **पर रवि की दृष्टि से**—उत्तम स्त्री, धन, सुख से युक्त होता है। उत्तम पुरुष किन्तु स्त्रीवश होता है। **चंद्र की दृष्टि से**—कुलीना माता का पुत्र, सुख, धन, मान और पुत्र से युक्त, श्रेष्ठ और मनोहर रूप होता है। **मंगल की दृष्टि से**—दुःशीला स्त्री का पति, स्त्री के कारण घर और धन का नाश करनेवाला, कामी होता है। **बुध की दृष्टि से**—मनोहर, मृदुल, सुन्दर, सुख, धैर्य, बुद्धि से युक्त, बली, सर्वगुणयुत और विख्यात होता है। **गुरु की दृष्टि से**—स्त्री-पुत्रगृह सवारी आदि के सुख से युक्त, स्वाभीष्टकार्य साधक होता है। **शनि की दृष्टि से**—थोड़े सुख और धन वाला, दुष्ट स्वभाव, कुशीला स्त्री का पति और रोगी होता है।

मिथुन या कन्या स्थित शुक्र पर **रवि की दृष्टि से**—राजा, माता और स्त्री का उपकारक, पण्डित, धनी, सुखी होता है। **चंद्र की दृष्टि से**—कृष्णनेत्र, सुकेश, शय्या, सवारी आदि का भागी मनोहर होता है। **मंगल की दृष्टि से**—कामी, सुन्दर, स्त्री के हेतु धननाशक होता है। **बुध की दृष्टि से**—पण्डित, मृदु, धनी, परिजन और सवारी से युत, सुन्दर, गणों का नायक वा राजा होता है। **गुरु की दृष्टि से**—अति सुखी, प्रतापी, नकली धातु बनाने में पटु, पण्डित और आचार्य होता है। **शनि की दृष्टि से**—अति दुःखी, लोक में अपमानित, चंचल, लोगों का द्वेषी और मूर्ख होता है।

कर्क स्थित शुक्र पर रवि की दृष्टि हो तो जातक की स्त्री गृहकार्य में तत्परा, कोमलांगी, रोषयुक्ता, राजपुत्री और धनवती होती है। **चंद्र की दृष्टि से**—सौतेली माता को सुख देनेवाला, प्रथम सन्तान कन्या तथा अधिक पुत्र वाला, सुखी और सुन्दर होता है। **मंगल की दृष्टि से**—कला को जानने वाला, अति धनी, स्त्री के लिए दुःखी, बन्धुओं का पोषक होता है। **बुध की दृष्टि से**—पण्डिता स्त्री का पति, बन्धुओं के हेतु दुःखी, भ्रमणशील, धनी और पण्डित

होता है। गुरु की दृष्टि से—नौकर, पुत्र, भोग, बन्धु, मित्र से युक्त और राजा का प्रिय होता है। शनि की दृष्टि से—स्त्रीवश, दरिद्र, नीच, कुरूप, चंचल और सुखहीन होता है।

सिंहराशि स्थित शुक्र पर रवि की दृष्टि हो तो जातक ईर्ष्यावान्, स्त्री प्रिय, कामी, स्त्री के हेतु से धनी और हाथी रखनेवाला होता है। चंद्र की दृष्टि हो तो सौतेली माता का पिण्डदाता, स्त्री के हेतु दुःखी, धनी, अनेक प्रकार की चंचल बुद्धिवाला होता है। मंगल की दृष्टि से—राजपुरुष, विख्यात, स्त्रियों का प्रिय, धनी, सुन्दर, परदारग होता है। बुध की दृष्टि से—धनसंचय-कारक, लोभी, स्त्रैण, परदारग, योद्धा, शठ, मिथ्यावादी, धनी होता है। गुरु की दृष्टि से—सवारी, धन और नौकरों से युक्त, बहुत स्त्री का पति और राजमंत्री होता है। शनि की दृष्टि से—राजा वा राजा के तुल्य, प्रख्यात, कोश और अनेक सवारी से युक्त, विधवा स्त्री को रखनेवाला, रूपवान् और दुःखी होता है।

धनु वा मीनस्थ शुक्र पर रवि की दृष्टि से—जातक तीक्ष्ण बुद्धि, शूर, पंडित, धनी, लोकप्रिय और विदेशगामी होता है।

चंद्र की दृष्टि से—विख्यात, राजपुरुष, भोजनादि विविध भोगों से युक्त और अतुल धनवान् होता है। मंगल की दृष्टि से—स्त्रियों का द्वेषी, नाना प्रकार के सुख-दुःख और धन से युक्त, गोपालक तथा श्रेष्ठ पुरुष होता है। बुध की दृष्टि से—सब प्रकार के वस्त्र, भूषण, अन्न, पानादि का भागी और धन-वाहनों से युक्त होता है। गुरु की दृष्टि से—हाथी, घोड़े, गाए, बहुत पुत्र, स्त्री से युक्त, अतिसुखी महा धनवान् होता है। शनि की दृष्टि से—नित्य धनलाभ करनेवाला, सुखी, भोगी, धनाढ्य और सुंदर होता है।

मकर या कुंभस्थित शुक्र पर रवि की दृष्टि से—जातक स्त्रियों का परम प्रिय, महाधनवान्, सत्य और सुखों से युक्त, शूर पुरुष होता है। चंद्रमा की दृष्टि से—तेजस्वी, शूर और धनी होता है। मंगल की दृष्टि से—स्त्रीहीन, अर्थहीन, रोगी, भ्रम से युक्त होता हुआ अंत में सुखी होता है। बुध की दृष्टि से—पंडित, धनसंग्रही विधानज्ञ, सत्यवक्ता और सुखी होता है। गुरु की दृष्टि से—इच्छितवस्त्र माला सुगंधादि से युत, सुकुमार शरीर, गान-वाद्य में निपुण और सती स्त्री का पति होता है। शनि की दृष्टि से नौकर, सवारी, धन भोग से युक्त, मलिन, श्यामवर्ण, सुन्दर और विशाल शरीर वाला होता है।

प्रथमभावस्थ शुक्रफल—

समीचीनमंगं समीचीनसंगः समीचीनबह्वंगना भोग युक्तः।
समीचीनकर्मा समीचीनशर्मा समीचीन शुक्रो यदालग्नवर्ती॥ १॥

अन्वयः—यदा समीचीन शुक्रः लग्नवर्ती (स्यात् तदातस्य) समीचीनं अंगं (स्यात्) (सः) समीचीन संगः, समीचीनबह्वंगना भोगयुक्तः, समीचीन कर्मा, समीचीनशर्मा (च) स्यात्॥ १॥

सं० टी०—यदा समीचीन स्थानादि षड्बलाढ्यः शुक्रः लग्नवर्ती तदा अंगं सुन्दरं, सः समीचीनसंगः सत्संगः समीचीनानां सौंदर्यचातुर्य्यादि गुणयुतानां वह्वंगनानां वहुस्त्रीणां भोगेनयुक्तः, समीचीनानि वियुक्तानि कर्माणि यज्ञदानादीनि यस्य सः, समीचीनानि इह परत्र वा विषयभोगात्मकतत्कर्मफलानि यस्य सभवेत् इति शेषः ॥ १ ॥

अर्थ—जिस मनुष्य के जन्मलग्न में शुक्र हो, और वह शुक्र समीचीन अर्थात् षड्बल संपन्न हो-शुभस्थान स्थित हो तो उसका शरीर सुन्दर होता है। शरीर का सौंदर्य क्या है? नैरोग्य है–व्याधिग्रस्त न हो या, सभी अंग-प्रत्यंग-सभी अवयव सुंदर हों तो सौंदर्यवान् कहलाता है। तनुभावस्थ शुक्र प्रभावान्वित व्यक्ति उत्तम पुरुषों का संग करता है। "संगः सर्वात्मनात्याज्यः सचेत् त्यक्तुंनशक्यतेसद्भिः सहकर्तव्यः सतां संगोहि भेषजम्" ॥ ऐसा शास्त्र वचन है। सत्संग शब्द का अर्थ 'ब्रह्मसंग' है ब्रह्म से अतिरिक्त सभी कुछ असत् है अर्थात् प्रतीतिमात्र है। ब्रह्म की सत्ता से सभी पदार्थ सत्तावान् हैं। ब्रह्म की भित्ति पर इनकी प्रतीति रूपसत्ता है, इन पदार्थों की अपनी सत्ता यत् किञ्चित् भी नहीं हैं। इस तरह सम्पूर्ण जगत् ब्रह्मरूप है 'ब्रह्मसत्यं जगन्मिथ्या'। ब्रह्मचिंतन, ब्रह्मस्मरण-ब्रह्मश्रवण-ब्रह्ममनन-ब्रह्मनिदिध्यासन में मग्न ब्रह्मरूप व्यक्ति सत्पुरुष होते हैं उनका संग ही समीचीन संग होता है-यह मर्म है। व्यावहारिक सत्तासंपन्न भौतिक जगत् के विषयों का यहां तक सुख है यह सुख स्त्री सुख से निम्नकोटि का सुख है। आलंकारिकों ने विषयानन्द को ब्रह्मानंद सहोदर माना है। शृंगाररसशास्त्रियों की दृष्टि में स्वकीयास्त्री के साथ विषयोपभोग को विषयरस है–ऐसा माना है-परकीयारति को रसाभास माना है-संकेत यही है कि विषयानन्द स्वकीयास्त्रीसुख तक ही सीमित होना चाहिए। अर्थात् परकीयास्त्रियों से, जिनमें वेश्याएँ भी हैं विषयोपभोग नहीं होना चाहिए। नारायण भट्ट का 'बह्वंगना' शब्द भृगु की व्यभिचारी वृत्ति की ओर भी संकेत करता है-अथवा बहुविवाह प्रथा की ओर संकेत करता है, क्योंकि यदि एक पुरुष बहुत स्त्रियों से परिणय कर लेता है तो भी 'बह्वंगना' शब्द चरितार्थ हो जाता है। अंगना शब्द से उस स्त्री का बोध होता है जो अंग-प्रत्यंग में सौंदर्यगुण सम्पन्ना हो शृंगारशास्त्रियों ने स्त्रियों के नखशिख वर्णन में स्त्री के लिए ऐसे, विशेषण वर्णित किए हैं जिनसे मार्दव और मनोहारिता प्रकट हो-कोमलता प्रकट करने के लिए 'शिरीषपुष्पांगी' कहा है-आंखों के सौंदर्य की उपमा कमल से दी है 'कमलनयिनी' कहा हैं चंचलता द्योतित करने के लिए 'मृगाक्षी' 'मृगनयिनी' आदि विशेषण लिखे हैं। उन्नत-कठिनस्तनी' आदि शब्दों से अपना मनोरंजन किया है। इस तरह सौंदर्य-संपन्ना रतिशास्त्र विचक्षणा रतिक्रीडा कुशलास्त्रियों को समीचीन अंगना कहा है-ऐसी उत्तम स्त्रियों का उपभोग ही उच्चकोटि का विषयानंद होता है भट्ट जी का यही भाव है-ऐसा प्रतीत होता है। भट्ट जी के शब्द थोड़े हैं किन्तु हैं

सारगर्भित। "भारवेरर्थगौरवम्" की भाँति 'भट्टस्यार्थगौरवम्' ऐसा कथन उचित होगा। श्रृंगारशास्त्रवेत्ताओं ने नायिकाभेद के वर्णन में नायिका के अंग-प्रत्यंग का वर्णन किया है इनकी नांई सामुद्रिकशास्त्रवेत्ताओं ने भी स्त्रियों के भेद-उनके अच्छे-बुरे अंगों का वर्णन किया है-श्रृंगारशास्त्रवेत्ताओं की अपेक्षा से सामुद्रिकशास्त्रज्ञों का वर्णन विस्तृत और रोचक है। नर-नारी लक्षण विषयक सामुद्रिकशास्त्र के उद्धरण कई एक ज्योतिष के फलितग्रंथों में भी पाये जाते हैं-पठितव्य हैं॥

पांचभौतिक संसार में प्राणी कई प्रकार के काम करता है-कोई कर्म शुभ हैं, और कोई अशुभ कर्म हैं-कई एक कर्म शुभ-अशुभ तथा मिश्रित कर्म कहलाते हैं। जिनका उदर्क-उत्तरफल स्वर्गादि शुभ लोकप्राप्ति है, वे शुभ कर्म हैं-कोई कर्म नित्य है। और कोई कर्म काम्य, और कोई कर्म नैमित्तिक होता है। नारायणभट्ट का संकेत दान-जप-यज्ञ आदि शुभ कर्मों की ओर है। व्यावहारिक सत्तासंपन्न इस संसार में समीचीन अर्थात् शुभकर्म ही करने चाहिए-ऐसे कर्मों का उत्तरफल मनुष्य के लिए सर्वथा और सर्वदा श्रेयस्कर होता है यह भाव है। अशुभकर्मों का फल परिणाम में नरक आदि अशुभ लोकों की प्राप्ति का हेतु होता है। अशुभ कर्म द्वारा मनुष्य-मनुष्ययोनि से इतर योनियों में भटकता हुआ नानाविध दुःख भोगता है। तनुभाव का शुक्र व्यक्ति को समीचीन कर्मों के करने के लिए अन्तःप्रेरणा देता है। व्यक्ति शुभकर्मों पर सद्व्यय करने से उत्तमोत्तम सुख भोगता है॥ १॥

तुलना—"समीचीनं रूपं तनुभवनगे दानवगुरौ,
समीचीनः संगः प्रबलरिपुभंगश्चसहसा।
रतिक्रीडानित्यं हरिण नयनाभिस्तनुभृतः,
समीचीनं कर्म प्रभवतिच कल्याणमभितः॥ **जीवनाथ**

अर्थ—जिस मनुष्य के जन्मसमय में शुक्र लग्न में हो उसका रूप सुन्दर होता है। सत्पुरुषों का संग और प्रबल शत्रुओं का सहसा नाश होता है। सुन्दरी मृगनयिनी स्त्रियों से नित्य रतिक्रीडा होती है। यह उत्तम कर्म करने वाला होता है। इसका सदा कल्याण होता है॥

टिप्पणी—नारायणभट्ट ने छः वेर समीचीन शब्द का उपयोग किया है। जीवनाथ ने कोई दोवेर समीचीन शब्द का उपयोग किया है। अभिधावृत्ति से समीचीन शब्द का अर्थ तो एक है। किन्तु ग्रंथकर्ताने यह शब्द अनेकार्थकता में प्रयुक्त किया है। उदाहरण के लिए देह के विषय में समीचीन शब्द का अर्थ सुन्दरता है। संग के विषय में समीचीन शब्द का अर्थ साधु, महात्मा, तथा ब्रह्म है। नारी के विषय में समीचीन शब्द का अर्थ रतिक्रीडा-कुशला-रतिशास्त्रविचक्षणा चित्ताकर्षक मनोहारिणी कुसुमांगी स्त्री है। कर्मों के विषय में समीचीन शब्द दान-तप-यज्ञ आदि शुभ कर्मों का द्योतक है। सुख के विषय में समीचीन शब्द का अर्थ धनसुख पुत्रसुख, पितृ-मातृसुख, वाहन

सुख-गौएँ-भैंसे आदि चौपाए प्राणियों का सुख आदि-आदि है। यह 'समीचीन शब्द की अनेकार्थकता उसी तरह की है जैसे "संध्याजाता" प्रयोग की प्रति व्यक्ति भिन्न-भिन्न अभिप्राय द्योतक होने से अनेकार्थकता है, 'संध्याजाता' का अभिप्राय कामुक के लिए "स्त्रीसुख लेने का समय आ गया है चलो प्रेयसी के घर चलें" ऐसा है। ऋषियों और तपस्वियों के लिए 'संध्याजाता' का अभिप्राय है कि संध्याकालीन संध्या कर्तव्य है चलो नदीतट पर वा किसी मंदिर में बैठ कर संध्या करें। गाए-भैंस चरानेवाले के लिए 'संध्या-जाता का अर्थ है 'चलो घर चलें गोदोहन आदि कार्य करें। गुरुकुल के विद्यार्थियों के लिए "संध्याजाता" का कुछ और ही अर्थ होता है "चलो भीतर चलें, गुरु जी और गुरुपत्नी जी की सेवा करें और उनसे आशीर्वाद प्राप्त करें"। इस तरह 'संध्याजाता' प्रयोग अनेकार्थक है। यहां पर समीचीन शब्द के प्रयोग भूयस्त्व से आलंकारिक चमत्कार पैदा हो गया है। यह चमत्कार नारायणभट्ट की रचनाशैली का है।

"स्मरनिपुणः सुखितश्च विलग्ने"। **वराहमिहिर**

अर्थ—यह कामक्रीड़ा में निपुण और सुखी होता है।

"सुनयनवदनशरीरं सुखिनं दीर्घायुषं तथा भीरुम्।
युवतिजननयनकांतं जनयति होरागतः शुक्रः॥" **कल्याणवर्मा**

अर्थ—इसका शरीर, मुख और आंखें सुन्दर होती हैं। यह सुखी, दीर्घायु, भीरु, युवतियों के लिए आकर्षक होता है।

"तुलामेष विलग्नेषु प्रायः शुक्रोः भवेद् बली।" **पराशर**

अर्थ—तुला, मेष, लग्न में हों तो शुक्र बलवान् होता है।

"शुक्रो वा यदि केन्द्रगः।
तस्य पुत्रस्य दीर्घायुः धनवान् राजवल्लभः॥" **पराशर**

अर्थ—केन्द्र स्थान में शुक्र होने से व्यक्ति धनवान् और राजप्रिय होता है। इसका पुत्र दीर्घायु होता है।

"कामीकांतवपुः सुदारतनयो विद्वान् विलग्ने भृगौ॥" **वैद्यनाथ**

अर्थ—यह जातक कामी, सुन्दर, अच्छे स्त्री-पुत्रों से युक्त तथा विद्वान् होता है यदि इसके शुक्र लग्न में हो।

"कान्ति शत्रुनाशम्'। 'निहंतिदोषान् त्रिशतं भृगुश्च॥" **वशिष्ठ**

अर्थ—इसका शरीर कांतिमान् अर्थात् तेजस्वी होता है। इसके शत्रु नष्ट होते हैं। यह शुक्र अन्यग्रहों के ३०० दोषों को अर्थात् अशुभ योगों को दूर करता है।

"वाचालः शिल्पशीलाढ्यो विनीतो गीततत्परः।
काव्यशास्त्रविनोदीच धार्मिको लग्नस्थं भृगौ॥
तनुस्थानस्थितेशुक्रे दृष्टिभिर्वाविलोकिते।
गौरवर्णोभवेद्देहो वात्त पित्तसमन्वितः॥

कटि पार्श्वोदरे गुह्ये व्रणोवाथतिलोथवा।

श्व-शृगिभ्यो वायु तो वा पीड़ा देहे प्रजायते ॥" गर्ग

अर्थ—यह जातक बहुत बोलने वाला होता है। शिल्पकला में निपुण, सुशील, नम्र, गायन में चतुर काव्यशास्त्र परिशीलन में आनन्द लेने वाला और धर्मात्मा होता है। लग्न में शुक्र हो वा उसकी दृष्टि हो तो व्यक्ति का रंग गोरा होता है इसका स्वभाव वातपित्तप्रधान होता है अर्थात् इसे वात और पित्त के रोग होते हैं। कमर, पीठ, उदर वा गुह्यस्थान में कोई व्रण वा तिल होता है। इसे कुत्ते से, सीगोंवाले पशुओं से कष्ट और भय होता है। वातरोग होते हैं। शुक्र से व्यक्ति स्थिरस्वभाव का होता है—'कविः स्थिर प्रकृतिदायकः।

"तनौ सुतनुदृक् प्रियं सुखिनमेव दीर्घायुषम्।" मंत्रेश्वर

अर्थ—यह सुन्दर, आंखों को प्यारा सुखी तथा दीर्घायु होता है।

"सदा सुकर्मा विमलोक्ति कृद्गुणीसभूति कंदर्पसुखस्तनौ कवौ ॥" जयदेव

अर्थ—सदैव शुभकर्म करता है शुभ वचन बोलता है। गुणी, धनी, और स्त्री सुखवान् होता है।

"यदि शुक्रो लग्नस्थो द्वादशाब्दे भवेत् तस्य मस्तके चिन्ह दर्शनम्।

यदि तनौ भृगुजः सिंहगतोक्षिहरस्तदा" जातक मुक्तावली

अर्थ—यदि शुक्र लग्न में हो तो प्राणी के १२ वें वर्ष मस्तक पर कोई चिह्न प्रकट होता है। शुक्र लग्न में हो तो चक्षुः नाशक होता है।

"बहुकलाकुशलो विमलोक्तिकृत् सुवदना मदनानुभवः पुमान्।
अवनि नायकमान धनान्वितो भृगुसुते तनुभावमुपागते। दैत्येश्वरः सप्तभूःदारान् ॥"

बृहदयवनजातक

अर्थ—जातक अनेक कलाओं में कुशल, शुभवचन बोलनेवाला, उत्तम-उत्तम स्त्रियों का उपभोगलेनेवाला, राजमान्य तथा धनी होता है।

"जनुषि वै तनुगेभृगुनन्दने भवति कार्यरतः परपण्डितः।

विविधशिल्पयुते सदने रतो भवति कौतुकयुग् विधिचेष्टितः ॥" मानसागर

अर्थ—जन्म समय में शुक्र लग्न में हो तो मनुष्य सब कामों में चतुर, दूसरों को उपदेश देनेवाला, अनेक चित्रकलायुक्त घर में रहनेवाला, कौतुकी, भाग्यभरोसे रहनेवाला होता है।

लग्ने शुक्रे सुशीलश्च वित्तवानपि सुन्दरः।

शुचिर्विद्वान्मनोज्ञश्च कृतघ्नश्च भवेन्नरः ॥" काशीनाथ

अर्थ—लग्न में शुक्र हो तो जातक सुशील, धनी, सुन्दर, पवित्र, विद्वान्-सर्वप्रिय तथा कृतघ्न होता है।

"बहुकलाकुशलो विमलोक्तिकृत् सुवदनानुभवः पुमान्।

अवनिनायक मानधनान्वितो भृगुसुते तनुभावगते सति ॥" ढुण्ढिराज

अर्थ—जातक अनेक कलाओं में चतुर, उत्तमवाणी बोलनेवाला, सुन्दरी स्त्रियों का उपभोग लेनेवाला, राजमान्य, तथा धनी होता है।

"भृगोर्वेशनाथो यदा लग्ननाथः सगौरस्तथा खण्डितांगो बलीयान् ।
परं पुण्डरीकं भवेन्नेत्रकोणे बधूनांगणं सेवते शक्तिवीर्यात् ॥" जागेश्वर

अर्थ—यह गौरवर्ण, सर्वावयवपूर्ण शरीरवाला, बलवान् होता है। नेत्ररोगवान् होता है। बहुत शक्ति सम्पन्न तथा वीर्यवान् होने से बहुतस्त्रियों का उपभोग करता है।

"भार्गवो विलग्नगः आम्लक्षारप्रियोनित्यम् ।" पुंजराज

अर्थ—भोजन में नमकीन और खट्टे पदार्थ इसे प्रिय होते हैं।

"भृगौ विलग्नगे नरोऽतिसुन्दरो निरामयी,
समृद्धिमानलंकृतःशुभो बहुविभूषणैः ॥
सुभामिनी सुखान्वितो नृपोऽथवा नृपोपमः,
कुलप्रदीपको भवेत् सुपण्डितः पराक्रमी ॥" हरिवंश

अर्थ—यह अतीवसुन्दर, नीरोग, समृद्धिमान् भूषणों से सुशोभित, स्त्री सुखयुक्तराजा वा राजा जैसा प्रतापी, कुलभूषण, पण्डित और पराक्रमी होता है।

भृगुसूत्र—गणितशास्त्रज्ञः. । दीर्घायुः, दारप्रियः, वस्त्रालंकरप्रियः, रूपलावण्यप्रियः, गुणवान्, स्त्रीप्रियः, धनी, विद्वान शुभयुते अनेकभूषणवान्, स्वर्णकांतिदेहः पापवीक्षितयुते नीचास्तंगते चौरः, वंचनवान्, वातश्लेष्मादि रोगवान्। भावाधिपे राहुयुते बृहद्बीजोभवति । वाहने शुभयुतेगजांतैश्वर्यवान् सर्वसौख्ययुतः । स्वक्षेत्रे महाराजयोगः । रंध्रे अष्टव्ययाधिपे शुक्रेदुर्बलेस्त्रीद्वयम् । चंचलभाग्यः क्रूरबुद्धिः ।

अर्थ—यह गणितज्ञ, दीर्घायु, स्त्रीप्रिय, वस्त्र अलङ्कार-रूप-यौवन-स्त्री-और गुणों का प्यारा होता है। धनी और विद्वान् होता है। यदि यह शुभग्रह योग में होता है तो व्यक्ति का शरीर सोने जैसा चमकीला होता है और इसे नाना प्रकार के भूषण प्राप्त होते हैं। यदि पापग्रह से युक्त वा दृष्ट हो वा नीचराशि में वा अस्तंगत हो तो व्यक्ति चोर-ठग और वातरोगादि से पीडित होता है। लग्नेश राहु के साथ हो तो बृहद्बीज होता है। शुभग्रह के साथ हो तो गजांत वैभव होता है। सब सुख मिलते हैं। स्वग्रह में हो वा अष्टमस्थान का स्वामी वा द्वादशस्थान का स्वामी वा निर्बल हो तो द्विभार्या योग होता है। शुक्र अपने स्थान में बृष-तुला राशि में हो तो बड़ा राजयोग होता है।

पाश्चात्यमत—यह विलासी, सुन्दर, चैनवाज होता है। इसे स्त्रियों को वश करना सहजसाध्य होता है। स्वभाव अच्छा, आनन्दी, स्नेहयुक्त होता है। गायन-वादन-चित्रकला आदि का शौक होता है। लग्न में शुक्र, वृष, मिथुन, तुला, कुंभ या मीनराशि में हो तो शुभ होता है। मेष, वृश्चिक, कन्या और मकर लग्न में यह शुभ नहीं होता। वृश्चिक लग्न में शुक्र मंगल द्वारा पीड़ित हो तो व्यभिचारी, शराबी, नीच, दुष्टप्रकृति का होता है। मंगल के साथ शुभ योग में शुक्र हो तो चित्रकार, शिल्पकार, नट, गायक आदि रूप में प्रसिद्ध होते हैं। नाटक मण्डली या जिसमें लोकसमुदाय से सम्बन्ध आता हो—ऐसे अन्य

व्यवसाय में सफलता मिलती है—ऐसा राफेल आदि ने कहा है। इनकी भाषण-शैली मोहक, बरताव मृदुतापूर्ण और स्वभाव प्रसन्न तथा आकर्षक होता है। किन्तु आरोग्य और आयुष्य के लिए यह शुक्र अच्छा नहीं होता। अति विलास और सुखोपभोग से सामर्थ्य क्षीण होकर शिथिलता आ जाती है।

विचार और अनुभव—तनुभाव में मेष, सिंह या धनु में शुक्र हो तो विवाह विलम्ब से होता है। स्त्री अच्छी, पति-पत्नी में प्रेम अच्छा। धनुराशि में शुक्र हो तो ३६ वर्ष की आयु हो जाने पर विवाह होता है। अथवा दिल चाहता है कि विवाह किया ही न जाए। इस स्थान का शुक्र द्विभार्यायोग भी करता है। व्यक्ति प्रभावी होता है। मधुरवाणी और आदरपूर्वक व्यवहार से लोग इसका आदर करते हैं। नौकरी वा धन्धा—ठीक चलते हैं। भाग्योदय के लिए कष्ट उठाना पड़ता है। सन्तान थोड़ी होती है।

वृषराशि में शुक्र हो तो पत्नी तो अच्छी होती है तौ भी भ्रमरवृत्ति अर्थात् व्यभिचारी प्रवृत्ति होती है। कन्याराशि में लग्नस्थ शुक्र हो तो व्यक्ति परस्त्री पराङ्मुख तथा विमुख होता है और स्वकीया से सन्तुष्ट रहता है। चित्त घर-गृहस्थी से विरक्त अविवाहित रहने की इच्छा होती है।

मकर में शुक्र हो तो बहुत सी लड़कियाँ देखकर नापसन्द ठहराई जाती हैं, अन्त में साधारण लड़की से विवाह करते हैं। पत्नी का रंग साँवला होता है तौ भी प्रेम से रहते हैं। नौकरी में स्थिर रहते हैं। लोगों में अग्रणी होने की इच्छा नहीं होती, लज्जालु होते हैं। मिथुन, तुला तथा कुंभ में शुक्र होने से ये लोग शौकिया परस्त्रियों को पथ भ्रष्ट करने का यत्न करते हैं, यद्यपि इनकी अपनी पत्नी सुशिक्षित स्नेहपूर्ण तथा सुष्ठु होती है। कर्क, वृश्चिक राशियों में स्त्रीसुख, अच्छा मिलता है, पत्नी एक ही होती है। इनका अधिक प्रेम स्त्री की अपेक्षा बच्चों से होता है।

मीन में शुक्र हो तो दो-तीन विवाह होते हैं। पैसे की बेफिक्री होती है। ये लोग अपने विचारों में स्थायी नहीं होते, मत बदलते रहते हैं। सामान्यतया शुक्र यथेच्छ धन देता है, तौ भी धनसंचय नहीं हो पाता। पुरुष कंजूस हो तो पत्नी द्वारा अधिक खर्च होता है। लग्न में शुक्र हो तो व्यक्ति कवि-नाटककार, उपन्यासलेखक, गायक, चित्रकार आदि होते हैं और यश भी प्राप्त करते हैं। लग्न में मिथुन, तुला, धनु वा कुंभराशि में शुक्र हो तो व्यक्ति प्रोफेसर आदि बुद्धिजीवी भी हो सकते हैं। इस स्थान का शुक्र गुह्य रोग योग भी करता है। मिथुन, तुला, वृश्चिक वा कुंभ लग्न में शुक्र होने से स्त्रियों में बन्ध्यात्व भी होता है। इन बंध्या स्त्रियों की दृष्टि बच्चों के लिए घातक होती है; किन्तु यही दृष्टि पुरुषों के लिए मोहक होती है।

द्वितीयभावगत शुक्रफल—

मुखं चारुभाषं मनीषापि चार्वी मुखं चारु चारूणि वासांसि तस्य।
कुटुम्बे स्थितः पूर्वदेवस्य पूज्यः कुटुम्बेन किं चारु चार्वंगिकामः ॥२॥

अन्वयः—(यस्य) कुटुम्बेस्थितः भृगुः (स्यात्) तस्य मुखं चारुभाषं (स्यात्) तस्य मनीषा अपि चार्वी स्यात्, तस्य मुखं चारु स्यात्, तस्य वासांसि चारूणि (स्युः) (सः) पूर्वदेवस्य पूज्य स्यात्, सः चार्वंगिकामः स्यात्, तस्य कुटुम्बे चारु किं न स्यात्? अपितु सर्वं एव चारु स्यात् ॥ २ ॥ अत्र 'कुटुम्बे स्थितः' इत्यत्र 'भृगुः' इति पूर्वतः अध्याहार्य्यम् ।

सं टी०—कुटुम्बेस्थितः धनस्थः पूर्वदेवस्यपूज्यः, तस्य मुखं चारुभाषं सुवाणीकं मनीषा अपि चार्वी कुशाग्रा धर्मिष्ठा वा, सुखं विषयजं चारु नानाप्रकारः। टीकाकारेण 'मुखं चारु' इत्यस्यस्थाने 'सुखं चारु'इति पाठः स्वीकृतः। एषोऽपि पाठः समीचीन एव। वासांसि चारुणि विविधानि, कुटुम्बेन स्वजनेन, किं चारु शोभायनं अपितु न किंचित् टीकाकारस्य एतादृशी योजना प्रसंगानुकूलान् इति मे मतिः। चार्वंगीकामः, सुवनिताभिलाषः स्यात् ॥ २ ॥

अर्थ—जिस मनुष्य के जन्मकाल में भृगु धनभाव में होता है वह मुख से मधुर वचन बोलता है। उसकी बुद्धि कुशाग्र और धार्मिकभावपूर्ण होती है। उसका मुख सुन्दर होता है। यह उत्तम, विविध रंगों के स्वच्छवस्त्र पहिरता है। यह घर में परम्परा से चली हुई देवताओं की पूजा चालू रखता है। यह सर्वविध सौन्दर्यसम्पन्न स्त्रियों के उपभोग लेने का इच्छुक रहता है। इस तरह इसके कुटुम्ब में क्या है जो सुन्दर नहीं होता अर्थात् इसके कुटुम्ब में भी सभी कुछ सुन्दर अर्थात् उत्तम होता है ॥ २ ॥

टिप्पणी—यहाँ पर 'चारु' शब्द की पुनरावृत्ति आलंकारिक चमत्कारजनक होने से सहृदय हृदयानन्ददायिका है।

तुलना—"कुटुम्बस्थे शुक्रे परमकमनीयं जनिवतो,
मुखं रूपं धन्यं प्रभवति मनीषा च महती।
सदा मिष्टावाणी चपलनयनानां प्रियकरी,
दुकूलार्थं व्रातैरुत वृतमलं कोषभवनम्" ॥ **जीवनाथ**

अर्थ—जिस मनुष्य के जन्म समय में शुक्र धनभाव में हो उसका मुख और शरीर सुन्दर होता है। बुद्धि बहुत तीव्र होती है। सदा चंचल नेत्रवाली स्त्रियों को प्रसन्न करनेवाली मधुरवाणी होती है और वस्त्र तथा धनादि से भंडार परिपूर्ण रहता है।

"सुवाक्यः" ॥ **वराहमिहिर**

अर्थ—जिसके धनस्थ शुक्र हो वह मधुरभाषी होता है।

"विद्या कामकला विलास धनवान् वित्तस्थिते भार्गवे" ॥ **वैद्यनाथ**

अर्थ—जिसके धनभाव में शुक्र हो वह विद्यावान्, कामुक, कलाकार, विलासी और धनी होता है।

"भृगुनन्दनो वा नानाविधं धनचयं कुरुते धनस्थः" ॥ **पराशर**

अर्थ—जातक को विविध रीतियों से धन का संचय होता है।

"विद्यार्जितधनो नित्य स्त्रीधनोऽथवा धनी ।
धने शुक्रे वीक्षिते वा धनवांश्च बहुश्रुतः ॥
मुखे च लक्षितावाणी सभायां पटुता तथा" ॥ गर्ग

अर्थ—यह विद्या द्वारा वा स्त्री से धन प्राप्त करता है। धन में शुक्र हो वा शुक्र की दृष्टि हो तो यह धनवान् और बहुश्रुत होता है। यह मधुर बोलता है-यह सभा में विजयी होता है।

"करोति कविरर्थगः कविमनेकवित्तान्वितम्" ॥ मन्त्रेश्वर

अर्थ—यह जातक कवि और धनी होता है।

"धने शुक्रे धनी विद्वान् बंधुमान्योनृपार्च्चितः।
यशस्वी गुरुभक्तश्च कृतज्ञश्च भवेन्नरः" ॥ काशीनाथ

अर्थ—यह धनी, विद्वान् बन्धुमान्य, नृपपूज्य, यशस्वी, गुरुभक्त और कृतज्ञ होता है।

"सुभोजनी सद्व्यसनी सुवाग् धनी सुकीर्तियुग् धान्यगते भृगोः सुतेः" ॥ जयदेव

अर्थ—इसका भोजन अच्छा होता है। यह शास्त्रादि अच्छे व्यसनों में प्रेम रखता है। मधुरभाषी, धनी और यशस्वी होता है।

"सदन्नपानाभिरतं नितान्तं सद्वस्त्रभूषाधनवाहनाढ्यम्।
विचित्रविद्यं मनुजं प्रकुर्यात् धनोपपन्नो भृगुनंदनोऽयम्" ॥ ढुण्ढिराज

अर्थ—इसका भोजन उत्तम, इसके पेयद्रव्य उत्तम, इसके वस्त्र, अलंकार, धन और वाहन सभी उत्तम होते हैं। यह कई प्रकार की विद्याओं को जानता है।

"प्रचुरान्न पानविभवं श्रेष्ठविलासं तथा सुवाक्यं च।
कुरुते द्वितीयराशौ बहुधनसहितं सितः पुरुषम्" ॥ कल्याणवर्मा

अर्थ—इसे खाने-पीने को खूब मिलता है। यह धनी, विलासी और अच्छा बोलनेवाला होता है।

"परधनेन धनीधनगे भृगौ भवति योषितिचित्तपरो नरः।
रजतसीसधनी गुणसंयुतः कृशतनुः सुवचा बहुपालकः ॥ मानसागर

अर्थ—यह पराये धन से अपने को धनी मानता है। इसका चित्त स्त्रियों की ओर रहता है। यह चाँदी और सीसा के व्यापार से धनी, गुणी, दुर्बल शरीर, प्रियवक्ता और बहुपालक होता है।

"सदन्नपानाभिरतं नितांतं सद्वस्त्रभूषाधनवाहनाढ्यम्।
विचित्रविद्यं मनुजं विदध्यात् धनप्रपन्नो भृगुनंदनोऽयम्" ॥
बृहद्यवनजातक

अर्थ—इसकी रुचि अच्छे खाने-पीने की ओर होती है। इसे वस्त्र-भूषण, वाहन, धन अच्छे दर्जे के मिलते हैं। यह अनेक विद्याएँ जाननेवाला होता है।

"सशुक्रे धने सुन्दरं तस्यवक्त्रं वदेन् माधुरं बुद्धिमान् वीर्यशाली।
कुटुम्बेसुखं कामिनीकामकामी क्रयीविक्रयी कोशजातं प्रभूतम्" ॥ जागेश्वर

अर्थ—इसका मुख सुन्दर होता है। यह मीठा बोलता है। यह बुद्धिमान्, बलवान्, बांधवों में सुखी, सुन्दर स्त्रियों का उपभोग करने की इच्छा वाला, क्रय-विक्रय का व्यापार करनेवाला होता है। इसका कोश भरपूर होता है।

"सदन्नभोजनं सुवस्त्रवाहनादिसंयुतं विचित्रविश्वमुज्ज्वलं चरित्रशोभनैर्नरम्।
यशोदया सुसंस्कृतं करोति भूपपूजितं धनैः सुपूरितं धने सुरद्विषां पुरोहितः" ॥

धनस्थाने भृगुर्यस्य सुमूर्तिः प्रियभाषणः।
सुबुद्धिः धनवान् पुण्यदानादि मतितत्परः" ॥ हरिवंश

अर्थ—इसे खाना-पीना अच्छा मिलता है। कपड़े वाहन आदि अच्छे मिलते हैं। यह सुन्दर, मधुर बोलने वाला, सुबुद्धि-धनी-दान-पुण्य आदि करने वाला, दयालु, कीर्तिमान्, सुशील, राजपूजित होता है। सदाचार भरे चरित्रों से इसका उज्ज्वल यश विश्व में फैलता है।

भृगुसूत्र—धर्मवान्, धनवान्, कुटुम्बी, सुभोजनः, विनयवान्, नेत्रविलासः, सुमुखः, दयावान्, परोपकारी, द्वात्रिंशद्वर्षे उत्तमस्त्रीलाभः, भूमिलाभः। भावाधिपे दुर्बले दुःस्थाने नेत्रवैपरीत्यं भवति। शशियुते निशांधः, कुटुम्बहीनो नेत्ररोगी, धननाशकरः।

अर्थ—यह धर्म, धन, नम्रता, सौंदर्य, दया, परोपकार इन गुणों वाला होता है। इसका कुटुम्ब बड़ा होता है। भोजन अच्छा मिलता है। आँखें सुन्दर होती हैं। ३२वें वर्ष उत्तम स्त्री तथा भूमि का लाभ होता है। धनेश दुर्बल हो वा अशुभ स्थान में (६-८-१२वें स्थान में) हो तो आँखों के रोग होते हैं। यह शुक्र चंद्र के साथ हो तो रात्र्यंधता होती है। कुटुम्ब नष्ट होता है। आँखों के रोग होते हैं। धन की हानि होती है।

पाश्चात्यमत—यह शुक्र बलवान् हो तो विजय मिलाता है। पापग्रह से युक्त हो तो शराबी होता है। स्त्रियाँ, कपड़े, अलंकार, जवाहरात आदि का शौकीन होता है। विविध खेलों और मनोरंजनों में भाग लेता है। शृंगारसाधन बहुत प्रिय होते हैं। इस पर शनि की शुभ दृष्टि हो तो अच्छा धनसंचय होता है। व्यापार अच्छा चलता है। चंद्र की शुभ दृष्टि हो तो स्त्रियों और अन्य लोगों से लाभ होता है। यह विदेशों में यशस्वी होता है। मित्र को दिलभर शराब पिलाकर अपने काम बना लेता है। इस शुक्र के साथ शनि हो तो दारिद्र्य और धननाश का योग होता है। इस स्थान में बलवान शुक्र व्यवसाय में यश देता है, जिससे पैसा बहुत मिलता है। किन्तु वस्त्र, अलंकार, मनोरंजन आदि में ये लोग खूब खर्च करते हैं। फिर भी कभी सम्पत्ति की कठिनाई नहीं होती। ये साधारणतः लोकप्रिय होते हैं। मित्रों से इन्हें व्यवसाय में अच्छा लाभ होता है।

विचार और अनुभव—शास्त्रकारों ने प्रायः शुभफल बताये हैं क्योंकि नैसर्गिक कुण्डली में शुक्र धनस्थान का स्वामी है। शुभफल पुरुष राशियों में मिलते हैं और अशुभ फलों का अनुभव स्त्रीराशियों में मिलता है। धनेश दुर्बल

हो तो और चन्द्र भी साथ हो तो नेत्ररोग आदि अशुभ फल होते हैं—इनका अनुभव यदि लग्न सिंह, धनु और कुंभ हो तो मिलेगा। क्योंकि इन लग्नों में चन्द्र षष्ठ, अष्टम और व्ययस्थान का स्वामी होगा और इस चन्द्र का सम्बन्ध शुक्र से अशुभ होगा। मिथुन लग्न होने पर चन्द्र ही धनेश होगा अतः इसके सम्बन्ध से अशुभफल नहीं मिलेगा।

मेष, सिंह वा धनुराशि में शुक्र हो तो नौकरी से धनलाभ होता है—पैतृक सम्पत्ति मिलती है किन्तु स्थायी नहीं होती। जातक सट्टा, लाटरी, रेस आदि का शौकीन होता है। सहसा धनसंचय करना चाहता है किन्तु असफल रहता है। वृष, कन्या वा मकरराशियों में शुक्र हो तो पैतृक सम्पत्ति होती नहीं, हो तो मिलती नहीं। प्रगति सरकारी नौकरी में होती है। पत्नी सदा बीमार, अतः इलाज पर भारी खर्च होता है। स्त्रियों द्वारा धनप्राप्ति होती है। मिथुन, तुला वा कुंभ में शुक्र हो तो व्यापार से उन्नति किन्तु पुत्राभाव से चिन्ताग्रस्त रहता है। कर्क, वृश्चिक वा मीन में शुक्र हो तो विशिष्ट लेखक होता है, प्रसिद्धि पाता है। स्त्रीसुख कम, कन्या सन्तान बहुत। इस स्थान का शुक्र द्विभार्या योग करता है। इस स्थान के शुक्र का सामान्य फल है कि धनार्जन में स्थिरता नहीं, किन्तु धनाभाव भी नहीं। विवाह के बाद भाग्योदय होता है। स्त्री भी धनार्जन करती है। आयु का पूर्वार्ध कष्टमय, मध्यकाल सुख-समृद्धि। लग्न में मेष हो तो विवाहिता स्त्री से हमेशा झगड़ा होता है। धन और तृतीय स्थान में रवि और बुध का योग हो तो ज्योतिष में प्रवेश अच्छा होता है।

तृतीयभाव गतशुक्र का फल—

रतिः स्त्रीजने तस्य नो बंधुनाशो गुरुर्यस्य दुश्चिक्यगो दानवानाम्।
न पूर्णो भवेत् पुत्रसौख्येऽपि सेनापतिः कातरो दानसंग्रामकाले ॥ ३ ॥

अन्वयः—दानवानां गुरुः यस्य दुश्चिक्यगः (स्यात्) तस्य स्त्रीजने रतिः नो (स्यात्) तस्य बंधुनाशः (नो) स्यात्, सः पुत्र सौख्ये अपि पूर्णः न भवेत्, सेनापतिः अपि दानसंग्रामकाले कातरः (स्यात्) ॥ ३ ॥

सं० टी०—यस्यदुश्चिक्यगः तृतीयस्थः दानवानां गुरुः शुक्रः तस्य स्त्रीजने रतिः प्रीतिः नो, बंधुनाशः, किमुततत्सुखं तथा पुत्रसौख्ये पूर्णः जातमनोरथः न, सेनापतिः अपि दानसंग्रामकाले कातरः अशूरो भवेदितिसर्वत्रशेषः ॥ ३ ॥

अर्थ—जिस मनुष्य के जन्मलग्न से तीसरे स्थान में शुक्र हो वह स्त्रियों से प्रीति नहीं करता है, अर्थात् स्त्रियों में आसक्त नहीं होता है—साधारण प्रेम रहता है। इसका संकेत पति-पत्नी में वैमनस्य भी हो सकता है। विवाहिता पत्नी की ओर उदासीनता का व्यवहार, और परकीया स्त्रियों की ओर विशेष आकर्षण—यह भी अन्तर्गत भाव हो सकता है। यदि 'स्त्रीजन' शब्द का अर्थ स्त्रीमात्र लिया जावे और स्वकीया-तथा परकीया स्त्री की ओर संकेत न समझा जावे तो मोक्षमार्ग की ओर भी संकेत हो सकता है। मोक्षमार्ग में अग्रसर होने से बड़ीभारी अर्गला, बड़ीभारी रुकावट स्त्रीजन है—मोक्षमार्ग में कांटे

बिखेरने वाली स्त्री है—स्त्री रूपी गर्तपात से बचकर चलने वाला कोई एक संत ही ही हो सकता है। परन्तु तृतीयभावस्थित शुक्र अपने प्रभाव से जातक को मायारूपिणी नारी में आसक्त होने से दूर रखने का यत्न करता है—यह अन्तर्गत मर्म है। इसके बंधु-बांधवों का नाश नहीं होता है, अर्थात् इसके बंधु-बांधव-जीवित रहते हैं, और इसे परिजनों से सुख प्राप्त होता है। बांधवहीन प्राणी अकेला संसार में सुखी नहीं हो सकता है। तृतीयभावस्थ शुक्र परिजन सुख दाता है—यह भाव है॥

पुत्रसुख, पुत्रप्राप्ति से होता है—केवल एक आध पुत्र संतान से जातक का मनोरथ पूरा नहीं होता है। अतः पुत्र संख्या में अधिक हों, ऐसी इच्छा बनी रहती है॥ तृतीयभावगत शुक्र पुत्र दाता तो है किन्तु इससे जातक का मन संतुष्ट नहीं होता है। पुत्रप्राप्ति तृष्णा जातक को असंतुष्ट रखती है। 'वरमेकोगुणीपुत्रः न च मूर्खशतान्यपि" जातक के लिए यह नीतिवचन स्मर्तव्य है। तृतीयभावगत शुक्र के प्रभाव से जातक सेनापति तो होता है, किन्तु दान देने के समय तथा संग्राम में शत्रु पर आघात करने के समय यह कातर होता है अर्थात् यह जातक न तो दानशूर होता है और नाही संग्राम शूर होता है। पीछे हट जाने की प्रवृत्ति से अपवाद का विषय होता है—दान लेने वाले और युद्ध में लडाकू शत्रु लोग इसकी खिल्ली उड़ाते हैं॥ ३॥

तुलना—"गतेभ्रातुः स्थानं जनुषि यदि शुक्रे तनुभृता
मतिः प्रीतिः शश्वत् कमलवदनायां सुतसुखे।
न तृप्तिः पूर्णेऽपि प्रकट धनदाने कृपणता
न सेनाधीशत्वं रणभुवि न शूरत्वमधिकम्॥ जीवनाथ

अर्थ—जिस मनुष्य के जन्म समय में शुक्र तृतीयभाव में हो उसे कमलमुखी सुंदरी स्त्रियों में निरंतर अत्यंत प्रेम होता है। पूर्ण पुत्रसुख होने पर भी तृप्ति नहीं होती है। पूर्ण धनदान में कृपणता होती है। वह रणस्थल में न सेनाधीश होता है और न शूर ही होता है। जीवनाथ के अनुसार तृतीय भावस्थ शुक्र के प्रभाव से जातक भ्रमरवत् कमलनयनियों और शिरीष पुष्पवत् सुकुमार देहवाली स्त्रियों के इर्द-गिर्द ही नितान्त घूमता रहता है। इनके चक्कर से बाहिर होना इसके लिए अत्यंत कठिन होता है।

'तृतीये कृपणः।" वराहमिहिर

अर्थ—धन के सद् उपयोग में जातक कृपण होता है दानशूर नहीं होता है।

'शत्रुवृद्धि धनक्षयम्।" पराशर

अर्थ—शत्रु बढ़ते हैं-धन कम होता जाता है।

'सुविनीत वेषं सौख्यम्।" वशिष्ठ

अर्थ—वेष साधारण होता है। यह सुखी होता है।

"भ्रातृस्थाने भृगोः पुत्रे भगिन्योबहुलाः स्मृताः।
भ्रातरश्च त्रयःप्रोक्ताः क्रूरेण निधनं गताः॥

सहजस्थानगो दत्ते गौरांगीं भगिनीं भृगुः ।
अशीतिनाथो भृगुनंदनः ॥ गर्ग

अर्थ—इसकी बहिनें बहुत होती हैं । भाई तीन होते हैं । साथ में क्रूरग्रह होने से उनकी मृत्यु होती है । इसकी बहिन गौरवर्णा होती है । इसका परिवार ८० लोगों का होता है ।

"सुखधनसहितं शुक्रो दुश्चिक्ये स्त्रीजितं तथा कृपणम् ।
जनयति मंदोत्साहं सौभाग्यपरिच्छदातीतम् ॥" कल्याणवर्मा

अर्थ—यह सुखी, धनी, कृपण तथा स्त्री के वशीभूत होता है उत्साह कम होता है ।

"शुक्रे सोदरगे सरोषवचनः पापी वधूनिर्जितः ।
सोदरातिगः शुक्रः शोकरोगभयप्रदः ।
तत्रैव शुभकारी स्यात् पुरतो यदि भास्करात् ॥ वैद्यनाथ

अर्थ—यह कड़वा बोलता है और क्रोध से बोलता है पापी और स्त्री वशवर्ती होता है । तीसरे और छठे में शुक्र होतो रोगकारक और भयकारी होता है, किंतु रवि के आगे होतो इन्हीं स्थानों में शुभ फल देता है ॥

"सहजगे सहजैः परिवारितो भृगुसुते पुरुषः पुरुपैः नतः ।
स्वजन बंधु विबंधनतां गतः सततमाशुगतिर्गतिविक्रमः ॥
रत्नखतः प्रकरोति चार्थम् ॥ वृहद्यवनजातक

अर्थ—सहोदर बंधुओं से घिरा रहता है । काम में शीघ्र गति होती है । उत्साह संपन्न, अपने लोगों को बंधन से छुड़ाने वाला माननीय होता है । २९ वें वर्ष धनलाभ होता है ।

"कृशांगयष्टिः कृपणोदुरात्मा द्रव्येणहीनो मदनानुतप्तः ।
सतामनिष्टो बहुदुष्टचेष्टो भृगोस्तनूजे सहजे नरः स्यात् ॥" ढुण्ढिराज

अर्थ—जातक दुर्बल शरीर, कृपण, दुष्ट-निर्धन, कामुक, सज्जनों को अनिष्ट करने वाला होता है इसकी चेष्टाएँ बहुत बुरी होती हैं ॥

"सहजमंदिरवर्तिनि भार्गवे प्रचुरमोहयुतो भगिनी युतः ।
भवति लोचनरोगसमन्वितो धनयुतः प्रियवाक् च सदम्बरः ॥" मानसागर

अर्थ—इसे मोह बहुत होता है । इसकी बहिनें होती हैं । इसे आंखों के रोग होते हैं । यह धनी तथा मधुरभाषी होता है । यह अच्छे कपड़े पहिनता है ॥

"कृशो दुरात्मा कृपणोऽधनोऽस्मरः कुचेष्टितोऽनिष्टकरस्तृतीयगे ।" जयदेव

अर्थ—यह दुबला, दुष्ट-कंजूस, निर्धन-मंद कामाग्नि और अनिष्टकार्य करने वाला होता है—इसकी चेष्टाएँ बुरी होती हैं ॥

"भार्गवे सहजेजातो धनधान्यसुतान्वितः ।
नीरोगो राजमान्यश्च प्रतापी च प्रजायते ॥" काशीनाथ

अर्थ—यह धन-धान्य तथा पुत्रों से युक्त-नीरोग, राजपूजित तथा प्रतापी होता है ॥

"विदार सुखं संपदं कृपणमप्रियं विक्रमे ॥" मंत्रेश्वर

अर्थ—यह स्त्री-सुख तथा संपत्ति से वंचित होता है। यह कृपण होता है। लोगों को यह पसंद नहीं होता है ॥

"कृशांगो रतिः स्त्रीजने कातरोऽसौरणे वै सुताद् दुःखितो द्रव्यशून्यः ।
नरः स्याद् दुराचारयुक्तो न जायाप्रसूतिः भवेद् भूयसी भ्रातृशुक्रे ॥" जागेश्वर

अर्थ—यह दुबला, स्त्रियों में आसक्त रहने वाला, युद्ध में कायर-पीठ-दिखाने वाला, तथा निर्धन होता है ॥ पुत्र से दुःखी रहता है ॥ दुराचारी होता है ॥ इसकी स्त्री बहुत वार प्रसूता नहीं होती है ॥

"तृतीयगेहगे भृगौ कृशांग आतुरः पुमान् उद्यमी दुराग्रही सुशीलसत्य वर्जितः ।
कुकामुकः कलिप्रियः कलत्रकर्मकारको भवेत् पराभवः परैः सहोदरैः समन्वितः ॥
हरवंश

अर्थ—जातक निर्बलदेह, आतुर, उद्यमी, दुराग्रही, शील से रहित, मिथ्याभाषी, अवैध मार्ग से कामाग्नि शांत करनेवाला, झगड़ालू, स्त्रियों के काम करनेवाला, शत्रुओं द्वारा पराजित होनेवाला, तथा सगे भाइयों से युक्त होता है।

भृगुसूत्र—अतिलुब्धः। दाक्षिण्यवान्। भ्रातृवृद्धिः। संकल्पसिद्धिः। पश्चात् सहोदराभावः। क्रमेण भ्रातृतत्परः। वित्त भोगपरः। भावाधिपे बलयुते उच्चस्वक्षेत्रे भ्रातृवृद्धिः। दुःस्थाने पापयुते भ्रातृनाशः।

अर्थ—यह बहुत लोभी, नम्र, संपत्ति का उपभोग करनेवाला होता है। भाइयों की वृद्धि होती है। छोटे भाई नहीं होते। मन के संकल्प सफल होते हैं। तृतीयेश बलवान् उच्च में, स्वगृह में हो तो भाइयों की वृद्धि होती है। अशुभस्थान में वा पापग्रह से युक्त हो तो भाइयों की मृत्यु होती है।

पाश्चात्यमत—इसे बंधु, मित्र, पड़ोसी आदि से अच्छी मदद मिलती है। पढ़ने की रुचि होती है। कलाओं का ज्ञाता, भाषाशास्त्रज्ञ, कवि, गायक या चित्रकार होता है। यह शुक्र अशुभ योग में हो तो व्यभिचारी, रंगीला होता है और उसे बहुतनुकसान सहना पड़ता है। यह आनंदी और उत्साही होता है। प्रवास सुखपूर्ण होते हैं। और प्रवास करते समय नए परिचय होते हैं। पत्र व्यवहार से भी मित्रता बढ़ती है। इसी प्रकार विवाह की बातचीत पक्की होती है।

विचार और अनुभव—तृतीय स्थान के शुक्र के फल शुभ-अशुभ दोनों प्रकार के शास्त्रकारों ने बतलाए हैं। अकेला शुक्र अशुभ फल देता है। रवि यदि धन, तृतीय वा चतुर्थस्थान में हो तौभी अशुभफलों का अनुभव प्राप्त होता है। रवि यदि लग्न में वा पंचमस्थान में हो तो शुभ फलों का अनुभव प्राप्त होता है। शुक्र के लिए ३-६-८-१२ वां स्थान अशुभ है—शेष स्थान शुभ हैं। अतः तृतीयस्थान का शुक्र अशुभ होता है। इस शुक्र के अशुभफल

विवाह के विषय में अनुभव गोचर होते हैं। विवाह में विघ्न, पत्नी से वैमनस्य, एक से अधिक विवाह होना, विजातीय स्त्री का होना, पत्नी से दूर रहना, पुनर्विवाहित स्त्री का होना-विवाह के बाद आर्थिक कष्ट आदि अशुभ फल हैं। इस स्थान के शुक्र के प्रभाव में आए हुए व्यक्ति आयु में अधिक स्त्री को पसंद करते हैं—कामी होते हैं। इन्हें दिन में भी स्त्रीसंग की इच्छा रहती है। पहिली स्त्री की मृत्यु के बाद दूसरा विवाह शीघ्र नहीं होता है। स्त्रियों को इनपर सदैव संदेह रहता है। इस तरह स्त्रीसुख पूरा नहीं मिलता है। पुरुष राशि में यह शुक्र होतो पत्नी सर्वथा योग्य और आकर्षक, किंतु घमंडी होती है। स्त्रीराशि में हो तो स्त्री नितांत साधारण तथा व्यवहार से शून्य होती है। पुरुषराशि में शुक्र हो तो जातक अति कामुक होने से अन्य स्त्रियों से अवैध संबंध जोड़ लेता है। स्त्री राशि में हो तो जातक घर में ही संतुष्ट रहता है। मंगल से दूषित शुक्र तृतीय में हो तो अनैसर्गीक चेष्टाओं से कामानल शांत की जाती है। इन लोगों के हाथ पर शुक्र कंकण चिह्न भी दिखता है। इस शुक्र से धन के विषय में स्थिरता नहीं होती। व्यवसाय में हानि लाभ होने से आर्थिक कष्ट बना रहता है। शुक्र के कारकत्व में आए हुए व्यवसाय करने पर भी हानि होती है। पुरुषराशि का शुक्र संतति कम देता है। एक दो पुत्र होते हैं। कन्याएं नहीं होती। भाई-बहिनें कम होती हैं, वा होती ही नहीं। मिथुन, तुला वा कुम्भ में यह शुक्र हो तो ४९ वें वर्ष से बधिरता दोष होता है। ५९ वर्ष तक एक कान पूरा बहरा हो जाता है। यह शुक्र स्त्री राशि में हो तो रसिकता नहीं होती, पुरुषराशि में शुक्र हो तो जातक बहुत सी लड़कियां देखता है। अन्त में किसी साधारण लड़की से विवाह करता है। सुन्दर लड़कियों को नापसंद करता है अन्त में पश्चात्ताप होता है।

चतुर्थभाव का शुक्रफलः—

महित्वेऽधिको यस्य तुर्येऽऽसुरेज्यो जनैः किं जनैश्चापरै रुष्ट तुष्टैः।
कियत् पोषयेत् जन्मतः संजनन्या अधीनार्पि तोपायनै रेव पूर्णः॥ ४॥

अन्वयः—असुरेज्यः यस्यतुर्ये (स्यात्) (सः) जनैः महित्वे अधिकः (स्यात्) अपरैः जनैः रुष्टतुष्टैः (तस्य) किं (स्यात्) (सः) अधीनार्पितोपायनैरेव पूर्णः (भवेत्) जन्मतः संजनन्याः पोषयेत्॥ ४॥

सं० टी०—यस्य तुर्ये भावे चतुर्थे असुरेज्यः भृगुः सः महत्वे उत्सवे पूज्यत्वे वा अधिकः भवेत्। रुष्टतुष्टैः क्रुद्धैः दयालुभिः वा अपरैः जनैः स्त्र्यादिभिः निजैः जनैः अपरैः स्त्र्यादिभिन्नैः किं स्यात्-किमपि न स्यात्-यदि स्वदीयताद्या जनाः अथवा स्वकौटुम्बिका वा यदि प्रसन्नाः, रुष्टाः अप्रसन्ना वास्युः तैः तस्य न किमपिप्रयोजनम्। यतः अधीनैः स्वाश्रितजनैः अर्पिताः ये। उपायनाः उपहाराः तैः एव पूर्णः तृप्तः। जन्मतः स्वजन्मारभ्य मातुः किं यत् अपरिमितं सम्मुखं पोषयेत् अतिशयेन कुर्यात्॥ ४॥

अर्थ—जिस मनुष्य के जन्मलग्न से चौथे स्थान में शुक्र हो वह लोगों द्वारा अधिक सम्मान पाता है। अथवा उसका चित्त पूजा तथा उत्सव के कार्यों में बहुत लगता है। वह बड़े-बड़े महत्व देने वाले कार्य करता है, जिस कारण लोग उसका अधिक से अधिक आदर-मान करते हैं। स्त्री वा पुरुष, अपने वा पराए कोई भी हों—वे इससे प्रसन्न वा अप्रसन्न अन्तःकरण से जैसे भी रहें—समक्ष में इसकी पूजा वा आदर ही करते हैं। अर्थात् साधारण लोगों के क्रोध अथवा प्रसन्नता से इसकी क्या हानि वा पुष्टि बढौत्री हो सकती है। यह प्राणी अपनी चाल से मस्ताना चला रहता है किसी की प्रसन्नता से इसका चित्त हर्षोल्लास से प्रफुल्लित नहीं होता है—और किसी की रुष्टता वा अप्रसन्नता से इसका चित्त विकृत वा खिन्न नहीं होता है। वह अपने अधीन नौकर-चाकर आदि लोगों की भेंट से ही पूर्ण मनोरथ होता है। यह मनुष्य जन्म से ही माता का पालन-पोषण करता है—इसे मातृसुख प्राप्त होता है और यह मातृभक्त तथा मातृसेवक होता है—यह भाव है ॥ ४ ॥

तुलना—"सुख स्थाने शुक्रे प्रभवति यदा जन्म समये
महत्वं पूज्यत्वे भवति च समत्वं तनुभृतः।
सदारुष्टेतुष्टे जनन समयान्मातुरधिकं
सुखं गोमातंगप्रवर तुरगैः सौख्यमधिकम् ॥ **जीवनाथ**

अर्थ—जिस मनुष्य के जन्म समय में शुक्र चतुर्थ भाव में हो वह महान् पूजनीय होता है। दूसरों के रुष्ट वा तुष्ट रहने पर भी वह सदा एक समान ही रहता है॥ जन्म समय से ही उसे मातृसुख अधिक होता है। और इसे गाए, हाथी और उत्तम घोड़ों का अधिक सुख होता है। भाव यह कि जिस मनुष्य की जन्म कुंडली में चतुर्थभाव में शुक्र होता है वह एक विशेषतः आदरणीय व्यक्ति होता है, लोगा इसका आदर मान करके अपने को धन्य मानते हैं। "दुखेष्वनुद्विग्नमनाः सुखेषु विगतस्पृहः। ऐसी योगिजन वृत्ति का यह पुरुष होता है। इसे मातृसुख विशेषतः प्राप्त होता है। इसके दरवाजे पर गौओं के दर्शन होते हैं—हाथी चिंघाड़ते है और घोड़े हिनहिनाते हैं। अर्थात् यह प्राणी सर्वविध ऐश्वर्य का उपभोग करता है।

"बंधुसुहृत् सुखसहितं वाहनपरिच्छद समृद्धम्।
ललितमदीनं सुभगं जनयति हिबुके नरं शुक्रः॥" **कल्याणवर्मा**

अर्थ—जिस जातक के चतुर्थभाव में शुक्र हो तो इसे बंधुसुख, मित्रसुख, वाहन सुख, अन्न तथा वस्त्र का तथा गृह का सुख होता है। यह शरीर से सुन्दर, स्वभाव से उदार पुरुष होता है। अर्थात् शुक्र के चतुर्थभाव में होने से जातक को सभी प्रकार के भौतिक सुख प्राप्त होते हैं॥

"स्त्री निर्जितः सुखयशोधन बुद्धि विद्या वाचालको भृगुसुते यदि बंधुयाते॥"
वैद्यनाथ

अर्थ—चतुर्थ (बंधु) भाव में शुक्र के होने से जातक स्त्री के वशवर्ती होता है। इसे सुख, यश-धन-बुद्धि तथा विद्या प्राप्त होते हैं॥ और यह बहुत बोलनेवाला होता है।

"प्रधानं धनाप्तिम्।" वशिष्ठ

अर्थ—यह प्रधानमंत्री तथा धनी होता है॥

"परदयित विचित्री वासवासी विलासी बहुविध वहुभोगी राजपूज्यश्चिरायुः।
वरपरिकर भार्या भार्गवे बंधुसंस्थे भवति मनुजवर्गः सर्वदा विक्रमी च॥"

'शुक्रे च तत्रस्थे धनं रौप्यमयंवहु। प्रचुरं च तथा धान्यरसाश्च बहुला गृहे।
शुक्रस्तु दाराश्रय सौख्यवृत्तं स्रग् वस्त्र सौभाग्यगृहं विदध्यात्॥" गर्ग

अर्थ—चतुर्थभावस्थ शुक्र का जातक दूसरों का मित्र, विक्षिप्तस्वभाव का घर में ही अधिक रहनेवाला, विलासी, कई प्रकार के उपभोग बहुत समय तक प्राप्त करनेवाला, राजपूज्य, दीर्घायु, पराक्रमी और उत्तम स्त्री तथा परिवार से युक्त होता है। चांदी के रूप में इसके घर बहुत धन रहता है॥ विपुल धान्य और दूध-दही घरमें होता है। स्त्री के आश्रय से सुख मिलता है। फूलों के हार, वस्त्र आदि से इसका घर सुंदर लगता है॥

"सुभूमिमित्रालययानयानमुद्युत सुखी धर्ममनाः सुखेसिते॥" जयदेव

अर्थ—यह भूमिपति होता है। इसके मित्र अच्छे होते हैं। इसे घर का और वाहन आदि का सुख मिलता है। यह मानी, सुखी, आनंदी तथा धार्मिक वृत्ति का होता है॥

"सुखे भार्गवे वैभवं मानवानां सुखं दीयते वै जनन्या यथेष्टम्।
परं राज्यसत्कारवत्वं नराणां गृहे गायकाः, पंडिताः वेदवन्तः॥" जागेश्वर

अर्थ—चतुर्थभाव में शुक्र के होने से मनुष्य को माता का सुख यथेष्ट मात्रा में मिलता है। यह राजा द्वारा सम्मानित और ऐश्वर्यशाली होता है। इसके आश्रय में गायक, पंडित और वेदपाठी विद्वान् रहते हैं॥

"सुखे शुक्रे सुखी विज्ञो बहुभार्योधनान्वितः।
ग्रामाधिपो विवेकी स्यात् यशस्वी च भवेन्नरः॥" काशीनाथ

अर्थ—शुक्र के सुखभाव में होने से जातक सुखी, विद्वान्, धनी, ग्राम का मुखिया, विवेकसम्पन्न-तथा कीर्तिमान् होता है। यह बहुत स्त्रियों से युक्त होता है।

"लग्नात् चतुर्थगे शुक्रे जन्मकाले गतेसति।
कफादितोऽक्षरोगीच जन्मतो धनवर्जितः॥" गौरीजातक

अर्थ—लग्न से चतुर्थ शुक्र के होने से जातक जन्म से ही निर्धन, कफ रोग तथा नेत्र रोग से पीड़ित होता है॥

"मित्र-क्षेत्र, ग्राम-सद्वाहनानां नानासौख्यं वंदनं देवतानाम्।
नित्यानन्द मानवानां प्रकुर्यात् दैत्याचार्यस्तुर्यभावस्थितोऽयम्॥" ढुण्ढिराज

अर्थ—चतुर्थ भाव में शुक्र के होने से प्राणी को मित्रों से, जमींदारी से, अपने ग्राम से, उत्तम वाहन-मोटर आदि की सवारी से कई प्रकार के सुखप्राप्त होते हैं। यह देवपूजक तथा सदैव आनन्दी होता है ॥

"मित्र क्षेत्रे ग्रामसद्वाहनानां नानासौख्यं वन्दनं देवतानाम्।
नित्यानंदं मानवानां प्रकुर्याद् दैत्याचार्यस्तुर्यभावस्थितश्चेत् ॥"

बृहद्यवनजातक

अर्थ—इसे मित्र सुख, क्षेत्र (भूमि) सुख, ग्राम सुख, उत्तम वाहनों का सुख प्राप्त होता है। यह देवताओं का भक्त तथा पूजक होता है। सदैव आनन्द में रहनेवाला होता है ॥

"भवति बन्धुगते भृगुजे नरो बहुकलत्र सुतैश्च समावृतः।
सुरमते सुरगेहवरे गृहे वसन पान विलास समावृतः ॥" **मानसागर**

अर्थ—बन्धुभावगत शुक्र के होने से जातक बहुत स्त्री-पुत्रों से युक्त होता है। इसका घर देवघर से भी अधिक सुन्दर होता है। यह अच्छे कपड़े पहिनता है; अन्न पान आदि अच्छे होते हैं, और आनन्दी तथा विलासी होता है।

"सुवाहन सुमन्दिराभरणवस्त्रगंधं सुखे।" **मंत्रेश्वर**

अर्थ—सुखभाव में भृगुपुत्र के होने से जातक को अच्छा घर, अच्छा वाहन, अच्छे आभूषण, वस्त्र तथा अच्छे सुगंधित पदार्थ प्राप्त होते हैं ॥

"जनाधिपं पुराधिपं कुलाधिपं करोति च समस्तसौख्यसंयुतं च देवदेवताप्रियम्।
नरं सुविद्ययान्वितं सुवाहनादि संयुते सुहृत्सुरद्विषां सुहृद्गृहं गतः सुहृत् स्त्रियम् ॥"

हरिवंश

अर्थ—चतुर्थ भावगत शुक्र हो तो यह अपने कुटुम्ब, शहर, तथा लोगों में प्रमुख, सुखी, देवभक्त, विद्वान् अच्छे वाहनों से सम्पन्न और स्त्री-मित्रों से युक्त होता है।

"चतुर्थे सुखी।" **वराहमिहिर**

अर्थ—चतुर्थ शुक्र से जातक सुखी होता है ॥

भृगुसूत्र—शोभनः बुद्धिमान् क्षमावान् सुखी। भ्रातृसौख्यं मातृसौख्यम्। त्रिंशद्वर्षे अश्ववाहन प्राप्तिः। क्षीरसमृद्धिः। भावाधिपेबलयुते अश्वांदोलिका-कनकचतुरंगादि वृद्धिः। तत्र पापयुते पापक्षेत्रे अरिनीचगते बलहीने क्षेत्रवाहन-हीनः, मातृक्लेशवान् कलत्रांतरभोगी।

अर्थ—चतुर्थभाव में शुक्र होने से जातक बुद्धिमान्, सुन्दर, क्षमाशील तथा सुखी होता है। इसे माता और भाइयों का सुख अच्छा मिलता है। तीसवें वर्ष घोड़े और वाहन मिलते हैं, गोधन-दूध-दही खूब होते हैं। चतुर्थेश बलवान् हो तो घोड़े-पालकी सोने के आसन आदि वैभव प्राप्त होता है। यह पापग्रह युक्त हो तो, अथवा पापग्रह की राशि में, शत्रुराशि में, वा नीच में दुर्बल हो तो खेती, वाहन आदि नहीं होते। माता को कष्ट होता है। एक से अधिक स्त्रियों का उपभोग करता है ॥

पाश्चात्यमत—यह शुक्र पीड़ित न हो तो जीवन भर अच्छा सुख मिलता है। पैतृक सम्पत्ति मिलती है। माता-पिता का सुख अच्छा मिलता है। आयु का उत्तरार्ध उत्तम होता है। मृत्यु अच्छी स्थिति में होती है। रवि और चन्द्र से शुभ योग हो तो विजय और लोभ प्राप्त होता है। स्थावर अस्टेट मिलती है। मङ्गल से अशुभ योग हो तो आयु के अन्तिम भाग में बहुत खर्च करना पड़ता है।

विचार और अनुभव—प्रायः सभी शास्त्रकारों ने चतुर्थभावस्थ शुक्र के फल शुभ बतलाए हैं। इनका अनुभव पुरुषराशियों में मिलता है। गौरीजातक-कार ने अतीव अशुभ फल बताया है। यह शुक्र पुरुषराशियों में हो तो मातृ-सुख पूर्ण नहीं मिलता है। यदि माता जीवित रहे तो सदैव रोगग्रस्ता रहती है। जातक को पैतृकसम्पत्ति की प्राप्ति होती है। किन्तु ऐश-आराम में अथवा भारी-भारी व्यवसायों में भारी खर्च करने से सम्पत्ति नष्ट हो जाती है। तदनन्तर अपने भारी परिश्रम से धन प्राप्ति होती है। स्त्रियों से मदद अच्छी मिलती है। चतुर्थभावस्थ शुक्र के जातक नौकरी भी करते हैं साथ ही और धंदे भी करते रहते हैं।

शुक्र यदि स्त्रीराशि का होता है तो पितृसुख पूरा नहीं मिल पाता। जातक भारी कृपण और कञ्जूस होता है। मीठा बोलकर अपना काम बना लेता है। अपना स्वार्थ सिद्ध होता हो तो दूसरों की मदद भी करता है। ३२ वर्ष तक अस्थिर रहता है। कुछ समय नौकरी, कुछ समय कोई और व्यवसाय करता है—अन्त में व्यापार में स्थिर हो जाता है और कीर्तिलाभ करता है।

पुरुषराशि का चतुर्थभावस्थ शुक्र हो तो जातक की स्त्री सुन्दर और आकर्षक होती है। स्त्रीराशि में शुक्र हो तो स्त्री साधारण होती है। वृष वा तुल का शुक्र हो तो स्त्री बहुत ही साधारण वा कुरूपा होती है।

वृष, कन्या, मकर तथा मीन राशियों में शुक्र हो तो द्विभार्यायोग होता है। कर्क वृश्चिक तथा मीन में शुक्र हो तो घरबार नहीं होता। इस स्थान का साधारण फल यह है कि विवाह के बाद भाग्योदय होता है। अपना घरबार होता है। आयु का अन्तिम भाग अच्छा बीतता है। किन्तु यह समय स्त्री के वश में रहने का होता है। बड़े लोगों से स्नेह होता है। उनसे सहायता मिलती है। प्रथम पुत्रसन्तति होती है। जैसे तीसरे स्थान का शुक्र स्त्रीचिन्तन करवाता है, वैसे ही चतुर्थभाव का शुक्र हमेशा आर्थिक चिन्ता करवाता है। आयु के २४–२६ और ३६ वें वर्ष में शारीरिक कष्ट बहुत होता है। तीसरे वा छठे वर्ष में घर में किसी ज्येष्ठ व्यक्ति की मृत्यु होती है। माता वा पिता में से किसी एक की मृत्यु बचपन में होती है। जो जीवित रहे उसका सुख ४९ वें वर्ष तक मिलता है।

पञ्चमभाव का शुक्रफल—

सपुत्रेऽपि किं यस्य शुक्रो न पुत्रे प्रयासेन किं यत्नसम्पादितोऽर्थः।
व्युदर्कं विना मन्त्रमिष्टाशनाभ्यामधीतेन किं चेत् कवित्वेन शक्तिः ॥५॥

अन्वय :—शुक्रः यस्य पुत्रे न (अस्ति, तस्य) सपुत्रे अपि किं (फलम्) येन सम्पादितोऽर्थः (न, स्यात्) (तेन) प्रयासेन किं (फलम्) व्युदर्कं विना मन्त्रमिष्टाशनाभ्यां (किं) (फलम्) कवित्वे शक्तिः न चेत् (तदा) अधीतेन किं (फलम्) ॥ ५ ॥

सं० टी०—यस्य पुत्रे पञ्चमभावे शुक्रः न, स सपुत्रः अपि किं पुत्रजन्मफलं न इत्यर्थः। येन न सम्पादितः अर्थः तेन आयासेन परिश्रमेण अपि किं निकिञ्चित। फलमित्यर्थः। व्युदर्कं विशिष्टोत्तरफलं ऐश्वर्य्यादिरूपं उदरतृप्ति मनः सन्तोषरूपे च विना मन्त्रमिष्टाशनाभ्यां–मन्त्रजपेन–मिष्टाहारेण वा किं (न किमपि फलम्) यत् अध्ययनात् कवित्वे काव्यकरणे मतिः न, तेन अधीतेनापि किं, अर्थात् पञ्चमे शुक्रे सफलं पुत्रजन्म, अर्थार्जको यत्नः–ऐश्वर्यकारको मन्त्र जपः तृप्तिः मनस्तोषकारकोत्तम भोजन सामग्री काव्यकरण सामर्थ्याध्ययनं च भवेदित्यर्थः ॥ ५ ॥

अर्थ—जिस मनुष्य के जन्मलग्न से पाँचवें स्थान में शुक्र न हो इसे पुत्र के होते हुए भी सपुत्र होने का फल प्राप्त नहीं होता है। जिससे द्रव्यप्राप्ति नहीं होती है, उस उद्योग का भी कोई लाभ नहीं है। यदि उत्तर फल अर्थात् होनेवाल फल नहीं है तब मन्त्र-जप, और उत्तम भोजन (हविस्यान्न तथा मीठे भोजन) से क्या फल है। काव्य बनाने में शक्ति नहीं है तो उस अध्ययन से भी क्या फल है। अर्थात् पाँचवां शुक्र हो तो पुत्रसुख, द्रव्यप्राप्ति, शुभफल, और उत्तम कवित्वशक्ति उसे प्राप्त होती है। संक्षेप से तात्पर्य यह कि अच्छे पुत्र होते हैं। विशेष प्रयास न करने पर भी धन मिलता है। मन्त्र और मिष्टान्न प्राप्त होते हैं। कविता करने की शक्ति अच्छी होती है। यह शुभ प्रभाव पञ्चमभावगत शुक्र का है ॥ ५ ॥

तुलना—"सुतस्थानं शुक्रे गतवति यदाजन्म समये
द्रुतं पुत्रप्राप्तिः प्रवरधनलाभोऽपि सहसा।
जपात् सिद्धिः सर्वा प्रभवति जनानामपिमनोः
कवित्वं पाण्डित्यं सतत युतमिष्टाशन सुखम् ॥ **जीवनाथ दैवज्ञ,**

अर्थ—जिस मनुष्य के जन्म समय में शुक्र पञ्चमभाव में हो उसे शीघ्र ही पुत्र की प्राप्ति, तथा सहसा प्रचुर धन का लाभ भी होता है। मन्त्र के जप से सर्वप्रकार की सिद्धि होती है। लोगों के मध्य में कविता करने की शक्ति होती है, और सदा मिष्टान्न भोजन का सुख होता है।

दिग्दर्शन—नारायण भट्ट ने सामान्यतया पुत्रप्राप्ति होती है–ऐसा कहा है, किन्तु जीवनाथ ने विशेषतया शीघ्र पुत्रप्राप्ति पञ्चम शुक्र का फल है–ऐसा कथन किया है। नारायण भट्ट के अनुसार उद्योग का फल धनप्राप्ति आवश्यक फल है–परन्तु जीवनाथ के अनुसार पञ्चम शुक्र के होने से सहसा प्रचुर धन प्राप्ति होती है–इस तरह स्वल्प मतभेद है।

"सुखसुतमित्रोपचितं रतिपरमतिधनमखंडितं शुक्रः ।
कुरुते पंचमराशौ मंत्रिणमथ दण्डनेतारम्" ॥
कल्याणवर्मा (सारावलि)

अर्थ—पंचमभाव में यदि शुक्र हो तो जातक सुखी, पुत्रवान्, मित्रों से युक्त, विलासप्रिय, अतीव धन सम्पन्न, सर्वप्रकार से वस्तुओं से परिपूर्ण, राजमंत्री वा न्यायाधीश होता है ।

"तनयगते सुखिनः" ॥ **वराहमिहिर**

अर्थ—यदि पंचमभावगत शुक्र हो तो जातक सुखी होता है ।

"पुत्रबहुलम्" ॥ **वशिष्ठ**

अर्थ-बहुत पुत्र होते हैं। अर्थात् कन्याओं की अपेक्षा पुत्र संख्या में अधिक होते हैं। अर्थात् पंचमशुक्र पुत्र और कन्याएँ दोनों प्रकार की सन्तति देता है ।

"सत्पुत्रधनवानतिरूपशाली सेनातुरंगपतिरात्मजगे च शुक्रे" ॥ **वैद्यनाथ**

अर्थ—यदि शुक्र पंचमभाव में हो तो जातक सुपुत्रवान्, धनी-सौन्दर्य सम्पन्न, सेनापति और घोड़ों का पति होता है ।

"सुतसुखविविधोपचितं परमधनं पंडितं शुक्रः ।
कुरुते पंचमराशौ मंत्रिणमथ दण्डनेतारम्" ॥ **गर्ग**

अर्थ—पंचमभाव में शुक्र के होने से जातक पुत्रयुक्त, विविध प्रकार के सुखों का उपभोक्ता, अत्यन्त धनी, पण्डित, मंत्री अथवा न्यायाधीश होता है

"सकलकाव्यकलाभिरलंकृतः तनयवाहनधान्यसमन्वितः ।
नरपतेर्गुरुगौरवभाक्नरो भृगुसुते सुतसद्मनि संस्थिते" ॥**बृहद्यवनजातक**

अर्थ—यदि जातक की जन्मकुण्डली में शुक्र पुत्रभाव में (पंचमभाव में) हो तो जातक कविता और कलाओं से सर्वथा कुशल और निपुण होता है। धनधान्य पुत्र तथा वाहनों से सम्पन्न होता है। ऐसा व्यक्ति राजा द्वारा सम्मानित होता है ।

"सकलकाव्यकलाभिरलंकृतस्तनयवाहनधान्यसमन्वितः ।
नरपतेर्गुरुगौरवभाङ्नरो भृगुसुते सुतसद्मनि संस्थिते" ॥ **ढुण्ढिराज**

अर्थ—यदि शुक्र पंचमभाव में बैठा हो तो जातक सम्पूर्ण काव्य कला को जाननेवाला, पुत्र, वाहन तथा धान्य से युत और राजा से आदर पानेवाला होता है ।

"शुक्रे सुते समृद्धश्च सुरूपश्च सदोन्नत ।
पुत्रीपुत्रशतैर्युक्तः सुभगोऽपिभवेन्नरः" ॥ **काशीनाथ**

अर्थ—शुक्र पाँचवें स्थान में हो तो जातक समृद्धिवान्, सुन्दर, सदैव उन्नत, सैकड़ों पुत्र और पुत्रियों से युक्त होता है ।

टिप्पणी—वर्तमान समय में, जबकि परिवार योजना चली हुई है-सैकड़ों पुत्रों और पुत्रियों का होना असम्भव कल्पना है। शतशब्द का प्रयोग अधिकता में सार्थक हो सकता है ।

"तनयमन्दिरगे भृगुनन्दने बहुसुतः दुहितुर्वरपूजितः।
बहुधनो गुणवान् नरनायको भवति चापि विलासवती प्रियः" ॥ मानसागर

अर्थ—पंचमभाव में शुक्र हो तो जातक बहुत पुत्रवाला, जामाता से पूजित, बहुत धनवाला-गुणी तथा श्रेष्ठ नेता होता है। कामक्रीड़ा में निपुण स्त्रिएँ इसे प्यार करती हैं वा यह विलासिनी स्त्री का पति होता है।

टिप्पणी—मानसागर के अनुसार पुत्र संख्या में बहुत होते हैं। कन्याएँ भी होती हैं। अतएव जातक को दामादों के सत्कार में व्यस्त रहना पड़ता है। पंचमभावस्थित शुक्र ऐसे जातक को जन्म देता है जो ग्रामनेता, देशनेता और राजनीतिज्ञ होकर प्रजा के लिए हितकर हो सकता है-यही नहीं प्रत्युत कूटनीतिज्ञ भी हो सकता है।

"नानागमी भूरिधनात्मजः सुखी, समानदानः सुतगे भृगोः सुते" ॥ जयदेव

अर्थ—पंचमभाव में शुक्र के होने से जातक अनेक शास्त्रों का ज्ञाता होता है। जातक बहुधनवान्, बहुपुत्रवान्, सुखी, मानी तथा दानी होता है।

"अखण्डितधनं नृपं सुमतिमात्मजे सात्मजम्" ॥ मंत्रेश्वर

अर्थ—यदि शुक्र पंचमभाव में हो तो जातक पूर्ण धनयुक्त, राजा के समान वैभव वाला, पुत्र सौख्य से युक्त, स्वयं बहुत बुद्धिमान् होता है।

"लग्नात् पंचमगः शुक्रो जन्मकाले यदा भवेत्।
बहुकन्यासमायुक्तो धनवान् कीर्तिवर्जितः" ॥ गौरीजातक

अर्थ—शुक्र के पंचमभावगत होने से जातक बहुत कन्याओं का पिता होता है। यह धनी भी होता है। किन्तु कीर्तिरहित होता है।

टिप्पणी—शुक्र विलासी ग्रह है-रागरंग और विलासिनी तथा कामुकी स्त्रियों का प्यारा ग्रह है। अतएव इसके प्रभाव में उत्पन्न जातक परस्त्रीगामी होने से यशोहीन होता है। यहाँ चरित्र नहीं वहाँ कीर्ति की सम्भावना क्योंकर हो सकती है। बहुत कन्याओं में से कोई दुश्चरित्रा भी निकल जावे तो अपयश और अपकीर्ति आवश्यकतया स्वाभाविक हैं।

"यदा पंचमेभार्गवः सौभगः स्यात् परं विद्यया काव्यकल्पः सकल्पः।
परं पण्डितैर्लिख्यते यत्तदुक्तं सुतै राजमान्यैः प्रतापी भवेद् वा" ॥ जागेश्वर

अर्थ—पंचमभावगत शुक्र का जातक धनी, विद्वान्, कवि तथा लेखक होता है। इसके पुत्र राजा द्वारा सम्मानित होते हैं। यह प्रतापी जीव होता है।

"स्वलंकृतः सुविद्यया सुकाव्य कौशलं पुमान्,
सुराजमंत्रवित् सखा सुधर्मकर्म संग्रही।
सुरूपवान् सदोन्नतः सुभाग्य भोगभूषणैः,
सुताधिको भवेद्भृगोः सुते सुतालयंगते ॥ हरिवंश

अर्थ—यदि जातक के पंचमभाव में शुक्र हो तो यह विद्वान, कवि, राजनीतिज्ञ, उत्तम तथा विश्वसनीय मित्र, धार्मिक, कर्मठ, सुंदर, भाग्यवान्,

उपभोग और अलंकार प्राप्त करनेवाला होता है। इसे बहुत पुत्रों का सौभाग्य प्राप्त होता है।

भृगुसूत्र—कवित्वे मतिः। मंत्री-सेनापतिः। मातृसेवकः, मातामहीदृश्वा। काव्य शक्तियौवन दारपुत्रवान्। प्रगल्भमतिमान्। राजसन्मानी। सुज्ञः। स्त्री प्रसन्नतावृद्धिः। लौकिकः, न्यायवृत्तिः। तत्र पापयुये पापक्षेत्रे अरिनीचगे बुद्धि जाड्ययुतः। पुत्रनाशः। तत्र शुभयुते बुद्धिमान् नीतिमान्। पुत्रप्राप्तिः, वाहनयोगः॥

अर्थ—पंचमभाव का शुक्र जातक को कवि, मंत्री–तथा सेनापति बना देता है। यह जातक मातृसेवक तथा दादी को देखने वाला होता है। यह प्रौढ़ बुद्धि होने से काव्यकर्तृत्वशक्ति सम्पन्न होता है। इसे तरुणा स्त्री तथा पुत्रों का सौभाग्य प्राप्त होता है। यह राजा द्वारा सम्मानित होता है। यह सुज्ञ होता है। इसकी स्त्री सदैव प्रसन्न रहती है। यह व्यवहारचतुर और न्यायप्रिय तथा न्यायपरायण होता है। यदि यह पंचम शुक्र पापी ग्रह के साथ में हो वा पापग्रह के क्षेत्र (राशि) में हो, शत्रुक्षेत्री हो वा नीच राशिगत हो तो जातक बुद्धिजड़ अर्थात् मूर्ख होता है। इसके पुत्रों का मरण होता है। यदि यह शुक्र शुभ सम्बन्ध में हो, तो जातक मतिमान् तथा नीतिमान् होता है। यह जातक वाहनों से समृद्ध होता है, अर्थात् इसे गाड़ी, घोड़ा, हाथी, स्कूटर मोटर आदि वाहनों का सुख रहता है।

पाश्चात्यमत—यह वैभवशाली होता है। यह स्त्रियों में आसक्त रहता है। इसे पुत्रों से कन्याएँ अधिक होती हैं। यह साहसी, विद्याभिलाषी और विजयी होता है। यह शान्तचित्त तथा 'दुःखेषु अनुद्विग्नमनाः, सुखेषु विगत-स्पृहः'' का प्रकाण्ड उदाहरण होता है। व्यवहारी तथा लौकिक सुख प्राप्त करनेवाला होता है। यह नाटक-सिनेमा आदि देखने का शौकीन होता है। सन्तति बहुत होती है। इसके पुत्र सुन्दर, आज्ञाकारी, माँ-बाप को प्रसन्न रखने वाले होते हैं। यह पंचमभाव का शुक्र बलवान् हो तो सट्टा, लाटरी, द्यूत आदि से आकस्मिक लाभ करवाता है। पहिली सन्तान (पुत्र हो वा कन्या) बहुत सुन्दर और आकर्षक होती है। यह सन्तति ललितकलाओं में अभ्यास रखती है। यदि यह शुक्र शनि वा मंगल से पीड़ित हो तो अशुभ फल देता है।

विचार और अनुभव—पंचमभावगत शुक्र का फल शुभ होता है–ऐसा प्रायः सभी ग्रंथलेखकों का मत है। यह बात उद्धरणों से साफ हो जाती है। नितान्त शुभ फल ही होता है और अशुभफल कभी होता ही नहीं–ऐसा कहना युक्तियुक्त न होगा–कई दफा अशुभफल ही अनुभव में आता है।

यदि शुक्र पुरुषराशि में हो तो पुत्र होते हैं–कन्या एक ही होती है और यह एक कन्या भी कई पुत्रों के अनन्तर होती है और कभी एक भी कन्या नहीं होती है। यदि शुक्र मेष, सिंह तथा धनुराशि में होता है तो इस

शुक्र के प्रभाव में उत्पन्न व्यक्ति अर्धशिक्षित होते हुए भी विद्वान् माने जाते हैं। ये लोग आरामपसन्द होते हैं–खर्चीले होने से पैसा बचता नहीं–आर्थिक कष्ट में ग्रस्त रहते हैं। इनकी प्रसिद्धि नट के रूप में होती है। ३६ वर्ष तक अस्थिरता में रहते हैं। बहुत कामुक होने के कारण पत्नीव्रत होते हुए भी परस्त्रियों से अवैध सम्बन्ध रखते हैं। सन्तति हो, वा न हो–ये लोग सन्तति से निरपेक्ष होते हैं। जिनका पंचमभाव का शुक्र मिथुन, तुला तथा कुंभ राशि में होता है, वे लोग पूर्णतया शिक्षा प्राप्त कर बी० ए०, एम० ए० आदि उपाधियाँ प्राप्त करते हैं। ये अति कामुक भी होते हैं और विद्वान् भी होते हैं। ये शिक्षक, प्राध्यापक और लेखक भी होते हैं। इन्हें सन्ततिसुख नहीं होता–और इन्हें ग्रन्थों के कारण कीर्ति और प्रसिद्धि प्राप्त होती है–इनकी सन्तति ग्रन्थ ही होते हैं। इन्हें एक ही अभिलाषा होती है और वह यह कि इनकी स्त्री बुद्धिमती, सुशिक्षिता तथा मित्रसम्मिता हो। ऐसा नहीं हो तो उदासी छाई रहती है। यह योग स्त्रियों को कष्टकारक होता है–मासिकधर्म के विषय में यह योग हानिकारक रहता है। प्रदर आदि रोग तथा बन्ध्यात्व होता है। कर्क, वृश्चिक, मीन एवं वृष, कन्या तथा मकरराशियों में यह शुक्र हो तो जातक विज्ञान-सम्बन्धी उपाधियाँ बी० एस० सी० आदि प्राप्त करते हैं। कन्या सन्तति अधिक होती है–पुत्र या तो होते नहीं, अथवा होकर मर जाते हैं अथवा बुढ़ापे में कहीं एक पुत्र होता है। ये लोग स्त्रीजित नहीं होते–इनका व्यवहार अपनी स्त्री के प्रति भी अनासक्ति का होता है। घर में इनका व्यवहार मुसाफिरों जैसा होता है–ये अपने में, अपने काम-धन्धों में मग्न रहते हैं–लोगों की तरफ इनका ध्यान होता ही नहीं। पंचम शुक्र जातक को अवैध स्त्रीसुख प्राप्त करने की इच्छा २०वें वर्ष से ही पैदा कर देता है।

पुरुषराशि का शुक्र हो तो स्त्रियों के प्रति आदर-भाव होता है। स्त्रीराशि का शुक्र विवाह को सफल बनाता है। सन्तति आरामपसंद अतएव दरिद्री होती है। स्त्रीराशि का शुक्र होने से स्त्री के बारे में विशेष आदर वा प्रेम नहीं होता। पंचमभावगत शुक्र होने से द्विभार्यायोग भी सम्भव है।

षष्ठभावगत शुक्र का फल—

"सदा दानवेज्ये सुधासिक्त शत्रुः व्ययः शत्रुगे चोत्तमौ तौ भवेताम्।
विपद्येत संपादितं चापिकृत्यं तपेन् मन्त्रतः पूज्यसौख्यं न धत्ते॥ ६॥

अन्वयः—दानवेज्ये शत्रुगे (सति) सुधासिक्तः शत्रुः व्ययः च, तौ उत्तमौभवेताम्। (तेन) संपादितं च अपिकृत्यं विपद्येत, सः मंत्रतः तपेत्, पूज्यसौख्यं न धत्ते॥ ६॥

सं० टी० —दानवेज्ये शुक्रे शत्रुगे षष्ठस्थे (सति) सुधासिक्तः, अमृत-सेवितः, अमरवद् दृढ़ः अनिर्वारणीय इति यावत्, स्वव्ययः द्रव्यत्यागः, तौच उत्तमौ भवेताम्, स्वतः जातिगुणक्रियाभिः श्रेष्ठः रिपुः, सन्मार्गद्रव्यव्ययश्च भवे-

दित्यर्थः। च पुनः संपादितं कृतं कृत्यं कार्यं विपद्येत नश्येत, मंत्रतः कुमंत्रात् तपेत् संतापं आप्नुयात् , पूज्यात् गुरोः पूज्याय वा सौख्यं न धत्ते ॥ ६ ॥

अर्थ—जिस जातक के जन्मसमय में शुक्र षष्ठभाव अर्थात् रिपुभाव में होता है, उसके शत्रु कभी नष्ट नही होते, मानों उन्होंने देवताओं की भाँति अमृतपान कर रखा है। अर्थात् छठेभाव का शुक्र प्रवल शत्रुवर्ग को जन्म देता है और यह शत्रुवर्ग सदैव जातक को दुःख का दाता तथा मानसिक शांति के भंग का कारण बना रहता है। जातक का खर्च भी बढ़चढ़ कर होता रहता है—धनव्यय चाहे सन्मार्ग में हो, चाहे कुमार्ग में, आय से भारी मात्रा में होता है जिससे दारिद्र्य तथा ऋणग्रस्तता जातक की अशान्ति तथा मनोव्यग्रता बनी रहती है। अपने से जाति में, गुणों में और कार्यकरण में भारी सामर्थ्य रखनेवाले प्रबल शत्रुओं से सदैव घिरे हुए रहना, और आय से अधिक खर्च का होना, यह छठेभाव के शुक्र का फल है जो कि जातक के जीवन को कण्टकमय बना देता है। कार्य को फलोन्मुख बनाने के लिए भारी उद्योग और यत्न करने पर भी जातक की कार्यसिद्धि नहीं होती, प्रत्युत काम ही बिगड़ जाता है। कुमंत्र के जप से दुःख उठाना पड़ता है। जातक को पूजार्ह गुरुजनों से वा पूज्य माता पिता आदि से सुख प्राप्ति नहीं होती है। अथवा पूजार्ह गुरुजनों को जातक से सुख प्राप्ति नहीं होती प्रत्युत जातक का रुख वा रवैया गुरुजनों के विरोध में रहता है ॥ ६ ॥

तुलना—"यदाशत्रौ शुक्रे भवति जनने यस्यपरितः।
सुधासिक्तारातिः सततमिह वित्तव्ययचयः॥
तथाकृत्यं यत्नादपिच खलुसम्पादितमरं।
प्रणश्यत्यद्वा वै कुमंत्रजपतो नश्यतिकुलम् ॥ जीवनाथ

अर्थ—जिस मनुष्य के जन्म समय में शुक्र षष्ठभाव में हो उसे अमृत से सिंचित शत्रुवर्ग होते हैं, अर्थात् उसके शत्रुओं का नाश कभी नहीं होता है। निरंतर धनव्यय की वृद्धि होती है, तथा यत्न से संपादित कार्य भी शीघ्र ही नष्ट हो जाता है और कुमंत्र के जप से कुल का नाश होता है ॥

"अधिकमनिष्टं स्त्रीणां प्रचुरामित्रं निराकृतं विभवैः।
विक्लवमतीव नीचं कुरुते षष्ठे भृगोस्तनयः॥" कल्याणवर्मा

अर्थ—यदि षष्ठभाव में शुक्र हो तो जातक स्त्री के प्रति द्वेषबुद्धि रखता है। इसके शत्रु बहुत होते हैं। यह धनहीन होता है। जातक विह्वल और नीचप्रकृति पुरुष होता है ॥

"षष्ठेऽशत्रुः।" वराहमिहिर

अर्थ—यदि शुक्र छठेभाव में हो तो जातक शत्रुहीन होता है अर्थात् इसके शत्रु नहीं होते।

टिप्पणी—नारायणभट्ट, जीवनाथ तथा कल्याणवर्मा के अनुसार छठा शुक्र भारी मात्रा में शत्रु बाधा करता है, परन्तु आचार्य वराहमिहिर के अनुसार

छठेभाव के शुक्र के प्रभाव में उत्पन्न जातक विगत शत्रु अर्थात् शत्रु रहित होता है। अनुभव प्राप्तव्य है ॥

"काव्यः मतिविहीन मनल्परोगंरिपोः साध्वसम् ॥" वशिष्ठ

अर्थ—छठेभाव में शुक्र के होने से जातक बुद्धिहीन होता है। इसे प्रचुरमात्रा में रोग होते हैं। शत्रुओं से भय होता है ॥

"नीचास्तगामी रिपुमन्दिरस्थः करोतिवैरं कलहागमं च।
अन्यत्र शुक्रो रिपुदर्पहारी स्वर्क्षेतु षष्ठे हि सदातिसिद्धिः ॥

भीरुः भूरिरिपुः स्त्रीणामनिष्टो विभवोप्सित। विक्लवश्च भवेत् लग्नाद् भार्गवेरिपुराशिगे ॥ भृगुः रिपुगेहे यदा भ्रातृस्वसृणो च मातुलानां महासुखम्। कन्यापत्योऽथ मातुलः। दशाधिपस्तीक्ष्णकरः प्रतिष्ठः सहस्रनाथो रजनीकरश्च। वक्रार्कजौ हीनदरौ सदैव दोषाणि चन्द्रेण समाः पतंगाः। गर्ग

अर्थ—छठेभाव में शुक्र अस्तंगत वा नीचराशि में हो तो झगड़े और वैर निर्माण होते हैं। अन्य राशि में हो तो शत्रुओं का पराभव होता है ॥ वृष वा तुला में शुक्र हो तो सर्वदा सफलता मिलती है। शुक्र के प्रभाव में उत्पन्न जातक डरपोक, बहुत शत्रुओं से पीड़ित, स्त्रियों को अप्रिय, धनेप्सु और दुर्बल होता है। छठे में सूर्य दश दोष उत्पन्न करता है। चन्द्र, बुध, गुरु तथा शुक्र हजार दोष उत्पन्न करते हैं। मंगल और शनि दोष रहित होते हैं। छठेभाव में शुक्र हो तो भाई, बहिनों तथा मामा को सुख प्राप्त होता है। मामा को कन्या संतति होती है ॥

'षष्ठे पराजयं व्याधिम् ॥" पराशर

अर्थ—छठा शुक्र हो तो जातक शत्रुओं से पराजित होता है। इसे शारीरिक व्याधिएँ होती हैं।

"शोकापवाद सहितो भृगुजे रिपुस्थे ॥" वैद्यनाथ

अर्थ—यदि छठे भाव में शुक्र होता है तो जातक को शोक तथा निन्दा के अवसर बहुत आते हैं ॥

"विशत्रुमधनं क्षते युवति दूषितं विक्लवम्" ॥ मंत्रेश्वर

अर्थ—शुक्र यदि छठें भाव में हो तो जातक के कोई शत्रु नहीं होते। वह धनहीन होता है। इसका अवैध सम्बन्ध अनेक युवतियों से होता है। अतएव यह रुग्ण रहता है और दुःख भोगता है।

टिप्पणी—आचार्य वराहमिहिर और मंत्रेश्वर का परस्पर ऐकमत्य है यहाँ तक शत्रुराहित्य का प्रश्न है।

"स्त्रीसौख्यहीनस्तनुरोगभाङ् नरो विभूत्ययुक्तोमलिनः सितेऽरिगे" ॥ जयदेव

अर्थ—यदि शुक्र रिपुभाव (छटास्थान) में हो तो जातक को स्त्री सुख तथा ऐश्वर्य तथा वैभवसुख नहीं मिलता है। जातक मलिन और रोगी रहता है।

टिप्पणी—स्त्रीसुख से तात्पर्य स्वकीया पत्नी सुख हो सकता है। ठीक भी है। परकीया स्त्रियों से अवैध सम्बन्ध रखनेवालों को स्वकीया पत्नी का सुख होना सम्भव नहीं। अनेक युवतियों से अवैध सम्बन्ध रखने से धनहानि-अपवाद और रोग का होना स्वाभाविक ही है।

"षष्ठे शुक्रे भवेद् दंभी जाड्यहानिभयान्वितः।
दुःसंगी कलही तात द्वेषी चैव सदानरः" ॥ **काशीनाथ**

अर्थ—यदि जन्मकुण्डली में जातक के छठेंभाव में शुक्र हो तो यह दंभी, जड़बुद्धि, धनहीन-डरपोक, बुरी संगति में रहनेवाला-झगड़ालू तथा पिता से द्वेष करनेवाला होता है। हर तरह इसे नुकसान सहना पड़ता है।

"सदा गीत नृत्ये भवेच्चित्तवृत्तिः परं वैरिवृन्दस्य नाशो नराणाम्।
सदा तो भवेद् रोगयोगादि चिंता यदा शत्रुगोऽदेवपूज्यो न पूज्यः" ॥ **जागेश्वर**

अर्थ—यदि जातक के रिपुभाव में शुक्र हो तो जातक नाच-गानों में आसक्त रहता है। इसे शत्रुओं के समूह पीड़ित करने को उद्यत होते हैं किन्तु यह उन सबका नाश कर देता है। इसे सदा रोगों से चिंतित रहना पड़ता है और इसका आदर-सम्मान कहीं नहीं होता है।

टिप्पणी—शुक्र ग्रह रंगीला ग्रह है, इसे गायन-नृत्य सदैव प्रिय हैं। युवतियों का शौक भी प्रचुरमात्रा में रहता है। अतएव इसके प्रभाव में आया हुआ जातक भी गीत-नृत्य आदि ललित कलाओं में आसक्त रहता है। युवती दूषित होने से रोगों का होना स्वाभाविक है। युवतियों के कारण ही, सम्भवतः शत्रुसमूह का सामना करना पड़ता है।

"भवति वै सुकुलोद्भवपण्डितो रिपुगृहे भृगुजेऽस्तगते नरः।
जयति वैरिवलं निजतुंगगे निजगृहे मुदितः किलषष्ठगे" ॥ **मानसागर**

अर्थ—यदि जातक की जन्मकुण्डली में शत्रुभाव अर्थात् छठें भाव में शुक्र हो तो जातक का जन्म श्रेष्ठकुल में होता है—यह सुशिक्षित और विवेकशील विद्वान् होता है। यदि शुक्र अस्तंगत हो तो शत्रु बलनाशक तथा शत्रु विजेता होता है। यदि अपनी उच्चराशि मीन में शुक्र हो, अथवा यह शुक्र स्वगृही अर्थात् वृष वा तुला राशि में हो तो जातक सदैव प्रसन्नमुद्रा में रहनेवाला होता है।

टिप्पणी—प्रायः अन्य ग्रंथकारों ने छठें शुक्र के बुरे फल ही बतलाये हैं, परन्तु मानसागर ने शुभ फल ही बतलाये हैं। यह भारी मतभेद है।

"शत्रुस्थाने यदाशुक्रस्तदा मातृष्वसुः सुखम्।
त्रयाणां च द्वयोर्वापि वक्तव्यं दैववेदिना" ॥ **पुञ्जराज**

अर्थ—शत्रुस्थान में शुक्र के होने से जातक की मौसियाँ दो या तीन होती हैं इन्हें सुख मिलता है।

"अभिमतो न भवेत् प्रमदाजने ननुमनोभवहीनतरो नरः।
विकलता कलितः किलसम्भवे भृगुसुतेऽरिगतेऽरिभयान्वितः" ॥

वृहद्यवनजातक

अर्थ—छठें भाव में यदि शुक्र हो तो जातक को स्त्रियाँ प्रेमदृष्टि से, अभिलाषापूर्ण नजर से नहीं देखती हैं। जातक को स्त्रियों के उपभोग की इच्छा प्रबल नहीं होती। यह दुर्बल, डरपोक तथा शत्रुभयाक्रान्त होता है।

"अभिमतो न भवेत् प्रमदाजनं ननुमनोभवहीनतरो नरः।
विबलताकलितः किलसम्भवे भृगुसुतेऽरिगतेऽरिभयान्वितः" ॥ ढुण्ढिराज

अर्थ—जिसके जन्मकाल में शुक्र षष्ठभाव में बैठा हो वह जातक स्त्रियों का अप्रिय, कामेच्छा बहुत कम, दुर्बल और शत्रुओं के भय से युक्त होता है।

"अकामुकः सुकामिनी सुपौरुषेणवर्जितः।
कलिप्रियः कुकर्मकृद्भवेत् कुसंग संरतः ॥
रुजांग दुर्बलो जडोति दंभलोभसंयुतः।
कुशंकया नरः सुरारिपेऽरिगेहगेऽकविः" ॥ हरिवंश

अर्थ—यदि शुक्र छठें भाव में होता है तो जातक सुन्दरी स्त्रियों के मिलने पर भी कामेच्छाहीन रहता है। यह पौरुषहीन, झगड़ालू, रोगी, बुरे काम करनेवाला, बुरी संगति में रहनेवाला, बुद्धिहीन, ढोंगी, लोभी और सदा शंकाकुलचित्त होता है।

'अकामुक' उसे भी कह सकते हैं जिस पर कामवासनापूर्ति का भूत सदैव सवार नहीं होता है।

टिप्पणी—कामेच्छा का नितान्त अभाव, दूसरे शब्दों में नपुंसकता दोषग्रस्तता षष्ठ शुक्र का असामान्य फल है। हरिवंश का यह फल अनोखा है।

जो जातक अनेक युवतियों से अवैध सम्बन्ध जोड़ता है वह नितान्त कामेच्छाहीन क्योंकर हो सकता है और नपुंसक के साथ तरुण परकीया स्त्रियें भी क्योंकर सम्बन्ध जोड़ सकती हैं।

पाश्चात्यमत—षष्ठ भावगत शुक्र के प्रभाव में उत्पन्न जातक नीरोग होता है, किन्तु अतिश्रम से स्वास्थ्य बिगड़ता है। उसके मित्र अच्छे होते हैं। यह नियमित नहीं होता। इसे सुख और वैभव अच्छा मिलता है। अपने नाम से स्वतंत्र व्यवसाय में इसे अच्छा लाभ नहीं होता। नौकर के रूप में यशस्वी होता है। अच्छे नौकरों से इसे लाभ होता है। यह शुक्र शुभ सम्बन्ध में हो तो अच्छे कपड़ों की रुचि होती है। नौकरी से और नौकरों से लाभ होता है। विवाह के बाद आहारविहार नियमित रखने से प्रकृति अच्छी रहती है। यही शुक्र अशुभ सम्बन्ध में हो तो अति विषयभोग से स्वास्थ्य बिगड़ता है जननेंद्रिय सम्बन्धी गुप्त रोग होते हैं। मूत्रपिंड के विकार, प्रमेह, उपदंश आदि तथा गले के रोग होते हैं॥

भृगुसूत्र—ज्ञातिप्रजासिद्धिः शत्रुक्षयः पुत्रपौत्रवान्। अपात्र व्ययकारी, मायावादी, रोगवान्, आर्यपुत्रवान्। भावाधिपे बल्युते शत्रुज्ञातिवृद्धिः। शत्रुपापयुते नीचस्थे भावेशे इन्दुस्थे शत्रुज्ञातिनाशः॥

अर्थ—लग्न से छठे स्थान में शुक्र हो तो जातक जाति वा संतानवाला, शत्रुओं का नाश करने वाला, तथा पुत्र और पौत्र वाला होता है। यह जातक अपने धन का खर्च अनुचित प्रकार से करता है; यहाँ धन का व्यय होना चाहिए वहाँ व्यय नहीं करता है। यह कपटी और रोगी होता है॥ इसे श्रेष्ठ पुत्र होता है॥ यदि षष्ठेश बलवान् हो, वा बलवान् ग्रहों से युक्त हो तो शत्रु और अपनी जाति के लोगों की वृद्धि होती है। यदि यह शुक्र शत्रु तथा पापग्रह से युक्त हो, वा अपनी नीच राशि (कन्या) में हो, अथवा षष्ठेश के साथ चन्द्रमा बैठा हो तो शत्रु और जाति का नाश होता है॥

विचार और अनुभव— कई एक ग्रन्थकारों ने षष्ठभावगत शुक्र के फल बहुत शुभ कहे हैं, और कई एक ने बहुत बुरे तथा बहुत अशुभ बतलाए हैं। शुभफल पुरुषराशि के हैं और अशुभफल स्त्रीराशि के हैं—ऐसा प्रतीत होता है।

यदि षष्ठभाव का शुक्र, वृष, कन्या वा मकर राशि का हो तो जातक को अच्छी पत्नी मिलती है जो झगड़ालू होनेपर भी प्रेमपूर्वक रहती है। ये लोग कामुक तो होते हैं, तौ भी कुमार्गगामी—बाहर के मार्गों का अवलम्ब नहीं लेते। ये सदैव ऋणी रहते हैं। इनकी मृत्यु भी ऋणी अवस्था में—ऋणी स्थिति में होती है। इनकी कन्या विधवा होकर पिता के आश्रित रहती है। व्यवसाय में प्रगति नहीं होती। सम्मान भी शीघ्रता से प्राप्त नहीं होता। पत्नी गरीब घर की, संतान थोड़ी होती है। सदैव आकंठ भोजन करने की आदत से रोगी रहते हैं। कर्क, वृश्चिक या मीन में शुक्र के होने से व्यभिचार की ओर खिंचाव रहता है।

पुरुषराशि का शुक्र होतो स्त्री सुन्दर, बोलने में कुछ कर्कश तथा सुकेशी होती है। स्त्रीराशि का शुक्र हो तो कोमलांगी पत्नी होती है—परन्तु इसके विचार पुरुषों जैसे होते हैं। सन्तान अल्पमात्रा में होती है। अपने धन से यदि कोई व्यवसाय किया जाता है तो असफल रहता है। शुक्र के कारकत्व के व्यवसाय भी नुकसान के कारण बनते हैं। यदि कोई धन्धा बिना पूँजी का होता है, तो लाभ होता है। स्त्रीराशि के शुक्र में मामा-मौसियों की स्थिति अच्छी नहीं होती। पुरुषराशि का शुक्र हो तो सुख प्राप्ति होती है।

सप्तमभावगत शुक्र का फल—

'कलत्रे कलत्रात् सुखं, नोकलत्रात्, कलत्रं तु शुक्रे भवेत् रत्नगर्भम्।
विलासाधिको गण्यते च प्रवासी, प्रयासाल्पकः के न मुह्यंति तस्मात्॥ १॥

अन्वय :—शुक्रे कलत्रे (स्थिते) कलत्रात् सुखं (भवेत्) कलत्रं तु रत्नगर्भं (भवेत्) सः विलासाधिकः प्रवासी च गण्यते: सः च प्रयासाल्पकः गण्यते, तस्मात् के न मुह्यन्ति ॥ ७ ॥

सं० टी०—कलत्रे सप्तमस्थे शुक्रे सति कलत्रात् वनितायाः सुखं भवेत्, कलत्रात् श्रोणिप्रदेशात् सुखं नो भवेत्, कटिव्यथा भवेदित्यर्थः, 'कलत्रंश्रोणिभार्ययोः" इति अमरकोशात्। कलत्रं स्त्री रत्नगर्भं सपुत्रगर्भाभवेत्। विलासाधिकः अतिक्रीड़ः, प्रवासी विदेशगमनशीलः, प्रयासाल्पकः स्वल्पोद्यमः गण्यते कथ्यते। तथा के तस्मात् पुरुषात् न मुह्यन्ति-चातुर्य-मोहिताः स्युः उत सर्वे ॥७॥

अर्थ—यदि जातक के सप्तमभाव में शुक्र होता है तो उसे स्त्री से सुख प्राप्त होता है। यहाँ 'अमरकोष' के अनुसार कलत्रशब्द भार्यावाचक है। सप्तमभाव (कलत्रभाव) का शुक्र स्त्री सुखकारक माना जाता है। किन्तु कलत्र से अर्थात् कटिप्रदेश से सुख नहीं मिलता है—अर्थात् जातक की कमर में पीड़ा होती रहती है। यहाँ दूसरा कलत्र शब्द कमर (श्रोणि) के अर्थ में प्रयुक्त हुआ है। जातक की भार्या के गर्भ से रत्नवत् शुद्ध-सच्चरित्र तथा भाग्यवान् पुत्र पैदा होते हैं। जातक विलासी, परदेश में रहने वाला-थोड़ा प्रयास करने वाला अर्थात् आराम तलब होता है। कौन ऐसे हैं जो इसके सुन्दररूप पर मोहित न हों--अर्थात् यह जातक बहुत आकर्षक होता है। अथवा यह जातक इतना व्यवहारचतुर होता है कि इसके चातुर्य्य से सभी मोहित होते हैं ॥ ७ ॥

तुलना—"कवौ कान्तागारं गतवति कलत्रादतिसुखं,
कटिप्रान्ते कष्टं भवतिविषमे वातजनितम्।
अपत्यानां सौख्यं रतिरपि वरस्त्रीभिरधिका,
न के वै मुह्यन्ति प्रवररसिकास्तस्य कलया" ॥ **जीवनाथ**

अर्थ—जिस मनुष्य के जन्म समय में शुक्र कलत्रभाव अर्थात् सप्तमभाव में हो वह स्त्री से पूर्णसुख प्राप्त करता है। किन्तु वातजन्य कष्ट कमर में भारी कष्ट का कारण होता है। इसे सन्तान सुख प्रचुर मात्रा में प्राप्त होता है। सुन्दरी स्त्रियों के उपभोग का सुख अधिक से अधिक मिलता है। यह एक श्रेष्ठ कलाकार होता है, और इसकी कला से सब रसिक श्रेष्ठ लोग मोहित होते हैं।

"प्रियकलहोऽस्तगते सुरतेप्सुः" **आचार्यवराहमिहिर**

अर्थ—यह शुक्र जातक के सप्तमभाव में हो तो यह कलहवल्लभ और सुरताभिलाषी होता है।

"अतिरूपदारसौख्यं बहुविभवं कलहवर्जितं पुरुषम्।
जनयति सप्तमधामनि सौभाग्यसमन्वितं शुक्रः" ॥ **कल्याणवर्मा**

अर्थ—सप्तमभाव स्थित शुक्र ऐसे जातक को जन्म देता है जो अतीव सुन्दर होता है। इसे स्त्रीसुख प्राप्त होता है। यह वैभवपूर्ण होता है। यह किसी से लड़ाई-झगड़ा नहीं करता है—यह भाग्यवान् होता है।

टिप्पणी—वराहजी के अनुसार जातक कलहप्रिय होता है परन्तु कल्याण वर्मा के अनुसार जातक किसी से लड़ाई-झगड़ा नहीं करता है और शान्तिप्रिय होता है।

"वेश्यास्त्रीजनवल्लभश्च सुभगो व्यंगः सिते कामगे" ॥ **वैद्यनाथ**

अर्थ—जिस जातक के सप्तमभाव में शुक्र हो उसे वेश्याओं से प्रेम होता है। स्त्रियें भी इससे प्यार करती हैं। यह सुन्दर स्वरूप होता है। इसके शरीर में कुछ व्यंग होता है।

"शुक्रे मन्मथराशिगे बलवति स्त्रीणां बहूनां पतिः।
शुक्रे सौभाग्यसंयुक्ता श्रीमती च बलान्विते" ॥

अर्थ—जिसके सप्तमभाव में शुक्र बलवान् हो वह जातक एक से अधिक स्त्रियों का पति होता है। यदि किसी स्त्री के सप्तमभाव में शुक्र हो और यह शुक्र बलवान् हो तो वह भाग्यवती तथा धनवती होती है।

"युवतिमंदिरगे भृगुजे नरो बहुसुतेन धनेन समन्वितः।
विमलवंशभवप्रमदापतिः भवति चारुवपुः मुदितः सुखी ॥
शुक्रे यौवनाढ्या। गौरी सुरूपां स्फुटपंकजाक्षीं
सितः शुभर्क्षे शुभदृष्टयुक्तः।
भौमांशकगते शुक्रे भौमक्षेत्रगतेऽथवा—
भौमेनयुतदृष्टेवा परस्त्रीभोगमिच्छति" ॥ **गर्ग**

अर्थ—शुक्र यदि सप्तमभाव (कलत्रस्थान) में हो तो जातक पुत्रों से तथा धन से युक्त होता है। यह सुंदर होता है। यह प्रसन्नमनाः तथा सुखी होता है। इसकी पत्नी कुलीन होती है। यह शुक्र यदि शुभराशि में, शुभ ग्रह के साथ वा शुभग्रह की दृष्टि में हो तो जातक की पत्नी तरुणा होती है और बहुत सुन्दर, गोरे वर्ण की तथा प्रफुल्लित कमल जैसी आँखों वाली होती है। यह शुक्र मंगल के साथ, दृष्टि में, नवांश में वा मंगल की राशियों (मेष-वृश्चिक) में हो तो परस्त्रीगमन की इच्छा रहती है।

"युवतिमंदिरगे भृगुजे नरो बहुसुतेन धनेन समन्वितः।
विमलवंशभवप्रमदापतिः भवति-चारुवपुः मुदितः सुखी" ॥ **मानसागर**

अर्थ—सप्तमभाव में शुक्र हो तो जातक बहुत पुत्र और धन से युक्त, श्रेष्ठ कुल में उत्पन्न स्त्री का पति, सुंदर, सदा प्रसन्न और सुखों से युक्त रहता है।

"बहुकलाकुशलोजलकेलिकृद् रतिविलासविधानविचक्षणः।
अतितरां नटिनीकृतसौहृदः सुनयना भवने भृगुनंदने" ॥ **ढुण्ढिराज**

अर्थ—जिसके जन्मकाल में सप्तमभाव में शुक्र स्थित होता है वह जातक अनेक कलाओं में चतुर, जलक्रीड़ा करनेवाला और वेश्याओं से प्रेम रखनेवाला होता है।

टिप्पणी—आपटे की डिक्श्नरी के अनुसार नटी-नटिनी एकार्थक हैं। नटिनी और वेश्या एकार्थक है। नाचनेवाली वेश्याएँ होती हैं। नट अर्थात् सूत्रधार की स्त्री भी नटी वा नटिनी होती है क्योंकि अभिनय में सहायक होती है।

"बहुकलाकुशलोजलकेलिकृद् रतिविलासविधानविचक्षणः।
अधिकृतान्तु नेटीबहुमन्यते सुनयनाभवने भृगुनन्दने" ॥ **बृहद्यवनजातक**

अर्थ—सप्तमभाव में शुक्र के होने से जातक अनेकविध कलाओं में निपुण और चतुर, जलक्रीड़ा करनेवाला, कामक्रीड़ा में चतुर तथा किसी एक नटी पर प्रेम करनेवाला होता है।

टिप्पणी—इसे १४वें वर्ष स्त्रीप्राप्ति होती है।

"सप्तमे भृगुपुत्रे च धनीदिव्यांगनायुतः।
नीरोगः सुखसम्पन्नोवहुभाग्यः प्रजायते" ॥ **काशीनाथ**

अर्थ—जिसके सप्तम में शुक्र हो तो वह जातक धनी, सुन्दरी तथा उत्तम स्त्री से युक्त, नीरोग, सुखसम्पन्न तथा बहुत भाग्यशाली होता है।

"जनमनोहरा, सशोकम्" ॥ **वशिष्ठ**

अर्थ—इसकी स्त्री बहुत आकर्षक होती है। जातक को शोकमग्न होने के अवसर बार-बार आते हैं।

"सप्तमेतुस्थिते शुक्रेऽतीवकामी भवेन्नरः।
यत्रकुत्रस्थिते पापयुते स्त्रीमरणं भवेत्" ॥ **पराशरहोरा**

अर्थ—यदि शुक्र कलत्रभाव में हो तो जातक अत्यन्त कामुक होता है। पापग्रह युक्त होकर यदि किसी और भाव में हो तो स्त्री की मृत्यु होती है।

"शुक्रे कलत्रे त्वतिकामुकः स्यात्। गर्भिणीसंगमो भृगौ।
जलम्। वाणिज्याद् विभवागमम्" ॥ **वेंकटेश्वर**

अर्थ—कलत्र स्थानगत शुक्र हो तो जातक अतीव कामुक होता है। गर्भिणी से भी कामक्रीड़ा करता है। जलक्रीड़ा करता है। इसे व्यापार से धनलाभ होता है।

"कलिप्रियो गीतरुचिः रतिप्रियः श्रेष्ठोऽम्बुलीलाकुशलः सितेऽस्तगे" ॥ **जयदेव**

अर्थ—अस्तभाव अर्थात् सप्तमभाव में शुक्र के होने से जातक झगड़ालू-गायन तथा कामक्रीड़ा में आसक्त, जलक्रीड़ा में निपुण और श्रेष्ठ होता है।

"सुभार्यमसतीरतं मृतकलत्रमाढ्यं महे" ॥ **मन्त्रेश्वर**

अर्थ—सप्तम में शुक्र हो तो जातक की पत्नी सुन्दरी-रूपवती तथा कुलीन होती है किन्तु इसकी मृत्यु शीघ्र हो जाती है। यह धनवान् होता है। यह कुचरित्रा जघनचपला, कुलटास्त्रियों का प्रेमी होता है।

"भृगुः गौरवर्णां वरिष्ठां। कलत्रात् सुखं लभ्यते तेनपुंसा।
भवेत् किन्नरः किन्नराणां च मध्ये॥
स्वयं कामिनी वै विदेशे रतिः स्यात्।
यदाशुक्रनामा गतः शुक्रभूमौ"॥ जागेश्वर

अर्थ—इस जातक की स्त्री गोरे रंग की और श्रेष्ठ होती है। जातक को स्त्रीसुख मिलता है। यह गानविद्या में निपुण होता है। यह परनारी आसक्त होता है।

"लग्नात् सप्तमगः शुक्रोजन्मकाले यदा भवेत्।
पुरुषार्थविहीनः स्यात् शंकितश्च पदे पदे"॥ गौरीजातक

अर्थ—जिसके जन्मकाल में शुक्र सप्तमभाव में हो तो वह पुरुषार्थहीन होता है और सदा शंकायुक्त रहता है।

"उदारबुद्धिमुज्वलांगमुन्नतिं कुलेऽधिकां,
नृपप्रतापमूर्जितं प्रसन्नतां प्रवीणताम्।
न रोगतां सुभोगतां करोति मानवस्य चेत्,
सुकामिनीसुखाधिकं भृगुः सुभामिनीगृहे"॥ हरिवंश

अर्थ—यदि जातक की कुण्डली में सप्तमभाव में शुक्र हो तो जातक की बुद्धि उदार, शरीर उज्वल, कुल उन्नत तथा प्रताप राजा जैसा होता है। जातक प्रसन्न, प्रवीण, नीरोग, उपभोगों से युक्त होता है। यह स्त्री से सुख प्राप्त करता है।

भृगुसूत्र—अति कामुकः, भगचुम्बकः। अर्थवान्। परदाररतः। वाहनवान्। सकलकार्यनिपुणः। स्त्रीद्वेषी। सत्प्रधानजनबंधुकलत्रः। पापयुते शत्रुक्षेत्रे अरिनीचगे कलत्रनाशः। विवाहद्वयम्। बहुपापयुते अनेककलत्रांतरप्राप्तिः पुत्रहीनः। शुभयुते उच्चे वृषभे तुले कलत्रदेशे बहुवित्तवान्। कलत्रमूलेन बहुप्राबल्ययोगः। स्त्रीचिन्तकः। स्त्रीगोष्ठिः—पाठांतरम्।

अर्थ—सप्तमभाव में शुक्र हो तो जातक बहुत कामुक, परस्त्रियों में आसक्त, धनी, वाहनों से युक्त, सकल कार्य निपुण, स्त्रियों से द्वेष करनेवाला होता है। यह अपनी विवाहिता स्त्री से वैमनस्य रखता है। यह अर्थ भी संगत है—तभी तो परकीया में आसक्त रहेगा। इसे सलाह देनेवाले आप्त, स्त्री आदि अच्छे होते हैं। यह शुक्र पापग्रह के साथ शत्रुग्रह की राशि में वा नीच राशि में हो तो पहिली पत्नी की मृत्यु होती है और दूसरा विवाह होता है। इस शुक्र के साथ बहुत पापग्रह हों तो अनेक विवाह होते हैं। पुत्र नहीं होते हैं। यह शुक्र शुभग्रह के साथ वा उच्च राशि में वा वृष अथवा तुलाराशि में हो तो जातक

धनवान् होता है। स्त्री के सम्बन्ध से इसे बहुत उन्नति प्राप्त होती है। स्त्री के विषय में इसे भारी चिन्ता रहती है। पाठान्तर— यह स्त्रियों के समूह में रहनेवाला होता है।

पाश्चात्यमत—इस स्थान में शुक्र निसर्गतः बलवान् होता है। इस व्यक्ति का विवाह छोटी आयु में ही सुन्दरी और सद्गुण सम्पन्ना युवती से होता है तथा विवाह सुख अच्छा मिलता है। विवाह के बाद भाग्योदय होता है, विपुल धन लाभ होता है। इस शुक्र से साझीदारी में तथा कचहरियों के मामले में सफलता मिलती है। गायन, नाटक आदि लोगों के मनोरञ्जन के साधनों से सम्बन्ध रहता है। सार्वजनिक स्वरूप के व्यवहारों में यह अच्छी सफलता प्राप्त करता है। इन व्यवहारों में झगड़ों की सम्भावना भी नहीं होती। इस व्यक्ति की स्त्री, पुत्र, मित्र, साझीदार आदि से अनुकूल व्यवहार प्राप्त होने से सुखी जीवन व्यतीत होता है। पुत्रों पर विशेष प्रेम होता है। यह शुक्र वृश्चिक या मकर में हो तो व्यभिचारी मानसिक वृत्ति होती है। यह शुक्र दूषित हो तो विवाह देर से होकर स्त्रीसुख अच्छा नहीं मिलता। साझीदार तथा मित्रों से हानि होती है।

विचार और अनुभव—सप्तमस्थान का शुक्र निसर्गतः बलवान् होता है; क्योंकि निसर्गकुंडली में यह सप्तमेश होता है। अतः आवश्यकतया सप्तमस्थान में शुभ फल ही मिलने चाहियें। शुक्राचार्य दैत्यों का गुरु माना गया है। इसे ज्ञानी भी कहा है। सप्तम की तुलाराशि का स्वरूप भी ज्ञान और पौरुष का द्योतक है। कई एक ग्रन्थकारों ने शुभफल बतलाये हैं और कई एक ने अशुभ फल कहे हैं। शुभफल का अनुभव पुरुषराशि में तथा अशुभफल का अनुभव स्त्रीराशि में अच्छा प्राप्त होता है। नैसर्गिक कुण्डली में धन और सप्तम, इन दोनों मारक स्थानों का स्वामी शुक्र है, अतः कुछ ग्रन्थकारों ने अशुभ फल कहे हैं।

शुक्र यदि मेष, मिथुन वा तुला में हो तो स्त्री पुरुषवत् सुन्दर होती है। यह स्त्री बुद्धिमती, सांसारिक व्यवहार में चतुर, कुटुम्ब में मिलजुल कर रहने वाली होती है। यह पति की प्यारी, कामुकी, धैर्यवती, आनन्दी, कलाओं में निपुण तथा सुशिक्षित होती है। पति पर अधिकार रखती है। सन्तति थोड़ी होती है। पति की अतिकामुकता से इसका शरीर विकृत हो जाता है और इससे इसे कष्ट होता है।

सिंह वा कुंभ में शुक्र हो तो स्त्री स्थूलकाया, गम्भीर चेहरे की और मझले कद की होती है। यह संसार के कामों में मग्न तथा बुद्धिमती होती है। पुरुषराशि का शुक्र हो तो स्त्री संसार में विशेष आसक्त नहीं होती। विपत्ति में इसका धैर्य छूट जाता है। किन्तु दैवी सहायता से किसी तरह बेरोक-टोक इसके व्यवहार चलते रहते हैं।

धनु राशि में शुक्र के होने से स्त्री सुन्दरी, ऊँचे कद की, प्रमाणबद्ध शरीर की होती है। यह स्त्री "विपदिधैर्यम्" की उदाहरण होती है। इसे कामेच्छा कम होती है–रहन-सहन में अव्यवस्थित नहीं होती। अनुभवी बूढ़ी स्त्री की भाँति सोच-समझ कर व्यवहार करती है। पति को नेक सलाह देती है। खेद है कि यह पति को विशेष प्रिय नहीं होती है।

कर्क, वृश्चिक वा मीन में यह शुक्र हो तो स्त्री का शरीर दुबला-पतला, कद ऊँचा, चेहरा लम्बा, चमकीली आँखें, लम्बे और चमकदार केश, त्वचा कोमल और मनोहर होती है। यह स्वार्थी, कलहप्रिय, कुटुम्ब में मिलकर न रहनेवाली तथा खर्चीली होती है। अपने हाथ में सत्ता रखने की चेष्टा सदैव रखती है।

वृष कन्या वा मकर राशि में शुक्र हो तो स्त्री किंचित स्थूलकाया, कद छोटा, गोल चेहरेवाली होती है। केश थोड़े किन्तु घने होते हैं। सत्ता की इच्छुक, घरबार सम्भालने वाली, सम व्यवहार करनेवाली, रोगियों की सेवा करनेवाली होती है।

यदि शुक्र स्त्रीराशि का हो तो स्त्री के गुण पूर्णतया विकसित होते हैं। अविवाहित रहना, पत्नी से विभक्त हो जाना, दो विवाह का होना, सप्तम शुक्र के अशुभफल हैं। इस प्रकार के फलों का अनुभव, वृषभ, कर्क, वृश्चिक, मकर तथा मीन राशियों में विशेषतया होता है। पुरुषराशियों में, मिथुन और धनु में भी यही फल अनुभूत होता है। पुरुषराशि का शुक्र बहुत कामुक बनाता है॥

मेष, वृश्चिक, मकर तथा कुम्भ में यदि शुक्र हो तो पत्नी विजातीया, अथवा आयु में अधिक होती है॥

सिंह और मीन में शुक्र हो तो विवाह के बाद भाग्योदय होता है। किन्तु जब तक स्त्री जीवित रहती है तभी तक वैभव बना रहता है। प्रथम आयु में ४० वर्ष तक स्थिरता वा सुख नहीं मिलते॥

पुरुषराशि में यह शुक्र हो तो २१ से २६ वर्ष तक, अथवा २८ से ३२ तक विवाह योग होता है। शुक्रप्रधान व्यक्ति मुख्यतः स्वतंत्र व्यवसाय करते हैं। स्त्रीराशि का शुक्र हो तो नौकरी श्रेयस्कर होती है। स्त्रीराशि में व्यवसाय और नौकरी दोनों अच्छे रहते हैं। साझीदारी पसंद नहीं होती॥

मेष, मिथुन, तुला तथा धनु में शुक्र हो तो गायन, वादन, अभिनय आदि में अथवा लेखन, अध्यापन, मुद्रण आदि में प्रवृत्ति होती है। अन्य राशियों में जातक व्यापारी होते हैं। प्रवृत्ति विलासी, तथा रंगीली किन्तु विशेषता यह कि स्त्री का सम्मान भी करते हैं। स्त्री के प्रति हीनता की दृष्टि नहीं होती॥

स्त्रीराशि में शुक्र हो तो वृत्ति इसके प्रतिकूल होती है। स्त्री को तुच्छ तथा कामवासनापूर्ति का साधन माना जाता है॥

अष्टमभावगत शुक्र का फल--

जनः क्षुद्रवादी चिरंचारु जीवेत् चतुष्पात् सुखं दैत्यपूज्यो ददाति।
जनुष्यष्टमे कष्टसाध्योजयार्थः पुनः वर्धते दीयमानं धनर्णम्॥ ८॥

अन्वयः—जनुषि अष्टमे (स्थितः) दैत्यपूज्यः चतुष्पात् सुखं ददाति। (सः) क्षुद्रवादी (स्यात्) चिरं चारुजीवेत्, (तस्य) जयार्थः कष्टसाध्यः (स्यात्) दीयमानं धनर्णं पुनः वर्धते॥ ८॥

सं॰ टी॰—जनुषि जन्म समये अष्टमे दैत्यपूज्यः शुक्रः चतुष्पदां गोऽश्वादीनां सुखं ददाति। तथा क्षुद्रवादी दुष्टवक्ता, चिरंबहुकालं चारु सुखेन एव जीवेत्। जयः अर्थश्च कष्टसाध्यः यत्नेन साध्यः। धनर्णं उत्तमर्णत्वे अधमर्णाय दीयमानं पुनः वर्द्धते॥ ८॥

अर्थ—जिस मनुष्य के जन्म लग्न से आठवें स्थान में शुक्र हो उसे गाय, भैंस, बकरी घोड़ा आदि से सुख होता है। वह व्यर्थ का वाद करता है–अर्थात् जातक का बोलना नीचों जैसा होता है। जातक बहुत समय तक सुख से जीवन व्यतीत करता है–अर्थात् यह दीर्घायु होता है। इसे विजय और धन लाभ कष्ट से प्राप्त होते हैं। बार बार देते रहने पर इसका ऋण बढ़ता ही जाता है–अर्थात् सूद बढ़ता जाता है॥ ८॥

तुलना--"यदा शुक्रे मृत्युं गतवति कठोर प्रलपनं।
चिरंवैजीवित्वं गजतुरगगोभृत्यनिकरैः॥
सुखं कष्टादर्थः पुनरपि धनर्णं तनुभृतः।
प्रवृद्धिं संगच्छत्यपि रिपुजयः कष्टकरणात्॥" जीवनाथ

अर्थ—जिस जातक के जन्म समय में शुक्र अष्टमभाव में हो वह कठोर वचन बोलनेवाला होता है। यह चिरजीवी–अर्थात् दीर्घायु होता है। इसे चौपायों से अर्थात् हाथी, घोड़ा, गाय, और नौकरों से सुख होता है। धन का लाभ कष्ट से होता है। कभी धन की वृद्धि और कभी ऋण की वृद्धि होती है। यह शत्रुओं पर कष्ट से विजय प्राप्त करता है॥

"अष्टमे नीचः।" आचार्य वराहमिहिर

अर्थ—अष्टम शुक्र हो तो जातक नीच अर्थात् स्वकुलानुचितकर्मकृत् होता है।

"दीर्घायुः सर्वसौख्यातुलबलधनिको भार्गवे चाष्टमस्थे।" वैद्यनाथ

अर्थ—शुक्र अष्टमस्थान में हो तो जातक दीर्घायु, सर्वसौख्य युक्त, अतीबली और धनिक होता है।

"चिरायुषमिलाधिपं धनिनमष्टमे संस्थितः॥" मंत्रेश्वर

अर्थ—अष्टम में शुक्र हो तो जातक धनी, दीर्घायु और भूमिपति होता है।

"अष्टमस्थे दैत्यपूज्ये सरोगः कलहप्रियः।
वृथाटनाः कार्यहीनो जनानां च प्रियो भवेत्" ॥ काशीनाथ

अर्थ—आठवें स्थान में यदि शुक्र हो तो जातक रोगी-झगड़ालू, व्यर्थ घूमनेवाला निकम्मा तथा मनुष्यों का प्यारा होता है।

"नीचः सकांतो विधनः शठोऽभयः स्त्रीपुत्र चिन्ता सहितोऽष्टमेभृगौ।" जयदेव

अर्थ—अष्टम में शुक्र हो तो जातक वंश के लिए अनुचित कर्म करने वाला, स्त्री सहित, दरिद्री, दुर्जन तथा निर्भय होता है—इसे स्त्री और पुत्र की चिन्ता बनी रहती है।

"दीर्घायुरनुपमसुखः शुक्रे निधनाश्रिते धनसमृद्धः।
भवति पुमान् नृपतिसमः क्षणेक्षणे लब्धपरितोषः" ॥ कल्याणवर्मा

अर्थ—शुक्र यदि अष्टभाव में हो तो जातक दीर्घायु, बहुतसुखी, धनवान्, राजतुल्य, तथा सर्वथा संतुष्ट होता है।

"प्रसन्नमूर्तिः नृपमानलब्धः शठोऽतिनिःशंकतरः सगर्वः।
स्त्रीपुत्रचिंतासहितः कदाचिन्नरोऽष्टमस्थानगते सिताख्ये" ॥ ढुण्ढिराज

अर्थ—जिस जातक के अष्टमभाव में शुक्र हो वह प्रसन्नचित्त, राजमान्य, शठ, निर्भय, घमंडी, कभी-कभी स्त्री तथा पुत्र की चिंता से युक्त होता है।

"निधनसद्मगते भृगुजे जनो विमलधर्मरतो नृपसेवकः।
भवति मांसप्रियः पृथुलोचनो निधनमेति चतुर्थवयस्यपि ॥" मानसागर

अर्थ—अष्टमभाव में शुक्र हो तो जातक धर्मात्मा, राजसेवक, मांसभोजन-प्रिय, विशालनेत्र, होता है। ७५ वर्ष के बाद इसका मरण होता है।

अनृणं पितुराधत्तेतीर्थे मरणमेवच। नयेत् पितृकुलंपुण्यं रंध्रगोभृगुनन्दनः ॥
सूर्यादिभिः निधनगैः निधनं हुताशनौकायुधज्वरजमामयजंक्रमेण।
कफात् च अनिलात्। गुरुसितेन्दुसुता निधनेऽथवास्थिरभगाः सततंबहुकष्टदाः ॥"
गर्ग

अर्थ—अष्टम शुक्र हो तो जातक पिता का ऋण चुकाता है। तथा कुल की उन्नति करता है। इसकी मृत्यु किसी तीर्थ क्षेत्र में होती है। इसकी मृत्यु वात-कफ से या क्षुधा से होती है। यह शुक्र यदि स्थिरराशि में हो तो सतत कष्ट होता है।

"तृष्णातः मुखरोगाच्च दन्तदोषात् त्रिदोषतः।
विषूच्या वनसत्वेन भुजंगात् विषभक्षणात् ॥
लूतया विषकण्ठेन सुरतोत्थप्रकोपतः।
बहुदुःखाद् भवेन् मृत्युः मृत्युभावगते सति" ॥ काश्यप

अर्थ—अष्टमभाव का शुक्र यदि मेष में हो तो तृष्णा से, वृषभ में हो तो मुखरोग से, मिथुन में हो तो दंतरोग से, कर्क में त्रिदोष से, सिंह में विषूची

से, कन्या में जंगली जानवर से, तुला में साँप से, वृश्चिक में विष खाकर, धनु में लूत से, मकर में विष प्रयोग से, कुंभ में अतिकामभोग से, मीन में अति दुःख से मृत्यु होती है।

"प्रसन्नमूर्तिः नृपलब्धमानः सदाहिशंकारहितः सगर्वः।
स्त्री-पुत्र-चिंतासहितः कदाचिन् नरोऽष्टमस्थानगते सिताख्ये ॥" वृहद्यवनजातक

अर्थ—अष्टमभावगत शुक्र हो तो जातक देखने में सुन्दर, राजाद्वारा सम्मानित, निर्भय-गर्वीला, स्त्री तथा पुत्रों की चिंता से युक्त होता है।

"नरो नीचवक्ता पशुयूथयुक्तः धनंवर्द्धते रोगकर्ताग्रहः स्यात्।
चिरंजीवते मृत्युगेहेचनूनं सदाचाष्टमे भार्गवः स्यात् तदानीम् ॥" जागेश्वर

अर्थ—अष्टम शुक्र हो तो जातक ऐसा वचन बोलता है जैसे गवाँर लोग बोलते हैं। यह पशुओं के झुंड का मालिक होता है। यह धनी, रोगी तथा दीर्घायु होता है।

भृगुसूत्र—सुखी। चतुर्थ वर्षे मातृगंडः। मध्यायुः। रोगी। हितदारवान्। असंतुष्टः। शुभयुते शुभक्षेत्रे पूर्णायुः। तत्र पापयुते अल्पायुः।

अर्थ—जातक सुखी, मध्यायु, रोगी, असंतुष्ट होता है। इसके चौथे वर्ष में माता पर संकट आता है। इसकी पत्नी इसका हित चाहने वाली होती है। शुभग्रह की राशि में, वा युति में यह शुक्र हो तो जातक पूर्णायु होता है। यदि शुक्र पापग्रह के साथ हो तो अल्पायु होता है।

पाश्चात्यमत—यह शुक्र बलवान् हो तो विवाह से, सट्टे से, वा वारिस के रूप में अच्छा धनप्राप्त होता है। स्त्री-धनप्राप्त होता है। वा किसी आप्त स्त्री की मृत्यु से धनप्राप्त होता है। मृत्युपत्र से, साझीदारी से लाभ होता है। यह शुक्र पीड़ित हो तो पत्नी खर्चीली होती है। इस शुक्र से बीमे के व्यवहार में लाभ होता है। मृत्यु शांति से होती है। दुर्घटनाओं का भय नहीं होता। यही शुक्र निर्बल हो तो बीमे की रकम पूरी नहीं मिलती। मूत्राशय के रोग होते हैं। ट्रस्टी होकर अच्छा धन प्राप्त करते हैं।

विचार और अनुभव—आठवाँ स्थान मृत्युस्थान है। इस स्थान में यदि शुभग्रह हो तो आयु में थोड़ा बहुत सुख मिलता है। आर्थिक, शारीरिक वा स्त्रीविषयक सुखों में से कोई एक सुख प्रर्याप्त मात्रा में मिलता है। इस स्थान में स्त्रीराशि का वा पुरुषराशि का भेद नहीं है। काशीनाथ का बतलाया हुआ अशुभफल भी अनुभव में आता है। गायन-वादन आदि कलाओं में छोटी उमर में सफलतारूपी शुभफल का अनुभव लग्न, पंचम, सप्तम, नवम वा एकादश में शुक्र के होने से मिलता है। यह फल अष्टमस्थान के शुक्र का नहीं है। जिन व्यक्तियों के जन्मांग में अष्टमस्थान में शुक्र होता है वे विद्वान् और सदाचारी होते हैं। इस शुक्र से पत्नी स्वाभिमानिनी, धैर्यसंपन्न, श्रेष्ठ स्वभाव वाली, मधुरभाषिणी तथा विश्वासयोग्य होती है।

यदि अष्टम शुक्र मिथुन वा वृश्चिक राशि में हो तो स्त्री पुत्रों से कलह होती है। स्त्रीसुख नहीं मिलता। धन स्वल्प, व्यवसाय अव्यवस्थित तथा अस्थिरता रहती है। यदि इस स्थान का शुक्र वृष, कर्क वा धनुराशि में हो तो प्रकृति ठीक नहीं रहती। मधुमेह, उपदंश, प्रमेह आदि रोग होते हैं। अर्थात् इस शुक्र का व्यक्ति व्यभिचारी प्रवृत्तिवाला होता है। सिंह और मकरराशि में होने से व्यक्ति का पुत्र से वैमनस्य अर्थात् झगड़ा रहता है। सन्तान अल्प पत्नी सुख अल्प, किन्तु परस्त्रियों से सुख और धन प्राप्त होता है। यदि शुक्र मेष और कन्या में हो तो विवाह के अनंतर भाग्योदय का नाश होता है। आर्थिक संकटों का भूयस्त्व, व्यवसाय वा नौकरी में असफलता, ऋणग्रस्तता अनुभव में आते हैं। यह शुक्र कुंभ, मीन और तुला का हो तो सब कुछ ठीक चलता है। साधारण सुख तथा धन होते हैं। विधवा, निर्वासिता परस्त्रियों से अवैध सम्बन्ध रहता है। यदि शुक्र कर्क, सिंह वा मीन में हो तो व्यक्ति मद्यपी होते हैं। वृश्चिक और कुंभ के शुक्र होने से व्यक्ति अफीमची होते हैं। शुक्र दूषित हो तो गुप्त रोग होते हैं। अतीव कामुक होने से अनैसर्गिक संभोग की बारी आती है। मीनराशि का शुक्र अतीव अशुभ फल देता है। पत्नी पुरुष-प्रकृति की और पुंश्चली, कारावास और व्यवसाय में हानि।

नवमभावस्थित शुक्र का फल—

भृगौत्रिकोणे पुरे के न पौराः कुसीदेन ये वृद्धिमस्मै ददीरन्।
गृहंज्ञायते तस्यधर्मध्वजादेः सहोत्थादि सौख्यं शरीरे सुखं च॥ ९॥

अन्वयः—भृगौ त्रित्रिकोणे (स्थिते) (तस्य) पुरे (ते) के पौराः ये अस्मै कुसीदेन वृद्धिं न ददीरन् (सर्वे अपिदद्युः) तस्य गृहं धर्मध्वजादेः ज्ञायते, सहोत्थादिसौख्यं शरीरे सुखं च (स्यात्) ॥ ९ ॥

सं० टी०—त्रित्रिकोणे नवमे भृगौ तन्नगरे अस्मै पुरुषाय ये पौराः पुरवासिनः कुसीदेन वृद्धिजीविकया वृद्धिं व ददीरन् ते के तत्पुरे तदधर्मणव्यतिरिक्ताः न संतीत्यर्थः। तथा तस्यधर्मध्वजादेः दांभिकत्वाद् हेतोः गृहं ज्ञायते प्रसिद्धया इति शेषः। सहोत्थादिभिः भ्रातृभृत्यैः सौख्यं शरीरसुखं च भवेदिति शेषः 'धर्मध्वजी लिंगवृत्तिः' इत्यमरः। लिंगं तद् धर्मिवेषधारिणम्॥ ९ ॥

अर्थ—जिस जातक के जन्मांग के नवमभाव में शुक्र हो उसके नगर-निवासी सभी मनुष्य इसे व्याज (वृद्धि) देते हैं, कोई भी इसके ऋण से खाली नहीं रहता, अर्थात् यह अपने गांव में विशेष धनाढ्य होता है। यह सूद पर रुपया देने का व्यवसाय करता है और सभी पुरवासी सूद पर कर्ज लेते हैं। इस तरह इसके धन की उत्तरोत्तर वृद्धि होती रहती है। यह धार्मिक वृत्ति होने के कारण सदावर्त, दान आदि धर्म के कार्य करता रहता है जिससे इसकी दूर दूर तक प्रसिद्धि होती रहती है। लोग सदावर्त से भोजन खाते हैं—

याचकों को कपड़े आदि वितरण होते हैं। इस कारण लोग इसके घर को शीघ्र ही पहिचान लेते हैं। 'यह जातक धर्मध्वजी अर्थात् दम्भी होता है। यह अर्थ मनोरोचक नहीं है। सम्भव तो यह है कि इस जातक के घर के आगे धर्म नैमित्तिक कोई ध्वजा गाड़ी गई हो जिससे लोग इसके घर को शीघ्र ही पहिचान लेते हों। दान का, धर्म का फल यश तो है ही–प्रसिद्धि भी आवश्यक ही है। इसे नौकरों से-दासों से-और अपने बंधु लोगों से सुख मिलता है। इस सुख के अतिरिक्त शरीर का पूर्ण सुख होता है ॥ ९ ॥

तुलना—"भृगौ भाग्यस्थानंगतवतिकुसीदेन नगरे,
दद्दीरन्नास्मै के सततमपि वृद्धिम्लियदा।
पताकाभिः युक्तं यजनभवनं दृश्यत इह,
प्रदुराद् भ्रातॄणां सुखमतुल मंगेन च सुखम् ॥ **जीवनाथ दैवज्ञ**

अर्थ - जिस मनुष्य के जन्म समय में शुक्र नवमभाव में हो उसके ग्राम में कौन से मनुष्य होंगे जो व्याज (सूद) से इसकी धन की वृद्धि न करते हों अपितु सब लोग उसके ऋणी होते हैं। अर्थात् यह मनुष्य अपने गांव में बहुत बड़ा धनवान होता हैं। दूर से ही पताकाओं से सुशोभित उसकी यज्ञ-शाला दिखाई पड़ती है। भाइयों का सुख और शारीरिक सुख भी अधिक होता है। नोट—ध्वजा और पताका समानार्थक शब्द हैं। नवमभावगत शुक्र का जातक यज्ञ, दान, सदावर्त आदि धार्मिक कार्य करता है और इनके संबंध से ध्वजाएँ और पताकाएँ गाड़ी जाती हैं, और ये पताकाएँ घर के शिखर पर फहराई जाती हैं–इनसे लोग जातक के घर को दूर से पहचान लेते हैं। यही अर्थ प्रासंगिक है दांभिकता–प्रासंगिक नहीं–इससे तो भाग्यभावगत शुक्र का अशुभ फल ही सूचित होगा। भट्ट जी तथा जीवनाथ दैवज्ञ का मत 'शुक्र शुभ फलदाता है यदि नवमभाव में होता है' एक समान है।

"नवमे तपस्वी।" **आचार्य वराहमिहिर**

अर्थ—'तपस्वीं-'विद्यमान तपः'–यदि नवमभाव में शुक्र हो तो जातक तपस्वी होता है, अर्थात् जातक पवित्रात्मा होता है। पवित्रात्मा धनिक लोग ही यज्ञ, दान-इष्टापूर्त कर्मों में अपनी गाढी कमाई खर्च करते हैं–यही लोग गरीबों के लिए लंगर लगाते हैं-गर्म कपड़े पहिरने को देते हैं—नवमभाव का शुक्र अन्तः प्रेरणा से जातक की रुचि धार्मिक कार्यों की ओर खींचता है। यही मत नारायण भट्ट जी का है।

"विमलायत तनुवित्तोदार युवति सुख सुहृज्जनोपेतः।
भृगुतनये नवमस्थे सुरातिथि गुरु प्रसक्तः स्यात् ॥" **कल्याणवर्मा**
'सममायतनुवित्तः' इतिपाठांतरम्।

अर्थ—नवमभाव में शुक्र हो तो जातक पुष्ट अर्थात् दृढ शरीर वाला, धनाढ्य, उदार, स्त्री सुख युक्त, मित्रों से युक्त और गुरु की सेवा में निरत,

देव और अतिथियों का सेवक होता है। अर्थात् नवमभावगत शुक्र का जातक देव तथा अतिथियों का आदर करनेवाला होता है—इसे सभी प्रकार के भौतिक सुख प्राप्त होते हैं। जो व्यक्ति पवित्र स्वभाव के होते हैं वे ही देवताओं का तथा गुरुजनों का आदर करते हैं। जिनका इससे विपरीत स्वभाव होता है वे देवनिन्दक, गुरुजननिन्दक माता-पिता के द्वेषी, दान, यज्ञ, पुण्य-कर्मों के विरोधी होते हैं। इसी भाव तथा अभिप्राय को मनोगत करते हुए आचार्यजी ने 'मुख्यफल' 'तपस्वी' का वर्णन किया है।

"विद्याविक्तकलत्र पुत्र विभवः शुक्रे शुभस्थे स्थिते।" **वैद्यनाथ**

अर्थ—नवमभावस्थ शुक्र का जातक विद्या, धन, स्त्री, पुत्र आदि से सम्पन्न होता है।

"भवति भाग्यविधिः धनवल्लभो बहुगुणी द्विजभक्तिपरायणः।
निजभुजार्जित भाग्यमहोत्सवे भवति धर्मगते भृगुनन्दने॥" **गर्ग**

अर्थ—यदि जातक के नवमभाव में शुक्र हो तो वह भाग्यवान्, धन-प्रिय, बहुत गुणों से सम्पन्न, ब्राह्मणों का आदर करनेवाला, अपने भुजबल से, अपने उद्योग और परिश्रम से उन्नति करनेवाला होता है।

"अतिथि गुरु सुरार्चा तीर्थयात्रोत्सवेषु पितृकृत धनसंघात्यंत संजात तोषः।
मुनिजन समवेषो जातिमान्यः कृशश्च भवति नवमभावे संस्थिते भार्गऽवेस्मिन्॥"
बृहद्यवनजातक

अर्थ—नवमभावस्थ शुक्र का जातक पिता से प्राप्त हुई सम्पत्ति का व्यय तीर्थ यात्रा, उत्सव, देव, गुरु तथा अतिथियों के पूजन आदि में करता है। बहुत संतुष्ट, मुनि के सदृश सादे वेष में रहनेवाला, दुर्बल शरीर, और अपनी जाति में माननीय होता है। इसे धन लाभ १५ वें वर्ष तथा भाग्योदय २५ वें वर्ष होता है।

"वृहद् वस्त्रलाभम्॥" **वशिष्ठ**

अर्थ—नवमभावगत शुक्र के जातक को अच्छे वस्त्रों की प्राप्ति होती है।

"सदार सुहृदात्मजं क्षितिपलब्ध भाग्यं शुभे॥" **मंत्रेश्वर**

अर्थ—यदि शुक्र नवमभाव में हो तो जातक स्त्री, पुत्र, मित्रों से युक्त, एवं राजा से भाग्योदय प्राप्त करनेवाला होता है।

"विमल तीर्थपरोऽच्छतनुः सुखी सुरवरद्विजवणरतः शुचिः।
निजभुजार्जित भाग्यमहोत्सवो भवति धर्मगते भृगुजेनरः॥" **मानसागर**

अर्थ—नवमभाव में शुक्र हो तो जातक निर्मल शरीर तीर्थ करनेवाला, सुखी, देवब्राह्मण भक्त, पवित्र हृदय, अपने बाहुबल से उपार्जित धन को भोगने-वाला होता है॥

धर्मे शुक्रे धर्मपूर्णः ज्ञानवृद्धः सुखी धनी।
नरेन्द्र मान्यो विजयी नराणां च प्रियः सदा॥" **काशीनाथ**

अर्थ—यदि शुक्र धर्मभाव अर्थात् नवमभाव में हो तो जातक धार्मिक, ज्ञानी, सुखी, धनी, नृपति पूज्य, विजयी, लोकप्रिय होता है ॥

"सकलसुकृतकर्मा पापहर्ता सतोषः विगतसकलरोषः धर्मगे भार्गवेऽस्मिन् ॥

जयदेव

अर्थ—नवमभावगत शुक्र का जातक पापकार्य छोड़कर अच्छे कार्य करता है। सन्तोषी और क्रोध रहित होता है ॥

"अतिथि गुरु सुरार्चातीर्थयात्रापितार्थः प्रतिदिन धनयानात्यन्त सञ्जातहर्षः।
मुनिजन समवेषः पुरुषस्तक्तरोषो भवति नवमभावे सम्भवे भार्गवेऽस्मिन् ॥

ढुण्ढिराज

अर्थ—जिसके नवमभाव में शुक्र हो वह जातक अतिथि, गुरु, देवताओं का पूजक तीर्थयात्रा के लिए धन संचित करनेवाला, सदा धन, वाहन, से आनन्दित, मुनि के समान सादा कपड़ा पहिननेवाला अर्थात् सादा लिवास रखनेवाला और क्रोध रहित होता है ॥

"सुखसमुन्नतिं कुले नृपप्रतापपूर्तिते सुकीर्तिमुज्ज्वलं सुधर्म कर्म संग्रहैः।
सुविद्यया प्रवीणतां समृद्ध वंशजाततां करोति भाग्यमव्ययं नरस्य भाग्यगो भृगुः ॥"

हरिवंश

अर्थ—यदि शुक्र नवमभाव में हो तो जातक राजा की कृपा से कुल की उन्नति करता है। यह सुखी, यशस्वी, धार्मिक कार्य करनेवाला, विद्वान् और धनवान् होता है। यह सदैव भाग्यवान् रहता है ॥

भृगुसूत्र—धार्मिकः, तपस्वी, अनुष्ठानपरः। पादे बहूत्तम लक्षणः। धर्मी, भोगवृद्धिः, सुतदारवान् पितृ दीर्घायुः। तत्र पापयुते पित्रारिष्टवान्। पापयुते पापक्षेत्रे अरिनीचगे धनहानिः, गुरुदारगः। शुभयुते भाग्यवृद्धिः, महाराजयोगः। वाहन कामेशयुते महाभाग्यवान्। अश्वान्दोलि-आदिवाहनवान्। वस्त्रालङ्कार प्रियः ॥

अर्थ—नवमस्थ शुक्र का जातक धार्मिक, तपस्वी, तथा जपादिक कार्य करनेवाला होता है। इसके पाँव पर अच्छे सामुद्रिक लक्षण होते हैं। उपभोग मिलते हैं और भोगवृद्धि होती है। यह स्त्री-पुत्रों से युक्त होता है। इसका पिता दीर्घायु होता है। पापग्रह साथ हो तो पिता पर सङ्कट आता है। पापग्रह के साथ उसकी राशि में, शत्रुग्रह की राशि में, वा नीच में हो तो धन हानि होती है। गुरुपत्नी से व्यभिचार करता है। शुभग्रह साथ हो तो भाग्योदय होता है। अधिकार पद प्राप्त होता है। चतुर्थेश तथा सप्तमेश के साथ हो तो बहुत भाग्यवान् होता है। घोड़े, पालकी आदि वाहन प्राप्त करता है। विचित्र कपड़े और आभूषणों का प्यारा-शौकीन होता है ॥

टिप्पणी—अब राजाओं और महाराजाओं का चलन नहीं रहा है। राजा-महाराजा आदि अधिकार वा पदवियाँ विलुप्त तथा उच्छिन्नमूल हो गई हैं।

इन शब्दों से महत्ता प्राप्त धनाढ्य व्यक्तियों का बोध करना होगा—इसी तरह राजयोग तथा महाराजयोग के अर्थ में भी परिवर्तन आवश्यक है।

पाश्चात्यमत—नवमभावस्थ शुक्र का जातक प्रवासी, आनन्दी, सुस्वभावी, स्नेहल, धार्मिक, शुद्ध चित्त का, काव्यनाटकादि पढ़ने वाला, परोपकारी, विद्या व्यासङ्गी होता है। यह समुद्री प्रवास भी करता है। अलभ्य वस्तुओं की प्राप्ति के लिए भी यत्न करता है। विवाह में होनेवाले आप्तों का साहाय्य इसे अच्छा मिलता है॥

विचार और अनुभव—प्राचीन लेखकों ने नवमभावगत शुक्र के फल प्रायः शुभ बतलाएं हैं। इनका अनुभव तब होता है जब नवमभाव का शुक्र मेष, सिंह, धनु, कर्क, वृश्चिक तथा मीन राशियों का होता है। जो कोई अशुभ फल किसी लेखक ने बतलाए हैं, उनका अनुभव शेष राशियों में मिलता है॥

ताम्बे का सोना बनाना, असाध्य रोगों की चिकित्सा के लिए दवाइयाँ खोजना, स्त्री को पुरुष में परिवर्तन आदि की खोज की ओर प्रवृत्ति जातक की तभी होती है जब शुक्र कर्क, वृश्चिक तथा मीन राशियों में होता है–ऐसा प्रतीत होता है। नवमशुक्र से केवल पिता ही दीर्घायु होता है–ऐसा ही नहीं है किन्तु माता भी दीर्घायुष्य प्राप्त करती हुई देखी गई है। माता का दीर्घायु होना विशेषतया अधिक मात्रा में पाया गया है।

यदि शुक्र पुरुषराशि में हो तो भाई अधिक और बहिनें अल्प संख्या में होती हैं। लड़के कम और लड़कियाँ अधिक होती हैं। स्त्रीराशि का शुक्र हो तो भाई-बहिनों और पुत्रों की स्थिति पुरुषराशि के समान ही होती हैं। पत्नी साधारण, तौ भी पति-पत्नी प्रेम पूर्वक रहते हैं। यदि शुक्र मिथुन, कर्क, धनु, तथा मकर राशि का हो तो विवाह के अनन्तर भाग्योदय होता है। व्यवसाय करने के लिए स्त्रियों से धन मिलता है। किन्तु स्त्री की मृत्यु के बाद सारा वैभव नष्ट हो जाता है। यदि यह शुक्र कन्या और कुम्भ राशि में हो तो संतति से भाग्योदय होता है। पहिले कन्या संतति हो तो वैभव स्थिर रहता है। पहिले पुत्र हो तो पहिले अच्छी स्थिति होती है, बाद में अवनति होती है। मिथुन और वृश्चिक में यदि शुक्र हो तो मृत्यु समय में स्थिति वैभवशाली होती है। मेष, मिथुन, सिंह, तुला तथा धनु राशि का शुक्र हो तो पत्नी प्रत्येक प्रकार से सुन्दरी होती है। भाल विशाल, आँखे विशाल और चमकीली, केश लम्बे, काले और चमकीले, स्वभाव आनन्दी, संसार में अनासक्ति, संतति के लिए विशेष इच्छा का अभाव।

नवमस्थान के शुक्र में गायन, वादन, सिनेमा आदि ललितकलाओं में निपुणता तथा कीर्ति प्राप्त होती है। अभिनय में निपुणता स्वाभाविक होती है। यदि शुक्र कर्क, वृश्चिक और मीन में हो तो पत्नी गौरांगी, निर्भीक,

हावभाव से बोलनेवाली, प्रभावशालिनी, घर में अपना अधिकार स्थापित करनेवाली होती है। यदि शुक्र वृष, कन्या और मकर राशि में हो तो स्त्री का चेहरा गोल, अभिमत्ताभरी, तथा कोपयुक्ता होती है इसकी किसी से भी बनती नहीं, स्वार्थभरी प्रवृत्ति होती है। यदि यह शुक्र दूषित हो तो विवाह विजातीय, वा आयु में बड़ी स्त्री से वा विधवा से होता है। अथवा इनसे अवैध सम्बन्ध रहता है। इस स्थान के शुक्र का जातक माता-पिता से विरोध रखता है। स्वयं स्त्रीवशवर्त्ती रहता है। यदि मीन में शुक्र हो तो इसका फल तृतीय स्थान के समान होता है। जातक की रुचि अनैसर्गिक स्त्री सम्बन्ध की ओर रहती है। यह जातक रिश्ते में बड़ी स्त्रियों से फूफी, मौसी, मामी, तथा मित्रपत्नी से अवैध सम्बन्ध रखता है।

दशमभावगत शुक्र का फल—

भृगुः कर्मगोगोत्रवीर्यं (गोत्रबीजं) रुणद्धि क्षयार्थोभ्रमः किन्नआत्मीय एव।
तुलामानतो हाटकं विप्रवृत्या जनाडम्बरैः प्रत्यहं वा विवादात् ॥१०॥

अन्वयः—कर्मगः भृगुः (तस्य) गोत्रवीर्यं रुणद्धि, आत्मीयः एव भ्रमः क्षयार्थः किं न (स्यात्) प्रत्यहं विप्रवृत्या जनाडम्बरैः विवादाद् वा तुलामानतः हाटकं (स्यात्) ॥ १० ॥

सं० टी०—कर्मगः दशमस्थः भृगुः गोत्रवीर्यं वंशवीर्यं वंशबीजं संतानवनं किं न रुणद्धि, आत्मीयः स्वकीय एव भ्रमः नीतिविस्मरणरूपः चित्तविक्षेपः क्षयार्थं द्रव्यनाशाय किं न, प्रत्यहं विप्रवृत्या ब्राह्मणजीविकाया जनाडम्बरैः प्रतिष्ठाप्य-स्थापितया पारिपार्श्वकैः, विवादाद् वा हाटकं सुवर्णं तुलामानतो पलपरिमितं न वा किम्, अपितु सर्वं फलं स्यादेव ॥ १० ॥

अर्थ—जिस मनुष्य के जन्मलग्न से दशमस्थान में शुक्र हो तो वंश के उत्पन्न करनेवाले वीर्य को रोकता है। अर्थात् सन्तान उत्पन्न करने योग्य उसका वीर्य नहीं होता है। उसे अपना ही भ्रम अपने कार्य के नाश के लिए क्या नहीं हो सकता है ! अर्थात् अपने भ्रम से उसके कार्य बिगड़ जाते हैं। वह मनुष्य सर्वदा ब्राह्मण की वृत्ति से अर्थात् भिक्षावृत्ति से अपने साथ ढोंगी मनुष्य को रखकर लोगों से विवाद कर तुला परिमित सुवर्ण अर्थात् सौ पल माप का या चार सौ भरी माप का सोना कमाकर अपने पास कर लेता है ॥ १० ॥

नोट—ऊपर का अर्थ पण्डित गणपतिदेव शास्त्री का है।

शुक्र दशमभाव में हो तो इतनी सन्तान होती है कि उनके इकट्ठे देखने में "यह मेरा पुत्र है वा किसी और का, ऐसा भ्रम हो जावे अर्थात् (बहुपुत्र) सन्तानरूपी वन जैसा हो जावे। धनहानि के विषय में भ्रम रहे अर्थात् धनक्षय न होने देवे 'प्रत्युत, ब्रह्मवृत्ति से अथवा विवादकर्म से नित्य (सुवर्णतुला) सौ पल सुवर्ण वा इससे भी अधिक विशेषतः लोगों को आडम्बर दिखाने के लिए अपने पास रक्खे जिस वृत्ति से पिता का आजीवन भया उससे अतिरिक्त

अधिक कर्मों से धनवान् तथा ऐश्वर्यवान् होवे, धन धर्मयुक्त सुशील पुत्रवान् सुरूप सर्वसिद्धि वाला होवे ॥ १० ॥

नोट—ऊपर लिखा अर्थ पण्डित महीधर शर्मा का है।

"यह पुत्र सन्तति के होने में विघ्न उत्पन्न करता है। सोने-चाँदी के व्यवहार में धन प्राप्त करवाता है। जातक लोगों से हमेशा विवाद करता है। जातक अपने बारे में बहुत आडम्बर बतलाता है।"

नोट—यह ऊपर लिखा तीसरा अर्थ ज्योतिषी स्व० ह० ने काटवे का है। कौन सा अर्थ ठीक वा रुचिकर है—पाठकगण स्वयं जाँच कर सकते हैं।

टिप्पणी—भट्ट नारायण के अनुसार दशमभाव का शुक्र गोत्रवृद्धि में बाधक होता है। वंशवृद्धि के लिए पुत्र सन्तान का होना आवश्यक है—इसके लिए पुरुष अमोघ वीर्य तथा पुष्टवीर्य होना चाहिए। सदाचारी-एकनारीव्रत पुरुष ही अमोघ वीर्य हो सकता है—भृगुपुत्र शुक्र तो रंगीले हैं—व्यभिचारी वृत्ति की ओर ले जानेवाले हैं—अनेक नारी-उपभोग तो पुरुष को निर्बलवीर्य ही बनाता है। यदि पाँच के स्थान में दश का खर्च हो तो धनक्षय अवश्यंभावी है। दशम शुक्र धनार्जन के लिए जातक को बहुत से उपाय बताता है, जिनमें एक है भिक्षावृत्ति, दूसरा ढोंगीपना और तीसरा है विवाद।

विप्रवृत्या—"विप्राणां वृत्तिः" विप्रवृत्ति, तया विप्रवृत्या। विप्र = ब्राह्मण, वृत्ति = आजीविका का साधन। एक टीकाकार ने 'विप्रवृत्ति का अर्थ "भिक्षा-वृत्ति" किया है। इस टीकाकार के अनुसार 'ब्राह्मणों की आजीविका भीख माँगने से होती थी ऐसा अर्थ करना होगा किन्तु यह अर्थ आर्यसभ्यता के विरुद्ध है। प्राचीन भारत में ब्राह्मण याजन-अध्यापन से अपना जीवन निर्वाह करते थे। निग्रह-अनुग्रह-समर्थ भूसुर कहलाने वाले ब्राह्मण भिखमंगे क्योंकर हो सकते थे। चक्रवर्ती महाराज भी उनके पावों को छूकर अपने को कृतकृत्य और धन्य मानते थे। जैसे स्वर्ग में देवगण पूज्य था, इसी प्रकार पृथ्वी पर भूसुर ब्राह्मण पूजार्ह समझे जाते थे। आर्य-सम्मत वर्ण-आश्रम-व्यवस्था के अनुसार ब्राह्मण अग्रगण्य थे। यह व्यवस्था उस समय तक अक्षुण्ण चली रही जबतक भारत पर यवन आदियों के आक्रमण नहीं हुए। यदि आपद् धर्म के तौर पर ब्राह्मणों ने याजन-अध्यापन आदि वृत्ति को छोड़कर कोई और हीनवृत्ति को अपनाया हो तो यह दूसरी बात है। इससे यह प्रमाणित नहीं होता कि विप्रवृत्ति भिक्षावृत्ति थी। किसी टीकाकार ने विप्रवृत्ति का अर्थ ब्रह्मवृत्ति किया है। टीकाकार का मन्तव्य क्या है? स्पष्ट नहीं है। दशमभावगत शुक्र के जातक "भिखमंगे—आडम्बरी तथा झगड़ालू भी होते हैं"—क्या यह अर्थ रोचक नहीं हो सकता है? पैसा इकट्ठा करने में ऐसे लोग एक ही होते हैं। दशम-भाव का शुक्र यदि वंशवृद्धि बाधक है तो 'बहुपुत्रदाता' नहीं हो सकता है। ये दोनों बातें परस्पर विरुद्ध हैं।

तुलना—"भृगौ कर्मस्थानं गतवति कुलं नश्यति तदा,
तथा वित्तत्यागात् प्रभवति सदा विभ्रमगणः।
द्विजानां व्यावृत्या रिपुजनविवादेन चलयं।
परंगच्छत्यद्धा शतपलमितं स्वर्णमभितः" ॥ जीवनाथ

अर्थ—जिस मनुष्य के जन्म समय में शुक्र दशमभाव में हो उसके कुल का नाश होता है। धन के त्याग अर्थात् खर्च से अनेक भ्रम उत्पन्न होते हैं। तात्पर्य यह है कि भ्रमवश पाँच के स्थान में दश देते रहने से सदा उसका धन नष्ट होता रहता है। अपने दरवाजे पर से ब्राह्मणों को अपमानित कर लौटाने से तथा शत्रुओं के साथ विवाद करने से एक सौ तोला सोना नष्ट होता है, अर्थात् अत्यधिक धन नष्ट होता है।

टिप्पणी—नारायणभट्ट और जीवनाथ दैवज्ञ में दशम शुक्र के विषय में भारी मतभेद दृष्टिगोचर होता है। भट्ट नारायण के अनुसार दशमस्थ शुक्र का जातक दूसरों पर आतंक और प्रभाव डालने के लिए भारी मात्रा में सोना इकट्ठा करता है। किन्तु जीवनाथ के अनुसार दशमस्थ शुक्र का जातक देवता तथा ब्राह्मणों को पूज्य नहीं मानता है, यदि किसी कारण ब्राह्मण लोग इसके दरवाजे पर आ जाते हैं तो यह उनको अपमानित कर गलहस्तावित करता है। परिणाम यह होता है कि यह ब्राह्मणों से शापित होता है अतएव इसका धन भूयसी मात्रा में नष्ट होता है—ब्राह्मणों का तथा अतिथियों का अनादर और अपमान कई एक विपत्तियों का कारण बनता है, यह बात आपामर प्रसिद्ध है। दशमभावगत शुक्र बुद्धिविभ्रम उत्पन्न करता है, अन्यथा पाँच के स्थान में दस रुपये क्योंकर दिये जा सकते हैं। भट्टजी के अनुसार दशमस्थ शुक्र भारी संख्या में सन्तानोत्पत्ति करवाता है। किन्तु जीवनाथ के अनुसार दशमस्थ शुक्र कुलनाशक होता है।

इस तरह दशमस्थ शुक्र अत्यन्त अशुभग्रह होकर अशुभफलदाता होता है। प्राचीन साहित्य के अनुसार शुक्र महाराज दैत्यों के गुरु हैं। दैत्य तपस्वी भी थे। तथा मदोद्धमत भी होते थे। मदोद्धत व्यक्ति झगड़ालू तथा विवाद प्रिय होते हैं। इनका धन शत्रुओं के साथ विवाद करने में नष्ट होता है—ऐसा प्रायः देखने में आता है। "धनं मदाय" के अनुसार इनका धन प्रायः न्यायालयों में नष्ट होता है। न्यायालयों में वाद-विवाद वर्षों तक चलता रहता है न्यायालयों के विषय में यह बात प्रसिद्ध है: "जीता सो हारा" "जो हारा सो मारा, अर्थात् अद्यतन न्यायालयों की "जीत वा हार" दोनों ही नाश के हेतु हैं। क्या रिपुजन विवाहप्रवृत्ति अत्यन्त शुभग्रह शुक्र का अत्यन्त अशुभफल नहीं है ? दैवज्ञ ही विचारेंगे।

"स धनः ॥" वराहमिहिर

अर्थ—दशमभावस्थ शुक्र जातक को धनवान् बनाता है।

"शुक्रे कर्मस्थानगे कर्षकाच्च स्त्रीमूलात् वा लब्धवित्तो विभुः स्यात् ॥" **वैद्यनाथ**

अर्थ—यदि जातक के कर्मस्थान में शुक्र होतो इसे किसानों से, स्त्रियों से, धनप्राप्त होता है। इस तरह दशमस्थ शुक्र का जातक विभु अर्थात् धनाढ्य होता है।

टिप्पणी—वराहमिहिर ने केवल धनवान् होना कल मुख्यतया बतलाया है, किन्तु धनप्राप्ति के साधन नहीं बतलाए हैं। वैद्यनाथ ने धनप्राप्ति कृषि कर्म द्वारा तथा स्त्रियों द्वारा बतलायी है।

"कर्मस्थिते भृगोः पुत्रे कर्मवान् निधिरत्नवान्।
राजसेवी धार्मिकश्च जायतेदयिताप्रियः ॥" **काशीनाथ**

अर्थ—जिस जातक के दशमस्थान में शुक्र हो वह कर्मण्य होता है, यह अफसर खज़ाना होता है—यह रत्नों से पूर्ण होता है। इसे राजा की नौकरी मिलती है—यह धर्म में श्रद्धालु होता है। उसे स्त्रियाँ प्रेम दृष्टि से देखती हैं।

"स्वजनयुतकलत्रप्रीतियुक्तः सवित्तः शुचितरवरचित्तः सन्मतिः कर्मसंस्थे ॥" **जयदेव**

अर्थ—कर्मभावगत शुक्र का जातक सज्जनों से युक्त, पत्नी पर प्रेम करने वाला, धनवान्, शुद्ध हृदय तथा सद् विचार रखने वाला होता है।

"नभस्यतियशः सुहृत् सुखित वृत्तियुक्तं प्रभुम् ॥" **मंत्रेश्वर**

अर्थ—जिसके दशमभाव में शुक्र हो वह जातक यशस्वी, मित्रों से युक्त, व्यवसाय में सफल तथा प्रभावशाली होता है।

"सौभाग्यसन्मान विराजमानः कांतासुतप्रीतिरतीव नित्यम्।
भृगोः सुते राज्यगते नरःस्यात् स्नानार्चनध्यान विराजमानः ॥"
भृगुजोऽत्र सौख्यम् ॥ **बृहद्यवनजातक**

अर्थ—जिस जातक के दशमभाव में शुक्र हो वह भाग्यवान्, आदरणीय, तथा स्नान, ध्यान, पूजन आदि में मग्न रहता है। वह स्त्री-पुत्रों पर बहुत प्रेम करता है। इस तरह दशमभावगत शुक्र सुखदाता होता है।

"दशम मन्दिरगे भृगुवंशजे वधिरबन्धुयुतः स च भोगवान्।
वनगतोऽपि च राज्यफलं लभेत् समरसुन्दरवेशसमन्वितः ॥" **मानसागर**

अर्थ—जिस जातक के दशमभाव में शुक्र हो वह वधिर होता है अथवा उसका भाई वधिर होता है। अथवा वह स्वयं वधिर होता है और भाइयों से युक्त होता है। यह जातक भोगी होता है। युद्ध के वेश में सुन्दर दीखता है। इसे जंगल में भी राजा जैसे भोगविलास प्राप्त होते हैं।

"सौभाग्य सन्मान विराजमानः स्नानार्चनध्यानमना धनाढ्यः।
कांतासुतप्रीतिरतीवनित्यं भृगोः सुते राज्यगते नरस्य ॥" **ढुण्ढिराज**

अर्थ—जिस जातक के दशमस्थान में शुक्र बैठा हो वह भाग्यशाली होता है। लोग इसको आदरणीय और माननीय मानते हैं। इसका मन स्नान,

पूजन तथा ध्यान में मग्न रहता है। यह धनाढ्य होता है। इसे अपनी स्त्री-तथा पुत्र बहुत प्यारे होते हैं।

"उत्थानविवादार्जितसुखरतिमानार्थ कीर्तयोयस्य।
दशमस्थे भृगुतनये भवतिपुमान् बहुमतिख्यातः ॥" कल्याणवर्मा

अर्थ—दशमभाव में शुक्र हो वह जातक अपने पौरुष से और विवाद से सुख, रति, मान, धन और कीर्ति को प्राप्त करता है। वह अपनी चतुर्मुखी बुद्धि से विख्यात होता है।

"नृपप्रियं नरोत्तमं प्रभुं सुभाग्यभूषितं भवेत्।
सुयज्ञदान संस्तुतं सुकीर्तिविस्तृतम् ॥
धनैः सुपूरितं शरीरसुंदरं मनोहरं।
सुकाव्यकर्मकौशलं करोतिकर्मगः कविः ॥" हरिवंश

अर्थ—कर्मभावस्थित शुक्र जातक को राजा का प्यारा, मनुष्यों में श्रेष्ठ, प्रभावशाली, भाग्यशाली यज्ञ-दान आदि करने से प्रशंसा का पात्र, यशस्वी, धनाढ्य, शरीर से सुन्दर तथा आकर्षक, और काव्यरचना में कुशल बनाता है।

"यदा कर्मगोभार्गवो वै नराणां भवेत्पुत्रसौख्यं तथा कामिनीनाम्।
ध्रुवं वाहनानां सुखं राजमानं सदासोत्सवो विद्यया वै विवेकी ॥" जागेश्वर

अर्थ—कर्मभावगत शुक्र के होने से जातक को पुत्र तथा स्त्री का सुख मिलता है। इसे घोड़ागाड़ी, मोटर आदि वाहनों का सुख सदैव प्राप्त रहता है। यह राजमान्य होता है—यह सदैव उत्सवों में भाग लेने वाला होता है। यह विद्वान् और विचारशील होता है।

भृगुसूत्र—बहुप्रतापवान्। संकल्प सिद्धिः। शुभकर्मकारी, अनेकवाहनवान्। मणिगोरौप्यचयः। पापयुते कर्मविघ्नकरः। गुरुचन्द्रबुधयुते अनेकवाहनारोहणवान्। अनेकक्रतुसिद्धिः। दिगंतविश्रुतकीर्तिः। अनेकराजयोगः। बहुभाग्यवान्। वाचालः। सधनसुशीलदारवान् ॥

अर्थ—जिसके दशमभाव में शुक्र होता है वह जातक बहुत प्रतापी होता है। यह शुभकर्म करनेवाला होता है। इसे संकल्पसिद्धि प्राप्त होती है अर्थात् इसके संकल्प पूर्ण होते हैं। इसे सभी प्रकार के वाहन-घोड़ा-गाड़ी-हाथी-मोटर आदि प्राप्त होते हैं। इसके पास रत्न, और चाँदी आदि बहुमूल्य की वस्तुएँ रहती हैं। यदि दशमशुक्र के साथ कोई पापग्रह रहता है तो इसके कामों में विघ्न आते हैं। गुरु-चन्द्र और बुध साथ रहें तो बहुतेरे सवारी के वाहनों का सुख मिलता है। दशमभावगत शुक्र का जातक कई एक यज्ञ करता है। इसका यश सर्वत्र फैला रहता है। इसे राजदरबार में अधिकार पद प्राप्त होते हैं। यह जातक बहुत भाग्यशाली होता है। यह बहुत बोलने वाला और अच्छा वक्ता होता है। इसकी स्त्री धनी तथा सच्चरित्रा होती है ॥

टिप्पणी—भृगुसूत्र के अनुसार शुक्र अत्यन्त शुभग्रह होने से अत्यन्त शुभफल देता है ।

पाश्चात्यमत—यह शुक्र शुभ सम्बन्ध में हो तो सब तरह से ऐश्वर्य देता है । नौकरी-व्यवसाय, सम्मान, इज्जत, कीर्ति आदि के लिए यह शुक्र शुभ होता है । जीवन सुखी होता है । स्वभाव शांत और मिलनसार होता है । झगड़े नितांत नापसन्द होते हैं । स्त्री से अच्छा लाभ और सम्मान प्राप्त होता है । प्रसिद्ध वा श्रीमानकुल की तरुणी से विवाह होता है । विवाह से भाग्योदय और धनलाभ होता है । गायन, वादन, साहित्यरचना, चित्रकारी आदि ललित कलाओं में रुचि होती है । इन कलाओं से सम्बन्ध रखनेवाला व्यवसाय करता है । सम्पत्ति का कष्ट सहसा नहीं होता है । नैतिक आचरण अच्छा होता है । दशमस्थशुक्र पीड़ित वा अशुभ सम्बन्ध में हो तो स्वैराचारी वृत्ति से अपमान होता है । यदि यह शुक्र वृष, तुला और मीन में हो तो इस शुक्र के बहुत अच्छे फल मिलते हैं । जन्मस्थ चन्द्र से शुभयोग हो तो आर्थिक और कौटुम्बिक सुख अच्छा मिलता है । जातक नीतिमान् और विजयी होता है । दूर-दूर के देशों में प्रवास करता है । रवि और चन्द्र की शुभ दृष्टि हो तो कई उपाधियाँ मिलती हैं । जातक किसी की शरण जाना स्वीकार नहीं करता है । गुणवान और धनवान होता है । अभिजित नक्षत्र जिस प्रकार सर्वविजय बतलाता है वैसे ही दशमस्थ शुक्र सर्वोन्नति कराता है ।

विचार और अनुभव—बृहस्पति और शुक्र अत्यन्त शुभग्रह माने जाते हैं । इस कारण दशमस्थ शुक्र के फल शुभ ही होने चाहिए । परन्तु नारायण-भट्ट ने पुत्र संतति का प्रतिबन्धक होना रूपी अशुभफल भी बतलाया है । इसका अनुभव पुरुषराशियों में, क्वचित मीन में अनुभव में आता है । शुभफल अन्य राशियों में अनुभव गोचर होते हैं ।

दशमस्थशुक्र पुरुषराशि में हो तो अविवाहित रहने की ओर प्रवृत्ति होती है । स्त्री से सम्बन्ध पसन्द नहीं होता है । विवाह का विचार तभी होता है जब धनार्जन होने लगता है । स्त्री से वैमनस्य रहता है । संतति के लिए चिन्ता बनी रहती है । स्त्री-पुत्र सुख यदि मिलता है तो व्यवसाय सुखपूर्वक नहीं चलता है । कहीं-कहीं द्विभार्यायोग भी हो सकता है । मीनराशि में भी ऐसे ही फल मिलते हैं । माता-पिता की मृत्यु बचपन में होती है ।

यदि दशमस्थ शुक्र स्त्रीराशि का हो तो विवाह के अनन्तर भाग्योदय तथा स्थिरता दीखने में आते हैं । एक दो पुत्र सन्तान होती है । दशमस्थ शुक्र के जातक नौकरी करना पसन्द नहीं करते । व्यवसाय करना पसन्द करते हैं । मेष, मिथुन, सिंह, तुला, धनु तथा कुम्भ में दशमस्थ शुक्र हो तो बी० एस० सी आदि वैज्ञानिक उपधियाँ प्राप्त होती हैं । वनस्पतिशास्त्र, चिकित्सा आदि कार्यों में नैपुण्य प्राप्त होता है । गणित और ज्योतिष में भी जातक निपुण और प्रवीण दृष्टिगोचर हुए हैं । गायन, वादन, सिनेमा-फोटोग्राफी, ड्राइविंग आदि

में व्यवसाय के तौर पर रुचि होती है। स्त्रीराशि के शुक्र से व्यापार वा नौकरी में प्रगति होती देखी गई है। इस शुक्र के जातक उदार, मिलनसार और लोकप्रिय तो होते हैं किन्तु किसी न किसी व्यसन के अधीन भी होते हैं। रुपया खूब कमाते हैं किन्तु संग्रह नहीं हो पाता। अतः संकट आते हैं। यदि दशमस्थशुक्र दूषित हो तो स्त्रियों के साथ अवैध सम्बन्ध होने से अपवाद और अपमान होता है। परस्त्रीलोलुपता से धन व्यय भारी मात्रा में करते हैं। मंगल से शुभ सम्बन्ध होने से जातक सच्चरित्र होते हैं। यदि दशमस्थशुक्र पुरुषराशि का हो तो पितृसुख नहीं होता है शुक्र के कारकत्व के व्यवसायों में यश और कीर्ति प्राप्त नहीं होती जातक सभी प्रकार के व्यवसाय करना चाहते हैं और करते भी हैं परन्तु सफलता किसी एक में भी नहीं मिलती है।

एकादशभावस्थित शुक्र के फल—

"भृगुः लाभगो यस्य लग्नात् सुरूपं महीपं च कुर्य्याच्च सम्यक्।
लसत् कीर्ति सत्यानुरागं गुणाढ्यं महाभोगमैश्वर्ययुक्तं सुशीलम् ॥११॥

अन्वय :—यस्य लग्नात् लाभगः भृगुः (स्यात्), सः (भृगुः) लाभदः (स्यात् तं जातकं मिति शेषः) (लाभगः भृगुः) लसत् कीर्ति सत्यानुरक्तं गुणाढ्यं महाभोगं ऐश्वर्ययुक्तं सुशीले सुरूपं महीपं च सम्यक् कुर्यात् ॥ ११ ॥

सं० टी०—यस्य लग्नात् लाभगः एकादशस्थः लाभदः द्रव्यलाभकारी भृगुः तं नरं सुशीलं गुणाढ्यं गुणैः युतं, लसत् कीर्ति सत्यानुरागं कीर्ति सत्यवाक्य लोकरञ्जनादिभिः शोभितं महाभाग्यं उत्तमभाग्यवन्तं ऐश्वर्ययुक्तं प्रभुत्वाढ्यं एतादृशं सम्यक् महीपं राजानं कुर्यात्; बलतारतम्यात् पृथक् पृथगेव फलं स्यात् ॥ ११ ॥

टिप्पणी—"खेटाः शुभदा लाभे सर्वे, नेष्टा व्ययाष्टमगाः ॥" इति मनसिनिधाय लाभभावस्थितस्य भृगोः सर्वमेव शुभं फलं प्रतिपादितं नारायणभट्टेन, किन्तु बलतारतम्येन पृथक्-पृथक् एव फलं स्यात्" इति ज्ञातव्यं विज्ञैः ॥

अर्थ—जिस जातक के लग्न से एकादशभाव में शुक्र हो तो वह धन लाभ करता है। वह जातक गुणवान्–अच्छे स्वभाव का, देदीप्यमान कीर्तियुक्त, सत्यभाषण करनेवाला, सर्वविधि भोग भोगने वाला, ऐश्वर्यवान्, प्रभुत्व सामर्थ्यवान् राजा के समान सामर्थ्ययुक्त, एक प्रकार से राजा ही होता है। यह सुन्दर स्वरूप तथा सदाचारसम्पन्न होता है। यदि शुक्र अधिकबली हो तो ऊपर बतलाए हुए फलों में से अधिक फलदाता होता है–यदि मध्यमबली हो तो फल भी मध्यम दर्जे का मिलता है। और यदि शुक्र हीनबली हो तो हीन फल प्राप्ति होगी। इस तरह बलतारतम्य से फल का आदेश करना होगा। राजा शब्द किसी प्रधानव्यक्ति का द्योतक हो सकता है। राजा शब्द से उस व्यक्ति का भी बोध हो सकता है जो निग्रह-अनुग्रह सामर्थ्ययुक्त हो अर्थात् प्रधान अधिकारी हो। प्राचीन भारत के राजे-महाराजे आजकल के भारत में

कानूनन प्रचलित नहीं रहे हैं। किसी एक टीकाकार ने लाभभावस्थित शुक्र का फल उदारता, राजमान्यता तथा कन्याभूयस्त्व बतलाया है।

तुलना—"भृगावाय स्थाने गतवति सुशील त्वमधिकं,
परंचंचद्रूपं सदसि पटुता चार्थं विभुता।
महीभर्तुः शश्वद् व्रजति खलु कीर्तिस्तनुभृतां,
समुद्रांतं भद्रा प्रभवति न निद्रा भुविरिपोः॥ **जीवनाथ**

अर्थ—जिस जातक के जन्मसमय में शुक्र एकादशभाव में हो वह अत्यन्त सुशील होता है। उसका स्वरूप अत्यन्त देदीप्यमान, सभा में वचनचातुरी, और पूर्ण धनवान् भी होता है। उसे राजाओं की आसमुद्रान्त निर्मलकीर्ति निरन्तर प्राप्त होती है। अर्थात् वह राजा अथवा राजा के समान होता है। और पृथिवी पर उसके शत्रुओं को निद्रा नहीं होती है अर्थात् उसका शत्रुगण उससे सतत भयभीत रहता है॥

टिप्पणी—राजृ दीप्तौ धातु से राजा शब्द बना हुआ है। राजा = नरपति-शासक-स्वामी आदि कई एक अर्थ हैं। राजा शब्द का अर्थ बड़ा जमींदार भी होता है॥

"एकादशं स लाभः॥" वराहमिहिर

अर्थ—यदि किसी जातक के एकादशभाव में शुक्र हो तो उसे लाभ करवाता है।

"लाभस्थे भृगुजे सुखी परवधू लोलोऽहनो वित्तवान्।
शुक्रः स्त्रीजन काव्यनाटककला संगीत विद्यादिभिः॥" **वैद्यनाथ**

अर्थ—जिस जातक के एकादशभाव में शुक्र होता है तो जातक सुखी, परस्त्री रतिलोलुप, प्रवासी और धनवान् होता है।

टिप्पणी—"सर्वेगुणाः काञ्चनमाश्रयन्ते॥" इस भर्तृहरि के वचन को मन में रखते हुए आचार्य वराहमिहिर ने एकादशस्थ शुक्र का मुख्यफल 'धनलाभ' ही दिया है। किन्तु वैद्यनाथ ने और गौणफल भी बतलाए हैं। दशमस्थ शुक्र के जातक को स्त्रियों से, कविता, नाटक, सङ्गीत कलाओं से धनलाभ होता है। इसका निर्देश भी धन की मुख्यता की ओर है॥

"शुक्रः करोति सुगुणं धनाप्तिम्॥" वशिष्ठ

अर्थ—एकादशस्थ शुक्र होने से जातक गुणवान् और धनी होता है।

"स्त्रीरत्न वर रत्नाढ्यो स्वस्थ शोक विवर्जितः।
सम्पन्न धन भृत्यश्च मर्त्यो लाभगते सिते॥" गर्गः

अर्थ—यदि लाभभावगत शुक्र हो तो जातक रत्नरूपा उत्तम स्त्री तथा रत्नों से युक्त होता है। इसका शरीर नीरोग होता है—इसे किसी प्रकार का शोक नहीं होता है। यह धन सम्पन्न तथा नौकरों से युक्त होता है॥

"धनाढ्यमितराङ्गनारतमनेक सौख्यं भवे॥" मंत्रेश्वर

अर्थ—शुक्र के एकादशभाव में स्थित होने से जातक धनी, सुखी और पराङ्गना में आसक्त होता है।

"बहुधनागमवान् सुमतिः पुमान् नटनगीत विदायगते सिते ॥" **जयदेव**

अर्थ—यदि शुक्र लाभभाव में हो तो जातक धनी, बुद्धिमान् तथा नृत्य-गीत का विशेषज्ञ होता है।

लाभे शुक्रे सदालाभो यश सत्यगुणान्वितः।
धनी भोगी क्रिया शुद्धो जायते मानवोत्तमः ॥" **काशीनाथ**

अर्थ—यदि शुक्र लाभभावस्थ हो तो जातक नरश्रेष्ठ, यशस्वी, गुणी, धनी, भोगी, सदा लाभयुक्त और सदाचारी होता है ॥

"लभन भावगते भृगुनन्दने वरगुणावहितोऽप्यनलव्रतः।
मदनतुल्यवपुः सुखभाजनं भवति हास्यरतिः प्रियदर्शनः ॥" **मानसागर**

अर्थ—लाभभावगत शुक्र के होने पर जातक उत्तम गुणों से युक्त, अग्नि-पूजक-अग्निहोत्री कामदेव के समान सुन्दर तथा कमनीय शरीर वाला सुखी, हास्यप्रिय तथा आकर्षक शरीरवाला होता है ॥

"प्रतिरूपदासभृत्यं बह्वायं सर्वशोकसन्त्यक्तम्।
जनयति भवभवनगतो भृगुतनयः सर्वदा पुरुषम् ॥" **कल्याणवर्मा**
"वेश्या स्त्री संयोगैः गमनागमनैः धने भवति पुंसाम्।
आयेसितेऽपि चैव मुक्तारजतादि भूयिष्ठम् ॥"
"नगरपुरवृन्दयोगैः स्थावर कर्म क्रियाभिरपिवित्तम् ॥"

अर्थ—यदि शुक्र लाभभावस्थ हो तो जाक के दास और भृत्य इसकी आज्ञा के अधीन चलने वाले होते हैं। इसे भारी मात्रा में लाभ होता रहता है। यह सदैव शोकरहित होता है। इसे वेश्याओं के सम्बन्ध से, घूमने-फिरने के व्यवसाय से मोती-चाँदी आदि के व्यापार से काफी धन मिलता है। गाँव वा शहर के सम्बन्ध से और इमारतें बनवाने के कामों से धन का लाभ होता है ॥

"सद्गीत नृत्यादिरतो नितांतं नित्यं च वित्तागमनानि नूनम्।
सत्कर्म धर्मागम चित्तवृत्तिः भृगोः सुतो लाभगतो यदिस्यात् ॥"
वृहद्यवनजातक

अर्थ—यदि भृगु पुत्र शुक्र लाभभाव में हो तो जातक की रुचि गायन विद्या, नृत्य आदि कलाओं में होती हैं। प्रतिदिन धनागम होता रहता है, अर्थात् जातक की धनवृद्धि प्रतिदिन दिन-दूनी रात-चौगुनी होती रहती है। इसकी चित्तवृत्ति सदा शुभकर्मों की ओर लगी रहती है इसका आचरण शास्त्रानुकूल तथा धार्मिक होता है।

"संगीतनृत्यादरता नितांतं नित्यं च चिंतागमनानि नूनम्।
सत्कर्मधर्मागम चित्तवृत्तिः भृगोः सुतो लाभगतो यदिस्यात् ॥" **ढुण्ढिराज**

अर्थ—जिसके एकादशभाव में शुक्र हो वह जातक संगीत और नृत्य का आदर करनेवाला होता है। इसे सदैव मानसिक चिन्ताएँ लगी रहती हैं। यह सत्कर्म करनेवाला होता है। इसका मन धर्म में लगा रहता है।

"सदा गीतनृत्यं धनं तस्य गेहे सुकर्मी सुधर्मागमे तस्य चित्तम्।
दृढं विद्यया ईश्वरे तस्य चित्तं यदा भार्गवो लाभभावं प्रयातः॥" जागेश्वर

अर्थ—लाभभाव में शुक्र के होने पर जातक के घर पर नित्य नाचना गाना होता रहता है। इसे धन प्राप्ति होती है। यह सत्कर्म करनेवाला होता है, इसका चित्त धर्म में तथा शास्त्रानुकूल आचरण में लगा रहता है। यह ज्ञानवान् होने से ईश्वरभक्त होता है।

"सुसौख्यवाहुलं सुवित्त वाहनादि वाहुलं सभृत्यवाहुलं कुटुम्ब वाहुलं नरस्य च।
सुभाग्यवाहुलं सुभोग भूषणादि वाहुलं सुलाभदो नृपात् करोति लाभगो भृगुः॥"
हरिवंश

अर्थ—लाभभाव में शुक्र के होने से जातक को सुख विपुलमात्रा में मिलता है। इसे धन, वाहन, आदि भूयसी मात्रा में प्राप्त होते हैं—नौकर, कुटुम्ब, सौभाग्य, भोग, भूषण आदि भी भारीमात्रा में प्राप्त होते हैं। इसे राजा से लाभ होता है।

भृगुसूत्र—विद्वान्, बहुधनवान्, भूमिलाभवान्, दयावान्। शुभयुते अनेकवाहनयोगः, कनकसमृद्धिः। दिव्यकाया सुकान्तिः। पापयुते पाप मूलात् धनलाभः। शुभयुते शुभ मूलात्। नीचर्क्षे पापरन्ध्रेशादियोगे लाभहीनः।

अर्थ—यदि किसी जातक के एकादशभाव में शुक्र हो तो वह विद्वान्, बहुधनवान्, भूमिलाभवान् तथा दयावान् होता है। शुभग्रहों के साथ संबंध हो तो शरीर बहुत कान्तिमान् होता है। इसे बहुत प्रकार के वाहन, घोड़ा-हाथी-गाड़ी-स्कूटर मोटर आदि और बहुत सोना प्राप्त होता है। यदि यह शुक्र पापग्रहों से युक्त हो तो बुरे कामों से धन का लाभ होता है। और यदि शुभग्रहों से युक्त हो तो अच्छे कामों से धनलाभ होता है। नीचराशि में, पापग्रह के साथ वा अष्टमेश से युक्त हो तो लाभ नहीं होता है।

पाश्चात्यमत—एकादशभाव का शुक्र अच्छे मित्रों की मदद से प्रगति करता है। व्यापार में सफलता प्राप्त करते हुए धनलाभ प्राप्त करता है। इसे विवाह से भी धनलाभ होता है। स्त्रियों के आश्रय से भाग्योदय होता है। इच्छायें पूरी होती हैं। पुत्र बहुत होते हैं। मित्रों के परिवारों से विवाह सम्बन्ध होते हैं। यह शुक्र दूषित वा निर्बल नहीं होना चाहिए। यदि एकादश शुक्र मंगल, शनि, हर्षल वा नेपच्यून से युक्त हो तो अशुभफल मिलते हैं। रवि से शुभयोग हो तो स्त्रियों से, चन्द्र से शुभयोग हो तो मनोरंजक खेलों से, मंगल से योग हो तो आकस्मिक प्रेम से, बुध से योग हो तो चालाक लोगों से, गुरु से योग हो तो मित्रों से अच्छा लाभ होता है। शनि के साथ योग हो तो शोकमय परिस्थिति पैदा होती है।

विचार और अनुभव—एकादशस्थान का शुक्र शुभ होता है अतः प्रत्येक ग्रन्थकार ने अच्छा फल लेखनीविद्ध किया है। एकादशस्थ शुक्र यदि पुरुषराशि में होता है तो पुत्र संख्या में कम और कन्याएँ अधिक होती हैं। यदि यह शुक्र मेष, सिंह, तथा धनु में हो तो पुत्र नहीं होते वा होकर मर जाते हैं। बड़े भ्राता का खर्च उठाना पड़ता है। धन प्राप्ति भी बहुत, और खर्च भी बहुत होता है। व्यापार हो वा नौकरी, व्यवस्थित रहते हैं। यदि यह शुक्र स्त्रीराशियों में हो तो पुत्र अधिक और कन्याएं कम होती हैं। एकादशस्थशुक्र के जातकों का आचरण दूषित होता है। पथभ्रष्टास्त्रियों से अनुचित तथा अवैध सम्बन्ध रहता है। ये कृपण और कंजूस होते हैं। इनके विरुद्ध अफवाहों का बाजार गर्म रहता है—ये स्वार्थी तथा मित्रता की फिक्र न करने वाले होते हैं। कर्क, वृश्चिक तथा मीन में शुक्र हो तो संतति का अभाव रहता है वा केवल कन्याएँ होती हैं। इस स्थान के शुक्र के होने से द्विभार्यायोग हो सकता है।

यदि जातक का जन्म नीच वर्ग का हो तो भाग्योदय २२ वर्ष से सम्भावित होता है। यदि जातक उच्चवर्ग से हो तो भाग्योदय की सम्भावना ३२ वें वर्ष से होती है।

व्ययस्थानगत शुक्र के फल—

कदाप्येति वित्तं विलीयेत पित्तं सितो द्वादशे केलिसत्कर्म शर्मा।
गुणानां च कीर्तेः क्षयं मित्रवैरं जनानां विरोधं सदाऽसौ करोति॥ १२॥

अन्वय :—(यदि) असौ सितः द्वादशे (स्यात्) (तदा) कदा अपि वित्तं एति, पित्तं विलीयेत। (सः) केलिसत्कर्म शर्मा (स्यात्) गुणानां कीर्तेश्च क्षयं, सदा मित्रवैरं जनानां विरोधं (च) करोति॥ १२॥

सं० टी०—द्वादशे सितः शुक्रः असौ केलिसत्कर्मशर्म क्रीडासद्व्ययजनितसौख्यं गुणानां कीर्तेश्च क्षयं नाशं, मित्रवैरं जनानां विरोधं कलहं सदा करोति। तथा कदापि वित्तमेति धनं प्राप्नोति, पित्तं विलीयेत लीनं स्यात् कफाधिक्यं स्यादित्यर्थः। नित्यमिति क्वचित्पाठः सुगमः॥ १२॥

अर्थ—जिस जातक के जन्मलग्न से बारहवें स्थान में शुक्र हो तो उसे कभी धन प्राप्त हो जाता है। और उसका पित्त शान्त हो जाता है—अर्थात् जातक के शरीर में पित्त की अपेक्षा कफ अधिक मात्रा में रहता है। यह जातक क्रीडा और शुभकर्म से सुखी रहता है। अर्थात् यह जातक अपना समय क्रीड़ा [illegible] तीत करके सुख मानता है और अपने धन को शुभ कर्मों खर्च करके सद्व्ययजन्य सुख प्राप्त करता [illegible] इस जातक का गुण और यश नष्ट हो जाता है। यह अपने मित्रों से तथा लोगों से भी वैर करता है॥१२॥

टिप्पणी—व्ययभावगत शुक्र धनदाता अवश्य है। किन्तु व्ययाधिक्य भी करवाता है। परिणाम यह है कि जातक धनाढ्य नहीं हो पाता, प्रत्युत निर्धन-

प्राय ही रहता है। एकबात अच्छी भी है–जातक का व्यय शुभ कर्मों में होता है अतः यह व्यय भी श्रेयस्कर होता है। क्रीडा शब्द का अर्थ 'साधारण कौतुक-मनोरंजन आदि भी है और रति-विलास भी है—शुक्र स्त्रीग्रह होते हुए रंगीला ग्रह है। अतः दोनों प्रकार की क्रीडायें मन्तव्य हो सकती हैं। कफ प्राधान्य से कफ सम्बन्धी रोग प्रायः दुःख के कारण बनते हैं। "करोति भः श्लेष्ममरुत्प्रकोपम्" गदावली में श्लेष्माजन्यरोग शुक्र के बतलाए हैं। नारांयणभट्ट ने 'पित्तंविलीयेत ऐसा फल द्वादशभावगत शुक्र का कहा है। इस कथन के गर्भ में एक बन्धक सत्य निहित है—वातपित्त-कफ तीन धातु होते हैं–इनको धातु इसलिए कहा है क्योंकि इन्हीं तीनों से देह का धारण होता है। प्राणिमात्र के शरीर में तीनों धातु पाए जाते हैं। जब तक इनकी साम्यावस्था रहती है शरीर पुष्ट और कार्य करने योग्य बना रहता है–जब इन तीनों में से किसी एक का आधिक्य और किसी एक की हीनता होती है, रोग प्रादुर्भूत होते हैं–जिस कीसी प्राणी में अर्थात् उसके शरीर में पित्त का दूसरी धातुओं की अपेक्षा से, आधिक्य हो जाता है–उसे साम्यावस्था में लाने के लिए वैद्यविशेष यत्न करता है। शमनोपचार किए जाते हैं। युवावस्था में प्रायः साम्यावस्था रहती है। अतः शरीर नीरोग रहता है, व्याधिएँ कम आती हैं—रोगों पर प्राणी का आधिपत्य होता है। वृद्धावस्था में कफ का आधिक्य होने से श्लेष्मा सम्बन्धी रोग प्रबल हो जाते हैं—स्वाससम्बन्धी रोग प्राणी के लिए कष्टदायक हो जाते हैं—जीवन सुखमय न होकर, कष्टमय हो जाता है। इस परिस्थिति का कारण वृद्धावस्था होती है—इसके राज्य में सभी अङ्ग ढीले पड़ जाते हैं, निर्बलता का साम्राज्य स्थापित हो जाता है। इस तथ्य को जतलाने के लिए "पित्तं विलीयेत" ऐसा कहा है—ऐसा प्रतीत होता है। शुक्र प्रभाव में आए हुए पुरुष विलासी और व्यभिचारी वृत्ति के होते हैं अतः शीलभ्रष्टता तथा अपकीर्ति अवश्यंभावी हैं। परस्पर मित्रों में वैमनस्य तथा बैर और विरोध स्त्रियों के कारण प्रतिदिन देखने में आते हैं। कथन का तात्पर्य यह है कि द्वादशशुक्र शुभ-अशुभ दोनों प्रकार के फल देता है क्योंकि द्वादशस्थान नेष्ट स्थान है।

तुलना—'कदाचिद् वित्ताप्तिः प्रतिदिनमपायस्तनुभृतः,
सिते रिष्फागारं गतवति यदा जन्म समये।
सदा काम क्रीडा प्रभवति महत्कर्मकरणं,
गुणानामल्पत्वं हितजन विरोधश्च सहसा ॥' जीवनाथ

अर्थ—जिस जातक के जन्म समय में शुक्र द्वादशभाव में हो तो उसे कदाचित् धन का लाभ होता है, किन्तु खर्च प्रतिदिन होता है। सदा काम क्रीड़ा (रतिविलास) होती है। जातक श्रेष्ठकर्मों को करता है। गुणों की अल्पता होती है और सहसा मित्रों से विरोध होता है।

टिप्पणी—नारायणभट्ट तथा जीवनाथ का द्वादशभाव का फल प्रायः मिलता जुलता है। धन का लाभ कदाचित् होता है। किन्तु खर्च प्रतिदिन होता है—"आमदनी कम और खर्च आमदनी से बहुत ज्यादह", यह परिस्थिति गृहस्थियों के लिए अवांछनीय है। 'आय अधिक और व्यय अल्प' यह परिस्थिति सभी के लिए अनुकूल और वांछनीय है। सदैव "कामक्रीडा" शक्तिह्रास तथा विविध रोगों की जननी अवश्य हो सकती है। ऊँचे दर्जे के महत्व प्राप्ति कराने वाले शुभकर्म द्वादशभावस्थ शुक्र के फल अत्यन्त शुभ हैं।

"द्वादशे खलः" वराहमिहिर।

अर्थ—यदि जातक के द्वादश में शुक्र हो तो जातक क्रूरचेष्ट होता है।

टिप्पणी—द्वादशभाव का शुक्र यदि मीनराशि में हो जातक धनवान् होता है।

"शुक्रे बन्धुविनाशकोऽत्ययगृहगे जारोपचारोऽधनी ॥" वैद्यनाथ

अर्थ—यदि जातक के द्वादशभाव में शुक्र हो तो वह बन्धुनाशक, व्यभिचारबुद्धि और निर्धन होता है।

"गतसुकर्मक्रियः स्मरचेष्टितः कलिरुचिः सधनो व्ययगेभृगौ" ॥ जयदेव

अर्थ—यदि जातक के शुक्र द्वादश हो तो वह दुष्कर्म करनेवाला अर्थात् दुराचारी, कामुक, कलहप्रिय अर्थात् झगड़ालू तथा धनवान् होता है।

टिप्पणी—वैद्यनाथ के अनुसार द्वादशस्थ शुक्र के प्रभाव में उत्पन्न जातक निर्धन होता है। किन्तु जयदेव कवि के अनुसार द्वादशभावगत शुक्र का जातक धनवान् होता है। दृष्टिकोण में भारी मतभेद है!

"व्यये शुक्रे व्ययाढ्यश्चगुरुमित्रविरोधवान्।
मिथ्यावादी बन्धुवर्गे गुणहीनोऽपिजायते ॥" काशीनाथ

अर्थ—यदि शुक्र द्वादश हो तो जातक खर्चीला होता है। अर्थात् जातक अपनी आय से अधिक खर्च करने वाला होता है, "अर्थात् आमदनी अठन्नी तो खर्च है रुपया" इस कहावत के अनुसार जातक व्यवहार करता है—इसका परिणाम 'निर्धनता' होती है-यह ध्वनि "व्ययाढ्य" शब्द से निकलती है यह जातक मित्रों और बड़ों से झगड़ने वाला होता है। झूठ बोलनेवाला और बंधुओं में गुणहीन होता है।

"शुक्रो बहुव्ययकरो व्याधिकरः ॥" वशिष्ठ

अर्थ—द्वादश शुक्र हो तो खर्च बहुत होता है। और रोग होते हैं।

"श्रद्धाहीनो घृणाहीनः परदाररतः सदा।
व्ययस्थानगते शुक्रे रोगातः स्थूल देहकः ॥ गर्गः

अर्थ—जिस जातक के द्वादशभाव में शक्र हो वह श्रद्धाहीन-दयाहीन परस्त्रीगामी-रोगी तथा स्थूल शरीर होता है।

'भृगुः जनयतिव्यये सरतिसौख्यवित्तद्युतिम् ॥" मन्त्रेश्वर

अर्थ—द्वादशभाव का शुक्र हो तो जातक को रतिसुख, अर्थात् स्त्री के साथ संयोग होने का सुख प्राप्त होता है। जातक वैभवयुक्त तथा तेजस्वी होता है।

"अलसं सुखिनं स्थूलं पतितमृष्टाशिनं भृगोस्तनयः।
शयनोपचारकुशलं द्वादशः स्त्रीजितं जनयेत् ॥ **कल्याणवर्मा**

अर्थ—द्वादशभावका शुक्र होने से जातक आलसी, सुखी, स्थूल शरीर, आचारहीन दुराचारी, शोधित अन्न खाने वाला, कामक्रीड़ा में निपुण तथा स्त्री के अधीन रहनेवाला होता है।

"जनितनोः व्ययवर्तिनि भार्गवे भवति रोगयुतः प्रथमं नरः।
तदनु दंभपरायणचेतनः कृशबलो मलिनः कृपणः सदा ॥ **मानसागर**

अर्थ—द्वादशभावस्थ शुक्र का जातक बचपन में रोगी, पीछे नीरोग होकर कपटी, दुर्बल, मलिन और सदा कृपण होता है।

"संत्यक्तसत्कर्मगतिः विरोधी मनोभवाराधन मानसश्च।
दयालुता सत्यविवर्जितश्च काव्ये प्रसूतो व्ययभावयाते ॥ **ढुण्ढिराज**

अर्थ—जिसके व्ययभाव में शुक्र हो वह जातक अच्छे काम बिलकुल नहीं करता है। यह विरोधी कामुक, दयालुताहीन और मिथ्याभाषी होता है।

"संत्यक्तसत्कर्मगतिः विरोधी मनाभवाराधनमानसश्च।
दयालुतासत्य विवर्जितः स्यात् काव्ये प्रसूतौ व्ययभावयाते ॥" **महेश**

अर्थ—जिस जातक के द्वादशभाव में शुक्र हो वह श्रेष्ठ कर्मों के मार्ग को त्याग देता है। वह दूसरों के साथ विरोध करने वाला होता है। उसका चित्त कामदेव के आराधन में लगा रहता है, अर्थात् उसके मन पर स्त्रीसहवास करने का भूत सवार रहता है। दयालुता और सत्यभाषण इस जातक के निकट भी नहीं आते हैं अर्थात् यह क्रूरस्वभाव तथा मिथ्याभाषी होता है।

"साहबखर्चो वदकार् कमसहश्च मानवो ग्रुदितः।
बदअक्लः किल जोहरा खर्चमकाने हि गुस्वरो भवति ॥" **खानखाना**

अर्थ—जिस जातक के द्वादशभाव में शुक्र हो वह बहुत खर्च करने वाला, खराब काम करनेवाला, किसी की बात न सहने वाला, दुर्बुद्धि और क्रोधी होता है।

"संत्यक्तसत्कर्मविधिः विरोधी मनोभवाराधनमानसश्च।
दयालुता सत्यविवर्जितः स्यात् काव्येप्रसूतौ व्ययभावयाते ॥"
वृहद्यवनजातक

अर्थ—जिस जातक के जन्मसमय शुक्र द्वादशभाव में हो तो वह अच्छे काम बिलकुल नहीं करता। यह कामुक और निर्दय तथा झूठ बोलने वाला होता है।

स्वयं सत्यहीनो दयानाश पीनः प्रपंची भवेत् कामवार्तावरिष्ठः।
त्यजेत् सत्क्रियां पापवार्तागरिष्ठः कुशीलः कुलीलो व्यये शुक्रनामा ॥" **जागेश्वर**

अर्थ—द्वादशभावस्थशुक्र का जातक झूठा, निर्दय, स्थूलकाय, संसारी, कामुक, पापी और दुराचारी होता है।

"स्वमानवेषु शत्रुतां तथा परेषु मित्रतां,
तथा दयाविहीनतां तथाशरीरदीनताम्।
मलिनतां कुकर्मतां कठोरतामसत्यतां,
भृगुः व्ययाढ्यतांकरोति व्ययालयंगतः ॥" हरिवंश

अर्थ—द्वादशभावस्थ शुक्र प्रभावान्वित जातक आत्मीय सज्जनों से शत्रुता करता है, तथा अपने शत्रुओं से प्रेम करता है। यह जातक निर्दय, दुर्बल, मलिन, दुराचारी, कठोर, झूठा और खर्चीला होता है।

पाश्चात्यमत—जिस जातक के जन्मकाल में शुक्र द्वादशभाव में हो तो इसका विवाह जल्दी होता है। यह व्यभिचारी होता है। गुप्तरीति से विषय-सुख प्राप्त करना चाहता है। शुभग्रह से सम्बन्ध हो तो ये सम्बन्ध गुप्त रहते हैं। किन्तु शनि, मंगल, हर्षल वा नेपच्यून से अशुभ सम्बन्ध हो तो दुष्कीर्ति, और संसारसुख का नाश होता है। कई बार विवाहिता स्त्री को छोड़कर रखैल के साथ रहते हैं। वृश्चिक, मकर, कन्या, कर्क तथा मेष में यह शुक्र अशुभ होता है। यह पीड़ित शुक्र स्त्रियों को शत्रुता और उससे धनहानि का फल देता है। इस स्थान में बलवान शुक्र पशुपालन की रुचि और उससे लाभ बतलाता है। इस शुक्र पर शनि की अशुभदृष्टि हो तो पत्नी की मृत्यु, स्त्री-वियोग, तलाकदेना आदि प्रकारों से स्त्रीसुख नष्ट होता है। चन्द्र और मंगल का शुभ सम्बन्ध हो तो इसका व्यभिचार गुप्त रहता है। यह चन्द्र १२ वें स्थान में हो तो व्यभिचारी प्रवृत्ति बहुत तीव्र होती है। यह शुक्रपीड़ित होने से ठगों द्वारा बहुत नुकसान होता है।

भृगुसूत्र—"बहुदारिद्र्यवान्। पापयुतेविषय लोभ परः। शुभयुक्तश्चेद् बहुधनवान्। शय्यामंचकादि सौख्यवान्। शुभलोक प्राप्तिः। पापयुते नरकप्राप्तिः।

अर्थ—द्वादशभावगत शुक्र प्रभावान्वित जातक बहुत दरिद्री होता है। पापग्रह के साथ हो तो विषयी होता है। इसे मृत्यु के बाद नरक प्राप्त होता है। शुभग्रह के साथ हो तो धनवान्, शय्या आदि सुख से युक्त होता है। तथा मृत्यु के अनन्तर अच्छी गति प्राप्त करता है।

विचार और अनुभव—द्वादशभावगत शुक्र प्रायः अशुभफल देता है यह प्रायः सभी ग्रन्थकारों का मत है। क्यों? क्योंकि यह ग्रह किसी न किसी, अशुभ स्थान का स्वामी होता है। मेष लग्न होने पर यह शुक्र धनेश और सप्तमेश (मारक स्थानों का) स्वामी होता है। वृष लग्न में षष्ठेश, मिथुन लग्न में व्ययेश, सिंह में तृतीयेश, कन्या में धनेश, तुला में अष्टमेश, वृश्चिक में व्ययेश तथा धनु लग्न में षष्ठेश होता है। यदि यह शुक्र मकर औ

कुंभ लग्न में हो तो यह राजयोगकारक होता है। मीन लग्न में भी अशुभ ही है क्योंकि अष्टमेश और तृतीयेश होता है।

यदि द्वादशभाव का शुक्र मेष, सिंह, धनुराशियों का होता है तो जातक की स्त्री झगड़ालू होती है। यदि मिथुन, तुला और कुंभ में यह शुक्र हो तो पत्नी आकर्षक होती है। यह शुक्र नौकरी में सफलता देता है, तौभी स्वतंत्र व्यवसाय करने की ओर इच्छा रहती है। अतः मानसिक अस्थिरता रहती है। धनलाभ साधारण होता है। नैतिक आचरण अच्छा स्त्री तथा मित्र के प्रेम की इच्छा रहती है। किन्तु अपने में योग्यता नहीं रहती। यह शुक्र जातक को कवि-लेखक, चित्रकार, गायक, नर्तक, आदि कलाकार बनाने में समर्थ होता है। यदि यह शुक्र स्त्रीराशि का हो तो जातक कामुक और व्यभिचारी प्रवृत्ति का होता है।

द्वादश शुक्र दो विवाह करवाता है। अर्थात् दो विवाह होने सम्भव हैं। द्वादशशुक्र के होने से स्त्री के साथ कलह रहता है। यदि शनि से दूषित हो तो यह शुक्र विजातीय स्त्री से विवाह का होना सम्भावित करवा देता है। अथवा अविवाहित रहने की ओर रुचि रहती है। अवैध सम्बन्ध निभाने की ओर यत्न होता है। आर्थिक स्थिति साधारण, ऋण लगा रहता है। मृत्यु के समय ऋणराहित्य सम्भव होता है।

शनि-विचार—

शनि के पर्यायनाम—शनि, मन्द, छायासुत·पंगु, पंगुकाय, कोण, तरणि तनय, द्युमणिसुत, पातंगी, मृदु, नील, कपिलाक्ष, कृशांग, दीर्घ, छायात्मज, यम, अर्कपुत्र, सौरि, क्रोड, क्रूरलोचन, दुःख, काल।

शनि का सामान्य-विशेषस्वरूप—

"मन्दोऽलसः कपिलदृक् कृशदीर्घगात्रः।
स्थूलद्विजःपरुष रोमकचोऽनिलात्मा॥ वराहमिहिर

अर्थ—शनिप्रधान पुरुष आलसी, पिंगलवर्ण, दृष्टियुक्त, दुबला तथा लम्बा देहवाला, मोटेदांतोवाला होता है। इसके रोम और केश रूखे होते हैं। यह वातप्रकृतिप्रधान होता है। सूर्यपुत्र शनि दुःखदायक, काले वर्ण का होता है। स्नायु, कूड़ाकरकट फेंकने की जगह फटे-पुराने कपड़े, लोहा, शिशिर-ऋतु तथा नमकीन रुचिपर शनि का अधिकार है॥

"पिंगेक्षणः कृष्णवपुः शिरालो मूर्खोऽलसः स्थूलनखोऽनिलात्मा।
क्रोधी जरावान् मलिनः कृशांगः स्नाय्वाततः सूर्यसुतोऽतिदीर्घः॥" **गुणाकर**

अर्थ—शनिप्रधान व्यक्ति की आँखें पिङ्गल (पीली) शरीर काला, नाखून बहुत बड़े, कद लम्बा, और स्नायु विस्तृत होते हैं। यह क्रोधी और आलसी तथा मन्दबुद्धि होता है। इसका शरीर दुबला होता है—यह देखने में बूढ़ा

मालूम पड़ता है। इसकी प्रकृति वातप्रधान होती है। इसकी नशें मोटी-मोटी दीखती हैं॥

"पिङ्गो निम्न विलोचनः कृशतनुः दीर्घः शिरालोऽलसः,
कृष्णाङ्गः पवनात्मकोऽतिपिशुनः स्नाय्वाततो निर्घृणः।
मूर्खः स्थूलनखद्विजोतिमलिनो रूक्षोऽशुचिस्तामसः,
रौद्रः क्रोधपरो जरापरिणतः कृष्णाम्बरो भास्करिः॥ **कल्याणवर्मा**

अर्थ—पिङ्गलवर्ण, गहरे नेत्रों वाला, कृशदेह, लम्बाकद, नशों से व्याप्त, आलसी कालावर्ण, वातप्रकृति, चुगुलखोर, स्नायु में बलवाला, निर्दयी, मूर्ख, मोटे नाखून और मोटे दाँतोंवाला, अतिमलिन वेश, कान्तिहीन, अपवित्र, तमोगुणी-देखने में भयंकर, क्रोधी, बूढ़ा, कालेवस्त्रोंवाला शनि है॥

"काठिन्यरोमावयवः कृशात्मा दूर्वासिताङ्गः कफमारुतात्मा।
पीनद्विजश्चारुपिशङ्गदृष्टिः सौरिस्तमोबुद्धि रतोऽलसः स्यात्॥ **वैद्यनाथ**

अर्थ—शनिप्रधान व्यक्ति के केश और अवयव कठिन होते हैं। इसका शरीर दुर्बल होता है। शरीर का रङ्ग दूर्वा जैसा काला होता है। इसकी प्रकृति कफवात की होती है। इसके दाँत मोटे होते हैं। दृष्टि पिङ्गलवर्ण की, यह तामसीबुद्धिवाला तथा आलसी होता है। शनि का उदय पृष्ठभाग से होता है। यह चौपाया, पर्वत तथा वनों में घूमनेवाला, सौवर्ष की आयु का, मूलप्रधान होता है। इसका देवता ब्रह्मा है, इसका रत्न नीलम है। इसका प्रदेश गङ्गा से हिमालय तक है। यह वायुतत्वप्रधान कसैली रुचिवाला, निम्न दृष्टिवाला और तीक्ष्ण स्वभाववाला होता है। तुला, मकर, कुम्भराशि में, स्त्री स्थान में, विषुव के दक्षिण अयन में, द्रेष्काणु कुण्डली में, स्वगृह में, शनिवार में, अपनी दशा में, राशि के अन्तभाग में, युद्ध के समय में, कृष्णपक्ष में, वक्री होने के समय किसी भी स्थान में, शनि बलवान् होता है॥

"कृशदीर्घतनुः शौरिः पिङ्गदृष्ट्यानिलात्मकः।
स्थूलदन्तोऽलसः पङ्गुः खररोमकचो द्विजः॥ **पराशर**

अर्थ—शनि का शरीर दुर्बल और लम्बा होता है। यह पिङ्गलवर्ण दृष्टि का, तथा वायुप्रधान प्रकृत का होता है। इसके दाँत मोटे होते हैं। यह आलसी होता है। इसके रोम और केश तीखे और कठिन होते हैं। शनि शूद्र है। तामसप्रकृति का है-दिन के अन्त में बलवान् होता है-यह देखने में सुन्दर नहीं है, प्रत्युत भयावह है। शनि भाग्यहीनों तथा नीरसवस्तुओं पर अधिकार रखता है।

"क्रियास्वपटुः.कातराक्षः कृष्णः कृशदीर्घांगो वृहद्दन्तो।
रूक्षतनुरुहो वातात्मा कठिनवाक् निन्द्यो मन्दः॥" **महादेव**

अर्थ—शनिप्रधान व्यक्ति कार्यकुशल नहीं होता है। इसकी आँखें डरपोक प्रतीत होती हैं। इसका रङ्ग काला है। इसका शरीर दुर्बल और लम्बा होता है। यह बड़े और मोटे दांतोंवाला होता है। इसके रोम रूखे होते हैं। यह वायुप्रधान प्रकृति का है। यह कठोरवाणी बोलता है। यह निन्दनीय होता है।

"शनिः कृशः श्यामलदीर्घदेहोऽलसोऽनिलात्मा कपिलेक्षणश्च।
पृथुद्विजः स्थूलनखौष्ठकेशः शठः.शिरौजाः पिशुनः स्वभावात् ॥" जयदेव

अर्थ—दुर्बल, कृष्ण, लम्बादेह, आलस्ययुक्त, वातप्रकृति, पीलेनेत्र, दीर्घदन्त, दीर्घनख, मोटेहोंठ, मोटेकेश, शठ, तेजस्वी नाड़ियों वाला, स्वभाव से ही चुगुलखोर शनि होता है।

शनि पश्चिमदिशा पर अधिकार रखता है। यह बूढ़ा, पक्षीस्वरूप, भूमिका स्वामी तथा संकर जाति का है। यह संध्यासमय बलवान् होता है॥

"मूर्खोऽलसः कृष्णतनुः कृशाङ्गः स्यात् स्नायुसारोमलिनोऽतिदीर्घः।
क्रोधी जरत् पिङ्गदृशोऽर्कसूनुः सपैत्यवाथुः पृथुरोमदन्तः ॥" पुञ्जराज

अर्थ—शनिप्रधान व्यक्ति मूर्ख-आलसी, कालाशरीर, दुर्बल, नाड़ियों द्वारा बली, मलिन, कद बहुत लम्बा, क्रोधी, बूढ़ा, पीलेनेत्रोंवाला, पित्तवातप्रधानप्रकृति, मोटे केश तथा मोटे दांतोंवाला होता है॥

पङ्गुर्निम्नविलोचनः कृशतनुदीर्घः शिरालोऽलसः,
कृष्णाङ्गः पवनात्मकोऽतिपिशुनः स्नाय्वात्मकोनिर्घृणः।
मूर्खः स्थूलनखद्विजः परुषरोमाङ्गोऽशुचिस्तामसे,
रौद्रः क्रोधपरो जरापरिणतः कृष्णांवरो भास्करिः ॥" मंत्रेश्वर

अर्थ—शनि लँगड़ा है। इसकी आँखें गह्देदार हैं। शरीर दीर्घ किन्तुकृश है। नसें बहुत है। स्वभाव से आलसी है। शरीर का रङ्ग काला है। वात की प्रधानता है। स्वभाव से कठोर हृदय और चुगुलखोर है। मूर्ख है। इसके दांत और नाखून मोटे हैं। इसके शरीर के अवयव और रोम कठोर हैं। यह अपवित्र, देखने में भयानक और स्वभाव से क्रोधी है। कालेवस्त्र पहिनता है। वृद्ध अवस्था है। विशेषतः तमोगुणी स्वभाव का है। निम्नश्रेणी के लोगों के निवासस्थान, अपवित्रस्थान, पश्चिमदिशा के स्वामी के स्थान, पर शनि का अधिकार रहता है। स्पर्शेन्द्रिय, लोहधातु, सौवर्ष की उमर, ज्ञानप्राप्ति, प्रवास, सौराष्ट्रप्रदेश-तिल, काल, वायुतत्व, ये शनि के अधिकार के विषय हैं।

"श्यामलोऽतिमलिनश्च शिरालः सालसश्च जटिलः कृशदीर्घः।
स्थूलदंतनखपिंगलनेत्रोयुक् शनिश्च खलतानिलकोपः ॥" ढुण्ढिराज

अर्थ—शनि श्यामवर्ण, हृदय से अर्थात् अन्तरात्मा से मलिन, नसों से व्याप्त देह वाला, स्वभाव से आलसी, जटायुक्त, दुर्बल तथा लम्बा शरीर, दांत और नाखून मोटे, पीत वर्ण की आंखोंवाला, दुष्टस्वभाव, क्रोधी तथा वायुप्रधान प्रकृति का होता है।

एलनलियो का मत—दशम तथा एकादश राशियों पर—शनि का अधिकार है, अर्थात् मकर और कुंभ राशि का स्वामी शनि है। इसका उच्च स्थान सप्तम राशि तुला है। शनि सीमाग्रह कहलाता है क्योंकि यहां पर सूर्य का प्रभाव समाप्त होता है वहां पर शनि के प्रभाव का प्रारंभ होता है।

कार्यकुशलता, गंभीर विचार, ध्यान और विमर्श-ये सभी शनि के प्रभाव में आते हैं। आत्मविश्वास, संकुचितवृत्ति, मितव्ययता, सावधानता, धूर्तता, ये सब शनि के स्वभाव विशेष होते हैं। इसकी इच्छाशक्ति प्रबल होती है। यह शांत, सहनशील, स्थिर तथा दृढ़प्रवृत्ति का होता है। उल्लास, आनन्द, प्रसन्नता, ये गुण प्रायः इसके स्वभाव में नहीं है। वृद्धावस्था पर शनि का अधिकार है। यह समाज में किसी की श्रेष्ठता नहीं मानता। हँसी-मजाक का वातावरण बनाने की प्रवृत्ति इस ग्रह की है।

शनिप्रधान व्यक्ति व्यवहारज्ञान और कुशलता अच्छी रखते हैं। अतः इनका लोगों के साथ बरताव में और व्यवसाय में चातुर्य रहता है। योग्यता देखकर लोगों से काम करा लेते हैं। ये महत्वाकांक्षी, दूरदर्शी तथा योजनाएँ बनानेवाले होते हैं किन्तु इनकी योजनाएँ बहुत समय के बाद सफल होती हैं। जगत में सच्चे और झूठे का भेद समझना, शनि का विशेष गुण है। यह कष्टकारक तथा दुर्दैव लानेवाला ग्रह है–विपत्ति, कष्ट और निर्धनता बहुत बड़े गुरु तथा शिक्षक हैं। जब तक शनि की सीमा से प्राणी बाहिर नहीं होता-संसार में उन्नति संभव नहीं।

विलियम लिली—शनिप्रधान व्यक्ति का शरीर साधारणतः शीतल और रूक्ष होता है। मझला कद, फीका कालारंग, आंखें बारीक और काली, दृष्टि नीचे की ओर, भाल भव्य, केश काले और लहरीले तथा रूक्ष, कान बड़े लटकते जैसे, भौंहें झुकी हुई, होंठ और नाक मोटा, डाढ़ी पतली, इस प्रकार स्वरूप बतलाया जा सकता है। इसका चेहरा देखने से प्रसन्नता नहीं होती। शिर झुका हुआ और चेहरा अटपटा सा लगता है। कंधे चौड़े, फैले और टेढे-मेढे होते हैं। पेट पतला, जँघाएं बारीक तथा घुटने और पैर भी टेढे-मेढे होते हैं। चाल शराबी जैसी लड़खड़ाती प्रतीत होती है। घुटने एक दूसरे से सटे रखकर चलते हैं। शनि पूर्व की ओर हो तो प्रमाणबद्धता और मृदुता कुछ हदतक होती है। कद नाटा होता है। पश्चिम की ओर हो तो कृश, और अधिक काले रंग का होता है। शरीर पर केश बहुत कम होते हैं। शनि के शर कम हों तो कृशता ज्यादह होती है। शर अधिक हों तो मांसल शरीर होता है। दक्षिण शर हो तो मांसल शरीर होकर चाल जल्दी होती है। उत्तर शर हो तो केश बहुत और शरीर मांसल होता है। स्तंभित शनि हो तो साधारण मोटापा होता है। मार्गी होते समय स्तंभित शनि मोटा, टेढा-मेढा और दुर्बल शरीर देता है।

यह पुरातन ग्रहों में सबसे दूर का ग्रह है। गुरु से भी इसकी कक्षा बाद में है। यह बहुत चमकीला अथवा प्रकाशमान नहीं तथा टिमटिमाता नहीं है। इसका रंग फीका, राख जैसा निस्तेज है। इसकी गती बहुत मन्द है। राशिचक्र की परिक्रमा यह ग्रह २९ वर्ष, ५ मास, २७ दिन ५ घंटों में पूरी करता है। इसकी मध्यमगति २ कला, १ विकला है। दैनिकगति ३ से ६ कला रहती है तथा यह दक्षिण की ओर २ अंश ४५ कला रहता है। यह १४० दिन वक्री रहता है तथा वक्री होते समय और मार्गी होते समय ५ दिन स्तंभित रहता है।

शनि के अधिकृत स्थानों में रेगिस्तान, जंगल, अज्ञात घाटियां, गुहाएं, गव्हर, पर्वत, कब्रस्तान, चर्च का मैदान, खंडहर, कोयले की खानें, मैली बदबूदार जगहें, कार्यालय आदि का समावेश होता है। इस ग्रह का स्वभाव शीतल, रूक्ष और उदासीन है। यह पुरुषग्रह पृथ्वीतत्व का स्वामी है। दुर्दैव लानेवाला, एकांतप्रिय, शनि पापग्रह है।

बृहत् संहिताकार आचार्य वराहमिहिर ने शनैश्चरचाराध्याय में, शनैश्चर किस वर्ण का कैसा फल देता है-इस विषय पर भारी प्रकाश डाला है-दूसरे लेखकों ने, शनैश्चर शुभ संबंध में कैसा फल देता और अशुभ संबंध में हो तो कैसा फल देता है। इस विषय पर भारी प्रकाश डाला है। शुभ-अशुभ संबंध का क्या फल होता है-इस विषय पर कुछ लिखने के पहिले शनैश्चर की दृष्टि पर कुछ प्रकाश डालना आवश्यक प्रतीत होता है। कहा जाता है कि शनैश्चर की दृष्टि विषमयी है-जिस पर शनि की दृष्टि पड़ती है वहां पर विनाश ही होता है। शनि का जन्म होते ही पहिले-पहल इसकी दृष्टि अपने पिता पर (अर्थात् सूर्य पर) पड़ी, उससे तत्काल ही सूर्य कुष्ठरोग से पीडित हुआ, उसका सारथी अरुण पंगु हुआ और उसके घोड़े अंधे हो गए। तात्पर्य यह कि शनि की दृष्टि महती अनर्थ तथा विनाशकारिणी है। अतएव शनि के नाम भी अशुभसूचक ही हैं यम, काल, दुःख, दैन्य, मंद आदि नाम सभी अशुभ सूचक हैं। किन्तु शनि की दृष्टि महाविनाशकारी तभी होती है जब यह कुंडली में अशुभ संबंध में हो, अन्यथा शुभ संबंध से कृपायुक्त शनि सुख-आनन्द का दाता भी होता है। जिनकी जन्मकुंडली में शनि शुभ संबंध में हो इन्हें सामाजिक और आर्थिक क्रांति की इच्छा होती है इस इच्छा को पूर्ण करने के लिए प्रयत्न भी करते हैं। ये लोग उपभोग करते हुए भी त्यागी होते हैं। लोककल्याण के लिए प्रयत्नशील रहते हैं। ये अभिमान रहित, मिलनसार, उदार, राष्ट्रोपयोगी कार्य में तत्पर, अनेकों के घर बसानेवाले, परोपकारी वृत्ति के होते हैं। ये विद्वान्, संशोधक, मंत्री, आध्यात्मिक ज्ञानप्राप्ति के इच्छुक होते हैं। इन्हें विश्वबंधुत्व स्थापित करने की पवित्र भावनाएं विकसित होती हैं-जो कोई भी शास्त्र इनके हाथ में पड़े ये उस शास्त्र का गम्भीर

अध्ययनकरते हैं और उस शास्त्र की तह तक खोज करते हैं। शास्त्रों का गूढ़ अभ्यास, लेखन, प्रकाशन, तत्व ज्ञान का प्रसार-आदि आदि प्रवृत्तियां इनके स्वभाव में होती हैं। ये यशदायक संस्थाओं के स्थापक, अन्याय का प्रतिकारक करनेवाले, अपने सुख की ओर से बेफिक्र, दूसरों का सुख चाहने वाले मधुरभाषी होते हैं। ये लोग सौजन्ययुक्त, कार्य में दृढ़-अंगीकृत काम को भारी प्रयत्न से पूर्ण करनेवाले-दीर्घायु होते हैं। कथन का तात्पर्य यह कि शनि शुभ सम्बन्ध में आकर शनिप्रधान व्यक्तियों को शुभ की ओर ले जाता है जिससे आनन्द प्राप्ति होती है। यदि जन्मकुंडली में शनि अशुभ सम्बन्ध में हो तो शनिप्रधान व्यक्ति स्वार्थी, धूर्त, दुष्ट, स्वेच्छाचारी बर्ताव करनेवाला, मानसिक, दुर्बलतायुक्त, आलसी, मंदमति, उद्योगहीन, अविश्वासी, घमंडी, नीचवृत्ति, झगड़ालू, विरोध को बढ़ावा देनेवाला होता है। यह पैनीवाइज़ प्रौंडफुलिश होता है। इसे सच झूठ की पहिचान नहीं होती, दूसरों की उन्नति इसे पसन्द नहीं होती। यह कठोर भाषण करता है। यह असन्तुष्ट-व्यसनासक्त, स्त्री-विषय लोलुप, विषय नम्र-दुराचारी, विघ्नसन्तोषी-सदैव अपना स्वार्थ सिद्ध करनेवाला-दूसरों की गलतियों को बताकर प्रसन्न होनेवाला, पर-धनापहारी, धनतृष्णा परिभूत-सत्ताप्राप्ति के लिए सदैव यत्नशील, सत्ता प्राप्त होते ही जुल्म तथा दुराचार करनेवाला, अहंमन्य, क्रोधी, दांभिक, उपाधियों की प्राप्ति के लिए झूठ का आश्रय लेनेवाला, गद्दार, दरिद्रतायुक्त व्यक्ति होता है।

शनि का मूलत्रिकोण–कुम्भ

शनि का उच्च तुला–२० अंश

शनि का स्वगृह १० मकर, ११ कुम्भ।

शनि का कारकत्व—

उत्तरकालामृत ज्यौतिष ग्रन्थ के रचयिता कालिदास ने सभी प्राचीन ग्रन्थों से अधिक ग्रहों के कारकत्व का वर्णन किया है। अतः सर्वप्रथम शनि का कारकत्व उत्तरकालामृत से उद्धृत किया जा रहा है—पुस्तक का कलेवर बहुत न बढ़े अतः श्लोक उद्धृत नहीं किए गए हैं।

शनि से विचार योग्य बातें:–जड़ता वा आलस्य, रुकावट, घोड़ा, हाथी चमड़ा, आय, प्रमाण, बहुत कष्ट, रोग, विरोध, दुःख, मरण, स्त्री से सुख, दासी, गधा, वा खच्चर, चाण्डाल, विकृत अंगोंवाले, वनों में भ्रमण करनेवाले, डरावनी सूरत, दान, स्वामी, आयु, नपुंसक, अंत्यज, खग, तीन अग्नियाँ, दासता का कर्म, अधार्मिक कृत्य, पौरषहीनता मिथ्याभाषण, चिरस्थायी, वायु, वृद्धावस्था, नसें, दिन के अन्तिमभाग में बली, शिशिरऋतु, अत्यन्त क्रोध, परिश्रम, नीचजन्मा, हरामी, गोलक, गन्दा कपड़ा, घर, बुरे विचार, दुष्ट से मित्रता, काला, पापकर्म, क्रूरकर्म, राख, कालेधान्य, मणि, लोहा, उदारता, वर्ष. शूद्र, वैश्य, पिता का प्रतिनिधि, दूसरे के कुल की विद्या का सीखना,

लंगड़ापन, उग्रता, कम्बल, पश्चिमाभिमुख, जिलाने के उपाय, नीचे देखना, कृषिद्वारा जीवन निर्वाह, शस्त्रागार, जाति से बाहिर स्थान वाले, ईशान दिशा का प्रिय, नागलोक, पतन, युद्ध. भ्रमण, शल्य विद्या, सीसा धातु, शक्ति का दुरुपयोग, सुष्क, पुराना, तेल, लकड़ी, ब्राह्मण, तामसगुण, विष, भूमि पर भ्रमण, कठोरता, डर, लम्बा, निषाद भद्देबाल (केश) जनतन्त्र, भय, बकरा-भैंस आदि, कामानन्द इच्छुक, वस्त्रों से सजाना, यमराज का पुजारी कुत्ता, चोरी, चित्त की कठोरता आदि।

प्राचीन ग्रन्थों में दिया हुआ शनि का कारकत्व—विस्तारभय से श्लोक नहीं दिए गए हैं :—

व्यंकटशर्मा (सर्वार्थचिन्तामणि)— लोभ-मोह, विषमता, दूसरों को कष्ट देना, नाश करना, निष्ठुरता, दुष्टबुद्धि, दरिद्रता, बुराक्रोध, वातरोग, ठगना, भैंस, यवागु, कालेधान्य (तिल, उड़द, चणा आदि) आयुष्य तथा जीवन के उपाय, इनका कारक ग्रह शनि है।

पराशर—आयुष्य, जीवन के उपाय, दुःख, भय, शोक, नाश, मरण, भैंस, हाथी, तेल, कपड़े, शृंगार, प्रवास, राज्य, लकड़ी के बने हुए आयुध, घर के झगड़े शूद्र, नीलरत्न, विघ्न, केश, शल्य, शूलरोग, गुलाम।

वैद्यनाथ—आयु-मृत्यु के कारण, सम्पत्ति और विपत्ति का विचार शनि से कर्तव्य है। दारिद्रय, पिशाचबाधा, चोरी, संधिरोग, ये सब शनि के अधिकार में हैं।

मन्त्रेश्वर—तेल के व्यापारी, नौकर, नीच, वनचर, लुहार, हाथी, कोकिल, सपेरे, बौद्ध, गधा, बकरा, भेडिया, ऊँट, साँप, कौआ, मच्छर, खटमल, कृमि, उल्लू आदि पर शनि का अधिकार है, वात, कफ, पैरों के रोग, आपत्ति, तन्द्रा, श्रम-भ्रम, पसलियों का दर्द, अन्दर की उष्णता, नौकरों का नाश, स्त्री पुत्रों पर विपत्ति-अवयव टूटना, हृदय का कष्ट, वृक्ष वा पत्थर से आघात, पिशाचों की बाधा, ये सब शनि के अधिकार हैं।

कल्याणवर्मा—टीन, सीसा, लोहा, हलके धान, प्रेत की अर्थी के वाहक, नीच, स्त्रियों का व्यापार, गुलाम, वृद्ध, दीक्षा, इन विषयों का कारक शनि है।

विलियम लिली—शनिप्रधान व्यक्ति साधारणतः किसान, श्रमिक, वृद्ध, साधु, साम्प्रदायिक, भिक्षुक, विदूषक, पुत्र-पौत्रों से युक्त होते हैं। व्यवसाय की दृष्टि से—चमार-रात के काम करनेवाले, श्रमिक, खानों में काम करनेवाले श्रमिक, टिन का काम, कुम्हार, झाड़ू बनानेवाले, नल लगानेवाले, ईंटें बनाने वाले, रसोइये, चिमनी साफ करनेवाले, प्रेतवाहक, खोदनेवाले, साईस, कोयले के व्यापारी, गाड़ी चलानेवाले, माली, मोमबत्तीबनानेवाले, काले कपड़े, ग्वाले ये शनि के कारकत्व में हैं।

रोगों का कारकत्व—दाँत, दाहिनेकान के रोग, चौथे दिन का बुखार, शीतज्वर, उष्णता से और उदासीनता से उत्पन्न ज्वर, कोढ़, रक्तपित्त, क्षय, कामला, अर्धांगवायु, कम्प, निरर्थक भय, पागलपन, जलोदर, सन्धिवात, अतिरक्तस्राव, हड्डियों का टूटना आदि शनि सिंह वा वृश्चिक में हो, वा शुक्र की अशुभ दृष्टि में हो तो इन रोगों का उदय होता है।

निम्नलिखित विषय भी शनि के कारकत्व में हैं :—

बैंक, सूद लेने-देने का धन्धा, मिल्ल-कारखाने, कारखानों तथा मिल्ल सम्बन्धी कानून, भूगार्भशास्त्र, मुस्लिमकानून, मिलमालिक, साझीदार, प्रिंटिंग प्रेस, कोयले का व्यापार, बड़ी-बड़ी कम्पनियाँ, जिन्निङ्ग प्रेसिङ्ग फैक्टरी, इस्टेट ब्रोकर, खदानों के कानून, बीमाकम्पनी, इन्श्युरैंसबिजिनस, लोहे की चीजें, वैद्यक सम्बन्धी कानून, कृषिविद्यालय, पूञ्जीपति, तेल के व्यापारी, कारखाने, इस्टेट सम्बन्धी कानून, भूमिसम्बन्धी कानून, रोमन कानून, पुरातत्व संशोधन, स्नायुशास्त्र, हठयोग, उच्चन्यायालय, न्यायाधीश, नगरनिगम, जनपद, जिलापरिषद, विधानसभा आदि के सदस्य, जमींदार, खनिजपदार्थ, गुप्तबातें, दुष्टतापूर्णकाम, खलनायक, कैद, दण्ड, राजनीति और व्यवसाय में हानि, सरकार की ओर से चलाया हुआ मुकदमा, छोटेभाई-बहिन, चोटी, जेलर, जेलसुपरिंटेंडेंट, विदेश-मन्त्री, विदेशनीति, सन्धि, शत्रुता वा मित्रता, इन्जैक्शन, क्वार्टरमास्टर, हड्डियों के व्रण, दाद, फोड़े, सन्धिवात, यकृत और प्लीहारोग, पैर और घुटनों के रोग, मल-मूत्र-उत्सर्जक इन्द्रियों के रोग, हाथीपाँव, पसीने में दुर्गंध, गूंगापन।

मेषादिराशिस्थित शनि के फल—

मेष—जन्मसमय में मेष में शनि हो तो जातक-व्यसन और परिश्रम से खिन्न, प्रपञ्ची, बन्धुद्वेषी, निठुर, ढीट, बहुत बोलनेवाला, निन्द्य, निर्धन, कुरूप, क्रोधी, नीचाचार, प्रियजनों का शत्रु, शठ, निर्दयी, और पापी होता है।

वृष—वृषराशि में शनि हो तो धनहीन, भृत्य, अनुचितभाषी, सत्कर्म-हीन, वृद्धा स्त्रीगामी, दुष्टमित्रोंवाला, परस्त्रीसेवक, कपटी, बहुत कार्य में आसक्त और मूढ़ होता है।

मिथुन—मिथुन में शनि हो तो कर्जदार, बन्धन और परिश्रम से दुःखी, दम्भी, सद्गुणहीन, छिपकर रहनेवाला, कामी, कपटी, क्रोधी, शठ, दुःशील, क्रीडानुरक्त होता है।

कर्क—कर्क में शनि हो तो सुशीलास्त्री का पति, वचपन में धनहीन, रोगी, मातृहीन, मृदुस्वभाववान्, विशेषकार्यरत सदारोगपीड़ित, यौवन में शत्रु विजेता, ख्यात, वन्धुओं से विरुद्ध, कुटिल, राजा के समान भोगी होता है।

सिंह— सिंह में शनि हो तो पढ़ने-लिखने में तत्पर, विषयाभिज्ञ, लेखों में निन्दित, शीलरहित, स्त्रीरहित, नौकरी से जीनेवाला, एकाकी, हर्षहीन,

निन्दक, क्रोधी अनेकप्रकार के मनोरथों से भरित, भार तथा मार्ग के श्रम से दुःखी होता है।

कन्या—कन्या में शनि हो तो नपुंसक जैसा, शठ, परान्नभोजी, वेश्यागामी, अल्पमित्रवाला, शिल्पकला से अनभिज्ञ, विशिष्टकार्य का इच्छुक, पुत्र और धन से युक्त, आलसी, परोपकारी, कन्या को दूषित करनेवाले कार्य में तत्पर, सोच-विचार कर काम करनेवाला होता है।

तुला—तुला में शनि हो तो जातक धनसंग्रही, मृदुभाषी, विदेशयात्रा से धन तथा मान प्राप्त करनेवाला, राजा वा विद्वान्, स्वजनरक्षित धनवान्, समाज में श्रेष्ठ, वचनप्रभाव से स्थान प्राप्त करनेवाला, साधु, कुलटा, नर्तकी और वेश्या से प्रेम करनेवाला होता है।

वृश्चिक—वृश्चिक में शनि हो तो लोकद्वेषी, कुटिल, विष वा शस्त्र से हत, अतिक्रोधी, लोभी, घमण्डी, धनी, दूसरों का धन अपहरण कर लेने में समर्थ, शुभकृत्य से विमुख, नीचकर्मा, खर्च, हानि तथा रोगों से दुःखी होता है।

धनु—धनुराशि में शनि हो तो जातक—व्यवहार, बोध, अध्ययन, तथा विद्या में निपुण, पुत्रों के गुणों से तथा अपने धर्म और सुशीलता से लोक में विख्यात वृद्धावस्था में उत्कृष्ट सम्पत्ति का भोग, लोक में आदर, थोड़ा बोलने-वाला, बहुत से नामों से प्रसिद्ध तथा मृदुस्वभाव होता है।

मकर—मकर में शनि हो तो परस्त्री तथा अन्य क्षेत्रों का अधिपति, वेद-ज्ञाता, गुणी, शिल्पज्ञ, श्रेष्ठ, कुलपूज्य, दूसरों से आदरपानेवाला, विख्यात, स्नान और अलंकारों का प्रेमी, कार्यचतुर, विदेशवासी तथा बहादुर होता है।

कुम्भ—कुम्भ में शनि हो तो बारबार झूठ बोलनेवाला, मदिरापायी तथा स्त्री के व्यसन में अत्यन्त आसक्त, धूर्त, ठग, मित्रों को भी धोखा देनेवाला, अतिक्रोधी, ज्ञान तथा कथास्मरण से दूर रहनेवाला, परस्त्रीगामी, कठोरभाषी, बहुत से कामों को प्रारम्भ करनेवाला होता है।

मीन—मीन में शनि हो तो जातक यश तथा शिल्पविद्या का प्रेमी, अपने बन्धु और मित्रों में प्रधान, शान्तस्वभाव, धनी, नीतिज्ञ, रत्नपरीक्षक, धर्मप्रधान व्यवहार में प्रेमी, विनय और गुणों से युक्त, वृद्धों जैसा विचारशील होता है।

सामान्यतः तथा साधारणतः शनि के लिए मेष, सिंह, धनु, कर्क, वृश्चिक, मीन और मिथुन राशियाँ शुभ हैं। तुला और कुम्भ अशुभ हैं। वृष, कन्या और मकर बहुत अशुभ हैं।

मेष वा वृश्चिकस्थित शनि पर दृष्टिफल—

रवि की दृष्टि से—जातक खेती करनेवाला, अत्यन्त धनी, गाए, भैंस, घोड़े आदि चौपाए जानवरों से युक्त, भाग्यवान्, कार्यों में संलग्न होता है।

चन्द्रमा की दृष्टि से—चञ्चल, नीचस्वभाव, कुरूपा और कुशीला स्त्री में आसक्त, सुख और धन से हीन होता है।

मङ्गल की दृष्टि से—हिंसक, क्षुद्र, चोरों का मुखिया, स्त्री, मांस, मदिरा सेवन करनेवाला होता है।

बुध की दृष्टि से—मिथ्यावादी, अधर्मी, बहुभक्षी, नामीचोर, सुख और धन से रहित होता है।

गुरु की दृष्टि से—सुखी, धनी, भाग्यवान्, राजा का प्रधानमन्त्री होता है।

शुक्र की दृष्टि से—चञ्चल, कुरूप परस्त्रीगामी, वेश्याभक्त तथा सुखहीन होता है।

वृष-तुलास्थित शनि पर ग्रह दृष्टिफल—

वृष वा तुलास्थित शनि पर **सूर्य की दृष्टि** हो तो जातक स्पष्टवक्ता, निर्धन, विद्वान्, परान्नभोजी, और मृदु होता है।

चन्द्रमा की दृष्टि से—स्त्रियों के द्वाराबली, राजमन्त्री से सम्मानित, स्त्रियों का प्यारा, और कुटुम्बयुक्त होता है।

मंगल की दृष्टि से—रणक्रिया में कुशल होता हुआ भी युद्ध से पराङ्मुख होनेवाला, वक्ता, धन-जन से युक्त होता है।

बुध की दृष्टि से—दास्यप्रिय, नपुंसक जैसा, स्त्रियों का भक्त, और नीच प्रकृति होता है।

बृहस्पति की दृष्टि से—दूसरों के सुख से सुखी तथा दुःख से दुःखी होनेवाला, परोपकारी, लोगों का प्यारा, दाता तथा उद्यमशील होता है।

शुक्र की दृष्टि से—मदिरा तथा स्त्रियों से सुखी, रत्नयुक्त, महाबली, राजा का प्रिय होता है।

मिथुन-कन्या स्थित शनि पर ग्रहदृष्टिफल—

मिथुन वा कन्या स्थित शनि पर **रवि की दृष्टि** हो तो जातक सुखहीन, धनहीन धर्मात्मा, क्रोध रहित, क्लेशसहिष्णु और धैर्यवान् होता है।

चन्द्रमा की दृष्टि से—राजा के तुल्य, कान्तिमान्, स्त्रियों से धन और सत्कार पानेवाला, तथा स्त्रियों का कार्यकर्ता होता है।

मंगल की दृष्टि से—विख्यात योद्धा, मुग्धबुद्धि, भारवाही और विकृत देह होता है।

बुध की दृष्टि से—धनवान्, युद्ध में निपुण, नृत्य और गाने में कुशल, शिल्प में परम निपुण होता है।

गुरु की दृष्टि से—राजकुल में विश्वस्त, सर्वगुणयुक्त, साधुप्रिय, गुणों से धनार्जन करनेवाला होता है।

शुक्र की दृष्टि से—स्त्रियों के शृंगार बनाने में निपुण, योगशास्त्रज्ञ, वा योगक्रिया का ज्ञाता और स्त्रियों का प्यारा होता है।

कर्कराशि स्थित शनि पर ग्रहदृष्टिफल—

कर्क राशि स्थित शनि पर **सूर्य की दृष्टि** हो तो जातक बाल्यावस्था में पितृहीन, धन, सुख और स्त्री से भी रहित, कदन्नभोजी और पापी होता है।

चन्द्रमा की दृष्टि से—माता का अहित करनेवाला, धनी, सहोदरों से पीड़ित होता है।

मंगल की दृष्टि से—राजा को धन समर्पण करनेवाला, देह से विकल, परिवार सहित कलह कारक, बुरे सम्बन्धियों वाली स्त्री का पति होता है।

बुध की दृष्टि से—निठुर, वाचाल, शत्रुञ्जय, दाम्भिक, और उत्तमकार्य करनेवाला होता है।

गुरु की दृष्टि से—खेती, घर, मित्र, पुत्र, धन, रत्न तथा स्त्री से युक्त होता है।

शुक्र की दृष्टि से—उत्तमकुल में जन्म लेकर रूप और सुख से हीन होता है।

सिंहराशि स्थित शनि पर ग्रह दृष्टिफल—

सिंह स्थित शनि पर **सूर्य की दृष्टि** हो तो जातक सुख और धन से हीन, नीच, मिथ्यावादी, मद्यपायी, विकृतदेह, नौकरी करनेवाला, तथा दुःखी होता है।

चन्द्रमा की दृष्टि से—विधिध रत्न, धन और स्त्री से युक्त, यशस्वी, और राजा का प्यारा होता है।

मंगल की दृष्टि से—सदा घूमनेवाला, चोर, वन वा पर्वत पर रहनेवाला, क्षुद्र, स्त्री-पुत्र रहित होता है।

बुध की दृष्टि से—कपटी, आलसी, निर्धन, स्त्री कर्म कर, मलिन और दुःखी होता है।

गुरु की दृष्टि से—गाँव-नगर तथा समाज का मुखिया, पुत्रवान्, विश्वास-पात्र, और सुशील होता है।

शुक्र की दृष्टि से—स्त्री द्वेषी, सुन्दर, मन्थर, सुखी, धनी, और अन्त में सद्गतिपानेवाला होता है।

धनु और मीन में स्थित शनि पर ग्रह दृष्टिफल—

धनु वा मीन स्थित शनि पर **सूर्यकी दृष्टि** हो तो जातक दत्तकपुत्र रखने-वाला, उसी के द्वारा धन, यश और आदरपानेवाला होता है।

चन्द्रमा की दृष्टि—हो तो मातृहीन, सुशील, दो नामों से प्रसिद्ध तथा स्त्री-पुत्र-धन से युक्त होता है।

मंगल की दृष्टि—हो तो वातरोगी, लोगों का द्वेषी, पापी, क्षुद्र और निंद्य होता है।

बुध की दृष्टि—हो तो राजा के समान, सुखी, शिक्षक, मान्य, धनी, सुशील और सुन्दर होता है।

गुरु की दृष्टि—हो तो राजा वा राजतुल्य, वा राजमन्त्री, वा सेनापति, और आपत्ति से रहित होता है।

शुक्र की दृष्टि—हो तो दो माता, वा दो पितावाला, वनों में, पर्वतों में जीविका करनेवाला, चञ्चल स्वभाव, और कार्य को सम्पन्न करनेवाला होता है।

मकर और कुम्भस्थित शनिफल—

मकर वा कुम्भस्थित शनि पर **सूर्य की दृष्टि से** जातक रोगी, कुरूपा स्त्री का पति, परान्नभोजी, अतिदुःखी, घूमने और भार उठानेवाला होता है।

चन्द्रमा की दृष्टि हो तो चञ्चल, मिथ्याभाषी, पापी, माता का द्वेषी, धनी, और भ्रमण से दुःखी होता है।

मंगल की दृष्टि हो तो महावीर, पराक्रमी, विख्यात, बड़ों में अग्रगण्य, क्रूर और साहसी होता है।

बुध की दृष्टि—हो तो भार सहन करनेवाला, तामसी, सुन्दर, भ्रमणशील, विज्ञ, अल्पधनी तथा भाग्यवान् होता है।

गुरु की दृष्टि से—गुणों से विख्यात, राजा, राजवंशज, दीर्घायु, और नीरोग होता है।

शुक्र की दृष्टि—हो तो धनी, परस्त्रीगामी, सुन्दर, सुखी, उपस्थित सुख का भोक्ता होता है।

शनेः लग्नादिद्वादशभावफलम्

शनि के प्रथमस्थान के फल—

"धनेनातिपूर्णोऽतितृष्णो विवादी तनुस्थेऽर्कजे स्थूलदृष्टिर्नरः स्यात्।
विषं दृष्टिजं त्वाधिकृद्व्याधिबाधाः स्वयं पीड़ितो मत्सरावेश एव॥ १॥

अन्वयः—अर्कजे तनुस्थे नरः धनेन अतिपूर्णः, अतितृष्णः विवादी स्थूल दृष्टिः (स्यात्) तस्य दृष्टिजंतु विषं (स्यात्) व्याधिबाधाः (स्युः) (सः) आधिकृत् (स्यात्) मत्सरावेश एव स्वयं पीड़ितः स्यात्॥ १॥

सं० टी०—अर्कजे (शनौ) तनुस्थे धनेन अतिपूर्णः, अतितृष्णः सन्तोषहीनः, विवादी (विषादी-इतिपाठः कस्मिंश्चित् पुस्तके दृश्यते) विवादकरणशीलः, "विषादी इतिपाठे अप्रसन्नः स्थूलदृष्टिः सूक्ष्मविचारासमर्थः, तस्य दृष्टिजं तुविषं स्यात्, सः दृष्ट्या एव रिपुनाशकः स्यात्, सः आधिकृत् स्यात्-सः मानसं दुःखं करोति, व्याधिबाधाः वातदाः पीड़ाः स्युः, मत्सरावेशः एव स्वयं पीड़ितः स्यात् परोत्कर्षासहिष्णुः सन् स्वयमेव पीड़ितः उद्वेगवान् स्यात्॥ १॥

अर्थ—जिस मनुष्य के जन्म समय लग्न में शनि हो वह धन से भरपूर हो जाता है, अर्थात् बहुत धनवान् होता है। किसी दूसरी पुस्तक में "धने

नातिपूर्णः" ऐसा पाठ है, यदि ऐसा पाठ स्वीकृत हो तो इसका अर्थ "धन नहीं होता-धन प्राप्ति के लिए भारी तृष्णा बनी रहती है। धन पाकर भी तृष्णा दूर नहीं होती प्रत्युत बढोत्री के लिए तृष्णा, इच्छा और लालसा बढ़ती ही जाती है और मनुष्य असन्तुष्ट रहता है। तात्पर्य यह कि सन्तोषरूपी अमृत का पान न होने से चित्त अशान्त रहता है। ऐसी परिस्थिति में नीति-कारों के वचन चरितार्थ होते हैं:—"अति तृष्णाभिभूतस्य शिखा भवति मस्तके।" "अशान्तस्य कुतः सुखम्" "सन्तोषामृततृप्तानां यत्सुखंशान्तचेत-साम्। कुतस्तद्धनलुब्धानां इतश्चेतश्च धावताम्।" तनुभाव का शनि मनुष्य को व्यर्थ का झगड़ा करनेवाला बनाता है। यह विषादी अर्थात् अप्रसन्न रहता है। यह स्थूलदृष्टि-मोटी बुद्धि वाला, अर्थात् सूक्ष्म विचार न करनेवाला होता है। इसकी दृष्टि में विष भरा रहता है अर्थात् इसके शत्रु इसकी दृष्टि से ही नष्ट हो जाते हैं। इसे मानसी व्यथा सदा लगी रहती है। वातजन्य रोगों से भी पीड़ित रहता है। दूसरों का उत्कर्ष देखकर इसके चित्त में डाह पैदा होती है जिससे यह स्वयं दुःखित होता है, अर्थात् दूसरे की भलाई देख कर यह स्वतः ही जल मरता है।

"यदि शनि दूषित हो तो भ्रमरोग, हृदय में ताप, कुक्षि तथा सन्धियों में रोग, वात तथा कंप जन्य विकार, गुप्तेन्द्रिय में पीड़ा, पार्श्व (बगलों) में तथा शरीर में पीड़ा एवं श्वास रोग भी होता है। "गदावली।"

"यदि शनि अशुभ हो तो दरिद्रता के कारण, स्वकर्मदोष से, पिशाचों और चोरों से, सन्धि रोगों से क्लेश और कष्ट उत्पन्न करता है।" जातक परिजात

तुलना—"यदा मन्दे लग्नं गतवतिधनैरेव लसितो,
विषादी वादेन प्रबलरिपुहा तोषरहितः।
सदा व्यग्रश्चण्डः.शनिरिव तदा पश्यति नरः,
परोत्कर्षासह्यः कृशतनुरयं व्याधिगणतः॥ जीवनाथ दैवज्ञ

अर्थ—जिस मनुष्य के जन्म समय में शनि लग्न में हो तो वह धन से सुशोभित (परिपूर्ण) विवाद से खेदित, बलवान् शत्रुओं को भी नष्ट करनेवाला, और असन्तुष्ट होता है। सदा व्यग्र, क्रोधी, शनि के समान (दोषयुक्त) दृष्टि से देखनेवाला, परोत्कर्षासहिष्णु और अनेक प्रकार की व्याधियों से दुर्बल शरीर वाला होता है।

"अदृष्टार्थो रोगी मदनवशगोऽत्यंतमलिनः
शिशुत्वे पीड़ार्त्तः सवितृसुत लग्नेत्यलसवाक्।
गुरुः स्वर्क्षोच्चस्थे नृपतिसदृशोग्रामपुरपः
सुविद्वांश्चार्वंगो दिनकर समोऽन्यत्र कथितः॥" वराहमिहिर

अर्थ—शनि लग्न में हो तो व्यक्ति निर्धन, रोगी, कामुक, बहुत मलिन, बचपन में रोगों से पीड़ित, तथा आलसी होता है। यह शनि स्वगृह, उच्च, वा

गुरु की राशि में (धनु-मीन-मकर-कुंभ वा तुला) में हो तो व्यक्ति राजा जैसा सम्पन्न, नगर वा गांव का मुखिया, विद्वान् और सुन्दर होता है। अन्य स्थानों में शनि के फल, रवि के तुल्य होते हैं।

"दुर्नासिकोवृद्धकलत्र रोगी मन्दे विलग्नोपगतेंगहीनः।
महीपतुल्यः सुगुणाभिरामो जातः स्वतुंगोपगते चिरायुः ॥ वैद्यनाथ

अर्थ—यदि शनि लग्न में हो तो जातक के नाक में दोष रहता है। स्त्री वृद्ध जैसी होती है। यह व्यक्ति रोगी तथा अंगहीन (किसी अवयव में दोष युक्त) होता है। शनि स्वगृह वा उच्च में हो तो राजा जैसा, गुणवान् तथा दीर्घायु होता है।

"बहुदुःखभाजम्।" "सर्वनाशः॥" वशिष्ठ

अर्थ—यह शनि बहुत दुःख देनेवाला और सर्वनाश करनेवाला होता है।

"दरिद्रो हृद्रोगी मलिनतनुमान् कामवशगः,
शिशुत्वे पीडार्तोऽलसवशगतोऽगेऽर्कतनये।
हये मीने चक्रे घट घटभया तो यदि यम-
स्तदानीं विद्वानीश्वर समतया युक् शुभतनुः॥" जयदेव

अर्थ—लग्न में शनि हो तो दरिद्री, हृद्रोगयुक्त, मलिनदेह, (स्नानादि से हीन) होता है। यह कामातुर, बचपन में बीमार, तथा आलसी होता है। यदि शनि, धनु, मीन, मकर, कुंभ और तुला राशि का हो तो व्यक्ति पंडित, राजा जैसा और सुन्दर देह वाला होता है।

"लग्ने शनौ सदा रोगी कुरूपः कृपणोनरः।
कुशीलः पाप बुद्धिश्च शठश्च भवति ध्रुवम्॥" काशिनाथ

अर्थ—जिसके जन्म लग्न में शनि हो वह व्यक्ति सदैव रोगी रहता है। वह देखने में भद्दा, कंजूस, दुष्टाचारवान्, पाप मति और शठ होता है।

"प्रसूतिकालेनलिनीशसूनुः स्वोच्चे त्रिकोणर्क्षगते विलग्ने।
कुर्यान्नरं देशपुराधिनाथं शेषे स्वभद्रं सरुजं दरिद्रम्॥" ढुण्ढिराज

अर्थ—जिसके जन्म लग्न में स्थित होकर शनि अपने उच्च वा अपनी राशि का हो तो वह मनुष्य देश का, वा किसी पुर का स्वामी होता है। यदि लग्न में स्थित होकर अन्य राशि का हो तो वह मनुष्य दुःखी, रोगी और दरिद्र होता है।

"स्वोच्चे स्वकीय भवने क्षितिपालतुल्यो लग्नेऽर्कजे भवति देश पुराधिनाथः।
शेषेषु दुःखपरिपीडित एव बाल्ये दारिद्र्यदुःखवशगो मलिनोऽलसश्च॥
मंत्रेश्वर

अर्थ—यदि शनि अपनी उच्च राशि (तुला) वा स्वराशि (मकर वा कुंभ) में स्थित होकर लग्न में हो तो राजा के समान किसी देश वा नगर का

स्वामी होता है। यदि शनि किसी अन्य राशि में स्थित होकर लग्न में हो तो व्यक्ति बचपन में दुःख परिपीड़ित होता है। और बाद में भी दरिद्री, दुःखी, मलिन और आलसी होता है।

नोट—कुछ अन्य ग्रन्थकारों के मत से यदि शनि धनु वा मीन राशि में स्थित होकर लग्न में हो तो बहुत उत्तमफल देता है-देखो मानसागरी।

"तुला कोदण्डमीनानां लग्नस्थोऽपिशनैश्चरः।
करोति भूपतेर्जन्म वंशे च नृपतिर्भवेत्॥"

"स्वोच्चस्वकीयभवने क्षितिपालतुल्ये लग्नेऽर्कजे भवति देशपुराधिनाथः।
शेषेषु दुःखगदपीड़ित एव बाल्ये दारिद्र्यकर्मवशगोमलिनोऽलसश्च" ॥

कल्याणवर्मा

अर्थ—लग्न में स्वोच्च वा स्वराशिस्थ शनि हो तो व्यक्ति राजा के समान देश वा नगर का स्वामी होता है। यदि अन्य राशिस्थ शनि लग्न में हो तो व्यक्ति बाल्यावस्था में ही दुःखी और तदनन्तर भी दरिद्र, मलिन तथा आलसी होता है।

"सततमल्पगतिर्मदपीड़ितस्तपनजे तनुगे खलु चाधमः।
भवति हीनकचः कृशविग्रहो जितरिपुर्निजसद्मनि मानवः" ॥ **मानसागर**

अर्थ—जन्मलग्न में शनि होने से मनुष्य मन्दगति, कामपीड़ित, अधम, केशहीन तथा दुर्बल शरीर होता है। यदि शनि अपनी राशि (मकर वा कुंभ) में हो तो शत्रुविजेता होता है।

"प्रसूतिकाले नलिनीशसूनुः स्वोच्च त्रिकोणर्क्षगतोविलग्ने।
कुर्यान्नरं देशपुराधिनाथं शेषेष्वभद्रं सरुजं दरिद्रम्" ॥ **महेश**

अर्थ—जिसके जन्मसमय में तनुभाव में शनि स्थित होकर तुला, मकर, कुंभ राशि में हो तो मनुष्य देश और नगर का स्वामी होता है। यदि लग्न का शनि तुला, मकर, कुंभ से अन्य किसी राशि में हो तो मनुष्य नीच स्वभाव का रोगी तथा दरिद्री होता है।

"कण्डूतिपूर्णांगकफप्रवृत्तिः लग्ने शनौ स्यात् सततं नराणाम्।
हीनाधिकांगत्वमधःप्रदेशे कर्णांतरे वातगदः सदैव॥
लग्नेमंदेऽथवादृष्टे कृशदेहश्च दुखितः।
मूर्खश्च मदनाचारो भिन्नवर्णस्तनौ भवेत्॥
लोहादिभिः शिरःपीड़ा आत्मचिन्ता निरन्तरम्।
तुलाकोदण्डमीनानां लग्नसंस्थे शनैश्चरे॥
करोति भूपतिं जातं मन्यराशौ गतायुषम्।
स्थविरौ सबलौ यस्य ग्रहौ स्यातां विलग्नगौ॥
प्रकृत्या स भवेद् वृद्धो मान्यः सर्वजनेषु च" ॥ **गर्ग**

अर्थ—इसके सारे शरीर में खुजली रहती है। कफप्रकृति होता है। नीचे के भाग में कोई अंग कम वा अधिक होता है। कान के भीतर वातरोग

पीड़ा सदैव होती रहती है। शरीर कृश होता है। यह व्यक्ति दुःखी, मूर्ख, कामार्त्त और विवर्ण होता है। इसके शिर में लोहा आदि के आघात से पीड़ा होती है। सदैव अपने विषय में चिन्तित रहता है। यह अल्पायु होता है। तुला, धनु वा मीन लग्न में यह शनि राजा जैसी समृद्धि देता है और जातक दीर्घायु होता है। यदि यही लग्नस्थ शनि किसी अन्य राशि का हो तो जातक अल्पायु होता है। यदि लग्न में वृद्धग्रह गुरु वा शनि हों तो व्यक्ति प्रौढ़प्रकृति और लोकमान्य होता है।

"प्रसूतिकाले नलिनीशसूनौ स्वोच्चत्रिकोणर्क्षगते विलग्ने।
कुर्यान्नरं देशपुराधिनाथं शेषर्क्षसंस्थे सरुजं दरिद्रम्" ॥ **वृहद्यवनजातक**

अर्थ—लग्नस्थ शनि स्वगृह, मूलत्रिकोण वा उच्चराशि में हो तो जातक देश वा नगर का प्रमुख व्यक्ति होता है। अन्य राशियों में व्यक्ति रोगी और दरिद्री होता है।

"ताले यदि स्याज्जहलो बदअक्लश्च लागरो मनुजः।
शठ कंबुरं वेदिलः वाममतिपूर्णः प्रभुः भवति" ॥ **खानखाना**

अर्थ—यदि शनि लग्न में हो तो मनुष्य मूर्ख, दुर्बल, दुष्ट, कुरूप, निर्दयी, कुटिल और प्रभु होता है।

"स्वोच्चे जीवगृहे स्वालयस्थः शनिश्चेत् लग्ने कोणे भूपतुल्यं मनुष्यम्।
कुर्याच्छेषे संस्थितो रोगयुक्तं दीनं हीनं दुःखभाजं दरिद्रम्" ॥ **हरिवंश**

अर्थ—लग्न अथवा कोण में शनि तुला, धनु, मकर, कुंभ वा मीन में हो तो राजा जैसा अधिकार मिलता है। अन्य राशियों का शनि हो तो व्यक्ति रोगी, दीन, निर्धन और दुःखी तथा दरिद्री होता है।

भृगुसूत्र—दृष्ट्यैव रिपुनाशकः, तनुस्थाने शनिर्यस्य धनीपूर्णतृषान्वितः स्थूलदेहः, विषदृष्टिः, वातपित्तदेहः। उच्चे पुरग्रामाधिपः धनधान्यसमृद्धिः। स्वर्क्षे पितृधनवान्। वाहनेश कर्मेश भाग्यक्षेत्रे बहुभाग्यं महाराजयोगः। चन्द्रमसा दृष्टे परान्नभुक्। शुभदृष्टे निवृत्तिः।

अर्थ—यदि तनुस्थान अर्थात् प्रथमभाव में शनि हो तो जातक दृष्टि से ही शत्रु का नाश करनेवाला, धनी, लोभी, मोटा, वातपित्त प्रकृति का होता है। इसकी दृष्टि विषैली होती है। यह शनि यदि उच्च में हो तो जातक गाँव वा शहर का स्वामी होता है–इसे धनधान्य की समृद्धि प्राप्त होती है। स्वगृह का (मकर, कुंभ) शनि हो तो जातक को पैतृकसम्पत्ति मिलती है। यह शनि वाहनेश, दशमेश वा भाग्येश की राशि में हो तो राजयोगकारक होता है। चन्द्रमा की दृष्टि हो तो दूसरों के अन्न पर जीवन निर्वाह करना होता है। अन्य किसी शुभग्रह की दृष्टि हो तो इस दोष की निवृत्ति होती है।

पाश्चात्यमत—यह शनि शुभ सम्बन्ध में हो तो भाग्योदय कराता है। पूर्व आयु में संकट और मुसीबतें झेलकर भारी उद्योग से, आत्मविश्वास तथा धीरज से अन्त में सफलता प्राप्त होती है। यह शनि अशुभ सम्बन्ध में हो तो

शनिप्रधान लोग डरपोंक, बड़े कामों से दूर रहनेवाले, दूसरों पर विश्वास रखने वाले, दुष्ट, लोभी, मत्सरी, दीर्घद्वेषी, ठग, दुःखी, उद्विग्न तथा एकान्तप्रिय होते हैं। निराशा, कष्ट, कामों में विघ्न तथा जीवन में असफल होते हैं। लोगों में अप्रिय होते हैं। पहिली उमर में रोगी रहते हैं। जुकाम, गिरने से शिर को चोट लगना आदि कष्ट होते हैं। वृश्चिक लग्न में बद्धकोष्ठता, सिंह में रक्ताभिसरण में दोष, कर्क में पाचनक्रिया में दोष, तुला में मूत्राशय के रोग होते हैं। साधारणतः लग्नस्थ शनि से प्रवृत्ति उदासीन, हठी, निश्चयी, एकान्तप्रिय, लज्जाशील, एक ही बात पर अड़े रहने की मनोवृत्ति होती है। यह सर्वप्रकार से स्वार्थ साधनेवाला, लोभी, किन्तु दुःखी और ठग होता है। धार्मिक आचार-विचार के बारे में इसके विचार अजीब से होते हैं। लग्नस्थ शनि अग्निराशि में हो तो स्वभाव कुछ मिलनसार, सरल तथा प्रामाणिक होता है किन्तु साथ में साहस, क्रोध; झगड़ा और वाद-विवाद की रुचि होती है। पृथ्वीराशि में और विशेषतः वृषभ में मंदता, नीचता, दुष्ट और दीर्घद्वेषी वृत्ति रहती है। कन्या में जरूरत से ज्यादह पूछताछ करना, चिड़चिड़ा मिजाज संशयी वृत्ति का स्वभाव होता है। मकर में धूर्त, वाद-विवाद में कुशल, स्वार्थी, परिश्रमी, लोभी और कंजूस होता है।

वायुराशि में शनि विचारो, अभ्यासी, व्यासङ्गी, मेहनती, उद्योगी, व्यवहार कुशल, पैसों के बारे में व्यवस्थित, अपनेहित में दक्ष, धार्मिक, सच बोलनेवाला, निष्कपट, आस्थापूर्ण, भावुक तथा कर्मठ व्यक्तित्व देता है। मिथुन वा कुम्भ में ये गुण अच्छी तरह देखे जाते हैं। तुला में गर्विष्ट, अपना ही मत सच माननेवाला, दुराग्रही, स्वार्थी, कञ्जूस स्वभाव होता है। शनि शुभ सम्बन्ध में हो तो फलों में कुछ सुधार होता है। किन्तु अशुभ सम्बन्ध में हो तो अशुभ फल अत्यन्त तीव्र होते हैं। कर्क वा मीन में मन्दबुद्धि, दुःखी, बीभत्स, दुराचारी, पतित और अधर्मी होता है। क्वचित् धर्म के बारे में अतिरिक्त उत्साह भी दिखलाया जाता है।

वृश्चिक में, अशुभ सम्बन्ध में शनि हो तो व्यक्ति धूर्त, दुष्ट, द्वेषी। प्रतिशोध की भावना रखनेवाला, विश्वास के अयोग्य और ठग होता है। यह मत्सरी डरपोक तथा सोचविचार करनेवाला होता है। अग्निराशि में काम में कुशल, किन्तु हमेशा असन्तुष्ट रहता है। पृथ्वीराशि में मूर्ख, विचारशून्य, होता है। कन्या में कहानियाँ सुनने का शौक होता है। यह संशयी, कञ्जूस और चोर होता है॥

विचार और अनुभव—पुराने ग्रन्थकारों ने शनि के फलों में एकान्तप्रियता, आलस्य, निष्क्रियता, उदासीनता, प्रपञ्च से दूर रहना, जड़ता आदि फल बताएँ हैं। सौरमण्डल का शनि अन्तिमग्रह है। जैसे सूर्य उत्पत्ति का और चन्द्र स्थिति का ग्रह माना गया है वैसे ही शनि विनाश का कारकग्रह मान

गया है। ज्योतिःशास्त्र में शनि के विषय में "शनिः दुःखम्" यह प्रायोवाद है। अतएव मूलतः शनि के फल अशुभ और मारक समझे गए हैं। नैसर्गिक कुण्डली में दशम और लाभस्थान का स्वामी होने पर भी शनि शुभ नहीं माना गया है। इसके अशुभफल वृष, कन्या, मकर तथा कुम्भ राशियों में मिलते हैं। अन्य राशियों में शुभफल भी मिलते हैं। तुला (उच्चराशि) मकर-कुम्भ (स्वगृह) में शनि के उत्तमफल वर्णित हुए हैं।

मेष, सिंह, धनु, कर्क वृश्चिक तथा मीन में जिन व्यक्तियों के शनि हो तो वे प्रायः आफिस में नौकरी करते हैं। ये उन्नति बड़ों से झगड़ा करके प्राप्त करते हैं। पैनशन के समय तक इनकी स्थिति अच्छी हो जाती है। अधिकार भी अच्छा रहता है। एक विवाह, पुत्र संतति स्वल्प, अथवा अभाव, किन्तु कन्याएँ अधिक होती हैं। मेष, सिंह तथा धनु में आँखें विशाल किन्तु सदोष होती हैं। आवाज रौबीली और दृष्टि से अधिकार टपकता है।

मिथुन में शनि दो विवाह करवाता है–किन्तु सन्तति का अभाव, पूर्व आयु में कष्ट और उत्तर आयु उत्तम, शिक्षा अच्छी, कानून की शिक्षा वा डाक्टरी की शिक्षा होती है। कर्क, वृश्चिक और मीन में शनि होने से आवाज मीठी और मोहक, अपने गुणों से दूसरों से काम लेकर अपना जीवन सुखमय व्यतीत करते हैं।

वृष, कन्या, तुला, मकर वा कुम्भ में शनि हो तो व्यक्ति नौकरी में अधिक सुख मानते हैं। यदि व्यवसाय करें तो बड़ी मिलों वा फर्मों में अधिकारी होते हैं। किन्तु इसका घरेलू जीवन ठीक नहीं होता–दो विवाह, पत्नी से छठा आठवाँ रहता है। इनकी दृष्टि विषयमयी होती है। इनसे प्रशंसित व्यक्ति शीघ्र ही नष्ट होते हैं। स्त्रियों से अवैध सम्बन्ध रखते हैं। पत्नीरुग्णा रहती है–बचपन में मातृ-पितृहीन होते हैं, प्रायः पिता की मृत्यु होती है। परन्तु तुला के शनि में माता-पिता लम्बी उमर में देखे गए हैं। बड़ा व्यवसाय, किन्तु असफलता पीछे पड़ी रहती है। पूर्णशिक्षा होती नहीं, पैतृकसम्पत्ति मिलती नहीं, मिलनेपर ट्रस्टी ही मौज़ उड़ाते हैं तात्पर्य यह कि जीवन सुखमय नहीं होता, जीवन में प्रगति २६ वर्ष से होती हैं ३६ वें वर्ष से अच्छी सफलता मिलती है। ५६ वें वर्षतक जीवनस्थिति अच्छी रहती है। व्यवसाय में वा जीवन में २५ वें तथा ३१ वें वर्ष में आर्थिकहानि होती है। लग्नस्थ शनि शुक्र दूषित हो तो विवाहसुख अच्छा नहीं मिलता या तो विवाह नहीं होता–यदि हो तो स्त्री की मृत्यु होती है। व्यभिचारी प्रवृत्ति होती है। धन हुआ तो पुत्राभाव होता है। कन्यासन्तति रहती है। व्यवसाय में असफलता तथा धन की कमी रहती है।

लग्नस्थ शनि मङ्गल से दूषित हो तो अपघात होता है, आकस्मिक मृत्यु होती है। कारावास, रिश्वत लेने का आरोप आदि अशुभफल होते हैं।

यदि शनि चन्द्र के साथ हो तो दुष्टस्वभाव, चरित्रभ्रष्टता आदि अशुभफल भी होते हैं। सिंह तथा धनु में शनि हो तो कपड़े अच्छे नहीं होते–फटेपुराने कपड़े तथा शरीर अत्यन्त मलिन रहता है—

कर्क, वृश्चिक और मीन में शनि हो तो शरदी, जुकाम-खांसी आदि रोग लगे रहते हैं। वद्धकोष्टता होती है। उन्माद, मूत्ररोग, बहुमूत्रता आदि रोग होते हैं।

मिथुन तथा कुम्भ में साधारणतया व्यक्ति अच्छा रहता है। किन्तु वातजन्य व्याधियों का प्रकोप हो सकता है।

वृष, कन्या, तथा मकर में मूत्रकृच्छ, कफ–तथा उपदंश आदि रोग भी सम्भावित होते हैं॥

लग्नस्थ शनि प्रभावित व्यक्तियों का पहिली मुलाकात में अच्छा प्रभाव पड़ता है। मेष, कर्क, सिंह, वृश्चिक, धनु तथा मीन में स्वभाव अच्छा होता है। किन्तु अच्छे वा बुरेस्वभाव का अनुभव प्राप्त करना होता है।

कन्या-मकर, कुम्भ तथा वृष में व्यक्ति अपने स्वार्थ के लिए दूसरों का नुकसान करते पाए गए हैं।

धनभावस्थ शनि के फल—

सुखापेक्षया वर्जितोऽसौ कुटुम्वात् कुटुम्बे शनौ वस्तु किं किंन भुंक्ते।
समं वक्ति मित्रेण तिक्तं वचोऽपि प्रसक्तिं विना लोहकं को लभेत्॥२॥

अन्वयः—शनौ कुटुम्बे (स्थिते सति) सुखापेक्षया कुटुम्बात् वर्जितः (स्यात्) असौ किं किं वस्तु न भुंक्ते, प्रसक्तिं बिना मित्रेण समं तिक्तं वचः अपि वक्तिः (तेन बिना) लोहकं कः लभेत॥ २॥

सं० टी०—कुटुम्बे द्वितीये शनौ असौ पुरुषः सुखापेक्षया सुखलाभेच्छया कुटुम्बात् स्व-जनात् वर्जितः विमुक्तः अन्यदेशप्राप्तः, इत्यर्थः कि किं वस्तु न भुंक्ते अपितु सर्वविषयभोगावान् स्यात्। तथा प्रसक्तिं परिचर्याविना लोहकं धात-शस्त्रपातादि अष्टधातुः वा सुवर्णं वा हिरण्य लोहमित्यादि निघंटूक्तेः, को लभेत किन्तु स एव-इत्यर्थः, मित्रेण समं सार्द्धं तिक्तं दुःसहं वचः वाक्यं वक्ति॥ २॥

अर्थ—जिस मनुष्य के जन्म लग्न से दूसरे स्थान में अर्थात् धनभाव में शनि हो वह सुख लाभ की इच्छा से कुटुम्ब को छोड़कर स्वदेश में ही दूर-दूर स्थानों में शहरों तथा नगरों में, अथवा परदेश में चला जाता है, और वहाँ पर रहता हुआ सभी प्रकार की वस्तुओं का, सभी प्रकार के विषयों का उपभोग करता है; अर्थात् उसे उत्तम-उत्तम वस्तुएँ प्राप्त होती हैं—बिना किसी प्रसंग के, व्यर्थ ही मित्रों से तीखे वचन बोलता है अर्थात् व्यर्थ ही कटुभाषण करता है। मित्रों से मीठा बोलना तो दूर रहा, अप्रासंगिक, अनुचित तथा असह्य कर्णकटुशब्द बोलता है। किसी एक टीकाकार ने प्रसक्ति शब्द का अर्थ 'खुशाम [illegible]' किया है और 'लोहकं कः लभेत' के साथ 'प्रसक्तिं विना' को जोड़ा

है और समुचित अर्थ 'बिना खुशामद ही अष्टधातु लोहा आदि सभी वस्तुएँ इसे प्राप्त हो जाती हैं"—ऐसा किया है, प्रसक्तिशब्द 'परिचर्या में (खुशामद) में अप्रसिद्ध है—यद्यपि 'प्रसक्ति' शब्द अनेकार्थक है। लोहक की व्युत्पत्ति 'लोहः एव लोहकः' ऐसी है। लोह शब्द के भी कई एक अर्थ हैं। 'हिन्दी शब्द संग्रह' कोष में 'लोह' के निम्नलिखित अर्थ हैं :—एक धातु, हथियार, धाक, युद्ध, लालबैल, लाल, दृढ़, सख्त, आपटे के कोश में 'लोह' का अर्थ 'सुवर्ण' भी दिया गया है। ऊपर लिखे कोश प्रमाण से लोहक शब्द का अर्थ "सोना आदि धातुओं की प्राप्ति" वा लोहे से बने हुए तलवार आदि तीक्ष्ण शस्त्रों के व्यापार से धनप्राप्ति किया जा सकता है। शनि का प्यारा धातु 'लोहा' तो माना हुआ है। शनि की प्रसन्नता के लिए दातव्य पदार्थों में लोहा का निर्देश सर्वत्र है। अनुभव से भी शनि प्रभावित व्यक्ति यदि लोहे का व्यापार करें तो अटूट लाभ उठाते हैं। अतः 'लोहे के व्यापार से फायदा होता है' यह अर्थ सुसंगत है। अष्टधातुओं की गणना में 'लोहा' भी एक धातु है। बन्दूकें बनाकर बेचनेवाले व्यापारी तो लाखों में खेलते नज़र आते हैं और यह कृपा शनिग्रह की है—ऐसा मानना ठीक है।

तुलना—"कुटुम्बत्यक्तोऽपि प्रभवति कुटुम्बे यदि शनौ,
विदेशे संगच्छन् किमितनहिभुंक्ते प्रियतमम्।
सदा मिष्टं मित्रैरपि सह सदा तिक्तवचनं,
प्रवक्ति स्वार्थे ना सपदिपरिगृह्णाति च शरम्॥ **जीवनाथ**

अर्थ—जिस मनुष्य के जन्म समय में शनि धनभाव में हो वह कुटुम्ब (परिवार) से पृथक् होकर परदेश में जाकर सदा मिष्टान्नादि प्रिय वस्तुओं का क्या भोग नहीं करता है ? अर्थात् परिवार को छोड़कर, परदेश में जाकर सब अभीष्ट वस्तुओं का लाभ करता है। मित्रों के साथ सदा कटुवचन तथा दुर्वचन ही बोलता है। और स्वार्थ के लिए शीघ्र ही शस्त्र ग्रहण भी करता है। अर्थात् यह पराकाष्टा का स्वार्थी होता है जो अपनी स्वार्थसिद्धि के लिए दूसरों से मारकाट करने के लिए एकदम तैय्यार हो जाता है।

"भूरिद्रव्यो नृपहृतधनो वक्त्ररोगी द्वितीये॥" **वराहमिहिर**

अर्थ—जिसके धनभाव में शनि हो वह व्यक्ति बहुधनवान्, किन्तु राजा के कोप से निर्धन होता है। इसे मुख के रोग होते हैं।

"असत्यवादी चपलोऽटनोऽधनः शनौ कुटुम्बोपगते तु वञ्चकः॥" **वैद्यनाथ**

अर्थ—कुटुम्बभाव में (धनभाव में) शनि के होने से जातक झूठ बोलनेवाला, चपल, प्रवासी, निर्धन तथा ठग होता है।

"दुःखावहो धन-विनाशकरः प्रदिष्टः॥" **वशिष्ठ**

अर्थ—द्वितीयभाव का शनि दुःख देकर धन का नाश करता है।

"धनहानिश्च।" पराशर

अर्थ—धनभाव का शनि धन हानि कारक होता है।

"स्वजनपदगतोऽस्वोऽसौ कुटुम्बोज्झितः स्यात् ।
परजनपदजातः सर्वसौख्योऽखितेस्वे ॥" जयदेव

अर्थ—जब तक अपने देश में रहता है निर्धन रहता है। जब कुटुम्ब (परिवार) को छोड़कर परदेश जाता है तो इसे सब प्रकार के सुख प्राप्त होते हैं। यह फल धनभाव के शनि का है।

"धनेमंदे धनैर्दीनो वातपित्तकफातुरः ।
देहास्थि पित्तरोगश्च गुणैः स्वल्पोऽपिजायते ॥" काशीनाथ

अर्थ—धनभाव में शनि के होने से जातक निर्धन, वात, पित्त, कफ तथा अस्थिरोग से पीडित तथा गुणहीन होता है।

"विकृतवदनोऽर्थभोक्ता जनरहितो न्यायकृत् कुटुम्बगते ।
पश्चात् परदेशगतो धनवाहन भोगवान् सौरे ॥" कल्याणवर्मा

अर्थ—यदि शनि द्वितीयभाव में हो तो जातक का मुख विकृत होता है। धन का उपभोग करता है। यह न्यायशील होता है। आयु के उत्तरार्ध में यह परदेश जाता है और वहाँ पर इसे धन और वाहनों का सुख मिलता है।

"अन्यालयस्थो व्यसनाभिभूतो जनोज्झितः स्यान् मनुजश्च पश्चात् ।
देशान्तरे वाहनराजमानो धनाभिधाने भवनेऽर्कसूनौ ॥" महेशः

अर्थ—उच्चक्षेत्र के बिना यदि धनभाव में किसी अन्य राशियों में शनि स्थित होता है तो जातक व्यसनों से पीड़ित होता है—इसके परिवार के लोग इसका परित्याग कर देते हैं। उत्तर आयु में यह परदेश जाता है और वहाँ पर वाहन का सुख मिलता है और यह राजा का कृपापात्र होकर राजसम्मान पाता है।

"काष्ठांगाराल्लोह धनः कुकार्याद्धनसंचयः । नीचविद्यानुरक्तश्च ।
धनेमन्दे धनैर्हीनो निष्ठुरोदुःखितोभवेत् ।
मित्रसौम्येर्युते इष्टे धर्मसत्यदयान्वितः ॥
मृतवत्साभागिन्यादिगर्भस्रावादिकं भवेत् ।
प्रतिवेश्यादि बालानां विपत्तिरपि कथ्यते ॥ गर्ग

अर्थ—जिस जातक की कुण्डली में शनि हो तो इसे लकड़ी, कोयला, लोहा आदि के व्यापार से और बुरे कामों से धन मिलता है। यह नीच विद्या का अभ्यास करता है। इसके बहिन की सन्तति जीवित नहीं रहती, गर्भपात होता है। घर और बच्चों की हानि होती है। धनभाव के शनि पर यदि मित्रग्रह वा शुभग्रह की दृष्टि हो वा मित्र वा सौम्यग्रह की युति हो तो जातक धार्मिक, दयालु तथा सत्यप्रिय होता है।

"विमुखमधनमर्थेऽन्यायवन्तं च पश्चात् ।
इतरजनपदस्थं मानभोगार्थयुक्तम्" ॥ मंत्रेश्वर

अर्थ—यदि शनि दूसरे घर में हो तो जातक का चेहरा देखने में अच्छा न होगा। ऐसा व्यक्ति अन्याय मार्ग पर चलेगा और धनहीन होगा। किन्तु

बाद में (जीवन के उत्तरार्द्ध में) वह अपना निवासस्थान छोड़कर किसी दूसरे स्थान पर चला जायेगा और वहाँ पर धन, सवारी तथा सुख के साधन प्राप्त करेगा।

"अन्यालयस्थो व्यसनाभिभूतोजनोज्झितः स्यान्नानुजश्च पश्चात्।
देशान्तरे वाहन राजमान्ये धनाभिधाने भवनेऽर्कसूनौ" ॥ **बृहद्यवनजातक**

अर्थ—यह जातक दूसरों के घर रहता है। विपत्तियों से पीड़ित होता है। लोग इसे अपने से पृथक् कर देते हैं। इसे छोटे भाई नहीं होते। जीवन के उत्तरार्ध में विदेश में जाकर यह व्यक्ति वाहनों का सुख तथा राजा द्वारा आदर पाता है।

"धननिकेतनवर्तिनि भानुजे भवति वाक्यसुदासधनान्वितः।
चपल लोचन संचयने रतो भवति चौर्यपरोनियतं सदा" ॥ **मानसागर**

अर्थ—धनभाव में शनि के होने से जातक मधुरभाषी तथा धनवान् होता है। इसकी दृष्टि चंचल होती है। यह संग्रही तथा चौर्यकर्मपरायण होता है।

"अन्यालयस्थो व्यसनाभिभूतो जनोज्झितः स्यान् मनुजश्च पश्चात्।
देशान्तरे वाहनराजमानो धनाभिधाने भवनेऽर्कसूनौ" ॥ **ढुण्ढिराज**

अर्थ—जिसके धनभाव में शनि हो तो व्यक्ति का अपना घर नहीं होता और वह दूसरे के घर में रहता है–विपत्तियाँ इसका पल्ला नहीं छोड़तीं, इसका बन्धु वर्ग इसे अपने से पृथक् कर देता है। यह व्यक्ति अपने जीवन के उत्तरार्ध में परदेश जाता है और वहाँ पर इसे वाहनों का सुख मिलता है और यह राजमान्य होता है।

नोट—"अन्यालयस्थः" विशेषण उस व्यक्ति के लिए दिया गया है जिसके धनभाव में शनि होता है। यह विशेषण कई एक प्रामाणिक ग्रंथों में आया है। महेशदैवज्ञ रचित 'रणवीरज्योतिर्निबंध' में इसका अर्थ 'उच्च राशि से अन्य राशियों का शनि' ऐसा किया है। शेष ग्रंथकारों ने यह विशेषण 'जातक' का माना है और इसका अर्थ 'दूसरे के घर में निवास करनेवाला' अर्थात् 'जिस व्यक्ति का अपना घर नहीं है'। ऐसा किया है। बहुमत से 'दूसरे के घर में रहनेवाला' यही अर्थ ठीक जँचता है। किन्तु दूसरा अर्थ भी अप्रासंगिक नहीं क्योंकि तुला, धनु, मकर, कुंभ और मीन राशि का शनि शुभ फलदाता माना गया है और इन राशियों से अन्य राशियों का शनि अशुभ फलदाता है। घर का न होना, दूसरों के घर में रहना–दूसरों की दया पर अवलम्बित रहना आदि फल अशुभ ही हैं।

"धने पंगुना विद्यमाने सुखं किं कुटुम्बात् तथा क्लेशमाहुर्जनानाम्।
न भोक्ता न वक्ता वदेन् निष्ठुरं वै धनं लोहजातं न शत्रोर्भयं स्यात्" ॥ **जागेश्वर**

अर्थ—जिस व्यक्ति के धनभाव में शनि हो वह अपने परिवार से किसी प्रकार का भी सुख प्राप्त नहीं करता है। इसे लोगों से कष्ट होता है। इसे

कोई उपभोग प्राप्त नहीं होता। यह अच्छा बोलनेवाला नहीं होता है—इसके वचन निष्ठुर अर्थात् कर्णकटु होते हैं। इसे लोहे के व्यापार से धनप्राप्ति होती है। इसे शत्रुभय नहीं होता है।

"यावागो वदहालः कोतोदत्तश्च गुस्वरो जोहलः।
जरखाने यदि मनुजो नाढ्यः परदेशगश्चापि" ॥ खानखाना

अर्थ—यदि शनैश्चर द्वितीयभाव में हो तो मनुष्य सर्वदा तंग रहनेवाला, खराब हालतवाला, क्रोधी, निर्धन और परदेश में रहनेवाला होता है।

भृगुसूत्र—द्रव्याभावः। दारिद्र्यं। पापयुते दारवंचना। मठाधिपः। अल्पक्षेत्रवान्। नेत्ररोगी।

अर्थ—यदि शनि धनभाव में हो तो जातक धनहीन होता है—इसके दो विवाह होते हैं। इसे आँखों के रोग होते हैं। खेती कम रहती है। मठाधीश हो सकता है। यदि शनि पापग्रह से युक्त हो तो स्त्रियों को ठगनेवाला होता है।

पाश्चात्यमत—धनभाव के शनि से धनहानि होती है तथा व्यापार में नुकसान होता है। शुभ सम्बन्ध में हो तो लोकोपयोगी कार्य, कम्पनियाँ, शेयर, सट्टा आदि में अच्छा लाभ होता है। अद्भुत चित्ताकर्षक चीजों तथा पुरानी चीजों के व्यापार से लाभ होता है। शुभ सम्बन्ध में और विशेषतः '**तुला**' में यह शनि पैतृक सम्पत्ति अच्छी देता है। यह जातक मितव्ययी, होशियार तथा दीर्घदर्शी होने से सम्पत्ति का विनियोग बड़े-बड़े सुरक्षित व्यवसायों के विकास में करता है। इससे सम्पत्ति में अच्छी वृद्धि होती है। व्यवसायों के लिए पूँजी देनेवाले श्रीमानों की कुण्डलियों में यह योग अक्सर पाया जाता है। यही शनि पीड़ित और निर्बल हो तो जीवन भर दरिद्री रहना पड़ता है। उदर निर्वाह भी बहुत कष्ट से होता है। आर्थिक कष्ट होता रहता है। व्यापार वा व्यवसाय में हमेशा नुकसान होता है। बहुत श्रम करने पर भी लाभ नहीं होता।

विचार और अनुभव—धनभावस्थित शनि के विषय में ग्रंथकारों तथा अन्य लेखकों में मतभेद पाया जाता है। कई एक लेखकों ने बहुत अशुभफल बतलाए हैं और अन्य लेखकों ने शुभ-अशुभ दोनों प्रकार के फल बतलाए हैं। पूर्वजों की सम्पत्ति के विषय में विचार धनभाव से करना चाहिए। प्राचीन ग्रंथकारों ने साधारणतया गुरु और शुक्र, इन दोनों ग्रहों को सम्पत्तिकारक माना है। क्योंकि नैसर्गिक कुण्डली में शुक्र धनस्थान का स्वामी होता है और भावकारक कुण्डली में गुरु धनभावकारक होता है। किन्तु नैसर्गिक कुण्डली में दशमस्थान का स्वामी शनि है। वैद्यनाथ ने स्वरचित जातकपारिजात में "सम्पत्प्रदाता शनिः" ऐसा लिखा है। "आयुर्जीवन मृत्यु कारण विपत् सम्पत् प्रदाता शनिः"। यह श्लोकार्ध फलविशेषचिन्ता में दिया गया है। अर्थात् वैद्यनाथ ने शनि को सम्पत्तिकारकत्वेन ग्रहण किया है। गुरु के कारकत्व के विषय में वैद्यनाथ का मत निम्नलिखित है—"प्रज्ञा-नित्यशरीरपुष्टितनयज्ञाननि

वागीश्वरात्'' । इससे 'गुरु ज्ञान कारण है' यह तो निःसन्दिग्ध है । इसमें सम्पत्तिकारकत्व का अभाव है । उत्तर-कालामृतकार कालिदास ने शुक्र के कारकत्व में "आय" का सन्निवेश किया है । सम्पत्ति भी आय से भिन्न नहीं है । इस तरह शुक्र और शनि दोनों ग्रह धनकारक है—ऐसा कहना अनुचित न होगा । शुक्र नकद रुपए—सोना-चाँदी का कारक है और स्थावर सम्पत्ति-घर-जमीन आदि का कारक ग्रह शनि है—यह मान्यता ठीक होगी । धनस्थान में शुभ सम्बन्ध में शनि पूर्वार्जित सम्पत्ति की प्राप्ति कराता है । यह कहना सुसंगत होगा । एक बात और है—"सौरिः स्वस्थानपालः परमभयकरी दृष्टिरस्य प्रणष्टा" यह एक ज्योतिष का नियम है । इसके अनुसार जिस स्थान में शनि हो उसके शुभफल मिलते हैं । धनस्थान का शनि पूर्वार्जित सम्पत्ति का पालक है—इसकी रक्षा करता है—और जातक को इस सम्पत्ति का लाभ कराता है । 'जिस पर शनि की दृष्टि पड़ती है वह स्थान नष्ट होता है' । यह दूसरा नियम है । 'शनि की दृष्टि विषमयी है' इस पर पहिले प्रकाश डाला जा चुका है ।

वृष, कन्या तथा मकर में पूर्वार्जित सम्पत्ति नहीं होती—हो तो उसका उपयोग नहीं होता । अपने श्रम तथा उद्योग से उपजीविका करनी पड़ती है । यौवन सुखपूर्ण नहीं होता । विवाह एक होता है—इनका व्यवहार घर के लोगों से मुसाफिरों जैसा होता है अर्थात् घर के कामों में और घर के लोगों की तरफ ये निरपेक्ष रहते हैं—इनकी लगन सार्वजनिक और राष्ट्रीय कामों में खूब होती है । ये लोग हठी और दुराग्रही होते हैं । इन्हें अपने खाने-पीने तथा कपड़ों की भी फिक्र नहीं होती ।

मेष, मिथुन, सिंह तथा धन में दो विवाह होते हैं-संतति, धन तथा सम्मान खूब, किन्तु धनसंचय नहीं होता घरवार पर, जमीनों की खरीदारी में धन का खर्च होता है । इन्हें भोजनभट्ट होने से असन्तोष ही रहता है । मिष्टभाषण से ये अपना काम आसानी से निकाल लेते हैं । ये पत्नी से विमुख रहते हैं अतः घर में परस्पर छठा-अठा चला रहता है । लोगों के लिए धन व्यय करते हैं अतः लोग इनकी मुट्ठी में रहते हैं । इनकी उपजीविका ठीक चलती रहती है ।

कर्क, वृश्चिक तथा मीन में ऊपर लिखे फल ही कुछ कम अधिक मात्रा में अनुभव में आते हुए देखे गए हैं ।

तुला तथा कुंभ में द्विभार्या योग होता है । संतति कम, व्याज पर रुपया देने का व्यवसाय, इसमें दूसरों का धन हड़प की प्रवृत्ति होती है । ये किसी के सहायक नहीं होते । आयु के १९ वें तथा २० वें वर्ष में घर का प्रमुख व्यक्ति कालकवलित होता है । उपजीविका का प्रारम्भ प्रायः २२ से २४ वें वर्ष तक होता है । इस योग में विवाह देर से होता है । ग्रन्थकारों ने स्वदेश में अशुभफलों का होना तथा देशान्तर में शुभफलों का होना बतलाया है ।

देशान्तर में दो वा दो से अधिक विवाह होते हैं। देशान्तर की दृष्टि से निम्न प्रकार से लाभ होता है :—मेष, सिंह तथा धनु में उत्तर, वृष, कन्या, तथा मकर में पश्चिम की ओर, कर्क, वृश्चिक तथा मीन में पूर्व की ओर, मिथुन, तुला तथा कुंभ में उत्तर की ओर लाभ होता है।

व्यवसाय की दृष्टि से धनभाव का शनि निम्नलिखित व्यवसायों में लाभदायक है :—लकड़ी-कोयला, लोहा, खनिजपदार्थ, धातु, पत्थर, चूना, बालू।

तृतीयभावस्थ शनि के फल—

"तृतीये शनौ शीतलं नैव चित्तांजना दुद्यमाज्जायते युक्तभाषी।
अविघ्नं भवेत् कर्हिचिन्नैवभाग्यं दृढाशः सुखी दुर्मुखः सत्कृतोऽपि॥ ३॥

अन्वयः—शनौ तृतीये (स्थिति सति) जनात् उद्यमात् (च) चित्तं शीतलं न एव जायते। (सः) दृढाशः सुखी, युक्तभाषी (स्यात्) तस्य भाग्यं कर्हिचित् अविघ्नं न एवं भवेत्। (असौ) सत्कृतः अपि दुर्मुखः (भवति)॥३॥

सं० टी०—तृतीये शनौ जनात् सहजाद् उद्यमाच्च चित्तं मनः शीतलं शांतं नैवजायते। भाग्यं लाभादिअदृष्टजं अविघ्नं विघ्नरहितं कर्हिचित् कदापि नैव भवेत्। युक्तभाषी मितवक्ता, दृढाशः अचलतृष्णः अतएव असुखी, सत्कृतोऽपि दुर्मुखो मुखरो भवेत्॥ ३॥

अर्थ—जिसका शनि तीसरेभाव में हो उस जातक का मन भाई-बन्धुओं आदि से भी तथा पराक्रम करने से भी शान्त नहीं होता है। भाई-बन्धुओं से मनमुटाव होने से चित्त अशान्त तथा अस्वस्थ रहता है-यह अटूट परिश्रम तथा उद्योग करता है किन्तु इसका मन अशान्त ही रहता है क्योंकि इसे उद्योगी होने पर भी सफलता प्राप्त नहीं होती। इसका भाग्य-अर्थात् ऐश्वर्य और धनादि का लाभ निर्विघ्न नहीं होता-अर्थात् विघ्नों के बाद ही इसका भाग्योदय होता है-अर्थात् ऐश्वर्य-धन-आदि की प्राप्ति के पूर्व इसे बहुत ही विघ्नों का सामना करना पड़ता है। यह जातक मितभाषी होता है। यह सुखी भी होता है, किन्तु इसकी आशाएं तृष्णाएँ अतृप्त रहती हैं। जिस कारण यह कभी भी पूर्णतया सुखी नहीं रहता है। जब तक दृढ़मूल आशाओं का मूल नष्ट न हो तब तक सुखप्राप्ति-शान्तचित्तता क्योंकर हो सकती है। इस जातक का चाहे कितना ही आदर-सत्कार क्यों न किया जाए तौ भी यह असन्तुष्ट तथा अप्रसन्न ही रहता है और मुख से दुष्ट वचन ही बोलता है सम्मान तथा सत्कार करनेवालों से भी दुष्टता तथा कृतघ्नता का ही व्यवहार करता है॥ ३॥

तुलना—"यदा भ्रातुः स्थानं गतवति शनौ जन्मसमये,
धनानां व्यापारान्नहि परमहर्षो जनिमताम्।
भवेद् भाग्यं तेषां कथमिह महोत्पातरहितं,
कृते सत्कारेऽपि प्रसरति खलत्वं च परितः॥" जीवनाथ

अर्थ—जिस मनुष्य के जन्मसमय में शनि तृतीयभाव में हो उसे धन द्वारा किए गए व्यापार से अधिक आनन्द नहीं होता है, अर्थात् व्यापार से यथेच्छ पूर्ण धन नहीं मिलता है। उसका भाग्य विघ्न-बाधाओं से रहित कैसे हो सकता है, अर्थात् उसकी भाग्योन्नति में अनेक विघ्न-बाधाएं आती हैं। और सम्मान करने पर भी उसकी दुष्टता चारों ओर फैलती है, अर्थात् वह सम्मान करनेवालों से भी दुष्टता ही करता है। इस लिए वह परम दुष्ट होता है।

"मतिविक्रमवान् तृतीयगे।" **आचार्य वराहमिहिर**

अर्थ—जिस मनुष्य के तृतीयभाव में शनि हो तो वह बुद्धिमान् और पराक्रमशील होता है।

"श्यामोऽसंस्कृत देहो नीचोऽलसपरिजनो भवति सौरे।
शूरोदानानुरक्तो दुश्चिक्यगे विपुलबुद्धिः॥" **कल्याणवर्मा**

अर्थ—यदि जातक के तृतीयभाव में शनि हो तो वह श्यामवर्ण होता है। उसका शरीर गन्दा रहता है। यह नीच, शूर-उदार और कुशाग्रबुद्धि होता है। इसके परिवार के लोग आलसी होते हैं।

"अहित-हित-जनानां पोषको भूपमान्यो।
गुणगण बलशाली विक्रमी विक्रमस्थे॥" **जयदेव**

अर्थ—यदि जातक के तीसरे भाव में शनि हो तो यह चाहे शत्रु हों और चाहे मित्र हों बिना किसी भेदभाव के सभी का पालन-पोषण करता है। यह राजा से आदर पाता है। यह शौर्य-औदार्य आदि गुण समूह से युक्त होता है-यह पराक्रमवान् होता है।

"सहजमन्दिरगे तपनात्मजे भवति सर्वसहोदरनाशकः।
तदनुकूल नृपेण समोनरः स्वसुखपुत्रकलत्र समन्वितः॥" **मानसागर**

अर्थ—जिसके भ्रातृस्थान में अर्थात् तृतीयभाव में शनि हो तो यह सभी भाइयों के लिए मारक होता है, अर्थात् बड़े-छोटे दोनों भाइयों के लिए मारक होता है। यह सुख, पुत्र और कलत्र युक्त और राजा जैसा भाग्यवान् होता है।

"अल्पाशी धनशील वंश गुणवान् भ्रातृस्थिते भानुजे।
सौरिस्तृतीयेऽनुजनाशकर्ता॥" **वैद्यनाथ**

अर्थ—जिसके जन्म समय तीसरे भाव में शनि हो तो जातक कम खाता है। यह धनवान, कुलीन तथा गुणवान् होता है। तृतीय शनि छोटे भाइयों के लिए मारक होता है।

"छायात्मजे तृतीयस्थे प्रसन्नो गुणवत्सलः।
शत्रुमर्दी नृणां मान्यो धनी शूरश्च जायते॥" **काशीनाथ**

अर्थ—जिसके शनि तृतीयभाव में हो वह प्रसन्नचित्त, गुणों का प्यारा, शत्रुनाशक, लोगों में आदरणीय, धनी और शूर-वीर होता है।

"राजमान्य शुभवाहनयुक्तो ग्रामपो बहुपराक्रमशाली।
पालको भवति भूरिजनानां मनवोहि रविजे सहजस्थे॥" **ढुण्ढिराज**

अर्थ—यदि शनि तृतीयभाव में हो तो जातक राजमान्य, उत्तमवाहनयुक्त, गाँव का मुखिया अर्थात् ग्राम का मुख्यपुरुष, बहुत पराक्रमी, बहुत से लोगों का पालक होता है, अर्थात् बहुत से लोग इसके आश्रित रहते हैं यह इन सब का पालक-पोषक होता है।

"विपुलमतिमुदारं दारसौख्यं च शौर्यं
जनयति रविपुत्रश्चालसंविक्लवंच ॥" मंत्रेश्वर

अर्थ—यदि तृतीय में शनि हो तो जातक बहुत बुद्धिमान् और उदार होता है। इसे स्त्रीसुख भी मिलता है। किन्तु यह आलसी और दुःखी होता है।

"तृतीये मित्रवर्धनं धनलाभम्। पृष्ठे जातं शनैश्वरः॥" पराशर

अर्थ—जिसके तृतीयभाव में शनि हो तो उसके मित्र बढ़ते हैं। उसे धन का लाभ होता है। उसके छोटे भाई की मृत्यु होती है॥

"तथा तृतीयगे मन्दे स नरो भाग्यवान् भवेत्।
भवेद् दोषस्थिता पीड़ा शरीरे तस्य सर्वदा।
भ्रातृगो मन्दगः कुर्याद् भ्रातृस्वसृविनाशनम्।
नृपतुल्यं च सुखिनं सततं कुरुते नरम्।
सौरि गर्भविनाशनं च नियतं मन्त्रीश्वरो नान्यथा॥ गर्ग

अर्थ—यदि शनि तृतीयभावस्थ हो तो जातक भाग्यवान् होता है। इसके शरीर में दोषजन्य पीड़ा रहती है। यह राजा जैसा सुखी मन्त्री होता है। भाई-बहिनों तथा संतति का नाश होता है।

"यदा विक्रमे मन्दगामी कदुष्णं भवेन्मानसं भाग्यविघ्नः सदा स्यात्।
भवेत् पालको वै बहूनां नराणां रणेविक्रमी भाग्यवान् हस्तरोगी।
भवेद् भ्रातृकष्टं विदेशे प्रयाणं गृहे नो विरामं लभेद् बन्धुतोऽपि।
भवेन् नीच सक्तो विरक्तोऽर्थधर्मे यदा विक्रमे सूर्यसूनुः नराणाम्॥"
जागेश्वर

अर्थ—शनि के तृतीयभाव में होने से जातक का मन कलुषित अर्था साफ नहीं रहता। भाग्योदय में विघ्नबाधाएँ आती हैं। यह बहुत से लोगों को आश्रय देता है। यह रणशूर, और हस्तरोगी होता है। भाइयों का कष्ट रहता है। यह परदेश में जाता है। घर में इसे आराम नहीं मिलता है। भाई बन्धुओं के साथ मनमुटाव रहता है। यह नीचों की सङ्गति में रहता है। धर्म करने से तथा धन कमाने से विमुख रहता है अर्थात् धर्म और धन की फिक्र नहीं करता है॥

"स्त्रीणां प्रियं रविजस्तृतीये।" वशिष्ठः

अर्थ—जिसके तृतीय में शनि हो वह स्त्रियों को प्रिय होता है॥

"राजमान्य शुभवाहनयुक्तो ग्रामपो बहुपराक्रमशाली।
पालको भवति भूरिजनानां मानवो रवि सुतेऽनुज संस्थे॥"

वृहद्यवनजातक

अर्थ—यह जातक राजसभा में माननीय, उत्तम वाहनों से युक्त, गाँव में मुख्य, पराक्रमी, बहुतों का आश्रयदाता होता है यदि इसके तृतीय में शनि होता है ॥

"जोरावरो यशीलः खुशदाना च मानवः सभ्यः।
अनुचर वृन्द समेतो भवति यदा वै बिरादरे जोहलः ॥" **खानखाना**

अर्थ—यदि तृतीयभाव में शनि हो तो मनुष्य पहलवान्, यशस्वी, प्रसन्न चित्त, सभाचतुर और बहुत नौकर चाकरवाला होता है ॥

राजमान्य शुभवाहनयुक्तो ग्रामपो बहुपराक्रमशाली।
पालको भवति भूरिजनानां मानवो हि रविजे सहजस्थे ॥" **महेश**

अर्थ—जिसके तीसरेभाव में शनि हो वह जातक राजमान्य होता है। उसके पास उत्तम वाहन होते हैं। वह ग्राम का मुखिया होता है। यह बहुत पराक्रमशील होता है। 'यह बहुत लोगों को आश्रय देता है, केवल इतना ही नहीं, यह इन लोगों का पालक-पोषक भी होता है ॥

"भूपात् सौख्यं चारुकीर्तिः सुकान्तिः वित्ताधिक्यं वाहनानां समृद्धिः।
नैरुजोगं पालनं मानवानां भ्रातृस्थाने भानुजातः करोति ॥"
हरिवंश

अर्थ—जिस जातक के तृतीयभाव में शनि हो तो जातक को राजा से सुख प्राप्त होता है। यह अपनी कीर्ति से चारों दिशाओं को धवलित कर देता है अर्थात् जातक दिगंत कीर्ति होता है। इसका शरीर सुन्दर और नीरोग होता है। यह सैंकड़ों मनुष्यों को आश्रय देकर सुखी बनाता है ॥

भृगुसूत्र—भ्रातृहानि कारकः, अदृष्टः, दुर्वृत्तः। उच्चे स्वक्षेत्रे भ्रातृवृद्धिः। तत्रपापयुते भ्रातृद्वेषी। प्रतापवान् ॥"

अर्थ—तृतीयभावस्थ शनि भाइयों को हानि पहुँचाता है। इसका चित्त दुःखित रहता है। यह दुराचारी होता है। यदि शनि उच्च वा स्वक्षेत्र में हो तो भाइयों की वृद्धि होती है। यदि इस शनि के साथ पापग्रह हों तो भाइयों में द्वेष होता है। यह प्रतापी मानव होता है ॥

पाश्चात्यमत—यह शनि शुभसम्बन्ध में बलवान् हो तो जातक का मन गम्भीर, स्थिर, शान्त, विवेकी सौम्य तथा विचारशील होता है। चित्त की एकाग्रता शीघ्र होती है। अतः विचार, मनन, और एकाग्रता की जिन्हें जरूरत होती है—ऐसे विषयों का अध्ययन अच्छी तरह कर सकते हैं। शनि के प्रमुख शुभलक्षण न्यायी, प्रामाणिक, चतुर होना—इनमें पाए जाते हैं। बुद्धि गहरी और सलाह अच्छी होती है यही शनि पीड़ित वा निर्बल हो तो रिश्तेदार, भाई वन्द, पड़ोसी आदि से बनती नहीं, अतः उनसे सुख नहीं मिलता है। शिक्षा पूरी नहीं होती। प्रवास से लाभ नहीं होता। लेखन, ग्रन्थों के प्रकाशन आदि में रुकावटें आती हैं। प्रवास में वरसात वा ठंडे मौसम के कारण अस्वस्थता

होती है। मनपर विद्वत्ता वा उदात्त विचारों का संस्कार नहीं होता। दुःखी विचारों से परेशान होते हैं। आप्तमित्रों से इनका बहुत नुकसान होता है। ज्योतिष आदि गूढ़ शास्त्रों में रुचि होती है। इस शनि का मङ्गल से अशुभयोग विश्वासघात, वचना, ठगों के काम में कुशलता का कारण होता है। बुध से अशुभयोग हो तो चोरी की प्रवृत्ति निर्माण करता है। शुक्र से शुभयोग हँसी मजाक की प्रवृत्ति बनाता है। बन्धु वा रिश्तेदारों से अच्छे सम्बन्ध नहीं रहते। उनसे मनमुटाव होता है, और उनके कामों से नुकसान ही होता है।

विचार और अनुभव—शनि पापग्रह है। मारक स्थान के अर्थात् द्वितीय तथा सप्तम स्थान के न केवल स्वामी ही मारक होते हैं अपितु इनसे सम्बन्ध रखनेवाले ३, ६-११ के स्वामी यदि पापग्रह हों तो वे भी अपनी दशा-अन्तर्दशा में मारक प्रभाव दिखाते हैं। इस तरह तृतीयस्थान भी अशुभ गिना जा सकता है—पापग्रहों के लिए इस तरह तृतीय स्थान अच्छा माना गया है। इसलिए तृतीयस्थ शनि के फल प्रायः शुभ बतलाए गए हैं। किन्तु सभी ग्रन्थकारों ने 'भ्रातृनाश' यह महान् अशुभ फल दिया है। छोटे भाई की मृत्यु पर विशेष बल दिया गया है। इसका कारण निम्नलिखित श्लोक है—ऐसा प्रतीत होता है—"अग्रेजातं रविर्हंति, पृष्ठे जातं शनैश्चरः।" "अग्रजं पृष्ठजं हन्ति सहजस्थो धरासुतः।' अर्थ—तृतीयस्थ रवि से बड़े भाई का, शनि से छोटेभाई का और मंगल से दोनों का मृत्यु योग होता है। मानसागरी में 'भवति सर्वसहोदरनाशकः।" ऐसा पाठ है—अर्थात् तृतीयभावस्थ शनि बड़े-छोटे-दोनों भाइयों के लिए मारक होता है। गर्गजी के अनुसार तृतीयस्थ शनि भाई-बहिनों का और सन्तति का नाशक है :—"भ्रातृगो मन्दगः कुर्यात् भ्रातृस्वस्रुविनाशनम्।" "गर्भविनाशनं च।" ऐसा मूलपाठ है। इस तरह शनि के शुभ-अशुभ-मिश्रितफल होते हैं। तृतीयस्थ शनि के शुभफल मेष, सिंह, धनु-कर्क, वृश्चिक तथा मीन में अनुभव में आते हैं। और अशुभफल वृष, कन्या, तुला-मकर तथा कुम्भ राशियों के हैं।

पुरुषराशि का शनि भाइयों के लिए अशुभ है—ऐसा अनुभव है। बड़े और एक छोटे भाई की मृत्यु होती है। बहिनें विधवा होती हैं, अथवा इनका गृहस्थ जीवन कंटकमय होने से ये भाई के साथ रहने में बाध्य होती हैं।

स्त्रीराशि का तृतीयस्थ शनि भ्रातृनाशक नहीं होता है अपितु भाइयों में परस्पर वैमनस्य का कारण होता है। पाश्चात्य दैवज्ञ तृतीयस्थ शनि का फल भाइयों, बन्धुओं और रिस्तेदारों में मन मुटाव मानते है—इसे मृत्यु कारक नहीं मानते। इस शनि से भाइयों में बँटवारा होता है। एकत्र रहना नहीं होता, एकत्र रहें तो भाग्योदय में रुकावटें आती हैं। आर्थिक स्थिति शोचनीय हो जाती है।

स्त्री राशि में सन्तति देर से होती है—पुरुषराशि में सन्तति शीघ्र होती है, गर्भपात वा एकाध सन्तति की मृत्यु भी होती है।

कन्या और तुला का तृतीयस्थ शनि हो तो विवाह के बाद आर्थिक कष्ट, व्यापार में हानि होती है—उद्योग, उत्साह·कार्यनिपुणता आदि सब निरर्थक होते हैं। इस तरह के फल कन्या की अपेक्षा तुला में अधिक तथा अनुभव में आते हैं। कर्क राशि का अनुभवी नेष्ट ही होता है। यह शनि माता का निधन प्रथम, तदनन्तर पिता का मृत्यु कराता है। मकर, वा कुम्भ का शनि दारिद्र्ययोगकारक होता है। तृतीय शनि आयुपक्ष में बुरा नहीं–जातक शान्त, विचार शील-साधक-बाधक युक्तियों से विचार करता है। जातक की पूर्वआयु अच्छी नहीं होती–अस्थिरता रहता है। कर्क, वृश्चिक तथा मीन में बहुतबेर प्रवास जाना पड़ता है। इन राशियों में जातक लोभी, निर्दयी तथा दुष्टस्वभाव का होता है—अपने परिश्रम से अधिकार पाता है। पुरुषराशि का शनि हो तो प्रायः शिक्षा नगण्यसी, किन्तु स्त्रीराशि में शिक्षा अच्छी होती है—आत्मविश्वास भी बहुत रहता है।

चतुर्थभावस्थ शनि के फल—

"चतुर्थे शनौ पैतृकं याति दूरं धनं मंदिरं बंधुवर्गापवादः।
पितुश्चापि मातुश्च संतापकारी गृहे वाहने हानयो बातरोगी॥४॥

अन्वय :—शनौ चतुर्थे पैतृकं धनं मन्दिरं (च) दूरं याति। (तस्य) बन्धुवर्गापवादः, गृहे वाहने च हानयः (भवन्ति) सः पितुः मातुः च अपि सन्तापकारी (भवति) बातरोगी च (जायते)॥ ४॥

सं० टी०—चतुर्थे शनौ पैतृकं पितृसम्बन्धि धनं मन्दिरं गृहं दूरं याति नास्य स्वगृहं हस्तगतं स्यात्। बन्धुवर्गापवादः बन्धुनिन्दा, गृहे बाहने च हानयः नाशः गृहहानिः वाहनहानिश्च। पितुः मातुश्चापि सन्तापकारी, बातरोगी स्यात् इति शेषः॥ ४॥

अर्थ—जिस जातक के लग्न से चतुर्थभाव में शनि हो तो उसे पिता का धन, पिता का घर प्राप्त नहीं होता है। ईसे भाई-बन्धुओं से, विरादरी से व्यर्थ का कलंक लगता है। इसके घर में–तथा घोड़ा आदि वाहनों में हानियाँ होती हैं। यह अपने माता-पिता के लिए सन्ताप का कारण होता है। इसे वातजन्य रोग होते हैं।

तुलना—"यदा मातुः स्थानं गतवतिदिवानाथतनये,
धनं यत्प्राचीनं गृहमपि विदूरं व्रजतितत्।
निजानां बन्धूनां सततमपवादं पशुभयं,
स्वपित्रोः सन्तापः प्रभवति च वातार्तिरधिका॥ **जीवनाथ**

अर्थ—जिसके चतुर्थभाव में शनि हो वह जातक उत्तराधिकारी के नाते मिलनेवाली पैतृकसम्पत्ति से वञ्चित रहना पड़ता है, नाहीं पितृसंचित धन

मिलता है। और नाही स्थावर सम्पत्ति में मुख्य घर ही मिलता है। अर्थात् चतुर्थभाव के शनि के प्रभाव में उत्पन्न जातक चल-अचल दोनों प्रकार की सम्पत्ति से वञ्चित रहता है। उसके आसलोग भाईबंद उसकी निन्दा करते हैं और र्व्थ का कलङ्क लगाते रहते हैं और यह मिथ्यापवाद जातक के लिए असह्य मानसिक पीड़ा का कारण होता है। इसे पशुभय होता है। यह माता पिता को सन्ताप देता रहता है। और इसे वातजन्य पीड़ा सदैव होती रहती है।

"शनिः सुखवर्जितांगः।" वशिष्ठ

अर्थ—चतुर्थभाव में शनि के होने से जातक के शरीर में सुख नहीं होता।

"सुखे सौख्यं शत्रुभिश्च समागम्॥" पराशर

अर्थ—चतुर्थभावगत शनि से शत्रुओं से सम्पर्क होकर सुख मिलता है।

"विसुखः पीडितमानसश्चतुर्थे।" आचार्य वराहमिहिर

अर्थ—चतुर्थभावस्थ शनि से जातक दुःखी और चिन्तातुर होता है।

"भग्नासनोऽगृहोनित्यं विकलो दुःख पीड़ितः।
स्थान भ्रंशमवाप्नोति सौरे बन्धुगते नरः॥" गर्गः

अर्थ—चतुर्थभाव गत शनि के होने बैठने के लिए अच्छा आसन और रहने के लिए अच्छा घर नहीं मिलता है। हमेशा अस्वस्थ और दुःखी रहता है। इसे अपने स्थान से हटना पड़ता है।

"पित्तानिलक्षीणवलं कुशीलमालस्य युक्तं कलिदुर्वलांगम्।
मालिन्यभाजंमनुजं विदध्यात् रसातलस्थो नलिनीशजन्मा॥ महेश

अर्थ—जिस जातक के चतुर्थभाव में शनि स्थित होता है वह पित्त और वायु दोष से निर्वल होता है उसका आचार अच्छा नहीं होता है—वह आलसी होता है। लड़ाई झगड़े से उसका शरीर दुर्वल होता है—यह मलिन रहता है॥

"मुतफक्रिरो वेहोशः परितप्तो मानसो जोहलः।
मादरखाने यदि स्यात् कमजोरश्च लागरो भवति॥" खानखाना

अर्थ—यदि चतुर्थभाव में शनि हो तो जातक चिंता से युक्त, वेहोश, मानसिक व्यथावाला, निर्वल और दुर्वल शरीर होता है॥

"दुःखी स्याद् गृह—यान मातृवियुतो वाल्ये सरुग् बंधुभे॥" मंत्रेश्वर

अर्थ—यदि जन्म कुंडली में शनि चौथे घर में हो तो मनुष्य गृहहीन, मानहीन और मातृहीन होता है। ऐसा व्यक्ति बचपन में रोगी भी रहता है। चतुर्थस्थान सुख स्थान है। यहां शनि बैठकर सुख को नष्ट करता है। इसलिए ऐसा मनुष्य सदैव दुःखी रहता है॥

"सुखे मंदे सुखैर्हीनो हृतार्थो बांधवैर्नरः।
गुणस्वभावो दुःसंगैः कुजनैश्चावृत्तः शठः" ॥ काशीनाथ

अर्थ—यदि शनि चतुर्थभाव में हो तो मनुष्य सुखरहित होता है। उसका धन उसके भाई-बंधु चोर कर ले जाते हैं। यह गुणी स्वभाव वाला, दुष्टों की संगति में रहने वाला और दुर्जनों से घिरा हुआ रहता है ॥

"पित्तानिलक्षीणबलं कुणीलमालस्ययुक्तं कलिदुर्बलांगम्।
मालिन्यभाजं मनुजे विदध्याद् रसातलस्थो नलिनीशजन्मा ॥" **ढुण्ढिराज**

अर्थ—चतुर्थभावस्थ शनि हो तो मनुष्य पित्त और वात के प्रकोप से निर्बल, कुत्सित—स्वभाववाला, आलसी, झगडालू अतएव निर्बल शरीर वाला तथा मलिन होता है ॥

"पीड़ित हृदयो हिबुके निर्बांधववाहनार्थमतिसौख्यः।
बाल्ये व्याधित देहो नख रोम धगे भवेत् सौरे" ॥ **कल्याणवर्मा**

अर्थ—चतुर्थस्थ शनि हो तो जातक हृदयरोग से दुःखित रहता है। यह बांधव, वाहन, धन, बुद्धि और सुख से हीन होता है। यह बचपन में रोगी रहता है। इसके नाखून और रोम बड़े-बड़े होते हैं ॥

"बंधुस्थितो भानुसुतो नराणां करोति वेधोः निधनं च रोगी।
स्त्रीपुत्रभृत्येन विनाकृतश्च ग्रामांतरे चासुखदः स वक्री" ॥ **मानसागर**

अर्थ—चतुर्थभाव का शनि यदि मार्गी हो तो बंधु नाशक होता है और जातक रोगी होता है। यदि वक्री हो तो स्त्री-पुत्र और नौकर का भी नाश कारक होता है। जातक अपना गांव छोड़कर दूसरे गांव में जाता है वहां पर भी वह दुःखी ही रहता है ॥

"बहु वित्त वात सहितो विबलोऽलसकार्श्य दुःखसहितः सुखगे" ॥ **जयदेव**

अर्थ—चतुर्थ शनि हो तो जातक बहुत धनी और वातप्रधान प्रकृति होता है। यह निर्बल, कृश तथा दुःखी होता है ॥

"आचारहीनः कपटी च मातृ क्लेशान्वितो भानुसुते सुखस्थे।" **बैद्यनाथ**

अर्थ—चतुर्थस्थ शनि होने से जातक दुराचारी और कपटी होता है। माता का कष्ट होता है इसे सुख नहीं मिलता है ॥

"चतुर्थे शनौ बंधुवर्गैश्चवैरं धनं नैव भुंक्ते पितुर्वाहनाद्यम्।
न गेहे तदीये तथा वायुरोगी न सौख्यं च पित्रोः स्वयं तप्यतेऽसौ" ॥ **जागेश्वर**

अर्थ—चतुर्थभावस्थ शनि के होने से जातक का अपने भाई-बंदों से—बिरादरी के लोगों से वैर रहता है। उत्तराधिकार में मिलनेवाली संपत्ति पिता के वाहन आदि पिता का घर नहीं मिलते हैं। अर्थात् जातक पैतृक सम्पत्ति से वंचित रहता है। इसे वातजन्य रोग होते हैं यह माता-पिता को संतप्त करता है, और स्वयं भी संतप्त रहता है ॥

भृगुसूत्र—मातृहानिः। द्विमातृवान्। सौख्यहीनः। निर्धनः। उच्चे स्वक्षेत्रेनदोषः। अश्वांदोलनाद्यवरोही। लग्नेशे मंदे मातृदीर्घायुः सौख्यवान् त्रेशयुक्ते मात्ररिष्टं, सुखहानिः।

अर्थ—चतुर्थभाव में शनि के होने से जातक की माता की मृत्यु होती है और विमाता (सौतेली मां) होती है जातक सुखहीन और धनहीन होता है। शनि यदि उच्च वा स्वक्षेत्र में हो तो ऊपर लिखे दोष नहीं होते। घोड़े वा पालकी की सवारी मिलती है। यह शनि लग्नेश हो तो माता दीर्घायु होती है और जातक सुखी होता है। यदि शनि के साथ अष्टमेश भी हो तो माता की मृत्यु होती है और जातक को कष्ट होता है॥

पाश्चात्यमत—यह शनि मकर, कुंभ वा तुला में शुभ संबंध में हो तो पूर्वार्जित इस्टेट अच्छी मिलती है। जमीन, घरबार, खेती, खानों के व्यवहार में लाभ होता है। उत्तर वय में अच्छा फायदा होता है। ये लोभी होते हैं। मृत्यु समय तक अधिक से अधिक धन प्राप्त करना चाहते हैं।

यह शनि निर्बल तथा पिड़ित हो तो माता वा पिता का मृत्युयोग जल्दी होता है। गृहसौख्य नहीं मिलता। जमीन, खेती, इस्टेट, का नुकसान होता है। जीवन के आखरी दिन बहुत अशुभ होते हैं। चतुर्थ में शनि शुभ हो, वा न हो उत्तर आयु में एकांतप्रिय और संन्यासी वृत्ति होती है। यह कभी-कभी अपनी उन्नति के प्रतिकूल भी होती है। दैववशात् किसी एक ही स्थान में अटकना पड़ता है।

विचार और अनुभव—जितने फल प्राचीनशास्त्रकारों ने बतलाए हैं वे प्रायः अशुभ ही हैं। एकाध शुभफल भी दृष्टिगोचर होता है ऐसा प्रतीत होता है कि पूर्वजन्म में खूब ही सुखोपभोग किया होगा और यह जन्म केवल दुःख भोगने के लिए ही है। अशुभफलों का अनुभव मुख्यतः स्त्रीराशियों में होता है—और शुभफलों का अनुभव पुरुषराशियों में होता है। यह बात बहुत ही स्पष्ट है कि बचपन में भी और बुढापे में भी कष्ट अवश्य होता है। यह कहना भी अनुपयुक्त न होगा कि शनि अतिशय दुःखदाता होता हुआ मनुष्य को मृत्युमुख में जाने के लिए सुसज्जित करता है, जिससे मनुष्य मृत्यु का स्वागत करता है ताकि दुःखद परिस्थिति से छुटकारा हो सके।

चतुर्थभावस्थ शनि यदि पुरुषराशि में होता है तो पहिले पिता की मृत्यु होती है मातृ मृत्यु क्वचित् ही होती है। जिसकी मृत्यु बाद में होती है उसके संबंध परिवार से ठीक नहीं रहते क्योंकि उसके जीवित रहने पर भाग्योदय नहीं होता, सभी प्रकार के कष्ट चले रहते हैं।

चतुर्थभावस्थ शनि मेष, कर्क, सिंह, तुला, धनु, वृश्चिक, मीन वा मिथुन में यदि हो तो सरकारी नौकरी के लिए अच्छा होता है। मैजिस्ट्रेट-सबजज़ आदि नौकरियाँ अच्छी रहती हैं। शिक्षाविभाग में बी-एस सी, एम-एस-सी आदि उपाधियों की प्राप्ति के लिए यह शनि अच्छा है। चौथेभाव का शनि द्विभार्यायोग करता है। यदि इस भाव का शनि कन्या, मकर तथा कुम्भ में हो तो व्यापार के लिए अच्छा है। यदि इन राशियों के शनि में नौकरी की

आवे तो प्रगति नहीं होती—प्रायः बहुत देरतक एकही स्थान में पड़ा रहना होता है। पैतृक सम्पत्ति भी नहीं मिलती—इकलौता लड़का होते हुए भी उत्तराधिकार से वंचित रहना पड़ता है। व्यापार में भी प्रारम्भ अस्थिर-सा होता है कई प्रकार के भय लगे रहते हैं।

चतुर्थभावस्थ शनि सौतेली मां का अस्तित्व सूचित करता है। द्विभार्या योग होता है। पुरुषराशियों में साधारणतया ४८ से ५२ वर्ष में पत्नी का देहान्त सम्भावित होता है। द्विभार्यायोग के कई एक अर्थ हैं:—१ एक का निर्याण-द्वितीया का आगमन, प्रथमा में सन्तान के अभाव में द्वितीया का परिणय। २ एक ही समय में जीवित दो स्त्रियों का घर में होना, ३ निर्धन माता-पिता का दो कन्याओं को एक ही वर से विवाहसूत्र से बांध देना।

चतुर्थभाव के शनि के प्रभाव में उत्पन्न हुए लोग प्रायः उदार, शान्त, गम्भीर, उदात्त, धैर्यसम्पन्न, निर्लोभी, न्यायी, व्यसनहीन—अतिथि-सत्कार कर्ता, बड़ी-बड़ी संस्थाओं के लिए सम्पत्ति अर्पण करनेवाले होते हैं। अत्यन्त उदार होने से उत्तरावस्था में दरिद्र भी हो जाते हैं। किन्तु परोपकार से विमुख नहीं होते।

चतुर्थभाव का शनि यदि मेष, सिंह, धनु, कर्क, वृश्चिक वा मीन में हो तो सन्तति विपुल होती हैं, मिथुन, तुला, वा कुम्भ का शनि हो तो सन्तति बहुत अल्प, अथवा सन्तति होती ही नहीं। वृष, कन्या वा मकर में शनि हो तो सन्तति मध्यम प्रमाण में होती है।

एक यौवन सम्पन्न पुत्र की मृत्यु भी इस शनि का फल होता है। पूर्वार्जित चल सम्पत्ति वा स्थावर सम्पत्ति का नाश भी इस शनि का फल है। कहीं पर पूर्वार्जित इस्टेट के नष्ट हो जाने पर ही भाग्योदय होता है।

इस स्थान के शनि से पूर्व आयु में ३६ वें वर्ष तक कष्ट रहता है, तदनन्तर ५६ वें वर्ष तक स्थिति अच्छी रहती है।

चौथेभाव का शनि जातक के लिए दत्तक पुत्र होने का योग बनाता है। इस शनि के प्रभाव में उत्पन्न हुए लोग किसी दूर देशान्तर में प्रगति कर पाते हैं। वृष, कन्या, मकर में पश्चिम की ओर, अन्यराशियों में उत्तर की ओर के देशान्तर प्रगति के लिए अनुकूल होते हैं।

चतुर्थ शनि बहुत दूषित हो तो बचपन में पिता की मृत्यु, सौतेली माता से कष्ट, धन का संग्रह न होना, जन्मभूमि में उन्नति का अभाव, ये अशुभफल होते हैं। आयु के ८।१८।२२।२८।४०।५२ वें वर्ष में शारीरिक कष्ट बहुत होता है। १६।२२।२४।२७।३६ वर्ष भाग्यकारक वर्ष हैं। इन वर्षों में नौकरी, विवाह, सन्तति आदि सम्भावित होते हैं।

पञ्चमभावस्थ शनि के फल—

शनौ पञ्चमे च प्रजा हेतु दुःखी विभूतिश्चला तस्यबुद्धिर्न शुद्धा।
रतिर्दैवते छन्दशास्त्रे न तद्वत् कलिर्मित्रतो मन्त्रतः क्रोडपीड़ा॥ ५॥

अन्वयः—पञ्चमे शनौ (स्थितेसति) प्रजा हेतु दुःखी (स्यात्) तस्य विभूतिः चला, (तस्य) बुद्धिः न शुद्धा (स्यात्) दैवते शब्दशास्त्रे (च) रतिः न (जायते) मित्रतः कलिः (स्यात्) मन्त्रतः क्रोडपीड़ा (भवति) ॥५॥

सं० टी०—पञ्चमे शनौ प्रजाहेतुदुःखी सन्ताननिमित्त-क्लेशभागी, विभूतिः धनसमृद्धिः चला अस्थिरा, बुद्धिः न शुद्धा कुटिला इत्यर्थः। दैवते देवविषये शब्दशास्त्रे धर्मप्रतिपादके वेदस्मृत्यादौ न रतिः प्रीतिः विश्वास इति यावत्। तद्वत् मन्त्रतः विचार विषयात् मित्रतः मित्रेण कलिः कलहः, क्रोडपीड़ा कुक्षिविषये क्लेशः तस्य स्यादिति शेषः ॥ ५ ॥

अर्थ—जिसके जन्मलग्न से पञ्चमभाव में शनि हो वह सन्तान न होने से नित्य दुःखी रहता है। इसकी विभूति–ऐश्वर्य अर्थात् सम्पत्ति स्थिर नहीं रहती है अर्थात् घटती-बढ़ती रहती है। इसकी बुद्धि शुद्ध नहीं होती है। अर्थात जातक निष्कपट हृदय नहीं होता है। और सबके साथ कुटिलता से व्यवहार करता है। देवता में तथा व्याकरण में, अर्थात् धर्मप्रतिपादक बेदस्मृति आदि में जातक का प्रेम एवं विश्वास जैसा होना चाहिए वैसा नहीं होता है। यहाँ पर 'शब्दशास्त्र' वेद-स्मृति-तथा अन्य आर्यों के धर्मग्रन्थों का उपलक्षण मात्र है। इस जातक की पूर्ण श्रद्धा न देवताओं में होती है और नाहीं अपने धर्म तथा धार्मिक पुस्तकों पर होती है। इसका मित्र से वैर होता है। और अपनी नासमझी से इसके कलेजे में पीड़ा होती है। इसे मन्त्रविषय में सिद्धि कम प्राप्त होती है। चूँकि जातक श्रद्धा और निष्ठा से अर्थात् पूर्णविश्वास से मन्त्र जाप आदि नहीं करता है तदनुसार इसे सिद्धि भी कम ही होती है ॥ ५ ॥

तुलना—"यदा मन्देऽपत्यं गतवति कथं पुत्रजनितः
सुखं शुद्धाबुद्धिः कथमपि विभूतिश्च परमा।
कलिर्मित्रैः किं नो भवति जठरे किं नहिरुजः
सपर्या देवानां कथमपि च वर्या जनिमताम् ॥ जीवनाथ

अर्थ—जिस मनुष्य के जन्मसमय में शनि पञ्चमभाव में हो तो उसे पुत्रजन्य सुख कैसे हो सकता है ? अर्थात् उसे पुत्र नहीं होता है। निर्मल बुद्धि तथा अत्यधिक सम्पत्ति भी क्योंकर हो सकती है। मित्रों के साथ क्या कलह नहीं होता है ! पेट में रोग क्या नहीं होता है ? अपितु पञ्चमभावस्थ शनि के होने से सभी प्रकार के अशुभफल होते ही हैं। क्या इस जातक से देवताओं की उत्तम पूजा हो सकती है ? अर्थात् नही हो सकती है क्योंकि यह जातक नास्तिक होता है ॥

"बदअक्लो मुत्फकिरः सुतसुखरहितश्च काहिलो मनुजः।
जोल्हः पंजुमखाने कोतह देहश्च जाहिलो भवति ॥" खानखाना

अर्थ—यदि पञ्चमभाव में शनि हो तो वह मनुष्य निर्बुद्धि, चिन्तायुक्त, पुत्रसुखरहित, आलसी, छोटा शरीर ओर मूर्ख होता है ॥

"सदागद क्षीणतरं शरीरं धनेन हीनत्वमनंगहानिम्।
प्रसूतिकाले नलिनीशपुत्रः पुत्रस्थितः पुत्रभयं करोति" ॥ महेश

अर्थ—जिसके लग्न से पंचमस्थान में शनि हो तो वह जातक सदैव रोगयुक्त होने से अतीवनिर्बलशरीर होता है। यह निर्धन होता है। यह कामानल संतापरहित होता है। यह पुत्रों के लिए कष्टकारक होता है।

"असुतोधनवर्जितः" ॥ आचार्य वराहमिहिर

अर्थ—सुतभाव में शनि के होने से जातक पुत्रहीन तथा धनहीन होता है।

"मत्तः चिरायुरसुखी चपलश्च धर्मी
जातोजितारिनिचयः सुतगेऽर्कपुत्रे" ॥ वैद्यनाथ

अर्थ—शनि पंचमभाव में हो तो जातक मत्त, चिरायु, सुखरहित, चपल, शत्रुसमूह विजेता तथा धर्मात्मा होता है।

"गत काम कांति सुतवित्तसुखः सगदो यदा रविसुतः सुतदे"। जयदेव

अर्थ—यदि शनि सुतभाव में, अर्थात् पंचमस्थान में हो तो जातक को कामचेष्टा थोड़ी पुत्र-धन तथा ऐश्वर्य भी थोड़ा होता है-जातक रोगी रहता है।

"शनैश्चरे पंचम शत्रुगेहे पुत्रार्थहीनो भवतीह दुःखी।
तुंगे निजे मित्रगृहे च पंगौ पुत्रैकभागी भवतीति कश्चित्" ॥ मानसागर

अर्थ—पंचमभाव में शनि यदि शत्रुगृह में हो तो जातक पुत्र और धन से हीन दुःखी होता है। यदि इस भाव का शनि अपने उच्च, स्वगृह तथा मित्रगृह में हो तो एक पुत्र वाला होता है।

"सुख-सुत-मित्र-विहीनं मतिरहितमचेतसं त्रिकोणस्थः।
सोन्मादं रवितनयः करोति पुरुषं सदा दीनम्" ॥ कल्याणवर्मा

अर्थ—पंचमभाव में शनि हो तो जातक को पुत्र-मित्र-तथा सुख नहीं होता है। यह बुद्धिहीन तथा हृदयहीन होता है–इसे उन्मादरोग होता है और यह सदैव दरिद्र होता है ॥

"भ्रांतो ज्ञान-सुतार्थहर्षरहितो धीस्थे शठोदुर्मतिः"। मन्त्रेश्वर

अर्थ—यदि पंचम में शनि हो तो जातक शठ (शैतान) और दुष्टबुद्धि-वाला होता है। ज्ञान-पुत्र-धन-तथा हर्ष, इन चारों से रहित होता है, अर्थात् यह शनि इन चीजों के सुख में कमी करता है। ऐसा जातक भ्रमण करता है अथवा इसकी बुद्धि भ्रांत रहती है।

"पुत्रे मंदे पुत्रहीनः क्रियाकीर्तिविवर्जितः।
हीनकोशो विरूपश्चमानवोभवति ध्रुवम्" ॥ काशिनाथ

अर्थ—यदि पंचमभाव में शनि हो तो जातक को पुत्रसुख, कीर्तिसुख, धनसुख, नहीं होता है। यह निकम्मा तथा कुरूप होता है।

"सदा गदक्षीणतरं शरीरं धनेनहीनत्वमनंगहानिम्।
प्रसूतिकाले नलिनीशपुत्रः पुत्रस्थितः पुत्रभयं करोति" ॥ ढण्डिराज

अर्थ—जिसके पंचमभाव में शनि हो वह जातक सदा रोगों से दुर्बलदेहवाला, निर्धन, वीर्यरहित, और पुत्र सुख से रहित होता है। "पुत्रभयम्" का दूसरा अर्थ "पुत्रों को कष्टकारक होता है" पहिले लिखा है। इसका तीसरा अर्थ भी हो सकता है निर्गुण तथा व्यसनयुक्त पुत्रों से जातक को भय रहता है क्योंकि ऐसे पुत्र पितृहंता भी हो सकते हैं"।

"सुजर्जरं क्षीणतरं वपुश्च धनेनहीनत्वमनंगहीनम्।
प्रसूतिकाले नलिनीशपुत्रः पुत्रस्थितः पुत्रभयं करोति" ॥ वृहद्‌यवनजातकः

अर्थ—यदि पंचमभाव में शनि होतो जातक शरीर से दुर्बल और जर्जर होता है इसके पास धन नहीं होता है। इसे कामेच्छा कम होती है। "अनंगहीनम्"। का अर्थ "कामेच्छारहित"। सुसंगत नहीं माना जा सकता है क्योंकि विना कामक्रीडा के स्त्री-गर्भिणी नहीं हो सकती है गर्भस्थिति के अभाव में पुत्रजन्म क्योंकर हो सकता है और पुत्रों के अभाव में पुत्रभय क्योंकर संभव हो सकता है। 'अनंगहीन' का शब्दार्थ "अतीव कामातुर नहीं होता है" ऐसा प्रासंगिक होगा।

"पंचमें पुत्रलाभंच बुद्धिमुद्यम सिद्धिकृत्" ॥ पराशर

अर्थ—जिसके पंचमभाव में शनि हो वह जातक बुद्धिमान्, उद्योगी तथा पुत्रों से युक्त होता है।

"शनिस्तनुजगोऽपुत्रम्" वशिष्ठ

अर्थ—पंचमस्थ शनि से पुत्र नहीं होते।

"सुतभवनगतोऽरिमंदिरस्थः सकलसुतान् विनिहंति मंदगामी।
समुदितकिरणः स्वतुंगमस्थः कथमपि जनयेत् सुतीक्ष्णमेकपुत्रम्" ॥ गर्ग

"घटशनिः सुतगः सुतपंचकी मृगशनिश्चसुतात्रयदस्तथा"।
'बुद्धि कुटिला मंदः' ॥ गर्गः

अर्थ—यदि पंचमभाव का शनि शत्रुगृह में हो तो सब पुत्रों का नाश होता है। यदि इसभाव का शनि तेजस्वी उच्च में वा स्वराशि में हो तो किसी प्रकार एक अच्छा पुत्र होता है। बुद्धि कुटिल होती है। शनि यदि कुंभराशि में हो तो पांच पुत्र होते हैं और यह शनि मकर में हो तो तीन कन्याएँ होती हैं।

"शनिः पंचमे संततिः दुःखिता स्यात् तथा मंत्र दुःखी धनीनां विरोधी।
भवेद् बुद्धिहीनस्तथा धर्मरोधी सदामित्रतः क्लेशकारी नरः स्यात्" ॥
जागेश्वर

अर्थ—पंचमभावस्थशनि के जातक की संतति दुखी रहती है। यह दुर्मंत्रणा से दुखी होता है। यह जातक धनवानों का विरोध करनेवाला, मूर्ख, नास्तिक तथा मित्रों से सदैव कष्टपानेवाला होता है। मिथुन, कन्या, धनु वा मीन में पंचमस्थशनि होतो गोद लेने वा लिएजाने का योग होता है।

भृगुसूत्र—पुत्रहीनः। अतिदरिद्री, दुर्वृत्तः, दत्तपुत्रः। स्वक्षेत्रे स्त्री प्रजासिद्धिः। गुरुदृष्टे स्त्रीद्वयम्। तत्रप्रथमाऽपुत्रा, द्वितीयापुत्रवती। बलयुते मंदे स्त्रीभिर्युक्तः॥

अर्थ—पंचम स्थान में शनि के होने से जातक पुत्रहीन, अतीव दरिद्र, दुराचारी, दत्तक पुत्र होता है। स्वगृही शनि होतो कन्याएँ होती हैं। गुरु की दृष्टि हो तो दो विवाह होते हैं एक स्त्री के पुत्र होता है—पहिली स्त्री अपुत्रिणी होती है। बली शनि हो तो जातक स्त्रियों से युक्त होता है।

पाश्चात्यमत—गुरु वा रवि से शुभ सम्बन्ध में हो तो यह शनि अपने कारकत्व के व्यवहारों—जमीन, खाणें, घर आदि के व्यवहारों में सफलता देता है। सार्वजनिक अधिकारपद से लाभ होता है। विशेषतः शिक्षा के क्षेत्र में यह योग लाभप्रद है। यह शनि पीड़ित हो तो प्रेम प्रकरणों में असफल होना, अपने से अधिक आयु वाले व्यक्ति से प्रेम होना, ये फल होते हैं। संतति नहीं होती अथवा होकर दुर्लौकिक की करणीभूत होती है। स्त्रियों के पेट में शूल होना, ऋतु प्राप्ति के बाद बहुत वर्षों से संतति होना, दो संतानों में ५।७।९।११।१३ वर्षों जितना दीर्घ अन्तर रहना, प्रसूति का समय बहुत देर से होना, ये फल शनि १।३।५।७।९।११, इन स्थानों में हो तो पाए जाते हैं। ५।९।११ इन स्थानों में विशेषतः ये फल मिलते हैं। इस पीड़ित शनि से सट्टे के व्यवहार में, लाटरी में, तथा रेस में नुकसान होता है। इस व्यक्ति की मृत्यु हृदय विकार से, वा डूबने से होती है। संतति अनीतिमान, व्यसनी होती है॥

विचार और अनुभव—दैवज्ञ की दृष्टि में चारों केन्द्र स्थान बड़े महत्व के हैं-इसी तरह कोण स्थान भी बड़े महत्व के हैं। यदि इनमें शुभ ग्रहों की स्थिति हो तो दैवज्ञ की दृष्टि में जन्म कुंडली भारी महत्व की होती है। कोण स्थान से तात्पर्य नवम-पञ्चम-स्थान का है-शुभ स्थानों की गणना में प्रथम आनेवाला पञ्चमभाव सर्वत्र सर्वप्रकार से अग्रगण्य होता है-ऐसा क्यों? क्योंकि इससे पुत्रविषयक विचार किया जाता है—अतएव प्रायः प्राचीन ग्रन्थकार एवं दैवज्ञ लोग इसे 'पुत्रभाव' कहते हैं। संतान का संतति शब्द दोनों प्रकार की संतति की बोधक है संतति से 'पुत्र' तथा 'कन्या' दोनों का बोध होता है। तौ भी संतति भाव न कहकर 'पुत्रभाव' ही कथन में आता है। इससे स्पष्ट है कि प्राचीनकाल से अद्यावधि गृहस्थाश्रम में तथा सांसारिक व्यवहार में पुत्र का महत्व कन्या की अपेक्षा अधिकाधिक हैं। न्यायमुक्तावली में मनः प्रसन्नता-अन्तरात्मा में उत्पन्न हर्ष का अनुमान लगाने के लिए 'चैत्रः पुत्रस्तेजातः' यह उदाहरण दिया गया है। 'पुत्रस्तेजातः' ऐसा सुनते ही चैत्र के मुख पर प्रसाद चिह्न दृष्टिगोचर हो गए थे-प्रसन्नता की लहरें वेग से प्रवाहित हो उठी थीं। ऐसा क्यों होता था? क्योंकि पुत्रजन्म से ही कुल

परम्परा अक्षुण्ण रह सकती थी, पुत्रजन्म से ही संसार में माता-पिता का नाम उज्ज्वल हो सकता था। केवल न्यायशास्त्री ही नहीं, अपितु वैयाकरण भी पुत्रजन्म को हर्षोल्लास का महान् तथा प्रधान कारण मानते थे। "वैयाकरणाः अर्ध मात्रा लाघवेन पुत्रोत्सवं मन्यन्ते।" ऐसी धारणा व्याकरणशास्त्रियों में दृढमूल हो गयी थी। आजकल भी कन्या जन्म से मातृकुल में तथा पितृकुल में इतनी प्रसन्नता नहीं होती है जितनी प्रसन्नता पुत्र जन्म से होती है। अतएव पञ्चमभाव का प्रसिद्ध नाम 'पुत्रभाव' सर्वत्र कर्णगोचर होता है। 'प्राधान्येहि व्यपदेशा भवन्ति' यह नियम प्रसिद्ध है ही। यद्यपि पञ्चमभाव से गर्भ, संतान (पुत्र-कन्या) नम्रता, विचार, मैत्रीकरण, सद्बुद्धि-ग्रंथादि निर्माण, शास्त्र, बुद्धि आदि सभी विषयों का विचार किया जाता है। तथापि प्रधानता पुत्र की ही है। अतः पञ्चमभाव का नाम 'पुत्रभाव' ही प्रख्यात और प्रसिद्ध है। प्राचीन ग्रंथकारों ने भी अधिकतया विचार पुत्र प्रसूति पर ही किया है। इन ग्रंथों में पुत्रोत्पत्ति-पुत्र सुख आदि से सम्बन्ध रखनेवाले योग विशेषतः दृष्टिगोचर होते है। किन्तु इनमें ग्रंथकारों ने एक विशेष विषय की अवहेलना की है। यहां 'पुत्र सुख प्राप्ति' पुत्राभाव-पुत्रमृति आदि का वर्णन किया है वहां पर पुत्र कैसा हो, कौन से गुण विशेष उसमें हों" आदि-आदि विषयों पर कोई प्रकाश नहीं डाला गया है। परिणाम यह है कि इस महत्वपूर्ण विषय को समझने के लिए नीतिशास्त्र की शरण लेनी पड़ती हैं। क्योंकि नीति ग्रन्थों में 'सुपुत्र प्रशंसा' 'कुपुत्र निन्दा' आदि विषयों पर भारी प्रकाश डाला गया है। पूर्व जन्मकृत शुभ कर्म भूयस्त्व का द्योतक तथा सूचक श्रेष्ठपुत्र से ही सुख प्राप्ति की आशा की जा सकती है। "पुण्य तीर्थे कृतेयेनतपः क्वाप्यति-दुष्करम्। तस्य पुत्रो भवेद् वश्यः समृद्धो धार्मिकः सुधीः।" स्मृतिकारों ने दश प्रकार के पुत्रों के नाम दिए हैं जिनमें प्रधानता औरस पुत्र की है-ऐसा कहा है। किन्तु ज्योतिष के ग्रन्थों में ऐसा वर्णन मुख्यतया कहीं पर भी नहीं दिया गया है। अस्तु पराशर आदि एक दो ग्रन्थकारों को छोड़कर अन्य सभी आचार्यों वा प्राचीन ग्रन्थकारों ने पञ्चमभावस्थ शनि का अशुभ फल ही बतलाया है। पराशर ने 'पुत्रलाभ' आदि शुभफल भी बतलाए हैं। पञ्चमस्थान बलवान त्रिकोण शुभ स्थान है। शनि पापग्रह है। शुभ स्थान में शनि जैसे पापग्रह की स्थिति अशुभ फलदायक ही होगी, यह प्राचीन आचार्यों का मत है-ऐसा प्रतीत होता है। किन्तु शुभफल भी मिलते हैं। अतः पञ्चम भाव का शनि मिश्रित फल देता है, ऐसा कथन असंगत न होगा। मुख्यतः अशुभ फल वृष, कन्या, तुला, मकर तथा कुम्भ में मिलते हैं। शुभफल अन्य राशियों में अनुभव गोचर होते हैं। शुभ सम्बन्ध का शनि शुभ फलदाता और अशुभसम्बन्ध का शनि अशुभफलदाता होगा। इस तरह शुभ-अशुभ सम्बन्ध ही निर्णायक और नियामक मानने होंगे। मेष और सिंह में पञ्चमस्थ शनि

हो तो शिक्षा पूरी होती है। शनि कारकत्व में वर्णित विषयों में निपुणता प्राप्त होती है।

पञ्चमस्थ शनि यदि धनुराशि में हो तो शिक्षा अधूरी रह जाती है। इन तीनों राशियों में स्वभाव कुछ विलक्षण-सा होता है। अपने विचारों को छुपाना, तबीयत में संशय, दूसरों पर अविश्वास, मुंह पर प्रशंसा-पीछे निन्दा करना, घर में पत्नी के आगे-पीछे फिरना-किन्तु घर से बाहिर नितान्त भूल जाना आदि-आदि अजब स्वभाव होता है। सन्तति बहुत होती है, किन्तु जीवित नहीं रहती। कुछ पुत्र बड़े होकर बाप से पहिले ही मर जाते हैं। अन्त में एक वा दो पुत्र और कन्याएं जीवित रहते हैं। विवाह एक ही होता है।

कर्क, वृश्चिक वा मीन में सन्तति बहुत और बहुत कम अन्तर से होती है। इस शनि के प्रभाव के लोग झगड़ालू होते हैं। इनका स्वभाव अच्छा नहीं होता। रेल-बैंक, बीमा कंपनी, मुनिसपैलिटी-जिला परिषद् आदि ये अधिकारी हो जाते हैं-ये लोगों पर प्रभाव डाल सकते हैं।

वृष, कन्या-मकर में इनका स्वभाव सादा होता है। अपने काम से काम, दूसरे के काम में हस्तक्षेप नहीं करते। मौजी-चैनी-मित्रप्रिय होते हैं। सन्तति सुख अल्प वा होता ही नहीं पत्नी स्त्रीरोगों से रुग्णा रहती है। अतः दूसरा वा तीसरा विवाह करने पर बाध्य होते हैं। इनकी शिक्षा कम होती है।

मिथुन, तुला, कुम्भ में पूर्णतया शिक्षा पाकर वकील, जज आदि हो सकते हैं। पञ्चमस्थ शनि से जन्मदाता माता-पिता का सुख नहीं होता दत्तक पुत्र बन जाने का योग सम्भावित होता है। पूर्वार्जित सम्पत्ति प्राप्त होकर नष्ट हो सकती है। मेष, सिंह, धनु, कर्क, वृश्चिक, मीन में शनि हो तो भाग्योदय का योग होता है। अपने बाहुबल से उन्नति होती है। वृष, कन्या, मकर में प्राप्त हुई पूर्वार्जित सम्पत्ति नष्ट होती है। तदनन्तर किसी और की सम्पत्ति उत्तराधिकार के तौर मिलती है। मिथुन, तुला, कुम्भ में स्वयं ही कष्ट उठाना होता है तब ही उन्नति प्राप्त होती है। पञ्चमस्थशनि आपत्तिएँ झेलकर ही समृद्ध होने देता है। दूषितशनि के फल आचार्यों ने विशेषतः बतलाए हैं-सन्तति का अभाव, वृद्धावस्था में सन्तति का होना, सन्तति की प्रगति का अभाव, सन्तति से वैमनस्य-ये अशुभ फल हैं। कभी-कभी एक सन्तान के बाद दूसरी सन्तान ५।७।९।१२ वर्षों के अन्तर से होती है। कभी कभी गोद लिए जाने के बाद औरस पुत्र की उत्पत्ति भी होती है। इसका योग पुरातन ग्रन्थकारों ने निम्नलिखित बतलाया है :—

"पंचमेश शनि के नवमांश में हो, और गुरु-शुक्र स्वगृह में हो तो पहिले दत्तक पुत्र होकर फिर औरस पुत्र होता है।

षष्ठस्थान के शनि के फल—

"अरेर्भूपतेश्चौरतो भीतयः किं यदीनस्य पुत्रो भवेद् यस्य शत्रौ।
न युद्धे भवेत्संमुखे तस्य योद्धा महिष्यादिकं मातुलानां विनाशः ॥६॥

अन्वयः—यस्य शत्रौ यदि इनस्य पुत्रः भवेत् (तस्य) अरेः भूपतेः चौरतः भीतयः किं (स्युः) तस्य संमुखे युद्धे योद्धा न भवेत्। (तस्य) महिष्यादिकं (भवेत्) मातुलानां (च) विनाशः (स्यात्)

सं० टी०—यस्य षष्ठे रिपुभवने इनस्य सूर्यस्य पुत्रो यदि भवेत् तस्य अरेः शत्रोः भूपतेः राज्ञः चौरतः सकाशात् भीतयः किं अपि नेव इत्यर्थः। युद्धे रणे वादे वा योद्धा प्रतिवादी सम्मुखो न भवेत् "बलात् बुद्धितः कोरणे तस्य जेता" इति वा पाठः, सुगमार्थः ॥ महिष्यादिकं चतुष्पात् सुखं, मातुलानां च विनाशः च भवेत् ॥ ६ ॥

अर्थ—जिस जातक के जन्म लग्न से छटे स्थान में शनि हो उसे शत्रु से, राजा से, चोर से क्या भय हो सकता है। अर्थात् कदापि नहीं। षष्ठस्थ शनि प्रभावान्वित जातक महावली होता है। अतः इसके शत्रु इससे भयाक्रांत रहते हैं। यह कुकर्मकर्ता नहीं होता है। यह मद्यपायिता, परस्त्री सहवास, द्यूतकारिता—चौर्य आदि—देशद्रोह—राजद्रोह आदि दंडार्हकर्म नहीं करता है, अतः इसे राजा से कोई दंडभय नहीं होता है। यह असहाय— दीन—दयार्ह लोगों को लूटकर, धनसंग्रह नहीं करता है। अपितु न्याय्यवृत्ति से जीवन निर्वाह करता है। अतः इसे चौरभय भी नहीं होता है। यह अद्वितीय योद्धा होता है। अतः संग्राम में इससे कोई लोहा नहीं ले सकता है। यह प्रगल्भ-वक्ता तथा तर्ककुशल होता है। अतः प्रतिवादियों के लिए अतीव भयंकर होता है। इसे महिषी आदि का सुख मिलता है। महिषी शब्द से चौपाए जानवर भैंस—गाय—घोड़ा हाथी आदि का ग्रहण कर्तव्य है। शनि की प्रिय दान-वस्तुओं में दुधार भैंस भी है शनि का वाहन भैंसा है। अतः महिषी शब्द का विशेषतः प्रयोग तथा निर्देश किया गया है। शनि के प्रभाव में आए हुए व्यापारियों को जैसे लोहे का क्रय-विक्रय लाभदायक होता है; इसी प्रकार महिष-महिषिओं से सवन्धित व्यापार भी लाभप्रद होता है।" इसके घर में दूध देने वाले भैंस आदि चौपाए जानवर रहते हैं" यह अर्थ भी सुसंगत है। इस जातक के मामा की मृत्यु होती है। यह आवश्यक नहीं कि मामा की मृत्यु ही हो: वैमनस्य भी मामा से प्राप्त होनेवाले सुख का वाधक हो सकता है। अतः 'नाश' शब्द का संकुचित अर्थ ही नहीं लिया जाना चाहिए— व्यापक अर्थ भी लिया जा सकता है। मातृकुल से मामा आदि से वाग्युद्ध, तज्जन्य स्थावी वैमनस्य तज्जन्य सुखाभाव--ऐसा अर्थ--ऐसा अभिप्राय हो सकता है। जातक के लिए मातृ पक्ष के लोग पूजार्ह तथा सम्मानास्पद् गुरुजन होते हैं। इनसे वाग्युद्ध, अपशब्द प्रयोग गाली देना आदि एक प्रकार की उनकी मृत्यु ही

होती है जिसका द्योतन 'नाश' शब्द के प्रयोग से किया है यह अन्तर्निहित अभिप्राय है।

तुलना—"अरौ मंदे चौरादपि नृपकुलाच्छत्रुगणतः,
कथं भीतिः पुंसां जनन समये संभवति चेत्।
कथं योद्धा युद्धे महति पुरतस्तिष्ठति बलान्,
महिष्यादे लेभः सततमभितः कीर्तिरधिका" ॥ जीवनाथ

अर्थ—जिस मनुष्य के जन्मसमय में शनि षष्ठ भाव में हो उसे चोर से, राजकुल से, और शत्रुओं से भय कैसे हो सकता है, अर्थात् उसे इन तीनों में से किसी से भी भय नहीं होता है। भयंकर युद्ध में भी उसके आगे योद्धा लोग कैसे ठहर सकते हैं। अर्थात् यह परम बलवान् अद्वितीय योद्धा होता है। इसे भैंस, गाय-बैल आदि का लाभ और सर्वदा चतुर्दिशाओं में फैलनेवाली अतुलकीर्ति का लाभ होता है। जीवनाथ ने 'दिगंतकीर्ति का लाभ" यह विशेष फल दिया है—परन्तु छठेभाव का शनि मातृपक्ष में कैसा रहेगा' इस विषय में कुछ नहीं कहा है। नारायणभट्ट ने 'मामा का नाश' यह फल तो दिया है किन्तु 'जातक यशस्वी होगा वा नहीं" इस विषय में मौन धारण किया है॥ शेषफलों में दोनों में समानता है।

"दानीश्वरं जलीलं जनयति मनुजं मुकर्रमं नृपतिम्।
निर्जितवैरिसमूहं दुश्मनखाने स्थितो जोहलः" ॥ खानखाना

अर्थ—यदि षष्ठभाव में शनि होतो मनुष्य दानियों में श्रेष्ठ, शत्रुओं को जीतनेवाला, राजा जैसा समृद्ध किन्तु किसी दुःख से पीड़ित होता है॥

"विनिर्जिता रातिगणो गुणज्ञः सुशाभ्यनुज्ञा परिपालकः स्यात्।
पुष्टांगयष्टिः प्रवलोदराग्निर्नरोर्कपुत्रे सति शत्रुसंस्थे" ॥ महेश

अर्थ—जिस मनुष्य के जन्मसमय में शनि छठेभाव में हो वह संपूर्ण शत्रुगण को जीतनेवाला, गुणों का परीक्षक, श्रेष्ठ कर्मों के जाननेवाला, अनेकों को आश्रय देनेवाला होता है। इसकी जठराग्नि प्रबल होती है और यह बहुत खानेवाला होता है। इसका शरीर पुष्ट तथा बलवान् होता है।

"बलवान् शत्रु जितश्च शत्रुजाते" ॥ आचार्य वराहमिहिर

अर्थ—यदि छठेभाव में शनि हो तो मनुष्य बलवान् होकर शत्रुओं को जीतता है॥

"पंगुर्नरं रिपुगृहेष्वति पूजनीयम्" ॥ वशिष्ठ

अर्थ—यदि शनि शत्रुभाव में हो तो मनुष्य शत्रुओं से भी सम्मानित होता है।

"षष्ठे धनं जयं कुर्यात्" ॥ पराशर

अर्थ—यदि शनि छठे भाव में होतो जातक धनी और विजेता होता है।

"विनिर्जिता रातिगणो गुणज्ञः स्वज्ञातिजानां परिपालकश्च।
पुष्टांग यष्टिः प्रबलोदराग्निः नरोऽर्क पुत्रे सति शत्रुसंस्थे" ॥ बृहद्यवनजातक

अर्थ—यदि जन्मकुंडली में छठेभाव में शनि हो तो जातक शत्रुसमूह को जीतने वाला, गुणों की कद्र करनेवाला, अपने बंधु-बांधवों का पालक होता है। इसका देह पुष्ट तथा शक्तिशाली और इसकी भूख बहुत तीव्र होती है जिससे यह बहुत खानेवाला भोजनभट्ट होता है।

"छायासुतो भवेच्चैव शत्रु मातुल नाश कृत्" ॥

अर्थ—यह जातक शत्रु और मामा का नाश करता है॥

"बह्वाशी द्रविणान्वितो रितुहतः धृष्टश्च मानी रिपौ" ॥ मंत्रेश्वर

अर्थ—जिस जातक के जन्मकुण्डली में शनि छठेभाव में हो तो जातक बहुत भोजनखानेवाला भोजनभट्ट होता है। यह धनी, रिपुनाशक ढीठ तथा अभिमानी होता है।

"शत्रुस्थाने स्थिते मन्दे शत्रुहीनोमहाधनः।
पशु-पुत्र यशोयुक्तो नीरोगी जायते नरः" ॥ काशीनाथ

अर्थ—जिसके छठेभाव में शनि हो वह शत्रुरहित, धनाढ्य और नीरोग होता है। इसे पशुसुख, पुत्र सुख प्राप्त होता है—इसका यश चारों ओर फैलता है।

"विनिर्जितारातिगणो गुणज्ञः सुज्ञाभ्यनुज्ञा परिपालकः स्यात्।
पुष्टांगयष्टिः प्रबलोदराग्निः नरोऽर्कपुत्रे सतिशत्रुसंस्थे" ॥ ढुण्ढिराज

अर्थ—जिसके षष्ठभाव में शनि हो वह शत्रुओं को जीतनेवाला, गुणों की कद्र करनेवाला पण्डितों की आज्ञा का पालन करनेवाला, पुष्टशरीर और प्रबल जठराग्निवाला होता है।

"बह्वाशनो विषमशील सपत्नभीतः कामी धनी रविसुते सति शत्रुजाते।" वैद्यनाथ

अर्थ—जिस जातक के छठेभाव में शनि हो तो वह विशेष भोजन करनेवाला, विषमशील, शत्रुभयभीत, कामी तथा धनवान् होता है।

"विनलारि बाँधव कुटुंबयुतः सगणो बलीरिपुगतेऽर्कसुते" ॥ जयदेव

अर्थ—षष्ठ शनि हो तो जातक निर्बलशत्रुवाला, बन्धु-बान्धवों से युक्त, बहुत-से नौकर-चाकर-पृष्टपोषक तथा अनुयायिओं से युक्त और स्वयं बलवान् होता है।

"नीचेरिपोर्भे च कुलक्षयं च षष्ठे शनिर्गच्छति मानवानाम्।
अन्यत्र शत्रून् विनिहन्ति तुङ्गी पूर्णार्थ कामान् जनतां ददाति ॥" मानसागर

अर्थ—यदि षष्ठभाव में शनि नीच वा शत्रुराशि में हो तो कुल का नाशक होता है। यदि अन्यराशि में हो तो शत्रु को जीतनेवाला, यदि उच्च वा स्वगृह में हो तो अर्थ और काम को पूरे तौर पर देता है।

"प्रबलमदनं सुदेहं शूरं बह्वाशिनं विशमशीलम्।
बहुरिपुपक्षक्षपितं रिपुभवनगतोऽर्कजः कुरुते ॥ कल्याणवर्मा

अर्थ—षष्ठभाव का शनि हो तो जातक कामुक, सुन्दर, शूर, बहुत खानेवाला, कुटिलचित्त तथा बहुत शत्रुओं को जीतनेवाला होता है।

"विद्वेषिपक्षपक्षपितः शूरो विषमचेष्टितः ।
बह्वाशी बहुकाव्यश्चारिदाहोरिपुगे शनौ ॥
षष्ठे नीचगतः सौरिर्जनयेन् नीचवैरिणाम् ।
अन्यथा वैरिणं हन्तिनिर्वैरं स्वगृहे गतः" ॥ गर्ग

अर्थ—यदि शनि रिपुभाव में हो तो जातक शत्रुओं का नाशक तथा उन शत्रुओं के पृष्टपोषकों का भी नाशक होता है। यह शूर और विशेष भोजन करनेवाला होता है। यह कई एक काव्यों का रचयिता भी होता है। इसके प्रताप से इसके शत्रु जल भरते हैं।

यदि षष्ठभाव का शनि नीचराशि में हो तो शत्रु भी नीच होते हैं। यदि स्वगृह में शनि हो तो जातक शत्रु रहित होता है। अन्य राशियों में शनि हो तो शत्रु का नाश होता है।

"शनौ शत्रुगे शत्रवः संज्वलंति प्रतापानले राजगेहेहिचारान् ।
बलैर्बुद्धियोगैः भवेत्करतदग्रे परं वा प्रमेही स रोगीनितम्बे" ॥ जागेश्वर

अर्थ—यदि शत्रुभाव में शनि हो तो जातक की प्रतापरूपी अग्नि में इसके शत्रु तथा शत्रु के गुप्तचर नष्ट होते हैं। बलवान् तथा बुद्धिमान होने से इसके आगे अर्थात् सम्मुख कोई ठहर नहीं सकता है। इसे प्रमेह तथा गुप्तरोग होते हैं।

"पुष्टिर्देहे वीर्यमारोग्यता च भाग्यं भोगं भूषणं वाहनं तु ।
विद्यां वित्तं सौख्यवर्गं तनोति शत्रोर्हानिं शत्रुगोऽशत्रु पुत्रः ॥
"प्रसादो भूमिपालतः स्त्रीपुत्रजनितं सौख्यं जन्मे षष्ठगते शनौः । हरिवंश

अर्थः—यदि जातक के छठेभाव में शनि हो तो इसका शरीर पुष्ट-नीरोग, तथा वीर्यशाली होता है। जातक भाग्यवान, भोगों, भूषणों तथा वाहनों से सम्पन्न, सुशिक्षित, धनी, सुखी तथा शत्रुओं का नाश करनेवाला होता है। इस पर राजा की कृपा रहती है। तथा स्त्री-पुत्रों से सुख मिलता है।

भृगुसूत्र—अल्पज्ञातिः शत्रुक्षयः, धनधान्य समृद्धिः, कुजयुते देशांतरचारी। अल्पराजयोगः, भंग योगात् क्वचित् सौख्यम्। क्वचिदुद्योग भंगः। रंध्रेशे मन्दे अरिष्टम्। वातरोगी, शूलव्रणदेही।

अर्थ—यदि शनि षष्ठभाव में हो तो जातक के साथ सम्बन्धित लोग-जातबरादर अल्पसंख्या में होते हैं। इसके शत्रुओं का नाश होता है। धन-धान्य की समृद्धि होती है। यदि शनि के साथ मंगल भी हो तो जातक विदेशों में घूमता फिरता है। यह अल्पमात्रा में राजयोग होता है। राजयोग का भंग होने से सुख कम मिलता है। कभी उद्योग करने पर भी सफलता नहीं मिलती। शनि अष्टमेश हो तो अरिष्ट होता है। जातक वातजन्य रोगों से पीड़ित होता है। इसे शूल और व्रण से कष्ट होता है।

पाश्चात्यमत—इस स्थान में अशुभ संबंध में निर्बल शनि बहुत अशुभ फल देता है। इससे दीर्घकाल चलनेवाले गन्दे रोगों से शरीर त्रस्त होता है।

प्रकृति सदा रोगी और अशक्त रहती है। अन्न वस्त्र की कमी से अस्वस्थता रहती है। यह स्थिरराशि का शनि हृदयविकार, घटसर्प, कण्ठविकार, मूत्रकृच्छ्र, खाँसी, श्वासनलिका का दाह आदि रोग उत्पन्न करता है। द्विस्वभाव राशियों में फेफड़ों के विकार, दमा, आमाशय और पैरों के विकार होते हैं। चरराशियों में पेट, छाती, सन्धिवात आदि के रोग होते हैं। तुला राशि में पित्ताशय, यकृत के विकार, कन्या में दीर्घकाल के रोगों से अपंगता होती है। षष्ठ में शनि से आहार के बारे में रुचि बहुत तीव्र होती है। इन्हें नौकर अच्छे नहीं मिलते हैं, नौकरों से नुकसान होता है। इन्हें नौकरी अच्छी नहीं मिलती-मिले तो भी उससे विशेष लाभ नहीं होता है।

षष्ठभाव में बलवान्, शुभ सम्बन्ध में शनि यशस्वी अधिकारी के गुण देता है। नौकरों द्वारा अनुशासन कायम रखकर अच्छा काम कराने की योग्यता प्राप्त होती है।

विचार और अनुभव—षष्ठभावस्थित शनि के फल सभी प्राचीन ग्रन्थकारों ने प्रायः शुभ ही दिए हैं। षष्ठस्थान दुःष्टस्थान है। इसमें बैठा हुआ पापग्रह शनि शुभफल दाता होता है। आचार्यों का यह अभिप्राय प्रतीत होता है। कोई-कोई अशुभफल भी बतलाता है। मेष, सिंह, धनु, मिथुन, कर्क, वृश्चिक तथा मीन में शुभफल का अनुभव होता है। अन्य राशियों में अशुभफल मिलता है।

षष्ठभाव में मुख्यतः विचारणीय विषय निम्नलिखित हैं :—"मातुल, शत्रु, महिषी आदि पशु, क्रूरकर्म (हिंसादि) रोग, भय, व्रण। यह षष्ठभाव का कारकत्व संक्षिप्त है। उत्तरकालामृतकार-कालिदास ने षष्ठभाव का कारकत्व विस्तार से दिया है। प्राचीन आचार्यों ने फल लिखते हुए शनि-कारकत्व और षष्ठभाव कारकत्व का ध्यान रखा है—श्लोकों में इन दोनों की झलक देखने में आती है-किसी आचार्य ने 'रोग' का विशेष ध्यान रखा है-आचार्य ने 'शत्रु' पर विशेष ध्यान दिया है।

षष्ठस्थान का शनि पूर्व आयु में बहुत कष्ट देता है। काम में रुकावटें आती हैं-किसी भी तर्फ से सहायता नहीं मिलती, लोगों का अपवाद, एड़ी चोटी का जोर लगाना पड़ता है-इस तरह भारी कष्ट से प्रगति करनी पड़ती है। मामा, मौसियों के लिए षष्ठस्थान बहुत अशुभ है- यह बात तो निःसंदिग्ध है। मामा, मौसियों का गृहस्थ ठीक-ठीक नहीं चलता, सन्तति या तो होती नहीं अथवा होकर मृत्युमुख में जाती है। षष्ठभावस्थ शनि प्रभावान्वित लोग भैंस पालकर लाभ उठा सकते हैं। वृद्धावस्था में इन्हें भारी आर्थिक कष्ट होता है-यदि नौकरी में हों तो असामयिक अवकाश प्राप्त करना पड़ता है और इसका कारण शारीरिक व्यंग होता है। इन्हें देशान्तर में भी सुख नहीं मिलता। स्थानान्तर में भी प्रगति नहीं होती। मीन में शनि हो तो शत्रु बहुत होते हैं

किन्तु स्वयं ही नष्ट भी होते हैं। इन्हें परिस्थिति से लड़ना होता है, बाद में संसार में अग्रसर होते तथा प्रगति करते हैं। इन्हें एकसाथ कीर्ति, सम्पत्ति वा अधिकार नहीं मिल पाते हैं यदि कीर्ति है तो सम्पत्ति नहीं है और यदि सम्पत्ति है तो अधिकार नहीं है।

मेष, सिंह, तथा धनु में सन्धिवात, घुटनों में पीड़ा विशेषतः ३० वें वा ६० वें वर्ष में होती है। वृष, कन्या, मकर में हृदयविकार होते हैं। कर्क, वृश्चिक, मीन में मधुमेह, बहुमूत्रता आदि रोग होते हैं। रोगों के विषय में पाश्चात्यमत मनन करना उचित होगा। विवाह से पहिली आयु में स्वास्थ्य अच्छा नहीं होता–विवाह के अनन्तर अच्छा हो जाता है।

छठेभाव का शनि यदि दूषित हो तो दारिद्रय, असाफल्य, स्थैर्याभाव, शत्रु भूयस्त्व, अपकीर्ति, बुद्धि होते हुए भी लोकदृष्टि में मूर्ख होना, दीर्घकालीन कारावास आदि अशुभफल अनुभव में आते हैं।

षष्ठभाव का शनि सदैव अशुभफल दाता ही होता है–यह कहना भी ठीक नहीं होगा। इसके विरुद्ध कवीन्द्र रवीन्द्रनाथ ठाकुर आदि कईएक प्रसिद्ध व्यक्तियों का ध्यान करते हुए यह कहना भी ठीक होगा कि षष्ठभाव का शनि कीर्ति-धन तथा अधिकार के फल भी देता है। काशिनाथ आदि ग्रन्थकारों ने 'कीर्तिमान्, धनवान्, शत्रुहन्ता आदि-आदि शुभफल दिए हैं।

सप्तमस्थान में शनि के फल—

"सुदारा न मित्रं चिरं चारु वित्तं शनौ द्यूनगे दम्पती रोगयुक्तौ।
अनुत्साहसन्ततक्लृद् हीनचेताः कुतोवीर्यवान् विह्वलो लोलुपः स्यात् ॥ ॥

अन्वय :—शनौ द्यूनगे सुदाराः, मित्रं चारु वित्तं (च) चिरं न (स्यात्) दम्पती रोगयुक्तौ (स्याताम्) अनुत्साह सन्ततक्लृत् हीन चेताः विह्वलः लोलुपश्च (स्यात्) वीर्यवान् कुतः (स्यात्) ॥ ७ ॥

सं० टी०—शनौ द्यूनगे सप्तमस्थे सुदाराः शोभनास्त्रियः चारु मित्रं सुहितकारि, चारु वित्तं न्यायवर्जितं धनं चिरं बहुकालं न, एतत् सुखं न भवेत् इत्यर्थः। दम्पती स्त्री-पुरुषौ अपि रोगयुक्तौ स्यातामितिशेषः। तथा अनुत्साह सन्ततक्लृत् निरन्तरं अनुत्साही, हीनचेताः हीनंचेतः मानसं यस्य सः, विव्हलः अकिञ्चित्करः, लोलुपः अतितृष्णः कुतः वीर्यवान् स्यात् इति सर्वत्र सम्बन्धः ॥७॥

अर्थ—जिस मनुष्य के जन्मलग्न से सप्तमस्थान में शनि हो तो उसे सुन्दर स्त्री, योग्य हितकारी शुद्ध हृदय मित्र, अधिक धन का सुख बहुत समय नहीं मिलता। स्त्री-पुरुष सर्वदा रोगी रहते हैं। उत्साहहीन होने से मनुष्य दुःखी रहता है। उसका मन छोटा रहता है। उसका मन सदा घबड़ाया हुआ रहता है। यह बहुत लोभी होता है। तब यह प्रभावशाली क्यों कर हो सकता है॥

दैवज्ञ लोग सप्तमभाव से अर्थात् कलत्रस्थान से प्रधानतः पति-पत्नी के विषय में विचार करते हैं। पति के लिए मनोरमा सुन्दरी स्त्री का होना महान्

भाग्य का लक्षण है। किन्तु यदि कलत्रभाव में शनि हो तो स्त्रीरत्न की प्राप्ति का भाग्य नहीं होता।

"प्रिया च भार्या प्रियवादिनीच।" ऐसा नीतिकारों का सुभाषित है। कुरूपा कटुभाषिणी-कलहप्रिया स्त्री का होना पुरुष के लिए महान् दुर्भाग्य है। ऐसी स्त्री का घर में न होना ही श्रेयस्कार है। इस भाव को ध्यान में रखकर भट्ट नारायण ने सर्वप्रथम 'सुदाराः' शब्द का प्रयोग किया है। संसार में कई एक ऐसी परिस्थितियाँ आती हैं, जिनका सामना करना असम्भव नहीं तो कठिन अवश्य ही होता है। ऐसे समय में शुद्ध हृदय हितकारी सच्चे मित्र की आवश्यकता होती है, जिसकी सन्मन्त्रणा से मनुष्य रुकावटों को पददलित करता हुआ सफलता के शिखर पर पहुँचता है। किन्तु सप्तम शनि ऐसे मित्र रत्न की प्राप्ति में बाधक होता है। संसार में काम-धर्म तथा मोक्ष की प्राप्ति में महान् सहायक धन माना गया है–'सर्वे गुणाः काञ्चन माश्रयन्ते" ऐसा भर्तृहरिजी का सुभाषित है–किन्तु न्यायवर्जित अर्थात् अन्यायोपार्जित धन धर्म-काम तथा मोक्ष का साधक न होकर बाधक होता है, इसी भाव को लेकर नारायणभट्ट ने वित्त को 'चारु' विशेषण से विशेषित किया है। अन्तर्निहितभाव यह है कि न्यायोपार्जित धन ही चिरस्थायी होता है। इसी से धर्म-काम तथा मोक्ष प्राप्त हो सकते हैं। किन्तु सप्तमभाव का शनि न्यायधन की उपलब्धि होने नहीं देता और न्यायवर्जित धन अधिक समय तक टिक नहीं सकता है।

सप्तमभावस्थित शनि प्रभावान्वित मनुष्य उत्साह और उद्यमहीन अर्थात् आलस्यग्रस्त होता है "आलस्यं हि महान् रिपुः" यह नीतिशास्त्र का वचन है। यह मनुष्य व्यर्थ प्रयास करता है–इसका चित्त चञ्चल होता है। अतएव उद्योग करने पर भी असफल मनोरथ होता है। लोभी इतना होता है कि इसकी तृष्णा शान्त होती ही नहीं। परिणाम यह होता है कि मनुष्य अतितृष्णाभिभूत होकर सदैव दुःखी रहता है। तात्पर्य यह है कि सप्तम शनि के प्रभाव से मनुष्य दुःष्टस्त्री-रत, दुःष्ट मित्रयुक्त-अन्याय–उपार्जितधनयुक्त-अति तृष्णाभिभूत होता हुआ संसार में उन्मत्तवत् व्यवहार कर्ता हुआ भटकता फिरता है और इसका मन अशान्त रहता है "अशान्तस्य कुतः सुखम् ॥ ७ ॥

तुलना—"यदा दारागारं गतवति दिनाधीशतनये
गदैरार्तादारा बलमपि कुतो वित्तमधिकम्।
अनुत्साहः कृत्ये भवति कृशतातोवभविनां
गदानामाधिक्यं सपदि चपलाबुद्धिरभित"॥ **जीवनाथ**

अर्थ—जिस मनुष्य के जन्म समय में शनि सप्तमभाव में हो तो उसकी स्त्री रोगों से पीड़ित रहती है। उसे बल तथा अधिक धन कहाँ से हो सकता है? अर्थात् यह निर्बल और धनरहित होता है। कार्य मात्र में अनुत्साही, देह में अत्यन्त कृशता, शीघ्र ही रोगों की अधिकता और बुद्धि चञ्चल होती है।

"वदरोजनः कृशांगः कमफहमश्च मानवो हिर्जः।
जानो वा स्याज्जोल्ही हफतुमखाने यदा भवति" ॥ खानखाना

अर्थ—यदि सप्तमभाव में शनि हो तो मनुष्य खराब चालवाला, दुर्बलदेह, थोड़ा बोलनेवाला, निर्बुद्धि और पराधीन होता है।

"आमयेन बलहीनतांगतो हीनवृत्तिजन चित्तसंस्थितिः।
कामिनीभवन धान्यदुःखितः कामिनीभवनगे शनैश्चरे" ॥ महेश

अर्थ—यदि शनि सप्तमभाव में हो तो मनुष्य रोग से निर्बलशरीर होता है। यह उपजीविकाहीन होता है तथा लोगों से मिलाप नहीं करता है; और इसका चित्त स्थिर नहीं होता है। इसे स्त्रीसुख, गृहसुख तथा अन्न का सुख नहीं होता है।

"स्त्रीभिर्गतः परिभवं मदगे"। आचार्यवराहमिहिर

अर्थ—जिस जातक के सप्तमभाव में शनि हो स्त्रिएँ उसका निरादर करती हैं।

"सगदः प्रियालय धनैर्विमुखः परभाग्यवान् भवति सप्तमगे"। जयदेव

अर्थ—यदि शनि सप्तमभाव में हो तो जातक रोगी रहता है। इसे स्त्रीसुख गृहसुख तथा धन का सुख नहीं मिलता है। यह दूसरे के भाग्य का खाता है अर्थात् स्वयं निकम्मा और नखट्टू होता है। कौए की तरह दूसरों के टुकड़ों पर पलता है।

"भाराध्वश्रमतप्तधीरधनिको मंदे मदस्थानगे"। वैद्यनाथ

अर्थ—सप्तम में शनि के होने से जातक को बोझा उठाना पड़ता है; बोझा उठाकर दूरतक चलने की थकावट से मन में दुःख होता है। जातक निर्धन होता है।

"सतत मनारोग्यतनुं मृतदारं धनविवर्जितं जनयेत्।
द्यूनेऽर्कजः कुवेषं पापं बहुनीच कर्माणम्" ॥ कल्याणवर्मा

अर्थ—यदि शनि सप्तमभाव में हो तो जातक रुग्ण रहता है। यह निर्धन गन्दे कपड़ोंवाला, पापी और नीचकर्म करनेवाला होता है। इसकी स्त्री की मृत्यु होती है।

"विश्रामभूत्तां विनिहंति जायां सूर्यात्मजः सप्तमगश्चरोगान्।
धत्ते पुनर्दम्भधरांगहीनां मित्रस्य वा वंशभवां मनुष्यः" ॥ मानसागर

अर्थ—सप्तम में शनैश्चर हो तो जातक सुखदेनेवाली प्रथम विवाह की स्त्री का नाशक और स्वयं रोगी होता है। तदनंतर अभिमानिनी अंगहीना स्त्री से, अथवा अपने मित्र के कुल की कन्या से दूसरा विवाह करता है। तात्पर्य यह है कि सप्तम शनि से जातक विधुर होता है और उसे दूसरा विवाह करना होता है। सप्तमभौम की तरह सप्तमशनि भी स्त्रीनाशक है।

"कामस्थे रविजे कुदारनिरते। निःस्वोऽध्वगो विह्वलः" ॥ मन्त्रेश्वर

अर्थ—यदि सप्तम में शनि हो तो जातक कुत्सित स्त्री अर्थात् बद चलन स्त्री में आसक्त रहता है। यह निर्धन, मार्ग चलनेवाला और दुःखी होता है।

ऐसा प्रतीत होता है कि प्राचीनकाल में पैदल चलना वा यात्रा करना कष्ट का लक्षण माना जाता था।

"कलत्रस्थे मित्रपुत्रे सकलत्रोरुजान्वितः।
बहुशत्रुर्विवर्णश्चकृशश्चमलिनो भवेत्॥ **काशीनाथ**

अर्थ—यदि शनि सप्तम हो तो जातक सस्त्रीक, रोगी, शत्रुओं से घिराहुआ, कुरूप, कृशशरीर, गंदे कपड़े पहिरनेवाला होता है। 'सकलत्र' विशेषण का तात्पर्य स्पष्ट नहीं है। सप्तमशनि प्रथमा स्त्री का घातक, और द्वितीया स्त्री के आगमन का सूचक है। इस परिस्थिति में जातक कभी स्त्रीवियुक्त न रहेगा और एक स्त्री अवश्य रहेगी। यही तात्पर्य हो सकता है। किसी टीकाकार ने "सकलत्रो रुजान्वितः" इसका अर्थ पत्नी सहित रोगी रहता है, ऐसा किया है।

"आमये बलहीनतागतो हीनवृत्तिजनचित्त संस्थितिः।
कामिनीभवन धान्यदुखितः कामिनीभवनगे शनैश्चरे"॥ **ढुण्ढिराज**

अर्थ—शनि के सप्तमभाव में स्थित होने से जातक रोगों से पीड़ित अतएव निर्बल देह हो जाता है। यह आजीविकारहित अर्थात् गुजारे से तंग होता है। यह लोगों के मन में खटकता रहता है। इसे स्त्रीसुख, गृहसुख तथा धनसुख नहीं मिलता है।

"विश्रामभूतां विनिहंति जायां सूर्यात्मजः सप्तमगश्चरोगान्।
धत्ते पुनः दंभधरांगहीनं मित्रस्थवंशेन हुतासुहृच्च"॥ **गर्ग**

अर्थ—यदि सप्तम में शनि हो तो जातक की सुख देनेवाली पत्नी की मृत्यु होती है। जातक रोगी, ढोंगी, अंगहीन और मित्रों से मायावी व्यवहार करनेवाला होता है।

"आमयेन बलहीनतांगजो हीनवृत्तिजनचित्तसंस्थितः।
कामिनीभवन धान्य दुःखितः कामिनीभवनगे शनौ नरः"॥ **वृहद्यवनजातक**

अर्थ—सप्तमभाव में शनि के होने से मनुष्य रोगों से पीड़ित होकर दुर्बल शरीर हो जाता है। इसका संसर्ग तथा संपर्क नीचवृत्ति के लोगों से रहता है; अर्थात् जातक स्वयं जीविकाहीन होता है और इसके मन में नीचवर्ग के वृत्तिहीन लोग रहते हैं और इसका संसर्ग भी नीचवर्ग के लोगों से रहता है। इसे स्त्री, घर वा धान्य का सुख नहीं मिलता।

पाश्चात्यमत—इस व्यक्ति की पत्नी (वा पति) उदास, दुःखी, निराश, कम बोलनेवाली होती है। यह स्त्रीवियोग (वा वैधव्य) का निश्चितयोग होता है। शनि द्विस्वभाव राशि में हो तो बहुविवाह होने का योग होता है। शनि राशि बली और शुभ संबंध में हो तो विवाह से धन और इस्टेट का लाभ होता है। स्त्रियों की कुंडली में यह शनि किसी विधुर, आयु में काफी बड़े किन्तु संपन्न वरों से विवाह का योग करता है। साधारणतः सप्तम में शनि शुभ नहीं होता। विवाहसुख ठीक नहीं मिलता। व्यभिचार की प्रवृत्ति होती है।

बदमाश, झूठ बोलनेवाले विश्वासघाती लोगों से एकदम शत्रुता होती है। साझीदारी में नुकसान होता है। कानून-कचहरी के मामलों में असफलता होती है। दूसरों के साथ किए हुए व्यवहारों में बेकार झगड़े होते हैं—तकलीफ होती है। राशिबली और शुभ संबंध में यह शनि अशुभफल नहीं देता प्रत्युत शनि के विकसित गुणों से संयुक्त पत्नी मिलती है। विवाह से भाग्योदय होता है। विशेषतः तुला राशि में यह शनि पति-पत्नी में अच्छा प्रेम रखता है। चन्द्र साथ में हो तो संसारसुख बिलकुल नहीं मिलता।

भृगुसूत्र—"शरीर दोषकरः। कृशकलत्रः। वेश्या संभोगवान्। अति दुःखी। उच्चस्वक्षेत्रगते अनेक स्त्री सम्भोगी कुजयुते शिश्नचुंबनपरः। शुक्रयुते भगचुंबनपरः। परस्त्री सम्भोगी ॥"

अर्थ—सप्तमभाव में शनि के होने से जातक का शरीर दोषयुक्त रहता है। दोष से तात्पर्य 'रोग' का हो सकता है। इसकी पत्नी कृश होती है। (यहाँ पर कृशता रोगजन्या मन्तव्य हो सकती है) जातक वेश्यागामी होता है। यह बहुत दुःखी होता है। यदि यह शनि उच्च वा स्वगृही हो तो जातक अनेक स्त्रियों का उपभोग करता है। यह शनि मंगल से युक्त हो तो स्त्री अत्यन्त कामुकी होती है। कामानलसंतप्ता होकर स्त्री-पुरुष को कामक्रीड़ा के लिए स्वयं उत्तेजित करती है-यह भाव है। यदि शनि शुक्र से युक्त हो तो पुरुष अतिकामुक होता है। जातक परस्त्रीगामी होता है।

विचार और अनुभव—"सप्तमभाव का शनि अशुभफल देनेवाला है-इसको स्पष्ट करने के लिए आचार्यों ने अशुभफल ही वर्णित किए हैं। इन अशुभफलों का अनुभव वृष, कन्या, मकर, तुला तथा कुम्भराशियों में होता है। केन्द्र गत पापग्रह अशुभफल ही देते हैं-ऐसा अभिप्राय आचार्यों का स्पष्टतया प्रतीत होता है। यदि सप्तमभाव का शनि मेष, सिंह, मिथुन, कर्क, वृश्चिक, धनु तथा मीन में हो तो एक विवाह होने का योग होता है। इस योग में पति-पत्नी परस्पर प्रेम बनाए रखते हैं। वाग्युद्ध भी होता है तौ भी प्रेम बना रहता है। एक शब्द में संसारयात्रा के लिए गृहस्थ का पूर्णरूपेण व्यवहार चलाने के लिए इस योग में स्त्री बहुत अच्छी प्राप्त होती है। गार्हस्थ्य जीवन अच्छा चलता है।

सिंह तथा धनु में स्त्रीमोहक आकार की रोबदार होती है।

मेष में स्त्री का वदन छरहरा, केश घने, नाक नुकीली, चेहरा लम्बा, आँखें छोटी होती हैं।

वृष, कन्या तथा मकर में स्त्री का रूप रंग ऊपर से विपरीत होता है।

मिथुन-तुला, कुंभ में स्त्री का चेहरा गोल और तेजस्वी, केश चमकीले रेशम जैसे रंग कुछ गोरा, किन्तु स्वभाव झगड़ालू होता है।

कर्क, वृश्चिक-तथा मीन में पत्नी तो सर्वप्रकारेण अच्छी किन्तु आर्थिक स्थिति हीन रहती हैं। किसी तरह संसार तो चलता है। किन्तु व्यवसाय हो वा नौकरी में उतार चढाउ-परिवर्तन होते रहते हैं। २८ वर्ष में जीविका के साधन मिलते हैं। ३६ से ४२ वें वर्ष के अन्दर भाग्योदय और अच्छी प्रगति होती है।

वृष-कन्या-मकर, कुंभ में दो विवाह होते हैं। दूसरे विबाह के अनन्तर भाग्योदय होता है। किन्तु स्त्री अनुकूल स्वभाव की नहीं होती अतः अच्छा स्त्रीसुख नहीं मिलता। तुला में स्त्री तो अच्छी किन्तु आर्थिक स्थिति हीन रहती है। स्त्रो को उत्तम भोजन तथा विषयोपभोग की इच्छा प्रबल होती है।

शिक्षा के विषय में यदि शनि मेष, मिथुन, सिंह, धनु, मकर तथा कुंभ में हो तो शिक्षा उत्तम-वकील-मैजिस्ट्रेट आदि के रूप में अच्छी सफलता मिलती है। वृष, कन्या, तुला, कर्क, वृश्चिक तथा मीन में शनि हो तो ठेकेदारी, कोयला-लोहा आदि खानों का काम, विदेशी माल की एजेंटी आदि कामों में लाभ होता है।

मिथुन, कन्या, धनु तथा मीन में शिक्षक प्राध्यापक, गणक आदि ज्ञान-सम्बन्धी कामों में लाभ होता है। कहीं-कहीं पर यह शनि गोद लिए जाने का योग बनाता है। बचपन में माता-पिता का वियोग, पत्नी की मृत्यु '१२-'१३ की आयु में ये फल होते हैं।

सन्तति के विषय में मिथुन, तुला तथा कुंभ में बच्चों की पैदायश में परस्पर काफी अन्तर रहता है। आजीविका के विषय में-व्यवसाय और नौकरी दोनों ठीक रहते हैं। तुला में द्विभार्या योग में लाभ होता है। वृष, तथा कन्या में अविवाहित रहने की ओर इच्छा होती है। सप्तमस्थ शनि से पति की मृत्यु पत्नी से पहिले होती है। लग्न में शनि हो तो पत्नी पहिले मरती है। अथवा सदैव रोगी रहती है।

मेष, सिंह, धनु, मिथुन तथा तुला में शनि हो तो पुरुष उदार, आनन्दी, खर्चीला-क्वचित् क्रोधी-परोपकारी और परस्त्री से विमुख होता है। अहंमन्य, और अभिमानी होता है। कन्या, तुला, धनु में सन्तति आयु के उत्तरार्ध में होती है।

अष्टमस्थान में शनि के फल—

"वियोगो जनानां त्वनौपाधिकानां विनाशो धनानां स को यस्य न स्यात्।
शनौ रंध्रगे व्याधितः क्षुद्रदर्शी तदग्रे जनः कैतवं किं करोतु॥ ८॥

अन्वयः—शनौ रंध्रगे (सति) सः कः यस्य तु अनौपाधिकानां जनानां वियोग न स्यात्, धनानां (च) विनाशः (न) (स्यात्) सः व्याधितः क्षुद्रदर्शी (च) (स्यात्) जनः तदग्रे किं कैतवं करोतु॥ ८॥

सं० टी०—रंध्रगे अष्टमस्थे शनौ अनौपाधिकानां उपाधि रहितानां जनानां वियोगः सत्संगाभाव इत्यर्थः। धनानां विनाशः यस्य न स्यात् सः कः। तथा व्याधितः क्षुद्रदर्शी परदोषान्वेषी, तदग्रे अन्यः जनः कैतवं धूर्ततां किं करोतु महाधूर्तः अतिधूर्तः सः स्यात् इति भावः ॥ ८ ॥

अर्थ—जिसके अष्टमभाव में शनि हो तो उसे उपाधिरहित सत्संगी ज्ञानी मनुष्यों का वियोग होता है। अर्थात् अष्टमस्थानस्थित शनि प्रभावान्वित मनुष्य त्रिकाल सत्य परब्रह्म के साथ संग करनेवाले मनुष्यों का सत्संग नहीं मिलता है। वह तो दुष्टप्रकृति लोगों की संगति में रहता है। इसे अपने मनुष्यों का भी वियोग होता है। किसी एक टीकाकार ने "अष्टमस्थ शनि का जातक बिना कारण लोगों से विरोध करता है" ऐसा अर्थ किया है—उपाधि शब्द का अर्थ 'कारण' किया है। 'वियोग' शब्द का अर्थ 'विरोध' किया है। अष्टमस्थ शनि के प्रभाव में आए हुए जातक के धन का नाश भी होता है। यह जातक रोगी रहता है। यह दूसरों के दोष निकालता रहता है, अर्थात् यह परदोषान्वेषण करता है, इस तरह यह उदारचेता न होकर, क्षुद्रहृदय तथा संकुचित हृदय होता है। यह जातक स्वयं धूर्तराट् वंचकचूडामणि होता है। अतः इसे कोई दूसरा मनुष्य ठग नहीं सकता है ॥ ८ ॥

तुलना—"यदा रंध्रस्थाने दिनकर सुते जन्म समये,
विनाशो वित्तानां निजजनवियोगः सहजतः।
सदा वक्राकारा मतिरतितरां वा चतुरता,
गदव्रातातंकः प्रभवति कलंकश्च भविनाम् ॥ जीवनाथ

अर्थ—जिस मनुष्य के जन्मसमय में शनि अष्टमभाव में हो तो उसके धन का विनाश होता है। और अकारण ही आत्मीयजनों का वियोग होता है। सर्वदा उसकी बुद्धि कुटिल रहती है। यह अत्यन्त चतुर, रोगों से भयभीत और कलंकी होता है।

"वीमारश्च हरीशो दगालवाजश्च दोजखी मनुजः।
जोह्हस्तुमखाने भवति वखीलः कृपालसो भीरुः" ॥ खानखाना

अर्थ—यदि अष्टमभाव में शनि हो तो मनुष्य रोगी, आलसी, दगाबाज, पेटू, कृपण, दयालु और डरपोक होता है।

"स्वल्पात्मजो निधनगे विकलेक्षणश्च ॥" अचार्य वराहमिहिर

अर्थ—यदि शनि अष्टमभाव में हो तो जातक के पुत्र अल्पसंख्या में होते हैं और आँखे क्षीण होती हैं अर्थात् जातक की दृष्टि कमजोर होती है।

"अष्टमे व्याधिहानिं च।" पराशर

अर्थ—शनि लग्न से अष्टम हो तो जातक रोगी होता है—तथा इसकी हानि होती है।

"सर्वेग्रहा दिनकर प्रमुखा नितांतं मृत्युस्थिता विदधते किल दुष्टबुद्धिम्।
शस्त्राभिघात परिपीड़ित गात्रभागं सौख्यैर्विहीनमति रोगगणैरुपेतम्" ॥ वशिष्ठ

अर्थ—यदि जातक के जन्मलग्न से अष्टमस्थान में सूर्य आदि ग्रहों में से कोई भी हो तो इसकी बुद्धि दुष्ट होती है। शस्त्रों के प्रहार से इसके अवयवों को पीड़ा होती है। इसे सुख नहीं मिलता है। इसे बहुत से रोग होते हैं।

"कृशतनुः ननुदद्रुविचर्चिकाप्रभवतोभयतोष विवर्जितः।
अलसतासहितो हि नरोभवेत् निधनवेश्मनि भानुसुते स्थिते" ॥ महेश

अर्थ—जिसके अष्टमभाव में शनि हो वह दुर्बल शरीर होता है, इसके शरीर में दद्रु (दद्दी-एक चर्मरोग) और फोड़े-फुन्सियाँ निकलते हैं जिनसे इसे पीड़ा होती है और सन्तोष का नाश होता है। जातक आलसी होता है।

"कृशतनुः सगदोऽलसभाग् विहग् विगततोष सुखोऽष्टमगेशनौ ॥" जयदेव

अर्थ—जातक के जन्मलग्न से अष्टमभाव में यदि शनि हो तो यह दुर्बल देहवाला, रोगी आलसी तथा नेत्रहीन होता है। इसे सन्तोष और सुख नहीं होते।

"शूरो रोषाग्रगण्यो विगतबलधनो भानुजे रन्ध्रयाते" ॥ वैद्यनाथ

अर्थ—शनि अष्टमस्थान में हो तो जातक शूरवीर, बहुत क्रोधी, निर्बल और निर्धन होता है।

"कुष्ठभगंदररोगैरभितप्तं ह्रस्वजीवितं निधने।
सर्वारम्भ विहीनं जनयति रविजः सदापुरुषम्" ॥ कल्याणवर्मा

अर्थ—यदि अष्टमभाव में शनि हो तो जातक कोढ़-भगंदर आदि रोगों से दुःखी होता है। यह अल्पायु तथा उत्साहहीन होता है।

"शनैश्चरे चाष्टमगे मनुष्यो देशान्तरे तिष्ठति दुःखभागी।
चौर्यापराधेन च नीचहस्तात् पञ्चत्वमाप्नोत्यथ नेत्ररोगी ॥ मानसागर

अर्थ—अष्टमभाव में शनि हो तो जातक परदेश में रहता है और वहाँ पर भी दुःखित रहता है। चोरी करने के अपराध में दण्डित होकर नीच के हाथ से इसकी मृत्यु होती है।

"शनैश्चरे मृतिस्थिते मलीमसोऽर्शसोऽवसुः।
करालधीः बुभुक्षितः सुहृद्जनावमानितः" ॥ मन्त्रेश्वर

अर्थ—यदि अष्टमभाव में शनि हो तो जातक मलिन, बवासीर के रोग से पीड़ित, धनहीन, क्रूरबुद्धिवाला और भूखा, होता है। इसके मित्र इसकी अवहेलना करते हैं।

"क्रोधातुरोऽष्टमे मन्दे दरिद्रोबहुरोगवान्।
मिथ्याविवादकर्ता स्यात् वातरोगी भवेन्नरः" ॥ काशिनाथ

अर्थ—शनि यदि अष्टमभाव में हो तो जातक बहुत क्रोधी, दरिद्र, रोगी, व्यर्थ और मिथ्या झगड़नेवाला, तथा बात रोगी होता है।

"कृशतनुः ननु दद्रु विचर्चिका प्रभवतो भयतोष विवर्जितः ।
अलसतासहितोहि नरोभवेन् निधनवेश्मनि भानुसुते स्थिते" ॥ ढुण्ढिराज

अर्थ—यदि अष्टमभाव में शनि हो तो जातक का शरीर दुर्बल और पतला होता है। इसे दाद और खुजली से पीड़ा होती है, यह असन्तुष्ट और आलसी होता है।

"विदेशतो नीच समीपतो वा सौरिर्मृतिं रन्ध्रगतो विधत्ते ।
हृच्छोककासामयवद् विषूची नानाविधं रोगगणं विधाय ॥" गर्ग

अर्थ—विदेश में या समीप के किसी हीनस्थान में जातक की मृत्यु होती है यदि इसके लग्न से आठवेंभाव में शनि हो। शोक के कारण हुए-हुए हृदय के रोग से, खाँसी, कालरा आदि नानाविध रोगों के कारण जातक की मौत होती है।

"बुभुक्षया लंघनेन तथा प्रायोपवेशन्तत् । बन्धुवर्गादरिकरात् क्षयतः पृथुदद्रुतः ।
चटकैर्व्रणकोपेन दयपादाभिघाततः । हस्तितः खरतो । मृत्युर्मंदे स्यान् मृत्युभावगे ॥ काश्यप

अर्थ—शनि के अष्टमभाव में होने से जातक की मृत्यु निम्नलिखित कारणों से होती है :—मेष में भूख से, वृष में लङ्घन से, मिथुन में उपवास से, कर्क में रिश्तेदारों से, सिंह में शत्रुओं के हाथ से, कन्या में क्षय से, तुला में बड़ी खुजली से, वृश्चिक में चटकों से, धनु में व्रणों से; मकर में घोड़े की रांग (लात) से, कुम्भ में हाथी से और मीन में गधे से।

"बुभुक्षया लंघनेन तथा च बहुभोजनात् ।
संग्रहण्योः पाण्डुरोगात् प्रमेहात् सन्निपाततः ॥
कंटकैर्व्रणकोपेन हस्तिपादाभिघाततः ।
हयतः खरतो मृत्युः मन्देस्यान् मृत्युभावगे" ॥ ज्योतिषश्यामसंग्रह

अर्थ—यदि लग्न से शनि अष्टमभाव में हो तो जातक की मृत्यु नीचे लिखे के अनुसार होती है :— भूख से, लंघन से, अधिक तथा आकण्ठ भोजन करने से, संग्रहणी से, पाण्डु रोग से, प्रमेह से, सन्निपात से, काँटों से, व्रणों से, हाथी के पाँव की चोट से, घोड़े तथा गधे से मृत्यु होती है।

"कृशतनुः ननु दद्रुविचर्चिका प्रभवतो भयतोषविवर्जितः ।
"अलसतासहितो हि नरोभवेत् निधनवेश्मनि भानुसुते गते ॥" बृहद्यवनजातक

अर्थ—अष्टमभाव में शनि के होने से जातक कृश, खुजली-फोड़ों से दुःखी असंतुष्ट निर्भय तथा आलसी होता है।

"परंकष्टभाक् क्रूरवक्ता प्रकोपी भवेत् क्षुद्रको धान्यकं नैव सत्वम् ।
परं हासवातोदिकं किं तदग्रे यदा मंदगो मृत्युगो वै नराणाम्" ॥ जागेश्वर

अर्थ—यदि शनि अष्टमभाव में हो तो जातक कष्ट भोगनेवाला, निठुर बोलनेवाला, क्रोधी, क्षुद्र अर्थात् तुच्छप्रकृति-धन-धान्यहीन, निर्बल तथा हँसी मज़ाक में शामिल न होनेवाला होता है।

"स्यादायुस्थे दद्रयुक्तो दरिद्री धातुहीनो दुर्बलांगो रुजानाम् ।
सुतो धूर्तो भीरुरालस्य धीरो भानोः पुत्रो निंद्यमार्गप्रगामी" ॥ हरिवंश

अर्थ—अष्टमभाव में शनि हो तो जातक दाद (खुजली) वा धातु की कमी से कष्ट पाता है । यह दरिद्री, रोगों से दुर्बल, डरपोक, आलसी, निंदनीय-मार्ग का अवलम्बन करनेवाला होता है । इसके पुत्र धूर्त होते हैं ।

भृगुसूत्र—त्रिपादायुः, दरिद्री, शूद्रस्त्रीरतः, सेवकः । उच्चेस्वक्षेत्रे दीर्घायुः । अरिनीचगे भावाधिपे अल्पायुः, कष्टान्नभोगी ।

अर्थ—शनि के अष्टमभाव में होने से जातक की आयु ७'९ वर्ष की होती है । यह दरिद्री, नौकरी करनेवाला, शूद्र स्त्री से सम्पर्क रखनेवाला होता है । उच्च में वा स्वक्षेत्र में शनि के होने से जातक दीर्घायु होता है । शनि यदि शत्रुग्रह की राशि में वा नीचराशि में हो तो जातक अल्पायु होता है । इसकी उपजीविका कठिनता से चलती है ।

पाश्चात्यमत—(अष्टमभावस्थ) शनि मकर, कुंभ या तुला में शुभ संबंधित हो तो विवाह से आर्थिक लाभ होता है । वारिस के रूप में जमीन आदि इस्टेट प्राप्त होती है । उसकी देखभाल भी अच्छी करते हैं ।

अष्टम में बलवान शनि दीर्घायु देता है । नैसर्गिक वृद्धत्व से ही मृत्यु होती है । अष्टम में पीड़ित शनि विवाह से लाभ नहीं कराता । दहेज आदि कुछ नहीं मिलता । विवाह के बाद आर्थिक संकट आते हैं । दीर्घकाल रोग से कष्ट पाकर मृत्यु होती है । पूर्वार्जित धन नहीं मिलता । कर्क या मेष में अशुभ शनि से ये फल विशेषरूप में मिलते हैं । पीड़ित शनि से अकस्मात् मृत्यु का योग होता है । जीवन में हमेशा निराशा होती है । गूढ़शास्त्रों का अभ्यास करते हैं ।

विचार और अनुभव—प्राचीन ग्रंथकारों के अनुसार अष्टमभावस्थ शनि का फल अशुभ ही है । ये अशुभफल मुख्यतः वृष, कन्या, कुंभ, धनु, मीन तथा मिथुन राशियों के हैं । यदि शनि वृष में हो तो तुला लग्न, और धनु में हो तो वृष लग्न होता है । इन लग्नों के लिए शनि शुभ योग कारक है । तौ भी अष्टमभाव में होने के कारण सुखदायक नहीं हो सकता । यदि कन्या हो तो शनि व्ययेश होता है, इसलिए दुःख और दारिद्र्य ही होते हैं । कुंभ वा मीन में हो तो शनि सातवें और छठे का स्वामी होता है । वृश्चिक में हो तो चतुर्थ वा तृतीय का स्वामी होता है—फल दुःखी होता है ।

अष्टमस्थान निधन वा मृत्यु स्थान कहलाता है । इस भाव से संकट—कष्ट मृग्यु-मृत्यु का कारण आदि का विचार किया जाता है । शनि को भी प्राणियों का दुःख माना है—शनि के नामों में यम—काल आदि नाम भी आपत्ति सूचक हैं । इस तरह अष्टम और शनि का संयोग कष्टकारक ही हो सकता है ।

मेष, सिंह, तुला, वृश्चिक वा मकर में यदि शनि हो तो अधिकार वा संपति अथवा संतति इन तीनों में से किसी एक के विषय में कष्ट होता है। संतति और संपत्ति दोनों एक साथ नहीं मिल पाते। किन्तु कर्कराशि का शनि दोनों में सुखदायक होता है। अकस्मात् धनप्राप्ति भी होती है। धनुराशि का शनि विवाह के अनंतर धनक्षीणता का हेतु होता है—भाग्यक्षीण होता है क्योंकि भाग्येश अष्टम में होता है।

यदि शनि मेष, मिथुन, कर्क, सिंह, धनु वा मकर में हो तो स्वतंत्र व्यवसाय से आजीविका चलती है। इन राशियों से अन्यत्र शनि नौकरी के लिए ठीक होता है। अष्टमस्थ शनि पहिली उमर में कष्टकारक, किन्तु पिछली उमर में सुख देता है। इससे विपरीत फल भी होता है अर्थात् पहिले दुःख तो पीछे सुख और पहिले सुख तो बुढापे में कष्ट होता है। चतुर्थ का शनि हो तो प्रारंभ कष्टमय, मध्यम में कुछ सुख किन्तु अंत में पूर्ण कष्टमय स्थिति रहती है।

अष्टमस्थ शनि ५४ वें वर्ष के बाद अशुभ फल का द्योतक है। मेष, सिंह, कर्क, वृश्चिक, मकर तथा तुला में शनि हो तो आयु, दीर्घ होती है। विवाह के बाद स्थिति में परिवर्तन होता है। कर्क और तुला में अष्टमस्थ शनि अच्छी स्थिति रखता है। पत्नी अच्छी और इसका स्वभाव भी अच्छा होता है।

यदि शनि अष्टम में हो तो प्राणी मृत्यु के समय भी स्वस्थचित्त रहता है। इसे मृत्यु होने वाली है—ऐसा आभास मृत्यु से कुछ समय पूर्व हो जाता है। ऐसा आभास तब होता है जब चतुर्थ वा अष्टम में पापग्रह हो। इन्हीं स्थानों में शुभग्रह हो तो मृत्यु के समय बेहोशी रहती है। भाग्योदय ३६ वें वर्ष के बाद, यदि शनि बहुत दूषित हो तो बंधनयोग (कारावास) होता है। छटे वर्ष में माता-पिता की मृत्यु वा पिता को आर्थिक संकट इस प्रकार का नुकसान होता है। ३२ वां वर्ष भी आपत्तिकारक होता है।

नवमस्थान में शनि के फल—

"मतिस्तस्यत्तिक्ता न तिक्तं सुशीलं रतिर्योगशास्त्रे गुणोराजसः स्यात्।
सुहृद्वर्गतो दुःखितो दीनबुद्ध्या शनिः धर्मगः कर्मकृत् संन्यसेद्वा ॥ ९ ॥

अन्वयः—यस्य शनिः धर्मगः (स्यात्) तस्य मतिः तिक्ता (स्यात्) शीलंतु न तिक्तं (भवेत्) तस्य योगशास्त्रे रतिः (स्यात्ः) राजसः गुणः (च) स्यात्। दीनबुद्ध्या सुहृद्वर्गतः दुःखितः (स्यात्) सः कर्मकृत (स्यात्) वा संन्यसेत् ॥ ९ ॥

सं०-टी०—शनिः धर्मगः नवमस्थः चेत् तदातस्यमतिः तिक्ता विषय विरक्ता (स्यात्) शीलं तु न तिक्तं कटुकं (स्यात्) योगशास्त्रे योगप्रतिपादक ग्रंथे रतिः अभ्यासः (स्यात्) राजसोगुणः रजः प्रकृतिः च स्यात्।

दीनबुद्धया 'एतेहीनाः मित्रबंधु वर्गाः' इत्येवं रूपया बुद्धया सुहृद्वर्गतः दुःखितः कृपालुत्वात् खिन्नमनाः अतएव कर्मकृत सर्वेषां सुखकारी स्यात्, वा अथवा संन्यसेत् यतिरेव स्यात् ॥ ९ ॥

अर्थ—जिस जातक के जन्मलग्न से नवमभाव में शनिस्थित हो उसकी बुद्धि तिक्त–तीक्ष्ण अर्थात् विषयवासना से विमुख और विरक्त होती है। "संसार तत्वतः क्या है? विषयवासना से प्राणी नीचे जाता है वा सन्मार्गगामी होकर ऊँचा उटता है" इत्यादि का विचार विषय कुण्ठितबुद्धि मनुष्य नहीं कर पाता है। अपितु कुशाग्रबुद्धि ही तत्वान्वेषक हो सकता है। शनि दुःख देकर मनुष्य को संसार से विरक्त करता है और उसकी बुद्धि विषयोपभोग की ओर से तिक्त अर्थात् कटु हो जाती है। यह अर्थ अभिधावृत्ति लभ्य नहीं है। किसी अन्य टीकाकार ने 'तिक्त' शब्द का अभिधालभ्य अर्थ 'कटु' 'कड़वा' लेते हुए निम्नलिखित अर्थ किया है:—" जिसके नवमस्थान में शनि हो वह जातक दुष्ट बुद्धि वाला होता है।" इसका शील-अर्थात् आचरण और दूसरों के प्रति व्यवहार तिक्त अर्थात् कटु (कड़वा) नहीं होता है, अपितु इसका स्वभाव मृदुल तथा सर्वाकर्षक और मनोरम होता है। यह योग प्रतिपादकग्रंथों में रुचि रखता है, अर्थात् योगशास्त्र का अभ्यास करता है। यह रजोगुणप्रधान व्यक्ति होता है।

"ये मेरे मित्र और बांधव, लोंग दीन-हीन तथा शोचनीय दशा में हैं" यह सोचकर इसका मन दुःखी हो जाता है और इनको दयनीय परिस्थिति से ऊपर उठाने के लिए यह इनके सुख के लिए कर्मनिष्ठ हो जाता है–इनको दीनता गर्त से बाहिर निकालने के लिए यथाशक्ति यत्न करता है। अथवा सन्यस्त ही हो जाता है। अर्थात् कर्मणा, मनसा, वाचा कर्म करना छोड़कर ब्रह्मनिष्ठ हो जाता है।

तुलना—"यदा धर्मस्थानं गतवतिशनौजन्मसमये,
सुहृद् वर्गाद् दुःखं प्रभवतिगतिस्तीर्थविषये।
गृहद्वारं दीन द्विजपरिवृतं शीलममलं,
वयोऽते वैराग्यं रतिरपि च योगे तनुभृताम् ॥- जीवनाथ ॥

अर्थ—जिस मनुष्य के जन्मसमय में शनि नवमभाव में हो उसे मित्र वर्गों से दुःख होता है। अर्थात् नवमशनि सुहृद्वर्ग से सुखप्राप्ति में बाधक होता है। कारण यह कि मित्र भी इसके प्रभाव से शत्रुवत् व्यवहार करने लगते हैं। यह तीर्थयात्रा करने के लिए उद्यत और यत्नशील होता है। तीर्थयात्रा यौवनावस्था में इन्द्रियदमन का साधन है, और नवमभावस्थ शनि का जातक इन्द्रिय दमनशील होता है। इसके घर के दरवाजे पर दान लेने के लिए दीन लोग खड़े रहते हैं। अर्थात् यह दानशील होता है। धन का

मुख्य फल दान है" दानंभोगोनाशः तिस्रोगतयो भवंति वित्तस्य। यो न ददाति न भुंक्ते तस्य तृतियागति र्भवति" यह सुभाषित है। इसका स्वभाव निर्मल होता है। अर्थात् यह कुटिल न होकर निर्मल और सरल चित्त होता है। यह वृद्धावस्था में विरक्त होता है; और योगाभ्यास की ओर अग्रसर होता है। अर्थात् नवमभाव का शनि बुढ़ापे में मनुष्य को संसार से विरक्त करता है और जातक विजयानंद से पराङ् मुख होकर ब्रह्मानंदप्राप्ति की ओर अटूट यत्न करता है और इसमें उसका सहायक योगमार्ग होता है।

"धर्मकर्मसहितोविकलांगो दुर्मतिः हि मनुजोऽतिमनोज्ञः।
संभवस्य समये यदिकोणः त्रित्रिकोणभवने यदि संस्थः" ॥ महेश

अर्थ—जिस जातक के जन्मलग्न से नवमभाव में शनि हो वह धर्मात्मा और शुभ कर्मकर्ता होता है। इसके शरीर के अंगों में कहीं पर विकार और हीनता होती है। इसका स्वभाव वा बुद्धि दुष्ट होते हैं। यह सुन्दर होता है। शनि के पर्यायवाचक नामों में 'कोण' एकनाम है। त्रित्रिकोण नवमभाव का नाम है।

"बख्तबुलंदः श्रीमान् शींरीसखुनश्च मानवो यदि वै।
जोह्लो बख्तमकाने बेतालश्च हि कृपालुरपि भवति" ॥ खानखाना

अर्थ—यदि नवमभाव में शनि हो तो मनुष्य का समय अच्छा होता है। जातक लक्ष्मीवान्, मीठा बोलनेवाला, सुखी और दयालु होता है।

"धर्मे सुतार्थसुखभाक्" ॥ वराहमिहिर

अर्थ—यदि शनि धर्मभाव अर्थात् नवम में हो तो जातक पुत्रवान्, धनवान् तथा सुखी होता है।

"सुसुतवित्तसुखोविवलांगभाग् विमतिभाग् विमना नवमेऽर्कजे" ॥ जयदेव

अर्थ—यदि नवमभाव में शनि हो तो जातक पुत्र, धन तथा सुख से युक्त होता है। इसके शरीर में कहीं दोष और विकार होने से यह निर्बल शरीर होता है—इसकी बुद्धि और चित्त दुष्ट होते हैं।

"भाग्यार्थात्मजतात धर्मरहितो मंदे शुभे दुर्जनः" ॥ मंत्रेश्वर

अर्थ—यदि शनि नवम हो तो जातक दुष्ट, भाग्यहीन, धनहीन, धर्महीन, पुत्रहीन तथा पितृहीन होता है। नवमभाव का पर्याय नाम 'शुभ' भी है। शुभस्थान—नवमस्थान एकार्थक हैं।

"धर्मे मंदे धर्महीनो विवेकी च रिपोर्वशः।
नृशंसो जायते लोके परदाररतः सदा" ॥ काशीनाथ

अर्थ—यदि शनि नवमभाव में हो तो जातक धर्महीन किन्तु विचारशील, शत्रुवशवर्ती, क्रूर और सदैव परस्त्रीगामी होता है।

"धर्मकर्मसहितोविकलांगो दुर्मतिर्हि मनुजोऽतिमनोज्ञः।
संभवस्य समये किलकोणस्त्रित्रिकोणभवने यदि संस्थः" ॥ ढण्ढिराज

अर्थ—यदि शनि नवम में हो तो जातक धार्मिक तथा शुभ कर्म करनेवाला विकलांग, कुबुद्धि तथा सुन्दर होता है।

"मंदे भाग्यगृहस्थिते रणतलख्यातो विदारो धनी" ॥ **वैद्यनाथ**

अर्थ—यदि शनि नवमभाव में हो तो जातक रणवीर, धनवान् तथा स्त्रीहीन होता है।

"धर्मरहितोऽल्पधनिकः सहजसुत विवर्जितो नवमसंस्थे।
रविजे सौख्यविहीनः परोपतापी च जायते मनुजः" ॥ **कल्याणवर्मा**

अर्थ—यदि शनि नवमभाव में हो जातक धर्म, धन, भ्राता-सुत से रहित होता है। इसे सुख नहीं मिलता। यह दूसरों को संताप देनेवाला होता है।

"कुर्वन्ति धर्मरहितं विमतिं कुशीलम्" **बशिष्ठ**

अर्थ—यदि शनि नवमभाव में हो तो जातक धर्म, बुद्धि तथा शील से रहित होता है।

"नवमे मित्रबंधनं भाग्यहानिश्च" ॥ **पराशर**

अर्थ—नवम में शनि हो तो जातक की भाग्य की हानि होती है तथा मित्रों को कारावास होता है।

"धर्मस्थपंगुः बहुदंभकारी, धर्मार्थहीनः पितृवंचकश्च।
मदानुरक्तो विधनी च रोगी पापिष्ठ भार्यापरहीनवीर्यः" ॥ **मानसागर**

अर्थ—यदि शनि नवमस्थित हो तो जातक बहुत दांभिक, धर्महीन, धनहीन, मदांध, रोगी, पिता को भी ठगनेवाला तथा पापी पत्नी के वशीभूत होकर वीर्यहीन होनेवाला होता है। सतत भार्योपभोग पुरुष को क्षीणवीर्य करता है जिससे पुरुष रोगी होता है।

"दंभप्रधानः सुकृतः पितृदैवतवंचकः।
क्षीणभाग्यः सुधर्मा च स्यान्नरो नवमे शनौ ॥
स्वेच्चे स्वभे शनौ भाग्ये वैकुंठादागतोनरः।
राज्यं कृत्वा स्वधर्मेण पुनर्वैकुंठमेष्यति ॥
नवमभावगतः स्वगृहे शनिर्भवति चेत् स महेश्वरयज्ञकृत्।
अतिशयं कुरुते जयसंयुतं नृपतिवाहन चिह्नसमन्वितम्" ॥ **गर्ग**

अर्थ—जिस जातक के नवमभाव में शनि हो वह दांभिक, शुभ कर्मकृत्, पिता तथा देवता पर आस्था न रखनेवाला, भाग्यहीन तथा धार्मिक होता है। नवमस्थ शनि यदि उच्च में वा स्वक्षेत्र में हो तो यह वैकुंठ से आकर धर्मपूर्वक राज्य करके दोबारा वैकुण्ठ को जाता है। अर्थात् जातक के पूर्वजन्म तथा पुनर्जन्म दोनों अच्छे होते हैं, यदि शनि नवमभाव में स्वगृही हो तो जातक महेश्वर यज्ञ करनेवाला, विजयी, राजचिह्नों तथा राजा के वाहनों से युक्त होता है।

"धर्मकर्मरहितो विकलांगो दुर्मतिर्हि मनुजो विमना सः।
संभवस्य समये हि नरस्य भाग्यसद्मनि शनौ स्थिरचित्तः" ॥ **बृहद्यवनजातक**

अर्थ—जिस जातक के नवमभाव में शनि हो वह धर्म-कर्म-रहित, किसी अवयव से हीन, कुबुद्धि विमनस्क किन्तु स्थिरचित्त होता है।

"भवेत् क्रूरबुद्धि स्तथा धर्मनाशः न तीर्थे न सौजन्यमेतस्यगेहे।
तथा पुत्रभृत्यादि चिन्तातुरः स्यात् यदापुण्यगो मंदगामी नरस्य" ॥ जागेश्वर

अर्थ—यदि पुण्यस्थान अर्थात् नवमभाव में शनि हो तो जातक क्रूर स्वभाव का, धर्महीन, तीर्थों में श्रद्धा और आस्था न रखनेवाला, पुत्र तथा नौकरों के लिए चिन्तित तथा सौजन्यरहित होता है।

"मंदप्रज्ञो मंदमानापमानो मंदप्राप्तिर्मन्दविन् मंदसौख्यः।
मन्दस्त्यागी मंदसत्यप्रसूतौ भाग्ये मंदे मंदभाग्योमनुष्यः" ॥ हरिवंश

अर्थ—यदि भाग्यस्थान-अर्थात् नवम में मंद अर्थात् शनि हो तो जातक मन्दबुद्धि अर्थात् मूर्ख होता है। मान-अपमान की भावना भी मंद अर्थात् तीव्र नहीं होती। धनलाभ भी कम होता है। ज्ञान और सुख भी कम होते हैं। यह दान भी थोड़ा करता है। यह सचाईपसन्द भी कम ही होता है—इसका भाग्य भी थोड़ा हो होता है। अर्थात् मंद (शनि) के नवम में होने से जातक सभी प्रकार से मंद ही होता है।

भृगुसूत्र—अधिपतिः। जीर्णोद्धारकर्ता। एकोनचत्वारिंशद्वर्षे तटाकगोपुर-निर्माणकर्ता। उच्च-स्वक्षेत्रे पितृदीर्घायुः। पापयुते दुर्बले पित्ररिष्टवान्।

अर्थ—शनि के नवमभाव में होने से जातक अधिकार पाता है। पुरानी इमारतों की मरम्मत आदि करवाता है। ३९वें वर्ष में तालाब-मन्दिर आदि साधारण जनता के हित के लिए बनवाता है। यदि शनि उच्च वा स्वगृह में हो तो जातक का पिता दीर्घायु होता है। यदि इस शनि के साथ पापग्रह हो, अथवा यह स्वयं निर्बल हो तो पिता को अरिष्ट होता है।

पाश्चात्यमत—इस स्थान में तुला, मकर, कुंभ वा मिथुन में शुभ सम्बंधित शनि हो तो जातक विद्याव्यासंगी, विचारी, शांत, धीरोदात्त, स्थिरवृत्ति तथा मितभाषी होता है। व्यक्ति कानून, दर्शनशास्त्र, वेदांत आदि जटिल विषयों में रुचि रखता है और प्रवीणता प्राप्त करता है। न्यायदान, धार्मिक संस्थाएँ। विद्यालय आदि में अपनी पवित्रता तथा श्रेष्ठ बुद्धि से अच्छा स्थान प्राप्त करता है। दैवी धर्म संस्थापकों की कुंडली में अकसर यह रोग देखा गया है—इसी स्थान में पीड़ित शनि हो तो व्यक्ति द्वेषी, कंजूस, स्वार्थी, क्षुद्रबुद्धि छद्मी, धर्म के विषय में दुराग्रही तथा मर्मघातक बोलने वाला होता है। इसे विवाह से सम्बन्धित रिश्तेदारों से हानि होती है। विदेश में घूमने से, कानूनी व्यवहारों में, लम्बे प्रवास से नुकसान होता है। ग्रन्थ प्रकाशन में असफलता मिलती है। इस स्थान में शुभ शनि हो तो विदेश भ्रमण के लिए अच्छा है। अशुभ शनि से विदेश में बहुत कष्ट होता है। व्यक्ति का स्वभाव अभ्यासप्रिय, गम्भीर, दूसरों का तिरस्कार करने वाला होता है। अशुभ सम्बन्ध से चित्तभ्रम, भटकना, पागलपन आदि फल मिलते हैं। इस शनि से ज्योतिष आदि गूढ़ शास्त्रों में रुचि रहती है।

विचार और अनुभव--प्राचीन लेखकों ने नवमभावस्थ शनि के फल मिश्रित रूप में बतलाए हैं—किसी ने शुभ और किसी ने अशुभ फल बतलाए हैं। अशुभ फलों का अनुभव वृष, कन्या, तुला, मकर तथा कुंभ में आता है। मेष, मिथुन, कर्क, सिंह, वृश्चिक, धनु तथा मीन में शुभ फल अनुभव गोचर होते हैं।

नवमभाव का शनि यदि मेष, सिंह, धनु, मिथुन, कर्क, वृश्चिक तथा मीन राशियों का हो तो भाग्योदय ३६ वें वर्ष में सम्भावित होता है।

इस स्थान के शनि से साधारण लोग २० वें वर्ष से आजीविका का प्रारम्भ करते हैं। किन्तु उच्चवर्ग के लोगों में आजीविका का प्रारम्भ २७ वें वर्ष से होता है। यह शनि बुजुर्गों की संपत्ति उत्तराधिकार से प्राप्त करता है और इसमें कुछ बढोत्री भी होती है। ऊपर सूचित राशियों से अन्य राशियों में पूर्वाजित संपत्ति नहीं होती, तौभी ३४ वें वर्ष तक अपने ही हाथों से नष्ट होती है। दरिद्र होने का योग बनता है। स्थिरता नहीं होती, आदर नहीं होता। पिता की मृत्यु शीघ्र होती है। यदि पिता जीवित रहे तो परस्पर व्यक्तिगत वैमनस्य रहता है। भाई-बहिनों में अनबन होती है। परस्पर स्थिति अच्छी नहीं रहती–विभाजन होता है। विभाजन से स्थिति अच्छी होती है। विवाह के विषय में अनियमितता होती है। यातो विवाह करवाना पसन्द नहीं होता अथवा रजिस्टर पद्धति से विवाह कर लेते हैं। यदि विदेश यात्रा हुई तो विदेशीय युवति से विवाह कर लेते हैं। मेषादि राशियों में शिक्षा पूरी होती.है–बी० एस-सी, एम-एम सी, आदि उपाधियाँ प्राप्त होती हैं। शिक्षक, वकील आदि के रूप में सफलता मिलती है।

यह शनि स्वतंत्र व्यवसाय वा व्यापार के लिए भी कहीं पर अनुकूल होता है। यह शनि सौतेली माँ होने का योग करता है।

कर्क, वृश्चिक, मीन में यह शनि हो तो छोटे भाइयों के लिए शुभ है। अन्य राशियों में शनि हो तो छोटे भाई नहीं रहते।

दशमस्थान में शनि के फल--

"अजातस्य माता-पिता बाहुरेव वृथा सर्वतो दुष्ट कर्माधिपत्यात्।
शनैरेधते कर्मगः शर्म मंदो जये विग्रहे जीविकानां तु यस्य ॥१०॥

अन्वयः—यस्य कर्मगः मंदः (तस्य) जीविकानां (तु) शर्म शनैः एधते, (तस्य) विग्रहे जयः (स्यात्) सर्वतः आधिपत्यात् वृथा दुष्टकर्म (आचरेत्) (तस्य) माता अजा (स्यात्) (तस्य) बाहुः एव पिता (स्यात्) ॥१०॥

सं० टी०—यस्य कर्मगः दशमस्थः मंदः तस्य माता छागः, मातुः अभावेन तस्या एव दुग्धपानं स्यात्। बाहुरेव स्वभुजः एव धनोपार्जकत्वेन पिता, बाल्ये एव तत्पित्रोः नाशोभवेत् इतिभावः। तथा आधिपत्यात् कोष्ठपालकत्वादेः

हेतोः वृथा निष्कारणं सर्वतः सर्वेषु लोकेषु दुष्टकर्म ताड़न दंडनादि शनैः क्रमेण विग्रहे जयः सर्वसुखं एधते वर्द्धते । जीविका जीवनवृत्तिः तु स्वल्पा ॥१०॥

अर्थ—जिस मनुष्य के जन्मलग्न से दशम स्थान में शनि हो तो इसे जीविका का सुख धीरे-धीरे मिलता है । अर्थात् इसे बहुत धीरे-धीरे सुख मिलता है । भाव यह है कि दशमस्थ शनि का मनुष्य धीरे-धीरे जीवन को सुखमय बनाने के लिए किए हुए कामों में प्रगति कर पाता है; और क्रमशः प्राप्त उन्नति से क्रमशः सुख प्राप्त करता है । तात्पर्य यह है कि दशमभाव के शनि से मनुष्य सहसा उन्नत नहीं होता और नाही सहसा सुखी ही होता है । यह मनुष्य युद्ध में विजयी होता है । यदि यह मनुष्य दशमस्थ शनि के प्रभाव से अधिकार प्राप्त करता है तो निष्प्रयोजन ही दुष्टकर्म करता है । अर्थात् यदि इस मनुष्य को निग्रह-अनुग्रह करने का अधिकार प्राप्त होता है तो यह इस अधिकार का दुरुपयोग करता है ।–"जो निरपराधी होने से दडार्ह नहीं हैं उन्हें दंड देता है, और जो दुष्टकर्म करने से दण्डार्ह हैं उनपर अनुग्रह करता है । इस मनुष्य की माता बकरी होती है और इसका पिता इसके हाथ होते हैं । अर्थात् बाल्यावस्था ही में इसके माता-पिता का देहान्त हो जाता है । इस कारण यह बकरी के दूध से पलता है और जीवनवृत्ति के लिए अपने बाहुबल का ही आधार रखता है । यहाँ पर अजा शब्द से दूध देने वाले गाए-भैंस आदि पशु मंतव्य हैं । प्राक्तन भारत में जो निर्धन लोग गाए का भैंस का खर्च उठाने में असमर्थ होते थे, वे बकरी पालते थे; क्योंकि बकरी इधर-उधर जंगल में घूमकर पत्तियों से पेट भर लेती थी और इसके लिए चारे पर कोई विशेष खर्च करना नहीं पड़ता था, यह बात आपामर प्रसिद्ध है कि गाए का दूध गुणों में माता के दूध के बराबर होता है तो भी ग्रन्थकार ने 'अजा' को माता के तुल्य माना है । क्यों ? क्योंकि बकरी का दूध शीघ्र पाचन में आता है और इसमें औषधि गुण भी रहता है । बकरी काटेदार औषिधियों का भी चवर्ण कर लेती है जिन्हें गाए आदि पशु नहीं खाते हैं । यहाँ पर 'अजा माता इव भवति' इव शब्द का लोप हुआ है । अथवा 'अजा एव माता' ऐसा माना जा सकता है । यहाँ पर 'एव' का लोप हुआ है । प्राक्तन भारत में माता अपने ही दूध से बच्चे को पालती थी–गाए भैंस आदि पशुओं का दूध नहीं पिलाया जाता था-पाउडर का दूध तो होता ही नहीं था । बचपन में माता की मृत्यु एक भारी अनर्थ संकट माना जाता था । गृहस्थी चलाने के लिए पिता को धनोपार्जन करना होता था यदि बचपन में पिता की मृत्यु होती तो गृहस्थी के लिए घोर संकट होता था । माताएँ अनपढ़ होती थीं–नौकरी करने का चलन न था–इसलिए छोटी उमर में ही बच्चें को अपने पाओं पर खड़ा होना ड़ता था–और अपने भुजबल से ही घर गृहस्थी चलाने के लिए धन कमाना

होता था। दशमभाव में शनि के होने से बचपन में ही माता और पिता की मृत्यु होती है। अर्थात् दशम शनि माता-पिता के लिए मारक है। आजीविका के लिए भी यह शनि शीघ्र प्रगति होने नहीं देता। लड़ाई-झगड़े में विजय अवश्य दिलाता है। अधिकार भी दिलाता है—परन्तु शनि की अंतःप्रेरणा से मनुष्य इसका दुरुपयोग करता है। जिससे अपकीर्ति होती है। यह समुचित तात्पर्य है ॥१०॥

तुलना—"अजा माता बाहुर्जनक उत कल्याणमभितः
शनौ राज्यस्थानं गतवति जयस्तस्य समरे।
प्रभुत्वं कोषस्य क्षितिपतिगृहे दुष्टदमनाधिकारो
यस्य स्वं नहि मिलति पूर्वार्जितमपि ॥ **जीवनाथ दैवज्ञ**

अर्थ—जिस मनुष्य के जन्म समय में शनि दशमभाव में हो तो उसकी माता बकरी होती है। अर्थात् बाल्यावस्था में ही वह मातृसुख से हीन हो जाता है। उसका अपना बाहु ही उसका पिता होता है। अर्थात् वह पितृसुख से हीन हो जाता है तथा वह अपने पराक्रम से-अपने भुजबल से ही सब कुछ करनेवाला होता है। उसका सर्वप्रकार से कल्याण होता है। राजा के घर से इसे कोषाध्यक्ष का पद प्राप्त होता है। इसे दुष्टों का दमन करने के लिए दण्डाधिकार अर्थात् न्यायाधीश का पद मिलता है। अर्थात् यह मैजिस्ट्रेट बनाया जाता है और इसे चोरों, दगाबाजों आदि को कारावास आदि दंड देने की शक्ति प्राप्त होती है। परन्तु इसे पूर्वजों का धन, पूर्वजों की सम्पत्ति नहीं मिलते हैं।

अजा और मातामें मातृत्वरूपेण कोई समानता नहीं है, माता में जननीत्व है। किन्तु अजामें बच्चे के लिए इसका अभाव है। दुग्धदातृत्व रूप सामान्य धर्म दोनों में अवश्य है। माता के दूध से बच्चे का पालन-पोषण होता है-अजा (बकरी) के दूध से भी बच्चे का पालन-पोषण हो सकता है और होता भी है-इस प्रकार दोनों में समानता अर्थात् साहश्य है। इस भाव को लेकर 'अजातस्य माता' कहा गया है और सुसंगत है। साहश्यवाचक शब्द का अभाव छन्द को ठीक रखने के लिए है—ऐसा प्रतीत होता है। इसी प्रकार पिता में और भुजा में जनकत्वरूपेण कोई साहश्य नहीं; किन्तु इन दोनों में रक्षा कर्तृत्वरूप में साहश्य है। पिता धनोपार्जन से बच्चे की आवश्यकताओं को पूरा करता हुआ बच्चे की रक्षा करता है। इसी रूप में मनुष्य की भुजाएँ भी रक्षक होती हैं। इस तरह रक्षकत्वरूप साहश्य धर्म है, किन्तु इस साहश्य का वाचक शब्द कोई नहीं है, और इसका कारण छन्द है।

अद्यतन भारत में 'क्षितिपतिगृहे' का अर्थ गवर्नमेंट करना ठीक होगा क्योंकि इस समय राजा-महाराजा आदि का चलन नहीं रहा है। 'क्षितिपति' शब्द से 'जमींदार' भी लिया जा सकता है। परन्तु जमींदार दंडाधिकार देने में असमर्थ है। इसी तरह वादी-प्रतिवादी के विषय में न्याय करने की शक्ति

जो न्यायाधीश में निहित है, जमींदार नहीं दे सकता है-अतः क्षितिपति-भूमिपति-भूपति आदि शब्दों से गवर्नमेंट का ग्रहण करना उचित होगा। जिस समय ज्यौतिषग्रन्थों का निर्माण हुआ था उस समय राजा-भूमिपति आदि शब्दों से प्रभुशक्ति-सम्पन्न-निग्रहानुग्रह शक्ति सम्पन्न व्यक्तियों का ग्रहण होता था; अतएव ज्यौतिष ग्रन्थों में राजयोगों का भारी महत्त्व था। समय परिवर्तनशील है-समयानुसार ही लक्षणा आदि वृत्तियों से शब्दों का अर्थ करना उचित होगा।

"शाहमकाने जोहलत्वेषु दशापते च मानवः शाहः।
अथवा भवेन् मुशीरः खुशखुल्कः सुकृती गनी नेही॥ खानखाना

अर्थ—यदि दशमभाव में शनि हो तो मनुष्य राजा अथवा राजमंत्री, सर्वदा खुशी, पुण्यकार्य करनेवाला, माननीय और स्नेह करनेवाला होता है। यह फल तब होता है जब शनि दशम हो और शनि की ही दशा हो।

"राज्ञः प्रधानमतिनीतियुतं विनीतं सद्ग्रामवृन्दपुरभेदनकाधिकारम्।
कुर्यान्नरं सुचतुरं द्रविणेनपूर्णं मेषूरणे हि तरणेस्तनुजः करोति॥
महेश दैवज्ञ

अर्थ— जिस मनुष्य के जन्मलग्न से दशम स्थान में शनि हो तो वह राजा का मंत्री, नीतिज्ञ, और नम्रस्वभाव होता है। उसे श्रेष्ठ ग्राम और नगर में भेद न करने के अधिकार प्राप्त होते हैं। यह चतुर और धनाढ्य होता है।

"सुखशौर्यभाक् खे॥" आचार्य वराहमिहिर

अर्थ—यदि जातक के दशमभाव में शनि हो तो वह सुखी और शूर होता है।

"बहु कुकर्मरतं कुपुत्रं दौर्मनस्यम्॥" वशिष्ठ

अर्थ—यदि शनि दशम में हो तो जातक दुराचारी, दुर्बुद्धि तथा दुष्ट पुत्रों से युक्त होता है। 'दुष्टपुत्र' से ऐसा पुत्र मन्तव्य है जो पिता की आज्ञा का पालन न करे, समृद्ध न हो, धार्मिक न हो और मूर्ख हो। 'वरमेको गुणी पुत्रो न च मूर्खशतान्यपि।' नीतिसुभाषित।

"दशमे धनलाभं सुखं जयम्। माने च मीने
यदि वार्कपुत्रः संन्यासयोगं प्रवदंति तस्य॥ पराशर

अर्थ—यदि शनि दशमभाव में हो तो जातक धनी, सुखी तथा विजेता होता है। दशमभाव का शनि यदि मीन राशि में हो तो संन्यास का योग होता है।

"भवेत् वृन्दपुर ग्रामपतिर्वादंडनायकः।
प्राज्ञः शूरो धनी मंत्री नरः कर्मस्थिते शनौ॥
सेवार्जितधनः क्रूरः कृपणः शत्रुघातकः।
जंघारोगी नीचशत्रुराशिस्थे कर्मगे शनौ॥ गर्ग

अर्थ—यदि शनि जन्मलग्न से दशम हो तो जातक बुद्धिमान् , शूर, धनी, और मंत्री होता है। जातक नगर, गांव और जनसमूह का नेता होता है। यदि इस भाव का शनि नीच वा शत्रुराशि में हो तो जातक नौकरी से धन कमाता है। यह क्रूर (बे-रहम) कंजूस तथा शत्रुघातक होता है। इसकी जंघा में रोग होते हैं।

"शनौ कर्मगे पितृघाती नरः स्यात् परं मातृकष्टं कथं देहसौख्यं।
तथा वाहनं मित्रसौख्यं कुतः स्यात् ध्रुवं दुष्टकर्मा भवेत् नीचवृत्तिः ॥" जागेश्वर

अर्थ—यदि जातक के दशमभाव में शनि हो तो यह पिता के लिए घातक तथा मारक होता है। तथा माता के लिए भी कष्टकारक होता है। (दूसरे ग्रंथकारों के अनुसार दशमशनि, माता-पिता दोनों का मारक है) जातक को शरीरसुख, वाहनसुख, मित्रों का सुख नहीं मिलता है। यह दुराचारी नीचकर्मकर्ता और नीचवृत्ति से युक्त होता है।

"राज्ञः प्रधानमतिनीतियुतं विनीतं सद्ग्रामवृंदपुरभेदनकाधिकारम्।
कुर्य्यान्नरं सुचतुरं द्रविणेन पूर्णं मेषूरणे हि तरणेस्तनुजः करोति ॥"
वृहद्यवनजातक

अर्थ—यदि सूर्यपुत्र शनि दशमभाव में हो तो जातक राजमंत्री, बहुत नीतिमान्, तथा नम्रस्वभाव होता है। अच्छे गाँव, नगर और जनसमूह में प्रमुख अधिकारी होता है। जातक चतुर और धन से पूर्ण अर्थात् धनाढ्य होता है।

"बुद्धियुक्तं पूर्णवित्तं मनुष्यं ग्रामाधीशं राजमान्यं करोति।
स्वोच्चस्थो वा स्वास्थस्थो वा विशेषात् शेषस्थश्चेत् वैरिभीत्यं शनिश्च ॥" हरिवंश

अर्थ—दशमभाव का शनि यदि उच्च वा स्वगृह में हो तो जातक मतिमान्, धनी गांव का मुखिया और राजमान्य होता है। यदि इनसे अन्य राशियों में हो तो जातक को शत्रुओं से भय रहता है।

"मंत्री वा नृपतिः धनी कृषिपरः शूरः प्रसिद्धोऽम्बरे ॥" मंत्रेश्वर

अर्थ—यदि जन्म लग्न से दशम शनि हो तो जातक राजा अथवा मंत्री, धनी, शूर, विख्यात तथा खेती-बाड़ी में रुचि रखनेवाला होता है।

"धनवान् प्राज्ञः शूरो मंत्री वा दंडनायको वापि।
दशमस्थे रवितनये वृंद-पुर-ग्राम नेता च ॥" कल्याणवर्मा

अर्थ—शनि के दशमभाव में होने से जातक धनी, बुद्धिमान् , शूर, राजमंत्री वा सेनापति होता है। यह नगर, गांव और जनसमूह का नेता होता है। सत् क्या है और असत् क्या है—इसका विचार जिससे हो उस बुद्धि का नाम 'प्रज्ञा' है, ऐसी प्रज्ञा वाला जातक 'प्राज्ञ' होता है। दंडनायक का अर्थ "मैजिस्ट्रेट भी किया जा सकता है। न्यायाधीश भी असंगत नहीं।

"मंदे यदा दशमगे यदि दंडकर्ता मानी धनी निजकुलप्रभवश्च शूरः निवासः" ॥
वैद्यनाथ

अर्थः—यदि जन्मलग्न से दशमस्थान में शनि हो तो जातक धनी, मानी, शूर, अपने कुल में प्रभावशाली और श्रेष्ठ, तथा शासक होता है। यह शनि संन्यासयोग भी करता है ॥

"शनैश्चरे कर्मगृहे स्थितेऽपि महाधनी भृत्यजनानुरक्तः।
ग्रामप्रवासे नृपसद्मवासी न शत्रुवर्गाद् भयमेति मानी ॥ **मानसागर**

अर्थ—यनि शनैश्चर कर्मभाव-अर्थात् दशमभाव में हो तो जातक धनाढ्य होता है। यह भृत्यवर्ग में प्रेम रखता है-अर्थात् नौकरों से प्रेम तथा विश्वास से काम करवाता है। विदेश में जाकर राजप्रासादों में निवास करता है-अर्थात् विदेश में मान-प्रतिष्ठा से रहता है। इसे शत्रुओं से भय नहीं होता है और यह मानी होता है।

"कर्मभावे सूर्यपुत्रे कुकर्मा धनवर्जितः।
दयासत्यगुणैर्हीनः चंचलोऽपि भवेत् सदा" ॥ **काशिनाथ**

अर्थ—शनैश्चर यदि दशमभाव में हो तो जातक दुराचारी, निर्धन, निर्दय, चञ्चल तथा झूठ बोलनेवाला और गुणहीन होता है।

"प्राज्ञः प्रधानमतिमान् सभयो विनीतो ग्रामाधिकारसहितः सधनोऽम्बरस्थे" ॥
जयदेव

अर्थ—यदि शनि दशमस्थ हो तो जातक बुद्धिमान्, प्रधान, नम्र, गाँव का अधिकारी, धनी और भययुक्त होता है।

भृगुसूत्र—पंचविंशतिवर्षे गङ्गास्नायी। अति लुब्धः। पित्तशरीरी। पापयुते कर्मविघ्नकरः। शुभयुते कर्मसिद्धिः। केन्द्रे मंदे षट्त्रिंशदुपरि भाग्यवृद्धिः। जनसेवकः। मित्रवृद्धिः। समाजकार्ये राजकार्ये च कुशलः। सन्मानलाभश्च।

अर्थ—यदि शनि दशमभाव में हो तो जातक २५ वें वर्ष गङ्गास्नान करता है। लोभी और पित्तप्रकृति होता है। शनि के साथ पापग्रह हो तो कामों में रुकावटें आती हैं। शुभ ग्रह साथ में हो तो काम सफल होते हैं। शनि यदि केन्द्र में हो तो ३६ वें वर्ष के बाद भाग्योदय होता है। जातक लोकसेवा करनेवाला, समाज के लिए काम करने तथा राजकाज करने के लिए योग्य और निपुण होता है। इसके बहुत मित्र होते हैं और यह आदरपात्र होता है।

पाश्चात्यमत—यह शनि राशिबली-तुला, मकर, कुम्भ या मिथुन में हो, या अन्य ग्रहों से शुभ संबन्धित हो तो सत्ता, अधिकार, तथा भाग्य के लिए उत्कर्ष कारक होता है। दीर्घ उद्योग, परिश्रम, महत्वाकांक्षा, प्रामाणिकता, दूरदृष्टि, व्यवस्थितता आदि गुणों से ये लोग सहज ही महान् पद प्राप्त करते हैं। दूसरों की मदद के बिना अपने ही गुणों तथा परिश्रम से इनकी उन्नति होती है। अधिकारपद, बड़े उद्योगों के संचालक, बैंको के डाइरैक्टर आदि उत्तरदायित्वपूर्ण पदों के लिए योग्य व्यक्ति होते हैं। दशम में बलवान् शनि कानून के क्षेत्र में अधिकार देता है। सबजज, जज, हाईकोर्ट के जस्टिस आदि

होते हैं। पीड़ित शनि से प्राप्त अधिकार का दुरुपयोग करते हैं। दुराचार, झूटे षडयंत्र, अप्रामाणिक व्यवहार से सत्ता प्राप्त होती है, अतः उनका अधःपात भी जल्दी ही होता है। हर्षल, नेपच्यून, सूर्य, मङ्गल या गुरु से अशुभ संबन्धित होने पर यह शनि बहुत अशुभ होता है। बचपन में माता-पिता का मृत्यु होना, बाल अवस्था में ही स्थावर संपत्ति नष्ट होना, नौकरी में असफल होना, वरिष्ठ अधिकारी से झगड़ा होना, उच्चपद छोड़कर हलके पद पर नियुक्त होना, सामाजिक काम में नुकसान होना आदि फल पीड़ित शनि से प्राप्त होते हैं।

जीविका के लिए कठोर परिश्रम, और कष्टदायक काम करने पड़ते हैं। बेइज्जती के अवसर बार-बार आते हैं। स्वतंत्र व्यवसाय में दिक्कतें आती हैं। दशमस्थ शनि से रवि अथवा चन्द्र अशुभ संबंध में हो तो अशुभ फल बहुत तीव्र होते हैं। यह योग हमेशा असफलता, विघ्न, दारिद्रय, अपमान, और अपकीर्ति का कारण होता है। दशम में मेष, कर्क, वृश्चिक, तथा मीन में शनि के फल बहुत अनिष्ट होते हैं।

विचार और अनुभव—दशमभावस्थित शनि के फल मिश्रित हैं। बहुत से प्राचीन लेखकों ने शुभ फल ही बतलाए हैं। इन शुभ फलों का अनुभव मेष, सिंह, धनु, मिथुन, कर्क, वृश्चिक, तथा मीन राशियों में आता है। बशिष्ट, काशिनाथ, नारायणभट्ट ने अशुभ फल बतलाए हैं और इनका अनुभव वृष, कन्या, तुला, मकर तथा कुंभ में मिलता है।

दशमस्थ शनि माता-पिता का वियोग कराता है। यह वियोग मृत्युरूप में अथवा गोदीपुत्र बनकर दूसरे के घर जाने के रूप में होता है। अथवा विदेश में जाने से भी वियोग होता है। बाप-बेटा एकत्र नहीं रह सकते और यदि रहें तो पिता को सतत कष्ट का अनुभव होता है। व्यवसाय बदलना, नुकसान होना, कारोबार का बन्द हो जाना, बेकार रहना, कर्ज न चुका सकना और कारावास आदि बातें होती हैं।

नौकरी हो तो पदावनति (Demotion) होना, सस्पैंड होना, निर्वासित होना, फौजदारी से जेल भुगतना, असाध्य रोगों का होना आदि कष्ट होता है।

दशमस्थ शनि का बालक बड़ा होने पर माता-पिता से वैमनस्य रखता है। इसकी उपजीविका नहीं चलती। बेकारी का शिकार होता है। अतएव अपमानित भी होता है। पैतृक संपत्ति नहीं मिलती-यदि मिली तो जब तक नष्ट-भ्रष्ट न हो किसी काम में सफलता नहीं मिलती। पिता-पुत्र एक साथ प्रगति नहीं कर पाते। विदेश में भाग्योदय और प्रगति होते हैं—जन्मभूमि में भाग्योदय नहीं होता। दशमस्थ शनि यदि मेष, सिंह, धनु, वा मिथुन में हो तो जातक प्राध्यापक, अधिकारी तथा गूढ़शास्त्रों का अभ्यास करता है। वृष, कन्या, मकर, कर्क, वृश्चिक, मीन, तुला और कुंभ में जातक संन्यासी, धर्मप्रवर्तक, ज्योतिषी आदि होता है। मेष, सिंह, धनु, मिथुन, कर्क, वृश्चिक तथा मीन में शनि हो

तो जातक एम० ए० आदि उपाधियाँ प्राप्त करता है। न्यायविभाग में जज आदि का अधिकार प्राप्त करता है। वृष, कन्या, तुला तथा कुंभ में शनि हो तो जातक लेखक होता है। परोपदेशे पाण्डित्य और स्वयं अकर्मण्य होना जातक का स्वभाव होता है। दो विवाह से संभावित होते हैं, किन्तु स्त्रीसुख का अभाव, पुत्रों का अभाव, वा पुत्रों से सुख का अभाव होता है। गोदीपुत्र से पुत्रसुख प्राप्त होता है। दशमस्थ शनि का जातक विषयासक्त रहता है। शुक्र और चन्द्र का यदि अशुभ संबंध हो तो जातक किसी अवस्था में बड़ी स्त्री से अवैधसंबंध जोड़ लेता है। 'वयसि गते कः कामविकारः' इस उपदेश के विरुद्ध वृद्धावस्था में भी इसे स्त्रीसुख की इच्छा बनी रहती है। दशमभावस्थ शनि के प्रभाव में आए हुए दो प्रकार के लोग देखे जाते हैं:—

(१) अत्यन्त कामासक्त, कामशास्त्र के उपदेशक। (२) वेदान्तशास्त्र के प्रवर्तक। इन दोनों प्रवृत्तियों के लोग कीर्ति और सम्मान पाते हैं-इन्हें धन भी मिलता है। दशमस्थ शनि अशुभता और अति विपत्ति का कारण होता है-कष्टमय जीवन, जीविका की तंगी, पैतृक संपत्ति का न मिलना, नौकरी में बहुत उतार चढ़ाव बहुतबार परिवर्तन आदि उसके साधारण फल हैं।

दशमस्थ शनि मेष, सिंह, धनु, मिथुन, कर्क, वृश्चिक वा मीन में हो और रवि चन्द्र से केन्द्र योग करना हो तो सांसारिक कष्ट बहुत होते हैं।

शनौ व्योमगे विंदते किं च माता सुखं शैशवं दृश्यते किंतु पित्रा।
निधिः स्थापितो वापिता वा कृषिश्च प्रणश्येत् ध्रुवं दृश्यतो दैवतो वा ॥१०॥

अन्वय—व्योमगे शनौ (तस्य) माता च किं सुखं विन्दते, पित्रा तु किं शैशवं दृश्यते, (पित्रा) स्थापितः निधिः, स्वयं वा पिता वा कृषिः च दृश्यतः दैवतः वा ध्रुवं प्रणश्येत् ॥ १० ॥

सं० टी०—सुबोधार्थे दशमस्थशनेः मतांतरमाह। व्योमगे दशमस्थेशनौ माता सुखं विंदते, किं पित्रा जनकेन च शैशवं शिशोः भावं क्रीडनादि दृश्यते किं अपितु न इत्यर्थः। तथा तत् पित्रा स्थापितः निधिः द्रव्याकरः, स्वयं वापिता सुबीजैः उत्पादिता कृषिः च दृश्यतः दृश्यनिमित्तेन स्वचक्र-परचक्रादिना, दैवतः जलाग्न्यादि भयेन वा ध्रुवं निश्चितं प्रणश्येत् ॥१०॥

अर्थ—दशम शनि का फल, जो दूसरे आचार्यों के मत से है। ग्रंथकार ने यहाँ पर संगृहीत किया है—

जिस मनुष्य के जन्मलग्न से दशमस्थान में शनि हो उसकी माता को क्या कोई सुख होता है ? अर्थात् नहीं। बाल्यावस्था में ही माता की मृत्यु हो जाने से किसी सुख की संभावना नहीं हो सकती है। इसी तरह बच्चे के पिता को बालक्रीड़ा देखने का क्या कोई सौभाग्य प्राप्त होता है ? अर्थात् नहीं, क्योंकि पिता का भी देहांत पहले ही-बचपन में ही हो जाता है। अर्थात् दशमशनि

माता-पिता के लिए मारक होता है। पिता का संग्रह किया हुआ धन और उसकी बोई हुई खेती प्रत्यक्ष आपत्ति (राजदंड आदि) से अथवा बुरे भाग्य से, जलकोप, अग्निकोप द्वारा निश्चय ही नष्ट होती है। दशमभावस्थ शनि के जातक को पैतृक धन-पैतृक-सम्पत्ति का कोई सुख नहीं मिलता है, क्योंकि वह सम्पत्ति राजदण्ड से नष्ट हो चुकी होती है। पिता द्वारा अच्छे बीज डालकर बोई हुई खेती का लाभ भी नहीं होता है क्योंकि समय पर जलसिंचन आदि नहीं होता। दूसरे कारण खेती के नष्ट होने में—अतिवृष्टि-अनावृष्टि, शलभ-मूषक, पंछी और राजाओं का परस्पर युद्ध—सेना (पदाति) और घोड़े-हाथी आदि पशुओं से पददलित होना आदि होते हैं; अग्निकोप से खेती की उपज का भस्मीभूत हो जाना आदि ये सब दृश्य-अदृश्य कारण कृषि-उपभोग में बाधक होते हैं। इस तरह दशमभाव का शनि सभी तरह भारी मुसीबतों का कारण होता है।

दशमभाव के पर्याय नामों में 'व्योम' भी एकनाम है। वापिता 'वप्' धातु काक्तान्तरूप है। 'स्वचक्र' से तात्पर्य कृषिकार का अपना आलस्य-अनवधानता समय पर पानी से सिञ्चित न करना—गोड़ी न करना, घातक कीड़ों को मारने के लिए औषधि का सिंचन न करना आदि।

'परचक्र' से तात्पर्य 'सात ईतियों' का है—समय पर वर्षा का अभाव अथवा वर्षा का लगातार पड़ते रहना आदि-आदि सातईतियाँ कृषिनाशक हैं।

लाभभावगत शनि के फल—

स्थिरं वित्तमायुः स्थिरं मानसं च स्थिरा नैव रोगाद्यो न स्थिराणि।
अपत्यानि शूरः शतादेक एव प्रपंचाधिको लाभगे भानुपुत्रे ॥११॥

अन्वय—भानुपुत्रे लाभगे (तस्य) वित्तं स्थिरम्, आयुः स्थिरं, मानसं च (स्थिरं स्यात्) तस्य रोगादयः स्थिरा न (स्युः) (तस्य) अपत्यानि स्थिराणि न (भवंति) (सः) शतात् प्रपंचाधिकः (जायते) एकः एव शूरः (च) (स्यात्) ॥ ११ ॥

सं० टी०—लाभगे भानुपुत्रे वित्तं स्थिरं निश्चलम्, आयुः स्थिरं, बहुलं, मानसं च स्थिरं स्वस्थं, रोगादयः नैव स्थिराः आरोग्यं स्यात् इत्यर्थः, अपत्यानि सन्तानानि न स्थिराणि, संतानशोकः स्यात् इतिभावः। शतात् शतसंख्यमनुष्येभ्योपि प्रपंचाधिकः रागद्वेषोपायैः विशिष्टः, एकः मुख्यः शूरश्च स्यात् स्युरिति यथार्थ शेषः ॥ ११ ॥

अर्थ—जिस मनुष्य के जन्मलग्न से एकादशभाव में शनि हो वह सदैव धनवान्, दीर्घायु, शूर और स्थिरबुद्धि वाला होता है। इसे दीर्घकाल स्थायी रोग नहीं होते—अर्थात् इसे रोग भी होते हैं किन्तु शीघ्र ही शान्त भी हो जाते हैं और जातक शीघ्र नीरोग हो जाता है। इसकी सन्तान स्थिर नहीं रहती अर्थात् सन्तति का नाश होता है। जातक सैकड़ों मनुष्यों से अधिक प्रपंची (जाली) होता है अर्थात् रागद्वेषादि में निपुण होता है।

तुलना—"यदा लाभस्थानं गतवति शनौ यस्य जनने,
स्थिरं वित्तं चित्तं स्थिरमपि चिरंजीवति च सः।
प्रपंचस्याधिक्यं रणभुविच शूरत्वमधिकं,
कुतो रोगाभोगः कुत उत सुतस्तस्य भवति" ॥ जीवनाथ

अर्थ—जिस मनुष्य के जन्मसमय में शनि एकादशभाव में हो तो उसका धन, चित्त और आयु स्थिर होते हैं। अर्थात् वह सदैव धनी, स्थिरबुद्धि और चिरकाल तक जीवित रहनेवाला होता है। यह अधिक प्रपंची और संग्राम में विशेष पराक्रमी होता है। यह नीरोग होता है। किन्तु इसे पुत्रसुख नहीं होता है अर्थात् यह अपुत्र ही रहता है।

"प्रभूतधनवान्" ॥ आचार्य वराहमिहिर

अर्थ—जिस मनुष्य के लाभभाव में शनि हो वह बहुत धन-सम्पन्न होता है।

"रविजः सुकीर्तिम्" ॥ वशिष्ठ

अर्थ—जिसके एकादश में शनि हो वह यशस्वी होता है।

"एकादशे धनानां च सिद्धिं मित्रसमागमम्" ॥ पराशर

अर्थ—जिसके एकादश में शनि हो वह धनी होता है और इसे मित्रों की संगति मिलती है।

"स्थिरसम्पत्तिभूलाभीशूरः शिल्पान्वितः सुखी।
निर्लोभश्च शनौ कैश्चित् मृतप्रथमजीविकः" ॥ गर्ग

अर्थ—जिस मनुष्य के लाभभाव में शनि हो उसकी सम्पत्ति-जमीन आदि स्थिर रहते हैं। यह शूर, शिल्प से युक्त, सुखी एवं लोभहीन होता है। इसकी पहिली सन्तान मृत होती है।

"साहबदर्दो नेकः शीरींसखुन स्तवंगरो वा स्यात्।
यासमकाने जोहलईशाः साविरो रिपुहन्ता ॥ खानखाना

अर्थ—यदि शनि एकादशभाव में हो तो मनुष्य बड़ा दयालु, उपकारी, मधुरभाषी, दुबला, संतोषी और शत्रुञ्जय होता है।

"कृष्णाश्वानमिन्द्रनीलोर्णकानां नानाप्रंचद्वस्तु दंताबलानाम्।
प्राप्तिं कुर्यान् मानवानां वलीयान् प्राप्तिस्थाने वर्तमानेऽर्कसूनौ" ॥ महेश

अर्थ—जिस मनुष्य के एकादशभाव में बलीशनिस्थित हो तो इसके घर पर कालेरङ्ग के घोड़े, और नीलेरङ्ग की इन्द्रमणियाँ, ऊनके सुन्दरवस्त्र, और हाथी होते हैं।

"भोगी भूपतिलब्ध बित्तविपुलः प्राप्तिं गते भानुजे।
दासी दास कृषिक्रियार्जित धनं धान्यं समृद्धं शनिः" ॥ वैद्यनाथ

अर्थ—जिसके एकादशभाव में शनि हो वह भोगी होता है अर्थात् इसे नाना प्रकार के उपभोग प्राप्त होते हैं। यह राजा की कृपा से प्रभूत धन प्राप्त करता है। इसके घरपर दास-दासियाँ होते हैं। इसे खेती से धन-धान्य मिलता है। और यह समृद्ध होता है।

"कृष्णाश्वानामिन्द्रनीलोर्णकानां नानार्घ्यंचद् वस्तुदन्तावलानाम् ।
प्राप्तिं कुर्यान् मानवानां बलीयान् प्राप्तिस्थाने वर्तमानोऽर्कसूनुः" ॥ वृहद्यवनजातक

अर्थ—जिसके एकादशभाव में बलवान् शनि हो उसे काले घोड़े, इन्द्र-नीलमणि, ऊनके बने हुए नाना प्रकार के वस्त्र, विविधवस्तु-हाथीदाँत आदि प्राप्त होते हैं।

कृष्णाश्वानामिन्द्रनीलोर्णकानां नानार्घ्यंचद् वस्तुदन्तावलानाम् ।
प्राप्तिं कुर्यान् मानवानां बलीयान् प्राप्तिस्थाने वर्तमानोऽर्कसूनुः ॥" ढुण्ढिराज

अर्थ—यदि एकादशभाव में शनि हो तो श्यामवर्ण के घोड़े, नीलमरत्न, ऊन, अनेक सुन्दर वस्तु, और हाथी का लाभ होता है।

सूर्यात्मजे च्चापगते मनुष्यो धनी विमृश्यो बहुभाग्यभोगी ।
मितानुरागी मुदितः सुशीलः सबालभावे भवतीतिरोगी ॥" मानसागर

अर्थ—यदि शनि लाभभाव में हो तो मनुष्य धनी, विचारशील, भाग्यवान, भोगी, तथा संतोषी होता है अर्थात् थोड़े में ही सन्तुष्ट रहता है। यदि "शीतानुरागी" पाठ स्वीकृत हो तो 'शीतप्रिय' ऐसा अर्थ करना होगा। इसे बचपन में बहुत रोग होते हैं।

"धनं सुस्थिरं दन्तिनस्तस्यगेहे भयं वाह्निना जायते देहदुःखम् ।
न रोगा गरिष्ठास्तदंगे कदाचिद् यदालाभ गोमन्दगामी जनानाम् ॥" जागेश्वर

अर्थ—जिसके लाभस्थान में शनि हो तो इसके घरपर हाथी झूलते हैं। इसे आग से भय और शरीर में दुःख होता है। किन्तु इसे बड़े रोग नहीं होते, अर्थात इसे राजरोग नहीं होते।

"छायात्मजेतु लाभस्थे सर्वविद्याविशारदः ।
खरोष्ट्रमहिषैः पूर्णो राजमान्योऽशुचिर्भवेत् ॥" काशिनाथ

अर्थ—जिसके लाभ में शनि हो तो वह सब विद्याओं में प्रवीण, राजमान्य किन्तु अपवित्र होता है इसके घर में गधे ऊंट-भैंस आदि पशु बहुत होते हैं। अर्थात् लाभस्थ शनि की कृपा से इसके घर पशुधन बहुत होता है।

"कृष्णोर्णिकाश्वगजनील बलाढ्यतास्यात् ।
सद्वस्तुता भवति लाभगतेऽर्कसूनौ ॥" जयदेव

अर्थ—लाभभाव में शनि के होने से मनुष्य के घरपर ऊन, घोड़े हाथी, नीली वस्तुएँ तथा खेती की उपज आदि खूब होते हैं, और इनसे यह समृद्ध होता है।

"पृथ्वीपालं मानलाभं धनं च विद्यालाभं पण्डितेभ्यःप्रसूतौ ।
नानालाभं सर्वतो मानवस्य लाभस्थाने भानुपुत्रो विदध्यात् ॥" हरिवंश

अर्थ—जिसमनुष्य के जन्मसमय लाभस्थान में शनि हो तो इसे राजा से सम्मान प्राप्ति धनलाभ पण्डितों से विद्यालाभ और भी कई प्रकार के लाभ होते हैं।

"बह्वायुः स्थिरविभवः शूरः शिल्पाश्रयो विगतरोगः ।
आयस्थे भानुसुते धनजन संपद्युतो भवति ॥" कल्याणवर्मा

अर्थ—यदि शनि लाभभाव में हो तो मनुष्य दीर्घायु, सदैव धनवान्, शूर, नीरोग, तथा परिवारवाला होता है। यह शिल्प द्वारा अपनी आजीविका चलाता है।

"बह्वायुः स्थिर सम्पदायसहितः शूरो विरोगोधनी।" मन्त्रेश्वर

अर्थ—जिसके लाभस्थान में शनि हो वह दीर्घायु, सदैव धन-और सम्पत्ति-युक्त शूर, और नीरोग होता है।

भृगुसूत्र—"बहुधनी। विघ्नकरः। भूमिलाभः। राजपजितः। उच्चे स्वक्षेत्रे विद्वान् महाभाग्ययोगः। वाहनयोगः।

अर्थ—लाभस्थान के शनि से बहुत धन मिलता है। काम में विघ्न होते हैं। राजदरबार से मान तथा भूमि का लाभ होता है, लाभभाव का शनि तुला, मकर वा कुम्भ में हो तो मनुष्य विद्वान्, बहुत भाग्यवान और वाहन सम्पन्न होता है।

पाश्चात्यमत—यह शनि (लाभभावस्थित शनि) तुला, मकर वा कुम्भ में शुभ सम्बन्धित हो तो आयु के उत्तरार्ध में सांपत्तिक सुख बहुत अच्छा मिलता है। धनप्राप्ति का प्रमाण अच्छा होता है और संचय भी होता है। मित्र कम होते हैं। यह शनि संतति के लिए अनुकूल नहीं है। स्त्री बन्ध्या होती है, अथवा देर से संतति होती है, या होकर नष्ट होती है। संतति से कष्ट होता है। इस स्थान में पीड़ित शनि के कारण मित्रों से नुकसान होता है। किसी की जमानत लेने वा पैसे उधार देने से नुकसान होता है।

इस शनि से रवि-चन्द्र का अशुभ योग हो तो दारिद्र्य योग होता है। यह पीड़ित शनि चरराशि में हो तो मित्रों के कारण सर्वनाश होता है। स्थिरराशि में हो तो पूर्ण वय में बहुत कष्ट होता है। द्विस्वभाव राशि में हो तो सभी आशाएँ भग्न होकर सर्वत्र असफलता ही प्राप्त होती है। इस शनि में दिए हुए कर्ज कभी वसूल नहीं होते।

विचार और अनुभव—प्राचीन लेखकों ने लाभभावगतशनि के फल बहुत शुभ बतलाए हैं। इनका अनुभव मेष, मिथुन, कर्क, सिंह, वृश्चिक, धनु तथा मीन में प्राप्त होता है। अन्य राशियों में अशुभ फल का अनुभव प्राप्त होता है। मिथुन, सिंह, धनु में लाभगत शनि पुत्र संतति नहीं देता। सम्भव है एकपुत्र प्राप्त हो। अन्यराशियों में संतान होती है। यदि पुत्रसन्तान हो तो परस्पर वैमनस्य रहता है—बाप-बेटा एकत्र नहीं रहते। अलग-अलग रहते हैं। आयु का पूर्व और उत्तरकाल कष्टमय किन्तु मध्यकाल कुछ सुख से बीतता है। पूर्ववय में परिस्थिति अच्छी नहीं होती। उत्तरवय में स्त्री-पुत्रों से कष्ट होता है।

व्ययस्थान में शनि के फल—

"व्ययस्थे यदा सूर्यसूनौ नरः स्यादशूरोऽथवा निस्त्रयो मंदनेत्रः।
प्रसन्नो वहिः नोगृहे लग्नपश्चेद् व्ययस्थोरिपुध्वंसकृद् यज्ञभोक्ता॥१२॥

अन्वयः—सूर्य सूनौ यदा व्ययस्थे (तदा) नरः अशूरः निस्त्रपः, अथवा मंदनेत्रः स्यात्। (सः) बहिः प्रसन्नः (स्यात्) गृहे न (प्रसन्नः) स्यात्। (यदि सः) लग्नपः (सन्) व्ययस्थः (चेत्) (तदा) रिपुध्वंसकृत्, यज्ञभोक्ता (च) स्यात् ॥१२॥

सं० टी०—व्ययस्थे द्वादशगे यदा सूर्य सूनौ शनौ अशूरः कातरः, न निर्भयः, निस्त्रपः, निर्लज्ज, मंदनेत्रः मन्ददृष्टिः बहिः परदेशे प्रसन्नः गृहे नो प्रसन्नः इत्यर्थः। च पुनः लग्नपः लग्ननाथः व्ययस्थः द्वादशस्थानगतः सन् रिपुध्वंसकृत् शत्रुनाशकरः, यज्ञभोक्ता यशद्रव्येन वैभव समृद्धिः इतिशेषः ॥१२॥

अर्थ—जिस मनुष्य के जन्मलग्न से बारहवें स्थान में शनि हो वह मनुष्य डरपोक, निर्लज्ज, अथवा मंददृष्टि होता है। वह परदेश में प्रसन्न रहता है, घर पर प्रसन्न नहीं रहता है। यदि यह शनि लग्नेश होकर व्ययस्थान में हो तो यह मनुष्य शत्रुओं का नाश करता है और यश द्वारा संपत्तिमान् होता है ॥१२॥

तुलना—"व्ययस्थाने मंदः प्रभवति तदा कातर उत
त्रपाहीनः शश्वच्छुभकृतिविधौनिष्ठुरमतिः।
सचेदङ्ग स्वामी परविषयगामी प्रमुदितः
सदाशत्रुध्वंसी यजनकृदसौ वित्तप इव ॥ **जीवनाथ**

अर्थ—जिस मनुष्य के जन्मसमय में शनि द्वादशवें भाव में हो वह कातर, निर्लज्ज, तथा शुभ कार्य में कठोर बुद्धि होता है। शनि यदि लग्नेश होकर व्ययस्थान में होतो परदेश जाकर प्रसन्न रहता है। यह शत्रुहंता और कुबेर के समान यज्ञ करने वाला होता है।

"तंगहालो बदफेलः पापासक्तश्च मुफलिसो मनुजः।
जोह्रः खर्चमकाने भवति हरीशः कृपालुरेव स्यात् ॥ **खानखाना**

अर्थ—यदि द्वादशभाव में शनि हो तो मनुष्य खर्च करने से तंग रहता है। व्यर्थ खर्च करनेवाला, पापकर्म में आसक्त, किसी काम को न देखनेवाला बलवान् और दयालु होता है।

"दयाविहीनोविधनो व्ययार्तः, सदालसोनीचजनानुयातः।
नरोगभंगोज्झित सर्वसौख्यो व्ययस्थिते भानुसुते प्रसूतौ ॥ **महेश**

अर्थ—जिसके जन्मलग्न से द्वादशभाव में शनि हो वह मनुष्य निर्दय, निर्धन, खर्च से दुःखित, सदैव आलसी, नीचवृत्ति लोगों की संगति में रहने वाला, अंगहीन, और सुखहीन होता है।

"पतितस्तुरिः फे।" **आचार्य वराहमिहिर**

अर्थ—यदि शनि लग्न से द्वादश होतो जातक पतित होता है।

"द्वादशे धनहानिं च व्ययं वा कुक्षिरुक् क्रमात् ॥" **पराशर**

अर्थ—जिसके द्वादशभाव में शनि हो वह निर्धन, खर्च बढ़ जाने से तंग, पसलियों में व्यथा वाला होता है।

"रविजः सुतीव्रः।" वशिष्ठ

अर्थ--जिसके शनि द्वादश हो वह बहुत तीखा होता है।

"मंदे रिःफगृहं गते विकलधीः मुर्खोऽधनी बंचकः॥" वैद्यनाथ

अर्थ--यदि शनि द्वादश हो तो मनुष्य व्याकुल रहता है। यह मूर्ख, निर्धन तथा बंचक (ठग) होता है।

"नीचकर्माश्रितः पापो हीनांगो भोग लालसः।
व्ययस्थानगते मन्दे क्रूरेषु कुरुते रुचिम्॥ गर्ग

अर्थ--यदि शनि व्ययस्थान में होतो मनुष्य नीचकर्म करता है। पापी, हीनांग, तथा भोगों में लालसा रखता है। इसकी रुचि क्रूर कामों में होती है।

"दयाविहीनोविधनो व्ययार्त्तः सदालसो नीचजनानुयातः।
नरोगभंगोज्झित सर्वसौख्यो व्ययस्थिते भानुसुते प्रसूतौ"॥ वृहद्यवनजातक

अर्थ--जन्मलग्न से द्वादश यदि शनि हो तो मनुष्य निर्दय, निर्धन, बहुत खर्च से दुःखित, आलसी, नीच लोगों की संगति में रहने वाला, किसी अंग के टूटने से सदा दुःखी रहता है।

"विकलः पतितोरोगी विषमाक्षोनिर्घृणोविगतलज्जः।
व्ययभवनगते सौरे बहुव्ययः स्यात् सुपरिभूतः"॥ कल्याणवर्मा

अर्थ--यदि शनि द्वादशभाव में होतो मनुष्य, विकल (व्याकुल) पतित, रोगी, छोटी बड़ी आखों वाला, निर्दय, निर्लज्ज, बहुत खर्च करने वाला तथा लोगों से अपमानित होता है।

"व्यये शनौ पंचगणाधनाथोगदान्वितो हीनवपुः सुदुःखी।
जंघाव्रणी क्रूरमतिः कृशांगो वधेरतः पक्षिगणस्यनित्यम्॥" मानसागर

अर्थ--यदि शनि व्ययभाव में होतो मनुष्य जनसमूह का नेता, रोगी, हीनांग, दुःखी, दुर्बल, क्रूर और प्रतिदिन पक्षियों को मारने वाला होता है। इसकी जंघा में व्रण होता है।

"निर्लज्जार्थसुतो व्ययेऽगविकलो मूर्खोरिपूत्सारितः॥" मंत्रेश्वर

अर्थ--यदि व्ययभाव में शनि होतो मनुष्य निर्लज्ज, निर्धन, पुत्रहीन, किसी अवयव में व्यंगयुक्त तथा शत्रुद्वारा पराजित होता है।

"असद्व्ययी व्ययेमंदे कृतघ्नो वित्तवर्जितः।
बंधुवैरी कुवेषःस्याच् चंचलश्च सदानरः"॥ काशीनाथ

अर्थ--यदि शनि द्वादशभाव में हो तो मनुष्य बुरे कामों में धन का खर्च करता है। यह कृतघ्न, निर्धन, चंचल, मलिन तथा अपने बांधवों से बैर करने वाला होता है।

"विदयो विधनः स्वकर्महीनो विसुखो हीनतनुः व्ययेऽर्कपुत्रे॥" जयदेव

अर्थ--शनि के द्वादशस्थ होने से मनुष्य दयाहीन, धनहीन स्वकर्महीन, मुखहीन-तथा अंगहीन होता है।

"व्यये संप्रयुक्तोऽलसो नीचसेवी कुतस्तस्य सौख्यं जनोयाति नाशम्।
यदा सौरिनामा गतश्चांत्यभावम्" ॥ जागेश्वर

अर्थ—शनि के व्ययभाव में होने से मनुष्य आलसी, नीचों का सेवक, सुखहीन तथा खर्चीला होता है। इसके स्वजनों का नाश होता है।

"स्वस्यदेशे सदालस्ययुक्तो नरो बुद्धिहीनस्तथोद् विग्नचित्तः।
बुद्धिभ्रंशं मानभंगं कुसंगं मांदं शिल्पं देहजाड्यं नरस्य।
बंधोर्वैरं वित्तहानिः प्रसूतौ कुर्युराजाब्दकुधरे व्ययस्थ" ॥ हरिवंश

अर्थ—जिसके द्वादशभाव में शनि हो वह मनुष्य अपने देश में सदा आलसी रहता है। यह बुद्धिहीन और बुद्धिभ्रष्ट, निराहत, उद्विग्न चित्त, कुसंगति में रहनेवाला, मन्द, जड़ शरीरवाला, बंधु वैरी तथा निर्धन होता है।

"दयाविहीनो विधनो व्ययार्त्तः सदालसो नीच जनानुयातः।
नरोंगभंगोज्झितसर्वसौख्यो व्ययस्थिते भानुसुते प्रसूतौ" ॥ ढुण्ढिराज

अर्थ—जिसके द्वादशभाव में शनि हो वह दयारहित, धनरहित, खर्च से पीड़ित, आलसी, नीचों का संग करनेवाला अंगहीन, तथा सब सुख से रहित होता है।

भृगुसूत्र—"पतितः। विकलांगः। पापयुते नेत्रच्छेदः। शुभयुते सुखी सुनेत्रः। पुण्यलोक प्राप्तिः। पापयुते नरकप्राप्तिः। अपात्रव्ययकारी। निर्धनः। शुभयुते राजयोगकरः॥"

अर्थ—द्वा[illegible] में शनि हो तो मनुष्य पतित और अंगहीन होता है। पापग्रह साथ हो तो मनुष्य आँखों से अंधा होता है। शुभग्रह साथ हो तो सुखी होता है और आँखें अच्छी होती हैं। मृत्यु के बाद शुभगति मिलती है। पापग्रह साथ हो तो मृत्यु के बाद नरकगामी होता है। यह अपव्यय करता है-बुरे कामों में धन का खर्च करता है। शुभग्रह साथ होतो यह शनि राजयोग करता है।

पाश्चात्यमत—इसकी प्रवृत्ति एकांतप्रिय, संन्यासी जैसी होती है। गुप्त शत्रुओं के कारण प्रगति में बारंबार रुकावटें आती हैं। किसी पशु के कारण अपघात होता है। यह अपने हाथ से ही अपना नुकसान करता है। अज्ञातवास, कारावास, विषप्रयोग, झूटे इलजामों से कैद आदि से कष्ट होता है। यह शनि पापग्रह से पीड़ित और राशि से बलहीन होतो ये अशुभफल तीव्र होते हैं। यही शुभ सम्बन्धित हो तो एकांतप्रियता, और जिन व्यवसायों में लोगों से विशेष सम्बन्ध नहीं आता, उनसे लाभ होता है। भिक्षागृह, अस्पताल, कारागृह, दान संस्था आदि से सम्बन्ध रहता है। ये लोग गुप्तरीति से धन संचय करते हैं। गुप्त नौकरी, हलके काम आदि से लाभ होता है। यह शनि बुध से अशुभ सम्बन्ध में हो तो पागलपन की सम्भावना होती है। मंगल से अशुभ सम्बन्ध हो तो अपघात, खून, वा आत्महत्या द्वारा मृत्यु

होता है। हर्षण से अशुभ सम्बन्ध हो तो अधिकारी और बड़े लोगों से शत्रुता होने से अपमान और अपकीर्ति होती है। रविचन्द्र से अशुभ सम्बन्ध हो तो प्रिय व्यक्ति की मृत्यु से खेद होता है। इस शनि से साधारणतः उदास और शोकपूर्ण प्रवृत्ति होती है।

विचार और अनुभव—प्राचीन ग्रन्थकारों ने द्वादशभाव के शनि के फल बहुत अशुभ बतलाए हैं। दूषित शनि के ऐसे फल होते हैं।

व्ययस्थान का शनि यदि मेष, मिथुन, कर्क, सिंह, वृश्चिक, धनु और मीन में हो तो शुभ फल देता है। इन राशियों के शनि में वकील, वैरिस्टर, राजनीतिज्ञ आदि विद्वान् होते हैं। वृष, कन्या, तुला, मकर और कुम्भ में भी वकील, वैरिस्टर आदि होते हैं। व्यवसाय के लिए भी यह योग अच्छा है।

मिथुन, वृश्चिक, कुम्भ में इस शनि से क्रांन्तिकारी प्रवृत्ति होती हैं।

अथ राहु-केतु विचार—

प्रायः ज्योतिष ग्रन्थकार राहु-केतु को छायाग्रह मानते हैं। इनकी सत्ता के विषय में यदि किसी को जिज्ञासा हो तो उसे ऋग्वेद, अमरकोश, महाभारत, याज्ञवल्क्यस्मृति तथा अथर्वज्योतिष आदि का अध्ययन करना होगा–इनमें इन दोनों को स्वर्भानु नाम से निर्दिष्ट किया है और कहा है कि ये दोनों सूर्य और चन्द्रमा को ग्रसित करते हैं। इनके विषय में पौराणिक कथा भी है। कहा जाता है कि देवों और दानवों को अमृत देने के लिए भगवान् विष्णु ने मोहिनी रूप धारण किया और अमृत पिलाने लगे—इस पंक्ति में राहु-केतु भी छुप गये। चूँकि इन्हें अमृत से वंचित किया जा रहा था, इन्होंने समय का लाभ उठाते हुए स्वयं ही अमृतपान करना प्रारम्भ कर दिया। इस तरफ सूर्य और चन्द्र ने विष्णु भगवान् का ध्यान आकृष्ट किया—मोहिनीरूपमय भगवान् जी ने इस अनाचार पर क्रुद्ध होकर इन पर उसी कड़छी का प्रहार किया जिससे अमृत परोसा जा रहा था। इस प्रहार से एक का शिर उड़ गया और दूसरे का धड़ (कबंध–शरीर का अधोभाग) उड़ गया। चूँकि इन दोनों ने थोड़ा सा अमृतास्वादन कर लिया था—अतः इनकी मृत्यु न हो सकी। तदनन्तर तपस्या करने से इन्हें भी ग्रहों में सम्मिलित हो जाने का अधिकार दिया गया। चूँकि सूर्य और चन्द्र के कारण विष्णु भगवान् ने इन्हें दण्डित किया था। ये दोनों सदैव के लिए इन दोनों के शत्रु बन गये और समय पाकर इन्हें ग्रसित करने लग गये। इन दोनों द्वारा इनका ग्रास ही ग्रहण कहलाता है।

चंद्र का ग्रहण पूर्णिमा के पूर्ण होने पर हो सकता है। चंद्र और राहु का अंतर सात अंश से कम हो तो ग्रहण अवश्य होता है। सात से नौ अंशों तक अंतर होने पर ग्रहण की सम्भावना होती है। इससे अधिक अंतर हो तो ग्रहण नहीं होता है। राहु की पातकक्षा में चन्द्र हो और उसका शर एक या

डेढ़ अंश में हो तो ग्रहण होता है। ऐसी स्थिति में पृथ्वी और सूर्य की विरुद्ध दिशा में चंद्र होता है, तथा पृथ्वी की छाया से चंद्र का कुछ भाग आच्छादित होता है—इसी का नाम ग्रहण है।

जब पृथ्वी और सूर्य के बीच चंद्र आता है तब सूर्य का कुछ भाग नहीं दीखता है—यही सूर्यग्रहण है।

सूर्यग्रहण में सूर्य, चंद्र तथा राहु का विचार करना होता है। चंद्रग्रहण में चंद्र और राहु का ही विचार किया जाता है।

राहु और केतु को प्रसन्न करने के लिए वैदिक साहित्य में राहु-केतु मंत्र भी पाये जाते हैं अतः इनकी सत्ता के विषय में संदेह करना अनावश्यक है—विंशोत्तरी दशा में राहु-केतु का वर्णन सभी ग्रंथों में हैं, जो आचार्य केवल सात ही ग्रह हैं और राहु-केतु को ग्रह नहीं भी मानते हैं—जैसे वराहमिहिर, इनके ग्रंथों में भी विंशोत्तरीदशा वर्णन विभाग में राहु-केतु-दशा का वर्णन पाया जाता है। राहु-केतु के विषय में अधिक ज्ञान प्राप्त करने की इच्छा हो तो निम्ननिर्दिष्ट ग्रंथों का परिशीलन आवश्यक है—बृहत्पराशरहोरा, जातकपारिजात, सारावली, उत्तरकालामृत, बृहत्संहिता, होरासार, फलदीपिका, शिवसंहिता, संकेतनिधि, दैवज्ञाभरण, उडुदायप्रदीपिका।

राहु-केतु का विशेष वर्णन—

स्थान—अहिध्वजाः शैलाटवी संचरन्तः—ये पर्वतशिखरों तथा वनों में संचार करते हैं।

आयुः—आयु-शताब्द संख्याः राहुकेतवः—इनकी आयु सौ वर्ष की है।

रत्न—गोमेद वैडूर्यके—राहु का रत्न गोमेद तथा केतु का रत्न वैडूर्य है।

दिशा—नैऋत्य।

क्रीड़ास्थान—वेश्मकोणे—राहु का क्रीड़ास्थान, घर तथा केतु का स्थान कोना है।

दृष्टि—अधोक्षिपातः तु अहिनाथः। नीचे देखते हैं।

बल के स्थान—"मेषालिकुंभतरुणी वृषकर्कटेषु मेषूरणे च बलवानुरगाधिपः स्यात्। कन्यावसान वृषचापधरे निशायामुत्पातकेतु जनने च शिखी बली स्यात्॥"

अर्थ—मेष, वृश्चिक, कुंभ, कन्या, वृष तथा कर्कराशि में, दशमस्थान में राहु बलवान् होता है।

कन्या के अंत में, वृष तथा धनु में, रात्रि में तथा उत्पात एवं धूमकेतु के दर्शन के समय केतु बलवान् होता है।

दोष—'राहुदोषं बुधो हन्यात्'—राहु के दोष को बुध दूर करता है।

(ऊपर का वर्णन तथा मत वैद्यनाथ का है।)

स्थान—वनस्थः—वन में रहता है।

शिखिनः स्वर्भानोः वल्मीकंस्थान मुच्यते—इसका स्थान वामी है।

जाति—चांडाल।

धातु—सीसा।

रत्न—केतु का रत्न नीलमणि।

वस्त्र—चित्रकन्या फणीन्द्रस्य केतोः छिद्रयुतं वस्त्रम्।

अर्थ—रंग-बिरंगी गोदड़ी राहु का, कटा हुआ वस्त्र केतु का होता है।

काल—'अष्टौ मासाः स्वर्भानोः, केतोः मासत्रयम्।

अर्थ—राहु का समय आठ महीने तथा केतु का तीन मास काल है।

(ऊपर का वर्णन तथा मत पराशर का है।)

"सीसंच जीर्णवसनं तमसस्तु केतोः मृदभाजनं विविध चित्रपटं प्रदिष्टम्"

अर्थ—राहु का धातु सीसा, वस्त्र जीर्ण (पुराना) है। केतु का पात्र मिट्टी का, वस्त्र रंगविरंगा है।

"गुल्मं केतु रहितश्च शालद्रुमाः"—केतु छोटे वृक्षों का कर्ता है।

राहु शालवृक्ष का निर्माता है। (यह वर्णन तथा मत मंत्रेश्वर का है।)

वर्ण—निषाद,	गुण—तामस,	अवस्था—वृद्ध,
लिंग—पुरुष,	रस—कषाय,	स्थान—विवर—(वामी)
समय—दोपहर,	भूमि—ऊषर,	अपाद—चरण रहित,
धातु—लोहा,	तत्व—वायु,	पापग्रह—चरग्रह,

(यह मत नीलकंठ का है।)

"सर्पस्थानं सैंहिकेयस्य।" अर्थ—स्थान सांप के बिल हैं।

रंग—नीला, चित्र-विचित्र है। (यह मत वेंकटेश्वर शर्मा का है।)

"संध्यायां भुजंगमः।" अर्थ—संध्या समय में राहु बली होता है।

"राहुः सरीसृपः।" अर्थ—राहु सरपट चलनेवाला है।

'दक्षिणतो मुखः।' अर्थ—राहु का मुख दक्षिण की ओर है।

"भोगीन्द्रः प्रकृत्या दुःखदो नृणाम्।" अर्थ—राहु स्वभावतःमनुष्यों को दुःख देनेवाला है।

"फणिनः स्थविराः ग्रहाः।" अर्थ—यह वृद्ध ग्रह है।

(यह मत जयदेव का है।)

"धूम्रकारो नीलतनुः वनस्थोऽपि भयंकरः।
वातप्रकृतिको धीमान् स्वर्भानुप्रतिमः शिखी"॥

अर्थ—राहु धूएं जैसा नीलरंग का, वनचर, भयंकर, वातप्रकृति का, तथा बुद्धिमान् होता है। ऐसा ही केतु है। (यह वर्णन पराशर का है।)

"नीलद्युतिः दीर्घतनुः कुवर्णः पापी सभापंडितः सहिवकः।
असत्यवादी कपटी च राहुः कुष्ठी परान् निंदति बुद्धिहीनः॥"

अर्थ—यह नीले रंग का, ऊँचे कद का कुरूप, पापी, पंडित, हिचकियों से पीड़ित, झूठबोलनेवाला, कपटी, कोढी, परनिन्दिक तथा बुद्धिहीन राहु होता है।

"रक्तोग्रदृष्टिः विवाक्, उग्रदेहः सशस्त्रः पतितश्च केतुः।
धूम्रद्युतिः धूमप एव नित्यं व्रणांकितांगश्च कृशोनृशसः"॥

अर्थ—केतु की दृष्टि लाल, तथा वाणी उग्र, हीन शरीर, उग्रशस्त्रसहित, पतित, धुएँ जैसे रंग का, व्रण सहित, दुबला, दुष्ट, नित्य धूम्रपान करनेवाला ऐसा केतु है। (यह मत मंत्रेश्वर का है।)

"अर्थकायं महावीर्यं चन्द्रादित्य विमर्दनम्।
सिंहिकागर्भसंभूतं तं राहुं प्रणमाम्यहम्॥
सैंहिकेयस्तमो राहुः कज्जला चलसन्निभः।
यः पर्वणि महाकायो ग्रसते चन्द्रभास्करौ॥
प्रणमामि सदा राहुं सर्पाकारं किरीटिनम्।
सैंहिकेयं करालास्यं सर्वलोकभयप्रदम्"॥

अर्थ—राहु का शरीर आधा, महाबली, काजल के पहाड़ जैसा, अन्धकार स्वरूप, भयंकर, सांप जैसा, मुकुटधारी तथा भयंकर मुख से युक्त है। यह सिंहिका राक्षसी का पुत्र है, तथा पर्व के समय सूर्य और चन्द्र का ग्रास करता है। ऐसे राहु को नमस्कार है। (यह वर्णन राहुस्तोत्र का है।)

राहु-केतु का कारकत्व—

"प्रयाण समय सर्परात्रि सकल सुसार्थ कारको राहुः।
व्रण रोग चर्मार्तिशूल स्फुट क्षुधार्तिकारकः केतुः॥" पराशर

अर्थ—प्रवास का समय, रात्रि सोए हुए प्राणी, जूआ तथा सांपो का कारकग्रह राहु है। व्रण-चर्मरोग, शूल, भूख, फोड़ा-फुंसी का कारक केतु है।

"यशः प्रतिष्ठाच्छत्र कारको राहुः॥" वेंकटेश्वर

अर्थ—यश-मान-तथा राजवैभव का कारक राहु है।

"बौद्धाहितुण्डि खगराज वृकोष्ट्र सर्पान् ध्वांक्षादयो मक्षकमत्कुण कृम्यलूकाः। स्वर्भानुर्हृदिताप कुष्ठ विमति व्याधि विषं कृत्रिमं, पादार्तिं च पिशाच पन्नगभयं भार्यातनूजापदम्। ब्रह्मक्षत्र विरोध शत्रुयजं केतुस्तु संसूचयेत्, प्रेतोत्थं च भयं विपेच्चगुलिको देहार्तिमाशौचजम्॥" मंत्रेश्वर

अर्थ—बौद्ध, सपेरे, पक्षी, भेड़िए, ऊंट, सांप, कौए-मच्छर, खटमल, कीड़े, उल्लू-ये राहु के अधिकार में हैं। हृदयरोग, कोढ़ बुद्धिभ्रंश, विष-बाधा, पैर के रोग, पिशाच-बाधा, पत्नी वा पुत्र का दुःख, ब्राह्मण, क्षत्रियों में विरोध, शत्रुभय; प्रेतबाधा, शरीर की मलिनता से रोग, ये केतु के अधिकार में हैं।

"सर्पेणैव पितामहं तु शिखिना मातामहं चिन्तयेत्।"

अर्थ—राहु से दादा का विचार तथा केतु से नाना का विचार करना उचित है।"

"करोत्यपस्मारमसूररज्जु क्षुधाकृमिप्रेतपिशाचभूतैः।
उद्‌बंधनाचाशुचिकुष्ठरोगैः विधुंतुदश्चाति भयं नराणाम् ॥"

अर्थ—अपस्मार, चेचक, नासूर, भूख, कृमि, प्रेतबाधा, पिशाचबाधा, अरुचि, कैद, कोढ़, ये राहु के कारकत्व में हैं।

"कण्डू मसूर रिपु कृत्रिम कर्म रोगैः स्वाचारहीन लघुजाति गणैश्च केतुः ॥"

अर्थ—खुजली, चेचक, शत्रु का कपट, रोग, हीनजाति के लोग, ये केतु के कारकत्व में हैं। **वैद्यनाथ**

उत्तरकालामृतरचयिता कालिदास के अनुसार राहु और केतु का कारकत्व—

राहु—छत्र-चामर (राजचिन्ह) देशकी समृद्धि, कुतर्क, क्रूरभाषण, नीच जाति, पापी स्त्रियां, सीमाएं, वाहन, शूद्रलोग, जूआ, संध्याकाल, अयोग्य स्त्री से सम्बन्ध, विदेशगमन, अपवित्रता, हड्डी वा गांठ के रोग, झूठ बोलना, नीचे की तथा उत्तरदिशा, सपेरे, यम, म्लेच्छ आदि नीच लोग, बुरी गांठें, वन, पर्वत, बाहर के स्थान, नैऋत्य दिशा, वात-कफ-पीड़ा, सांप, हवा, छोटे-बड़े-सरपट चलनेवाले जीव, सोये हुए प्राणी, प्रवाससमय, वृद्ध, वाहन, नागलोग नाना वातशूल, खांसी, श्वास, दुर्गा की उपासना, ढीटपना, पशुसमृद्धि-दाएँ ओर से लिखी जाने वाली लिपि (जैसे उर्दू) क्रूर भाषा।

केतु—"शिव, विष्णु वा गणेश आदि देवों की उपासना, वैद्यक, कुत्ते-मुर्गे, गीदड़, क्षय, ज्वर, सर्वविध ऐश्वर्य, मुक्ति, गंगातट के स्थान, महान् तपश्चर्या, वायु, वनचर, स्नेह, नौकर, पत्थर, व्रण, मंत्रशास्त्र, चपलता, ब्रह्मज्ञान, पेट, वा आँख के रोग, जड़ता, कांटे, पशु, ज्ञान-मौन, वेदान्त, सर्वप्रकार के उपभोग, भाग्य, दादा, भयंकर शूल, फोड़े-फुन्सियाँ, शूद्रलोग, नीच आत्माओं से कष्ट।"

दिवाकरजी वेंकट शुम्भाराओं के अनुसार कारकत्व—

राहु—"साँप, चोर-लुटेरे, विधवास्त्रिएँ लड़ाई-झगड़े, ढीढपना, ज़बरदस्ती किसी को भ्रष्ट करना, दलबंदी, शूद्र लोग, नीच लोगों की गुटबंदी, धन को संचय करके गुप्त रखने में प्रसन्नता, कालाबाजार, वा चोरबाज़ारी, दिक्कतों से भरा हुआ होना, भयंकर रोग, ज्वर, मूर्छित होना, सन्निपात, कालरा, आकस्मिक प्राकृतिक घटनाएँ, साहस, यश, काटना, टूटजाना, छेद करना, सज़ादेना, श्मशान घाट, वाग्युद्ध (झगड़ा) विवर, पर्वत, वृक्षपतन, इधर-उधर घूमना, जंगलों में निवास करना, भयंकर युद्ध, वितंडा, मर्मभेदी भाषण, धर्मभ्रष्टता, जूआ खेलना, अपवित्रता, गुह्य बुराकर्म, पशुमैथुन-वात, कफ, पित्त-ये राहु के अधिकार में हैं।

केतु—शूद्रलोग, कुत्ते, मुर्गे, गिद्ध, सींगोवाले पशु, क्षयरोग, पीड़ा, ज्वर, व्रण, पिशाचकर्म, ढीठपन, शत्रुओं को पीड़ित करना, धर्मान्धता, अंधविश्वास, दिखावा-तड़क-भड़क, भिक्षावृत्ति-तीर्थयात्रा, लोभ, चुगली करने की आदत, लड़ाई झगड़ा करना, दूसरे से विरोध, अत्युत्तमज्ञान, परिवर्तनशील कर्म, गुफा में निवास, अद्भुत काम, कीर्ति, प्रसिद्धि, चमकीलापन, जंगलों में घूमना—भविष्यवाणी, रोगमोचन, ऋण से मुक्त कर देना, शिवोपासना-शैवगण, निधि, धनागार, कारावास, मठ में निवास करना, अत्युत्तम आदर्शरूप चित्रचित्रण, ये केतु के अधिकार में हैं।

निम्नलिखित का विचार भी राहु से किया जाना उचित हैः—

तर्कशास्त्र, म्युनिसिपैलिटी, ज़िलापरिषद्, विधानसभा, लोकसभा, रेलवे कर्मचारी, कमीशनएजेंट, विज्ञापन एजेंट, रबड़ का सामान, रबड़, बिजली का सामान, गांजा, भांग, उन्मत्तता, मैस्मरिज़म, व रंग बदलनेवाले फूल, तथा इसी किस्म के प्राणी, बर्फ, सरकस, सिनिमा, सैल्युलाइड, दुराग्रह, औद्धत्य, विनाशकारी बातें, भ्रमाभास, भूत-पिशाचबाधा, दादा की स्थिति, कल्पना करने में तथा संशोधन करने में निपुणता, अफवाहें फैलाना, निराधार बातें करना, कार्य में प्रेरणा, प्राचीन तथा परंपरागत संस्कृति का अभिमान, अद्भुत में रुचि, आकस्मिक विलक्षण बातें, अस्पष्ट-अव्यवस्थित बरताव, पवित्रता, विश्वबंधुत्व, वासनाराहित्य, भक्तियोग, आध्यात्मिक उन्नति, ज्ञान, मोक्ष, घरेलू खेल-ताश आदि।

राहु का विशेष वर्णन—राहु की दैनिक गति ३ कला और २१ विकला है। यह द्वादश राशियों में भ्रमण ६७८५ दिन, २० घड़ी, २५ पल, ७ विपल में समाप्त करता है। यह समय लगभग १८ वर्ष, ७ महीने, और २ दिन होता है। राहु के विषय में पाश्चात्य दैवज्ञ विलियमलिली का विचार निम्नलिखित है :—यह पुरुष प्रकृति है। गुरु तथा शुक्र के मिश्रण जैसा स्वभाव है। यह भाग्यदायी है। यह शुभ ग्रहों के साथ होतो उनके शुभफल अधिक मिलते हैं। अशुभ ग्रहों के साथ होतो ये फल कम अशुभ होते हैं।

केतु यदि अशुभग्रहों के साथ होतो अशुभफल अधिक तीव्र होते हैं। शुभग्रहों से प्राप्त होने वाले फलों में केतु की युति से आकस्मिक विघ्न आते हैं और बना बनाया काम बिगड़ जाता है। शुभग्रह केन्द्र में वा बहुत अच्छे योग में हों तभी केतु का यह दोष दूर हो सकता है।

राहु के लिए कौन-कौन राशियाँ शुभ हैं और कौन-सी अशुभ—

मेष—यह पुरुषराशि, दिनकी, चर, रूक्ष, उष्ण, तथा अग्नितत्वप्रधान है। तामसी, पशु, उद्धतपन, असंयत व्यवहार, लालरंग की द्योतक, यह राशि मंगल की प्रधान राशि है। यह राहु के लिए अशुभ है।

वृष—यह स्त्री राशि, भूमितत्वप्रधान, शीतल, रूक्ष, उदासीन, स्थिर, रात्रि की, तथा निम्बू रंग की, शुक्र की गौणराशि है। यह राहु के लिए शुभ है।

मिथुन—पुरुषराशि, वायुतत्वप्रधान, उष्ण, आर्द्र लालरंग, दिन की, यह बुध की प्रधानराशि है। यह राहु की उच्चराशि है। राहु के लिए अशुभ है।

कर्क—स्त्रीराशि-जलतत्वप्रधान, शीत, आर्द्र, कफप्रकृति, नारङ्गी रङ्ग की वा हरेरङ्ग की, रात्रि की, चर, चन्द्र की प्रधानराशि है। यह राहु के लिए अशुभ है॥

सिंह—पुरुषराशि, अग्नितत्वप्रधान, उष्ण, रूक्ष, क्रोधी प्रकृति, दिन की, पशु-वंध्या, लाल वा हरेरङ्ग की, सूर्य की प्रधानराशि है यह राशि राहु को बहुत प्रिय है॥

कन्या—स्त्रीराशि, पृथ्वीतत्व की, शीत, उदासीन, वंन्या, रात्रि की, नीले-काले, रङ्ग की, बुध की गौणराशि है। इसमें राहु अन्ध माना गया है। यह राहु के लिए अशुभ है॥

तुला—पुरुषराशि-ऊष्ण, आर्द्र, आरक्त, चर, मनुष्यप्रकृति दिन की, काला वा गहरापीला रङ्ग, शुक्र की प्रधानराशि है। यह राशि राहु के लिए अशुभ है।

वृश्चिक—स्त्रीराशि-शीत, जलतत्व की, रात्रि की, कफप्रकृति, स्थिर, गहरा पीला रङ्ग, मंगल की गौणराशि है यह राहु की प्रिय राशि है॥

धनु—पुरुषराशि, अग्नितत्वप्रधान, उष्ण, रूक्ष, तामसी, दिन की, वंध्या, पीला वा आरक्त हरारङ्ग, गुरु की प्रधानराशि है राहु के लिए अतीव अशुभ है॥

मकर—स्त्रीराशि, रात्रि की, शीत, रूक्ष, उदासीन, पृथ्वीतत्वप्रधान, चर, चतुष्पाद्, काला वा गहरा पीला रङ्ग, शनि की-गौणराशि है यह राशि राहु को शुभ है॥

कुंभ—पुरुषराशि, उष्ण, आर्द्र, दिन की, रक्ताधिक्य सूचक, स्थिर, आस्मानी रङ्ग की, शनि की प्रधान राशि, है यह राहु के लिए अशुभ है।

मीन—स्त्रीराशि, कफप्रकृति, जलतत्वप्रधान, द्विस्वभाव, चमकीला सफेद रङ्ग, रात्रि की, गुरु की गौणराशि है। राहु के लिए यह राशि शुभ है॥

राहु—केतु का उच्चस्थान, नीच-स्थान, मूलत्रिकोण, स्वगृह, मित्रगृह–शत्रु गृह कौन सी-राशियाँ हैं इस विषय में दैवज्ञों में भारी मतभेद है:—

"राहोस्तु कन्यकागेहं मिथुनं स्वोच्चभं स्मृतम्। उच्चश्च मिथुने सिंहका सुतः।
राहुर्युग्मेतु चापे च तमोवत्केतुजं फलम्।

अर्थ—राहु का स्वगृह कन्या, तथा उच्चराशि मिथुन है। नीच राशि धनु है॥ कुछ आचार्यों का ऊपर लिखा मत है।

"राहोस्तु वृषभं केतोः वृश्चिके तुंग संज्ञितम्।
मूलत्रिकोणं कुंभं च प्रियं मिथुनमुच्यते" ॥

अर्थ—अन्य आचार्यों के मत से राहु-की उच्चराशि वृषभ, केतु की-उच्चराशि वृश्चिक, मूलत्रिकोण कुंभ और कर्क प्रिय राशि है।

नारायणभट्ट ने राहु का स्वगृह कन्या, उच्चमिथुन, नीच धनु, मूल त्रिकोण कर्क माना है।

वृहत् पाराशर होरा के अनुसार राहु का उच्च वृष, और केतु का उच्च-स्थान वृश्चिक, राहु का मूलत्रिकोण कर्क, केतुका मूलत्रिकोण मिथुन और धनु, राहु का स्वगृह कन्या, केतु का स्वगृह मीनराशि है।

जातक पारिजात के अनुसार राहु का उच्च मिथुन, मूलत्रिकोण कुंभ, स्वगृह कन्या राशि है।

फलदीपिका के अनुसार राहु मेष, वृष, कर्क, वृश्चिक, और कुंभ राशि में वलवान् होता है। इसी तरह केतु, वृष, कन्या, धनु और मीन के उत्तरार्ध में बलवान् होता है।

संकेतनिधि के अनुसार राहु का उच्च मिथुन, स्वगृह कन्या, है इसी तरह केतु का उच्च धनु, स्वगृह मीन है। राहु का उच्च वृश्चिक, और केतु का उच्च कुंभ है-ऐसा भी एक मत है-यह भी सेकेतनिधिकार ने कहा है और यह संकेत यवनमत की ओर है।

रामशर्मा के अनुसार उच्चस्थान वृष, स्वगृह कन्या, नीचगृह वृश्चिक मिथुन, कन्या, तुला, धनु, मकर और मीन मित्रगृह, एवं मेष, कर्क, सिंह, तथा कुंभ, शत्रुगृह राहु के हैं।

केतु का उच्च मीन, स्वगृह कुंभ, कन्या नीचस्थान एवं मिथुन, तुला, वृश्चिक, मकर और मीन मित्रगृह-तथा मेष, कर्क, और सिंह शत्रुगृह है।

एक और मत भी है इसके अनुसार राहु का उच्च वृषभ, मूलत्रिकोण कर्क, मित्रगृह मेष है।

कई एक कहते हैं कि राहु के लिए सिंह, कन्या, धनु और मीन स्वगृह हैं॥

राहु-केतु के मित्र और शत्रुग्रहः—

बुध-शुक्र और शनि राहु के मित्रग्रह हैं।
सूर्य-मंगल और गुरु केतु के मित्रग्रह हैं।

राहु के लिए मंगल शत्रु, शनि सम एवं शेषग्रह मित्र हैं—ऐसा भी एक मत है।

दृष्टि—पराशर—

"सुतमदन नवान्ते पूर्णदृष्टिं तमस्य युगल दशमगेहे चार्थ दृष्टिं वदंति।
सहजरिपुविपक्षान् पाददृष्टिं मुनीन्द्राः निजभुवन मुपेतोलोचनांधः प्रदिष्टः॥

अर्थ-राहु की दृष्टि ५-७-९-१२ स्थानों, पर पूर्ण होती है। २-१० पर आधी होती है। ३-६ पर पाव १/४ दृष्टि होती है। स्वगृह में होतो दृष्टि नहीं होती है॥

राहु और केतु वक्रगति हैं—ऐसी मान्यता है। परन्तु इस विषय में कोई स्पष्टीकरण नहीं मिलता है। प्रायः दैवज्ञ लोग इनकी दृष्टि का विचार भी दूसरे ग्रहों की तरह ही करते हैं। वक्र गति के अनुसार दृष्टि का चलन प्रायः नहीं है। लग्न-व्यय-लाभ-दशम इस प्रकार से भी इन ग्रहों का विचार किया नहीं जाता है। मीन-कुंभ-मकर आदि राशियों के विचार का चलन भी अनुभव में नहीं आ रहा है॥ दिवा करजी वेंकट शुम्माराओ ने राहु-केतु की दृष्टि निम्नलिखित मानी है :—

राहु—५-७-९-३-१०-४-८। **केतु**—५-७-९-३-१०-४-८।

राहुप्रधान व्यक्ति का वर्णन—राहु प्रधानव्यक्ति स्नेहशील होता है। विचारपूर्वक, परीक्षा के बाद काम करता है। प्रपंचासक्त रहता है, पहिले स्वार्थ तदनंतर परोपकार करता है। अभिमानी, मान का भूखा होता है। इसकी बुद्धि तीव्र, इच्छाएँ श्रेष्ठ तथा उत्तम, इनकी पूर्ति के लिए पूर्ण यत्न करता है। मित-भाषी किन्तु लेखन में चतुर। इसका लेख सरस, ओजभरा तथा काव्यपूर्ण होता है। इसका स्वभाव सरल, स्वतंत्र व्यवस्थित और स्पष्ट होता है। स्वतंत्र कल्पना शक्ति खूब, किंतु इसका दुरुपयोग नहीं करता है। अपने उद्योग में मग्न, किसी की काम में दखल नहीं--स्वयं के काम किसी दूसरे का दखल नहीं होने देता है' स्वयं प्रभावशाली, रोब से अपना काम निकाल लेनेवाला, किन्तु दूसरों के प्रभाव में आनेवाला नहीं होता है। प्राचीन संस्कृति का अभिमानी, किन्तु पर धर्मों के बारे में सहिष्णु होता है। परोपकारी, बड़ों से व्यवहार में नम्र, धीर, मतिमान् तथा व्यवहार दक्ष होता है।

यदि राहु कुंडली में 'अनुभव संबंध में होतो व्यक्ति बुद्धिहीन, दुष्ट अत्यंत स्वार्थी, दुरभिमानी मिथ्याचारी, उद्दण्ड, निर्लज्ज, छिद्रान्वेषी, अहंमन्य होता हुआ दूसरों को व्यर्थ कोसने वाला, परोपकारकर्ता, अत्यभिमानी होता है दूसरे शब्दों में असद्‌गुणागार होता है। इस तरह राहु का शुभ–अशुभ फल अन्य शुभ--अशुभ ग्रहों के सम्बन्ध पर निर्भर होता है।

फल—राहु—शनिवत् फलदायक :"॥ ("केतुः भौमवत्।")

ऊपरलिखा मत बहुत से दैवज्ञों का तथा ग्रन्थकारों का है। इसका अभिप्राय यही है कि इन दोनों के स्वतन्त्र फल नहीं है, कि जिनका स्वतंत्रतया किया जा सके जैसे सूर्यादिग्रहों का अपना-अपना स्वतंत्र फल है। किन्तु नारायण भट्ट का मत इसमत के अपवाद में हैं। नारायणभट्ट ने चमत्कारचिन्तामणि में राहु-केतु के पृथक्-पृथक् भावफल लिखे हैं। इसी प्रकार जीवनाथदैवज्ञ ने भी स्वरचित 'भावप्रकाश' ग्रंथ में राहु, केतु के पृथक्-पृथक् भावफल दिए हैं। यदि इनकी स्वतंत्र फल दातृत्वशक्ति न होती तो विंशोत्तरीदशा में इन ग्रहों का समावेश व्यर्थ ही था, इसी तरह यह मत भी "केतु के फल राहु के ही फलानुसार समझने चाहिए" सहृदय हृदयग्राही नहीं माना जा सकता है।

अतः यह कहना बहुत ठीक होगा कि राहु और केतु भी अन्य सात ग्रहों की भांति सब प्राणियों पर अपना प्रभाव डालते हैं। अतएव इनके शान्तिमंत्र भी वैदिक साहित्य में पाए जाते हैं॥

राहु के द्वादशभाव फल—

"स्ववाक्ये समर्थः परेषां प्रतापात प्रभावात् समाच्छादयेत् स्वान् परार्थान्
तमोयस्य लग्ने स भग्नारिवीर्यः कलत्रेऽधृतिं भूरिदारोऽपि यायात्॥ १॥

अन्वय :—यस्य लग्ने तमः (वर्तते) सः भग्नारिवीर्यः (स्यात्) परेषां, प्रतापात् स्ववाक्ये समर्थः (स्यात्) (तथा) (परेषां) प्रतापात् स्वान् परार्थान् (च) समाच्छादयेत्। भूरिदारः अपि कलत्रे अधृतिं यायात्॥ १॥

सं॰ टी॰—यस्य लग्ने तमः राहुः स नरः भग्नारिवीर्यः पराजितशत्रुः। स्ववाक्यपालने परेषां प्रतापात् स्वतेजसा न समर्थः, परेषां प्रतापात् स्वान् स्वजातीयान् परार्थान् परं स्वामी च आच्छादयेत् आत्मसाधनं कुर्यात्। भूरिदारः वहूस्त्रीकः अपि कलत्रे स्त्री विषये अधृतिं असन्तोषं यायात् कामाधिकः कामी स्यात् इति भावः॥ १॥

अर्थ—जिस मनुष्य के जन्मलग्न में राहु हो वह शत्रुविजयी होता है। वह दूसरों के प्रताप से अपनी बात पूरी कर सकता है। और दूसरों के प्रभाव से अपनी तथा दूसरों की इच्छा पूरी कर सकता है। बहुत स्त्रियों के होने पर भी उनसे यह तृप्त नहीं होता है। समुचितभाव—लग्नभाव का राहु मनुष्य को इतना शक्तिशाली करता है कि वह अपने शत्रुओं पर विजय पा सकता है। मनुष्य व्यावहारिक कामों में इतना निपुण होता है कि यह दूसरों से अपना काम निकाल लेता है—जो कुछ जबान से निकालता है उसे पूरा करके छोड़ता है—और इसमें दूसरे की शक्ति का उपयोग कर लेने में इसमें निपुणता रहती है। इतना ही नहीं, अपितु, दूसरों के प्रभाव से अपने काम, अपने बन्धु बान्धवों के काम तथा इनसे अन्यत्र दूसरों के काम भी सिद्ध करने में निपुण तथा कुशल होता है। लग्न का राहु शारीरिक नैरोग्य—शारीरिक बल इतना देता है कि यह अपने यौवन में अनेक स्त्रियों का उपभोग लेने में समर्थ होता है। कथन का तात्पर्य है कि तनुभाव में राहु के होने से यौवन बलाढ्यता भी होती है और कामाधिक्य भी रहता है अपनी स्त्री से असंतुष्ट रहने से व्यभिचारी वृत्ति भी होती है। अर्थात् यह एक नारीव्रत नहीं होता है॥ १॥

तुलना—"प्रतापादन्यस्य प्रभवति समर्थस्तनुगते
प्रभावादन्येषां तमसि सहसाच्छादयति सः।
निजार्थानन्यार्थानपि च विगतारिः कृतिपरः
द्विभार्यो वर्यस्त्रीगणपरिवृतोवाद निरतः॥ **जीवनाथ**

अर्थ—जिस मनुष्य के जन्म समय में राहु लग्न में हो वह दूसरे के प्रताप से सामर्थ्यवान्, तथा दूसरे के प्रभाव से ही अपने और दूसरे के धन का

सहसा उपयोग करता है। शत्रु रहित होकर अपने कार्य में तत्पर रहता है, इसके दो स्त्रियें होती हैं, तथा अनेकानेक सुन्दरी स्त्रियों से घिरा रहता है। और विवाद में तत्पर रहता है। भट्ट नारायण और जीवनाथ में प्रायः शब्द और अर्थ की समानता है। जीवनाथ के अनुसार तनुभाव के राहु से द्विभार्या योग होता है। व्यभिचारयोग भी होता है। तनुभाव में राहु के होने से मनुष्य दूसरे के धन का उपयोग, स्वार्थ और परार्थ सिद्धि के लिए करता है।

"लग्नेतमो दुष्टमति स्वभावं नरं च कुर्यात् स्वजनानुवंचकम्।
शीर्षव्यथा कामरसेन संयुतं करोति वादं विजयं सरोगम्॥ **महेश**

अर्थ—यदि किसी मनुष्य के जन्म लग्न में राहु हो तो वह दुष्ट बुद्धिवाला दुष्ट स्वभाव का, अपने भाई-बन्दों को भी ठगनेवाला होता है। इसे शिरो-वेदना पीड़ा देती है। यह कामी, रोगी और वाद-विवाद में विजय पाने वाला होता है।

महेश के अनुसार लग्नभाव का राहु अशुभ फल दाता है।

"अव्वलखाने यदा रासः खिस्मनाकश्च काहिलः।
मनुजः स्वार्थकर्ता स्याद् भवेद् बेरोतु जाहिलः॥ **खानखाना**

अर्थ—जिसके लग्न में राहु हो वह दुःखी, आलसी, स्वार्थी, वदसूरत और मूर्ख होता है।

"क्रूरोदयाधर्म विहीनशीलो राहौ विलग्नो पगतंतु रोगी।
रविक्षेत्रोदये राहौ राजभोगाय सम्पदि॥ **वैद्यनाथ**

अर्थ—जिसके लग्नभाव में राहु हो तो वह मनुष्य क्रूर, दयारहित अधार्मिक, शीलरहित व रोगी होता है। लग्न में सिंह राशि में राहु हो तो राजवैभव मिलता है।

"रोगी सदादेवरिपौ तनुस्थे कुलोपकारी बहुजल्पशीलः।
रक्तेक्षणः पापरतः कृतघ्नो नरः सदा साहस कर्मदक्षः॥ **मानसागर**

अर्थ—राहु लग्नभाव में हो तो मनुष्य कुल का उपकारी, व्यर्थ बोलनेवाला, लाल नेत्र, पापी, कृतघ्न, किन्तु सदा साहस से कर्म करने में समर्थ होता है। मानसागर के अनुसार तनुभाव का राहु मिश्रितफल दाता है।

"लग्नेतमां दुष्टमति स्वभावं नरं च कुर्यात् स्वजनानुवंचकम्।
शीर्षव्यथा कामरसेन संयुतं करोति वादे विजयं सरोगम्॥ **ढुण्ढिराज**

अर्थ—जिसके लग्न में राहु हो वह मनुष्य दुष्ट स्वभाव और कुबुद्धि होता है। यह अपने जनों को ठगनेवाला होता है। यह शीर्षपीड़ा युक्त, कामी, रोगी और बाद-विवाद में विजय पानेवाला होता है। महेश और ढुण्ढिराज में पूर्ण समानता है।

"लग्नेऽहावचिरायुरर्थबलवान् ऊर्ध्वांग रोगान्वितः॥" **मन्त्रेश्वर**

अर्थ—यदि लग्न में राहु हो तो मनुष्य की आयु थोड़ी होती है। यह धनी और बलवान् होता है। किन्तु इसके शरीर के ऊपर के हिस्से में कोई रोग होता है।

"अजवृषकर्किणि लग्ने रक्षति राहुः समस्तपीड़ाभ्यः।
पृथ्वीपतिः प्रसन्नः शतापराधं यथा पुरुषम् ॥ नारायण

अर्थ—मेष, वृष वा कर्क में लग्नभाव का राहु हो तो सम्पूर्ण पीड़ाओं को दूर करता है। जैसे राजा यदि प्रसन्न हो तो सैकड़ों अपराध करने पर भी पुरुष की रक्षा होती है।

"सर्वांगरोगी विकलः कुमूर्तिः कुवेषधारी कुनखी कुकर्मा।
अधार्मिकः साहसकर्मदक्षां रक्तेक्षणश्चंद्र रिपौ तनुस्थे ॥
राहौ लग्नगते जातः संचयं कस्य कुत्र चित्।
सिंह कर्किणी मेषस्थे स्वर्णलाभाय मङ्गलः।
यस्य लग्नेस्थितस्तस्यान्दोलिता प्रकृतिः भवेत्।
राहुः यत्रस्थः तत्र कृष्णलांछनम् ॥ गर्ग

अर्थ—तनुभाव में यदि राहु हो तो मनुष्य सर्वांगरोगी, विकल, कुरूप, अधार्मिक, साहसी और लालनेत्र वाला होता है। इसके नाखून, तथा वेष (पोशाक आदि) अच्छे नहीं होते।

लग्नस्थराहु किसी प्रकार से और कहीं से धन का लाभ कराता है।

सिंह, कर्क वा मेष राशि में लग्नभाव का राहु हो तो धन लाभ के लिए बहुत शुभ होता है। लग्न का राहु होने से मनुष्य का स्वभाव चञ्चल होता है। जिस स्थान में राहु हो वहाँ काला चिन्ह होता है। लग्न में राहु के होने से चेहरे पर काला चिन्ह होता है ॥

"लग्ने तमो दुष्टमति स्वभावं नरं च कुर्यात् स्वजनानुवंचकम्।
शीर्षव्यथां कामरसेन युक्तं करोति वादे विजयं सरोगम् ॥ वृहद्यवनजातक

अर्थ—लग्नस्थ राहु हो तो मनुष्य, दुष्टबुद्धि तथा दुष्टस्वभाव का, अपने ही लोगों को ठगनेवाला होता है। इसके शिर में वेदना होती है। यह कामुक, वाद में विजयी और रोगी होता है।

"उच्चसंस्थेऽपि कोणे तनौ मानवं भूपतुल्यं सद्रव्यं प्रकुर्याद् अहिः।
शेषसंस्थो रुजाक्षीणदेहं शठं दुःखभाजं भयेनान्वितं संभवेत् ॥ हरिवंश

अर्थ—लग्न में उच्चस्थ तथा नवमपञ्चम में यदि राहु हो तो मनुष्य राज समान तथा धनी होता है। अन्यराशियों में हो तो मनुष्य रोग से क्षीणदेह, शठ, दुःखी और भयभीत होता है।

यदि राहु मेष, वृष वा कर्क में हो तो सब दुःख होते हैं, अन्यराशि में हो तो राजा से द्वेष, रोग-चिन्ता होती है।

लग्नभावस्थ राहु मेष, वृष, मिथुन, कर्क, सिंह, कन्या तथा मकर में हो तो राजयोग होता है। सुखी और दयालु होता है। अन्यराशियों में हो तो मनुष्य पुत्रहीन होता है। अथवा मृतपुत्र होते हैं।

भृगुसूत्र—"मृतप्रसूतिः। मेष, वृषभ-कर्क राशिस्थेदयावान् बहुभागी, अशुभे अशुभदृष्टे मुखेलांछनम्।

"तनुस्थले यदा राहुः स्ववाक्यपरिपालकः।
बहुदाररतः पुंसः कामाधिक्यं सुवेषवान् ॥"

अर्थ—जिस मनुष्य के लग्नभाव में राहु हो तो इसकी सन्तान मृत होती है। यदि इस भाव का राहु मेष, वृष वा कर्क में हो तो मनुष्य दयालु और बहुत भोगों का उपभोग करनेवाला होता है। यह राहु यदि अशुभग्रह से युक्त हो अथवा अशुभग्रह से दृष्ट हो तो मुखपर दाग रहता है। यह मनुष्य अपने वचन का पालन करनेवाला (अर्थात् सत्यप्रतिज्ञ) अनेक स्त्रियों में आसक्त, अतिकामुक, तथा सुन्दर वेष धारण करनेवाला होता है। लग्न में राहु से स्त्री तथा पुत्र का सुख नहीं मिलता। मित्र नहीं होते, मार्ग में कष्ट, जल से भय रहता है। वातरोग से पीड़ा होती है। मनुष्य झगड़ालू, धन का क्षय करनेवाला होता है। राहु स्वगृह में हो तो लाभ देता है॥

"द्यूने केतुः कलत्रादि न किञ्चित् सुखमाप्नुयात्।
मार्गे चिन्ता जलेभीतिः स्वगृहे लाभदायकः,
देहे मरुल्लती पीड़ा कलही वैभवक्षयम्।
पुत्र-मित्रादिकं कष्टं राहौ जन्मनि लग्नगे॥"

पाश्चात्यमत—लग्नस्थ राहु बहुत महत्वपूर्ण होता है। यह व्यक्ति अति-दीन दशा से अति उच्च दशातक पहुँचता है। लोगों की नज़रों में श्रेष्ठता मिलती है। यह शक्तिमान्, पराक्रमी, अभिमानी, जल्दी कीर्ति प्राप्त करनेवाला, लोगों की परवाह न करनेवाला होता है। शिक्षा की ओर इसका विशेष ध्यान नहीं होता। यह प्राचीन संस्कृति का अभिमानी होता है। नई बातों को जल्दी ग्रहण नहीं करता। इसका बदन छरहरा तथा कद ऊँचा होता है।

विचार और अनुभव—लग्नस्थ राहु मिश्रितफल दाता है–नारायण भट्ट और जीवनाथ दैवज्ञ ने प्रायः अच्छे शुभफल बतलाए हैं। उच्चस्थान का राहु, कोण का अर्थात् पञ्चम-नवम का राहु, सूर्यक्षेत्र स्थित राहु शुभफल देता है। मेष-वृष वा कर्क राशि का राहु शुभफल दाता है, यह मत भी बहुत आचार्यों का है—पाश्चात्यमत के अनुसार लग्नस्थ राहु मनुष्य को अतिहीन दशा से अति उच्चदशातक पहुँचाता है। मन्त्रेश्वर, वैद्यनाथ आदि के अनुसार लग्नस्थ राहु अशुभफलदायक है। इस तरह लग्नभावस्थित राहु के शुभ-अशुभ दोनों प्रकार के फल हैं।

पुरुषराशिस्थित राहु के फल स्त्रीराशिस्थित राहु के फलों से भिन्न हैं। यहाँ पुरुषराशि का फलवर्णन है वहाँ पर सिंहराशि को छोड़कर अन्यराशियों का ग्रहण करना उचित होगा। इसी तरह स्त्रीराशियों में वृश्चिक राशि का ग्रहण अनुचित होगा। वृश्चिकराशि अपवाद में है। शुभ सम्बन्धस्थित राहु मनुष्य को लोगों के कल्याण के लिए यत्न करने के लिए अन्तःप्रेरणा देता है।

पुरुषराशिस्थित लग्नभाव का राहु हो तो 'द्विभार्या योग' होता है। स्त्रीराशि स्थिति लग्नस्थ राहु से एक विवाह होता है। यह अल्पस्त्री सुख का योग है। मेष, सिंह, धनु में यह राहु हो तो 'दत्तक योग' होता है।

मेष में लग्नस्थ राहु का मनुष्य उदार होता है। सिंह में दयालु होता है। धनु में राहु होने से व्यक्ति दूसरों के व्यवहार से अलग रहनेवाला व्यक्ति होता है। वृष-कर्क, कन्या, मकर वा मीन में राहु हो तो मनुष्य लोगों के काम में दखल देनेवाला होता है।

मिथुन, तुला, कुम्भ का राहु मनुष्य को छिन्द्रान्वेषक बनाता है। स्त्रीराशि स्थित राहु मनुष्य को व्यवहार में अव्यवस्थित बनाता है। वृश्चिकराशिस्थित राहु मनुष्य को निष्कपटी बनाता है। यह 'द्विभार्या योग' होता है। पहिली पुत्रसन्तति की मृत्यु होती है।

"लग्ने च दशमे राहुः जन्मकाले यदा भवेत्।
वर्षे तु षोडशेज्ञेयो बुधैर्मृत्युर्नरस्य च॥"
"दर्शनभागेसौम्याः क्रूराः त्वादृश्यके प्रसवकाले।
राहुर्लग्नोपगतो यमोक्षयं नयति पञ्चभिर्वर्षैः॥"
"घटसिंहवृश्चिकोदयकृतस्थितिर्जीवितं हरतिराहुः।
पापैर्निरीक्ष्यमाणः सप्तमितैर्निश्चितं वर्षैः॥"

ऊपर लिखे श्लोकों से 'लग्नस्थित राहु मृत्युकारक है' ऐसा प्रतीत होता है। किन्तु गम्भीर विचार यदि किया जावे तो यह निश्चय किया जा सकेगा कि राहु मृत्युकारक ग्रह नहीं है।

मृत्यु शब्द भारी शारीरिक कष्ट का सूचक है। अर्थात् निर्दिष्ट वर्षों में मृत्युतुल्य कष्ट होता है॥

धनभावगत राहु के फल—

"कुटुंबे तमो नष्टभूतं कुटुंबं मृषाभाषिता निर्भयो वित्तपालः।
स्ववर्गप्रणाशो भयंशस्त्रतः चेदवश्यं खलेभ्यो लभेत् पारवश्यम्॥ २॥

अन्वय—(यस्य) कुटुंबेतमः (तदा) (तस्य) कुटुम्बं नष्टभूतं (स्यात्) (तस्य) मृषाभाषिता (भवेत्) (सः) निर्भयः वित्तपालः (च) स्यात् (तस्य) स्ववर्ग प्रणाशः, शस्त्रतः भयं (च) स्यात् (सः) खलेभ्यः पारवश्यं अवश्यं लभेत्॥ २॥

सं० टी०—कुटुंबे द्वितीये तमः राहुः चेत् कुटुम्बं स्वबंधुजन भूतं दुर्जनं अतएव खलेभ्यः दुष्टजनेभ्यः हेतोः अवश्यं पराधीनत्वं कारागृहनिवासित्वं वा, शस्त्रतः भयं च लभेत्, तथा मृषाभाषिता मिथ्याभाषितं निर्भयः भयरहितः वित्तपालः द्रव्यरक्षकः कृपणः इतियावत् स्ववर्ग प्रणाशः बंधुनाशः भवेत् इतिशेषः ॥ २ ॥

अर्थ—जिस मनुष्य के जन्मलग्न से द्वितीय भाव में राहु हो तो उसका कुटुम्ब नष्ट होता है। मनुष्य झूठ बोलनेवाला होता है। यह निर्भय होता है। यह द्रव्य का रक्षण करता है। यह अपने बांधवों का नाश देखता है। इसे शस्त्र से भय होता है। यह दुष्ट लोगों के वश में अवश्य रहता है ॥ २ ॥

"कुटुम्बे राहुश्चेद् भवति धनपालोऽपिविकलः,
सदामिथ्यावादी निजजन विरोधेन मनुजः।
भयं शत्रोः शस्त्रादपि च लभते निर्भयमतिः,
परार्थाधीनत्वं विषयनृपदण्डं च खलतः ॥" जीवनाथ

अर्थ—जिस मनुष्य के जन्म समय में राहु धनभाव में हो तो मनुष्य कुवेर के समान धनी होने पर भी निर्धन होता है। अपने बन्धु-बांधवों में विरोध के कारण सर्वदा मिथ्याभाषण करनेवाला होता है। इसे शत्रु तथा शस्त्र से भी भय होता है। यह निर्भीक बुद्धिवाला, पराधीन, तथा दुर्जनों के कारण कठिन राजदण्ड भी पाता है।

"धनगतो रविचंद्रविमर्दनो मुखरतांकित भावयथो भवेत्।
धनविनाशकरोहि दरिद्रतां खलु तदा लभते मनुजोऽटनः ॥" महेश

अर्थ—जिस मनुष्य के जन्मलग्न से द्वितीयभाव में राहु हो वह अप्रिय भाषणकर्ता वातूनी वा मुंहजोर होता है। इस भाव का राहु धन नाशक होता है-मनुष्य दरिद्र अर्थात् निर्धन होता है। मनुष्य घुमक्कड़ होता है।

"कुजीबाहासिदरासो मालखाने च मुफलिसम्।
करोति मनुजं वान्यदेशे धनसमन्वितम् ॥" खानखाना

अर्थ—यदि राहु द्वितीय भाव में हो तो मनुष्य स्वार्थी होता है। वह अपनी जन्मभूमि में बेकार और दुःखी रहता है, किन्तु यदि परदेश जाता है तो धनी होता है। धनभाव का राहु मनुष्य को धन-उपार्जन करने में परदेश में सहायक होता है, किन्तु स्वदेश में वृत्तिहीन तथा दुःखी करता है।

"विरोधवान् वित्तगते विधुन्तुदे जनापराधी शिखिनि द्वितीयगे ॥" वैद्यनाथ

अर्थ—यदि धनभाव में राहु हो तो मनुष्य का बहुत विरोध होता है। द्वितीयभाव का राहु हो तो मनुष्य किसी भी काम करने को उद्यत होता है इसके रास्ते में भारी रुकावटें आती हैं और सफल होने के लिए एड़ी-चोटी का जोर लगाना पड़ता है।

"छन्नोक्तिर्मुखरुग् प्राणी नृपधनविदेषः सुखी ॥" मन्त्रेश्वर

अर्थ--यदि द्वितीय स्थान में राहु हो तो मनुष्य अस्पष्ट भाषणकर्ता होता है-अर्थात् मनुष्य अपने भाव को साफ तौर पर समझा नहीं सकता है। इसके मुख में रोग होते हैं। इसकी नासिका बड़ी होती है, इसे राजा से धन प्राप्ति होती है और यह सुखी होता है। मंत्रेश्वर के अनुसार द्वितीयभावस्थ राहु अशुभ-शुभ-दोनों प्रकार के फल देनेवाला ग्रह है।

"राहौ धनस्थे कृतचौरवृत्तिः सदाऽवलिप्तो बहुदुःखभागी।
मत्स्येन मांसेन सदाधनी च सदावसेन् नीचगृहे मनुष्यः॥" मानसागर

अर्थ—यदि राहु धनभाव में हो तो मनुष्य चोरी करनेवाला, अभिमानी और अतीव दुःखी होता है। मत्स्य मांस के व्यापार से धनवान् होता है। और यह नीच जनों के घर में रहनेवाला होता है। मानसागरी के अनुसार द्वितीयस्थ राहु अशुभ फलद है।

"धनगतो रविचन्द्र विमर्दनो मुखरतांकितभावमथोभवेत्।
धनविनाश करो हि दरिद्रतां खलु तदा लभते मनुजोऽटनम्॥" ढुण्ढिराज

अर्थ—राहु यदि द्वितीय भावस्थ हो तो मनुष्य कठोर वाणी बोलनेवाला अर्थात् कटुभाषण करनेवाला होता है। इस भाव का राहु धननाशक है—मनुष्य दरिद्र और भ्रमण करनेवाला होता है—'अटन' का तात्पर्य 'अशांत और आजीविका के लिए मारे-मारे फिरना भी हो सकता है और पर्यटन करनेवाला शौक से देश विदेश भ्रमण करनेवाला भी हो सकता है—प्रथम तात्पर्य में निर्धनता और जीविका राहित्य कारण होंगे-और द्वितीय में अतीव धनसम्पन्नता कारण हो सकती है धनाभाव में आनन्दप्राप्ति के लिए विदेश भ्रमण होना सम्भव नहीं है।

"धनगते रविचंद्रविमर्दने मुखरतांकितभावयुतोभवेत्।
धन विनाशकरो हि दरिद्रतां स्वसुहृदां न करोति वचग्रहम्॥" बृहद्‌यवनजातक

अर्थ--धनभाव में राहु के होने से मनुष्य बहुत बोलनेवाला धन का नाश करनेवाला, दरिद्री तथा मित्रों की बात न माननेवाला होता है। बहुत बोलना, अप्रिय बोलना-कर्णकटुभाषण, मिथ्याभाषण, वितंडावाद, व्यर्थ बकबक लगा रखना-ये सभी जिह्वा के दोष हैं। द्वितीयस्थान का राहु इन सब दोषों का कारकग्रह है—यह भाव है। ये दोष हर एक काम की सफलता में रुकावटें और अड़चने डालते हैं। मधुर भाषण कार्यसिद्धि में प्रधान साधन होता है।

'मत्स्यमांसधनो नित्यं नख चर्मादि विक्रयी।
जीविका चौरकृत्याच्च राहौ धनगते नरः॥ गर्ग

अर्थ--जिस मनुष्य के धनभाव में राहु हो वह मच्छली के मांस को बेचकर धन कमाता है। यह नख और चमड़ा बेचकर आजीविका चलाता है। यह चोरी के कामों से धन प्राप्त करता है।

"स्याद् दन्तुरो दंतरु गर्दितो वा सिंहीसुते चेत् धनभावसंस्थे।" पुंजराज

अर्थ—यदि राहु धनभाव में होतो व्यक्ति के दांत ऊंचे-नीचे-टेडे-मेढे होते लक्षणशास्त्र के अनुसार दन्तुरव्यक्ति चतुर होता है, कोई एक मूर्ख भी होता है "दन्तुरोऽपि क्वचिन्मूर्खः।" कथन का तात्पर्य यह है कि पुरुष के दान्त एक जैसे होंतो मुख की शोभा होती है। अथवा द्वितीयस्थ राहु के होने से मनुष्य को दान्त के रोग होते हैं। अद्यतन भारत में दन्तरोग भूयस्त्व देखने में आ रहा है।

"धने राहुणा वर्तमाने धनी स्यात् कुटुम्बस्यनाशो भवेद् दुष्टखेटः।
स्थितिः वक्रघातस्तथा गोधनं स्याद् धनंवर्धतेमाहिषं शत्रुनाशः॥" जागेश्वर

अर्थ—धन भाव में राहु होतो मनुष्य धनवान् होता है–यदि इस भाव के राहु के साथ दुःष्टग्रह भी होतो मनुष्य के कुटुम्ब का नाश होता है। इसके विपरीत चलने वाले शत्रुओं का नाश होता है। इसे गोधन प्राप्त होता है। भैंसों के व्यापार से इसके धन तथा गौंड-सम्बन्धि व्यापार से इसके धन की वृद्धि होती है। अर्थात् जिसके द्वितीय भाव में राहु होतो उसे गाए-भैंस पालन से तथा गाए-भैंस सम्बन्धी व्यापार से लाभ होता है।

"वित्तवाताधिक कांतिः कान्ताधिको गौरवाधिक्ययुतो नरः स्यात्।
अन्यदेशे महोद्योगः॥ हरिवंश

अर्थ—यदि धनभाव में राहु हो तो मनुष्य धनवान् बात-रोगवान् तथा कांतिमान् होता है—इसे गौरव और आदर प्राप्त होता है। इसके घर में एक से अधिक स्त्रियाँ होती है।

घर में एक से अधिक स्त्रियों का होना शुभ है अथवा अशुभ–इस विषय में प्रतिपुरुष भिन्न-भिन्न दृष्टिकोण हो सकते हैं। प्राक्तन तथा अद्यतन भारत में पुरुषों के लिए बहुविवाहप्रथा तथा आदर्शरूप में स्त्रियों के लिए एकपति व्रतधर्म बराबर चलते आए हैं। पुरुषों के लिए भी आदर्श रूप से एकनारी व्रत पुराणों तथा अन्य धर्मग्रंथों में प्रतिपादित है। यौवनारूढ गृहस्थियों के लिए वंशपरम्परा की धारा को अक्षुण्ण रखने के लिए विवाह आवश्यक था और है। परन्तु कामवासनातृप्ति विवाह का मुख्य ध्येय तथा आदर्श नहीं था–यह एक दृष्टिकोण है। विवाह तथा स्त्री कामवासना तृप्ति का मुख्य साधन है। इस दृष्टिकोण से धन सम्पन्न यौवनाढ्य कामुक लोग अनेक स्त्रियों को घर में रखते थे और विषयोपभोगेच्छा शान्त करते थे—उनके लिए कामानल शान्ति ही जीवन का मुख्य उद्देश था यह दूसरा दृष्टिकोण है। शास्त्र सम्मत आदर्श पुरुष के लिए एकनारी व्रत तथा नारी के लिए एक पतिव्रत होना ही ठीक है। दूसरा दृष्टिकोण, धन-यौवन-नाशक तथा रोगकारक ही नहीं अपितु बहुत सी आपत्तियों और विपत्तियों का कारण हो सकता है। इस दृष्टिकोण से घर में अनेक स्त्रियों का होना–धनभाव के राहु का यह अशुभ

फल है। धन का दुरुपयोग–स्वास्थ्यनाश-रोगप्रादुर्भाव, परस्पर वैमनस्य, दैनिक लड़ाई-झगड़े आदि-आदि, इसके अत्यन्त अशुभ फल हैं।

"धन भुवनगतो वित्तनाशं करोति।" वशिष्ठ

अर्थ—धनभवनगतराहु धननाश करता है।

भृगुसूत्र—निर्धनः। देहव्याधिः। पुत्रशोकः। श्यामवर्णः पापयुते कलत्रत्रयम्। शुभयुते चुबुके लांछनम्।

धनव्ययमनारोग्यं चिन्ता त्रस्तादिपीडनम्। वक्त्रलोचनपीडा च धनस्थे सिंहिकासुते॥

अर्थ—धनभाव में राहु के होने से मनुष्य निर्धन, रोगी और पुत्र की मृत्यु से दुःखी होता है। मनुष्य साँवले रंग का होता है। राहु के साथ पापग्रह होतो इसके तीन विवाह होते हैं। राहु शुभ होतो ठोडी पर चिन्ह (दाग) होता है। इसे मुख में और आँखों में रोग होते हैं।

पाश्चात्यमत—यह दैववाला, धनवान, व्यवहार में व्यवस्थित, लोगों का विश्वासपात्र होता है। इस स्थान में केतु से पुत्र की मृत्यु, भाग्य कम होना, नुकसान के कारण धन्दा बन्द होना, दीवालिया होना, बदनामी, ये फल मिलते हैं॥

अज्ञात—यह राहु सिंह में होतो निर्जनप्रदेश में निवास होकर धन मिलता है। यह मनुष्यों के जीवित हानि का कारण होता है। धनस्थान में उच्च अथवा नीच ग्रह का कोई बुरा फल नहीं मिलता इस तरह यह राहु मिथुन कन्या वा कुंभ में होतो शुभ फल देता है। मनुष्य स्वकार्य छोड़ने वाला, दुःखी, धनहीन, पुष्ट शरीर, कठोर तथा अविवेकी होता है। विदेश में धन प्राप्त करता है चोरी में आसक्त हिंसक यद्यपि झगड़ालू मुख रोगी बांधव नाशक हो सकता है। इसके दो स्त्रियाँ हो सकती हैं।

विचार और अनुभव—प्राचीन लेखकों तथा पाश्चात्य लेखकों ने शुभ-अशुभ-दोनों प्रकार के फल बतलाए हैं। शुभफल का अनुभव स्त्रीराशियों में प्राप्त होता है।

धनभाव का राहु यदि अशुभ सम्बन्ध में पुरुष राशि का होतो पूर्व पुरुषों द्वारा इकट्ठी की हुई संपत्ति नहीं होती–यदि होतो विवादग्रस्त होती है। अथवा अपने ही हाथ से नष्ट होती है। इन्हें अकस्मात् अन्यायोपार्जित संपत्ति मिलती है और स्थिर भी होती है। किन्तु इसके दुष्परिणाम आनेवाली संतति को–पुत्र-पौत्रों को भोगने होते हैं। पिता की मृत्यु के बाद भाग्योदय होता है–यह द्विभार्यायोग होता है। हाथ में पैसा आता है किन्तु खर्च हो जाता है। धनप्राप्ति के समय विघ्न आते हैं। लोगों के रुपए का उपयोग करने से अपवाद फैलता है। प्रायः धनभावस्थ राहु के फल द्वितीय भावस्थ शनि जैसे ही समझने चाहिए। स्त्रीराशि में शुभयोग में राहु होतो मनुष्य बड़े व्यवसाय करने की इच्छा से स्थावर सम्पत्ति गिरवी रखकर धन इकट्ठा करता है। कभी

दिवालिया भी होता है। किन्तु दुबारा मेहनत करता है, और बड़े व्यवसाय में सफल होता है और बाजार में फिर से नाम पैदा कर लेता है। यह न तो कृपण होता है और नांही अपव्ययी होता है। आय के अनुसार खर्च करता है। यह धन की अपेक्षा कीर्ति को अधिक मूल्यवान् समझता है।

तृतीय भावस्थ राहु के फल---

"न नागोऽथ सिंहो भुजाविक्रमेण प्रयाती ह सिंही सुते तत्समत्वम्।
तृतीये जगत्सोदरत्वं समेति प्रयातोऽपि भाग्यं कुतो यत्न हेतुः॥ ३॥

अन्वय—इह सिंही सुते तृतीये (सती) नागः अथ सिंहः भुजा विक्रमेण तत् समत्वं न प्रयाति (तस्य) जगत् सोदरत्वं समेति। (सः) भाग्यं प्रयातः अपि कुतः यत्न हेतुः (स्यात्)

सं० टी०—इह जन्मनि तृतीये सिंही सुते राहौ भुजाविक्रमेण बाहुबलेन नागः हस्ती अथवा सिंहः तत्समत्वं तुल्यतां न प्रयाति। जगत् त्रैलोक्यं च सोदरत्वं भ्रातृभावं समेति। तथा भाग्यं प्रयातः अपि प्राप्तभाग्योऽपि यत्न हेतुः यत्नस्य उद्यमस्य हेतुः कारणं कुतः कथं स्यात्। अलाभः भवेत् इत्यर्थः॥ ३॥

अर्थ---जिस मनुष्य के जन्म लग्न से तीसरे स्थान में राहु होतो हाथी वा सिंह बाहुबल में उसकी बराबरी नहीं कर सकते हैं। अर्थात् तृतीयस्थ राहु प्रभावान्वित मनुष्य का बाहुबल बहुत बड़ा होता है। सारा संसार इसे सगे भाई के समान होता है। अर्थात् यह मनुष्य सभी के साथ भाइयों जैसा आदर पूर्ण व्यवहार करता है, किसी से भेदभाव नहीं करता और शुद्ध अंतस्करण से समभाव का व्यवहार करता है॥

यह भाग्योदय होने पर भी व्यर्थ उद्योग करता है। अर्थात् इसे भाग्योदय द्वारा द्रव्य लाभ सहज ही होता है, और यत्न करने की आवश्यकता नहीं रहती है।

तुलना—"यदा सिंहीपुत्रे भवति सहजे जन्म समये,
जगन्मैत्री नित्यं प्रवरमपि भाग्ये प्रभवति।
मदालस्यं पुसामुपकृति विधानेन किमति,
प्रताप प्राबल्याद् विषम समरे सिंहसमता॥ **जीवनाथ**॥

अर्थ—जिस मनुष्य के जन्म समय में राहु तृतीय भाव में हो उसे संसार में सर्वदा सब से मैत्री और उत्तम भाग्य होता है। परोपकार करने में आलस्य और कठिन संग्राम में भी प्रताप की प्रबलता से सिंह के समान पराक्रमी होता है।

"दुश्चिक्येऽरिभवोद्भवं विनिहते लोकेयशस्वीनरः।
श्रेयो वादि भवं तदाहि लभते सौख्यं विलासादिकम्॥
भ्रातृणां निधनं पशोश्च मरणं दारिद्र्य—भातं। दवैर्यु
नित्यं सौख्यगणैः पराक्रमयुतं कुर्या च राहुः सदा॥ **महेश**

अर्थ—यदि मनुष्य के तृतीयभाव में राहु होतो शत्रुओं के ऐश्वर्य का नाश करता है। संसार में कीर्तिमान होता है। वाद में विजयी होता है इसे

विलास आदि का सुख प्राप्त होता है। इसके भाइयों की मृत्यु होती है। इसका पशुधन नष्ट होता है। यह दरिद्री होता है। इसे नाना प्रकार के सुख प्राप्त होते हैं और यह पराक्रम-युक्त होता है।

"पाकः शाहबलः स्याद्वै नेकनामो गनी सखी।
शीयुम् खाने यदा रासः प्रभवेन् मनुजो धनी ॥ खानखाना ॥

अर्थ—यदि राहु तृतीयभाव में होतो मनुष्य पवित्र, राजबल से युक्त यशस्वी, प्रतिष्ठित, धनी और दानी होता है।

"राहौ विक्रमगेऽतिवार्य धनिकः ॥" बैद्यनाथ

अर्थ—जिसके तृतीयभाव में राहु हो वह पराक्रमी और धनवान होता है।

"मानी भ्रातृविरोधको दृढ़मतिः शौर्ये चिरायुर्धनी ॥ मंत्रेश्वर ॥

अर्थ—जिसके तृतीयभाव में राहु हो वह अभिमानी, धनी, दृढविचार का दीर्घायु, तथा भाइयों का विरोध करने वाला होता है ॥

"भ्रातुर्विनाशं प्रददाति राहुस्तृतीयगेहे मनुजस्य देही।"
सौख्यं धनं पुत्रकलत्रमित्रं ददाति तुंगी गज वाजि भृत्यान् ॥" मानसागर

अर्थ—लग्न से तृतीयभाव में राहु होतो सहोदर भाई का नाश होता है। यदि राहु अपने उच्च में होतो मनुष्य को सुख, धन, पुत्र--स्त्री मित्र, घोड़े--हाथी और नौकर प्राप्त होते हैं।

"दुश्चिक्येऽरि भवंभयं परिहरन् लोके यशस्वीनरः।
श्रेयो वादिभवं तदाहि लभते सौख्यं विलासादिकम्" ॥
भ्रातॄणां निधनं पशोश्चमरणं दारिद्रभावैर्युतं।
नित्यं सौख्यगणैः पराक्रमयुतं कुर्याश्चराहुः सदा ॥ ढुण्ढिराज

अर्थ—जिसके तृतीयभाव में राहु हो वह शत्रुभय रहित, यशस्वी, बाद में विजयी, विलास के सुख तथा पराक्रम युक्त होता है। इसके भाइयों की तथा पशुओं की मृत्यु होती है। मनुष्य दरिद्री अर्थात् आलसी होता है यह कई प्रकार के सुखों का उपभोग करता है।

"दुश्चिक्ये भूपपूज्यः" ॥ बशिष्ठ

अर्थ—जिसके तृतीयभाव में राहु हो तो वह राजा से सम्मानित होता है।

"भ्रातृगोहन्ति वा व्यंगमथवा भ्रातरंतमः।
लक्षेश्वरं कष्टहीनं चिरं च तनुतेधनम्" ॥ गर्ग

अर्थ—जिसके तृतीयभाव में राहु हो तो वह व्यंग होता है अर्थात् इसके शरीर में व्यंग रहता है। यह लक्षाधीश, सुखी और चिरकालतक धनपाने वाला होता है।

"न सिंहो न नागो भुजा विक्रमेण प्रतापीह सिंहीसुते तत् समत्वम्।
तृतीये जगत् सोदरत्वं समेति प्रभावेऽपि भाग्यं कुतोयत्र केतुः ॥"
बृहद्यवनजातक

अर्थ---यदि मनुष्य के तृतीयभाव में राहु हो तो मनुष्य हाथी वा सिंह से बढ़कर पराक्रमी होता है। यह संसार भर को ही अपना भाई समझता है। संसार भर के मनुष्यों को अपने सगे भाई जैसा समझना महान् उदारता का लक्षण है। "उदारचरितानांतुवसुधैव कुटुम्बकम् ॥"

"तमो विक्रमे विक्रमान् नागयूथैः भजेत् मल्लविद्यांतु किंमानुषैर्वा।
तदा तेजसा तेजसां विविनाशं करोति स्वयं पुण्यमार्गे वियाति ॥ जागेश्वर

अर्थ---यदि राहु तृतीयभाव में हो तो मनुष्य हाथियों से भी कुश्ती लड़ सकता है। अपने तेज से शत्रु का तेज नष्ट करता है। स्वयं शुभ मार्ग पर चलता है।

"भ्रातृसौख्येन हीनो भवेत् भ्रातृगेहे शीतभानुशत्रौ ॥" हरिवंश

अर्थ---यदि राहु तृतीयभाव में हो तो मनुष्य को भाइयों का सुख नहीं होता है।

भृगुसूत्र---"पराक्रमी। साहसोद्यमी। भाग्यैश्वर्य सम्पन्नः। परदेशयुतः। राजमानस्तथैश्वर्यमारोग्यं विभवागमम्। शत्रूक्षयं सुहृत्सौख्यं राहौ लग्ने तृतीयगे। तिल निष्पावमुग्दकोद्रव समृद्धिवान्। शुभयुते कण्ठलांछनम् ॥"

अर्थ---यदि राहु लग्न से तृतीयभाव में हो तो मनुष्य पराक्रमी, साहसी, उद्योगी, भाग्यवान, धनवान, राजा द्वारा सम्मानित, नीरोग, मित्रसुख सम्पन्न, होता है। मनुष्य परदेश में जाता है। यह शत्रुओं का नाश करता है। इसके घर में तिल, निष्पाव, मूंग--कोद्रव आदि धान्य होते हैं। निष्पाव एक प्रकार की दाल है।

नोट---किसी एक का मत है कि राहु के फल पूर्णरूपेण तब मिलते हैं जब यह उच्च, वा स्वगृही वा शत्रु की राशि में होता है। और सिंह में राहु तेजस्वी होता है।

पाश्चात्यमत--तृतीयभावगत राहु प्रभावान्वित व्यक्ति त्वरितबुद्धि और चपल होते हैं। इस स्थान में केतु से जादू होने में विश्वास होता है। तथा उससे कष्ट होता है। यह व्यक्ति संशयी वृत्ति का और मानसिक योगों से युक्त होता है। इसे बहुत स्वप्न आते हैं। अन्यग्रह के योग से यह वृत्तपत्र सम्पादक बन सकता है।

विचार और अनुभव---लेखकों ने शुभ वा अशुभफल बतलाए हैं। शुभफल का अनुभव स्त्रीराशियों में प्राप्त होता है। अशुभफल का अनुभव पुरुषराशियों में प्राप्त होगा। तृतीयस्थराहु भ्रातृ मारक है---या तो भाई होंगे नहीं और यदि हुए तो ये निरुद्यमी और पुत्रहीन होंगे। इस स्थान के राहु से किसी भाई का संसार नहीं चलेगा किसी की अपघात से मृत्यु होगी। कोई लापता होगा। किसी से अदालत में मुकदमे लड़ने पड़ेंगे। इस तरह तृतीयभावस्थाराहु भ्रातृ सुख का बाधक है। स्त्रीराशि का तृतीयस्थ राहु

भाइयों को मारक नहीं होता। बहनों को मारक होता है। इस स्थान के राहु से दो भाई एक स्थान पर नहीं रह सकते। इस स्थान का राहु पहिले पुत्र को भी मारक है।

चतुर्थभावगत राहु के फल—

"चतुर्थे कथं मातृनैरुज्यदेहो हृदिज्वालया शीतलं किं वहिः स्यात्।
स चेदन्यथा मेषगः कर्कगो वा बुधर्क्षेऽसुरो भूपतेर्बन्धुरेव"॥ १॥

अन्वयः—असुरः चतुर्थे (स्थितः) (चेत् तदा सः मातृनैरुज्यदेहः कथं (स्यात्) हृदि ज्वालया वहिः शीतलं किं स्यात्। सः मेषगः कर्कगः बुधर्क्षे वा चेत् अन्यथा (स्यात्) (सः) भूपतेः बन्धुः एव (भवेत्) ॥ १ ॥

सं० टी०—चतुर्थे असुरः राहुः चेत् मातृनैरुज्यदेहः मातुः देहारोग्यं कथं स्यात् क्व इत्यर्थः। हृदि ज्वालया मनः सन्तापेन वहिः शरीरमपि शीतलं किं स्यात् स्वयं च आधियुतः इत्यर्थः। अथ मेषगः कर्कगः मेष-कर्कराशिस्थः बुधर्क्षे कन्यामिथुनयोः वा स राहुः चेत् अन्यथा तमः अफलदः, तद्वद् एव भूपतेः बन्धुः एव अतिप्रेयः स्यात् इति पूर्वेण अन्वयः ॥ १ ॥

अर्थ—यदि जन्मलग्न से चतुर्थभाव में राहु हो तो मनुष्य की माता रुग्णा रहती है। मनुष्य को मानसिक चिन्ता रहती है। यदि यह राहु मेष, कर्क, मिथुन और कन्या का हो तो यह कहा हुआ फल नहीं होता है, अर्थात् मनुष्य को माता का सुख होता है और चित्त की स्थिरता होती है। यह राजा का बन्धु ही होता है, अर्थात् यह राजा का प्रेमपात्र होता है॥

तुलना—"सुखे मातुः कष्टं भवति यदि राहुस्तनुभृतः।
सदान्तः सन्तापः कथमपि वहि शीतलमलम्,
शरीरे राहुश्चेद्गविबुधभृगोश्चन्द्रभवने।
क्रियेऽपिक्षोणीशैः प्रभवति हितत्वं च परितः॥ जीवनाथ

अर्थ—जिस मनुष्य के जन्मसमय में राहु चतुर्थभाव में हो तो उसकी माता को कष्ट होता है। अपने शरीर में कदाचित् बाहिरी शीतलता हो भी सकती है किन्तु अन्दर (अन्तष्करण में) सदा सन्ताप रहता है। यदि राहु वृष, मिथुन, कन्या, कर्क अथवा मेष राशि का होकर चतुर्थभाव में हो तो राजाओं के द्वारा हित होता है।

"रासश्चेद् दोस्तखाने स्यात् परेशानो मुसाफिरः।
नादानोऽपि च वादी च सौख्यहीनो विरक्षकः॥" खानखाना

अर्थ—यदि राहु चतुर्थभाव में हो तो मनुष्य सदा दुःखी, परदेश में रहनेवाला मूर्ख, झगड़ालू तथा सुखहीन होता है। और इसका हिती कोई नहीं होता।

"सुखगते रविचन्द्र विमर्दने सुख विनाशनतां मनुजो लभेत्।
स्वजनतां सुत मित्र सखं नरो न लभते च सदा भ्रमणं नृणाम्॥" महेश

अर्थ—यदि चतुर्थभाव में राहु हो तो मनुष्य का सुख नष्ट होता है। मित्र और पुत्र का सुख प्राप्त नहीं होता है। और यह मनुष्य घुमक्कड़ होता है।

"राहौ कलत्रादिजनावरोधी" ॥ **वैद्यनाथ**

अर्थ—यदि राहु चतुर्थभाव में हो तो स्त्री-जन आदि को कष्ट होता है।

"राहौ चतुर्थे धनबंधुहीनः ग्रामैकदेशे वसति प्रकृष्टः।
नीचानुरक्तः पिशुनश्च पापी पुत्रैकभागी कृशयोषिदीशः" ॥ **मानसागर**

अर्थ—चतुर्थभाव में राहु हो तो धन और बंधुजनों से रहित, गाँव के लोगों से पृथक् एक किनारे में रहनेवाला, नीच का साथी, चुगुलखोर, पापी, एक पुत्रवाला, कृश स्त्री का पति होता है।

"मूर्खो वेश्मनि दुःखकृत् ससुहृदल्पायुः कदाचित् सुखी" ॥ **मन्त्रेश्वर**

अर्थ—यदि चतुर्थ में राहु हो तो मनुष्य मूर्ख, दुःख देनेवाला, किन्तु मित्रों सहित होता है। ऐसा मनुष्य अल्पायु होता है और कभी ही सुखी होता है।

"सुखगते रविचन्द्रविमर्दने सुखविनाशनतां मनुजो लभेत्।
स्वजनतां सुतमित्रसुखं नरो न च लभेत सदाभ्रमणं नृणाम्" ॥ **ढुण्ढिराज**

अर्थ—यदि राहु चतुर्थ हो तो मनुष्य दुःखी, पुत्र, मित्र तथा स्वजनों से रहित एवं सदा घूमनेवाला होता है।

"चतुर्थे भवनेचैव मित्रभ्रातृविनाशकृत्।
पितुर्मातुः क्लेशकारी राहौ सति सुनिश्चितम्" ॥ **बृहद्यवनजातक**

अर्थ—यदि राहु चतुर्थ में हो तो मनुष्य के माता-पिता को कष्ट होता है। इसके मित्र-भाइयों का नाश होता है।

"सुहृदि न विनयो भ्रातृमित्रादिहानिः" ॥ **वशिष्ठ**

अर्थ—यदि राहु चतुर्थ हो तो व्यक्ति उद्दण्ड और उद्धत होता है। इसके भाई-मित्र आदि नहीं होते।

"बंधुस्थानगतो राहुर्बंधुपीड़ाकरो भवेत्।
गावे कर्किणि मेषे च स च बन्धुप्रदो भवेत्" ॥ **गर्ग**

अर्थ—यदि राहु चतुर्थ में हो तो बन्धुओं को कष्ट देता है। यदि यह राहु मेष, वृष वा कर्क में हो तो बन्धुओं का सुख देता है।

"सुखेवाथवा सैंहिकेयोऽथकेतुस्तदा मातृपक्षे विषात् क्षत्रघातात्।
व्यथा वा जनन्या भवेद् वायुपीड़ाथवा काष्ठपाषाणवातैर्हतास्यात्" ॥ **जागेश्वर**

अर्थ—चतुर्थ में राहु हो तो मनुष्य की माता को वातरोग होता है। अथवा लकड़ी वा पत्थर के आघात से मृत्यु होती है। मामा के घर में विष वा शस्त्र से मृत्यु होते हैं।

"बंधुगेहे विधोर्मर्दके मानवो बंधुवर्गस्य वैरी कु-कामुतरः।
आलसी साहसी पूजितेनिन्दिते सौख्यहीनो भवेत् सर्वदा" ॥ **हरिवंश**

अर्थ—यदि चतुर्थ में राहु हो तो मनुष्य अपने ही लोगों का शत्रु, अति कामुक, आलसी और साहसी होता है। यदि यह राहु अशुभ सम्बन्ध में हो तो कभी भी मनुष्य सुखी नहीं होता।

भृगुसूत्र—बहुभूषणसमृद्धः। जायाद्वयम्। सेवकाः। मातृक्लेशः। पापयुते निश्चयेन। शुभयुते दृष्टे वा न दोषः।

चिन्तादुःखं प्रवासश्च प्रवादःस्वजनैः सह।चतुष्पदाः क्षयं यान्ति राहुस्तुर्यगतो यदि"॥

अर्थ—चतुर्थभाव में राहु के होने से मनुष्य के पास बहुत अलंकार होते हैं। दो स्त्रियाँ होती हैं। नौकर होते हैं अथवा स्वयं नौकरी करता है। माता को कष्ट होता है। यदि कोई पापग्रह साथ हो तो यह दुष्टफल निश्चय ही होता है। यदि राहु के साथ शुभग्रह हो अथवा शुभग्रह की दृष्टि हो तो ये दुष्टफल नहीं होते। मनुष्य चिन्तित, दुःखी, प्रवासी और अपने लोगों से झगड़नेवाला होता है—इसके चौपाए पशु नष्ट होते हैं।

अज्ञात—चतुर्थभाव का राहु दो विवाह और सौतेली माँ का योग करता है। यदि इस भाव का राहु मेष, वृष, मिथुन, कर्क वा कन्या में हो तो उत्तम राजयोग होता है। प्रवास बहुत होता है। विविध चमत्कार देखने में आते हैं। व्यक्ति साहसी होता है। यह राहु रवि के योग में हो तो कष्टप्रद होता है। राजयोग में ३६ से ५६वें वर्ष तक बहुत भाग्योदय होता है।

पाश्चात्यमत—राहु चतुर्थ में और केतु दशम में हो तो अवैध सम्बन्ध से सन्तति होती है।

विचार और अनुभव—सभी लेखकों ने चतुर्थभावस्थ राहु के फल अशुभ बतलाये हैं। किन्तु यदि इस भाव का राहु मेष, वृष, मिथुन, कर्क वा कन्या में हो तो शुभफल होते हैं—ऐसा भी कथन किया है।

द्विभार्या वा द्विमाता योग पुरुषराशि का है। दत्तकयोग में बन्धुपृथकत्व सम्भावित है। राहु के समीप वा केन्द्र में शनि वा मंगल के युति-प्रतियोग से खून होते हैं। राहु के समीप वा युति में मंगल होकर शनि-चन्द्र का अशुभ योग हो तो विष प्रयोग वा आत्महत्या का योग होता है। २-४-६-७-८-१२ स्थानों में यह योग होता है। वृष, सिंह, कुंभ लग्न में यह योग सम्भव है। १-४-६-८-१२ में राहु हो, शनि से चन्द्र, रवि, मंगल दूषित हो तो क्षय, कोढ़, रक्तपित्त से कष्ट होता है। लग्नराशि से चतुर्थ राहु रवि-चन्द्र अथवा मंगल से दूषित हो, अथवा चतुर्थेश के साथ राहु हो वा केन्द्र में शनि-राहु की युति हो तो दारिद्र्य योग होता है। ये सब योग पुरुषराशि में विशेषरूप से अनुभवगोचर होते हैं।

स्त्रीराशि में सन्ततभूयस्त्व से दारिद्र्य वा सम्पत्ति व कीर्ति मिलने पर सन्ततिहीन होने का फल मिलता है।

चतुर्थराहु यदि पुरुषराशि में हो तो जन्मसमय से ही पिता को सर्वप्रकार से आर्थिक कष्ट देता है—दीवाला होना-नौकरी छूटना आदि बुरेफल प्राप्त होते हैं।

चतुर्थराहु विशेष उन्नतिदायक नहीं होता है—नौकरी से जीवनसुख पूर्वक कटता है। मिथुन, सिंह और कुंभ में सम्पत्ति तो मिलती है किन्तु सन्तति नहीं होती—जिसके लिए दूसरा विवाह करना पड़ता है।

माता-पिता में से एक की मृत्यु बचपन में होती है। इनमें एक की मृत्यु अकस्मात् होता है।

स्त्रीराशि में व्यवसाय में सफलता नहीं मिलती, शीलके प्रतिकूल बरताव से ही धन मिलता है। साझीदारी वा नौकरी में सफलता हो सकती है। यह योग दत्तक लिए जाने का हो सकता है।

स्त्रीराशि में राहु एक विवाह और तीनचार सन्तान देता है। पत्नी अच्छी सच्चरित्रा, विपत्ति में धैर्य रखनेवाली और स्नेहभरी मिलती है पत्नी की मृत्यु पति से पहिले होती है। इसतरह चतुर्थराहु अशुभ है। यदि यह राहु शनि वा गुरु की युति में हो अथवा अन्यग्रहों के शुभसम्बन्ध में हो तो ३६ से ५६ वें वर्षतक अच्छा भाग्योदय करता है।

पञ्चमभावगतराहु के फल--

"सुते तत्सुतोत्त्पति कृत् सिंहिकायाः सुतोभामिनीचिंतया चित्ततापः।
सति क्रोड़रोगे किमाहारहेतुः प्रपञ्चन किं प्रापकंदृष्टवर्ज्यम् ॥ ५ ॥

अन्वय—सिंहिकायाः सुतः सुते (स्थितः) तत् सुतोत्पत्तिकृत् (भवति) (तस्य) भामिनीचिंतया चित्ततापः (स्यात्) (तस्य) क्रोड़रोगे सति आहारहेतुः किं (ज्ञेयः) प्रापकादृष्टवर्ज्यं प्रपंचेन किं (स्यात्) ॥ ५ ॥

सं० टी०—सुते पञ्चमेभावे सिंहिकायाः सुतः राहुः तत् सुतोत्पत्तिकृत्, भामिन्याः सक्रोधायाः वनितायाः चिंतया चित्ततापः 'कोपनासैवभामिनी' इत्यमरः। क्रोड़रोगे कुक्षिव्याधौ सति आहारस्य हेतुः कारणं औषधादिकं किं न किमपि, अर्थात् कुक्षिरोगो अग्निमांद्यं। प्रापकादृष्टवर्ज्यं लाभकारि दैवे विना प्रपंचेन यत्नविस्तारेणकिं, प्रयासः भूयान् स्वल्पलाभः च भवेत् इति सर्वत्र शेषः ॥ ५ ॥

अर्थ—जिस मनुष्य के जन्मलग्न से पाँचवें स्थान में राहु हो तो यह उसे पुत्रोत्पत्तिकारक होता है। परन्तु पहिली सन्तान में देर वा कुछ बाधा होती है। उसे कोपना स्त्री की चिन्ता से मन का सन्ताप रहता है। उसे कलेजे की बीमारी रहने से भोजन का हेतु अर्थात् औषध से क्या होगा, अर्थात् कलेजे का रोग तो असाध्य होता है। लाभदेने योग्य यदि न हो तो बहुत यत्न करने से भी क्या लाभ होगा। "भाग्यं फलति सर्वत्र न च विद्या न च पौरुषम्" यह नीतिशास्त्र सुभाषित इस संदर्भ में मननीय है। उद्यम और दैव में से कौन सा बलवत्तर है—इस विषय में दैव की प्रधानता अवश्य है। किन्तु प्राक्तनजन्म में किया हुआ यत्न-कर्म वा उद्यम ही तो वर्तमान में दैव है—यह जानते हुए उद्यम भी निम्नकोटि में नहीं गिना जा सकता-वस्तुतत्वतः तो दोनों ही प्रधानता पाने योग्य हैं ॥ ५ ॥

तुलना—"सुतेसिंहीपुत्रे जनुषि सुतलाभः प्रभवति ,
सदावै कांताया उदरभवरोगैर्विकलता ।
तथा चिंता तापः प्रसरति जनाना मतितरां ,
विनादैवं यत्नैः किमिति बहुलाभः क्षितिपतेः ॥" **जीवनाथ**

अर्थ—जिस मनुष्य के जन्मसमय में राहु पञ्चमभाव में हो उसे पुत्रलाभ होता है। स्त्री सदा पेट के रोग से पीडित रहती है। चिन्ता और सन्ताप की अधिक वृद्धि होती है। विनाभाग्य के अनेक यत्न करने पर भी राजा से क्या कोई अधिकलाभ हो सकता है ? अर्थात् कोई लाभ नहीं हो सकता है। 'विना भाग कुछ मिलता नहीं' कथन का तात्पर्य यह है कि पंचमभावस्थराहु प्रभावान्वित मनुष्य प्रायः अभागा होता है।

"सिरखाने स्थितो रासः पुत्रसौख्यविवर्जितम् ।
वेहोशं ददशिकर्मं नादानं कुरुते नरम् ॥" **खानखाना**

अर्थ—यदि पंचम में राहु हो तो मनुष्य पुत्रसुख से रहित, वेहोश, पेट में पीड़ावाला और मूर्ख होता है।

"गतसुखो नहिमित्रविवर्धतामुदर शूलविलासनिपीडनम् ।
खलु तदा लभते मनुजोभ्रमं सुतगते रविचन्द्रविमर्दने ॥" **महेश**

अर्थ—जिसके पंचमभाव में राहु हो तो उसे सुख नहीं मिलता इसके मित्र थोड़े होते हैं। इसे उदर में शूलरोग होता है—आनन्द और विलास में रुकावटें आती हैं—यह राहु भ्रम उत्पन्न करता है।

"भीरुः दयालुरधनः सुतगेफणीशे ॥" **वैद्यनाथ**

अर्थ—जिसके पञ्चमभाव में राहु हो तो मनुष्य डरपोक, 'दयालु और निर्धन होता है।

"नासोग्रद्वचनोऽसुतः कठिनहृद् राहोसुते कुक्षिरुक् ।" **मन्त्रेश्वर**

अर्थ—जिसके पंचमभाव में राहु हो तो वह नाक से बोलता है। यह कठोरहृदय, होता है। इसे पुत्रसुख नहीं होता। इसके कलेजे में पीड़ा होती है।

"सुखगतो नहिमित्रविवर्धनं उदरशूलविलासविपीडनम् ।
खलु तदा लभते मनुजो भ्रमं सुतगते रविचन्द्र विमर्दने ॥" **ढुंण्ढिराज**

अर्थ—जिसके पञ्चमभाव में राहु हो वह मनुष्य सुखहीन, मित्ररहित तथा भ्रमयुक्त होता है इसके पेट में शूलरोग होता है। इसके आनन्द विलास में बाधाएँ आती हैं।

"राहुः सुतस्थः शशिनानुगोहिपुत्रस्यहर्ता कुपितः सदैव ।
गेहान्तरे सोऽपिसुतैकमात्रं दत्तेप्रमाणं मलिनं कुचैलम् ॥" **मानसागर**

अर्थ—राहु पंचमभाव में चन्द्रमा के साथ एक राशि में हो तो मनुष्य पुत्रहीन होता है। यदि चन्द्रमा के साथ नहीं हो तो एक पुत्र होता है और वह भी गंदा और गंदे वस्त्र पहिननेवाला होता है।

"पंचस्थे केतुराहौ क्रियवृषभवने कर्कटे नो विलम्बः ॥" गणेश दैवज्ञ

अर्थ—पञ्चमभाव में मेष, वृष, वा कर्क में राहु वा केतु हो तो शीघ्र ही सन्तान होती है ॥

"तनयं दीनमलिनं सुतर्क्षे रचयेत् तमः,
यदि चन्द्रगृहेतत् स्यात् तदांनी संततिर्भवेत्।
सिंहे कुलीर संस्थे राहुः पुत्रेऽथ पुत्रिणं कुरुते,
अन्यस्मिन्नपि राशौ पुत्रविहीनो भवेत् मनुजः ॥ गर्ग

अर्थ—पंचम में राहु हो तो इसका पुत्र दीन व मलीन होता है। राहु कर्क वा सिंह में हो तो पुत्र होता है। अन्य राशियों में पुत्र संतति नहीं होती है।

"सुते सद्मनि स्यात् तदा संहिकेयः सुतार्तिः चिरं चित्तसंतापनीया।
भवेत् कुक्षिपीडा मृतिः क्षुतप्रबोधात् यदिस्यादयं स्वीयवर्गेण दृष्टः ॥
बृहद्यवनजातक

अर्थ—पंचमभाव में राहु हो तो मनुष्य को चिरकाल तक चित्त को संतप्त रखनेवाली पुत्रविषयिणी चिंता रहती है। इसकी कोख में पीड़ा होती है। यदि इस भाव के राहु पर अपने वर्ग की दृष्टि हो तो भूख से मौत होती है।

'सुते सैंहिकेयः सुतोत्पत्तिकृत्स्यात् परं जाठराग्निः स रोगान्मदीप्तः।
परं विद्यया वैरभावं प्रयातः प्रयासेऽपि नोलभ्यते काकिणी वा ॥" जागेश्वर

अर्थ—पंचमभावस्थ राहु पुत्रोत्पत्ति कारक होता है। रोग के कारण मनुष्य को मन्दाग्नि रोग होता है, इसकी विद्या से शत्रुता रहती है। यह मनुष्य बहुतेरा पुरुषार्थ करता है तौभी इसे धन प्राप्ति नहीं होती है।

"पुत्रभ्रंशः" । वशिष्ठ

अर्थ—पंचम स्थान राहु से पुत्र नष्ट होते हैं।

"पुत्रभावगतेसिंहिकापुत्रे पुत्रसौख्येन हीनो मलिनो भवेत्।
नीचसंगी कुरंगी दशामानहा मन्दविमंदबुद्धिः मनुष्यो भवेत् ॥" हरिवंश

अर्थ—पुत्रभाव में राहु के होने से मनुष्य को पुत्र सुख नहीं मिलता है। मनुष्य नीचों की संगति में रहता है। गन्दा रहता है। इसकी बुद्धि अतीव मंद होती है। इसके शरीर का रंग अच्छा नहीं होता। इस राहु की दशा में मनुष्य की मानहानि होती है।

"तीक्ष्णाप्यहो। अगुः कृमिणानिलेनदृषदा काष्ठेन नीरेण वा शैलेयेन।
राहौ केतौ स्यात कुपुत्रो नरस्तु। पुंजराज

अर्थ—पंचमभाव में राहु हो तो व्यक्ति की बुद्धि तीक्ष्ण होती है। इस व्यक्ति की संतान की मृत्यु भूमि, वायु, पत्थर, लकड़ी, पानी वा पर्वत संबंधी किसी वस्तु से होती है।

भृगुसूत्र—पुत्राभावः, सर्पशापात् सुतक्षयः। नागप्रतिष्ठया पुत्रप्राप्तिः। पवनव्याधिः, दुर्मार्गी, राजकोपः, दुष्टग्रामवासी।

अर्थ—पंचम में यदि राहु हो तो मनुष्य को पुत्रसुख नहीं मिलता, सर्प के शाप से पुत्र का नाश होता है। नागदेव की पूजा करने से पुत्र प्राप्ति होती है। इसे वात रोग होते हैं—यह कुमार्गगामी होता है। इसे राजकोप से राजदण्ड मिलता है। इनका निवास किसी नीच गांव में होता है।

पाश्चात्यमत—कम्पनी के व्यवसाय में सफल होता है। कोख में रोग होता है।

विचार और अनुभव—पुत्रभावस्थ राहु के फल कुछ लेखकों ने पुत्र संतति होना आदि शुभ बतलाए हैं। अन्य लेखकों ने पुत्राभाव, पुत्रों का रोगी होना—पुत्रनाश आदि अशुभफल बतलाए हैं। अशुभफल पुरुषराशि में अनुभव गोचर होते हैं। शुभफलों का अनुभव स्त्रीराशि में प्राप्त होता है।

पंचमस्थ राहु यदि पुरुषराशि में हो तो व्यक्ति बुद्धिमान् और कीर्तिमान किन्तु अभिमानी होते हैं। शिक्षा पक्ष में गलतियाँ दृष्टिगोचर होती हैं—योग्यता के अनुसार शिक्षा नहीं होती, व्यक्ति वकील बनने की नैसर्गिक योग्यता रखता है। किन्तु उसे शिक्षा इंजनीयरी की होती है, अतः सफलता नहीं मिलती। व्यवसाय के लिए भी यह राहु सफलतादायक नहीं है। स्त्रीसुख तथा पुत्रसुख के लिए भी यह राहु अच्छा नहीं है। स्त्री रुग्णा रहती है मासिक धर्म ठीक नहीं होता। अथवा किसी और कारण से पुत्रोत्पत्ति नहीं होती। अतः दूसरा विवाह करना होता है।

यदि राहु भारी अशुभ योग में हो तो विवाह नहीं होता, अवैध स्त्री संबंध होता है। इस राहु के व्यक्ति स्त्री-पुत्रसुख के अभाव में संशोधन आदि कामों में मग्न रहते हैं—इनकी संतान ग्रन्थ ही होते हैं इन्हीं से ये यशस्वी और प्रसिद्ध होते हैं।

यह राहु स्त्रीराशि में हो तो व्यक्ति शांत, विवेकी और विरक्त होते हैं। अच्छे शिक्षित होने से ये लेखनकला कुशल होते हैं। इससे इनकी विख्याति और कीर्ति होती है। इनका परिणय दोदफा होता है। पुत्र भी होते हैं।

पंचम के राहु से पहिली संतति बहुधा कन्या होती है। संतति न होने का कारण प्रायः सर्प संबंधी शाप होता है। संतानाभाव पूर्वजन्म के सर्प संबंधी शाप का परिणाम होता है—भृगुसूत्र के अनुसार नागदेव—पूजन शापोद्धारक हो सकता है।

षष्ठभावगत राहु के फल—

"बलं बुद्धिवीर्यं धनं तद्वशेन स्थितो वैरिभावेऽयेषां जनानाम् ।
रिपूणामरण्यं दहेदेव राहुः स्थिरं मानसं तत्तुला नो पृथिव्याम् ॥ ६ ॥

अन्वयः—राहुः येषां जनानां वैरिभावे स्थितः (सः तेषां) रिपूणां अरण्यं अपि दहेत् एव, तदवेशन बलं बुद्धिवीर्यं धनं मानसं च स्थिरं (स्यात्) पृथिव्यां तत् तुला नों (अस्ति) ॥ ६ ॥

सं० टी०—येषां जनानां वैरिभावे षष्ठे स्थितः राहुः सः अरीणां अरण्यं अपि दहेत् एव। शत्रुसंघाते नाशयेत् इत्यर्थः। तथा बलं दैहिकं बुद्धिवीर्यं चातुर्यं तद्वशेन बलाद् दाक्षण्यात् धनं धनार्जनं स्थिरं मानसं च स्यात्। पृथिव्यां तत् तुला तत्सादृश्यं नो भवेत्: सः अनुपमः स्यात् ॥ ६ ॥

अर्थ—जिस मनुष्य के जन्मलग्न से छठे स्थान में राहु हो तो वह उसके शत्रुओं के जंगल को भी भस्मसात् कर देता है। अर्थात् उसके शत्रु नष्ट हो जाते हैं। छठे भाव के राहु से मनुष्य का बल, बुद्धि, पराक्रम और अन्तष्करण स्थिर रहता हैं। पृथिवी में उसके जोड़ का दूसरा नहीं होता है ॥ ६ ॥

तुलना—"यदा सिंहीपुत्रे गतवति तनुः शत्रुभवने
प्रतापाग्नौ नित्यं ज्वलति रिपुवृन्दं जनिमताम् ।
बलं ज्ञानं वित्तं प्रभवति तदाधीनमधिकं
पितृव्यादेः मातुः सहजगणतः किं सुखमपि" ॥ जीवनाथ

अर्थ—जिस मनुष्य के जन्म समय में राहु छटेभाव में हो उसकी प्रतापाग्नि में शत्रुसमूह नित्य जलते हैं। अर्थात् मनुष्य शत्रुओं को नाश करने वाला होता है। इस भाव के राहु के प्रताप से बल, ज्ञान, धन विशेषतया प्राप्त होते हैं। चाचा, मामा आदि से कोई सुख प्राप्त नहीं होता है।

"म्लेच्छावनीशाद् द्रव्याप्तिः दिलं चं साहबं नरम् ।
बदखानास्थितो रासः करोति रिपुसंक्षयम्" ॥ खानखाना

अर्थ—यदि राहु छटेभाव में होतो मनुष्य को म्लेच्छ राजा से धनलाभ होता है यह बड़ा अमीर होता है। और अपने शत्रुओं का नाश करता है।

"शत्रु क्षयं द्रव्यसमागमं च पशूषु पीडां कटिपीडनं च ।
समागमं म्लेच्छजनैर्महाबलं प्राप्नोति जन्तुः यदि षष्ठगे तमे" ॥ महेश

अर्थ—यदि मनुष्य के छटेभाव में राहु हो तो वह अपने शत्रुओं का नाश करता है। इसे धन प्राप्ति होती है। इसकी कटि में पीड़ा होती है—इसके पशुओं को पीड़ा होती है। यह म्लेच्छों से संगति करता है। और यह महान् बली होता है।

"राहौ रिपुस्थानगतेजितारिश्चिरायुरत्यन्त सुखी कुलीनः ।
बन्धुप्रियोदार गुण प्रसिद्धः विद्या यशस्वी रिपुगे च केतौ" ॥ वैद्यनाथ

अर्थ—यदि राहु छटेभाव में हो तो मनुष्य शत्रुओं को जीतनेवाला, दीर्घायु बहुत सुखी और कुलीन होता है।

"शूरः सुभगः प्राज्ञो नृपतुल्यो जायते मनुजः।
रिपु भवनस्थो राहुर्जन्मनि मान्योति विख्यातः॥
राहुः शत्रुगृहे कुर्यात् शत्रुसंग्राममूर्धनि।
हंति सर्वाण्यरिष्टानि सर्वग्रह निरीक्षितः॥
बलिष्ठं च तथा राहौ शनौ केतौ तथैव च।
महिषाणां धनं तस्य बहुलं जायते गृहे॥
सैंहिकेयः शनिश्चैव मातुले भवने स्थितौ।
प्रजाहीनो मातुलः स्यात् कन्यापत्योऽथवा तदा॥
तस्य वंशोद्भवः कोपि गतो देशान्तरं मृतः।
मातृष्वसा मृतापत्या रंडा देशांतरं गता"॥ गर्ग

अर्थ—यदि राहु छठेभाव में हो तो मनुष्य शूर, सुन्दर, मतिमान्, राजा जैसा मान्य और विख्यात होता है। इस भाव का राहु युद्ध में शत्रु संघात करता है, यदि इस भाव के राहु पर अन्य सब ग्रहों की दृष्टि हो तो सब अरिष्ट दूर करता है। इस स्थान में यदि राहु और शनि वा केतु बलवान होतो घर में भैंसे बहुत होती हैं। शनि वा राहु यदि छठा हो तो मामा निःसंतान होता है। अथवा सिर्फ कन्याएँ होती हैं। मामा के वंश का कोई व्यक्ति विदेश में मरता है। मौसी की संतान की मौत होती है। वह विदेश जाती है, विधवा होती है।

"दन्ते दन्तच्छदेवा कुमुदपतिरिपुः संस्थितः षष्ठभावे"॥ गणेशदैवज्ञ,

अर्थ—छठेभाव में राहु हो तो मनुष्य को दाँत वा होंठ के रोग होते हैं।

"षष्ठे स्थितः शत्रुविनाशकारी ददाति पुत्रधनवित्तभोगान्।
स्वर्भानुरुच्चै रखिलाननर्थात् दन्त्यन्ययोषिद्गमने करोति"॥ मानसागर

अर्थ—यदि राहु छठेभाव में हो तो मनुष्य शत्रुओं का विनाश करनेवाला होता हैं छठेभाव का राहु पुत्र, धन और भोगों को देता है। इस भाव का राहु यदि उच्च का हो तो सब संकट नष्ट होते हैं। इस भाव के राहु से मनुष्य परस्त्रीगामी होता है।

"शत्रुक्षयं द्रव्य समागमे च शुशप्रपीडां कटिपीड़नं च।
समागमं म्लेच्छजनैः महाबलं प्राप्नोतिजन्तुः यदि षष्ठ्यगस्तमः॥ ढुण्ढिराज

अर्थ—यदि राहु छठेभाव में हो तो मनुष्य के शत्रुओं का नाश होता है। इसे धनप्राप्ति होती हैं। इसकी कमर में पीड़ा होती है। इसके पशुओं को कष्ट होता है, इसका सम्बन्ध म्लेच्छों से अर्थात् विदेशियों से होता है। मनुष्य महान् बलवान् होता है।

"स्यात् क्रूरग्रह पीड़ितः सगुदरुक् श्रीमान् चिरायुः क्षते"॥ मन्त्रेश्वर

अर्थ—यद्रि छठेभाव का राहु क्रूरग्रह से पीड़ित हो तो मनुष्य गुदरोगी, श्रीमान् और दीर्घायु होता है।

"बलाद् बुद्धिहानिः धनं तद्वशेच स्थितो वैरिभावेऽपि येषां तनूनाम् ।
रिपूणामरण्यं दहैदेकराहुः स्थिरं मातुलं मानसे नो पितृभ्यः" ॥

वृहद्यवनजातक

अर्थ—यदि राहु छठेभाव में हो तो मनुष्य बलहीन, बुद्धिहीन, शत्रुहीन और धनवान् होता है। इसके पिता वा मामा का चित्तस्थिर नहीं होता है।

"स्वर्भानौ वा सूर्यजे शत्रुसंस्थे तत् कट्यांस्याच्च छयामलं लांछनं वा।
शनिस्तमोवारिगृहस्थितश्चेत् स्यादप्रजत्वं खलु मातुलस्य ॥
काष्ठाश्मघातेन चतुष्पदा वा तरुप्रपातेन जलेन मृत्युः" ॥ पुञ्जराज

अर्थ—छठेभाव में राहु हो वा शनि हो तो मनुष्य की कमर में काला दाग होता है (अन्य लेखकों ने कमर में पीड़ा का होना बतलाया है) मामा को सन्तान का अभाव रहता है। इस भाव के राहु से मनुष्य की मृत्यु, लकड़ी, वा पत्थर के आघात से, चौपाए पशु द्वारा, पेड़ पर से गिरने से, अथवा पानी में डूबने से, होती है।

"रिपुभवनगतेः शत्रुसंतापहानिम् ॥" वशिष्ठ

अर्थ—यदि राहु छठेभाव में हो तो शत्रु से कष्ट नहीं होता है। यह राहु शत्रु होता है।

"यदा सैंहिकेयोऽरिगेहे नराणां तथा मातुलानां तथा पितृभ्रातुः।
सुखं किं धनं माहिषं तस्यगेहे तथा वीर्यवान् वीर्यशाली नरः स्यात्"॥ जागेश्वर

अर्थ—यदि राहु छठेभाव में हो तो मनुष्य को मामा, चाचा का सुख नहीं मिलता है। इस मनुष्य का घर भैंस आदि से समृद्ध होता है और यह महान् बलशाली और पराक्रमी होता है।

"नृपप्रसूतौ तनोत्युग्रतामन्वये वाहनं भूषणं भाग्यमर्थाधिकम् ।
सौख्यमारोग्यतां शत्रुहानिं तथा शत्रुगेहं गतो मित्रशत्रुग्रहः ॥" हरिवंश

अर्थ—यदि राहु छठेभाव में हो तो मनुष्य उग्रकुल में उत्पन्न होता है। यह वाहन, भूषण, अधिक धन तथा भाग्यवान् होता है। इस भाव का राहु सुख, नैरोग्य तथा शत्रुराहित्य को देता है।

भृगुसूत्र—"धीरवान् (धैर्यवान् इतिभाव्यम्)। अतिसुखी इन्दुयुते राजस्त्रीभोगी। निर्धनः। चौरः। शुभयुते धनसौख्यम्। नृपप्रसाद मारोग्यं धनलाभो रिपुक्षयः। कलत्र पुत्रजं सौख्यं लग्ने षष्ठे विधुंतुदे ॥"

अर्थ—यदि छठेभाव में राहु हो तो मनुष्य धैर्यवान् और बहुत सुखी होता है। यदि इस राहु के साथ चन्द्रमा भी हो तो मनुष्य को राजस्त्री का उपभोग मिलता है। मनुष्य निर्धन और चोर होता है। यदि राहु के साथ शुभग्रह हो तो धन का सुख मिलता है। राजा की कृपा, नैरोग्य, धन, स्त्री-पुत्रसुख तथा शत्रुओं का नाश—इस भाव के राहु के फल मिलते हैं।

अज्ञात—छठे में राहु के होने से पेट में व्रण होता है। मनुष्य धनी स्थिरचित्त तथा बुद्धिमान् होता है। म्लेच्छों के साथ रहता है। इसके शत्रु नष्ट होते हैं। इसकी कमर में पीड़ा होती है। यह मातृपितृद्वेषी होता है। इसके पुत्र मरते हैं। पशुओं को कष्ट होता है। यदि इस भाव का राहु उच्च में वा स्वगृह में हो तो धन नाश होता है। व्यक्ति उदारहृदय, व्यभिचारी, दीर्घायु, तथा सुखी होता है। इसकी स्त्री की मृत्यु होती है।

पाश्चात्यमत—यदि राहु छठेभाव में हो तो मनुष्य नीचों के व्यवसाय करता है। इसे सेना वा जहाजों की नौकरी से खतरा होता है।

विचार और अनुभव—लेखकों ने छठेभाव के राहु के फल शुभ-अशुभ दोनों प्रकार के प्रतिपादित किए हैं। शुभफलों का अनुभव स्त्रीराशियों में प्राप्त होगा अशुभफल पुरुषराशियों में अनुभूत होंगे।

यदि पुरुषराशि का षष्ठराहु हो तो खेलों में चोटें लगती हैं—पोलो आदि में अपघात से कष्ट होता है।

बचपन अच्छा नहीं व्यतीत होता, नजर लग जाती है—पिशाचबाधा होती है, नखविष फैलता है—मस्तिष्क के रोग आदि से कष्ट होता है। कहीं-कहीं पर मिरगी-कोढ़ आदि उपद्रव भी होते हैं।

यदि राहु लग्न में हो और मंगल से दूषित हो तौ भी इसी प्रकार के फल होते हैं। यदि षष्ठस्थ राहु स्त्रीराशि में हो तो खेलों में जीत होती है। यह योग मल्लविद्या के लिए अच्छा है। शरीर नीरोग, स्त्री भी अच्छी, किन्तु स्त्री की मृत्यु पिशाचपीड़ा से होती है।

यह राहु नौकरी के लिए अच्छा नहीं है—प्रगति कठिनता से हो पाती है। पैन्सन लेने से सुख होता है।

यदि छठेभाव का राहु शुभ योग में हो तो ३० वें वर्ष से भाग्योदय संभावित है—आजीविका का प्रारम्भ तो २३ वें वर्ष से हो जाता है।

संपादक के छठेभाव में राहु है। शत्रुनाश अनुभव में आता रहा है।

सप्तमभावगत राहु के फल—

"विनाशंलभेयुः द्युने तद्युवत्यो रुजा धातुपाकादिना चन्द्रमर्दी।
कटाहे यथा लोडयेत् जातवेदा वियोगापवादाः शमं न प्रयान्ति" ॥ ७ ॥

अन्वय—(यदि) चन्द्रमर्दी द्युने (स्यात्) (तदा) जातवेदाः कटाहे (स्थिते) यथा लोडयेत् तथा तद् युवत्यः धातुपाकादिना रुजा विनाशं लभेयुः, तस्य वियोगापवादाः शमं न प्रयान्ति ॥ ७ ॥

सं० टी०—द्यूने सप्तमे चन्द्रमर्दी राहुः चेत् कटाहे स्थापितं इतिशेषः जातवेदाः अग्निः यथालोडयेत् संतापयेत् एवं धातुपाकादिना रुजा रोगेन तद्युवत्यः विनाशं लभेयुः। तथा वियोगापवादाः वियोगाः बंधुविश्लेषदुःखानि अपवादः लोकनिन्दा शमं शांतिं न प्रयान्ति ॥ ७ ॥

अर्थ—जिस मनुष्य के जन्मलग्न से सातवें स्थान में राहु हो तो कड़ाही में चढ़ाई हुई वस्तु को जिस प्रकार अग्नि खौलाता है उसी प्रकार उस मनुष्य की स्त्रियां धातुपाक आदि रोगों से नष्ट हो जाती हैं। इसे बन्धुवियोग तथा लोकनिंदा सर्वदा बने रहते हैं ॥ ७ ॥

तुलना—"गते कान्तागारं जनुषि शशिमर्दिन्यपि यथा
कटाहस्स्थं द्रव्यं ज्वलदजलतो नश्यति तथा।
विनाशेभामिन्याः सपदि चलभेरन् खलुरुजा
विभागो बन्धूनां प्रसरति कलंको जनि मताम् ॥ जीवनाथ

अर्थ—जिस मनुष्य के जन्मसमय में राहु सप्तमभाव में हो उसकी स्त्री का रोगों से उसी प्रकार विनाश हो जाता है जिस प्रकार कटाह (कड़ाहा) में रखा हुआ द्रव्य (घृत आदि) जलती हुई अग्नि के ताप से नष्ट हो जाता है बन्धु-बांधवों का वियोग और कलंक का विस्तार होता है ॥॥

नोट—मूलपाठ में 'विभाग' शब्द प्रयोग में आया है जिसका अर्थ स्थावर-अस्थावर सम्पत्ति का विभाजन लिया जा सकता है अर्थात् विभाजन से बन्धु पृथक्-पृथक् रहने लगते हैं जिससे भाइयों में विश्लेषण और तज्जन वियोग होता है।

"हिर्जगर्दश्च वेतालो गुस्वरो वद्जनो भवेत्।
हफ्तखाने यदारासः कलही मनुजस्तदा ॥" खानखाना

अर्थ—यदि सप्तम में राहु हो तो मनुष्य पागल, बेकार, घूमनेवाला, क्रोधी, बदचलन और दूसरों से झगड़ा करनेवाला होता है ॥

नोट—कलत्रभाव में कलत्रविषयक फलाभाव अवश्य खटकता है।

"जायाविरोधं खलु वा प्रणाशं प्रचण्डरूपामथकोपयुक्ताम्।
विवादशीलामथरोगयुक्तां प्राप्नोतिजन्तुः मदनेतमेच ॥" महेश

अर्थ—यदि सप्तमभाव में राहु हो तो मनुष्य अपनी स्त्री से विरुद्ध रहता है। अथवा इसकी स्त्री की मृत्यु हो जाती है। अथवा इस मनुष्य की स्त्री प्रचण्डरूपा, अथवा कोपना, अथवा झगड़ालू अथवा रोगयुक्ता होती है। अर्थात् जिस व्यक्ति पर सप्तमस्थ राहु का प्रभाव होता है उसे स्त्री सुख प्राप्त नहीं होता है। या तो इसकी स्त्री कुरूपा होती है अर्थात् आकर्षक रूपवती तथा मनोरमा नहीं होती है इस कारण दोनों में परस्पर षडष्टक योग चालू रहता है। अथवा सदैव क्रुद्धा-अतएव अशान्त स्वभाव की होती है, अतः वैमनस्य रहता है। अथवा विवादशील-प्रत्येक कार्य में उट्टंकना करनेवाली अहंमन्या होती है जिससे पतिप्रिया-पतिसन्तोषकरी नहीं होती है, जिससे शय्या सुख नहीं मिलता है। अथवा रजःस्राव आदि स्त्रियों के रोगों से दुःखी और पीड़ित होती है, इस कारण भी रतिसुख प्राप्त नहीं होता है।

दूसरे शब्दों में सप्तमभावस्थ राहु उन्मत्त यौवनारूढ़ युवकों को व्यभिचारी होने के लिए अन्तःप्रेरणा देता है। क्योंकि इनकी गृहिणी मनोऽनुकूला, मधुर-भाषिणी, रूप-यौवनसम्पन्ना और आज्ञाकारिणी नहीं होती है। अतएव अदम्य

कामानल शान्ति के लिए ये युवक रूपाजीवा वेश्याओं के पास जाते हैं। यदि परिणीता स्वकीया स्त्रिएँ ही सर्वथा अनुकूल चलनेवाली हों तो वेश्यावृत्ति ही भारत से नष्ट-भ्रष्ट होकर स्मृत्यवशेष हो जाए। किन्तु ऐसा होना दृष्टिगोचर नहीं होता है।

"गर्वी जारशिखामणिः फणिपतौ कामस्थिते रोगवान् ॥" वैद्यनाथ

अर्थ—यदि राहु सप्तम में हो तो मनुष्य गर्विष्ठ, बहुव्यभिचारी और रोगी होता है।

"जायास्थराहुः शशिनानुगश्चेद् ददातिनारींविविधांश्चभोगान्।
पापानुरक्तां कुटिलां कुशीलां ददाति शेषेण ग्रहेण युक्तः ॥" मानसागर

अर्थ—सप्तमभाव में राहु चन्द्र से युक्त हो तो स्त्री और विविधभोग देनेवाला होता है। यदि अन्यग्रहों से युक्त हो तो मनुष्य को पापिनी कुटिला और कुशीला स्त्री देता है।

"स्त्रीसंगादधनोमदेऽथविधुरोऽवीर्यः स्वतन्त्रोऽल्पधीः ॥" मन्त्रेश्वर

अर्थ—यदि राहु सप्तम हो तो मनुष्य स्त्रीसंग के कारण निर्धन होता है। यह विधुर, अल्पपुंसत्ववाला-स्वतन्त्र और अल्पमति होता है॥

"क्लीबाराहौ ॥" गर्ग

अर्थ—यदि सप्तम में राहु हो तो स्त्री कामेच्छा रहित होती है।

"जाया विरोधं खलु वा प्रणाशं प्रचण्डरूपामथकोपयुक्ताम्।
विवादशीलामथरोगयुक्तां प्राप्नोति जन्तुः मदनेतमेच ॥" ढुण्ढिराज

अर्थ—सप्तम में यदि राहु हो तो मनुष्य अपनी स्त्री से विरोध रखनेवाला होता है। इसकी स्त्री का नाश होता है। इसकी स्त्री भयावह मुखवाली-उग्रस्वभावा कोपना, झगड़ालू अथवा रोगयुक्ता होती है। विस्तृत टिप्पण पहिले लिखा गया है।

"विनाशं चरेत् सप्तमेसैंहिकेयः कलत्रादिनाशं करोत्येवनित्यम्।
कटाहोयथालोहजो वन्हितप्तस्तथा सोऽतिवादान्नशांतिंप्रयाति ॥"

बृहद्यवनजातक

अर्थ—सप्तम राहु स्त्री आदि का नाश करता है। तपी हुई लोहे की कड़ाही जैसा उग्रस्वभाव होता है अतः मनुष्य वादविवाद में कभी शांत नहीं रह सकता है।

"काम्येकलत्रे रिपुलग्नछिद्रे केन्द्रत्रिकोणे व्ययगे च राहुः।
मन्त्री च शूरोबलवान् प्रतापी गजाश्वनाथो बहुपुत्रयुक्तः ॥" नारायण

अर्थ—यदि राहु १-६-७-८-११-१२ स्थानों में केन्द में वा त्रिकोण में हो तो मनुष्य मन्त्री-शूर, बलवान्, प्रतापवान् हाथी घोड़े आदि सम्पत्ति का स्वामी वा बहुत पुत्रों से युक्त होता है। काम्य शब्द का अर्थ लाभस्थान लिया गया है।

"सुखं नो वधूनां भवेद्देहपीड़ा परंशत्रवो बुद्धिमन्तो भवेयुः।
क्रयेविक्रये वा न वार्तांपि किं वा यदासप्तमे स्याद्गृहे राहुखेटः॥" जागेश्वर

अर्थ—सप्तमराहु हो तो स्त्रीसुख नहीं मिलता, देहपीड़ा रहती है। शत्रुओं की वृद्धि होती है—खरीद और विक्री से लाभ नहीं होता है।

"जायास्थे स्त्रीविनाशः"। वशिष्ठ

अर्थ–सप्तम राहु स्त्री का नाशक है।

भृगुसूत्र—"दारद्वयं तन्मध्ये प्रथमं स्त्रीनाशः। द्वितीयकलत्रे गुल्मव्याधिः। पापयुते गंडोत्पत्तिः। शुभयुते गंडनिवृत्तिः। नियमेनदारद्वयम्। शुभयुते एकमेव।

प्रवासात् पीडनंचैव स्त्रीकष्टं पवनोत्थरुक्।
कटिबस्तिश्च जानुभ्यां संहिंके.ये च सप्तमे॥

अर्थ—सप्तमराहु से मनुष्य के दो विवाह होते हैं। पहिली स्त्री की मृत्यु होती है। दूसरी स्त्री को गुल्मरोग (पेट का एक रोग-वायुगोला) होता है। पापग्रह के साथ यह राहु हो तो गंडरोग गंडमाला-गिल्लड़-गले में सोजश पड़ना) होता है। शुभग्रह साथ हो तो गंड दूर होता है। घर में दो स्त्रिएँ अवश्य होती हैं। शुभग्रह साथ हो तो विवाह एक ही होता है। प्रवास में कष्ट, स्त्री को कष्ट, वातरोग, कमर, वस्ति (कटि से नीचे का भाग) घुटनों में वातरोग-ये दुष्टफल सप्तमराहु के हैं।

"मानवानां प्रकुर्यादभयं सर्वतो धर्महानिं दयाहीनतां तीक्ष्णताम्।
कायकां कामिनीसौख्यहानिर्भवेत् भामिनीभावगः यामिनीशंतुदः"॥ हरिवंश

अर्थ—सप्तमभाव का राहु सब ओर से भय दिखाता है–धर्म की हानि, निर्दयता देता है। दैहिक तीक्ष्णता होती है। स्त्रीसुख नष्ट होता है।

अज्ञातमत—सप्तमस्थराहु स्त्री का नाश करता है–एक से अधिक विवाह होते हैं। स्त्री को प्रदर रोग होता है। पुरुष को मधुमेह होता है। विधवा से संबंध होता है। बन्धुओं से विरोध होता है। सप्तमस्थराहु के होने से मनुष्य क्रोधी, दूसरों का नुकसान करनेवाला, व्यभिचारिणी स्त्री से संबंध रखनेवाला, गर्वीला और असंतुष्ट होता है। यदि इसभाव का राहु उच्च वा स्वगृह में अथवा शुक्र की राशि में हो तो प्रवास अच्छे होते हैं और लाभ होता है। यह राहु पाप कार्यों से भाग्योदय कराता है। यह मनुष्य जूआ, सट्टा, लाटरी तथा रेस में प्रवीण होता है। इसे स्त्रीसुख नहीं मिलता। यह दुष्टों के सहवास से सज्जनों को कष्ट देता है। बुरी स्त्रियों के सहवास तथा संपर्क से यह रोगी होता है।

पाश्चात्यमत—सप्तमभावस्थराहु के प्रभाव में आए हुए व्यक्ति का कद बहुत नाटा होता है।

विचार और अनुभव—प्रायः सभी लेखकों के मत में सप्तमभाव का राहु अशुभफल दाता है। केवल नारायण ने बहुत ही शुभफल वर्णित किए हैं। मुख्यतः ये अशुभफल पुरुषराशियों के हैं। सप्तमभाव का राहु एक प्रकार से

पूर्वजन्म का शाप ही होता है। स्त्रीपक्ष में सप्तमराहु बहुत कष्टकारक है। इससे गृहस्थी में असंतोष रहता है। व्यवसाय वा नौकरी दोनों में हानि होती है—धनाल्पता वा धननाश होता है। अस्थिरता रहती है। प्रथमास्त्री की मृत्यु और द्वितीया से वैमनस्य रहता है।

यदि सप्तम राहु मिथुन, कन्या, तुला वा धनु में हो तो प्रायः विवाह नहीं होता है—अन्य राशियों में विवाह तो होता है, परन्तु जैसा परस्पर पति-पत्नी का आंतरिक प्रेम होना चाहिए वह नहीं होता। इनके लिए विवाह का प्रयोजन और उद्देश्य केवल मात्र शारीरिक संबंध ही होता है। मनुष्य स्वयं व्यभिचारी वृत्ति का होता है—दूसरी कुलीनस्त्रियों को भी व्यभिचारमार्ग पर चलने के लिए प्रोत्साहित करता है। विधवास्त्रियों से अवैध संबन्ध जोड़ता है इस संबंध से गर्भ हो तो गर्भपात आदि जघन्य कर्म करने में भी यत्नशील होता है—इस तरह धन का दुरुपयोग करने से निर्धनता के चंगुल में फँसता है—व्यवसाय करे तो नुकसान, नौकरी करे तो ससपैंड होता है डिगरेड होता है—इस-तरह कष्ट भोगता है।

स्त्रीराशि का सप्तमराहु अच्छा होता है। विवाह जल्दी होता है। स्त्री अच्छी, परस्पर प्रेम रहता है। नौकरी ठीक चलती हैं। यदि अन्य ग्रहों के शुभ संबंध में यह राहु होतो व्यवसाय भी ठीक चलता है। सामान्यतः दो विवाह, किन्तु कुम्भ का राहु हो तो एक विवाह होता है—संतति अधिक, आदर-सम्मान भी पूरा। यदि मनुष्य बीमाकंपनी आदि में नौकरी करे तो सफल होता है। और भी काम जो राहु के कारकत्व में हों—सफलता देते हैं।

इस भाव के राहु के फल साधारणतः बुरे हैं—उदाहरण के लिए बहुत देर से विवाह, अन्तर्जातीय विवाह, विधवा से विवाह—अपनी आयु से अधिक उमरवालीस्त्री से विवाह, अवैध संबंध जोड़ना—विवाह का अभाव। पूर्वजन्म में किसी स्त्री को अकारण कष्ट दिया हो—अथवा किसी स्त्री की घर-गृहस्थी में विघ्न डाला हो अथवा किसी स्त्री का सतीत्व भ्रष्ट किया हो तो उस पाप के प्रायश्चित्त के रूप में सप्तमभाव का राहु होता है—विवाह होने पर भी परस्पर दांपत्य प्रेम का न होना—विबाह विच्छेद होना, अच्छी मनोऽनुकूलास्त्री का न मिलना—ये फल पूर्वजन्मकृत पापस्वरूप शाप के हैं जो भुगतने पड़ते हैं।

कई एक आचार्यों ने राहु को मृत्युकारक ग्रह माना है। सप्तम, नवम, दशम स्थानों को मृत्युकारक माना है—और कई एक योग भी लिखे हैं। न तो ये स्थान मारकस्थान हैं और नाही राहुग्रह मृत्युकारक ग्रह है। राहु स्वयं मारक नहीं है-स्थान से संबंधित व्यक्ति के लिए राहु मारक हो सकता है। जैसे लग्न में माता-पिता को, धनस्थान में घर के किसी बड़े व्यक्ति को, तृतीय में भाई-बहनों को, चतुर्थ में माता-पिता को, पञ्चम में पुत्र को, अष्टम में बहिन को,

नवम में भाई-बहिनों को, दशम में माता-पिता को, लाभ में बड़े भाई वा पुत्र को, तथा व्ययभाव में पत्नी वा चाचा को मारक हो सकता है।

अष्टमभावगत राहु के फल--

"नृपैः पण्डितैः वन्दितोनिन्दितः स्वैः सकृद्भाग्यलाभोऽसकृद् भ्रंश एव।
धनं जातकं तं जनाश्च त्यजंति श्रमग्रन्थि कृद्रंध्रगो ब्रघ्नशत्रुः" ॥ ८ ॥

अन्वय—रन्ध्रगः ब्रध्नशत्रुः श्रमग्रन्थिकृत् (जायते) जातकं तं धनं, जनाः च त्यजन्ति, (सः) नृपैः पण्डितैः बन्दितः (स्यात्) स्वैः निंदितः (स्यात्) (तस्य) भाग्यलाभः सकृत् (स्यात्) असकृत् भ्रंशः एव (स्यात्) ॥ ८ ॥

सं॰ टी॰—रन्ध्रगः अष्टमस्थः ब्रध्नशत्रुः राहुः श्रमग्रन्थिकृत् श्रमेण बहुप्रयासेन ग्रन्थि वातगोलकं करोतीतिकृत्, च पुनः तं नरं जनाः त्यजन्ति, जनकस्य इदं जातकं धनं पितृद्रव्यं, नृपैः राजभिः पण्डितैः च बन्दितः पूजितः, स्वैः स्वजनैः निन्दितः च भाग्यलाभः सकृत् एकवारमेव, भ्रंशः कार्यहानिः असकृत् मुहुः भवेत् इति शेषः ॥ ८ ॥

अर्थ--जिस मनुष्य के जन्मलग्न से आठवें स्थान में राहु हो तो बहुत परिश्रम करने से इसके पेट में वायुगोला वा गुल्म आदि रोग होते हैं। इसे इसके कुटुम्ब के लोग छोड़ जाते हैं। इसे पैतृक धन और पैतृक सम्पत्ति नहीं मिलती है। यह मनुष्य राजाओं तथा पण्डितों से आदरणीय और माननीय होता है। इसका भाग्योदय तो एकबार होता है किन्तु हानि बार-बार होती रहती है ॥ ८ ॥

तुलना—"यदा मृत्युस्थानं गतवति तमीनायकरिपौ।
त्यजंति स्वेच्छातः तमपि सुजनायस्य जनने,
क्वचिद्भूमीभर्तुः परमधनलाभः क्वचिदपि।
प्रणाशश्चार्थानामनिलभवगोलोऽपि जठरे ॥" **जीवनाथ**

अर्थ—जिस मनुष्य के जन्मसमय में राहु अष्टमभाव में हो उसे सज्जन लोग अपनी इच्छा से अकारण ही छोड़ देते हैं। कदाचित् राजा से प्रचुर धन का लाभ होता है और कभी धन का नाश भी होता है। इसके वायु गोला का रोग होता है।

नोट—भट्टनारायण और जीवनाथ में थोड़ा सा मतभेद है—समानता अधिक है।

"हस्तमखाने यदारासः शरीरः स्यान् मुशाफिरः।
वेदीनः खिश्मनाकः स्याद् बदकारश्च मुफलिशः ॥" **खानखाना**

अर्थ--जिसके अष्टमभाव में राहु हो वह शरीर से पुष्ट, परदेश में रहने वाला, क्रोधी, कुकृत्य कर्ता, और दरिद्र होता है।

"अनिष्टनाशं खलु गुह्यपीडां प्रमेहरोगं वृषणस्य वृद्धिम्।
प्राप्नोति जन्तुः विकलारि लाभं सिंहीसुते वा खलुमृत्युगेहे ॥" **महेश**

अर्थ—जिसके अष्टमभाव में राहु हो तो इसके अनिष्ट का नाश होता है। इसे गुप्तरोग, प्रमेहरोग तथा वृषणवृद्धि रोग होते हैं। इसे व्याकुल अर्थात् विजित शत्रु से लाभ होता है।

"राहौ क्लेशापवादी परिभवगृहगे दीर्घसूत्री च रोगी ॥" वैद्यनाथ

अर्थ—यदि राहु अष्टमभाव में हो तो मनुष्य को कष्ट होता है। लोग इसकी निन्दा करते हैं। यह दीर्घ सूत्री और रोगी होता है।

"दुष्टचौर्यापवादेन निधनं कुरुतेतमः।
वहुकिल्मिषमाधत्ते धत्ते कष्टात् स यातनाम् ॥" गर्ग

अर्थ—यदि राहु अष्टम हो तो मनुष्य दुष्ट होता है। चोरी के इलजाम (अपवाद) से इसकी मृत्यु होती है। यह बहुत पापी होता है। और इसे कष्ट और यातना होती है। चोरी करना, पापकर्म करना—कष्ट और पीड़ा, अष्टमराहु के अशुभफल हैं।

"नृपैः पण्डितैः वन्दितो निन्दितश्च सकृद् भाग्यलाभः सकृद्भ्रंश एव।
धनं जातकं तज्जनाश्च त्यजन्ति, श्रमग्रन्थिरुग् रन्ध्रगश्चेद् हि राहुः ॥"
वृहद्यवनजातक

अर्थ—यदि अष्टम राहु हो तो मनुष्य राजाओं और पण्डितों से प्रशंसित होता है। कई एक इसकी निन्दा भी करते हैं। कभी भाग्योदय तो कभी हानि होती है। पूर्वार्जित धन अर्थात् पैतृकधन इसे नहीं मिलता है। इसके अपने लोग अर्थात् भाई बन्धु तथा कुटुम्ब के लोग इसे छोड़ देते हैं अर्थात् इसे अपने से पृथक् कर देते हैं। इसे भारी परिश्रम करना पड़ता है जिस कारण इसके पेट में वायुगोला वा गुल्मरोग होता है।

"अनिष्टनाशं खलु गुह्यपीडां प्रमेहरोगं वृषणस्यवृद्धिम्।
प्राप्नोति जन्तुः विकलादि लाभं सिंहीसुते वा खलु मृत्युगेहे ॥ ढुण्ढिराज

अर्थ—अष्टमभाव का राहु अनिष्ट नाशक होता है। मनुष्य को गुप्तरोग (गुदरोग) से पीड़ा होती है। इसे प्रमेह रोग और वृषणवृद्धि रोग होते हैं। इसे शत्रु से लाभ होता है।

"राहुः सदा चाष्टममंदिरस्थो रोगान्वितं पापरतं प्रगल्भम्।
चौरं कृशं कापुरुषं धनाढ्यं मायासमेतं पुरुषं करोति ॥ मानसागर

अर्थ—अष्टम में राहु हो तो मनुष्य रोगी, पापी, ढीट, चोर, कृश, कातर, मायावी किन्तु धनाढ्य होता है। केवल धनाढ्य होना शुभफल है शेष अशुभ फल हैं।

"रंध्रेऽल्पायुरशुद्धिकृच्चविकलो वातामयोऽल्पात्मजः" ॥ मन्त्रेश्वर

अर्थ—अष्टमराहु से मनुष्य अल्पायु-अपवित्र काम करनेवाला, वातरोगी और विकल होता है। इसे पुत्रसन्तति थोड़ी होती है। 'अशुद्धिकृत्' का तात्पर्य 'कलुषित अन्तःकरण से दुष्ट व्यवहार करनेवाला' हो सकता है॥

"निधनगते स्वेच्छया भूपपूज्यः" ॥ वशिष्ठ

अर्थ—अष्टमभाव में राहु हो तो मनुष्य राजा द्वारा सम्मानित होता है।

"यदाश्रेष्ठकर्माऽमयैर्दूरत्यक्तो भवेद् गोधनं वार्धके वै सुभाग्यम्।
कदाचित् गुदे क्रूररोगा भवेयुः स्थितो राहुनामा नराणां विनाशे" ॥ जागेश्वर

अर्थ—अष्टम में राहु हो तो मनुष्य श्रेष्ठकर्म करता है। यह नीरोग होता हैं इसे गाय आदि पशुओं की समृद्धि प्राप्त होती है। यह बुढ़ापे में सुखी होता है कदाचित् इसे गुह्यरोग होते हैं ॥

"नैधने सिंहिकाजे नरो निर्धनो भीरुरालस्याधीरोऽतिधूर्तो भवेत्।
दुर्बलोदेहदानश्च दुःखान्वितो निर्दयो दद्रुयुक्तो दरिद्रोदयः" ॥ हरिवंश

अर्थ—यदि राहु अष्टमभाव में हो तो मनुष्य निर्धन, भीरु, आलसी, उतावला, अतिधूर्त, दुर्बलदेह, दुःखी, निर्दय, भाग्यहीन और दद्रुरोग (दाद-खुजली की बीमारी) से युक्त होता है। सम्पूर्ण अशुभफल अष्टमराहु के हैं।

भृगुसूत्र—अतिरोगी। द्वात्रिंशद्वर्षायुष्मान्। शुभयुते पंचचत्वारिंशद्वर्षाणि। भावाधिपे बलयुते स्वोच्चे षष्ठिवर्षाणि जीवितम्।

"धनव्ययस्त्वनारोग्यं विवादो बन्धुभिः सह।
स्त्रीकष्टं च प्रवासश्च राहुरष्टमगो यदि" ॥

अर्थ—यदि राहु अष्टमभाव में हो तो मनुष्य बहुत देर बीमार रहकर ३२वें वर्ष में मरता है। शुभग्रह के साथ हो तो ४५ वर्ष तक जीवित रहता है। अष्टमेश बलवान् हो वा उच्च में हो तो ६० वर्ष की आयु होती है। अष्टम में राहु के होने से मनुष्य खर्चीला, रोगी, भाइयों से झगड़नेवाला, प्रवासी तथा स्त्रीसुखहीन होता है। इस तरह अष्टम राहु सर्वथा अशुभ है।

अज्ञात—अष्टमभाव में राहु हो तो स्त्रीसुख-पुत्रसुख, मान और विद्यासुख नहीं मिलते। गुदारोग, प्रमेह, अन्तर्गल वा शत्रु होते हैं। यह राहु मिथुन में हो तो मनुष्य महापराक्रमी और यशस्वी होता है। ३२वें वर्ष में संकट आता है। शुभग्रह के साथ हो तो ५०वें वर्ष में संकट होता है। यदि इस भाव का राहु स्वगृह वा उच्च में हो तो शुभफल देता है।

पाश्चात्यमत—इस राहु से स्त्रीधन, किसी सम्बन्धी के वसीयत का धन प्राप्त होता है। किन्तु इस धन की प्राप्ति में कईएक उलझनें भी आती हैं। फायदा तात्कालिक होता है। यह स्थान वैसे गौण और दुर्बल है। किन्तु उच्च का राहु विशेष फल दे सकता है।

विचार और अनुभव—अष्टमस्थान अशुभ है अतः प्रायः सभी लेखकों ने अशुभ फलों का वर्णन किया है। कईएक ने शुभफल भी वर्णित किये हैं वहाँ पर शुभग्रह सम्बन्ध कारण बतलाया है। स्वगृही वा उच्च का राहु शुभ फलदाता होता है—ऐसा भी प्रतिपादन किया गया है। पुरुषराशि का राहु अच्छा नहीं होता, स्त्री अच्छी नहीं मिलती—विश्वासपात्र नहीं होती—कलहप्रिया

होती है। धनप्राप्ति नहीं होती। अदम्य धनपिपासा से रिश्वत ली जाती है किन्तु रहस्योद्घाटन हो जाता है और बन्धन होता है। पत्नी से प्रथम पुरुष मृत्यु पाता है—मृत्यु समय सावधानता नहीं रहती—बेहोशी में मृत्यु होता है। अष्टम राहु मिथुन में हो तो स्त्री कलहप्रिया होती है। यह निर्धन परिवार से आती है। भाग्योदय नहीं होता—स्वतन्त्र व्यवसाय में लाभ न होने से नौकरी करनी पड़ती है।

स्त्रीराशि का राहु अच्छा होता है। धैर्यवती, धनसंग्रहकारिणी, विश्वासयोग्य स्त्री मिलती है। इस स्त्री की मृत्यु पति से पहिले होती है। मृत्यु सावधानता में होती है। मृत्यु का ज्ञान कुछ काल पहिले हो जाता है।

स्त्रीराशि के राहु के प्रभाव में आया हुआ मनुष्य यदि रिश्वत ले लेता है तो रहस्योद्घाटन नहीं होता—२६ से ३६वें वर्ष तक भाग्योदय होता है। अष्टमस्थ राहु से आयु का पहिला भाग कष्टकारक होता है। अशुभ सम्बन्ध से यह राहु बुढ़ापे में भी कष्टकारक होता है।

नवमभावगत राहु के फल—

"मनीषी कृतं न त्यजेत् बंधुवर्गं सदा पालयेत् पूजितः स्याद्गुणैः स्वैः।
सभाद्योतको यस्य चेत् त्रित्रिकोणे तमः कौतुकी देवतीर्थे दयालुः" ॥९॥

अन्वय—यस्य त्रित्रिकोणे तमः चेत् (सः) मनीषी, स्वैः गुणैः पूजितः, सभाद्योतकः कौतुकी, देवतीर्थे दयालुः (च) स्यात्, (सः) कृतं न त्यजेत्। सदा बंधुवर्गं पालयेत् ॥ ९ ॥

सं० टी०—यस्य त्रित्रिकोणे नवमे राहुः चेत् स नरो मनीषी, बुद्धिमान्, स्वैः गुणैः पूजितः, दयालुः दयावान् देवतीर्थे कौतुकी, सभायां द्योतकः प्रकाशकः स्यात्, कृतं उपकारं न त्यजेत्, सदा बन्धुवर्गं पालयेत् ॥ ९ ॥

अर्थ—नवमस्थ राहु का मनुष्य विद्वान् होता है, अपने गुणों से लोगों में मान्य और आदरपात्र होता है। अपने चातुर्य्य आदि गुणों से सभा को भी प्रकाशित अर्थात् चमत्कृत करनेवाला होता है। यह सभ्य और सहृदय होता है। यह देवताओं और तीर्थों में श्रद्धा और विश्वास तथा भक्ति रखनेवाला होता है। यह किये हुए उपकार को भूलता नहीं है, अर्थात् यह कृतघ्न नहीं प्रत्युत कृतज्ञतागुणसम्पन्न होता है। यह सर्वदा कुटुम्ब का पालन करता है ॥ ९ ॥

तुलना—"यदा सिंहीपुत्रे नवमभवनेजन्मसमये,
गुणैःपूज्यो विज्ञो भवति च दयालुः क्षितितले।
तदर्थानां दाता त्यजति न कृतं पुण्यकृदसौ,
स्ववर्गीणां शश्वद् गतिरमलकीर्तिः खलुजनः" ॥ **जीवनाथ**

अर्थ—जिस मनुष्य के जन्मसमय में राहु नवमभाव में हो वह संसार में अपने गुणों से पूज्य, विद्वान् और दयालु होता है। अच्छे धन का दान देने-

वाला, प्रारम्भित कार्य को न छोड़नेवाला, पुण्य करनेवाला, अपने परिजनों के मार्ग पर चलनेवाला और निर्मल कीर्तिवाला होता है ।

नोट—मूलपाठ में 'सदर्थानांदाता' एक विशेष महत्व का विशेषण है। दान उस पदार्थ का करना चाहिए–उस धन का दान करना चाहिए जो दातव्य हो, अर्थात् देने योग्य हो। जो धन लूट-मारकर लाया गया हो–जो धन असहाय और दुःखार्त्त तथा विपत्तिग्रस्त अबलाओं और बच्चों को मौत के घाट उतार कर इकट्ठा किया गया हो वह धन सदर्थ नहीं होता, उसका दान श्रेयस्कर नहीं होता प्रत्युत नरक को ले जानेवाला होता है ।

"दातव्यमितियद्दानं दीयतेऽनुपकारिणे ।
देशे काले च पात्रे च तद्दानं सात्विकं विदुः" ॥

"बख्तखाने यदारासः प्रभवेन् मनुजस्तदा ।
जवाहिर्जर्कशीयुक्तः साहबः सौख्यवान् नरः ॥" **खानखाना**

अर्थ—यदि नवमभाव में राहु हो तो मनुष्य विविधरत्न, जरीदारवस्त्रों से युक्त–बहुतों का स्वामी और सुखी होता है ।

"धर्मार्थनाशः किल धर्मगेतमे सुखाल्पता वै भ्रमणं नरस्य ।
दारिद्रता बन्धुसुखाल्पता च भवेच्चलोके किल देहपीड़ा ॥" **महेश**

अर्थ—यदि नवमभाव में राहु हो तो मनुष्य धर्मभ्रष्ट और धनहीन होता है। इसे सुख नहीं होता। यह भ्रमणशील होता है। यह दरिद्री होता है। इसे बन्धुओं से प्राप्त नहीं होता है। इसके शरीर में पीड़ा रहती है ।

"भाग्यस्थे दितिजेतुधर्मजनक द्वेषीयशोविक्तवान् ॥" **वैद्यनाथ**

अर्थ—यदि नवमभाव में राहु हो तो धर्म द्वेष्टा तथा पिता से द्वेष रखने वाला कीर्तिमान और धनी होता है। महेश दैवज्ञ के मत में नवम स्थान राहु सम्पूर्णतया अशुभ फलदाता है। वैद्यनाथ के मत से नवमस्थ राहु के मश्रित फल हैं ।

"नीच धर्मानुरक्तः स्यात् सत्यशौचविवर्जितः ।
भाग्यहीनश्चमन्दश्च धर्मगे सिंहकासुते ॥" **गर्ग**

अर्थ—यदि राहु नवमभाव में हो तो मनुष्य नीचों के धर्म में आसक्त, सत्यहीन पवित्राचरणहीन, भाग्यहीन तथा मन्दमति होता है ।

"धर्मस्थे धर्मनाशम् ॥" **वशिष्ठ**

अर्थ—नवमभाव का यदि राहु हो तो मनुष्य का धर्म नष्ट होता है ।

"तमोङ्गी कृतं न त्यजेत् वा व्रतानि त्यजेत् सोदरान् नैव चातिप्रियत्वात् ।
रतिः कौतुके सस्य तस्यास्ति भोग्यं शयानं सुखं वन्दिनो बोधयन्ति ॥"

बृहद्यवनजातक

अर्थ—यदि राहु नवमभाव में हो तो मनुष्य प्रारम्भ किए हुए काम को अधूरा नहीं छोड़ता है। अर्थात् नवमस्थ राहु का व्यक्ति अपने हाथ में लिए

हुए काम को सफल बनाने के लिए उस समय तक उद्यमशील रहता है जबतक काम फलोन्मुखन न हो। इसे अपने बन्धुजन बहुत प्यारे होते हैं अतः इन्हें अपने से पृथक् नहीं होने देता प्रत्युत इन्हें प्यार और दुलार से अपने साथ रखता है। कामक्रीड़ा में उत्साह रखता है। इसके घर पर नौकर चाकर रहते हैं। सुखपूर्वक सोए हुए इसे बन्दी लोग–भाट आदि जगाते हैं। प्राक्तन् भारत में बन्दी लोग भाट आदि प्रातःकाल होने पर कवित्त आदि पढ़कर राजाओं और महाराजाओं को कर्तव्यपरायण करने के लिए जागृत करते थे। तुरी आदि का मंगल वादन भी होता था। ब्राह्ममुहूर्त में निद्रा से उठकर शौच आदि करके नैत्तिककार्य करने का प्रचार और रिवाज था। आज के भारत में परिस्थिति नितांत भिन्न है।

"धर्मार्थनाशः किल धर्मगेतमे सुखाल्पता वै भ्रमणं नरस्य।
दरिद्रता बन्धुसुखाल्पता च भवेच्च लोके किलदेहपीड़ा॥" ढुण्ढिराज

अर्थ—नवम में राहु के होने से धर्म वा धन का नाश होता है। सुख कम मिलता है मनुष्य घुमक्कड़ होता है। यह दरिद्र होता है। इसे बाँधवों से सुख कम मिलता है। इसके शरीर में पीड़ा होती है।

"धर्मस्थिते चन्द्ररिपौ मनुष्यश्चाण्डालकर्मा पिशुनः कुचैलः।
ज्ञातिप्रमोदेऽनिरतश्च दीनः शत्रोः कुलाद्भीतिमुपैतिनित्यम्॥ मानसागर

अर्थ—यदि राहु नवम में हो तो मनुष्य चाण्डाल जैसे नीच और अशुभ काम करनेवाला होता है। यह चुगुल और गन्दे कपड़े पहिरनेवाला होता है। इसे अपने जाति के लोगों के आमोद-प्रमोद में कोई उत्साह नहीं होता है। इसे अपने शत्रुओं से भय होता है।

"यदा धर्मभावे भवेद् राहुनामा भवेद्धर्महीनस्तथा पापकारी।
स्वयं दुष्टसंगं करोत्येव नूनं परे विक्रमात् पाददेशे सघातः॥ जागेश्वर

अर्थ—राहु नवम हो तो मनुष्य धर्महीन, पापी तथा दुष्टों की संगति में रहता है। युद्ध में इसका पैर ज़खमी होता है।

"धर्मस्थे प्रतिकूलवाग् गणपुरग्रामोधिपोऽपुण्यवान्॥" मन्त्रेश्वर

अर्थ—राहु के नवमभाव में होने से मनुष्य प्रतिकूल वाणी बोलनेवाला है। यह लोगों का गाँव वा नगरप्रमुख होता है। यह पापाचरण करनेवाला होता है।

"धर्महीनः कर्महीनो निर्धनोऽतिधूर्तोधूर्तप्रियः सर्वसौख्येन हीनो भवेत्
सम्भवे हीनभाग्यो नरो भाग्यगे भास्वरे॥" हरिवंश

अर्थ—यदि राहु नवम में हो तो मनुष्य धर्महीन, कर्महीन, निर्धन, धूर्त, धूर्तप्रिय, सभी प्रकार के सुखों से हीन तथा अभागा होता है।

भृगुसूत्र—"पुत्रहीनः शूद्रस्त्री संभोगी सेवकः धर्महीनः॥"

अर्थ—नवमस्थ राहु का मनुष्य पुत्रहीन, धर्महीन तथा नौकरी करनेवाला होता है। यह शूद्रास्त्री का उपभोग करता है।

अज्ञातमत—सेवक बहुत होते हैं। धनी, सुखी, दैववान होता है। धर्म पर श्रद्धा कम होती है। शरीर कष्टी रहता है। सभा में विजयी होता है। स्त्री की इच्छा का पालन करता है। बन्धुओं में स्नेह करता है। यह सन्ततिहीन, जाति का अभिमानी, झूठ बोलनेवाला, धर्म की निन्दा करनेवाला तथा कर्तव्य रहित होता है। यह राहु वृष, मिथुन, कर्क, कन्या वा मेष में हो तो उत्तम यश देता है। राहु दूषित हो तो अनिष्ट फल देता है। यह बहुत प्रवास करता है।

पाश्चात्यमत—यह धन की इच्छा से विदेश से व्यापार करे तो नुकसान होता है। विदेशी बैंको में धन डूबता है। स्वदेशीय उद्योग में लाभ होता है इस स्थान में केतु हो तो लोकमत के प्रतिकूल बोलते हैं। प्राचीनमत का प्रतिपादन करें तो ये जल्दी प्रगति कर सकते हैं। ९-१०-११ स्थानों में केतु लोगों में अप्रीति निर्माण करता है। सुधारवादी विचार, उन्नत आत्मशक्ति, जगत के कल्याण के प्रयत्न ये इस केतु के लक्षण हैं। किन्तु इस सबके फल स्वरूप इन्हें लोकनिन्दा और कष्ट ही प्राप्त होता है। कारण यह है कि इस स्थिति में राहु अनुदित भाग में होता है।

विचार और अनुभव—सभी लेखकों ने नवमभावगत राहु के शुभ-अशुभ अर्थात् निश्चित फल बतलाए हैं। अशुभ फलों का अनुभव पुरुषराशियों में आता है और शुभफल स्त्रीराशियों में अनुभवगोचर होते हैं।

पुरुषराशि में नवमस्थ राहु हो तो मनुष्य बाप का इकलौता बेटा होता है। अथवा सबसे बड़ा वा छोटा होता है—इससे बड़ी वा छोटी बहिनें होती हैं। बहिनें न हों तो यह राहु भाई को मारक होता है। स्त्रीसम्बन्ध में यह मनुष्य जाति वा वर्ग का ख्याल नहीं रखता। विजातीय विवाह भी करता है उम्र में अधिकस्त्री वा विधवा से विवाह भी अनुकूल माना जाता है। ये फल मिथुन, तुला और कुम्भ राशि के हैं।

मेष, सिंह, धनु में स्त्री के साथ व्यवहार आदरपूर्वक होता है।

मिथुन, तुला, कुम्भ में स्त्री पर स्वामित्व की भावना रहती है। पुत्र संतति यातो होती नहीं–हो तो मृत होती है। संतान के लिए द्वितीय विवाह की आवश्यकता होती है। इस भाव के राहु विदेशगमन, विदेशीय स्त्री से विवाह का योग होता है। ५ वें वर्ष में भ्रातृमृत्यु ३६ वें वर्ष में भाग्योदय होता है।

स्त्रीराशि में नवमस्थ राहु हो तो संतति होती है—कुछ एक की मृत्यु भी होती है। कन्या संतति पहिले होती हैं वा वृद्धावस्था में पुत्र होता है। बहिनों के लिए यह राहु मारक होता है।

स्त्रीराशि में यह राहु हो तो मनुष्य हनुमान की उपासना करता है। भाइयों की एकत्र प्रगति में नवमभाव का राहु बाधक होता है। यदि विभाजन हो और एकत्र स्थिति न हो तो दोनों भाई प्रगति कर पाते हैं। १६ वें वर्ष से भाग्योदय, ९ वें वर्ष में बन्धुकष्ट—बहिन की मृत्यु, २२ वें वर्ष में बड़े भाई की मृत्यु, ये फल नवमस्थ राहु के हैं॥

दशमभावगत राहु के फल—

"सदाम्लेच्छसंसर्गतोऽतीवगर्वं लभेत् मानिनो कामिनी भोगमुच्चैः।
जनैर्व्याकुलोऽसौ सुखं नाधिशेते मदार्थव्ययी क्रूरकर्मा खगेऽगौ॥१०॥

अन्वयः—अगौ खगे (स्थिते) असौ मदार्थव्ययी क्रूरकर्मा (च, भवति) (अतः) जनैः व्याकुलः (सन्) सुखं न अधिशेते। सदाम्लेच्छ संसर्गतः अतीव गर्वं लभते, मानिनी कामिनीभोगं उच्चैः लभते॥ १०॥

सं० टी०—खगे दशमस्थे अगौ राहौसति असौजनः मदे अनवधानसमये अर्थव्ययी, क्रूरकर्मा अतएव जनैः व्याकुलः सुखं न अधिशेते शयनं कुर्यात्। सदा म्लेच्छ संसर्गतः अतीव गर्वं उच्चैः मानिनिकामिनीभोगं उन्मतयौवनरूप लावण्यगर्वित मृद्दंगी स्त्री संभोगं लभते॥ १०॥

अर्थ—जिस मनुष्य के जन्मलग्न से दशमस्थान में राहु हो वह नशे के निमित्त द्रव्य का खर्च करनेवाला और दुष्टकार्य करनेवाला होता है। अर्थात् दशमभावस्थ राहु का मनुष्य नशाबाजी में रुपया खर्च करता है और बुरे काम करता है। अतएव इसे लोगों से कष्ट होता है इसलिए सुख से सोता नहीं है। सर्वदा म्लेच्छों की संगति में रहकर बड़ा घमंडी होता है। अथवा विदेशियों के सम्बन्ध से गर्विष्ठ होता है। यह उत्तमोत्तम यौवनगर्विता रूपलावण्यसम्पन्ना कमनीयतमास्त्रियों के साथ सहवास करता है और रतिसुख प्राप्त करता है।

तुलना—"अगौवित्तापायोऽधिकमनवधानेन दशमे,
यदत्सौख्यंम्लेच्छात् प्रभवतिकुगर्वस्तनुभृतः।
तथा चिन्ताधिक्यं स्वजनजनकैः किं सुखमलं।
सदारण्डानारी सुरतयवरप्रीतिरभितः॥ **जीवनाथ**

अर्थ—जिस मनुष्य के जन्मसमय में राहु दशमभाव में हो उसे असावधानी से अधिक धन का खर्च करना पड़ता है। इसे यवनादि हीन जातियों से अधिक सुख प्राप्त होता है। यह व्यर्थ का घमंड करता है। इसे चिन्ता अधिक होती है। इसे अपने लोगों से तथा पिता से पूर्ण सुख प्राप्त नहीं होता है। यह विधवास्त्रियों से सदा संभोग करता है और दुर्जनों से प्रेम करता है।

नोट—'म्लेच्छ' शब्द का अर्थ कई एक टीकाकारों ने 'विदेशीय' किया है कई एक ने 'यवनादि हीन जातियां" किया है। प्रकरणानुकूल और अर्थ तो 'नीचवृत्ति-नीचस्वभाव-के लोग' ही करना उचित होगा क्योंकि उत्तम स्वभाव के सदाचारी लोग मद्यपायी तथा परकीया स्त्रीरत नहीं हो सकते हैं—इस प्रकार के निंद्यकर्म तो नीच संसर्ग का ही परिणाम होता है।

"रासो बादशाहखाने भवेज्जोरावरो गनी।
विपक्षपक्षरहितो मुईशः पुर्तरुद्दतः॥ खानखानः

अर्थ—दशमभाव में राहु हो तो मनुष्य महाबली, परोपकारी, शत्रुहीन धनी और चिन्तायुक्त हृदयवाला होता है।

"पितुः नो सुखं कर्मगोयस्य राहुः स्वयं दुर्भगः शत्रुनाशं करोति।
रूजो वाहने वातपीडां च जन्तोः यदा सौख्यगो मीनगः कष्टभाजम्॥ महेश

अर्थ—यदि राहु दशमभाव में हो तो मनुष्य को पिता का सुख नहीं मिलता है यह स्वयं दुर्भागी होता है। यह शत्रुनाशक होता है। इसे वाहनों से कष्ट होता है। इसे वातरोग होते हैं। यदि सुखभावगत मीन का यह राहु हो तो कष्ट होता है।

"चौर क्रिया निपुणबुद्धिरतोविशीलो मानंगते फणिपतौ तुरणोत्सुकः स्यात्॥"
वैद्यनाथ

अर्थ—यदि राहु दशमभाव में हो तो मनुष्य चोरी करने में चतुर होता है। यह मनुष्य शीलहीन होता है। यह युद्ध में लड़ने के लिए उत्सुक रहता है। अथवा दशमराहु का मनुष्य झगड़ालू होता है॥

"भवेद् वृन्दपुरग्रामपतिर्वा दण्डनायकः।
कर्मस्थिते तमे प्राज्ञः शूरो मंत्री धनान्वितः॥ गर्ग

अर्थ—यदि राहु दशमभाव में हो तो मनुष्य लोकसमूह, गांव वा नगर का अधिकारी, मंत्री वा सेनापति, शूर वा बुद्धिमान वा धनवान् होता है। गर्ग के अनुसार दशमस्थ राहु शुभफलदाता है॥

"धनाद् न्यूनता च प्रतापे जनैः व्याकुलोऽसौ सुखंनाधिशेते।
सुहृद् दुःखदग्धो जलाच्छीतलत्वं पुनः खेत्तयेयस्य स क्रूरकर्मा॥
वृहद्यवनजातक

अर्थ—जिसके दशमभाव में राहु हो वह धन से हीन तथा पराक्रम से हीन होता है। लोग इसे पीड़ित करते हैं अतः यह सुख की नींद सो नहीं सकता है। मित्रों के दुःख से दुःखी रहता है। यह क्रूरकर्म करनेवाला होता है।

"दशमभवनगे पापबुद्धिं ददाति॥" वशिष्ठ

अर्थ—यदि राहु दशमभाव में हो तो मनुष्य पापी विचार का होता है।

"कामातुरः कर्मगते च राहौ पदार्थलोभी मुखरश्चदीनः।
म्लानोविरक्तः सुखवर्जितश्च विहारशीलश्चपलोऽतिदुष्टः" ॥ मानसागर

अर्थ—राहु के दशमभाव में होने से मनुष्य, कामातुर, दूसरे का धन चाहनेवाला, वाचाल, दीन, उत्साहहीन, विरक्त, सुखरहित, प्रवासी, चपल और अति दुष्ट होता है।

"ख्यातः खेऽल्पसुतोऽन्यकार्यनिरतः सत्कर्महीनोऽभयः।
सत्कर्मविघ्नमशुचित्वमवद्यकृत्यं तेजस्विनां नभसि शौर्यमतिप्रसिद्धम्" ॥ मन्त्रेश्वर

अर्थ—यदि राहु दशमभाव में हो तो मनुष्य विख्यात होता है—इसे पुत्र संतान थोड़ी होती है। यह दूसरों के काम करनेवाला, अच्छे काम न करनेवाला और निडर होता है।

"पितुः नो सुखं कर्मगोयस्यराहुः स्वयं दुर्भगः शत्रुनाशं करोति।
रुजोवाहने वातपीड़ा च जंतोः यदा सौख्यगो मीनगेः कष्टभाजम्" ॥ढुण्ढिराज

अर्थ—यदि राहु दशमभाब में हो तो मनुष्य को पिता का सुख नहीं मिलता, यह अभागा होता है। दशमस्थराहु शत्रुओं का नाश करता है। इसे वाहनों से कष्ट होता है। इसे वातरोग होते हैं। यदि सुखभाव का राहु मीन में हो तो कष्टकारक होता है।

"भवेद्‌गर्वभंगो गरिष्ठो विशेषात् तथा मातृकष्टं कुले घातपातः।
पितुः वाथवा भ्रातृदुःखकरः स्माद् यदापातनामा भवेत् कर्मगोऽयम् ॥

अर्थ—दशमभावगत राहु से मनुष्य का गर्व दूर होता है, माता को कष्ट तथा कुल में अपघात से मृत्यु होता है। पिता वा भ्राता को दुःख होता है। यह मनुष्य एक महान् व्यक्ति होता है।

"युग्मसंस्थोऽथवा कन्यकासंस्थितः कर्मभावे यदा सैंहिकेयो भवेत्।
राजमान्यः प्रकुर्यात् स तापाधिकं शेषसंस्थोनरं वैपरीत्ये सदा" ॥ हरिवंश

अर्थ—यदि दशमभाव का राहु मिथुन वा कन्या में हो तो मनुष्य राजमान्य होता है। अधिक कष्ट देता है, अन्य राशियों का राहु सदा विपरीत फल देता है।

"राहौ च माने भागीरथी स्नान मुशंतितज्ञाः विवर्जितः
स्यात् शिखिराहु पापौ यज्ञस्य कर्ता सभवेत् तदानीम्" ॥ वेंकटेशशर्मा

अर्थ—दशमभाव में राहु हो तो गङ्गास्नान का लाभ मिलता है। यदि यहाँ राहु, वा केतु पापग्रह के साथ न हो तो मनुष्य यज्ञ करता है।

भृगुसूत्र—वितन्तुसंगमः, दुर्ग्रामवासः। शुभयुते न दोषः। काव्यव्यसनः। दासीसंप्रदायी। भूमिनाशो भयान् नित्यं देहपीड़ा धनक्षयः। इष्टस्वजनविद्वेषं राहौ वै दशमे स्थिते ॥

अर्थ—दशमस्थ राहु का मनुष्य विधवा से संबंध रखता है। बुरे गाँव में रहता है। इस राहु के साथ शुभ ग्रह हो तो ये दोष नहीं होते। इसे काव्य में रुचि होती है। दासियाँ रखता है। इसभाव के राहु से भूमि का नाश, डर, नित्यशरीर को कष्ट, धननाश, अपने इष्ट मित्रों से तथा अपने लोगों से द्वेष होता है।

अज्ञातमत—दशमस्थ राहु का मनुष्य बलवान लोगों का साहाय्य प्राप्त करता है। पिता का सुख नहीं मिलता। वातरोग होते हैं। चतुर किन्तु चिंतित होता है। यह राहु मीन में हो तो प्राप्त स्थावर संपत्ति का उपभोग कर सकता है। अनेक स्त्रियों से संबंध रखता है। खर्चीला, राजवैभव से युक्त, शत्रु का नाश करनेवाला, अस्थिर चित्त का होता है। इसे कविता नाटक आदि में रुचि रहती है। युद्धप्रिय होता है। यह प्रवासी, व्यापार में निपुण होता है। यह राहु उच्च का हो तो राजा का पद प्राप्त होता है।

पाश्चात्यमत–यह राहु बहुत उत्तम फल देता है। पूरे जीवन में सफलता, सन्मान, कीर्ति वा अमर्याद श्रेष्ठता मिलती है।

विचार और अनुभव—दशमस्थ राहु के मिश्रित फल हैं। गर्ग, हरिवंश तथा पाश्चात्यमत में शुभफलों का वर्णन है। अन्य लेखकों ने अशुभ फलों का प्रतिपादन किया है। शुभफल स्त्रीराशि के और अशुभ फल पुरुषराशि के हैं। दशमस्थान पुत्र से सम्बन्धित नहीं है। यदि इस स्थान में दूषित रवि, मंगल, गुरु-शनि वा राहु हो तो माता, पिता, भ्राता वा पुत्र के सम्बन्ध में शोक होता है। दशमस्थान पिता का कारक, चतुर्थस्थान माता का कारक है। तृतीय स्थान बन्धुस्थान है। इस स्थान में राहु अशुभयोग में हो तो माता-पिता तथा बन्धु के सुख की हानि होती है। पुत्र के सुख की हानि भी होती है क्योंकि यह स्थान लाभस्थान से द्वादश (वंश वा व्यय) एवं भाग्यस्थान से दूसरा (धन वा मारक) स्थान होता है। 'विधवा के साथ सम्बन्ध रखना' यह फल पुरुषराशि का है। पुरुषराशि में राहु के होने से मनुष्य घमंडी, वाचाल और लोगों से पृथक् रहनेवाला होता है। इस राहु से मनुष्य पुलिस, रेलविभाग, बीमा कम्पनी, बैंक आदि में नौकरी करे तो सफल होगा। इस राहु से मनुष्य लोगों का विश्वासपात्र नहीं होता है। जन्म से ही यह राहु माता-पिता को शारीरिक वा आर्थिक कष्ट देता है। पिता पंगु होकर पैन्शन लेता है। माता वा पिता की मृत्यु बचपन में होती है।

दशमभाव का राहु यदि स्त्रीराशि में हो तो पूर्वजों की सम्पत्ति से वंचित होना पड़ता है! यदि यह सम्पत्ति मिल ही जावे तो मनुष्य स्वयं इसे नष्ट कर देता है। इस भाव के राहु से मनुष्य पूर्व अवस्था में बहुत कष्ट भोगकर प्रगति करता है। प्रौढ़ अवस्था में सन्तान, धन, कीर्ति, सन्मान आदि प्राप्त होते हैं।

पुत्र सन्तति भूयस्त्व, कोर्ट के कामों में विजय, लेखन-सम्पादन आदि में निपुणता प्राप्त होती है। यह मनुष्य मिलनसार, स्नेहशील, परोपकारी स्वभाव का होता है। यह अपने काम में विघ्नकर्ताओं को बरदाश्त नहीं करता है।

इस भाव के राहु से ३२वें वर्ष माता को, ७वें वर्ष पिता को, ८वें वर्ष पैतृक सम्पत्ति को गम्भीर खतरा होता है। २१वें वर्ष में भाग्योदय का प्रारम्भ होता है। ३६वें वर्ष पूर्ण उन्नति होती है। ४२वें वर्ष सार्वजनिक आदर-सम्मान की प्राप्ति होती है।

एकादशस्थानगत राहु का फल—

"सदा म्लेच्छतोऽर्थं लभेत् साभिमानः चरेत् किंकरेण व्रजेत् किं विदेशम्।
परार्थाननर्थी हरेद् धूर्तबन्धुः सुतोत्पत्तिसौख्यं तमो लाभगश्चेत्" ॥११॥

अन्वय—(यदि) तमः लाभगः चेत् (तदा) सदा म्लेच्छतः अर्थं लभेत्, (सः) किंकरेण (सह) साभिमानः चरेत्, विदेशं किं व्रजेत्, सः धूर्तबन्धुः अनर्थी परार्थान् हरेत्। (तस्य) सुतोत्पत्तिसौख्यं (स्यात्) ॥ ११ ॥

सं॰ टी॰—लाभगः तमः राहुः चेत् सुतोत्पत्तिसौख्यं सदा म्लेच्छतः अर्थं द्रव्यं च लभेत्, किंकरेण सेवकेन सह साभिमानः चरेत् भृत्यैः विना न कुत्रापि गच्छेत् इत्यर्थः। विदेशं किं व्रजेत् किमर्थं गच्छेत् गृहेस्थित एव सर्वं लभेत् इति भावः। धूर्ताबन्धवः मित्राणियस्य सः धूर्तानां बन्धुवर्गतएव अनर्थी पैशून्येन सर्वानर्थकारी परार्थान् हरेत् गृह्णीयात्—तद्भिया सर्वे ददतीत्याशयः ॥ ११ ॥

अर्थ—जिस मनुष्य के जन्मलग्न से एकादश स्थान में राहु हो तो वह सर्वदा म्लेच्छों से धन पाता है। यह नौकरों के साथ अभिमानपूर्वक फिरता है। इसे विदेश में जाने की क्या आवश्यकता है जबकि इसे स्वदेश में भी किसी वस्तु की कमी नहीं रहती। यह धूर्तों का मित्र तथा अनर्थ करनेवाला होता है। अतः दूसरे के धन को ठगी से हथिया लेता है। इसे पुत्रजन्म का सुख मिलता है।

तुलना—"अगौ लाभस्थानं जनुषि भविनां म्लेच्छकुलतः,
सदा वित्तप्राप्तिश्चतुरजनमैत्री च परमा।
सुतानामुत्पत्तिः सपदिपरवित्तापहरणे,
मतिश्चंडो गर्वः प्रभवति गतिः किंकरगणैः" ॥ **जीवनाथ**

अर्थ—जिस मनुष्य के लाभस्थान (एकादशस्थान) में राहु हो तो उसे सदा म्लेच्छों से धन का लाभ होता है। यह चतुर पुरुषों के साथ मित्रता स्थापित करता है। इसे पुत्र सन्तति होती है। इसकी बुद्धि दूसरे का धन अपहरण करने में लगी रहती है। यह एक अभिमानी व्यक्ति होता है। यह सेवकों को साथ लेकर चलता है।

"शाक्तखाने भवेद् राशोनायते नहि साहबः।
वेकारश्च कर्जमन्दः कलहीमनुजस्तदा" ॥ खानखाना

अर्थ—जिसके एकादशभाव में राहु हो वह बड़ा आदमी नहीं होता है। यह बेकार समय बितानेवाला, कर्जा लेनेवाला और झगड़ा करने वाला होता है।

"लाभे गते यदि तमे सकलार्थ लाभं,
सौख्याधिकं नृपगणाद् विविधं च मानम्।
वस्त्रादि-कांचन-चतुष्पद सौख्यभावं,
प्राप्नोति सौख्यविजयं च मनोरथं च" ॥ महेश

अर्थ—जिस मनुष्य के लाभस्थान में राहु हो उसे सम्पूर्ण धन का लाभ होता है। इसे राजाओं से मान और सुख प्राप्त होता है। इसे वस्त्रों की प्राप्ति, कांचन का लाभ और चौपाये पशुओं से सुख और लाभ होता है—इसकी विजय होती है। इसके मनोरथ पूरे होते हैं।

"राहौ श्रोत्रविनाशको रणतलश्लाघो धनी पण्डितः। वैद्यनाथ

अर्थ—यदि राहु एकादश भाव में हो तो मनुष्य बहरा होता है। यह युद्ध में प्रशंसित, धनी और विद्वान् होता है।

"यस्य लाभगतो राहुः लाभो भवति निश्चयात्।
म्लेच्छादिपतितैः नूनं गजवाजिरथादिकम् ॥ गर्ग

अर्थ—जिसके लाभभाव में राहु हो उसे लाभ होता है। इसे विदेशियों और पतितों से हाथी, घोड़े, रथ आदि की प्राप्ति होती है।

"लाभस्थाने विलासो भवति सुकविता वा सुलक्ष्म्यादि भोगम् ॥" वशिष्ठ

अर्थ—लाभभाव में राहु हो तो मनुष्य विलासी, कवी, धनवान् और भोगी होता है।

"लभेद् वाक्यतोऽर्थं चरेत् किंकिरेण व्रजेत् किंच देशं लभेत प्रतिष्ठाम्।
द्वयोः पक्षयोः विश्रुतः सत्प्रजावान् नताः शत्रवः स्युः तमोलाभगश्चेत् ॥
बृहद्यवनजातक

अर्थ—यह वक्ता होकर धन प्राप्त करता है। सेवकों के साथ घूमता है। देश में इसकी प्रतिष्ठा होती है। यह दोनों पक्षों को मान्य होता है। इसे पुत्र सन्तान अच्छी होती है। इसके शत्रु भी नम्र होते हैं।

"आयस्थिते सोमरिपौ मनुष्यो दान्तो भवेत् नीलवपुः सुमूर्तिः।
वाचाल्पयुक्तः परदेशवासी शास्त्रज्ञवेत्ता चपलोविलज्जः ॥ मानसागर

अर्थ—जिसके एकादशभाव में राहु हो मनुष्य इन्द्रियों का दमन करने वाला होता है यह साँवले रंग का, सुन्दर-मितभाषी, विदेश में रहनेवाला, शास्त्रों का ज्ञाता, चपल और निर्लज्ज होता है।

"लाभेगते यदि तमे सकलार्थलाभं सौख्याधिकं नृपगणाद् विविधं च मानम् ।
वस्त्रादिकांचन चतुष्पद सौख्यभावं प्राप्नोति सौख्य विजयं च मनोरथं च ॥" ढुण्ढिराज

अर्थ—जिसके लाभस्थान में राहु हो तो इसे सब प्रकार का लाभ अधिक सुख, राजा द्वारा विविध सम्मान, वस्त्र, भूषण वा पशु आदि की समृद्धि, सुख और विजय प्राप्त होते हैं ।

"श्रीमान्नातिसुतश्चिरायुरसुरे लाभे सकर्णामयः ॥" मन्त्रेश्वर

अर्थ—यदि लाभ में राहु हो तो मनुष्य श्रीमान्, थोड़े पुत्रोंवाला, दीर्घायु और कान के रोग से युक्त होता है ।

"भवेन् मानवो मानयुक्तः सदैव प्रतापानलैस्तापयेच्छत्रुवर्गम् ।
सुतैः कष्टभाग् गोत्रचिंतासुयुक्तः सदा सैंहिकेयोनराणां च लाभे ॥" जागेश्वर

अर्थ—यदि राहु लाभभाव में हो तो मनुष्य सम्मानित, प्रताप से शत्रुओं को सन्तप्त करनेवाला होता है । इसे पुत्र तथा कुटुम्ब की चिन्ता से कष्ट होता है ।

"आयभावस्थितः कायहीनग्रहः सर्वदायं तनोत्यंगपुष्टिं नृणाम् ।
भूपतो गौरवं शत्रुहानिं बलं वाहनं भूषणं भाग्यमर्थागमम् ॥ हरिवंश

अर्थ—यदि राहु लाभभाव में हो तो मनुष्य का शरीर पुष्ट होता है । राजा से आदर सम्मान प्राप्त होता है । इसके शत्रु नष्ट होते हैं । इसे बल, वाहन, भूषण, धन तथा भाग्योदय प्राप्त होता है ।

भृगुसूत्र—पुत्रैः समृद्धः, धन-धान्य समृद्धः ।
शरीरारोग्यमैश्वर्यं स्त्रीसुखं विभवागमः ।
संकीर्ण वर्णतो लाभो राहुः लाभगतो यदि ॥

अर्थ—यदि लाभभावगत राहु हो तो मनुष्य को पुत्र धन तथा धान्य की समृद्धि प्राप्त होती है । शरीर नीरोग, ऐश्वर्य, स्त्रीसुख, धनलाभ, नीच जाति के लोगों से लाभ—ये फल एकादश राहु के हैं ।

पाश्चात्यमत—यह व्यक्ति श्रेष्ठ होता है । जिसका व्यवसाय किसी दूसरे पर अवलम्बित हो उसे यह लाभदायक है । रेस, सट्टा, लाटरी में इसे लाभ नहीं होता अन्य बातों में भाग्यशाली होता है । ३-६-११ स्थानों में यह राहु अरिष्ट दूर करता है ।

अज्ञातमत—इसका व्यवसाय ठीक नहीं चलता, कर्ज रहता है । यह राहु उच्च वा स्वगृह का हो तो राजा द्वारा आदर पाता है । सुखी तथा धनी होता है । विदेशियों से धन वा कीर्ति मिलती है । मनुष्य विद्वान्, विनोदी, लज्जाशील, शास्त्रज्ञ, युद्ध में विजयी और बहरा (बधिर) होता है । सन्तति कम होती है ।

विचार और अनुभव—लेखकों ने प्रायः एकादश राहु के फल शुभ ही बतलाए हैं—ये स्त्रीराशियों में मिलते हैं। अशुभफल पुरुषराशियों में

अनुभव में आते हैं। पुरुषराशि में एकादश राहु हो तो पुत्र सन्तति में बाधा पड़ती है और इसका कारण पूर्वजन्म का शाप होता है। इस शाप का अनुभव कई प्रकार से होता है--जैसे पुत्रमरण, गर्भपात, स्त्री को सन्तति प्रतिबन्धक रोग का होना आदि। सहसा श्रीमान् हो जाऊँ--इस अभिलाषा से एकादशभाव गत राहु का मनुष्य रेस, सट्टा-लाटरी-जूआ आदि में धन का खर्च करता है। इसी कांक्षा से, अधिकारी हो तो अन्धाधुन्ध रिश्वत लेता है और कानून के शिकञ्जे में आ जाता है। इसी कारण यह लोभी, परद्रव्यापहारी और वरताव अनियमित होता है—मित्रों से हानि, भाग्योदय में रुकावटें आती हैं।

यह राहु स्त्रीराशि में हो तो प्रथम सन्तान कन्या, बहुतकाल के अनन्तर पुत्र होता है। कन्याएँ अधिक होती हैं—मित्र अच्छे-उनके साहाय्य से जीवन अच्छा मित्र ज्योतिषी वा मंत्रशास्त्रवेत्ता होते हैं। मनुष्य अधिकारी होकर रिश्वत खाता है किन्तु कानून की गिरिफ्त में नहीं आता। व्यवसाय करे वा नौकरी करे-दोनों ही सफल होते हैं। बड़े भाई की मृत्यु-वा इसकी वेकारी से कुटुम्ब का बोझ स्वयं उठाना होता है। ४२ वें वर्ष में सहसा धन प्राप्ति सम्भावित होती है। २८ वें वर्ष जीविका का आरम्भ होना सम्भावित है। २७ वें वर्ष में विवाह सम्भावित होता है।

द्वादशभावगत राहु के फल—

"तमो' द्वादशे दीनतांपार्श्वशूलं प्रयत्ने कृतेऽनर्थतामातनोति।
खलैः मित्रतां साधुलोके रिपुत्वं विरामे मनोवांछितार्थस्य सिद्धिम् ॥१२॥

अन्वय :— द्वादशे (स्थितः) तमः दीनतां पार्श्वशूलं (च करोति) प्रयत्ने कृते (अपि) अनर्थतां (ददाति) खलैः मित्रतां, साधुलोके रिपुत्वं, विरामे मनोवांछितार्थस्य सिद्धिं (च) आतनोति ॥ १२ ॥

सं० टी०—द्वादशे तमः दीनतां, पार्श्वशूलं क्रोडे वातपीड़ां, खलैः मित्रतां, साधुलोके सज्जने रिपुत्वं शत्रुत्वभावं, प्रयत्ने कृते अनर्थतां स्वेष्टकार्यं वैपरीत्यं परिणामे मनश्चिन्तितार्थस्य सिद्धिं आतनोति इत्यस्य सर्वत्र अन्वयः ॥ १२ ॥

अर्थ—जिस मनुष्य के जन्मलग्न से द्वादशभाव में राहु हो वह दीन होता है। इसकी पसली में शूल होता है। चाहे जितना उद्योग किया जावे काम में सफलता नहीं मिलती-उलटे काम विगड़ता है। यह दुष्टों का मित्र और सज्जनों का शत्रु होता है। अन्त में इसकी इच्छाएँ पूरी होती हैं॥

तुलना—"यदा रिष्फे राहुः जनुषिभविनां दैन्यमधिकं,
तथा शूलं पार्श्वे हृदयकमले चानिलकृतम्।
कृते यत्नेऽनर्थः प्रभवति विरामे शुभफलं,
खलैः मैत्री शश्वत् परमरिपुता सज्जनगणैः॥ जीवनाथ

अर्थ—जिस मनुष्य के जन्मकाल में राहु द्वादशभाव में हो उसे अधिक दीनता, पार्श्व और हृदय में वातजन्य शूल होता है। प्रयत्न करने पर भी (आदि में) अनिष्टफल तथा अन्त में शुभफल होता है। इसकी दुष्टों से मैत्री एवं सज्जनों से परमशत्रुता निरन्तर बनी रहती है ॥

"रासः स्थितो यदा यस्य खर्चखाने भवेत्तदा ।
कलहप्रियवेकारः कर्जमन्दश्च मुफ्लिशः ॥" खानखाना

अर्थ—यदि राहु द्वादशभाव में हो तो मनुष्य कलहप्रिय, व्यर्थ समय बितानेवाला, कर्जा करनेवाला और दरिद्र होता है ॥

"नेत्रेच्च रोगं किलपाद घातं प्रपञ्चभावं किलवात्सलत्वम् ।
दुष्टे रतिं मध्यमसेवनं च करोति जातं व्ययगे तमे वा ॥" महेश

अर्थ—जिस मनुष्य के जन्मकाल में राहु द्वादशभाव में हो उसे नेत्ररोग होते हैं। इसके पैर में जख्म होता है। यह प्रपञ्ची होता है। यह प्रीति करने वाला होता है। यह बुरे लोगों से प्रीति करता है—यह उत्तमकोटि के मनुष्यों का सेवन नहीं करता है, प्रत्युत मध्यमकोटि के मनुष्यों की सङ्गति में रहता है।

"विधुंतुदे रिःफगते विशीलः सम्पत्तिशाली विकलश्च साधुः ॥" वैद्यनाथ

अर्थ—यदि राहु द्वादश में हो तो मनुष्य शीलहीन, धनी, व्यंग से युक्त और परोपकारी होता है ॥

"व्ययस्थानगते राहौ नीचकर्मरतः सदा ।
असद्व्ययी पापबुद्धिः कपटी कुलदूषकः ॥" गर्ग

अर्थ—यदि राहु द्वादशभाव में हो तो मनुष्य नीचकर्म करनेवाला, बुरे कामों में धन का खर्च करनेवाला, पापी विचारों का, कपट-छल करनेवाला, और कुल को कलंकित करनेवाला होता है ॥

"तमे द्वादशे विग्रहे संग्रहेपि प्रपातात् प्रयातोऽथ संजायते हि ।
नरोभ्राम्यतीतस्ततो नार्थसिद्धिः विरामे मनोवांछितस्य प्रवृद्धि ॥"
वृहद्यवनजातक

अर्थ—द्वादशभाव में यदि राहु हो तो मनुष्य घर में झगड़ा करता है—गिर पड़ता है। इधर-उधर घूमता फिरता है किन्तु इसे धन प्राप्त नहीं होता प्रत्युत इसके काम बिगड़ जाते हैं। किन्तु यदि यह एक जगह स्थिर होकर बैठता है तो इसकी इच्छाएँ पूरी होती हैं ॥

"व्ययस्थिते सोमरिपौ नराणां धर्मार्थहीनो बहुदुःखतप्तः ।
कान्तावियुक्तश्च विदेशवासी सुखैश्चहीनः कुनखी कुवेषः ॥" मानसागर

अर्थ—द्वादशभाव में राहु हो तो मनुष्य धर्म और धन से हीन, बहुत दुःखी स्त्री से दूर रहनेवाला, विदेश में जानेवाला, सुखरहित, बुरे नखवाला और गन्दे कपड़े पहिननेवाला होता है ॥

"नेत्रे च रोगं किलपादघातं प्रपञ्चभावं किल वत्सलत्वम्।
दुष्टे रतिं मध्यमसेवनं च करोति जातं व्ययगे तमे वा ॥" ढुण्ढिराज

अर्थ—आँख में रोग पाँव पर जख्म होते हैं यदि राहु द्वादशभाव में होता है। मनुष्य प्रपञ्च में लगा रहता है। यह स्नेहशील होता है। इस मनुष्य का प्रेम दुष्टों में होता है। यह मध्यमदर्जे के लोगों की सेवा में रहता है उत्तम और श्रेष्ठ लोगों की सङ्गति में रहना पसन्द नहीं करता है॥

"प्रच्छन्नाग्ररतो बहुव्ययकरो रिःफेऽम्बुरुक् पीड़ितः।" मन्त्रेश्वर

अर्थ—यदि राहु द्वादशभाव में हो तो मनुष्य गुप्तरूप से पाप करता है—बहुत खर्च करता है। जलोदार रोग से पीड़ित होता है॥

'तथा राहुणा बुदबुदं नेत्रयुग्मम्,
यदा सैंहिकेयस्तथा पातनामा व्ययेचेन्नराणां सदा म्लेच्छभिल्लैः।
धनं भुज्यते मातुलेवे कुठारः स्वयंतप्यते क्रोधयुक्तोजनेषु ॥ जागेश्वर

अर्थ—यदि राहु द्वादशभाव में हो तो मनुष्य की आँखों में रोग होते हैं। इसका धन म्लेच्छ और भील लूटते हैं। मामा की मृत्यु होती है। लोगों पर क्रोध करके स्वयं सन्तप्त होता है।

"बुद्धिमंदः कृशांगाभिभूतस्तथा बंधुवैरी विरोधीशठो दुर्बलः।
कुव्ययेनान्वितो मानवः संभवेत् भानुभावस्थितो भानुशत्रुः भवेत्॥" हरिवंश

अर्थ—यदि राहु द्वादशभाव में हो तो मनुष्य मंदबुद्धि, दुर्बल, अपने बाधवों का बैरी, शठ, विरोधी, बुरे कामों में धन खर्च करनेवाला होता है।

"रूपत्वं द्वादशस्थः सुखमतिनितरां चक्षुरोगं प्रसूतौ॥" वशिष्ठ

अर्थ—यदि राहु द्वादशभाव में हो तो मनुष्य रूपवान् बहुत सुखी किन्तु चक्षुरोगी होता है।

भृगुसूत्र—अल्पपुत्रः। नेत्ररोगी। पापगतिः। धनव्ययं च कष्टं च राजपीडां रिपुक्षयम् जायापीडा भवेन्नित्यं स्वर्भानुः द्वादशे यदि।

अर्थ—यदि राहु द्वादश में हो तो मनुष्य को पुत्र संतान कम होती है। आंख में रोग होता है। इसका आचरण पापमय होता है। धन का खर्च, कष्ट, राजा से पीडा, शत्रुनाश औरे स्त्री को कष्ट—ये दुष्ट और अशुभ फल द्वादश राहु के होते हैं।

पाश्चात्यमत—सार्वजनिक संस्थाओं से लाभ होता है। अध्यात्मज्ञान के लिए यह शुभ है। यह राहु अवैध सम्बन्ध से जन्म सूचित करता है। इस स्थान में मिथुन, धनु, वा मीन में राहु मुक्तिदायक होता है। यह राहु उच्च वा स्वगृह में हो तो शुभ फल देता है।

विचार और अनुभव—द्वादशभावगत राहु के प्रायः अशुभ फल हैं-इस मत के लेखक गणना में अधिक हैं। दो एक ने शुभफल बतलाए हैं। वैद्यनाथ ने "धनप्राप्ति" तो शेष ने दारिद्रय फल बतलाया है। नेत्ररोग होते हैं 'यह

फल सभी ने कहा है। धनस्थान और व्ययस्थान नेत्रकारक स्थान है। यही कारण है कि नेत्ररोग का होना सभी ने बतलाया है। पुत्र कम होते हैं। यह फल अनुभवगम्य है, यद्यपि द्वादशभाव का सम्बन्ध पुत्रों से नहीं है। पुरुषराशि में राहु हो तो नेत्ररोग सम्भव हैं। एक वा दो ही संतति होती है। दो विवाह होते हैं। परिणीतास्त्री से असंतोष व्यभिचारी प्रवृत्ति का कारण होता है। स्त्री का सदैव रुग्णा रहना अथवा माता-पिता के घर अधिक समय तक निवास भी व्यभिचारी प्रवृत्ति को प्रोत्साहित करता है।

स्त्रीराशि का राहु स्त्रीसुख साधारणतया अच्छा देता है। तौ भी विवाह दो होते हैं। स्त्रीराशि का राहु नेत्ररोग नहीं करता। दृष्टिमांद्य नहीं होता संतति अधिक। पहिली उमर में स्थिरता नहीं होती, कुटुम्ब छोड़कर दूर उत्तर की ओर जीविका के लिए जाना पड़ता है। यह राहु जन्मभूमि में लाभ नहीं देता, बाहिर भाग्योदय होता है। यह राहु मनुष्य को पराक्रमी और यशस्वी बनाता है—यह बहुत कमाता है। खर्च भी बहुत करता है। इस राहु का व्यक्ति महत्वाकांक्षी, उदार, उच्चादर्शवाला, वाङ्मयप्रेमी और मिलनसार होता है। वेदान्त की रुचि हो तो साधुवृत्ति होता है। द्वादशभावस्थराहु से निम्नलिखित बातें सम्भावित होती हैं–१२ वें वर्ष में माता वा पिता की मृत्यु, २१-२२ वें वर्ष में जीविका का प्रारम्भ, १६ वें वर्ष में पैतृक धन का लाभ ३५ वें वर्ष भाग्योदय, बचपन में पहिला विवाह हुआ हो तो २१ वें वर्ष दूसरा विवाह होता है। अथवा ३२ से ३६ वें वर्ष तक दूसरे विवाह की सम्भावना होती है।

केतु के द्वादशभावफल—प्रथम स्थानस्थ केतु फल—

"तनुस्थः शिखी बांधवक्लेशकर्ता तथा दुर्जनेभ्यो भयं व्याकुलत्वम्।
कलत्रादिचिंता सदोद्वेगता च शरीरे व्यथा नैकधा मारुती स्यात्॥ १॥

अन्वय—तनुस्थः शिखी बांधवक्लेशकर्ता (स्यात्) तथा दुर्जनेभ्यः भयं व्याकुलत्वं च, करोति। (तस्य) कलत्रादि चिंता सदाउद्वेगता च, शरीरे न एकधा मारुती व्यथा स्यात्॥ १॥

सं॰ टी॰—अथ केतोः भावफलान्याह। यस्य जन्मकाले शिखी केतुः तनुस्थः लग्नस्थः बांधवैः भ्रातृभिः क्लेशकर्ता कलहकारकः, दुर्जनेभ्यः दुष्टजनेभ्यः भयं व्याकुलत्वं मनोव्यग्रता, कलत्रादि चिंता, सदा उद्वेगता उद्वेगः, शरीरे देहे मारुती वायुसंबंधिनी पीडा अनेकधा स्यात् इत्यर्थः॥ १॥

अर्थ—जिस मनुष्य के जन्मलग्न में केतु हो उसे बांधवों का क्लेश होता है। यह केतु दुर्जनों से भय, और चित्त में घबराहट भी करता है। मनुष्य को स्त्री-पुत्र आदि की चिंता, सर्वदा चित्त में भ्रम और शरीर में अनेक प्रकार से वातरोग की पीडा होती है॥ १॥

तुलना—"यदा केतुः लग्ने जननसमये वांधवजनैः।
महाक्लेशः शश्वद् भयमपि सदा दुर्जनकुलात् ॥
मनश्चिंताधिक्यं प्रभवति कलत्रार्तिरधिका।
जनानां वैकल्यं सततमुदो कष्टमधिकम् ॥" जीवनाथ

अर्थ—जिस मनुष्य के जन्मकाल में केतु लग्न में हो उसे अपने बंधुजनों से निरंतर महान् क्लेश और दुर्जनों से सदा भय होता है। मानसिक चिंता की अधिकता, स्त्री को कष्ट, विकलता और पेट में दर्द आदि पीड़ा अधिक होती है।

नोट—खानखाना ने केतु के फल पृथक् नहीं कथन किए हैं। इसके मत में राहुवत् केतु के भावफल हैं।

"यदा लग्नगश्चे च छिखी सूत्रकर्ता सरोगादि भोगोभयं व्यग्रता च।
कलत्रादिचिंता महोद् वेगता च शरीरे प्रवाधा व्यथा मारुतस्य ॥" महेश

अर्थ—जिसके लग्नभाव में केतु हो वह रोगी, डरपोक, चिंतातुर, स्त्री आदि की चिंता से युक्त, शरीर कष्ट से पीड़ित, वातरोगी और उद्‌विग्न होता है।

"स्थिरार्थे.पुत्रवान् कुरुते मंदक्षेत्रोदये शिखी ॥" वैद्यनाथ

अर्थ—लग्न में सिंह राशि में राहु हो तो राजवैभव मिलता है। मकर वा कुंभ में, लग्न में, केतु हो तो स्थिर संपत्ति तथा पुत्रसुख मिलता है।

"यस्य लग्नोपशः केतुः तस्य भार्या विनश्यति।
बाहुरोगस्तथाव्याधिर्मिथ्यावादी च जायते" ॥ गर्ग

अर्थ—लग्न में केतु हो तो मनुष्य की पत्नी की मृत्यु होती है। बाहु का रोग होता है। व्यक्ति झूठ बोलनेवाला होता है।

"लग्ने कृतघ्नमसुखं पिशुनं विवर्णं स्थानच्युतं विकलदेहमसत्समाजम् ॥"

मन्त्रेश्वर

अर्थ—लग्न में केतु हो तो मनुष्य कृतघ्न, दुःखी, दुष्ट, निस्तेज, पदच्युत शरीर में विकल तथा बुरी संगति से युक्त होता है।

"केतुः यदा लग्नगः क्लेशकर्ता सरोगाद् विभागाद्भयं व्यग्रता च।
कलत्रादिचिंता महोद्‌वेगता च शरीरेऽपि बाधा व्यथामातुलस्य ॥"

वृहद्‌यवनजातक

अर्थ—लग्न में केतु हो तो क्लेश, रोग, व्यग्रता, उद्‌वेग, स्त्री की चिन्ता, भोग से भी भय, तथा मामा को कष्ट होता है।

"तनुस्थः शिखी बांधवक्लेशकर्ता तथा दुर्जनेभ्योभयं व्याकुलत्वम्।
कलत्रादिचिन्ता सदोद्‌वेगता च शरीरे व्यथा नैकदा मारुती स्यात्" ॥

मानसागर

अर्थ—लग्न में केतु हो तो बांधवों को कष्ट होता है। दुर्जनों से भय, व्याकुलता, स्त्री आदि की चिन्ता, उद्वेग, रोग तथा कई बार वात से पीड़ा होती है।

"यदा लग्नगः चेत् शिखी सूत्रकर्ता सरोगादिभोगं ययं व्यग्रता च।
कलत्रादिचिन्ता महोद्वेगता च शरीरेप्रवाधा व्यथा मारुतस्य" ॥ ढुण्ढिराज

अर्थ—जिसके लग्न में केतु हो वह सूत बनानेवाला, रोगी, भय से व्याकुल स्त्री आदि की चिन्ता करनेवाला, बड़े उद्वेग और वातरोग से युक्त होता है।

नोट—भृगुसूत्रकर्ता ने पृथक् केतु के फल नहीं लिखे हैं।

"यदा केतवो लग्नगोभग्नता च तदा रोगवृद्धिः भवेद्घातपातः ॥" अज्ञात

अर्थ—यदि केतु लग्न में हो तो मनुष्य के शरीर का अवयव टूटता है। रोग बढ़ता है और अपघात होता है।

विचार और अनुभव—लग्नभाव में स्थित केतु के फल सर्वथा अशुभ हैं—संपूर्ण लेखकों का यही मत है।

द्वितीयभावस्थित केतु के फल—

"धने केतुरव्यग्रता किं नरेशात् धनेधान्यनाशो मुखेरोगकृच्च।
कुटुंबाद्विरोधो वचःसत्कृतं वा भवेत् स्वेगृहे सौम्यगेहेऽतिसोख्यम्॥२॥

अन्वय—धने (वर्तमानः) केतुः मुखेरोगकृत्, धने नरेशात् अव्यंग्रता किं (स्यात्) धान्यनाशः कुटुम्बात् विरोधः (च) भवेत्, (तस्य) वचः सत्कृतं वाकिम्? स्वेगृहे सौमगृहे (च) अतिसौख्यं (स्यात्)

सं॰ टी॰—धने द्वितीये केतुः चेत् तदा धने द्रव्यविषये नरेशात् राज्ञः सकाशात् अव्यग्रता किं भवेत्? अपितु न इत्यर्थः। धान्यस्य आश्रितनस्य नाशः स्यात्। मुखे रोगकृत् रोगकरः कुटुम्बात् मित्रादिभिः सह विरोधः, किं सत्कृतैवचः शोभनवाक्यं अपि न, स्वेगोमेषगते सौम्यगृहे कन्यामिथुनयोः अति सौख्यं च भवेत्॥ २॥

अर्थ—केतु दूसरेभाव में हो तो धन के विषय में राजपक्ष से व्यग्रता अर्थात् डर लगा रहता है। अर्थात् राजा किसी कारण से हमारा धन दण्डरूप में न लूट ले मन में इस प्रकार की उधेड़-बुन लगी रहती है और चित्त अशांत रहता है, अन्न का नाश होता है। अर्थात् अन्न की नित्य चिन्ता रहती है। अथवा जिस स्थान से आश्रयप्राप्ति की आशा होती है उस आश्रयस्थान का ही नाश होता है और व्यक्ति दाने-दाने के लिए मुहताज और दूसरे का मुख ताकता है। इस भाव के केतु से व्यक्ति का कुटुम्ब के लोगों से तथा मित्रों से विरोध होता है। आदर-सत्कार का वचन भी उसके मुख से नहीं निकलता है। परन्तु यदि इस भाव का केतु मेष वा मिथुन वा कन्याराशि का हो तो अत्यन्त सुख प्राप्त होता है॥ २॥

तुलना—"मतिः व्यग्रानित्यं भवति नृपतेरर्थभवने ।
तमः पुच्छे धान्यक्षतिरपिकलिः बांधवजनैः ॥
तथारूक्षावाणी सदसि निजपक्षार्तिरभितः ।
स्वभे सद्धेतस्मिन्नमितसुखमर्थश्च भविनाम्" ॥ जीवनाथ

अर्थ—जिस मनुष्य के जन्मसमय में केतु धनभाव में हो तो मनुष्य की मति नित्य व्यग्र रहती है। राजा से धन की हानि होती है। बान्धवजनों के साथ कलह होता है। सभा में इसका भाषण सरस नहीं होता है प्रत्युत खराब होता है। अपने पक्षवालों को चारों ओर से कष्ट होता है। धनभाव का यह केतु यदि मेषराशि में अथवा मिथुन वा कन्याराशि का हो, अथवा शुभग्रह की शिरा का हो तो अमितसुख तथा धन का लाभ होता है।

"जनापराधी शिखिनि द्वितीयगे ॥" वैद्यनाथ

अर्थ—यदि केतु द्वितीयभाव में हो तो मनुष्य लोगों के अपराध करता है।

"द्वितीयभवने केतुः धनहानिं प्रयच्छति ।
नीचसंगी च दुष्टात्मा सुखसौभाग्य वर्जितः ॥" गर्ग

अर्थ—धनस्थान का केतु धनहानि करता है। मनुष्य नीचों की संगति में रहता है। यह दुष्ट, दुःखी तथा भाग्यहीन होता है।

"धने केतुगे धान्यनाशं धने च कुटुम्बाद् विरोधो नृपाद्द्रव्यचिंता ।
मुखेरोगता संततं स्यात् तथा च यदास्वेगृहे सौम्यगेहे च सौख्यम्" ॥
वृहद्यवनजातक

अर्थ—धनस्थान का केतु धन-धान्य का नाश करता है। कुटुम्बियों से झगड़े होते हैं। धनविषय में राजा से भय होता है। मुख के रोग होते हैं। केतु स्वगृह में अथवा शुभग्रह की राशि में हो तो ही सुख देता है।

"विद्यार्थहीनमधमोक्तियुतं कुदृष्टिपातः परान्ननिरतं कुरुते धनस्थः" ॥ मन्त्रेश्वर

अर्थ—केतु के धनस्थ होने से मनुष्य को विद्या और धन का अभाव रहता है। यह नीचों जैसा बोलता है। यह बुरी नजर से देखता है। यह दूसरों के अन्न पर अवलम्बित रहता है—अर्थात् दूसरों के टुकड़ों पर पलता है। "परधनपुष्टाः परान्नपुष्टाः।" ऐसा काव्यसुभाषित प्रसंगानुकूल है।

"धनेचेत् शिखी धान्यनाशो धनं च कुटुंबात् विरोधो नृपाद् द्रव्यचिंता ।
मुखेरोगता संततंस्यात् तथा च यदास्वेगृहे सौम्यगेहेति सौख्यम्" ॥ महेश

अर्थ—धनभाव का केतु हो तो धन का नाश, धान्य का नाश, कुटुंब से विरोध, द्रव्य के विषय में राजा से भय, मुख में रोग होता है। यदि धनभाव का केतु स्वगृह (मेष) में वा सौमग्रह (मिथुन-कन्या) में हो, वा शुभग्रह की राशि में हो तो बहुत सुख देता है।

"धने केतुरव्यग्रता किं नरेशगृहे धान्यनाशो मुखेरोगकृच्च ।
कुटुंबाद् विरोधःवचः सत्कृतं वा भवेत् स्वेगृहे सौम्यगेहेऽतिसौख्यम्" ॥ मानसागर

अर्थ—द्वितीयभाव में केतु होतो दुष्टराजा के द्वारा धन-धान्य का नाश, मुख में रोग, कुटुंबियों से विरोध होता है। यदि धनभाव का केतु स्वगृह में वा शुभग्रह की राशि में हो तो मनुष्य प्रिय तथा मधुरवचनवक्ता और सुखी होता है।

"धने चेत् शिखी धान्यनाशो जनानां कुटुम्बाद्विरोधो नृपाद् द्रव्यचिंता।
मुखेरोगता संततं स्यात् तथासौ यदास्वेगृहे सौम्यगेहेऽतिसौख्यम्" ॥ ढुण्ढिराज

अर्थ—जिसके धनभाव में केतु हो उसका धन-धान्य का नाश, कुटुंब से विरोध, राजा से धन की हानि और सदा मुख में रोग होता है। यदि यह केतु अपने गृह में वा शुभग्रह के गृह में हो तो अति सुख होता है॥

"धनस्थोऽत्रकेतुः मतिभ्रंशहेतुः स्त्रियः सौख्यहारी तथा विघ्नकारी।
मनस्तापकारी नृपाद् भीतिकष्टं सदा दुःखभागी द्विषत् सन्निभाषी"॥ अज्ञात

अर्थ—धनभाव का केतु हो तो मनुष्य बुद्धिभ्रम से युक्त, स्त्रीसुख से रहित और विघ्नयुक्त होता है। इसके मन को ताप होता है। इसे राजा से भय और कष्ट होता है। यह सदा दुःखित रहता है। यह शत्रु समान बोलता है। यह धर्मनाश करता है। बोलना बहुत तीखा होता है। यह केतु स्वगृह वा शुभग्रह की राशि में हो तो बहुत सुख देता है। मित्रग्रह की राशि में हो तो शुभफल देता है। मेष, मिथुन वा कन्या में हो तो व्यक्ति रूपवान् वा सुखी होता है।

तृतीयस्थकेतु के फल—

"शिखी विक्रमे शत्रुनाशं विवादं धनं भोगमैश्वर्यतेजोऽधिकं च।
सुहृद्वर्गनाशं सदा बाहुपीडां भयोद्वेगचिंताऽकुलत्वं विधत्ते॥ ३॥

अन्वयः—शिखी विक्रमे (स्थितः) शत्रुनाशं विवादं धनं भोगं ऐश्वर्यं-तेजोऽधिकं, सुहृद्वर्गनाशं सदा बाहुपीडां भयोद्वेगचिंताऽकुलत्वं च विधत्ते॥३॥

सं० टी०—विक्रमे तृतीये शिखी केतुः चेत्, धनं भोगं भोगविषयसुखं ऐश्वर्यतेजः एतत्त्रयं अपि अधिकं, शत्रुनाशं च पुनः विवादं सुहृद्वर्गनाशं बाहु-पीडां, सदा भयोद्वेग चिंताभिः आकुलत्वं विधत्ते॥ ३॥

अर्थ—यदि केतु तृतीयभाव में हो तो यह शत्रुओं का नाश करता है। व्यर्थ का विवाद होता है। मनुष्य को विषयभोग, ऐश्वर्य और तेज अधिक मात्रा में प्राप्त होते हैं। मनुष्य के मित्रों का नाश होता है। भुजाओं में पीड़ा होती है। भय, चित्त में भ्रम और चिन्ता से व्याकुलता भी होते हैं।

तुलना—"तृतीये चेत् केतुः भवतिसुखहेतुः तनुभृतां,
धनानां भोगानां परममहसां चापि जनने।
विनाशः शत्रूणां प्रवरसमरे बाहुयुगले,
व्यथा भीतिः चिंता, निजसुहृदि पीडा च परितः" ॥ जीवनाथ

अर्थ—यदि केतु तृतीयभाव में हो तो मनुष्य को सुख मिलता है–इस भाव के केतु से धन, भोग और परमतेज प्राप्त होते हैं। भीषणयुद्ध में शत्रुओं का नाश होता है। मनुष्य की भुजाओं में व्यथा, भय, चिंता तथा मित्रों को कष्ट होता है।

"शिखी विक्रमे शत्रुनाशं च वादं धनं भोगमैश्वर्यतेजोऽधिकंच।
भवेद् बंधुनाशः सदावाहुपाडा सुखं स्वोच्चगेहे भवोद्वेगता च" ॥ महेश

अर्थ—यदि केतु तृतीयभाव में हो तो शत्रुओं का नाश होता है। इस मनुष्य का वाद-विवाद शत्रुओं से होता है। इसे धन, भोग, ऐश्वर्य और अधिक तेज प्राप्त होते हैं। इसके भ्राताओं का नाश होता है। इसकी भुजाओं में सदा पीडा होती है। यह संसार में उदासीन रहता है। यदि यह केतु स्वगृही वा उच्च का हो तो सुख मिलता है।

"केतौ गुणी वित्तवान्" ॥ वैद्यनाथ

अर्थ—तृतीयभाव में केतु हो तो मनुष्य गुणी और धनी होता है।

"आयुः बलं धनयशः प्रमदान्नसौख्यं केतौ तृतीयभवने सहजप्रणाशम्" ॥ मन्त्रेश्वर

अर्थ—यदि केतु तृतीयभाव में हो तो मनुष्य को आयु, बल धन, यश, स्त्री तथा खानपान का सुख मिलता है। किन्तु भाइयों का नाश होता है।

"शिखी विक्रमे शत्रुनाशं च वादं धनस्याभिलाभं भयं मित्रतोऽपि।
करोतीह नाशं सदाबाहुपीडां भयोद्वेगतां मानवोद्वेगतांच" ॥ बृहद्यवनजातक

अर्थ—तृतीयभाव का केतु शत्रु का नाश करता है। इसे धनलाभ होता है किंतु मित्र से भी हानि का डर रहता है। विवाद होते हैं। बाहुओं में कष्ट होता है। समाज से उद्वेग और भय होता है।

"शिखी विक्रमे शत्रुनाशं विवादं धनं भोगमैश्वर्यतेजोऽधिकं च।
सुहृद्वर्गनाशं सदाबाहुपीडां भयोद्वेगचिंतां कुले तां विधत्ते" ॥ मानसागर

अर्थ—तृतीय केतु शत्रु का नाश करके धन, भोग, ऐश्वर्य और अधिक तेज देता है। इसे कुल की चिंता, उद्वेग, बाहु में पीड़ा, मित्रों की हानि तथा विवाद से कष्ट होता है।

"शिखी विक्रमे शत्रुनाशं विवादं धनं भोगमैश्वर्यं तेजोऽधिकं च।
भवेद् बन्धुनाशः सदा बाहुपीडा सुखं स्वोच्चगेहे भयोद्वेगता च" ॥ ढुण्ढिराज

अर्थ—तृतीय में केतु हो तो शत्रु का नाश, विवाद, धन, भोग, ऐश्वर्य और अधिक तेज, ये फल होते हैं। मनुष्य को भाइयों का नाश, सदैव भुजाओं में पीड़ा, भय और उदासीनता ये फल मिलते हैं। यदि केतु स्वगृह और उच्च में हो तो सुख मिलता है।

"यदाकेतुगस्ते कुहस्तोऽत्ररोगी भवेत् शत्रुभोमंतिनीनां च भोक्ता।
भवेन् मानसे दुःखितं बंधुकष्टं विशिष्टं फलं विक्रमे संविधत्ते" ॥ जागेश्वर

अर्थ—तृतीय में केतु से हाथ अच्छा नहीं होता, रोगी, शत्रु की स्त्रियों का उपभोग करनेवाला, मन में दुःखी तथा भाइयों के कष्ट से युक्त होता है।

"तृतीयस्थितो यस्य मर्त्यस्य केतुः सदा धीरतां शत्रुनाशं करोति ।
धनस्यागमं वीर्यवृद्धिं सदैव तथा दानशीलादिमध्ये विलासी ॥ अज्ञात

अर्थ—तृतीयभाव में केतु हो तो मनुष्य धैर्यवान्, शत्रु का नाश करने वाला धनवान्, बलवान् तथा दानशील पुरुषों के साथ रहनेवाला होता है। केतु शुभराशि में, स्वगृह में वा उच्चराशि में हो तो सुख मिलता है।—नीच राशि में हो तो सुख नहीं मिलता है। सिंह वा धनु में केतु हो तो हृदयरोग, बहरापन, कन्धे पर आघात से कष्ट होता है। मीन में यह केतु हो तो व्यक्ति अध्यात्म विद्या में कुशल होता है।

चतुर्थस्थानगत केतु के फल—

**"चतुर्थे च मातुः सुखेनो कदाचित् सुहृद्वर्गतः पैतृकं नाशयेति ।
शिखी बन्धुवर्गात् सुखं स्वोच्चगेहे चिरं नो वसेत् स्वेगृहे व्यग्रताचेत् ॥४।**

अन्वयः—(यदा) शिखी चतुर्थे (स्यात्, तदा) मातुः सुहृद्वर्गतः (च) कदाचित् सुखं न (स्यात्) (तस्य) पैतृकं (धनं) नाशं एति, (सः) स्वेगृहे चिरं नो वसेत् (तस्य) व्यग्रता (स्यात्) (चेत्) स्वोच्चगेहे बन्धुवर्गात् सुखं (भवेत्) । ४ ।

सं० टी०—चतुर्थे शिखी चेत् मातुः नो सुखं, सुहृद्वर्गात् कदाचित् नो सुखं, पैतृकं पितृसम्बन्धि धनादिवस्तुनाशं एति, स्वगृहे चिरं नो वसेत्। वासः चेत् व्यग्रता व्याकुलत्वं स्वोचगेहे स्वोच्चे धनुषि, स्वगेहे मीने शिखी (स्यात्) तदा बन्धुवर्गात् सुखं भवेत् इति शेषः सर्वत्र ॥ ४ ॥

अर्थ—जिस मनुष्य के जन्मलग्न से चौथेस्थान में केतु हो उसे माता से और मित्रों से कभी सुख नहीं होता है। उसके पिता का धन नष्ट होता है। वह अपने घर में बहुत रहता नहीं है। यदि रहे तो उसके चित्त में घबराहट होती है। यदि केतु अपने स्वगृह (मीन) में हो, वा अपनी उच्चराशि में (धनुष में) हो तो बान्धव लोगों से सुख होता है ॥ ४ ॥

तुलना—"सुखे केतुः पुंसां भवति नहि मातुः सुखमलं,
सुहृद्वर्गादेव व्रजति विलयं पैतृक धनम् ।
स्वगेहे नो वासः सपदि च निवासेन कलहो,
निजोच्चे स्वक्षेत्रे सतुभवति बन्धोः सुखमलम् ॥ **जीवनाथ**

अर्थ—जिस मनुष्य के जन्मसमय में केतु चतुर्थभाव में हो उसे माता का पूर्णसुख नहीं होता है। मित्र वर्गों के द्वारा ही पैतृक धन का नाश होता है। उसका वास अपने घर में कभी नहीं होता। यदि वह वास करता है तो शीघ्र ही घर में कलह होता है। यदि केतु चतुर्थभाव में होकर अपने उच्च में हो वा अपने गृह में हो तो बन्धुओं का पूर्ण सुख होता है।

"केतौ सुखस्थे च परापवादी ।" **वैद्यनाथ**

अर्थ—चतुर्थभाव में केतु हो तो मनुष्य दूसरों की निन्दा करता है।

"चतुर्थे भवने केतुः मातापित्रोस्तुकष्टकृत्।
अतिचिंता महाकष्टं सुहृद्भिः सुखवर्जिनम्॥ गर्ग

अर्थ—चतुर्थभाव में केतु हो तो माता-पिता को कष्ट देता है। मित्रों का सुख नहीं मिलता। बहुत चिंता और बहुत कष्ट होता है।

"भू क्षेत्र यान जननी सुख जन्मभूमि नाशं सुखे परगृहस्थितिमेव दत्ते॥ मंत्रेश्वर

अर्थ—यदि चतुर्थ में केतु हो तो मनुष्य दूसरे के घर में रहता है। इसकी अपनी भूमि, खेत, माता, सुख, आदि नष्ट हो जाते हैं। इसे जन्मभूमि भी छोड़नी पड़ती है।

"चतुर्थे च मातुः सुखं नो कदाचित् सुहृद्वर्गतः पितृतो नाशमेति।
शिखी बन्धुहीनः सुखं स्वोच्चगेहे चिरं नैति सर्वैः सदा व्यग्रताच॥" ढुण्ढिराज

अर्थ—जिसके चतुर्थभाव में केतु हो उसको माता और मित्रवर्ग से सुख नहीं मिलता है। पिता के द्वारा हानि होती है। बन्धुओं के सुख से रहित होता है। यदि केतु अपने गृह, वा अपने उच्च में हो तो थोड़ा समय सुखी परंच सदा व्यग्रतायुक्त होता है।

"चतुर्थे तु केतौ भवेन् मातृकष्टं तथामित्रसौख्यं न पित्र्यं नराणाम्।
सदा चिंतया चिंतितं नैव सभ्यं यदा चोच्चगो नैव वादं विद्ध्वम्॥ जागेश्वर

अर्थ—चतुर्थभाव के केतु से माता को कष्ट होता है। मित्रों का सुख तथा पैतृकधन नहीं मिलता। हमेशा चिंता रहती है। सभा में अयोग्य सिद्ध होता है। केतु उच्च का हो तो वाद नहीं करना चाहिये।

"चतुर्थे न मातुः सुखं नो कदाचित् सुहृद्वर्गतः पैतृकं नाशमेति।
शिखी बन्धुवर्गात् सुख स्वोच्चगेहे चिरं नो वसेत् स्वेगृहे व्यग्रताचेत्॥ मानसागर

अर्थ—चतुर्थभाव में केतु हो तो माता तथा मित्रवर्ग से सुख नहीं होता है। तथा पिता द्वारा उपार्जित धन का नाश होता है। यदि स्वगृह वा उच्च में हो तो बन्धुओं से सुख होता है। किन्तु अपने घर में चिरकाल वास नहीं होता, सदा व्यग्रता बनी रहती है।

"चतुर्थे च मातुः सुखं नो कदाचित् सुहृद्वर्गतः पितृतो नाशमेति।
शिखी बन्धुहीनः सुखं स्वोच्चगेहे चिरं नैति सर्वैः सदा व्यग्रता च॥" महेश

अर्थ—चतुर्थभाव में केतु हो तो मनुष्य को माता का सुख नहीं होता है—मित्रवर्ग से तथा पितृवर्ग से हानि होती है। बन्धु सुख नहीं मिलता है। यदि केतु सुखभाव का होकर अपने गृह में वा अपने उच्च में हो तो सुख मिलता है किन्तु यह सुख चिरकालस्थायी नहीं होता, सदैव चित्त व्यग्र रहता है।

"मातृदुःखी नरः शूरः सत्यवादी प्रियंवदः।
धनधान्यसमृद्धिश्च यस्य केतुः चतुर्थगः" ॥ अज्ञात

अर्थ—यदि केतु चतुर्थभाव में हो तो माता की मृत्यु होती है। मनुष्य शूर, सत्यवादी–मधुरभाषी, धन और धान्य से समृद्ध होता है। चतुर्थभाव का केतु वृश्चिक वा सिंह में हो तो माता-पिता वा मित्रों का सुख अच्छा मिलता

है। नीचराशि में हो तो धनहानि, देशान्तर का योग होता है। माता रोगी रहती है। सौतेली माँ से कष्ट होता है। उच्चराशि में हो तो वाहनसुख मिलता है—राजयोग होता है। धनु वा मीन में हो तो अकस्मात् उत्तम सुख मिलता है। स्थावर सम्पत्ति के बारे में उदासीनता होती है। दूसरों की आलोचना बहुत करता है। अतः लोग इसे कुत्सितवृत्ति का मानव समझते हैं। विषबाधा का भय रहता है। दुर्बल, पित्तप्रकृति और वितंडावादी होता है। अज्ञातमत

पंचमस्थान के केतु का फल—

"यदा पंचमे राहुपुच्छं प्रयाति तदा सोदरे घातवातादिकष्टम्।
स्वबुद्धिर्व्यथा संततं स्वल्पपुत्रः स दासो भवेद् वीर्ययुक्तो नरोऽपि"॥ ५॥

अन्वय—राहुपुच्छं यदा पंचमे प्रयाति तदा सोदरे घातवातादिकष्टं, संततं बुद्धिर्व्यथा, स्वल्पपुत्रः (च) स्यात् वीर्ययुक्तः अपि स नरः दासः भवेत्॥ ५॥

सं० टी०—पंचमे राहुपुच्छं केतुः प्रयाति, तदा सोदरे भ्रातृविषये घातवातादिकष्टं घातेन शस्त्रघातादिना वातादिरोगेण च कष्टं क्लेशः भवति, स्वबुध्या व्यथापीड़ा, स्वल्पपुत्रः अल्पसंततिः भवेत्। सः नरः वीर्ययुक्तोऽपि दासो भवेत्॥ ५॥

अर्थ—जिस मनुष्य के जन्मलग्न से पाँचवें स्थान में केतु हो तो उसके सगे भाइयों को शस्त्र से अथवा वायुरोग से कष्ट होता है। अपने ही भ्रमात्मक ज्ञान से—अपनी ही गलती से शरीर में क्लेश होता है। इसे एक वा दो पुत्र होते हैं। यह बड़ा पराक्रमी होकर भी दूसरों का नौकर बनकर रहता है॥५॥

तुलना—"यदा राहोः पुच्छः भवति किलसंतानभवने,
सहोत्थानां शस्त्रक्षतजनितकष्टं हि बहुधा।
स्वबुध्यापीड़ापि प्रभवति जनानामतितरां,
तथापत्यादल्पं सुखमनुदिनं तत्कलहतः॥ **जीवनाथ**

अर्थ—जिस मनुष्य के जन्मकाल में केतु पंचमभाव में हो उसके सगे भाइयों को शस्त्रघातजन्य कष्ट बार-बार होता है। अपने भ्रमात्मक ज्ञान से अत्यधिक पीड़ा भी होती है। निरन्तर पुत्र के साथ कलह होने के कारण पुत्रसुख नहीं होता है।

"यदा पंचमे यस्य केतुश्चजातः स्वयं सोदरे घातवातादिकष्टम्।
सुबंधुप्रिया संततिः स्वल्पपुत्रः सदा संभवेद् वीर्ययुक्तो नरश्च"॥ **महेश**

अर्थ—जिसके पंचमभाव में केतु हो उसके अपने शरीर (पेट आदि) पर और अपने सगे भाइयों के शरीर पर शस्त्रघात से अथवा ऊँचे स्थान पर से गिर पड़ने के कारण कष्ट होता है। इसकी सन्तति इसके बान्धवों को प्यारी होती है। इसे एक वा दो ही पुत्र होते हैं। यह मनुष्य वीर्यवान् अर्थात् बलवान् होता है।

"केतौ शठः सलिलभीरुरतीवरोगी"॥ **वैद्यनाथ**

अर्थ—पंचम में केतु हो तो मनुष्य शठ, सदैव रोगी और पानी से डरने वाला होता है।

"पुत्रे केतौ प्रज्ञाहानिः विद्याज्ञानविवर्जितः।
भयत्रासी सदा दुःखी विदेशगमने रतः" ॥ गर्ग

अर्थ—पंचमभाव में केतु से सन्ततिहानि होती है अर्थात् या तो सन्तति होती नहीं और यदि हो तो नष्ट हो जाती है। यह मनुष्य विद्या और ज्ञान से वंचित रहता है। यह डरपोक, सदैव दुःखी तथा विदेश जाने का इच्छुक होता है।

"यदा पंचमे जन्मतः यस्य केतुः स्वकीयोदरे वातघातादिकष्टम्।
स्वबुद्धिव्यथा सन्ततिः स्वल्पपुत्रः सदा धेनुलाभादि युक्तो भवेच्च" ॥ वृहद्यवनजातक

अर्थ—पंचम में केतु हो तो मनुष्य के पेट में वातरोग होते हैं–शस्त्रघात से कष्ट होता है। इसकी बुद्धि दूषित होती है इससे व्यथा मानसिक वा शारीरिक कष्ट होता है। सन्तान थोड़ी होती है–एक वा दो पुत्र होते हैं। गायें आदि पशुओं का लाभ होता है अर्थात् इसे पशुधन प्राप्त रहता है।

"पुत्रक्षयं जठररोग पिशाचपीड़ां दुर्बुद्धिमात्मनि खलप्रकृतिं च पातः" ॥ मन्त्रेश्वर

अर्थ—पंचम में केतु हो तो पुत्र नष्ट होते हैं। पेट में रोग तथा पिशाच से पीड़ा होती है। पंचमभाव में केतु से मनुष्य खलप्रकृति और दुर्बुद्धि होता है।

"यदा पंचमेयस्यकेतुश्चजातः स्वयं सोदरे घातपातादिकष्टम्।
स बन्धुप्रियः सन्मतिः स्वल्पपुत्रः सदा स्वं भवेद् वीर्ययुक्तो नरश्च" ॥ ढुण्ढिराज

अर्थ—जिसके पंचम में केतु हो उसके उदर में घात पात आदि से कष्ट होता है। यह बन्धुओं का प्यार, सुबुद्धि, अल्प सन्तान वाला और बली होता है।

"यदा पंचमे राहुपुच्छंप्रयाति तदा सोदरे घातवातादिकष्टम्।
स्वबुद्धिव्यथा सन्ततं स्वल्पपुत्रः सदासः भवेद् वीर्ययुक्तो नरोऽसौ" ॥ मानसागर

अर्थ—पंचमभाव में केतु हो तो सहोदरों में झगड़ा और वाद-विवाद से कष्ट होता है। अपनी बुद्धि से ही व्यथा होती है। पुत्र थोड़े होते हैं, यह बली और नौकरों से युक्त होता है।

यह कपटी, मत्सरी, दुर्बल, डरपोक और धैर्यहीन होता है। इसे पुत्र थोड़े और कन्याएँ अधिक होती हैं। बन्धु सुखी होते हैं। पेट में रोग होते हैं। कपट से लाभ होता है। मंत्र-तंत्र से यह भाइयों का घात करता है। सिंह, धनु, मीन वा वृश्चिक में यह केतु अच्छा सुख वा ऐश्वर्य देता है। उच्च वा स्वगृह में स्वतन्त्र और बलवान् केतु हो तो राजयोग वा मठाधीश होने का योग होता है। पंचमभावगत राहु के प्रभाव में मनुष्य के उपदेश प्रभावी होते हैं। तीर्थयात्रा वा विदेश में रहने की प्रवृत्ति होती है। अज्ञातमत

षष्ठभावगत केतु के फल—

"तमः षष्ठभागेगते षष्ठभावे भवेत् मातुलान् मानभंगो रिपूणाम् ।
विनाशश्चतुष्पात् सुखं तुच्छवित्तं शरीरं सदानामयं व्याधिनाशः ॥६॥

अन्वय :—तमः षष्ठभागे षष्ठभावेगते (सति) मातुलान् मानभंगः, रिपूणां विनाशः, चतुष्पात् सुखं, तुच्छवित्तं, शरीरे सदा अनामयं, व्याधिनाशः च भवेत् ॥ ६ ॥

सं० टी०—तमः षष्ठभागे षष्ठभावेगते केतौ षष्ठभावे (सति) मातुलात् मातृसहजात् मानभंगः स्वादरहानिः, रिपूणां विनाशः चतुष्पदा गोमहिष्यादिना वा सुखं, तुच्छवित्तं स्वल्पवित्तं शरीरे सदा अनामयं आरोग्यं व्याधिनाशः च भवेत् ॥ ६ ॥

अर्थ—जिस मनुष्य के जन्मलग्न से छटेस्थान में केतु हो उसका मानभंग मामा से होता है–अर्थात् मामा परस्पर वैमनस्य होने से उसका आदर-मान नहीं करता है। शत्रुओं का नाश होता है। गाए-भैंस, बकरी आदि चौपाए जानवरों का इसे सुख मिलता है। 'तुच्छवित्तं' पाठ हो तो 'इसका मन छोटा होता है "यह अर्थ है। यदि 'तुच्छवित्तं' पाठ हो तो 'यह धनाढ्य नहीं होता है" यह अर्थ है। इसका शरीर रोगहीन होता है। कदाचित् कोई रोग उत्पन्न हो तो वह शीघ्र दूर होता है।

तुलना—'तमः पुच्छे षष्ठे जननसमये मातुलकुलात्
सदा मानाल्पत्वं प्रभवति चतुष्पात् सुखमलम् ।
तथाऽऽरोग्यं व्याधिक्षय उत धनानामपचयः
प्रचण्डारेः नाशः सपदि समरे वादकरणात् ॥ **जीवनाथ**

अर्थ—जिस मनुष्य के जन्मसमय में केतु छठेभाव में हो तो इसे मातृकुल से सुख (सम्मान) अल्प मिलता है। गाए-भैंस, घोड़ा आदि से पूर्णसुख होता है। आरोग्य, व्याधिनाश, धन की हानि, और वाद-विवादरूप संग्राम में विवाद करने से भयंकर शत्रु का भी नाश होता है ॥

"बन्धुप्रियोदार गुणप्रसिद्धो विद्यायशस्वी रिपुगे च केतौ ॥ **वैद्यनाथ**

अर्थ—यदि केतु छठा हो तो बंधु को प्रिय, उदार गुणवान्, प्रसिद्ध, तथा विद्या के कारण यशस्वी होता है।

"दानवः अधर दन्तरुजाय शिखीरिपौ ॥" **गर्ग**

अर्थ—छठे केतु हो तो मनुष्य के दांत वा होठ के रोग उत्पन्न होते हैं।

"दंते दन्तछदे वा कुमुदपति रिपुः संस्थितः षष्ठभावे केतुर्वा ॥" **गणेश दैवज्ञ**

अर्थ—छठेभाव में केतु हो तो दांत वा होठ के रोग होते हैं ॥

"शिखीयस्य षष्ठे स्थितो वैरिनाशः भवेत् मातुलात् पक्षतो मानभंगः ।
चतुष्पात् सुखं द्रव्यलाभो नितान्तं न रोगोऽस्य देहे सदा व्याधिनाशः ॥" **महेश**

अर्थ—छठेभाव में यदि केतु हो तो मनुष्यों के शत्रुओं का नाश होता है। मातृपक्ष से और मामा से इसे आदर प्राप्ति नहीं होती है। इसे गाए-भैंस

आदि चौपाए जानवरों से लाभ मिलता है। इसे द्रव्यलाभ होता रहता है। इसका शरीर नीरोग रहता है। कदाचित् कोई व्याधि हो तो इसका नाश हो जाता है।

"तमः षष्ठभावेगतः षष्ठभागे भवेत् मातुलात् मानभंगो रिपूणाम्।
विनाशः चतुष्पात् सुखं तुच्छचित्तं शरीरे सदानामयं व्याधिनाशः" ॥ मानसागर

अर्थ—यदि षष्ठभाव में, षष्ठ नवमांश में केतु हो तो मामा से अनादर, शत्रुओं का नाश, चौपाए पशुओं से सुख, मन में दुर्बलता, शरीर में आरोग्य, और रोगों का नाश होता है॥

"औदार्यमुत्तमगुणं दृढ़तां प्रसिद्धिं षष्ठे प्रभुत्वमरिमर्दनमिष्टसिद्धिम्॥" मन्त्रेश्वर

अर्थ—यदि षष्ठ में केतु हो तो मनुष्य उदार, उत्तमगुणवाला, दृढ़, प्रसिद्ध, श्रेष्ठपद प्राप्त करनेवाला, शत्रुओं को पराजित करनेवाला होता है। ऐसे मनुष्य की प्रायः इष्टसिद्धि होती है॥

"शिखीयस्य षष्ठे स्थितो वैरिनाशः भवेन्मातृपक्षाच्च तन्मानभंगः।
चतुष्पात् सुखं द्रव्यलाभो नितान्तं न रोगोस्य देहे सदा व्याधिनाशः" ॥ ढुण्ढिराज

अर्थ—जिसके छठेभाव में केतु हो उसके शत्रुओं का नाश, मातृपक्ष से अनादर, पशुओं का सुख, बहुधन लाभ, आरोग्य और सदा व्याधि का नाश होता है।

"यदा केतवः शत्रुगेहे नराणां तदा शत्रवः संप्रयान्ति विदूरम्।
परं मातुलाः तूलवद्भोगताः स्युः पशूनां सुखं संवदेत् साधुभावैः" ॥ जागेश्वर

अर्थ—केतु यदि छठे होता है तो शत्रु दूर भाग जाते हैं। मामा का सुख कम मिलता है पशु धन विपुल होता है।

सप्तमस्थानगत केतु का फल—

"शिखो सप्तमें भूयसी मार्गचिन्ता निवृत्तः स्वनाशोऽथवा वारिभीतिः।
भवेत् कीटगः सर्वदालाभकारी कलत्रादिपीड़ा व्ययोऽव्यग्रता चेत्॥७॥

अन्वय :—शिखी सप्तमे (चेत्) भूयसी मार्गचिन्ता (भवेत्) (सः) निवृत्तः स्वनाशश्च स्यात् अथवा (तस्य) वारिभीतिः (भवेत्) (तस्य) कलत्रादिचिन्ता व्ययः, व्यग्रता (च) (भवेत्) कीटगः सर्वदा लाभकारी (स्यात्)॥ ७॥

सं० टी०—सप्तमे शिखी चेत् मार्गचिन्ता भूयसी वह्वी, निवृत्तः स्वनाशः धनस्यनाशः, अथवा वारिभीतिः जलभयं, कलत्रादिपीड़ा, व्ययः अर्थस्य, व्यग्रता मनसः, कीटगः वृश्चिकराशिस्थः केतुः सर्वदा लाभकारी स्यात्॥ ७॥

अर्थ—जिस मनुष्य के जन्मलग्न से सातवें स्थान में केतु हो उसे मार्ग सम्बन्धी चिन्ता बहुत होती है। यह लौटकर आता है। इसके धन का नाश होता है। अथवा इसे जल से भय होता है। इसे स्त्री-पुत्र आदि का क्लेश होता है। इसका धन खर्च में अधिक जाता है। इसके चित्त में घबराहट रहती है। यदि इस भाव का केतु वृश्चिकराशि में हो तो सर्वदा धनलाभ कराता है॥ ७॥

तुलना—"तमः पुच्छे नारीभवनमुपयाते जनिमतां,
तदा मार्गाद्भीतिः जलजनितभीतिश्चपरमा,
परावृत्तार्थानां प्रभवति विरामोऽलिभवने,
सदाकांताकष्टं व्ययचयउतार्थामलसुखम् ॥" **जीवनाथ**

अर्थ—जिस मनुष्य के लग्न से सप्तमभाव में केतु हो उसे मार्ग तथा जल में भी अधिक भय होता है। यदि सप्तमभाव का होकर वृश्चिक राशि में हो तो लौटा हुआ धन स्थिर रहता है। सदा स्त्री को कष्ट, खर्च की वृद्धि होती है किंतु धन से उत्तम सुख अवश्य प्राप्त होता है।

"अनंगभावोपगते तु केतौ कुद्वारको वा विकलत्रभोगः।
निद्री विशीलः परिदीन वाक्यः सदाटनो मूर्खजनाग्रगण्यः ॥" **गोपनाथ**

अर्थ—सप्तमभाव में केतु होने से स्त्रीसुख नहीं मिलता, अथवा स्त्री बुरी मिलती है। मनुष्य शीलहीन, बहुत सोनेवाला, दीनवचन, सदाप्रवासी, तथा मूर्खराट् होता है।

"शिखी सप्तमे भूयसीमार्गे चिंता, निवृत्तः स्वनाशोऽथवा वैरिभीतिः।
भवेत् कीटगः सर्वदा लाभकारी कलत्रादिपीडा व्ययोव्यग्रता च" ॥ **मानसागर**

अर्थ—सप्तमभाव में केतु हो तो यात्रा की चिंता, यात्रा का स्थगित होना, धननाश और शत्रुओं का भय होता है। यदि सप्तमभाव में वृश्चिक राशि में केतु हो तो सदा लाभकारी होता है इसकी स्त्री को पीडा, धन का खर्च और व्यग्रता बनी रहती है।

"शिखी सप्तमेचाध्वनिक्लेशकारी कलत्रादिवर्गे सदा व्यग्रता च।
निवृत्तिश्च सौख्यस्य वै चौरभीतिः यदाकीटगः सर्वदा लाभकारी" ॥ **बृहद्यवनजातक**

अर्थ—यदि केतुसप्तम में हो तो प्रवास में कष्ट, स्त्री आदि की चिंता, सुखाभाव, चोरी का डर, ये फल होते हैं। वृश्चिकराशि में यह केतु लाभदायक होता है।

"शिखी सप्तमे मार्गतः चित्तवृत्तिं सदा वित्तनाशोऽथवारातिभूतः।
भवेत् कीटगे सर्वदा लाभकारी कलत्रादिपीड़ा व्ययोव्यग्रता च" ॥ **ढुण्ढिराज**

अर्थ—सप्तम में केतु हो तो मनुष्य को यात्रा की चिंता, शत्रुओं से धन का नाश होता है। यदि सप्तमभाव का केतु वृश्चिक में हो तो सदा लाभ, स्त्रीकष्ट और व्यग्रता होती है।

द्यूनेऽवमानमसतीरतिमांत्ररोगं पातः स्वदारवियुतिं मदधातुहानिम् ॥" **मंत्रेश्वर**

अर्थ—यदि सप्तम में केतु हो तो मनुष्य का अपमान होता है। यह मनुष्य व्यभिचारिणीस्त्रियों से रति करता है। स्वयं अपनी पत्नी से वियुक्त होता है। अँतड़ियों के रोग और वीर्य के रोग होते हैं।

"द्यूने च केतौ सुखं नोरमण्या न मानलाभो वातादिरोगः।
न मानं प्रभूणां कृपा विकृता च भयं वैरिवर्गात् भवेत् मानवानाम्" ॥ **अज्ञात**

अर्थ—सप्तम में केतु हो तो स्त्रीसुख नहीं मिलता है। वातरोग, अपमान। राजा की अकृपा तथा शत्रुओं से भय होता है।

अष्टमभावगत केतु के फल—

"गुदा पीड्यतेऽर्शादिरोगैरवश्यं भयं वाहनादेः स्वद्रव्यस्यरोधः।
भवेदष्टमे राहुपुच्छेऽर्थलाभः सदा कीटकन्याऽजगो युग्मगे तु॥ ८॥

अन्वय—राहुपुच्छे अष्टमे (स्थिते) (तस्य) अर्शादिरोगैः गुदं अवश्यं पीड्यते, वाहनादेः भयं, स्वद्रव्यस्य रोधः, (च) भवेत्। कीटकन्याजगः। युग्मगे तु अर्थलाभः (स्यात्)॥ ८॥

सं० टी०—अष्टमे राहुपुच्छे केतौ सति गुदं अर्शादिरोगैः अवश्यं पीड्यते वाहनादेः भयं, द्रव्यस्यरोधः इत्यत्र छन्दोभंगत्वात् 'वसूनां विरोधः।" इत्येव पाठः। कीट-कन्याऽजगः युग्मगे तु वृश्चिक कन्या मेष वृष मिथुनस्थकेतौ सदा अर्थलाभः भवेत् इत्यर्थः॥ ८॥

अर्थ—जिस मनुष्य के जन्मलग्न से अष्टम केतु हो उसे बवासीर-भगंदर आदि रोगों से गुदास्थान में पीडा रहती है। इसे घोड़ा आदि सवारी से गिरने का भय रहता है। दूसरों को दिए हुए अपने द्रव्य के मिलने में रुकावटें होती हैं। यह केतु वृश्चिक, कन्या-मेष और मिथुन राशि में होकर अष्टमभाव में हो तो द्रव्यलाभ करता है॥ ८॥

तुलना—"यदा केतौ रंध्रे जननसमयेऽर्शादि जनितं,
गुदे कष्टं नित्यं प्रभवतिपशूनामपिभयम्।
स्ववित्तानांरोधः खलु मिथुन कन्या त्यजवृषे,
तदाप्तिः द्रव्याणां क्षितिपति कुलादेवभविताम्॥ **जीवनाथ**

अर्थ—जिस मनुष्य के जन्मकाल में केतु अष्टमभाव में हो उसे सर्वदा गुदा में बवासीर, भगंदर आदि रोगजनित कष्ट होता है। पशुओं को भय, अपने धन के आगम में रुकावट होती है। यदि केतु अष्टमभाव का होकर मिथुन-कन्या, वृश्चिक, मेष, वृष, इनमें से किसी एक राशि का हो तो निश्चित राजकुल से ही धन प्राप्त होता है।

"केतौ यदा रंध्रगृहोपयाते जातः परद्रव्यवधूरतेच्छुः।
रोगी दुराचाररतोऽतिलुब्धः सौम्येक्षितेऽतीव धनी चिरायुः"॥ **वैद्यनाथ**

अर्थ—यदि केतु अष्टमभाव में हो तो मनुष्य दूसरे के धन और दूसरे की स्त्री में आसक्त होता है। यह रोगी, दुराचारी, अति लोभी होता है। किसी सौम्यग्रह की दृष्टि हो तो दीर्घायु वा धनी होता है।

"गुदं पीड्यते वा जनैः द्रव्यरोधः यदा कीटके कन्यके युग्मके वा।
भवेत् चाष्टमे राहु छायात्मजेऽपि वृषं चाभियाते सुतार्थस्य लाभः"॥ **बृहद्यवनजातक**

अर्थ—अष्टमस्थान में केतु हो तो गुद रोग होता है। यह केतु वृश्चिक, कन्या वा मिथुन में हो तो धनलाभ होता है। वृष में हो धन वा पुत्र प्राप्त होते हैं।

"गुदेपीडनं वाहनैः द्रव्यलाभः यदा कीटगे कन्यके युग्मगे वा।
भवेत् छिद्रगे राहुछाया यदास्यात् अजेगोऽलिगे जायतेचातिलाभः" ॥ ढुण्ढिराज

अर्थ—अष्टम में राहु हो तो इसे गुदरोग होता है। वाहनों से धन मिलता है यदि केतु कर्क-कन्या वा मिथुन में हो। अष्टम का केतु यदि मेष, वृश्चिक वा वृष में हो तो अति लाभ होता है।

"गुदे पीड्यतेऽर्शादि रोगैरवश्यं भयं वाहनादेः स्वद्रव्यस्यरोधः।
भवेदष्टमे राहुपुच्छेऽर्थलाभः सदा कीटकन्याजगो युग्म केतुः" ॥ मानसागर

अर्थ—अष्टम में केतु हो तो बवासीर आदि से गुदा में कष्ट होता है। वाहन से भय होता है। अपने ही धन की प्राप्ति में बाधा आती है। मिथुन, मेष, वृश्चिक, वृष, कन्या में हो तो धनलाभ होता है।

"स्वल्पायुरिष्टविरहं कलहं च रंध्रे शस्त्रक्षतं सकल कार्यविरोधमेव ॥" मन्त्रेश्वर

अर्थ—अष्टम में केतु हो तो मनुष्य अल्पायु, होता है। इष्ट-मित्रों से वियोग, कलह, शस्त्र से जखम होना और सब कामों में विरोध, ये फल अष्टम केतु के हैं।

"यदागुह्यदेशे कु तंतुः कु धातुः तथा वक्त्ररोगी तथा दन्तघाती।
परे सप्रतापी यतेत् सर्वकालं यदा केतुनामा गृहेमृत्युसंज्ञे" ॥ जागेश्वर

अर्थ—अष्टम में केतु हो तो गुह्यरोग, मुखरोग, वा दंतरोग होते हैं। किन्तु मनुष्य पराक्रमी वा सतत उद्यम करनेवाला होता है।

"सहोदारकर्मा सहोदारशर्मा सदाभाति केतुः यदा मृत्युभावे।
सहोदारलालः सहोदारशीलः सहोदारभूषामणिः मानवानाम् ॥" अज्ञात

अर्थ—अष्टम में केतु हो तो मनुष्य के काम, सुख, खेल, शील आभूषण के समान श्रेष्ठ होते हैं।

नवमभावगत केतु के फल—

**शिखी धर्मभावे यदाक्लेशनाशः सुतार्थी भवेत् म्लेच्छतोभाग्यवृद्धिः।
सहोत्थव्यथां वाहुरोगं विधत्ते तपोदानतो हास्यवृद्धिं तदानीम् ॥ ९ ॥**

अन्वय—यदा धर्मभावे शिखी (स्यात्) (तदा) क्लेशनाशः (भवेत्) (सः) सुतार्थी (स्यात्) म्लेच्छतः भाग्यवृद्धिः, सहोत्थव्यथां, वाहुरोगं, तपोदानतो-हास्यवृद्धिं (च) विधत्ते ॥ ९ ॥

सं०-टी०—यदा धर्मभावे नवमे शिखी तदानीं सहोत्थानां भ्रातृणां व्यथां पीड़ां, बाहुरोगं भुजे व्याधिं, तपोदानतो हास्यवृद्धिं तपसादानेन लोकोपहास्यतां विधत्ते, तथा क्लेशनाशः म्लेच्छतो भाग्यवृद्धिः (स्यात्) (सः) सुतार्थी च भवेत् ॥ ९ ॥

अर्थ—जिस मनुष्य के जन्मलग्न से नवमस्थान में केतु हो तो मनुष्य के क्लेशों का नाश होता है। उसे पुत्र प्राप्ति की इच्छा रहती है। अर्थात् इसे पुत्र संतान का अभाव रहता है। इसका भाग्योदय म्लेच्छों द्वारा होता है। इसे सगे भाइयों से पीड़ा और भुजाओं में रोग होता है। लोग इसकी तपश्चर्या तथा दान के विषय में हँसी-खिल्ली उड़ाते हैं। अर्थात् इसका तप और दान दंभ (ढोंग) समझा जाता है।

तुलना—"तमः पुच्छे भाग्यं गतवति सुतार्थस्तनुभृतां,
सदाम्लेच्छात् लाभः खलु निखिलकष्टापहरणाम् ।
सहोत्थानां कष्टं बहुविधगदो बाहुयुगले,
तपश्चर्या दानप्रभव उपहासश्च सततम्" ॥ **जीवनाथ**

अर्थ—जिस मनुष्य के जन्मकाल में केतु नवमभाव में हो तो उसे पुत्र और धन का लाभ होता है । सदा म्लेच्छों से लाभ और सब कष्टों का नाश होता है । सहोदर भाइयों को कष्ट और दोनों भुजाओं में अनेक प्रकार के रोग होते हैं । तपस्या और दान आदि धार्मिक-कृत्यों में सदा उपहास होता है । अर्थात् उसकी तपश्चर्या तथा दान शास्त्रविधि के अनुसार न होने से उपहासास्पद होता है ।

"केतौ गुरुस्थानगते तु कोपी वाग्मी, विधर्मा परनिंदकः स्यात् ।
शूरः पितृद्वेष करोऽतिदंभाचारी निरुत्साहरतोऽभिमानी ॥" **वैद्यनाथ**

अर्थ—केतु अष्टम हो तो मनुष्य क्रोधी, वक्ता, धर्मपरिवर्तन करनेवाला, परनिन्दक, शूर, पितृ द्वेष्टा, बहुत दम्भी, निरुत्साही तथा अभिमानी होता है ।

"नवमस्थानगतः केतुः बालत्वे पितृकष्टकृत् ।
भाग्यहीनो विधर्मश्च म्लेच्छाद् भाग्योदयो भवेत् ॥" **गर्ग**

अर्थ—नवम में केतु हो तो वचपन में पिता को कष्ट, भाग्योदय न होना, [illegible] करना, विदेशियों से लाभ, ये फल प्राप्त होते हैं ।

"यदाधर्मग[illegible]ोधर्मनाशं सुतीर्थेऽमतिं म्लेच्छतो लाभबुद्धिम् ।
शरीरे व्यथां बाहुरोगं विधत्ते तपोदानतो ह्रासवृद्धिं करोति" ॥ **बृहद्यवनजातक**

अर्थ—नवम केतु हो तो धर्मनष्ट होता है । तीर्थयात्रा की इच्छा नहीं होती । विधर्मी से लाभपाने की इच्छा होती है, शरीर और बाहु में रोग होते हैं । तप और दान से हानि और वृद्धि होती है ।

"शिखी धर्मभावे यदा क्लेशनाशः सुतार्थी भवेत् म्लेच्छतो भाग्यवृद्धिः ।
सहोत्थव्यथां बाहुरोगं विधत्ते तपोदानतो हास्यवृद्धिः तदानीम् ॥" **मानसागर**

अर्थ—नवम में केतु से क्लेश दूर होते हैं । पुत्र की इच्छा रहती है । विदेशियों द्वारा भाग्योदय होता है । भाइयों को कष्ट होता है । बाहु में रोग होता है । मनुष्य तप वा दान करे तो लोगों में हँसी होती है ।

"भवेद् विक्रमी शस्त्रपाणिश्चमित्र धनैः धर्मशीलैः सदा वर्जितः स्यात् ।
तथाभ्रातृपुत्रादिचिंतायुतः स्याद् यदापातछाया गतापुण्यभावे" ॥ **जागेश्वर**

अर्थ—नवम में केतु हो तो मनुष्य पराक्रमी, सदा शस्त्रधारण करनेवाला होता है । मित्र, धन, धर्म वा शील से रहित और बन्धु और पुत्र के विषय में चिंतित होता है ।

"पापप्रवृत्तिमशुभं पितृभाग्यहीनं दारिद्र्यमार्यजनदूषणमाह धर्मे ॥" **मंत्रेश्वर**

अर्थ—केतु नवम हो तो यह पापी पिता के सुख से हीन, दरिद्री, वा अच्छे लोगों से निन्दित होता है ।

"यदा धर्मगः केतुकः क्लेशनाशः सुतार्थी भवेत् म्लेच्छतो भाग्यवृद्धिः ।
सहेतु व्यथां बाहुरोगं विधत्ते तपोदानतो हर्षवृद्धिं करोति ॥" ढुण्ढिराज

अर्थ—नवमभाव में केतु हो तो मनुष्य को कष्टनाश, पुत्रसुख, म्लेच्छों के द्वारा भाग्य की वृद्धि, कारणवश पीड़ा, बाहु में रोग, तपस्या और दान से हर्ष आनन्द की वृद्धि ये फल प्राप्त होते हैं।

"गृहे केतुनाम्नि स्थिते धर्मभावे श्रियो राजराजाधिपो देवमंत्री ।
नरः कान्ति कीर्त्यादिबुद्धयादिदानैः कृपावान् नरो धर्मकर्मप्रवृद्धः" ॥ अज्ञात

अर्थ—नवम में केतु के होने से मनुष्य राजा अथवा राजमंत्री होता है। इसे कांति, कीर्ति, बुद्धि, उदारता, दयालुता धार्मिकता प्राप्त होती हैं।

दशमभावगत केतु के फल—

**"पितुर्नो सुखी कर्मगः यस्य केतुः यदा दुर्भगं कष्टभाजे करोति ।
तदा वाहने पीडितं जातु जन्म वृषाजालिकन्यासु चेत् शत्रुनाशम् ॥१०॥**

अन्वय :—यदा यस्य कर्मगः केतुः तदा (तं) दुर्भगं कष्टभाजं (च) करोति; (सः) पितुः (सकाशात्) सुखी न (स्यात्) वाहने (स्थितं) (तं) पीडितं करोति, वृषाजालि कन्या सुजातुचेत् जन्म तदा शत्रुनाशं करोति ॥१०॥

सं० टी०—यदा कर्मगः दशमस्थः यस्य केतुः तदा तं दुर्भगं असुन्दरं, कष्टभाजं—क्लेशभागिनं जातु कदाचित् वाहने वाहननिमित्तं, पितुः नो सुखं दुःखमित्यर्थः जन्मनि वृष मेष वृश्चिक कन्यासु च शत्रुनाशं करोति, इति सर्वत्रान्वयः ॥ १० ॥

अर्थ—जिस मनुष्य के जन्मलग्न से दशमभाव में केतु हो तो उसे भाग्यहीन और कष्ट भोगनेवाला करता है। यह मनुष्य पिता से सुखी नहीं रहता है। इसे घोड़ा आदि सवारी से गिरकर कष्ट होता है। इस मनुष्य का जन्म यदि वृष, मेष, वृश्चिक और कन्या लग्न में हो तो इसके शत्रुओं का नाश होता है ॥ १० ॥

तुलना—"यदा सिंहीपुत्रे दशमभवने यस्य जनने
पितुः कष्टं नित्यं प्रभवति कुरूपत्वमथवा ।
अवश्यं दौर्भाग्यं तुरगगजगोभिः भयमलौ
वृषे षष्ठे मेषे व्रजति विलयं शत्रुपटली ॥ जीवनाथ

अर्थ—जिस मनुष्य के जन्मसमय में केतु दशमभाव में हो उसके पिता को कष्ट होता है। अथवा यह स्वयं कुरूप होता है। निश्चय ही इसका भाग्य बुरा होता है। इसे घोड़ा, हाथी, गाए-बैल आदि से भय होता है। किन्तु यदि केतु दशमभाव का होकर वृश्चिक, वृष, कन्या, मेष, इनमें से किसी राशि का हो तो शत्रुओं का नाश होता है।

"सुधी बली शिल्प विदात्मबोधी जनानुरागी च विरोधवृत्तिः ।
कफात्मकः शूरजनाग्रणीः स्यात् सदाटनः कर्मगते च केतौ ॥" वैद्यनाथ

अर्थ—यदि केतु दशम में हो तो मनुष्य बुद्धिमान्, बली, शिल्पज्ञ, आत्मज्ञानी, मिलनसार, विरोधी वृत्ति का, कफप्रकृति का, शूरों में मुख्य और सदा प्रवासी होता है।

"गुदामयः श्लेष्मवृत्तिः म्लेच्छकर्मा च मानवः।
परदाररतो नित्यं केतो दशमगे गृहे" ॥ गर्ग

अर्थ—दशमस्थकेतु का व्यक्ति हो तो इसे गुदा रोग होता है। यह कफ प्रकृति म्लेच्छकर्मा, तथा परस्त्री में आसक्त होता है।

"पितुर्नो सुखं कर्मगो यस्य केतुः स्वयं दुर्भगो मातृनाशं करोति।
तथा वाहनैः पीडितोरुर्भवेत् स यदा वैणिकः कन्यकास्थोऽसितेष्टः" ॥
बृहद्यवनजातक

अर्थ—दशमस्थ केतु हो तो पिता-माता का सुख नहीं मिलता, यह कुरूप होता है। कन्या में हो तो वाहन से जाँघ में पीडा होती है। यह वीणा बजाता है। काले पदार्थ की रुचि होती है।

"सत्कर्म विघ्नमशुचित्वमवद्यकृत्यं तेजस्विनो नभसि शौर्यमति प्रसिद्धम्" ॥
मन्त्रेश्वर

अर्थ—दशम में केतु हो तो अच्छे काम में विघ्न करता है। पापकम करता है। तेजस्वी, प्रसिद्ध और शूर होता है।

"पितुः नो सुखं कर्मगो यस्य केतुः स्वयं दुर्भगः शत्रुनाशं करोति।
रुजो वाहने वातपीडां च जन्तोः यदा कन्यकास्थः सुखी द्रव्यभाक् च" ॥ ढुण्ढिराज

अर्थ—जिसके दशमभाव में केतु हो वह पिता के सुख से रहित, स्वयं भाग्यहीन होते हुए भी शत्रुओं को नाश करनेवाला, वाहनों को रोग, स्वयं वात से पीडित होता है। यदि दशम में होकर केतु कन्या राशि में हो तो मनुष्य सुखी और धनी होता है।

"पितुः नो सुखं कर्मगो यस्य केतुः तदा दुर्भगं कष्टभाजं करोति।
तदा वाहनै पीडितं जातुजन्म वृषाजालिकन्यासु चेत् शत्रुनाशम्" ॥ मानसागर

अर्थ— दशमभाव में केतु हो तो मनुष्य पितृसुख से हीन, दुर्भग, कष्टभोगी वाहनों से पीडा पानेवाला यदि वृष, मेष, कन्या, वृश्चिक राशि में हो तो शत्र को जीतनेवाला होता है।

"कथं यै सुखं पैतृकं वै जनानां तथा कर्मलाभः कथं हृत्सुखं स्यात्।
परं पाददेशे भवेत् चोर पीडा यदा केतुनामा गतः कर्मभावे ॥" जागेश्वर

अर्थ—दशम केतु हो तो पिता का सुख नहीं मिलता। काम से कुछ लाभ नहीं होता, मन में सुख नहीं होता, पाँव में रोग तथा चोरों से कष्ट होता है।

"नभस्थो भवेद् यस्य मर्त्यस्य केतुः न तत् त्योप मेयः प्रभावो भुविस्यात्।
गड़ुं डिंडिमाडंबरे शत्रवोऽपि रणप्रांगणे तस्य गायन्ति कीर्तिम्" ॥ अज्ञात

अर्थ—दशमभाव में केतु हो तो मनुष्य का प्रभाव अतुलनीय होता है। युद्ध में शत्रु भी इसकी कीर्ति गाते हैं।

यह मीन वा धनु में हो तो उत्तम यश वा वैभव मिलता है। मिथुन में वैभवपद से हटना पड़ता है। बुद्धिमान, शास्त्रज्ञ, प्रवासी तथा विजयी होता है। यह केतु कुम्भ, कन्या, मिथुन, वृषभ में हो तो कुछ सौम्य होता है। और

साधारण फल देता है। यह केतु व्यापार के लिए शुभ नहीं है। चरराशि में यह केतु हो तो प्रवास से भाग्योदय होता है।

लाभ भावगत केतु के फल—

"सुभाग्यः सुविद्याधिको दर्शनीयः सुगात्रः सुवस्त्रः सुतेजोऽपितस्य।
दरे पीड्यते संततिः दुर्भगा च शिखी लाभगः सर्वलाभे करोति ॥११॥

अन्वय—लाभगः शिखी सर्वलाभं करोति, (सः) सुभाग्यः, सुविद्याधिकः, दर्शनीय; सुगात्रः, सुवस्त्रः, सुतेजः (च) भवेत्, तस्य संततिः दुर्भगा, (सती) दरे पीड्यते ॥ ११ ॥

सं० टी०—लाभगः शिखी केतुः सर्वेषां वस्तूनां लाभं करोति, तथा सः नरः सुभाग्यः, सुविद्याधिकः, सुगात्रः शोभनांगः अतएव दर्शनीयः मनोहरः सुतेजाः शोभनप्रतापः सुवस्त्रोऽपिस्यात् इति शेषः। तस्य संततिः दुर्भगा भाग्यहीना। दरे भये पीड्यते च ॥ ११ ॥

अर्थ—जिस मनुष्य के जन्मलग्न से एकादशभाव में केतु हो तो उस मनुष्य को सर्वप्रकार से लाभ होता है। यह मनुष्य उत्तम भाग्यवान्, उत्तम विद्वान्, रूप में सुन्दर, उत्तम शरीरवाला, उत्तमवस्त्र धारण करनेवाला, और बड़ा तेजस्वी होता है। इसकी सन्तान अभागा होती है और भय से पीडित होती है ॥११॥

तुलना—"शिखी लाभस्थाने जनुषि भविनां भाग्यमधिकं,
प्रभाधिक्यं विद्या सततमनवद्या कृतिरपि।
प्रशस्तं वस्त्रं च प्रभवति गुदे कष्टमनिशं
तथा नानार्थाप्तिः परम विकला संततितति" ॥ **जीवनाथ**

अर्थ—जिस मनुष्य के जन्मकाल में केतु एकादशभाव में हो तो वह पूर्ण भाग्यवान् होता है। विशेष कान्ति, उत्तम विद्या, निर्मल आकृति और उत्तम वस्त्रधारण करनेवाला होता है। गुदा में सतत कष्ट होता है। अनेक प्रकार के धन का लाभ और सन्तान वर्ग अत्यन्त विकल होता है।

"सुभाषी सुविद्याधिको दर्शनीयः सुभोगः सुतेजाः सुवस्त्रेऽपि यस्य।
गुदे पीड्यते सन्ततेः दुर्भगत्वं शिखी लाभगः सर्वकालं करोति" ॥ **महेश**

अर्थ—यदि केतु एकादशभाव में हो तो मनुष्य अच्छा भाषण देता है अर्थात् इसकी वाणी सरस और मधुर होती है क्योंकि कर्णकटु भाषण तो असभ्यता तथा मूर्खता का लक्षण माना गया है। यह अच्छा विद्वान्, दर्शनीय अर्थात् देखने में आकर्षक और मनोहर, अच्छे भोग भोगनेवाला, प्रतापी और अच्छे वस्त्र पहिननेवाला होता है। इसकी गुदा में पीड़ा रहती है अर्थात् इसे बवासीर-भगंदर आदि गुदा के रोग होते हैं। इसकी सन्तान अभागा होती है। लाभभाव का केतु सदैव लाभकारी होता है।

'उपान्त्ययाते शिखिनि प्रतापी परप्रियश्चान्यजनाभिवंद्यः।
संतुष्टचित्तः प्रभुरल्पभोगो शुभक्रिया चारतः प्रजातः" ॥ **वैद्यनाथ**

अर्थ—यदि केतु एकादशभाव में हो तो मनुष्य पराक्रमी, लोकप्रिय, दूसरों द्वारा प्रशंसित, सन्तुष्ट, अधिकारी, अल्पभोग करनेवाला और अच्छे काम करनेवाला होता है।

"सुभाषी सुविद्याधिकोदर्शनीयः सुभोगः सुतेजाः सुवस्त्रोऽपि यस्य।
भवेदौदरार्तिः सुता दुर्भगाश्च शिखी लाभगः सर्वलाभं करोति" ॥
बृहद्यवनजातक

अर्थ—जिसके एकादशभाव में केतु हो तो इसका बोलना, शिक्षा, रूप, भोग, तेज और वस्त्र सब अच्छे होते हैं। पेट में रोग होता है। पुत्र भाग्यहीन होते हैं। सदा लाभ होता है।

"भवेत् पुत्रचिंता धनं तस्यगेहे कथं स्यात् सुतानां च चिंता विशेषात्।
भवेत् जाठरे तस्य वातप्रकोपः यदा केतवः लाभगाः स्युः नराणाम्" ॥ जागेश्वर

अर्थ—यदि केतु एकादशभाव में हो तो धन और पुत्र की विशेष चिन्ता रहती है। पेट में वातरोग होते हैं।

"लाभेऽर्थसंचयमनेकगुणं सुभोगं सद्रव्यसोपकरणं सकलार्थसिद्धिम्" ॥ मन्त्रेश्वर

अर्थ—लाभभावगत केतु हो तो धन का संचय, अनेक गुण, अच्छे भोग, सब अर्थों की सिद्धि, द्रव्य तथा उपकरणों की प्राप्ति होती है।

"सुभाषी सुविद्याधिकोदर्शनीयः सुभोगः सुतेजाः सुवस्त्रोऽपि यस्य।
गुदेपीड्यते सन्ततेः दुर्भगत्वं शिखी लाभगः सर्वकाले करोति" ॥ ढुण्ढिराज

अर्थ—जिसके एकादशभाव में केतु हो वह सरस और मधुर बोलनेवाला, सुशिक्षित और सुविद्य, सुंदर, अच्छे भोग भोगने वाला, सुन्दर वस्त्रों वाला, गुदारोग वाला और निन्दित सन्तान वाला होता है। एकादश केतु सदा लाभकारी होता है।

"सुभाग्यः सुविद्याधिकोदर्शनीयः सुगात्रः सुवस्त्रः सुतेजाश्च तस्य।
दरैः पीड्यते शत्रुवर्गः सदैव शिखी लाभगः सर्वलाभं करोति" ॥ मानसागर

अर्थ—एकादशभाव में केतु के होने से मनुष्य भाग्यवान्, विद्वान्, दर्शनीय, सुन्दर स्वरूप, तेजस्वी तथा स्वच्छवस्त्रधारी होता है। इसके भय से शत्रु पीड़ित रहते हैं। लाभभावगत केतु सर्वप्रकार का लाभ देता है।

"यदैकादशे केतुरतिप्रतिष्ठां नरं सुन्दरं मन्दिरं भूरिभोगान्।
सदोदारशृंगारशास्त्रप्रवीणः सुधुर्ये धनुर्धारिणां मानकीर्त्या" ॥ अज्ञात

अर्थ—एकादश केतु से मनुष्य प्रतिष्ठित, सुन्दर, घर-बार वाला, उपभोग से समृद्ध, उदार, शृंगार-शास्त्र में निपुण और धनुर्धरों में सम्मानित तथा कीर्तिमान होता है।

एकादशभावगत केतु प्रभावान्वित मनुष्य मीठा बोलता है। विनोदी, विद्वान्, ऐश्वर्यसम्पन्न, तेजस्वी, वस्त्राभूषणों से युक्त तथा लाभयुक्त होता है। इसे गुदरोग होते हैं। मन में सदा चिन्ता रहती है। परोपकारी, दयालु, लोकप्रिय, शास्त्ररसिक, सन्तुष्ट और राजा द्वारा आदृत होता है। यह केतु मेष, वृष, कन्या, धनु या मीन में हो अथवा इस पर गुरु वा शुक्र की दृष्टि हो तो शुभफल विशेषतया मिलते हैं। बुध का योग हो तो व्यापार में अच्छा यश

मिलता है। इस केतु के प्रभाव से मनुष्य कवि, लेखक, राजमान्य, पशुधन समृद्ध सर्व मनोरथ सिद्धि प्राप्त करनेवाला होता है। इसका धन अच्छे कामों में खर्च होता है। इसे लाभ भी शीघ्र होता है—यह मनुष्य आलस्यहीन होता है। हाथ में लिए हुए काम को अधूरा नहीं छोड़ता है। अज्ञातमत

व्ययस्थानगत केतु के फल—

"शिखीरिःफगो वस्तिगुह्यांघ्रिनेत्रे रुजापीडनं मातुलान्नैव शर्म।
सदा राजतुल्यं नरं सद्व्ययं तद् रिपूणां विनाशं रणेऽसौ करोति ॥१२॥

अन्वय :—असौ रिःफगः शिखी नरं राजतुल्यं, सद्व्ययं, रणे तद्रिपूणां विनाशं वस्तिगुह्यांघ्रिनेत्रे रुजा पीडनं (च) करोति। (तस्य) मातुलात् शर्म न (स्यात्) ॥ १२ ॥

सं० टी०—रिःफगः द्वादशस्थः असौ शिखी केतुः नरं सदा राजतुल्यं राजवत् सुखैश्वर्य भोक्तारं सद्व्ययं सन्मार्गे धनव्ययकरं रणे तद्रिपूणां विनाशं वस्ति गुह्यांघ्रिनेत्रे रुजा पीडनं च करोति। मातुलात् शर्म सुखं नैव करोति ॥ १२ ॥

अर्थ—जिस मनुष्य के जन्मलग्न से द्वादशभाव में केतु हो यह मनुष्य को राजा के समान सुख-ऐश्वर्य देता है—इस व्यक्ति का धन अच्छे कामों में खर्च होता है। इसके शत्रुओं का संग्राम में पराजय होता है। इसे नाभि के नीचे के स्थान में, गुह्यांग में, पावों और आँखों में रोग से पीड़ा कराता है। इस व्यक्ति को मामा से सुख नहीं मिलता है ॥ १२ ॥

तु.-यदाऽपापागारे जनुषि यदि केतावुपगते महापीड़ा गुह्ये पदनयनयोःनाभिनिकटे।
जयो वादे नित्यं नरपतिवदेवामलसुखं नराणां कल्याणं भवति च नमातुः सहजतः॥
जीवनाथ

अर्थ—जिस मनुष्य के जन्मकाल में केतु द्वादशभाव में हो तो उसे गुदा, पैर, नेत्र और नाभि के निकट अधिक पीडा होती है। वाद-विवाद में सर्वदा विजय, और राजा के समान पूर्ण सुख होता है। किन्तु मामा से सुख नहीं होता है।

"पुराणवित्तस्थितिनाशकः स्यात् चलो विशीलः शिखिनिव्ययस्थे ॥" वैद्यनाथ

अर्थ—व्ययभाव में केतु हो तो पुरानी संपत्ति को नष्ट करनेवाला, चंचल और शीलरहित होता है।

"शिखी रिःफगः चारुनेत्र, सुशिक्षः स्वयं राजतुल्यो व्ययं सत्करोति।
रिपोः नाशनं मातुलान् नैवशर्म रुजापीड्यते वस्तिगुह्यं सदैव ॥"
बृहद्यवनजातक

अर्थ—द्वादश में केतु हो तो आंखें सुन्दर होती हैं, शिक्षा अच्छी होती है। यह अच्छे कामों में राजा जैसा खर्च करता है। शत्रु का नाश करता है। इसे मामा का सुख नहीं मिलता है। इसे गुदा में वा गुह्यभाग में रोग होते हैं।

"शिखी रिःफगः पादनेत्रे च पीडां स्वयं राजतुल्योव्ययं वै करोति।
रिपोः नाशनं मानसे नैवशर्म रुजापीड्यते वस्तिगुह्यांगरोगम् ॥" महेश

अर्थ—यदि द्वादशभाव में केतु हो तो पाओं और आंखों में पीड़ा होती है। मनुष्य राजा समान ऐश्वर्य सम्पन्न होकर राजा जैसा खर्च करता है।

शत्रुनाश करता है। इसे मन में अशांति रहती है। इसे वस्ति और गुह्यांग में रोग होने से पीडा होती है।

"शिखी रिःफगः पादनेत्रेषु पीडा स्वयं राजतुल्यो व्ययं वै करोति।
रिपो नाशनं मानसे नैवशर्म, रुजापीड्यते वस्तिगुह्यं सरोगम्" ॥ ढुण्ढिराज

अर्थ—जिसके द्वादशभाव में केतु हो, उसको पांव और नेत्र में पीड़ा, स्वयं राजा के समान खर्च करनेवाला, शत्रुओं का नाश करनेवाला, चित्त में अशांत और अस्थिर, गुदा और वस्ति में रोग से पीडित होता है।

"शिखी रिःफगो वस्तिगुह्यांघ्रिकाये रुजापीडनं मातुलान्नैवशर्म।
सदा राजतुल्यं नरं सद्व्ययं तद्रिपूणां विनाशं रणेऽसौ करोति" ॥ मानसागर

अर्थ—द्वादशभाव में केतु हो तो मनुष्य को वस्ति, गुदामार्ग और पैर में रोग से पीड़ा, मामा से सुख का न मिलना, राजा के तुल्य सत्कार्य में व्यय करना, रण में शत्रुओं को पराजित करना, ये फल मिलते हैं।

"प्रच्छन्न पापमधमं व्ययमर्थनाशं रिःफे विरुद्धगतिमक्षिरुज च पातः ॥" मंत्रेश्वर

अर्थ—द्वादशभाव में केतु हो तो व्यक्ति गुप्तपाप करनेवाला, अधम, खर्चीला, निर्धन, उलटे मार्ग से चलनेवाला, आंख के रोग से पीड़ित होता है।

"यदायाति केतुर्व्यये मानवोऽसतप्रयोगात् विधत्ते व्ययं द्रव्यराशेः।
नृपाणां वरं संगरं कातरः स्यात् शुभाचारहीनोऽतिदीनो न दाता ॥" अज्ञात

अर्थ—द्वादशभाव में केतु हो तो मनुष्य बुरे कामों में खर्च करता है। लड़ाई में डरपोक, शुभ काम से रहित, दीन और कंजूस होता है।

द्वादशस्थ केतु प्रभावयुक्त व्यक्ति बहुत प्रवास करता है। चंचल, उदार, खर्चीला-ऋणग्रस्त होता है। बुध से युक्त हो तो व्यापार में सफल होता है। कवि-शास्त्रज्ञ और राजा जैसा संपन्न होता है। उच्च वा स्वगृह में हो, अथवा गुरु के साथ हो तो विशेष योग्य, साधु और जितेन्द्रिय वृत्ति का होता है। शुक्र के साथ बलवान हो तो शक्तिमार्ग का साधक होता है। शुक्र वा चन्द्र साथ हो तो व्यभिचारी वा पापी होता है।

भट्टनारायण ग्रंथकार कृत आशीर्वादात्मक मंगलाचरण—

"चमत्कारचिंतामणौ यत्खगानांफलंकीर्तितं भट्टनारायणेन।
पटेद्यो द्विजः तस्यराज्ञोसभायां समक्षे प्रवक्तुं न चान्ये समर्थाः" ॥

अर्थ—श्रीनारायण भट्ट ने चमत्कारचिंतामणि नामक ग्रंथ में ग्रहों का जो फल कहा है इसे जो ब्राह्मण पढ़ता है। वह राजसभा में राजा-महाराजाओं के आगे सम्मानपूर्वक बैठता है, और इसकी बराबरी में दूसरा मनुष्य बोलने में समर्थ नहीं हो सकता है, अर्थात् यह मनुष्य सर्वत्र विजयी होता है।

चमत्कारचिंतामणि टीकाकार का समाप्तिसूचक श्लोक—

"चमत्कारचिंतामणेः चारुटीकां चकारान्वयार्थ प्रबोधप्रदीपाम्।
सुदैवज्ञ धर्मेश्वरो मालवीयः प्रमोदायभूदेव विद्वद्जनानाम् ॥

अर्थ—मालवीय दैवज्ञ धर्मेश्वर ने चमत्कारचिंतामणि नामक ग्रंथ की अन्वयार्थ प्रबोध प्रदीपा नामक सुन्दर और हृदयरंजिनी टीका विद्वज्जनों को आनन्दित और प्रसन्न करने के लिए लिखी है जो समाप्त है। शुभम् ॥